침례교회사
Baptist History

김용국 지음

출판사
누가

사랑하는 아내 손희정과
아들 원중, 국중에게

머리말

침례교회는 17세기 초 영국의 분리파 청교도들로부터 시작된 세계적인 복음주의 개신교단이다. 영국에서 시작되었고 미국에서 꽃을 피운 침례교회는 침례교세계연맹(BWA)에 가입된 교단들의 합 4,800만 명과 미남침례교회 1,100만 명, 그리고 연맹에 가입하지 않은 교단들과 독립교회들을 포함하여 전 세계에 약 7,500만 명의 신자들이 있을 것으로 추정된다. 유명한 침례교인들로는 윌리엄 캐리, 찰스 스펄전, 마틴 루터 킹, 월터 라우센부쉬, 빌리 그래함 등이 있다. 영국과 미국에서 박해받은 소수 교단이었던 침례교회는 오늘날 성도 수, 재정, 사역에 있어 필적할 교단이 없을 만큼 세계에서 가장 큰 개신교단으로 성장했다.

본서는 저자의 『세계침례교회사』에서 한국침례교회사 부분을 증보하여 출판한 책으로, 저자가 「복음과실천」, 「역사신학논총」, 「성경과신학」 등의 학술지와, 허긴 은퇴기념논문집 「한국침례교회와 역사: 회고와 성찰」, 침신대 개교 60주년 학술논문집 「침례교회 정체성: 역사·신학·실천」, 김승진 은퇴기념논문집 「주님 덕분입니다」 등에 기고한 논문들을 재사용하여 만든 책이다. 또한 저자의 단행본 『미국침례교회사』와 『꿈의교회 120년사』도 활용했다. 저자는 학생들에게 필요한 교과서를 제공하려는 열망에서, "침례교회사"라는 제목에 합당할 만큼 충분한 내용을 확보하지 못한 채 졸저(拙著)를 출판했다. 독자들이 이 책을 통해 세계와 한국 침례교회에 관해 개괄적인 이해를 갖게 되기를 바랄 뿐이다.

출판에 협력해주신 도서출판 누가 정종현 목사님과 청림출판사 김동덕 사장님, 그리고 본서의 사진을 찾아주는 일에 도움을 준 방인성 전도사께 감사를 표한다. 아들에게 예수님을 정직하게 신앙하는 모습을 보여주신 아버지 김병수 목사님과 지금 주님 품에 안식하고 있는 어머니 고(故) 곽영자 사모님께 깊이 감사드린다. 미국에서 공부할 때 많이 도와주신 장모님 방인숙 집사님과 장인 고(故) 손한규 안수집사님에게 항상 감사하는 마음이 있음을 말씀드린다. 끝으로 부족한 남편을 격려해주고 존중해 준 사랑하는 아내 손희정과, 귀중한 우리 아들 원중, 국중에게 고마운 마음을 전한다. 무엇보다 나를 사랑으로 덮으시고 인도하시는 성삼위 하나님께 찬양과 영광을 올려드린다.

2024년 2월
저자 김용국

차 례

제3부
미국 침례교회사

제1부

침례교회의 정체성과 기원

THE PASTORS' COLLEGE.

제1장

침례교회 개관 및 정체성

침례교회 개관

17세기 초 소수의 영국 청교도들에 의해 세워진 침례교회는 오늘날 개신교단 가운데 가장 크고 활발하게 사역하는 교단이 되었다. 침례교회의 출발과 교세에 대한 개괄적인 내용을 살펴보자.

1. 영국 침례교회

영국 침례교회는 그리스도의 속죄를 전 인류를 위한 것으로 믿는 일반침례교회와, 택함 받은 사람들을 위한 것으로 믿는 특수침례교회의 두 교단으로 시작되었다. 일반침례교회 창시자 존 스마이스 목사는 1606년에 게인스보로 마을에 독립교회를 세웠다. 교회는 부흥하여 스크루비교회로 분립되었다. 당시 영국 국교회에 속하지 않는 것은 불법으로 박해의 대상이 되었기 때문에 게인스보로교회는 1607년에, 스크루비교회는 1608년에 각각 종교의 자유가 있는 네덜란드 암스테르담으로 피난 갔다. 스크루비교회는 네덜란드에서 12년을 지낸 후 1620년 9월 6일 메이플라워호를 타고 미국 매사추세츠로 건너가 회중교회를 세웠다.

암스테르담에 계속 남아 있던 게인스보로교회는 1609년에 신자의 침례와 정교분리를 성경적 진리로 받아들이고 독립교회에서 침례교회가 되었다. 즉 1609년은 침례교회의 원년이 되는 것이다. 얼마 후 스마이스와 다수 교인들은 암스테르담에 있던 워터랜더 메노파교회에 가입하였고, 이를 반대한 토마스 헬위스와 10여 명의 교인들은 1612년에 영국으로 돌아가 런던 근교에서 일반침례교회를 시작하였다. 최초 목사 헬위스와 후임 목사 존 머턴은 정교분리를 주장하여 죽임을 당했으나, 교회는 계속 번창하여 1650에는 최소 47개의 교회가 존재하게 되었다. 한편 특수침례교회는 JLJ 독립 회중교회의 교인이었던 새뮤얼 이튼이 17명의 교인들과 함께 1633년 9월 12일에 세운 교회로부터 시작되었다. 특수침례교회는 일반침례교회보다 월등히 성장하였고, 1891년 6월에 일반침례교회를 흡수 통합하였다. 오늘날 영국 침례교 교세는 잉글랜드, 스코틀랜드, 웨일즈를 합쳐서 약 14만 명 정도 된다.

2. 미국 침례교회

미국 침례교회는 청교도 목사이자 로드아일랜드주의 개척자요 최초 주지사였던 로저 윌리엄스에 의해 시작되었다. 윌리엄스는 1636년 6월 프로비던스를 개척하고 독립교회를 세웠다. 이 교회는 1639년 3월에 침례교회로 전향하여 신대륙 최초의 침례교회가 되었다. 이후 영국 침례교인들이 미국으로 와서 곳곳에 침례교회를 세웠다. 그러나 17세기가 끝날 무렵까지 미국침례교회는 매우 작은 소규모 교단에 불과했다. 그러던 중 18세기에 발생한 제1차 대각성운동의 영향으로 급성장하여, 회중교회, 장로교회와 더불어 3대 교단이 되었다. 부흥운동과 미국 침례교회의 복음주의 신앙이 서로 잘 맞았던 것이다. 교단은 지방회와 신앙고백서를 만들고 학교들을 세웠다. 또한 미국 연방헌법에 종교의 자유에 대한 문구가 명시되게 하는 일에 결정적인 역할을 하였다.

급속한 성장은 19세기에도 계속되었다. 1814년 5월에는 해외선교를 목적으로 전국 총회가 조직되었고, 이어서 문서선교와 국내선교를 위한 협회들과 주총회들이 결성되었다. 견실하게 성장하던 교단은 노예 문제로 나누어졌는데, 노예제도를 찬성한 남부 교회들은 1845년 5월 8일 남침례교회를 조직하였다. 북침례교회는 오늘날 미합중국 미국 침례교회라는 명칭을 사용하고 있다. 남침례교회는 복음주의 신앙을 고수하며, 미국 최대 개신교단이 되었다.

아프리카계 미국 침례교회(흑인 침례교회)는 18세기 대각성운동 때 개종했던 흑인 노예들로부터 시작되었다. 노예들은 백인 교회에서 신앙생활을 하였으나, 노예해방 이후에도 차별과 박해가 여전하자 남침례교회를 떠나 독립하였다. 흑인 침례교회는 초고속으로 성장하여 20세기 중반에 아프리카계 미국 개신교인의 70퍼센트를 차지하게 되었다. 흑인 침례교회의 3대 교단의 교세는 1,300만 명이나, 교단에 가입하지 않은 독립교회들에 속한 수백만의 교인들이 더 있을 것으로 추정된다. 북미의 침례교 교세는 흑인침례교 1,800만, 캐나다 침례교회 10만, 남침례교회 1,300만, 북침례교회와 군소 침례교단 합 700만 등 약 3,810만 명 정도 된다.

3. 기타 지역 침례교회

1) 영국을 제외한 유럽대륙에서 침례교회는 독일 사람 요한 옹켄이 1834년 4월 독일 함부르크에 침례교회를 세우면서 시작되었다. 옹켄과 영국 및 미국 침례교회의 선교로 유럽대륙 대부분 국가에 침례교회가 존재케 되었으며, 교세는 약 60만 명 정도이다.

2) 아시아 태평양 지역에는 한국, 인도, 미얀마, 필리핀, 일본, 호주, 방글라데시, 홍콩, 대만 등 22개 국가에 3만 3천 개의 교회들이 있으며, 교세는 약 600만 명 정도이다.

3) 남미의 침례교회는 브라질, 아르헨티나, 베네수엘라를 비롯한 10개국 250만, 중미에는 멕시코, 니카라과를 비롯한 7개국에 24만, 카리브해 지역에는 하이티, 바하마, 쿠바를 비롯한 13개국에 37만 명의 침례교인들이 있다.

4) 아프리카 대륙에는 카메룬, 중앙아프리카 공화국, 콩고, 케냐, 나이지리아, 탄자니아, 우간다 등 29개국에 1,900만 명의 침례교인들이 있다.

침례교 정체성

침례교회가 다른 교단과 구분되어 독자적인 교단으로 남아있는 이유는 침례교회만이 믿고 있는 독특한 신앙교리 때문인데, 이것은 침례교회의 정체성을 이루는 특성이라 할 수 있다. 기독교 교단들이 독자적인 교단으로 존재하는 것은 교리가 서로 다르기 때문이다. 그렇지만 교단들은 신구약 성경을 하나님의 말씀으로 믿으며, 성경에 기초하여 교리를 세운다는 점에서는 서로 입장이 같다. 반면에 이단은 성경이 아니라 교주의 사상이 기준이 되며, 성경도 교주의 사상을 입증하기 위해 이용한다. 교주를 믿는 이단에게 성경은 신앙과 행습의 기준이 아니라, 교주의 신격화에 이용되는 책에 불과하게 된다. 그래서 기독교회는 교단 간에는 서로 약간 다른 부분이 있음에도 인정하지만, 이단은 인정하지 않는 것이다.

기독교 교단들이 성경을 기초로 교리를 세웠음에도, 교단 간에 교리적 차이가 존재하는 것은 성경을 다르게 해석하기 때문이다. 교리의 차이는 크고 본질적인 경우도 있고, 미세하고 비본질적인 경우도 있다. 예를 들면, 같은 기독교라고 해도 개신교회는 가톨릭이나 정교회와는 상당히 다른 교리를 믿고 있다. 개신교단들 간에 교리적 차이는 크지 않으며, 서로 공통적으로 믿는 교리들이 훨씬 많다. 침례교회는 개신교회이다. 침례교회는 모든 기독교회 즉, 가톨릭, 정교회, 개신교가 믿고 있는 예수 그리스도는 성육신한 하나님이요 유일한 구원자이며, 하나님은 성부, 성자, 성령의 삼위일체 하나님으로 존재하신다는 것을 믿는다. 침례교회는 모든 개신교단이 믿는 성경의 권위, 유일한 중보자 예수님, 오직 믿음으로 의롭게 됨 등의 교리를 믿는다. 침례교회는 이처럼 개신교단의 일원으로서 다른 개신교단들과 공통적인 신앙을 견지하고 있다. 그러나 침례교회는 다른 교단과 구별되는 독특한 신앙적 특성을 가지고 있는데, 이러한 특성은 침례교 정체성의 핵심이며, 침례교회로 하여금 독립된 교단으로 남아 있게 하는 이유가 된다. 그것은 성경중심주의와 신약성경적 교회관이다.

성경중심주의

침례교회는 성경만이 신앙과 행습의 유일하고 최종적인 권위임을 믿는다. 성경이 신앙과 행습의 유일한 권위라는 것은 침례교회뿐만 아니라, 다른 개신교단들도 똑같이 믿는 진리이다. 그렇다면 성경의 권위와 관련해서 침례교회가 다른 교단과 차이나는 점은 무엇일까? 타 교단과 구별되는 침례교 성경중심주의는 세 가지 측면이 있다.

첫째, 침례교회는 어떤 신학자나 신학사상을 성경해석의 틀로 삼으려 하지 않고, 항상 성경에 직접 다가가서 성경이 무엇을 말하는지에 집중하려는 데 있다. 장로교회는 존 칼빈의 신학을, 감리교회는 존 웨슬리의 사상을 성경해석의 기본 틀로 삼지만, 침례교회는 어떤 신학자의 사상에 따라 성경을 해석하기보다는, 성경에 의해 신학사상이 검토되어야 한다고 믿는다. 침례교 성경중심주의는 신학이나 이성 혹은 어떤 사상이 결코 성경과 동등한 권위를 가질 수 없다는 믿음이다. 침례교인들은 신학이나 사상은 참고 자료일 뿐, 신앙과 행습의 최종적 권위는 오직 성경만 가지고 있다고 믿는다.[1] 이러한 고등 성경관은 침례교 역사에서 면면히 이어져 내려왔다. 영국 일반침례교 창시자인 토마스 휄위스(Thomas Helwys)는 "1611년 신앙선언서"(Declaration of Faith)의 제23조에서, "성경은 모든 것에 관한 유일한 규범으로 하나님의 거룩한 말씀이 기록된 글이기 때문에 경건하게 사용돼야 한다." 라고 선언했다.[2] 또한 영국의 일곱 특수침례교회들이 합의하여 작성한 1644년 제1차 런던신앙고백서 제7조는, "하나님을 섬기고 예배하는 일과 다른 모든 기독교인의 의무와 관련된 지식, 믿음, 순종의 규율은 사람들의 발명이나 견해나 장치나 율법이나 제도나 기록되지 않은 어떤 전통 등에 있는 것이 아니고, 오직 성서 안에, 하나님의 유일한 말씀 안에 있다." 라고 선포하였다.[3]

둘째, 신약성경을 보다 중시하는 의미가 있다. 침례교회는 구약과 신약을 동등한 하나님의 말씀으로 확고히 믿는다. 그렇지만 구약은 예수 그리스도에 대한 예언이며 신약은 예언의 성취이기 때문에 신약성경에 보다 관심을 기울이는 경향이 있다. 예를 들면 개혁주의 신학을 믿었던 17세기 영국 특수침례교회는 존 칼빈의 언약신학을 구약과 신약의 연속성과 차이점에 비추어 비판적으로 받아들였다. 그 결과 동시대 영국 장로교회와는 다른 은혜언약의 개념을 가지게 되었다. 침례교회는 구약시대에 시작된 은혜언약이 예수 그리스도로 인해 성취되었기 때문에, 하나님의 언약 백성들의 공동체, 즉 교회는 신자들의 모임이 되어야 한다고 믿었다. 반면에 장로교회는 칼빈의 언약신학을 교조적으로 적용하여 할례를 유아세례로, 이스라엘을 교회로 대치하였다. 같은 개혁주의 언약신학을 믿는 장로교회와 침례교회가 서로 다른 교회관을 가지게 된 이유는 바로 언약신학을 다르게 해석하였기 때문인데, 즉 장로교회는 구약의 이스라엘 백성을 신약의 교회와 동일시하여, 이스라엘 백성 가운데 구원 받지 못한 자가 포함되어 있듯이, 교회도 신자와 불신자가 혼재하는 공동체가 될 수밖에 없다고 믿었다. 반면에 침례교회는 구약에서 시작된 하나님의 언약은 신약에서 성취되었기 때문에, 신약시대의 교회는 신자들의 모임이 되어야 하며, 침례는 신앙을 고백한 사람만이 받아야 한다는 개념을 갖게 된 것이다. 예수 그리스도를 통한 은혜언약의 성취 측면을 중시한 침례교인들은 구약과 신약의 공통점과 차이점을 인식하였고, 신약성경을 중심으로 언약신학을 확립하였던 것이다.[4] 침례교인들은 칼빈의 언약신학을 받아들이되 절대 진리로 간주하지 않고, 그것을 성경에 올려놓고 재검토하여 성경적 언약신학을 정립하였다. 그러한 과정에서 신약성경을 보다 중시하는 입장을 취했다. 이처럼 침례교회의 성경중심주의는 신약성경을 중시하는 측면을 내포하고 있다.

셋째, 침례교 성경중심주의는 보수적인 성경관을 의미한다. 미국 침례교회들의 1833년 뉴햄프셔 신앙고백서의 제1조는 다음과 같이 선언 한다.

> 우리는 성경이 하나님으로부터 영감 받은 사람들에 의해 기록되었으며, 천국 지식에 관한 완전한 보고임을 믿는다. 따라서 성경의 저자로는 하나님을, 그 목적에 있어서는 구원을 소유하고 있으며, 성경의 내용은 어떠한 오류의 혼합이 없는 진리이다. 성경은 원리들을 계시하고 있으며, 하나님은 그 원리들에 따라 우리들을 심판하실 것이다. 따라서 성경은 현재 존재하고 있으며, 이 세상이 끝날 때 까지 기독교연합의 참된 중심으로, 그리고 인간의 모든 행위, 교리, 그리고 견해들을 시험하는 최고의 표준으로써 존재해야만 한다.[5]

침례교회는 보수적 성경관을 고수하는 교단이다. 이에 관해 미국 남침례교회의 최근 논쟁은 좋은 예가 된다. 남침례교회는 1979년부터 약 10년 간 교단의 신앙과 운영 방식을 놓고 치열한 논쟁을 벌였다. 논쟁의 핵심 주제는 침례교 신앙의 핵심이 "성경무오"인지 혹은 "영혼의 자유"인지를 논하는 것이었다. 교단은 논쟁이 한창이던 1985년 달라스 총회에서 22명의 위원으로 구성된 평화위원회를 조직하였다. 위원들은 보수파, 온건파, 중립파에서 골고루 안배하였다. 평화위원회는 2년의 연구 끝에 교단 화합을 위한 보고서를 작성하여 1987년 세인트루이스 총회 때 제출하였다. 보고서는 "성경무오"가 침례교 신앙의 핵심이라는 보수주의자들의 생각이 다수 남침례교인들이 생각이라고 하였다. 평화위원회는 성경이 오류 없는 하나님의 말씀이라고 말할 때, 대부분의 남침례교인들은 그 의미를 다음과 같이 생각한다고 보고하였다.

> (1) 그들은 직접적인 창조를 믿는다. 그러므로 그들은 아담과 이브가 실제의 인간들이었다고 믿는다.
> (2) 그들은 성경 속에서 성경이 저자의 이름을 말한 그 사람들이 참으로 그 성경을 집필했다고 믿는다.
> (3) 그들은 성경 속에 묘사된 기적들이 역사 속의 초자연적인 사건들로써 실제 일어난 것으로 믿는다.
> (4) 그들은 역사적인 진술들이 저자들이 말한 그대로 실제로 정확하며 신뢰할 수 있다고 믿는다.[6]

이와 같이 침례교회는 성경의 무오성을 믿는 보수적 성경관을 믿는다. 침례교회의 성경중심주의는 이처럼 크게 세 가지 의미가 있다. 첫째, 어떤 신학자나 신학사상보다는 성경에 직접 나아가서 성경 말씀의 직접적 의미를 찾으려 하며, 둘째, 신약성경의 중요성을 강조하고, 셋째, 보수적 성경관을 의미한다. 침례교인들은 성경을 사랑하는 성경의 사람들이다.

신약성경적 교회관

침례교회가 성경중심주의와 더불어 독자적인 교단으로 존속하게 된 실제적인 이유는 신약성경적 교회관 때문이었다. 구약의 이스라엘 공동체를 교회의 원형으로 보았던 존 칼빈의 교회관을 받아들인 장로교회나, 영국 국교회의 감독제를 근간으로 하는 감리교회와 달리, 침례교회는 신약성경에서 교회의 모델을 찾아야 한다고 믿었다. 침례교인들은 신약교회를 가장 순수하고 이상적인 교회로 보아 그것을 재현하려 하였고, 따라서 교회의 구조와 체계, 직분을 신약교회의 모범을 따라 조직하려 하였다. 침례교인들이 독자적인 교회를 세운 이유는 신약 교회를 복원하려는 목적 때문이었다.[7] 신약교회를 추구한 침례교인들은 다음과 같은 신약교회의 특성들을 발견하고 복원하려 했다.

1. 신자의 침례

침례교 창설자들은 신약교회의 특성을 연구하던 중 유아세례는 신약교회에 서 실행되지 않았다는 사실을 발견하였다. 신약성경에 등장하는 교회들은 신앙 을 고백한 자에게 침례를 베풀었으며, 부모의 신앙에 근거하거나 혹은 일괄적으 로 유아들에게 세례를 베풀지 않았다는 것을 발견한 것이다. 그들은 따라서 신약 성경에 근거가 없는 유아세례를 폐지하고, 성경적 근거가 확실한 신자의 침례를 실시해야 한다고 주장했다. 즉 신약성경 시대의 교회는 유아세례를 시행하지 않 았기 때문에, 신약성경적 교회를 추구하는 교회는 유아세례를 인정하면 안 된다 고 믿은 것이다.

침례교회가 신자의 침례를 주장한 두 번째 이유는 로마가톨릭의 성례주의와 공로의 신학을 반대하였기 때문이다. 침례교인들은 구원은 오직 믿음으로만 가 능하다는 이신칭의 교리와 유아세례는 서로 연관성이 없다고 보았다. 그들은 신 약성서에 따르면, 죄 용서와 구원은 오직 회개와 믿음으로 받는 것이며, 침례는 죄 용서와 아무런 직접적인 관련이 없고 다만 구원 받았음을 공개적으로 고백하 는 의식이라 하였다. 그리고 유아세례는 원죄를 사하여 주지 않으며, 부모의 신 앙이 유아세례의 근거가 될 수 없다고 믿었다.[8]

침례교회의 유아세례 반대는 국가교회체제의 반대와도 밀접히 연관되어 있 었다. 침례교인들은 국가교회체제는 교회와 국가의 분리를 지지하는 성경의 가 르침에 위배되며, 중생하지 못한 사람을 교회의 정식 회원이 되게 만드는 모순을 일으키게 된다고 주장했다.[9] 침례교가 출현할 당시 유아세례는 유럽에서 1,000 년 이상 시행되어 오고 있었고, 유아세례 반대자들은 이단이요 분파주의자라는 인식이 1,000년 이상 공유되어 왔었다. 가톨릭교회는 사제가 베푼 유아세례는 원죄를 사하여 준다고 믿었다. 따라서 유아세례를 부인하면 원죄를 부인할 뿐만 아니라, 성례를 통해 죄를 사할 수 있는 교회의 권세를 부인하는 것으로 간주하여 이단으로 정죄했다. 5세기 초 신학자 펠라기우스가 원죄론과 유아세례를 부인하여 가톨릭교회로부터 이단으로 정죄 받은 후, 유아세례 반대자는 이단으로 취급받았으며, 이러한 입장은 침례교회가 출현할 17세기까지 가톨릭뿐만 아니라 개신교단들 사이에서 유지되어 왔었다.

유아세례를 반대하는 사람들은 또한 반정부주의자라는 비난도 받았는데, 그것은 교구제도와 관련된 사항이었다. 유럽은 1,000년의 중세시대 동안 교구제도를 시행하여왔다. 교구는 주교의 관할 구역으로 국가교회체제 하에서 종교와 행정의 기본 단위였다. 국가교회체제에서 국민이 되려면 교인이 되어야 했고, 교인은 교구 단위로 관리되었다. 교구 교인으로 등록하는 첫 절차가 유아세례 받는 것으로, 유아세례는 교구제도의 근간이었다. 이러한 환경에서 유아세례를 반대하는 것은 곧 종교적, 행정적 기본 질서를 부인하는 것으로 인식되었다. 침례교회가 발생할 17세기 영국은 국교회 교구제도를 운영하였고, 유아세례를 반대한 침례교인들은 국가의 체제를 부인하는 사람들로 간주되었다.[10]

침례교인들은 이단이요 반정부주의자라는 오해와 수많은 박해를 받으면서도, 성서적 근거가 없는 유아세례를 반대하였다. 따라서 침례교회가 출현할 당시 침례교인들을 규정하는 핵심적인 표지는 신자의 침례였다. 침례교 창시자 존 스마이스(John Smyth)로부터 오늘날에 이르기까지 신자의 침례는 침례교 정체성의 핵심을 이루고 있다.[11] 초창기 침례교인들은 유아세례는 확고히 반대했으나, 침례의 방식에 대해서는 유연한 입장을 취했는데, 침수(immersion) 대신에 관수(affusion)의 방식으로 침례를 행했다. 1630년대 후반에 침수가 성서적인 침례 방식임을 발견하였고, 그 후로는 침수침례를 원칙으로 삼았다. 침수침례를 가장 먼저 베푼 교회는 1638년에 런던에 있었던 스필스버리 특수침례교회(Spilsbury's Particular Baptist Church)였다. 영국 특수침례교회의 최초 신앙고백서인 1644년도 제1차 런던고백서(the First London Confession of Faith)는 침수를 침례의 양식으로 규정하였다.[12] 오늘날 침례교회는 거의 예외 없이 침수침례를 실시하고 있다.

2. 중생자 회원

　침례교인들은 신약성경의 교회는 거듭난 신자들이 모여 예배하고 교제하는 모임으로 믿었고, 따라서 그들도 중생한 신자들로 구성된 교회를 세우기 원했다. 침례교인들은 신약교회의 재현을 목적하였기 때문에, 중생한 신자가 회원인 교회를 추구하였다. 그런데 하나님 외에 어떤 사람이 중생한 사람인지 완벽하게 알 수 없기 때문에, 중생한 신자를 구분하는 기준을 마련하는 것이 필요했다. 이에 대해 침례교인들은 비록 완전한 기준은 아니지만 침례를 중생의 객관적인 지표로 삼기로 했다. 침례는 신앙을 고백한 사람들만 받았기 때문이다. 유아세례는 신앙고백과 관계없이 행해졌기 때문에 중생의 표지가 될 수 없고, 따라서 교회 회원의 기준으로 인정되지 않았다. 침례교회는 회심과 침례를 교회회원의 자격 조건으로 삼았다.[13]

　회심하고 침례 받은 신자를 교회의 정식회원으로 삼는 행습은 17세기 초 영국 침례교회의 교회언약서나 헌장, 그리고 신앙고백서에 표현되어있다. 예를 들면, 1644년의 "제1차 런던 신앙고백서"의 제33항은 "우리들의 눈에 보이는 교회는 … 성도들의 모임이다. 이들은 복음에 대해 가시적으로 믿음을 고백하고, 침례를 받음으로써 그 믿음에 들어가고, 주님과 결합하고…" 라고 선언하였다.[14] 즉 교회는 가시적인 것으로 신앙을 고백하며, 믿음으로 침례 받아 예수님과 하나된 성도들의 모임으로 정의한 것이다. 대표적인 미국 침례교 신앙고백서들인 1742년도 "필라델피아 신앙고백서"(the Philadelphia Confession of Faith)와 1925년, 1963년, 그리고 2000년 남침례교회의 『침례교 신앙과 메시지』(Baptist Faith and Message) 역시 중생자 회원의 교리를 선포하였다.[15]

　침례교회는 교회의 구성원으로 정회원(member)뿐만 아니라 참석자(participants)도 인정하였다. 참석자는 정규적으로 교회에 출석하며 예배에 참석하는 사람으로서 침례를 받지 않았거나, 혹은 침례를 받았어도 교회의 정회원으로 등록하지 않은 사람들이었다. 침례교회는 참석자들을 교인으로 인정하였지만, 그들에게 주의 만찬을 베풀지는 않았다. 그리고 교회의 의사결정 과정에 어느 정도 참여할 수 있었지만, 정회원과 동등한 지위를 부여하지 않았다. 침례교회의 정식 회원은 중생하여 침례 받은 신자였다.

3. 엄중한 교회치리

침례교인들은 교회를 침례 받은 중생한 신자의 모임으로 규정하였기 때문에, 교회의 순결성을 중시하는 생각을 가지게 되었다. 교회 구성원인 교인들은 거룩한 삶을 살아야 하고, 교인이 거룩한 삶을 살지 못할 경우, 마태복음 18장 15-17절에 따라, 교회치리를 엄중하게 시행해야 한다고 믿었다. 엄격한 교회치리의 실행은 침례교회의 주요 전통 중 하나였다.[16] 영·미 침례교 대표 신앙고백서들인 "제1차 런던 신앙고백서"(1644)와 "필라델피아 신앙고백서(1742)"는 엄중한 교회치리가 침례교회의 전통적인 입장임을 잘 보여준다.[17] 초기 침례교인들은 유아세례를 반대하고 정교분리를 주장하여 이단이요 분파주의자로 공격받았으나, 시간이 흐를수록 그러한 공격이 줄어들고 타 교단들로부터 인정을 받았는데, 그렇게 된 주요 이유 중 하나는 침례교회가 성결한 교회 전통을 고수했기 때문이다. 침례교인들의 청교도적인 삶은 주위 사람들에게 인정받았을 뿐만 아니라, 그들에게 영향을 끼치기도 하였다.[18]

침례교회에서 치리와 관련된 징벌은 권면, 성찬 금지, 출교 등이 있었다. 이단, 침례교 정체성 위반, 심각한 비행 등에는 가장 높은 징벌인 출교가 적용되었다. 치리는 개교회만 실행할 수 있다고 믿어, 지방회나 총회에서는 치리를 실행하지 않았고, 오직 지역교회에서만 실행했다. 사소한 잘못들에 대해서는 권면이나 성찬 금지의 징벌을 내렸다. 치리에 순종하고 잘못을 회개한 교인들은 다시 받아주었다.[19] 다른 개신교단들과 마찬가지로 침례교회 역시 산업화, 도시화가 진행되는 19세기 중반부터 교회치리가 완화되기 시작했다. 20세기 도시화가 급격하게 이루어졌고, 많은 교회들은 서로 경쟁하는 체제가 되었다. 이러한 상황에서 도시 교회들은 치리를 실행하기 어려웠다. 교인들은 치리를 받는 대신 간단하게 다른 교회로 옮기면 그만이었기 때문이다. 교회치리는 침례교회뿐만 아니라 전체 기독교회에서 점차 사라져 갔다.

4. 상징으로서의 교회 예식

침례교인들은 침례와 주의 만찬을 교회의 거룩한 예식으로 믿었으며, 그것들을 하나님의 은혜를 전달하는 매개체가 아닌 상징적 예식으로 생각했다. 침례교 상징주의는 반(反)가톨릭주의와 깊이 관련되어 있는데, 침례교인들은 성례를 통해 하나님의 은혜가 주입된다는 가톨릭 성례주의를 철저하게 거부하였다. 또한 교회 예식이 은혜의 전달이나 구원의 방도라는 사상도 받아들이지 않았다. 침례교인들은 구원은 하나님의 은혜와 믿음으로 얻게 되며 교회 예식은 상징적 의미만을 가지고 있다고 하였다. 그들은 심지어 성례(sacrament)라는 단어도 사용하지 않으려 했다.[20]

침례교인들은 침례는 신자가 그리스도와 함께 죄에 대해 죽고, 새 생명으로 부활할 것을 상징하는 예식으로 믿는다. 주의 만찬은 죄인들을 위해 죽으신 그리스도의 몸을 상징하며, 교회는 주의 만찬을 통해 그리스도의 죽음을 기념하고 그의 재림을 기다리는 예식으로 믿는다. 침례교회는 침례가 죄를 사하는 능력이 있다거나, 주의 만찬의 떡과 포도주가 부활한 예수 그리스도의 몸과 피라는 생각은 성서적 근거가 없고 상식적으로 맞지 않는 것으로 본다.[21] 침례교인들은 교회 예식을 무의미한 것으로 치부하는 영성주의를 반대하였다. 교회 예식들을 통해 신자는 그리스도와 더욱 친밀히 교제하게 하는 유익이 있다고 믿는다.[22] 침례교회는 교회 예식을 무가치하게 만드는 영성주의를 경계하였으나, 그 보다 훨씬 관심을 기울인 것은 성례주의를 배격하는 것이었다. 따라서 교회 예식은 본질상 상징이라는 것을 끊임없이 강조하여왔다.[23] 침례교회에서 침례와 주의 만찬은 본질적으로 상징적인 예식이었다.

5. 회중주의

침례교인들은 신약교회는 신자들 간에 높고 낮음이 없는 본질적으로 동등한 지위를 가진 회중주의 체제를 실행했다고 믿었다. 그들은 신약교회의 복원을 추구하는 침례교회는 같은 정체를 도입해야 한다고 생각하였다. 또한 회중주의가 모든 신자는 지위나 계급의 차이가 없이 본질적으로 하나님 앞에서 동등하다는 종교개혁의 만인제사장의 교리와 가장 잘 어울린다고 여겼다. 침례교인들은 신약교회의 모범과 만인제사장주의에 의거하여 회중주의를 채택하였다. 그들은 교회의 직분은 사역과 기능을 위한 것이며, 지위나 계급과는 전혀 관계가 없다고 주장하였다. 즉 목사와 집사, 그리고 평신도는 계급으로 구분되는 것이 아니라 행하는 일과 역할의 차이로 구분된다는 것이다. 침례교인들은 어떤 형태의 성직 자주의(secerdotalism)도 반대하였다. 그들은 이러한 정신에 따라 목사와 평신도 간의 차별을 반대하고, 성직자 의복을 착용하는 것과 의례주의를 반대했다.[24)

6. 민주주의와 개교회주의

침례교회는 민주주의를 회중주의에 가장 부합하는 체제라고 믿는다. 교회가 본질적으로 동등한 권리를 가진 회중들의 모임이라고 할 때, 교회의 의사결정은 민주적이고 평등주의 원칙에 따라 이루어져야 한다는 것이다. 침례교인들은 이러한 관점에서 민주주의를 교회정치 원리로 채택하였다. 회중주의와 민주주의는 지역 교회의 자치 개념, 즉 개교회주의를 강화시켰다. 침례교인들은 개별 교회는 온전한 그리스도의 몸으로 자치권을 가지고 있어야 한다고 믿었다.[25) 그러나 동시에 개교회주의는 개별 교회가 무엇이든지 마음대로 할 수 있다는 의미는 아니었다. 개별 교회가 무엇을 믿든지, 그리고 어떠한 교회 정치를 하든지 아무도 간섭할 수 없다는 식으로 개교회주의를 해석하면 원래 침례교 개교회주의를 잘못 이해하는 것이 된다. 침례교회의 개교회주의는 침례교 신앙과 행습의 틀 안에서 개교회의 자치를 말한 것이다. 또한 개별 교회가 지방회나 총회에 협력하는 것을 당연한 것으로 여겼다.[26) 이처럼 침례교회가 민주주의와 개교회주의를 채택한 것은 회중주의를 실현하려는 목적이었지, 극단적인 자유방임주의를 추구하기 위한 것은 아니었다.

7. 종교의 자유와 정교분리주의

침례교회가 태동할 당시 다른 개신교단들과 뚜렷하게 구분되는 두 가지 점이 있었는데, 첫 번째가 신자의 침례였고, 두 번째가 종교의 자유와 정교분리를 주장한 것이었다. 루터를 비롯한 종교개혁자들은 일찍이 이신칭의와 성서의 사적 해석권을 주장하였다. 이러한 사상은 종교의 자유를 내포하는 것이었으나, 종교 개혁자들은 국교회 체제가 파괴될 것을 우려해서 종교의 자유를 인정하지 않았다. 국가교회 체제에서 종교의 자유와 정교분리를 주장하는 것은 반역죄에 해당되었다. 침례교회가 태동할 당시 영국도 종교의 자유와 정교분리를 주장하는 자를 반역자요 무정부주의자로 취급하였다. 이런 상황에서 침례교인들은 신앙의 자유와 정교분리가 성서적 원리라고 주장했으며, 그로 인해 박해를 받았다.[27] 따라서 초창기 침례교회의 외부적 표지는 신자의 침례와 더불어 종교의 자유 및 정교분리주의였다.

침례교인들은 종교의 자유를 위해 교회와 국가는 필수적으로 분리되어야 한다고 믿었다. 국가와 교회는 서로 다른 기관으로서, 국가는 신앙적인 문제에 관여할 수 없고, 교회는 국가에 관여해서는 안 되며, 국가로부터 법적, 재정적 지원을 받아도 안 된다고 생각했다. 침례교회는 정교분리를 주장함과 동시에 애국주의를 견지하였다. 즉 국민으로서 국방과 납세의 의무를 충실하게 이행하며 공직자를 존중하고, 전쟁 시 참전하여 국가를 지켜야 한다고 믿었다. 이런 점에서 볼 때, 침례교회의 정교분리는 영적인 분리이며, 국가와 사회로부터 물리적으로 분리하려는 것은 결코 아니다. 영적인 일과 세속적인 일은 구분되어야 한다는 입장이었다.[28] 침례교회의 창시자 존 스마이스는 1612년도 신앙고백서의 제84조에서 다음과 같이 정교분리를 천명하였다.

> 관료는 그의 직위의 힘으로 종교, 혹은 양심의 문제에 간섭하여 사람들로 하여금 특정한 종교 혹은 교리를 강요해서는 안 되며, 기독교를 사람들의 양심에 자유롭게 맡겨야 하며, 오직 사회적 법법과 사람이 사람에게 저지르는 상해와 잘못들, 살인, 간음, 절도 등만을 관장해야 한다. 그리스도 만이 교회와 양심의 왕이시고 입법자이시기 때문이다 (약 4:12).[29]

영국에서 최초로 침례교회를 세움과 동시에 최초로 종교의 자유를 주장한 토마스 헬위스(Thomas Helwys)는 자신의 소책자, 『불법의 신비에 관한 짧은 선언문』(A Short Declaration of Mystery of Iniquity)에서, 침례교인들은 결코 반역자들이 아니며, 단지 종교와 세속의 영역을 구별할 것을 주장하는 사람들이라고 하였다. 그리고 신앙은 양심의 영역에 속한 것이기 때문에 세속 권력이 관여할 문제가 아니라고 천명하였다. 물론 헬위스는 반역죄로 투옥되어 순교 당했다.[30]

미국 침례교인들 역시 종교의 자유를 확고히 주장하였다. 미국 침례교 창시 자인 로저 윌리엄스(Roger Williams)를 비롯하여, 존 클라크(John Clarke), 아이작 배커스(Isaac Backus), 존 릴랜드(John Leland) 등 미국 침례교 지도자들은 세대를 이어 종교의 자유와 정교분리를 주장하였다. 하지만 그들의 종교의 자유와 정교 분리는 사람에 따라 약간씩 차이가 있었다. 예를 들면, 다른 침례교 지도자들과 달리 아이작 배커스는 미국인들이 모든 종교를 믿을 수 있는 자유를 가져야 한다 고 주장하기보다는 기독교 내에서의 교단적 자유를 가져야 한다고 주장했다. 그 는 회중교회가 국교회의 지위를 통해 모든 뉴잉글랜드 백성들에게 종교세를 걷 는 행습을 반대하는 차원에서 종교의 자유를 주장하였던 것이다. 배커스는 모든 종교는 양심의 문제에 해당되기 때문에, 어떤 종교를 택하든 개인이 결정하게 해 야 한다는 입장보다는 모든 개신교단이 평등한 입장에서 자유로운 신앙생활을 할 수 있게 해야 한다는 것이었다.[31]

배커스처럼 종교의 자유를 침례교회의 권리를 보호하려는 차원에서 주장한 침례교인들도 있었으나, 그보다 훨씬 더 많은 침례교인들은 종교와 양심의 자유 를 양도할 수 없는 권리로 믿었다. 토마스 헬위스, 로저 윌리엄스, 존 릴랜드 등 은 사람이 어떤 종교를 갖든지 그것은 그 사람의 양심에 따른 결정이므로, 국가 나 다른 사람들이 관여해서는 안 된다고 생각했다. 헬위스는 영국 국왕에게 "이 단이든, 회교든, 유대교든 혹은 그 어떤 것이 되든지 내버려 두십시오."[32] 라고 하였고, 윌리엄스는 다양하고 상반된 양심을 인정해도 기독교 사회의 안정과 발 전에 아무런 문제가 되지 않는다고 하였다.[33] 릴랜드 역시 "유대인, 터키인, 이방 인, 기독교인 모두 동등하게 자유로워야 된다." 라고 주장했다.[34] 전체적으로 볼 때, 종교의 자유와 정교분리는 침례교회의 정체성을 규정하는 주된 원리이며, 그것은 오랜 기간 견지되어왔다.

하지만 이러한 전통도 침례교회가 주류 교단이 되면서 퇴색되기 시작했다. 침례교회는 시간이 흐르면서 점차 정치에 참여하기 시작했는데, 주류교단으로 편입되면서 그러한 현상이 뚜렷이 나타났다. 영국 침례교회는 19세기 초에 귀족 에 의해 독점되었던 투표권을 평민들에게까지 확대하기 위한 선거법 개정에 적 극 가담했다. 또한 하류층의 정치적 권리 보장을 추구하는 차티스트 운동 (Chartist Movement)에도 참여하였다. 많은 영국 침례교인들은 19세기 중반에 만들어진 자유당(Liberal Party)을 지지하고 당원으로 참여하였다.[35] 19세기 영국 침례교인들은 시장으로 당선되거나 도시의 보건위원회, 재정위원회 등의 위원이 되어 정치와 행정에 적극 참여하였다.[36]

영국 침례교회의 정치적 참여는 20세기에도 계속 이어졌다. 예를 들면, 20세기 초 영국 정부가 기독교 교단이 설립한 학교들에 재정 지원을 하려 했는데, 이에 대해 침례교 목사이자 영국 복음주의 자유교회 전국회의(National Council of Evangelical Free Churches in England) 회장인 존 클리포드(John Clifford)는 그것이 결국 국교회(성공회)의 신앙을 확대하고, 가톨릭 학교들을 증가시킬 가능성이 농후하다고 판단했다. 그는 침례교회와 비국교회들로 하여금 당시 야당인 휘그당을 지원하도록 유도하여, 1906년 선거에서 휘그당이 승리하는 데 일조하였다. 휘그당은 집권한 후 정부의 재정을 지원 받는 학교에서는 어떠한 종교교육도 실시하지 못하게 하였다.[37] 이처럼 영국 침례교인들은 교단의 목표를 위해 정치에 직접 개입하였다.

미국 침례교회 역시 정교분리주의 원칙을 잘 유지하다가, 19세기 중반부터 정치에 관여하기 시작했다.[38] 물론 19세기 중반 이전에 미국 침례교인들이 종교의 자유를 위해 정치적 활동을 한 적이 있었으나, 그것은 직접적으로 정치에 참여하는 행위는 아니었다. 19세기 이전의 미국 침례교회가 사회적 약자들의 복지를 위해 활동한 것도 본격적인 정치 활동으로 보기 어렵다. 교인들 대부분이 서민층이었기 때문에 교인들의 삶의 향상을 위해 교회 차원에서 노력한 것이었다.[39] 하지만 19세기 중반부터 미국 침례교인들은 그들이 추구하는 청교도적인 삶을 법으로 규정하려 하는 등 직접적으로 정치에 개입하기 시작했다. 그들은 주일 성수, 도박, 음주, 부도덕한 영화의 금지를 입법화하려 하였다. 이를 위해 개교회나 지방회 심지어 총회 차원에서 입법부에 청원서를 발송하기도 했다. 일부는 이와 같은 행동이 종교의 자유를 추구한 침례교 전통과 모순된다고 주장하였으나, 다수의 침례교인들은 그것을 강행하였다.[40]

20세기 후반 미국 남침례교회는 노골적으로 정치에 관여하였는데, 보수적인 공화당을 적극 지원하여서 남침례교회는 "기도하는 공화당"으로 불릴 정도였다. 공화당 정치인들은 남침례교회와의 제휴를 머뭇거렸는데, 우익 세력과의 연대가 중도파의 이탈을 가져올 것을 우려했기 때문이었다. 이에 대해 가정보호모임

(Focus on the Family)의 회장이자 남침례교총회 대변인이었던 제임스 돕슨(James Dobson)은 『워싱턴 포스트』(Washington Post)지에 다음과 같이 말했다: "만일 (공화당)이 응답하지 않는다면 하향 길로 접어드는 문제가 발생할 것이다. 우리의 유권자들 중 다수가 1998년 투표에 참여하지 않을 것이다. 어떤 유권자들은 다른 당에 투표할 것이다."[41]

침례교가 발생할 당시 종교의 자유와 정교분리주의는 신자의 침례와 더불어 침례교회를 다른 교단과 구분시켜 주는 핵심 표지였다. 그것은 침례교 정체성의 핵심을 이루는 전통이었다. 침례교인들은 오랜 기간 종교의 자유와 정교분리를 확보하기 위해 투쟁하였고, 법제화하는 데 성공하였다. 그런데 그들이 주류 교단이 되자 달라졌다. 침례교회는 정의의 실현뿐만 아니라, 교단의 대의와 이익을 위해서 정치에 개입하기 시작했다. 이처럼 침례교회의 종교의 자유와 정교분리주의는 시대의 흐름에 따라 변화를 거듭했다.

8. 선교에 대한 강조

침례교회는 주류 개신교단 가운데서 가장 선구적으로 해외선교를 시작한 교단이었다. 선교를 침례교회의 주된 특성에 포함되게 하는 일에 공헌한 인물은 "현대 선교의 아버지"라 불리는 윌리엄 캐리(William Carey)였다. 그는 해외선교에 대한 비전을 마음에 품고, 그것을 실현하기 위한 방안을 연구하였다. 캐리가 1792년에 출판한 『이방인들의 개종을 위한 그리스도인들이 여러 수단들을 사용할 의무에 관한 질문서』(An Enquiry Into the Obligation of Christians to Use Means for the Conversion of the Heathen)는 개신교 해외선교를 위한 최초의 연구서였다. 영국 특수침례교 목사였던 캐리는 동료 목회자들을 설득하여 침례교선교협회(Baptist Missionary Society)를 1792년 10월 2일 케터링(Kettering)에서 설립하고, 인도 선교를 시작하였다.[42] 침례교선교협회는 영국 특수침례교회의 최초 교단적 기구로서, 오랜 기간 영국 침례교인들로부터 많은 사랑과 후원을 받았다. 본 협회는 영국 침례교인들이 해외선교에 열심히 참여하도록 격려했으며, 그 결과 영국 침례교회는 초교파적으로 해외선교 사업에 리더의 위치를 가지게 되었다. 영국 기독교의 초교파 모임인 영국 및 해외성서협회(British and Foreign Bible

Society)가 1804년에 창설될 때, 침례교인 조셉 휴즈(Joseph Hughes)가 초대 총무로 선임되어 실질적으로 그 기관을 이끌었다.[43]

미국 침례교회 역시 선교에 있어 미국의 다른 개신 교단들을 압도하였다. 미국에서 최초 침례교회를 세운 로저 윌리엄스는 아메리카 인디언 선교의 선구자였고, 미국 침례교회는 인디언 선교를 중점 사업 중 하나로 삼았다. 1817년 3년 연례총회(Triennial Convention)는 아이작 맥코이(Isaac McCoy)를 인디언 전도자로 임명하여 인디애나로 파송하였고, 그는 인디언들을 위한 교육과 복음전파에 혁혁한 공을 세웠다. 맥코이는 1832년에 일리노이, 미주리, 아칸소 등지에 퍼져 있는 인디언들을 위한 식민지를 건설하였고, 그 중 일부는 의회로부터 승인을 받았다. 맥코이는 1830년에 미국 정부의 인디언 사무책임자로 임명받기도 했다. 맥코이는 1842년부터 1846년 사망 때까지 켄터키 주 루이빌에 소재한 미국 인디언 선교협회(American Indian Mission Association)에서 사역하였다.[44] 미국 침례교인들은 해외선교에도 열심이었는데, 버마, 인도, 콩고, 나이지리아, 라이베리아, 중국, 일본, 브라질 등을 비롯하여 아시아, 아프리카, 그리고 남미대륙에 있는 여러 나라들에 복음을 전하였다. 선교는 항상 의료 및 교육사업과 함께 이루어졌고, 그것은 선교지에 문명화와 사회개혁, 그리고 민주주의를 심는 결과를 가져왔다.[45]

영·미 침례교회는 선교사업 때문에 범 교단적인 기구를 설립하였다. 침례교 선교협회는 전국에 산재해 있던 영국 침례교인들이 회원으로 후원하였고, 해외선교를 위해 창설된 미국 침례교회 3년 연례총회는 미국 전역이 있는 교인들이 회원으로 가입하였다. 이와 같이 선교는 침례교회의 주요 전통이었으며, 타 교단에 비해 월등히 앞선 침례교회의 두드러진 특징이 되었다.

9. 침례교회 명칭의 유래

초창기 영국 침례교인들은 반대자들에 의해 "재침례교인들" 혹은 "형제회 사람들"로 불렸다. 그러던 중 1640년대에 몇몇 사람들이 그들을 침례교인들(Baptists)이라고 불렀고, 침례교인들도 그 명칭을 받아들여 1650대 중반부터는 침례교인이라는 명칭이 보편적으로 사용되기 시작했다.[46]

제2장

침례교 기원

침례교회의 기원, 즉 침례교회가 언제 시작되었는지에 관해 그동안 세 가지 주장이 있어왔다. 첫째는 예수님이 세우신 신약교회가 최초의 침례교회였고 그 교회가 오늘날까지 이어져 내려왔다는 계승설이고, 둘째는 영국 청교도 가운데 분리파들이 성경연구와 주변의 신학을 참조하여 침례교회를 시작했다는 영국 청교도 분리파 후예설이다. 셋째는 침례교회를 세운 영국인들은 재침례교회의 신앙과 사상으로부터 심대한 영향을 받아서 침례교회를 세우게 되었다. 따라서 침례교회의 실제적 조상은 재침례교회라고 주장하는 재침례교 영향설(혹은 영형설)이다. 이 중 계승설은 19세기 중반부터 20세기 중반까지 미국 침례교인들 사이에서 선풍적인 인기를 끌었다. 계승설은 그러나 역사적 입증이 불가능하고, 사실이라기보다는 신앙적인 견해 혹은 가설로 평가되어 오늘날 역사학계에서는 인정 받지 못하고 있다. 오랜 기간의 논쟁과 연구 결과, 오늘날 대다수 침례교 역사가들은 영국 분리파 청교도 후예설을 정설로 인정하고 있다. 그러나 몇몇 무시할 수 없는 중요한 학자들은 여전히 재침례교 영향설을 포기하지 않고 있다. 이 점을 염두에 두면서 각각의 주장에 대해 살펴보자.

1. 계승설

계승설주의자들은 예수님이 세우신 교회가 첫 번째 침례교회였고, 그 교회는 때로 로마가톨릭과 개신교회들로부터 이단으로 취급되어 박해를 받았으나, 오늘날까지 끊임없이 존속되어 왔다고 주장했다.[1] 계승설은 영국의 침례교 목사 올차드(G. H. Orchard)가 1838년도에 출판한 책, 『외국 침례교회 약사』(A Concise History of Foreign Baptists)에서 처음 제시하였다. 올차드는 중세시대 로마가톨릭을 반대하여 탈퇴한 그룹들은 대부분 사실상 침례교도들이었다고 주장했다. 미국 침례교 지계석주의 창시자 제임스 그레이브스(James Graves)는 올차드의 주장을 받아들여, 3세기 노바투스파(Novatians), 4세기 도나투스파(Donatists), 11세기 카타리파(Cathari), 12세기 발도파(Waldenses), 16세기 재침례파(Anabaptists) 등 핍박받은 분파들이 명칭은 다양했으나 내용상 침례교인들이었다고 주장했다. 그레이브스는 올차드의 책을 1855년 미국에서 재출판하여 광범위하게 보급했다.[2]

그레이브스가 올차드의 책을 출판하기 전까지 미국 침례교인들은 계승설의 개념을 몰랐다. 하지만 계승설은 그레이브스를 비롯한 지계석주의자들의 선전으로 선풍적인 인기를 얻게 되었고, 20세기 중반까지 미국 침례교인들 사이에서 정설의 위치를 차지하였다.[3] 계승설은 19세기 중반부터 20세기 중반까지 약 100년 동안 타당한 침례교 기원설로 받아들여졌다. 이 사상을 주장하는 사람들은 JJJ 이론 즉, "예수님(Jesus)이 요단강에서(Jordan River) 침례요한(John the Baptist)에게 받은 침례"(immersion baptism)를 침례교회가 계승하여 왔다는 "침례의 계승"(The Succession of Immersion Baptism)을 주장했다. 따라서 침례교회는 종교개혁 이후에 등장한 개신교회가 아니며, 이미 그 이전부터 존재해온 가장 순수하고 성서적인 교회라고 하였다.[4]

계승설은 두 가지 형태로 제시되었는데, 첫 번째는 침례교 신앙의 계승으로, 침례교회가 조직된 교단으로 존재하지 않았지만, 침례교 신앙과 행습은 교회 역사상 늘 존재했다는 것이다. 초기 영국 침례교 역사가 토마스 크로스비(Thomas Crosby), 조셉 아이비미(Joseph Ivimey), 데이빗 베네딕트(David Benedict), 토마스 아미티지(Thomas Armitage) 등이 이러한 주장을 펼쳤다. 크로스비는 성인침례는 1세기까지 거슬러 올라 갈 수 있다고 주장하였고, 아이비미 역시 전체 세기에 걸쳐 존재하였던 신자의 침례를 증명하려 하였다.[5] 두 번째는 침례교회의 계승(Succession of Baptist Churches)인데, 노바투스파, 도나투스파, 카타리파, 발도파, 재침례파 등이 다른 이름을 사용했지만 실제로는 침례교도들이었다는 것이다. 즉 침례교회는 신약시대부터 현재까지 끊임없이 존재해왔다는 주장이다. 대표적인 주창자들로는 아담 테일러(Adam Taylor), G. H. 올차드(Orchard), D. B. 레이(Ray), J. M. 크램프(Cramp), J. M. 캐롤(Carroll) 등이 있다. 아담 테일러는 침례요한을 침례교단의 창설자로 보았고, 올차드는 예수님이 개척한 교회가 침례교회라고 주장했다. 계승설을 미국 침례교인들에게 결정적으로 퍼뜨린 책은 캐롤의『피흘린 발자취』(The Trail of Blood)였다. 이 책은 미국 남서부지역의 침례교인들에게 엄청난 영향을 끼쳤다.[6]

계승설은 한국 침례교회에서도 오랜 기간 정설의 위치를 차지하였다. 그 이유는 한국에 온 초기 미국 선교사들은 계승설이 가장 위력을 떨쳤던 텍사스의 사우스웨스턴침례교신학교(Southwestern Baptist Theological Seminary)에서 공부하여 계승설을 믿었고, 한국 침례교인들에게 계승설을 가르쳤기 때문이다. 한국 침례교 최초 월간잡지로서 1953년 9월에 출판된 「뱁티스트」의 제1집에 캐롤의 『피흘린 발자취』의 요약본이 게재되었고, 1957년 6월에 단행본으로 출판되기도 하였다. 그때부터 한국 침례교인들은 계승설을 정설로 받아들였다.[7]

계승설의 가장 큰 문제점은 사료적 입증이 불가능하다는 것이다. 계승설을 뒷받침 해줄 수 있는 어떠한 직접적 자료나 정황적 증거가 없기 때문에, 그것은 역사로 인정받을 수 없다. 즉 계승설은 개인의 관점이나 신앙적인 견해일 뿐이지, 역사라고 말할 수 없는 것이다. 계승설은 19세기 말부터 역사학자들에 의해 문제점이 제기되었고, 20세기 중반부터 세력을 잃기 시작하여, 오늘날에는 사라진 이론이 되었다. 하지만 계승설이 아무런 의미가 없는 것은 아니다. 계승설주의자들은 잘못된 역사관을 가졌으나, 그들이 주장하는 순수한 신약교회의 이상은 침례교회가 추구했던 주된 가치였다. 침례교회의 역사적 출발은 17세기부터지만, 침례교 신앙과 가치들은 그 이전 시대에도 존재했었다. 침례교인들이 그것들을 재강조한 것이다.[8] 계승설은 분명히 역사는 아니지만, 계승설주의자들이 추구한 순수한 신약교회의 복원은 침례교 정체성의 핵심을 이룬다. 그런 의미에서 계승설은 침례교 정신을 다시 일깨워주는 역할을 했다고 말할 수 있다.

2. 영국 분리파 청교도 후예설

영국 분리파 청교도 후예설은 침례교회가 영국 분리파 청교도들에 의해 세워졌기 때문에 논란의 여지가 없다는 주장이다. 즉 영국 일반침례교회는 분리파 청교도들이 세운 독립교회가 침례교회로 전환된 것이고, 영국 특수침례교회는 분리파 교회의 교인 중 일부가 세웠기 때문에 침례교회는 영국 분리파 청교도들에 의해 세워진 것이라는 주장이다. 윌리엄 위칫(William H. Whitsitt), 헨리 덱스터(Henry M. Dexter), 윌리엄 휘틀리(William T. Whitely), 로버트 톨벳(Robert G. Torbet), 놀만 마링(Norman H. Maring), 윈쓰롭 허드슨(Winthrop S. Hudson), 윌리엄 멕로글린(William McLoughlin), 레온 멕베스(H. Leon McBeth), 베링톤 화이트(Barrington R. White) 등이 대표적인 청교도 후예설주의자들이다. 이들은 19세기 말부터 20세기에 걸쳐 가장 많이 알려진 영국과 미국의 대표적인 침례교 역사가들로서, 계승설은 가설에 불과하며, 침례교회와 재침례교와의 연결성도 입증된 바 없기 때문에 영국 분리파 청교도 후예설만 역사로 인정될 수 있다고 주장했다.[9]

분리파 청교도 후예설주의자들은 계승설이 역사로 인정받지 못한 것이 확실하기 때문에, 재침례교회 후예설을 비판하는 데 초점을 두었다. 증거주의 역사관이 확고하게 자리 잡은 시대에서 역사적 증거가 없는 계승설은 더 이상 논의할 필요가 없었으나, 재침례교 영향설은 재침례교와 침례교회가 시대적으로 겹쳐서 논의의 여지가 있기 때문이었다. 분리파 청교도 후예설을 주장하는 사람들은 침례교회와 재침례교회의 연결성이 객관적으로 입증될 수 있는지를 주의 깊게 살펴보았다. 결론은 양 교단이 서로 연결성을 인정할 증거가 빈약하다고 결론 내렸다. 윈쓰롭 허드슨은 1953년에 발표한 유명한 논문, "침례교인들은 재침례교도들이 아니었다"(Baptist Were Not Anabaptists)를 통해 재침례교의 영향설을 강하게 거부하였다. 허드슨은 1937년에 콜게이트 로체스터 신학교(Colgate Rochester Divinity School)에서 신학석사(B.D.)를, 1940년에 시카고대학교(University of Chicago)에서 철학박사(Ph.D.) 학위를 받았고, 로체스터대학교(University of Rochester) 교회사 교수로 1947에서 1980년까지 봉직했다. 윈쓰롭은 "계승설"이 대거 유행하면서, 재침례교회와 침례교회간의 영적인 혈연성도 합당한 역사적 증거도 없이 주장되었다고 하였다.[10]

허드슨은 다음의 다섯 가지를 주장하며 침례교회와 재침례교회와의 연관성을 부인했다. 첫째, 초기 영국 침례교인들은 그들 스스로 재침례파가 아니라고 하였다는 것이다. 그들은 제1차 런던신앙고백서(1644) 표지에 자신들이 "일반적으로(generally), 부당하게(unjustly), 거짓되게(falsely)" 재침례교도들로 불리어지고 있음을 대외적으로 공표한 것에 주목해야 한다고 주장했다. 즉 초기 침례교인들 스스로가 자신들은 재침례교도가 아니라고 밝혔다는 것이다. 둘째, 침례교회와 재침례교회는 다른 부분이 많은 데, 예를 들면, 재침례교회는 교인이 관료가 되는 것, 군대에 입대하는 것, 세속법정에 가는 것, 맹세하는 것 등을 인정하지 않았으나, 침례교회는 그것들을 전혀 거부하지 않았다. 또한 재침례교회는 원죄를 믿지 않았으나, 침례교회는 원죄를 믿었다. 셋째, 침례교 초기 지도자들은 침례교인으로 전향하기 전에는 분리파 청교도들이었으며, 당시 청교도들은 대륙의 재침례교회와는 전혀 관련이 없었다. 넷째, "신자의 침례"가 꼭 재침례교회의 영향에서 비롯된 것으로 볼 필요는 없다. 왜냐하면 비국교도들(Non-conformists) 사이에서도 신약성서 연구를 통해 신자의 침례가 성서적 행습이라는 것을 발견할 수 있었을 것이기 때문이다. 다섯 째, 존 스마이스(John Smyth)가 메노파교회에 가입하려 할 때, 헬위스와 머턴(Murton)은 그것을 반대하고 영국으로 돌아와서 침례교회를 시작했기 때문에, 스마이스가 영국 침례교회에 영향을 주지 못했다.[11]

허드슨은 침례교회가 시작될 당시 침례교회가 재침례교회와 동일시되어 비난을 받은 경우가 많았으나, 특히 지성인들 가운데 두 그룹의 차이점을 파악하고 서로 별개의 그룹임을 인정한 사람들도 있었다고 하였다. 예를 들면, 17세기 초 영국국교회 감독 헤녹 클랩햄(Henoch Clapham)은 『우파에서 발생한 오류들』 (*Errors on the Right Hand*)이라는 책에서, "그들(침례교인들)은 브라운파(the Brownists)로부터 파생된 사람들로서, 국교회와 청교도 교회에서 받은 세례의 유효성을 부인하였기 때문에 그들 스스로 국교회와 비국교회로부터 분리한 사람들"이라고 했다고 하였다.[12] 허드슨은 침례교회와 재침례교회는 서로 무관하며 완전히 다른 신앙 전통을 대변한다고 주장했다. 침례교회는 칼빈주의와 청교도주의를 대변하지만, 재침례교회는 16세기 인문주의 특히 에라스무스의 영향을 받은 사람들로부터 나왔다고 하였다.[13]

분리파 청교도 후예설을 주장하는 사람들은 영국 특수침례교회의 중요성을 강조하였다. 놀만 마링은 영·미 침례교회의 다수 교인은 특수침례교인들인데,

그들은 침례교인이 되기 직전에 회중교회주의자였고, 칼빈주의 청교도들이었다고 하였다. 키이스 스프렁거(Keith L. Sprunger)는 영국 일반침례교회는 재침례파와의 영향을 제한적으로 받았으나, 특수침례교회는 확고하게 분리파 청교도들에게서 나왔다고 주장했다.[14] 이처럼 분리파 청교도 후예설주의자들은 침례교회는 칼빈주의 청교도 신앙에서 비롯되었고, 재침례교회와는 관련이 없음을 강조하였다.

3. 재침례교 영향설

대다수 침례교 역사학자들은 오랜 논쟁 끝에 영국 분리파 청교도 후예설이 정설이라는 것에 대체적으로 합의하였다. 그러나 몇몇 사람들은 재침례교 신앙과 사상의 영향으로 침례교회가 출현하였다는 재침례교 영향설을 옹호하였다. 그들은 영국 분리파 청교도 운동은 대륙에서 건너온 재침례교도들과 그들로부터 영향을 받은 사람들이 일으킨 운동이라 하였다. A. C. 언더우드(Underwood), 어니스트 페인(Earnest A. Payne), 제임스 모스텔러(James D. Mosteller), 얼빈 호스트(Irvin B. Horst), 제임스 코긴스(James Coggins), 윌리엄 에스텝(William R. Estep) 등은 대륙의 재침례교도들이 영국으로 이민 와 살았던 지역에서 영국 일반침례교회가 출현한 것과, 분리파 청교도들이 활발하게 활동할 즈음에 영국에서 재침례교인들에 대한 기록이 점차 사라지기 시작한 것은 영국으로 이주해 온 재침례교인들이 분리파 청교도로 전환된 개연성을 보여주는 것이라고 하였다.[15] 재침례교 영향설을 주장하는 사람들은 일반침례교회와 재침례교회 간의 유사점에 초점을 두었다. 즉 17세기 기독교권에서 이단과 분열주의로 간주되었던 사상인 신자의 침례, 종교의 자유 및 정교분리를 두 교단이 함께 주장한 것과, 아르미니우스주의 구원론을 공통적으로 믿은 것은 서로 간의 긴밀한 관계를 보여주는 것이라 하였다.[16]

영국 침례교 총회인 침례교 연맹(Baptist Union)의 총무와 침례교역사협회(Baptist Historical Society) 회장을 역임한 재침례교 영향설주의자, 어니스트 페인(1902-1980)은 1958년에 출판한 『침례교 연맹 약사』(*The Baptist Union: A Short History*)에서, 윈쓰롭 허드슨의 주장에 대해 조목조목 반박하였다. 첫째, 허드슨은 재침례파 운동을 스위스에서 일어난 운동으로 제한하고 있으나, 사실은 유럽 전역에 퍼진 매우 광범위한 운동이었고, 재침례교인들은 에라스무스뿐만 아니라 루터와 쯔빙글리로부터도 영향을 받았다. 둘째, 영국 분리파 청교도 운동이 시작된 켄트(Kent)와 이스트 앵글리아(East Anglia) 지역은 화란에서 이민 온 재침례교인들이 살았던 지역이었다. 셋째, 허드슨은 메노파교회가 존 스마이스와 토마스 헬위스에게 끼친 영향을 과소평가했고, 영국 일반침례교회가 아르미니우스주의 신앙을 받아들인 것을 간과했다. 넷째, 침례교회가 출현한 17세기 초반에 영국에서 "재침례교도"라는 명칭은 혐오와 비난의 말이었다. 따라서 침례교인들이 "재침례교도"라고 불리는 것에 거부 반응을 보인 것은 당연한 일이었다. 이러한 상황에서 영국 침례교인들이 스스로를 "재침례교도"가 아니라고 말했다고 해서, 그것이 재침례교회와 어떠한 관련도 없다는 말로 해석해서는 안 된다. 다섯째, 침례교회를 배출한 게인스보로(Gainsborough)교회와 JLJ교회가 독립 회중교회라는 근거가 희박하고, 설사 그렇다 하더라도 그것이 침례교인들이 재침례교회로부터 영향을 받았다는 것을 부인할 근거가 될 수 없다.[17]

미국 사우스웨스턴침례신학교(Southwestern Baptist Theological Seminary)의 교회사 교수 윌리엄 에스텝은 침례교 창시자인 존 스마이스가 네덜란드 피난 시절, 주변의 메노파교인들로부터 영향 받은 것은 부인할 수 없는 사실이라고 주장했다. 예를 들면, 스마이스가 처음에는 교회 언약(Church Covenant)에 기초하여 교회를 세웠지만, 후에는 중생한 침례 받은 신자가 교회의 정회원이 되는 체제로 변화시켰는데, 그것은 전적으로 메노파교회의 영향이라고 하였다. 에스텝은 또한 스마이스 교회가 인근의 워터랜더 메노파교회(Waterlander Mennonite Church)로부터 재정지원을 받았는데, 이것은 메노파교회로부터 영향을 받았다는 강력한 근거라고 주장했다.[18]

에스텝은 스마이스와 헬위스의 사상이 서로 다른 부분이 있지만, 같은 부분이 훨씬 더 많으며, 같은 부분은 본질적으로 재침례교 사상에 해당되는 것이라 했다. 에스텝은 두 사람의 공통점으로 다섯 가지를 제시했다. 첫째, 신약성경을 신앙과 행습의 궁극적인 권위로 삼았다. 둘째, 재침례교 교회론을 공통적으로 가지고 있다. 두 사람은 영국 분리파 청교도들처럼 교회 언약에 기초하여 교회를 세운 것이 아니라, 중생한 신자들의 신앙고백과 침례에 근거하여 교회를 세웠다. 셋째, 유아세례를 반대하고, 성례가 하나님 은혜의 전달 통로가 된다는 성례주의를 배격하였다. 넷째, 아르미니우스주의 구원론을 받아들였다. 다섯째, 종교의 자유와 정교분리를 믿었다.[19] 에스텝은 침례교 정체성을 이루는 사상은 재침례교회로부터 온 것이며, 헬위스도 그러한 사상에 근거하여 교회를 세운 점을 강조하였던 것이다.

재침례교 영향설은 그러나 계승설과 마찬가지로 재침례교회가 침례교회의 조상으로 간주할 수 있을 정도의 강력하고 직접적인 근거를 제시할 수 없다는 한계가 있다. 일반침례교인들이 메노파교회로부터 영향을 받은 것은 맞지만, 영향을 받았다고 꼭 조상이 되는 것이 아니다. 그리고 그 영향은 간접적인 영향으로보는 것이 타당한데, 왜냐하면 침례교인들은 메노파의 신앙과 행습 중에서 성서적으로 옳다고 판단한 것들만 받아들였기 때문이다. 예를 들면, 신자의 침례와정교분리는 신약성서에 일치된다고 보고 받아들였으나, 맹세, 계승설, 위정자에관한 것, 평화주의 등은 성경에 일치하지 않는다고 보아 받아들이지 않았다.[20] 다시 말해, 침례교인들은 메노파 사상을 비롯해 모든 신학 사상을 주체적으로 판단해서 성경에 부합된다고 여길 때 선별적으로 받아들인 것이다. 이것은 재침례교회가 간접적으로 영향을 끼친 정도이지, 침례교회의 직계 조상으로 볼 수 없는이유이다. 한편 영국 일반침례교회 창시자 토마스 헬위스는 메노파교회에 합류하자는 스마이스의 주장을 반대하여 스마이스 그룹과 결별하고 영국으로 돌아가서 침례교회를 세웠다.[21] 헬위스는 스마이스가 메노파교회에 가입하려는 것을변절로 간주하여 독자적으로 교회를 시작한 것이다. 이것은 영국 일반침례교회가 재침례교회(메노파교회)와 다른 교회라는 것을 명확하게 보여주는 것이다. 따라서 침례교회의 기원은 영국 분리파 청교도 후예설이 가장 타당하다.

4. 재침례교 영향설과 교회관 비교

청교도 후예설이 정설로 굳어졌으나, 여전히 재침례교 영향설을 주장하는 사람들이 있다. 따라서 이 부분에 대해 심도 있는 검토가 필요하다. 재침례교 영향설은 꽤 오래 전부터 주장되어 온 이론이다. 침례교 초기 역사가들, 토마스 크로스비(Thomas Crosby), 조셉 아이비미(Joseph Ivimey), 데이빗 베네딕트(David

Benedict), 토마스 아미티지(Thomas Armitage) 등은 침례교와 재침례교와의 연결성을 인정하였다. 또한 미국 지계석주의자들 역시 재침례교도들을 침례교회의 직전 조상으로 생각하였다.[22] 현대시대 침례교 역사가들, 얼빈 호스트, 마이클 와츠, 제임스 코긴스 등은 침례교회와 재침례교 간의 연결에 대한 "정황적 증거"는 많이 있다고 주장하였다. 예를 들면, 영국 일반침례교회가 출현한 지역은 재침례교도들과 옛 롤라드(Lollard)들이 활동하였던 지역이었다는 것을 그 예로 들었다. 또한 영국 분리파 청교도들이 활발하게 활동한 때에 재침례교도들이 영국에서 사라지기 시작했는데, 이러한 현상은 재침례교도들이 분리파 청교도로 변했을 가능성이 큰 것으로 볼 수 있다고 하였다.[23]

재침례교회가 침례교회의 조상의 위치를 점할 수 있는가를 판단하려면 침례교 정체성의 핵심인 교회관이 재침례교회로부터 유래된 것인지를 살펴보는 것이 매우 필요하다. 침례교회는 독특한 교회관으로 인해 독자적인 교단이 되었기 때문에, 양 교단의 교회관을 비교해 보면 두 그룹이 어느 정도의 연결성을 가지고 있는지, 그리고 재침례교회를 침례교 조상으로 볼 수 있는지를 파악할 수 있는 것이다. 두 그룹은 교회관에서 다음과 같은 유사점과 차이점이 있다. 첫째, 침례교회와 재침례교회는 신약성경을 모델로 하는 순수한 교회를 추구한 공통점이 있다. 재침례교도들은 신약성경에 나오는 교회는 국가교회가 아니라 믿음에 근거하여 침례 받은 신자들의 모임으로 믿었다. 이러한 교회관으로 인해 루터, 쯔빙글리, 칼빈 같은 종교개혁자들로부터 이단이요 분파주의자로 비난받고 박해받았다.[24] 침례교회 역시 같은 믿음으로 박해를 받았다.

둘째, 신자의 침례와 중생자 교회회원 교리를 공통적으로 믿었다. 재침례교인들은 교회는 신자들의 모임이 되어야 하며, 참된 신자의 객관적 표지는 침례이므로, 교회는 침례 받은 성도들의 모임이 되어야 한다고 믿었다. 그들은 또한 자발적인 믿음을 가질 수 없는 유아들에게 침례를 베풀어서는 안 된다고 주장하였다.[25] 침례교인들 역시 침례를 중생 받음에 대한 외부적 표지로 이해하였다. 존 스마이스는 "1609년도 짧은 신앙고백서"(Short Confession of Faith in Twenty Articles by John Smyth, 1609)에서, "침례는 죄 사함 받음 즉 죄에 대해 죽고 다시 살아난 것에 대한 외부적인 표식이다. 따라서 침례는 유아들에게는 해당되지 않는다." 라고 하였다.[26] 침례교인들은 또한 교회를 중생한 신자들의 모임으로

믿었다. 그래서 교회 회원의 자격 조건으로 진정한 회심의 증거와 침례를 요구하였다.[27]

셋째, 가시적 교회와 교회 치리에 있어서는 유사점과 차이점이 있다. 재침례교인들은 불가시적 교회의 개념을 인정하지 않았다. 그들은 교회는 신자들로 구성된 가시적인 회중이며, 교회의 순수성을 지키기 위해 교회 치리를 강조했다.[28] 차이점은 침례교회는 재침례교회와 달리 불가시적 혹은 우주적 교회의 개념을 받아들인 것이다. 유사점은 그럼에도 침례교회 역시 가시적 교회에 관심과 중요성을 두었다는 점이다. 1644년도 "제1차 런던 신앙고백서"는 "교회에 관해 말하자면, 그것은 우리에게 가시적인 것으로서, 부름 받아 세상으로부터 분리되고, 말씀과 성령으로 복음에 대하여 가시적으로 신앙을 고백하며, 믿음으로 침례 받고 주님과 하나 된 성도들의 모임이다."[29] 라고 정의하였다. 침례교회가 가시적 교회를 중시한 것은 유아세례 반대에 대한 논리적 근거가 되기도 하였다.[30] 즉 신앙고백을 한 성도들의 가시적 모임이라는 교회관은 부모의 신앙에 근거한 유아세례와 어울리지 않는 것이다. 교회 치리는 양 교단이 차이가 없었다. 침례교회는 교회의 순수성을 보존하기 위하여 엄격한 치리를 강조하였고, "1차 런던 신앙고백서(1644)"나 "필라델피아 신앙고백서(1742)" 등은 그러한 침례교회의 입장을 잘 보여준다.[31]

넷째, 정교분리에 있어서도 유사점과 차이점이 있다. 16세기 재침례교도들은 교회와 세상을 극단적으로 분리하여, 교인은 국가에 충성을 맹세하거나, 무력을 사용하는 것과 관료가 되는 것 등을 해서는 안 된다고 생각했다. 이러한 것들은 명시적으로 세속적인 일에 참여하고 세속적 권위에 충성을 맹세하는 것인데, 성도는 그렇게 해서는 안 되며, 오직 진정한 주인이신 그리스도에게만 충성해야 한다고 믿었다. 즉 재침례교회의 정교분리는 실제적이고 물리적인 분리였다.[32] 반면에 침례교회는 신앙의 자유와 정교분리를 주장했으나, 재침례교회와 달리 국가에 충성 맹세하는 것, 관료가 되는 것, 무력을 사용하는 것 등을 모두 인정하였다. 침례교회는 극단적인 평화주의를 반대하였던 것이다. 침례교 정교분리는 물리적인 분리가 아니라 영적인 분리였다.[33]

다섯째, 민주적인 체제와 선교에 대한 강조는 서로 유사한 점이다. 재침례교회는 성직자를 계급으로 간주하지 않았으며, 교회의 민주적인 체제와 개교회의 자치를 믿었다. 그들은 또한 선교를 교회의 핵심적인 사명으로 여겼다.[34] 침례교회 역시 민주적이고 평등주의적인 교회정체를 추구하였으며, 개교회 자치를 믿었다.[35] 침례교회는 또한 선교적인 교단이다. 침례교회가 선교를 강조하게 된 이유 중의 하나는 교회를 신앙고백을 한 성도의 모임으로 보는 자원주의 교회관이 바탕에 있기 때문이다.[36]

이와 같이 두 그룹은 교회관에서 유사점과 차이점을 동시에 가지고 있다. 시대적으로 박해를 받을 수밖에 없는 사상인 신자의 침례와 정교분리를 두 교단이 공통적으로 주장했다는 점은 서로의 연계성을 부인하기 어려운 측면이 있다고 볼 수 있다. 그러나 교회관에서 서로 다른 부분들이 있는 것은 침례교회가 재침례교 교회관을 그대로 계승한 것은 아니라는 것을 보여준다. 침례교회는 재침례교회의 사상을 취사선택하여 받아들였는데, 그것은 재침례교회의 영향이 간접적이고 제한적이라는 것을 보여준다. 따라서 침례교회는 영국 청교도들이 재침례교회의 교회관을 참조하여 독자적으로 만든 교회라고 보는 것이 타당하다.

제2부

영국 침례교회사

제3장

17세기 영국 일반침례교회

침례교 출현의 배경

침례교회는 영국 분리파 청교도 목사 존 스마이스(John Smyth, 1570-1612)가 1609년 초 네덜란드 암스테르담에서 시작하였다. 최초 침례교회는 아르미니우스주의 구원론을 받아들여 예수의 일반 구속을 믿었고, 그것을 표방하는 의미로 교회 명칭을 일반침례교회라 하였다. 최초의 침례교회가 설립되기까지의 배경과 과정을 살펴보자.

1. 영국 청교도운동

영국 청교도들은 원래 영국국교회(성공회) 소속의 신도들이었다. 성공회는 영국 왕 헨리 8세(1509-1547)의 이혼 문제로 1534년 로마가톨릭을 탈퇴하고 개신교회가 된 교회였다. 루터교회나 개혁교회처럼 신학적 이유로 시작된 교단이 아니었기 때문에, 성공회에는 가톨릭의 신앙과 행습이 많이 남아 있었다. 1547년 1월 헨리 8세가 죽고 그의 아들 에드워드 6세(1547-1553)가 왕위를 계승하였다. 국왕으로 6년간 통치하였던 에드워드 6세는 성공회를 좀 더 개신교적인 교회가 되도록 하였다. 그러나 에드워드 6세는 일찍 세상을 떠났고, 그의 누나이자 헨리 8세의 장녀인 메리가 1553년에 여왕으로 등극하였다. 스페인 공주 아라곤의 캐서린과 헨리 8세 사이 딸 메리는 열렬한 가톨릭 신자였다. 그녀는 불타는 심정으로 성공회를 다시 가톨릭교회로 바꾸려하였다. 메리 여왕(1553-1558)은 자신의 정책을 따르지 않는 사람들을 감옥에 가두고 사형에 처하였다. 많은 개신교 지도자들은 박해를 피해 스위스 제네바를 비롯한 유럽 대륙의 개신교 지역으로 피신하였다. 메리는 5년간의 짧은 통치를 마치고 세상을 떠났고, 그의 여동생 엘리자베스가 왕위를 계승하였다. 엘리자베스 1세(1558-1603)는 영국국교회를 다시 개신교회로 복원시켰다.

엘리자베스 여왕의 등극과 정책의 변화는 대륙으로 피난 간 성공회 지도자들에게 알려졌고, 이에 그들은 영국으로 귀환하기 시작했다. 특히 스위스 제네바로 피난 갔던 다수의 성공회 지도자들은 그곳의 종교개혁자 존 칼빈의 영향으로 개혁주의 신앙과 행습을 받아들였다. 그들은 영국으로 돌아와서 성공회에 가톨릭 잔재들, 예를 들면, 성직 의상, 성만찬 시 무릎 꿇는 것, 결혼식 반지 사용, 침례 받을 때 십자가 표시하는 행위 등의 행습을 제거하려 하였다. 그들은 이처럼 가톨릭 잔재를 없애고 성공회를 성경적이고 개신교적인 교회로 정화하려 하였기 때문에 청교도(Puritans)라 불리었다.[1] 청교도들은 다음과 같은 것들을 주장하였다. 첫째, 모든 예배는 신앙과 행습의 최종 권위인 성경에 근거해서 이루어져야 한다. 성경에 나오는 예배의 모습은 성령의 임재 하에 단순하고 자유로운 예배이지, 공동기도서에서 나오는 복잡한 형식적 예배가 아니었다. 따라서 공동기도서의 예배형식을 강요해서는 안 된다고 주장했다.[2] 청교도들은 특히 설교를 중요시 하였는데, 성령 충만한 설교를 듣기 위해 자신들의 교구 목사 외에 다른 교구 목사의 설교를 듣는 것도 가능하다고 생각했다.[3] 둘째, 엄격한 주일 성수를 주장하였다. 제임스 1세가 1618년에 「오락서」발행하여 주일날 오락과 댄스를 하도록 권장하자 청교도들은 국왕이 백성들로 하여금 하나님의 법을 어기도록 한다며 분노하였다.[4] 그들은 가톨릭교회가 실시하던 절기들을 없애고 대신 주일을 경건하게 지킬 것과, 주일에 세상적인 오락과 경건치 못한 언행과 행위들은 금할 것을 주장하였다.[5] 셋째로 칼빈의 예정론과 특별구속을 믿었다. 청교도 윌리엄 에임스는 "구속이 일부의 인간들에게 적용되고 모든 인간들에게 적용되지 않으며, 은혜의 시여에 있어서 인간들 사이에 야기되는 현저한 차이가 존재한다." 라고 하며 이중예정과 특별구속을 주장하였다.[6]

청교도들은 넷째로 언약(계약)신학을 믿었다. 청교도들은 두 가지 언약신학으로부터 영향을 받았다. 다수의 청교도들은 존 칼빈의 언약신학을 받아들였으나, 스위스 종교개혁자 하인리히 불링거(Heinrich Bullinger)의 언약신학도 그들 가운데 있었다. 1930년대 하버드대학교 역사학 교수 페리 밀러를 필두로 몇몇 학자들은 칼빈 이전에, 불링거의 쌍무적 계약사상이 청교도들에게 먼저 소개되었다고 주장했다. 그들은 영국에서 언약사상은 윌리엄 틴데일(William Tyndale)과 존 프리드(John Frith)의 저술에서 처음으로 등장하는데, 그들은 칼빈의 저서가 출판되기 전에 죽었기 때문에 칼빈으로부터 아무런 영향을 받을 수 없었고, 따라서 16세기 초반의 영국 개신교도들은 불링거를 통해서 계약신학을 배웠을 것이라고 하였다.[7] 칼빈은 16세기 중반부터 청교도들에게 영향을 주었고, 이미 그 이전에 영국에는 언약신학이 존재하고 있었다는 것은 불링거의 계약신학이 영국 청교도들에게 영향을 끼쳤을 가능성이 있는 것으로 보인다. 칼빈은 이중예정론과 연계하여 택한 백성을 향한 하나님의 일방적 언약을 주장하여서, 언약신학으로 표현된다. 불링거는 그러나 이중예정을 인정하지 않았으며, 인간의 반응을 포함하는 구원론을 주장하였기 때문에 계약신학으로 표현하는 것이 적절하다. 불링거는 하나님의 예정은 택함 받지 않은 자들을 멸망으로 몰아넣는 것을 포함하지 않는다고 믿었고, 이러한 믿음을 바탕으로 하나님과 인간 사이의 쌍무적 계약사상을 주장하였다. 하나님은 아들을 통한 완전한 화해와 축복을 주셔야 하는 책임이 있고, 인간은 믿음과 순종이라는 책임이 있다고 하였다.[8] 반면에 칼빈은 하나님이 성도와 맺은 언약은 그의 선하신 뜻에 따른 일방적인 것이라 하였다. 하나님은 아브라함과 언약을 맺으실 때, 아브라함의 행위가 아닌 하나님의 전적인 은혜로 언약을 맺으셨다고 하였다. 즉 칼빈에게 있어서 언약은 하나님이 아브라함과 그 후손들에게 준 하나님의 약속을 의미하였던 것이다.[9]

이러한 두 가지 언약신학의 영향으로 인해, 청교도들 가운데는 칼빈주의 신학 틀 안에서 인간의 책임을 주장하는 경우가 종종 있었다. 예를 들면, 윌리엄 퍼킨스(William Perkins)는 계약을 행위계약과 은혜계약으로 구분하였다. 행위계약은 구약의 율법과 십계명에 나타나 있다. 이러한 계명을 온전히 지키는 자는 구원을 얻지만, 지키지 못하는 자는 영원한 죽음을 받게 된다. 그런데 아무도 행위계약을 완성할 수 없고, 따라서 누구도 구원받을 수 없게 된다. 그래서 은혜계약이 필요한데, "은혜계약은 하나님께서 그리스도와 그의 유익을 인간에게 값없이 약속하시는 것으로 인간은 믿음으로 그리스도를 받아들이고 그의 죄들을 회개함으로 계약이 체결되는 것이다." 라고 하였다.[10] 퍼킨스는 이처럼 계약신학을 통해 구원은 하나님의 은혜로 받지만, 그 과정에서 믿음과 회개 역시 필수적임을 강조하였다. 이처럼 청교도들의 언약신학은 다양성을 가지고 있었다.

다수의 청교도들은 성공회를 장로교 형식의 교회 체제로 바꾸려 했다. 그들은 중앙집권적이며 통제적인 주교제도를 반대하고, 여러 단계의 회의가 교회를 이끌어가는 장로교주의를 선호했다. 또한 획일화된 예배를 생산하는 공동기도서의 폐지를 주장했다. 일부 청교도들은 장로교주의보다는 개교회의 독립과 자치를 인정하는 회중교회주의를 추구했다. 그러나 이들의 주장은 엘리자베스 여왕에 의해 저지되었다. 여왕은 급격한 변화가 정치적 불안을 야기할 것을 우려해 청교도들의 요구를 대부분 거부했다.[11] 엘리자베스 여왕 시대 청교도주의의 실현은 불가능해 보였다.

2. 영국 분리파 청교도운동

성공회의 틀 안에서 개혁의 추진이 어려워지면서 청교도들은 다양한 그룹으로 분화되었다. 청교도들의 범위를 정하는 것은 어렵지만, 제프리 누탈(Geoffrey F. Nuttall)이 제시한 포괄적 범위가 적절한 것으로 여겨진다.

> 1. 영국 국교회내의 주교파(主敎派: Episcopalians)의 일부로서 교리적으로 칼빈의 신학사상을 견지하면서도 교회제도에 있어서는 주교제도를 고수하는 무리들.
> 2. 1662년 이전 〈국교회: 國敎會〉(크롬웰 통치기간에 있었던 〈국정교회: 國定敎會〉 즉 Established Church 까지 포함)안에 있던 모든 장로교파와 독립파.
> 3. 국교회밖에 있었던 대다수의 분리파와 기타 교파의 지도자.
> 4. 1662년 이후 비국교도의 선구자가 된 사람들.[12]

누탈에 의하면, 청교도는 국교회에 남아서 개혁하려는 사람들, 이것을 불가능한 것으로 보고, 국교회를 떠나 성공회와 분리된 교회를 세운 사람들 모두를 포함하는 것이다.

분리파 청교도들은 개혁이 불가능한 상황에서 국교회에 남아 있는 것은 세속 권력과 타협하는 것으로 간주, 국교회를 탈퇴하여 독립적인 교회를 세우려하였다. 로버트 브라운(Robert Browne), 존 프레스턴(John Preston), 윌리엄 퍼킨스(William Perkins), 윌리엄 에임스(William Ames) 등이 분리파운동을 주도하였다.[13] 16세기 말에서 17세기 초 영국 분리파 청교도들이 세운 교단은 장로교, 회중교, 침례교로 대별될 수 있다. 영국 장로교회는 성공회에 머물며 성공회를 장로교 형태로 바꾸려는 것을 포기하고, 성공회에서 탈퇴하여 독자적인 장로교회를 세우려는 사람들에 의해 설립되었다. 그런데 분리파 청교도운동을 주도한 그룹은 장로교주의자들이 아니라 회중교회주의자들이었다. 최초로 회중교회 운동을 시작한 사람은 로버트 브라운(Robert Browne)으로, 그는 성서적 교회정치는 감독주의나 장로주의가 아니라 회중주의라고 주장하고, 1581년 놀위치(Norwich)에 독립 회중교회를 설립하였다. 이로 인해 박해를 받게 되자 1585년 10월 국교회에 순응하였고, 1591부터 1633년 죽을 때까지 성공회 목사로 살았다.[14] 그러나 분리파 운동은 사라지지 않고, 존 그린우드(John Greenwood), 헨리 베로우(Henry Barrowe), 프란시스 존슨(Francis Johnson) 등에 의하여 다시 일어났다. 국교회의 박해로 그린우드는 교수형을 당하였고 존슨은 암스테르담으로 피신 갔다.[15] 회중주의 교회관에 신자의 침례 그리고 종교의 자유와 정교분리까지 더해져야 온전한 성경적 교회를 이룰 수 있다고 믿는 사람들이 나타났는데, 그들이 곧 침례교도였다.

영국 일반침례교회의 시작

최초의 침례교회는 예수 그리스도의 속죄는 모든 사람을 위한 것이라고 믿는 일반침례교회(General Baptists)였다. 이 교회는 네덜란드 암스테르담으로 망명한 영국 분리파 청교도들에 의해 1609년 초에 시작되었다.[16]

1. 청교도주의자 스마이스

영국 일반침례교회는 존 스마이스(John Smyth, 1570-1612)에 의해 창립되었다. 그는 영국 노팅엄셔 주 스터튼리 스티플(Sturton-le-Steeple)이라는 마을의 자작농 아들로 태어났다. 스마이스는 링컨셔 주 게인스보로(Gainsborough)에 있는 문법학교(grammar school)에서 공부하였다는 것 외에 그의 어린 시절에 대해서는 거의 알려진 바가 없다.[17] 스마이스는 고등학교 과정인 문법

| 존 스마이스(John Smyth, 1570-1612)

학교를 졸업한 후, 캠브리지대학교 신학대학인 그리스도대학(Christ's College)에서 학사(1590)와 석사(1593)를 취득했다. 그는 대학 시절 분리파 청교도였던 프란시스 존슨(Francis Johnson) 교수의 영향으로 청교도주의자가 되었다. 스마이스는 국가교회제도를 날카롭게 비판하고, 성공회 사제들이 "너무 가톨릭 적"(too papist)이라고 생각했다.[18] 존슨 교수는 스마이스가 학부를 졸업하던 1590년에 장로제를 옹호한다는 이유로 대학에서 쫓겨났다. 그는 분리파 청교도들과 함께 암스테르담으로 피난 가서 초대교회(Ancient Church)를 세우고 담임 목사가 되었다.[19]

스마이스는 국교회에 대해 매우 비판적이었으나, 1594년에 영국국교회 사제로 안수 받았고, 1594년부터 1598년까지 4년 간 모교인 그리스도대학에서 교수(강사)로 봉직했다. 당시 신학교 교수는 결혼이 금지되었으나 스마이스는 결혼을 하였고, 그로 인해 교수직을 박탈당하게 되었다.[20] 스마이스는 2년간의 공백 기간을 보낸 후, 1600년부터 1602년까지 2년 간 링컨(Lincoln)시 교사로 임직하여 성경을 가르치고 설교하였다. 청교도주의 신앙이 강했던 스마이스는 도시 지도자들의 형식적 신앙을 비판했으며, 그로 인하여 교사직을 잃고 설교권도 박탈당했다. 직장을 잃은 스마이스는 게인스보로(Gainsborough) 마을로 이사 갔다.[21] 그는 그곳에서 대학원 시절 독학으로 공부한 의학 지식을 활용하여 생계를 유지한 것으로 보인다.[22]

이 시기까지 스마이스는 성공회를 장로교 체제로 바꾸기 원하는 칼빈주의 청교도였다. 그는 칼빈의 개혁교회와 같이 목사, 교사, 치리장로, 집사의 4직분이

바람직하다고 생각했으나, 교회에 대한 국왕과 감독의 권위도 인정하였다. 또한 위정자들은 백성들이 하나님께 참된 예배를 드리도록 인도할 의무가 있음을 주장하고, 관용을 반대하며 맹세와 무력 사용을 인정하였다.[23] 1605년까지 스마이스는 두 권의 책을 출판했다. 1603년에 시편 22편의 주석서인 『밝은 샛별』(The Bright Morning Starre)을, 1605년에 『참된 기도의 모범』(A Paterne of True Prayer)을 각각 출판했는데, 이 책들은 전형적인 청교도 신학을 보여준다. 즉 신앙과 행습의 최종 권위인 성경, 신-인이신 예수 그리스도, 원죄와 인간의 전적타락, 하나님의 예정, 구속, 이신칭의와 전가된 그리스도의 의, 성도의 견인 등을 주장했다. 이 책들은 성공회를 떠나 독립교회를 세우려는 분리파 사상을 확고히 배격하였다.[24] 이처럼 1605년까지 스마이스는 국교회 제도를 인정하는 청교도였다.

2. 분리주의자 스마이스와 게인스보로교회

성공회 내 청교도였던 스마이스가 1606년에 분리파 청교도가 되는 사건이 일어났다. 스마이스가 게인스보로에 살고 있을 때, 그 마을의 성공회 교구 사제는 가끔 주일날 출타하여 미사를 집례하지 않았다. 스마이스는 예배를 드리지 못하고 돌아가는 교인들을 안타깝게 생각하여 한 번은 스스로 예배를 인도한 적이 있었다. 설교권을 박탈당한 스마이스가 설교하고 예배를 인도한 것은 큰 문제가 되었고, 스마이스는 행정관들에게 심한 질책을 받았다. 이 사건을 통해 스마이스는 국교회가 영적으로 아주 타락된 상태에 있음을 확신하게 되었다. 그는 오랜 고민 끝에 1606년 국교회를 떠나기로 결심하였다.[25] 스마이스는 자신과 생각이 유사한 사람들과 함께 교회를 설립하였다. 그들은 "주님의 자유로운 백성으로 (주님의 언약에 의해) 하나의 교회에 함께 참여키로 하였다. 복음으로 교제할 때, 그들에게 알려졌고, 또 그들에게 앞으로 알려지게 될 주님의 뜻을, 어떠한 희생을 치르더라도 최선을 다해 준행하면, 주님이 도와주실 것이다." 라는 교회 언약(church covenant)에 서명하며 성공회에서 분리된 독립교회를 세웠다.[26] 이들 분리파 청교도들은 성공회가 악한 자들을 관용하고, 신앙 없는 사람을 성례에 참여시키는 거짓된 교회이므로 성공회로부터 분리해야 한다고 믿었다. 그들은 칼빈의 예정과 선택 교리를 믿었으나, 교회 언약이라는 개념을 통해, 성스러운 신자들만 교회 회원이 될 수 있다고 생각했다. 즉 국가 교회를 부인하고, 교회는 성스러운 택자들의 자발적인 모임으로 믿었던 것이다.[27]

게인스보로교회는 교인 수가 꽤 많았다. 당시는 독립교회로 모이는 것은 불법이었으므로 많은 사람들이 모이는 것은 위험한 일이었다. 그래서 교회는 안전을 위해 두 교회로 나누기로 하였다. 스마이스와 토마스 헬위스(Thomas Helwys)가 이끄는 게인스보로 교회는 게인스보로 마을 회관에서 모였고, 리차드 클리프톤(Richard Clifton), 존 로빈슨(John Robinson), 윌리엄 브루스터(William Brewster), 윌리엄 브래드포드(William Bradford) 등이 이끄는 교회는 스크루비 마을의 저택(Scrooby Manor House)에서 모였다. 이 교회는 스크루비교회로 불렸고, 존 로빈슨이 담임목회자였다.[28] 두 교회 신자들의 교육 수준은 높았다. 그들 중 98퍼센트가 글자를 읽고 쓸 줄 알았는데, 그것은 당시 영국이나 네덜란드의 평균 식자율 보다 훨씬 높은 수준이었다.[29] 당시 영국 왕 제임스 I세는 국가의 통합을 해치는 분리파들은 영국을 떠나야 한다고 공표하고 그렇지 않으면 감옥에 가둘 것이라 하였다. 독립교회들은 신앙의 자유가 있는 네덜란드로 피난을 갔다. 게인스보로교회는 1607년에 암스테르담으로 갔으며, 스크루비교회는 1608년 봄에 그곳에 갔다.[30] 당시 암스테르담에는 다양한 영국 비국교도들이 있었고, 메노파교회(재침례교회)도 인정을 받고 있었다.[31]

게인스보로교회는 암스테르담에 와서 워터랜더 메노파교회(Waterlander Mennonite Church) 성도 얀 문터(Jan Munter)라는 사람의 2층짜리 건물을 임대해 집단적으로 거주했다.[32] 암스테르담에는 스마이스의 캠브리지대학교 스승이었던 프란시스 존슨이 담임목사로 있는 초대교회(Ancient Church)가 있었다. 이 교회는 존슨과 분리파 청교도들이 1587년에 런던에 세운 교회였는데, 엘리자베스 여왕의 박해를 피해 1593년에 네덜란드로 이주하였다. 스마이스 무리들은 초대교회와 함께 공동체를 이룰 것인지를 탐색하였으나, 결국 통합하지 않고 독자적인 교회로 남기로 했다.[33] 이 결정과 관련해 헬위스는 영국의 가족과 친구들에게 보낸 1608년 9월 26일자 편지에서 목회직, 예배, 교회정치, 재정 등 네 가지 부분에서 견해가 달랐기 때문에 통합하지 않았다고 하였다. 초대교회는 목회직으로 목사와 교사를 두었으나, 자신들은 목사만 인정하였고, 초대교회는 설교를 위해 사본으로 된 성경을 읽고 찬송을 위해 시편을 사용하는데, 자신들은 사본 성경을 사용하지 않으며, 영적인 예배에서는 심지어 원본 성경도 사용하지 않는 것이 옳다고 생각한다고 했다. 교회정치와 관련해서 초대교회는 목사, 교사, 치리장로로 구성되는 장로회를 주장하지만, 자신들은 목사만을 인정한다고 했다. 재정에 관해서는 초대교회는 헌금을 기도 없이 걷지만, 자신들은 헌금을 다른 일반 헌물과 달리 기도를 통해 거룩하게 한다고 하였다.[34] 게인스보로 회중은 초대교회가 교인이 아닌 외부인들로부터도 후원금을 받는 것은 잘못이라고 비판하고, 교인의 헌금만으로 교회가 운영되어야 한다고 믿었다. 초대교회는 영적 직분으로 목사, 교사, 치리장로를 두었으나, 스마이스는 에베소서 4장 11절을 근거로 모든 영적인 직분은 하나이며, 따라서 교회의 직분은 영적 직분인 목사와 봉사 직분인 집사만 가능하다고 주장했다. 예배에 대해서 스마이스는 공동기도서의 사용에 대한 반대를 뛰어넘어, 설교와 찬송도 성령의 인도를 받기 위해 미리 준비하지 않고 즉흥적으로 해야 한다고 하였다.[35] 스마이스는 예배시간에 성경을 낭독하는 것은 인간이 만들어 낸 고안물이므로 영적인 예배를 방해하는 것이며, 번역본 성경들은 불완전하므로 예배시간에 낭독되어서는 안 된다고 주장했다.[36] 예배시간에 번역본인 영어성경의 사용을 반대하는 게인스보로교회와 제네바 영어성경(Geneva Bible)을 사용하는 초대교회는 서로 합치될 수 없었다.[37]

스마이스가 내적 말씀을 강조하는 것은 재침례교 영성주의와 유사한 면이 있다. 재침례교회는 성경과 성령의 조명인 내적 말씀(inner Word)은 서로 분리될 수 없다고 보고 성령을 통한 주관적 깨달음을 매우 중시하였는데,[38] 스마이스가 비슷한 주장을 펼쳤던 것이다. 청교도였던 스마이스가 어떤 경로로 재침례교회와 유사한 영성주의 신앙을 갖게 되었는지는 정확하게 알려지지 않았다. 성령의 조명을 강조하는 것을 제외하고 1608년까지 스마이스의 신학은 다수 청교도들이 믿는 것과 같았다. 그는 성경의 권위, 하나님의 영광, 믿음, 예정, 전적타락을 믿었으며, 맹세하는 것과 교회를 위한 국가 관료의 역할도 인정하였다.[39] 스마이스는 그러나 교회론을 중심으로 서서히 청교도 칼빈주의에서 이탈하기 시작했다. 그는 칼빈이『기독교 강요 II, xv』에서 그리스도를 선지자, 제사장, 그리고 왕으로 설명한 것을 참된 교회의 3가지 요소 즉, 말씀, 성례, 그리고 치리로 대응시켰으며,[40] 1607년에 출판한 책『가시적 교회에 대한 원리와 추론』(*Principles and Inferences Concerning the Visible Church*)에서 구약성경에서 교회의 모형을 찾으려는 칼빈주의와 달리 신약성경만이 교회의 본질을 결정하는 기준이 되어야 한다고 주장하였다.[41] 이처럼 스마이스는 장로교주의를 반대하고 회중주의를 따랐다.

3. 스마이스와 침례교회의 설립

주류 청교도 교회론였던 장로교주의와 다른 관점을 가졌으나, 나머지 신학에서는 대체로 청교도주의 신앙을 견지하였던 스마이스가 1609년 초에 엄청난 변화를 감행하였다. 그것은 성공회의 유아세례를 부인하고, 믿음에 근거한 침례를 실시한 일이었다.[42] 신자의 침례라는 급격한 변화를 실행하게 된 원인 중 하나는 메노파교회로부터 어느 정도 영향을 받았기 때문이다. 스마이스는 가까운 곳에 위치한 워터랜더 메노파교회가 유아세례를 부인하고 신앙을 고백한 성인에게만 침례 주는 것을 이단적인 행습으로 생각했다. 그러나 침례에 대해 연구하면서 그것이 신약성경에 부합된다는 것을 발견하였다. 스마이스는 새롭게 발견한 사실을 성도들과 나누었고, 교인들은 모두 신자의 침례를 받기로 결정하였다. 그 때가 1609년 초엽이었다. 교회에서 아무도 신자의 침례를 받은 사람이 없었기 때문에, 스마이스는 스스로 신앙고백을 하고 자신에게 관수 형식으로 침례를 행하고, 성도들에게도 관수로 침례를 주었다.[43] 최초의 침례교회가 세워진 것이다. 스마이스는 신자의 침례가 옳다는 논리를 1609년에 출판한 『짐승의 특성』(The Character of the Beast) 이라는 책에서 설파하였다. 그는 유아세례를 "가장 반기독교적인 불합리한 이단"이라고 하였는데, 왜냐하면 유아세례를 통해 교인이 되는 구조는 교회를 성도와 불신자가 혼재된 공동체가 되게 하여, 적그리스도적인 교회가 되도록 만들기 때문이라 하였다. 반면에 신자의 침례는 회심한 사람만이 받으므로, 불신자와 신자를 구분시켜주며, 따라서 신자의 침례 없이 참된 교회는 있을 수 없게 된다고 주장했다. 유아들은 회심의 경험을 할 수 없으므로 교회 회원에 포함시킬 수 없고, 침례의 대상이 될 수 없다고 하였다.[44]

당시에 유아세례는 성공회, 청교도, 그리고 분리파 모두에게 정당한 성례였다. 성공회는 가톨릭과 유사한 관점으로 유아세례를 이해하고 있었다. 즉 유아가 세례 받을 때 새로운 본질을 받고 그리스도 교회에 일원이 되므로, 교구에 속한 모든 아이는 부모의 신앙과는 무관하게 유아세례를 받아야 한다고 믿었다. 이처럼 성공회에서는 세례가 구원과 연계되어 있었기 때문에 아기에게 세례를 베풀지 않는 것은 상상할 수 없는 일이었다.[45] 한편 청교도들은 칼빈의 언약신학에 근거하여 유아세례를 옹호하였다. 구약시대 이스라엘의 예에서 알 수 있듯이, 하나님의 언약은 자손을 포함하고 언약 공동체의 아이들은 할례를 받음으로 하나님과의 언약관계를 확증한 것처럼, 신약시대 신자의 자녀는 언약의 후계자들로서 할례대신 유아세례를 통해 언약의 증표와 인증을 삼아야 한다고 주장했다. 청교도들은 이처럼 칼빈의 언약신학에 근거하여 교회를 신자의 자녀들이 포함된 언약공동체로 보았고, 유아세례는 언약공동체에 들어가는 출발로 보았다.[46] 이처럼 성공회, 청교도, 그리고 분리파 청교도들 모두 유아세례를 옹호했기 때문에, 당시에 유아세례를 부인하는 것은 이단사상이요 극단적 분리주의로 간주되었다.

4. 게인스보로교회가 메노파교회에 통합됨

스마이스가 유아세례를 반대하고 신자의 침례를 실행하자, 암스테르담에 있던 망명 영국교회들과 본국의 교인들로부터 엄청난 비난이 쇄도하였다. 신랄한 비판과 공격은 스마이스와 신생 침례교회에 커다란 고통이었으며, 그들로 하여금 메노파교회에 가입하려는 생각을 가지게 만들었다. 당시에 신자의 침례를 인정하는 교단은 메노파교회 외에는 없었으며, 스마이스는 메노파교회에 대해 긍정적으로 보게 되었다. 그는 메노파교회야 말로 참된 침례를 계승하고 있는 유일한 교회이므로 메노파교회에서 다시 침례 받는 것이 옳다고 확신하였다. 스마이스는 교인들에게 자신이 행한 침례는 적법한 계승이 결여된 결함이 있으므로, 메노파교회에서 다시 침례를 받고 그 교회와 통합할 것을 제안하였다. 헬위스를 비롯한 10여명의 교인은 스마이스의 주장을 격렬히 반대했으나, 다수의 교인들은 담임목사의 제안을 받아들였다.[47] 결국 1610년 스마이스와 그의 추종자 32명은 인근의 워터랜더 메노파교회(Waterlander Mennonite Church)에 가입신청서를 제출했다. 얼마 후 10명이 추가로 참여하여 42명으로 늘어났다. 42명의 숫자는 어린이들을 뺀 숫자이므로 실지로는 더 많은 수의 사람들이 워터랜더교회에 가입

하려 한 것이다.[48]

　스마이스 그룹은 가입 요청서와 함께 20개 항으로 된 신앙고백서를 워터랜더교회에 제출하여 자신들의 신학적 건전성을 검증받기 원했다.[49] 워터랜더교회는 스마이스 그룹을 흔쾌히 받아들이려 하였고, 그런 의도로 주변 메노파교회들의 의견을 구했다. 그런데 예상과 달리 반대하는 교회들이 적지 않았다. 더욱이 헬위스 그룹도 스마이스 그룹이 워터랜더교회에 가입하지 못하도록 반대 활동을 펼쳤다. 이런 이유들로 워터랜더교회는 5년이 지난 1615년 1월 20일에 이르러서야 스마이스 그룹을 정식 교회 회원으로 받아들였다.[50] 스마이스는 워터랜더교회에 가입을 신청하고 기다리던 중 1612년 8월 20일에 세상을 떠났다. 워터랜더교회는 스마이스가 행한 침례를 유효한 것으로 인정하여, 새로 가입한 게인스보로 교인들에게 침례를 베풀지 않았다. 당시 워터랜더교회는 부유한 교인들이 많은 번창한 교회여서 가난한 영국 피난민 교회를 서둘러 받아들일 이유가 없었다. 그러나 워터랜더교회는 암스테르담에서 가장 개방적인 교회 중에 하나였기 때문에 그들을 처음부터 받아들이려 했다.[51] 그러나 헬위스 그룹의 반대와 다른 교회들의 부정적 조언으로 시간이 더 걸렸다. 스마이스 그룹은 침례교회가 된 지 1년 만에 메노파교회에 가입을 추진하여 5년 후에 흡수 합병되었기 때문에 침례교회와의 관계가 단절되었다. 따라서 영국 일반침례교회는 토마스 헬위스 그룹에 의해 시작되었다.

5. 존 스마이스 신학의 기원

　침례교 신앙의 기원을 청교도주의로 보느냐 아니면 재침례교주의로 보느냐 하는 문제에 대해 침례교 역사학자들은 청교도주의로 보아야 한다는 것에 대체적인 합의를 한 상태이다. 그러나 재침례교주의가 침례교 기원에 매우 심대한 영향을 끼쳤다는 주장도 여전히 일부 학자들 사이에 남아있다. 이와 관련해 침례교 창시자인 존 스마이스가 신학을 정립하는 과정에서 어떤 신학이 주된 영향을 끼쳤는지를 검토해볼 필요가 있다.

1) 재침례교 사상과의 연계성 주장 견해

일부 신학자들은 스마이스의 신학은 재침례교 신학으로부터 가장 많은 영향을 받았고, 따라서 일반침례교회는 재침례교회와 혈연적인 관계가 있다고 주장한다. 영국 역사학자 제임스 코긴스(James R. Coggins)는 스마이스가 메노파교회에 합류하려 한 것은 단순히 교회론 만이 아니라, 신학적 동질성으로 그렇게 하였다고 했다. 코긴스는 먼저 성령의 계시를 강조하는 영성주의를 뚜렷한 유사성의 근거로 제시했다. 즉 스마이스는 청교도 시절부터 성경만으로 모든 점을 명확하게 설명할 수 없다고 생각했는데, 이러한 생각은 좀 더 진전된 빛 사상으로 인도될 가능성을 가지는 것이라 하였다. 코긴스는 스마이스가 믿는 자 침례를 주장하면서 구약 할례의 육체적인 인증보다는, 성령의 영적 할례에 의한 인증을 강조한 점도 같은 맥락으로 볼 수 있다고 하였다. 그는 성령에 대한 강조는 16세기 영국에 스며든 재침례교 신학의 전형적인 특성이며, 스마이스는 재침례교 신학에 큰 영향을 받은 사람이라고 주장했다.[52] 코긴스는 스마이스와 그의 추종자들이 게인스보로 분리파 교회를 세울 때 채택한 교회 언약문에서 더 진전된 빛 구절(further light clause)로 해석될 수 있는 구절 즉, "앞으로 알려지게 될"(to be made known)과 같은 표현은 성경이 모든 중요한 교리를 충분히 설명하고 있다는 칼빈주의 신학과 정면으로 배치되는 것이며, 따라서 스마이스의 교회 언약을 칼빈주의 언약신학과 혼동해서는 안 된다고 하였다.[53] 코긴스는 이처럼 스마이스가 영국에서 청교도 시절부터 재침례교 신학을 소유한 사람으로 보았다.

코긴스는 스마이스가 암스테르담에서 신자의 침례를 행한 것 역시 단순히 교회론적인 변화로 간주해서는 안 되며, 청교도 칼빈주의에서 벗어난 결과로 보아야 한다고 주장했다. 즉 스마이스가 유아세례를 부인한 것은 원죄에 대한 그의 신학의 변화 때문이라는 것이다. 예를 들면, 유아세례를 주지 않으면 유아들로 하여금 지옥으로 보내는 결과가 된다는 주장에 대해, 스마이스는 침례는 구원과 관계없다는 것과, 원죄는 존재하지 않으므로 모든 아이들은 반드시 구원 얻게 된다는 두 가지 답변으로 반박했다. 코긴스는 이처럼 스마이스가 원죄를 부인하면서 결과적으로 예정도 부인하게 되었다고 하였다.[54] 코긴스는 스마이스가 말년에 관료가 그리스도인이 되려면 관료직을 포기해야 한다는 것도 육체적 구약과 영적 신약과의 철저한 분리라는 재침례교 사상에서 비롯된 것이라 하였다.[55] 코긴스는 이처럼 스마이스가 영국에 있을 때부터 재침례교 사상에 큰 영향을 받은 사람이었다고 주장했다.

미국 사우스웨스턴침례교신학교 역사신학자 윌리엄 에스텝(William R. Estep Jr.)은 역사적 사건을 통해 스마이스가 재침례교주의로부터 심대한 영향을 받았음을 증명하려 하였다. 그는 스마이스 공동체가 1607년 가을 암스테르담에 도착한 후 예배당으로 사용키 위해 임대한 건물은 얀 문터(Jan Munter)라는 사람이 빵 가게로 썼던 이층짜리 건물이었는데, 문터는 워터랜더 메노파교회 교인이었으므로 그를 통해 재침례교 신앙을 알게 되었을 것이라 하였다. 에스텝은 암스테르담에는 메노파교회들이 많았기 때문에, 스마이스 그룹이 그 교회들에게서 영향을 받았을 가능성이 높을 것으로 보아야 한다고 주장했다.[56]

더글러스 샨츠(Douglas Shantz)는 스마이스의 신학적 변화를 총괄하는 원리를 부활한 그리스도라고 주장하며, 이것은 스마이스의 1607년도 저서, 『가시적 교회에 대한 원리와 추론』에서 잘 나타난다고 하였다. 그는 부활한 주님이 교회를 통치한다는 것이 스마이스 신학의 핵심이라고 하며, 그 증거로 스마이스가 교회를 정의할 때 언약이라는 단어를 사용하지 않았던 점을 지적하였다. 샨츠는 개교회주의적 교회의 자치 개념도 교회에 대한 그리스도의 직접적 권위로 해석이 가능하고, 가시적 교회에 대한 강조는 그리스도의 통치로 해석할 수 있으며, 출교는 그리스도가 교회를 보호하심으로 해석할 수 있고, 예배시간에 번역본 성경 사용을 금지한 것은 인간의 작품이 예배에서 그리스도의 통치를 방해하는 것으로 간주하여 배제한 것으로 해석할 수 있다고 하였다. 샨츠는 부활한 그리스도의 통치와 제자도 사상은 재침례교회에 매우 중요한 신학적 주제였고, 스마이스는 청교도 신학보다는 재침례교 신학으로부터 더 많이 영향 받은 것으로 보아야 한다고 주장했다.[57]

스마이스 자신도 재침례교 신학을 믿고 있음을 그가 1611년에 작성한 신앙고백서를 통해 밝혔다. 물론 당시는 스마이스가 이미 메노파교회에 가입 원서를 제출하고 결과를 기다리던 시기였기 때문에, 그가 침례교회를 창설할 때의 신학적 입장으로 볼 수는 없다. 즉 스마이스가 재침례교주의를 받아들이기로 결정한 이후에 작성한 신앙고백서라는 점을 고려해야 하는 것이다. 신앙고백서 44, 60, 61항은 삼위 하나님의 직접적인 계시가 외부적인 말씀 즉 성경보다 더 중요하다고 선언한다.

> 44항. 중생하여 그리스도와 함께 부활한 모든 사람들은 그들 안에 전술한 세 분의
> 증인이 있다 (요일 v. 10). 믿음에 의해서 그리스도께서 그들의 마음에 내주하시
> 고 (엡 iii. 17); 성부는 성자에 내주하시며 (요 xiv. 23); 성령께서도 마찬가지이다
> (고전 iii. 16); 우리 주 예수 그리스도의 은혜와, 하나님의 사랑과, 성령의 교통하
> 심이 그들과 함께 있다 (고후 xiii. 13).
> 60항. 아직 새로운 피조물에 도달하지 않은 사람들에게는 성경, 창조물, 그리고 교
> 회의 성례가 필요한데, 왜냐하면 이것들은 그들을 가르치고, 위로하며, 그들로
> 하여금 죄 사함에 이르는 회개의 조건을 이행하도록 하기 때문이다 (벧후 i. 19;
> 고전 xi. 26; 엡 iv. 12–23).
> 61항. 하나님으로부터 나음을 입은 새로운 피조물은 외부적인 말씀, 창조물, 혹은
> 교회의 성례로부터 도움 받을 필요가 없다 (고후 xiii. 10, 12; 요일 ii. 27; 고전 I.
> 15, 16; 계 xxi. 23). 그는 자신 안에 있는 성부, 성자, 성령 세 분의 증인들을 바
> 라보는 것이 모든 성경이나 어떤 창조물 보다 더 낳은 것이다.[58]

이상에서 살펴본 역사학자들의 주장에 따르면, 스마이스는 영국에서부터 재침례
교 사상을 가졌던 사람이었고, 자신의 신학적 입장으로 침례교회를 창설하고 마
지막에는 메노파교회로 편입되었다는 것이다. 스마이스가 메노파교회에 가입을
결정한 이후 1611년에 작성한 신앙고백서에는 청교도주의 성경관이 아닌 재침례
교 영성주의를 받아들인 것도 명확하게 드러난다. 그렇다면 침례교회는 재침례
교주의 사상을 가진 영국 분리파 청교도에 의해 설립되었고, 재침례주의 신학이
침례교 창설에 결정적인 영향을 끼친 것으로 볼 수 있다. 그러나 이러한 생각을
거부하며 스마이스의 사상은 청교도 분리파 신학에서 비롯되었다고 주장하는 학
자들도 많이 있다.

2) 영국 분리파 청교도주의의 계속성 주장 견해

이 부분을 강조하는 신학자들은 스마이스가 말년에 재침례교주의를 받아들
였다는 것은 인정하지만, 그가 침례교를 창설할 시점에는 영국 분리파 청교도였

다는 점과, 스마이스 신학의 대부분은 분리파 청교도주의 안에서 설명할 수 있음을 주장한다. 먼저 베링톤 화이트(Barrington R. White)는 스마이스가 1609년 침례교를 시작할 때, 그는 분명히 청교도였으며 암스테르담에 가기 전에 재침례교도들로부터 영향을 받은 흔적도 없다는 점을 지적하였다. 엄격한 치리에 관해서 화이트는 칼빈도 교회 치리를 강조하였으므로 스마이스가 교회 치리를 중시한 것을 반드시 재침례교의 영향으로 볼 필요는 없다고 하였다. 또한 회중주의적 자치 개념도 청교도 배경에서 얼마든지 설명이 가능하다고 주장했다.[59] 화이트는 또한 스마이스와 일반침례교인들이 가지고 있었던 조건 언약이나 아르미니우스주의도 영국 청교도주의나 분리주의에서 왔을 가능성이 훨씬 많은 것으로 보았다. 그는 당시에 "시내 산" 형태의 조건적 언약 개념은 후에 발생한 교단적 단체가 기존의 교단적 단체를 공격하는 도구로 사용한, "다윗" 형태의 무조건적 언약은 공격받는 쪽이 자신들을 변호하기 위해 사용한 개념이라는 점을 지적하였다. 즉 장로교 청교도가 성공회를 공격하고, 분리파가 장로교 청교도를 공격하며, 침례교인들이 분리파를 공격하고, 17세기 후반 퀘이커가 침례교를 공격할 때 이러한 현상이 일어났다고 하였다. 그 과정에서 자신들이 주장한 교리가 후에는 자신들을 공격하는 교리가 되는 아이러니도 발견할 수 있다고 하였다.[60] 즉 청교도 사상 안에는 조건 언약이나 아르미니우스주의가 존재하였다는 것이다.

미카엘 워커(Michael J. Walker) 역시 스마이스가 1609년 침례교를 만들 때, 신자 침례의 개념은 암스테르담에 오기 전 분리파 청교도 시절에 이미 확증되었을 것이라고 하였다. 그는 분리파 청교도주의가 논리적으로 연장되면 얼마든지 신자 침례가 가능해진다고 주장하였다.[61] 케네스 맨리(Kenneth Manley)는 1609년 스마이스 그룹이 초대교회와 갈등을 일으킨 핵심은 유아세례 문제였는데, 초대교회와의 결별 이후 스마이스가 신자 침례를 행할 때 재침례교도들에게 침례식을 요청하지 않은 것은 그가 재침례교회로부터 크게 영향 받지 않았음을 보여주는 것이라 했다. 그는 스마이스가 신자 침례를 실시하고 있는 워터랜더 메노파 교회에 침례식을 요청하지 않고 스스로 자신에게 침례를 준 일에 대해 엄청난 비판이 일어나자, 재침례교회와 접촉을 시작하였다. 따라서 스마이스의 침례는 청교도에서 분리파 청교도주의로 그리고 침례교주의로 자연스럽게 전개된 것이며, 그것을 재침례교의 영향으로 볼 필요는 없다고 주장했다.[62]

윌리엄 럼킨(William Lumpkin)은 스마이스가 메노파교회로부터 영향 받았을 가능성을 인정하면서도, 스마이스가 신자의 침례를 받아들이게 된 것은 연구와 논리적 과정을 통해서 이루어졌을 가능성이 훨씬 큰 것으로 보았다. 럼킨은 스마이스가 신자 침례를 발견한 후 누가 침례식을 거행할 것인가를 결정할 때, 메노파교회에 요청하지 않은 것은 그 교회가 자유의지, 성육신, 맹세 등에 있어서 잘못된 견해를 가지고 있기 때문이다. 스마이스는 자기 교회 안에 신자 침례식을 거행할 자격자가 없었으므로, 결국 스스로 자신에게 침례를 행하게 되었다. 이러한 사실들을 볼 때, 스마이스가 이후 메노파교회에 긍정적인 생각을 가졌고 합병을 추진한 것은 사실이지만, 신자 침례를 실시하던 때까지 스마이스에 끼친 재침례교주의의 영향은 미미한 것이었다고 했다.[63]

스티븐 브라클로(Stephen Brachlow) 역시 1610년까지 스마이스가 재침례교로부터 직접적인 영향을 받았다는 증거가 없다는 점을 분명히 하였다. 그는 부활한 주님의 임재가 스마이스 신학의 핵심이라 해도 그것을 꼭 재침례교의 영향으로 해석할 필요가 없는데, 교회를 살아있는 가시적 기관으로 보는 청교도 교회론으로 그리스도의 임재 사상은 설명 가능하기 때문이라 하였다. 브라클로는 스마이스의 성령에 대한 강조 역시 청교도 영성주의로 해석 가능하다고 하였다. 즉 청교도들 가운데 많은 사람들은 성경 외의 계시를 믿지 않지만, 성령께서 주시는 빛에 순종하면 성경에 계시되어 있는 진리를 더 깊이 깨닫게 된다고 생각하였는데, 스마이스의 내적 말씀에 대한 강조 역시 이러한 맥락에서 해석될 수 있다고 하였다.[64] 그는 또한 스마이스의 회중주의와 조건 언약은 분리파 청교도주의에서 비롯된 것이지 재침례교회의 영향에서 온 것이 아니라고 했다. 스마이스가 마태복음 18장 15-20절을 민주주의적 회중주의로 해석하였는데, 그러한 해석은 분리파 청교도들이 이미 30년 전에 했던 해석이었음을 지적하였다. 브라클로는 순종을 강조하는 조건 언약도 좌파 청교도주의에서 이미 주장되어 온 것이라고 하였다.[65] 이처럼 브라클로는 재침례교주의 사상이 스마이스에게 영향을 끼쳤다는 주장에 대해 조목조목 반박 논리를 펼쳤다.

토마스 헬위스와
영국 일반침례교회의 시작

침례교를 창시한 사람은 존 스마이스였으나, 세계 침례교회의 실질적인 모교회인 영국 일반침례교회를 설립한 사람은 토마스 헬위스였다. 그는 최초의 침례교회가 메노파교회에 합병되는 것을 반대하고, 뜻을 같이 하는 사람들과 영국으로 돌아가 1612년에 일반침례교회를 세웠다. 만일 헬위스 그룹이 그렇게 하지 않았다면, 비록 1630년대에 등장한 영국 칼빈주의 침례교도들이 특수침례교회를 시작하였을 것이지만, 적어도 일반침례교회는 존재하지 못했을 것이다. 헬위스는 일반침례교회의 설립뿐만 아니라 침례교의 정체성을 이루는 교리와 사상을 정립하고 후세에게 물려준 공헌을 하였다. 이런 측면에서 영국 일반침례교회의 역사는 헬위스의 생애와 활동을 살펴보는 것에서 시작되어야 한다.

1. 토마스 헬위스의 출생과 성장

| 토마스 헬위스(Thomas Helwys, c.1575–c.1614)

토마스 헬위스(Thomas Helwys, c.1575–c.1614)는 에드먼드와 마가렛(Edmund and Margaret Helwys)의 장남으로 약 1575년경 영국의 노팅험셔(Nottinghamshire)에서 태어났다. 그의 조상은 오래된 영국 가문으로 13세기부터 17세기 초반까지 노팅험셔 근교에 살면서 성공한 농부의 가문을 일구었다. 아버지 에드먼드는 지역의 지주로서 브록스토 홀(Broxtowe Hall)이라 불리는 넓은 장원을 건설하였다.[66] 에드먼드는 법학을 공부했으나 스스로를 신학자로 여겼으며, 1589년에는 『해독된 기이한 것들』(A Marvel Deciphered)이라는 묵시에 관한 소책자를 쓰기도 하였다. 이 책에서 에드먼드는 계시록 12장에 나오는 용은 교황을 가리킨다고 하였다. 헬위스 역시 자신의 책, 『불법의 신비에 관한 짧은 선언문』(A Short Declaration of Mystery of Iniquity)에서 교황에 대해 유사한 결론을 내렸다.[67] 이것은 헬위스가 아버지로부터 신앙적 영향을 많이 받았음을 보여준다. 에드먼드는 1590년에 세상을 떠났으며, 그의 장

남에게 브록스토 홀을 유산으로 물려주었다. 당시에 헬위스는 큰 재산을 운영하기에 너무 어린 나이였기 때문에 아버지의 친구들과 삼촌들이 재산을 대신 관리해주었다.[68]

헬위스는 1592년 런던에 있는 법률학교인 그레이스 인(Gray's Inn)에 입학하였다. 그가 이 학교를 택하게 된 것은 런던의 부유한 상인으로 1607년에 런던 시 행정관으로 봉직하였던 삼촌 제프리(Geoffrey)의 영향 때문인 것으로 보인다. 그레이스 인은 캠브리지나 옥스퍼드와 달리 교회법은 다루지 않고, 영국보통법(English Common Law)을 중점적으로 가르쳤고, 교회직에 관심이 없는 부자 집 자녀들이 주로 가는 학교였다.[69] 그레이스 인은 영국 법조인들이 주도적으로 런던에 세운 4개의 법률학교 중 가장 유명한 학교로서, 토마스 크롬웰(Thomas Cromwell)과 프란시스 베이컨(Francis Bacon)을 배출한 명문학교였다. 헬위스는 1592년 1월 입학해서 1594년 후반까지 재학하면서 일반학문뿐만 아니라 영국법에 관한 지식을 습득하였다.[70] 헬위스는 당시 런던에서 청교도주의 신앙을 접했을 것으로 보인다. 엘리자베스 1세(1558-1603)는 1593년에 분리파 청교도 지도자 존 그린우드(John Greenwood), 헨리 베로우(Henry Barrow), 존 펜리(John Penry) 등을 처형하였는데, 이 사건은 당시 런던의 큰 사건으로 많이 회자되었다. 특히 베로우는 1576년에 그레이스 인에서 공부한 사람이었기 때문에, 헬위스는 분명히 이 사건을 알았을 것이다.[71] 헬위스는 3년간의 학업을 마친 후 1595년 초엽에 고향으로 돌아왔다. 그리고 그 해 12월 3일 조앤 애쉬모어(Joan Ashmore)와 결혼하여 브록스토 홀에 신혼집을 장만하였다. 부부는 7명의 자녀를 낳고 기르면서 평범한 지주의 삶을 살았다. 그러는 과정에서 헬위스는 절친한 친구였던 리처드 버나드(Richard Bernard)를 통해 청교도 운동에 동참하게 되었고, 종종 브록스토 홀의 저택을 청교도 예배장소로 사용하도록 했다.[72]

2. 존 스마이스와의 만남

헬위스는 스마이스를 만나며 인생에 큰 전환점을 맞게 되었다. 스마이스가 1600년부터 1602년까지 교사로 봉직하던 링컨(Lincoln) 시는 브록스토 홀과 불과 몇 마일 밖에 안 되는 가까운 거리에 있었다. 스마이스는 당시에 청교도 신앙을 설파하고 있었다. 헬위스는 가까운 거리 있는 청교도 교사에게 관심을 갖게 되었다. 두 사람은 1600년경에 만났고, 스마이스는 가끔 브룩스토 홀에서 설교를 하기도 했다.[73] 스마이스는 성공회를 비판하여 1602년 10월 13일 링컨 시 교사직을 잃고, 설교자 자격도 박탈당했으며,[74] 1606년에는 게인스보로 마을에서 무자격자로서 설교했다는 이유로 심한 질책과 엄중한 경고를 받았다. 이러한 고난은 스마이스의 만성 폐결핵을 악화시켜 목숨을 위협하기에 이르렀으며, 헬위스는 스마이스를 자신의 집으로 데려와 수 개월간 치료하고 회복시켜주었다. 둘은 막역한 사이가 되었다.[75]

헬위스와 스마이스는 국교회의 개혁은 불가능하다고 보고 성공회를 떠나기로 결정하였다. 1606년 게인스보로교회를 세워 스마이스는 담임 목사가 되고, 헬위스는 든든한 후원자가 되었다. 리처드 클리프톤(Richard Clifton), 존 로빈슨(John Robinson), 윌리엄 브루스터(William Brewster), 윌리엄 브래드포드(William Bradford) 등도 합세했다. 이들은 후에 스크루비에 따로 교회를 세워 독립했다.[76] 게인스보로교회는 비국교도에 대한 가혹한 박해를 피해 종교의 자유가 보장된 네덜란드로 이주하기로 결정하였고, 1607년 암스테르담에 도착했다. 헬위스가 교인들의 여행 경비 대부분을 부담하였는데, 그래서 그랬는지 미처 남편과 함께 네덜란드로 가지 못한 헬위스의 아내 조앤은 투옥되어 3개월간의 옥고를 치렀다.[77] 게인스보로교회는 암스테르담에 있던 워터랜더 메노파교회(Waterlander Mennonite Church)의 교인 얀 문터(Jan Munter)가 빵가게로 사용했던 이층짜리 건물을 임대해 주거와 예배당으로 사용했다. 1608년에 암스테르담으로 온 스크루비교회는 스마이스의 엄격한 태도를 싫어했기 때문에 게인스보로교회에 합류하지 않고 독립된 교회로 남아있었다. 그들은 1609년 4월 말에 레이덴(Leyden)으로 이사하여 정착하였다.[78]

3. 침례교 정체성 수호를 위한 투쟁

게인스로보교회는 1609년 초에 침례교회로 전향하면서 동료 영국인들에게 엄청난 비난을 받았다. 특히 스마이스는 자신에게 침례를 베푼 것에 대해 심한 조롱과 비판을 받게 되었다. 그때 스마이스의 친구 존 헤더링톤(John

Hetherington)은 고통스러워하는 스마이스에게 주변의 메노파교회로부터 침례식 집례를 요청하였으면 좋았을 것이라는 요지의 편지를 보냈다. 이후 스마이스는 메노파교회에 대해 진지하게 살펴보기 시작했고, 참된 침례는 메노파교회만이 계승해왔다고 확신하게 되었다. 스마이스는 교인들에게 자신이 행한 침례는 계승이 결여된 침례이므로 메노파교회에서 다시 침례를 받고 그 교회에 가입하자고 설득하였고, 다수의 교인들이 그렇게 하기로 결정하였다.[79] 하지만 헬위스와 소수의 무리는 결연하게 반대했다. 그들은 스마이스로부터 받은 침례는 합법적이고 정당하며 또 다른 침례는 불필요하다고 주장했다. 그러나 다수파는 이들의 외침을 받아들이지 않았으며, 두 그룹은 결국 결별의 수순을 밟아나갔다.

헬위스는 스마이스가 계승론, 기독론, 칭의론, 교회론에서 재침례교 신학을 받아들였기 때문에 그와 갈라서게 되었다고 했다. 그는 스마이스가 헛된 계승설을 믿어서, 두 세 명이 모인 곳에 함께 있다고 한 그리스도의 약속을 부인하게 되었다고 주장했다.[80] 헬위스는 누가, 언제, 어디에서 계승받았는지 증명할 수 없기 때문에, 계승설은 결코 신앙의 기초가 될 수 없다고 하였다. 그는 누가 성령과 성경을 독점하여, 자신들 외에는 하나님의 성례를 집전할 수 없다고 감히 말할 수 있느냐고 반문하며, 계승설은 전 시대의 모든 곳의 모든 사람들에게 주어진 복음의 자유에도 반대되는 것이라고 주장했다.[81] 이에 대해 스마이스는 만약 헬위스의 주장대로 한다면 부적격한 사람들에 의해 수많은 침례가 양산되며, 결국 커다란 혼란을 초래하게 될 것이라고 했다.[82] 헬위스는 스마이스가 메노파의 속임수에 빠져서 그리스도의 참된 인성을 부인하며, 이신칭의 대신 인간의 내재된 의로움을 믿고, 위정자는 교회회원이 될 수 없다는 잘못된 주장을 한다고 비난했다.[83]

헬위스는 스마이스 그룹이 메노파교회에 가입하는 것을 저지하기 위해 워터랜더 메노파교회에 편지를 보냈는데, 그 내용은 스마이스 그룹은 신앙이 안정되지 않고 혼란한 사람들이며, 죄를 짓고도 회개하지 않아 자신들이 출교시킨 사람들이라는 것이었다. 헬위스는 스마이스 그룹을 받아들이면 워터랜더 교회도 함께 더렵혀질 수 있으므로 받아들이지 말 것을 권고하였다.[84] 이와 같은 헬위스의 적극적인 방해 활동은 어느 정도 효과를 낸 것으로 보인다. 워터랜더 교회는 스마이스 그룹의 가입 신청을 즉각 수락하려 했으나, 결정을 미루고 면밀히 검토하기로 했다.[85] 헬위스 무리는 시간을 끄는 데 성공했으나 통합을 이루지 못했다. 1611년에 이르자 헬위스는 스마이스 그룹과 의견을 일치시키는 것이 불가능함을 깨닫게 되었다. 그는 워터랜더 교회와 합치면 정체성을 잃게 되고 영국으로 다시는 돌아가지 못할 것으로 생각했다. 스마이스는 네덜란드로 온 것을 영구적인 이민으로 생각했으나, 헬위스는 일시적인 망명으로 생각했던 것이다.[86]

4. 영국 일반침례교회의 설립과 순교

헬위스 무리는 박해를 피해 도망 간 것은 비겁하고 잘못된 결정이었다고 생각하고, 결국 1612년에 영국으로 다시 돌아갔다. 그들은 런던 근교 스피탈필드 (Spitalfield)에 교회를 세웠는데, 이것은 영국 최초의 침례교회로 스마이스가 암스테르담에 세운 교회와는 다른 교회였다.[87] 당시 영국은 비국교도들에 대해 강한 박해를 하던 때였다. 헬위스 무리가 영국에 도착하기 직전에 이미 두 명이 처형을 당했다. 바돌로뮤 리게이트(Bartholomew Legate)는 1611년 3월 18일 아리우스주의를 전파한다는 죄목으로 스미스필드(Smithfiled) 형장에서 죽임 당했고, 에드워드 와이트맨(Edward Wightman)은 재침례교도라는 이유로 1612년 4월 11일 처형되었다.[88] 헬위스는 이러한 사건에 대해 들었으며 자신도 같은 운명에 처할 가능성이 있음을 알았음에도 돌아가기로 결정했다. 그 이유는 첫째, 남겨진 아내와 아이들에 대한 염려와 그리움이며, 둘째, 고국의 교회를 변화시키는 사명을 저버리고 피난 간 것을 비판하는 영국 내 분리파들을 의식했을 것이고, 셋째, 서포크(Suffolk) 지역에 있는 분리파들과 그동안 계속 이어 온 관계가 영향을 끼쳤을 것이다.[89] 스크루비교회 목사이자 이전 동료였던 존 로빈슨은 헬위스 그룹이 이국땅에서 사는 것이 너무 힘들었고, 불법적으로 망명한 것도 부담스러워 돌아갔다고 하였다.[90]

헬위스는 영국으로 돌아가자 곧바로『불법의 신비에 관한 짧은 선언문』을 국왕 제임스 1세(1603-25)에게 헌정하였다. 이것은 완전한 종교의 자유를 주장하는 영어로 출판된 최초의 책이었다.[91] 이 책에서 헬위스는 왕은 백성들에게 세속적인 모든 사항은 명령할 수 있으나, 신앙과 영혼에 관한 것은 그렇게 할 수 없다고 주장했다. 하지만 당시는 대부분의 영국인들이 사회적 안정을 위해 하나의 종교만 있어야 한다고 믿은 때였다. 특히 제임스 1세는 "주교가 없으면 왕도 없다." 즉 국왕과 성공회 수장은 결코 분리될 수 없음을 주장하는 철저한 국교회주의자였다. 그런 상황에서 정교분리를 부르짖는 것은 곧 반역과 무정부주의로 간주되었다.[92] 헬위스는 "만일 우리가 우리 주 왕께서 비밀스러운 음모나 혹은 공개적으로 습격당하는 것을 본다면, 심지어 우리의 목숨을 잃는 한이 있어도 왕을 구하고 보호하는 일을 하지 않을 수 없을 것입니다." 라며 자신들은 결코 반역 집단이 아님을 강조하였다.[93] 그러나 아무런 소용이 없었다. 제임스 1세는 헬위스가 자신에게 감히 해야 할 일과 하지 말아야 할 일을 공개적으로 말하고, 국교회를 공격하는 반역죄를 저질렀다고 하였다. 헬위스는 즉시 뉴게이트(Newgate) 감옥으로 던져졌으며, 그곳에서 1614년에서 1616년 사이 어느 날 사망하였다.[94]

5. 헬위스의 침례교 정체성 변호

헬위스는 모든 신학과 행습을 성경에 비추어 보아, 받아들일 것과 배척할 것을 구분하였다. 헬위스는 이러한 원칙으로 영국 일반침례교회의 신학과 행습을 정립하였다. 그는 성경중심주의라는 기준으로 재침례교, 로마가톨릭, 성공회, 청교도, 분리파 청교도 등을 비판하고 침례교회가 이들과 어떤 면에서 다른지를 밝혔다.

1) 재침례교주의를 반대함
(1) 기독론 오류에 관하여

헬위스는 재침례교의 기독론, 즉 그리스도께서 마리아를 통해 육신을 입지 않았으며, 그의 몸은 인간의 육체와 다른 천상의 육체였다는 주장은 이단사설이라고 정죄했다. 그는 고린도전서 15장에서 바울은 천상의 몸은 신령하고 죽지 않는 몸이라고 했는데, 그리스도의 몸은 죽었기 때문에 천상의 몸이 아니라 지상의 몸이어야 한다고 했다. 헬위스는 히브리서 4장 15절과 5장 2절은 그리스도가 우리와 똑같이 시험 받았다고 하고, 마태복음 4장 2절, 26장 41절, 요한복음 4장 6절, 마가복음 14장 33-34절 등은 주님이 배고프고 피곤을 느꼈다고 했으니, 예수님도 연약한 육체를 가진 것이 확실하다고 하였다.[95] 헬위스는 메노파 교도들

중 일부는 "그가 죽은 것은 쇼에 불과하다." 라는 저주 받을 말을 한다고 하였다. 그는 고린도전서 15장에 의거하여 그리스도의 죽음과 부활을 믿지 않으면 죽은 자의 부활도 없고, 우리의 신앙도 전도도 헛것이 된다고 했다. 또한 부활하신 그리스도는 게바와 12제자, 그리고 500여명의 신도들에게 보이셨음을 강조했다. 헬위스는 그리스도의 부활이 쇼라고 하는 것은 사악한 신성 모독이며 성경에 위배된다고 하였다.[96]

(2) 계승설에 관하여

메노파교인들은 자신들의 교회만이 성례를 온전하게 보존하고 있는 유일한 교회이므로, 다른 교회들은 메노파교회로부터 성례를 전수 받아야 참된 성례를 베풀 수 있다고 주장했다. 이에 대해 헬위스는 이사야 2장 3절과 시편 110편 2절에 예루살렘과 시온에서 하나님 말씀과 율법이 나온다고 하였는데, 메노파(재침례교)의 주장이 사실이 되려면 메노파교회가 예루살렘과 시온이 되어야 하나 결코 그렇지 않다고 하였다. 또한 시편 122편 3-4절과 125편 1절을 볼 때, 지상의 예루살렘은 계시록 21장에 나오는 영원한 하늘 예루살렘과 연결되어 있는데, 메노파교회는 지상의 예루살렘이 아니라고 하였다.[97] 헬위스는 메노파 교회는 새 예루살렘이 아니며 모든 신자들의 어머니가 될 수도 없기 때문에, 계승설은 모든 교회의 어머니임을 자처하는 적그리스도적인 로마가톨릭의 주장과 같은 것이라고 하였다. 또한 복음을 전파하고 침례를 주라는 예수님의 명령은 모든 사람들에게 해당되는 일반적인 명령이며, 이것은 계승설이 근거가 없음을 명확히 보여주는 것이라 하였다.[98]

(3) 위정자에 관하여

헬위스는 로마서 13장 1-7절에서 하나님은 위정자들에게 정의를 세우는 일을 위임하셨기 때문에, 위정자들을 위해 기도하고 그들의 명령에 기꺼이 순종해야 한다고 믿었다. 그는 위정자는 교회회원이 될 수 없다는 메노파의 주장은 사탄의 교리로서, 위정자들을 교회에서 배제시키는 것은 그리스도의 왕국에서 배제시키는 것과 마찬가지가 된다. 그렇게 되면 위정자들은 하나님이 주신 직분과 사역으로 인해 구원에서 배제되는 결과가 되는데, 그러한 주장은 신성모독의 죄가 된다고 하였다.[99] 헬위스는 또한 메노파의 평화주의도 반대하였다. 그는 하나님이 행악 자들을 벌하도록 위정자에게 칼을 주셨으며, 행악 자를 벌하는 것은 하나님의 명령이며 선한 일이라고 하였다.[100]

2) 로마 가톨릭교회를 반대함

헬위스는 자신이 살고 있는 때를 종말의 시대로 생각했으며, 가톨릭교회를 계시록에 나오는 첫 번째 짐승으로 보았다. 그는 다니엘 9장 27절의 스스로를 높이는 죄인과, 계시록 13장 7절의 성도들과 싸워 이기고 지상의 사람들에게서 경배 받는 짐승에 대한 예언은 모두 가톨릭교회로 성취되었다고 하였다. 헬위스는 교황은 스스로를 하나님처럼 보이게 하고, 하나님을 대적하며 신성 모독 하는데, 교황을 따르는 자들은 그와 함께 영원히 파멸될 것이라고 주장했다.[101]

3) 성공회를 반대함

헬위스는 계시록 13장 11-18절에 나오는 두 번째 짐승은 성공회를 가리키는데, 대주교, 주교로 이어지는 성직지배체제는 사람들에게 강제로 순종을 요구하는 짐승의 이미지라고 했다. 헬위스는 공동기도서의 의무적 사용도 반대하였다. 그리스도와 제자들은 예배의식서를 만들어 지키라고 명한 적이 없는데, 무슨 권력으로 기도서를 만들어 사람들을 구속하는가? 예배의 시간, 장소, 제목을 정하는 기준을 어디에서 발견할 수 있나? 인간이 고안하여 만든 기도와 회개를 가지고 주님으로 하여금 받아들이도록 강제할 수 있는 것인가? 라는 질문을 하면서 성공회는 자신의 예배를 거행하는 것이며, 주님의 예배를 추구하는 것이 아니라고 하였다.[102] 헬위스는 또한 성공회의 출교에 대해서도 비판하였다. 그는 하나님을 신실하게 섬기려 하는 사람들을 쫓아내는 악행은 짐승의 잔인한 힘의 이미지라고 하며, 성공회는 출교의 권한을 통해 온갖 세금, 십일조, 법정비용들을 얻는다고 폭로하고, 이러한 행태는 그리스도의 성스러운 예식에 대한 끔찍한 신성 모독이라 하였다.[103] 헬위스는 성공회의 정교일치주의에 대해서도 비판하였다. 그는 대주교와 주교들이 그리스도의 칼뿐만 아니라 세속의 칼을 가지고 사람들을 압제하며, 언론과 출판의 자유를 부정하고 반대의견을 박해하는 것은 그들이 두 번째 짐승임을 드러내는 것이라 하였다.[104]

4) 청교도주의를 반대함

헬위스는 두 가지 이유를 들며 청교도들을 거짓 선지자로 정죄했다. 첫째 그들은 진리의 길을 알면서도 높은 권위가 허락하지 않는다고 가지 않았고, 둘째 비성서적인 원리로 목사 안수를 받았기 때문이다. 헬위스는 디도서 1장 5절, 사도행전 6장 6절, 13장 1-3절, 14장 23절, 히브리서 6장 1-2절 등에 목사안수에 대한 원리들이 나와 있는 데, 청교도들은 성경대로 하지 않고 타락한 성공회 대주교와 주교들 앞에 무릎을 꿇고 안수 받았다고 비난했다. 헬위스는 "너희들이 말과 글로 두 번째 짐승은 적그리스도적인 성직계급체제라고 하지 않았는가?" 라며, 청교도 지도자들이 자기모순에 빠져 짐승의 선지자가 되어 버렸다고 비판했다.[105] 헬위스는 교회의 평화를 위해 불가피하게 성공회를 용인할 수밖에 없다고 하는 청교도들의 주장에 대해, 하나님의 말씀과 반대되는 평화는 참된 평화일 수 없으며, 교회의 평화가 아니라 자신들을 위한 평화일 뿐이라고 공박했다. 그는 청교도들은 성공회로부터 직위와 급여를 받고 있으므로 스스로 박해 받고 있다고 생각지 말아야 하며, 다른 사람들이 그렇게 생각하도록 만들어서도 안 된다고 하였다.[106]

5) 분리파 청교도들을 반대함

헬위스는 영국 분리파의 선구자 로버트 브라운(Robert Browne)을 따르는 브라운주의자들(Brownists)도 거짓 선지자라 했다. 그는 분리파들이 "참된 가시적 교회는 하나님의 말씀에 따라 부름 받고 세상과 구별된 사람들의 모임으로서 그리스도에 대한 자발적인 신앙고백으로 하나님과의 교제에 동참한 사람들"이라고 정의하지만, 실제로는 그리스도의 왕국에 들어가지도 않고, 세상과 분리되지도 않는 사람들이라 하였다. 왜냐하면 사도행전 2장 38절, 갈라디아서 3장 27절의 말씀은 그리스도와 연합되는 방법이 회개하고 침례 받는 것뿐이라고 하는데, 분리주의자들은 성공회에서 받은 세례, 즉 세상의 세례를 보존하고 있으므로 여전히 세상 사람들이며 거짓 고백자라는 것이다.[107] 헬위스는 분리파 청교도들이 성공회를 바빌론이라 칭하고, 그곳에서부터 나와야 한다고 하면서도 바빌론의 은혜언약 증표인 유아세례를 보존하는 것은 기만이라 하였다. 또한 그는 분리파들이 성공회는 거짓 교회이지만 교회가 아닌 것은 아니므로 유아세례는 합법적이라고 주장하는데, 이러한 주장은 그리스도가 참 몸과 거짓 몸의 두 몸을 가져야 한다는 것과 같기 때문에 신성 모독에 해당된다고 하였다. 그러면서 성경은 몸이 하나요, 침례도 하나라고 했으므로 거짓 침례는 침례가 아니라고 주장했다.[108] 이상과 같이 헬위스는 재침례교, 가톨릭, 성공회, 청교도, 분리파 청교도 등을 비판하고, 침례교회와 이들 간의 차이점을 분명히 밝혀 침례교 정체성이 무엇인지 보여주었다.

6. 헬위스의 신학

헬위스는 17세기 영국 일반침례교회 신학의 기초를 놓았기 때문에, 그의 신학을 분석할 필요가 있다.

1) 정통 신론 및 기독론

헬위스는 신론, 삼위일체론, 기독론에서 정통주의 입장에 서 있었다. 그가 쓴 1610년과 1611년의 두 신앙고백서는 성부, 성자, 성령 삼위일체 하나님은 모든 부분에 있어 본질이 같으신 한 분 하나님이며, 우주와 인간의 창조자라고 선언하였다.[109] 그는 특히 메노파의 가현설적 기독론을 경계하였는데, 그것은 1610년 신앙고백서가 기독론을 다루는 제6항이 다른 조항에 비해 월등히 길게 설명되어 있는 것에서 잘 드러난다. 제6항은 예수의 완전한 인성과 부활에 관해 자세히 설명하고 있다. 그리고 1611년 신앙고백서는 예수 그리스도가 "참 하나님이시며 참 인간이라는 두 가지 구별되는 본성을 지니고 계시지만 인격에 있어서는 하나이시다." 라는 정제된 표현으로 정통 기독론을 선언하였다.[110]

2) 혼합주의 구원론

헬위스는 아르미니우스주의 구원론을 기본적으로 따랐으나, 칼빈주의 구원론도 어느 정도 받아들였다. 죄와 자유의지에 대해서는 칼빈주의를, 속죄론, 은총론, 예정론, 견인론에서는 아르미니우스주의를 따랐다. 그는 1610년 신앙고백서를 통해 원죄교리를 주장했으며, 1611년 신앙고백서에서도 "타락 이전에는 사람이 모든 선한 성품을 지녔고 … 그러나 이제는 사람이 타락하여 온갖 죄악에

물들어 선한 성품과 의지를 지니지 못하게 되었다." 라며 인간의 전적타락을 선포하였다.[111] 헬위스는 원죄와 전적타락을 믿었으나 불가항력적 은총은 거부했다. 그는 1610년 신앙고백서에서 "인간에게는 성령을 거부할 수 있는 능력이 있고 주님에게서 멀어질 수 있다." 라고 하였으며, 1611년 신앙고백서에서 "사람이 그 은총을 받을 수도, 거절할 수도 있도록 되어있다." 라고 주장했다.[112] 헬위스는 에베소서 2장 8-9절의 말씀을 근거로 인간이 구원과 생명을 결정할 수 있는 내재적 능력과 자유의지는 없다고 하였다. 그러나 요한복음 1장 10-11절, 사도행전 7장 51절, 13장 46절 등을 근거로 인간이 하나님의 은혜를 거부할 수 있는 능력은 있다고 하였다. 인간은 그리스도와 성령을 거부하여 스스로 정죄에 빠질 수 있는 의지적 능력이 있지만, 인간 스스로의 능력으로 구원을 얻을 수는 없다고 하였다.[113]

헬위스는 이중예정론을 배격하고 일반속죄론을 옹호하였다. 그는 "하나님은 영원 전부터 일부 특정한 사람들은 구원으로, 그리고 다른 사람들은 정죄로 작정하셨다. 따라서 그리스도는 일부를 위해서만 속죄하셨다." 라는 사상은 오류이며, 그리스도는 악한 사람을 포함하여 전 인류를 위해 속죄하셨다고 했다.[114] 창세기 3장 15절의 그리스도에 대한 예언과, 요한1서 2장 2절, 고린도후서 5장 15절과 19절, 디모데전서 2장 4-6절, 골로새서 1장 20절, 베드로후서 3장 9절 등은 그리스도가 전 인류를 위해 죽으셨다는 명확한 근거가 된다고 했다.[115] 헬위스는 이중예정론은 철학자들의 헛된 사상으로 하나님을 죄와 악의 창시자로 만드는 신성 모독적인 이론이라고 하였다.[116] 그는 이중예정론은 모든 족속으로 제자를 삼으라는 주님의 복음전도 명령과 맞지 않고, 그리스도의 구속의 은총을 지나치게 감소시키며, 중보기도의 필요를 없게 만드는 등 신앙생활을 완전히 전복시켜 버린다고 하였다.[117] 헬위스는 예지예정론을 받아들여, 1611년 신앙고백서에 "하나님은 사람이 심판을 받을 악인이 되도록 예정하신 것이 아니라, 악인이 된 자가 심판 받도록 예정하신 것이다." 라고 주장했다.[118]

헬위스는 유아 때 죽은 아기는 구원받을 것이라 했다. 그리스도의 속죄가 모든 사람들에게 해당되는 것과, 누가복음 18장이나 마태복음 18장에서 예수께서 천국은 아이들의 것이라고 말한 것을 근거로 제시했다. 그는 "터키 족의 유아들"을 포함하여 세상의 모든 유아들은 구원 받는다고 주장했다.[119] 헬위스는 견인론을 부인하고 구원의 상실 가능성을 인정하였다. 1611년 신앙고백서에서 "의인은 자기 의를 버리고 멸망할 수도 있다. 그러므로 어떤 사람이든지 한번 은총을 입으면 언제나 그 은총을 보유한다고 생각할 수는 없다." 라고 천명하였다.[120]

3) 침례교 교회론

헬위스는 교회는 신자들의 모임이라는 신앙을 1611년 신앙고백서에 진술하였다: "그리스도의 교회는 하나님의 말씀과 성령으로 말미암아 이 세상으로부터 갈라놓은 신앙 있는 사람들의 모임이며 … 침례에 의하여 주님과 결합하며, 또는 서로 연결되는 모임이다."[121] 헬위스는 침례는 죄에 대해 죽은 것과 새로운 생명으로 살아갈 것에 대한 외적인 표시이므로 유아들에게는 결코 해당되지 않는다고 하였다. 그리고 "주의 만찬은 그리스도와 성도 사이의 영적 교제에 대한 외부적 표시이며, 그리스도의 재림 때까지 그의 죽음을 선포하는 것"이라 하였다.[122] 헬위스는 또한 모든 신자의 평등한 권리를 보장하는 회중주의와 개교회의 자치를 보장하는 개교회주의를 믿었다. 개별 교회는 목사와 목회, 재정과 사업에 있어서 독자적으로 결정할 수 있다고 하였다.[123] 그는 교회직분으로 목사와 집사만 인정하고, 치리장로의 개념은 거부하였다. 교회직분에 관해 헬위스는 1611년 신앙고백서에서 "각 개교회의 직위자는 장로와 집사로 한다. … 장로에 있어서는 유일한 규정 밖에 없으므로 유일한 종류의 장로가 존재할 뿐이다." 라고 선언하였다.[124]

4) 종교의 자유와 정교분리

헬위스는 종교의 자유와 정교분리를 믿었다. 그는 재침례교와 같은 물리적 분리가 아닌 영적인 분리를 주장했는데, 즉 교회와 정부는 서로 영역이 다르기 때문에 영역을 침해해서는 안 된다는 것이다. 1611년 신앙고백서의 24항은 이 사상을 잘 나타내주고 있다.

정부는 하나님이 거룩하게 세우신 것이다. 따라서 모든 사람은 두려움 때문이 아니라 양심을 위해 복종해야 한다. 위정자들은 우리의 복지를 위한 하나님의 사역자이다. 그들은 무의미하게 무력을 행사하지 않는다. 하나님의 종으로서 악을 행한 자들을 징벌한다. 그러므로 존엄한 위치에 있는 위정자들을 악평하거나 정부를 무시하는 것은 무서운 죄이다. 우리는 납세를 비롯하여 그 밖의 모든 의무를 다해야 한다. … 그들은 관직을 유지하면서도 그리스도 교회의 신자가 될 수 있다. 왜냐하면 하나님의 거룩한 법은 누구도 그리스도 교회의 신자가 되는 것을 금하지 않기 때문이다.[125]

헬위스는 정교분리와 더불어 종교의 자유와 양심의 자유는 인정되어야 한다고 믿었다. 그는 영국 왕에게 다음과 같이 촉구하였다.

우리 주 왕은 지상의 왕일뿐입니다. 지상의 사안들에 관해서만 권한이 있습니다. 왕이 만드신 인간사와 관련한 모든 법에 왕의 백성들과 신하들이 복종하고 신실하게 지키면 우리 주 왕은 더 이상의 것을 요구할 수 없습니다. 왜냐하면 하나님에 대한 인간의 신앙은 하나님과 그들 사이의 문제이기 때문입니다. 왕이 그것을 대신해서는 안 됩니다. 왕은 하나님과 인간 사이를 판단하려고 해서도 안됩니다. 그들이 이단이든, 회교든, 유대교든 혹은 그 어떤 것이 되든지 내버려 두십시오. 그들을 조금이라고 징벌하는 것은 세속적 권력에 속한 것이 아닙니다.[126]

이처럼 헬위스의 종교의 자유와 정교분리 사상은 긍정적인 국가관에 기초하였다. 애국주의는 침례교회가 존속하고 큰 교단으로 발전하게 된 핵심적 요소 중 하나였다.

헬위스는 신학대학에서 정식으로 신학을 배우지는 않았으나, 성경에 대한 깊이 있는 연구를 통해 침례교 교리와 정신을 세웠다. 그는 재침례교, 로마 가톨릭, 성공회, 청교도주의, 그리고 분리파 청교도주의가 어떤 면에서 침례교 신앙과 다른지 명료하게 설명하여 침례교 정체성의 기초를 세웠다. 헬위스는 신론과 기독론에서는 정통 신앙을 옹호하여 침례교회로 하여금 정통주의 신앙전통을 굳게 지키는 교단이 되도록 하였다. 아르미니우스주의가 주를 이루되 칼빈주의도 어느 정도 가미된 그의 구원론은 영국 일반침례교회 구원론의 기초가 되었다. 그의 침례교 교회론, 그리고 정교분리와 신앙의 자유는 세계 침례교회들이 오늘날까지 진리로 믿는 사상이다. 헬위스는 수많은 어려움 속에서도, 심지어 목숨을 내놓으면서까지 침례교 신앙전통을 지키고 전수한 침례교도들의 아버지였다.

스크루비교회

게인스보로교회의 자매 교회인 스크루비교회는 1608년 봄에 네덜란드 암스테르담에 왔다. 신앙을 지키기 위해 어쩔 수 없이 타국으로 왔으나, 말도 통하지 않고 문화도 다른 곳에서 살아가는 일은 결코 쉽지 않았다. 스크루비교회의 지도자 윌리엄 브래드포드는 당시를 다음과 같이 회고하였다.

> 이렇게 나라와 고향, 그 땅과 삶, 가까운 친척들과 친구들, 이 모든 것을 떠나야만 했던 우리를 사람들은 기이해 하는 눈으로 바라보는 것이었다. 풍문으로 들은 것 외에 아는 것이라곤 하나도 없는 낯설고 막막한, 아직도 전쟁[화란의 독립전쟁]의 와중에 있는 땅에서 그곳의 낯선 언어를 새로 배우고 낯선 삶을 새로 꾸려 나가야 한다는 것 … 이것은 거의 절망에 가까운 모험이자 죽음보다 더 비참한, 참으로 견뎌내기 힘든 일로 보였다. … 순박한 농촌생활에 젖어 농사일밖에 모르던 사람들이 전문기술과 상업을 주된 수단으로 삼고 있는 나라에서 과연 어떻게 살아갈 수 있을지 … 하지만 이런 사정들이 그들을 간혹 곤혹스럽게 했을지는 몰라도 그 발걸음을 멈추게 할 수는 없었다. 그들의 소망은 하나님께 있었고, 그의 계명을 순종하는 일이 그들의 기쁨이었기 때문이다. 그들은 하나님의 섭리를 굳게 믿었고, 그들의 믿음의 대상이 어떤 분인가를 확실히 알고 있었던 것이다.[127]

스크루비교회는 암스테르담에 도착한 지 약 1년이 지난, 1609년 5월 1일 수공업으로 유명한 레이덴(Leyden)으로 옮겼다. 그들은 담임목사인 존 로빈슨과 장로 윌리엄 브루스터의 지도하에 새로운 곳에 안정적으로 정착하였다. 어떤 이들은 수공업 기술을 배워 취업에 나섰고, 브래드포드는 양복 기술자가 되어 양복점을 운영하였다. 그는 망명 청교도 중에서 최초로 레이덴 시민권을 획득한 사람이기도 했다. 교회는 주일예배를 성도들의 집에서 드리다가, 1611년에 그린게이트(Green Gate)라는 단독 건물을 구입해 예배당으로 사용하였다.[128]

스크루비교회는 몇 가지 문제로 어려움을 겪었다. 첫째는 당시 네덜란드에서 일어난 아르미니우스주의와 칼빈주의의 신학 논쟁 때문이었다. 스크루비 망명교회는 원래 논쟁에 개입할 의도가 전혀 없었으나, 칼빈주의자들의 자극으로 로빈슨 목사가 아르미니우스주의를 반대하는 주장을 펼쳤고, 곧장 아르미니우스파의 격렬한 반감을 사게 되었다. 그들이 네덜란드에 계속 정착할 수 있을지 걱정할 정도였다.[129] 둘째는 윌리엄 브루스터의 문제였다. 그는 1617년에 조그만 인쇄소를 소유하였고, 그것을 통해 영국 국교회의 잘못을 지적하고 분리파 신앙의 정당성을 옹호하는 책자를 출판하였다. 그 책자는 곧장 영국으로 흘러들어갔고, 격분한 영국 왕 제임스1세는 브루스터의 체포 명령을 내렸다. 브루스터는 잠적할 수밖에 없었고, 그것은 망명 교회 전체를 불안하게 하였다. 셋째는 망명자들 가운데 극심한 생활고로 인해 차라리 고국의 감옥에 있는 것이 낫다는 생각을 하는 사람들이 생겨났다. 그리고 고령자들은 점차 패기를 잃었고, 젊은 사람들은 네덜란드 생활에 적응하며 망명의 대의와 열정을 상실하기 시작했다.[130]

어려운 상황이 가중되면서 지도자들은 유럽을 떠나 차라리 먼 미개한 지역에 가서 새로운 공동체를 형성하면 어떨까 하는 생각을 하게 되었다. 교회는 지도자들의 의견에 공감하고 그 일을 후에 플리머스의 초대 주지사가 될 존 카버(John Cover)와 그린게이트 집사 로버트 쿠쉬먼(Robert Cushman)을 선임하여 추진토록 했다. 두 사람에게 버지니아 식민지 당국과 협상하여, 새로운 정착지 건설 허가를 받아내는 것을 맡겼다.[131] 스크루비교회 교인들은 영국인 대상 토마스 웨스턴(Thomas Weston)을 비롯한 70명의 런던 상인들과 합동으로 주식회사를 설립하여 함께 신대륙에 정착지를 세우는 일을 할 것과, 그곳으로 가는 배 운임과 필요 재원들은 상인들이 일단 부담하고 개척자들이 후에 상환하는 조건에 합의하였다.[132]

선발대 30명은 1620년 7월 22일에 네덜란드를 떠나 영국으로 가는 배에 몸을 실었다. 브루스터의 아내 메리(Mary)는 다섯 자녀 중 둘만을 데리고 갔고, 브루스터는 영국에서 몰래 합류할 계획이었다. 영국 서댐톤(Southampton) 항구에는 웨스턴의 주선으로 180톤 급의 메이플라워(Mayflower)호가 대기하고 있었다. 웨스턴은 이주하는 청교도 수가 적다는 사실을 알고, 섬유직조 기능공, 피혁 기능공 등 전문기술자들과 이주를 희망하는 사람들을 따로 모아놓았다. 청교도들은 이들을 '이방인'(strangers)으로 불렀고, 자신들은 '성도'(saints)로 호칭했다. 이 두 그룹과 구분되는 용인들(servants)이 있었는데, 이들은 식민지 건설과 관련된 잡일을 위해 채용된 사람들이었다. 이방인과 용인들은 모두 국교회 배경을 가지고 있었다. 드디어 1620년 9월 6일 메이플라워호는 신대륙을 향해 출발했다. 그들은 뉴잉글랜드에 회중교회를 세웠다.[133] 게인스보로교회는 침례교회를 스쿠크루비교회는 미국 회중교회를 시작한 것이다.

17세기 영국 일반침례교회의 신학

1. 존 스마이스의 아르미니우스주의 채택

영국 일반침례교회가 아르미니우스주의를 성서적 교리로 믿게 된 것은 교단 창시자인 존 스마이스의 가르침 때문이었다. 스마이스의 신학이 교단의 신앙이 된 것이다. 칼빈주의자였던 스마이스는 1609년 초에 유아세례를 거부하고 신자의 침례를 받아들였고, 곧이어 아르미니우스주의 신앙도 받아들였다. 스마이스는 자신이 아르미니우스주의를 받아들인 시기에 대해 그의 저서 어디에서도 명확하게 밝히지 않았다. 따라서 정확한 날짜를 알아내는 일은 불가능하며, 역사가들 사이에서도 다양한 해석이 존재한다. 하지만 스마이스가 침례교회를 세우기 직전인 1608년 말까지 그는 청교도로서 성경의 권위, 예정, 전적타락 등을 믿었던 칼빈주의자였다.[134] 스마이스는 1609년 초엽에 신자의 침례를 행할 때, 워터랜더 메노나이트교회에 침례식 거행을 요청하지 않았다. 그 이유에 대해 거의 모든 역사가들은 스마이스가 재침례교 신학에 동조하지 않았기 때문이라 하였다. 17세기 영국 특수침례교 지도자 벤자민 키츠(Benjamin Keach)의 사위이자 침례교 역사가인 토마스 크로스비(Thomas Crosby)는 스마이스가 신자의 침례 의식을 워터랜더 교회에 의뢰하지 않은 이유는 메노파의 이단적인 기독론과 관료에 대한 잘못된 해석 때문이라고 하였다. 윌리엄 에스텝, 베링톤 화이트 역시 같은 주장을 펼쳤다.[135] 윌리엄 럼킨은 "메노파는 자유의지, 성육신, 맹세, 그리고 다른 몇 가지 문제들에 관한 그들의 주장에 잘못이 있다는 이유로 제외되었다."라고 하여 아르미니우스주의 자유의지론을 스마이스가 문제로 여긴 것들 중 하나임을 명시적으로 밝혔다.[136] 즉 스마이스는 침례교를 창설할 당시까지는 칼빈주의를 신봉한 사람이었다. 그는 1609년 초 신자의 침례를 행하고 얼마 되지 않은 시기 즉, 1609년 봄이나 여름경에 아르미니우스주의를 받아들였을 것으로 보인다.

스마이스는 유아세례를 거부하고 아르미니우스주의를 받아들이고 난 이후 동료 분리파 청교도들로부터 신랄한 비난을 받게 되었다. 그의 대학교 스승이었으며 초대교회 담임목사인 프란시스 존슨, 초대교회의 교사 헨리 에인스워스(Henry Ainsworth), 그리고 영국 게인스보로에서 스마이스의 동역자였고 함께 화란으로 피신해온 리차드 클리프톤(Richard Clifton)과 존 로빈슨 등은 스마이스에게 맹공격을 퍼부었다. 그들은 스마이스에게 재침례교로 가든지 아니면 다시 청교도로 돌아오던지 선택하라고 압박했다.[137] 이처럼 스마이스와 게인스보로 회중이 신자의 침례와 아르미니우스주의를 받아들인 것은 네덜란드에 망명 온 영국 기독교인들에게 엄청난 충격으로 다가왔다.

스마이스가 아르미니우스주의로 전향한 이유에 대해 스마이스가 성경공부를 통해 스스로 깨달았다는 것과 메노파교회의 영향으로 인해 그렇게 됐다는 두 가지 이론이 있다. 첫 번째 이론을 가장 먼저 주장한 사람은 19세기 침례교 역사가 아담 테일러(Adam Taylor)였다. "신연합"(New Connection) 창설자 다니엘 테일러(Daniel Taylor)의 조카인 테일러는 1818년에 출판한 『영국 일반침례교회 역사』(*The History of the English General Baptists*)에서 스마이스가 네덜란드에서 성경연구를 하는 가운데 칼빈주의 이중예정은 잘못된 교리임을 발견하고 공개적으로 거부하였다고 했다.[138] 테일러와 동시대 역사가인 리차드 나이트(Richard Knight) 역시 스마이스가 성경연구를 통해 이중예정과 유아세례를 반대하게 되었다고 하였다.[139]

20세기 역사가들은 스마이스가 청교도 시절에 이미 아르미니우스주의를 어느 정도 용인했을 것이라는 주장을 펼쳤다. 로니 클리버(Lonnie Kliever)는 스마이스가 교수로 있던 1590년대 시절 그리스도 대학의 동료 교수였으며, 아르미니우스주의자였던 피터 바로(Peter Baro)의 영향으로 아르미니우스주의를 받아들이게 되었다고 주장했다.[140] 스티븐 브라클로(Stephen Brachlow)는 영국 청교도들이 선행을 구원의 확신의 기준으로 간주하는 경향이 있었음을 지적하며, 아르미니우스주의 구원론이 청교도 사상 안에 포함되었을 것이며, 스마이스가 이러한 사상적 조류에 영향을 받았을 것이라 하였다.[141] 브라클로는 분리파 청교도들은 일방 혹은 무조건 언약을 버리고 쌍방 혹은 조건 언약론에 기초하여 교회론을 세웠으며, 그것은 교회론과 구원론을 연계시키게 되었고, 결과적으로 구원에 있어 성도의 삶을 강조하는 전통이 생기게 되었다고 하였다. 그들은 구원의 확신 혹은 택자를 '정통 교리를 믿고 성화된 삶을 사는 사람'으로 정의하였으며, 그것은 청교도 신학 안에 아르미니우스주의가 용인될 수 있는 길을 열게 되었고, 스마이스는 이러한 신앙 전통의 영향을 받았을 것이라 하였다.[142] 베링톤 화이트도 같은 주장을 펼쳤다.[143]

스마이스 자신도 "나는 나에게 계시된 의심할 바 없고 확실한 진리를 변호한다." 라고 말하여, 아르미니우스주의 채택한 것은 자신의 성경 연구에서 비롯되었다는 것을 밝혔다. 그는 자신을 공격한 망명 영국 청교도들에게 "당신들은 주님과 그의 진리를 사랑하며 그것에 의지하는 사람들이다. 진리를 추구하고 받아들이며 거부하지 마시오. 만일 우리에게 잘못이 있다면 그것을 보여주시오." 라고 도전하기도 하였다.[144] 이상과 같은 내용들에 따르면, 스마이스는 분리파 청교도로서 스스로의 성경연구를 통해 아르미니우스주의를 받아들였다고 결론내릴 수 있다.

두 번째 이론은 재침례교회의 영향이 아르미니우스주의를 받아들인 결정적 이유라는 것이다. 윌리엄 에스텝은 스마이스 그룹은 인접한 워터랜더 메노파교회로부터 정규적인 재정지원을 받았으며, 한스 데 리스(Hans de Ries)와 얀 문터(Jan Munter) 등 워터랜더 교회와의 일상적인 접촉을 통해 아르미니우스주의 신학을 받아들였을 것으로 보았다.[145] 에스텝은 스마이스가 신약성경에 기초하여 교회의 모든 예배와 정체를 만든 것은 재침례교회의 패턴을 따른 것이라고 했다. 영국 청교도들이 할례를 유아세례의 유비로 본 것은 교회의 정체를 정할 때, 구약성경도 신약성경과 동등한 권위가 있다는 사상에 기초한 것이다. 반면에 스마이스는 신약성경만이 성례와 예배의 유일한 기초라고 주장한 것은 재침례교회의 영향 때문이라고 하였다.[146] 에스텝은 스마이스가 아르미니우스주의를 용인한 것도 같은 맥락에서 이루어졌을 것으로 보았다. 한편 제임스 코긴스는 스마이스가 원죄에 대해 의심하기 시작하면서부터 칼빈주의를 떠나게 되었는데, 특히 '영벌로 예정된 유아'라는 끔찍한 생각을 배격하기 위해 아르미니우스주의를 받아들였을 것이라 하였다. 즉 스마이스가 원죄를 부인하고 유아의 구원을 믿음으로써, 예정론을 부인하고 자유의지를 인정하게 되는 수순을 밟게 되었으며, 따라서 스마이스의 아르미니우스주의는 재침례교의 영향으로 보는 것이 옳다고 하였다.[147]

스마이스가 아르미니우스주의를 받아들인 이유에 대한 두 가지 이론 중에 재침례교회의 영향이라는 주장이 설득력이 있다고 여겨진다. 스마이스는 1609년 초 침례교회를 창설할 당시까지 아르미니우스주의를 인정하지 않았다. 그러나 얼마 가지 않아서 아르미니우스주의를 성서적 교리로 받아들였는데, 그때는 아마도 그가 메노파교회를 참된 교회로 인정하던 시기인 것으로 보인다. 당시 스마이스는 분리파 청교도들과의 관계가 단절된 때였다. 네덜란드에 피난 온지 1년이 훨씬 넘어간 상황, 메노파교회와의 교제, 영국 동료들과의 단절, 재침례교회에 대한 스마이스의 긍정적인 시각 등은 그가 아르미니우스주의를 받아드린 배경이었다.

2. 토마스 헬위스의 아르미니우스주의

토마스 헬위스는 스마이스와 달리 재침례교 사상을 거부하였으나, 아르미니우스주의 구원론은 받아들였다. 헬위스는 인간의 자유의지를 믿었다. 그는 아담은 범죄 후에도 여전히 이성과 자유의지가 있었으며, 하나님은 아담의 죄로 인해 다른 어떤 사람도 정죄하지 않으신다. 그리스도의 은혜로 아담이 자유롭게 되었으므로 전 인류도 아담의 죄로부터 자유롭게 되었다. 따라서 모든 유아들은 그리스도의 보편 속죄로 인해 자유롭게 되었다고 주장하였다.[148] 헬위스는 칼빈주의 신학의 가장 큰 문제점을 이중예정론으로 보았다.

> 칼빈주의는 일부 사람들로 하여금 그들에게는 어떠한 은혜도 없다는 생각을 갖게 하여서 완전히 절망하게 만든다. 하나님이 그들의 멸망을 정하셨다는 것이다. 칼빈주의는 또한 다른 사람들로 하여금 만일 하나님이 그들을 구원하기로 작정하셨으

면 구원 받게 될 것이라는 생각을 갖게 하여 매우 부주의하도록 만든다. 만일 하나님이 어떤 사람들을 멸망시키기로 작정하셨다면 그들은 멸망받게 되는가?[149]

헬위스 그룹은 1611년에 "네덜란드의 암스테르담에 남아있는 영국인들의 신앙선언서"라고 하는 반(反)칼빈주의 신앙고백서를 발표하였는데, 이것은 이후에 나온 영국 일반침례교 신앙고백서들의 원형이 되었다.[150] 1612년 영국으로 돌아온 헬위스 그룹은 청교도들로부터 이단자들, 재침례교도들, 자유의지주의자들이라는 비난을 받았다.[151]

헬위스 그룹의 반(反)칼빈주의는 극단적인 모습을 띠지는 않은 것으로 보인다. 17-18세기 역사가 크로스비는 헬위스 무리는 인간은 자유의지 혹은 능력만으로 구원을 이룰 수 있다고 주장하지 않았기 때문에, 청교도들이 그들에 대해 심대한 적개심을 표출하지 않았다고 했다.[152] 에스텝 역시 칼빈주의가 스마이스에게는 완전히 없어졌지만, 헬위스에게는 어느 정도 남아있었다고 하였다. 즉 헬위스는 모든 인간은 나면서부터 선악을 선택할 수 있는 능력을 가진다고 생각하는 재침례교 사상과 달리, 죄성의 유전을 인정하였다. 다만 유아기에 죽은 아이가 구원 받지 못한다는 생각은 거부하였다.[153] 스마이스와 달리 헬위스는 온건한 아르미니우스주의 입장을 가졌고, 그것은 영국 일반침례교회에 지속적으로 영향을 끼쳤다.

3. 17세기 영국 일반침례교회 신학

교단의 여러 신앙고백서들과 지도자들의 신학적 진술을 통해 나타난 17세기 영국 일반침례교회의 신학적 특성은 다음과 같다.

1) 성서론

17세기 영국 일반침례교회는 성경은 하나님의 말씀으로 모든 환상, 깨달음, 조명, 교황의 견해, 종교회의, 교부들보다 훨씬 높은 권위를 가지고 있으며, 모든 교리나 행습의 최종적인 기준이 된다고 믿었다. 이러한 믿음에 기초하여 교회의 예배나 체제를 세울 때, 법규, 공동기도서, 규칙서, 예전서, 공중예배 의식서 등에 의지하지 않고 오직 성경만을 기준으로 삼았다.[154] 교단의 여러 신앙고백서들은 고등 성경관을 잘 보여준다. 1660년도 고백서는 "거룩한 성서는 성도들의 믿음과 교제의 문제를 규정하는 표준이다."라고 했고, 1678년 신조는 제19항에서 신구약성서의 일치를, 그리고 제37항에서 성경의 권위를 옹호하였다.[155] 이처럼 17세기 영국 일반침례교회는 성경의 권위를 믿었다.

2) 삼위일체론

영국 일반침례교인들은 삼위일체 신조는 성경에 의해 증명된 진리로 믿었다. 교단 지도자 토마스 그랜담은 "삼위일체라는 용어는 하나님이 사용하신 단어는 아니므로 그것을 꼭 사용할 필요가 없다고 주장하는 사람들이 과거에 있었지만, 삼위일체라는 이 단어야말로 성령님의 용어와 거의 같다."라고 했다.[156] 1609년 고백서는 "하나님은 … 곧 성부, 성자, 성령이시다."라고 하였고, 1611년 선언서는 "하늘에 계신 아버지와 말씀이 되신 아들과 성령이신 삼위의 하나님은 모든 것에 있어 본질이 같으신 한 분 하나님이시다."라고 선포하였다.[157] 1651년 고백서는 제20항에 삼위의 하나님에 대한 설명이 있으나, 1654년과 1660년 고백서에는 삼위일체 교리를 명확하게 설명하는 부분이 없다. 1678년 신조는 "하나님은 세 위격 혹은 실체 즉 성부, 말씀 혹은 성자, 성령으로 존재한다. … 각각은 완전한 신적 본질을 지니고 있지만, 그 본질은 분리되지 않는다."라고 하여 삼위일체 교리를 명료하게 주장하였다.[158] 이처럼 17세기 영국 일반침례교회는 정통 삼위일체 교리를 믿었다.

3) 기독론

영국 일반침례교 역사가 아담 테일러에 의하면, 소수의 일반침례교인이 유니테리언주의의 영향으로 그리스도의 신성을 부인하는 경우가 있었다. 테일러는 그들이 "그리스도는 하나님이 아니다."라고 주장했고, 이에 맞서 그랜담, 조셉 후크(Joseph Hooke), 프란시스 스탠리(Francis Stanley), 토마스 몽크(Thomas Monk), 조지 햄몬(George Hammon), 사무엘 러브데이(Samuel Loveday), 존 그리프스(John Griffith) 등 교단 지도자들은 그리스도는 성육하신 하나님으로 참된 신성과 인성을 가진 분이라는 정통 기독론을 재천명하였다고 했다.[159] 교단의 대다수가 정통 기독론을 믿었다는 것은 신앙고백서들을 통해서도 알 수 있다. 1609년 고백서는 "예수 그리스도는 참된 하나님이요 참된 인간이시다." 라고 했으며, 1611년 고백서는 "삼위일체이신 하나님의 제2의 위격, 혹은 실재로서의 하나님의 아들 예수 그리스도는 … 참 하나님이시며 참 인간이라는 두 가지 구별되는 본성을 지니고 계시지만 그는 인격에 있어서는 하나이시다." 라고 선언하였다.[160] 한편 1651년, 1654년 고백서에서는 예수 그리스도의 구원사역과 부활은 언급하고 있지만, 그의 신·인성의 관계를 설명하는 부분은 없다. 1660년 고백서는 예수님은 "하나님의 독생자이며, 동정녀 마리아에게서 태어났다. 그는 다윗의 아들이며 다윗의 자손인 동시에, 참으로 다윗의 주님이시며 그의 조상이 되신다." 라는 문구로 정통 기독론을 설명하였다. 1678년 신조는 칼케돈 정통 기독론에 의거 예수 그리스도의 신성과 인성, 그리고 속성의 교류를 고백하였다.[161] 17세기 영국 일반침례교회는 정통 기독론을 고수하였으나, 일부는 반(反)삼위일체 사상의 영향으로 그리스도의 신성과 성육신을 부인하는 경우도 있었다.

4) 아르미니우스주의 구원론
(1) 원죄론과 유아의 구원

17세기 영국 일반침례교인들은 대체로 아르미니우스주의 원죄론을 따랐다. 다수의 일반침례교인들은 원죄론을 비성서적이고 비이성적이라며 배격했다.[162] 그들은 창세기 2장 17절과 3장 17-19절을 근거로 아담에 대한 처벌은 영원한 죽음이 아니라 현세적인 죽음이라 하였다. 로마서 5장 12절도 아담으로 인해 모든 사람이 죽게 된 것은 영적인 죽음이 아니라 육체적인 죽음을 가리키는 구절이라 하였다. 고린도전서 15장 21-22절에서 그리스도께서 사람들을 죽음에서 일으키는 것은 영적 죽음에서 건진다는 뜻이 아니라, 육체적 부활을 의미하는 것으로 믿었다. 또한 전도서 12장 7절과 스가랴 12장 1절 등은 사람이 육체는 부모에게서 물려받지만 영혼은 하나님께로부터 직접 온다는 것을 보여줌으로, 첫 번째 조상의 죄로 인해 인간의 영혼은 결코 더럽혀질 수 없다고 하였다.[163] 이처럼 일반침례교인들은 아담의 죄로 인한 죄책이 후손에게 전가되었다는 사상을 강하게 부정하였다. 그렇지만 그들은 아담의 죄로 인해 후손들이 도덕적으로 더러워지고 오염된 상태가 되었다는 점은 인정하였다.[164]

1678년 신조를 제외한 17세기 영국 일반침례교회 신앙고백서들은 대체로 원죄를 부인하였다. 1609년 고백서는 "원죄라는 것은 없으며 모든 죄는 실질적이며 자발적인 것, 즉 하나님의 법칙에 거스르는 말, 행동, 혹은 음모이다. 그러므로 유아는 죄가 없다." 라고 하며 원죄를 전면적으로 부인하였다.[165] 1611년 고백서는 원죄를 인정했으나 하나님의 선행은총으로 인간의 의지가 회복되어 구원을 선택할 수 있는 능력이 있다고 하였다. 제4항은 "사람은 죄 안에서 잉태되어 불의한 데서 태어난다. … 하나님은 은총을 인간에게 베풀어 … 사람이 그 은총을 받을 수도, 거절할 수도 있도록 되어있다." 라고 선언하였다.[166] 1651년 고백서 역시 제16항에서 "아담 위반 행위로 주님께서 그에게 행하신 정당한 심판에 의한 죽음과 죄벌은 온 인류가 함께 지게 되었다." 라고 하였지만, 제30, 31, 44, 45항 등은 하나님의 주권적 은총과 인간의 자유의지를 함께 인정하는 형태로 설명하고 있다.[167] 1654년, 1660 고백서들은 원죄에 대한 자세한 신학적 설명은 없고, 다만 아담의 범죄로 죽음이 인류에게 왔다는 사실만 선언하고 있다.[168] 1678년 신조는 "원죄란 모든 사람의 잘못되고 부패한 본성이며, 그것은 아담으로부터 자연적 출생에 의해 자연적으로 전해진 것이다." 라며 전형적인 칼빈주의 원죄론을 주장하였다.[169]

일반침례교회의 원죄론은 유아의 구원과 밀접하게 연결되어 있었다. 교단은 원죄를 인정하지 않기 때문에 유아는 죄가 없고 따라서 유아기에 사망한 사람은 구원을 받게 된다는 논리를 펼쳤다. 헨리 해거(Henry Hagger)는 비록 유아들은 아담의 죄로 인해 육체적으로 반드시 죽지만, 그리스도께서 그들의 부활이 되어 주실 것이다. 그들은 심판받을 실제적인 범죄를 저지르지 않았기 때문에 구원에 대해 걱정할 필요가 없다고 했다.[170] 제레마이어 테일러(Dr. Jeremiah Taylor)는 "원죄란 선천적인 죄나 고유한 죄가 아니며 상징적인 것이다. 즉 그것은 죄의 영향 혹은 많은 더러움의 원인이지 범죄는 아니다. … 그것은 어떠한 유아도 영원한 지옥의 고통으로 떨어지게 하지 않는다." 라고 주장했다.[171] 유아의 구원과 관련하여 1609년, 1611년, 1651년, 1654년 신앙고백서들은 어떠한 언급도 밝히지 않았다. 하지만 1660년 고백서는 "유아 때 죽어 인격적으로 하나님의 율법에 대해 죄를 범하지 않은 모든 어린이는 최초 아담의 죄로 인해 저희에게 주어진 첫 번째 사망에만 굴복하게 된다. 이 첫째 사망에서 그들은 둘째 아담으로 인해 온전히 이끌려 올라가게 될 것이다." 라고 하여 유아 때 사망한 경우 구원을 받게 된다고 하였다. 1678년 신조 역시 신자의 자녀이든 불신자의 자녀이든 모든 유아는 구원을 받게 된다고 천명하였다.[172] 이처럼 일반침례교회의 원죄론은 유아세례가 불필요하다는 논리의 근거가 되었다.[173]

(2) 자유의지와 구원

17세기 영국 일반침례교회는 인간의 자유의지를 구원에 필수적인 요소로 믿었다. 하나님은 누구도 배격하거나 유기하지 않는다. 인간이 구원 받지 못하는 것은 의지적이고 실제적인 범죄 때문이며, 따라서 그에 대한 책임은 인간에게 있다고 하였다.[174] 일반침례교인들은 하나님의 은혜로 인간은 신앙을 선택할 수 있는 능력을 갖게 되었기 때문에 인간은 자신의 의지와 영혼의 능력을 사용하여 믿고 구원 받아야 할 책임이 있다고 주장했다. 그들은 불가항력적 은총 개념을 거부하여 성령은 강제로 주어지는 것이 아니라 거부될 수 있다고 하였다.[175] 1609년 고백서는 "스스로 성령을 거부하고 하나님을 떠나 영원히 멸망할 수 있다." 라며 완전한 자유의지를 주장했다. 1611년 고백서는 원죄를 인정하면서도 "사람이 은총을 받을 수도 거절할 수도 있다." 라고 하여 자유의지가 구원에 결정적인 역할을 한다고 하였다. 1651년 고백서 역시 구원의 책임은 인간의 의지적 결정에 달려있다고 했다.[176] 1654년과 1660년 고백서는 구원과 자유의지의 관계에 대해 다루지 않았고, 1660년 고백서는 칼빈주의와 아르미니우스주의의 중간적 입장을 취하였다. 한편 1678년 신조는 칼빈주의를 채택하여 구원을 선택할 수 있는 인간의 의지적 능력을 인정하지 않았다.[177]

(3) 일반구속

17세기 영국 일반침례교회는 그리스도의 일반구속을 믿었다. 역사가 아담 테일러는 일반구속은 개별 교회 언약들과 신조들의 제일 첫 부분을 차지하였고 교단의 영광스러운 교리로 간주되었다고 증언하였다. 토마스 그랜담, H. 덴(H. Denne), 존 덴(John Denne) 등은 설교와 출판을 통해 이 교리를 선포하고 옹호하였다.[178] 1609년 고백서는 일반구속에 대해 구체적으로 다루지 않았다. 1611년 고백서는 예수 그리스도의 의로우심은 모든 사람에게 미쳤다고 선언했고, 1651

년 고백서 역시 "예수 그리스도는 하나님의 은혜로 온 인류를 위해 모든 사람을 위해 죽음을 맛보셨다." 라며 일반구속을 주장했다.[179] 1654년 고백서는 주님은 "모든 사람을 위해 자신을 몸값으로 주셨다"고 하였으며, 1660년 고백서와 1678년 신조 역시 그리스도의 일반구속을 분명하게 선포하였다.[180] 그리스도의 일반구속은 17세기 영국 일반침례교회가 일관되게 주장한 교리였다.

(4) 예지예정

일반침례교인들은 일부를 제외하고는 대체로 아르미니우스주의 예지예정론을 믿었다. 그들은 성서적 예정론이란 하나님은 믿는 자를 구원하며, 믿지 않는 자를 영벌에 처할 것을 예정한다는 것을 의미하는 것이라 했다. 그들은 계시된 말씀 외에 다른 하나님의 법령과 숨겨진 뜻은 없으며, 하나님의 모든 뜻은 성경에 계시되어 있고, 계시된 하나님의 말씀에 비추어 볼 때, 이중예정은 결코 성서적이지 않다고 하였다.[181] 1609년과 1651년 고백서들은 예정에 관하여 구체적으로 다루지는 않았지만 구원에 있어 자유의지를 강조하였으므로 칼빈주의 예정론은 거부한 것으로 볼 수 있다. 1611년 고백서는 명확하게 예지예정론을 주장하였다: "하나님은 사람이 심판을 받을 악인이 되도록 예정하신 것이 아니라, 악인이 된 자가 심판 받도록 예정하신 것이다."[182] 1654년 고백서는 예정론을 다루지 않았으나 일반구속을 믿었기 때문에 칼빈주의 예정론은 반대하였다고 보아야 할 것이다.

한편 1660년 고백서는 일반구속을 주장하면서도 칼빈주의 예정론을 받아들인 특이한 구조를 보여준다. 제8항은 선택은 "예지된 믿음에서 생기는 것이 아니고, 피조물에 의해 행해진 선행으로 된 것도 아니며, 오직 하나님 안에 있는 자비와 선함과 긍휼에서 나온다는 것을 우리는 확신한다." 라고 하여 칼빈주의 예정론을 표명하였다.[183] 1678년 신조는 온건한 아르미니우스주의 예정론을 채택하였다. 즉 하나님의 예정은 인정하면서 동시에 예정은 인간의 의지적 결단을 통해서 이루어진다고 하였다. 그리고 이중예정은 배격하였다.[184]

(5) 구원의 상실 가능성 인정

일반침례교회는 성도가 구원을 상실할 가능성이 있다고 믿었다. 1611년 고백서는 "의인은 자기의 의를 버리고 멸망할 수도 있다." 라고 하며 구원의 상실 가능성을 주장하였다. 1660년 고백서 역시 "진실한 신자들 … 만일 경계하지 않는다면, 미혹을 당하여 곁길로 빗나가게 될지도 모른다. 그러면 마른 가지가 되어 던져져 불에 태워질 것이다." 라고 하였다.[185] 하지만 1678년 신조는 유일하게 성도의 견인을 인정하였다.[186] 전체적으로 볼 때, 17세기 영국 일반침례교회는 온건한 아르미니우스주의 신학을 견지했다. 하지만 후반기로 갈수록 아르미니우스주의 신학이 다소 약화되었는데, 그 이유로는 첫째 칼빈주의의 지속적인 영향 때문이다. 이것은 초기시대 역사가 토마스 크로스비가 일반침례교회와 특수침례교회가 서로 분리해야 할 정도로 교리적 차이가 크지 않다고 말한 데서 잘 드러난다.[187] 두 번째 이유는 대륙 메노파교회들과의 접촉이 단절되었기 때문일 것이다. 1650년 이후 이들의 만남은 거의 끊어졌고,[188] 따라서 메노파의 아르미니우스주의 신학의 영향도 줄어들었던 것이다.

17세기 영국 일반침례교인들은 오직 성서에 입각하여 모든 신학과 행습을 판단하였다. 아무리 주도적 신학이라도 성서에 맞지 않다고 판단되면 거부하였다. 반면에 성서적인 믿음과 행습은 어떠한 핍박에도 굴복하지 않고 그대로 고수하는 침례교 전통을 세운 사람들이었다.

제4장

17세기 영국 특수침례교회

특수침례교회는 그리스도는 하나님이 택한 자들만을 위해 죽으셨다는 "특별구속"(Particular Atonement) 혹은 제한구속을 믿는 침례교회라는 의미로 붙여진 이름이었다. 이 교회는 1630년대에 헨리 제시(Henry Jessey), 윌리엄 키핀(William Kiffin), 존 스필스버리(John Spilsbury) 등에 의해서 세워졌다. 특수침례교회는 영국에 1644년까지 최소 7개 이상 있었다. 왜냐하면 이들 교회가 "제1차 런던고백서"(The First London Confession)를 발표하였기 때문이다.[1] 영국침례교회는 원래 한 교단이었는데, 구속론의 차이로 일반침례교회와 특수침례교회로 나누어졌다는 생각은 오류이다. 영국침례교회는 처음부터 두 교회로 시작되었다. 양측은 커다란 차이가 있었고, 서로 다른 교단으로 생각하였다. 두 그룹은 어떠한 교단적인 연결도 없었다.[2] 두 교단은 19세기 말에 한 교단으로 통합되었다. 일반침례교회는 성공회를 적그리스도적인 악한 교회로 여기는 강한 분리주의 입장을 취했으나, 특수침례교회는 국교회를 참된 교회의 일부로 보려는 온건 분리주의 노선을 가졌다. 그러나 시간이 흐르면서 특수침례교회 역시 강한 분리주의의 특성을 갖게 되었다. 특수침례교회는 영국에서 일반침례교회보다 교세가 훨씬 컸다. 또한 미국으로 이민 간 침례교인들 중 다수가 특수침례교인들로서 미국침례교회의 형성에 지대한 영향을 끼쳤다.[3]

특수침례교회의 배경과 출현

영국 특수침례교회는 영국 회중주의 독립교회인 JLJ 교회의 교인들 가운데서 신자의 침례와 정교분리를 믿는 사람들에 의해 시작되었다. 이처럼 특수침례교회는 분리파 청교도들 가운데 침례교 신앙을 받아들인 사람들에 의해 세워졌기 때문에 청교도주의와 회중주의가 교단의 전통 안에 남아있다. 특수침례교회는 먼저 청교도들의 공통 신앙인 고등 성경관, 살아있는 영적 예배, 주일 성수의 강조, 칼빈주의 구원론 등을 계승하였다. 교회론에서는 장로교주의가 아닌 회중교회주의를 받아들였다. 특수침례교회는 회중교회 교회론을 기초로 삼고, 침례교 특성을 가미한 사람들이 세운 교회라고 볼 수 있다.

1. 회중교회 교회론

영국에서 회중교회주의자들은 교회론에 관한 독특한 사상으로 인하여 성공회로부터 분리되어 독립교회를 세우게 되었다. 그들의 교회론은 곧장 초기 침례교인들에게 직접적인 영향을 끼쳤는데, 회중교회 교회론의 특성은 다음과 같다.

1) 계약 공동체로서의 교회

회중교회주의자들은 성경만이 신앙의 최종적인 권위라는 청교도 신앙을 교회정체에도 적용시켜, 교회는 성경 안에 기록된 원리에 따라 세워지고 운영되어져야 한다고 생각하였다. 최초로 회중교회 운동을 펼친 로버트 브라운은 성서적인 교회 정체는 모든 회중이 동등한 권한을 가지고 있으며, 동등한 권한을 가진 회중이 교회 지도자들을 선출하는 모습을 갖고 있다고 생각했다. 브라운은 두 권의 책, 『참된 모든 그리스도인의 생활과 습관에 관한 책』과, 『누구에게도 기대하지 않고 수행해야 할 종교개혁론』에서 이와 같은 주장을 설파하였다. 홍치모는 그 중심내용을 다음과 같이 잘 요약하였다.

> 1. 개 교회는 그리스도인다운 사람들로 구성되는 〈모여진 교회〉 그러므로 목사나 일반 신도들은 모두가 그리스도를 닮은 흡사한 사람들이기 때문에 양자는 모두

가 원리상 동등하다.

2. 교회는 성도들이 회집하여 성립되는 계약집단이다.

3. 교회는 상위집단 및 국가로부터 독립한 자치적 집단이다. 그러나 이들은 개체교
   회에서 발생한 문제를 해결할 수 없을 때 문제를 해결할 수 있는 대회(Synnod)
   내지 총회(Assembly)를 인정하였다. 그러나 이와 같은 상회는 목사와 장로들만
   이 구성하는 대회가 아니라 일반 평신도들까지 포함하는 〈장로회〉를 의미한다.
   그리고 상회가 지교회에 주는 권고는 어디까지나 조언과 설득이어야 하며 재판
   에서 내려지는 〈판결〉과 같은 것은 아니다.[4]

회중교회의 계약 공동체로서의 교회관은 신앙의 자발성, 신자로 구성된 교회,
개교회주의, 모든 신자들의 평등성 등의 개념들을 가능케 했다. 회중교회주의자
들은 로마 가톨릭뿐만 아니라 성공회나 장로교의 정치형태는 한 사람의 감독이
나 소수의 장로에 의해서 교회가 다스려지는 체제인데, 이런 정체들은 교회에
대한 그리스도의 주권을 침해한 것으로 여겼다.[5] 그리고 그러한 체제는 성서적
이지 않다고 믿었다. 이러한 회중주의 교회관은 특수침례교회에 그대로 계승되
었다.

2) 권징(치리)의 중요성

회중교회주의자들은 참된 교회의 표지로 권징을 첨가하였다. 브라운과 동시
대에 활동한 헨리 베로우(Henry Barrowe)는 성공회를 진정한 교회로 여기지 않
았으며, 권징을 교회의 표지로 삼지 않았던 칼빈도 공격하였다. 회중교회주의자
들이 권징을 교회의 본질적 요소로 보게 된 배경은 교회를 언약 공동체, 자발성
에 기초한 공동체로 보았기 때문이었다. 이에 대해 베로우는 다음과 같이 설명하
였다.

교회는 하나님을 예배할 만한 사람들의 자발적인 단체이다. 그것은 단지 하나님의
말씀을 믿기로 자유롭게 고백하고 말씀을 따라 살기로 결단하고 노력한 사람들만
을 포함해야 한다. 그래서 그러한 사람들이 자발적으로 예배를 위해서 함께 모이기
로 동의하고 그들 스스로 권징에 종속되기로 동의함이 없이는 교회가 존재할 수 없

다. 한 교회는 정부의 강제력이나 악한 사람들을 억지로 모아 형성되는 것이 아니라, 오직 선한 사람들의 자유로운 동의에 의해서만 형성되어질 수 있다.[6]

국가교회 체제는 교구민이 자동적으로 교회 회원이 되기 때문에 모든 종류의 사람들이 교인으로 등록되며, 따라서 권징은 유명무실해 지게 된다. 반면에 회중교회주의자들은 교회는 하나님과 거룩한 언약을 맺은 사람들의 자발적 모임이라는 개념을 가지고 있었기 때문에 권징을 강조할 수 있었던 것이다. 특수침례교회는 회중교회의 전통에 따라 권징을 교회의 주요 표지로 삼았다.

3) JLJ 교회

특수침례교회가 출현하기 직전 회중교회 운동을 주도한 사람들은 헨리 제이콥(Henry Jacob, 1563-1624), 윌리엄 에임스(William Ames, 1576-1633), 윌리엄 브래드쇼(William Bradshaw, 1571-1618) 등이었다.[7] 특히 헨리 제이콥은 스크루비교회의 일원이었으며, 게인보로교회 목사 존 스마이스가 네덜란드에서 침례교회를 시작할 때 네덜란드에 있었다. 그는 온건 청교도주의를 표방하는 옥스퍼드 대학교에서 공부하였고, 그러한 영향으로 온건 청교도주의자가 되었다. 졸업 후 국교회의 개혁을 주장하는 그룹의 일원이 되었으며, 국교회의 개혁에 관한 자신의 구상을 1605년 소책자로 발간했다. 제이콥은 비교적 온건 개혁을 주장했으나 교회 당국은 그것도 위협으로 느꼈고, 제이콥은 네덜란드로 피신할 수밖에 없었다.[8] 제이콥은 1616년에 영국으로 돌아와서 런던의 써덕(Southwark) 지역에 분리파와 비분리파가 혼재된 교회를 세웠다. 이 교회는 회중주의와 개교회주의를 받아들였다. 교회는 JLJ 교회라고 불렸는데, 그것은 초기 담임목사 세 사람 즉, 헨리 제이콥, 존 래쓰롭(John Lathrop), 헨리 제씨(Henry Jessey)의 성을 교회 이름으로 삼았기 때문이다. 이 교회는 회중주의 독립교회로서 비(非)분리파 입장을 취하였다.[9]

JLJ 교회는 설립 때부터 교회의 신앙을 28개 항목으로 선언하였는데, 4번째 항목에서 회중주의와 개교회주의가 잘 나타난다.

복음에 나타난 가시적이고 통치권을 가진 참 교회는 한 회중이라는 점입니다. …

이 그리스도인들의 한 회중은 하나님의 정하심에 따른 영적인 하나의 통치 기구입니다. 그러므로 이 회중은 자유로운, 독립된 한 회중입니다. 다시 말하면 이 회중은 하나님께로부터 영적 행정력을 발휘할 권리와 힘을 부여받았고, 그 통치 기구는 그 자체를 스스로 다스리며 스스로를 통제하되, 독립적이고 즉각적으로 그리스도 안에 있는 사람들의 공통적이고 자유로운 승낙을 받아서 통치하고, 언제나 할 수 있는 한 최선의 질서를 지키며 통치하는 정부 형태입니다.[10]

성서적인 교회의 복원을 꿈꾸었던 청교도들이 세운 JLJ 교회는 성경적인 행습에 관한 연구를 자주 하였다. 그러던 중 1630년대 유아세례가 성서적인지, 국교회에서 받은 유아세례가 성경에 비추어 적법한 것인지에 대한 논쟁이 일어났다. 소수의 사람들은 유아세례를 반대하였으나, 다수 교인들은 유아세례를 인정하는 것으로 결론 내렸다. 그러자 1633년 9월 12일에 새뮤얼 이튼(Samuel Eaton)을 비

| 존 스필스버리
(John Spilsbury,
1593-c.1662/1668)

롯해 17명의 유아세례 반대자들은 교회를 탈퇴하여 새로운 교회를 세우게 되었다. 이들은 신자의 침례를 실시하였다. 영국 특수침례교회가 시작된 것이다.[11] JLJ 교회는 1638년에 또 한 번 분열이 일어났다. 이번에도 신자의 침례를 주장하는 존 스필스버리(John Spilsbury, 1593-c.1662/1668)를 비롯한 6명의 교인들이 교회를 탈퇴하였다. 1639년에 또 다른 특수침례교회가 세워졌다. 1644년에 이르러 런던과 그 근교에 최소 7개의 특수침례교회들이 있었다.[12]

17세기 영국 상황과 특수침례교회

영국 특수침례교회가 출현할 당시 국왕이었던 찰스 1세(1625-1649)는 국교회주의자였기 때문에 침례교를 비롯한 비국교도들에게 큰 박해를 가했다. 그는 윌리엄 로드(William Laud, 1573-1645)를 1628년 캔터베리 대주교 및 국왕의 종교자문관으로 임명하였다. 로드는 교회의 모든 의식, 의상, 예배형태에서 일치를 꾀하며 교회의 통일을 추구하였다. 하지만 당시 칼빈주의자들이 다수를 점하

고 있던 하원은 국왕의 정책에 반대하였고, 찰스는 1629년에 의회를 해산시켜 버렸다.[13] 성공회를 중심으로 교회를 일치시키려는 찰스의 정책은 스코틀랜드에서도 커다란 저항을 받게 되었다. 찰스는 스코틀랜드와의 전쟁을 위해 1640년 의회를 소집하였다. 장로교계 청교도들이 다수를 차지하고 있던 의회는 1643년 내 감독제를 폐지한다고 결정하고, 법제정을 위한 자문을 위해 121명의 성직자와 30명의 평신도로 구성된 웨스트민스터 회의를 만들었다. 이 회의는 칼빈주의 신학을 가장 잘 나타내고 있다고 평가되는 웨스트민스터 신앙고백서와 대·소요리문답을 제출하여 1648년 영국과 스코틀랜드 의회에서 승인을 받았다.[14]

왕과 의회간의 갈등은 전쟁으로 치달았는데, 왕의 군대는 의회 의원 올리버 크롬웰(Oliver Cromwell, 1599-1658)이 이끄는 군대에 의해 패배하였다. 크롬엘의 군대는 독립파와 침례교파 등 비국교도들이 대거 참여하였다. 크롬웰은 광범위한 신앙의 자유를 주장하였고, 의회가 주도하는 장로교주의의 제도화, 즉 노회·대회·총회를 조직하는 것을 반대하였다. 독립파의 성향을 띠고 있는 크롬웰의 통치 기간에 영국은 광범위한 종교의 자유가 허용되었으며, 침례교회와 회중교회 등 비국교도들이 제도권 내로 진출하게 되었다.[15]

1658년 크롬웰이 죽은 후 찰스 2세(1660-1685)는 1660년에 왕정을 복고시키고 다시 국교회 중심의 정책을 추진하였다. 그는 국교회에 순응하지 않는 비국교도들을 조직적으로 탄압하였다. 당시에 침례교회의 교세는 잉글랜드와 웨일즈에 특수침례교회가 130개, 일반침례교회가 110여 개 있었다. 1660-1662 동안 약 2,000명 정도의 사람들이 목숨을 잃었는데, 그 중 침례교인은 19명이었다.[16] 찰스의 통치에 반대한 토마스 벤너(Thomas Venner)가 1661년 1월 반역 운동인 제5왕국운동을 일으켰다. 약 50명의 벤너 추종자들은 런던 시민 20명을 살해하는 등 런던을 공포에 떨게 하였다. 국왕은 모든 종류의 재침례교도들, 퀘이커들, 그리고 제5왕국주의자들의 모임을 금지하고 그들을 대거 수감하도록 지시하였다. 이때 특수침례교 지도자인 윌리엄 키핀(William Kiffin, 1616-1701)과 존 스필스버리는 국왕에게 특수침례교회는 이 사건과 아무 관련이 없다는 내용의 편지를 보내고, 여러 문서들을 통해 자신들은 제5왕국운동을 일으킨 급진파 그룹과 관계가 없다는 점을 부각시키려 애를 썼다.[17]

찰스 2세의 동생으로 1685년에 영국 왕이 된 제임스 2세는 공공연한 가톨릭

신자였다. 그러자 국교도와 비국교도 모두가 제임스를 반대하였다. 그들은 네덜란드의 총독 오렌지의 윌리엄(William of Orange, 1650-1702)과 힘을 합해 혁명을 일으켰고, 그것은 성공하였다. 이제 침례교회를 비롯한 비국교회에게도 신앙의 자유를 인정하지 않을 수 없게 되었다. 드디어 1689년 5월 관용법(The Act of Toleration)이 의회에서 통과되어 삼위일체를 부정하는 사람들과 가톨릭교도들을 제외한 영국의 모든 개인들은 신앙의 자유를 얻게 되었다.[18] 특수침례교회도 예배와 전도의 자유를 얻게 되었다.

17세기 영국 특수침례교회의 신학과 행습

특수침례교회는 회중주의 교회론에다 유아세례의 반대와 신앙의 자유 및 정교분리를 더하였으며, 그러한 이유로 독자적인 교단이 되었다. 구원론에서는 장로교회나 회중교회와 마찬가지로 칼빈주의를 받아들였다. 그러나 침례교회는 칼빈주의를 무비판적으로 수용하기보다 항상 성경의 관점에서 재검토하여, 성경에 부합하는 방식으로 칼빈주의를 수용하였다. 예를 들면, 칼빈은 장로교주의 체제가 성경적 교회론으로 생각하였으나, 침례교회는 성경에 나오는 교회는 신자의 침례, 회중주의, 신앙의 자유와 정교분리의 행습이 있었다고 믿었다. 특수침례교인들은 칼빈주의를 성경적 신학으로 인정하지만, 성경중심주의라는 기준에 의거 칼빈주의를 비판적으로 수용하여, 장로교회나 회중교회와 다른 교회를 세운 것이다.

1. 칼빈주의 구원론

영국 특수침례교회는 칼빈주의 신학을 교단 신학으로 받아들였다. 실로 칼빈주의는 17세기 초반부터 20세기 초반까지 약 400년 간 다수의 침례교인들이 믿었던 신학이었다.[19] 특수침례교회 지도자들은 칼빈주의 구원론을 성서적 교리로 믿었다. 존 스필스버리는 1646년에 보편속죄를 주장하는 일반침례교 목사 헨리 덴(Henry Denne)을 "적"으로 말할 정도로 칼빈주의 제한속죄 교리를 진리로 믿었다. 그는 다음의 3가지 이유를 들면서 특별구속(제한속죄)이 옳다고 주장했다. 첫째, 그리스도는 자신의 죽음으로 모든 사람들의 죄를 없애지 않았다. 왜냐하면 많은 사람들이 여전히 하나님의 진노 아래 있기 때문이다. 둘째, 그리스도는 자신의 죽음으로 모든 사람들을 구원하려고 한 것이 아니라, 오직 택자들만 구원하려 하였다. 세 번째, 그리스도는 모든 죄인들이 아니라, 오직 그를 믿거나 앞으로 믿을 죄인들을 위해서만 성부의 공의를 만족케 하신다.[20] 핸서드 놀리스(Hanserd Knollys, c.1598-1691) 역시 "그리스도는 죄로 인하여 저주받은 그의 택한 자들을 구속하기 위하여 죄인이 되고, 저주 받으며, 십자가에 달리셨다."라며 특별 구속을 주장하였다.[21]

특수침례교회는 특별구속과 더불어 예정론을 믿었다. 당시의 가장 중요한 특수침례교회 지도자 중 한 사람이었던 윌리엄 키핀은 창세전 예정을 믿었다.[22] 한편 존 번연(John Bunyan, 1628-1688)은 회개가 은혜의 전제조건이라고 주장하며 칭의와 전가된 의를 부인하는 성공회 주교 에드워드 파울러(Edward Fowler)를 대항하여 1672년에 『이신칭의 교리 옹호』(A Defence of the Doctrine of Justification, by Faith)라는 책을 출판하였다. 이 책에서 번연은 자신을 엄격한 칼빈주의자로 소개하며 아르미니우스주의뿐만 아니라 리차드 백스터의 온건 칼빈주의도 반대한다고 했다.[23] 교단은 예정론과 더불어 하나님의 은혜언약도 믿었다. 17세기 영국 특수침례교회의 대표적 목사로서 1,000명을 수용할 수 있는 건물이 필요할 만큼 교회를 성장시킨 벤자민 키츠(Benjamin Keach, 1640-1704)는 하나님은 창세전부터 구원에 필요한 것을 준비하셨다고 하며, 이러한 하나님의 행동을 구속언약(은혜언약)이라고 하였다. 그는 하나님은 구속언약을 이루기 위해 여러 가지 방법과 사건을 사용하시는 데, 그 효력은 오직 택함 받은 사람에게만 적용된다고 하였다.[24] 키츠는 특별구속을 믿으면서 동시에 복음전파를 강조하는 것이 가능하다고 하였다. 즉 그리스도께서 모든 사람들을 위해 죽으셨다면 복음을 결코 들어보지 못한 사람들이 존재하는 것을 허락하신 하나님의 섭리가 무책임하게 된다. 그런데 택자들만 구속하는 경우는 그들이 어디에 살고 있는지 모르므로 전 세계에 복음을 전파해서 그들로 하여금 구속

| 벤자민 키츠(Benjamin Keach, 1640-1704)

의 언약 안에 들어오도록 해야 하는 것이다. 키츠는 이런식으로 특별구속과 더불어 복음 전파의 필요성을 함께 주장하였다.[25] 키츠는 성화는 구속 언약에 있어 선택사항이 아니라, 본질적인 부분이며 택한 백성을 하나님이 보존하실 것을 믿었다.[26]

영국 특수침례교회는 신앙고백서들을 통해 칼빈주의 신학이 교단의 공식 신학임을 분명히 밝혔다. 최초 신앙고백서는 1644년에 만들어진 제1차 런던신앙고백서인데, 이것은 1596년도에 등장한 분리파 청교도의 신앙고백서인 "참 신앙고백서"(A True Confession)를 모델로 만든 것으로, "참 신앙 고백서"는 프란시스 존슨 교회의 교사 헨리 에인스워스(Henry Ainsworth)가 작성한 것이다. 특수침례교인들은 동료 분리파의 고백서에 대해 알고 있었고, 그것을 자신들의 신앙고백서를 만드는 데 활용했던 것이다.[27] 제1차 런던신앙고백서는 두 가지 목적으로 만들어졌다. 첫째 특수침례교회에 대한 악의적인 중상과 비방에 대해 교회를 보호하려는 것이고, 둘째 특수침례교회는 아르미니우스주의를 믿는 일반침례교회와 대륙의 메노파교회와는 다른 교회라는 것을 강조하려는 목적이었다.[28] 다시 말해 유아세례를 제외하고는 청교도 주류 사상에서 벗어나 있지 않다는 것을 드러내고 싶었던 것이다. 고백서는 제21조 "그리스도 예수는 죽음을 통해 택자, 즉 성부 하나님이 그에게 주신 자들만을 위해 구원과 화해를 베푸셨다." 제22조 "믿음은 하나님의 성령에 의해 택자의 마음 안에 일어나는 하나님의 선물이다." 등과 같은 구절을 통해 칼빈주의 구원론을 신봉하고 있음을 드러냈다.[29] 지방회 신앙고백서들도 칼빈주의 구원론을 잘 보여준다. 1655년 미들랜드 지방회 신앙고백서 제5조는 "… 하나님은 선택한 사람을 유효하게 부르시고, 부르신 사람을 그의 권능에 의해 믿음을 통해 구원으로 확실하게 붙들어 주실 것이다." 1656년 서머세트 신앙고백서 제9조는 "하나님은 … 천지창조 이전부터 아들 안에서 자유롭게 하나님 자신의 계획을 위해 사람들을 선택하신다. 때가 이르면 하나님은 그들을 부르시어, 의롭게 하고, 성화하며 영화롭게 한다."[30] 이처럼 17세기 중반까지 특수침례교회는 칼빈주의 구원론을 진리로 인정하였다.

칼빈주의 구원론은 17세기 말까지 규범적 교리의 지위를 유지하였다. 1677년에 출판된 제2차 런던신앙고백서는 장로교 신학의 정수를 담은 웨스트민스터 신앙고백서(1646년)를 기초로 작성되었다. 그런데 제2차 런던신앙고백서가 하나님의 선택과 인간의 책임을 함께 강조한 것을 두고, 학자들 간에 의견의 차이가 있다. 피터 네일러(Peter Naylor)는 그것을 전형적 칼빈주의 신앙고백서라고 하였으나, 필립 로버츠(R. Philip Roberts)는 전형적 칼빈주의와는 다른 면이라고 주장하였다.[31] 고백서의 내용을 살펴보면, 네일러의 평가가 더 적절하다고 생각된다. 고백서 3장은 하나님의 예정과 선택을 다루었는데, 명확한 칼빈주의 신앙을 표출하고 있다. 3장의 제5항은 "하나님은 생명으로 예정된 사람들을 세상의 터를 놓기 전에 그의 영원불변하신 목적과 은밀한 계획과 그 뜻의 하고자 하시는 바대로 그리스도 안에서 영원한 영광을 찬양하는 자로 삼기 위해 선택하셨다." 제6항은 "… 선택된 자는 칭의되고, 양자되며, 성화되고, 구원에 이르도록 믿음을 통해 그의 능력 안에서 지켜진다. 그러나 선택된 자 외에는, 누구도 그리스도에 의해 속죄될 수 없으며, 유효하게 부름을 받을 수 없고, 칭의되지 못하며, 양자되지 못하고, 성화될 수 없으며, 구원받을 수 없다."[32] 이상의 표현들은 제2차 런던 신앙고백서가 칼빈주의 구원론에 기초하고 있음을 잘 드러낸다. 17세기 영국 특수침례교회는 지속적으로 칼빈주의 구원론을 견지하였다.

2. 계약 공동체로서의 교회

특수침례교회는 회중교회주의자들과 마찬가지로 교회를 계약 공동체로 보았다. 이것은 침례교회들이 보편적으로 믿었던 회중주의, 신자의 교회, 개교회주의, 권징 등을 가능케 해주는 기초 사상이었다. 존 스필스버리는 교회는 계약에 헌신한 사람들로 구성되어야 한다고 주장하였다. 그는 하나님이 자기 백성들과 관계를 맺을 때 사용하신 것이 은혜계약(언약)인데, 사람들이 교회를 만들 때도 같은 형태의 계약이 필요하다고 하였다.[33] JLJ 교회에서 신앙 생활하다가 윌리엄 키핀과 함께 침례교회를 창설한 헨서드 놀리스는 회중주의, 개교회주의, 신앙고백에 기초하여 침례 받은 사람이 교회의 회원이 되는 것은 신약성경에 나오는 교회의 모습이며, 그 교회를 복원해야 할 것을 주장했다.[34] 즉 교단 지도자들은 누구나 교회회원이 되는 제도가 아니라, 신자의 삶을 서약한 사람들만 정회원이 될 수 있는 교회를 추구한 것이다.

이러한 사상은 신앙고백서들에서도 나타난다. 제1차 런던신앙고백 제33조는 "… 우리의 눈에 보이는 교회는 … 눈에 보이는 성도들의 모임이다. 이들은 복음에 대해 가시적으로 믿음을 고백하고, 침례를 받음으로써 그 믿음에 들어가고, 주님과 결합하고, 서로서로 동의함으로써 그들의 머리와 임금이신 그리스도가 명령하신 예식에 실제로 즐겁게 참여한다."[35] 제2차 런던신앙고백서 제26장 6조는 "교회회원들은 소명과 그리스도의 부르심에 대하여 가시적이며, 분명하고, 확정적인(그들의 신앙고백과 행함을 통해) 순종으로 인하여 성도들이 된다. 그들은 그리스도의 약속에 따라서 행하기를 자원하며, 자신들을 포기하여 주님께 맡기고, 복음의 규례에 대해 복종하며 하나님의 뜻에 따르기로 작정한 사람들이다."[36] 이처럼 특수침례교회는 분리파 청교도의 교회관 즉, 계약 공동체로서의 교회관을 그대로 계승하였다.

3. 개교회주의와 교회 치리

특수침례교회는 계약 공동체로서의 교회라는 사상을 기초로 개교회주의와 교회 치리(권징)를 실행하였다. 제1차 런던신앙고백서의 제47조, "비록 개별적인 회중들이 별도로 여러 개의 지체로 되어 있다 하더라도, 그 각자는 그 자체로 작고 균형 잡힌 하나의 자치단체다."[37] 라는 구절은 개교회주의를 잘 보여준다. 교회의 치리에 대해서는 제42조, "그리스도는 출교의 방법으로 어떤 회원을 받아들이거나 쫓아낼 수 있는 권한을 그의 전체 교회에 부여했다. 그리고 이 권한은 모든 특별 회중에게 주어졌는데, 어느 특정한 개인이나 회원 혹은 직분자에게 부여된 것이 아니라 교회 전체에 주어진 것이다." 라는 구절과, 제43조, "각 교회의 모든 특별 회원은, 비록 그가 탁월하거나 위대하고 혹은 많이 배웠다 하더라도, 그리스도의 판단과 견책에 종속되어야 한다. 그리고 교회는 매우 주의 깊고 부드럽게, 그리고 적당한 충고로 교회의 회원들을 송사해야 한다." 등의 구절을 통해 천명하였다.[38]

4. 신자의 침례

특수침례교회는 신자로 구성된 교회와 유아세례는 상호 모순적이라고 생각했다. 유아세례는 중생의 체험 없이 교회의 회원이 되는 제도로서, 신자의 교회와는 양립할 수 없다고 본 것이다. 그리고 무엇보다 성경은 신자의 침례만을 가르치고 있음을 강조하였다. 제2차 런던신앙고백서가 설명하고 있는 교리들과 그것을 설명하는 단어는 웨스트민스터 신앙고백서의 교리 및 단어와 거의 같을 정도로 유사하다. 그러나 교회론, 성례론, 교회와 국가와의 관계 부분에서는 현격하게 다른데,[39] 이것은 침례교회와 다른 분리파 교단들의 차이가 바로 교회론에 있음을 보여준다.

신자의 침례는 17세기에 침례교회가 다른 교단들과 벌인 대표적인 논쟁이었다. 영국 특수침례교회의 최초 목사 존 스필스버리는 『침례의 적법한 주제에 관한 이론서』(A Treatise Concerning the Lawful Subject of Baptism)와 『독자에게 보내는 서신』(The Epistle to the Reader)에서 신자의 침수침례는 성서적이며 초대교회가 실시한 행습이라고 주장했다.[40] 스필스버리는 신약성서만이 교회의 의례와 행습의 최종적인 근거가 되어야 한다. 유아세례는 예수님과 사도들이 보증한 적이 없는 가톨릭의 잔재에 불과하고, 구약의 할례와도 무관하다고 하였다. 이에 대해 웨스트민스터 총회 회원 스티븐 마샬(Stephen Marshall, c.1594-1655)은 스필스버리의 주장대로라면 구약의 안식일과 현재 주일을 성수하는 것의 연관성이 없게 된다고 주장했다. 이에 대해 스필스버리는 안식일 준수는 도덕법에 해당하지만, 침례는 의례법에 해당되기 때문에 서로 구분되어야 한다고 했다.[41] 한편 윌리엄 키핀은 웨스트민스터 총회의 회원 다니엘 피틀리(Daniel Featley, 1582-1645)와 1642년 10월 17일 유아세례 문제로 논쟁을 벌였다. 그때 키핀은 유아세례를 반대하는 세 가지 논거를 제시였다. 첫째, 성경은 명백하게 신자의 침례를 가르친다. 둘째, 유아세례는 비성서적이다. 셋째, 오직 침수만이 성서가 제시하는 침례의 형식이다.[42] 특수침례교회는 논쟁과 더불어, 신앙고백서와 설교 그리고 책자 등을 통해 신자의 침례를 주장하였다.

5. 신앙의 자유와 정교분리주의

17세기 특수침례교회는 모든 그리스도인은 국가의 법규를 준수하고, 관료의 권위에 순복하며, 국민으로서의 납세와 모든 법적 의무들을 이행해야 한다고 믿었다. 동시에 신앙의 자유 및 교회와 국가의 분리를 주장했다. 이와 관련해 제1차 런던신앙고백서 제49항은 다음과 같이 말한다.

> 이 왕국의 최고 통치권은 왕과 왕국에 의해 자유롭게 선출된 의회에 있음을 우리는 믿는다. … 우리가 어떤 교회의 법들을 그들에게 적극적으로 양보하지 않을 경우에, 그들로부터 결코 크게 고통을 받는 일이 있어서는 안 된다. 그들은 필시 그 교회의 법을 세우는 일이 그들의 의무라고 생각하고 있겠지만 우리는 현재 그렇게 생각하지 않을 뿐만 아니라 우리의 양심도 그렇게 허용하지 않는다.[43]

이처럼 제2차 런던신앙고백서는 하나님이 공공의 선을 위해 국가 위정자들을 세우셨기 때문에 기독교인들은 국민으로서 그들에게 복종해야 한다. 그러나 교회와 관련된 일로 위정자들이 기독교인들을 박해해서는 안 된다는 것을 주장하였다. 교회의 일에 국가가 관여해서는 안 됨을 천명한 것이다.[44]

6. 교단 내 논쟁들

17세기 특수침례교회는 두 가지 이슈로 내부적인 논쟁을 벌였다. 첫째는 회중찬송과 악기 사용에 관한 것이었다. 교단은 영국에서 예배 중 악기 사용과 회중찬송을 가장 선도적으로 실행한 교단이었다. 그러나 윌리엄 키핀을 비롯한 일부 목사들은 악기 사용과 회중찬송을 반대하였다. 반면에 다수의 목회자들은 찬성하였다. 예를 들면, 1658년에 이 문제에 대해 논쟁을 할 때, 로버트 스티드(Robert Steed)와 아브라함 치어(Abraham Cheare)는 이스라엘은 악기를 사용하였고, 또 온 회중이 하나님을 찬송하였기 때문에 회중찬송과 악기 사용은 성서적 행습이라고 주장했다.[45] 특수침례교회는 시간이 갈수록 찬성파가 많아졌다.

교단의 두 번째 논쟁은 주의 만찬과 관련된 것이었다. 주의 만찬에 참여하는 사람의 범위를 정하는 문제는 특수침례교회에서 가장 치열한 토론 주제였다. 교단은 폐쇄파와 개방파의 두 그룹으로 나누어졌다. 폐쇄성찬론(closed communion)자들은 신자의 침례가 성찬 참여의 전제조건이 되어야 한다고 하였으나, 개방성찬론(open communion)자들은 신약성경은 성찬의 참여 조건으로 침례를 요구하지 않으므로, 어떠한 제한도 하지 말아야 한다고 주장했다.[46] 개방성찬론을 주도한 인물은 존 번연이었다. 번연은 가난한 집에서 태어나 초등 교육만 받았다. 16세인 1644년 크롬웰의 군대에 입대해 1647년 6월까지 복무하였는데, 아마도 그때 침례교 동료 군인에게 영향을 받은 것으로 보인다. 그는 25세 되던 때인 1653년 신앙을 고백하고 침수침례를 받았으며, 이후 벤포드교회(Bedford Church)의 담임목사가 되었다. 왕정이 복고되자 번연은 무면허로 설교하였다는 죄목으로 1660년부터 12년간 감옥 생활을 하였다.[47] 번연의 교단적 정체성은 다소 모호한 면이 있다. 그는 침례교도 혹은 회중교도로 여겨지나, 일반적으로 침례교도로 간주된다. 그 이유는 번연이 목회하던 벤포드교회는 당시 침례교회로 간주되었으며, 번연은 유아세례를 반대하였고, 본인을 침례교인으로 암시적으로 표현했기 때문이다. 그러나 공개적으로 자신을 침례교 신자로 선언 하지는 않았다.[48] 번연의 논리는 초대 교회는 침례를 교제의 조건으로 사용하지 않았다. 예를 들면, 고린도교회 교인들은 모두 침례 받은 사람들로 구성된 것은 아니었다. 그러나 바울은 그들을 성도로 불렀다. 그리고 성경에는 침례 받지 않은 사람은 성찬에 참여시키지 말라는 구절도 없다. 그리스도는 침례 받지 않은 사람도 받아들였으므로 교회도 그렇게 해야 한다. 따라서 교인은 누구나 성찬에 참여할 수 있어야 하며, 침례는 성찬의 전제조건이 되어서는 안 된다는 것이었다.[49]

| 존 번연(John Bunyan, 1628-1688)

번연의 주장에 대해 헨리 댄버스(Henry Danvers), 핸서드 놀리스, 윌리엄 키핀은 반대 의견을 개진하였다. 특히 키핀은 폐쇄성찬론을 주도적으로 전파하였다. 교단의 가장 영향력 있는 지도자 중 한 사람이었던 키핀

| 윌리엄 키핀(William Kiffin, 1616-1701)

은 어렸을 때 역병으로 부모를 잃고 고아처럼 자랐으나, 네덜란드와의 양모 사업으로 엄청난 부를 얻게 되었다. 부유함은 영국 권력자들과 친분을 맺게 해 주었고, 어려움을 겪는 침례교회를 도울 수 있게 하였다. 키핀은 JLJ 교회의 교인으로 있다가 탈퇴하여, 침례교회를 개척했다. 그는 85세의 생을 마감할 때까지 침례교 목사로 살았다.[50]

키핀은 다음과 같이 폐쇄성찬론을 주장했다. 신약성서의 서신들은 침례 받은 신자들에게 보낸 것이며, 이것은 성서가 침례 받지 않은 사람이 교회 안에 있는 것을 허락지 않았음을 암시하는 것이다. 고린도전서 12장 13절에 의하면 모든 그리스도인들은 침례 받아야 하며, 갈라디아서 3장 26-29절의 말씀은 침례를 받지 않은 자는 그리스도로 옷 입지 않은 사람으로 간주하고 있다. 또한 그리스도의 위임 명령에서 침례는 교회 교제보다 앞서 있다. 이와 같이 신약성경은 신자들이 반드시 침례 받아야 함을 보여준다. 만일 침례의 중요성을 약화시키면 주의 만찬도 무시하게 될 것이다. 유아세례는 침례의 목적과 형식에 맞지 않기 때문에, 유아세례를 받은 사람은 침례교 성찬에 참여할 수 없다. 모든 신자가 침례 받을 의무가 있다면 폐쇄성찬론자들이 교회를 분열시킨다는 주장은 잘못된 생각이다. 결론적으로 신약성서에서 침례는 우선순위에 위치하므로 침례 없이 성례들에 합법적으로 참여하는 것은 불가능하다. 따라서 폐쇄성찬론은 성서의 가르침에 가장 부합하는 성찬 방법이다.[51] 17세기 영국 특수침례교인 다수는 키핀처럼 폐쇄성찬론을 지지하였다. 이것은 침례교 정체성의 확보가 교단의 가장 시급하고 중요한 일이었음을 보여준다.

7. 침수침례의 실행 및 침례교 명칭의 유래

영국 침례교회는 신자의 침례가 성서적임을 발견한 후 곧바로 침수침례를 행한 것은 아니었다. 그들은 먼저 유아세례는 비성서적이며, 신앙을 고백한 사람이 침례 받는 것이 성경에 부합된다는 것을 알았다. 일반침례교회는 1609년에, 특수침례교회는 1633년에 그런 깨달음을 가졌다. 침례교인들은 신앙고백에 근거한 침례를 행했는데, 당시의 침례 방식은 관수 형태였다. 그러다가 성경과 초대교회의 침례 방식이 침수였음을 확신한 후에는 침수침례를 공식적으로 채택하였다. 특수침례교회는 1640년 혹은 1641년에, 일반침례교회는 약 1650년부터 침수의 방식으로 침례를 행하였다.[52]

특수침례교회는 구체적으로 두 가지 방법을 통해 침수침례를 발견하였다. 첫째는 재침례교회로부터 배워오는 방식이었다. 그들은 리처드 블런트(Richard Blunt)를 교인 대표로 네덜란드로 파송하여, 메노파교회의 침례 방식을 배워오게 하였다. 블런트는 돌아와 메노파교회의 침례는 침수로 하였다고 보고하였다. 교회는 찬반 논란 끝에 침수침례를 택하기로 결정했다. 블런트는 메노파교회에서 침수침례를 받았던 것으로 보이며, 그는 영국으로 돌아와 53명의 다른 사람들에게 침수침례를 주었다.[53] 둘째는 성경연구를 통해 스스로 침수침례를 발견하는 방식이었다. 예를 들면, 특수침례교회 초기 지도자 존 스필스버리는 성경에 나오는 침례의 방식은 침수였음을 발견한 후, 교회에 침수침례를 도입하였다. 이와 같이 특수침례교회는 메노파교회로부터 배우거나, 스스로 성경을 연구하여 발견하는 두 가지 방법으로 침수침례를 실행하게 되었다. 1644년 제1차 런던고백서는 침수침례를 명시하였다.[54]

일반침례교회는 1660년 표준고백서(Standard Confession)에 침수침례를 공식적으로 주장하였지만, 이미 1651년에 출판된 한 일반침례교회의 신앙고백서에 침수침례가 명시되어 있었다. 즉 일반침례교회는 1650년대부터 침수침례를 행한 것으로 보인다. 영국에서는 1640년대부터 침수침례를 반대하는 글들이 본격적으로 나타났다.[55] 당시에 횡행했던 침수침례를 반대하는 논리와 주장은 다음과 같다. 침수침례는 비성서적이며, 불필요하다. 온 몸이 물속에 잠기므로 건강에 좋지 않으며 비도덕적이다. 비도덕적이라는 공격은 침례교인들이 침례를 행할 때, 나체로 하였거나 속살이 보이는 얇은 옷을 입고 침례를 하였다는 주장이었다. 이에 대해 침례교인들은 나체나 얇은 옷을 입고 침례의식을 행한 적이 없다고 했다. 이와 관련해서 아마도 몇몇 침례교인들은 초대교회의 행습을 극단적으로 따르려는 목적으로 간혹 그러한 형식의 침례를 행했을 가능성을 배재할 수 없다. 그러나 설사 그렇다 하더라도 그러한 행습은 곧 사라졌다. 대다수 침례교인들은 정중하고 엄숙하게 침례식을 행하였다. 침례식의 정중함을 유지하기 위해 17세기 영국침례교회들은 여자 집사(안수집사)제도를 두었다. 여자 집사의 역할은 남자 집사의 역할과 동일하였으나, 특히 여자 성도가 침례 받을 때 돕는 일을 담당

하였다.[56)]

영국에서 침례교회가 태동하던 때, 많은 반대자들은 침례교인들에 대해 "재침례교인들" 혹은 "형제회 사람들"이라 불렀다. 그러던 중 1640년대에 몇몇 사람들이 그들을 침례교인들(Baptists)이라고 불렀다. 침례교인들도 이 명칭에 찬성하여 1650대 중반부터 침례교인이라는 명칭이 보편적으로 사용되기 시작했다.[57)]

제5장

18-19세기 영국 일반침례교회

영국에서 침례교회를 가장 먼저 시작한 일반침례교회는 17세기 내내 견실한 성장을 이루었다. 그러나 18세기부터 영국을 휩쓴 이성주의가 교단에 깊숙이 침투해왔으며, 그 결과 교세가 급속히 약화되어 교단의 존립마저 위태로운 지경이 되었다. 이러한 때 댄 테일러(Dan Taylor, 1738-1816)는 침례교 복음주의 신앙을 유지하고 교단의 중흥을 회복하기 위해 신 연합(New Connection)이라는 단체를 만들었다. 신 연합은 일반침례교 총회에 소속되어 있으면서, 교단의 자유주의화를 막으려는 교회들의 모임이었다. 신 연합은 일반침례교회의 복음주의적 아르미니우스주의 신앙과 전통을 계속 이어나가려 하였다. 반면에 구(舊) 연합이라고 불리었던 옛 일반침례교회는 이성주의를 받아들여 교회들이 쇠퇴하게 되었다. 신학에 대한 두 그룹의 간격은 계속 확대되었고, 신 연합은 19세기 초에 결국 교단을 탈퇴하여 독자 교단이 되었다. 구 연합은 소수의 교회들만 존재하여 독자적 생존이 어려웠고, 결국 유니테리언 교단에 흡수 통합되어 버렸다. 신 연합은 19세기 말에 특수침례교회와 통합하여 영국침례교회를 단일 교단이 되게 하였다.

18세기 영국의 정치·사회·교회적 배경

18세기 영국은 17세기 후반부터 시작된 정치, 교회, 사회, 경제 등 각 분야에서의 혁명적 변화가 실제적인 삶의 현장에서 나타나는 시기였다. 가톨릭 신앙을 추구하는 제임스 2세를 성공회와 청교도 모두 합심하여 1688년에 축출하는 데 성공하였는데, 1688년의 명예혁명으로 의회는 권력이 강화되어 국왕과 함께 나라를 통치하는 능력을 갖게 되었다. 왕정에서 의회중심 정부로의 엄청난 변화는 비국교도들에게 보다 유리한 상황을 제공하였다. 장로교, 회중교, 침례교는 급속히 교세가 성장했으며, 1689년에 "관용법"(Toleration Act)이 통과되어 신앙의 자유를 얻게 되었다.[1] 성공회로부터 박해를 받아온 비국교도들은 드디어 예배와 신앙 활동에 있어 기본적인 법적 보장을 받게 되었다. "관용법"은 그러나 완전한 종교의 자유를 인정한 것은 아니었다. 비국교도들은 여전히 영국 국교회에 십일조를 바쳐야 했고 성공회 주교에게 모임 장소를 미리 등록했어야 했다. 집회 시 문을 걸어 잠그고 모이는 것은 금지되었다. 이처럼 "관용법"은 완전한 종교의 자유와 정교분리를 가져온 것은 아니었다. 그럼에도 비국교회들은 예배와 설교, 출판의 자유를 보장받게 되었다.[2] 영국 침례교회는 신앙적 글들과 요리문답서, 신학 교제 등을 집필할 수 있었고, 그들의 교회 건물을 건축할 수 있었으며, 특히 침례 탕을 건설하여 침수침례식을 거행할 수도 있게 되었다.[3] 비국교도들의 입지는 시간이 흐를수록 점점 더 나아졌다. 비록 국교회의 독점권은 유지되었지만 18세기 전반기에 비국교도들은 면책법(Indemnity Acts)의 보호아래 예배의 자유뿐만 아니라 지방에서 일정한 권력도 행사할 수 있었다.[4]

사회·경제적으로는 18세기 중반부터 시작된 산업혁명으로 눈부신 경제성장과 획기적인 교통의 발전이 이루어졌다. 도로회사들이 설립되면서 전국적 규모의 유료 도로체제가 건설되었다. 1720년대에 3일 걸리는 길이 1780년에 이르면 24시간 정도로 단축되었다.[5] 도로의 발전은 상업과 공업의 발전을 가속화시켰다. 식민지 개척의 중요성이 부각되었고, 무역을 위한 항구도시들과 공업지역들이 발전하였다. 경제적 발전은 영국의 중산층을 두텁게 하였다.[6] 이와 같이 18세기 영국은 근대주의가 빠르게 확장되는 시기였으며, 이러한 정치, 교회, 사회, 경제의 변화는 침례교회를 비롯한 비국교회들에게 새로운 가능성과 도전을 함께 제시하였다.

관용법의 통과와 같은 정치적 변화, 그리고 경제 발전과 사회 환경의 급속한 근대화는 비국교회의 성장에 큰 도움이 될 것으로 예측되었다. 그러나 예상과는 반대의 결과가 나타났는데, 그것은 이성주의의 광풍이 교회에 몰아쳤기 때문이다. 17세기 말부터 시작된 신학의 변화는 18세기에 이르러 본격화 되었다. 존 톨랜드(John Toland, 1670-1722)는 1697년에 『신비가 없는 기독교』(*Christianity Not Mysterious*)를 출판하였다. 이 책은 자연종교를 옹호하고 삼위일체론을 비롯한 교회의 전통적인 가르침들을 부인하였다. 영국의 초기 계몽사상이 발흥한 것이다. 톨랜드의 사상은 영국의 모든 교회에 파고들어갔는데, 특히 장로교회, 회중교회, 일반침례교회에 가장 큰 영향을 끼쳤다.[7]

　계몽주의자들은 모든 종교는 이성의 빛에 합당해야 하므로, 비합리적인 교리는 인정될 수 없다고 하였다. 예를 들면, 그리스도의 신성이나 성육신은 비합리적인데, 그것을 믿는 것은 저급한 종교의 모습이라는 것이다. 이성주의에 입각하여 그리스도의 신성을 부인하여 그리스도의 십자가의 구속을 무의미하게 만드는 사람들을 유니테리언주의자들이라 불렀다. 유니테리언주의자들은 믿음이나 신비보다는 도덕적 삶을 강조하고 삼위일체를 부정하였다.[8] 유니테리언주의는 영국 기독교에 급속히 확산되었다. 삼위일체론과 관련하여 영국의 침례교, 회중교, 장로교 지도자들은 1719년 런던의 솔터스 홀(Salter's Hall)에서 논쟁을 벌인 유명한 사건이 있었다. 110명의 비국교회 지도자들이 격렬한 논쟁 끝에 57대 53으로 "삼위일체에 관한 어떠한 인간적인 작문이나 해석을 해서는 안 된다"고 결론지었다. 이 결론은 유니테리언주의자들의 승리를 의미하였다. 그들은 그리스도의 신성을 주장하는 것은 복음서에 인간의 주관적 신앙을 첨가한 것으로 보았기 때문이다.[9] 즉 그리스도의 신성이나 성육신 기적 등은 역사적 사실이 아니라 후대 사람들에 의해 첨가된 사상이며, 그것을 뒷받침한 것이 니케아, 콘스탄티

| 런던의 솔터스 홀(Salter's Hall)

노플 삼위일체 신경이다. 이러한 교리 문서는 성경적이지 않으므로 인정되어서는 안 된다는 것이다. 논쟁에서 패배한 그룹은 1719년 3월 3일 그리스도의 신성과 삼위일체 교리를 담은 문서에 서명함으로 정통 교리에 대한 신앙을 표현하였다. 특수침례교회 대표자 14명 중 12명은 서명하였고, 2명은 서명하지 않았다. 일반침례교회의 대표자 15명 중 1명만 서명파(Subscribers)에 동참하였고, 14명은 서명을 거부했다. 일반침례교회는 정통교리에서 급속히 멀어지고 있었다.[10]

18세기 유니테리언주의의 확산

일반침례교회에서 유니테리언주의의 확산은 가속화되어 18세기 중반에 이르면 적지 않은 수의 일반침례교인들이 성경의 진리성에 의문을 제기하며 그리스도의 신성과 삼위일체 교리를 부인하게 되었다.[11] 그러나 일부 사람들은 여전히 17세기 조상들의 신앙을 지켰다. 그들은 1660년도 신앙고백서와 히브리서 6장 1-2절에 있는 6개 원리들 즉 회개, 믿음, 침례, 안수, 부활, 심판을 진리로 믿었다.[12] 유니테리언주의는 교단의 지도자들에 의해 확산되었다. 예를 들면, 당시 대표적인 이성주의자였던 매튜 캐핀(Matthew Caffyn, 1628-1714)은 처음에는 삼위일체와 기독론을 이성적으로 이해할 수 없어 의심하였으나, 나중에는 아예 부인하는 쪽으로 결론 내렸다. 많은 일반침례교인들은 캐핀의 사상을 받아들였다. 서섹스(Sussex) 지방의 홀샴(Horsham)마을에 소재한 일반침례교회의 담임목사였던 캐핀은 그리스도의 신성을 부인하는 설교를 하였다. 이에 대해 메이드스톤(Maidstone)의 조셉 라이트(Joseph Wright) 목사는 1686년 초 캐핀을 교단에 고발하고 제명할 것을 요청하였다. 총회에서 이 문제를 다룰 때, 캐핀은 자신을 잘 변호하였다. 그 결과 총회는 캐핀에 대해 문제 삼지 않았고 오히려 라이트를 사랑이 부족하다는 이유로 책망하였다. 이후 캐핀은 보다 공개적으로 유니테리언주의를 설교할 수 있었다.[13]

캐핀에 대한 공격이 1693년에 다시 일어났다. 하지만 일반침례교 총회는 그 사안을 다루지 않기로 하였고, 이에 반발한 일부 교회는 교단을 탈퇴하여 나갔다. 일반침례교회는 분리된 상태로 있다가 1731년 캐핀이 죽은 후에 다시 통합하였는데, 양 그룹은 교리적인 문제를 다루지 않는 조건으로 통합하였다. 교단은 교리적으로 일치가 안 되더라도 기구적 일치를 택한 것이다. 교단은 "삼위일체에 관한 모든 논쟁들은 공개적이든 개인적이든지 오직 성서적인 언어와 용어로 다루어야하며, 그 외의 술어는 안 된다." 라고 결정하였다. 많은 일반침례교회들은 예수 그리스도의 완전한 신·인성과 대속의 죽음 교리에서 멀어지기 시작하였다.[14] 17세기 일반침례교인들은 성경에 대한 지식의 통로로 성령의 조명을 믿었으나, 18세기 일반침례교인들은 이성주의에 몰입되어 이러한 진리의 깊은 면을 제거해버렸고, 결국 복음서의 대부분을 믿지 않는 결과를 가져왔다. 교인들은 복음주의 신앙이 결여된 교회를 떠나 유니테리언, 퀘이커, 초교파 독립교회로 넘어가기 시작했다.

댄 테일러와 신(新) 연합

일반침례교회의 교세 하락을 막은 것은 1763년 감리교에서 침례교로 전향한 댄 테일러가 세운 신 연합(New Connection)이라는 단체였다. 신 연합은 일반침례교 총회 산하 교회들이 자발적으로 만든 교단 내의 단체였다. 정통교리와 복음주의를 추구하며 18세기 후반에 설립한 신 연합은 19세기말 특수침례교회와 통합하기까지 일반침례교회의 명맥을 이어왔다. 신 연합은 옛 일반침례교회가 유니테리언 교회에 전체적으로 통합되는 것을 막고 교단의 정체성을 지키며 교단을 존속케 한 공헌을 하였다.

1. 댄 테일러와 18세기 일반침례교회

댄 테일러(Dan Taylor, 1738-1816)는 요크셔(Yorkshire) 광부였던 부친 아조르 테일러(Azor Taylor)와 그의 두 번째 부인 한나(Hannah) 사이의 차남으로 1738년 12월 21일 태어났다. 어머니는 테일러가 아주 어렸을 적부터 글을 가르쳤는데, 이러한 어머니의 노력으로 인해, 3세부터 글을 읽을 수 있었다. 테일러는 5살 때부터 광산에서 육체노동을 해야 했다. 그는 정식교육을 받지 못하였지만 배움에 대한 강한 열정이 있었고, 독학으로 공부하여 10세 때 가르치는 일을 얻을 정도로 지적인 면에서 인정을 받았다.[15] 테일러는 9세 때 자신에게 곡괭이로 상처를 입힌 사람을 하나님의 이름으로 저주한 일이 있었다. 이것을 알게 된 아버지는 아들을 채찍으로 때리고 계시록 6장 17절의 말씀으로 엄중히 권고하였다. 이 일은 테일러로 하여금 죄에 대해 깊이 생각하게 되는 계기가 되었다.[16]

테일러의 어린 시절 당시 요크셔 지역의 성공회는 영적으로 시들어있었다. 교구 사제들의 절반 정도가 교구 거주를 의무사항으로 여기지 않았다. 장로교, 독립교, 퀘이커교, 로마 가톨릭 등 비국교회들은 어느 정도 성장하였다. 침례교는 특수침례교회가 약간 활발했지만 교세는 별로 크지 못했고, 교인 수도 적었다.[17] 바로 그 때 존 웨슬리의 감리교 운동은 폭풍과 같이 영국을 휩쓸었다. 감리교도들은 구원은 모든 계층의 사람들에게 주어진 것이라고 외쳤다. 일부 성직자들로부터 무시 받았던 광산 및 제조업에 종사하는 모든 하류층 평민들은 귀족이나 성직자들과 똑같이 구원받을 수 있다고 하는 웨슬리의 복음에 큰 반향을 일으켰다.[18]

테일러가 15세가 될 무렵 감리교 운동은 요크셔 지방에도 본격적으로 영향을 미치게 되었다. 그는 감리교 부흥운동의 영향으로 회심을 경험하였고, 동생과 함께 주일날 감리교 부흥사의 훌륭한 설교를 듣기 위해 20-48킬로미터를 걸어가곤 했다. 그는 16세 때 친척들과 함께 성공회에서 견진성사를 받았지만, 수년동안의 신앙적 갈등을 겪은 후 21세가 되던 1759년 감리교회에 가입하였다.[19] 테일러는 1761년 핼리팩스(Halifax)에서 감리교도들을 상대로 평신도 설교자로 설교하며 활발하게 활동했다. 그러나 1762년에 감리교회의 지나치게 엄격한 훈련과 존 웨슬리(John Wesley)의 독재적인 운영 방식에 불만을 느끼게 되었다.[20] 그는 결국 1762년 여름 15명의 회원들과 함께 감리교회를 탈퇴하고, 그 해 가을부터 탈퇴자 4명과 함께 와즈월쓰(Wadsworth)에서 독립교회를 시작했다.[21]

그 즈음 테일러는 인근의 특수침례교인들과 교제하면서 침례에 관해 연구하게 되었다. 그는 신약성경과 월(Wall)이라는 사람이 쓴 『유아세례의 역사』(History of Infant Baptism)라는 책을 통해 신자의 침수침례가 유일한 성서적 침례임을 확신하게 되었다.[22] 테일러는 특수침례교회에서 침례 받으려 했다. 하지만 그는 이미 칼빈주의 반대자로 널리 알려진 상태여서 특수침례교인들은 그에게 침례주기를 꺼려했다. 테일러는 링컨셔(Lincolnshire) 지방의 일반침례교회에 관해 듣게 되었고, 그들을 방문하러 가는 도중에 노팅햄셔(Nottinghamshire) 지방의 겜스톤 (Gamston)에 있는 한 일반 침례교회의 담임목사 조셉 제프리(Joseph Jeffries)에게 1763년 2월 16일 침례를 받게 되었다.[23]

테일러는 와즈월쓰 모임을 침례교회로 바꾸고, 1763년 5월 링컨셔 일반침례 교 지방회에 가입하였다. 와즈월쓰교회는 14명의 신자로 늘었고, 테일러는 1763 년 7월 30일 목사안수를 받고, 1783년까지 담임목사로 섬겼다.[24] 링컨셔 지역은 일반침례교회가 가장 성공적으로 자리 잡은 곳으로, 18세기 초 그 지역에는 17 개 교회와 2,360명의 출석성도가 있었다. 일반침례교인의 수는 그 지역 인구의 1.23퍼센트에 해당되는 숫자였다.[25] 수적으로 꽤 많은 성도들이 있음에도 불구하 고 일반침례교회는 다른 비국교회들이 거부하는 아르미니우스주의를 받아들였 기 때문에 고립된 상태에 있었다.[26]

일반침례교회는 이미 17세기 말 그리스도의 신성을 부인하는 매튜 캐핀의 기 독론으로 심한 논쟁을 경험한 적이 있었다. 캐핀에 대한 고발이 있었으나 총회는 지명도 있는 캐핀을 정죄하지 못하였다. 총회는 그리스도의 신성과 성육신을 부 인하는 사상은 정죄하였으나, 그러한 견해를 주장한 캐핀에게는 아무런 제제를 하지 않는 모호한 방식으로 일을 처리하였다. 이러한 총회의 애매모호한 결정은 예수는 순수하고 거룩한 사람이지만 하나님은 아니라는 유니테리언주의를 교단 에 더욱 퍼지게 하였다.[27] 테일러는 1765년부터 1767년까지 링컨셔 지방회 대의 원으로 총회에 참여하면서 기독론 논쟁이 계속되고 있음을 알게 되었다. 테일러 는 링컨셔 지방회의 교회들이 열정적인 예배와 전도의식이 약하고 특히 유니테 리언주의가 용인되는 것을 보고 크게 실망하였다. 그는 와즈월쓰의 교회를 정통 기독론을 믿고, 복음적 열정이 있는 교회로 이끌었다. 여성을 포함한 모든 성 도가 함께 찬양하는 회중찬송을 실시하였고, 복음전파에 힘쓰는 교회로 만들 었다.[28]

이러한 테일러의 목회는 링컨셔 지방회의 목회자들과 갈등을 불러왔다. 당시 링컨셔 지방회 사자(messenger) 직분을 가지고 있던 사람은 길버트 보이스 (Gilbert Boyce)였다. 사자는 일정한 지역의 교회들을 순회 관리하고 그 지역에 교회를 세우는 일을 하는 지도자에 해당되는 직분이었다. 보이스는 옛 일반침례교회의 전통에 따라, 교회에서 노래하는 것은 육적이며 세속적인 행위로서, 성스러워야 할 예배에 어울리지 않는다고 하였다. 그는 회중찬송은 회심하지 않은 사람을 예배에 참석하게 할 수 있으며, 특히 여자들에게 노래하려는 유혹을 주는데, 그것은 교회 내에서 여자는 조용해야 한다는 바울 서신에 위배되는 것이라 하였다. 그리고 신약성서에는 예배시간에 찬양 순서가 있다는 것이 명백하게 입증되지 않았다고 하였다. 보이스의 주장에 대해 테일러는 성경과 기독교 역사는 기독교인들이 찬양하는 것을 인정하여 왔다고 하였다. 그는 여자는 남자와 마찬가지로 이성적인 능력이 있는 하나님의 피조물이므로 예배에서 동등한 자유를 부여받아야 한다고 주장하였다. 테일러는 예배에서 악기 사용은 반대했으나, 어린이들에게 찬양을 가르치는 것과 회중찬송에 참여하는 것을 허락하였다.[29] 이처럼 테일러는 정통주의와 복음적 열정이 넘치는 교회를 추구하였으나, 일반침례교회는 정통주의와 열정이 사라져갔다.

18세기 일반침례교회는 감리교 복음주의 운동을 공식적으로 반대할 정도로 복음적 열정이 식은 상태였다. 1745년 링컨셔 지방회는 감리교 신앙과 행습은 "성경에 반대되며 지역의 평화와 복지에 해를 끼친다." 라고 선언하고, 감리교 모임에 참여하는 침례교인들을 치리하기로 결정하였다.[30] 지방회는 감리교 출신의 열정적인 목사 테일러를 와즈월쓰의 버치클립 교회(Birchcliff Church)에서 쫓아내려 하였다. 하지만 버치클립교회는 지방회의 요구를 받아들이지 않았다. 배교나 이단과 관련된 일이 아님에도 불구하고 지방회가 개 교회 담임목사를 제거하려는 것은 당시 일반 침례교단에서는 매우 이례적인 일이었다.[31] 테일러는 일반침례교회에서 사역하려고 했으나, 동료 목회자들은 정통주의와 복음적 열정을 추구하는 테일러를 거리끼는 존재로 여겼다. 결국 테일러는 자신과 뜻을 같이하는 목회자들과 함께 1769년 가을 런던에서 새로운 조직의 결성을 위한 예비모임을 가졌다.[32]

2. 신 연합의 창설

테일러와 정통신학을 고수하는 일반침례교 목회자들은 참된 기독교 교리의 수호를 위해 조직체를 설립하는 데 뜻을 같이하여, 1770년 6월 6일 런던에서

"일반침례교회 신 연합"(New Connection of General Baptists)을 구성하였다. 신 연합은 "자유 은혜 침례교총회"라고도 불렸다. 테일러는 6월 7일 아침 예배 때 설교하였고, 그날 오후 의장으로 피선되었다.[33] 신 연합 교회들은 구 연합이라고도 불리는 옛 일반침례교회의 지방회를 탈퇴하고 사자 제도도 반대하였다. 이처럼 신 연합은 구 연합에 비해 개교회의 자치를 강조하는 입장을 취했으며, 그것은 신 연합의 특성이 되었다.[34]

테일러는 신 연합을 결성하게 된 이유를 다음과 같이 공포했다.

우리가 성경을 존중한다면 이 시대 일부 일반 침례교인들이 절대로 용납할 수 없는 오류를 고집하고 있다는 것을 부인할 수 없을 것입니다. … 이처럼 우리 조상들이 혐오하였고 하나님의 말씀이 명시적으로 정죄하는 유해한 교리들에 대항하여 비록 적은 힘일지라도 우리가 경고를 하는 것이 옳다고 생각합니다.[35]

테일러는 링컨셔 지방회의 사자, 길버트 보이스에게 다음과 같은 편지를 썼다: "17세기 일반침례교회는 거의 모두 그리스도의 죽으심이 죄인들의 소망의 유일한 근거임을 믿었다. … 17세기 말에 이르러서는 몇몇 지도자들에 의해 아리우스주의와 소지니주의가 들어왔다. … 한마디로 그들은 예수 그리스도를 버린 것이다. 따라서 그리스도도 그들을 버렸다."[36] 즉 신 연합 창설의 주된 목적은 일반침례교회로 하여금 삼위일체론과 기독론과 같은 정통교리를 계속 신봉하는 교회가 되도록 하는 것이었다.

신 연합은 테일러가 작성한 6개 조항의 신앙고백서를 채택하였다. 6개 신앙조항의 내용들은 아담 죄의 유전과 인간의 전적타락, 영원한 의무로서의 도덕적 율법, 예수 그리스도의 완전한 신성과 인성, 오직 믿음으로 얻는 구원과 선행을 생산하는 믿음, 성령과 말씀을 통한 중생, 성도의 성화, 교회 회원의 전제조건으로서의 신자의 침수침례 등이다.[37] 신 연합은 창설 후 처음 5년간은 신 연합에 가입하려는 교회 및 목회자에게 이 신앙조항에 서명하는 것을 필수로 요구했다. 그러나 1775년 이후부터는 확실한 은혜의 체험을 진술하면 회원으로 받아주는 것으로 완화되었다.[38] 테일러에게 있어서 진리는 성경과 연결되어 있었다. 그는 자신의 교리문답서 제1부에서 성경의 진실성을 강조하였다. 즉 하나님께서는 갖가지 표적과 기사와 이적들, 그리고 하나님의 말씀을 위해 죽임당한 사람들의 피로써 성경의 진실성을 확증하셨다고 하였다. 무엇보다도 성경이 그리스도와 성령에 의해 제정된 사실이 성경의 진실성을 입증해준다고 하였다.[39] 신 연합에는 레이세스터셔, 링컨셔, 런던, 켄트, 에섹스 등 여러 지역의 일반침례교회들이 참여하였다. 구 연합 지도자들은 신 연합에 합류한 교회들을 되찾으려고 애썼으나, 성과는 거의 없었다. 몇몇 교회들은 심지어 특수침례교회로 넘어간 경우도 있었다.[40]

신 연합을 창설하고 난 후 버치클립(Birchclif)에 돌아온 테일러는 공부와 목회에 많은 시간을 투자하였다. 가족 부양을 위해 수입을 늘릴 필요가 있어 서점을 운영하기도 하였다. 또한 편지쓰기, 설교, 부흥회 등으로 항상 바쁜 나날을 보냈다. 그의 노력은 1777년에 예배당 신축, 1782년 지교회의 개척으로 결실을 맺었다. 버치클립 교회는 테일러의 활동을 성실히 뒷받침해주었다.[41] 버치클립에서 성공적인 목회를 하고 있던 테일러는 갑자기 런던으로 사역지를 옮겨야 했다. 런던의 일반침례교회들은 자신들의 궁핍한 처지를 알리는 편지를 1784년에 교단의 지도자들에게 보냈다. 그러자 다수의 사람들은 테일러를 런던으로 파송하여 그곳의 교회들을 구해내야 한다고 주장하였다. 테일러는 총회의 결정에 따르고자 하는 마음이 있었지만, 문제는 부인이었다. 태어난 지 5주도 안된 두 명의 아이들을 데리고 320킬로미터나 되는 먼 길을 떠나는 일은 출산한 지 얼마 안된 아내에게는 무리한 일이었다. 또한 친척과 지인들을 떠나 낯선 사람들 속에서 사는 것도 결코 쉽지 않은 일이었다. 하지만 그녀는 이 모든 어려움들보다 남편의 사명이 더 중요하다고 여겼으며 기꺼이 함께 가기로 결심하였다.[42]

런던에서 목회하면서 테일러는 교단의 신학적 안정을 위해 헌신적으로 노력하였다. 그는 아이들의 신앙교육을 위해 교리문답서를 작성하였으며, 1785년에는 24개항으로 된 신앙고백서를 자신의 교회에 제출하였다. 이 신앙고백서는 복음주의적 아르미니우스주의 입장을 취했다. 불신자가 복음을 믿는 것과 목회자가 그리스도를 전하는 것은 의무이며, 이러한 복음의 보편적 초청은 하나님의 우주적 사랑과 전 인류의 죄를 위한 그리스도의 속죄에 기초한다고 하였다. 또한 믿음이 중생보다 앞섬을 강조하였다.[43] 테일러는 1790년에 『성경의 영감과 진실성에 대한 소론』(*An Essay of the Truth and Inspiration of the Holy Scriptures*) 이라는 책을 출판하였다. 이 책에서 테일러는 성경은 전체가 하나님의 말씀이므로 전체 말씀이 영감 받았다고 주장했다. 그리고 성경의 원본은 오류가 없다고 하였다.[44]

테일러는 신학교육의 필요성을 교단이 창립된 지 얼마 안 된 1779년부터 주장하기 시작했다. 총회는 결국 1796년 신학교 설립을 위한 기금을 만들기로 합의하고, 테일러가 학교의 교장으로 봉사하도록 요구키로 하였다. 테일러는 교장직을 거듭 사양했지만, 당시는 그가 맡지 않으면 안 되는 상황이었다. 학교는 1798년 1월 런던의 마일 앤드(Mile End)에서 개교하였다. 테일러의 조카인 제임스(James)가 첫 번째 학생으로 등록하였다.[45] 당시의 커리큘럼은 영어, 성경, 역사, 지리학, 도덕철학 등이었다. 학생들은 수업료와 기숙사 비용으로 매년 50실링을 냈다. 1798년부터 1813년까지 19명의 학생들이 훈련받아 목회지에 투입되었다.[46] 테일러는 60세가 다 되어가는 시점에 학교의 설립과 운영이라는 새로운 일을 하였지만, 혼신을 다해 정열적으로 일을 처리하였다. "그의 최고의 학생들은 그를 모범으로 여겼고, 아버지처럼 존경하였으며, 그가 베풀어준 많은 혜택에 감사하며", 그를 "성자 댄"(Saint Dan)으로 불렀다.[47] 신 연합은 신학교 설립과 더불어 교단 잡지도 출간하였다. 「일반 침례교 잡지」(General Baptist Magazine)는 비록 단명하였지만, 1798년 1월에 처음 출판되었고, 테일러는 그 잡지의 초대 편집자로 모든 부분을 맡아서 처리하였다.[48]

테일러는 일생동안 영국 전역에 걸쳐 약 4만 킬로미터를 도보로 여행하며, 설교와 전도를 하였다. 그는 매일 저녁 설교하고 주일에는 3번 설교하는 것이 일반적인 업무량이었다. 그리고 특별한 경우 하루에 여러 차례 설교하였다.[49] 테일러는 46년 동안 신 연합을 열정적으로 이끌었다. 그러던 중 78세가 되는 1816년 11월 26일 갑작스러운 심장마비로 세상을 떠나게 되었다. 그는 죽을 때, 버터를 살짝 바른 빵과 함께 먹을 따뜻한 차를 기다리며 의자에 앉아서 파이프 담배를 여유롭게 피우고 있었다. 테일러는 체구는 작았지만 육체적으로 정신적으로 매우 강인한 사람이었다. 그는 주 예수를 위한 지치지 않는 종이었고, 성경의 진리에 굳게 섰던 사람이었다.[50] 그는 많은 일반 침례교 목회자들에게 영향을 끼쳤으며, 교단 내외에서 여러 명의 친구들과 평생 동안 우정을 나누었다.[51]

3. 18세기 신 연합의 모습

신 연합은 창설된 후 급속한 성장을 이루었다. 1770년 시작할 당시 7교회 1,000명의 회원으로 시작했던 신 연합은 1786년에 이르러 31교회 2,357명의 교인이 있는 단체가 되었다.[52] 신 연합의 성장의 이유는 크게 세 가지로 볼 수 있다. 첫째는 원래 있었던 일반침례교회들이 신 연합에 가입한 경우이고, 둘째는 신 연합 교회들의 활발한 전도활동이며, 셋째는 아이의 출산과 같은 신 연합 교회들의 내부적 성장이었다.[53] 신 연합은 초기에 구 연합과 갈등 상황에서 교회를 개척했다. 예를 들면, 롱 서턴 (Long Sutton) 지역의 헨리 풀(Henry Poole) 목사는 그 지역의 신 연합 모임에 참석하였다. 그런데 그의 교회는 신 연합이 너무 감리교적이라고 보고 반대하였다. 그러자 풀은 담임목사직을 사임하고 몇 마일 떨어진 곳에 교회를 개척하여 신 연합에 가입하였다.[54]

결혼에 대한 부드러운 접근도 성장에 도움을 주었다. 18세기 일반침례교회에서 가장 빈도수가 높고 심각한 치리는 결혼에 관한 것이었다. 결혼은 양가 부모의 허락뿐만 아니라 교회의 허락이 있어야 가능했는데, 교회는 신랑과 신부가 모두 침례교인이 아니면 종종 허락을 유보했다. 이러한 관습은 많은 사람들이 교회를 떠나게 하는 원인이 되었다. 이러한 강한 입장은 점차 약화되었다. 교회는 불신자와의 결혼은 반대하였으나, 적절한 회개가 있을 시에는 결혼을 인정하였다. 불신자와의 결혼과 관련해서는 출교보다는 예방에 중점을 두기 시작한 것이다. 강한 치리는 교회 떠나게 하는 요인이 되었지만, 부드러운 다스림은 다시 교회로 오게 하였다.[55]

초창기 신 연합 지방회들은 4개월 마다 한 번씩 모였다. 지방회 참석에 필요한 비용은 각 교회가 부담하였고, 모임마다 설교시간을 가졌다. 지방회는 오전 회무로 대표기도, 치리사항, 설교, 각 교회에서 발생한 애로사항 토의 등을 하였고, 오후 회무에는 교회들의 신앙 증진 방안, 목사 청빙, 목사가 없는 교회들의 성례집행 문제, 안수 받지 않은 목회자의 성례 집례 가능 여부 등을 논의하였다. 지방회 모임이 계속되면서 새신자 안수 문제, 설교를 잘하는 방법, 설교와 목회에 대한 평가 분석 등 점차 다양한 주제들이 논의되었다.[56]

신 연합은 신자의 침례를 교회 회원이 되는 전제조건으로 삼았다. 시간이 지나면서 개방 회원제로 가는 교회들이 많아졌지만, 링컨셔 지방의 교회들은 계속 침례를 교회의 정회원이 되는 전제조건으로 하였다.[57] 당시 독립교회와 장로교회는 중산층이 많이 참여하였지만 침례교회는 하층민들이 많았고, 침례교 목회자들은 정식 교육을 제대로 받지 못했다. 신 연합 교회들은 개교회주의를 추구하기 보다는 장로교 교회론과 유사하게 교단을 중심으로 연합하는 것을 선호하였다.[58] 신 연합은 창립되고 난 이후 약 90년 동안 견실한 성장을 이루었다. 그러나 19세기 중반부터 성장이 멈추었으며 교세가 약화되기 시작했다.

19세기 일반침례교회

1. 구 연합(옛 일반침례교회)

구 연합 즉 옛 일반침례교회는 18세기 초부터 유니테리언주의에 의해 지속적으로 잠식당하다가 1811년경에 이르면 완전히 정복당해 버렸다. 당시에 일어난 굵직한 사건들을 보면, 1800년 구 연합과 신 연합을 하나로 통합시키려 애썼던 길버트 보이스의 죽음, 공개적인 반(反)삼위일체론자인 윌리엄 비들러(William Vidler)가 1801년 구 연합에 허입된 것, 비들러의 허입에 반발하여 1803년 신 연합이 교단을 정식으로 탈퇴한 일, 그리고 1813년 신 연합 목회자들의 유니테리언주의를 "사악한 독"으로 정죄한 사실 등이 있다.[59] 유니테리언주의는 지도자들에 의해 전파되었다. 유니테리언주의 선교사이자 일반침례교 목사였던 리처드 라이트(Richard Wright)는 1813년부터 영국의 여러 지역을 방문하며 유니테리언주의를 선전하였다. 소수의 보수파 교회들은 이러한 현상을 우려했으나, 다수의 자유주의 침례교회들은 유니테리언주의를 받아들였다. 교회들은 유니테리언주의가 침례교 신앙과 다른 사상을 불어넣고 있다는 것을 깨닫지 못했다. 보수파 교회들은 신 연합에 흡수되기 시작했다.[60]

놀쌤턴셔(Northamptonshire) 지역은 일반 침례교회가 전멸하였고, 링컨셔(Lincolnshire) 지역은 오직 2개 교회만 남았다. 북동지역에는 1816년 최소 3개의 유니테리언 일반 침례교회들이(Unitarian General Baptist churches) 있었다. 이들

은 신학적으로 요크에 있는 유니테리언 신학교(Unitarian Academy at York)에 의
존하고 있었다. 1820년대에 이르면 옛 일반 침례교회는 보수적 요소가 더욱 사
라지게 된다. 1824년에는 4명의 사자들이 죽거나 퇴임하여 공석이 되었고, 그 자
리는 젊은 유니테리언주의자들로 채워졌다. 그러는 동안 "일반침례교회" 앞에
"유니테리언"이라는 단어를 삽입하는 교회들이 늘어갔다.[61]

구 연합 내에서 유니테리언주의의 확산을 막으려는 시도가 없었던 것은 아니
었다. 이러한 운동의 대표적인 사람은 조셉 캘로우 민즈(Joseph Calrow Means)였
다. 그는 일반침례교회의 복음주의 신앙을 유지하여 교단이 유니테리언 단체에
흡수되는 것을 막으려 하였다. 민즈는 1831년에 교단 잡지인 「일반 침례교 옹호」
(General Baptist Advocate)의 편집자로 임명받은 후 5년 동안 유니테리언주의를
비판하고 교단의 정체성 회복을 촉구하는 글을 실었다. 이러한 민즈의 활동에 교
단 내 유니테리언주의자들은 분노하였고, 민즈는 결국 편집자 직책을 사임할 수
밖에 없었다. 그가 사퇴한 후 교단은 유니테리언주의로 더 빨리 나아갔다. 그리
고 교단 잡지명도 「유니테리언 침례교 옹호」(Unitarian Baptist Advocate)로 바뀌
었다.[62]

지방회와 교회들이 계속 사라지기 시작했다. 켄트(Kent) 지방회는 1856년에
마지막 모임을 가졌다. 램스게이트(Ramsgate) 교회는 법적으로는 1884년까지 있
었지만, 실제적으로는 오래 전에 사라졌다. 넛필드(Nutfield)는 1851년에 죽었고,
스완시(Swansea)는 1858년에 수명을 다했으며, 요크셔(Yorkshire) 교회들도 1860
년까지는 전부 사라졌다. 루톤(Lutton)교회는 1865년 문을 닫았고, 비덴든
(Biddenden) 교회도 1868년에 넘어졌다. 주일학교들은 완전히 세속화되었다.[63]
유니테리언주의의 영향으로 침례는 교회 회원의 전제조건으로 삼았던 행습이 폐
지되었다. 민즈는 또 한 번의 보수파 개혁을 시도하였다. 그를 따르는 목회자들
가운데는 신 연합 출신의 목회자들도 있었다. 민즈는 1870년부터 보다 대담하게
신 연합과의 통합을 추진하였다. 남동부 시골 지역에서는 통합이 성공하였다.
하지만 교단의 몇몇 큰 교회들은 유니테리언주의의 보존을 촉구하였다. 교단은
민즈 찬성파, 유니테리언주의파, 중도파로 삼분되었다.[64] 민즈는 1879년 2월에
죽었지만, 그의 영향은 여전히 남아있었다. 그의 뒤를 이은 보수파 목사들이 침
례교 신앙의 회복과 복음전도의 중요성을 교단에 강조하기 시작하였다. 1886년

과 1887년 총회에서는 복음전도와 사회복음이 주안점으로 논의되었다. 1888년 총회에서는 이러한 흐름이 절정에 달했으며, 신 연합과의 통합 논의도 급물살을 탔다. 그러나 양측의 친밀한 교제와 통합의 시도는 신 연합이 특수침례교회와 통합함으로 갑자기 막을 내리게 되었다. 1888년은 서로 대표자를 파송하는 마지막 해였다.[65]

갑작스러운 복음주의 동료의 상실은 옛 일반침례교회의 영성에 영향을 끼쳤다. 이제 유니테리언주의자들이 총회를 주도하게 되었으며, 복음전도를 강조하는 소리는 사라지고 오직 사회복음만 들렸다. 심지어 해외 선교사들을 정치적 상업적 침탈의 대리자로 여기는 시각도 존재하였다. 복음주의 교회들은 교단을 탈퇴하였다. 그러나 대다수의 교회들은 현 상태에 만족하거나 변화의 의미를 잘 이해하지 못하였다. 또 다시 문을 닫는 교회들이 늘어났고 교단은 약화의 길을 걸었다. 교회들은 주위의 유니테리언 교회들에게 의존하게 되었다. 총회 건물도 없어지고 기금은 모두 고갈되었다. 1910년부터 1914년까지 총회는 여러 곳을 전전하며 모일 수밖에 없게 되었다.[66] 교단은 결국 특수 침례교 총회인 침례교 연맹(Baptist Union)이나 혹은 유니테리언 협회와 통합을 논의할 수밖에 없게 되었다. 결국 1916년 대다수의 일반침례교회들은 양쪽에 흡수 통합되는 것에 합의하였다. 현재까지 일반침례교 총회는 명목상 계속 모임을 갖고 있지만 유니테리언 자유기독교총회의 부속 모임으로 모이고 있다.[67]

2. 신 연합

1) 견실한 성장

신 연합은 비록 구 연합이 복음주의 노선을 견지하지 못하고 있는 것이 매우 불만족스러웠으나, 오랜 기간 느슨한 제휴관계를 유지하였다. 그러나 공개적인 반(反)삼위일체론자와 보편구원론자들이 총회에 허입되는 것을 보고 결국 1803년 총회를 정식으로 탈퇴하였다. 두 그룹은 공식적으로 결별하였던 것이다.[68] 신 연합은 구 연합과 달리 견실한 성장을 이루었다. 신 연합은 원래 중동부 지역의 시골마을에서 시작되었다. 교회들은 주로 시골 마을이나 소도시에 있었다. 그러나 보다 큰 도시로 이주한 교인들은 도시에서 교회를 일구었다. 결과적으로 간혹 대형 교회도 생기게 되었다. 예를 들면, 스토니 스트릿(Stony Street) 교회는 1799년에 큰 예배당을 신축하였으며 1,200명 이상의 정회원이 있었다. 이 교회는 교단에서 가장 큰 교회였으며 많은 개척교회들의 모교회가 되었다.[69] 그러나 다수의 교회들은 자체 예배당을 소유하지 못하였다. 여름에는 야외에서 예배드리고, 겨울에는 방이나 가게를 세내어 예배드렸다. 이러한 예배처소는 후에 교회가 되기도 하였다. 목회자들은 거리에서 설교하여 사람들을 모으고 교회를 일구었다. 많은 교회들은 평신도 설교자들에 의해 개척되었다. 노동자 계층에 속한 이들은 같은 하층민들을 전도하였다. 따라서 신 연합 교회는 주로 하층민들이 주를 이루게 되었다. 그러나 시간이 흐르면서 부유한 공업 노동자들도 교회에 가입하기 시작하였다.[70]

1838년부터 1849년까지의 신 연합의 총회 연차 보고서에 따르면 당시 약 130여개 교회가 있었으며, 라이세스터에 신학교가 있었다. 그리고 교단 월간지인 『일반침례교 기록물』(General Baptist Repository)을 간행하였다. 이 잡지는 이후 여러 차례 이름을 바꾸었다.[71] 신 연합은 19세기 전반까지는 사회사업을 위한 조직체를 갖지 않았다. 그들이 사실상 사회복지의 대상자들이었다. 그러나 19세기 중반부터는 구제를 위한 여러 단체들을 구성하고 활동하였는데, 특히 병자와 사상자들을 돌보는 일에 적극적이었다.[72]

신 연합은 특수침례교회보다 비록 그 규모면에서는 작았지만 정치, 사회 문제에도 개입하기 시작하였다. 교단은 1838년에는 젊은 빅토리아 여왕의 통치가 장구하며 번성하기를 축복하고, 신앙과 시민의 자유가 영국 전역에서 지속되기를 촉구하는 결의문을 채택했다. 1841년에는 의회 의원 선거와 관련된 투표자 매수 행위를 성토하고 교회 회원들 가운데 뇌물을 받은 자를 치리할 것과 모든 신 연합 교인들은 올바르고 애국적인 투표를 하도록 촉구하는 결의문을 채택했다. 1842년 1월 1일 연설문에서는 여왕을 지켜주신 하나님께 감사하는 내용을 포함시켰으며, 1843년에는 비국교도들의 권리를 위한 상임위원회를 구성하였다.[73] 신 연합은 필요시 정치, 사회적 문제에 개입하였지만, 정교분리의 전통을 잊지는 않았다. 교단은 1847년에 국왕이나 정부, 혹은 의회로부터 재정적 지원을 받은 목회자는 회원자격을 박탈하기로 결정하였다. 또한 국내외 선교에 있어서도 정교분리 원칙을 강조하였다. 예를 들면, 신 연합은 영국 정부가 인도의 사원들을 위해 재정 지원하는 것을 반대하는 청원을 의회에 제출하는 것은 신 연합 교회들의 의무라고 선언하였다. 또한 정부가 교육에 관여하는 것도 반대한다는 의사를 밝혔다.[74]

신 연합은 노예제도를 적극적으로 반대했다. 이러한 태도는 노예 소유를 당연시하던 미국 침례교회에 큰 영향을 끼쳤다. 신 연합으로부터 영향을 받은 미국 자유의지 침례교회(Free-Will Baptists of America)는 노예폐지를 결정하였고, 신 연합은 감사와 축하의 뜻으로 대표단을 미국에 파송하였으며 미국 침례교 형제들의 답방을 요청하였다. 이후 미국 자유의지 침례교회와 신 연합 양 교단은 서로 의기투합하여 노예제도 폐지를 주도적으로 주장하였다. 신 연합은 노예폐지를 주장함으로 인해 미국의 주류 침례교단과 충돌하기도 했으나, 결코 노예폐지 주장을 철회하지 않았다.[75]

2) 신 연합과 특수침례교회의 합병

신 연합과 특수침례교회의 합병 이전에 영국에서는 이미 18세기부터 비국교도들의 합병을 요구하는 사회적 압력이 있어왔다. 관용법 통과 이후 장로교회, 회중교회, 침례교회는 합법적 교단으로 동등하게 취급되며 법적 보호와 권위를 갖게 되었는데, 당시 영국 사회는 새로운 합법적 교단들이 서로 통합하기를 요구하는 흐름이 있었다. 결국 장로교회와 회중교회는 협력을 결정하였으며, 침례교회도 상당한 압력을 느꼈다.[76] 이와 같은 사회적 요구 외에도 신 연합과 특수침례교회는 복음주의라는 공통점이 있었고, 이것은 협력과 통합의 가능성을 높이는 요소가 되었다. 특수침례교회는 부흥주의로부터 영향 받은 앤드류 풀러(Andrew Fuller)의 활약으로 고등 칼빈주의를 버리고 복음적 칼빈주의로 나아갔으며, 신 연합은 복음주의자 댄 테일러가 주도적으로 만든 교단이었다.

양 교단의 통합은 특수침례교회의 잡지인 「새로운 침례교 선집」(The New Baptist Miscellany)의 1830년 12월 호에서 최초로 제기되었다. 특수침례교회의 통합 찬성파는 교회가 분리되는 것은 진리의 전파에 방해되며, 분열주의는 진리를 보지 못하게 한다고 주장하였다. 그들은 선택교리가 분리의 원인이 되어야만 하는가? 특수침례교회 내부적으로 더 큰 차이가 있지 않는가? 고등 칼빈주의 동료와는 연합하면서 온건 칼빈주의를 인정하는 일반침례교회는 왜 받아들이지 않나? 등과 같은 의문을 던지면서 선교와 사역의 효율성을 위해 신 연합 일반침례교회와의 연합은 가능하며 바람직하다고 주장했다.[77] 그러나 통합 반대론자들은 첫째, 특수침례교회는 개교회주의를 표방하는데 반해 신 연합은 장로교주의적인 면이 있어 교단 체제의 차이가 있고, 둘째, 신 연합은 폐쇄성찬을 하지만 대다수 특수침례교회들은 개방성찬을 실행하고 있다는 사실을 들며 통합을 반대하였다.[78]

그러나 신 연합은 이미 1830년대부터 특수침례교 총회인 침례교 연맹(Baptist Union)의 산하 연합회로 인정받아 왔다. 신 연합의 교단 잡지인 「일반 침례교 잡지」(*General Baptist Magazine*)의 1868년 4월호에는 특수침례교회에서 극단 칼빈주의가 사라졌으며, 신 연합 안에서는 온건 칼빈주의 전통이 있으므로 양 교단이 통합하지 못할 이유가 없다는 주장이 나왔다.[79] 특수침례교 찰스 스펄전 목사의 개방적 태도도 양 교단의 통합에 긍정적인 영향을 끼쳤다. 스펄전은 칼빈주의 가르침의 핵심을 보여주는 로마서 9장의 다음 장인 로마서 10장은 웨슬리주의를 인정하고 있다고 하면서, 누구든지 성경이 말하는 것은 받아들여야 한다고 하였다. 그는 신 연합의 신학을 강하게 비판한 부분도 있지만, 복음주의 측면에서는 특수침례교회와 큰 차이가 없으며, 따라서 연합에 지장이 없다고 보았다.[80]

이러한 분위기에 힘입어 신 연합과 특수침례교회는 교단적 차원의 협력을 강화하였고, 강단도 활발하게 교류하였다. 특수침례교 신학교에서 공부한 사람이 신 연합에서 활동하였고, 또한 반대로 신 연합 학생이 특수침례교회에서 사역하는 경우도 많았다. 1870년에 신 연합 목회자들의 약 17퍼센트는 특수침례교 출신이었다.[81] 특히 1860년대 후반부터 나타나기 시작한 신 연합의 교세 하락은 특수침례교회와의 통합을 진지하게 고려하는 계기가 되었다. 1864년 신 연합의 교세는 21,000명 회원에 150개 교회 정도였다. 목회자들의 급여는 타 교단에 비해 적었다. 약 20%의 목회자들은 타 교단 출신이었는데, 그들 대부분은 특수 침례교 출신이었다.[82] 신 연합은 1846년까지 매 20년 동안 약 두 배로 성장하였다. 그런데 그러한 성장은 1846년 갑자기 멈췄고 1847년부터 1867년까지는 겨우 13퍼센트의 성장만 이루었다. 교단 내에서 특수침례교회와의 통합 필요성을 주장하는 사람들이 점차 많아졌다.[83]

신 연합은 1870년부터 성도수가 감소하기 시작했는데, 링컨셔 지방의 신 연합 교세의 변화는 이러한 현상을 잘 보여준다. 링컨셔 지방의 신 연합의 교인 수는 1770년 126명에서 1890년에 1,688명으로 늘었다. 교회수로 보면 1811년 9개 교회 416명 회원에서 1851년 12개 교회 699명 회원, 1870년에는 18개 교회 1,963명의 회원으로 성장하였다. 그런데 실제로 교회에 출석하는 사람은 회원의 두 배가 넘었다. 예를 들면 1851년도 종교 예배 관련 인구조사 통계에 의하면 링컨셔 지방의 신 연합 교회들의 오전예배 참석자 수는 3,385명이고, 오후 예배는 1,479명, 저녁예배 때는 3,460명으로 기록되어 있지만, 당시 신 연합 교회들의 회원 수는 1,556명으로 기록되어있다. 약 55% 정도의 사람들은 정식 회원으로 교회에 가입하지 않고 정규적으로 예배에 참석하였던 것이다.[84] 교세의 하락은 신 연합이 특수침례교회와 통합을 서둘렀던 결정적인 이유였다.

교단을 통합한다는 것은 신 연합 교회들이 침례교 연맹의 여러 기금들과 협회들에 함께 참여하는 것을 의미하기도 했다. 실제로 양 교단은 이미 여러 협회와 기금들을 함께 지원해왔다. 특히 신 연합 교회들은 특수침례교 기금으로부터 혜택을 받았다. 특수침례교회는 자기 교회들에게만 사용을 제한하였던 기금을 전체 침례교회들이 사용할 수 있도록 성격을 바꾸고, 심지어 명칭도 바꾸었다. "연맹 침례교 건축기금"(Union Baptist Building Fund)을 "일반 침례교 건축기금"(General Baptist Building Fund)로 바꾸었던 것이다.[85] 지역 단위로 합병이 일어났다. 1861년 런던의 특수침례교 목회자들은 신 연합 목회자들을 회원으로 받아주기로 결정하였다. 1868년 버킹햄셔(Buckinghamshire) 지방회는 일반과 특수에 관계없이 모든 복음주의 침례교 목회자를 회원으로 받아들이기로 결정하였다. 1870년 미드랜드 침례교 연맹(Midland Baptist Union)은 그 지역의 양 침례교단 통합을 이루었다. 1879년 체셔 침례교 연맹(Cheshire Baptist Union)도 양 교단 교회들을 통합하였다.[86]

신 연합의 1884년 총회 때, 특수 침례교회 총회장이 방문하여 통합을 촉구한 일이 있었다. 이러한 영향으로 신 연합은 1889년 총회에서 교단 대 교단의 전체적 합병 추진 안이 상정되어 찬성 51표 반대 12표로 통과되었다.[87] 1890년 양 교단 총회 때에는 합병과 관련하여 세부적인 사항들이 논의되었다. 지방회들이 조정 통합되었으며, 선교회들과 각종 협회들, 기금들이 통합되었다. 특수침례교회 총회인 침례교 연맹은 존 클리포드(John Clifford)가 회장이었던 1891년 6월 총회 때 일부 교회가 반대하여, 4시간의 격론 끝에 155대 39로 신 연합과의 통합이 가결되었다. 일반침례교회의 지방회들은 특수침례교 지방회에 편입되고, 선교회들은 합쳐지며, 각종 기금들은 통합되었다. 양쪽 신학대학들은 모두 교단의 학교로 인정되었다.[88] 영국의 일반침례교회와 특수침례교회는 침례교회가 창립된 지 282년 만에 하나의 교단이 되었으며, 오늘날까지 단일 교단으로 이어져 오고 있다.

제6장

18세기 영국 특수침례교회

특수침례교회는 일반침례교회와 마찬가지로 18세기 후반기까지 교세가 지속적으로 하락하는 어려움을 겪었다. 이성주의는 양 교단 교세 하락의 주요 원인이었다. 이성주의가 일반침례교회에게는 유니테리언주의로 나타났으나, 특수침례교회는 고등 칼빈주의로 나타났다. 17세기 특수침례교회는 칼빈주의와 복음전도주의가 균형을 이루었으나, 18세기 특수침례교회는 칼빈주의를 지나치게 논리적으로 해석하여 복음전도의 열정을 없애는 결과를 초래하였다. 선택과 예정이 전체 신학의 핵심이 되었고 그 밖의 교리들은 이러한 기준에 의해 판단되었다. 이러한 과정 가운데 은혜 교리가 왜곡되고, 복음전파가 약화되었으며, 반(反)율법주의적 성향을 갖게 되었다. 이성주의는 파괴적인 결과를 가져왔다.[1] 고등 칼빈주의는 18세기 후반에 앤드류 풀러를 비롯한 복음적 칼빈주의를 추구한 목회자들에 의해 극복되었다. 특수침례교회는 다시 성장하였으며, 해외선교도 선구적으로 실행하게 되었다.

고등 칼빈주의의 확산과 교세의 하락

영국에서는 비국교도들에게 예배와 신앙 활동의 법적 보장을 인정하는 관용법(Act of Toleration)이 1689년에 통과된 이후, 비국교회들이 약진하는 시대가 열릴 것이라는 예측이 많았다. 그러나 예측과 달리 18세기 영국은 전체적으로 신앙의 침체기를 맞았으며, 침례교회도 예외가 아니었다. 일반침례교회는 이성주의의 영향으로 인해 이신론 및 유니테리언주의가 만연하여 교세가 약화되었고, 특수침례교회는 이성주의의 영향이 고등 칼빈주의(High Calvinism)로 나타나 복음전파를 부인하는 괴상한 신학이 되어 교세를 약화시켰다. 1715년부터 1750년 사이 일반침례교회는 146개 교회에서 65개 교회로, 특수침례교회는 220개 교회에서 146개 교회로 숫자가 줄어들었다.[2]

17세기 영국 특수침례교인들은 원래 정통 칼빈주의 구원론을 믿었다. 즉 구원은 하나님의 택함 받은 사람들이 얻게 되며, 하나님의 선택은 택함 받은 자들이 그리스도를 영접하는 것을 포함한다고 믿었다. 하나님은 택한 자들에게 강력하게 역사하여 그들이 예수 그리스도를 영접하도록 만든다는 것이다. 따라서 정통 칼빈주의 구원론은 그리스도를 영접하는 것과, 그렇게 하도록 교회가 돕는 것을 부인하지 않는다. 하지만 18세기 특수침례교회에서는 복음을 전파해야 하는 교회의 책임을 부인하고, 예수 그리스도를 적극적으로 영접하는 것을 막으며, 성화의 삶에 열심을 내지 못하게 하는 고등 칼빈주의가 만연하였다.

고등 칼빈주의자들은 구원은 오직 하나님의 결정에 달려 있는 것이므로 다른 사람의 구원을 위해 기도하거나 노력해서는 안 된다고 주장했다. 그리고 오직 택함 받은 자들만 구원받을 수 있기 때문에 거듭나지 않은 죄인들은 영적 유익을 위해 행해야 할 어떠한 의무도 없으며, 따라서 그들에게 회개, 믿음, 기도 등을 촉구해서는 안 된다고 하였다.[3] 고등 칼빈주의자들은 불신자는 행위 언약 아래 있으므로, 은혜 언약의 표지들인 믿음 생활이나 영적 훈련을 할 수 없으며, 반대로 은혜 언약 아래 있는 신자들은 율법의 요구들과 아무런 관련이 없다고 하였다. 고등 칼빈주의는 결국 율법폐기론과 반(反)선교주의를 정당화하게 되었다.[4] 교단은 점차로 복음전도에 대한 열정과 활기찬 교회 생활의 열정이 줄어들었다. 몇몇은 인간의 행동은 예정되어 있기 때문에, 도덕적인 삶을 살지 않은 것도 하나님의 예정 가운데 있는 일이므로 인간에게 책임을 돌릴 수 없다는 반율법주의적 주장을 펼치기도 했다. 신학자들과 목회자들은 구원받지 못한 자들에게 복음을 전해서는 안 되는 이유를 담은 소책자들을 출판하였다.[5]

존 스켑(John Skepp), 존 브라인(John Brine, 1703-65), 존 길(John Gill, 1697-1771)등이 고등 칼빈주의를 특수침례교회에 심어놓았다. 스켑은 1715년까

지 크리플게이트(Cripplegate)에 있는 특수침례교회의 담임목사였다. 그의 책, 『하나님의 능력: 혹은 인간의 영혼에 대한 하나님 영의 효과적인 작용』(Divine Energy: or the efficacious Operations of the Spirit of God upon the soul of Man)은 특수침례교인들에게 큰 영향을 끼쳤다. 스켑은 이 책에서 복음을 받아들일 것을 권면하는 것은 잘못된 방법으로, 그것은 시간 낭비요 하나님의 주권을 침해하는 것이라고 주장했다. 스켑은 하나님 능력의 현존 안에서 인간은 수동적이 되어야 한다. 회심 전, 중, 후에도 인간의 힘으로는 아무런 영적인 일을 수행할 수 없다고 주장하여 반율법주의적 성향을 띠었다.[6] 존 브라인은 스켑의 뒤를 이어 크리플게이트 교회의 담임목사로 봉직하였다. 그는 전임자와 마찬가지로 고등 칼빈주의에 입각하여 비초청적이고 비적용적인 설교로 일관하였다. 그 결과 교인의 수는 지속적으로 감소하기 시작하여, 결국 약 30명 정도 밖에는 남지 않았다. 그의 설교는 복음전도에 대한 어떠한 공간도 허락하지 않았던 것이다.[7]

존 길은 케더링(Kettering) 태생으로 런던 근교의 유명한 홀슬리다운(Horseleydown) 교회에서 62년 동안 목회했던 목사였다. 길은 하나님은 영원 전에 택자와 유기된 자를 정하셨으므로 불신자에게 전도하는 것은 무익한 것이며, 하나님의 주권을 침해하는 것이라고 하였다. 그는 40년 동안 불신 죄인들에게 회개를 요구하는 설교를 하지 않은 것을 자랑했다.[8] 길은 자신의 대표적

| 존 길(John Gill, 1697-1771)

인 저서, 『신학교리체계』(Body of Doctrinal Divinity)에서 선택과 유기를 비교 설명하였다. 하나님의 선택은 영원 전부터 시작되며 신자의 믿음이나 견인과 함께 시작하지 않는다. 선택은 자유롭고 주권적이다. 하나님은 의무가 아닌 자유로운 의지로 선택하시며, 하나님의 선택은 특별한 자에게만 해당된다. 유기도 마찬가지다. 하나님은 어떤 자들을 버리시기로 작정하셨는데, 그 이유는 죄 때문이 아니다. 왜냐하면 모든 사람은 다 죄인이기 때문이다. 어떠한 인간적인 원인이나 결과가 하나님의 선택과 유기에 영향을 끼치지 못한다. 유기된 자들은 영벌로 예정되어 있기 때문에, 그들에게 회개를 촉구하고 복음을 믿으라고 권면하는 것은 거의 의미가 없다.[9] 길은 특수침례교회뿐만 아니라 초교파적으로도 영향력이 큰 목사였는데, 그의 고등 칼빈주의는 특수침례교회의 발전에 지장을 초래하였다.

고등 칼빈주의자들은 믿음에 선행하여 택함 받은 표지가 필요한데, 죄에 대한 고뇌와 확신은 하나님의 은혜가 작용하는 표지로 보았다. 따라서 길이나 브라인은 복음은 단순한 죄인들이 아닌, 이와 같은 감각 있는 죄인들(sensible sinners)에게 전파되어야 한다고 주장했다. 이러한 신학은 그리스도에게 직접 나아가게 하기 보다는 자신의 내면 상태에 관심을 갖게 했다.[10] 고등 칼빈주의자들은 이중전가 교리를 믿었는데 즉, 그리스도에게 신자의 죄가 전가되고, 신자에게는 그리스도의 의가 전가된다. 따라서 그리스도는 사실적으로 가장 큰 죄인이 되고, 신자는 그리스도가 율법을 완성하여 이룩한 의로 인해 참된 의인이 된다고 하였다. 이러한 생각으로 그들은 택자에게 있어 구원은 은혜가 아닌 권리가 되게 하였고, 반대로 그리스도는 죄로 인하여 벌을 받은 것으로 믿게 하였다.[11] 이처럼 고등 칼빈주의는 하나님 은혜에 감사하는 마음이나 복음전파의 열정을 일으키지 않으며, 냉랭한 신앙 상태에 있게 하였다. 심지어 성도의 거룩한 삶에 대한 의무도 약화시켜 활기찬 교회 생활을 막는 결과를 초래하여, 특수침례교회에 막대한 폐해를 끼쳤다.

앤드류 풀러와 복음적 칼빈주의

18세기 중후반에 특수침례교회는 고등 칼빈주의의 문제점을 간파하고 복음적 칼빈주의로 신학적 방향을 바꾸었다. 그것은 일반침례교회 신 연합처럼 웨슬리 부흥운동의 직·간접적인 영향으로 이루어진 일이었다. 교단 신학의 변화 조짐은 아브라함 부스(Abraham Booth)와 로버트 홀 1세(Robert Hall, Sr.)에게서 나타나기 시작했다. 부스는 『은혜의 통치』(The Reign of Grace)에서 칼빈주의와 열정적인 복음전도주의가 동시적으로 이루어져야 할 것을 주장했다. 선택 교리와 죄인에게 회개를 촉구하는 것은 모순된 것이 아니라고 하였다. 홀은 고등 칼빈주의는 그리스도에게 죄인들이 나가는데 방해물이 된다고 주장하였다.[12] 고등 칼빈주의를 개선하려는 부스와 홀의 노력은 교단 전체에 확산되지 못했다. 특수침례교회의 다수 교회들의 신학을 복음적 칼빈주의로 바꾸는 일은 풀러의 몫이었다.

앤드류 풀러(Andrew Fuller, 1754-1815)는 동시대와 후대의 영국 침례교인들로부터 크게 존경과 사랑을 받았다. 풀러와 동시대 인물이며 개신교 선교의 아버지라 불리는 윌리엄 캐리는(William Carey, 1761-1834)는 풀러에 대해 "나는 그를 사랑했다"고 말했고, 풀러의 오랜 친구요 교단의 지도자였던 존 릴랜드 2세(John Ryland, Jr., 1753-1825)는 "우리 침례 교단에 속한 사람 중 아마도 가장 현명하고 유능한 신학 저술가"로 평가했다.

| 앤드류 풀러(Andrew Fuller, 1754-1815)

19세기 세계 최고의 설교가로 불리는 찰스 스펄전은 풀러를 "영국에서 가장 위대한 신학자"로[13] 칭송하였다. 풀러가 이처럼 광범위한 인정을 받게 된 이유는 특수침례교회가 고등 칼빈주의라는 잘못된 신학으로 인하여 황폐하게 되었을 때, 복음전파와 그리스도의 영접을 강조하는 복음적 칼빈주의를 제시할 뿐만 아니라 탁월한 리더십으로 그것을 교단에 정착시켰기 때문이다. 풀러는 특수침례교회로 하여금 성서적이며 건전한 칼빈주의 구원론을 따르도록 하였다. 그는 교단을 이성주의의 공격으로부터 보호하였으며, 교단 차원의 선교활동도 가능하게 하였다.

1. 어린 시절과 회심

풀러는 1754년 2월 6일 영국 캠브리지셔(Cambridgeshire) 지방의 윅켄(Wicken)이라는 시골마을의 가난한 농부 로버트 풀러(Robert Fuller, 1723-81)와 필립파 건톤(Philippa Gunton, 1726-1816) 사이에서 태어났다. 풀러는 가정 형편이 어려워 정규 교육을 받지 못하고 성장하였다. 부모들은 침례교 집안 출신들이었다. 예를 들면, 풀러의 외할머니인 필립파 스티븐슨(Philippa Stevenson)은 소햄(Soham) 침례교회의 개척 회원이었는데, 그 교회는 후에 풀러의 첫 목회지가 되었다.[14] 풀러가 태어나고 성장할 때 영국은 세계적인 제국으로 부상하던 때였다. 영국 교회는 조지 휫필드(George Whitefield)와 존 웨슬리가 부흥 운동을 활발하게 일으켰으나, 이성주의의 영향 또한 아주 강력하였다. 이성주의는 존 톨랜드(John Toland, 1670-1722)가 1696년에 출판한 『신비가 없는 기독교』(Christianity not Mysterious)를 통해 이신론의 형태로 영국에 자리 잡기 시작하였다. 특히 한 세기 후 토머스 페인(Thomas Payne)이 1794년에 출판한 『이성의 시대』(The Age of Reason)는 기독교를 비롯한 모든 종파적 교리를 거부하는 이신론을 강력하게 확산시켰다. 오랜 종교 전쟁과 교리 논쟁에 신물이 난 사람들은 이신론을 환영하였고, 합리적 탐구를 강조한 뉴톤의 물리학은 인간의 이성에 대한 신뢰를 더 강화시켰다. 그 결과 아리우스주의, 소지니주의, 유니테리언주의가 대중화되었다.[15]

하지만 시골에 살았던 풀러는 이러한 외부적 변화에 크게 영향을 받지 않고 보수적 신앙 환경에서 성장하였다. 풀러가 7세가 되었을 때, 가족은 윅켄에서 약 4킬로미터 떨어진 소햄(Soham)으로 이사 갔으며, 그곳에 있는 특수침례교회에 출석하였다. 소햄교회는 고등 칼빈주의를 따르던 교회였다. 담임목사 존 이브(John Eve)는 중생하지 않은 죄인들을 위한 설교는 아예 하지 않았다.[16] 당시 영국 특수침례교회에서는 구원은 하나님의 주권적 결정이므로 전도를 해서는 안된다는 고등 칼빈주의가 주도적 신학을 이루고 있었다. 풀러 역시 이러한 신앙 전통의 영향 아래서 교육 받고 성장하였다.[17] 풀러는 10대 시절에 구원을 진지하게 고민하기 시작하였다. 존 번연의 『천로역정』(Pilgrim's Progress) 읽고 깊은 감명을 받았으며, 최종적으로 성경을 통해 죄용서의 확신을 갖게 되었다. 특히 하나님이 나를 죽였지만 나는 여전히 하나님을 의지하겠노라는 욥의 고백과, 규범을 어기고 왕 앞에 서겠다고 하는 에스더의 선언에서 큰 격려를 얻었다. 그는 15세가 되던 1769년 11월 예수 그리스도를 인격적으로 믿고 회심하였다. 그리고 1770년 4월에 침례를 받고 소햄교회의 정식 회원이 되었다.[18]

풀러는 소햄교회에서 발생한 신학 논쟁을 통해 고등 칼빈주의의 문제점을 볼 수 있었다. 그것은 그 교회의 한 젊은 청년이 술에 취한 상태로 교회 오곤 하자, 이브 목사가 그를 꾸짖으면서 시작되었다. 그 청년은 "나는 나 스스로를 어떻게 할 수가 없습니다. 나는 나 자신을 지키는 자가 아닙니다." 라고 핑계하였다. 그러나 이브 목사는 그에게 인간은 비록 영적인 선을 행할 수 있는 능력은 없지만, 죄를 범하지 않을 능력은 있다고 하였다.[19] 이 일은 교회의 공식적인 신학 논쟁으로 비화되었다. 논점은 사람이 죄로부터 자신을 지켜내고 하나님의 뜻을 따를 수 있는 능력이 있는가에 대한 것이었다. 이브 목사는 인간은 영적인 선함에 대해서는 능력이 없지만, 외부적으로 하나님께 순종할 수 있는 능력은 있다고 하였다. 그러면서 성경에는 수많은 권고들이 있는데, 그것은 그럴 수 있는 능력을 전제한 것이라고 주장했다. 그러나 이브 목사를 반대하는 교인들은 성경에 나오는 최고로 훌륭한 사람들의 이야기를 보면, 그들은 스스로 악으로부터 자신을 지킬 수 있는 능력이 있다고 말하지 않고, 다만 은혜가 계속되기를 기도했을 뿐이라고 하였다. 악을 억제하는 것은 전적으로 하나님께 속한 것이지 인간에게 해당되는 것이 아니라고 주장하면서, 시편 19편 13절, 예레미야 10장 23절, 역대하 32장 31절 등을 그 근거로 제시하였다.[20]

풀러는 어린 나이라서 논쟁에 참여할 수 없었지만, 전 과정을 지켜보고 숙고하였다. 그는 이브 목사의 의견에 내심 동조하였다. 그러나 풀러에게 목회자가되라고 권고한 조셉 다이버(Joseph Diver) 집사는 하나님의 은혜를 강조하는 쪽을 택했다. 풀러는 다이버의 조언을 받아들여 목회자의 길을 가기로 결심하였다.[21] 논쟁으로 교회는 분열되었고, 이브 목사는 결국 1771년에 사임하고 다른 교회로 갔다. 풀러는 독학으로 신학을 공부하며 수년간 소햄교회에서 설교하였다. 교회는 그를 인정하여 풀러가 21세가 되던 해인 1775년 5월 3일 담임목사로 임명하였다. 당시 교회는 47명의 정회원이 있었고, 헛간을 빌려서 예배당으로 사용하고 있었다. 풀러는 1776년에 첫 번째 부인 새라 가디너(Sarah Gardiner)와 결혼하였다. 두 사람 사이에 11명의 자녀가 태어났지만, 8명은 모두 어린 나이에 세상을 떠났다.[22]

2. 복음적 칼빈주의의 발견과 변호

풀러는 1775년부터 1782년까지 7년 동안 소햄교회에서 목회하였다. 고등 칼빈주의를 진리로 믿었던 풀러가 그 신학에 의문을 품은 것은 그것이 성경의 가르침과 선교사들의 사역과는 너무 달랐기 때문이었다. 그는 "여러 해 동안 그 원리들이 성서적인가에 대한 의문을 가지게 되었으며", 침례 요한의 설교, 예수님의 "회개하라 천국이 가까이 왔다"는 선언, 제자들의 "회개하고 믿으면, 죄 사함을 받는다." 라는 선포들은 고등 칼빈주의자들의 주장과 너무 다르다는 것을 알게 되었다. 그리고 북미 대륙의 인디언들을 개종시키기 위해 엘리어트(Elliott), 브레이너드(Brainerd)를 비롯한 여러 선교사들의 생애와 사역은 고등 칼빈주의의 논리가 문제가 있음을 보여주었다.[23) 풀러는 성경을 깊이 연구하다가 예수님과 제자들은 회개와 믿음을 요구하셨으며 불신앙은 무지와 자만심의 결과라는 것을 알게 되었다. 이것은 그가 지금까지 믿어온 고등 칼빈주의의 가르침과는 다른 것이었다. 풀러는 혼란스러웠다. 그러던 중 아브라함 테일러(Abraham Taylor)의 『현대의 의문점』(Modern Question)과 존 마틴(John Martin)의 설교는 죄 용서를 위한 회개의 신앙을 강조하고 있음을 발견하였다.[24)

풀러는 침례교 신학자들의 저서도 탐독하였다. 특히 17세기 존 번연의 책들과 18세기 존 길의 『신학교리체계』를 탐독하였다. 풀러는 두 명의 진지한 칼빈주의자들 사이에 차이점이 있음을 발견하였다. 번연은 복음이 차별 없이 모든 죄인들에게 제공되어야 한다고 했지만, 길은 불신자에게 복음을 전하는 것은 무의미하다고 하였다. 풀러는 처음에는 길의 주장을 따랐다. 하지만 존 오웬(John Owen, 1616-1638)을 비롯한 17세기 칼빈주의자들은 죄인들을 그리스도에게 초청하고 있음을 발견하면서 마음이 바뀌기 시작하였다.[25) 풀러는 소햄교회가 소속한 놀샘턴(Northampton) 지방회에 참석하면서 존 서트클립(John Sutcliff), 존 릴랜드 2세, 로버트 홀(Robert Hall) 등의 동료 목사들과 친분을 갖게 되었다. 그들도 풀러처럼 칼빈주의 신학을 믿었지만 고등 칼빈주의에 대해서는 의문을 가지고 있었다.

홀은 미국의 유명한 목사요 부흥 신학자인 조나단 에드워즈(Jonathan Edwards, 1703-1814)를 풀러에게 소개하였다. 풀러는 에드워즈의 저작들을 탐구하면서 고등 칼빈주의 문제점들을 극복할 수 있는 이론을 발견하였다. 풀러는 성경과 더불어 에드워즈의 저서를 통해 복음적 칼빈주의 신학을 이론화 할 수 있게 되었다.[26) 풀러는 에드워즈의 『현시대에 팽배한 자유의지에 관한 세밀하고 엄밀한 조사』(Careful and Strict Enquiry into the Modern Prevailing Notions of the Freedom of Will, 1754)를 통해 도덕적, 자연적 능력을 구분하는 것을 알게 되었으며, "그러한 구분을 발견하고 아주 만족했다."[27)

풀러는 에드워즈의 신학을 통해 고등 칼빈주의와 아르미니우스주의 양쪽 모두를 파괴시킬 수 있는 논리를 발견하였다. 아르미니우스주의자들은 하나님께서는 모든 사람들에게 복음을 믿을 것을 명령하셨는데, 이것은 불신자도 소명에 반응할 수 있는 능력이 있음을 전제하는 것이라 하였다. 반대로 고등 칼빈주의자들은 그 명령은 오직 택자들에게만 해당되는 것이라고 주장했다. 에드워즈는 양측은 인간의 자연적 능력(natural ability)과 도덕적 능력(moral ability)을 구분하지 못한 부족함이 있다고 지적하였다.[28] 에드워즈의 개념은 다음과 같이 설명할 수 있다. 예를 들어 철수가 공부하라는 부모님의 명령을 받았지만, 컴퓨터 게임에 지나치게 사로잡혀 있어서 부모님의 명령을 따를 수 없는 경우, 그것을 도덕적 무능 상태에 있다고 할 수 있다. 그런데 철수가 교통사고로 뇌의 기능을 상실하여 수학 능력이 없어 부모의 명령을 수행할 수 없는 경우는 자연적 무능 상태라는 것이다.

에드워즈는 어떠한 명령에 의지가 따르지 않고 오히려 반대되는 것을 행하는 것은 의지가 명령에 반대되는 성향에 사로잡혀 있기 때문에 못하는 것이다. 따라서 이 경우는 도덕적 무능으로 인해 순종을 못하는 경우이다. 반면 자연적 무능은 원천적으로 할 수 있는 능력이 없기 때문에 불순종이라는 말이 성립되지 않는다고 하였다.[29] 풀러는 에드워즈의 이론을 구원론에 적용시켰다. 그는 도덕적 무능은 더 강한 동기가 부여되면 극복될 수 있으며, 그렇게 하려면 적절한 명령이 주어져야 한다. 도덕적 무능은 명령이 제시되는 것을 정당하지 않은 것으로 만들 수 없으며, 불순종의 정당한 이유도 될 수 없다고 하였다. 그렇다면 불신자에게도 복음을 전해야 하며, 복음을 들은 불신자들은 회개하고 그리스도를 믿어야 하는 의무가 있는 것이라고 주장했다.[30] 풀러는 복음의 선포와 설득이 일어난 후에는 불신자의 도덕적 무능은 복음과 성령으로부터 오는 더 강한 경향성에 의해 극복될 수 있기 때문에 "수단의 사용" 혹은 "구원을 위한 하나님의 제정하신 방법"을 사용할 것을 촉구하였다.[31] 불신자들에게 그리스도를 믿으라고 명령하고 있는 성경 말씀을 인간의 전적타락과 무능을 주장하는 칼빈주의를 포기하지 않고서도 해석할 수 있는 틀을 에드워즈의 철학으로부터 알게 된 것이다.

풀러는 자신의 새로운 칼빈주의를 집대성한 『만인이 받을 만한 복음』(The Gospel Worthy of All Acceptation)의 초안을 1781년에 완성하였지만 출판을 망설였다. 하지만 친구들의 요구에 의해 결국 1785년에 초판을 출판하였고, 1801년에 재판을 출판했다. 이 책의 부제는 『예수 그리스도를 믿음에 있어 죄인의 의무』(The Duty of Sinners to Believe in Jesus Christ)였다.[32] 즉 회개하고 믿는 것은 모든 사람의 의무임을 강조한 것이다. 『만인이 받을 만한 복음』을 출판하자 곧바로 댄 테일러와 같은 아르미니우스주의자들로부터 공격받았고, 고등 칼빈주의자들로부터 배신자로 몰리며 비난 받았다. 이에 대해 풀러는 자신이 진정한 칼빈주의자라고 주장하였다. 그는 칼빈주의를 고등, 온건, 엄격 등 세 그룹으로 나눌 수 있는데, 고등 칼빈주의는 칼빈보다 더 칼빈주의적이어서 종종 율법폐기론으로 발전하고, 온건 칼빈주의는 리처드 백스터(Richard Baxter, 1615-91)의 주장과 유사한 "절반의 아르미니우스주의" 혹은 "백스터주의"라고 볼 수 있다. 엄격한(strict) 칼빈주의는 칼빈의 신학을 그대로 고수한 것인데, 자신은 이 부류에 속한다고 하였다.[33] 그는 종종 칼빈의 저서들을 인용하거나 그의 주요 교리들을 옹호하였다.[34] 풀러는 케더링교회에 제출한 신앙고백서 제3항에서 "나는 영원한 개별적 선택과 예정의 교리를 믿는다." 라며 칼빈주의 신앙을 고백하였다.[35]

풀러는 칼빈주의를 가장 타당한 신학으로 보았으나, 그것에 절대적 권위를 부여하지 않았다. 그는 성경에 부합하는 칼빈주의 신학을 추구하였고, 그것을 굳건히 견지해나갔다. 그리고 논쟁과 관련하여 주요 논저들, 즉『칼빈주의와 소지니주의 비교』(The Calvinistic and Socinan Systems Compared, 1793), 『변명할 수 없는 소지니주의』(Socinianism Indefensible, 1797), 『복음의 자증』(The Gospel Its Own Witness, 1799), "Vidler씨에게 보내는 보편구원론에 관한 편지"(Letters to Mr. Vidler on the Doctrine of Universal Salvation, 1802), 『샌더만주의 비판』(Strictures on Sandemanianism, 1810) 등을 출판하였다. 이러한 저작물 외에도 많은 설교, 소책자, 편지, 서평 등을 통해 복음적 칼빈주의를 옹호하였다.[36]

풀러는 목회에도 최선을 다했다. 그는 소햄교회에 이어 케더링(Kettering)교회에서 1782년부터 1815년 사망할 때까지 33년을 시무하였다. 그가 목회하는 동안 교회의 정회원 수는 88명에서 174명으로 배 이상 늘었으며, 예배에 참석하는 숫자는 자주 1,000명을 넘었다.[37] 풀러는 저술과 목회를 감당하기 위하여 육체적, 정신적으로 많은 에너지를 소비하다가 1793년 중풍을 맞았고, 그 이후 죽을 때까지 심한 두통에 시달렸다. 그는 1814년 9월부터 급속도로 건강이 악화되었다. 풀러는 1815년 4월 2일 케더링교회에서의 마지막 설교를 하였으며, 결핵으로 그 해 5월 7일 62세의 일기로 영면하였다. 그는 죽기 직전에 다음과 같이 고백했다: "나는 평안한 마음으로 영원으로 들어갑니다. 주 예수여 오시옵소서!"[38]

풀러의 장례식에는 약 2,000명의 조문객이 방문하였다. 그의 오랜 동료인 릴랜드 2세 목사가 장례식 설교를 맡았다. 풀러의 신학적 업적이 인정되어 뉴저지대학(College of New Jersey, 구 프린스턴대학교)이 1798년에 신학박사(Doctor of Divinity)를 수여했지만, 풀러는 자신은 박사학위를 받을 자격이 없다며 거절하였다. 한편 예일대학교도 1805년에 그에게 같은 학위를 수여하였는데, 풀러는 이번에는 받아들였다.[39]

복음적 칼빈주의의 내용

18세기 후반부터 특수침례교회의 주류 신학으로 자리 잡은 복음적 칼빈주의가 어떤 신앙적 내용을 가지고 있는지, 풀러의 신학을 중심으로 살펴보자.

1. 성경의 영감과 권위

복음적 칼빈주의는 성경의 영감과 권위를 믿었다. 풀러는 『복음의 자증』에서, 하나님의 말씀이 지역적이고 변화하는 인간의 언어로 기록되는 것은 불가능하다는 토머스 페인의 주장에 대해 타락한 이성이 진리를 판단하는 합당한 기준이 될 수 없다고 하였다. 그는 이성보다 더 나은 기준인 하나님의 계시가 필요하며, 하나님에 관해 알아보는 것은 성경에서부터 시작되어야 한다고 주장했다. 풀러는 신학 서적과 같은 인간의 저작물은 오류가 있을 수 있지만, 영감 받은 성경은 오류가 있을 수 없다고 하였다.[40] 풀러는 성경에 대한 학문적 연구를 부인하지 않았지만, 성령의 조명 없이는 말씀을 온전히 이해할 수 없다고 하였다.[41]

2. 구원에 대한 인간의 의무

특수침례교회의 복음적 칼빈주의는 이중예정 교리에 기초하여 구원을 위해 은혜의 수단을 사용하는 것과 인간의 노력을 부정하는 고등 칼빈주의를 반대하였다. 풀러는 복음을 들었던 모든 사람들은 그리스도를 믿어야 할 의무가 있는

데, 왜냐하면 성경에서 하나님이 명령하고, 권고하며, 요청하는 것은 그렇게 해야 하는 의무를 함축하고 있기 때문이다. 따라서 믿음이 죄인들의 의무가 아니라고 주장하는 것은 성경의 가르침에 결코 부합하지 않으며, 여러 성경구절들 예를 들면, 시편 2편 11-12절, 사도행전 4장 27절, 이사야 55장 1-7절, 예레미야 6장 10절; 15-16절; 19절, 마태복음 11장 28절, 요한복음 5장 23절; 6장 29절; 12장 36-37절 등은 의무의 정당성을 보여준다고 하였다.[42]

풀러는 "구원을 위한 하나님의 제정하신 방법을 진심으로 선택하는 것은 위대한 계획에 참여하는 것이다. 그리스도 구원의 위대한 계획은 하나님의 영광을 나타내고, 죄인의 겸비함과 죄를 멸하는 것이다."[43] 라고 말하여 복음을 믿는 것은 하나님이 제정하신 구원의 방법인 그리스도를 선택하는 행위라고 주장했다. 또한 하나님의 영광과 관계없고, 인간을 겸손케 하지 않는 구원 방법은 명목상의 신자를 만들게 되는데, 육적인 유대인들이 그런 사람들이라고 하였다.[44] 풀러는 여겨운 율법폐기론자들을 제외한 모든 합리적인 인간은 하나님과 그의 법을 사랑하고 죄를 미워해야 할 의무가 있다는 것을 인정한다고 주장했다. 그리고 복음은 율법이 아니며 순전한 은혜의 메시지이지만, 믿음에 포함되어 있는 순종을 요구한다고 강조했다.[45] 풀러는 이러한 주장을 뒷받침하기 위해 "사도가 우리에게 하나님과 화목할 것을 강권하였을 때, 우리 쪽 입장에서는 순종의 의무가 있지 않은가? 만일 그렇지 않다면 권고는 쓸모없으며 헛될 것이다." 라는 존 오웬의 말을 인용하였다. 풀러는 로마서 10장 16, 17절에서 순종의 의미는 복음에 순종하는 것이다. 그런데 순종은 의무를 전제하는 것이기 때문에 회개와 믿음이 의무가 되어야 하고, 그렇지 않다면 순종과 어울리지 않게 될 것이라 하였다.[46]

풀러는 사역자들은 하나님이 누구를 구원하시려고 하고, 누구는 버리셨는가와 같은 하나님의 영원한 비밀을 알려고 애쓰면 안 된다. 다만 하나님의 계시된 뜻, 명령, 위임된 사항들만 알면 된다. 사역자들은 회개와 믿음으로 모든 사람들을 초청하고 권면하는 일을 하지만, 하나님이 누구에게 회개와 구원을 베푸는지 알 수 없는 것이며, 그러한 적용 사항은 하나님의 고유한 몫이라는 것을 알아야 한다고 주장했다.[47] 인간의 의무에 대한 강조는 고등 칼빈주의의 율법폐기론을 파괴시키는 무기로 사용되었다. 풀러는 "죄인들이 구원 얻기 위해 그리스도를 믿는 것이 의무라는 것을 부인하는 사람들은 영적 유익을 위해 행해야 할 의무도 인정하지 않는다." 라고 지적하였다. 그는 성경은 영적 훈련을 명령하고 권고하고 있다고 하면서 그리스도를 사랑하고, 하나님을 경외하며, 회개하는 것은 영적 훈련이자 의무라고 하였다.[48]

3. 자연적 혹은 도덕적 무능

풀러는 조나단 에드워즈의 자연적, 도덕적 무능 개념을 구원론에 적용하여, 죄인이 믿음을 소유하지 못하는 이유는 도덕적 무능 때문이라고 하였다.

> 만일 믿음이 의무가 아니라 단지 하나님의 특별한 행위로서의 선택 혹은 구속이라면, 믿음의 결핍은 인간 마음의 악한 성향을 그 원인으로 삼을 수 없다. 혹은 죄인이 그리스도를 믿는 것이 불가능하다는 것을 마치 무덤에 있는 시체가 일어나 걸을 수 없는 것과 같은 성격으로 본다면, 죄인이 그와 같은 상황에 처한 것 자체가 하나님의 징벌이라는 터무니없는 추정을 하는 것이 될 것이다. 누구도 자연적으로 불가능한 일을 하지 않았다고 해서 비난 받아서는 안 된다. 그런데 죄인들은 믿지 않는 것에 대해 책망 받는다. 따라서 이것은 그들의 죄악된 무지, 교만, 부정직한 마음, 그리고 하나님을 싫어함 등이 유일한 원인이라고 이해되어져야 한다.[49]

풀러는 "아버지께서 이끌지 않으면 아무도 그리스도께 올 수 없다"는 구절은 사람은 마음이 원하지 않는 것을 선택할 수 없다고 해석하면 아무런 문제가 없다고 하면서, 이와 같이 고등 칼빈주의를 뒷받침하는 성경 구절들은 모두 도덕적 무능으로 해석해야 한다고 주장했다. 풀러는 죽은 시체는 선도 악도 행할 능력이 없듯이 만일 죄인이 자연적으로 완전하게 믿을 능력이 없다면, 믿지 않을 능력도 없을 것이다. 왜냐하면 받아들이든, 배척하든 능력이 있어야 가능하기 때문이다. 완전하게 자연적인 소경이 빛을 볼 수 없는 것에 대해 비난 받을 수 없으므로, 따라서 죄인의 눈멀음은 완고한 마음과 육적인 욕망에 의해 그리스도에게서 유리된 것으로 보아야 한다고 주장했다.[50]

4. 구속론

풀러는 원래 그리스도의 구속을 속전의 의미로 해석한 고등 칼빈주의자들의
해석을 믿었으나, 일반침례교회의 지도자이자 아르미니우스주의자였던 댄 테일
러와의 1787년 논쟁으로 인해 그것을 포기하게 되었다. 왜냐하면 속전론을 고수
하면 구원은 은혜가 아닌 권리가 되기 때문이었다. 그는 또한 엄격한 제한속죄론
과 이중전가론을 포기하였으며, 그리스도의 죽음은 온 인류의 속죄를 위해 충분
하지만, 그 적용은 하나님의 주권적 의지로 일부 사람들에게만 적용된다는 식으
로 바꾸었다.[51] 풀러는 그리스도의 속죄를 사탄에 진 빚을 갚는다는 속전론으로
해석하면 죄를 거저 용서하는 것과 일치되지 않는다. 속죄가 상업적 의미가 아닌
도덕적 정의와 관련된다면 죄를 반대하는 하나님의 정의에 부합된다고 하였다.
그리고 그리스도의 속죄가 온 세상의 구원을 위한 것이라면 온 세상을 위한 속죄
가 되어야 하는데, 일부만 구원 받는 것은 속죄의 불충분함이 아니라 그것의 적
용이 하나님의 주권에 있기 때문이라고 하였다.[52] 풀러는 속죄론을 이렇게 해석
하면 복음에 대한 보편적 초청과 믿음에 대한 의무를 주장함이 타당하게 된다고
하였으며, 죄인이 고집스럽게 불신앙의 상태에 있기를 원하고 복음을 거부하지
않는 한 구속에서 제외되지 않는다고 하였다.[53]

5. 언약 신학

풀러는 칼빈주의 언약신학을 실제적으로 거부했다. 그는 불신자가 계속 행위
언약 아래 있다는 생각에 반대하여, "정확하게 말하면 인간은 행위언약 아래 있
는 것이 아니라, 그것을 깨뜨림으로 인해 저주 아래 있는 것이다. 하나님은 죄인
들과 언약하지 않으며, 죄인들도 마찬가지이다." 라고 했다. 그리고 하나님은 타
락한 피조물에게 생명을 건 언약을 요구하지 않고 온 마음을 다해 하나님을 사랑
하라는 요구를 하신다고 주장했다.[54]

6. 성령의 사역

풀러는 고등 칼빈주의자들이 회개와 믿음은 하나님의 영향으로 이루어지는 것이라는 성경의 가르침을 근거로 회개와 믿음이 죄인들의 의무가 될 수 없고, 설교자 역시 권고하고 초청하지 말아야 한다고 주장한다. 그러나 그러한 성경구절들은 성령께서 인간으로 하여금 응답하고 의무를 행할 수 있게 만드는 것으로 해석해야 하며, 그러면 고등 칼빈주의나 아르미니우스주의와 같은 양 극단을 배제할 수 있다고 했다. 그리고 성경에는 성령의 중보사역에 대한 구절들과 참된 믿음과 선행을 위한 인간의 의무를 명령하는 구절이 많이 있음도 지적하였다.[55] 풀러는 타락한 인간이 이러한 의무를 행할 수 있으려면 성품의 변화가 필요하며, 성령의 영향과 하나님의 은혜만이 죄로 물든 성향을 고칠 수 있다고 하였다.[56] 그는 아르미니우스주의는 죄인이 믿을 수 있도록 하나님이 영향을 끼치는 것을 부인하며, 반면에 고등 칼빈주의는 하나님이 변화시키시는 것은 인정하지만 믿어야 하는 의무를 부인한다. 그런데 하나님의 영향이 죄악으로 편향된 마음을 바꾸어 믿을 수 있는 마음으로 변화하게 한다면, 믿음에 선행하여 마음의 변화를 가져오는 하나님의 영향과 믿어야 하는 죄인의 의무 사이에 어떠한 불일치도 발생하지 않는다고 하였다.[57]

복음적 칼빈주의의 적용

특수침례교회는 18세기 후반부터 복음적 칼빈주의를 교단의 신학으로 받아들이고, 그것에 기초하여 행습과 사역의 방향을 잡았다. 하나님 은혜와 인간의 의무를 함께 강조한 복음적 칼빈주의는 특수침례교회로 하여금 이성주의를 반대하고, 선교에 관심을 기울이게 하였다. 풀러를 비롯한 존 릴랜드 2세, 존 서트클립, 새뮤얼 퍼스(Samuel Pearce), 윌리엄 캐리, 로버트 홀 등은 18세기 후반부터 19세기 전반기에 걸쳐 이러한 움직임을 주도하였다.[58]

1. 이성주의를 반대함

풀러는 소지니주의를 논박하기 위해 1793년에 『칼빈주의와 소지니주의 비교』를 출판하였다. 이 소책자에서 그는 초기 기독교회는 예수 그리스도가 하나님으로서의 권위와 영광, 그리고 인간으로서의 인격을 동시에 가지고 계셨음을 확실히 믿었던 사실을 설명하였다.[59] 풀러는 또한 1799년에 출판한 『복음의 자증』을 통해 이신론을 적극적으로 반박하였다. 당시 복음주의자로서 뛰어난 정치가인 윌리엄 윌버포스(William Wilberforce, 1759-1833)는 이 책을 풀러의 저서 중에서 가장 뛰어난 책이라고 하였다. 풀러는 로버트 샌더만(Robert Sandeman, 1718-71)의 샌더만주의(Sandemanianism)도 반대하였는데, 그것은 신앙을 오직 지적 깨달음으로 한정하려는 이론이었다. 샌더만주의는 신앙을 "명확한 진리에 대한 명확한 믿음"으로 정의하였는데, 이때 믿음은 지성적으로 아는 것을 의미했다. 풀러는 1810년에 출판한 『샌더만주의 비판』에서 신앙을 오직 지성에만 관련시키면, 명목상의 기독교인들을 양산하게 될 것이라고 주장했다.[60] 풀러는 "복음에 대한 그들의 신앙은 단지 몇 가지 사실만 받아들이는 아주 피상적인 것이며, 복음의 진정한 본질적 탁월함에 대한 생각이 없다. 그것은 엄밀하게 말하면 믿음이 아니다." 라고 비판했다.[61] 또한 샌더만주의는 믿음과 긴밀히 관련 있는 윤리적 삶, 마음의 변화, 성령의 영향 등을 인정할 수 없는 이론이라 하였다.[62]

2. 선교를 중시함

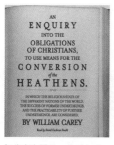

| 캐리의 책 Enquiry into the obligations of Christians

복음적 칼빈주의의 가장 큰 공헌은 전도와 선교를 가능케 한 것이다. 복음을 들은 사람은 그리스도를 믿어야 하는 의무가 있다고 강조한 풀러의 신학은 현대 선교의 아버지 윌리엄 캐리에게 큰 영향을 끼쳤다. 캐리는 『이방인들의 개종을 위한 그리스도인들이 여러 수단들을 사용할 의무에 관한 질문서』(Enquiry into the obligations of Christians to use means for the conversion of the heathen)라는 선교 입문서를 1792년에 출판하였는데, 복음전파에

대한 의무를 강조하는 책의 제목에서도 그 영향을 감지할 수 있다. [63]

풀러는 복음적 칼빈주의를 발견하면서 선교에 대해 관심을 갖게 되었다. 그는 캐리의 소책자가 출판되기 8년 전인 1784년 여름 내내 선교에 대해 생각하였다. 그는 인도에서 영국인들의 잔인한 행위를 다룬 존 스콧(John Scott)의 시를 읽고 난 후, 1784년 7월 12일자 일기에 다음과 같이 썼다: "오! 압제의 홀과 이교도들의 미신이 그들을 지배하지 못하는 시간이 왔으면! 주 예수님 온 세계에 당신의 영광스럽고 평화로운 왕국을 세우소서."[64]

풀러는 38세가 되던 해인 1792년 10월 2일 자신이 담임하는 케더링교회의 과부 성도 비비 왈리스(Beeby Wallis)의 집에서 12명의 목회자들과 함께 침례교선교협회(Baptist Missionary Society)를 설립하였다. 선교협회는 5명으로 구성된 자문위원회와 모든 업무를 실질적으로 총괄하는 총무(secretary)를 두기로 하였다. 풀러는 처음부터 총무를 맡아 1815년 5월 7일 그가 사망할 때까지 혼신의 노력을 다해 선교를 도왔다. [65] 풀러는 선교협회가 파송한 선교사들을 형제요 동료로 생각하고 대하였다. 특히 캐리와는 의견 차이들에 대해 터놓고 얘기해도 전혀 문제가 되지 않을 정도로 우정이 깊었다. 풀러는 선교지에서의 모든 결정은 가급적 선교사들이 하도록 하였고, 자신은 모금이나 선교사 파송 등의 일을 주로 감당하였다. [66]

침례교선교협회는 복음적 칼빈주의 신학에 기초하여 중요한 원리들을 채택하였는데, 그것은 다음과 같다. 첫째, 하나님은 자신을 예수 그리스도 안에서 유일무이하고 최종적으로 계시하셨다. 따라서 이신론, 소지니주의, 로마 가톨릭, 그 외 복음적이지 않는 기독교 체제는 모두 부적절하다. 둘째, 복음의 초청은 인종이나 피부 색깔에 관계없이 모든 사람에게 주어져야 한다. 셋째, 복음의 본질에 일치하는 모든 수단들 즉, 가르치고, 설교하며, 성경과 기독교 문서를 배포하고, 설득하는 것은 다 가치 있는 일이다. 넷째, 그리스도와 그의 목적의 승리는 보장된다. [67] 풀러는 선교 정치가로서도 발군의 실력을 발휘하였다. 그는 정부에 의해 선교활동이 억압당하지 않도록 평소에 사업계와 의회의 유력 인사들과 친분을 유지하였다. 그가 접촉한 유력 인사들로는 윌리엄 윌버포스, 쏜톤 브라더스(Thornton Brothers), 재커리 맥큘레이(Zachary Macaulay), 그리고 찰스 그랜트(Charles Grant) 등이 있었다. [68]

풀러와 특수침례교회의 정치적 활동은 몇 가지 중요한 성과를 이루어냈다. 첫째 캐리를 비롯하여 인도에서 활동 중인 침례교 선교사들을 소환하려는 책략을 물리친 것인데, 그것은 1600년에 세워진 영국의 동인도회사(East India Company)와 관련된 일이었다. 이 회사는 영국과 인도의 무역에 대해 독점권을 가지고 있었는데, 개신교 선교가 회사의 이익에 반한다고 판단하여 인도에서의 모든 선교활동을 강력하게 반대하였다.[69] 동인도회사를 지지하는 본국의 선교 반대론자들은 1806년 7월 인도의 벨로르(Vellore) 지역에서 일어난 반란을 명분 삼아 원주민들에게 종교를 갖게 하면 법과 질서가 위험에 처하게 된다고 주장하며, 선교사들을 소환할 것을 요구하였다. 이에 대해 풀러는 "최근 기독교의 인도 선교에 대한 변호"(Apology for the late Christian Missions to India) 라는 문서를 통해 선교사들과 반란은 무관하다는 것을 증명하고, 정치에 개입하지 않는 것이 선교협회의 공식적 입장임을 천명했다.[70]

두 번째는 영국 의회가 동인도회사의 허가장을 갱신할 때 인도에서 선교가 합법적으로 보장되게 한 일이다. 특수침례교회는 선교사들이 영국령에서 자유롭게 선교할 수 있도록 캠페인을 벌여서 900개의 청원서를 모아 의회에 제출하고 정치인들과 접촉하였다. 하원에서는 윌버포스가, 상원에서는 웨슬리 경(Lord Wellesley)이 발언하였다. 결국 일부 의원들의 격렬한 반대에도 불구하고 동인도 회사의 선교사 박해를 금지시키는 법안은 1813년 7월 13일 의회에서 통과되었다.[71] 세 번째는 추밀원에 의해 만들어진 법으로, 모든 흑인들로 하여금 예배를 위한 모임이나 설교하는 것을 금지하는 자메이카 법(Jamaican law)을 반대한 것을 들 수 있다. 이 법은 그곳의 8,000명 정도 되는 침례교 공동체에게 커다란 타격을 입히는 것이었다. 특수침례교회의 반대로 당분간 흑인들은 예배의 자유를 되찾을 수 있었다.[72]

윌리엄 캐리와 침례교선교협회의 설립

18세기 영국 특수침례교회는 개신교단 가운데 가장 선구적으로 해외선교를 실행한 교단이었다. 침례교선교협회처럼 범교단적 차원의 단체를 조직하여 해외에 선교사를 파송한 것은 영국과 유럽의 주류 개신교단 중에서 최초의 일이었다. 교단이 해외선교에 적극 나서게 된 것은 복음적 칼빈주의를 받아들였기 때문이다. 즉 하나님의 선택과 예정을 믿지만, 동시에 사람들이 복음을 받아들이고 믿어야 할 의무가 있음도 믿었다. 모든 사람이 복음을 믿어야 할 의무가 있다면 선교는 논리적으로 당연한 것이었다.[73] 복음적 칼빈주의자이며 해외선교를 열정적으로 주장한 윌리엄 캐리(William Carey, 1761-1834)는 1792년에 출판한 소책자, 『이방인 개종을 위해 그리스도인들이 여러 수단을 사용할 의무에 관한 질문서』(An Enquiry Into the Obligation of Christians to Use Means for the Conversion of the Heathen)를 통해 해외선교의 필요성과 구체적 전략을 제시하였다.[74] 이 책자의 출판을 위해 미국인 무역업자 토머스 포츠(Thomas Potts)가 10파운드를 보조하여 주었으며, 당시 책자의 판매 가격은 1실링 6펜스였다.[75] 세계 복음화에 대한 의무감이 강했던 캐리는 영국 특수침례교회를 가장 선교적인 교단이 되게 하였다.

| 윌리엄 캐리 (William Carey, 1761-1834)

1. 캐리의 어린 시절

윌리엄 캐리는 1761년 8월 17일 영국의 노쌤턴셔(Northamptonshire) 지역의 작은 농촌 마을인 폴러스퍼리(Paulerspury)에서 국교회 신자인 에드먼드 캐리(Edmund Carey)와 엘리자베스(Elizabeth) 사이의 5남매 중 첫째 아들로 태어났다. 아버지는 자선 학교의 교장과 교구교회 서기의 일을 하였으나 수입이 변변치 못하였다. 캐리가 태어나 성장하던 시기는 세계 곳곳에서 전쟁이 난무하던 때였다. 미국은 독립전쟁(1775-81)을 일으켰고, 유럽 열강들은 아시아와 아프리카 그리고 신대륙에서 식민지 확보를 놓고 치열한 전투를 벌였다.[76] 과학과 지리학 그리고 운송수단의 발달로 유럽 여러 나라들은 외국으로 진출하여 무역을 하거나 그 나라를 아예 식민지로 삼는 일들을 하였다. 이러한 환경은 유럽 사회를 부패하게 했으며, 영국도 예외가 아니었다.

영국 사회의 도덕적 타락은 심각했고, 교회의 영성도 아주 낮은 상태였다.

당시에 "국교회는 밤에 자고, 비국교회는 낮에 잠을 잔다." 라는 말이 유행되었는데, 그것은 국교회와 비국교회 모두가 영적으로 무력한 상태임을 드러내는 뜻이었다. 버틀러(Butler) 성공회 주교는 성령의 인도하심을 주장하는 조지 휫필드의 신앙을 "고약한, 아주 고약한 가르침"이라고 비난하였는데,[77] 이것은 당시 국교회가 역동적인 영성을 받아들이지 않았음을 보여준다. 하지만 존 웨슬리 형제와 조지 휫필드 등 감리교 운동가들은 영국 기독교 전체에 광범위하게 영향을 끼쳤다. 예를 들면 영국 특수침례교회가 고등 칼빈주의를 버리고 복음적 칼빈주의를 채택한 것이라든지, 영국 일반침례교회 내에서 복음주의를 주장하는 사람들이 교단을 탈퇴하여 따로 교단을 만들었던 일 등이 있다.[78]

한적한 시골 마을에서 자연과 함께 살았던 어린 캐리에게 유럽과 세계의 급변하는 정세는 별 의미가 없었지만, 그가 성장하여 본격적으로 활동할 때는 이러한 사회적, 종교적 배경이 그에게 직접적인 영향을 끼쳤다. 어린 시절 캐리의 집은 매우 가난했기 때문에 그는 정규학교에서 공부할 수 없었다. 하지만 캐리는 학문적 열정이 대단하였는데, 그는 어린 시절부터 성경이나 경건서적뿐 아니라 과학, 역사, 여행기 등의 책들을 읽는 것을 매우 좋아했다: "나는 과학, 역사, 여행기 등을 다른 어느 책보다 더 많이 읽었다. 소설과 오락서는 늘 역겨웠다. 나는 신앙서적을 열심히 읽는 것만큼이나 그러한 책들을 멀리했다." 캐리는 또한 자연을 좋아했는데, 그의 작은 방에는 늘 새와 곤충의 표본들과 주위의 목초지와 울타리에서 자라는 온갖 꽃들로 가득하였다.[79] 캐리가 읽었던 책들 가운데 제임스 쿡(James Cook) 선장이 쓴 『쿡 선장의 마지막 항해 일지』(Journal of Captain Cook's Last Voyages)는 가장 강력하게 그의 마음을 사로잡았다. 캐리의 머리에는 바다 건너에 있는 다른 나라들에 대한 상상으로 가득하였다. 게다가 캐나다에서 프랑스를 상대로 전쟁에 참전하고 돌아 온 피터 삼촌(Uncle Peter)의 모험담은 이국에 대한 그의 동경을 더욱 크게 만들었다. 캐리는 세계지도를 집 벽에 붙이고 가죽으로 지구본을 만들어 그 지구본에 나와 있는 남태평양 군도나 다른 지역으로 여행하는 것을 상상하곤 했다.[80]

2. 침례교 개종과 목회

　가난한 집의 장남으로서 가정을 돌보아야 했던 캐리는 14세 때 인근 피딩톤(Piddington) 마을의 한 구두수선 집에 견습공으로 들어갔다. 그리고 거기서 비국교도 신자였던 동료 제화공 존 와르(John Warr)를 만났는데, 그 만남으로 그의 인생이 바뀌게 되었다. 와르는 캐리에게 회심의 중요성을 강조하며 비국교회 신앙을 소개하였다. 캐리는 국교회 가정에서 성공회 요리문답서를 공부하며 자랐지만, 체험적인 신앙에 대한 경험은 없었다. 캐리는 와르가 빌려준 책들을 읽으면서 자신이 죄인임을 알게 되었다. 그는 와르와 함께 비국교도 성경공부 모임과 기도회에 참석하기 시작했고, 결국 1779년 18세 때 공개적으로 회심을 고백하게 되었다.[81] 캐리는 20세가 되던 1781년 6월 10일 비국교도 집안 출신의 5살 연상인 도로시 플래켓(Dorothy Plackett)과 결혼하였다. 도로시는 문맹이어서 혼인 예식서에 X자로 서명하였다. 캐리는 성경을 연구하면서 신자의 침례가 성서적이라고 믿게 되었고, 1783년 10월 5일 주일 아침 8킬로미터를 걸어 닌강(River Nen)에서 존 릴랜드 2세 목사에게서 침례를 받았다.[82] 비국교도에서 침례교인이 된 것이다.

　침례교인이 되고 난 이후 캐리는 앤드류 풀러, 존 서트클립, 존 릴랜드 2세 등 당대 영국 침례교회의 영성과 지성을 이끄는 목회자들과 교제하게 되었다. 그는 서트클립 목사가 시무하는 올니(Olney)교회에 출석하였는데, 그는 캐리에게 목회자가 되기를 권고한 사람이었다. 서트클립은 캐리가 목회자로서의 자질이 있는지 시험하는 차원에서 1785년 여름에 여러 목사들 앞에서 설교할 수 있는 기회를 만들어주었다. 불행히도 캐리는 첫 번째 설교 시험을 통과하지 못했다.[83] 그러나 캐리는 실망하지 않고 계속 정진하였다. 그러자 그 해 물턴(Moulton)교회가 그를 담임 목회자로 청빙하였다. 캐리는 물턴교회에서 1785년부터 1789년 5월까지 4년간 목회하였다. 캐리는 사례로 연 10-12파운드 정도 받았는데, 그것을 미국 달러로 환산하면 약 1주일에 1달러 정도 되는 금액이었다. 캐리는 특수침례교회가 젊은 목사들을 재정적으로 지원하기 위해 만든 특수침례교기금(Particular Baptist Fund)으로부터 매년 5파운드를 부가적으로 지원받았다. 하지만 그 정도의 수입은 캐리 가족이 살기에 턱없이 부족한 것이었다. 캐리는 물턴교회에서 목회한 지 2년이 지난 1787년 8월 1일 정식으로 안수를 받았다. 물턴에서 사역하는 기간에 세 아들, 펠릭스(Felix), 윌리엄(William), 피터(Peter)가 태어났다.[84]

캐리는 1786년에 자기 교회가 속해있는 놀쌤턴셔(Northamptonshire) 지방회에 참석하였다. 당시 지방회는 신입회원에게 토의 주제를 선정할 권한을 주는 관례가 있었는데, 이번에는 캐리가 그런 기회를 얻게 되었다. 캐리는 예수님의 지상명령은 제자들에게만 국한된 것인지 아니면 모든 신자에게 해당되는 것인지 토론하자고 제안하였다. 캐리는 그것은 모든 신자에게 주어진 명령이라고 열정적으로 주장했다. 그러자 존 릴랜드 1세 목사는 "젊은이, 앉게 앉으라니까. 자네는 열광주의자야. 만일 하나님께서 이방인을 개종시키기 원하시면, 그분은 자네나 나의 도움 없이도 하실 걸세. 그렇지 않다면 또 다른 오순절 방언의 은사가 있어야 할 것이야" 라며 힐난하였다.[85] 그런데 아이러니하게도 릴랜드 1세 목사는 6년 뒤 침례교선교협회의 창설멤버가 되었고, 캐리를 최초의 선교사로 임명하는 일을 하게 되었다.[86]

캐리는 1789년 2월에 라이세스터(Leicester) 시에 소재하고 있는 하비레인(Harvey Lane)교회가 자신을 담임목사로 청빙하려는 계획을 알게 되었다. 물턴교회 성도들과 헤어지는 것이 안타까워 주저하였지만, 결국 1789년 5월 7일 새로운 임지를 향해 떠났다. 도시 교회는 사례비를 더 많이 주었지만 가족의 생계에는 여전히 부족하였다. 캐리는 목회를 하면서 신발수리 가게를 운영할 수밖에 없었다.[87] 캐리가 하비레인교회에서 약 7개월 사역하고 난 후 아버지에게 보낸 편지를 보면 당시의 경제적 상황을 알 수 있다. 그 편지에서 캐리는 물턴교회에서 재정적으로 어려웠는데 지금도 여전히 그렇다고 하며 "대략 1년 사례비로 50파운드 정도"를 받는다고 하였다.[88] 하비레인교회는 율법폐기론을 주장하는 사람들과 그것을 반대하는 사람들 사이에 심한 갈등이 있었다. 해결될 기미가 보이지 않자, 캐리는 교회를 해체하여 각자의 신앙에 따라 교회를 따로 세우자고 제의했고, 그것은 받아들여졌다. 캐리는 1791년 봄에 율법폐기론을 반대하는 다수의 신자들과 함께 새로 교회를 시작했다.[89]

3. 침례교선교협회의 설립

놀쌤턴셔 지방회는 1792년의 모임을 5월 마지막 3일 동안 노팅험(Nottingham)에 있는 "천사"(The Angel) 여관에서 가졌다. 캐리는 5월 31일 수요일 오전 10시 폐회예배 때 설교하도록 예정되어 있었다. 캐리는 이사야 54장 2-3절 "내 장막터를 넓히며 네 처소의 휘장을 아끼지 말고 널리 펴되 …"의 말씀을 본문으로 삼고 해외선교의 필요를 설교를 하였다. "보김에서 이스라엘 자손들이 소리 높여 울었던 것처럼, 세상의 모든 백성이 소리 높여 울고 있지 않는가?" 라고 외치며, 하나님으로부터 위대한 것을 기대하고(Expect great things from God), 하나님을 위해 위대한 일을 시도하자(Attempt great things for God)고 외쳤다. 참석자들은 이방인 구원과 세계선교를 향한 캐리의 열정에 적지 않은 감동을 받게 되었다. 심지어 이전에 캐리를 면박하였던 릴랜드 1세 목사조차도 "나는 캐리가 하나님의 뜻을 실행하는 일에 있어 우리가 나태하였던 죄를 분명하게 지적했다고 생각한다." 라고 말했다.[90] 청중들은 동요하였지만, 구체적인 결정을 내리지 않고 산회하려 하였다. 해외선교는 너무나 큰 일로 보였던 것이다. 그때 캐리는 지방회장 풀러의 옷소매를 잡고 애원하였다: "선배님, 이번에도 아무런 조치 없이 끝낼 것입니까?"[91]

캐리의 간청은 효과를 발휘하였다. 풀러는 다음 목회자 모임에서 이방인들에게 복음전파를 위한 협회를 구성하는 문제를 토의하자는 동의안을 냈고, 그것은 가결되었다. 결국 1792년 10월 2일 풀러가 시무하는 케더링교회의 과부 성도 비

| 비비 왈리스(Beeby Wallis)의 집

비 왈리스(Beeby Wallis)의 집에서 12명의 목회자들이 모여 침례교선교협회를 설립하고 즉석에서 선교 헌금을 했다. 모여진 헌금액은 13파운드 2실링 6펜스였다.[92] 이 최초 모임의 참석자 가운데 나중에 미국으로 가서 필라델피아 제일침례교회의 담임목사와 워싱턴에 소재한 컬럼비아대학(Columbian College)의 학장이될 윌리엄 스타우톤(William Staughton)도 있었다. 당시에 그는 무일푼의 학생이었기 때문에 10실링 6펜스의 적은 금액만을 헌금할 수밖에 없었다. 그는 한사코 이름을 기명하는 것을 거부해서 12명의 명단에는 포함되지 않았다.[93]

인도 선교

1. 선교 개시 때 인도의 상황

침례교선교협회는 1793년 1월 10일 윌리엄 캐리 부부와 존 토머스(John Thomas) 의사 부부를 협회의 최초 선교사로 임명하고 인도로 파송했다. 캐리는 1793년 6월 13일 인도로 떠나기 전 아버지에게 다음과 같은 편지를 보냈다: "배가 포츠머스(Portsmouth)를 돌아서 가게 되어 있어 약 10일 동안 영국에 있을 것이기 때문에, 인도까지는 약 4달 정도 소요될 것으로 보인다." 라고 하였다. 그리고 어머니와 친척들에게 사랑한다는 말을 전해달라고 했다.[94] 캐리가 인도에 갔을 때, 그곳은 유럽 열강들의 식민지 확보 전쟁으로 황폐한 상태였다. 이미 2세기 전에 포르투갈이 가장 먼저 진출하였고, 그 뒤로 네덜란드가 뒤따랐다. 영국은 엘리자베스 1세 시절인 1600년에 동인도회사(East India Company)를 설립 인도와의 무역을 시작하였다. 회사는 곧장 인도의 통치자들로부터 무역 허가를 얻고, 공장들을 세우며 스스로를 보호할 수 있는 장치들을 만들었다. 캐리가 캘커타에 도착했을 때, 동인도회사의 정치적 지배권은 벵골과 비하(Bihar), 그리고 마드라스(Madras)와 봄베이(Bombay)의 일부 지역을 확보한 상태였다. 영국은 이들 지역을 기초로 서서히 지배 범위를 확장해가고 있었다.[95]

캐리와 토머스는 인도에 입국하려면 동인도회사로부터 입국 허가장을 받아야 했다. 당시 동인도회사의 영역에 가고자 하는 영국인은 회사로부터 허가서를 받아야만 들어갈 수 있었다. 그런데 회사는 그들에게 허가장을 내주지 않아서 선교사들은 덴마크 배를 타고 인도로 갔다.[96] 동인도회사는 선교가 회사의 이익에 반대된다고 판단하고 인도에서의 모든 선교활동을 강력하게 반대했다. 회사는 다음과 같은 정책을 발표했다.

> 선교사들을 우리의 동양지역 국가에 파송하는 것은 최고로 미친짓이며, 가장 큰 낭비이자 최고로 고비용적인 것이다. 그것은 분명히 미친 광신도들에 의해 제안된 계획이다. 그러한 생각은 유해하고, 경솔하며, 쓸모없고, 해로우며, 위험하고, 무익하며, 광신적인 것이다. 그것은 모든 합리적이고 건전한 정책을 공격하는 것이며, 우리가 소유한 국가의 평화와 안정을 위험에 빠지게 만들 것이다.[97]

캐리는 당분간 불법적으로 체류하였는데, 동인도회사가 1794년 5월 28일자로 발송한 문서를 통해 신원이 확실한 사람의 보증이 있고, 불법체류자가 회사의 명령에 따를 것을 서약하면, 불법 체류자들을 합법적으로 체류할 수 있도록 하겠다고 했다. 1795년 캐리는 서약을 했고 그 때부터 합법적으로 체류하게 되었다.[98]

식민정부는 선교를 강하게 금지시켰지만, 캐리는 복음을 전하는 일을 지속하였다. 정부 관료는 캐리에게 "캐리 박사님. 인도인들을 기독교인으로 만드는 것은 잘못이라고 생각지 않습니까?" 라고 질문하였다. 그러자 캐리는 "각하께서 우리를 잘못 이해하셨습니다. 우리는 인위적으로 신앙을 갖게 하지 않습니다. … 우리는 단지 각 사람의 지성과 양심에 진리를 들려 줄 권리를 갖기 원합니다." 라고 대답했다.[99] 복음전도에 대한 열정은 식을 줄 몰랐으나, 캐리 가족의 정착과정은 생존의 위협을 느낄 정도로 힘들고 고통스러웠다. 질병과 각종 동물의 위협이 있었고, 본국으로부터 편지나 후원이 오지 않아 경제적으로 매우 궁핍했으며, 주위에는 친구도 아는 사람도 없었다.[100] 어렵게 생존을 연명하던 중 다행히 캐리는 1794년 3월 공장관리인으로 취직하였고, 경제적으로 어느 정도 안정을 찾게 되었다. 하지만 그곳에서 5살 난 막내아들 피터를 잃는 엄청난 시련을 갖게 되었다. 이 일은 도로시로 하여금 심한 우울증에 걸리게 하였고, 결코 헤어나오지 못하게 하였다.[101]

사실 캐리의 아내 도로시는 해외선교에 무지하였고 관심도 없었다. 남편이 선교사로 인도에 가야한다고 했을 때, 자신은 절대로 인도에 가지 않을 것이며 인도 선교사가 되지 않겠다고 하였다. 도로시는 전형적인 시골 여인으로서 그녀  가문은 5세대 동안 한 사람도 고향에서 16킬로미터 이상 떠나가 본 적이 없는 집안이었다. 하지만 캐리의 압력으로 어쩔 수 없이 인도로 가야했다. 캐리는 가족의 배표를 도로시에게 보여주며 가야한다고 몰아붙였다. 도로시는 많은 눈물을 흘린 후, 배가 떠날 시간이 겨우 몇 시간 밖에 남아 있지 않았기 때문에 대충 짐을 싸고 아이들과 함께 배에 올라탔다. 그녀는 떠나면 다시는 영국으로 돌아오지 못할 것으로 생각하고 친척, 친구들

| 도로시 플래켓
(Dorothy Plackett)

과의 영원한 작별의 말을 하였다. 도로시의 예감은 적중하였다. 그녀는 인도에서 잘 적응하지 못했다. 더위와 습기, 고열 등으로 시달렸고, 극심한 가난과 아이의 죽음은 그녀로 하여금 깊은 상처와 함께 정신 이상을 가져왔다. 그녀는 13년 간 긴 세월을 혼자 방에서 지내며, 비참한 죽음을 맞이했다.[102] 캐리 가족은 인도에서의 첫 해 동안 무려 6번이나 이사를 했으며, 늘 말라리아와 이질로 인해 고통당하였다. 피터는 심한 이질을 극복하지 못하고 죽게 된 것이었다. 아들의 장례를 위해 캐리는 주위의 모슬렘 교도들에게 도움을 요청했으나, 아무런 도움을 받을 수 없었다. 모슬렘들은 다른 종교 신자의 시체를 만지거나 묻는 것을 금기하는 풍습이 있었다. 결국 4명의 최고 가난한 계층의 모슬렘 교도들이 무덤 파는 일을 도와주었지만, 이 일로 캐리는 모슬렘에 대해 부정적인 시각을 갖게 되었다.[103]

2. 세람포레에서의 사역

1) 세람포레 이주와 첫 개종자

18세기가 끝나갈 무렵인 1799년에 영국침례교 선교사 조슈아 마쉬맨(Joshua Marshman)과 윌리엄 워드(William Ward) 가족이 인도에 왔다. 영국이 다스리는 지역에서는 여전히 선교활동이 금지되어 있었기 때문에, 선교사들은 선교활동이 보장되어 있는 덴마크령 세람포레(Serampore)로 이주하기로 결정하였다. 그곳의

덴마크 총독은 영국인 선교사들에게 시민권을 주고 거주와 자유로운 여행을 보장해주었다. 총독은 또한 학교와 출판사를 설립할 수 있고, 이와 관련한 재원도 자유롭게 마련할 수 있다고 하였다.[104] 세람포레에서 개신교 선교는 1705년 두 명의 할레 출신 선교사들로부터 시작되었으며, 얼마 후 진젠도르프와 모라비아 교도들이 합류하였다. 그들은 성경번역을 위해 사전 편찬 작업을 하였으나 성경번역을 하지 못한 채 1792년 선교활동을 끝내게 되었다.[105] 세람포레는 이제 8년 만에 다시 선교의 중심지가 된 것이다. 캐리는 모라비아 공동체 모델을 본따 선교사 가족들이 공동으로 살아가며 사역하는 방식을 채택하였다. 선교사 가족 공동체는 철저히 민주적으로 운영되었다.[106]

선교사들은 세람포레에서 최초의 개종자를 얻었다. 힌두교도로 목수의 일을 하였던 크리시나 팔(Krishna Pal)이 1800년 12월 28일 총독과 많은 유럽인들, 그리고 힌두교와 모슬렘 교도들이 보는 가운데 신앙을 고백하고 갠지스 강에서 침례를 받았다.[107] 팔의 개종은 곧 그의 가족과 친구들의 개종으로 이어졌다. 이와 관련해 캐리는 풀러에게 1801년 12월 18일자로 보낸 편지에서, "지금까지 7년 동안 한 사람도 실제적인 개종을 하지 않았으나, 크리시나 팔과 그의 아내, 그리고 우나(Unna)라고 불리는 그의 누이, 그리고 고쿨(Gokool)과 그의 아내, 또한 페르난데스(Fernandez)와 캐리의 아들 등의 회심과 침례가 올 한 해에 모두 이루어진 일입니다." 라고 보고하였다.[108]

2) 교육사업, 성경번역, 교회개척

영국 브리스톨(Bristol)의 브로드미드(Broadmead)학교의 교장을 역임한 바 있는 조슈아 마쉬맨은 세람포레에서 원주민들을 위한 학교를 세웠다. 그리고 곧장 유라시안과 유럽인을 위한 학교도 세웠다. 1817년에 이르러 반경 32킬로미터 내에 원주민을 위한 학교 50개를 운영할 정도로 성공하였다. 그 결과 개종자도 늘어나기 시작하였다. 캐리는 번역자로, 워드는 인쇄공으로, 마쉬맨은 언론인으로 알려졌고, 이들은 세람포레 삼총사로 불리며 유명해졌다.[109] 초중등 학교들이 성공하자 세람포레 시는 고등교육기관의 설립을 요구하였다. 그러자 캐리와 동료들은 1818년에 동양문학과 서양과학을 가르칠 세람포레대학의 건립 계획서를 제출하였다. 계획서에는 현지 언어로 교육이 이루어지고, 신앙의 자유를 인정하지만 기독교 정신이 주도적이 되도록 한다는 내용이 있었다. 대학의 보호자로서는 영국 총독이, 학장은 덴마크 총독이 맡도록 하겠다고 했다.[110] 세람포레대학은 선교의 중요한 업적이 되었다.

영국 특수침례교 선교사들은 이전의 선교사들이 성경에 관한 지식을 퍼뜨리는 일에 집중하고 성경번역을 하지 않아, 영구적인 결실을 얻지 못했던 것으로 판단하고 원주민 언어로 성경을 번역하고 현지인 지도자를 양성하는 전략을 실행했다.[111] 성경번역은 참으로 고역이었다. 캐리는 "벵골어로 철자법을 맞추고, 쓰고, 출판하는 일은 아주 새로운 일로서 영어로 하는 것보다 10배는 힘든 일"이라고 하였다.[112] 그러나 성경번역의 중요성을 잘 알았던 캐리와 동료들은 그 힘든 일을 멈출 수 없었다. 그들은 1803년부터 북부 인도 전 지역의 방언으로 된 성경을 준비할 것을 계획하였다. 또한 인도를 넘어 동양 각국의 말로 된 성경도 꿈꾸었다.[113] 선교사들은 원주민이 중심이 된 자립, 자치, 자전하는 교회들을 세우는 일에도 열심을 다했다. 자립하는 현지인 교회는 세람포레에 있는 영국 침례교 선교사 9명이 1805년 10월 6일에 서명한 합의 문서에 잘 나타나 있다. 그날은 주일로서 선교사 가족들은 침례교선교협회 창립 12주년을 기념하는 특별예배를 드렸다. 마쉬맨과 워드가 캐리와 함께 공동담임으로 피선되었고, 6명의 집사가 선임되었다. 6명 중 4명은 선교사들이었고, 2명은 현지인 신자 크리시나 팔과 크리시나 프라사드(Krishna Prasad)였다. 침례와 성찬식이 행해졌으며, 새신자 환영 행사를 하였다.[114] 선교사들은 합의 문서를 각 교회에서 매년 1월, 5월, 10월의

| 세람포레대학(Serampore College)

첫째 주일에 공개적으로 낭독하도록 했다. 문서는 10개 조항으로 되어있으며 분량은 A4지의 다섯 페이지 정도인데, 대략적인 내용은 다음과 같다. (1) 구원은 하나님의 주권적인 은혜로 되는 것이지만, 전도를 위한 올바른 방법과 지혜도 필요하다. (2) 이교도와 대화를 하려면 그들의 사고방식, 신관, 죄와 거룩에 대한 생각 등을 알아야 한다. (3) 선교사들은 현지인들이 복음에 대해 편견을 갖지 않도록 조심해야 한다. 인도 신에 대해 적개심을 보이지 말고, 부드러운 태도를 가져야 한다. (4) 방문과 전도를 게을리 해서는 안 된다. (5) 그리스도의 속죄를 비롯한 개신교 교리들을 선포해야 한다. (6) 현지인을 친절하고 공정하게 대해야 하며 강압적이거나 명령적 행동은 극히 삼가 해야 한다. (7) 정부 관료에 대해서는 존중하는 태도를 취해야 한다. (8) 현지인 목회자들을 양성해야 한다. 원주민 교회를 세워 그들이 목사와 집사를 선택하도록 도와야 한다. 자립, 자치, 자전하는 교회가 되도록 한다. (9) 성경번역은 모든 인도 언어로 번역 될 때까지 계속되어야 한다. 소책자의 출판이나 무료 학교 건립도 복음전파에 중요하다. (10) 세속화를 경계해야 한다.[115] 이상의 내용에서 알 수 있듯이 특수침례교 선교사들은 정통교리를 믿는 자립, 자치, 자전 교회를 세우는 것을 목표로 삼았다.

3) 모슬렘 전도 문제

전도를 위해 인도 마을을 방문할 때 선교사들은 힌두교와 모슬렘의 숫자가 거의 비슷하다는 것을 발견하였다. 그런데도 선교사들은 힌두교도만 전도하려 하고 모슬렘들에게는 관심을 거의 기울이지 않았다. 왜 그랬을까? 이와 관련하여 몇 가지 이유가 제시된다. 첫째, 모슬렘에 대한 선교는 거의 성과를 거두지 못하였고, 포교활동은 자칫 목숨을 잃을 수 있다는 것을 선교사들이 알았기 때문이며, 둘째, 선교사들은 모슬렘을 이교도로 보지 않았기 때문이다. 캐리는 종교를 기독교, 유대교, 이슬람교, 이교도로 분류했다. 캐리와 선교사들은 그들 자신을 이교도를 위한 선교사로 생각했다.[116] 셋째, 캐리가 아들 피터의 사망과 관련하여 모슬렘에 대해 좋지 않은 감정을 가진 것도 이유가 될 수 있을 것이다. 그러나 선교사들은 모슬렘 전도를 완전히 포기하지는 않았다. 그들은 대학교에 아랍어 과목을 개설하였는데, 그것은 모슬렘들을 끌어들이기 위한 것이었다.[117]

3. 성찬론 논쟁

세람포레 삼총사는 거의 모든 일에서 의견이 일치하였는데, 단 하나 성찬론과 관련해서는 서로 다른 생각을 가졌다. 캐리는 침례교회에서 거행되는 성찬예식에는 오직 신자의 침례를 받은 사람만이 참여할 수 있다는 폐쇄성찬(closed communion)을 주장했고, 마쉬맨과 워드는 참된 신자면 누구나 침례교회 성찬에 참석을 허용하자는 개방성찬(open communion)을 옹호하였다. 마쉬맨과 워드가 개방성찬을 옹호한 배경은 그들이 1799년에 세람포레로 올 때, 배의 선장이자 미국 장로교인이었던 벤자민 윌크스(Benjamin Wilkes)를 비롯한, 다른 교파 사람들과 교제하면서 타 교파 사람들에 대해 긍정적 시각을 갖게 되었기 때문이다.[118] 그러나 캐리는 폐쇄성찬을 굳건하게 지키고 있었다. 심지어 그에게 많은 도움을 준 타 교파 선교사들이나 덴마크 총독 올레 비에(Ole Bie), 미국인 선장 윌크스 등과 같은 신실한 기독교인도 성찬에 참여시키지 않았다. 이에 대해 워드는 타 교파 교회 및 선교회와의 화합을 방해하는 경직되고 부드럽지 않은 행습이라며 비판했다.[119]

그러나 캐리가 워낙 요지부동이어서 워드는 더 이상 논쟁하지 않았다. 그러던 중 벵골 지역의 최고 종교지도자요 포트 윌리엄(Fort William)대학의 학장이자, 1813년에 캘커타 주교로 선임될 브라운(Brown)이 1805년부터 세람포레침례교회에 다니면서 논쟁이 다시 일어났다. 워드는 마쉬맨을 설득하는 데 성공하였고, 캐리는 어쩔 수 없이 개방성찬을 묵인하였다. 이러한 변화에 대해 워드는 매우 기뻐하였다.[120] 한편 본국의 풀러는 세람포레의 변화를 듣고 몹시 당황했다. 당시 특수침례교회의 다수는 폐쇄성찬을 시행하고 있었기 때문이다. 풀러는 침례교선교협회에 이 사실을 알리지 않고, 세람포레 선교사들에게 책망의 편지를 보냈다. 워드는 풀러에게 개방성찬은 신약성경에 부합한다는 답장을 보냈다. 그러나 이번에는 캐리와 풀러가 마쉬맨을 설득하는데 성공하자, 워드는 어쩔 수 없이 폐쇄성찬으로 다시 돌아가는 데 합의할 수밖에 없었다. 이후로 세람포레 삼총사가 살아있는 동안 세람포레교회는 개방성찬을 하지 않았다.[121] 성찬론은 그들 가운데 있었던 거의 유일한 이견이었다.

특수침례교회의 선교사업 관련 논쟁

선교 사업을 진행함에 있어 현지 선교사들이 자치권을 어느 정도 가질 수 있는가 하는 문제와 관련하여 세람포레 삼총사와 영국의 침례교선교협회 사이에 치열한 논쟁이 있었다. 논쟁의 원인은 선교관의 차이에서 비롯되었다. 캐리는 현지 선교는 선교사가 주도적으로 하는 것이고 협회는 도와주는 역할을 하는 것으로 생각했다. 그래서 그는 인도로 선교하러 갈 때 가급적 빠른 시일 내에 재정적으로 독립하려했다. 캐리는 1794년 3월 북부 벵골의 공장 관리자로 취직하자 영국의 선교협회에 직접적인 선교 사업 외에 자신의 생활비와 관련해서 더 이상 지원이 필요치 않다고 하였다.[122] 세람포레 선교사들도 같은 생각이었다. 즉 각 선교사는 선교의 일과 세속 직업을 동시에 행하지만 재산에 대한 권리를 포기하고, 모든 수입을 공동 기금에 넣어 생활과 선교 사업을 위해 쓰도록 하였다. 마쉬맨은 학교 운영을 통해, 워드는 인쇄소를 경영함으로, 캐리는 캘커타에 있는 포트윌리엄대학(College of Fort William)의 교수로 수입을 올렸고 모든 수입은 공동 금고에 넣었다.[123] 선교사들이 재정적으로 독립하게 되자 본국의 선교협회의 허락 여부와 관계없이 건물을 구입하고, 교회당을 신축하며, 현지인 사역자를 고용하는 등 자유롭게 선교활동을 하였다.[124]

그러던 중 세람포레에 1803년에 한 명, 1805년에 네 명의 선교사와 그 가족들이 오면서 상황이 달라졌다. 캐리, 마쉬만, 워드는 새로 온 선교사들이 경험이 부족하므로 선교 사업에 똑같은 지분으로 참여할 수 없다고 주장했다. 이에 대해 새로 온 선교사들은 불만을 표출했고, 이 일로 인해 세람포레 선교사들과 영국의 선교협회 본부 간에 수많은 서신이 오가게 되었다.[125] 풀러가 생존해 있을 때는 그의 지도력으로 논쟁이 확산되지 않았다. 그러나 1815년 그가 사망하자 논쟁은 다시 불거졌다. 논쟁은 결국 인도 선교의 일과 관련하여 누가 주도권을 가져야 하는 문제로 귀결되었다. 세람포레 삼총사들은 본인들은 선교협회에 종속되어 있는 사람들이 아니라고 했다. 그들은 본국으로부터 도움을 받았지만, 자신들이 벌어들인 돈으로 선교사업을 하였기 때문에 자유롭게 사업을 펼칠 수 있다고 생각했다. 그러나 선교협회는 선교지 재산에 대한 경영권은 선교협회에 있다고 보고, 재산권을 선교협회 산하 이사회에 귀속시키라는 내용의 편지를 보냈다. 세

람포레 삼총사들은 이러한 결정에 대해 강하게 반발하였다.[126)]

　나중에 온 젊은 선교사들과 삼총사와 갈등이 심해졌고, 결국 후진 선교사들은 1817년 캘커타로 이주하여 따로 선교본부를 차리게 되었다. 현지인 사역자의 관리 감독과 선교지 재산 문제와 관련된 본부와 세람포레 삼총사들 간의 논쟁은 10년간 지루하게 계속되다가, 1827년 3월 서로 결별하는 것으로 결론이 났다.[127)] 세람포레 선교사들은 선교협회를 탈퇴하고 개별 교회들에게 도움을 청하였다. 결국 특수침례교회에는 인도 선교를 지원하는 두 개의 독립된 협회가 존재하게 되었다. 교단의 선교협회는 캘커타 선교사들을 지원하였고, 또 다른 협회는 세람포레 삼총사를 지원했다. 양 협회는 세람포레 삼총사 중 마지막까지 살았던 마쉬맨이 죽은 해인 1837년 봄에 하나로 합칠 수 있었다.[128)]

인도 선교의 업적

1. 인도의 문명화와 사회개혁

　세람포레 선교사들은 복음주의 선교관에 입각하여 직접전도, 성경번역, 교회 개척, 학교설립과 같은 사업을 수행했다. 그들은 사회복음의 시각으로 선교하지 않았으나, 사역의 결과 인도의 문명화와 사회 개혁을 진작시키는 결과를 가져왔다. 즉 34개의 언어와 방언으로 번역된 성경 212,000권을 출판하고, 초중등 학교들과 세람포레대학(Serampore College)을 설립하여 인도의 문명화를 촉진시켰다.[129)] 선교사들은 또한 빈곤을 가장 큰 악으로 보고 비참한 상태의 인도 농업을 개선키 위해 농업원예협회(Agricultural and Horticultural Society)를 설립하였다. 교회 내에서는 카스트에 기초한 계급의 구분을 인정하지 않고 모든 사람들을 평등하게 대우하였고, 살아있는 부인을 죽은 남편과 함께 화장시키는 수티(suttee)라는 악습과 유아 살해의 폐습을 없앨 것을 정부 당국에 강력히 요청하는 등 인도의 문명화와 사회 개혁을 위해 노력하였다.[130)]

2. 선교의 자유 쟁취

영국 정부는 인도에서 개신교 선교에 대해 상당한 탄압을 가했는데, 특히 비국교도 선교사들은 조롱과 박해를 받곤 했다. 인도 언어로 설교하는 것은 금지되었고, 신앙책자의 출판은 정부의 관리를 받아야 했다.[131] 캐리는 이처럼 국가가 선교활동을 통제할 될 때에도 국가를 존중하는 태도를 유지하였다. 그는 "세속 정부에 대해 내가 최고로 생각하든 최악으로 생각하든, 성경은 나에게 순응하고 비폭력적인 국민이 되라고 한다." 라는 말을 하며 국가에 충성하는 자세를 견지하였다.[132] 세람포레 선교사들의 국가를 존중하는 태도는 선교의 자유를 가져오는 데 큰 도움이 되었다.

영국 의회는 동인도회사의 권력 남용을 다루기 시작했다. 주도적으로 문제제기한 사람은 노예제도 폐지에 앞장섰던 윌리엄 윌버포스 경이었다. 그는 다음과 같이 말했다.

> 사람들이 경멸적인 의도로 부른 별칭을 가진 이 "재침례교파" 선교사들은 우리의 가장 높은 존경과 감사를 받을 자격이 있습니다. 그들 중에 캐리 박사는 가장 낮은 사회적 신분 출신으로 모든 약점들 가운데서 하나의 천재적이며 자비로운 계획을 세웠습니다. 그것은 오래 전부터 추구하던 것이었는데, 바로 우리 기독교 빛을 인도인들에게 전하는 축복을 위한 협회를 구성하는 것이었습니다.[133]

일부 의원들의 격렬한 반대에도 불구하고 동인도회사가 선교사를 박해하는 것을 금지하는 법안이 1813년 7월 13일 의회에서 통과되었다. 그렇게 된 것은 캐리와 세람포레 선교사들의 애국적 자세를 설명한 윌버포스의 강력한 호소가 적중하였기 때문이었다.[134] 세람포레 선교사들은 어려움이 있어도 국가에 충성하는 원칙을 끝까지 지켰으며, 이러한 태도는 법률의 개정과 선교의 자유를 가져오게 했다.

3. 미국침례교회에 선교의 열정 일으킴

캐리가 인도에 온지 19년 후에 미국 회중교회 선교사인 아도니람 저드슨

(Adoniram Judson) 부부와 새뮤얼 뉴월(Samuel Newell)이 미국 배, "캐라번"(Caravan)호를 타고 인도에 왔다. 캐리는 이들을 세람포레 공동체에서 묵을 수 있게 했다. 하지만 세람포레 정부로부터 미국인들은 2주안에 그곳을 떠나라는 명령이 내려졌다. 뉴월은 곧장 떠날 배를 구할 수 있었지만, 저드슨 부부는 여러 주간을 그곳에 더 머물러야 했다. 캐리와 함께 세람포레 있는 동안 저드슨은 유아세례는 성경에 근거가 없으며 신자의 침례가 옳다고 확신하게 되었다. 그는 인도를 떠나기 전에 세람포레 선교사 워드에게 침례를 받았다.[135] 캐리는 버마의 랑군(Rangoon)에 정착하여 선교활동을 하고 있는 저드슨에게 물자와 음식을 보내주고 격려하였다.[136]

저드슨과의 만남 이전에 캐리는 미국 침례교 목회자 및 평신도들과 접촉하였고, 그들로 하여금 해외선교에 관심을 갖게 하였다. 캐리가 접촉한 사람 가운데는 윌리엄 로저스(Dr. William Rogers)가 있는데, 그는 침례교 목사이자 펜실베이니아대학교(University of Pennsylvania) 교수였다. 로저스는 자기가 속한 필라델피아 지방회에게 인도 선교를 도울 것을 요청하였고, 지방회는 1794년부터 돕기 시작하였다. 이러한 움직임은 결국 필라델피아 침례교선교협회가 설립되는 계기가 되었다.[137] 캐리는 보스턴의 토머스 볼드윈(Thomas Baldwin) 목사와도 접촉하였고, 그를 통해 미국 동부지역의 침례교인들에게 해외선교의 중요성을 알렸다. 캐리는 또한 존 윌리엄스(John Williams)와도 서신 교환을 하였는데, 윌리엄스는 뉴욕 침례교선교협회 창설에 주역을 담당하였다.[138]

18세기 특수침례교회의 기구와 행습

1. 침례교선교협회

침례교선교협회는 영국 특수침례교회 최초의 전국적 기구였다. 규모로 보면 총회와 유사하지만 협회는 자발적으로 헌금하는 회원들로 구성된 단체였다. 즉 협회는 개교회들이 모여서 만들어진 총회가 아니라, 헌금을 하는 개인들로 구성되는 조직이었다. 이러한 협회 방식은 17-18세기 비국교도들의 자원주의에서 유래된 것이었다. 국가로부터 지원을 받는 국교회와 달리 비국교회들은 자원주의 원리에 따른 교회 체제를 건설하였는데, 이러한 체제는 신앙적 목적들을 위한 연합에 매우 효율적이었다.[139] 침례교선교협회의 창설에 주도적인 역할을 하였던 윌리엄 캐리는 복음전도를 목적으로 하는 브리스톨협회(Bristol Society)의 핵심 멤버였다. 브리스톨협회는 자원주의 원리로 운영되었으며, 캐리는 그런 전통에 영향을 받아서 침례교선교협회의 조직도 같은 방식으로 만들었을 것이다.[140] 캐리는 조직 전략에 대해 예민하게 공부한 사람이었는데, 그가 제안한 조직체는 17-18세기 영국 합자회사와 유사한 모습이었다. 합자회사는 주주들이 운영위원회를 만들고, 운영위원회는 성실히 경영한 후 주주들에게 매년 보고서를 제출한다. 침례교선교협회는 초기 수년 동안 이러한 형태로 운영되었다.[141] 침례교선교협회는 지방회를 넘어서는 자발적 단체였고, 이 협회가 창설되기 약 75년 전부터 영국에서는 해외선교, 교육사업, 빈곤 계층 보호 등을 위한 자발적 협회들이 있었다. 캐리는 이러한 자원주의 전통을 연구하여 침례교선교협회를 그러한 조직체로 만들었던 것이다.[142]

2. 지방회의 모습

영국침례교회는 17세기부터 같은 지역에 있는 교회들이 모여 전도와 여러 사안을 논의하는 지방회 조직을 만들었다. 목회자들은 1년에 최소 5회 이상 지방회를 통해 만났으며, 그것은 목회자 상호간의 관계를 돈독하게 만들었다.[143] 당시에는 말이나 도보로 여행을 하였기 때문에 집으로 돌아가서 잠을 자고 다시 올 수 없었다. 도중에 여관에서 자는 것은 가난한 목회자들이 비용을 감당하기 어려웠다. 그래서 보통 지방회가 열리는 지역이나, 그곳으로 가는 도중에 있는 침례교 목회자의 집에서 숙박하는 것이 관례였다. 이러한 사정으로 지방회 모임을 알릴 때 숙박에 관한 광고는 꼭 들어갔다. 지방회는 여관에서 모임을 갖기도 하였다. 당시에 여행은 많은 어려움과 위험이 있었다. 때로는 겨울에 320킬로미터 정도의 거리를 걸어가는 경우도 있었다.[144] 18세기 영국 침례교 목회자들은 굶어 죽는 것을 겨우 면할 정도로 가난하였다. 목회자들은 지방회에 갈 때, 음식을 살 돈이 없어 종종 굶었으며, 도중의 친구나 동료 목회자의 집에서 음식이나 포도주를 얻어먹곤 하였다.[145] 이러한 가난은 목회자들 간에 서로에 대해 애틋한 마음을 갖게 하였다. 특히 서로에게 잠자리를 제공해야 하는 상황은 비공식적인 대화가 가능케 하였으며, 이러한 요인들은 서로간의 교제를 깊이 있게 만들었다.[146] 지방회는 18세기 특수침례교회의 결집과 협력의 장이었다.

3. 특수침례교회 기금

특수침례교회 목회자들은 1717년에 특수침례교회 기금(Particular Baptist Fund)을 설립하였다. 기금 설립의 목적은 가난한 목회자의 부족한 급여를 보충해주고, 은퇴한 목사에게 약간의 보조금을 주며, 목회자 자녀의 학비 보조를 위함이었다. 기금은 많은 목회자에게 도움을 주었으나, 많은 교회들이 목사의 사례를 교단에 의존하는 부작용도 있었다.[147]

4. 예배당과 교회 생활 모습

17세기의 특수침례교회는 예배당을 가진 교회가 거의 없었다. 그러나 18세기부터 많은 교회들이 자기 건물을 소유하게 되었으며, 목사들은 지역교회에 한정하여 사역하게 되었다. 순회설교나 마을 방문설교 등의 행습은 점차 사라지게 되었다.[148] 18세기 특수침례교회들은 새신자에게 안수하는 것에 대해 찬반으로 나뉘어져 논쟁하였다. 침례교회 회원이 되려면 몇 가지 단계를 거쳤다. 첫째 자신의 죄에 대해 깊이 회개하고, 둘째 자신의 회심에 대해 공개적으로 공언하며, 셋째 회심의 진실성이 인정되면 교회는 투표하여 입교여부 결정하고, 넷째 침례를 준다. 다수의 특수침례교회는 침례를 교회의 회원이 되는 마지막 단계로 보았다. 반면에 소수의 특수침례교회와 다수의 일반침례교회는 침례 이후, 새로운 회원에게 안수식을 하였다.[149]

특수침례교회는 교회 치리를 엄중하게 실시했다. 작은 잘못이나 죄는 훈계와 책망으로 다스렸고, 심각한 잘못이나 죄는 출교시켰다. 침례교회는 사냥에 참여하는 것, 공공장소에서 춤추는 것, 음악회 참가, 영화 보는 것, 여관에 너무 오래 머무는 것 등을 일탈된 행동으로 보았다.[150] 18세기 침례교회는 17세기 침례교회와 다른 모습이 나타났다. 첫째, 17세기 교회들보다 회심의 가능 나이를 좀 더 앞당겼다. 17세기 침례교인들은 회심은 성인에 일어난다고 믿었다. 18세기 교인들은 좀 더 어린 나이에도 회심이 가능한 것으로 보았으나, 16-18세 이전에 회심을 경험하는 것은 매우 드문 경우라고 생각했다. 17세기에는 여집사가 있었는데, 18세기에는 여집사가 사라지고 오직 남자만 집사가 될 수 있었다.[151] 18세기 특수침례교회는 노예제도와 관련해 의견이 나누어졌다. 일부 교회는 노예제도를 옹호하였고, 다수 교회는 노예제도가 성경의 가르침에 어긋나고 인간의 권리를 박탈한다며 반대하였다.[152]

제7장
19세기 영국 특수침례교회

　19세기는 영국 특수침례교회가 역사상 가장 중흥을 누린 시기였다. 국내와 해외에서 선교가 활발하게 진행되었고, 많은 교회들이 개척되었다. 정치, 사회의 문제에 대해서도 적절하게 참여하여 교단의 입장을 관철하였다. 영국에서 주류 교단으로 자리 잡는 영광의 시기였다.

국내선교

1. 순회전도 전통의 확산

　19세기 특수침례교회의 부흥은 순회전도(itinerant evangelism)로 인해 촉발되었다. 순회전도는 1770년대부터 시작되었고, 19세기 초반에 이르러 특수침례교회의 확고한 전통으로 자리 잡게 되었다. 이것은 교단 신학이 18세기 후반의 고등 칼빈주의에서 앤드류 풀러가 중심이 된 복음적 칼빈주의로 변하면서 시작되었다. 엄격한 이중예정론이 약화되고, 복음전파와 복음을 영접해야 할 의무가 강조되었던 것이다. 놀쌤턴셔(Northamptonshire) 지방회가 1779년에 순회전도를 공식적으로 지지하는 회보를 발간하면서 교단에서 순회전도 전통이 활성화되기 시작했다.[1] 순회전도는 주로 마을이나 도시를 집중적으로 파고 들어가 복음을 전하는 형태였다. 예를 들면, 윌리엄 스태드맨(William Stadman, 1764-1837)은

1796년과 1797년 여름에 존 새프리(John Saffrey)라는 이웃 목사와 프랭클린(Franklin)이라는 브리스톨대학생을 데리고, 수 주간 콘월(Cornwall) 지역 전체를 돌아다니며 설교하였다. 한편 존 팔머(John Palmer) 목사는 1797년부터 때때로 장기간 교회를 비우고, 주변 마을로 설교 여행을 떠났다. 이와 같이 1830년까지 지역 순회전도는 주로 그 지역의 인근 교회들에 의해 이루어졌다. 순회전도로 침례와 기도처 설립이 이루어졌으며, 이런 결과는 모교회의 성장으로 이어지기도 했다.[2]

순회전도의 씨앗은 이미 신학교에서 심어졌다. 일찍이 브리스톨대학(Bristol College)은 여름 선교캠프를 통해 학생들을 셀리스버리(Salisbury), 브라우톤(Broughton), 콘월 등의 지역으로 파송하여, 교회당, 마을회관, 개인집, 거리 등에서 말씀을 전하도록 했다. 학생들의 도움으로 인해 그 지역의 목회자들은 여름 순회설교를 떠날 수 있었다.[3] 1805년에 브래드포드(Bradford)에 개교한 침례교 학교 역시 순회전도를 찬성하였다. 브리스톨대학의 칼렙 에반스(Caleb Evans)는 마을 설교를 권고하였다. 존 서트클립(John Sutcliff)이 운영하는 올니(Olney)의 작은 학교도 인근 마을을 방문하고 전도하는 일을 했다. 학생순회전도는 도시보다는 주로 농촌에서 효과가 있었으며, 그것은 신학생들에게 전도 정신을 심어주는 학습효과도 있었다.[4] 순회전도는 급여를 받는 전임 전도자와 평신도 설교자들에 의해 이루어졌는데, 평신도 설교자는 침례교회의 뿌리 깊은 전통이었다. 급여를 받는 전임 순회전도자는 1795년부터 나타났다.[5]

2. 순회전도협회들의 설립

국내선교를 돕기 위해 설립된 협회들이 18세기 말부터 우후죽순 생겨났다. 이들 협회는 급속한 도시화로 인하여 황폐해진 오지벽촌의 교회들을 돕는 데 중점을 두었다. 1797년에 한 순회전도 협회가 런던에서 만들어졌으며, 이것은 후에 국내선교협회(Home Mission Society)로 개칭되었다. 본 협회는 1835년에 이르러 100여명의 전임 전도자들을 고용할 수 있었다. 하지만 협회의 사업은 1879년에 대영제국 및 아일랜드 침례교연맹(Baptist Union of Great Britain and Ireland)으로 이관되었다.[6] 한편 스태드맨(Steadman)은 1797년 콘월 지역으로 설교여행을 떠났고, 이것이 계기가 되어 1809년에 북부침례교순회협회(Northern Baptist Itinerant Society)가 설립되었다.[7]

브리스톨 지역에서는 토머스 로버츠(Thomas Roberts, 1780-1841), 존 릴랜드(John Ryland, 1753-1825), 토머스 윈터(Thomas Winter) 등의 주도로 1824년에 브리스톨 침례교 순회협회(Bristol Baptist Itinerant Society)가 창설되었다. 협회는 그 해 브리스톨에서 9마일 떨어진 큰 마을 츄 메그나(Chew Magna)에 교회를 개척하였으며, 그 교회는 꾸준히 성장하여 마침내 1867년 7월 1일 예배당을 가질 수 있게 되었다.[8] 또한 같은 해에 브리스톨에서 14킬로미터 떨어져 있는 던드리(Dundry)에서도 사역을 시작하였다. 츄 메그나 교인 중 12명은 그곳에 작은 교회를 설립했다. 이 교회는 1829년에 작은 예배당을 신축하였고, 1878년에는 큰 예배당과 학교를 건설할 수 있었다. 그 외 윈포드(Winford), 리지힐(Ridgehill), 배로우 거니(Barrow Gurney) 등의 인근마을에서도 침례교회들에 세워졌다.[9]

설교자들은 보통 두 명이 한 조가 되어 마을에 가서, 아이들에게 글공부를 시키고, 가가호호 방문하였다. 협회는 마차를 사서 설교자들을 수송하였다. 그런데 1919년부터는 마차 대신 자동차가 이용되면서 마차 시대는 종말을 고하게 되었다. 전도자들은 농한기에 특별 음악회를 개최하고, 금요일 저녁에는 평신도 설교자들을 훈련하였다.[10] 1824년부터 국내선교협회의 공동총무를 역임한 프란시스 콕스(Francis Cox) 박사는 담임 목회자들이 짧은 기간 순회 전도하는 것 보다, 전임 순회전도자들이 사역하는 것이 훨씬 효과적이라고 주장했다.[11] 전도협회들은 짧은 기간 성공을 거두었으나, 1840년대 초반부터 시작된 재정의 어려움으로 전환점을 맞게 되었다. 교회들 가운데서 국내선교는 전임 복음전도자들이 아닌 지역 교회가 해야 할 사역이라는 생각이 확산되기 시작했다. 이처럼 국내선교를 교회의 고유한 일로 보는 시각의 변화와 전통적인 침례교 개교회주의는 협회들의 유지를 어렵게 만들었다.[12]

3. 지방회 중심의 국내선교

전도의 주체는 개교회가 되어야 한다는 생각이 확산되면서, 지방회가 국내선교의 주된 책임을 맡게 되었다. 예를 들면, 1865년에 설립된 런던침례교지방회(London Baptist Association)는 매년 최소 한 교회 이상 개척을 목표로 세우고, 열심을 다해 런던 지역에 200교회 이상을 세웠다. 스펄전은 전도를 일차적으로 지역교회의 일로 보았으며, 선교협회는 차선의 방안으로 여겼다.[13] 한편 폐쇄성찬과 엄격한 칼빈주의를 추구하는 교회들은 1871년에 엄격파 침례교 수도지방회(Metropolitan Association of Strict Baptist Churches)를 설립하고, 같은 계열의 교회 개척을 추진하였다.[14] 이와 같은 지방회의 활발한 전도활동은 교단 총회인 침례교 연맹(Baptist Union)에도 영향을 끼쳤다. 연맹은 교단의 주요 지도자들에게 70개 마을을 방문해 복음 전도를 격려할 것을 요청하는 등 국내선교는 점차로 연맹의 우선순위를 차지하게 되었다.[15]

4. 급속한 성장

활발한 국내선교는 침례교회의 성장을 가져왔다. 잉글랜드의 침례교회는 1794년 326개 교회에서, 1851년에는 1,374개로 늘었다. 1874년에는 잉글랜드에 1,946개, 웨일즈에 528개, 스코틀랜드에 96개, 아일랜드에 36개의 교회가 각각 있었다.[16] 침례교회의 정회원 수는 1863년부터 1883년까지 20년 동안 199,767명에서 299,162명으로 증가하여 50퍼센트 성장을 이루었다. 비국교회 전체는 같은 기간에 30퍼센트 증가하였고, 잉글랜드와 웨일즈의 인구 증가 비율이 약 28퍼센트였음을 볼 때, 침례교회는 가장 급속하게 성장한 교단임을 알 수 있다.[17] 1890년도 침례교 정회원 수는 330,163명이고, 교회 수는 2,802개였으며, 1902년에는 377,747명, 1906년에는 434,741명으로 증가하였다. 이때가 역사상 최고로 많은 회원을 가진 때였다. 그 이후로는 회원 수가 점차 감소하여 1911년에는 418,608명으로 떨어졌다.[18]

전반적인 성장과 달리, 농촌지역은 19세기 후반부터 시작된 농업경제의 침체와 인구감소로 교세가 줄어들었다. 예를 들면, 라이세스터셔(Leicestershire) 지방의 안스비(Arnesby), 빌스돈(Billesdon), 팍스톤(Foxton), 허즈번즈 보스워쓰(Husbands Bosworth), 퀴니보로우(Queniborough), 서톤인더엘름(Sutton-in-the-Elms), 더래스톤(Thurlaston) 등 7개의 농촌 마을들의 침례교 회원 수는 1881년

328명에서 계속 감소하여 1911년에는 265명이 되었다.[19] 반면에 공업 지역들은 인구가 증가하였고, 따라서 교인 수도 늘어났다. 기차의 발달로 공장으로 출퇴근하는 것이 용이하게 되자, 도시 근교에 중산층 베드타운이 건설되기 시작하였다. 도시의 인구는 급속하게 증가하였고, 결과로 침례교회도 확장되었다.[20] 예를 들면, 원래 농업지역 이었던, 크루(Crewe)는 그랜드 정션(Grand Junction) 철로회사 수리 공장이 세워진 이후, 많은 사람들이 유입되기 시작했다. 이곳에서 침례교회는 1849년에 리처드 페들리(Richard Pedley) 목사와 10명의 회원들로부터 시작되었다. 이 제일침례교회는 1856년 약 125명의 회원으로 성장하였고, 크루에서 최초의 예배당을 소유한 침례교회가 되었다.[21] 도시의 두 번째 침례교회는 제일침례교회의 내부 분열에 의해 생겨났는데, 이러한 내부분열로 인한 교회의 확장은 침례교 성장의 전형적인 모습이었다.[22]

5. 건축기금

새롭게 개척된 교회들의 예배당 신축을 위한 기금의 필요성이 제기되었다. 뉴맨(Newman)은 카터레인교회(Carter Lane Church)에서 개최된 침례교 연맹(Baptist Union) 총회에서, 건축기금(Building Fund) 설립 및 운영을 위한 제안서를 1817년 6월 26일 제출했다. 주요 내용으로는, 대여기금은 예배당의 신축, 확장, 수리를 위해 사용되어야 하고, 대여자는 연 5퍼센트의 이자를 내야하며, 매년 원금의 10퍼센트는 회수되어야 하고, 부채에 대한 보험료는 대여자가 부담해야 한다는 것이었다.[23] 이러한 운영 규칙에 의해 대여자는 원리금의 5퍼센트를 매년 1월 1일과 7월 1일에 갚아야 했다. 대여금을 신청한 교회들은 교회의 교리서, 목회자 성명, 집사들의 성명과 직업, 회원 수, 회중 수, 지출경비 액수, 수입과 부채상태 등을 대출신청서와 함께 제출해야 했다. 기금은 오직 "특수 혹은 칼빈주의 침례교회"들만을 돕는 목적으로 운영되도록 했다.[24]

기금은 주로 시골에 있는 교회들을 돕는 목적으로 운영되었고, 런던의 교회들은 배제되는 것이 암묵적으로 용인되어왔다. 하지만 이러한 관행은 1854년 런던의 벌몬시(Bermondsey) 교회가 기금을 신청하면서 논쟁이 되었다. 처음에는 이 교회의 요청이 기각되었지만, 결국 1856년 10월 14일 "런던 교회들을 기금의 혜택에서 제외시키는 규칙은 없다." 라는 결정을 내렸다. 1857년 2월 10일 최종적으로 수도와 인근 지역의 교회들도 포함시키기로 결정하였다.[25] 대여기금 제도는 1860년 즈음에 확고하게 정착되었다. 지원 금액은 1860년대 68교회 7,500파운드, 1870년대 131교회 15,456파운드, 1880년대 189교회 27,867파운드, 1890년대 217교회 40,983파운드였다. 이처럼 평균 대여액수는 갈수록 늘어갔다.[26]

해외선교

해외선교는 주로 복음적 칼빈주의자들에 의해 주도되었다. 고등 칼빈주의자들은 1861년까지 이 일에 참여하지 않았다. 교단 파송 선교사인 윌리엄 캐리, 조슈아 마쉬맨, 윌리엄 워드 등은 동인도회사의 선교활동 금지 정책으로 인해, 영국령에서는 선교활동을 할 수 없었다. 따라서 선교의 자유가 주어졌던 덴마크 령 세람포레(Serampore)로 옮겨서 활동했으며, 빛나는 성공을 거두고 있었다. 그들은 직접전도, 성경번역, 교육사업, 출판사업 등 근대 선교의 전형을 창안하고 있었으며, 자바, 버마로 선교지역을 확장하고 있었다.[27] 엘리자베스 1세 시절인 1600년에 세워진 동인도회사는 선교활동이 회사의 이익에 반한다고 판단하여 선교사들의 입국을 거부하고, 선교활동을 금지하여 왔다. 이것을 타파하기 위해 앤드류 풀러는 900개의 청원서를 모아 의회에 제출하고, 윌리엄 윌버포스와 웨슬리 경(Lord Wellesley) 같은 정치인들과 접촉하였다. 그 결과 1813년 7월 13일, 동인도회사의 선교사 박해를 금지시키는 법이 영국 의회에서 통과되었다.[28]

침례교선교협회(Baptist Missionary Society)는 1812년에 스리랑카(Ceylon), 1814년에는 자메이카에 선교사를 파송하였다. 선교는 성공적이어서 3만 명 이상의 회원을 가진 자메이카 침례교연합회를 설립할 수 있었다. 그리고 남아프리카 케이프 식민지(Cape Colony), 바하마제도 등으로 선교지를 확대해 갔다.[29] 침례교선교협회는 19세기 내내 영국 특수침례교회들 가운데 가장 큰 영향력을 지닌 기구였다. 단적인 예로, 협회는 1863년에 31,000파운드를 모금했지만, 침례교연맹은 단지 90파운드의 모금에 그쳤다. 1874년 랭카셔(Lancashire)와 체셔(Cheshire) 지역의 교회들은 연맹에는 24파운드를, 선교협회에는 2,312파운드를 헌금했다. 이러한 적극적인 후원에 힘입어 선교협회는 1870년대에는 유럽, 아프리카, 아시아의 각지로 선교를 확장하였다.[30]

중국 선교는 1870년 티모시 리처드(Timothy Richard)를 산동으로 파송하면서 시작되었다. 1900년에 일어난 비극적인 의화단 사건은 8명의 침례교 선교사를 포함하여 20여명의 선교사들의 목숨을 앗아갔다.[31] 한편 캐리의 인도 선교는 미국침례교회의 총회 창설에 직접적인 원인이 되었다. 즉 캐리는 미국 회중교회 소속 선교사로 인도에 온 아도니람 저드슨 부부를 침례교 신앙으로 개종시켰으며, 미국침례교회들은 새로 생긴 선교사를 후원하기 위해 총회를 구성하였던 것이다.[32]

개교회의 사역과 행습

1. 교회 언약 전통

영국 특수침례교회들은 교회를 설립할 때, 언약서를 만들어 하나님과 그들간에 약속을 지킨다는 맹세 의식을 가졌다. 예를 들면, 1769년 11월 2일자 프라이어레인교회(Friar Lane Church)가 세운 초기 언약서는 다음과 같다.

> 시온의 보잘 것 없는 먼지 같은 우리 작은 무리는 하나님을 예배하기 위해 노팅험 프라이어레인에 모였다. 선택 교리를 고수하며 … 지금 함께 모였다. 우리는 주님께 우리 자신들을 새롭게 복종할 것과 … 우리 자신들을 부인하고 영과 진리로 하나님을 예배할 것을 동의한다.[33]

언약서에는 신앙고백서가 보통 함께 포함되었으며, 이러한 전통은 19세기까지 이어졌다.

2. 목사의 선출과 교육

목사의 선출은 지역 교회 회중들에 의해 이루어졌다. 교회들은 전통적으로 목사를 청빙하고 난 후, 한 달에서 일 년, 혹은 그 이상의 시험기간을 가졌다. 그러나 이와 같은 행습은 19세기를 지나면서 약 70퍼센트의 교회에서 사라졌다. 교회들은 보통 목사를 청빙하는 것으로 모든 과정을 종결하였다.[34] 목사들은 대게 정식교육을 받지 않았다. 많은 침례교인들은 신학교육이 예배를 정형화시키며, 성령의 영감을 방해한다고 생각했다. 특히 옥스퍼드와 캠브리지에 대학교에 비국교도들의 입학이 금지되자, 침례교인들 사이에서 반-교육주의 정서는 한층 더 강화되었다.[35] 대다수 침례교 목사들은 교육을 받지 않았으며, 동시에 교회로부터 제대로 된 급여를 받지 못했다. 목사들은 생계를 위해 농부, 구두끈 제작자, 뜨개질 노동자, 학교교장, 약사 등 다양한 세속 직업을 가졌다.[36] 19세기 특수침례교회 목사들은 목회와 세속 직업을 동시에 수행하였다.

19세기 중반부터 도시에 교회들이 생겨나고, 중하층 사람들이 교회로 대거 유입되면서, 목회자 교육의 필요성이 증대되었다. 교회들은 교육받은 목사를 점점 더 선호하였다.[37] 당시 영국에서는 공교육에 대한 의식이 확산되었는데, 이것도 목회자 교육을 강화시키는 원인이 되었다. 정식교육을 받지 못한 침례교 목사의 비율이 1870년에는 약 50퍼센트였으나, 1901년에는 18퍼센트로 떨어졌다. 이것은 감리교 목사들보다 낮은 비율이며, 회중교 목회자들보다는 단지 1퍼센트만 높을 뿐이었다. 또한 1870년 기준으로 오직 1퍼센트만 대학교육을 받았는데, 1901년에는 8퍼센트로 늘었다.[38] 이와 같이 19세기 후반에 이르러 정식교육을 받은 침례교 목회자들의 수는 크게 증가하였다.

대학교육을 받은 침례교 목회자의 60퍼센트는 교단 산하 대학교들 즉, 브리스톨(Bristol), 노팅험(Nottingham), 리젠트 파크(Regent's Park), 스펄전(Spurgeon's), 맨체스터와 로우던(Manchester and Rawdon) 등에서 수학하였다. 리젠트 파크는 높은 학문성을 추구하였고, 스펄전대학은 목회자 양성을 주목적으로 하였다. 이처럼 영국 특수침례교회는 신학교육에 대한 교단적 기준이 없었다.[39] 침례교 대학들은 1710년경에 시작된 브리스톨침례교대학(Bristol Baptist College)을 제외하고는 대부분 19세기에 만들어졌다. 홀튼학교(Horton Academy)는 1806년 1월에 개교하여 1870년 맨체스터침례교대학(Manchester Baptist College)으로 이름을 바꾸었으며, 1964년 10월 1일 로우던대학(Rawdon College)과 통합하여 노던침례교대학(Northern Baptist College)이 되었다.[40] 스탭니학교(Stepney College)는 1810년에 세워졌으며, 1856년에 리젠트파크대학(Regent's Park College)으로 개명하였다. 이 학교는 1901년에 런던대학교 신학대학이 되었으며, 1958년에는 옥스퍼드대학교의 신학대학이 되었다. 스펄전대학은 1856년 찰스 스펄전 목사에 의해 런던에 세워졌다. 복음주의 신학을 표방한 이 대학은 설립한 지 15년 만인 1871년까지 런던에 40개 교회를 개척하였다.[41]

3. 집사의 역할

19세기 영국 특수침례교회들 가운데 장로들(elders)이 있는 교회가 간혹 있었다. 이들은 장로교회의 치리장로와 비슷한 역할을 하였다. 그러나 장로 직분은 점차 폐지되어 집사로 대치되었다.[42] 집사의 역할에 대해서는 존 잘만(John Jarman)이 1828년에 출판한 『집사의 의무와 직분에 대한 설명과 권면』(*The Duties and the Office of Deacons Explained and Enforced*)에 잘 나와 있다. 이 책은 집사의 의무를 목회자의 현세적 필요를 채워주고, 성찬을 준비하며, 예배당이 잘 정돈되게 하는 일로 설명하고 있다. 집사는 구역을 관리하였으며, 심방도 하였다. 여자 집사는 없었다.[43]

4. 침례와 새신자 입교

19세기 초까지 대부분의 침례는 야외에서 행해졌는데, 야외 침례는 불편하였고 위험하였다. 예를 들면, 한 교회가 1826년에 레트포드(Retford) 운하에서 침례를 거행할 때, 뱃사공의 방해로 침례 받던 여성 신도가 기절할 뻔한 적이 있었다. 이와 같은 어려움으로 교회들은 19세기 중반부터 침례탕을 설치하기 시작했다.[44] 19세기 초까지 새신자는 교회 앞에서 자신의 신앙 체험에 대해 공개적으로 간증하는 것이 일반적인 모습이었다. 그런데 이러한 간증은 과거 방탕한 생활 같은 내용도 포함되었는데, 많은 새신자들은 그것을 불쾌하고 힘든 일로 생각하게 되었다. 따라서 점차로 이런 행습은 사라지고, 새신자가 신앙에 관한 교회의 질의서에 답변하면 회원권을 부여하는 형식으로 바뀌었다.[45]

5. 교회치리

19세기 전반까지 교회치리는 확고히 시행되었으나, 시간이 지나면서 점차 완화되었다. 경제적인 발전은 사람들로 하여금 점차로 극장, 소설, 잡지 및 유사한 오락 등 여가생활을 즐기게 하였고, 이러한 현상은 교회로 하여금 엄격한 치리를 완화시키게 만들었다.[46] 치리와 관련된 징벌은 권면, 성찬 참여 금지, 출교 등이 있었다. 출교는 보통 심각한 도덕적인 문제와 이단에 해당되는 징벌이었다. 예를 들면, 서튼인애쉬필드(Sutton-in-Ashfield)교회는 샌더만주의(Sandemanism)를 주장하는 6명의 회원들을 출교시켰고, 1841년 브래드스트리트(Broad Street)교회는 교인 제임스 홉킨스(James Hopkins)가 이신론을 믿어서 출교시켰다. 몰몬교 같은 사이비 단체에 가입하는 경우도 출교 처분하였다. 종교의 자유, 성경의 사적 해석권과 같은 침례교 정체성을 부인하는 사람도 출교 대상이었다. 치리는 지역교회에서만 시행되었으며, 지방회나 총회는 치리를 시행하지 않았다.[47]

도덕적, 성적 비행도 주요 치리 대상이었다. 그 외 사소한 일들, 예를 들면 계속적인 언쟁, 극장가는 것, 부정직함, 말(horse)에 가혹행위 한 것, 주일 아침에 빵을 굽는 행위, 카드놀이, 이상한 동료와 어울리는 것, 폭식, 술 취함, 경솔한 행동, 크리켓 경기하거나, 크리켓 클럽에 가입하는 행위, 관악대에 참여하는 것, 경제적 파산 등도 처벌되었다. 특히 파산은 빚을 갚지 못한 것 자체보다 거짓과 불성실의 죄로 보았다. 즉 다른 사람의 재산에 대해 부정직하고 부주의했다는 이유로 징계하였던 것이다.[48] 술 취함에 관해서, 침례교인들은 19세기 전반까지는 금주를 시행하지 않았다. 예를 들면, 1838년 6월 28일 빅토리아 여왕 즉위 때, 스토니스트리트(Stoney Street)교회는 교회 마당에 식탁을 차리고, 주일학교 교사들에게 만찬을 베풀었는데, 고기와 함께 맥주를 포함한 저녁 만찬을 제공하였다. 하지만 19세기 중반부터 점차 금주가 옹호되었으며, 19세기 말에는 거의 보편적인 행습이 되었다.[49] 금주가 정착되자 지역 교회들은 성찬에 포도주 대신 포도즙을 사용하기 시작했다. 일부 지방회들은 금주를 맹세한 사람들의 명단을 출판하기도 했다.[50] 교회는 잘못을 회개한 사람들에게는 대체로 교제를 회복시켜 주었다. 징계할 때는 회개와 회복을 기대한다는 표현을 함께 사용했으며, 많은 경우 회원의 자격을 회복시켜 주었다.[51]

사회·정치적 문제 참여

1. 교육 문제

19세기 영국에서는 사회보장이라는 개념이 없었다. 도시 노동자들은 주당 평균 70시간, 농부들은 약 90시간을 일했다. 빈민층 아이들은 5세부터 하루에 12–14시간 일해야 했다. 직장은 안전하지 않았으며, 공중위생도 매우 낙후되어 있었다. 많은 사람들은 산업재해와 유행병으로 목숨을 잃었지만, 정부는 별반 대책을 강구하지 않았다.[52] 이런 상황에서 침례교인들은 복음주의자들과 함께 영혼구원과 사회적 책임을 동시에 감당하였다.[53] 당시 영국에는 노동자 자녀들의 교양교육과 성경교육을 위해 주일학교 운동이 생겨났는데, 침례교 평신도 윌리엄 브로디 거니(William Brodie Gurney)는 1803년에 초교파 단체인 교회학교연맹(Sunday School Union)을 창설하여 장구한 봉사의 생애를 시작했다.[54]

특수침례교인들은 그러나 일반교육의 중요성에 대해 여전히 인식이 부족하였다. 예를 들면, 1833년 영국 정부는 종교단체의 학교 건립을 위해 매년 2천 파운드의 보조금을 지원하기로 했는데, 침례교인들은 그것이 교회와 국가의 분리원칙을 위반하는 것으로 보고 거부하였다. 정부가 어린이 의무교육 법령을 제정하려 할 때, 침례교인들은 공립학교가 비종파 학교가 될 때, 찬성할 수 있다고하였다. 그들은 자녀교육을 지나치게 교회에 의존함으로써 자녀들에게 공공교육의 기회를 제공하지 못했던 것이다.[55] 많은 특수침례교인들은 요크셔(Yorkshire)지방회의 선언, 즉 국민교육은 정부의 관할 아래 있지 않다는 생각에 동조하고있었다. 국가와 교회의 분리라는 침례교 전통은 매우 강하게 유지되었던 것이다.[56] 그러나 1870년 의회에서 교육법이 통과되어 13세 이하의 어린이들을 위한의무교육의 길이 열렸다. 이에 대해 일부 침례교 목사들은 교육은 교회가 맡는 것이 옳다고 믿었으나, 문맹을 퇴치해야 한다는 생각으로 새로 탄생된 교육법을 지지하였다.[57] 한편 스펄전은 1856년에 목회자대학(Pastors' College)을 세웠는데, 이 학교는 목회자 양성뿐만 아니라, 가난으로 배우지 못한 사람들에게 교육의 기회를 제공하기 위한 목적도 있었다. 그에 따라 커리큘럼은 신학과 일반 교양학문으로 구성되었다. 스펄전은 그 외에도 여러 선교학교와 주일학교를 통해 빈민 아동들에게 교육을 제공하였다.[58] 이처럼 특수침례교회는 19세기 후반부터 일반교육에 대해 보다 긍정적으로 보기 시작했다.

2. 노예폐지운동

1787년에 노예폐지운동에 참여한 일반침례교회와 마찬가지로, 특수침례교회도 노예폐지에 적극적이었다. 조셉 아이비미(Joseph Ivimey)는 초교파적인 단체인 반(反)노예운동위원회에 참여하여 활동했다. 결국 영국 의회는 1807년에 노예무역을 폐지하고, 1833년에는 대영제국 전체에서 노예제도를 폐지하였다. 하지만 자메이카와 같은 영국 식민지에서는 노예매매를 계속하였는데, 그곳의 침례교 선교사 윌리엄 닙(William Knibb)은 학대받던 흑인들의 해방을 위해 온갖 노력을 기울였고, 그로 인해 박해를 받기도 했다. 인도에서는 윌리엄 워드가 노예폐지에 열을 올렸다.[59] 침례교 연맹은 1833년 12월 31일, 미국 침례교 총회에 노예폐지를 촉구하는 장문의 편지를 보냈다. 또한 1834년에 프란시스 콕스(Francis A. Cox)와 제임스 호비(James Hoby) 목사를 미국으로 파송해 노예폐지를 촉구하기도 하였다.[60]

3. 정치적 활동

영국 침례교인들은 원래 정치에 거의 관심을 기울이지 않았다. 그러나 19세기에 이르러 뚜렷한 입장의 변화가 나타났다. 로버트 홀(Robert Hall), 조셉 아이비미, 프란시스 콕스 등 침례교 지도자들은 1815년에서 1830년 사이에 있었던 의회의 선거법 개정을 위해 적극적으로 활동하였다. 침례교 목사들은 교인들에게 선거법 개정을 위한 진정서를 의회에 제출하라고 하였다.[61] 영국에서 투표권은 귀족과 지주층이 독점하다가 1832년 개혁법(Reform Act)이 통과되면서 중상층으로 확대되었다. 이러한 변화는 비국교회에게 유리하게 작용하였다. 그리고 이미 1828년에 심사법 및 지방자치단체법(Test and Corporation Act)이 폐기됨으로 비국교도들도 공직에 진출할 수 있게 되었다. 하지만 개혁법은 노동자 계층에게는 아무런 혜택을 주지 못했다. 교인의 대다수가 노동자였던 침례교회들은 다른 비국교회들과 더불어 보통 선거권을 쟁취하기 위한 활동을 개시하였다.[62]

다수가 하류층이었던 침례교인들은 노동자의 삶의 개선을 위해 조직된 "민권운동"(Chartist Movement)에도 적극적으로 참여하였다.[63] 침례교인들은 또한 다른 비국교도들과 마찬가지로, 19세기 중반에 만들어진 자유당(Liberal Party)을 적극 지지하였다. 르넬스(E. Renals), 말레트(J. T. Mallett), 워드(J. Ward), 윌리엄 설리(William Sulley), 앤더슨 브라운스워드(Anderson Brownsward), 조셉 브라이트(Joseph Bright) 등을 비롯한 여러 노팅험셔의 침례교인들은 자유당의 지방 지도자들이었다. 침례교인들의 자유당 참여는 상당히 광범위하였다.[64] 많은 침례교 노동자들은 1906년에 세워진 노동당(Labour Party)에도 가입하였는데, 특히 탄광지역에서 그러한 현상이 두드러지게 나타났다. 예를 들면, 컬비(Kirby) 지역의 침례교회 포리스트 스트릿 교회(Forest Street Church)는 탄광노동조합에 적은 세를 받고 예배당 사용을 허락했다.[65] 자유당 지도부는 대부분 국교회 신자들이었으나, 일반당원들은 침례교인들을 비롯하여 비국교도들이 많았다. 이들은 국교회 제도를 폐지하기 원했다. 비국교도들의 지지로 집권하게 된 자유당은 제1차 글래드스턴 정부(1868–1874) 시절에 비국교도들의 요청을 들어주기 시작했다. 1868년 종교세를 폐지하였고, 1869년에 아일랜드에서 국교회를 폐지시켰으며, 1871년 옥스퍼드, 캠브리지에 비국교도들의 입학을 허용하였다. 또한 1867년에 모든 세대주에게 부여한 선거권을 1884년에는 농민, 노동자, 상인에게로까지 확대시켰다. 그리고 공직 임명도 자유로운 경쟁으로 이루어지게 하였다. 이러한 개혁은 큰 저항 없이 진행되었다.[66]

이러한 환경에서 19세기 침례교인들은 지역의 시정과 정치에 매우 적극적으로 참여하였다. 예를 들면, 19세기 초반 노팅험(Nottingham)시 의원의 10퍼센트는 침례교인들이었다. 이 시기 의회는 공유지의 사유지화를 반대하고, 상·하수도를 개선하며, 도로를 확장하였다. 노팅험에서 침례교인들의 이미지는 매우 좋았다. 덜비로드(Derby Road)침례교회는 "시장들의 둥지"(mayors' nest)라고 불릴 정도로 많은 시장을 배출했다.[67] 노팅험시 보건위원회에서는 침례교 위원들의 활약이 두드러졌다. 그 중에 윌리엄 펠킨(William Felkin)은 특별하게 인정받아서 1850년에 유일한 시장 후보로 지명 받았다. 시장 후보가 한 명뿐인 것은 전무한 일이었다. 펠킨은 다음 해에 시장에 재선되었는데, 이것 역시 1640년 이래 처음 있는 일이었다. 펠킨의 뒤를 이어 침례교인 리처드 벌킨(Richard Birkin)도 시장 후보자로서 유일하게 자격을 가진 사람으로 인정되었다. 벌킨은 1847년에 시의 공중보건위원으로, 1859년에는 재정위원으로 봉사하였다. 그를 포함 6명의 침례교인들이 재정위원으로 활동하였다.[68]

두 명의 침례교 지도자, 앱살롬 버넷(Absalom Barnett)과 펠킨은 노팅햄(Nottingham)에서 빈민구제에 큰 공헌을 하였다. 특히 버넷은 1832년에 『빈민구제법과 운영방법』(The Poor Laws and their Administration)을 출판하였다. 그는 노동자들에 대한 불공정한 보수와 높은 임대료를 비판하면서, 빈민구제법은 전임 공무원들에 의해 실행되어야 한다고 주장했다.[69] 침례교회들은 제국주의 전쟁을 반대하고, 정부가 군축을 위해 다른 나라와 타협할 것을 촉구하였다. 크림전쟁이 한창인 1854년 4월, 노팅햄 침례교회들은 정부가 선포한 금식과 기도의 날에 적극 참여하였다. 또한 전쟁으로 인한 외국 난민들의 구호소 설립에도 적극 동참하였다.[70]

침례교 연맹의 발전과 교단 통합

1. 침례교 연맹의 설립과 발전

영국 특수침례교회는 다양한 협회와 지방회들이 활동하였으나, 오랜 기간 총회 조직을 갖추지 못했다. 총회를 설립하기 위해서는 특수침례교회의 전통적인 개교회주의와 전국 규모의 기구 구성을 꺼리는 정서를 극복해야 했다. 하지만 19세기 초 교단적 체제의 필요성이 제기되었다. 1811년도 「침례교 잡지」(Baptist Magazine)는 선교사업, 정체성을 강화하려는 욕구, 신학의 완화 현상 등으로 총회 설립의 가능성이 많아졌다고 지적했다. 조셉 아이비미는 1811년 6월 "번영을 위한 연합의 필요성"(Union Essential to Prosperity)이라는 글을 통해 총회 설립의 필요성을 주장했다. 결국 존 리폰(John Rippon)을 비롯한 60여명의 목회자들이 1812년 여름, 카터레인(Carter Lane)에 있는 리폰 목사의 교회에 모여서 대영제국 내에 있는 특수침례교회들의 총회인 침례교 연맹(Baptist Union)을 1813년 6월에 창설하기로 결의하였다.[71]

연맹은 설립 때부터 삼위일체, 창세전 개별적 선택, 원죄, 특별 구속, 그리스도의 전가된 의와 칭의, 효과적 은혜로 인한 중생, 참된 신자의 궁극적 견인, 죽은 자의 부활, 미래의 심판, 신자의 영원한 행복과 불신자의 영벌, 회중주의 교회체제 등을 담은 신앙 선언문을 채택했다. 그리고 총회는 개교회 위에 군림하거나 감독하지 못하며, 개교회에 신앙과 행습을 부과할 권한이 없음을 분명히 했다.[72] 연맹은 교단을 대표하는 기구가 되기까지는 상당한 시간이 걸렸다. 설립한 지 50년이 지난 1863년에 이르러서야 지지가 가시화되기 시작했으며, 여러 협회들과 기금들을 끌어들일 수 있었다. 많은 유능한 총무들의 활약이 그와 같은 결과를 가져왔다. 1877-1879년과 1883-1898년 동안 두 번 총무를 역임한 새뮤얼 해리스 부스(Samuel Harris Booth)는 최초로 급여를 받는 전임 총무가 되었다.[73]

연맹의 발전이 늦은 까닭은 엄격파 칼빈주의 교회들의 반대가 한 원인이었다. 이들 교회는 기존의 지방회 외에 그들만의 지방회를 설립하였다. 예를 들면, 1834년에 설립된 런던지방회(London Baptist Association)가 개방성찬파와 폐쇄성찬파 간에 갈등이 높아가자, 폐쇄성찬파 교회인 트리니티 스트리트 채플(Trinity Street Chapel)의 집사, 제임스 올리버(James Oliver)는 엄격파 교회들에게 1846년 3월 31일 런던 엄격파 침례교회들(Strict Baptist Churches)의 조직을 위한 회문을 교회들에게 발송했다.[74] 1846년 4월 17일의 모임에서 엄격파 침례교회 런던지방회 설립이 결의되었다. 최초의 공식모임이 1846년 6월 16일 화요일에 개최되었으며, 지방회 설립에 주도적인 역할을 담당했던 리틀 와일드 스트리트(Little Wild Street) 교회는 기존의 런던지방회를 탈퇴하였다.[75] 비신조적이며 개방성찬을 찬성하는 서포크침례교연맹(Suffolk Baptist Union)을 반대하여, 엄격파 침례교회 신(新) 서포크 및 노포크 지방회(New Suffolk and Norfolk Association of Strict Baptists)가 1848년에 조직되었다.[76]

그러나 이들 엄격파 교회들은 곧 약화되기 시작했다. 지방회를 유지하기 위한 회람 서신의 작성과 발송, 격월에 한 번씩 모임을 갖는 것 등은 상당한 부담이었다. 종종 내부 분열도 일어났다. 내부 분열로 엄격파 침례교회 런던지방회 소속의 7개 교회는 지방회를 탈퇴하고 1848년에 런던새지방회(London New Association)를 만들었다. 양 지방회의 교세가 감소하게 되자, 결국 1853년 1월 18일 다시 통합하였다.[77] 하지만 지방회는 활동이 거의 없었으며, 비전도 제한적이었다. 다수 교회들로부터 지지를 받지 못했으며, 결국 1855년 지방회는 완전히 사라지게 되었다. 그러다가 많은 엄격파 성찬론 교회들은 1871년에 설립된 엄격파 침례교회 수도지방회(Metropolitan Association of Strict Baptist Churches)에 합류하였다.[78] 엄격파 교회들은 쉽게 약화되어 교단에 큰 영향을 주지 못하였으며, 총회 조직인 침례교 연맹의 발전을 저지하지 못했다.

2. 일반, 특수침례교회의 통합

1) 일반침례교회의 상황

일반침례교회는 구(舊) 연합과 신(新) 연합이 느슨한 연합적 관계를 이어오다가, 1803년 구 연합이 유니테리언주의를 공개적으로 용인하면서 완전히 분리 되었다. 구 연합은 유니테리언주의에 잠식되어 버렸다. 교단의 신학생들은 유니테리언 신학교에서 공부하였고, 교단 이름도 침례교회 앞에 유니테리언이라는 명칭을 붙였다. 교단 잡지도 「일반침례교회 옹호」(General Baptist Advocate)에서 「유니테리언 침례교회 옹호」(Unitarian Baptist Advocate)로 바뀌었다. 교세는 급속하게 줄어들고, 교회들과 지방회들은 서서히 죽어갔다. 총회 건물도 기금도 유지할 수 없게 되었다. 반면에 복음주의 신학을 추구한 신 연합은 꾸준하게 성장하였다. 신 연합은 라이세스터(Leicester)에 신학교를 세웠으며, 「일반침례교 기록물」(General Baptist Repository)이라는 교단 잡지도 발행하였다.[79]

2) 특수침례교회의 상황

특수침례교회는 스펄전이 교단 신학의 자유주의화에 대한 문제 제기로 혼란이 일어났으나, 교단의 분열로 발전되지는 않았다. 논쟁의 주된 원인은 특수침례교회에서 칼빈주의의 급속한 완화였다. 연맹은 1813년 설립 시, 확고한 칼빈주의 교리를 채택했으나, 1832년에는 회원의 자격 조건으로 "보통 복음주의라고 명명된 정서에 동의하는 목회자들과 교회들"로 완화시켰다. 이것은 전통적인 칼빈주의자들과 복음적 칼빈주의를 주장하는 사람들 간에 합의가 어려웠던 점, 그리고 신 연합과의 교제를 열어놓으려는 목적 등이 반영된 것이었다. 그런데 1873년 헌장에는 연맹의 목적에서 "보통 복음주의라고 명명된 정서"라는 표현조차 빼버렸다.[80] 이러한 보수적 교리의 약화에 대해 스펄전이 반기를 들었던 것이다.

3) 양 교단의 통합

특수침례교회와 신 연합 일반침례교회는 통합을 위한 발걸음을 재촉하였다. 칼빈주의와 아르미니우스주의 사이의 교리적 차이는 큰 것으로 인식되었으나, 통합의 노력은 19세기 내내 있어왔다. 양 교단의 통합 찬성론자들은 양쪽의 구원론을 온건한 형태로 완화시키면 얼마든지 통합할 수 있다고 주장했다. 먼저 지역에서 통합을 위한 노력이 이루어졌다. 예를 들면, 노팅험셔(Nottinghamshire) 지역의 양 교단 침례교회들은 그러한 시도를 하였다. 신 연합 일반침례교회의 잡지인 「일반침례교 기록물」은 1840년 통합을 논의한 여러 글들을 게재하였으며, 링컨셔에서 있었던 1840년도 연차총회(Lincolnshire Conference)에서도 통합과 관련된 언급이 나왔다.[81] 신 엽합 일반침례교 목사 사임(G. A. Syme)은 1855년 일반침례교 총회에서 특수침례교회와의 긴밀한 연합을 주장하면서, 특수침례교회에게 교단 총회를 일반침례교회의 본거지인 노팅험셔에서 개최할 것을 요구하자는 제안을 했다. 신 연합 총회는 이 제안을 받아들여 특수침례교회에 촉구하기로 했다.

침례교 연맹은 일반침례교회의 요청을 존중하여 1857년 총회를 노팅험셔에서 개최하였다. 그 후, 수년에 걸쳐 노팅험셔에 있는 거의 모든 일반침례교회들이 침례교 연맹에 가입하게 되었다. 미드랜즈(Midlands) 지역에서도 일반, 특수침례교회들은 1870년에 미들랜드침례교연맹(Midland Baptist Union)으로 통합하여 10년 동안 유지되었다.[82] 이러한 통합의 흐름은 계속 이어졌으며, 결국 1891년 6월 25일 특수침례교회 총회는 4시간의 토의 끝에 155:39로 양 교단 통합을 가결하였다. 1899년에 잉글랜드, 웨일즈, 스코틀랜드, 아일랜드 전역에 2,697개 침례교회에 355,218명의 정회원이 있었다.[83] 통합은 당시 영국의 상황에 부합되는 것이었다.

교단 내 논쟁들

1. 하강 논쟁

1) 논쟁의 배경

하강 논쟁(Down Grade Controversy)은 찰스 스펄전이 침례교회가 복음주의 신앙에서 벗어나는 과정을 막기 위해 일으킨 논쟁이었다. 19세기 영국은 과학, 철학, 문화 분야에 엄청난 변화를 겪었으며, 그런 변화는 기독교 신앙에도 지대한 영향을 끼쳤다. 1859년에 출판된 다윈의 『종의 기원』은 진화론이라는 새롭고도 강력한 이론을 확산시켰고, 독일에서 온 고등비평(higher criticism)은 전통적인 믿음에 회의를 불러왔다. 이러한 자연주의

| 찰스 해돈 스펄전
(Charles Haddon Spurgeon,
1834-1892)

의 침투는 성육신, 속죄, 부활, 원죄, 기적의 가능성, 성령의 인격성, 이신득의 등과 같은 교리를 인정하는 것이 복음적 열정보다 정통주의의 시금석이 되게 하였다.[84] 이러한 상황에서 복음주의 교단들은 전반적으로 약화되기 시작했으며, 영국침례교회도 예외가 아니었다. 목회자들은 엄숙하고 교리적인 설교에 만족하였으며, 교회들은 고통을 못 느낀 채 서서히 죽어가고 있었다.[85] 1877년 회중교회 내에서 있었던 신학 논쟁은 많은 젊은이들을 유니테리언주의에 빠지게 하였다. 10년 후에는 침례교회에서도 유사한 문제가 발생하였는데, 그것이 곧 하강 논쟁이었다.[86]

스펄전은 침례교회가 복음주의 신앙에서 벗어날 것을 우려하였는데, 실제로 그러한 과정을 목격하게 되었다. 첫째, 1883년 교단 총회에 강사로 초청된 유니테리언파 목사인 존 페이지 홉스(John Page Hopps)가 복음적 교리들을 비하하는

농담을 하여 참석자들을 경악하게 만들었다. 이에 대해 스펄전은 강하게 반박하였는데, 당시 총회장인 초운(Chown) 목사는 단순한 해프닝 정도로 간주하며 오히려 스펄전이 지나치게 반응한다고 하였다.[87] 두 번째는 불신자의 영원형벌설을 부인하는 것으로 의심받고 있었던 리처드 글로버(Richard Glover)가 1884년에 영국 특수 침례교 총회인 침례교 연맹의 총회장으로 피선된 것과, 두 명의 젊은 목사들이 1885년에 불신자의 영원형벌을 주장하는 스펄전에 대해 "여러 가지 면에서 그리스도의 장엄하심을 오해하고 왜곡했다"고 비판한 사실, 그리고 런던 침례교 지방회장과 총회장까지 역임하였던 윌리엄 랜델스(William Landels) 조차도 대속적 속죄를 의심한다는 소문 등이었다.[88]

세 번째는 엘름 로드(Elm Road)교회의 브롬필드(Blomfield) 사건이었다. 이 교회의 담임목사인 새뮤얼 해리스 부스는 1877-1879, 그리고 1883-1898의 두 기간 동안 총회의 총무 일을 수행하였다. 두 가지 사역으로 바빴던 부스는 22세의 브롬필드(W. E. Blomfield)를 부목사로 채용하였다. 그런데 브롬필드는 신 신학과 만인구원설을 주장하는 설교를 하였고, 부스는 교회와 상의 없이 그를 해고시켰다. 이에 대해 교인들은 목사가 자신들과 상의 없이 부목사를 해고한 것에 대해 분노하고, 브롬필드의 41편 설교를 지방회에 보내 신학적 문제가 있는지 검토를 요청하였다. 결과 한 편의 설교를 제외하고는 큰 문제가 없다는 통보를 받게 되었다. 이 일로 인해 부스는 교회에서 해고되었고, 브롬필드가 담임목사가 되었다.[89] 이처럼 1883년부터 교단은 보다 더 분명하게 자유주의 신학으로 나아가는 모습을 보였고, 스펄전은 본격적으로 목소리를 높여야 할 필요를 느꼈다.

2) 논쟁의 발발과 스펄전의 교단 탈퇴

논쟁은 1887년 3월, 4월, 6월에 각각 스펄전이 운영하는 잡지「검과 흙손」(Sword and Trowel)에 발표된 세 개의 논문으로부터 시작되었다. 이 논문들은 스펄전의 목회자 대학 출신인 로버트 쉰들러(Robert Shindler)에 의해 작성된 것이었으나 스펄전의 입장을 드러낸 것이었다. 1887년 3월 첫 논문의 제목은 "하강"(The Down Grade)이었는데, 이것은 곧 논쟁의 이름이 되었다. 논문에서 쉰들러는 칼빈주의에서 이탈하기 시작한 영국 장로교회가 아르미니우스주의, 율법폐기론, 아리우스주의, 소지니주의로 빠지는 심각한 퇴보를 하고 있다고 주장했다.[90] 두 번째 논문은 영국의 성공회, 독립파, 구 일반 침례교회 세 교단이 펠라기우스주의, 아리우스주의, 소지니주의 등을 받아들여 교리적 퇴보 현상이 나타나고 있다고 하였다. 이 논문은 칼빈주의 신학의 침례교 연맹과 복음주의적 아르미니우스주의의 신 연합 일반침례교회(New Connection of General Baptists)가 상호 통합을 거의 앞둔 시점에 나온 점에서 특별한 의미가 있다고 볼 수 있다.[91] 세 번째 논문에서는 하버드 대학의 자유주의에 반대하여 세운 미국의 앤도버 신학교의 5명의 교수가 성서영감론, 기독론, 불신자 최후형벌론 등에서 전통교리를 벗어난 가르침으로 교수직에서 물러나게 되었다고 하였다.[92] 스펄전은 이 논문들을 교단 목회자들에게 배부하였다.

스펄전은 1887년 8월부터 11월까지 직접 쓴 네 편의 논문을 통해 회중교회와 침례교회에서 나타나고 있는 신학적 이완이 믿음을 파괴시키고 있다고 주장했다. 8월에 나온 "하강에 관한 또 다른 말씀"이라는 제목의 논문에서 신 신학을 믿는 사람들을 "신앙의 원수들"이라고 하며, "속죄가 비웃음 당하고, 성서의 영감이 조롱당하며, 성령님이 하나의 영향력으로 전락했다. 죄에 대한 형벌은 허구로 변했고, 부활은 신화로 간주된다." 라며 비통해했다.[93] 1887년 9월의 두 번째 논문 "잡다한 비평가들과 탐구자들에 대한 우리의 답변"에서 스펄전은 반대자들의 공격에 대해 반박하였다. 첫째, 그가 너무 성급하게 행동하였다는 비판에 대해서 스펄전은 오히려 너무 오래 기다렸고 훨씬 이전에 말했어야 했다고 하였다. 둘째, 사소한 문제를 과장하였다는 주장에 대해 그것은 신앙의 핵심과 관련된 중대한 문제라고 응답하였다. 셋째, 스펄전이 통풍으로 인해 신경이 너무 예민해져서 갈등을 일으켰다는 공격에 대해서 그는 연약한 신체적 문제를 들고 공격하는 것은 있을 수 없는 일이라고 하였다.[94] 스펄전은 거짓 교리들은 영성생활의 하락을 가져온다고 하였다. 그의 논문들은 침례교회의 도덕적 퇴보, 기도하지 않는 교회, 무관심한 성도, 성경공부나 열정적 설교 대신 극장과 같은 세속적인 즐거움을 추구하는 불신앙적인 목회자들에 대한 묘사로 가득 차 있었다.[95] 스펄전의 논문들은 교단 내 큰 논란을 불러 일으켰다.

침례교 연맹은 스펄전에게 교단 목회자들이 교리적 도덕적으로 타락했다고 주장하는데, 도대체 누가 그렇다는 것인지 구체적으로 이름을 대라고 요구하였다. 스펄전은 다음과 같은 네 가지 이유로 실명을 거론하지 않았다. 첫째, 스펄전은 논쟁에 사람들을 끌어들인다는 비난을 받고 싶지 않았으며, 둘째, 연맹이 침례 외에는 교리적 기준이 없기 때문에 교리적 일탈에 대해 치리할 수 있는 근거가 없다는 점이고, 셋째, 거명된 사람들이 법적으로 대응할 가능성을 우려 했으며, 넷째, 교단 총무 새뮤엘 해리스 부스와의 신사협정 때문이었다. 부스는 신학적 문제가 있는 사람들에 대한 정보를 스펄전에게 주는 대신 비밀로 하자고 하였던 것이다.[96] 실명의 요구를 스펄전이 들어주지 않자 많은 사람들은 스펄전을 비난하였다. 스펄전이 너무 과장해서 말하여 교단을 치욕스럽게 만들었다고 하며, 그가 무슨 권리로 교단과 목회자들을 판단하는가? 라고 하며 스펄전이 교단을 독재하려고 한다고 비판하였다. 또 다른 사람들은 스펄전의 건강 악화가 논쟁을 일으킨 배경이라고 했다. 일부는 신 신학이 옛 교리들보다 더 우월하다며 자유주의를 옹호하였다.[97]

어떤 사람들은 교단이 칼빈주의를 견지하지 않는 것에 대한 불만으로 스펄전이 논란을 일으킨 것이라고 하였다. 이에 대해 스펄전은 하나님의 선택론만 주장하며 전도에 무관심한 고등 칼빈주의는 "내 입맛에는 너무 맵다"고 하면서 자신은 고등 칼빈주의를 반대하고 있음을 밝혔다.[98] 스펄전은 로마서 9장은 칼빈주의를 보여주지만 로마서 10장은 웨슬리주의를 인정하고 있는데, 성경이 말하는 것은 받아들여야 한다고 주장하였다.[99] 스펄전은 복음주의적 아르미니우스주의자들과의 연합은 가능하다는 입장이었다.

비난을 퍼붓는 사람들에게 적극적으로 자신의 입장을 개진했음에도 불구하고 스펄전에 대한 지지는 미미했고, 반대는 광범위하였다. 침례교 연맹은 별다른 조치를 취하지 않았다. 결국 스펄전은 1887년 10월 총무 부스에게 교단 탈퇴를 통보했다. 그리고 1887년 11월 호「검과 흙손」지에 탈퇴의 이유를 게시했다.

그리스도의 속죄를 믿는 신자들이 그것을 경시하는 사람들과 종교적 연합을 선언하고 있습니다. 성서를 믿는 신자들이 완전 영감설을 거부하는 사람들과 결속되어 있습니다. 복음적 교리를 보유하고 있는 사람들이 타락 사건을 우화라고 말하는 사람들과 공적인 연대를 이루고 있습니다. 성령의 인격성을 부인하고, 이신득의를 부도덕하다고 말하며, 죽음 후에 또 다른 유보기간이 있어서, 불신자들도 미래의 회복이 가능하다고 믿는 사람들과 연합되어 있습니다. … 우리는 어떻게 해야 할까요? … 즉시 그리고 분명히 침례교 연맹으로부터 탈퇴합니다.[100]

스펄전의 교단 탈퇴는 침례교 연맹 내에서 또 다른 논란을 가져왔다. 일부는 스펄전의 요구를 들어주어서라도 그를 복귀 시켜야 한다고 하였고, 일부는 스펄전을 더 강하게 비난하였다.

3) 스펄전 반대자들의 주장과 활동
(1) 존 클리포드
하강 논쟁은 일반적으로 스펄전과 존 클리포드(John Clifford) 사이에 벌어진 논쟁으로 알려질 만큼 논쟁에서 클리포드가 차지하는 비중은 컸다. 그는 일반 침례교회 출신으로 1858년 런던의 웨스트번 파크(Westbourne Park) 침례교회에 담임목사로 와서 그 교회에서만 57년간 목회하였다. 또한 1870-1883 동안 「일반 침례교 잡지」의 편집장을 맡았고, 1887년에는 침례교 연맹의 부회장, 1888년에는 회장을 역임하였다. 그리고 1891년 특수 침례교회와 신 연합 일반침례교회와의 통합을 이루는데 결정적인 지도력을 발휘하였다.[101] 클리포드는 영국 자유교회 협회(National Council of Free Churches)와 1905년에 발족된 침례교 세계 연맹(Baptist World Alliance) 창립 멤버 중 한 사람이었다. 하강 논쟁에서는 연맹의 대변인 역할을 하였다. 정치적으로는 자유당을 지지하였고, 사회주의를 찬성하였다.[102] 클리포드는 1908년 포레스트 힐(Forest Hill) 침례교회에서 행한 연설에서 "사회주의 정신은 신성하다. 그것은 하나님으로부터 온 것이다. 교회들은 … 모든 사회주의 원리의 확장을 환영해야 하며 사회의 점진적 개혁과 재건에 온전히 참여해야 한다." 라고 주장했다.[103]

이처럼 클리포드는 교단 내외적으로 뛰어난 활약을 하였지만 진보적이며 신학에 대해서는 무관심한 사람이었다. 그는 침례교회는 지식보다 경험을 우위에 두며, 신앙의 자유와 개인의 권리를 인정하는 전통을 가지고 있음을 강조하며 반지성주의를 정당화했다.[104] 클리포드는 신앙은 인격적인 것으로 신앙의 모든 행위는 책임적이며 지성적 존재가 자발적으로 행하는 것이어야 한다고 주장했다. 이러한 측면에서 기독교 성례는 단순한 상징일 뿐 그 이상의 의미는 없다고 주장하였다.[105] 클리포드는 성경의 고등비평과 관련해서는 그의 책 『성경의 영감과 권위』(*Inspiration and Authority of the Bible*)에서 성경이 완전하지 않다고 하더라도 성경 안에 계시된 하나님은 오류가 없으신 분이다. 따라서 기독교는 엄격한 의미에서 보면 책의 종교가 아니라고 주장했다.[106] 이와 같이 클리포드는 신앙의 자유와 성례를 상징으로 보는 침례교 전통에 자유주의 사상을 첨가하였는데, 당시의 영국 침례교인들의 대다수는 이러한 차이를 분간하지 못했으며, 클리포드를 침례교 전통을 옹호하는 자로 여겼다.

(2) 새뮤얼 해리스 부스

당시의 교단 총무인 새뮤얼 해리스 부스는 보수파 토머스 스톡웰(Thomas Stockwell)이 하강 논쟁을 총회 의제로 다룰 것을 요구하였지만, 스펄전이 잠잠해질 것을 기대하고 의제로 채택하지 않았다. 스펄전은 부스가 자신을 무시하는 것으로 생각하였다.[107] 부스는 침례교 연맹의 역사적인 복음주의적 입장을 선언하는 것은 가능하지만, 그것에 법적인 성격을 부여하는 것은 연맹의 헌장을 고쳐야 하는 일인데, 그것은 바람직하지 않다고 생각했다.[108] 부스는 회장과 부회장에게 연맹 차원의 대응 필요성을 주장했지만 받아들여지지 않자, 직전 회장이었으며 교단의 4번째 리더로 평가받고 있는 찰스 윌리엄스(Charles Williams)를 만나 대책 회의의 소집을 위해 위원들을 소집하기로 했다. 위원회 투표 결과 44명 반대, 34명 찬성, 6명은 기권으로 나왔다. 그러자 교단 지도자들은 공식적인 회의 보다는 스펄전을 비공식적으로 만나 그들의 입장을 전달하도록 결정하였다.[109] 윌리엄스는 스펄전을 정죄하고 현대주의에 대해 침묵하면 많은 사람들을 스펄전에게 뺏길 수도 있다. 따라서 교단이 확실한 표현으로 복음주의 성격을 천명하고, 스펄전과는 정중하게 결별하면 된다고 주장했다.[110]

스펄전과의 타협을 위해 연맹의 회장 제임스 컬로스(James Culross), 부회장 존 클리포드, 총무 해리스 부스, 그리고 증경 회장인 알렉산더 맥클라렌(Alexander Maclaren)의 네 명으로 대표단을 구성하여 건강 문제로 프랑스에 머물고 있는 스펄전을 찾아가기로 하였다. 스펄전은 이에 대해 부스에게 전보를 보내 "논의의 주제가 미래의 조치에 대해 우호적인 심사숙고가 아니라면, 나는 대표단을 여기에서나 혹은 다른 어느 곳에서라도 비공개 회담을 하지 않겠습니다."[111] 라고 하여 자신의 교단 복귀가 주제가 되는 만남은 갖지 않겠다는 뜻을 밝히면서도 편지 말미에 좀 더 알아보고 다시 편지하겠다고 했다. 스펄전의 이러한 반응에 회장과 부회장은 스펄전의 또 다른 편지를 기다리자는 입장이었고 부스는 강경하게 대응하자는 입장이었다. 그러던 중 처음 편지에서 덧붙일 것이 없다는 내용을 담은 스펄전의 두 번째 편지가 도착했다. 임원들은 다시 스펄전에게 보다 명백하게 자신의 뜻을 밝혀달라고 요구했고, 스펄전은 자신의 조건이 관철되지 않는다면 대표단과의 만남은 의미가 없다고 생각한다고 하였다.[112] 스펄전의 강경한 태도는 강경파들이 대세를 장악하게 하였다.

(3) 윌리엄 랜델스와 그 외 사람들

윌리엄 랜델스(William Landels)는 스코틀랜드 장로교 출신으로 감리교회에서 회심하였으며, 회중교회 신학교를 다녔고, 자기 스스로의 성경공부를 통해 침례교인이 된 사람이었다. 그는 스펄전과 더불어 1865년 런던 침례교 지방회의 창설을 주도하였고, 1868년에는 지방회 회장, 1876년에는 교단 총회장이 된 사람이었다.[113] 랜델스는 스펄전이 교단을 탈퇴한 직후 모인 1887년 12월 13일의 총회에서 대표단이 스펄전을 만나 설득할 것을 제안했으며, 그의 제안은 받아들여졌다. 하지만 대표단과 스펄전과의 타협이 무산된 후 강경 입장으로 선회했다.[114] 랜델스는 스펄전이 실명을 거명하지 않은 채 모호하게 교단을 공격한 것은 비도덕적인 것이며, 스펄전은 합당한 절차를 밟지 못한 잘못을 인정해야 한다고 하였다. 그리고 연맹의 일차적 책무는 스펄전을 복귀시키는 것보다 회원들을 보호하는 것이 되어야 한다고 주장하였다.[115]

리전트파크대학의 학장인 조셉 앤거스(Joseph Angus)는 교단의 역사적 성격을 재천명하는 것으로 끝내자고 주장했고, 찰스 윌리엄스도 구체적인 교리들과 법적 성격을 띤 선언문에 대해서는 논의하지 말고 전체적인 복음주의적 성격을 천명하여 교단을 화합시키자는 의견을 제시하였다. 클리포드는 총회는 지역 교회들과 지방회들에 의해 구성된 것이니, 교리도 교회와 지방회가 결정해야 하며, 교리를 가지고 행하는 어떠한 강압도 반대한다고 하였다.[116]

윌리엄스는 개인의 자유가 침례교 정체성의 핵심이라고 주장했다.[117] 세 명의 교단 지도자 존 앨디스(John Aldis), 조셉 앤거스, 그리고 알렉산더 맥클라렌 역시 "모든 개 교회는 그리스도의 법칙을 해석하고 집행할 수 있는 자유가 있다. 우리는 신학적 시험이나 인간이 만든 교리를 부과하는 것은 이 근본적인 원리에 위배되는 것이라고 생각한다." 라는 문서를 발표하였다.[118] 이들의 주장은 교회의 권위는 개인의 판단 권리나 양심에 강요할 수 없으며 자유를 인정하면 신앙도 통일성보다는 다양성을 인정하는 결론에 이른다는 것이었다. 이러한 자유에 대한 개념은 초기 침례교도들의 생각과 차이가 있다. 17세기 침례교인들은 개인의 신앙의 자유와 공동체 신앙 간의 균형을 잃지 않았다.[119] 이와 같이 스펄전의 교리주의는 신앙의 자유 및 개 교회주의와 맞지 않다는 생각이 반대의 근본 이유였다. 스펄전의 반대자들은 19세기의 자유주의 세계관과 신 신학의 영향으로 침례교회의 자유 전통을 더 강조하게 된 것이다.[120]

침례교 연맹은 스펄전을 합류시키는 것을 포기하고 징계하기로 결정했다. 1888년 1월 18일 침례교 연맹 협의회는 스펄전이 이름과 증거도 대지 못하고 비난을 한 것은 잘못이라고 선언하였다.[121] 1888년 4월 23일 런던에서 개최된 교단 총회에서는 존 클리포드가 회장이 되었고 앤거스가 기초한 신앙고백문이 채택되었다. 신앙고백은 다음의 여섯 가지 내용 즉, (1) 성서의 신적인 영감과 권위, (2) 인간의 타락과 죄악된 상태, (3) 그리스도의 신성, 성육신, 속죄, 부활과 중보 사역, (4) 이신득의, (5) 중생과 성화에 대한 성령의 사역, (6) 부활과 최후심판 등으로 이루어졌다.[122] 새롭게 만들어진 신앙고백서는 복음주의 교리를 강조하려던 스펄전의 노력이 무의미하고 실패한 것만은 아니었음을 잘 보여준다.

2. 세람포레 논쟁

침례교선교협회 파송 선교사인 윌리엄 캐리, 조슈어 마쉬맨, 윌리엄 워드 세 사람은 선교의 자유가 보장된 덴마크령 세람포레(Serampore)에 본부를 두고, 전도, 교회개척, 성서번역, 학교설립 등 선교활동을 활발하게 전개했다. 그들은 생활비와 선교 비용을 선교협회에만 의존하지 않고 스스로 벌어서 충당하였다. 마쉬맨은 여러 학교의 운영을 통해, 워드는 인쇄소로부터, 캐리는 포트윌리엄스대학(College of Fort William)의 교수로 수입을 올렸다. 그들은 모든 수입과 지출을 공동으로 관리했다.[123]

1803년에 선교사 한 가정이 그리고 1805년에 네 명의 선교사 가족들이 합류하면서 문제가 발생했다. 캐리 일행이 새로 온 선교사들에게 재산 사용을 일정하게 제한하자, 갈등이 일어났다. 양쪽은 본국의 선교협회와 지인들에게 서신을 보내며 각자의 입장을 주장했다. 앤드류 풀러가 살아 있는 동안에는 갈등이 무마되어 넘어가곤 했지만, 그가 죽은 1815년 이후, 논쟁은 다시 불붙었다. 논점은 선교지 재산의 소유 및 경영권을 누가 가져야 하는 가였다. 선교협회는 재산권을 협회에 귀속시킬 것을 명령하였고, 세람포레 삼총사는 반발하였다. 논쟁은 격렬하게 이어지다가 결국 1827년 3월 양쪽은 완전히 결별하는 것으로 결론이 났다.[124]

풀러 사후 선교협회는 본부를 런던으로 옮기게 되었고, 리더십은 세람포레 삼총사를 잘 모르는 젊은 사람들이 갖게 되었다. 그들은 선교에 관한 통제와 정책은 현지 선교사들이 아닌 본부의 몫이며, 선교지 재산권 역시 본부에 속해야 한다고 생각했다. 세람포레 선교사들은 자립선교를 추구했고, 생계를 위한 지출 외에 나머지는 모두 선교 사업에 투입했지만, 재산권을 지키고 싶었다. 그러자 본부의 지도자들은 선교사들이 "엄청난 재산을 축적하여 그들과 그들의 가족을 풍족하게 하였다. 반면에 원래 헌신하였던 위대한 대의에 대해서는 관심을 기울이지 않았다." 라고 정죄했다. 1827년에 발생한 분열은 세람포레 삼총사 중 마지막까지 생존한 마쉬맨이 죽고 난 1837년에 치유되었다. 논쟁은 선교협회의 승리로 귀결되었다. 그 이후부터 선교사는 직업적으로 사역하고, 본부가 모든 일을 통제하고 관리하는 체제가 전통으로 자리 잡게 되었다.[125]

3. 회중교회와의 통합 문제

영국에서는 1689년 관용법 통과 이후 합법적인 교단이 된 비국교회들 간의 합병을 촉구하는 사회적 압력이 있어왔다. 한편 성공회는 19세기에 교단주의를 새롭게 강조하면서, 초교파 개신교 기구들에서 탈퇴하고, 교단 자체 기구들로 대체하였다. 이러한 환경은 비국교회들의 통합에 영향을 끼쳤다. 회중교회와 장로교회는 1972년 10월 연합개혁교회(United Reformed Church)로 통합하였다. 그런데 1914년까지만 해도 회중교회는 침례교회와 통합될 가능성이 많을 것으로 예측되어 왔다. 사실 두 교단은 오랜 기간 서로 친밀한 관계를 맺고 있었는데, 많은 교회에서 침례교인과 유아세례교인이 함께 섞여 있었다. 이러한 유대는 양 교단의 통합을 기대하게 하였지만, 1880년대부터 두 교단은 서로 다른 길로 나아가기 시작하였다. 이러한 분리 현상은 스펄전 때문이라는 주장이 제기되었다.[126] 스펄전은 회중교회의 진보 신학을 반대했는데, 그는 1877년 11월 회중교회의 라이세스터 총회(Leicester Conference)가 선의를 가진 모든 사람들에게 성찬을 개방한 것을 비판하고, 회중교회에 아리우스주의가 나타나고 있다고 주장했다. 스펄전의 비판은 특수침례교회에 어느 정도 성과를 거두어, 교단은 복음주의 교리 문서를 다시 선언하였지만, 회중교회는 보수적인 특수침례교회보다는 진보 신학을 따르는 장로교회와 통합하는 쪽으로 나아갔다. 20세기에 들어서면서 양 교단의 차이는 더욱 뚜렷해졌고, 결국 통합은 무산되었다.[127]

찰스 해돈 스펄전

찰스 해돈 스펄전은 19세기 최고의 복음주의 설교자이며 사회사업가였다. 그는 복음주의 교회로는 이례적일 정도의 초대형 교회를 이룩하여 침례교회뿐만 아니라 영국 기독교 전체의 부흥을 이끌었다. 스펄전은 뛰어난 설교와 영성으로 영국인들의 심령을 소생케 했으며, 가난한 사람들을 위해 적극적으로 사회사업을 펼쳐 영국인들로부터 존경과 사랑을 받았다. 정치적인 문제에 있어서도 필요시 적극 개입하여 영국이 정의로운 사회와 국가가 되도록 하였다.

1. 간략한 생애

찰스 스펄전은 1834년 6월 19일 영국 에섹스(Essex) 지방에 있는 켈베돈(Kelvedon)이라는 마을에서 가난한 회중교회 목사 존 스펄전(John Spurgeon)의 17명 자녀 중 장남으로 태어났다. 그의 할아버지 제임스 스펄전(James Spurgeon) 역시 회중교회 목사였으며, 스펄전은 한 살부터 여섯 살까지 할아버지와 함께 살았다. 스펄전은 조부와 부모님으로부터 진실한 기도를 배웠고, 가족예배의 중요성과 회개의 필요성을 알게 되었다.[128] 어린 스펄전에게 가장 큰 영향을 끼친 책은 단연 성서였지만 청교도 서적들도 중요한 영향을 끼쳤다. 스펄전은 도서관으로 운영되던 할아버지 목사관의 다락방에서 청교도 서적들을 읽었다. 후에 스펄전은 그곳에서 책을 읽었던 때가 가장 행복했었노라고 고백했다.[129] 스펄전은 6세에서 10세까지 부모와 함께 콜체스터(Colcester)에 살면서 쿡크 부인(Mrs. Cook)이 운영하는 작은 사설학교에서 공부하였다. 10세부터 14세까지는 스톡웰학교(Stockwell House School)에서 배웠고, 14세가 되던 해에 런던에서 남동쪽으로 몇 마일 떨어진 메이드스톤(Maidstone) 마을의 성공회 학교로 전학 갔다. 하지만 곧 15세 때 캠브리지셔(Cambridgeshire) 지방의 뉴마켓(Newmarket) 동네 학교의 학생 겸 수위 및 보조교사로 갔다.[130]

스펄전은 목사의 아들로 자랐지만 죄의 용서와 구원에 대한 확신 문제로 오랜 영적 고뇌의 시간을 보냈다. 그러던 중 그가 회심의 체험을 갖게 된 것은 악천후로 인해 아버지가 목회하는 교회에 가지 못하고 동네에 있던 작은 감리교회에서 예배를 드리면서였다. 그때는 1850년 1월 6일이었다. 스펄전은 감리교회의 나이든 평신도가 어눌한 발음으로 이사야 45장 22절을 본문으로 했던 설교를 듣는 동안 회심하게 되었다.[131]

스펄전은 회심 후 1850년 5월 3일 아이스레헴(Islehem) 침례교회의 캔틀루(Cantlow) 목사에 의해 침례를 받았다. 스펄전이 침례교인이 된 이유는 크게 세 가지였다. 첫째는 성공회 학교에서 공부할 때 성공회 요리문답집은 침례를 받기 위해서는 죄를 버리는 회개와 성례에 나타난 하나님의 약속에 대한 믿음이 있어야 한다고 하였다. 이 구절은 유아세례가 아닌 신자의 침례가 옳다는 생각을 갖게 했다. 두 번째는 뉴마켓 학교 존 스윈델 교장이 침례교인이었는데, 그로부터 받은 영향이고, 세 번째로는 스펄전 자신이 신약성경을 연구하여 신자의 침수례가 성서적임을 확신하였기 때문이었다.[132] 많은 사람들에게 알려지지 않았지만 좀 더 어린 시절에 스펄전은 마을의 침례교 목사 로버트 랭포드(Robert Langford)로부터도 간접적인 영향을 받았다. 랭포드는 스펄전의 할아버지와 우호적인 관계여서 교회 창립 예배에 그를 초청해 마침 기도를 부탁하였다. 당시 스펄전이 이 예배에 참석했는지 알 수 없지만, 할아버지와 함께 자주 다녔던 것으로 보아 참석했을 가능성이 꽤 있었을 것으로 여겨진다. 할아버지가 이웃 침례교회 목회

자를 존중하는 모습은 어린 스펄전의 마음에 침례교에 대한 좋은 기억으로 남게 되었을 것이다.[133]

스펄전은 1850년 10월 3일부터 성 앤드류(St. Andrew) 침례교회에서 신앙생활 하였다. 그리고 17세에 인근의 워터비치(Waterbeach) 침례교회의 담임목사가 되었다. 스펄전의 열정적 목회로 12명이 모이던 교회는 불과 몇 달 사이에 400명

| 워터비치(Waterbeach) 침례교회

으로 늘어났다.[134] 스펄전의 명성은 퍼져나갔고, 1853년에 런던의 뉴팍스트리트교회(New Park Street Chapel)로부터 설교 초청을 받게 되었다. 그 교회는 벤자민 키츠, 존 길, 존 리폰 같은 기라성 같은 목회자들이 시무하였던 역사와 전통을 자랑하는 교회였다. 스펄전은 1853년 12월 18일 첫 설교를 하였는데, 1,200석 규모의 예배당에는 약 120명의 성도만이 예배에 참석하고 있었다. 스펄전은 성도들로부터 인정을 받게 되어 1854년 4월 담임목사로 취임하게 되었다.[135] 뉴팍교회에서 목회하는 동안 부인 수잔나 톰슨(Susannah Thomson)을 만나 1856년 1월 8일 결혼하였다. 두 사람은 쌍둥이 아들 찰스 스펄전 2세(Charles Spurgeon, Jr.)와 토머스 스펄전(Thomas Spurgeon)을 얻었다. 수잔나는 그러나 신장병이 발병하여 평생 아픈 몸으로 살아가게 되었으며, 스펄전은 병든 아내를 지극하게 돌보아주었다. 그래서 그런지 수잔나는 스펄전보다 10년 이상

| 뉴팍스트리트교회(New Park Street Chapel)

더 살았다. 그들의 두 아들은 아버지처럼 모두 설교자가 되었다.[136]

교회는 폭발적으로 성장했다. 1,200석의 좌석은 스펄전이 설교를 시작한지 12주 만에 다 차버렸기 때문에 1855년 2월부터 예배당 확장 공사를 두 번이나 하게 되었다. 공사기간에는 약 4천 내지 5천

| 메트로폴리탄 테버네클(Metropolitan Tabernacle) 교회

명을 수용할 수 있는 엑스터홀(Exter Hall)을 세내어 사용하였다. 하지만 얼마 가지 않아 이 홀도 회중을 다 수용하기에는 부족하였다.[137] 교회는 결국 새로운 교회당을 신축하기로 결정하고 1856년 6월에 건축위원회를 구성하였다. 그리고 4년 반에 걸친 노력 끝에 1861년 3월 완공하여 교회 명을 메트로폴리탄 테버네클(Metropolitan Tabernacle)로 하였다. 스펄전은 1892년 1월에 사망하기까지 38년 동안 이 교회에서 매주 6,000명 이상의 정규 출석 성도 앞에서 설교하였다.[138]

스펄전은 통풍이라는 지병이 있었다. 그는 식사조절에 신경을 써야 했지만 그렇게 하지 않았으며, 운동도 별로 좋아하지 않았다. 1858년부터 건강이 좋지 않았으며 간혹 심하게 아팠다. 예를 들면, 1875년 1월 17일 교회에 보낸 편지에서 그는 "엄청난 고통을 참고 지난 후, 나는 회복 중에 있습니다. 그리고 아기처럼 서는 법을 배우고, 한쪽 의자에서 다른 쪽 의자로 아장아장 걷는 연습을 하고 있습니다." 라고 말했다.[139] 스펄전은 말년에 심각한 병으로 고생하다가 1892년 1월 31일 57세의 나이로 프랑스 남부 휴양지 망통(Mentone)에서 세상을 떠났다. 스펄전의 장례는 국교회 지도자들이 비국교도들을 공적인 삶에서 인정하지 않으려는 태도가 더 이상 현실적이지 않다는 것을 보여주었다. 그의 관은 1892년 2월 8일 눈보라치는 추운 날 영국에 도착하였으나, 그럼에도 너무 많은 사람들이 스펄전을 맞이하러 나왔기 때문이었다.[140]

운구 행렬은 스펄전이 세운 대학의 커먼홀(Common Hall)에 도착했다. 스펄전이 요양하러 간 사이 그의 동생 제임스 스펄전(James Spurgeon)과 함께 메트로폴리탄 테버네클에서 설교 목사로 봉직하였던 아더 피어슨(Arthur Pierson) 목사가 짧은 예배를 인도하였다. 스펄전의 부인과 아들은 프랑스에 남아 있었고 장례식에 참석치 않았다.[141] 삼일 동안 일반 조문객을 받았는데 하루에 약 55,000명에서 60,000명이 조문하였다. 테버네클 교회당에서 행한 장례 예배에는 초교파적으로 유수한 목회자들이 순서를 맡았으며, 이라 생키(Ira Sankey)의 특별 찬양도 행해졌다. 매장지로 가는 행렬이 약 2마일까지 이어졌으며, 장지까지 5마일 정도의 거리에는 1,000명의 경찰관들이 배치되어 질서를 유지하였다. 비국교도의 장례가 이처럼 관심을 끈 적은 없었다. 스펄전의 장례식은 전무후무한 것이었다.[142]

2. 침례교선교협회의 개혁

스펄전은 국내외 선교를 매우 중요하게 생각하였다. 선교에 대한 그의 헌신은 설교와 강의에서 잘 나타나 있다. 스펄전은 "여기에 있는 모든 그리스도인은 선교사이거나 사기꾼이다. 다시 말해서, 당신은 하나님 나라 확장을 위해 힘쓰는 사람이거나 주님을 전혀 사랑하지 않는 사람 중 하나이다." 라고 설교하였고, 그가 운명하기 1년 전 목회자 대학에서의 마지막 강연에서 "교회의 본질은 선교이다. 고로, 이 세상의 모든 사람들을 하나님께로 인도해야 한다. 교회가 영혼을 구원하기 위한 모임이 아니라면 그 존재 자체가 무의미하다." 라고 말했다.[143] 스펄전이 국내 선교를 진지하게 생각한 것은 그가 메트로폴리탄 테버네클의 건축을 시작한지 6개월 이내에 두 교회를 개척한 데서도 알 수 있다. 그는 목회자 대학 학생들에게 개척하여 교회당을 건축하도록 독려했으며, 이 모든 과정에서 후원을 아끼지 않았다. 심지어 필요하면 메트로폴리탄 교회 성도들을 신생 교회로 보내는 분리 개척도 하였다.[144] 1865년부터 1876년까지 런던에 새로 개척된 62개 침례교회 가운데 53개 교회가 목회자 대학의 학생 및 졸업생들에 의해서 세워졌다. 지리멸렬했던 런던 침례교 지방회는 90교회 22,000명의 회원으로 급성장하게 되었다.[145] 스펄전은 해외선교도 마땅히 해야 할 일로 보았다. 그는 중국, 일본, 인도 등에 사는 사람들은 예수 그리스도에 대해 전혀 모르고 지옥으로 향해 가고 있는데, 우리가 어떻게 영국에서 편안하게 잠을 잘 수 있느냐고 역설

하였다.[146)]

국내외 선교를 위해 메트로폴리탄 교회는 테버네클 건축기금(Tabernacle Building Fund), 스펄전 부인 서적기금(Mrs. Spurgeon's Book Fund), 목회자 원조 협회(The Pastor's Aid Society), 옹켄 독일 선교회(Mr. Oncken's German Mission), 침례교 시골 선교회(The Baptist Country Mission), 전도자 협회(The Evangelicalists' Association), 테버네클 지역 소책자 대여협회(The Loan Tract Society for Tabernacle District), 일반 소책자 대여협회(The General Loan Tract Society), 반석 소책자 대여협회(The Rock Loan Tract Society), 에반스 부인 국내 및 해외 선교사업 협회(Mrs. Evan's Home and Foreign Missionary Working Society), 꽃 선교회(Flower Society) 등을 설립 운영하였다.[147)]

영국 특수침례교회의 침례교선교협회는 윌리엄 캐리의 인도 선교를 돕는 일을 시작으로 해외선교 사역의 문을 열었다. 초기에는 본부와 현지 선교사들과 협력관계로 운영되었는데, 시간이 흐를수록 선교협회가 선교 사업을 총괄하는 체제로 바뀌게 되었다. 선교협회는 기부자들의 기부금으로 유지되었기 때문에 기부자를 관리하는 일이 중요했으며, 개 교회와의 관계는 미약한 상태였다.[148)] 초기 선교협회의 회원자격은 다음과 같았다.

> 매년 10실링 6펜스 혹은 그 이상의 금액을 모 협회나 자 협회들에 기부하는 개인, 10파운드 혹은 그 이상을 낸 기부자들, 매년 헌금을 하는 교회의 목회자들, 협회를 위해 매년 기부금을 모금하는 사역자들, 그리고 유산에서 50파운드 혹은 그 이상을 낸 사람들을 회원으로 간주한다.[149)]

선교협회는 개인의 자발적 후원으로 운영하는 체제여서 시간이 갈수록 재정적인 어려움이 커지게 되었다. 많은 부채로 힘든 상황에 놓인 협회는 1863년에 스펄전에게 도움을 요청했다. 스펄전은 선교협회에 실망한 부분이 많아 협력하고 싶지 않다고 답했다. 선교협회는 스펄전에게 불만족스런 이유를 말해 달라고 하였고, 스펄전은 몇 가지를 지적했다. 첫째, 선교는 믿음으로 해야 한다. 둘째, 선교는 교회들의 책임 하에 이루어져야 된다. 협회가 중간에 자리 잡고 있어 교회들이 선교에 대한 열정을 잃었다. 셋째, 선교협회가 분열된 상태에 있다. 넷째, 일정한 선교기금을 내면 누구나 회원이 될 수 있는 방식은 안 된다. "그런 규정으로는 마귀조차 회원이 될 수 있기 때문"이라고 하였다.[150] 스펄전은 사도행전 13장의 선교 사명은 지역 교회에 맡겨진 일이다. 따라서 선교사의 파송과 선교비용의 모금 등과 같은 일들은 지역교회가 주체가 되는 것이 선교의 성서적 모델이라고 주장하였다.[151] 즉 선교협회의 회원 자격과 기금을 모으는 방법이 스펄전이 비판하는 핵심 사안이었던 것이다.

선교협회는 스펄전의 주장을 어느 정도 받아들이는 선에서 타협하였다. 그 결과 회원의 자격 조건을 다음과 같이 변경시켰다.

> 다음과 같은 사람들은 협회의 회원으로 간주한다. 즉 매년 헌금을 하는 교회의 목회자들, 협회를 위해 매년 기부금을 모금하는 사역자들, 협회의 신앙 원칙과 목적에 동의하는 개인으로 10파운드 혹은 그 이상의 금액을 낸 기부자들과 매년 10실링 6펜스 기부하는 사람들이다.[152]

회원 자격 조건에 "협회의 신앙 원칙과 목적에 동의하는 개인" 이라는 문구가 첨가되었는데, 그것은 침례교선교협회에 대한 스펄전의 개혁이 어느 정도 성공했음을 보여준다.

3. 사회복지 사역

뉴욕의 일간지 「이그재미너」(The Examiner)는 스펄전을 "전도하는 박애주의자"라고 표현할 정도로 스펄전은 사회복지 사역을 적극적으로 수행했다.[153] 그는 저소득층 목회자 지망생들을 위한 신학교를 세웠고, 고아원과 양로원을 운영했다. 또한 금주운동을 지원했고, 샤프츠버리(Shaftsbury) 경의 빈민학교를 도왔다. 선거권과 공교육 확대를 위해 노력했으며, 노예제도, 전쟁, 제국주의에 대해서는 맹렬히 비난하였다.[154] 이처럼 스펄전은 개인의 영혼구원에 초점을 맞춘 미국 복음주의자들과는 사뭇 다른 모습을 보여주었다. 물론 그 역시 영혼구원의 우선성을 믿었지만, 그것을 사회개혁과 상호 배타적인 것으로 보지 않았다. 이러한 현상은 19세기 영국 복음주의자들이 가졌던 일반적인 태도였다.[155] 스펄전은 다음의 신학에 기초하여 사회복지 사역을 실행했다. 첫째 하나님에 대한 신앙은 사회적 책임을 포함하고 있음을 믿었다.[156] 둘째 사회적 책임은 영혼구원과 관련되어 있다고 믿었다. 이것은 스펄전이 가난한 사람들을 전도하기 위한 목적으로 메트로폴리탄 테버네클을 노동자들이 사는 지역에 건축한 것에서 알 수 있다. 셋째 신자의 성품은 당연히 정의와 사랑으로 나타나게 된다는 믿음이었다.[157] 이와 같이 스펄전은 사회 개혁에 대한 분명한 신학적 기초가 있었다.

스펄전 시대의 영국은 엄청난 변화를 겪는 시기였다. 19세기가 막 시작될 때 영국은 자동차, 버스, 기차가 없었으며, 마차가 유일한 교통수단이었는데, 그것도 상류층만이 이용할 수 있었다. 사람들은 보통 도보로 출퇴근했다. 그래서 10마일 이상 먼 곳의 일터로 가는 경우는 거의 없었다. 만일 자식이 집에서 20마일 떨어진 곳으로 가면 다시 서로 보기 어려울 정도였다.[158] 이러한 중세적인 환경은 운수업, 제조업, 서비스 산업의 발전으로 빠른 속도로 근대화되었다. 그러면서 도시가 발달하였고, 도시로 인구가 집중되었다. 한 세기가 지나면서 영국 인구의 80%는 도시에 살게 되었다.[159] 스펄전이 목회하러 런던에 왔을 때 도시 노동자들의 삶은 고통 그 자체였다. 그들은 일주일에 평균 70시간이나 일했고, 작업환경도 불결하고 위험하여 종종 재해가 발생하였다. 가난으로 런던에만 8만 명 이상의 여성들이 매춘업에 종사하고 있었다. 노동자들에게는 성탄절이나 국왕의 생일 그리고 간혹 있는 축제 외에는 공휴일이 없었다. 농부들은 주 6일 동안 하루에 14-16시간 일했다.[160] 런던의 가난한 집의 아이의 어린 시절은 끔찍했다. 그들은 하루 1실링을 받고 하루 종일 석탄 공장에서 일해야 했다. 아이들은 5세부터 공장에서 하루에 12-14시간 일했다. 심지어는 16시간 일하는 경우도 있었다.[161] 런던의 위생 상태는 극히 열악했다. 공중위생시설은 없었으며 시민들의 위생 상태는 불결하기 짝이 없었다. 종종 유행병으로 많은 사람들이 죽어갔다. 1839년 기준으로 전문 직업군의 평균 사망 연령은 45세, 상인과 그 가족들은 26세, 기능공이나 노동자들과 그들의 가족은 16세였다. 스펄전이 런던에서 목회를 시작한 해에는 콜레라가 런던에 덮쳐 8주 만에 6,000명이 사망하기도 하였다.[162]

빈곤의 문제에 관한 영국 정부의 대책은 미미하였다. 빈민구제 기금이 1831년에는 700만 파운드였는데, 1836년에는 450만 파운드로 감축되었다. 심지어 가난한 자들을 도와주지 않는 것이 빈민을 없애는 길이라는 주장이 종종 나타나기도 하였다.[163] 사회적 모순과 악을 대항하기 위해 사회복음이 출현하였다. 하지만 복음주의자였던 스펄전은 사회복음에는 반대했다. 그는 복음주의 신앙 전통을 유지하면서 교회의 사회적 책임을 수행하고자 하였다. 스펄전은 1862년 설교에서 "가난한 자에게 하늘의 떡을 이야기하면서 땅의 떡을 주지 않으면 굶는 몸을 가지고 어떻게 복음을 듣겠습니까? 예수 그리스도의 의의 옷에 대해서 말씀을 나누십시오. 그러나 그들의 벗은 몸을 가리울 옷도 공급해 준다면 더욱 잘하는 것입니다." 라고 선포하였다.[164]

스펄전은 가난한 여자 노인들을 위해 1862년에 17개의 작은 집으로 구성된 양로원을 신축하였다. 양로원 안에는 40명 정도를 수용할 수 있는 학교를 세웠는데 주로 빈민층 아이들의 교육을 위해 사용되었다. 양로원 운영의 상당부분은 스펄전이 책임졌다. 예를 들면, 1879년 스펄전의 목회 25주년을 기념하여 교인들이 그에게 6,233파운드의 돈을 주었는데, 스펄전은 이 돈을 양로원을 위해 쓰도록 되돌려주었다.[165] 그는 또한 스톡웰(Stockwell) 고아원을 세웠다. 그가 사망할 1892년에는 무려 1,513명의 고아들이 있었다. 고아원은 학교, 체육관 시설, 식당, 수영장, 진료소, 원장 사택 등의 시설을 갖추고 있었다. 교육 커리큘럼으로는 읽기, 쓰기, 산수, 문법, 역사, 지리, 음악, 라틴어, 과학, 성경, 불어, 미술, 성악 등이 있었고, 여학생들은 속기기술을 남학생들은 군사훈련을 추가로 가르쳤다.[166] 이와 같이 스펄전은 설교뿐만 아니라 빈민 구제기관들을 통해서도 그리스도의 복음을 전파하였던 것이다.

4. 교육 사역

19세기 영국의 가난한 집 아이들은 교육을 전혀 받지 못하였기 때문에 완전한 무지의 상태였다. 그들은 성인이 되어서도 여전히 문맹자로 남게 되었다. 하지만 당시에 국가가 공공교육의 책임을 져야 한다고 생각하는 사람은 별로 없었다.[167] 1850년대 런던의 근로자 가운데 10%만이 글을 읽고 쓸 줄 알았다. 이러한 상황에서 1839년에 로우벅(Roebuck)이라는 하원의원이 빈민 자녀의 교육을 국가가 담당하자는 법안을 제출했지만, 국민교육은 국교회가 담당해야 한다는 국교회의 반대로 통과되지 못하였다. 1843년 하원은 "공장과 교육법안"(Factory and Education Bill)을 제출하여 8-13세 어린이들에게 하루 세 시간씩 의무교육을 시킬 것을 제안했지만, 이마저도 국교회의 반대로 좌절되었다. 그러자 분노한 비국교도들은 400만 서명운동을 일으켜 1844년에 "공장법"(Factory Act)을 통과시켰다. 이 법은 아동들로 하여금 반나절 일하면 반나절은 반드시 교육을 받도록 하였으나, 노동에 지친 아이들이 교육을 제대로 받을 수 없어서 실효성이 없었다.[168]

한편 의회는 교사 건축이나 가난한 아이들을 위한 교육에 쓰도록 교회들이 운영하는 학교들에 국가재정의 일부를 나누어주고자 하였다. 그 때 침례교인들은 교회는 자발적으로 운영되는 것이 성서적이며, 국가로부터 재정 지원을 받는 것은 수치스러운 것이라고 생각하여 거부하였다.[169] 그러나 결국 의회는 1870년에 "교육법"(Education Act)을 통과시켜 13세 이하의 어린이들에게 국가가 부담하는 의무교육을 실시하도록 하였다. 하지만 무료교육은 아니었다. 또한 공립학교에서는 국교회 교리를 가르치도록 하였기 때문에, 비국교도들이 학교 교육을 거부할 수 있는 권리를 인정해주었다.[170] 스펄전은 침례교 목사로서 원래 교육은 국가의 간섭과 지원 없이 협회, 혹은 교회가 맡는 것이 옳다고 생각하였다. 하지만 문맹자의 숫자가 늘어나는 문제가 생기자 공공교육 제도의 필요성을 인정하고 새로 탄생된 교육법을 받아들였다.[171] 스펄전은 이처럼 교육의 중요성을 인식한 사람이었다. 교육에 대한 그의 생각은 동료 침례교 목회자들에게 영향을 끼쳤다.

스펄전은 일찍이 만 22세가 되던 1856년에 그가 "첫 열매요, 가장 사랑하는 기관"이라고 말한 목회자 대학(Pastors' College)을 시작하였다. 스펄전의 역할은 학생들의 영적 멘토요 모델이었으며, 학교의 평상 업무는 그의 동생 제임스 스펄전과 여러 역대 교장들이 맡아서 했다.[172] 목회자 대학은 학문과 지성의 발전을 추구하는 19세기

| 스펄전의 목회자 대학(Pastors' College)

의 대학과 달리, 교회 개척과 목회에 필요한 실제적 기술을 중점적으로 가르쳤

다. 예를 들면, 스펄전은 연설자의 억양법, 자세, 매너 등 실제적인 것들을 가르쳤다. 그리고 과제를 많이 내주지 않고 대신 목회와 설교에 시간을 많이 사용하도록 했다.[173] 입학생의 자격 조건은 성령 충만하고, 소명이 분명하며, 구령의 열정이 있는 사람이어야 했다. 스펄전은 입학시키기 전에 학생들을 직접 인터뷰하여 선별했고, 부적합한 학생을 축출하는 것을 망설이지 않았다.[174]

대학은 성경뿐만 학생들이 어린 시절 배우지 못한 일반교양 과목들도 커리큘럼에 포함시켰다. 스펄전은 복음을 안정적으로 선포하기 위해서는 일반교육도 받아야 한다고 생각했기 때문이다. 스펄전은 1862년 목회자 대학의 부설기관으로 야간학교를 설립하였다. 이 학교의 목적은 교육의 기회를 갖지 못한 성인들에게 교육의 기회를 제공하기 위함이었다. 150–200명 정도가 참석하였으며, 교회 지하실이나 목회자 대학 건물에서 공부하였다. 영국 정부는 50년이 지난 후에나 스펄전이 실시했던 야간 학교를 개설하였다.[175] 스펄전은 그 외에도 리치몬드 가 선교단과 학교(Richmond Street Mission and Schools, Walworth), 그린 워크 선교단(Green Walk Mission, Barmondsey), 테버네클 주일학교(The Tabernacle Sunday School) 등을 설립하여 많은 빈민 아동들에게 기독교 교육과 일반 교육을 제공하였다.[176] 이와 같이 스펄전은 복음주의자로서 가난한 사람에 대한 교육적 책임을 다하였다.

5. 정치 참여

스펄전은 정치에 일정하게 참여하는 것을 복음주의 원리에 위배되는 것으로 생각하지 않았다. 그는 1879년 「검과 흙손」에서 "그리스도인은 정치의 먼지구덩이와 배반의 세계로 내려갈 것이 아니라, 정치를 빛과 그리스도 능력의 영역으로 끌어올려야 한다"고 주장했다."[177] 스펄전의 정치적 참여는 가난한 자들의 복지, 국가교회의 폐지, 참정권 확대, 제국주의 및 전쟁 반대 등을 위한 것이었다. 특히 국가교회의 폐지는 모든 비국교도들의 요구사항이기도 했다. 따라서 스펄전을 포함한 비국교도들은 성공회 세력과 긴밀히 연계된 여당인 토리당을 반대하고 야당인 자유당을 지지하였다. 스펄전은 자유당의 당수였으며 후에 수상이 된 윌리엄 글래드스턴(William Gladstone)을 지지하며 친밀한 관계를 유지하였다.

글래드스턴을 비롯한 자유당 지도부는 비록 개혁적이었지만 모두 국교도들이었기 때문에 국교회의 온건한 개혁을 원했다. 하지만 스펄전을 비롯한 비국교도들은 빠른 개혁을 요청하였다.[178]

1868년 자유당은 비국교도들의 지원에 힘입어 112석이라는 거대 다수로 총선에서 승리하여 1865년에 확보했던 집권당의 위치를 지켜나갔다. 제1차 글래드스턴 정부(1868-1874)에서 개혁의 압력들이 절정에 달했다. 결국 1868년에는 종교세가 폐지되었고, 1869년에는 아일랜드에서 국교회제도가 폐지되었다. 비국교도의 옥스퍼드, 캠브리지 대학의 입학이 1871년에는 완전히 허용되었다.[179] 정부의 이러한 결정에는 스펄전도 참여한 비국교들의 모임인 "해방협회"(Liberation Society)의 활약이 크게 작용했다. 해방협회는 오로지 국교폐지를 목적으로 한 기관이었으며 종종 메트로폴리탄 테버네클에서 모임을 가졌다.[180]

스펄전은 선거권 확대 문제도 관여했다. 영국의 투표권은 귀족이나 지방 대표들만 가지고 있었다. 그들은 선거권을 돈을 받고 팔기도 했다. 그러다가 1832년 6월 선거법 개정 법안이 통과되어서 중산층으로 확대되었고, 1867년에 이르러서는 모든 세대주에게 투표권이 주어졌다. 스펄전은 자유당과 더불어 선거권을 농민, 노동자, 상인 모두에게 확대해야 한다고 주장했고, 그러한 노력은 1884년에 결실을 거두어 잉글랜드와 웨일즈에서 기존의 250만 유권자 외에 150만의 유권자가 추가되었다.[181] 수상 글래드스턴은 스펄전과 긴밀한 유대를 중요시했으며 때때로 자문을 구하기도 하였다. 1882년 1월 8일 저녁예배에 그의 아들과 함께 스펄전 교회에 참석하였는데, 이를 두고 성공회 지도자들은 "비국교도를 국교회 사제와 동등하게 취급한다." 라며 비난했다.[182]

스펄전은 제국주의는 반(反)기독교적이라며 반대하였다. 그는 제국주의와 관련해서 "이방인들보다도 더 이방인적인 행동을 하면서, 이방인들에게 선교사를 보내는 것보다 더 일관성 없는 일이 어디 있느냐?" 라고 일갈하였다. 그리고 전쟁이 복음전파의 길을 열어준다는 논리를 철저히 반대하였다: "'전쟁이 복음의 길을 열어 주게 될 것이다.' 그러나 저는 어떻게 마귀가 그리스도를 위한 길을 열어주는지 이해할 수가 없습니다."[183] 스펄전의 이러한 태도는 당시 전쟁비용을 마련하는 일에 정부에 협조한 보수적 기독교인들과는 확연히 차이나는 것이었다. 그러나 그는 평화주의자는 아니었고 정당한 전쟁은 인정하였다.[184] 이와 같이 스펄전의 정치참여 및 개혁은 복음주의적 입장에서 이루어졌던 것이다.

결 어

영국 특수침례교회에게 있어서 19세기는 영광의 세기였다. 활발한 국내외 선교를 통해 최고의 교세를 누렸고, 영국 사회의 개혁과 발전에 일정한 역할을 수행하는 주류 교단의 위상을 갖게 되었다. 하지만 큰 성취의 시기에도 아쉬운 점은 여전히 있다. 첫째로, 19세기 영국 특수침례교회는 이전의 세대와 달리, 교리와 신학의 중요성을 간과하고 너무 피상적으로 취급해서, 교단의 정체성이 약화되고 장기적으로 교세의 약화를 초래하였다는 점이다. 그들은 조상들이 보존하여 온 복음주의 교리를 중시하지 않았으며, 그 결과 20세기 세속화의 물결을 이겨내기 어려웠고, 교세는 하락의 추세로 나아가게 되었다. 19세기 말부터 영국 침례교인들은 심각한 교리적 일탈이 진행되었고 성도 수가 급감하였다. 50만 명의 교인은 1990년대에 20만 명, 2019년에는 14만 명으로 감소하였다. 세속주의와 성서 비평학은 전통적 신앙에 대한 의문을 갖게 하였고, 신앙의 열정을 앗아갔던 것이다.[185] 침례교회는 신앙의 자유와 성경의 사적 해석권을 옹호함과 동시에 신앙의 책임도 함께 인정하였는데, 19세기 영국 특수침례교회는 후자를 쉽게 잊어버렸다. 즉 신앙고백서나 개교회 및 지방회의 헌장과 규칙 등을 통해 복음주의 신앙을 고수하기 위한 노력들이 엄연히 있어왔는데, 이러한 책임의 전통을 쉽게 포기했던 것이다. 자유와 발전 그리고 미래에 대한 긍정적 전망을 신앙의 자유를 동일시하여, 교리적 일치를 추구한 침례교 전통을 잊어버린 점은 안타까운 일이다.

두 번째 아쉬운 점은 국내 선교와 관련해서 전임 국내선교사 제도를 폐지한 것이 과연 좋은 선택이었는가에 대한 의문이 든다. 일시적인 재정적 어려움으로 전도를 전적으로 개교회의 책임으로 돌린 것은 장기적으로 교단에 유익을 끼치지 못한 선택으로 여겨진다. 전임 전도자 제도를 유지하였다면, 교단의 성장에 더 도움이 되었을 것이다. 왜냐하면 특수침례교회의 비약적인 성장은 국내선교사들의 활동이 큰 원동력이 되었기 때문이다.

19세기 특수침례교회는 침례교회에 두 가지 긍정적인 전통을 만들었다. 첫째는 사회적 문제를 해결하는 일에 보다 적극적으로 참여하였다는 점이다. 침례교회는 전통적으로 교회와 국가의 분리, 그리고 개교회주의 사상이 강했기 때문에, 사회문제에 대해 참여하기를 꺼려했었다. 힘없는 군소 교단이라는 현실적 한계도 그러한 입장을 강화시켰을 것이다. 그런데 침례교회는 19세기부터 급속한 성장으로 주류 교단이 되면서, 그에 상응하는 사회적 책임도 감당하여 존중받는 위상을 갖게 되었다. 특수침례교회는 개별 교회 안에 갇혀있던 모습에서 나와서, 사회의 여러 이슈들에 대해 자신의 목소리를 과감하게 표출하고 해결책을 제시하는 교단이 되었던 것이다. 두 번째 긍정적인 전통은 정치적인 문제에 적극적으로 참여하였다는 점이다. 특수침례교회는 이전의 정교분리 전통을 결코 잊지 않았으나, 정치적 활동 역시 교회가 해야 할 일로 보았다. 이처럼 사회적, 정치적 문제에 보다 적극적으로 참여한 것은 새로운 침례교 전통을 만든 것이다. 즉 침례교 전통을 계승하면서 새로운 전통을 만들어 내었다.

제3부

미국 침례교회사

제8장

17세기 미국 침례교회

뉴잉글랜드 식민지 건설

미국 침례교회는 뉴잉글랜드에서 시작되었다. 뉴잉글랜드는 매사추세츠, 메인, 뉴햄프셔, 버몬트, 코네티컷, 로드아일랜드 등 6개 주들을 합쳐서 부르는 이름이었다. 주로 영국 청교도들이 개척하였으며, 미국 동북부 식민지들의 중심적인 역할을 하였다. 이 지역은 영국 왕실의 경제적 이익이나, 영국의 해외팽창 정책에 의해 세워진 다른 식민지들과 달리, 국교회와 구별된 성서적이고 순결한 교회, 그리고 거룩한 사회를 건설하려는 청교도들이 자발적으로 세운 식민지였다. 청교도들은 뉴잉글랜드를 청교도 공화국으로 만들려 했다. 그들은 자신들이 성서적으로 옳다고 믿는 교회체제와 신학만을 고집하였고, 다른 교회체제나 신앙전통을 인정하지 않았다. 뉴잉글랜드는 법적으로는 영국 왕의 통치 아래 있었지만, 실질적으로는 상당한 자치가 이루어지고 있었다.[1]

영국 정부는 경제적 목적으로 미 대륙의 식민지를 개척하였다. 영국은 식민지가 모국의 부와 번영에 기여하는 방편이 되길 원했고, 이러한 목적을 이루기 위해 많은 범죄자들과 가난한 사람들을 대거 신대륙으로 보내 식민지를 개척하도록 했다. 이처럼 경제적 이익이 식민지 개척의 가장 중요한 목적이었기 때문에, 영국 정부는 왕실이 주도하여 세운 버지니아를 제외하고 대다수 식민지들에게 대해 종교관용정책을 채택했다. 버지니아 식민지 개척의 업무를 총괄하는 버지니아 협의회(Council of Virginia)가 런던의 무역상들과 주고받은 편지는 이와 같은 사실을 잘 보여준다: "자유로운 신앙생활이 무역국의 부를 증진시키고 개선하는 데 핵심적입니다. 그래서 그것은 폐하의 식민지들 내에서 거룩하게 유지되어야만 합니다."[2]

식민지에 대한 종교의 관용정책은 경제적 이익이라는 주된 목적을 이루려는 동기에서 비롯되었지만, 영국의 분위기 또한 그러한 결정에 영향을 끼쳤다. 종교에 대한 관용은 영국에서 지속적으로 확대되었다. 찰스1세(1625-1649)와, 찰스2세(1660-1685)의 통치 기간에 엄격한 국교신봉을 강요하였지만, 그것은 결국 오래 가지 않아 실패하였다. 영국 국교회를 반대하는 비국교도들의 신앙을 용인하는 것이 시간이 흐를수록 더 확대되었고, 결국 1689년에 삼위일체를 믿는 모든 개신교단을 인정하는 관용법이 의회를 통과하였다.[3]

이러한 본국의 흐름이 식민지에도 어느 정도 반영되었으며, 뉴잉글랜드 역시 그러한 영향에서 자유로울 수 없었다. 뉴잉글랜드에서 엄격한 의미의 청교도 공동체가 존재하였던 것은 1660년대까지였다. 그 이후부터는 청교도 1세대들이 세상을 떠나고 2-3세대들이 지도층을 형성하면서, 초기 청교도주의가 약화되거나 변질되었다. 뉴잉글랜드는 1680년까지 청교도주의 원리들이 어느 정도 남아있었지만, 1680년 이후로는 청교도적인 신앙 원리가 사회를 통제할 수 있는 법적인 근거를 상실하였고, 청교도 공화국은 과거의 추억이 되어 버렸다.[4] 침례교회가 뉴잉글랜드에서 시작할 때는 다른 교회체제나 신앙전통을 인정하지 않는 엄격한 청교도주의가 융성하던 때였고, 따라서 침례교인을 비롯한 타 교파 사람들은 박해를 면할 수 없었다.

1. 플리머스 식민지 건설

뉴잉글랜드 식민지를 개척한 사람들은 회중주의를 성서적 교회 정체로 믿었던 영국 분리파 청교도들이었다. 이들은 국교회와 영국 정부로부터 의심과 박해를 받았고, 결국 조국을 떠날 수밖에 없는 상황으로 몰리게 되었다. 특히 요크(York), 노팅햄(Nottingham), 링컨(Lincoln) 등과 같이 분리주의자들이 많았던 지역에서는 동요가 심하게 일어났다. 이들 지역의 분리주의자들은 종교의 자유가 보장된 네덜란드 암스테르담으로 피난 갔는데, 그들 중 스크루비 그룹으로 불리

는 사람들도 1608년 8월에 그곳으로 갔다.[5]

이들은 암스테르담에서 수개월 머문 후, 1609년에 레이덴(Leyden)으로 다시 이주하였다. 그리고 그곳에서 정착하며 살다가 1620년에 신대륙으로 갈 것을 결정하고, 선발대를 선출하였다. 선발대는 1620년 9월 6일에 메이플라워호를 타고 미지의 세계를 향해 출항했다. 배에는 청교도들뿐만 아니라, 전문기술자 집단과 잡부들도 함께 탔었는데, 그들은 모두 성공회 신자들이었다. 그들은 66일간의 고통스러운 항해 끝에, 11월 11일 케이프 코드(Cape Code)에 도착했다. 그런데 그곳은 버지니아 식민지회사의 관할 밖의 지역이었다.[6]

전문기술자들과 잡부들은 그들이 상륙한 곳이 버지니아 식민지 관할구역이 아니므로, 자신들은 계약서에 구속될 이유가 없기 때문에 자유롭게 행동할 것이라고 하였다. 청교도들은 이들을 안심시키기 위해 '메이플라워 협약서'(Mayflower Compact)를 만들었고, 모두가 서명하였다. 이 협약서는 비록 무산자와 부녀자들에게는 참정권을 제한하였지만, 기본적으로는 백성의 참정권을 보장하는 민주적인 성격을 지닌 혁신적인 것이었다. 즉 식민지의 권력이 왕이나 식민지 건설 투자자들에게 있었던 당시의 상황에서, 피통치자들이 통치자를 선출하고 또 언제든지 통치자를 바꿀 수 있다는 것은 분명히 혁신적인 것이었다. 이러한 민주주의는 주교가 목사를 임명하는 것이 아니라, 회중이 목사를 선출하는 회중주의 교회론을 정치체제에 도입한 것으로 볼 수 있다.[7]

청교도들은 1620년 12월 11일에 플리머스 바위(Plymouth Rock)라는 곳에 첫 발을 내딛고, 그곳에 정착지를 건설하였다. 오랜 항해와 혹독한 첫해의 겨울은 많은 인명을 앗아갔다. 메이플라워호를 타고 왔던 사람들 중에 소수만이 그 다음해까지 살아남았다.

| 플리머스 바위

그들이 미국에 온지 약 1년이 지난 1621년 11월 11일에 나머지 가족 35명이 포춘(Fortune)호를 타고 플리머스로 왔다. 포춘호는 청교도들에게 가족들과 다시 함께 살아갈 수 있는 기쁨을 제공한 것뿐만 아니라, 중요한 문서도 함께 싣고 왔다. 그것은 종전의 플리머스 식민지회사가 "신(新)뉴잉글랜드협회"(New Council for New England)로 명칭을 바꾸었다는 것과, 그 새로운 협회가 발행한 정착 허

가서였다.[8]

신(新)뉴잉글랜드협회는 청교도들이 만든 기관이었다. 협회는 영국 국왕으로부터 1620년에 특허장을 받아 뉴잉글랜드 지역에 관할권을 얻게 되었고, 미국으로 건너간 청교도들은 이 협회로부터 정착할 수 있는 허가서를 받았던 것이다. 그런데 찰스1세가 1629년 3월 10일에 의회를 해산하면서 의회에 정치적 기반을 갖고 있던 청교도들의 입지가 축소되었고, 뉴잉글랜드 허가서도 어떻게 처리될지 예측할 수 없게 되었다. 그런데 이상하게도 찰스1세는 의회를 해산하기 1주일 전에 뉴잉글랜드협회를 정식으로 인가해주었다. 즉 뉴잉글랜드의 정착은 영국 국왕이 허가한 것이 되어버렸다. 이에 따라 협회도 이름을 매사추세츠만 회사(Massachusetts Bay Company)로 바꾸고 식민지 건설에 보다 적극적으로 참여하였다.[9]

2. 매사추세츠 식민지 건설

메이플라워호를 타고 온 청교도들이 플리머스에 성공적으로 정착하자, 더 많은 이주민들이 몰려왔고, 플리머스를 비롯한 매사추세츠 식민지가 확장되었다. 매사추세츠에 온 초기 이주민들은 켄트와 링컨셔 등에서 온 비국교도들이었다. 이들은 스스로를 적극적인 분리주의자들로 자처하기보다는, 영국 국교회로부터 나온 하나의 가지로서 정결하고 성서적인 교회를 세우려는 사람들이라고 생각했다. 그러나 그들은 국교회 체제나 교리를 찬동하지는 않았는데, 그들이 신대륙에서 회중교회 체제를 채택한 것이 이를 잘 보여주고 있다. 물론 회중주의는 그들이 영국에 있을 때부터 잘 알고 있었던 교회체제였으며, 그들보다 먼저 뉴잉글랜드에 온 플리머스 청교도들도 사용하고 있던 제도였다.[10]

매사추세츠가 급속히 발전하면서 최초의 뉴잉글랜드 식민지였던 플리머스는 곧장 중요성이 약화되었으며, 급기야 1691년에는 매사추세츠 식민지에 흡수되었다. 플리머스는 분리주의 회중교인들이, 매사추세츠는 비분리주의 회중교인들이 주도 세력이었지만, 둘 사이에 큰 차이점은 없었다.[11] 영국 국교회가 신학적으로 오염되어 있지만, 국교회를 완전히 배척하지 않으려 했던 비분리주의 회중교인들의 입장은, 1629년에 뉴잉글랜드로 떠날 때 했던 프란시스 히긴슨(Francis

Higginson)의 말에 단적으로 잘 드러난다.

> 우리는 분리파들이 자신들의 모국을 떠나면서 했을, "바빌론이여 안녕, 로마여 안녕"이란 말 대신, "사랑하는 영국이여 안녕, 영국에 있는 하나님의 교회여 안녕, 그리고 그곳에 있는 모든 그리스도인 친구들이여 안녕"이라고 말할 것이다. 비록 우리가 영국교회 내부의 타락으로부터 분리될 수밖에 없지만, 영국교회의 분리파로서 뉴잉글랜드에 가는 것은 아니다.[12]

회중교회주의를 공통적으로 인정하는 플리머스의 분리주의자들과 매사추세츠 비분리주의자들 간의 차이점은 원래부터 크지 않았지만, 다음의 두 가지 요인이 미세한 차이마저 없애버렸다. 첫째, 플리머스의 지도자 존 로빈슨(John Robinson)이 분리주의의 입장을 강력하게 고수하는 대신 비분리주의자들의 주장을 대부분 받아들였다. 둘째, 영국 국교회에 대한 평가에 있어 양측 간에 합의되지 못한 몇 가지 사항들은 국교회 교인들이 거의 없었던 뉴잉글랜드에서는 아무런 의미가 없었다.[13] 결국 뉴잉글랜드는 비분리주의 회중교회가 주된 신학적 입장으로 자리를 잡게 되었다.

　뉴잉글랜드가 비분리주의 청교도들의 본거지가 되자, 같은 노선의 많은 청교도들이 그곳으로의 이주에 관심을 보이기 시작했다. 이에 따라 매사추세츠만 회사는 활발하게 이민을 추진하였다. 당시 영국의 식민지회사들은 국왕으로부터 식민지 개설을 허가받을 때, 본사는 런던이나 기타 영국 내 도시에 소재하게 되어있었고, 식민지 설립과 운영에 관한 주주총회는 영국 내에 있는 본사에서만 이루어지도록 되어있었다. 그리고 회사는 통상 식민지에 총독(Governor)을 파견하여 관리하게 했다. 그런데 특이하게도 매사추세츠만 회사가 소유하고 있는 허가서에는 본사에 대한 어떠한 언급이 없었는데, 그것은 본사를 영국 내뿐만 아니라 식민지 현지에도 둘 수 있는 것으로 해석되었다. 즉 식민지에서 주주총회를 열고 행정 책임자를 선출하고, 식민지 의회의 기능도 수행할 수 있다는 것이다. 이처럼 매사추세츠 식민지는 처음부터 법적으로 상당한 자치가

| 존 윈쓰롭

가능하도록 되어있었다. 존 윈쓰롭(John Winthrop)을 비롯한 청교도 지도자들이 1629년 8월 26일에 서명한 캠브리지 합의서(Cambridge Agreement)에는 식민지 본부를 영국이 아닌 식민지 역내에 둔다는 것이 분명하게 밝혀져 있었다.[14]

매사추세츠만 회사는 1629년 10월 20일에 개최한 주주총회에서 존 윈쓰롭을 식민지 초대 지사로 선임했다. 윈쓰롭은 본격적으로 이민을 주도하였다. 윈쓰롭과 청교도들은 그들이 식민지로 이주하는 것이 마치 영국 국교회를 반대하여 떠나는 것으로 비쳐지는 것을 경계했다. 그들은 좀 더 정결한 신앙생활을 위해 떠나는 것이지, 결코 분열주의자들로서 영국을 떠나는 것이 아니라는 점을 강조했다. 마침내 1630년 4월 8일, 4척의 배가 서댐톤(Southampton) 항구를 떠났다. 1630년에만 약 2,000명의 영국인들이 매사추세츠로 갔으며, 이러한 이민의 물결로 인해 1630년대 10년 동안 매사추세츠의 총 인구는 약 20,000명으로 늘어났다. 당시의 선박 규모나 항해술에 비추어볼 때, 매우 많은 사람들이 신대륙을 향해 갔던 것이다.[15]

윈쓰롭은 아벨라호(the Abella)의 갑판에서 신대륙으로 가는 목적을 "이전에는 단지 신앙고백 속에서만 진리로 주장할 수 있었던 것을 익숙하고 지속적인 실천으로 옮기는 것"이라고 말했다. 즉 윈쓰롭은 그들의 이민 목적은 박해를 피해 신대륙으로 가는 것이 아니라, "언덕 위에 세워진 도시"(a city set on a hill)가 되어, 하나님과 언약을 맺은 백성이 어떻게 되는지를 온 세상에 보여주는 것이라고 역설하였다. 즉 그들은 경건한 사회의 모델이 되는 도시를 만들어, 만국을 구원하시는 일에 긍정적인 영향을 끼치는 하나님의 도구가 되겠다는 것이었다. 청교도들에게 미국은 실험과 희망의 땅이었다.[16]

윈쓰롭 함대에는 회사의 모든 간부들과 주주들이 탔다. 식민지는 실지로 독립 공화국이었다. 주주들은 자유민(freemen)으로 불렸고 유권자들이 되었으며, 이사들은 입법부 의원들이 되었다. 회사의 대표는 식민지의 총독이 되었으며, 자유민의 대표자들로 입법부의 하원(second house)을 구성하였다.[17]

3. 회중교회 설립

매사추세츠에 도착한 청교도들은 회중교회를 세웠다. 회중교회는 국교회처럼 모든 교구민이 교회회원의 자격을 갖는 것이 아니라, 성도의 삶을 충실하게 살아갈 것을 언약한 사람들이 정회원이 되는 교회체제였다. 교회는 목사, 장로, 집사, 교사 등의 여러 직분을 둘 수 있지만, 그들을 선출하는 권한은 전체 회중에게 속하였다. 언약한 성도의 자치적 모임으로서의 교회는 플리머스와 세일럼에서 이미 확고하게 시행되고 있었다.[18]

매사추세츠의 중심지역인 찰스타운(보스턴)교회는 1630년 7월 30일에 다음과 같은 교회언약을 기초로 창립되었다.

> 우리 주 예수 그리스도의 이름으로, 또 그의 거룩하신 뜻과 규례를 순종하는 마음으로 아래 서명자들은 주님의 현명하시고 선하신 섭리에 따라 이 아메리카 매사추세츠만 지역에 보내심을 받았습니다. 이제, 주님이 구속해주시고 거룩하게 하신 모든 사람들이 우리의 머리되신 예수 그리스도 아래서 하나의 회중 또는 교회로 연합하려 합니다. 이렇게 함에 있어서 우리는 우리 삶의 모든 길을 복음의 규칙에 따라 그의 거룩하신 규례를 진정으로 순종하면서, 하나님의 은총을 가까이하며 서로 사랑하고 존경하면서 걸어갈 것을 엄숙하게 또 경건하게 (하나님께서 이 자리에 우리와 함께 계심을 믿으며) 약속합니다.[19]

매사추세츠에 초기에 정착한 회중주의 청교도들은 그들이 믿는 회중교회주의와 신정정치 개념에 반대하는 자들을 결코 관대하게 다루지 않았다. 매사추세츠에는 회중교회가 주정부로부터 법적으로 인정받고 지원 받는 유일한 교회로 자리잡게 되었다. 교회와 국가의 연합은 당연한 것이었고, 모든 매사추세츠 주민들은 이러한 정교일치체제에 순응해야 했다. 그러한 순응은 좋은 시민이 되는 전제조건이었다. 청교도들은 공적인 종교인 회중교회를 반대하는 사람들을 박해하는 것을 타당한 것으로 여겼다. 이런 상황에서 초기 침례교인들은 신자의 침례, 종교의 자유, 교회와 국가의 분리 등 침례교 신앙을 전파하였기 때문에 박해를 피할 수 없었다.[20]

존 코튼(John Cotton)을 비롯한 보스턴의 회중교회 목회자들은 신학, 정치, 교육 등에 대한 깊은 식견과 신앙적 열정을 가지고 있는 사람들로서 주민들이 믿고 따를 만한 사람들이었다. 그 결과 회중교회의 교인 수는 점차 늘어났으며 교회와 사회는 안정되어갔다. 그렇지만 신학사상의 차이로 인한 충돌은 그곳도 피할 수 없었다. 대표적인 것이 로저 윌리엄스와 앤 허친슨(Anne Hutchinson)이 일으킨 논쟁이었다. 앤 허친슨은 코튼의 주일설교와 목요강좌를 여성들에게 설명해주는 보조자로 활동하면서, 많은 사람들로부터 큰 호응을 받게 되었다. 그런데 시간이 흐르면서 허친슨은 코튼의 가르침을 왜곡하기 시작했다. 성령은 선택받은 소수에게만 주어지고, 성령이 개인에게 임재하면 인간은 전적으로 수동적인 상태가 되고, 성령께서 성화의 모든 과정을 이끌어 가신다고 가르쳤다. 허친슨은 성령의 능동적이고 직접적인 임재와 계시만을 주장하며 교회의 모든 교육적, 중재적 기능을 부인하기 시작했다.[21]

보스턴교회의 지도자들은 허친슨 일파의 가르침을 정죄하였다. 그러자 허친슨 그룹은 목회자들과 교회 지도자들을 성령을 받지 않은 율법주의자들이라고 비난했다. 그들은 목사가 설교를 시작할 때, 일제히 예배당을 빠져 나가거나 온갖 질문으로 예배를 방해했다. 허친슨 일파는 반율법주의자들(Antinomians), 교회와 같은 공(公)조직보다는 개인중심의 신앙을 추구한다는 의미로 가족주의자들(Familists), 공격적이고 독선적인 태도로 인해 적색군(Red Regiment) 등으로 불렸다. 그들은 1637년 11월 재판에서 추방형을 받게 되자 남쪽의 내러건셋트(Narangansett)만 근처로 이주하여 정착지를 건설했다.[22] 앤 허친슨이 일으킨 논쟁과는 비교가 되지 않을 결과를 낳은 논쟁은 바로 로저 윌리엄스에 의해 제기되었다.

로저 윌리엄스와 미국 침례교회 창설

1. 영국에서 로저 윌리엄스의 삶

로저 윌리엄스(Roger Williams, c.1603-1683)는 1639년에 로드아일랜드 주 프로비던스(Providence)에 미국 최초의 침례교회를 세운 사람이었다. 그는 1603년경 런던에서 제임스 윌리엄스(James Williams)와 엘리스 펨벌톤(Alice Pemberton) 사이에서 태어났다. 아버지는 소규모의 양복점을 운영하는 중류계급에 속하는 사람이었다. 윌리엄스의 가족은 영국 국교회인 성묘교구교회(St. Sepulchre's Parish)에 출석하였고, 따라서 윌리엄스는 국교회 전통에서 성장했다.[23]

윌리엄스는 청소년 시절에 영국 왕립법원의 수석 재판관까지 역임했던 에드워드 코크 경(Sir Edward Coke)의 특별한 관심을 받게 되었다. 코크 법관은 가끔 성묘교회에 예배드리러 왔는데, 그 때 윌리엄스가 목사의 설교를 속기로 기록하는 드문 기술을 가지고 있는 것을 발견했다. 윌리엄스의 남다른 능력은 법률사무소에서 유용하게 사용될 수 있는 기술이었기 때문에, 코크는 윌리엄스를 서기로 채용했다. 코크와의 만남은 윌리엄

| 미국 최초의 침례교회를 세운 로저 윌리엄스

스의 삶에 엄청난 영향을 끼쳤다. 윌리엄스는 젊은 나이에 법원의 재판과정을 참관할 기회가 많았으며, 종교와 관련된 많은 재판도 목격할 수 있었다. 그 때, 그는 많은 비국교도들이 신앙적인 입장 때문에 법적인 위험과 고통을 받게 된다는 것도 알게 되었다.[24]

코크는 윌리엄스가 고등교육을 받을 수 있도록 후원을 아끼지 않았다. 그는 윌리엄스를 매우 전망 있는 젊은이로 보고, 1621년에 서튼 고등학교(Sutton Hospital)에 입학시켰다. 윌리엄스는 기대에 걸맞게, 고등학교를 좋은 성적으로 졸업하였다. 그리고 1625년 6월에 캠브리지대학교의 펨브로크대학(Pembroke College)에 입학하였다. 그는 1627년에 학사학위를 받았고, 그 해 곧바로 석사과정에 입학하였다. 그런데 석사과정은 18개월만 다니고 그만 두었는데, 아마도 종교적인 불만이 그런 결정을 하도록 만들었을 것이다.[25] 이미 윌리엄스의 마음에는 청교도주의 신앙이 자리하였고, 비국교도들에 대한 동정심이 커졌던 것이다.

사실 윌리엄스는 비록 성공회 가정에서 컸지만, 꽤 어렸을 때부터 비국교도들에 대한 동정심을 드러냈다. 10살 혹은 12살 때, 그는 깊은 신앙체험을 하였고, 그것은 그를 청교도주의로 이끌었다. 그는 이러한 새로운 사상으로 인해 "아버지의 집 안과 밖에서 박해를 받았다."[26] 윌리엄스가 소년시절을 보낸 런던의 웨스트 스미스필드(West Smithfield)는 이단들을 화형 시키는 화형장이 있던 곳이었다. 어린 윌리엄스가 이단을 처형하는 장면을 목격했을 가능성은 충분히 있었을 것이다. 또한 코크 법관의 사무실에서 일하면서, 이단자들에 대한 재판을 살

펴보면서 심적인 갈등도 느꼈을 것으로 여겨진다.[27]

그러나 이와 같은 배경에도 불구하고 윌리엄스는 캠브리지대학교를 졸업하기 위해 서명책자(Subscription Book)에 서명하였는데, 그것은 그 책자에 나와 있는 성공회 교리와 예배를 진심으로 믿는다는 것을 맹세하는 행위였다. 윌리엄스는 대학을 졸업한 후, 성공회 사제로 안수 받았다. 그는 교구 목사직을 얻지 않고, 대신 에섹스 읍(Essex County)에 소재한 윌리엄 마샴 경(Sir William Masham) 가문의 전속 목사가 되었다. 유력한 가문의 전속 목사가 되는 것은 당시의 젊은 신학교 졸업생들이 목회직으로 나아가는 보편적인 방식 가운데 하나로서, 결코 드문 일이 아니었다. 마샴의 영지에는 일꾼들과 하인, 그리고 그 가족들도 포함되어 있어서, 윌리엄스는 꽤 큰 공동체를 영적으로 돌보아야 했다.[28]

마샴 경의 영지에서 목회하는 기간 윌리엄스는 제인 왈리(Jane Whally)라는 상류층 여인과 깊게 사랑하게 되었다. 그러나 결혼은 이루어지지 못했고, 이에 너무나 큰 충격을 받은 윌리엄스는 몸져누웠다. 그는 심한 고열로 고통당했고, 많은 사람들은 그가 죽게 될 것으로 보았다. 그때 마샴 경의 딸을 시중드는 일을 하고 있었던 메리 버나드(Mary Barnard)라는 소박한 가문의 목사 딸이 수개월 간 윌리엄스를 간호하였다. 버나드의 극진한 보살핌으로 회복된 윌리엄스는 그녀와 사랑에 빠지게 되고 결국, 두 사람은 1629년 12월 15일에 결혼식을 올렸다.[29]

윌리엄스는 그 즈음에 확고한 분리주의자가 되었다. 그는 이전부터 지니고 있었던 분리주의 성향이, 국교회 신자인 상류층 여인과의 결혼에 실패하면서 더욱 공고하게 되었다. 윌리엄스는 성공회를 거짓된 교회로 확신하게 되었고, 따라서 참된 성도들은 그 교회로부터 탈퇴해야 한다고 생각했다. 윌리엄스가 분리주의 사상을 갖게 된 배경으로는 독립심이 강한 기질, 스스로 성경적 진리를 찾고자 하는 자세, 웨스트 스미스필드에서 목격한 비국교도들의 처형 장면, 에드워드 코크의 법률 사무직원으로 있을 때 종교적인 이유로 박해하는 것을 비판적으로 보았던 것, 캠브리지대학교에서 공부할 때 받았던 영향 등이 있을 것이다.[30] 이와 같은 배경과 제인 왈리와의 결혼 실패 등은 윌리엄스로 하여금 확고한 분리주의자가 되게 하였다.

2. 뉴잉글랜드에서 로저 윌리엄스의 삶

17세기 전반기에 영국에서 분리주의를 신봉하는 목회자의 미래는 암담한 것이었으며, 그것을 잘 알고 있는 윌리엄스는 미국 보스턴 근처 세일럼(Salem) 마을에 있는 교회의 청빙을 받아들이기로 하였다. 윌리엄스 부부는 1630년 12월 1일에 미국으로 향하는 배에 올라탔고, 약 세 달간의 항해 끝에 1631년 3월 5일, 보스턴 항에 도착하였다. 그는 보스턴에서 대환영을 받았다. 키가 크고 잘생겼으며, 훌륭한 교육을 받고, 연설도 탁월하게 잘하는 30대의 열정적인 목사는 보스턴 사람들의 호감을 얻기에 충분하였다. 잘 훈련된 성직자가 부족하였던 뉴잉글랜드에서는 윌리엄스 같은 사람은 아주 귀한 존재였다. 마침 담임목사 존 윌슨(John Wilson)이 자리를 비운 보스턴제일교회는 만장일치로 윌리엄스를 담임목사로 청빙하였다. 하지만 윌리엄스는 보스턴교회가 영국 국교회로부터 완전하게 독립하지 못하고 느슨하게 연결되어 있는 것을 보고 매우 불쾌하게 여겼으며, 그것을 이유로 목사직을 수락하지 않았다.[31]

보스턴교회의 관대한 제안을 윌리엄스는 꽤 고압적인 태도로 거절하였다. 그는 후에 존 코튼 2세(John Cotton Jr.)에게 보낸 편지에서, "나는 만장일치로 보스턴의 교사로 선택되었지만, 내가 그들을 조사하고 함께 대화해본 결과, 그들이 분리주의적인 사람들이 아니었기 때문에, 그들을 위해 공적인 일을 할 수 없다고 생각하여 양심상 거절하고 플리머스로 갔다." 라고 하였다.[32]

윌리엄스의 이러한 분석이 결코 틀린 것은 아니었다. 사실 뉴잉글랜드 청교도들은 국교회의 교리와 체제를 비판하고 보다 순결하고 성서적인 교회를 세우기 위해 신대륙으로 건너왔지만, 국교회에 대해 명확한 태도를 정하지 못하고, 대체로 비분리주의 노선을 유지하고 있었다. 그런 상황에서 윌리엄스는 국교회와 협력하는 행위를 공개적으로 회개하고, 국교회의 잘못을 분명하게 단죄해야만 목사직을 수락하겠다고 하였던 것이다. 이러한 요구는 윌리엄스를 개인적으로 좋아했던 주지사, 존 윈쓰롭 마저도 받아들이기 힘든 것이었다. 윈쓰롭은 뉴잉글랜드 청교도들은 여전히 영국 국민이며, 국교회와 단절하지 않아도 교회의 개혁은 가능하다고 생각했다. 그는 오히려 윌리엄스 같은 독선주의자들이 더 큰 어려움을 준다고 보았다.[33]

윌리엄스는 보스턴을 떠나 원래 자신을 청빙하였으며, 분리주의 입장을 어느 정도 받아들이고 있는 세일럼교회의 목사로 1631년 4월 12일 취임하였다. 하지만 윈쓰롭을 비롯한 보스턴의 지도자들은 세일럼교회에 압력을 가하였고, 윌리엄스는 결국 그 해 여름에 목사직을 사임하고 플리머스로 갈 수 밖에 없었다. 그는 플리머스에서 목회하고 있던 랄프 스미스(Ralph Smith) 목사의 부목사로 채용되었고, 교인들로부터 크게 환영받았다. 윌리엄스는 1631년부터 1633년까지 2년 동안 플리머스에서 사역하는 동안 설교하고, 농사 짓고, 인디언들과 상거래도 하며 행복한 시간을 보냈다. 그러는 와중에 그는 여러 인디언 종족들의 언어를 배우게 되었고, 1632년부터 그들에게 전도도 하였다.[34]

윌리엄스는 미국 인디언 선교의 선구자였다. 윌리엄스가 1643년에 영국에 갔을 때, 제일 먼저 출판한 책은 『아메리카 언어의 핵심』(*A Key into the Language of America*)이었다. 이 책은 내랑건세트(Narrangansett) 지역 인디언들의 언어에 대한 입문서였다.[35] 인디언들을 야만인들로 보았던 대다수 영국인들과 달리, 윌리엄스가 그들을 선교의 대상으로 볼 수 있었던 이유 중에 하나는 그의 교회론이었다. 윌리엄스는 구약에서 교회의 모습을 찾으려했던 칼빈주의자들과 다르게, 신약성서에서 그것을 찾으려 했다. 뉴잉글랜드 회중교회의 대표적 목사요 칼빈주의 신학자인 존 코튼은 칼빈의 교회론에 따라 구약시대 이스라엘 국가를 교회의 모형으로 보았다. 그리고 코튼은 뉴잉글랜드를 이스라엘로, 인디언들은 아말렉 족속들로 해석했다. 코튼의 교회론에 따르면 인디언 선교는 결코 옹호될 수 없는 것이었다. 하지만 윌리엄스는 교회란 새 이스라엘로, 그것은 인종이나 언어, 국적을 초월하여 오직 중생한 모든 사람들의 모임이라고 믿었다. 따라서 그는 인디언들 역시 하나님의 은혜를 통해 교회의 일원이 될 수 있다고 믿었다.[36]

플리머스에서의 즐거운 생활은 오래가지 못했다. 윌리엄스는 점차 플리머스 교회 교인들이 본인이 생각한 것 보다 훨씬 덜 분리주의적인 입장을 가지고 있다는 것을 발견하게 되었고, 곧 교회와 마찰을 빗기 시작하였다.[37] 플리머스교회의 장로 윌리엄 브루스터(William Brewster)는 윌리엄스가 영국 침례교 창시자 존 스마이스와 서로 유사한 점이 있음을 발견하였다. 그는 윌리엄스가 "암스테르담에서 자기 스스로에게 침례를 준 존 스마이스 목사처럼, 엄격한 분리주의를 거쳐 재침례교주의로 향하는 똑같은 경로로 나아가게 될 것"을 우려하였다. 플리머스에 계속 있을 수 없었던 윌리엄스는 1633년 늦은 시기에 다시 세일럼교회로 돌아왔다. 그는 세일럼교회에서 교회와 목사를 돕는 일을 맡을 수 있었다. 세일럼교회가 그를 목사가 아닌 목사를 돕는 일을 맡긴 것은 윈쓰롭과 보스턴 지도자들의 입장을 고려했기 때문이었다. 그러면서도 세일럼교회는 분리주의 성향을 가진 교회였기 때문에 윌리엄스를 동정적으로 대했다.[38]

이와 같은 우호적인 분위기에서 윌리엄스는 자신의 생각을 본격적으로 주장하기 시작했다. 그는 미국 땅은 원래 인디언들이 소유자이다. 따라서 영국 국왕이 매사추세츠 식민지회사에 특허장을 부여한 것은, 권리 밖의 일을 행한 것이며 당연히 원인무효에 해당된다고 주장했다. 윌리엄스의 주장은 매사추세츠 식민지의 법적 근거를 부인하는 매우 혁신적인 것이었다. 많은 사람들은 격분하여 윌리엄스에게 당장 조치를 취하고자 했다. 하지만 주지사였던 윈쓰롭은 윌리엄스에게 식민지의회에서 자신의 진의를 해명할 수 있는 기회를 주고자 하였다. 이러한 윈쓰롭의 유연한 지도력을 우유부단으로 간주한 사람들은 그를 불신하여 1634년부터 1636년까지 2년 동안 지사직을 맡지 못하게 했다.[39] 이것은 윌리엄스에 대한 매사추세츠 주민들의 증오가 얼마나 컸는지를 보여준다. 윈쓰롭의 후임 지사로 부지사였던 토마스 더들리(Thomas Dudley)가 선출되었다. 그는 윌리엄스에 대해 강경한 자세로 당장 법적 조치를 취하려 하였다. 하지만 이때는 코튼 목사를 비롯한 목회자들이 중재하여 법적 조치로까지 가지 않게 하였다. 목회자들은 종종 중재의 역할을 해왔으며, 당국은 이것이 사회의 통합에 도움이 된다고 보고 있었다.[40]

그러나 윌리엄스의 분리주의는 근본적으로 청교도 공화국의 정치와 병존할 수 없는 것이었다. 매사추세츠 식민지정부는 1634년에 식민지에 사는 모든 주민들은 정부에 대한 충성맹세를 행할 것을 법으로 규정하였다. 이에 대해 윌리엄스는 맹세하는 것은 그 자체가 일종의 예배행위와 같은 것으로 성경이 금지하고 있는 행위라며 강력히 반대하였다. 세일럼 교인들은 윌리엄스의 생각을 지지하였다. 이에 힘을 얻은 윌리엄스는 세속 정부는 종교의 문제에 대해 관여하지 말아야 한다고 주장했다. 세일럼 주민들은 담임목사인 새뮤얼 스켈톤(Samuel Skelton)이 사망하자, 윌리엄스를 담임목사로 추대하였다. 윌리엄스의 영향력이 급속하게 세일럼 마을을 장악하게 되었다.[41]

윌리엄스 문제와 관련하여 매사추세츠 식민지의회가 1635년 7월에 공청회를 열었을 때, 윌리엄스는 아주 당당한 모습으로 나타났다. 보스턴 청교도들은 윌리엄스의 분리주의는 교회와 사회의 분열의 요인이 되며, 따라서 과격한 분리주의는 반드시 제거되어야 한다는 데 의견의 일치를 보았다. 그런데 개교회의 자치와 독립을 인정하는 회중주의를 채택하고 있는 매사추세츠 교회들은 비록 전체교회의 뜻이라 하더라도 개별교회에 그것을 강요할 수는 없었다. 다시 말해 세일럼교회에게 그들의 입장을 명령할 수 없었던 것이다. 따라서 그들은 이 문제를 식민지정부로 넘겼다.[42]

당시에 세일럼 정착지는 인근의 마블헤드 넥(Marblehead Neck)의 토지를 개간할 수 있게 해달라고 매사추세츠 식민지정부에 청원을 해 놓은 상태였는데, 정부는 세일럼교회가 윌리엄스를 사퇴시키는 조건으로 허락하겠다고 하였다. 정부의 이러한 결정은 세일럼을 비롯한 다른 정착지들의 반감을 사게 되었다. 이들은 신앙의 문제를 정착지 존립의 근거인 토지문제와 연계시키는 것은 적절하지 않을 뿐더러, 자기 정착지들도 언제든지 그런 입장에 놓일 수 있다는 염려를 가졌던 것이다. 정착지들은 세일럼을 동정하는 분위기로 바뀌었다.[43]

그런데 이러한 유리한 분위기를 반전시킨 사람은 다름 아닌 윌리엄스였다. 그는 정착지들의 동정을 과신하여, 더 과격한 주장을 펼쳤다. 윌리엄스는 매사추세츠 교회는 정부와 결탁하여 독립성과 순결성을 상실했기 때문에, 더 이상 교회가 아니다. 따라서 세일럼교회는 단호하게 그들과 결별해야 하며, 만일 그렇게 하지 못하면 자신이 세일럼을 떠날 수밖에 없다고 공언하였다. 윌리엄스의 제안은 세일럼의 지도자들로서는 도저히 받아들일 수 없는 것이었다. 자그마한 정착지에 불과한 세일럼이 매사추세츠나 식민지정부와 분리하여 독자적으로 살아갈 수 있는 가능성이 거의 없었던 것이다. 또한 자신과 의견이 다른 사람들은 모두 잘못이라고 주장하는 윌리엄스의 독선은 시간이 갈수록 세일럼 사람들을 힘들게 하였고, 마블헤드 넥 토지도 결코 적지 않은 이권이었다.[44] 세일럼은 윌리엄스를 포기하기로 하였다.

결국 윌리엄스는 1635년 10월에 보스턴 법정에 불려가게 되었다. 그는 법정에서 세일럼교회에서 가르쳤던 네 가지 사항에 대해 취조를 받았다. 첫째, 우리는 이 땅을 영국 국왕으로부터 하사 받은 것으로 하였지만, 사실 원주민의 땅이다. 따라서 그것을 회개해야 한다. 둘째, 악한 사람이 하나님에 대한 예배로서 기도하고, 맹세하는 것은 잘못이다. 셋째, 영국의 교구 목사들로부터 배우는 것은 잘못된 것이다. 넷째, 세속시민 정부의 공무원들은 인간의 외부 사항들만 관여해야 하며, 신앙문제에 대해서는 참견하지 말아야 한다. 윌리엄스는 법원이 제기한 네 가지 사항들을 자신이 가르쳤다고 인정하였다.[45]

윌리엄스의 사상은 당시 뉴잉글랜드 사람들에게는 매우 위험하고 혁명적인 발상이었다. 첫 번째 주장은 영국 국왕의 권위를 무시하며, 자신들의 토지 소유권을 위협하는 것이었다. 두 번째는 중생하지 못한 사람들이 교회의 일원이 되는 것을 일절 인정하지 않는 매우 엄격한 분리주의 교회론 이었는데, 보스턴 사람들은 그것을 지나친 엄격주의로 보았다. 세 번째는 영국 국교회를 거짓 교회로 정죄하며, 국교회와의 완전한 단절을 요구하는 것이었다. 그러나 당시 뉴잉글랜드 사람들은 식민지 교회를 영국 국교회로부터 분리된 교회가 아니라, 국교회로부터 나온 가지로 생각하고 있었다. 따라서 당연히 국교회와의 교제도 계속 유지되고 있었다. 네 번째는 정교일치 사회를 부정하고 교회와 국가의 분리를 주장한 것인데, 매사추세츠는 정교일치 사회였다. 간단히 말해, 윌리엄스의 사상은 이단이며 반역에 해당되는 것이었다.

윌리엄스는 국가는 세속적인 일을 담당하고 교회는 영적인 일을 하는 것이기 때문에, 교회와 국가가 서로 분리되는 것은 당연한 것이라고 하였다. 그는 정교일치 전통은 콘스탄틴 황제가 기독교를 공인하면서부터 생겨났고, 그때부터 기독교인들은 타 종교를 박해하고, 심지어 신앙적인 차이로 동료 기독교인들도 핍박하고 처형하는 잘못을 범하였다고 하였다. 따라서 참된 교회를 회복하기 위해서는 국교회 제도를 부인하고 정치와 종교를 분리시켜야 한다고 주장했다.[46]

정교분리의 정당성을 설명하기 위해 윌리엄스는 두 가지 예를 들었다. 첫 번째 예는 십계명의 두 돌판이었다. 즉 십계명의 첫째 돌판은 대신 관계, 둘째 돌판은 대인 관계를 다루었다. 그런데 두 돌판은 서로 떨어져 있는데, 이것은 영적인 일과 세속적인 일이 서로 구분되어야 함을 의미한다고 하였다. 두 번째 예는 "바다에 있는 배"와 "항구에 있는 배"의 비유를 사용했다. 즉 배가 바다위에 있을 때는 선장이 최고의 권위를 가지기 때문에, 배 안에 있는 사람이 왕이라 할지라도 선장의 명령에 따라야 하지만, 배가 항구에 있을 때는 배에 대한 최고 권위자는 항구를 관장하는 관리이므로, 선장도 그의 명령에 순복해야 한다는 것이다. 이 비유를 통해 윌리엄스는 세속 권력자는 교회에서 보통 성도에 불과하고, 목사는 국가적인 일에 있어서 일개 시민에 불과하다고 주장했다.[47]

매사추세츠 법정은 윌리엄스가 위험한 사상을 전파하는 것을 중단해야 하며, 만약 그렇지 않을 경우 6주 이내에 매사추세츠를 떠나야 한다고 명령했다. 이단 문제와 관련하여 매사추세츠가 택한 가장 일반적인 형벌은 추방이었다. 윌리엄스는 세일럼에서도 지지를 잃었기 때문에 다른 방법이 없었다.[48] 법원의 결정에 따라 윌리엄스는 1635년 11월 안에 매사추세츠를 떠나야 했다. 그런데 매사추세츠 법원은 추방령의 집행을 1636년 봄까지 연기하면서, 윌리엄스가 자신의 주장을 철회할 기회를 주려하였다. 그러나 그가 여전히 비밀집회를 열고, 과격한 견해를 선포하고 있다는 것이 알려지면서, 당국은 그를 즉시 체포하였다. 그리고 1636년 1월에 영국으로 떠나는 배편에 실어 영국으로 보내려 하였다. 매사추세츠 주지사 존 윈쓰롭은 이러한 사실을 은밀하게 윌리엄스에게 알려주었으며, 윌리엄스는 20여 명의 추종자들과 함께 남쪽 광야로 도망을 쳤다. 윌리엄스 일행은 겨울의 혹한으로 죽음의 고비를 겪었지만, 내러건셋트(Narangansett) 인디언들의 도움으로 목숨을 건질 수 있었다.[49]

윈쓰롭이 윌리엄스에게 추방계획을 몰래 알려준 것은 우정 때문인 것으로 보인다. 두 사람 사이에 왕래된 편지를 보면 윈쓰롭은 추방령에 동의하지 않았던 것 같다. 윌리엄스는 윈쓰롭이 뉴잉글랜드의 순결성을 지키는 지도자가 되어줄 것을 당부하는 내용도 있다. 청교도 공화국의 꿈을 평생 꾸었던 순수파 윈쓰롭은 어쩌면 윌리엄스가 추구한 순수한 신앙에 어느 정도 공감했을 개연성도 있었다고 볼 수 있다. 하지만 윌리엄스의 극단적이고 편향적인 분리주의에 대해서는 확고하게 반대하였다.[50]

3. 로드아일랜드 개척 및 최초의 침례교회 설립

윌리엄스와 일행은 1636년 6월에 매사추세츠만의 영역을 넘어선 지역에 프로비던스 정착지(Providence Plantations)를 설립하였다. 그들은 프로비던스의 땅을 인디언들로부터 구입하고, 민주주의, 종교의 자유, 교회와 국가의 분리를 천명하는 공동체 협정을 채결하였다. 윌리엄스는 미국에서 민주주의를 선구적으로 실시한 사람이었다. 그는 자신이 개척한 프로비던스 정착지를 다수결에 의해 의사결정을 하는 체제로 운영하였다.[51] 윌리엄스가 그렇게 한 것은 주권재민의 원칙을 믿었기 때문이었다. 그의 저술 곳곳에는 "모든 정치적, 시민적 권위의 행사는 오직 시민들의 동의에서 우러나는 것이다." "정부는 시민적 권력, 즉 시민들이 협의하고 합의한 권력을 초월하거나 그들이 정해 준 권력행사의 기간을 자의적으로 초과해서는 안 된다." 등의 구절들을 발견할 수 있다.[52] 윌리엄스는 새로운 정부를 위한 법률적 지식을 코크 경의 법률사무소에서의 일하면서 습득할 수 있었다.[53] 윌리엄스가 프로비던스 정착지를 세운지 1년 5개월이 지난 1637년 11월에, 매사추세츠 법원으로부터 추방형을 받았던 반율법주의 여선지자 앤 허친슨이 소수의 무리를 이끌고 로드아일랜드로 왔다. 앤 허친슨의 추종자들은 후에 로드아일랜드를 퀘이커의 중심지로 발전시켰다. 1638년에는 존 클라크(John Clarke)와 윌리엄 코딩턴(William Coddington)도 그곳으로 이주해왔다.[54]

프로비던스교회는 초기 3년 동안 분리파 청교도교회였다. 그러던 중 1639년 3월 16일 이전의 어느 날, 침례교회가 되었다. 그것은 신대륙에서 최초의 침례교회였다. 윌리엄스가 침례교인으로 전향한 이유에 대해서 역사가들은 그가 영국에 있을 때부터 침례교회에 대해 알았을 가능성을 제기한다. 즉 윌리엄스는 영국에서 존 스마이스가 사람들을 데리고 암스테르담으로 피난 간 유명한 사건에 대해서 분명히 알았을 것이며, 그것이 어느 정도 침례교 전향에 영향을 주었을 것이라는 것이다. 하지만 윌리엄스 자신은 스마이스에 대해 어떤 언급도 하지 않았다.[55]

최초의 미국 침례교회 설립에 대한 직접적이고 설득력 있는 역사적 자료는 당시 매사추세츠 주지사 존 윈쓰롭의 증언이다. 그는 다음과 같이 기록하였다.

프로비던스에서는 상황들이 점점 더 악화되었다. 허친슨(Hutchinson) 부인의 여동생이자 스콧(Scott) 이란 사람의 아내는 재침례교주의에 물들어 있었는데, 작년에 프로비던스로 이사하였다. 윌리엄스는 그녀에 의해 (혹은 다소 대담하게 되어) 공개적으로 신앙고백을 하였으며, 그것에 기초하여 세일럼에서 온 가난하고 늙은 홀리맨(Holyman) 이란 사람에게 다시 침례를 받았다. 그 후, 윌리엄스는 홀리맨과 약

10명의 사람들에게 재침례를 베풀었다. 그들은 또한 유아세례를 부인하였고, 위정자들을 세우려하지 않았다.[56]

윈쓰롭의 증언에 나오는 허친슨은 영성주의자 앤 허친슨이고, 스콧은 리처드 스콧(Richard Scott)이며, 스콧의 아내이자 허친슨의 여동생은 캐더린 스콧(Catherine Scott)이었다. 그리고 홀리맨은 세일럼에서 로드아일랜드로 함께 온 평신도 에즈카이엘 홀리맨(Ezekiel Holliman) 이었다. 침례교회가 된 윌리엄스의 교회는 유아세례를 공식적으로 폐기했고, 세속 관리들이 종교에 관한 문제를 다루지 못하게 하였다.[57]

그런데 윌리엄스는 단지 4개월 동안만 침례교인으로 남아 있었다. 그는 자신이 행한 두 번째 침례에 대해 의심을 품기 시작하였다. 이와 관련하여 리처드 스콧은 "나는 그[윌리엄스]와 함께 4개월 동안 침례교를 향한 길을 갔다. … 어느 날 그는 공동체와의 관계를 단절하면서, 그 이유와 근거에 대해 공개적으로 말하였다. 즉 우리들의 침례는 사도에 의해 집례된 것이 아니기 때문에, 올바를 수 없다는 것이다." 라고 증언하였다.[58] 윌리엄스는 자신들이 행한 신자의 침례는 옳은 것이지만, 문제는 그것이 적법한 권위를 가진 사람에 의해 집행 되지 않았다는 데 있었다. 그는 교회예식은 사도들에게까지 연결되는 끊임없는 계승이 있어야 합법성을 가질 수 있다고 보았는데, 홀리맨은 그와 같은 계승이 없기 때문에, 그가 자신에게 행한 침례는 유효할 수 없다고 생각했다. 윌리엄스는 의식이 중단되었을 경우에는 그리스도께서 새로운 사도를 보내어 그것을 다시 재정해야 하며, 그와 같은 영적인 복구가 없으면, 참된 교회나, 주의 만찬, 성례가 존재할 수 없다고 믿었다. 이러한 이유로 인해, 윌리엄스는 자신이 바로 그 사도가 되어야 한다고 생각했다. 이와 같은 해괴한 생각 때문에 윌리엄스는 자신이 세운 교회를 떠나 어떤 교회에도 가입하지 않고 홀로 진리를 찾아 신앙생활을 하는 "구도자"로 여생을 보냈다.[59]

윌리엄스는 1654년에 프로비던스 주민들에 의해 로드아일랜드 초대 주지사로 선출되었다. 그러나 그는 3년만 그 직책을 수행하고, 1657년 이후에는 어떠한 공직도 맡지 않았다. 윌리엄스는 1683년에 약 80세의 일기로 세상을 떠나기까지, 자신이 세운 로드아일랜드를 정교분리, 민주주의, 신앙의 자유 등을 실천한

최초의 식민지가 되게 하였다.[60]

뉴잉글랜드 침례교회

17세기에 뉴잉글랜드에서 침례교회의 성장은 매우 느렸다. 17세기의 끝인 1700년에 이르기까지 뉴잉글랜드에는 약 10개의 침례교회와 300명의 교인만 있었다.[61] 하지만 미국 침례교회가 이곳에서 시작되고 기초를 놓게 된 것은 매우 의미 깊은 일이라 할 수 있다.

1. 로드아일랜드

1) 프로비던스

로저 윌리엄스가 로드아일랜드에 처음 도착했을 때 그곳은 황량한 광야에 불과하였지만, 사람들이 점차 모여들면서 정착촌들이 건설되기 시작했다. 그런데 로드아일랜드에는 매사추세츠의 집단주의적 통치에 반발하여 이주한 사람들이 대부분이었기 때문에, 개성이 지나치게 강하고 완고한 성격의 사람들이 많았다. 따라서 이들에게는 공동의 신앙고백서나 교회체제, 신앙생활 양식 등은 전혀 어울리지 않았다. 로드아일랜드는 인구는 적지만, 신앙생활의 다양성은 최고였다. 반율법주의자, 가족주의자, 재침례파, 극단적 분리주의자, 모든 차별을 배격하는 보편주의자(Generalists), 어떠한 것에도 얽매이지 않는 자유주의자, 심지어 무정부주의자에 이르기까지 매우 다양한 사람들이 그곳에 흩어져 살았다.[62]

프로비던스, 포츠머스(Portsmouth), 뉴포트(Newport), 워윅(Warwick) 등은 로드아

| 로드아일랜드 교회

일랜드의 초기 정착지들이었다. 프로비던스는 윌리엄스가 원주민들에게 토지를 구입하여 1636년 6월에 4명의 동료들과 함께 건설한 정착촌이었다. 포츠머스는 매사추세츠에서 추방당한 허친슨 그룹과, 보스턴에서 당국과 갈등관계였던 윌리엄 코딩톤이 힘을 합쳐 1638년에 세웠다. 코딩톤은 지식이 있고 재력이 풍부한 사람으로 신대륙에서 자신만의 대규모 영지를 갖는 꿈을 가졌다. 하지만 허친슨 그룹과의 신앙과 토지문제로 갈등하게 되고, 결국 1639년에 포츠머스를 떠나 새로운 정착지를 개발하였는데, 그것이 로드아일랜드 남쪽 해변의 뉴포트였다. 그러나 그곳에서도 그의 야망은 실현되지 못하였으며 이에 실망한 코딩톤은 퀘이커교도로 개종하고, 그곳을 퀘이커교회의 중심지가 되도록 만들었다.[63]

모든 교파들이 자유롭게 공존할 수 있었고, 로드아일랜드를 개척한 사람이 침례교회를 세웠다는 사실 등은 로드아일랜드에서 침례교회의 발전을 기대할 수 있게 하지만, 실제로는 발전이 너무 더뎠다. 그 이유는 외부의 정치적인 문제와 내부의 교리 논쟁 때문이었다. 외부의 정치적인 문제란 새로 생긴 정착지들을 안착시키는 일을 침례교 목회자들이 급선무로 처리해야 하는 상황을 가리킨다. 즉 전도하거나 교회를 개척하는 일보다 우선 로드아일랜드 정착지가 생존할 수 있게 하는 일에 매달릴 수밖에 없었던 것이다.

로드아일랜드의 정착촌들이 착착 건설되어가는 시점에 위기가 닥쳐왔다. 그것은 매사추세츠가 1643년에 코네티컷, 뉴헤이븐, 플리머스 등 인근의 정착지들과 함께 동맹체인 "뉴잉글랜드 연합식민지"(The United Colonies of New England)를 형성하면서부터 시작됐다. 본 동맹체의 설립목적은 원래 원주민과의 토지분쟁에 공동으로 대처하는 것이었지만, 얼마 후 프랑스와 네덜란드 식민지들과의 전쟁 발생 시 공동방어의 목적도 첨가되었다. 이러한 확대된 목적을 수행하기 위해 동맹은 주위의 군소 정착지들을 흡수하려 했으며, 로드아일랜드는 일차적인 흡수 통합 대상으로 올라있었다.[64] 매사추세츠의 위협에 맞서 로드아일랜드 정착지들은 생존을 위해 서로 연대의 필요를 느끼기 시작했다. 너무나 개성이 강하고 독립적인 정착촌들이라 연대는 쉽게 상상할 수 없는 일이었지만, 프로비던스가 주도적으로 그 일을 진행시켰다. 프로비던스의 설립자 윌리엄스는 영국 정부와의 담판을 통해 문제를 근본적으로 해결하려 하였다. 그는 뉴잉글랜드 동맹의 감시를 피해 영국으로 건너가는데 성공했다. 윌리엄스는 영국의 청교도 혁명이

한창 일 때인 1643년에 도착했다.[65]

　윌리엄스는 뉴잉글랜드 동맹으로부터 위협을 당하고 있는 상황을 영국의 워윅위원회(Warwick Commission)에 설명하며 탄원하였다. 이 위원회는 1643년 11월 2일 의회파 해군사령관 워윅을 단장으로 18명의 위원으로 구성되었으며, 식민지에 대한 간섭보다는 영국 국익에 부합되도록 식민지들을 관리하는 것을 주된 목적으로 삼았다. 윌리엄스는 프로비던스와 뉴포트 등 기존 정착지들을 통합해 단일 식민지로 허가해줄 것을 요청했고, 그것은 받아들여졌다. 매사추세츠의 로드아일랜드 합병 요청은 거부되었다. 이로써 로드아일랜드는 매사추세츠로부터의 위협이나 압력에서 완전히 벗어날 수 있었다.[66]

　윌리엄스는 에드워드 코크 경의 법률사무소에 근무할 때 알았던 관료들과 정치인들을 접촉하는 등 우여곡절 끝에 1644년 3월 14일에, 영국 정부로부터 프로비던스 정착지의 허가증을 받았다. 허가증에는 프로비던스, 포츠머스, 뉴포트, 워윅 등을 묶어서 '프로비던스 통합정착지'(Incorporation of Providence Plantations) 설립을 승인하는 내용도 포함되어 있었다. 즉 로드아일랜드가 단일 식민지로 인정받을 수 있는 기반을 갖추게 된 것이었다. 윌리엄스는 허가증을 획득하게 되자, 영국으로 갈 때와 달리 돌아올 때는 보스턴 항구를 거쳐 당당하게 귀환하였다. 프로비던스 주민들은 그를 대대적으로 환영했다.[67]

　로드아일랜드 정착지의 허가증을 받아내려는 윌리엄스의 시도를 좌절시키기 위한 반대파의 활동도 없지 않았다. 런던의 한 인쇄업자가 1644년 1월에『뉴잉글랜드 장로대회에 의해 정죄 받은 반율법주의자들과 가족주의자들』(Antinomians and Familists Condemned by the Synod Elders in New England)이라는 소책자를 출판하였다. 이 책은 보수파가 출판한 것으로 로저 윌리엄스와 앤 허친슨 일파의 오류와 선동을 기술하였다. 마침 뉴잉글랜드를 위한 홍보와 투자 유치를 위해, 휴 피터(Hugh Peter) 목사, 윌리엄 히빈스(William Hibbins) 사업가 등과 함께 런던에 온 토마스 웰데(Thomas Welde) 목사는 이 책을 적극적으로 지지하고, 책의 서문에 자신의 의견을 첨가하였다. 이에 대해 로저 윌리엄스는『박해의 유혈 교리』(The Bloudy Tenent of Persecution)를 1644년 2월에 출판하여 로드아일랜드의 입장을 대변하였다. 윌리엄스는 이 소책자를 통해 인간의 양심을 억압하고 종교의 문제로 탄압을 일삼는 매사추세츠 보수파의 횡포를 고발하며 반격하였다.[68]

『박해의 유혈 교리』는 영국과 미국에서 큰 관심을 불러일으켰는데, 이 책을 반대하는 저술들도 대거 출판되었다. 예를 들면, 존 코튼은 종교의 자유는 부수적인 사항들에 대해서는 허용될 수 있어도, 근본적인 것들에 대해서는 허용될 수 없다고 주장하였다. 그는 『어린 양의 피로 씻어져 희게 된 박해의 유혈 교리』(The Bloudy Tennent Washed and Made White in the Blood of the Lamb, 1647)에서 교회와 정부는 기독교 교리를 감찰하고, 백성들로 하여금 참된 기독교 교리들을 받아들이게 할 의무가 있다고 하였다.[69] 『박해의 유혈 교리』가 출판될 당시 영국은 정교 일치를 강력하게 시행하는 때였기 때문에, 윌리엄스의 책은 영국 하원으로부터 불량도서로 지목받기도 했다.[70]

로드아일랜드 정착지의 허가증을 받고 7년이 지난 후, 또 다른 위기가 찾아왔다. 그것은 윌리엄 코딩턴이 뉴포트를 포함하고 있는 로드아일랜드의 애퀴드넥(Aquidneck) 섬의 통치자가 되기 위해 영국 왕실에 로비를 벌여 발생된 문제였다. 윌리엄스는 뉴포트 침례교회 목사 존 클라크와 함께 1651년 또 다시 영국을 방문하였다. 다행이 당시 영국은 독립파 비국교도들에게 호의적인 올리버 크롬웰(Oliver Cromwell)이 권력을 장악하고 있던 때였다. 크롬웰이 혁명을 일으킬 때, 관망하는 자세를 취한 뉴잉글랜드의 다른 식민지와 달리, 로드아일랜드는 유일하게 혁명을 공개적으로 지지한 바가 있었다. 그것은 기왕에 얻은 허가증을 재차 인정받는 데 도움을 주었다. 크롬웰은 윌리엄스를 선대하였다. 윌리엄스는 1652년에 『더 심해진 유혈 교리』(The Bloudy Tenant Yet More Bloudy, 1652)를 영국에서 출판하였고, 이 책은 환영을 받았다.[71]

윌리엄스는 양심의 문제로 수많은 사람들이 희생을 당한 역사를 제시하며, 그것은 평화를 위해 오신 그리스도의 정신에 위배된다고 하였다. 그는 신앙은 본질적으로 개인의 양심에 속한 것이기 때문에 종교 지도자들이나 정치인들이 강제적으로 강요할 수 없는 것이라고 하며, 양심을 속박하는 것은 가장 극악한 범죄라고 주장했다. 윌리엄스는 영혼의 자유는 유대교인, 회교도, 가톨릭교인 등 모든 사람들에게 차별 없이 적용되어야 한다고 주장했다.[72] 1655년에 그가 쓴 한 편지에는, "마치 항해중의 선박에 로마가톨릭 교인도 개신교인도 유대인도 터키인도 함께 타고 있듯이 로드아일랜드도 그러한 모습이어야 한다." 라는 구절이 있다.[73] 윌리엄스에게 종교의 자유는 절대적인 원리였던 것이다.

윌리엄스는 칼빈주의와 종교의 자유를 연계하였다. 즉 신앙이나 양심은 하나님만이 관여할 수 있는 하나님의 주권적인 영역이므로, 세속 왕이나 종교지도자가 관여할 수 없다는 것이다. 즉 신앙을 강제하는 것은 하나님의 주권을 침해하는 것이 된다. 이렇게 볼 때, 윌리엄스의 종교의 자유에 대한 생각은 인간의 권리 사상에 기초하여 신앙의 자유를 강조하는 계몽주의자들과는 차원이 다른 것임을 알 수 있다.[74] 그러나 코튼의 지적처럼, 윌리엄스의 종교의 자유와 정교분리주의는 당시의 주류 칼빈주의 청교도들의 생각과는 분명히 다른 것이었다.

윌리엄스는 로드아일랜드를 안정시키는 일에는 성공하였지만, 그가 세운 미국 최초 침례교회인 프로비던스침례교회의 발전을 위해서는 제대로 공헌을 하지 못했다. 그는 일찍이 1639년에 프로비던스교회를 탈퇴하여 구도자로 남은 인생을 살았다. 윌리엄스의 뒤를 이어 토마스 올니(Thomas Olney)가 담임목사가 되어 교회를 이끌었다. 하지만 교회는 1652년에 교리 문제로 두 파로 분열되었다. 윅켄돈(Wickendon), 브라운(Brown), 덱스터(Dexter) 등이 담임목사 올니의 칼빈주의 신학에 반대하였던 것이다. 그들은 아르미니우스주의를 옹호했고, 새신자에게 안수하는 것을 교회예식의 하나로 인정해야 한다고 주장했다. 즉 그들은 프로비던스 교회를 여섯-원리 일반침례교회로 바꾸려했던 것이다. 올니를 비롯한 칼빈주의자들은 이러한 시도를 용인하지 않았고, 교회는 결국 분열되었다.[75] 이와 같이 프로비던스는 비록 정착지의 설립자가 침례교 목사였지만, 외부의 정치적 상황과 내부의 교리 논쟁으로 인해 기대에 부응할 만한 성장을 이루지 못했다.

2) 뉴포트

미국에서의 두 번째 침례교회가 세워진 곳은 로드아일랜드의 또 다른 정착지 뉴포트(Newport)였다. 뉴포트침례교회를 세운 사람은 목사이자 의사였던 존 클라크(John Clarke, 1609-1676)였다. 그는 로저 윌리엄스와 아주 유사한 삶의 여정을 걸었는데, 윌리엄스처럼 비슷한 시기에 분리주의에서 침례교 신앙으로 전향했으며, 로드아일랜드에 정착지를 건설하고 침례교회를 세웠다. 클라크는 1652년부터 1664년까지 12년 동안 영국에 머물러 있었던 것을 제외하고는 그가 사망한 1676년까지 뉴포트침례교회의 담임목사직을 수행했다.[76]

클라크는 영국의 서퍽 주(Suffolk County)의 부유한 가정에서 1609년 10월 3일에 출생하였다. 그는 훌륭한 교육을 받았으며, 유명한 의사요 외교관이기도 했다. 클라크는 아메리카 식민지로 이민가기로 결정하고, 아내 엘리자베스와 함께 1637년에 보스턴으로 갔다. 그 해 보스턴은 반(反)율법주의 논쟁으로 아주 시끄러웠는데, 존 코튼 목사와 반율법주의 여선지자 앤 허친슨(Anne Hutchinson)이 서로 대립하고 있었다. 클라크는 허친슨 그룹에 합류하였다. 그가 그렇게 한 것은 반율법주의를 찬성해서가 아니라, 종교의 자유를 옹호하는 허친슨의 주장에 공감했기 때문이었다. 허친슨 그룹은 결국 1638년에 매사추세츠에서 추방당하게 되었고, 클라크는 거주지 문제로 로저 윌리엄스와 상의하였다. 결과 허친슨과 클라크 파는 로드아일랜드의 포츠머스(Portsmouth)에 정착할 수 있었다.[77]

1638년에 포츠머스에 정착한 허친슨 그룹은 곧 논쟁에 휩싸이게 되었다. 허친슨, 윌리엄 코딩턴, 니콜라스 이스턴(Nicholas Easton) 등은 외적인 규례나 성례보다 내적 빛의 권위가 더 중요하다고 주장하였고, 클라크, 렌설, 로버트 하딩(Robert Harding) 등은 기록된 성서의 권위를 강조하였다. 결국 소수파였던 클라크 파는 1641년에 섬의 아래쪽 뉴포트로 내려와 교회를 세웠다. 이후 허친슨 일파는 로드아일랜드를 떠나 오늘날 뉴욕에 해당되는 지역으로 이주하였지만, 그곳에서 얼마 있지 않아 인디언들에 의해 살해되었다.[78]

1641년에 설립된 뉴포트교회는 처음부터 침례교회로 세워진 것인가에 대한

| 뉴포트(Newport) 침례교회

의문이 있어왔다. 그것은 클라크가 언제 침례교인이 되었는가와 연결되는 문제이다. 일부 사람들은 그가 영국이나 네덜란드에서 침례교인이 되었고, 미국으로올 때 침례교인으로 왔다고 하였다. 또 다른 사람들은 클라크가 미국에 온 후 윌리엄스의 영향으로 침례교인이 되었다고 주장했다.[79] 매사추세츠 주지사 윈쓰롭은 1638년 일지에서 클라크를 아일랜드 주 시민들의 의사요 설교자로 호칭하였지만, 1641년 일지부터는 그들의 목사라고 기록하였다.[80] 그렇다면 클라크는 1641년에 공식적으로 목사로 불린 것은 분명한데, 분리주의 독립교회의 목사이었을까, 아니면 침례교회 목사였는가? 이 질문과 관련하여 1725년에 뉴포트교회의 담임목사가 된 존 코머(John Comer)의 기록물이 가장 그 시대에 근접한 기록이다. 코머는 뉴포트교회의 1648년도 자료에서 침례교회라는 명칭이 사용된 것을 확인하였다. 그는 또한 그 교회가 1644년에 이미 침례교회였음을 암시하는 자료도 발견하였다.[81]

미국 침례교 역사가 로버트 톨벳(Robert Torbet)은 코머의 자료에 근거해 클라크가 세운 뉴포트교회가 명백하게 침례교회로 밝혀진 것은 1648년이라고 하였다.[82] 또 다른 미국 교회사가인 윈쓰롭 허드슨과 존 코리건은 뉴포트에서 침례교회의 시작을 1641년으로 확정하였다.[83] 위에서 살펴본 바와 같이 클라크가 언제 침례교인이 되었는지 정확하게 알 수는 없지만, 대체적으로 1641년에는 침례교인이었을 가능성이 매우 높은 것으로 보인다. 따라서 그가 세운 뉴포트교회는 처음부터 침례교회로 시작되었을 것이다.

뉴포트에서 침례교회를 시작한 클라크와 달리, 윌리엄 코딩턴은 뉴포트를 퀘이커교회의 중심지가 되도록 만들었다. 그것은 로드아일랜드가 처음부터 종교의 자유를 인정했기 때문에 가능하였다. 사실 퀘이커교인들은 뉴잉글랜드에서 가장 심한 박해를 받았다. 그들이 1656년에 보스턴에 처음으로 들어갔을 때, 매사추세츠 식민지정부는 그들을 반율법주의나 분리주의자들보다 더 위험한 집단으로 여겼다. 식민지정부는 퀘이커교인들에게 투옥, 벌금, 장형, 추방 등의 조치를 취했고, 심지어 1658년에는 퀘이커 신앙으로 두 번의 처벌을 받고서도 또 다시 그 신앙을 따르는 것이 발각되면 사형에 처한다는 결정을 하였다. 이후 실제로 6명의 퀘이커교도들이 처형되는 일도 있었다. 영국의 퀘이커교인들과 로드아일랜드는 매사추세츠의 행위를 강력하게 비난하였다. 찰스2세 역시 1661년 9월에 퀘이커교인들에 대한 매사추세츠 법원의 법집행을 중단시키고, 퀘이커신자들을 영국으로 환송해 재판에 회부하도록 명령하는 칙서를 발행하였다.[84]

로저 윌리엄스와 마찬가지로 클라크도 외부의 정치적 문제와 내부의 교리 논쟁으로 뉴포트 침례교회를 성장시키지 못하였다. 클라크는 윌리엄 코딩턴의 애퀴드넥(Aquidneck) 섬을 차지하려는 시도를 막기 위해 로저 윌리엄스와 함께 1651년에 영국을 방문한 후, 1664년까지 영국에 머물러 있었다. 그가 영국에 체류하는 주된 목적은 뉴포트를 종교의 자유가 보장되는 정착지로 정식 허가를 얻는 것이었다.

이를 위해 클라크는 영국에 오자마자 1652년에 『뉴잉글랜드에서 온 나쁜 소식』(Ill News from New-England)이라는 소책자를 출판하여, 매사추세츠를 비난하고 뉴포트 정착지에 대한 허가증 발급의 필요를 호소하였다. 책의 대략적인 내용은 다음과 같다. 클라크는 1651년 7월 16일 부목사인 오바댜 홈스(Obadiah Holmes)와 평신도 존 랜덜(John Randall)과 함께 매사추세츠에 사는, 늙고 병든 성도 윌리엄 위터(William Witter)의 집에 심방을 갔다. 클라크가 위터의 집에서 설교할 때, 이웃 사람 몇몇이 함께 참석하였다. 매사추세츠에서는 회중교회로부터 받은 설교 자격증이 없는 사람이 설교하는 것은 법에 위반되기 때문에, 클라크 일행은 보스턴 법정으로 끌려갔다. 그들은 벌금을 내든지 아니면 공개적으로 매를 맞으라는 판결을 받았다. 랜덜은 보석금을 내고 풀려났고, 클라크는 익명의 사람이 20파운드의 벌금을 대신 내주었다. 그는 홈스에게 해당되는 30파운드 벌금 역시 대신 지불하겠다고 했으나, 홈스는 그것을 거절하고 매를 맞겠다고 자청했다. 홈스는 1651년 9월 5일에 채찍으로 30차례 맞았다. 홈스는 매를 때린 사람들에게 "당신들은 장미로 나를 때렸소." 라고 말했지만, 상처가 너무나 깊어서 몇 주간의 치료를 받고서야 집으로 떠날 수 있었다.[85] 클라크는 이러한 사실을 기술한 후, 양심에 관한 사항에 대해 폭력을 가하고 억압하는 것은 반드시 그리스도 앞에서 심판 받게 될 것이라고 주장했다.[86]

뉴포트에 대한 허가증은 차일피일 미루어졌고, 그 사이 영국의 정국은 급격한 변화를 맞게 되었다. 올리버 크롬웰의 청교도 공화국이 폐지되고, 왕정복고로 찰스2세(1660-1685)가 권좌에 올랐던 것이다. 그의 재위 시대에 로드아일랜드는 어려운 처지에 빠질 가능성이 있었는데, 로드아일랜드의 설립을 인준한

1644년도 허가증은 국왕이 아닌 청교도 의회가 발급한 것이었고, 로드아일랜드
는 영국에서 폐기된 크롬웰 공화국의 법과 제도를 여전히 따르고 있었기 때문이
다. 그러나 클라크는 1663년 7월 8일에 찰스2세로부터 뉴포트 식민지에 대한 허
가증을 얻어냈다. 허가증에는 "이 식민지의 주민은 앞으로 종교에 관한 의견 차
이 때문에 괴롭힘이나 처벌을 받지 아니하며, 그 때문에 발언권을 뺏기거나 심문
당하지 않을 것"이라는 문구가 명시되어 있었다. 더구나 이 허가증에는 1647년
에 승인된 로드아일랜드 통합식민지의 법과 제도를 그대로 인정하는 내용도 포
함되어 있었다. 이로 인해 로드아일랜드는 항구적인 법적 지위를 얻게 되었다.
종교의 자유를 인정하는 허가증을 발부 받은 때는 영국이 왕정복고와 함께 국교
회의 권위를 높이려는 작업을 추진하였던 시기와 겹친다고 볼 때, 참으로 불가사
의한 일이라고 할 수 있다.[87] 클라크가 획득한 종교의 자유와 민주정치를 보장
해주는 허가증은 같은 목표를 가지고 있던 다른 식민지들에게 중요한 참고가
되었다.[88]

클라크는 소기의 목적을 달성한 후, 1664년에 뉴포트로 귀환하였다. 그는 뉴
포트와 로드아일랜드 전체를 위한 중요한 임무를 성공적으로 달성했지만, 교회
의 담임목사로서의 사역은 12년 동안 수행할 수 없었다. 따라서 뉴포트침례교회
는 큰 발전을 이룰 수 없었다. 설상가상 그가 다시 복귀하여 목회에 전념하려 했
을 때, 교회는 곧 교리 논쟁에 휩싸이게 되었다. 그것은 칼빈주의와 아르미니우
스주의의 대립이었다. 클라크와 다수파는 칼빈주의를 믿는 특수침례교회의 배경
을 가지고 있었으나, 소수파는 아르미니우스주의를 따르는 일반침례교인들이었
다. 소수파는 아르미니우스주의와 더불어 히브리서 6장 1~2절에 나와 있는 6개
원리 모두를 인정하자고 주장했다. 특히 마지막 원리인 새신자를 안수하는 행습
을 지킬 것을 요구하였다. 그러나 다수파는 다섯-원리만 지킬 것과 칼빈주의 구
원론을 유지하기 원했다. 결국 소수파 21명은 1665년 초에 교회를 탈퇴하여 일
반침례교회를 건설하였다.[89]

뉴포트침례교회는 6년이 지난 1671년에 또 다른 논쟁이 발생하였다. 그것은
예배를 드리는 날이 토요일인지 혹은 주일인지에 관한 논쟁이었다. 미국의 최초
안식교도로 불리는 스티븐 멈포드(Stephen Mumford)는 1665년부터 뉴포트교회
에 출석하면서, 교인들에게 안식교 교리를 전파하였다. 안식교주의를 주장하는

사람들은 소수였고, 결국 멈포드와 함께 1671년에 교회를 탈퇴하여 안식교회를 설립하였다.[90] 이와 같이 뉴포트는 프로비던스와 유사하게, 그 지역의 가장 유력하고 능력 있는 목사가 침례교회를 창립했지만, 시급히 해결해야 할 정치적 문제와, 교회 내부의 교리 논쟁에 에너지를 소진하여 활발한 성장을 이루지 못했다.

2. 그 외 지역들

매사추세츠와 로드아일랜드의 경계지역에 있던 스완씨(Swansea)에서는 1630년대부터 침례교 신앙에 공감하는 사람들이 있었다. 이들 가운데 하버드대학교 초대총장이었던 헨리 던스터(Henry Dunster)도 있었다. 그는 1654년에 유아세례를 반대하고 신자의 침례가 옳다고 주장하여 총장직을 박탈당했다. 던스터는 추운 날씨로 인해 자신이 건축한 총장관사에 6개월만 더 머물 수 있도록 허락을 요청했지만 받아들여지지 않았다. 그는 자신의 딸에게 유아세례를 주지 않는다는 이유로 두 차례 법정에서 재판 받기도 하였다. 던스터는 얼마 후 시투에이트(Scituate)로 이주하였고, 그곳에서 1659년 2월에 사망하였다.[91]

스완씨에 최초로 침례교회를 세운 사람은 존 마일스(John Miles)였다. 그는 영국 웨일스 제일침례교회를 1649년에 개척하였다. 비국교들에 대한 탄압으로 1663년에 교인들과 함께 미국으로 이주하여 스완씨에 정착하였다. 마일스는 1683년 사망할 때까지 스완씨침례교회에서 봉직하였다. 이 교회는 미국에서 자체 건물을 소유한 최초의 침례교회 가운데 하나였다.[92]

보스턴에서 최초의 침례교회는 토마스 굴드(Thomas Gould)에 의해 세워졌다. 굴드 부부는 아이에게 유아세례 주는 것을 거부하고, 영국에서 온 침례교인들과 함께 1665년 6월에 자신의 집에서 침례교회를 세웠다. 보스턴 당국은 굴드를 침례교 목사로 간주하여 추방명령을 내렸다. 그러나 굴드는 떠나기를 거부하였고, 그로 인해 얼마간 감옥생활을 해야 했다. 9명의 교인으로 시작된 보스턴 제일침례교회는 1665년에 신앙고백서를 채택하였다. 이것은 미국에서 최초의 침례교 신앙고백서였다. 이 교회는 1678년에 예배당을 건립하였다.[93]

메인(Maine) 주에서 최초의 침례교회는 윌리엄 스크리븐(William Screven, 1629–1713)이 1682년 키터리(Kittery)에 세운 교회였다. 스크리븐은 영국 서부의 서머턴(Somerton)에서 태어났으며, 유능한 상인으로 번창하는 사업체를 운영하고 있었다. 그러던 중 그는 침례교 복음전도자 토마스 콜리어(Thomas Collier)의 설교를 듣고 감명을 받아 침례교 신앙으로 전향하였다. 스크리븐은 1668년에 미국으로 이주하였다. 그는 처음 5년 동안은 매사추세츠에서 살다가 1673년에 키터리로 이사하였고, 그곳에 땅을 사고 정착하였다. 그리고 이듬해인 1674년 7월 23일에 키터리 개척자의 딸 브리지트 컷츠(Bridget Cutts)와 결혼하였다.[94] 스크리븐은 매사추세츠가 메인 식민지를 매입하려 하자, 독자성과 자유를 지키기 위해 다른 키터리 주민들과 함께 1679년에 영국 국왕에게 청원서를 보냈다. 청원서의 내용은 매사추세츠 당국이 종교의 자유를 탄압하기 때문에, 메인 식민지는 국왕의 통치권 아래 두어야 한다는 것이었다. 스크리븐은 1680년에 유사한 내용의 샤프라이 청원서(Shapleigh Petition)에도 서명하였다.[95]

스크리븐과 부인, 그리고 처제인 메리 캇츠(Mary Cutts) 부부는 1681년 7월 21일에 보스턴 제일침례교회에서 침례 받은 것으로 보인다. 스크리븐은 침례 받은 지 6개월이 지난 1682년 1월 11일에 목사안수를 받았다. 키터리 침례교인들은 자신들의 목회를 책임질 담임목사가 있으면 좋겠다는 생각이 간절하였고, 스크리븐을 적임자로 판단하여 보스턴교회로 보내 안수 받게 하였던 것이다. 이제 스크리븐이 담임목사로 취임한 키터리 제일침례교회는 본격적으로 교회의 모습을 갖출 수 있었다. 하지만 키터리에서는 회중교회가 국교회적인 지위를 가지고 있었다. 회중교회에 목사요 행정관인 프란시스 후크(Captain Francis Hooke)는 침례교인들을 호출해서 침례교회로 모이는 것은 불법이므로 처벌 받을 일이 된다고 위협하였다.[96]

실제로 스크리븐은 유아세례에 대해 모독적인 설교를 하였다는 죄목으로 고발되어 1682년 3월 13일에 법정으로 호출되었다. 법원은 그에게 100파운드의 보증금을 내라고 명령하였지만, 스크리븐은 이를 거부하고 감옥에 갇히는 것을 선택했다. 본 사건은 4월 12일에 법원에서 시의회로 이첩되었다. 시의회는 스크리븐에게 10파운드의 벌금을 부과하고, 그에게 집에서나 그 외의 어떤 장소에서든지 예배로 모이는 것을 금지하였다. 스크리븐은 벌금을 4파운드 밖에 지불하지 못했다. 그러자 시의회가 그를 6월 28일에 재소환 하였으나, 이에 불응하고 그 지역을 떠날 것에 동의하였다.[97]

그러나 스크리븐은 다른 지역으로 이주할 것이라는 약속을 이행하지 않았다. 그는 오히려 교회언약서를 만들고 키터리교회를 강화시켰다. 이것은 미국에서 최초의 침례교 교회언약서였다. 남자 교인 10여명과 수명의 여자 교인들이 이 언약서에 1682년 9월 25일에 서명하였다. 그들은 스크리븐의 집에 모여서 계속 예배를 드렸다. 스크리븐은 1683년 10월 9일에 다시 재판소로 호출되었다. 법원은 이전 1682년 4월 12일의 법원 결정에 준해 집행한다는 판결을 내렸다.[98] 하지만 스크리븐은 계속 메인 주에 거주하면서 정상적인 생활을 영위했다. 그는 1685년 7월 22일에 20에이커의 땅을 매입하였고, 1688년 7월 17일에는 유서작성의 증인으로 활동했다. 심지어 1691년부터 1695년까지 매사추세츠 주법원의 대리인과 키터리의 조정관 및 특별행정관 등의 직책도 맡았다.[99] 스크리븐이 침례교 신앙을 유지하면서 어떻게 이와 같은 사회활동을 할 수 있었는지는 의아스러운 일이 아닐 수 없다. 그가 심하게 박해를 받지 않은 것은 아마도 부유한 재산가여서 유력한 친구들의 도움이 있었기 때문에 가능했을 것이다.[100]

스크리븐은 키터리 교인들과 함께 1696년에 사우스캐롤라이나의 찰스턴(Charleston)으로 이주하였다. 그들이 세운 찰스턴 교회는 남부에서 최초의 침례교회가 되었다. 스크리븐이 키터리를 떠나 남부로 간 것은 박해 때문이 아니었다. 그는 항구도시 키터리에 살았고 선박도 소유하고 있었기 때문에, 가끔 사우스캐롤라이나로 사람들을 실어 나르거나 방문하였다. 그리고 어느 시점에 그곳으로 이사하기로 결정하였을 것이다. 어쨌든 스크리븐과 키터리 제일침례교인들은 남부에서 침례교를 처음 시작한 사람들이 되었다. 그들이 떠난 후에, 메인에서는 약 80년 이상 침례교인들이 나타나지 않았다.[101]

3. 뉴잉글랜드 침례교회 요약

미국에서 침례교회가 최초로 시작된 곳은 로드아일랜드, 뉴햄프셔, 매사추세츠, 버몬트, 코네티컷, 메인 등 6개주로 이루어진 뉴잉글랜드 지역이었다. 영국 분리주의자 로저 윌리엄스는 아메리카 식민지로 건너와 침례교 신앙으로 개종한 후, 1639년 3월에 로드아일랜드에 미국 최초의 침례교회를 세우고 미국 침례교 역사를 출발시켰다. 윌리엄스처럼 분리주의자가 침례교인으로 개종한 경우도 있었지만, 뉴잉글랜드 침례교인의 다수는 영국 침례교인들이 미국으로 건너온 사람들이었다. 다른 식민지들과 달리, 뉴잉글랜드는 청교도들이 개척한 식민지였기 때문에, 영국 침례교인들은 그곳을 이주지로 택했던 것이다.

영국 침례교인들은 청교도들이 건설한 뉴잉글랜드에서 종교의 자유를 누릴 수 있을 것이라는 막연한 기대를 가지고 왔다. 실제로 메이플라워호를 타고 대서양을 건너와 플리머스를 개척한 사람들은 영국에서 한 때, 한 공동체를 이루며 함께 신앙생활을 했던 스크루비교회 사람들이었다. 플리머스 식민지 지도자 존 로빈슨은 침례교 창시자 존 스마이스와 함께 영국에서 분리주의 운동을 펼쳤던 사람이었다. 따라서 영국 침례교인들이 신대륙에서 자유롭게 신앙생활을 할 수 있을 것이라는 기대는 결코 아무런 근거가 없는 것은 아니었다. 그러나 실상은 완전히 달랐다.

뉴잉글랜드를 개척한 사람들은 회중주의에 입각하여 교회를 세웠지만, 그들은 비분리주의 입장을 고수했고, 국가와 교회를 분리시키지 않았다. 즉 성공회는 체제와 교리 그리고 행습에 있어서 비성서적인 측면이 많았기 때문에 반대했지만 성공회 자체를 부인하지 않았으며, 정치와 종교를 분리해야 한다는 생각도 갖지 않았다. 오히려 청교도들은 순결한 기독교 국가와 사회를 건설하기 위해서는 국가와 교회가 서로 긴밀히 협력하는 것이 필수적이라고 믿었다. 그들은 뉴잉글랜드가 "언덕위의 집"이 되어 세상 모든 사람들에게 참된 기독교 국가의 모델이 되는 꿈과 이상을 가지고 있었다.

이러한 상황에서 유아세례를 반대하고, 종교의 자유를 부르짖으며, 교회와 국가는 서로 분리되어야 한다고 주장했던 침례교인들은 당연히 박해의 대상이 될 수밖에 없었다. 왜냐하면 그와 같은 주장들은 뉴잉글랜드 회중교회의 신학과 정치에 정면으로 위반되기 때문이다. 윌리엄스가 개척한 로드아일랜드를 제외하고, 침례교인들은 모든 뉴잉글랜드 지역에서 박해를 받았다. 그들은 퀘이커교인들처럼 교수형이나 사형에 처해지지는 않았지만, 벌금형이나 태형, 그리고 추방형을 받았다.[102] 뉴잉글랜드에서 침례교회가 성장을 이룰 수 없었던 가장 큰 이유는 바로 회중교회의 박해 때문이었다. 한편 침례교인들이 주도권을 가지고 있었던 로드아일랜드에서는 침례교회가 비약적인 성장을 할 것으로 예측되었다. 하지만 그런 예상과 달리, 성장이 정체된 것은 정착지를 법적으로 인정받아야 하는 일에 목사들이 매달릴 수밖에 없는 정치적 상황과, 교회들의 내부 교리 논쟁 때문이었다. 이와 같은 몇 가지 이유들로 인해 17세기 동부지역의 침례교 교세는 매우 열악한 상태로 남아있었다.

중부 식민지

1. 펜실베이니아

중부지역 식민지들은 동부나 남부와 달리, 어떤 교단도 공식적이며 법적인 지위를 갖지 못했다. 따라서 이 지역의 교회들은 종교의 자유를 마음껏 누릴 수 있었다. 이와 같은 관용이 가능했던 배경으로는 세 가지 요소가 있었다. 첫째, 그 지역은 퀘이커교인들이 다수를 차지하였는데, 그들은 종교의 자유를 열렬히 옹호하는 그룹이었다는 점이다. 중부지역에서 가장 먼저 개척된 식민지인 펜실베이니아는 식민지의 건설자인 윌리엄 펜(William Penn)의 이름을 따서 주의 명칭을 삼았다. 펜의 아버지는 영국 국왕 찰스2세에게 상당한 자금을 빌려주었고, 찰스는 펜실베이니아를 그에게 줌으로 빚의 일부를 갚았다. 펜의 아버지는 그 땅을 아들에게 주었다. 이러한 배경으로 인해 펜이 비록 독실한 퀘이커 신자였지만, 1681년 3월 4일에 광대한 식민지의 설립 허가증을 국왕으로부터 받을 수 있었다. 둘째, 중부지역에는 이미 많은 교회들이 광범위하게 퍼져 있어서, 어떤 한 교단이 우위를 점할 수 없는 상황이었다. 셋째, 펜실베이니아는 상업이 융성하고 경제적으로 발전되었다는 점이다. 이것은 종교의 자유가 허락되어도 혼란에 빠지지 않고 성공하는 사회를 이룰 수 있다는 것을 실증적으로 보여주는 것이었다.[103]

펜실베이니아의 설립자인 윌리엄 펜은 종교의 자유를 인정하고 세속적 타락이 없는 퀘이커의 이상을 실현하는 사회를 건설하고 싶었다. 그러나 당시 영국에서 퀘이커교인들은 이단이자 해괴한 사람들로 취급받고 있는 때였기 때문에, 영국에서는 그러한 시도를 전혀 할 수 없었다. 펜은 이 "거룩한 실험"(holy experiment)을 식민지에서 실행하고자 했다. 그는 처음부터 펜실베이니아에 정착한 사람들에게 타협과 관용을 강조하였다. 그에게 미국은 다양한 종교가 함께 공존할 가능성이 있는지를 알아보는 실험의 땅이었다.[104] 윌리엄 펜이 펜실베이니아의 영주가 되어 식민지 개발을 시작했을 때, 그곳에는 이미 스웨덴, 핀란드, 네덜란드에서 온 소수의 사람들이 살고 있었다. 펜의 주도로 영국인 퀘이커교인들의 대규모 이민이 시작되었다. 그리고 세기 말에는 스코틀랜드 아일랜드 장로교인들이 대거 이주해 왔다. 그러나 펜실베이니아에서는 퀘이커교인들이 의회의 다수를 차지하며 17세기 내내 정치적 우위를 점하였다.[105]

침례교인들은 펜실베이니아에 산발적으로 흩어져 살았다. 이들 중 대부분은 잉글랜드에서 이주해 온 사람들이었고, 간혹 웨일스와 아일랜드로부터 온 사람들도 있었다. 하지만 그들은 상당 기간 조직화된 교회를 세우지 못하였기 때문에, 그들의 신앙적 정체성을 드러낼 수 없었다. 그러다가 토마스 던건(Thomas Dungan)이 1684년에 펜실베이니아에서 최초의 침례교회를 세웠다. 던건은 로드아일랜드에 살다가 뉴포트 침례교인들의 일부와 함께 펜실베이니아 주 콜드스프링(Cold Spring)으로 와서, 그곳에 교회를 세웠다. 하지만 교회는 던건이 1688년에 사망한 이후 점차 쇠퇴하였다.[106] 펜실베이니아에는 독일에서 온 덩커파(Dunkards) 침례교인들도 있었다. 이들은 주로 중부 펜실베이니아에 정착했다.[107]

펜실베이니아에서 본격적인 침례교회의 시대를 연 사람은 유명한 런던침례교회 목사 벤자민 키치(Benjamin Keach)의 아들 엘리아스 키치(Elias Keach)였다. 그는 1688년에 12명의 신도들과 함께 페네펙(Pennepek)에 교회를 세웠다. 이 교회는 중부에서 계속 살아남은 최초의 침례교회였다. 12명의 교인 중에 5명은 웨일스에서, 1명은 아일랜드에서, 그리고 나머지는 잉글랜드에서 왔다.[108] 엘리아스 키치는 미국으로 올 때, 목사가 아니었지만 장난삼아 목사로 가장하였다. 그는 유명한 아버지의 후광으로 설교 초청을 받았고, 설교 중에 양심의 가책을 느껴 그동안 자신이 거짓된 삶을 살았다고 고백하였다. 토마스 던건 목사는 회개하는 청년 키치를 받아주고 애정 어린 배려를 베풀었다. 그리고 얼마 후 그에게 침례를 주었다. 이후부터 키치는 복음

| 엘리아스 키치

전도자가 되어 여러 마을들을 돌아다니며 열정적으로 복음을 전하였다. 트렌톤 (Trenton), 체스터(Chester) 등의 촌락들에서 회심자들이 나왔으며, 그들은 키치가 페네펙교회를 세울 때, 함께 참여하였다.[109]

페네펙교회는 초기 식민지 침례교회의 전형적인 모습을 보여준다. 예배는 보통 가정집에 모여서 드렸으며, 교인 수는 1700년에 이르기까지 46명에 불과하였다. 1707년에 새뮤얼 존스(Samuel Jones)가 땅을 기부함으로 25피트 평방의 작은 예배당을 건축할 수 있었다. 존스는 후에 그 교회의 담임목사가 되었다.[110] 키치는 페네펙교회의 담임목사로 사역하면서 순회설교 여행도 계속 다녔다. 그의 전도로 여러 교회들이 개척되기 시작했다. 1688년에는 뉴저지 미들타운(Middletown)에, 1689년에는 피스카타웨이(Piscataway)에, 1690년에는 코핸시(Cohansey)에, 1698년에는 필라델피아에 각각 교회들이 생겨났다. 키치는 이들 교회들을 각 분기마다 모아서 함께 예배와 교제를 갖게 하였는데, 그것은 "분기별 모임들"(Quarterly Meetings)로 불렸다. 이 모임들은 필라델피아 침례교 지방회 (Philadelphia Baptist Association)의 밑거름이 되었다.[111]

중부 식민지의 초기 침례교회들은 교리와 행습, 그리고 치리 등에 관해 논란이 있었으며, 이러한 문제를 해결하기 위해서 전체 회의와 같은 모임이 필요하다는 것을 깨닫게 되었다. 이에 따라 1688년에 몇몇 교회들이 침례, 목사안수, 기타사항 등의 일을 처리하기 위해 로어 더블린(Lower Dublin)에서 모였다. 유사한 2차 회의가 1689년 3월에 필라델피아에서 개최되었고, 3차 회의는 1690년에 뉴저지 주 벌링턴(Burlington)에서 열렸다. 그 이후로 코핸시, 웰시 트랙(Welsh Tract), 미들타운 등지에서 연례적으로 회의가 개최되었다. 이러한 모임들이 발전하여 1707년 7월 27일 필라델피아 지방회가 되었다.[112] 중부 식민지들은 뉴잉글랜드와 달리 처음부터 신앙의 자유가 있었으며, 그러한 환경은 침례교회가 성장하는 데 크게 도움이 되었다. 침례교 목회자들은 아무런 제제 없이 교회를 개척하고 순회설교 여행을 다닐 수 있었다. 그 결과 여러 교회들이 개척되었으며, 교회들 간에 긴밀히 협력할 수 있는 환경도 마련되었다.

2. 뉴욕과 뉴저지

오늘날 뉴욕에 해당되는 뉴암스테르담은 17세기 전반기 네덜란드 식민지였다. 종교의 자유를 인정하는 본국의 입장과 동일하게 네덜란드 식민지 역시 종교의 자유가 있었다. 이곳으로 이주해 온 침례교인들은 피터 스튀브센트(Peter Stuyvesant)가 이끄는 행정부와 아무런 갈등이 없이 좋은 관계를 유지하였다. 그러나 짧은 기간 침례교인들은 통치자로부터 박해를 받은 적이 있었다. 그러자 침례교인들은 본국에 있는 네덜란드서인도회사(Dutch West India Company)의 본사에 진정하였고, 박해는 즉시 중지되었다. 펜실베이니아와 마찬가지로 뉴욕과 뉴저지 지역은 처음부터 종교의 자유가 있었다. 당시에 중부지역의 중심도시였던 필라델피아는 일찍이 침례교회의 중심지가 되었다.[113)

남부 식민지

남부지방의 침례교회는 17세기 말에 사우스캐롤라이나에서 시작되었다. 캐롤라이나 지역은 1663년에 영국의 식민지가 되었다. 찰스2세는 이 지역을 통치할 사람들을 파송할 때, 하나의 헌장을 주었다. 그런데 헌장의 제18조는 비국교도들에게 종교의 자유를 부여하도록 되어있었다. 헌장은 1665년에 종교의 자유를 보다 더 명확하게 하는 방식으로 개정되었다. 따라서 캐롤라이나 식민지는 퀘이커, 모라비안, 루터교, 감리교, 침례교 등 모든 비국교회 사람들을 차별 없이 끌어들일 수 있었다.[114) 캐롤라이나 지역의 종교의 자유는 같은 남부인 버지니아와 매우 다른 모습이었다. 버지니아는 성공회가 국교회의 지위를 가지고 다른 교단들을 심하게 압제하고 있었다. 사우스캐롤라이나에 제일 먼저 온 침례교인들은 메인 주 피스카타쿠아(Piscataqua)와 영국 본토에서 이주해 온 사람들이었다. 그들은 약 1682년 혹은 1683년에 찰스턴 근처에 정착하고, "가정교회" 형태로 모였다. 이들 가운데 일부 사람들은 키터리에 있던 스크리븐의 배를 타고 남부로 왔다. 그들은 스크리븐과 계속 연락을 주고받았으며, 1696년 10월에 스크리븐이 그곳에 와서 교회를 세울 때 함께 동참하였다.[115)

스크리븐이 자신의 친척과 키터리 교인들을 데리고 사우스캐롤라이나로 이주해 와서 세운 찰스턴교회는 남부에서 최초의 침례교회였다. 스크리븐은 영국에서 침례교로 개종한 사람이었으며, 서머셋 신앙고백서(Somerset Confession)의 서명자 중 한 사람이었다. 찰스턴 제일침례교회(First Baptist Church of Charleston)는 1701년 초에 자체 건물을 확보할 수 있었다. 회원들은 주로 특수침례교회 출신들이 많았지만, 영국에서 온 일반침례교인들도 꾸준히 증가하였다. 찰스턴교회는 키터리 교회의 연속으로 생각해서, 교회 역사의 출발을 키터리 교회가 창립된 1682년으로 잡았다.[116) 스크리븐은 보스턴에 있는 한 침례교회가 1708년에 청빙을 했지만 사양하고, 1713년 10월 10일 84세의 나이로 세상을 떠날 때까지 계속 남부에 살았다.[117)

전체 요약

17세기에 미국 침례교인들의 수는 매우 적었으며, 그들 대부분은 뉴잉글랜드에 있었다. 뉴잉글랜드에서 침례교회는 국가교회인 회중교회의 박해로 인해 성장하지 못했다. 침례교인들이 주도권을 가지고 있던 로드아일랜드도 정치적 상황과 교리 논쟁으로 성장을 이루지 못했다. 중부에서 침례교회는 비록 17세기 후반에 시작되었지만, 그 지역은 자유로운 신앙생활이 보장되어 있었기 때문에, 침례교는 활발하게 성장할 수 있었다. 남부에서는 17세기 세기 말이 되어서야 침례교회가 시작되었다. 초기 미국 침례교인들 대다수가 영국제도에서 온 사람들이었기 때문에, 영국 교회의 정체, 신학, 행습 등을 그대로 답습하여 사용했다. 초기 미국 침례교회들은 여러 종류의 침례교회들로 구성되어 있었고, 신학과 행습도 매우 다양했다.

제9장

18세기 미국침례교회

17세기 미국 침례교회는 보잘 것 없는 천대받고 박해받던 교단이었다. 그러나 18세기를 지나면서 침례교회는 급속히 성장했고, 주류교단으로 편입하게 되었다. 세기가 시작되는 1700년에 침례교회는 24개 교회에 839명의 교인 밖에 없었는데, 1790년에는 979개 교회, 42개 지방회, 67,490명의 교인을 보유한 큰 교단으로 성장하였다. 교세의 성장과 더불어 1742년에는 신앙고백서를 만들고, 1764년에는 침례교 대학을 설립하였으며, 종교의 자유를 쟁취해 내는 등 주류교단으로서의 입지를 세웠다.[1]

18세기 침례교 성장에 크게 영향을 끼친 요인으로는 네 가지를 들 수 있다. 첫째는 제1차 대각성운동이다. 둘째는 개별 교회가 목사의 급여를 지불하는 자원주의 체제를 들 수 있다. 이것은 대각성운동에서 발생된 신앙적 정서에 맞았고, 18세기 후반에 널리 공유되었던 종교의 자유 정서와도 맞아떨어졌다. 세 번째는 18세기 후반에 발생한 독립전쟁이었다. 침례교인들은 미국의 독립을 위해 애국적으로 전쟁에 참여하였는데, 그것은 많은 사람들로부터 좋은 이미지를 얻게 하였다. 독립전쟁 후 침례교회는 급성장을 이루었다. 전쟁 초기 교세를 보면 회중교회가 가장 많은 교인과 교회를 가지고 있었고, 장로교회가 그 뒤를 이었으며, 침례교회는 성공회와 비슷한 수준으로 앞선 두 교단보다 훨씬 교세가 약했다. 그런데 전쟁기간 동안 성공회는 급속히 와해되었지만, 침례교회는 급격하게 성장했다. 네 번째로는 종교의 자유를 주장하고 성취시킨 것이다. 대각성운동과 계몽주의로 인해 관용과 자유가 확대되는 시대에 침례교회의 종교의 자유와 정

교분리주의는 사회적 환경과 잘 맞았던 것이다.[2]

대각성운동과 침례교부흥

1. 제1차 대각성운동

18세기 전반기에 발생한 제1차 대각성운동은 침례교회로 하여금 급속한 성장을 이루도록 만드는 결정적 원인이었다. 대각성운동은 기독교 신앙이 단순히 성경과 정통교리에 대한 지식이 아니라 하나님과의 살아있는 만남이라는 것을 재인식시켜주는 사건이었다. 미국의 주류교단들은 부흥운동을 찬성하는 소수와 그것을 반대하는 다수로 분열되었다. 특히 뉴잉글랜드 회중교회의 다수는 정통주의와 학문적 지성주의에 갇혀서 성령의 역사를 폄하하고 부흥운동을 반대하였다. 회중교회 목사들의 설교는 심령에 감동을 주고 호소하는 설교이기보다는 신학적인 강의와 윤리적인 연설에 가까웠다. 영적인 설교에 목말라하는 많은 사람들은 회중교회를 떠나, 그러한 설교가 행해지는 침례교회로 갔다.[3] 침례교 내에서 부흥운동을 반대하는 정규침례교 목사들은 대부분 회중교회 목사들처럼 설교하고 목회하였지만, 부흥운동을 찬성하는 분리침례교 목사들은 휫필드와 같이 성령 충만한 설교와 열정적인 복음전도를 행하였고, 그것은 침례교 성장에 핵심적인 원인이 되었다.

복음주의 신앙을 고수한 것 역시 침례교 성장의 주된 원인이었다. 남부의 침례교인들은 거의 모두 복음주의 신앙을 가졌고, 북부 역시 대다수가 그러하였다. 반면에 회중교회는 청교도 복음주의에서 떠나 세속화와 이성주의에 사로잡혔다. 하버드대학은 18세기 후반부터 유니테리언주의로 나아갔으며, 예일대학 역시도 유사한 모습으로 바뀌어갔다. 1778년에 예일대학교 총장으로 취임한 에즈라 스타일스는 부흥사들을 제정신이 아닌 사람들로 취급하였다. 이 학교들에서 공부한 목회자들은 회중교회 교인들에게 똑같은 사상을 전파하였다.[4] 복음주의 신앙을 버린 회중교회는 쇠퇴의 길을 걸었다. 살아 있는 성도들은 복음이 살아 있는 침례교회로 옮겨갔다.

이처럼 18세기 미국 침례교회의 폭발적 성장은 대각성운동으로부터 영향을 받은 회중교인들이 대거 침례교회로 전향한 것이 결정적인 원인이었다. 뉴잉글랜드를 개척한 회중교인들은 신앙적 열정과 교리적 안전성을 동시에 갖추고 있었는데, 그들의 후예들은 그렇지 못했다. 그들은 "가슴"보다 "머리"를 강조하는 경향이 있었고, 그에 따라 미국은 영적으로 냉랭한 상태가 되었다.[5] 이러한 현상은 1662년의 "절반의 언약"(Half-Way Covenant)에서 잘 드러났다. 즉 뉴잉글랜드에서는 부모의 신앙을 근거로 유아들에게 세례를 주었는데, 부모가 신앙인이 아닌 경우 그들의 아이들에게 세례를 주어야 하는지가 논란이 되었다. 이것은 회중교회 교인에게만 사회적, 경제적 혜택을 주는 뉴잉글랜드의 법률과 관련된 문제였다. 국가교회체제 하에서 유아세례를 통해 정식으로 교인 명부에 등록된 사람에게만 그와 같은 혜택이 주어지기 때문에, 이 문제는 신앙적인 차원을 넘어서는 것이었다. 결국 뉴잉글랜드 당국과 회중교회는 1662년에 회심을 고백하지는 않은 부모의 아이들에게도 유아세례를 주고 교회회원의 자격을 부여하기로 결정했다. 다만 주의 만찬은 아이들이 성장하여 신앙고백을 하는 경우에만 참여할 수 있도록 하였다. 그래서 그들은 절반의 회원들로 불리었다. 이것은 신자들의 교회라는 뉴잉글랜드 청교도들의 초기 이상을 저버리는 것이었다.[6]

청교도들이 개척하였고 신앙적 열정이 강했던 뉴잉글랜드조차 영성의 약화가 가속화되었고, 뉴잉글랜드의 신앙이 내면적 신앙이기 보다는 외부적인 형식과 제도로서 더 큰 의미가 있다는 것이 드러났다. 이러한 상황에서 참된 신앙의 회복과 회개를 강조하는 유형의 설교가 호소력을 갖기 시작하였던 것이다.[7] 대각성운동 이전에도 이런 유의 설교가 있었지만, 이번에는 누구도 예상치 못했던 광범위한 반향이 일어났다. 대각성운동은 미국 전역으로 퍼져나갔고, 종교적 부흥 뿐 아니라 미국의 정치, 사회, 문화 전반에 걸쳐 큰 변혁을 가져오는 계기가 되었다. 그것은 "전 식민지의 경계선 너머로 확산되었고, 공통된 관심사를 불러일으켰으며, 공통된 이념 하에 사람들을 하나로 묶었고, 하나님께서 미국에게 특별한 운명을 부여하셨다는 확신을 강화시킨" 운동으로 실제로 미국을 통일시킨 최초의 사건이었다.[8]

2. 부흥을 주도한 인물들

제1차 대각성운동을 주도한 인물로는 네 명을 들 수 있다. 첫째는 뉴저지의 부흥사요 화란개혁교회 목사인 시어도어 프렐링후이젠(Theodore Freylinghuysen, 1691-1747)이었다. 그는 1719년에 미국으로 파송되어 새로운 교구를 배치 받았을 때, 그곳 사람들이 형식적 정통주의에 만족하고 있음을 보고 충격을 받았다. 프렐링후이젠은 철저한 기독교인의 생활과 날카로운 복음적 설교로 그들을 일깨웠으며, 그 결과 회심자들이 속출하였다. 부흥은 이웃 화란인 정착지들 속으로 확산되기 시작했다.[9]

둘째는 장로교 부흥을 이끈 윌리엄 테넌트(William Tennent)와 그의 아들들이었다. 윌리엄은 집에서 아이들에게 신학교육을 시켰고, 얼마 후 프린스턴 대학교의 전신인 "통나무 대학"(Log College)을 세웠다. 장남 길버트 테넌트(Gilbert Tennent, 1703-1764)는 1725년에 예일대학교에서 석사학위를 받고, 이듬해에 뉴저지 주 뉴브룬스윅(New Brunswick)의 한 장로교회에 목사로 청빙 받았다. 그는 교인들이 가지고 있는 "터무니없는 안도감"이 문제의 핵심임을 발견하였다. 그들은 신앙을 정통교리에 대한 동의로 이해하였고, 영적인 능력이나 변화된 삶 같은 것들에는 관심이 없었다. 테넌트는 이를 깨우치고 회개를 촉구하는 설교를 했고, 그 결과는 예상을 넘는 부흥으로 이어졌다. 그 지역에는 유사한 부흥이 1730년대가 끝날 때까지, 8-10차례 더 발생되었다.[10]

세 번째는 회중교회 목사이자 대표적인 부흥운동 신학자인 조나단 에드워즈(Jonathan Edwards, 1703-1758)를 들 수 있다. 17세인 1720년에 예일대학교를 졸업한 에드워즈는 예일대학교에서 수년간 강사로 일한 뒤, 자신의 외조부 솔로몬 스토더드(Soloman Stoddard)가 담임목사로 있는 매사추세츠 주 노샘턴(Northampton) 회중교회의 부목사로 갔다. 1729년에 스토더드가 세상을 떠나자 후임 목사가 되었다. 당시 노샘턴의 젊은이들 가운데는 방탕한 삶이 만연되어 있었는데, 에드워즈의 설교로 그들의 삶이 극적으로 변화되었다. 그가 일으킨 부흥은 1736년까지 코네티컷 전역으로 확산되었다. 에드워즈가 부흥운동을 위해 기여한 주된 부분은 저술이었다. 그의『노샘턴에서 수백 명의 영혼들을 회심시킨 하나님의 놀라운 역사에 대한 정직한 서술』(*Faithful Narrative of the Surprising*

Work of God in the Conversion of Many Hundred Souls in Northampton)은 부흥이 일어난 원인과 과정에 대해 자세히 기록하여서 이후에 일어난 부흥운동에 틀을 제공하였다. 이 책은 존 웨슬리가 런던에서 읽었고, 조지 휫필드가 1738년 조지아를 처음 방문했을 때 읽었던 책이었다.[11]

네 번째로는 영국인 조지 휫필드(George Whitfield, 1714-1770)가 일으킨 부흥이었다. 그는 조지아에 고아원을 설립하려는 목적으로 1739년 11월 필라델피아에 도착했다. 그는 필라델피아 시민들의 요청에 따라 말씀을 전하였는데, 반응은 경이적이었다. 그는 조지아로 가는 동안 곳곳에서 설교하였고, 그 결과 영적 대각성이 미국 전역에서 일어나게 되었다. 그의 즉흥적이고 자유로운 설교방식은 모방자들에 의해 사용되어졌고, 그 결과 부흥의 열기는 전 교단들로 확산되기 시작했다.[12] 부흥사들은 죄에 대한 회개와 회심을 강조하였고, 그것은 많은 사람들로 하여금 집단적 반응을 불러일으켰다. "죄를 깨달음으로 인한 그들의 애통하는 반응은 희한한 원시적인 감정표현을 나타냈으니, 울음, 애통, 희열의 황홀경에 들어간 개심자에게 이따금씩 따르는 '성소(聖笑)', 춤, 그리고 마치 개가 짖듯이 흥분된 감정의 거친 표현, 억제할 수 없는 격동 혹은 목의 근육경련, 그리고 졸도하여 땅바닥에 넘어지는 등등의 현상이 벌어졌다."[13] 이와 같이 미국은 제1차 대각성운동으로 인해 이전에 없었던 강력한 회개운동이 일어났다.

3. 침례교회의 급속한 성장

1) 주류 교단의 분열

침례교회가 대각성운동을 통해 급속히 성장했던 주된 이유 중 하나는 부흥운동을 놓고 주류 교단이 분열되면서, 부흥회를 찬성하는 교인들이 대거 침례교회로 전향한 것이었다. 이러한 현상은 주로 뉴잉글랜드 회중교회에서 나타났다. 부흥회를 성령의 역사로 보고 찬성하는 사람들과, 그것을 "천박하고 과도하게 감정적인 운동"으로 보아 반대하는 사람들로 나뉘어졌다. 도시의 유식한 신자들 대다수는 반대파에 해당되었고, 농촌의 무식한 신자들은 절제되지 않는 감정적 설교에 큰 매력을 느끼며 부흥회 찬성 분위기를 주도하였다.[14]

장로교 목회자 다수는 부흥운동을 반대하였다. 특히 길버트 테넌트가 1740년 3

월 8일에 했던 설교가 『거듭나지 못한 목회의 위험성』(*The Danger of an Unconverted Ministry*)이라는 책자로 출판되었을 때 반대파의 분노는 극에 달하였다. 이 책은 거듭나지 않는 목사는 엄청난 불행을 야기한다는 것을 지적하고, 적절한 교회를 찾아보라는 권고로 끝을 맺었다. 많은 장로교 목사들은 이 책을 보고 분개하였으며, 그 결과 장로교는 부흥운동과 관련하여 극심한 분열을 겪게 되었다.[15] 장로교회는 "구파"(Old Side)와 "신파"(New Side)로 나뉘어졌다. 부흥운동 반대파인 구파는 엄격한 예정론을 믿고 감정적 호소를 반대하였다. 이에 대해 신파는 칼빈주의 신학을 충실히 따르면서도 부흥전도자들의 복음 전파 방식을 찬성하였다.[16]

뉴잉글랜드에서 절대 다수의 교세를 확보하고 있던 회중교회 역시 다수의 목사들이 부흥운동을 반대하였다. 조지 휫필드가 설교여행을 다닐 때, 휫필드는 "사람들을 흥분시키고 호의를 얻기 위해 최상의 기교와 교활함을 사용했다"고 하며 비난을 퍼부었다. 그들은 휫필드가 이미 좋은 토대 위에 건설된 교회들이 있는 마을들을 방문하여 평화와 질서를 파괴한다고 주장했다.[17] 코네티컷 목사들은 1742년에 순회설교를 반대하는 새로운 법령을 제정했다. 주요 내용은 첫째, 교구목회자의 허락 없이 순회설교자의 설교행위를 금하며, 둘째, 각 교구는 대학을 졸업하지 않은 사람을 목사로 뽑아서는 안 되고, 셋째, 예일대학교 교수와 학생들은 정통주의 신앙을 지킬 것을 맹세할 것 등이었다. 이 법을 반대하는 사람들에게는 그들의 직위를 박탈하도록 했다.[18] 휫필드는 하버드와 예일을 방문하고 나서, 그곳들은 "빛이 어둠이 되는 장소들"이라고 확신하였다. 휫필드가 가는 곳마다 "수천 명의 사람들이 울었지만, 그 지역 목회자들의 대다수는 눈물 한 방울 흘리지 않은 채로 남아 있었다."[19]

회중교회는 부흥회를 반대하는 "올드라이트파"(Old Lights)와 찬성하는 "뉴라이트파"(New Lights)로 나뉘어졌다. 회중교회의 느슨한 영적생활에 불만을 갖고 있던 뉴라이트파는 회중교회가 부흥운동의 살아있는 영성과 역동적인 순회전도를 받아들이고, 개혁되기를 원하는 마음에서 교단에 남아있었다. 그런데 그와 같은 바람이 이루어지기는커녕 오히려 갈등이 커지게 되자, 분리하여 따로 교회를 세우게 되었다. 그래서 그들은 "분리주의자들"이라고 불리게 되었다.[20]

2) 뉴라이트파 회중교회의 침례교 유입

많은 뉴라이트파 회중교회들이 침례교회로 전향하였다. 두 교단은 교회언약에 기초한 교회의 설립, 회중주의, 개교회주의 등에 있어서는 일치하였지만, 유아세례 문제와 정교분리에 대해서는 의견의 차이가 있었다. 그런데 18세기 미국은 상당한 정도의 종교의 자유가 있었고, 교단간의 구분도 많이 퇴색되어 가는 때였다. 두 교단을 구분할 수 있는 차이점으로는 유아세례만 남아 있을 뿐이었다. 이와 같은 상황에서 뉴라이트파 회중교인들은 참된 신자로 구성된 교회라는 초기 청교도주의의 복원을 원했으며, 그러한 관점에서 신자의 침례 교리의 타당성을 인정하기 시작하였다. 그들은 신자의 침례가 성서적임을 확신하자 대거 침례교 신앙으로 전향하였다. 이런 과정을 통해 회중교회 뉴라이트파는 분리파 침례교인들(Separate Baptists)이 되었다. 침례교회는 뉴잉글랜드 부흥운동에 직접 참여하지 않았지만, 최대의 수혜를 얻게 되었다. 회중교회는 아이작 배커스(Isaac Backus), 셔벌 스턴즈(Shubal Stearns) 같은 출중한 인물들도 침례교회에 공급해 주었다.[21]

아이작 배커스는 1748년에 미들보로(Middlebourgh)에 세워진 뉴라이트 회중교회의 담임목사였다. 이 교회는 1749년에 유아세례와 관련하여 심각한 논쟁이 있었다. 배커스는 1751년에 신자의 침례를 받아들이고, 그의 입장에 동조하는 사람들에게 침례를 주었다. 그러나 그러한 변화를 반대하는 교인들은 문제를 제기했고, 양쪽은 서로를 인정하는 선에서 갈등을 마무리 지었다. 그러나 평화는 오래가지 못했고, 결국 배커스는 추종자들과 함께 1756년 1월 16일에 따로 침례교회를 세우고, 죽을 때까지 그 교회의 담임목사로 봉직하였다.[22] 배커스는 미국 침례교회에 네 가지 점에서 중요한 역할을 하였다. 첫째, 뉴라이트 회중교회에서 침례교회로 전향한 교회들과 원래의 침례교회들이 서로 연합할 수 있게 하였고, 둘째, 침례교회에서 당시 만연하고 있던 아르미니우스주의를 복음적 칼빈주의로 바꾸는 일을 하였으며, 셋째, 침례교단을 미국의 주류 교단들과 어깨를 나란히 할 수 있는 위치로 올려놓았고, 넷째, 침례교가 주장하는 종교의 자유가 뉴잉글랜드에서 관철될 수 있도록 리더십을 발휘하였다.[23]

3) 분리파 침례교인들의 활약

분리파 혹은 분리침례교회들(Separate Baptist churches)은 기존의 침례교인들 중에서 부흥운동을 찬성하는 그룹과, 침례교로 전향한 뉴라이트 회중교인들이 합쳐서 세운 교회들이었다. 침례교회도 타교단과 마찬가지로 부흥운동을 찬성한 분리파(Separates)와, 반대한 정규파(Regular)로 나뉘어졌다. 그러나 다행이 교단 분열로 확대되지는 않았다. 역사적으로 입증 가능한 최초의 분리침례교회는 1743년 보스턴제일침례교회에서 생겨났다. 그 교회 담임목사 제러마이어 콘디(Jeremiah Condy)는 부흥주의를 혐오하였다. 그런데 1740년에 조지 휫필드가 보스턴에서 집회를 열자, 그 교회의 몇몇 교인들이 부흥회에 매료되었다. 그들은 콘디 목사의 "냉랭하고 죽은 형식주의적인" 목회에 불만을 갖게 되었고, 1743년에 독립하여 따로 교회를 세웠다. 7명의 교인들이 세운 이 교회는 제이침례교회(Second Baptist Church)라는 이름을 채택했으며, 5년 안에 120명 교인으로 성장하였다.[24]

분리침례교인들은 성경의 권위와 성령의 체험을 강조하고, 정규침례교회들이 신자에게 중생의 체험을 엄격하게 요구하지 않는 것을 비판하였다. 분리침례교회의 예배는 열정적이고 소란스러웠다. 설교자들은 크고 특이한 음성과 과장된 몸짓을 하였는데, 그것은 부흥사들의 전형적인 모습이었다. 이들은 무식하고 가난하며 너절한 사람들이라는 평판을 받기도 했지만, 신자들에게 복음전도의 열정을 불러 일으켜 교회가 급속한 성장을 이루도록 하였다.[25] 이후 부흥회는 침례교단의 주요한 전통으로 자리 잡게 되었다

이처럼 뉴라이트 회중교회의 편입과 분리침례교인들의 활발한 전도로 인해 침례교회는 18세기 중반부터 급속한 성장을 구가하게 되었다. 1776년경에 성공회를 따돌리고 미국에서 세 번째로 큰 교단이 되었다.[26] 1776년도 기준으로 미국 개신교단의 교세를 총 신자 대비 각 교단 교인수의 비율로 본다면, 뉴잉글랜드에서는 회중교(63%), 침례교(15.3%), 성공회(8.4%), 장로교(5.5%), 퀘이커교(3.8%), 그 외 교단(3.6%)로 구성되었다. 중부지역에서는 장로교(24.6%), 퀘이커교(14.1%), 성공회(12.9%), 독일 개혁교회(9.8%), 네덜란드 개혁교회(8.9%), 루터교(8.6%), 침례교(7.6%), 로마가톨릭(4.2%), 감리교(3.8%), 모라비안(1.8%), 회중교(0.3%), 그 외 교단(3.1%)의 분포를 보였다. 남부에서는 침례교(28%), 성

공회(27.8%), 장로교(24.9%), 퀘이커교(9.0%), 루터교(3.8%), 독일 개혁교회
(2.8%), 감리교(1.4%), 모라비안(0.6%), 회중교(0.1%), 로마가톨릭(0.1%), 그 외
교단(1.2%)의 교세를 보였다.[27] 이처럼 침례교회는 남부에서 18세기 후반에 이
미 가장 큰 교단이 되었다.

18세기 후반에 침례교회의 교회당 평균 교인수는 약 75명 정도였다. 감리교
회 역시 75명 정도의 평균 교인수를 가지고 있었다. 루퍼스 뱁콕(Rufus Babcock)
은 1841년도 보고서에서 1784년 침례교회의 평균 교인수를 74.5명으로 보고하였
다. 1790년에 18개월 동안 7천 마일을 걸으면서 침례교회들을 방문한 존 애스플
런드(John Asplund)는 867개 교회에 65,233명의 교인을 보고하였다. 이를 평균으
로 환산하면 한 교회당 평균 75.2명의 교인이 있었음을 알 수 있다.[28] 침례교인
의 전체 수는 1784년에 35,101명, 1790년에 65,345명, 1810년에 172,972명으로
증대되었다.[29] 침례교회의 갑작스러운 성장에 대해 회중교회 목사인 노아 워체스터
(Noah Worchester)는 1794년에 출판한 그의 저서『침례교단의 성장에 대한 공정한 탐
구』(Impartial Inquiries concerning the Progress of the Baptist Denomination)에서 다음
의 이유들을 제시하였다. 즉 타교단 목회자들의 "냉랭함"과 달리 침례교 목사들
이 가진 열정, 박해를 통해 얻은 공감과 존경, 부흥회적인 예배, 그리고 일부 목
회자들의 무식함 등을 들었다. 마지막 부분인 "무식함"은 침례교 목사들은 지성
보다는 감성에 호소한다는 것이었는데, 이것은 부분적으로는 옳지만 대체로 틀
렸다. 왜냐하면 일부를 제외하고 다수의 침례교 목사들은 무식한 목회나 감정에
만 호소하는 목회를 하지 않았기 때문이다.[30] 18세기는 미국 침례교회가 확연히
주류교단으로 나아가는 시기였다.

지역별 성장

1. 뉴잉글랜드

로드아일랜드는 1639년에 최초의 침례교회가 그리고 1764년에는 최초의 침
례교 대학이 설립된 지역이라, 많은 사람들은 침례교인들의 수가 압도적으로 많

을 것으로 예측했지만, 실제는 그렇지 않았다. 로드아일랜드는 주민의 20%만이 교회에 정기적으로 출석하였으며, 그 주 전체 교회의 절반이 침례교회였다. 따라서 주민 10명 중 1명만이 침례교인이었다고 볼 수 있다. 예상보다 침례교인의 수가 많지 않은 이유로는 아마 너무 다양한 침례교 그룹들이 있어서 성장을 방해했을 것이다.[31]

매사추세츠에서 침례교회는 회중교회의 억압에도 불구하고 예상 외로 번성하였다. 그곳의 침례교회는 대부분 정규침례교회들이었다. 1790년까지 91개의 교회들 중 73개가 정규교회였다. 나머지 18개 교회는 분리, 여섯-원리 침례교회들이었고, 두 개의 인디언 교회도 포함되어 있었다.[32] 매사추세츠에는 "침례교 휫필드"라고 불리던 헤즈키아 스미스(Hezekiah Smith, 1737-1805)가 교단 발전에 크게 기여하였다. 그는 뉴저지에서 자랐으며, 1756년에 아이작 이튼(Isaac Eaton) 목사가 설립한 호프웰 학교(Hopewell Academy)에서 공부했고, 이어 프린스턴 대학교로 진학하여 1762년에 졸업했다. 대학을 졸업한 후 그는 남부지방을 여행하면서 설교했다. 그때 찰스턴교회 목사 올리버 하트(Oliver Hart)와 돈독한 관계를 갖게 되었고, 1763년에 하트로부터 목사안수를 받았다. 스미스는 1765년에 매사추세츠 해버힐(Haverhill)에서 뉴라이트 회중교인들이 세운 교회의 담임목사가 되었고, 이후 40년 동안 그 교회에서 사역했다. 하지만 그는 1년에 몇 개월 정도만 교회에 머물렀고, 나머지 시간은 순회설교 여행을 다녔는데, 그 결과 13개의 교회를 개척할 수 있었다. 아이들 양육과 농장 및 과수원 일은 헵지바(Hephzibah) 혹은 헵시(Hephsy)라고 불리던 아내에게 맡겼다.[33] 스미스는 교단의 일에도 깊이 관여하였다. 그는 로드아일랜드대학(Rhode Island College)의 설립에 주도적으로 참여하고 이사로서 오랜 기간 봉직하였다. 또한 1767년에 세워진 워렌지방회(Warren Association)의 창설도 주도하였다. 스미스는 미국독립전쟁 때에는 군목으로 사역하기도 했다. 그리고 1802년 매사추세츠 침례교 선교협회(Massachusetts Baptist Mission Society)의 설립에도 적극 참여하였다.[34]

메인에서는 윌리엄 스크리븐이 1682년에 설립한 키터리교회가 1696년 사우스캐롤라이나의 찰스턴으로 이주한 이후, 약 70년 동안 침례교회가 나타나지 않았다. 그러던 중 1764년에 조수아 애모리(Joshua Emory)가 벌위크(Berwick)에 침례교회를 세웠다. 1780년까지 메인에서 침례교회의 성장은 거의 정체되어 있었는데, 헤즈키아 스미스의 순회전도를 통해서 부흥이 일어났다. 그는 산발적으로 흩어져 있었던 침례교인들을 모으고, 뉴라이트 회중교인들을 끌어들였다. 1790년에 이르러 메인에는 32개 교회 912명의 교인이 있었다.[35]

뉴햄프셔에서 조직된 최초의 침례교회는 월터 파워스(Walter Powers)가 1755년에 뉴타운(Newtown)에 세운 교회였다. 헤즈키아 스미스는 1771년에 이곳에도 진출하여 한 명의 회중교회 목사와 38명의 사람들에게 침례를 주었다. 침례교 순회전도자들의 활동과 영국에서 온 침례교 이민자들로 인해 침례교회는 1770년대부터 급속히 성장하게 되었다. 뉴햄프셔에서 최초의 지방회가 1785년에 만들어졌으며, 1790년에 이르러 38개 교회, 1,740명의 교인이 있었다.[36]

버몬트에는 1790년에 39개 교회, 1,796 침례교 교인들이 있었으며, 그들 대부분은 정규침례교인들이었다. 코네티컷에서 침례교 역사는 1705년에 위트맨(Wightman) 가족이 로드아일랜드에서 이사 오면서 시작되었다. 1790년에 코네티컷에는 58개 교회, 3,298명의 교인들이 있었으며, 대부분이 정규침례교회들이었다. 3개의 지방회가 설립되었고, 1800년경에는 약 60개 교회, 4,000명의 교인들이 있었다.[37] 뉴잉글랜드에서는 침례교회가 뉴라이트 회중교인들의 유입, 분리침례교인들의 열정적인 복음전파, 영국 침례교인들의 이민 등으로 급속한 성장을 이루었다. 분리침례교인들에 의해 개척된 많은 교회들은 얼마 가지 않아 정규침례교회로 전환하였다. 교회들은 어느 정도 수가 모이면 지방회를 조직하였다. 18세기 뉴잉글랜드는 한 마디로 침례교회의 약진과 회중교회의 쇠퇴로 요약할 수 있다.[38]

2. 중부지역

1) 펜실베이니아

펜실베이니아의 대표적인 도시 필라델피아는 영국 웨일스로부터 온 침례교인들이 많았다. 그들은 필라델피아 최초의 침례교회인 페네펙교회를 비롯하여 여러 초기 교회들을 세웠으며, 침례교 정신과 교리, 그리고 예배와 교회의 조직 등에 관한 원리를 제공하였다. 필라델피아에서는 1707년 7월 27일에 미국 최초 지방회인 필라델피아 침례교 지방회가 5개 교회들에 의해 세워졌다. 5개 교회는 영국에서 이민 온 사람들이 만든 로어 더블린(Lower Dublin)교회, 뉴햄프셔 피스카타웨이에서 박해를 피해 온 피스카타웨이(Piscataway)교회, 뉴욕과 기타 지역에서 박해 받았던 침례교인들이 만든 미들타운(Middletown)교회, 여섯-원리를 추구하여 페네펙(Pennepek)교회로부터 탈퇴한 교인들이 1701년에 만든 웰시 트랙(Welsh Tract)교회, 그리고 페네펙교회이다.[39)]

필라델피아 지방회는 장로교 노회처럼 법적 권한을 보유하지 못했다. 그것은 처음부터 사소하거나 중대한 문제들을 처리하는 하나의 자문회의로 간주되었다. 교회들은 논란이 되는 문제들에 대해 지방회에 자문을 의뢰하였다. 지방회는 가끔 안수위원회의 역할을 담당하기도 했다. 지방회는 처음에는 뉴저지, 펜실베이니아, 델라웨어의 교회들로 구성되었으나, 후에는 코네티컷, 뉴욕, 메릴랜드, 버지니아 등지에 있는 교회들도 포함하게 되었다.[40)] 필라델피아 지방회는 1742년에 신앙고백서를 채택하였는데, 그것은 향후 100년 이상 미국 침례교회의 기본적인 신학적 기준이 되었다. 1749년에는 지방회의 권한과 한계에 관한 해설서를 출판하였고, 1770년에는 로드아일랜드에 침례교 대학을 설립하는 일을 주도하였다. 필라델피아 지방회는 대각성운동에 크게 자극받아 미국 전역에 침례교 신앙을 전파하는 일을 추진하였다.[41)]

필라델피아 지방회는 1771년에는 모건 에드워즈(Morgan Edwards, 1722-1795)를 지방회의 전 지역 전도자로 선정하였다. 에드워즈는 1761년에 필라델피아 제일침례교회의 담임목사로 초빙 받아 영국에서 미국으로 왔으며, 1770년까지 그 교회에 시무하였다. 그는 미국의 독립을 반대한 소수의 침례교인 중 한 사람이었다. 에드워즈는 필라델피아 지방회로 하여금 로드아일랜드 대학을 설립하도록 유도하는 등 교육사업에 공헌하였으며, 국내선교, 침례교회의 교리와 영성의 형성 등에 크게 공헌하였다.[42)] 펜실베이니아는 18세기 미국 침례교회의 중심 역할을 하였다.

2) 뉴욕

뉴욕은 네덜란드의 식민지였던 뉴 네덜란드(New Netherlands) 시대인 1650년대부터 소수의 침례교인들이 있었다. 그러나 조직화된 교회는 1711년에 영국에서 이민 온 니콜라스 아이레스(Nicholas Eyres)에 의해 시작되었다. 그는 1712년에 코네티컷에서 활동하고 있던 침례교 설교자 밸런타인 위트맨(Valentine Wightman)을 초청하여 자신의 양조장 다락방에서 집회를 가졌다. 그 때 12명이 회심하였고, 아이레스는 그들을 공개적으로 침례주기 원하였다. 네덜란드 총독은 이것을 허용하고 직접 참관까지 했다. 이 모임은 1714년에 제일침례교회로 발전하게 되었고, 아이레스는 그 교회의 담임목사가 되었다. 이 교회는 아르미니우스주의 신학을 채택했다.[43]

뉴욕에서 칼빈주의 침례교회는 제러마이어 다지(Jeremiah Dodge)에 의해 시작되었다. 그는 같은 신앙을 가진 사람들과 함께 자신의 집에서 기도모임을 가지고 있었다. 그러던 중 1762년에 뉴저지에서 이주해 온 침례교인들이 그 모임에 합류하여 27명의 회원이 확보되었다. 이 모임은 뉴욕시에서 최초의 정규침례교회가 되었다. 교회는 "제2차 런던신앙고백서"(Second London Confession)를 신앙의 표준으로 삼았고, 존 개노(John Gano, 1727-1798)를 담임목사로 청빙하였다.[44]

개노는 뉴저지 주 호프웰(Hopewell)에서 출생하고 성장했다. 그는 청년시절에 필라델피아 지방회로부터 전도자로 임명을 받아, 남부지역을 두루 다니며 순회설교를 했다. 전도활동을 마치고 북부로 돌아오는 길에 뉴욕의 제러마이어 다지의 회중을 위한 담임목사가 되었다. 개노는 독립전쟁 때, 8년간 군목으로 사역한 것 외에는 그 교회에서 26년간 목회하였다. 개노는 담임목회를 하는 중에도 종종 교회를 비우고 광범위한 지역으로 설교여행을 떠났다. 온건 칼빈주의자인 개노는 침례교회들로 하여금 신학적 차이에도 불구하고 서로 협력하도록 리더십을 발휘하였다. 개노의 뛰어난 설교로 인해 교회는 200여명 교인으로 부흥하게 되었으며, 보스턴과 프로비던스에서 침례교 중흥에 역할을 하였다. 1790년도 기준으로 뉴욕에는 66개의 교회와 4,149명의 교인들이 있었다.[45]

3) 그 외 지역

델라웨어에서 최초의 침례교회는 펜실베이니아의 웰시 트랙(Welsh Tract)교회가 1703년에 이주해 온 교회였다. 1790년에 이르러 8개 교회가 있었다. 웰시 트랙 교회는 1710년에 언약서(Covenant) 및 치리규칙(Rules of Discipline)을 제정하였으며, 그것은 다른 교회들에게 본보기 역할을 하였다. 메릴랜드에는 18세기 말까지 25개 교회, 1,200여명의 교인이 있었다.[46] 뉴저지에는 1790년 기준으로 30개 교회와 2,247명의 교인이 있었다. 교회들은 교리적으로나 영적으로 안정되었고, 서로간의 협력도 잘 이루어지고 있었다. 대다수는 정규침례교회였다. 뉴저지에서는 새신자의 안수 여부, 예배 시 찬송하는 문제, 안식일 날짜, 칼빈주의와 아르미니우스주의 등에 대한 갈등이 크게 나타나지 않았다. 다만 니콜라스 콕스(Nicholas Cox)를 비롯한 일부 뉴저지 목사들이 보편구원론을 선전하는 문제가 있었고, 결국 필라델피아 지방회가 소속 교회들에게 주의를 당부하였다.[47]

3. 남부

제1차 대각성운동이 일어나기 이전까지 침례교인들은 거의 북부에 있었다. 남부에는 소수의 침례교인들이 산발적으로 흩어져 있었다. 이들은 박해를 피하기 위해, 혹은 더 나은 삶을 위해서 영국과 뉴잉글랜드에서 온 사람들이었다. 그들 대부분은 농촌에서 가난한 삶을 살았다.[48]

1) 버지니아

영국 왕실이 개척한 버지니아는 성공회 세력의 중심지였다. 버지니아 회사(Virginia Company)는 1619년부터 1622년 사이에 종교세와 교구 소유 토지를 확정하는 등 교구제도를 확립하였다. 국교회는 교구 목사가 자신의 교구에 속한 교인들을 관리하는 교구제도로 운영되었다. 그런데 문제는 영국과 달리 버지니아 식민지는 적은 수의 주민들이 광대한 영역에 흩어져 살아가는 관계로, 한 교구의 길이가 30마일에서 100마일에 달하는 경우도 있었다. 이런 상황에서 교구 목사 한 사람이 자기 교구민들을 위한 예배, 교육, 심방 등의 일을 감당하는 것은 거의 불가능하였다.[49]

버지니아 성공회의 취약점은 목사의 절대수가 부족한 것과, 자격을 갖춘 목사가 매우 적었다는 데에 있었다. 성공회 목사의 부족은 식민지에 성공회 신학교가 없었다는 것과, 주교 한 사람만이 안수를 줄 수 있는 제도로 인해, 안수를 받기 위해서는 힘들고 위험한 영국 여행을 감행해야 하는 것이 두 가지 주된 이유였다. 이런 상황 때문에 "자격을 갖춘 목회자"를 버지니아로 데려오는 사람에게

20파운드의 상금을 지급하는 관례도 생겨났다.[50] 미국으로 들어온 성공회 목회자들 가운데서 목회에 열정과 실력을 갖춘 사람들은 많지 않았다. 상당수는 영국에서 여러 문제들로 인해 식민지로 온 사람들로서 열정이나 도덕성이 결여되어 있었다. 1756년에 기록한 여행일지에서 조지 휫필드는 "만약 '자신들의 신실한 목회자들을 식민지 안에서 발견할 수만 있었다면' 영국 성공회는 아마도 '번창'했을 것이라"고 하였다.[51] 이와 같은 성공회의 문제점은 비국교회들이 성장할 수 있는 좋은 환경을 제공하였다.

버지니아 침례교회는 세 가지 근원에서 시작되었다. 첫째는 영국에서 온 일반침례교인들이고, 둘째는 1740년대에 메릴랜드에서 이주해 온 칼빈주의 침례교인들이며, 셋째는 1760년 이후 그곳으로 온 뉴잉글랜드 분리파 침례교인들이었다. 영국에서 온 일반침례교인들은 런던 교회들에게 식민지에서 목회할 목사를 보내줄 것을 요청하였다. 이에 대해 런던의 침례교인들은 토마스 화이트(Thomas White)와 로버트 놀딘(Robert Nordin)을 미국으로 파송했다. 그런데 항해 도중 화이트는 사망하고 놀딘만 미국에 도착하여 1714년에 프린스 조지 카운티(Prince George County)에 교회를 세웠는데, 이것이 버지니아 최초의 조직화된 침례교회였다.[52]

메릴랜드 침례교인들은 1743년부터 1756년 사이에 버지니아에 왔다. 이들은 칼빈주의자들과 아르미니우스주의자들이 섞여 있었으나, 후에는 거의 대부분이 칼빈주의를 따랐는데, 그것은 아마도 필라델피아 지방회의 영향 때문일 것이다.[53] 뉴잉글랜드에서 온 분리파 침례교인들은 버지니아에서도 활발하게 전도하여 박해의 대상이 되었다. 국가교회에 익숙한 국교회주의자들과 당국자들의 눈에 이들은 질서를 문란케 하는 광신도였던 것이다. 뉴잉글랜드 출신의 분리침례교인이며, 서로 처남 매제 지간인 셔벌 스턴스(Shubal Sterns)와 대니얼 마샬(Daniel Marshall)이 1754년에 버지니아에 오면서 침례교회는 경이적인 성장을 하게 되었다.[54]

버지니아에서 침례교 부흥은 1787년에서 1789년 사이에 절정을 이루었다. 부흥은 분리침례교회와 정규침례교회 모두에서 일어났으며, 두 침례교회의 합동을 가져왔다. 합동은 신앙고백서가 구속력을 가진 엄격한 교리문서가 될 수 없다는 것을 전제하는 조건으로 정규침례교회의 신앙고백서를 다함께 인정하는 형식을 취했다. 통합교회들은 "버지니아 기독연합침례교회"(The United Baptist Churches of Christ in Virginia)라는 명칭을 채택하였다. 이러한 합동은 종교의 자유를 달성하기 위한 현실적인 필요도 반영되었다고 볼 수 있다.[55]

버지니아에는 1790년에 이르러 210개 교회 20,861명의 침례교인이 있었는데, 그것은 미국의 어떤 주보다 많은 침례교 인구였다. 이러한 결과는 1760년대 분리침례교인들의 부흥운동과 1780년대의 대각성운동이 버지니아 침례교인들을 크게 자극하여 10년 동안 11배의 성장을 이루도록 하였던 것이다. 분리침례교인들이 개척한 많은 교회들은 곧 정규침례교회로 전향했다. 1790년에 이르면 버지니아 침례교회의 98%가 정규교회였다. 그러나 교회의 57% 그리고 침례교인들의 71%가 분리침례교 배경이었고, 이는 분리파의 강조점들이 완전히 없어진 것은 아님을 보여준다.[56]

2) 사우스캐롤라이나

사우스캐롤라이나에서 침례교회는 1696년 윌리엄 스크래븐이 키터리 교인들과 함께 찰스턴에 온 이후 본격적으로 시작되었다. 찰스턴교회는 처음부터 특수침례교와 일반침례교의 배경을 가진 사람들이 함께 있었으나, 특수침례교 신앙전통이 늘 다수를 차지하였다. 찰스턴교회는 남부에서 신학교육, 지방회 설립, 국내선교 조직, 주일학교 등의 사역들을 주도적으로 일으켰다. 또한 여러 교회들을 개척하여 남부에 침례교를 확산하는 데 공헌하였는데, 유호(Euhaw), 애쉴리리버(Ashley River), 스토노(Stono) 등의 교회들은 찰스턴교회의 지교회들로 모교회의 지원을 통해 교회당을 건립하거나 담임목사를 청빙할 수 있었다. 찰스턴교회는 1796년 248명의 교인이 있었다.[57]

유호교회는 스크래븐이 설교여행을 통해 회심한 사람들에 의해 세워졌다. 애쉴리리버교회는 찰스턴교회의 새로 취임한 토마스 시먼스 목사가 칼빈주의를 반대하자, 이에 반발한 사람들이 세운 교회였다. 반면에 스토노교회는 아르미니우스주의를 믿는 사람들에 의해 1728년에 세워졌다. 사람들은 이러한 신학적 차이로 인해 애쉴리리버를 찰스턴교회의 "오른팔"로 스토노를 "왼팔"로 부르곤 했다.[58] 1737년에는 필라델피아로부터 소수의 웨일스인 침례교인들이 피디 강(Pedee River) 근처로 왔다. 그들은 이듬해인 1738년 1월 웰시넥교회(Welsh Neck

Church)를 설립했는데, 그 교회는 아르미니우스주의 신앙을 따랐다.[59]

찰스턴교회는 올리버 하트(Oliver Hart, 1723-1795)에 의해 대각성운동의 영향을 받게 되었다. 하트는 펜실베이니아 워민스터(Warminster) 출신으로 1740년 대각성운동 때 회심하여 침례교인이 되었고, 22세 때 설교자로 임명 받았다. 1749년 필라델피아 지방회의 안건 중 하나는 2년 전에 사망한 찰스턴교회 목사 토머스 시먼스의 후임을 결정하는 것이었다. 찰스턴교회는 후임 목사를 2년 동안 찾았지만 마땅한 사람을 발견할 수 없었다. 지방회 참석자들은 모두 하트가 가야한다고 생각했다. 하트는 찰스턴교회로 가서 30년 동안 목회하였다.[60]

하트는 찰스턴, 유호, 애쉴리리버, 웰시넥 교회들을 모아 1751년에 찰스턴지방회를 만들었다. 그것은 남부에서 최초의 지방회였다. 지방회는 논쟁의 조정, 국내선교, 목회자 교육, 개교회의 치리를 돕는 일을 하였다. 하트는 정식 교육을 받은 적이 없었지만, 독학으로 찰스턴에서 가장 박식한 목회자가 되었다. 그의 설교는 감화력이 있었다. 하트는 독립전쟁 시절 정치적 활동으로 인해 찰스턴에서 추방당했고, 뉴저지 호프웰(Hopewell)에 있는 교회의 담임으로 갔다. 전쟁이 끝난 후, 찰스턴교회는 하트가 다시 돌아오기를 요청했으나, 그는 호프웰에 남아 여생을 보냈다.[61]

하트의 뒤를 이어 리처드 퍼먼(1755-1825)이 찰스턴교회의 담임목사가 되었다. 퍼먼은 뉴욕에서 태어났으며, 1770년 조셉 리스(Joseph Reece)에 의해 분리침례교 신앙을 받아들였다. 32세인 1787년에 찰스턴교회의 담임목사가 되었고, 이후 38년 동안 그 교회에서 봉직하였다. 퍼먼은 찰스턴에서 목회하는 동안 사우스캐롤라이나 침례교인들 가운데 절대적인 영향력을 행사했다.[62] 퍼먼은 자신이 존경했던 전임목사 하트처럼, 설교 예복을 입고 격식 있는 예배를 추구하였다. 그 자신은 분리침례교 신앙으로부터 영향을 받았지만, 찰스턴 전통에 쉽게 동화되었다. 그러나 그는 열정적인 복음전도주의를 정규침례교인들에게 소개하였다. 퍼먼은 교육의 중요성도 강조하였다. 남부의 최초 침례교 대학은 그의 이름을 따서 세워졌다. 퍼먼은 1814년에 발족된 3년 연례총회를 결성하는 일에 주도적으로 참여하였다.[63]

18세기 말 사우스캐롤라이나 침례교회는 급속한 성장과 분리침례교회들의 빠른 정규침례교회화라는 두 가지의 특징을 보여주었다. 결국 분리와 정규의 명칭이 사라지고 오직 침례교의 명칭만이 남게 되었다. 침례교 성장은 급속했다. 예를 들면, 벧엘교회는 1790년에 교인수가 116명이었는데, 1803년에는 390명으로 300% 이상 늘었다. 이 교회가 소속되어 있는 지방회는 1789년에 16개 교회 1,000명의 회원에서, 1800년에는 52개 교회, 2,800명의 회원으로 증가하였다.[64]

3) 노스캐롤라이나

노스캐롤라이나에서 침례교인들이 존재했던 시기는 약 1710년대 초반이었지만, 본격적인 침례교 사역은 1720년경 일반침례교인 폴 팔머(Paul Palmer)에 의해 시작되었다. 팔머는 메릴랜드 태생으로 웰시트랙교회에서 침례를 받았고, 목사안수는 코네티컷에서 받았다. 그는 1720년경에 노스캐롤라이나에 와서 그 지방의 가장 부유한 유지 토마스 페터슨(Thomas Patterson)의 미망인과 결혼하였다. 팔머는 1726년에 노스캐롤라이나 최초의 침례교회인 초우원(Chowan)교회를 세웠다.[65]

노스캐롤라이나의 두 번째 침례교회는 1729년 9월 샤일로(Shiloh)에 세워졌는데, 이 역시 팔머가 주도하였다. 이 교회는 후에 9명의 목회자들 배출하고 6개의 지교회를 개척하였다. 교회는 처음에는 아르미니우스주의를 따랐지만, 1757년부터는 칼빈주의를 받아들였다. 팔머의 복음전도의 열정은 당시 노스캐롤라이나 주지사인 에버라르드(Everard)가 영국 런던의 국교회 감독에게 보낸 1729년 10월 12일자 편지에 잘 드러난다. 그는 "팔머의 설교의 영향력으로 그 지방을 석권하고 있는 종교적 열정의 거대한 조류를 방지하거나 대처함에 속수무책"이라고 고백하였다. 팔머는 순회설교를 통해 수 백 명의 사람들을 침례교 신앙으로 이끌었다. 1790년까지 노스캐롤라이나에는 적어도 25개의 일반침례교회가 세워졌으나, 이들 교회들은 일찍이 1750년대부터 정규침례교회로 전환하기 시작하였다.[66]

18세기 노스캐롤라이나 침례교인들 가운데 가장 역동적인 사건은 1755년에 일어난 분리침례교인들의 이주였다. 대표적인 분리침례교 지도자 셔벌 스턴스(Shubal Stearns)는 1745년에 뉴라이트 회중교인이 되었고, 1751년에 침례교 신자가 되었다. 그는 처남인 대니얼 마셜(Daniel Marshall)과 함께, 1755년 가족들을 이끌고 버지니아로 갔다. 그리고 얼마 후 다시 노스캐롤라이나의 샌디크릭

(Sandy Creek)으로 이주하여, 샌디크릭교회를 세우고 여생을 그곳에서 보냈다. 그는 교육을 제대로 받지 못했지만, 타고난 명철과 판단력을 소유한 사람이었다. 그의 설교는 매우 호소력이 있었다. 교회는 급성장하였고, 42개의 지교회를 설립하였다.[67] 이와 같이 노스캐롤라이나에는 처음부터 세 가지의 침례교 그룹들이 존재하여 왔다. 첫 번째는 폴 파머 타입의 옛 일반 침례교인들, 두 번째는 케후키에 정착한 정규침례교인들, 세 번째는 스턴스와 함께 온 분리침례교인들이었다. 이들 간에는 신학, 문화, 예배 형식에서 적지 않은 차이가 있었다.[68]

4) 그 외 지역

조지아에는 1733년부터 침례교인들이 있었지만, 본격적으로 침례교회가 시작된 것은 1760년대에 사우스캐롤라이나에서 온 분리침례교인들이 어거스타(Augusta) 근처에 정착하면서부터였다. 대니얼 마셜은 후에 그들과 합류하여 1772년에 키오키(Kiokee 혹은 키오카[Kioka])에 침례교회를 세웠다. 이후 수년 동안 12개의 분리침례교회들이 세워졌지만, 다른 지역과 마찬가지로 대부분 정규침례교회로 바뀌었다. 1790년에 이르러 조지아에는 53개 교회와 3,260명의 교인이 있었다.[69]

켄터키에서 최초로 조직화된 교회는 15명의 백인과 3명의 흑인에 의해 1781년에 세워진 시번스밸리(Severns Valley) 교회였다. 시번스밸리는 현재 엘리자베스타운(Elizabethtown)에 해당되는 지역이었다. 켄터키에는 1792년에 이르러 3개의 지방회와 55개의 교회, 그리고 3,331명의 교인이 있었다.[70] 당시 켄터키 침례교회들의 신앙과 행습은 비버크릭(Beaver Creek) 교회가 1798년에 채택한 헌장을 통해 살펴볼 수 있다. 헌장에는 치리, 교회운영 방식, 교인의 허입과 출교에 관한 내용과 신앙고백서가 있었다. 신앙고백서에는 삼위일체 하나님과 유일신 신앙, 신앙과 행습의 유일한 기준인 성서, 은혜로 인한 믿음으로 얻는 구원, 원죄, 인간의 전적타락과 무능, 그리스도의 전가된 의, 성도의 견인, 침례와 주의 만찬, 주님의 부활과 보편적 심판, 천국과 지옥 등에 관한 신앙이 서술되어 있었다.[71]

테네시에서 최초의 침례교회는 1765년에 클린치리버(Clinch River)에 설립된 교회였다. 초기 교회들은 대다수 분리침례교회들이었으며, 샌디크릭 지방회와 연결되어 있었다. 1790년까지 테네시에는 17개 교회와 770명의 교인들이 있었다. 분리교회들은 곧 정규교회로 전환되었다. 미시시피에는 제퍼슨 카운티의 7명의 교인들이 1791년에 세운 코울스크릭(Cole's Creek) 교회가 18세기에 존재했던 유일한 침례교회였다.[72]

5) 요약 및 특징

18세기 남부 침례교회는 다음과 같은 특징을 가지고 있었다. 첫째, 침례교 성장은 주로 이민에 의한 것이지, 조직화된 선교활동으로 된 것은 아니었다. 둘째, 일반, 여섯-원리, 제7일, 분리, 정규 등 다양한 종류의 침례교회들이 있었다. 정규교회는 교육받은 목회자와 위엄 있고 질서정연한 예배를 선호하고, 여인들의 공중 기도나 예언을 금하였다. 분리교회는 정반대의 입장을 취하였다. 셋째, 남부 침례교회들은 지방회에 가입하여 활동하는 것을 선호하였다. 북부의 침례교인들과 달리 남부의 침례교인들은 이러한 연합이 개교회의 독립을 약화시킬 것이라는 우려를 갖지 않았다.[73]

4. 남부 분리침례교회

1) 샌디크릭교회(Sandy Creek Church)

분리침례교회는 제1차 대각성운동의 영향으로 뉴잉글랜드에서 시작되었다. 남부에서 분리침례교 운동을 이끈 인물은 셔벌 스턴스와 대니얼 마셜(Daniel Marshall, 1706-1784)이었다. 마셜은 코네티컷 출신으로 1753년부터 1754년까지 모호크 족 인디언들을 위한 장로교 선교사로 사역한 적도 있었다. 그는 1754년에 침례교인이 되었고, 스턴스의 누이 마싸 스턴스(Martha Stearns)와 결혼하였다. 마싸는 분리침례교회들 가운데서 뛰어난 설교자로 활동하였다. 정규침례교회들과 달리 분리침례교회들은 여성이 설교하는 것을 금하지 않았다.[74] 스턴스와 마셜은 가족들을 이끌고 1754년에 북 버지니아로 이주하였다. 그리고 그 다음해 곧장 노스캐롤라이나의 샌디크릭(Sandy Creek)으로 가서, 남부 최초의 분리침례교회를 세웠다. 16명의 교인으로 시작된 교회는 몇 년 만에 606명으로 늘어났다. 샌디크릭교회는 17년 동안 42개의 교회들을 개척하였고, 125명의 목회자

를 배출하는 등 남부 침례교회들에게 엄청난 영향력을 발휘하였다.[75]

셔벌 스턴즈와 동시대에 살았던 모건 에드워즈(Morgan Edwards)는 스턴스가 학력이 좋지 않았지만, 독학으로 상당한 실력을 갖춘 사람이었고, 특히 뛰어난 설교로 사람들을 "격정과 동요로 몰아넣었으며, 모든 분리침례교 목회자들이 목소리 톤과 몸동작에서 그를 따라 했는데, 그를 능가할 만한 사람은 거의 없었다"고 말했다. 한편 대니얼 마셜에 대해서는 "연약한 사람으로서, 말더듬이었고, 학자는 아니었다." 라고 평가했다.[76] 마셜은 1756년에 애봇츠크릭교회(Abbott's Creek Church)에서 목사안수를 받았다. 그는 노스캐롤라이나와 버지니아를 두루 다니며 복음을 전하고, 수 백 명의 사람들에게 침례를 주었다. 그리고 1761년 55세의 나이에 사우스캐롤라이나로 가서 10년간 사역했다. 인생의 말년에는 조지아에서 복음을 전하였고, 그곳에서 78세의 나이로 세상을 떠났다. 미국 독립전쟁 때, 마셜은 독립군을 적극적으로 지원하였으며, 이로 인해 침례교회가 남부에서 굳건하게 자리 잡는데 도움을 주었다.[77]

2) 신앙과 행습

분리침례교회와 정규침례교회 간에 차이점은 교리보다는 행습에서 더 크게 나타났다. 분리침례교인들의 가장 눈에 띄는 특징은 열정적인 예배와 설교라고 볼 수 있다. 설교 도중에 부르짖고, 울고, 기절하여 넘어지고 하는 것은 흔한 일이었다. 설교자들은 "강렬한 손짓과 독특한 톤의 목소리"로 설교했으며, 기도와 설교가 때때로 섞이기도 하였다. 또한 "성령 안에서 춤추는 것"도 용인되었다.[78] 대부분의 분리침례교회들은 "아홉 가지 의식" 즉, 침례식, 주의 만찬, 애찬식, 안수식, 세족식, 병자에게 기름 붙는 의식, 교제의 오른손 예식, 궁휼의 입맞춤, 헌아식 등을 지켰다. 분리침례교 목사들은 대부분 정식교육을 받지 못했다. 그들은 하나님께서 교육 받지 않은 상태에서 부르셨고, 그들은 그 상태에서 목회에 임해야 한다고 믿었다.[79]

반(反)교육주의와 더불어 대부분의 분리침례교인들은 목사에게 급여를 주는 것도 반대하였다. 그들은 "돈"을 위한 설교는 가룟 유다가 예수를 돈 받고 판 것과 다름없는 것이라고 주장했다. 분리침례교회는 목사가 설교를 마칠 즈음, 찬송을 부르면서 참석자들에게 예수를 영접하도록 권면하는 "복음적 초청"을 유행시켰다. 분리침례교회에서는 여성 장로와 여성 집사가 있었고 여성들도 설교를 할 수 있었는데, 이는 여성들의 지위가 정규침례교회보다 훨씬 존중되었다는 것을 보여준다. 특히 여성 설교는 그것을 반대하는 정규침례교회와의 통합을 지연시키는 장벽으로 작용했다.[80]

3) 확장 및 통합

1758년에 샌디크릭 침례교 지방회는 9개의 분리침례교회들에 의해 결성되었다. 이것은 남부에서 두 번째였고, 미국 전체로는 세 번째 지방회였다. 스턴스는 지방회에 절대적인 영향력을 행사했으며, 지방회를 독재적으로 운영하였다. 이에 불만을 품은 교회들이 지방회를 탈퇴하고 독자적인 지방회를 세웠다. 사우스캐롤라이나 교회들의 콩거리(Congaree) 지방회, 버지니아 지방회가 그렇게 생긴 지방회들 이었다. 분리침례교회의 교세는 1770년대 중반까지 사우스캐롤라이나 침례교인들의 절반이 넘었으며, 남부의 타 지역도 마찬가지였을 것이다.[81]

찰스턴지방회는 일찍이 1763년에 분리침례교회들에게 통합을 제안하였다. 하지만 분리교회들은 예배와 교회 행습에서의 현격한 차이점과, 필라델피아 신앙고백서나 혹은 다른 신앙고백서를 승인하는 것을 원치 않아 냉담한 반응을 보였다. 그들은 신앙고백서가 성경의 권위를 대신하는 것을 우려하였던 것이다. 하지만 시간이 흐르면서 반(反)신앙고백주의는 점차 가라앉게 되었고, 결국 양측은 "필라델피아 신앙고백서"에 기초하여 통합하였다. 그러나 양측은 분리침례교인들이 신앙고백서의 일부 조항을 자유롭게 해석할 수 있다는 것에 합의했다. 이러한 통합은 버지니아, 노스캐롤라이나, 켄터키 등을 필두로 남부의 여러 주들에서 점진적으로 이루어졌다.[82]

분리침례교인들의 영향은 오늘날 미국 남침례교회의 특성을 이루는 유산으로 남아있다. 뜨거운 설교, 열정적인 예배, 회심의 강조, 그리스도에 대한 개인적인 결단을 인정하는 온건 칼빈주의, 복음성가에 대한 긍정적 태도 등이 그것이다. 점잖고, 질서 있으며, 위엄 있고 신학적 체계가 잘 잡힌 예배를 추구하는 찰스턴 전통과, 열정적인 부흥회 형식의 예배, 목회자의 소명을 강조하는 샌디크릭 전통은 남침례교회에 함께 남아있다.[83]

자원주의와 독립전쟁

1. 자원주의

침례교 성장의 주요 원인 중 하나는 자원주의였다. 국가교회의 목사들은 모든 주민들이 의무적으로 내는 종교세를 통해 급여를 받았지만, 침례교회는 개별교회로부터 사례를 받는 자원주의체제를 가지고 있었다. 양측 목사들은 목회에 임하는 자세가 다를 수밖에 없었다. 이와 관련해 아담 스미스는 "목회자들이 자신들의 고용과 사례금을 위해 그들의 교구민들에게 의존할 필요가 없을 때, 그들은 자신의 의무를 게을리 하며 헌신을 불러일으키기 위해 필요한 기술들을 개발하지 않았다"고 지적하였다.[84] 즉 국가교회 목사들은 수입이 보장되어 있어서 목회에 열심을 내지 않아도 되었지만, 침례교 목사들은 보다 능동적이고 적극적으로 목회에 임해야 했던 것이다.

성공회는 뉴욕, 버지니아, 메릴랜드, 노스캐롤라이나, 사우스캐롤라이나, 조지아 등에서 국가교회의 지위를 누렸고, 회중교회는 뉴잉글랜드에서 그러한 특혜를 누렸다. 국가교회 체제의 교단들은 적극적으로 전도하여 교단을 확장시키는 일에 게을렀다. 예를 들면, 회중교회는 18세기에 신자비율이 "매사추세츠에서는 71.6%, 버몬트에서는 65%, 코네티컷에서는 64.2%, 메인에서는 60.9%" 등으로 압도적인 우위를 점하였지만, 인근의 로드아일랜드에서는 17.2%를 차지했고, 다른 식민지들에서는 거의 교인이 없었다. 심지어 아예 지역교회가 없는 식민지도 다섯 개나 있었다.[85]

주류 교단은 지성주의를 강조하여 높은 수준의 교육을 받은 사람들을 목사로 안수하였는데, 이러한 행습은 목회자의 부족을 초래하였다. 1789년 장로교 총회 의사록에 따르면, 419개 지역교회들 가운데 215개 교회만이 목사가 있고, 나머지 204개의 교회들은 목사가 없었다. 이런 현상은 계속 이어져서 1804년에는 절반 이상의 교회들이 목회자가 없는 상태였다.[86] 목사의 부재는 교회의 성장에 치명적인 결함이 되었다. 주류 교단의 목사들은 목사가 부족한 상태였기 때문에 교회를 개척할 필요가 없었고, 따라서 이미 잘 갖추어진 교회에 부임하는 것을 당연시 하였다. 그들은 복음을 전파하고 교회를 개척하기 보다는 안정된 교회에서 충분한 급여를 받으며 목회하기 원했다. 반면에 소명과 은사를 강조하는 침례교나 감리교 목사들은 어디든지 가려는 준비가 되어 있었다. 그 결과 변방지역에 새로 설립된 교회들은 대부분 침례교회 아니면 감리교회였다. 많은 농부-설교자인 침례교 목사들은 그 지역 출신들로서 동료 교인들에 의해 소명을 인정받은 사람들이었다. 새롭게 소명 받은 사람들은 교회를 개척하였다. 침례교회에서 목회자 공급은 전혀 문제가 되지 않았다.[87]

미국의 대부분의 정착지들은 18세기 말에 이르기까지 여전히 변방지역에 불과하였다. 개척지로 이민 온 사람들은 대부분 영국에서 문제를 일으켰거나 안정된 위치에 있지 않은 사람들이었다. 물론 청교도들처럼 신앙적인 이유로 이민 온 사람들도 있었지만, 이민자의 다수는 신앙에 관심이 없고, 문제를 일으킬 가능성이 큰 사람들이었다. 그들은 주로 변방으로 진출하였으며, 변방지역은 "남성 떠돌이들, 도박꾼들, 신용불량자들, 매춘부, 술집 경영자들로 가득한 도시"가 되었다.[88] 이러한 척박한 지역에서 교회를 일구고 복음을 전하였던 사람들은 대부분 침례교를 비롯한 비국교회 설교자들이었다. 침례교 자원주의는 목사의 소명을 강조하는 전통과 연결되어 있었고, 이러한 침례교 특성은 침례교회가 미국 전역에 퍼지고 성장하게 만드는 주요 원인이었다.

2. 독립전쟁

국가교회체제를 따르는 사회에서 교회와 국가의 분리를 주장하는 침례교인들은 애국심이 없거나 심지어는 무정부주의자들로 오해받는 경우가 많았다. 실제로 미국이 영국으로부터 독립전쟁을 일으켰을 때, 많은 주류층 인사들은 박해받는 침례교인들이 영국 편을 들게 될 것을 우려하였다. 당시에 영국은 미국보다 훨씬 종교의 자유를 인정하였기 때문에, 이러한 우려가 근거 없는 것은 아니었다. 그러나 침례교인들은 전쟁이라는 국가적인 긴박한 시기에 애국을 택했고, 적극적으로 전쟁에 참여하였다. 참전은 침례교인들에 대한 오해를 불식시켰고 사회적으로 인정받게 하였다.[89]

독립전쟁에 대해 교단들의 반응은 다양했다. 성공회의 다수 목사들은 독립전쟁을 합법적인 권위에 대한 부당한 반란이라고 주장하였다. 하지만 목사들과 달리 성공회 평신도들은 독립전쟁을 지원하였다. 퀘이커, 메노파, 모라비안, 던커파 등 평화주의를 주장하는 교단들은 일정한 거리를 두고 관여하지 않으려했다. 가장 적극적으로 독립운동을 지원한 그룹은 회중교회, 장로교회, 침례교회였다.[90] 보스턴제일침례교회 담임목사 새뮤얼 스틸맨(Samuel Stillman)은 1779년 5월 26일에 매사추세츠 의회 앞에서 설교하였다. 이것은 침례교회가 독립전쟁을 지원해준 것에 대한 의회의 감사 표시였다.[91]

독립전쟁은 미국 교회에 엄청난 손실을 가져다주었다. 예를 들면, 뉴욕제일침례교회 존 개노 목사가 군목의 사역을 끝내고 1784년에 돌아왔을 때, 교회는 200명이었던 교인이 37명으로 줄어있었다. 또한 영국군이 행군하는 길에 있던 교회들은 대부분 약탈당했으며, 그런 교회들은 회복하기가 여간 어렵지 않았다. 1781년 10월 19일 미군의 승리 소식이 들려올 때, 당시 회기 중이던 필라델피아 지방회는 승리를 주신 하나님을 찬양하는 특별 예배를 드렸다. 이것이 당시 침례교인들의 일반적인 정서였다.[92] 독립전쟁에 대한 참여는 침례교회가 미국 사회에서 존경받는 주류 교단으로 자리 매김하는 데 큰 기초가 되었다.

종교의 자유를 위한 투쟁

종교의 자유, 정교분리, 국가교회 반대 등은 침례교인들이 일관되게 주장하였던 것들이다. 침례교인들은 영국이나 미국에서 세속권력이든지 교회 권력이든지 신앙에 관련하여 순응을 강요하는 것을 강력히 거부하였다. 미국 침례교회는 오랜 기간 신앙의 문제로 박해받아오다가 18세기에 중반부터 보다 적극적으로 신앙의 자유를 위한 투쟁에 나섰다. 오랜 투쟁은 1791년 연방헌법에 권리장전(Bill of Rights)이 첨부되어 일차적인 결실을 맺게 되었다. 제1차 수정헌법은(First Amendment) "의회는 어떤 공식 종교의 설립에 관한 법이나 혹은 자유로운 종교활동을 금지하는 법을 만들 수 없다"라는 것을 명시하였다.[93]

미국에서 종교의 자유가 실현될 수 있었던 원인으로는 크게 세 가지를 들 수 있다. 첫째, 18세기 중엽에 일어난 제1차 대각성운동을 들 수 있다. 대각성운동은 신앙이란 개인의 문제로 구원은 개인이 믿음으로 얻는 것이지, 기독교 가정이나 국가에 의해 얻을 수 있는 것이 아니라는 것을 인식시켰다. 신앙은 개인적인 결단에 의해 시작된다는 부흥주의 신학은 청교도 칼빈주의를 약화시키고, 종교적인 믿음과 행위를 시민들에게 강요하는 국가교회의 개념을 무너뜨리는 요인이 되었다. 대각성운동은 또한 퀘이커, 메노파, 침례교 등 비국교회들의 성장을 가져왔기 때문에, 종교의 자유를 현실적으로 인정할 수밖에 없는 환경을 제공해주었다. 두 번째는 계몽주의의 영향이다. 계몽주의자들은 민주주의 개념, 즉 각자 시민은 공적 문제들을 결정할 권한이 있다는 사상을 확산시켰다. 종교 역시 자유와 관용의 원칙이 준행되어야 하며, 어떠한 종교적인 억압도 안 된다고 주장했다. 계몽주의는 종교적 무관심을 가져오기도 했으나, 종교적 박해를 종식시키는 결과도 가져왔다. 토마스 제퍼슨(Thomas Jefferson), 제임스 메디슨(James Madison), 패트릭 헨리(Patrick Henry) 등과 같은 유력한 정치인들은 계몽주의 입장에서 종교의 문제에 접근했다. 세 번째는 침례교인들의 종교의 자유를 위한 투쟁이었다. 침례교인들은 정교분리와 종교의 자유라는 침례교 이상을 용감하고 지혜로운 방법으로 실현시켰다.

1. 뉴잉글랜드에서 종교의 자유를 위한 투쟁

1) 회중교회의 박해

뉴잉글랜드에 정착한 "초기 청교도 개척자들"(Pilgrim Fathers)은 개혁주의와 회중주의 교회론에 기초하여 신정정치체제를 설립하였다. 그들은 1648년 캠브리지 강령(Cambridge Platform)을 비롯하여 다른 법률로서 회중교회를 국가교회로 인정하여 타종교를 제한하고, 전 시민들이 회중교회를 위해 종교세를 내도록 하였다. 이들은 영국에서 박해를 피해 미국으로 왔지만, 미국에서는 박해하는 사람들로 입장이 바뀌어 버렸다.[94] 17세기 회중교회의 입장은 뉴잉글랜드의 지도적 목사 존 코튼(John Cotton)의 "양심의 자유"(Liberty of Conscience)라는 글에 잘 나타났다. 그는 종교의 자유는 두 가지 조건을 만족시킬 때 인정될 수 있다고 하였다. 첫째, 종교에 대한 견해가 국가교회의 신앙과 근본적인 면에서 다르지 않는 부수적인 차이어야 하고, 둘째, 그러한 견해를 조용히 간직하고 다른 사람들을 설득하려 하지 않아야 된다는 것이다.[95]

회중교회의 국가교회체제에 대한 확고한 신념은 곧 침례교회를 비롯한 비국교회들에 대한 박해로 이어졌다. 예를 들면, 보스턴제일침례교회 교인들은 1679년 어느 날 새 예배당에서 집회를 갖고자 모였을 때, 예배당 문에 못을 박아 문을 열지 못하도록 되어 있었고, 문에는 건물 사용을 금지하는 팻말이 붙여져 있는 것을 보았다. 한편 전염병이나 인디언들이 습격으로 재난이 발생하면, 국가교회 목사들은 그것은 비국교도들을 방치하여서 하나님이 내리신 징벌이라고 설교했다.[96]

17세기 미국 침례교인들이 신앙의 문제로 인해 사형을 당한 경우는 없었지만, 심하게 매를 맞고, 국가교회를 위한 세금을 강제적으로 징수 당했다. 회중교회를 위한 세금을 내지 않을 경우, 재산이 압류당하거나 경매 처분되어 세금을 물거나 혹은 감옥에 갇혔다. 침례교인들은 사회적인 차별과 모욕도 당했다. 특히 침례식은 조롱거리가 되고 방해를 받았다.[97] 이러한 박해에 대해 미국과 영국에서 불만의 소리가 높아지자, 매사추세츠만 식민지는 1691년에 헌장을 개정하여 종교의 관용을 어느 정도 보장했다. 그러나 국교회에 대해 세금을 내는 것은 끝까지 고수하였다.[98] 종교세를 내는 관행은 19세기까지 이어져 내려왔다.

2) 종교세 문제

매사추세츠에 사는 모든 주민은 법적으로 회중교회를 위해 종교세를 납부해야 했다. 종교세를 납부하지 않을 경우, 재산을 압류당하거나 감옥에 갇히게 되었다. 18세기에 이르러 침례교회는 정통교단으로 인정을 받는 분위기였기 때문에, 신앙의 문제로 박해받는 일은 거의 없어졌다. 그러나 종교세는 여전히 해결되지 않았고 박해의 빌미가 되었다. 그런데 매사추세츠 회중교회는 영국에 있는 동료 회중교인들로부터 신앙의 자유를 인정해주라는 압력을 지속적으로 받아왔으며, 비국교도들의 불만도 상당했기 때문에, 18세기 초반에 종교세를 완화시키는 정책을 채택했다.[99] 매사추세츠 주 의회는 침례교인이나 퀘이커교도에게 종교세를 면제하는 면세법(Exemption Act)을 1728년에 통과시켰다. 하지만 면세를 받으려면 까다로운 조건들을 충족시켜야 했다. 즉 교회에 정기적으로 출석하고, 그 교회를 재정적으로 지원해야하며, 교회에서 5마일 이내에 거주하고 있다는 것 등을 입증해야했다. 그리고 그 교회가 해당 교단에 정식으로 가입된 교회라는 확인서도 제출해야했다. 이러한 조건들을 충족시킨 침례교인들은 회중교회를 위해 각출된 교회세의 환불을 청구할 수 있었다.[100]

침례교인들은 면세법의 문제점들을 지적했다. 첫째, 면세법은 세속 정부가 신앙에 대해 법률로 강제하는 것인데, 그것은 침례교인들이 원래부터 반대하던 것이었다. 둘째, 침례교인들은 흩어져 살았으며, 교회에서 5마일 이내 지역에 살 수 없는 사람들이 많다. 셋째, 면세 조건을 충족하여 면세증서를 받기 위해서는 일정한 수수료를 내어야한다. 넷째, 면세증서를 위한 서류는 방대하였으며 면세 명단에 등재되어 있지 않을 경우, 조건을 충족시켜도 혜택을 받을 수 없다. 다섯째, 세금을 면제 받기 위해 신앙이 없으면서도 교인인 척할 수 있다.[101]

까다로운 절차와 조건으로 인해 대부분의 침례교인들은 면세법을 활용하지 못했다. 회중교회의 종교세에 대한 부당한 징수는 계속 이어졌다. 종교세를 내지 않은 침례교인들에 대해서는 재산을 압류하여 가져가거나, 감옥에 가두었다. 예를 들면, 서부 매사추세츠의 스터브리지(Sturbridge) 마을의 침례교인들은 회중 교회 목사에게 세금을 납부하는 것을 거부하였다. 그러자 침례교회의 목사 데이비드 몰스(David Morse)는 살진 소 한 마리를 압류 당하였다.[102] 당시 침례교 지도자 아이작 배커스는 종교세를 내지 않을 때 받게 되는 횡포에 대해 다음과 같이 증언하였다.

> 그들은 백랍 선반이 있으면 그것을 약탈해 갔고, 그게 없으면 손잡이가 긴 프라이 팬, 솥, 항아리 그리고 잠자리를 덥히는 그릇 따위를 가져갔으며, 어떤 사람들에게서는 그들의 양식을 얻는 수단들, 말하자면 노동자의 작업 도구들 그리고 물레 등을 가져갔다. 다른 어떤 사람들에게는 거위와 돼지를 탈취해갔고, 암소가 여러 마리 있는 사람에게서는 여러 마리를, 한 마리만 있는 사람에게서는 그 한 마리를 끌어갔다. 어떤 사람에게서는 황소들의 멍에를 탈취해갔다. 어떤 사람은 감옥에 집어 넣어 그곳에서 길고 진저리나는 수감생활을 하게했다. 우리들이 한 형제를 지명하여 한 침례교회의 목사로 안수했는데, 그가 그의 가족을 방문했을 때 그를 잡아 감옥에 가두었고, 그곳에서 그는 누군가 돈을 지불해 그를 밖으로 나오게 하기까지 추운 겨울을 그곳에서 보내야했다.[103]

이와 같이 18세기 뉴잉글랜드 침례교인들은 종교세 납부 문제로 고통을 당하였다.

3) 아이작 배커스

뉴잉글랜드에서 종교의 자유를 위해 투쟁한 대표적
인 침례교 지도자였던 아이작 배커스(1724-1806)는
1724년 1월 9일에 코네티컷 주 놀위치(Norwich)에서 사
무엘 배커스(Samuel Backus)와 엘리자베스 트레이시
(Elizabeth Tracy) 사이에서 태어났다. 아버지 사무엘은
농장을 가지고 있는 지역의 유지였다. 배커스의 가족은
회중교회에서 신앙생활을 하였다. 아버지는 아이작이

| 아이작 배커스

16세였던 1740년에 홍역으로 세상을 떠났다. 남편을 잃은 어머니는 대각성운동
의 영향으로 영적인 각성을 갖게 되었고, 어머니의 변화는 아들에게 영향을 끼쳤
다. 아이작은 구도의 길에 들어섰고, 17세 때인 1741년 8월 24일 들판에서 주님
을 깊이 만나게 되었다.[104]

배커스가 출석하던 회중교회는 부흥운동에 어느 정도 호의적인 입장이었지
만, 회중교회를 국가교회로 인정한 법률을 인정하고, 절반의 언약과 같이 국가
교회와 관련된 행습을 받아들이는 교회였다. 이것은 개인의 회심을 강조하는 부
흥주의 신학으로부터 깊이 영향 받은 배커스가 찬성하기 어려운 것이었다. 그는
"사람들이 개종을 확인해줄 수 있는 만족스러운 증거도 없이 교회회원으로 영입
되었다. 성도로서의 삶이 복음에 명백하게 배치됨에도 불구하고 많은 사람들이
정규 회원으로 인정을 받고 있었는데, 이는 도저히 참을 수 없는 일이었다." 라
고 말했다. 배커스는 자신과 뜻을 같이하는 뉴라이트 회중교인들과 함께 1745년
10월, 놀위치에 분리파 회중교회를 조직하였다.[105]

배커스는 1746년 9월에 목회자로 소명을 받았다. 그는 곧장 뉴라이트파 회중
교회에서 설교자로 열정을 가지고 코네티컷, 로드아일랜드, 동부 매사추세츠 등
을 여행하며 복음을 전하였다. 아이작은 신학교육을 받지 않은 상태였지만, 24
세가 되던 1748년 2월 16일에 매사추세츠 주 티티컷(Titicut)에 있는 한 분리파 회
중교회로부터 담임목사로 청빙을 받았다. 교회는 그가 목회한 뒤 1년이 채 안 되
어 성도 수가 세 배나 늘었다.[106]

회중교회 내의 침례에 대한 논쟁은 1749년 여름에 티티컷까지 확산되어 들어왔다. 유아세례는 과연 성서적 근거가 있는가? 중생의 체험을 강조하면서 유아세례를 용인하는 것이 과연 온당한가에 대한 질문이었다. 담임목사인 배커스는 약 2년 동안 이 문제를 살펴보고 결국 유아세례를 거부하기로 결심했다. 그는 유아세례가 회중교회의 절반언약, 교구제도, 종교세 등을 정당화시키는 기초였음을 발견하였다. 배커스는 1751년 7월 25일에 유아세례에 대한 반대를 분명히 하고, 8월 22일에 침례를 받았다. 배커스는 이후 약 5년간 교회를 침례파와 유아세례파가 섞여 있는 상태로 유지하였지만, 그것이 결국 불가능하다는 것을 알게 되었다. 그는 1756년에 회중교회를 해산하고, 인근 미들보로(Middleboro)에 침례교회를 세웠다.[107]

그 즈음에 매사추세츠 주 의회는 종교세 납부를 강화하는 조처를 취하였다. 의회는 1753년에 침례교회가 종교세를 면제 받으려면 그 지역에 있는 3개의 다른 침례교회가 그 교회를 교단 교회로 인정하는 문서를 첨부해야 한다는 규정을 첨가하였다. 이것은 침례교인들에게 커다란 경종이 되었다. 그들은 매사추세츠 정부에 항의서를 보내고, 영국 정부에 자신들의 고충을 알리기 위해 대표자를 파송하려 하였다. 배커스는 전도와 종교의 자유를 위해 1756년부터 1767년 동안 약 1만5천마일(2만4천 킬로미터)을 여행하였고, 2,412회의 순회설교를 하였다.[108] 매사추세츠의 종교세 과세는 침례교회들을 하나로 묶어주는 촉매제가 되었고, 배커스가 그 일을 주도하였다.

배커스는 학교교육을 7년 정도 밖에 받지 못했으나, 다량의 독서를 통해 기독교 및 세속 학문에 대해 충만한 지식을 가지고 있었다. 그가 1777년, 1784년, 1796년에 각각 출판한 3부작으로 된 워렌 지방회의 역사인, 『뉴잉글랜드 침례교 역사』(*A History of New England, With Reference to the Denomination of Christians Called Baptists*)는 미국 침례교회 최초의 역사책이었다. 그는 또한 37개의 소논문들을 썼다. 배커스는 존 로크의 저서를 통해 계몽주의를 알게 되었다. 그러나 배커스는 항상 성경의 권위를 우선으로 하였다.[109]

배커스의 소논문들 가운데 7개가 종교의 자유와 정교분리를 주장하는 것인데, 그 중에 3개의 논문이 유명했다. 먼저 1773년도의 글인 "일반 대중에게 종교의 자유를 호소함"(An Appeal to the Public for Religious Liberty)은 교회와 국가는 목적과 역할이 다르다는 것을 설명하였다: "… 교회는 빛과 진리로 무장하여… 그들은 그리스도의 통치를 받으며, 그리스도의 통치에 순응하기를 거부하는 자들을 주의 만찬에서 배제한다. 그러나 세속국가는 칼로 무장하여, 평화를 지키고 모든 사람들과 단체들의 민사적인 권리를 보호하며, 범법자들을 처벌한다."[110] 1778년에 출판된 "정부와 자유에 대한 설명; 그리고 독재적 교권의 폭로"(Government and Liberty Described ; and Ecclesiastical Tyranny Exposed)"에서 배커스는 "참된 종교"는 하나님에 대한 자발적인 순종이라고 정의하였다. 1780년의 글 "전횡적 권력에 반대하며 매사추세츠 사람들에게 호소함"(An Appeal to the People of the Massachusetts State against Arbitrary Power)에서는 목회자들은 성도들의 자발적인 헌금으로 사례를 받아야지 강제된 세금에 의해서 받아서는 안 된다는 것을 강조하였다.[111]

배커스의 정교분리 사상은 재침례파의 물리적 분리나 로저 윌리엄스의 급진적인 분리보다 훨씬 보수적이었다. 즉 그는 세속국가의 기능과 역할에 대해 매우 긍정적인 입장을 가지고 있었고, 교회와 국가 간에 "달콤한 조화"를 강조하기도 했다. 그는 세속국가는 교회와 마찬가지로 하나님이 만드신 기관이며, 백성이라면 불신자든 신자든 누구든지 국가에 순복해야 한다고 했다. 배커스는 두 기관은 서로 기능과 목적이 다르기 때문에 서로 구분되어야 하나, 두 기관은 서로 배타적인 것은 아니며 양자는 "조화로운 관계"를 가져야 한다고 주장했다.[112]

브라운 대학교 교수 윌리엄 맥로글린(William McLoughlin)은 배커스의 종교의 자유에 대한 개념은 완전주의적인 로저 윌리엄스나, 신앙에 무관심한 계몽주의자 토마스 제퍼슨(Thomas Jefferson) 혹은 제임스 매디슨(James Madison) 등과는 구분되어야 한다고 했다. 맥로글린은 배커스가 18세기 복음주의 침례교인들의 입장을 진정으로 대표하고 있다고 주장했다. 윌리엄스는 종교의 자유는 모든 사람들에게 적용되어야 하는 불변의 원리로 보았지만, 배커스는 교단의 현실적인 필요에 따른 목표로 보았다. 배커스는 이단들에게도 종교의 자유를 허락하자는 입장은 아니었다. 한편 제퍼슨과 매디슨은 종교를 포함한 자유롭고 평등한 사회를 건설하려는 계몽주의에 입각해 종교의 자유를 주장했으며 신앙적 차원은 전혀 없었다.[113] 맥로글린은 이처럼 배커스는 종교의 자유를 원리로 보기보다는 실천적인 것으로 보았으며, 그는 심지어 배커스가 모든 개신교회들이 동등하게 대우 받는다면 국가교회 제도도 용인했을 것으로 보았다. 이런 점에서 배커스는 로저 윌리엄스와 확연히 구분된다고 하였다. 맥로글린은 그러나 배커스가 후에는 보다 전통적인 침례교회의 원리적 입장으로 바뀌었다고 하였다.[114]

배커스는 살아생전에 침례교인들이 실제적으로 자유를 누리는 것을 볼 수 있었다. 1789년에 채택된 연방헌법과, 특히 1791년의 권리장전(Bill of Rights)는 침례교인들에게 종교의 자유에 대한 확고한 법적인 기초를 제공하였다. 연방헌법이 처음 제출되었을 때, 국민들은 비준파와 비준 반대파로 나뉘었다. 다수의 침례교인들은 반대파에 속했지만, 배커스는 강력하게 비준을 주장했다. 그의 영향으로 매사추세츠와 뉴잉글랜드의 여러 주에서는 비준이 이루어졌다.[115] 배커스는 죽을 때까지 자신에 세운 미들보로교회에서 목회하였다. 그는 1798년부터 건강이 악화되었으며, 1800년에 부인이 사망한 후 더욱 그렇게 되었다. 배커스는 1806년 3월에 뇌졸중을 맞았으며, 4월 3일에 마지막 설교를 하였고, 11월 24일에 세상을 떠났다. 그가 추구한 매사추세츠의 국교회제도 폐지는 1833년 11월 11일에 실현되었다.[116]

4) 워렌 지방회

뉴잉글랜드 침례교인들은 1767년 9월 8일에 로드아일랜드 주 워렌에서 지방회를 조직하였는데, 지방회 설립의 주요 목적은 종교의 자유를 위한 투쟁을 효과적으로 하기 위함이었다. 아이작 배커스, 로드아일랜드대학의 학장인 매닝(Dr. Manning), 매닝의 동서인 존 개노(John Gano) 등이 지방회 설립의 주도자들이었다.[117] 워렌 지방회는 1769년에 고충처리위원회를 조직하여, 종교세와 면세법으로 인한 침례교인들의 고충을 접수하고 그것들을 법원이나 의회에 탄원하는 방식을 택했다. 위원회는 청원서를 통해 종교세는 대표적으로 "대표 없는 과세"임을 지적하고, 양심의 자유는 천부인권에 해당된다고 강조하였다. 위원회는 미국 독립운동가들의 주장을 인용하여 비과세의 정당성을 드러냈다. 즉 교단의 대표자를 파송하지 못하는 침례교회에게 종교세를 부과하는 것은 불공정한 것이며, 그것은 미국 식민지가 영국에 갖는 불만과 같은 것이라고 주장하였다.[118]

고충처리위원회는 처음에는 국지적으로 박해가 일어난 곳에 관여하여 그것을 경감시키려 했다. 그러나 그런 방법은 한계가 있었다. 좀 더 과감한 방법이 필요했다. 그리하여 런던에 직접 호소하는 방법을 선택하였다. 워렌 지방회는 1770년에 영국법정에 사절단을 파송하여 도움을 요청하기로 결정했다. 매사추세츠 주의회에 침례교인들은 이러한 의도를 밝혔다. 그리고 실제로 그 해 11월에 헤즈카이어 스미스를 영국에 파송할 대표자로 선정하기도 했다. 이러한 활동은 미국 식민지 당국자들의 즉각적인 관심을 끌게 되었다. 그들은 여러 가지 이유로 영국 정치가들이 이런 문제를 논의하는 것을 원치 않았다.[119)

매사추세츠 주 의회는 침례교인들의 압력에 의해 1772년에 새로운 면세법을 통과시켰다. 그것은 침례교인들이 정규적으로 침례교회에서 신앙생활을 한다는 증명서를 당국에 제출하면 교회세를 면제해주는 법이었다. 침례교인들은 하지만 이것도 반대하였다. 왜냐하면 개인의 양심과 신앙의 문제를 다른 사람이나 기관에 의해 판단 받아야 한다는 것이 법안에 함축되어 있기 때문이었다. 고충처리위원회는 아이작 배커스를 1772년에 회장으로 선정하였으며, 그는 이후 10년 동안 그 직책을 수행했다.[120)

1773년 5월 4일 보스턴에서 열린 고충처리위원회는 아주 강력하고 대담한 전략으로, 침례교인들이 아예 교회세 납부나 면세증서의 신청을 중단하는 시민 불복종 운동을 하기로 결정했다. 이와 관련하여 배커스는 지방회에 보낸 편지에서 다음과 같이 제안하였다.

> 그러므로 그 일에 관련된 그들의 법 따르기를 [거부하고], 심지어는 그들의 납세부과인에게 어떤 증서를 주는 것조차도 [거부하는 것]과 같이, 그렇게 직접적으로 이 난관의 뿌리를 쳐내는 것이 우리의 의무가 아닌지 여러분이 [생각하기를] 원하는 것입니다. … 그리고 만일 우리가 우리를 억압하는 자들을 그저 그리스도인의 성정으로 대하고, 종교를 지원한다는 구실로 다른 이들에게 그것을 강제하려 한다면, 그것은 너무나 불쾌한 일이어서 다른 이들이 그것을 감당할 수 없을 것입니다.[121)

침례교인들 중에는 시민 불복종 운동을 거부하는 사람들도 있었지만, 종국에는 대부분 배커스의 입장을 받아들였다.

워렌 지방회는 아이작 배커스, 제임스 매닝, 뉴욕제일침례교회 담임목사 존 개노 등 세 사람을 1774년 10월에 필라델피아에서 열린 제1차 대륙의회(Continental

Congress)에 파견하였다. 10월 14일에 매닝은 종교세 납부에 대한 침례교인들의 진정서를 낭독하였고, 배커스는 두 정부 이론과 예배의 자유를 주장하는 침례교인들의 입장을 성명서 형식으로 발표하였다. 하지만 이들의 호소에도 불구하고 매사추세츠 회중교회 대표들의 반응은 차가웠다. 예를 들면, 로버트 트릿 페인 (Robert Treat Paine)은 종교세 납부를 거부하는 것은 정부에 푼돈을 내지 않으려는 수작에 불과하다고 일축하였다. 이에 대해 배커스는 그것은 양심의 문제라고 강력히 주장하였다. 그러자 새뮤얼 애덤스(Samuel Adams)는 정규침례교인들은 조용히 지내고 있지 않느냐고 윽박질렀다. 존 애덤스(John Adams)는 "매사추세츠에서 회중교회가 누려왔던 기득권의 포기를 기대하는 것은, 마치 태양계의 흐름을 바꾸려는 기대를 하는 것과 다를 바 없다"고 하였다.[122]

대륙의회는 실패로 돌아갔고, 침례교인들은 1775년에 다음과 같은 결의문을 채택하였다.

> 우리의 진짜 불만은 우리 선조들뿐 아니라 우리 역시 우리가 대변하지 않는 종교의 명목으로 과세 당해 왔다는 것이다. … 미국 전체가 대의권 없는 과세의 부당함에 저항하여, 그리고 우리의 돈을 강탈하는 데 혈안이 된 사람들에 의해 재판받는 일에 저항하여, 하늘에 호소하고 있지 않은가? 그런데 우리가 우리의 동료들에게 '동일한 일을 행하는 것'을 하늘이 인정하겠는가? 확실히 아닐 것이다.[123]

1770년대에 강하게 일어난 독립정신은 여러 면에서 침례교인들에게 도움을 주었다. 첫째, 미국 지도자들은 침례교인들이 영국에 가서 미국의 문제에 대해서 이야기하는 것을 원치 않았다. 둘째, 미국의 애국자들이 영국의 압제에 반발하고 불평하는 것과 침례교인들이 국가교회에 반대하는 것이 내용적으로 유사하다는 사실이 알려지게 되었다. 셋째, 침례교인들의 수가 아주 많아져서, 만일 전쟁이 발생한다면 그들의 도움이 필수적인 것이 되었다. 미국의 정치 지도자들은 침례교인들의 시민 불복종 운동을 묵인하는 것 외에는 다른 선택의 여지가 없었다.[124]

매사추세츠는 1779년에 새로운 주 법을 만들기 위해 의회가 소집되었고, 주 헌법 제3항은 회중교회를 위한 세금징수 조항이었다. 배커스는 종교세 폐지를 위해 집중적인 활동을 벌였지만 그 뜻을 이루지 못했다. 헌법은 1780년에 반포되었고, 종교세를 납부하지 않는 침례교인들에 대해서는 박해가 재개되었다. 그러나 1785년경에 이르러서 종교에 대한 폭넓은 관용의 분위기가 팽배하게 되었다. 뉴잉글랜드에서 회중교회가 국가교회의 법적 지위를 상실한 것은 1833년이 되어서였다.[125]

2. 남부에서 종교의 자유

1) 버지니아 성공회의 박해

남부식민지에서는 성공회가 법적인 공식종교였지만, 실제적인 지배권은 버지니아와 사우스캐롤라이나 지역에 국한되어 있었다. 버지니아에 최초로 정착한 사람들은 성공회 신자들이었다. 그곳에 최초로 도착한 선장 존 스미스(John Smith)는 열악한 환경에서도, "우리는 목사님이 돌아가실 때까지 날마다 아침저녁으로 '공동기도'를 드렸고, 일요일마다 두 번의 설교를 했으며, 3개월마다 성찬을 했다"는 기록을 남겼다. 총독 토마스 데일(Thomas Dale)은 1611년에, 버지니아의 주민 중에 국교회 예배에 불참하거나 교리를 반대하는 자들에 대해서 채찍질, 벌금, 수족절단 등의 벌을 내리는 법을 만들었다. 이 법은 가혹하게 집행되지는 않았지만, 국교회의 절대권을 분명히 하였다.[126]

그러나 시간이 흐르면서 버지니아도 다른 식민지와 마찬가지로 종교에 대한 관용의 폭이 점점 넓어져 갔다. 그런데 1750년부터 박해가 새로이 강화되었는데, 그 이유는 첫째, 독립전쟁의 분위기가 국교회자들로 하여금 더욱 방어적인 사람들이 되도록 만들었기 때문이었다. 영국에 대한 나쁜 평판은 국교회 지도자들로 하여금 지배권을 다시 강화하는 일에 열정을 내게 만들었다. 둘째는 1750년 후반부터 1760년 초반까지 버지니아로 대거 이주해 온 분리침례교인들 때문이었다. 그들은 다른 비국교도들과 달리, 아주 호전적이어서 그들의 신앙은 지역에 빨리 퍼졌으며 백성들로부터 좋은 호응을 얻었다. 그 결과 침례교회의 교세는 급속히 성장했고, 국교회 예배당은 서서히 비어갔다. 이것은 박해를 불러오게 만들었다.[127]

침례교인들은 다양하게 박해를 받았다. 국교회 지도자들과 당국자들은 침례교인들을 벌할 수 있는 방법과 수단을 얻기 위해 "버지니아 법전 속의 모든 형법을 끌어다 댔다." 즉 아이들의 유아세례를 거부한 부모들은 자녀들을 학대하였다는 죄목으로 벌금형을 받았다. 또한 침례교인들이 결혼을 합법적으로 인정받으려면 국교회 사제의 집전 하에 이루어져야 했는데, 결혼식 때, 그들은 종종 침례교 신앙을 떠나라는 압력을 받았다. 국교회 사제의 결혼식 집전은 비용이 터무니없이 비쌌지만, 침례교인들은 만일 침례교 방식으로 결혼할 경우, 그들의 자녀들이 재산 상속권을 잃을 것을 두려워했다.[128]

버지니아에서는 관용법에 의해 비국교회 목사도 설교면허증이 있으면 설교할 수 있었다. 그런데 분리침례교 목사들은 성령의 명령으로 복음을 전한다고 믿었기 때문에 인간의 면허증을 인정하지 않았다. 더구나 이들은 국교회 목사들은 영성이 없고 급여에만 관심이 있다고 비난하였다. 따라서 분리침례교 설교자들은 설교자격증을 취득하려 해도 성공하기가 극히 어려웠다. 청원자는 두 명의 관리로부터 증명서를 첨부해야 했는데, 이것은 침례교 목사들 입장에서는 가능성이 거의 없었다.[129]

1760년부터 버지니아 침례교인들은 채찍에 맞고, 벌금형을 받으며, 폭도들에게 폭행당하고, 감옥에 갇혔다. 새뮤얼 해리스(Samuel Harris)는 1765년에 컬페퍼카운티(Culpeper County)에서 설교하다가 무장한 폭도들에게 채찍과 몽둥이로 맞았으며, 오렌지카운티(Orange County)에서는 팔과 다리를 잡힌 채, 사방으로 끌려 다녔다. 존 월러(John Waller), 존 테일러(John Taylor), 존 쿤츠(John Koontz), 루이스 룬스포드(Lewis Lunsford), 윌리엄 웨버(William Webber), 제임스 아일랜드(James Ireland), 데이비드 배로우(David Barrow), 존 피켓트(John Pickett) 등의 침례교 전도자들도 유사한 고난을 받았다. 1768년부터 1777년 사이 최소한 30명의 침례교 목사들이 기소를 당하고 감옥에 갇혔다.[130]

침례교 설교자들에게 설교를 하도록 장소를 제공한 사람들도 거액의 벌금형을 받았다. 제임스 아일랜드(James Ireland)라는 침례교 설교자는 매니파(manifa)라는 사람의 집에서 설교하도록 되어있었는데, 그에게 20파운드의 벌금이 나올 것이라는 소식을 듣고, 매니파의 집 경계선 너머에 탁자를 놓고 설교하였다. 그렇게 해서 매니파에 대한 벌금은 피해갈 수 있었지만, 본인이 체포되는 것은 막을 수 없었다.[131] 침례교 설교자들은 감옥에서도 감옥창살을 통해 설교하였고,

종종 많은 사람들이 설교를 들으려 그곳으로 오곤 했는데, 침례교 설교자들의 순수하고 진정어린 설교가 청중들의 광범위한 지지를 얻었기 때문이었다. 이에 대해 간수가 죄수에게 음식을 주지 않는 방법으로 설교를 못하게 하려 하자, 마을 사람들이 감옥으로 너무 많은 음식을 가지고 와서 설교자들뿐만 아니라, 그 마을의 가난한 사람들도 함께 먹을 수 있을 정도였다.[132]

2) 존 릴랜드(1754-1841)

남부에서 종교의 자유를 이끈 침례교 지도자는 존 릴랜드였다. 그는 1754년 5월 14일 매사추세츠 주 그래프턴(Grafton)에서 가난한 농부 제임스 릴랜드(James Leland)와 루시 워렌(Lucy Warren) 사이에서 태어났다. 릴랜드는 어린 시절 공식적인 교육을 받지 못했지만, 개인적으로 성경과 종교서적들을 읽으며 성장했다.[133] 릴랜드는 방탕한 청소년 시절을 보내다가, 20세가 되던 1774년 6월에 깊은 회심을 경험하고 침례를 받았다. 그

| 남부에서 종교의 자유를 이끈 침례교 지도자 존 릴랜드

리고 1774년 가을부터 벨링햄(Bellingham) 침례교회에 등록교인으로 출석하였으며, 1775년에 그 교회로부터 설교자격증을 얻었다. 릴랜드는 1776년 9월 30일에 셀리 드바인(Sally Devine)과 결혼한 후, 버지니아의 마운트 포니(Mount Poney) 침례교회로부터 청빙을 받고 그곳으로 갔다. 릴랜드는 그러나 한 교회에 머물면서 목회하기 보다는 순회부흥사로 활약했다. 그는 말을 타고, 때로는 도보로 버지니아와 노스캐롤라이나를 종횡하며 복음을 전파하였다.[134]

릴랜드는 분리침례교 신앙으로부터 영향을 받았다. 따라서 복음을 받아들여야 할 인간의 자유와 책임을 강조하였고, 조직이나 신조에 대해 부정적인 입장을 취했으며, 오직 성경만이 영적인 문제들에 있어서 기준이 되어야 한다고 믿었다. 릴랜드는 계몽주의로부터 큰 영향을 받아서, 천부인권사상, 민주주의, 공화주의, 평등주의 등을 신봉하였다. 릴랜드는 공화정체를 가장 이상적인 정부 형태로 믿었다. 즉 모든 권력은 국민으로부터 나오고, 헌법이 가장 높은 권위를 가지며, 국가권력에 의해 인간의 양심이 복속되지 않는 나라를 추구했다.[135] 릴랜드는 1792년에 매사추세츠 주 체샤이어(Cheshire)에 정착하고 여생을 그곳에서

대부분 보냈다. 그는 설교하고, 국교체제 타파를 위해 글을 쓰며, 세속 정치가와 법률가들과 토론하고, 아이작 배커스와도 협력하면서 뉴잉글랜드에서의 삶을 채워나갔다. 그러던 중 1841년 1월 14일 폐렴으로 세상을 떠났다.[136]

릴랜드는 1776년부터 1791까지 15년 동안은 버지니아에 거주하였다. 바로 그 기간이 남부에서 종교의 자유를 위한 투쟁을 진두지휘한 시기였다. 랠랜드는 순회설교자로도 활동하였는데, 버지니아에 있는 동안 3,009번의 설교를 하였고, 1,278명의 회심자들에게 침례를 주었다. 버지니아에서 릴랜드는 노예들의 삶을 향상시키고, 그들의 해방을 위해 일하였다. 또한 찬송가를 작사하고, 경건 및 신학 서적을 집필하였다. 그는 당시의 침례교인들보다 훨씬 칼빈주의에서 이탈하였다. 그는 종종 최고의 신학이란 인간은 타락으로 인해 구원이 상실되었다는 칼빈주의와, 사람이 믿음을 택하므로 구원 얻을 수 있다는 아르미니우스주의를 다 함께 인정하는 것이라고 하였다.[137]

릴랜드는 종교의 자유에 관한 최초의 소책자인『양도할 수 없는 양심의 권리』 (The Rights of Conscience Inalienable)를 1791년에 출판하였다. 이 소책자는 다음의 3가지 점들을 주장했다. 첫째, 양심의 권리는 양도할 수 없는 천부의 권리이므로 정부가 허락하거나 제한 할 수 없다. 둘째, 법률에 의한 종교의 설립은 늘 종교에 해를 끼친다. 셋째, 국가교회 설립의 진정한 동기는 종교를 위한 유익이 아니라, 세속 집권자들이 권력을 보호하고 성직자들이 욕망을 증대시키기 위함이다. 릴랜드는 국가교회 체제는 국가와 교회 모두를 타락시킨다고 주장하고, "종교는 하나님과 개인 사이의 일이다. 따라서 인간이 가진 종교에 대한 견해는 세속정부가 관여할 일이나 통치해야 할 어떤 것이 아니다." 라고 결론 내렸다.[138] 릴랜드는 당시의 기준으로 볼 때, 매우 극단적으로 종교의 자유를 주장했다. 그는 유대인, 터어키인, 이방인, 그리스도인 등 모든 사람들에게 동등하게 신앙의 자유를 인정해야 한다고 주장하면서, "모든 사람이 두려움 없이 자유롭게 말하게 하고, 자신이 믿는 원칙을 견지하게 하고, 한 분의 하나님이든, 세 분의 하나님이든, 하나님이 없든, 스무 분의 하나님이든, 자신의 믿음에 따라 예배하게 하라. 그렇게 하게 하라. 그리고 정부는 그 사람이 그렇게 하도록 보호하라." 라고 주장했다.[139]

3) 침례교 청원운동

버지니아 침례교인들은 종교로 인해 핍박과 차별대우를 받는 것을 없애기 위해 1784년에 전체위원회(General Committee)를 만들었다. 전체위원회는 "침례교 청원 운동"(Baptist Petition Movement)을 주도적으로 이끌어갔는데, 침례교인들의 청원 사항은 크게 네 가지였다: 1) 성공회를 위해 종교세 내는 것을 폐지해 달라, 2) 집회장소를 성공회 사제에게 미리 알리고 등록해야 하는 제도를 없애 달라, 3) 종교와 관련해 여러 복잡한 행정 절차 밟는 것을 폐지해 달라, 4) 침례교 목사의 결혼 주례를 합법적인 것으로 인정해 달라.[140]

침례교인들의 청원운동은 독립전쟁이라는 상황에서 효과를 발휘할 수 있었다. 버지니아 침례교 총 연합회는 1775년 8월 더파이(Dupuy)에서 독립전쟁에 참여하겠다는 편지를 임시 혁명정부 역할을 했던 버지니아 식민지회의(Virginia Convention)에 보냈는데, 그 내용은 다음과 같다.

> 영국이라는 구름이 충격적인 억압으로 우리 아메리카 대륙을 뒤엎은 데 놀라움을 금치 못하는 우리는, 도탄에 빠진 나라에 속한 하나의 집단이자 일부로서, 우리의 지방회 차원에서 침례교인들이 현재의 불행한 싸움에서 어떤 몫을 하는 것이 가장 분별 있는 일인지 고심했습니다. "아메리카에 대한 부당한 침략과 폭군적 압제 그리고 반복된 적대행위를 고려하건대, 어떤 경우에는 전쟁에 나가는 것과 대영제국에 대해 군사적 저항을 하는 것이 합법적"이라고 결정한 후에, 우리 침례교인들은 우리 공동체의 비난을 받는 일 없이 군에 입대하는 일에 대하여 임의로 행동할 수 있도록 허용했습니다.[141]

위의 서신은 침례교인들이 영국의 침입에 맞서 싸울 것을 결정하였음을 통보한 것이다. 침례교인들에게 이러한 결정은 쉬운 일이 아니었다. 일부는 전쟁 자체를 반대하였고, 또 다른 사람들은 영국 편을 들어서 더 많은 양보를 얻어내자고 하였다. 하지만 결국은 미국에 충성하기로 결정했다. 그리고 침례교인들은 군대에 입대해 있는 침례교인들과 앞으로 입대할 사람들을 위해 침례교 목회자들을 종군 군목으로 파송해 줄 것을 요청하였다. 전쟁의 와중에서 식민지 지도자들은 이 요청을 들어줄 수밖에 다른 선택의 여지가 없었다. 국교회 성직자들의 맹렬한 비난이나 의회의 보수주의 지도자들도 영국에 대항하여 싸워야 하는 미국의 상황을 이겨 낼 수는 없었다.[142]

4) 일반과세법안

일반과세법안(The General Assessment Bill)은 국가교회 체제를 고수하려는 사람들이 종교의 자유를 요구하는 사람들에 대한 타협안으로 제시한 것이었다. 이것은 모든 국민은 종교세를 내되, 자신의 세금이 사용되는 교단을 지정할 수 있게 하자는 발상이었다. 이러한 생각은 이미 1770년대부터 제기되어왔다. 회중교회 목사 에즈라 스타일스는 모든 시민들은 종교세를 내야하지만, 자신들의 세금이 사용될 교회를 지정할 수 있어야 하며, 이러한 자유는 시민들로 하여금 서로 우호적으로 공존할 수 있게 만든다고 주장하였다.[143] 이러한 생각을 독립전쟁이 끝난 1784년에 법안으로 채택하자는 움직임이 일어났다. 이 법안은 광범위한 지지를 받았는데, 패트릭 헨리, 조지 워싱턴 같은 정치가들, 그리고 장로교와 성공회 지도자들도 지지하였다. 헨리는 그 법안은 모든 이들에게 공평하다고 하였고, 장로교인들은 국가교회 개념을 용인하는 듯이 보였다. 국교회는 그것을 최선책으로 보고 찬성하였다. 대다수 대중들도 개인의 신앙을 방해하지 않을 정도의 공식종교제도는 선한 것으로 취급하였다. 그러나 침례교인들은 정교분리 원칙을 고수하며, 확고히 반대하였다.[144]

버지니아 침례교 총 위원회는 다음과 같이 결의하였다.

> 결의사항. 기독교 교직자들에 대한 지원을 위한 종합과세를 위한 조잡한 법안에 반대하여 총회에 제출할 청원서를 아직 준비하지 못한 카운티들에게 가능한 빨리 그것을 준비할 것을 권고한다. 의회가 이렇게 종교문제에 개입하는 것은 복음의 정신에 위배된다고 믿는다. 어떤 인간의 법도 이런 목적으로 제정되어서는 안 된다. 모든 사람은 종교문제에서 완전히 자유롭게 남아 있어야 한다. 우리 종교의 거룩한 창시자께서는 자신의 대의(大義)를 촉진하기 위해 그런 강제적인 수단을 필요로 하지 않으신다. 복음은 후원을 얻기 위해 인간의 연약한 손을 원치 않는다. 복음은 하나님의 권능을 통해 그 길을 만들었고, 앞으로도 그렇게 모든 반대에 저항하면서 그 길을 만들 것이다. 주 의회가 복음을 지원하기 위해 국민들에게 세금을 부과할

권리를 가진다면, 그것은 종교 자유를 파괴하게 될 것이다. 그러므로 이 위원회는 만장일치로, 그러한 과세에 반대하는 항의서와 청원서를 가지고 총회를 섬길 대표를 지명하는 것이 마땅하다는 데 동의한다.[145]

제임스 매디슨과 토머스 제퍼슨 같은 정치인들은 침례교인들의 입장을 지지하였다. 매디슨은 1784년에 "인간의 종교적 권리에 대한 비망록과 저항"(A Memorial and Remonstrance on Religious Rights of Man)이라는 선언서에서 종교는 정부의 영역에서 "완전히 벗어나야" 된다고 주장하였고, 토머스 제퍼슨은 1785년에 버지니아에서 "종교의 자유를 확립하기 위한 법안"(Bill for Establishing Religious Freedom)을 제출하였다. 제퍼슨의 법안은 침례교인들의 지지를 받아 버지니아 주 의회에서 통과되었다.[146] 법안은 다음과 같이 선언하였다.

의회의 법규 제정 사항. 어떤 사람이든 특정 종교의 예배, 장소 혹은 어떤 사역이든지 참여하거나 지지하도록 강요받지 않으며, 또한 그의 재산에 있어서 강제되거나, 제약받거나, 간섭받거나 혹은 부담 받지 않으며, 또한 그의 종교적 견해나 신앙으로 인해 고통을 당하지 않으며, 모든 인간은 종교문제에 대한 그들의 견해를 자유롭게 고백하거나 논증하며 옹호할 것이며, 그것이 어떤 방식으로든 그들의 시민적 권한들을 줄이거나 확대하는 데 결코 영향을 주어서는 안 될 것이다.[147]

버지니아에서는 1786년부터 종교의 자유가 법적으로 보장되었으며, 1787년에 국교회가 완전히 폐지되었다. 1799년에는 성공회와 주정부 간에 교회 재산과 관련된 업무들이 종결되고, 모든 재정적 유대가 단절되었다.[148]

5) 연방헌법에서의 종교의 자유

독립전쟁에서 승리한 후, 미국의 주들은 수차례 토의 끝에 1787년에 연방헌법의 초안을 만들었다. 그런데 침례교인들은 그 문서에 종교의 자유를 분명하게 보장하는 문항이 없는 것을 보고 충격을 받았다. 종교의 자유와 관련해서는 제6조에서 "미국 내에서 공직이나 공적인 재단에 공무원이 되고자 하는 자에게 그 자격요건으로서 어떠한 형태의 종교적인 시험도 요구해서는 안 된다"는 정도의 표현만 있을 뿐이었다.[149] 1788년 3월 7일에 버지니아 총 위원회(Virginia General Committee)는 새 헌법이 종교의 자유를 충분하게 보증하고 있지 않다고 결론 내렸다. 위원회는 다음 해인 1789년에 침례교인들의 입장을 담은 편지를 워싱턴 대통령에게 보내기로 하고, 그 일을 존 릴랜드에게 부과하였다. 릴랜드는 "헌법이 버지니아에 처음 그 모습을 드러냈을 때, 우리에게 재산이나 생명보다 더 소중한 양심의 자유가 충분히 보장되지 않았음을 염려하며, 우리는 하나의 단체로서 마음에 비상한 갈등이 있습니다." 라는 내용의 편지를 대통령에게 보냈다.[150] 침례교인들은 추후에 있을 억압의 가능성을 두려워했으며, 그런 기준에서 볼 때 헌법은 불완전하였던 것이다.

이에 대해 위싱턴 대통령은 답신에서, "만일 제가 영광스럽게 의장 노릇을 했던 의회에서 만들어진 헌법이 어떤 교회 집단의 종교적 권리를 위협할 것이라는 염려가 조금이라도 있었다면, 저는 확실히 그것에 결코 서명하지 않았을 것입니다." 라는 표현과 함께 자신은 종교문제로 공포를 조성하는 것을 용납하지 않겠다는 다짐도 밝혔다.[151] 워싱턴과 제임스 메디슨은 연방헌법이 종교의 자유를 보장해주고 있다고 생각했다. 그러나 당시에 프랑스 주재 미국대사로 파리에 가 있던 토마스 제퍼슨은 최초 연방헌법이 종교와 언론의 자유를 표명하는 권리장전이 빠져있다고 하였다.[152] 제퍼슨은 종교의 자유가 연방헌법에 명시적으로 기록되지 않음으로 발생 가능한 상황들에 대해 염려하였던 침례교인들의 생각을 잘 이해하였던 것이다.

버지니아 침례교인들은 헌법이 비준되지 않도록 캠페인을 벌였다. 몇몇 지역에서는 침례교인들이 선거에 결정적인 영향을 끼칠 수 있을 만큼 인구가 많았다. 결국 존 릴랜드와 제임스 매디슨은 1788년 3월에 타협을 이루었다. 두 사람은 몇 시간 동안 논의한 끝에 릴랜드는 비준 반대 운동 중지와 매디슨을 지지하기로 하고, 매디슨은 침례교인들이 원하는 대로 헌법을 개정하여 종교의 자유가 명시되게 할 것을 약속했다. 침례교인들은 약속대로 매디슨을 지지했고, 매디슨은 국회의원으로 선출돼 헌법이 비준되는 일을 주도하였다.[153]

매디슨은 1789년 5월 4일 헌법 개정을 제안하였다. 그는 "우리의 수많은 유권자들이 [헌법]에 불만이 있다는 것은 하원의원 여러분들에게 비밀일 수 없습니다. … 여기에 해당하는 국민들이 이 한 가지 점에 만족하지만 하면, 현재 연방주의라는 대의에 지지를 보내고 싶어 할 것입니다." 라는 연설과 함께 권리장전 (Bill of Rights)으로 알려진 개정안을 제시하였다.[154] 의원들은 여러 번 수정을 걸쳐, 1791년 12월 15일 마침내 다음과 같은 문구를 사용하기로 결정하였다: "의회는 국교회를 제정하거나, 혹은 자유로운 종교 활동을 금지하는 법을 만들 수 없다. 또한 언론과 출판의 자유, 평화로운 집회의 자유, 고충사항의 시정을 위해 정부에 탄원할 자유 등을 금지하는 법을 만들 수 없다."[155] 이와 같이 "제1차 수정헌법"은 연방정부 차원에서 어떠한 종교를 특별하게 법적으로 지원하거나, 반대로 배제시킬 수 없다는 것을 명백하게 선언하였다. 하지만 헌법은 각 주들에 대해서는 어떠한 지침도 명시하지 않았기 때문에, 몇몇 뉴잉글랜드 주들은 40년 이상 국가교회 제도를 유지하였다. 예를 들면, 매사추세츠와 코네티컷은 1833년에 이르러서야 국가교회체제를 폐지하였다. "제14차 수정헌법"은 미국 내 모든 주들이 종교의 자유를 의무적으로 시행할 것을 명령하였다.[156]

지역교회 모습

1. 침례교 목사

18세기 미국 침례교인들은 목사가 되는 것은 개인의 선택이 아니라, 하나님의 소명으로 되는 것으로 믿었다. 지역교회는 목사 후보생들의 은사를 중요한 기준으로 삼아서, 젊은 후보자에게 그의 은사를 증명할 수 있는 기회를 부여하였다. 만일 그가 사역에 결실이 없을 경우, 교회는 그에게 목회를 포기하도록 권고했다. 하지만 후보자가 특정지역에서 목회를 성공적으로 행하면 좀 더 광범위한 지역을 맡기고, 그 일 역시 잘 수행하면 은사가 있는 것으로 인정하고 안수를 베풀었다.[157]

18세기에는 목회자에게 사례를 주는 것은 잘못이라고 생각하는 침례교인들이 많았다. 로저 윌리엄스의 『고용된 목회자는 그리스도의 목회자가 아님』(Hireling Ministry None of Christ's)은 오랜 기간 침례교인들에게 영향을 끼쳤던 것 같다. 특히 분리침례교인들이 목회자에게 사례하는 것을 반대하였다. 목사들은 정년퇴임의 개념이 없었고, 대부분 죽을 때까지 목회하였다. 늙은 목사나 과부가 된 사모들은 주로 친척들이 돌보았고, 간혹 교인들 가운데 자발적으로 그들을 보살피는 경우도 있었다. 목사의 권위는 상당했다. 대부분의 교회 일은 목사에게 위임되어 있었고, 평신도들은 대체로 목사의 결정에 순응하였다. 평신도들이 신앙적인 가르침이나 의무에 대해 목사를 반대하는 경우는 매우 드물었다.[158]

2. 지역교회

18세기 미국 침례교회들 가운데서는 교회건물이 없는 교회들이 꽤 있었다. 예배당을 가진 교회들은 대부분 방 한 칸으로 된 건물을 가지고 있었다. 예배당은 주일에는 예배와 성경 공부방으로 사용되었고, 주중에는 학교수업을 위한 용도로도 활용되었다. 대다수 교회에는 악기가 없었는데, 악기는 비쌌을 뿐만 아니라, 세속적인 인상을 주고 성서적이지 않다고 하여 반대를 받았다. 침례교회는 다른 교단들과 마찬가지로, 교회에서 침례를 받은 정규회원과 정규회원은 아니면서 정기적으로 예배에 참석하는 청중을 구분하였다. 청중은 회원보다 보통 2-3배 정도 많았다. 이들은 목사의 초빙과 임명, 그리고 교회를 재정적으로 돕는 일은 할 수 있었지만, 주의 만찬에는 참여할 수 없었다. 침례 받고 정식회원이 될 수 있는 최소한의 나이는 약 16세 정도였는데, 시간이 가면서 점차 회심의 가능 나이를 낮추었다. 대부분의 교회 건물은 난방 시설이나 전기불이 없었기 때문에 여름에는 두 번의 예배, 겨울에는 한 번의 예배를 드렸다. 19세기에 전기가 들어오면서 주일 저녁예배가 인기를 얻게 되었다.[159]

침례교인들은 보통 평범한 서민이었다. 이런 배경은 침례교인들로 하여금 사회적 지위와 존경 받는 것에 민감하게 만들었다. 뉴잉글랜드에 있는 일부 침례교회들은 국가교회의 관습을 본 따, 사회적 지위에 따라 예배당 좌석을 배정했지만, 대다수 침례교회들은 그렇게 하지 않았다. 다만 열정적인 신자들에게 "아멘석"(amen corner)을 배정하였다. 즉 예배당 좌석을 사회적 지위가 아닌 영적인 지위에 따라 결정하였던 것이다.[160]

18세기 침례교회의 찬송하는 모습은 다소 음울하고 진부하였다. 이런 분위기가 찬송을 반대하는 한 가지 이유였을 것이다. 찬송은 대개 목회자가 "한 소절씩 먼저 읽어주고" 회중들을 따라 부르게 했다. 침례교 찬송의 주제는 침례와 주의 만찬에 집중되어 있었다. 이것은 침례교회의 정체성을 분명하게 하며, 다른 교단에 대해 반박할 수 있게 하였다.[161] 침례식은 강이나 호수에서 공개적으로 실시되었다. 강독이나 호수 주변에는 교인들과 일반인들이 예식을 지켜보았는데, 목사는 통례적으로 그들에게 설교하였다. 종종 현장에서 회심하는 사람들이 생겨나 그 자리에서 침례를 받곤 하였다. 18세기가 끝나갈 무렵, 예배당 안에 침례탕을 건설하는 교회들이 생겨나기 시작했다. 주의 만찬은 엄숙하게 진행되었고, 성경의 가르침을 그대로 실천하려하는 침례교인들은 포도주를 사용하였다. 18세기 미국 침례교인들은 부활절과 성탄절을 세속적이고 가톨릭적이라고 하며 반대하였다. 그들은 예수님의 탄생일이 12월 25일이나 혹은 12월의 어느 날에 태어났다고 확신하지 못하기 때문에 성탄절을 지킬 수 없다고 주장했다.[162]

침례교 지방회

미국 침례교회는 18세기부터 지방회들을 대거 조직하였다. 가장 먼저 생긴 필라델피아 지방회(1707)는 다른 지방회들의 모델이 되었다. 남부의 대표적인 지방회로는 사우스캐롤라이나의 찰스턴 지방회(1751), 노스캐롤라이나의 샌디크릭 지방회(1758)와 케후키 지방회(Kehukee, 1769), 버지니아의 케톡톤 지방회(Ketockton, 1765)와 스트로베리 지방회(Strawberry, 1776) 등이 있었다. 뉴잉글랜드 지역에서는 로드아일랜드의 워렌 지방회(Warren, 1767), 코네티컷의 스토닝톤 지방회(Stonington, 1772), 버몬트의 샤프츠버리 지방회(Shaftesbury, 1780) 등이 있었다. 중부지역에는 펜실베이니아의 레드스톤 지방회(Redston, 1776), 노섬벌랜드 지방회(Northumberland), 체뭉 지방회(Chemung) 등이 활동하였다. 1800년까지 미국에는 48개의 지방회가 있었으며, 다수가 남부에 있었다.[163]

1. 필라델피아 지방회

필라델피아 지방회는 엘리어스 키치와 토마스 킬링스워쓰(Thomas Kilingsworth)

가 1680년 후반에 개척한 교회들에 의해 시작되었다. 이들 교회들은 1688년부터 정규적으로 모여 교제와 예배, 상호관심사를 논의하기 시작하였다. 이 모임은 1707년에 정식 지방회로 발전하여 의장을 선출하고, 지방회 명칭을 결정하였다. 필라델피아 지방회는 미국에서 현존하는 지방회 중에 가장 오래된 지방회이고, 그 중요성에 있어는 다른 지방회와는 비교가 되지 않을 정도이다.[164]

　　지방회는 매우 다양한 사안들을 다루었다. 침례교회사가 로버트 톨벳은 당시 지방회의 활동에 대해 다음과 같이 기술하였다.

> 목회자들의 책벌까지도 지방회의 자유재량에 맡겨졌다. 또한 지방회는 특히 순회 전도자에 대한 신임장을 세밀히 검토하였으며 교회들에게 그러한 가짜 전도자를 경계하도록 경고하였다. 성찬식, 침례, 교회회원, 안수식, 교회에 있어서 여성의 위치, 예배시에 악기사용의 타당성 등에 관한 질문에 첨가하여 교인이 자유공제조합이나 기타 프로테스탄트 단체와 관계를 맺는 일, 도박하는 일 및 노예제도 등의 문제에 대해서도 지방회의 고려를 촉구하였다. 일상적으로 지방회에 제출된 문제는 자문과 상담을 위한 것이었으며, 그 결정은 개교회의 자유재량에 맡겼다.[165]

이상에서처럼 지방회는 목회자 책벌, 순회전도자 임명, 교회예식에 관한 사항, 예배, 다른 단체들과의 관계, 윤리적 사안 등 매우 다양한 문제들을 다루었다. 필라델피아 지방회는 뉴잉글랜드와 남부까지 수백 마일에 걸쳐서, 그리고 여러 주(州)에 있는 침례교회들을 회원으로 확보하였다. 1757년에 펜실베이니아, 뉴저지, 코네티컷, 뉴욕, 버지니아, 메릴랜드 등지에 있던 25개 교회들이 필라델피아 지방회에서 활동하고 있었다. 1762년에는 29개 교회와 4,018명의 교인이 지방회에 소속되어 있었다.[166]

　　필라델피아 지방회는 전국적인 규모의 모임으로 확대를 추진하였다. 이것은 모건 에드워즈의 발상에서 시작되었다. 그는 "필라델피아 지방회를 중심으로 한 헌장에 의한 법인체를 조직하고 각 지방회에서 대표자 한 사람씩 그 법인체에 가담함으로써 하나의 정책적 단체"를 만들자고 제한하였으며, 그것은 받아들여졌다.[167] 필라델피아의 계획은 장로교단 조직 방식처럼 지방회들의 연합인 총회 형식의 조직화를 추구하는 것이었다. 그러나 이러한 시도는 결국 성공하지 못했는데, 그것의 가장 큰 이유는 뉴잉글랜드 침례교인들이 개교회 자치와 독립이 훼손될 것을 우려하여 적극적으로 반대했기 때문이다. 하지만 필라델피아의 생각은 다른 지방회에 영향을 끼쳤다. 예를 들면, 사우스캐롤라이나의 벧엘 지방회는 1794년에 남부 전체를 망라하는 전체위원회를 구성하려는 의도를 가지고 여러 주들의 지방회 인사들을 초청하였다.[168]

많은 교회들이 18세기 후반에 대거 조직된 새로운 지방회에 가입하기 위해 필라델피아 지방회를 탈퇴하여서 지방회는 규모가 축소되었다. 하지만 새로운 지방회에 가입한 목사와 성도들이 필라델피아 지방회의 신앙과 행정을 도입하였기 때문에, 필라델피아의 영향력은 오히려 증대되었다. 또한 필라델피아 지방회가 새로운 지방회들에게 서신 및 연례보고서의 교환을 제안하였을 때, 대부분의 지방회들이 긍정적으로 반응한 것도 필라델피아의 영향력을 계속 유지시킨 요인이었다.[169]

1) 필라델피아 신앙고백서(1742)

미국 침례교회의 최초 신앙고백서는 1742년에 채택된 필라델피아 신앙고백서이다. 신앙고백서가 만들어진 배경은 다음과 같다. 런던의 침례교 목사 벤자민 키치의 아들인 엘리아스 키치는 1688년 오늘날 필라델피아의 북동쪽에 위치한 곳에 페네펙침례교회(Pennepack Baptist Church)를 세웠다. 키치는 페네펙교회를 담임하면서 트렌톤(Treton), 피스카타웨이(Piscataway), 코핸시(Cohansey), 체스터(Chester) 등 주변 지역에 복음을 전파하며, 교회를 세웠다. 이들 교회들은 교리와 행습에 관한 차이점들에 대해 조정할 필요와 서로간의 연합을 위해 1707년에 필라델피아 지방회를 설립하게 되었다.[170]

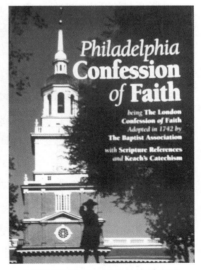

| 미국 침례교회의 교단적 차원에서 최초 신앙고백서인 필라델피아 신앙고백서

엘리아스 키치는 지방회가 만들어지기 전인 1692년에 영국으로 돌아가 런던에 있는 탈로우 챈들러 홀 교회(Tallow Chandler's Hall Church)의 담임목사가 되었다. 그는 자신의 아버지 벤자민 키치와 함께 1697년에 신앙고백서를 만들었다. 이것은 제2차 런던신앙고백서에 회중찬송과 침례 받은 신자에 대한 안수를 인정하는 두 조항을 첨가한 것이었다. "키치 고백서"(The Keach's Confession)로 불렸던 1697년도 고백서는 후에 필라델피아 신앙고백서가 되었다.[171]

키치 고백서는 미국의 중부와 동부의 침례교회들 가운데 권위 있는 문서로 여겨졌다. 예를 들면 뉴저지 미들타운에 있던 한 교회가 1712년에 교리와 관련된 분쟁을 해결하기 위해 이웃 침례교회의 대표자들을 초청했다. 대표자들은 키치의 신앙고백서를 정통신앙의 기준으로 삼고, 그것에 "서명하든지, 혹은 최소한 그것의 부속된 언약문에 서명할 것을 권고하였다." 필라델피아 지방회는 1742년 9월 25일 키치 고백서를 공식적인 신앙고백서로 채택하였다. 고백서의 실제적인 인쇄는 그 이듬해인 1743년에 이루어졌으며, 출판비용은 교회들이 분담하였다. 이 "필라델피아 신앙고백서"는 미국 침례교회들로 하여금 여러 세대 동안 복음적 칼빈주의 전통을 따르게 만들었다.[172]

필라델피아 신앙고백서는 제2차 런던신앙고백서와 내용이 동일하며, 제2차 런던고백서는 교회론과 일부만 빼고는 웨스트민스터 신앙고백서와 내용이 거의 같다. 따라서 필라델피아 고백서 역시 칼빈주의를 신학적 기초로 하고 있다고 할 수 있다. 필라델피아 고백서의 제1장은 "성서는 구원에 이르는 지식, 믿음, 순종의 모든 것에 대한 유일하고 충분하며 확실하고 무류한 규범이다."라며 성경의 권위와 무오를 선포하였다. 또한 제18장은 "하나님께서… 받으신 사람들은 은혜의 상태로부터 절대로 그리고 종국적으로 떨어질 수 없고, 확실히 끝까지 견인될 것이며, 영원토록 구원받을 것이다. 왜냐하면 하나님의 은사와 부르심에는 후회하심이 없기 때문이다."라고 성도의 견인을 선언했다.[173]

필라델피아 고백서는 "하나님만이 양심의 주이시며… 암시적으로 믿음을 강요하거나 절대적이고 맹목적인 순종을 요구하는 것은 양심의 자유와 이성을 파괴시키는 것이다."라며 신앙과 양심의 자유를 인정하는 침례교 신앙전통을 선포하였다.[174] 교회론에 역시 전형적인 침례교 입장을 선언하였다. 즉 침례는 죽음과 부활을 상징하는 성경적 예식으로서, 죄를 회개하고, 주 예수에 대한 신앙과 순종을 다짐하는 사람만이 받을 수 있다. 따라서 이러한 기준을 충족시킬 수 없는 유아나 불신자는 결코 침례를 받을 수 없다고 하였다. 그리고 침례의 형식은 오직 침수례 밖에 없다고 하였다. 주의 만찬은 예수 그리스도의 구원 사역에 대한 이해가 있고, 경건한 사람들만이 참여할 수 있다고 하였다.[175] 교회 정치는 만인제사장주의에 입각한 회중주의를 채택했다. 직분은 영적인 지도자인 목사와 평신도 대표인 집사만을 인정하였다. 감독, 장로, 목사는 동일한 직분으로 영적 지도자에 해당된다고 보았다. 이러한 교회의 두 가지 직분은 이후의 모든 미국 침례교 신앙고백서들에서도 계속 이어졌다.[176]

필라델피아 고백서가 제2차 런던고백서와 다른 점은, 런던고백서에는 없는 회중찬송과 침례 받은 신자에게 안수하는 것을 첨가하였다는 점이다 회중찬송과 관련하여 제23장은 다음과 같이 선언하였다: "우리는 '행16:25, 엡5:19, 골3:16' 등은 하나님을 찬양하는 것이 그리스도의 거룩한 규례로서 자연종교의 일부 혹은 도덕적 의무가 아니라, 하나님이 제정하신 것임을 가르쳐준다고 믿는다. 시와 찬미와 신령한 노래들을 부르는 것은 그리스도의 교회들에게 부과된 것이다.…"[177]

새 신자들에게 안수하는 것에 대해서는 제31장이 다음과 같이 선포하였다: "우리는 침례 받은 신자들에게 (기도와 더불어) 안수하는 것은 (히5:12과 행8:17-18과 19:6) 그리스도의 의식으로써 주의 만찬에 참여함을 허락받은 모든 사람들이 순종해야 한다고 믿는다. 이 의식의 목적은 성령의 특별한 은사를 받는 것이 아니라, 약속의 성령을 더욱 영접하는 것 (엡1:13-14), 혹은 성령의 은혜를 더하는 것이다. 안수의 효과로써는 안수 받은 자들로 하여금 그리스도 예수 안에서 확신을 갖게 하고, 강하게 하며, 위로해주는 것이다.…"[178] 이와 같이 필라델피아 고백서는 회중찬송과 새신자 안수를 허용해서 개교회의 목회적 필요에 부응하고자 하였다.

많은 교회와 지방회들은 필라델피아 신앙고백서를 자신들의 신앙고백서로 삼았다. 버지니아의 키톡턴(Ketockton) 지방회는 1766년에, 로드아일랜드 주의 워렌 지방회는 1767년에 그와 같은 결정을 내렸다. 사우스캐롤라이나의 찰스턴 지방회 역시 1767년에 시편찬송과 안수를 제외하고 받아들였다. 남부지방에서는 19세기 중반까지 필라델피아 고백서가 계속 사용되었다.[179] 대각성운동으로 발생된 남부의 분리침례교회들은 처음에는 성경을 제외한 어떠한 인간적인 신조나 신앙고백서들도 받아들이지 않으려했다. 그러나 1783년에 결국 "모든 사람들이 신앙고백서 안에 있는 모든 것을 엄격하게 지키도록 의무화되어 있다는 것을 의미하는 것은 아니며, 또한 어떠한 면에서도 신앙고백서가 신앙과 행습에 있어서 성경보다 우월하거나 성경과 동일하다는 것을 의미하지도 않는다.…" 라는 단서를 달고 필라델피아 고백서를 받아들였다.[180] 이와 같이 필라델피아 신앙고백서는 18세기 미국 침례교회에 통일된 신앙전통을 갖게 하는 역할을 하였다.

2) 신앙고백서에 대한 미국 침례교회의 입장

침례교인들은 양심의 자유와 성경의 사적해석권을 강력하게 주장하여 왔다. 침례교 전통에는 반(反)신조주의가 분명히 포함되어 있다. 그런데 침례교회는 설립 때부터 개교회, 지방회, 총회 등 각 단위별로 신앙고백서를 작성하여 자신들의 신앙과 신학을 분명하게 표현하였다. 그렇다면 침례교회는 신조주의를 반대하면서 신앙고백서를 사용하는 것은 서로 모순되는 것은 아닌가? 신앙고백서의 사용과 신조주의는 어떤 차이가 있는가?

침례교인들은 신앙고백서와 신조를 구분하였다. 신앙고백은 일단의 그리스도인들이 자신들이 믿는 바를 분명하게 나타내고 진술하는 것이다. 우리가 믿는 신앙의 어떠하다는 것을 명확하게 밝혀서, 그 그룹의 신앙적 정체성을 자신들과 다른 사람들에게 나타내는 것이다. 신앙고백서는 모든 기독교인들에게 적용되는 것이 아니라, 그것을 채택한 그룹에게만 적용되는 것이다. 따라서 신앙고백서는 다른 사람들에게 강요할 수 있는 성질이 아니라, 그것을 받아들인 사람들에게만 신앙적 기준으로 적용될 수 있을 뿐이다. 그리고 다른 사람의 양심을 속박하려 하지 않는다. 반면에 신조는 절대 진리이기 때문에 반드시 믿을 것을 요구한다. 그것을 믿지 않으면 이단이 되고, 진리를 거부하는 것이 된다. 신조는 시대와 장소를 초월해 반드시 믿고 따라야 할 진리라는 의미이다. 따라서 신조는 다른 사람의 양심보다는 진리에 무게를 두어 꼭 믿을 것을 요구하는 강제성을 띤다.[181]

침례교회에서 신앙고백서의 용도로 로버트 톨벳은 1) 교리의 순수성 보존, 2) 침례교 입장을 명확하게 확증, 3) 총회나 지방회의 안내서, 4) 지역 교회들, 지방회, 그리고 총회의 교제의 기초가 됨, 5) 교회 및 교인에 대한 치리의 기준

등 5가지를 들었다. 리언 멕베스는 1) 침례교 신앙을 분명하게 밝힘, 2) 교인들 교육 자료로 사용됨, 3) 교제의 기초를 제공함, 4) 논쟁을 조정하는 기준이 됨 등 4가지를 제시했다.[182]

2. 찰스턴 지방회(1751)

찰스턴 지방회는 올리버 하트에 의해 1751년 사우스캐롤라이나 찰스턴에서 설립되었다. 본 지방회는 필라델피아 지방회를 모델로 삼았고, 미국 전체로는 두 번째이고 남부에서는 첫 번째 지방회였다. 1751년에 4개의 교회로 시작하였 지만, 1796년에 이르러서는 26개의 교회가 회원으로 소속되어 있었다. 지방회 설립 초기에는 많은 교회들이 지방회를 중요시 여기지 않아서 지방회에 보고서 나 사자(messenger)를 보내지 않았다. 하지만 시간이 지나면서 지방회는 지역교 회들의 구심점이 되었다. 찰스턴 지방회는 1767년에 "필라델피아 신앙고백서"를 지방회의 신앙표준으로 채택하였다. 이것은 1833년에 "뉴햄프셔 신앙고백 서"(New Hampshire Confession)가 나올 때까지 권위 있는 교리문서로 사용되 었다.[183]

3. 워렌 지방회(1767)

워렌 지방회는 뉴잉글랜드 정규 침례교회들에 의해 1767년에 로드아일랜드 주 워렌에 설립되었다. 뉴잉글랜드의 침례교회들은 개교회의 자치를 강력하게 추구하는 성향이 있고, 회중교회의 지방회가 지역교회들 위에 군림하는 과정도 목격한 바가 있었기 때문에, 지방회 조직을 오랜 기간 기피하였다. 처음에는 단 지 4개의 교회만이 지방회에 참여하였다. 심지어는 서기로 선출된 아이작 배커 스(Isaac Backus)까지도 처음에는 참여하지 않으려했다. 그는 "나는 지방회가 유 익하다는 것이 분명해졌고, 그 예상되는 위험이 다소 가라앉은 때였던 1770년 이전까지는 동참하고 싶은 마음이 없었다." 라고 말했다.[184]

지방회에 대한 우려가 기우라는 것을 교회들이 깨달으면서 점차 지방회에 가 입하기 시작했으며, 1792년에는 21개의 회원 교회들이 있었다. 워렌 지방회는 로드아일랜드 대학의 설립을 지원하고, 뉴잉글랜드에서 종교의 자유를 위해 투쟁하는 일에 선두적인 역할을 하였다. 워렌 지방회는 1769년에 "고충처리위원회"(Grievance Committee)를 만들어 침례교인들에 대한 박해 사례들을 수집하고, 그것들을 법정과 시의회에 제출하여 시정을 요구하는 방식으로 투쟁하였다.[185]

4. 케후키 지방회(1769)

케후키 지방회는 필라델피아 및 찰스턴 지방회에서 파송한 선교사들이 개척한 노스캐롤라이나의 교회들에 의해 세워졌다. 케후키 지방회에 속한 교회들은 원래 아르미니우스주의 신학을 따르는 일반침례교회들이었는데, 개노, 반혼(Vanhorn), 밀러(Miller) 등 순회설교자들의 활동으로 칼빈주의로 전향하게 되었다. 지방회는 부흥운동의 영향으로 생겨난 분리침례교회들을 회원으로 확보하려 시도하였지만, 분리침례교회들은 지방회에 소속된 교회들이 교인들에게 엄격한 생활을 요구하지 않으며, 중생하지 않은 사람들에게도 침례를 준다고 비판하면서 참여를 거부하였다. 이에 지방회 지도자들은 회심하기 전에 침례를 받은 사람들을 인정하지 않는 결정을 내리는 등 개혁을 시도하였다. 그러자 이러한 개혁에 반발하는 소수의 교회가 1775년에 지방회를 탈퇴하였다.[186]

지방회 지도자들은 탈퇴한 교회들을 다시 회복시키면서 분리주의자들도 만족시키기 위해 새로운 신앙고백서를 1777년에 만들었다. 결국 그 해 8월에 본 고백서를 근거로 화해가 이루어졌고, 분리주의 교회들도 점차적으로 지방회에 가입하였다.[187] 케후키 신앙고백서는 1)성부, 성자, 성령의 삼위의 인격으로 계신 하나님, 2)하나님의 계시로 신적인 권위가 있는 구약과 신약성경, 3)영원전, 무조건적 선택, 4)인류의 자연적 머리인 아담의 타락으로 인한 원죄, 5)성령의 이끄심으로 인한 회개와 믿음, 5)불가항력적 은총, 6)믿음으로 인한 그리스도 의의 전가, 7)성령으로 인한 택자들의 회심과 중생, 8)성도의 견인, 9)성도의 의무인 선행, 10)신자의 침수침례와 신자만이 참여가능한 주의 만찬, 11)개교회의 자치, 12)보편적인 부활, 13)천국과 지옥의 심판, 14)안수 받은 목회자에 의해서만 집례 되는 성례, 15)지방회의 필요성 등을 제시했다.[188]

5. 지방회의 권위와 기능

지방회는 개교회 자치를 약화시키지 않으면서 권위를 가질 수 있을까? 지방회는 어떠한 권위를 가질 수 있는가? 이러한 질문은 침례교회들 가운데서 끊임없이 제기되었다. 그러자 필라델피아 지방회는 벤저민 그리피스(Benjamin Griffith)에게 "지방회의 권위와 의무에 관한" 주제를 연구해줄 것을 의뢰하였다. 그리피스는 소논문을 통해 다음과 같이 설명했다. 즉 지방회는 교회들에 대해 사법적 권위를 가지고 있는 상위기관이 아니다. 개교회는 사역자들의 선출과 퇴출, 그들에 대한 시험과 안수하는 일을 자유롭게 할 수 있다. 개교회는 어떤 다른 교회나 단체의 간섭 없이, 그리스도로부터 받은 완전한 권능과 권위로서 복음적 치리와 교회행정을 실행할 수 있다고 하였다. 소논문은 개교회의 자치권을 분명하게 강조한 후, 협동사업을 위해서는 교회들이 연합해야 할 필요성도 주장하였다. 필라델피아 지방회는 그리피스의 소논문을 1749년 9월 19일에 있었던 연례회의에서 만장일치로 받아들였다.[189]

그리피스의 소논문에 의하면 지방회는 잘못된 행습이나 교리에 연루되어 있는 사람에 대해 해당 교회에게 퇴출시킬 것을 촉구할 수 있지만, 지방회가 이들을 직접 퇴출시킬 수는 없는데, 왜냐하면 이러한 권한은 오직 지역교회에 속한 것이기 때문이었다. 다만 지방회는 잘못을 시정하지 않는 교회를 제명시킬 수 있는 권한은 있다고 하였다. 필라델피아 지방회가 대표자들의 연합에서 지역 교회들의 연합으로의 이동한 것은 침례교 교회론의 중요한 변화의 출발점이 된다고 볼 수 있다.[190]

침례교 교육

1. 교육관 및 초·중등교육기관

18세기 침례교인들은 목회자에게 영성과 경건을 일차적으로 요구하는 전통이 강했고, 목회자의 교육에 대해 큰 비중을 두지 않았다. 그들은 학교 교육을 받는 것이 목회를 하는데 있어서 꼭 필요한 것은 아니라고 보았다. 서부 개척지의 분리침례교인들은 학문이 "성서에 대한 경시"로 이끌 것을 우려하여 교육을 더 심하게 반대하였다.[191] 침례교인들 가운데 반교육주의 정서는 꽤 광범위하게 퍼져있었지만, 일부의 침례교인들은 교육을 중요하게 여겼다. 그들은 초중등학교를 설립하였다. 초등학교 수준의 학교로는 18세기 초 필라델피아의 로워 더블린침례교회가 운영하는 부속학교가 있었다.[192]

중등학교와 관련해서는 런던의 부유한 상인이자 침례교인이며 하버드 대학에도 거액을 기부한 바 있는, 토마스 홀리스(Thomas Hollis)가 필라델피아 지방회에 중등학교 설립을 위한 기부금을 제공하였다. 필라델피아 지방회는 그것을 기초로 중등학교를 설립하고, 1722년에 회원 교회들에게 신입생 모집 광고를 해 줄 것을 요청하였다.[193]

2. 고등교육기관

미국 침례교 목회자의 교육수준은 타교단에 비해서 한참 낮았다. 1776년까지 뉴잉글랜드에서 활동하고 있는 회중교회 목사 1,586명 가운데 대학을 졸업한 사람은 1,507명으로 95%를 차지하였고, 127명의 성공회 목사들과 51명의 장로교 목사들 역시 대부분 대학을 졸업한 사람들이었다. 하지만 217명의 침례교 목사들 가운데 11.5%에 해당되는 25명만이 대학 졸업장을 가지고 있었다. 이처럼 소수의 대학 졸업자들도 주로 북부의 목회자들에게 해당되었고, 남부의 침례교 목회자들의 교육경력은 일천하였다.[194] 목사의 높은 교육수준이 목회와 교회 성장에 항상 유리하게 작용된 것만은 아니었다. 교육보다는 소명을 강조했던 침례교회는 개척시대에 급속한 성장을 이루었다. 그러나 장기적으로 볼 때, 목회자들이 적합한 교육을 받는 것이 올바른 목회와 교회의 발전을 위해 꼭 필요한 일이라는 생각이 침례교회 안에서 공유되기 시작했다. 침례교회는 이러한 입장에서 고등교육기관을 설립하였다.

1) 호프웰학교(Hopewell Academy)
18세기 침례교 신학생들은 신학교육을 받을 수 있는 세 가지 선택 방안이 있었다. 첫째는 영국에 가서 공부하는 것이고, 둘째는 스스로 독학하는 것이며, 셋째는 하버드대학교나 예일대학교에서 공부하는 것이었다. 간혹 침례교인들이 하버드나 예일에서 공부하였는데, 그들은 이들 학교에서 하류층 사람으로 취급받았다. 이 학교들에서 공부한 침례교 학생들은 졸업을 위해 회중교회로 전향하는 경우가 자주 발생하였다.[195] 이러한 상황은 침례교인들로 하여금 고등교육기관을 설립하도록 만들었다. 일찍이 아이작 이튼(Isaac Eaton)은 1756년에 뉴저지의 호프웰에 학교를 세웠다. 필라델피아 지방회는 2년 동안 학교를 위한 모금활동을 벌였고, 기부금의 지원과 더불어 학교를 감독하는 위원회를 두어 지방회 산하의 학교로 남게 하였다. 지방회는 1767년까지 호프웰 학교가 존속하였던 11년 동안 400파운드를 지원하였다. 이 호프웰 학교의 졸업생들 중에는 후에 미국 침례교회를 위해 뛰어난 업적을 남긴, 제임스 매닝(James Manning), 새뮤얼 존스(Samuel Jones), 헤즈카이어 스미스(Hezekiah Smith), 윌리엄 윌리엄스(William Williams) 등이 있다.[196]

2) 로드아일랜드대학(Rhode Island College)

미국 침례교 최초의 대학인 로드아일랜드대학은 1762년에 필라델피아 제일 침례교회의 담임목사가 된 모건 에드워즈(Morgan Edwards)에 의해 시작되었다. 그는 영국의 브리스톨대학(Bristol College)에서 수학한 사람이었는데, 미국에도 브리스톨대학과 같은 학교가 있었으면 하는 바람을 가졌다. 에드워즈는 그의 생각을 필라델피아 지방회에 건의하였고, 그것은 받아들여졌다. 필라델피아 지방회는 당시 뉴잉글랜드의 총 침례교인수 2만 2천명 가운데 약 80퍼센트가 살고 있던 로드아일랜드에 대학을 세우기로 결정하고, 호프웰학교 출신이며 1762년에 뉴저지대학(구 프린스턴대학교)을 졸업한 제임스 매닝을 그곳으로 파견하여 대학설립에 관한 일을 위임했다.[197] 모건 에드워즈와 새뮤얼 존스도 대학설립을 적극적으로 도왔다. 결국 1764년 2월에 로드아일랜드 주의회로부터 설립인가를 받게 되었다. 매닝은 워렌에 설립된 미국 침례교 최초의 대학의 학장으로 선임되었다. 로드아일랜드대학은 뉴잉글랜드 침례교회의 구심점이 되었다.[198]

로드아일랜드대학은 정관상으로는 대체로 침례교인들이 주도권을 가지도록 했지만, 타 교파 사람도 이사와 교수로 봉직할 수 있게 허용하므로 교단학교로 국한시키지 않았다. 대학의 최초 법인의 다수는 침례교인이지만, 회중교회, 성공회, 그리고 퀘이커교인도 포함되어 있었다. 그리고 "그 정관은 여하한 종류의 종교심사도 허용될 수 없으며, 어떤 종파의 학생도 동일한 권익, 수업료 및 본교의 특전을 누리며, 종파간의 상이점은 연구와 설명은 할 수 있으되 공적인 교육의 한 부분은 될 수 없다는 사실을 세밀하게 명시하였다."[199] 이와 더불어 대학 헌장에는 대학이 한 교단의 신학교가 아니라 일반대학교로 설립되었다는 것, 대학의 경영과 운영은 교단의 지시와 감독 없이, 대학이 독자적으로 행한다는 것, 총장은 침례교인 이어야 하지만 다른 교수들은 교단을 초월하여 뽑을 수 있는 것 등을 명시하였다.[200]

필라델피아 지방회는 로드아일랜드대학을 위해 모든 침례교인들이 매년 6펜스씩 기부하는 캠페인을 벌였다. 이 캠페인은 찰스턴 및 워렌 지방회들도 참여하였다. 대학은 1770년에 워렌에서 프로비던스로 이전하였다.[201] 로드아일랜드대학은 침례교인들에게 엄청난 도움을 주었다. 훈련받은 목회자들을 배출하고, 침례교회의 이미지를 좋게 하였으며, 침례교회의 확장에 큰 역할을 했다. 그러나 시간이 흐르면서 신학보다는 일반학문이 더 큰 비중을 차지하게 되었다. 1804년에 5,000달러라는 거금을 기부한 니콜라스 브라운(Nicholas Brown)도 자신의 기

| 브라운대학교(Brown University)

부금이 신학이 아닌 법학과 문학을 위해 사용되기 원했다. 브라운이 거액을 기부한 후 학교는 브라운대학교(Brown University)로 학교명을 바꾸었다. 신학도 빠른 속도로 자유주의로 나갔다. 대학은 심지어 예수 그리스도의 성육신을 부인하는 유니테리언주의를 받

아들였다. 세월이 지나면서 브라운대학교는 점차로 침례교회와 관계가 단절되었다. 오늘날에는 침례교회를 비롯한 어떤 교단과도 관계가 없는 하나의 일반대학으로 남아있다.[202]

3) 찰스턴 기금(Charleston Fund)

남부에서도 목회자 교육에 대한 관심이 점점 더 많아지기 시작했다. 올리버 하트는 1755년에 찰스턴지방회에 목회를 지망하는 학생들의 교육을 위한 기금을 조성할 것을 요청했다. 지방회는 하트의 권고에 따라 남부에 학교를 세우는 목적으로 찰스턴 기금을 만들었다. 찰스턴 침례교인들은 지방회와는 별개로 기독교 교육을 촉진하기 위한 목적으로 "신앙협회"(Religious Society)를 1755년에 설립하였다. 신앙협회는 1790년에 지방회로 이관되었고, 통합된 기관의 운영을 위해 "총위원회"(General Committee)가 만들어졌다.[203]

당시 남부에는 아직까지 침례교 학교가 없었기 때문에, 기금은 학생들을 다른 지역의 학교에서 공부시키거나 신학도서관을 만드는데 사용되어졌다. 학생들은 신학도서관이 있는 목사의 집에서 기숙하면서 공부하고 목회사역도 함께 하는 방식으로 교육을 받았다. 올리버 하트, 조셉 리이스(Joseph Reece), 리처드 퍼먼 등이 도서관을 관리하며 학생들을 훈련시켰다. 찰스턴 교회들은 1791년에서 1810년까지 8,480불의 기금을 책을 구입하고 도서관을 설치하는 데 사용했고, 학생들의 교육을 위해서는 3,400불을 지출하였다. 이 책들은 후에 퍼먼대학교(Furman University) 도서관의 중요한 서적이 되었고, 그중 일부는 1859년에 서든 침례신학대학원(Southern Baptist Theological Seminary)으로 이전되었다.[204]

전체 요약 및 결론

18세기는 미국 침례교회에 커다란 전환을 가져다 준 세기였다. 보잘 것 없으며 박해받던 작은 교단이 한 세기를 거치면서 주류교단의 대열에 서게 되었다. 18세기 전반에 일어난 대각성운동은 침례교 성장에 결정적인 전기를 마련해주었다. 뉴라이트 회중교인들의 유입, 분리침례교인들의 적극적인 전도활동은 침례교회의 급속한 성장을 가져왔다. 침례교회는 교인과 교회의 수적 증가뿐만 아니라, 지방회와 같은 교단적 모임들이 활성화되었고, 교단의 신앙과 교리의 기초인 신앙고백서들을 제정하였으며, 대학들도 설립하여 주류교단으로서의 모습을 갖추게 되었다. 그리고 무엇보다 종교의 자유가 법적으로 확립되도록 하는 일에 견인차 역할을 하였다. 미국에서 종교의 자유와 정교분리를 실현하는 과정에서 침례교회의 위상은 점차 강화되었다. 미국 침례교인들에게 18세기는 영광의 세기였다.

제10장

19세기 전반기 미국침례교회:

남북침례교 분립 이전까지(1800-1844)

급속한 성장

　미국 침례교회는 독립전쟁이 끝난 18세기 후반부터 19세기 전반까지 급속한 성장을 이루었다. 18세기는 침례교회가 거대 교단으로 나아가는 기반을 닦은 세기였다면, 19세기는 그것을 성취하는 세기였다. 미국 침례교회는 제1차 대각성기에 약 60개 교회에서, 1776년에는 472개 교회가 되었고, 1795년에 이르면 1,152개로 늘어났다.[1] 1776년부터 1850까지 개신교 인구 중에서 각 교단의 신자율 변동을 보면, 회중교회는 20.4%에서 4.0%로, 성공회는 15.7%에서 3.5%로, 장로교는 19.0%에서 11.6%로, 침례교는 16.9%에서 20.5%로, 감리교는 2.5%에서 34.2%로, 가톨릭은 1.8%에서 13.9%로의 변화를 보였다. 즉 회중교, 성공회, 장로교 등 주류교단들의 신자율은 55.1%에서 19.1%로 몰락하였고, 침례교와 감리교와 같은 비주류 교단들은 크게 약진하였다.[2] 19세기 침례교 성장의 요인으로는 종교의 자유 개념의 확산, 독립전쟁 참전으로 인한 이미지 고양, 제2차 대각성운동의 영향, 침례교 전도자들의 열정적인 전도활동, 선교협회나 지방회 차원의 조직적 전도활동 등을 들 수 있다.

1. 종교의 자유 개념의 확산

미국은 독립전쟁에서 승리한 후 종교의 자유를 인정하려는 정서가 팽배하였다. 특히 침례교인들은 적극적으로 독립전쟁에 참전하면서 일반인들에게 좋은 이미지를 심어주었다. 조지 워싱턴, 토머스 제퍼슨 등의 대통령들은 침례교인들에게 감사의 편지를 보냈다. 침례교인들은 애국심이 많고 자유와 평등을 사랑하는 사람들이라는 인식이 확산되었다. 자유, 평등, 박애가 주요한 가치로 인정받던 때에, 종교의 자유와 정교분리라는 침례교 사상은 시대정신에 부합되는 것으로 평가되면서, 많은 사람들이 침례교회에 대해 호감을 갖게 되었다.[3] 영국의 패전과 더불어 성공회는 곧장 세력이 급속히 약화되었다. 뉴잉글랜드의 회중교회는 법적인 우월한 권한을 계속 지키려고 무진 애를 썼다. 그 결과 모든 주민들이 회중교회를 위해 내야하는 종교세를 계속 유지할 수 있었다. 하지만 자유와 평등, 그리고 인권이 강조되는 시대에서 그러한 특권이 영원히 유지될 수는 없었다. 코네티컷은 1818년에, 뉴햄프셔는 1819년에, 매사추세츠는 1833년에 회중교회에 대한 법적인 권한을 철회하였다.[4] 시대정신에 맞지 않은 회중교회의 특권의식과, 회중교회 목회자들의 안일한 목회는 교단을 몰락으로 이끌었다. 반면에 침례교회는 정반대로 시대정신에 부합하는 신학과, 복음전파의 열정이 가득한 목회자들로 넘쳤다. 침례교회의 약진은 당연한 귀결이었다.

2. 제2차 대각성운동의 영향

1790년부터 1830년대까지 미국은 제2차 대각성운동이 일어났다. 자연발생적인 제1차 대각성운동과 달리 제2차 대각성운동은 부흥사들에 의해 미리 기획되고 의도된 부흥운동이었다. 대표적인 부흥사 찰스 피니는 부흥은 효과적인 방법들을 통해 연출되어야 한다고 주장하면서, 성공적인 부흥회를 위해 해야 할 일과 하지 말아야 할 일에 대해 자세히 설명하였다.[5] 피니가 주도한 부흥회는 원래 도시에서 일어난 운동이었다. 그런데 도시보다는 오히려 농촌지역에서 부흥이 더욱 왕성히 일어났다. 그것은 캠프집회가 일으킨 불길이었다. 1800년경에 미국인들의 94%는 농촌에 거주하고 있었기 때문에 캠프집회는 도시의 부흥회보다 교회성장에 훨씬 큰 영향을 끼쳤다. 결국 제2차 대각성운동을 통해 가장 큰 혜택을 받은 교단은 농촌에 대부분의 교회들이 있는 침례교회와 감리교회였다.[6]

캠프집회는 제임스 맥그리디(James McGready)라는 장로교 목사가 처음으로 시도한 방법이었다. 이것은 한 장소에 천막들을 임시로 세워서 집회장소로 사용하는 방법이었는데, 50-100마일 떨어진 지역에서도 사람들이 부흥회에 참석하러 왔다. 참석자는 대개 1만에서 2만 5천 명 정도 되었으며, 보통 인근의 모든 교파의 목회자와 성도들이 함께 참석하여 은혜를 받았다. 집회에서는 "통곡과 기쁨의 환호성이 터져 나왔을 뿐만 아니라, … 쓰러지기, 달리기, 뜀뛰기, 몸 떨기 같은 격렬한 육체적 반응"이 나타났고, 이러한 현상은 성령의 역사로 간주되었다.[7] 켄터키 주 케인리지에서 1801년 8월에 있었던 캠프집회는 큰 부흥을 가져온 것으로 유명했다. 집회에는 약 1만에서 2만 명의 사람들이 모였는데, 당시 켄터키 주에서 가장 큰 도시였던 렉싱턴의 인구가 2천 명인 것을 감안하면 실로 엄청난 규모였다. 계속 이어진 집회 기간 동안 3천 명이 회개했으며, 장로교, 침례교, 감리교 설교자들이 함께 협력하여 부흥회를 인도했다.[8]

장로교 목사 발톤 W. 스톤은 케인리지 부흥회의 모습에 대해 다음과 같이 기술하였다.

> … 그 광경은 나에게 새롭고 낯선 것이었다. 그것은 설명하기 어렵다. 전쟁에서 남자들이 학살당하듯 많은 사람들이 쓰러지고, 몇 시간 동안 숨이 멎고 움직임이 없는 상태가 지속되었으며, 때때로 의식을 되찾고는 살아 있다는 신호로 애통하며 비명을 지르거나 격렬하게 신음소리를 내며 자비의 기도를 드리고 있었다. 몇 시간 동안 넘어진 후에, 그들은 그 상태에서 벗어났다. 그들의 얼굴을 가리우고 있었던 어두운 구름이 점차로, 그리고 눈에 확 띄게 사라지고 있는 듯했으며, 웃음 속에 희망이 기쁨으로 밝아지고 있었다. …[9]

케인리지 캠프집회는 켄터키 침례교회의 부흥에 직접적인 영향을 끼쳤다. 예를 들면, 사우스 엘콘 침례교회(South Elkhorn Baptist Church)는 1800년에 127명의 교인이 있었는데, 부흥운동이 일어난 1-2년 동안 318명의 새신자를 얻을 수 있었다. 엘콘 지방회는 29개의 회원교회들이 1799년에 단지 29명의 개종자를 얻었을 뿐이었지만, 1801년에는 많은 새신자들이 생기면서 회원수가 3,000명에 이르게 되었다. 그리고 1년 후, 지방회는 48개 교회에 5,300명의 회원을 확보할 수 있었다.[10]

1800년과 1803년 사이에 켄터키의 침례교인 수는 1만 명 이상 증가하였다. 감리교회 역시 비슷한 수준의 성장을 이루었다. 장로교회도 부흥이 일어났지만 부흥회에 대한 찬반양론으로 인한 분열로 그 효과가 감소되었다.[11] 켄터키 침례교회들은 1810년부터 1813년까지, 그리고 1837년에서 1843년까지 특별한 부흥을 경험했다. 1840년 기준으로 켄터키 침례교는 711개 교회, 49,308명의 교인 수를 확보했는데, 켄터키 인구 15명 당 1명이 침례교인이었다.[12]

북동부지역 침례교회들도 제2차 대각성운동의 영향으로 부흥이 일어났다. 보스턴 제일침례교회는 1803년에 놀라운 각성을 체험했고, 그 후 2년 동안 135명에게 침례를 줄 수 있었다. 버몬트는 1816년에 큰 부흥이 일어나 2,000명의 새신자들이 침례교회로 들어왔고, 매사추세츠의 버크셔(Berkshire) 지방회는 수침자가 평소보다 두 배나 많아졌다. 뉴욕 주에 있는 허드슨리버 지방회(Hudson River Association)는 회원수가 988명에서 1,267명으로 늘었고, 새러토가(Saratoga) 지방회는 한 해에 4개의 새로운 교회를 설립하였고, 450명에게 침례를 주었다.[13] 이들 교회들의 부흥은 캠프집회가 아니라, 정규 모임이나 혹은 개교회 및 지방회의 부흥집회로 일어났다. 뉴욕 주의 침례교 교세는 1790년 4,000명에서 1800년에 12,000명이 되었고, 1832년에 60,000명, 1843년에는 97,000명으로 증가하였다. 교회 수는 1800년에 94개에서 1843년에는 803개로 늘어났다. 이러한 급속한 성장으로 침례교회는 1850년에 이르러 미국 개신교단 가운데 감리교회 다음으로 두 번째로 큰 교단이 되었다.[14]

1830-40년대 활약한 침례교 부흥사로는 토마스 시어다운(Thomas Sheardown), 자베즈 스완(Jabez Swan), 제이콥 넵(Jacob Knapp), 에머슨 앤드류즈(Emerson Andrews) 등이 있다. 스완은 뉴욕과 코네티컷에서 활동하면서, 일만 명의 개심자에게 침례를 주었다. 넵은 뉴욕 주에 있는 침례교 학교인 헤밀톤 인문학 및 신학대학교(Hamilton Literary and Theological Academy)를 졸업하였다. 그는 전도에 큰 성과를 거두었고, 1840년에 절제운동을 위한 워싱턴협회(Washington Society) 설립에 주도적 역할을 했다. 앤드류즈는 뉴잉글랜드와 뉴욕에서 활동

하였으며, 35년의 전도자 삶 가운데 약 300회의 장기집회를 인도했다.[15]

3. 침례교 목사들의 희생과 전도활동

침례교 목사들의 희생적인 목회와 활발한 전도활동은 침례교 성장의 핵심적인 요인이었다. 많은 침례교회들 특히 남부의 교회들은 목사들에게 거의 사례비를 주지 않았다. 대부분의 침례교인들은 목사에게 사례비를 주지 않는 것을 당연한 것으로 여겼다. 따라서 목사들은 대개 부족한 생활비를 농업이나 다른 일을 통해 보충해야 했다. 예를 들면 좁 포웰(Joab Powell)은 미시시피에서 미주리로 이사하여 교회를 개척했는데, 20년 동안 농사와 목회를 병행했다.[16]

동부의 도시에 있는 침례교회들 외에는 목회자에게 사례를 주는 교회들이 거의 없었다. 켄터키의 롱런 지방회(Long Run Association)가 1838년에 발간한 순회편지에 따르면, 켄터키의 600여개 교회 가운데 목회자에게 사례를 하려는 의사를 갖고 있는 교회는 6개 밖에 없었고, 실제로 사례를 주는 교회는 그 중 2개 교회밖에 없었다. 사례를 받는 도시 침례교회 목사들은 1년에 겨우 60에서 100달러 정도 받았다. 반면에 도시의 장로교회와 회중교회 목사들은 연간 1,000에서 3,000달러를 받았고, 작은 도시에서도 400에서 1,000달러 정도 받았다.[17]

상류사회 출신들로 훌륭한 교육을 받은 주류 교단의 목사들과 달리, 침례교 목사들은 서민 대중 출신이 많았다. 1853년도 침례교 연감(Baptist Almanac)은 1823년에 활동하였던 2천 명의 침례교 목사들 가운데 단지 100명 정도만 보통교육을 받은 것으로 보고했다. 교육을 제대로 받지 못한 침례교 목사들은 사례금을 거의 받지 못했거나, 아주 적은 금액만 받았다. 하지만 마음속에서 우러나는 열정적인 설교는 사람들의 마음에 깊은 영향을 끼쳤다.[18]

장로교, 회중교, 성공회 목사들은 목회를 안정된 직업으로 보았다. 이들 교단은 목회자도 부족하였고, 또 개교회에 부임할 때 여러 절차를 거쳐서 취임하였으므로 보다 안정적이었다. 그러나 침례교 목사들은 교인이 몇 명 되지 않는 교회라도 부임하여 목회할 준비가 되어 있었다. 왜냐하면 그들은 목회를 직업이 아니라 영혼구원을 위한 구령사업으로 보았기 때문이다.[19] 침례교인들은 전통적으로 목회는 소명을 받은 사람이 해야 하는 일로 믿었다. 소명의식이 강했던 침례교 목사들은 열악한 환경에서도 열정적으로 목회에 임할 수 있었다.

침례교 목사들은 감리교 순회전도자들처럼 서부지역이 개척될 때, 고난을 무릅쓰고 미지의 세계로 복음을 들고 서슴없이 나아갔다. 그들은 사람들이 있는 곳에서는 어디에서나 설교하고 전도지를 배포하였다. 이들의 단순한 메시지는 특히 서민층으로부터 적극적인 반응을 얻게 되었다.[20] 19세기 초에 도덕적인 불모지요 신앙적인 바탕이 없었던 변방지역에서 복음을 전한 사람들은 침례교인이거나 감리교인이었다. 회중교, 성공회, 장로교 목사들은 충분한 급여를 받고 안정된 목회를 하고 있었기 때문에 변방의 개척지로 나아가는 것을 꺼려했다. 만일 그러한 사역을 한다면 국내선교회 같은 기관에서 반드시 추가적으로 보조금을 지원해 주어야 한다고 생각했다.[21] 그러나 침례교 목사들은 그런 조건을 생각지 않고 어디든 복음을 들고 나아갔다.

침례교 설교자들은 대체로 전통적으로 이어온 칼빈주의 신학을 유지하였지만, 각성운동의 영향으로 회개하고 복음을 받아들여야 하는 것은 개인의 책임이라는 점도 강조하였다. 그들의 설교에서 죄, 구원, 지옥 등과 같은 주제는 거의 빠지지 않았다. 대다수 침례교 설교자들은 평범한 보통 사람들이었기 때문에 그들의 설교는 같은 계층의 보통 사람들에게 훨씬 감성적으로 다가갈 수 있었다. 반면에 주류 교단 목사들의 설교는 지적이고 교양 있는 메시지였지만, 죄, 구속, 천국, 지옥 등과 같은 주제들을 별로 다루지 않았다. 이들의 학자적인 설교는 영적인 영향과 감정적인 호소를 일으키지 못했다.[22] 침례교회의 약진은 농촌과 변방지역에만 한정되지 않았다. 심지어 뉴잉글랜드에서도 주류 교단들은 침례교회의 공격적인 활동에 속수무책으로 당했다. 1850년 메인 주의 천 명의 기독교 신자 중 침례교인 89명, 감리교인 58명, 회중교인 48명, 장로교인 3명, 성공회교인 2명의 분포를 보였다. 이것은 뉴잉글랜드에서 침례교회가 엄청나게 약진하였음을 보여주는 예이다.[23] 한 때 메인에서 국가교회의 지위를 가지고 있던 회중교회가 1세기 만에 침례교 교세의 절반 수준에 머문 것은 시사하는 바가 적지 않다.

4. 지방회와 선교협회의 전도활동

침례교 설교자들은 개인적으로 변방지역으로 가서 전도하고 교회를 개척하는 경우도 꽤 있었지만, 지방회 차원에서 파송 받아 그러한 사역을 하는 경우가 많았다. 18세기 후반부터 지방회들은 변방지역 선교에 관심을 쏟았다. 필라델피아 지방회는 1771년에 남부지역의 복음화를 위해 꽤 많은 "전도자"들을 임명하였으며, 버몬트의 샤프츠버리 지방회 역시 1802년에 국내선교를 담당할 위원회를 조직했다. 이러한 노력은 커다란 성과를 이루어냈는데, 독립전쟁 전에 미국 침례교인들의 수는 1만 명이 채 되지 못했으나 18세기 말에는 10만 명을 넘어서게 되었다. 국내선교는 수적 증가와 더불어 교단의식을 강화시키는 효과도 있었다.[24] 1800년에 일어난 켄터키 엘콘 지방회의 부흥은 노스캐롤라이나의 샌디크릭 지방회와 케후키 지방회에 긍정적인 영향을 끼쳤다. 케후키 지방회의 가장 영향력 있는 르뮤얼 벌키트(Lemuel Burkitt) 목사는 1801년에 켄터키를 방문하고 돌아와, 지방회 모임 때 켄터키의 부흥에 관해 보고하였다. 이에 자극받은 케후키 지방회는 부흥회 유치와 전도자 파송에 적극 임하기로 하였다.[25]

19세기 초에는 지방회와 관계없이 독립적인 선교협회들이 조직되기 시작하였다. 이러한 협회들은 보다 실용적인 입장을 취했다. 예를 들면, 중부와 북부 지역의 인디언들과 개척지의 사람들을 복음화 하는 것을 목표로 1802년에 설립된 매사추세츠 침례교 국내선교회(Massachusetts Baptist Domestic Missionary Society)는 협회의 회원이 되는 조건으로 교단에 상관없이 매년 1달러의 헌금을 내는 사람이면 되었다. 그리고 12명으로 구성된 이사진 가운데 4명은 침례교인이 아니어야 했다. 협회는 어떤 한 교리나 신학을 표준으로 삼으려하지 않았고, 가급적 교권주의를 피하려 했다. 이 협회의 주요 목적은 중부와 북부 지역의 인디언들과 개척자들을 복음화 하는 것이었다.[26]

이민자들이 계속 들어오는 상황에서 협회 중심의 선교는 훨씬 더 활성화되었다. 다양한 이민자들에 대한 선교는 아마도 지방회 중심의 선교보다 협회방식의 선교가 더 효율적이었던 것으로 보인다. 1804년에 메인침례교선교협회(Maine Baptist Missionary Society)가 만들어졌고, 그 후 수 년 동안 여러 주에서 유사한 협회들이 창설되었다. 1806년과 1807년에는 뉴욕에서, 1809년에는 코네티컷에서, 1811년에는 뉴저지에서 새로운 협회들이 세워졌다. 협회방식은 영국 침례교인들로부터 배운 것이었다. 그것은 지방회나 총회에 권력이 집중되는 것을 매우 싫어하였던 미국 침례교인들에게 적합한 방식이었다.[27]

협회방식의 선교는 개신교 교단들 간의 협력을 보다 용이하게 만들었다. 이러한 현상은 19세기 초반에 나타났는데, 그것은 특별히 가톨릭의 급격한 유입에 대한 공동대처의 필요성 때문이었다. 최초의 초교파적 자원선교조직은 1796년 9월 21일에 설립된 뉴욕선교협회(New York Missionary Society)였는데, 이 협회에는 장로교회, 연합개혁교회, 화란개혁교회, 침례교회 등이 참여하였다. 본 협회의 주 목적은 인디언 선교였지만, 가톨릭 견제와 같은 개신교단들의 공통적인 이익을 위해서도 함께 협력하였다.[28]

19세기 초반에 미국 침례교회는 전례가 없을 정도로 폭발적인 성장을 이루었다. 미국과 캐나다를 방문한 영국 침례교 대표단의 1836년도 보고서에 의하면, "침례교 외에 미합중국 전역에 일반적으로 교회가 유포되어진 다른 교단은 없었다." 라는 언급이 있다. 즉 침례교회는 19세기 전반에 미국 전 지역에 퍼져있는 유일한 교단이었던 것이다. 1844년도 미국 침례교 교세는 720,046명의 교인, 9,385개 교회, 6,364명의 목회자로 구성되었다. 이것은 30년 동안 360%의 성장을 이룬 것이었다. 같은 기간 미국의 인구 증가율은 140%에 불과했다.[29]

해외선교와 3년 연례총회

침례교회는 18세기 후반부터 전국교회들이 참여하는 교단적인 기구를 만들고자 하였다. 이러한 총회 조직화는 여러 번 시도되었다. 예를 들면, 1770년대 필라델피아 지방회가 전국 규모의 모임으로 성격을 확대하려한 시도, 1794년에 벤엘 지방회가 남부 전체 침례교회들을 망라하는 조직을 만들려는 노력, 그리고 1802년에 필라델피아 지방회가 전국 지방회로부터 오는 서신과 요청을 검토하고 조정하기 위한 통신위원회의 설치를 추진하는 것 등은 침례교인들이 지방회를 넘어서는 전국적 규모의 단체의 필요에 대한 공감대가 확대되고 있음을 보여준다.[30]

교단 기구의 설립 움직임은 국교회 체제가 폐지되고 자원주의가 발흥하면서 나타났다. 국교회 체제에서는 재정의 사용이 법으로 제도화 되어 있었지만, 개교회들이 독자적으로 운영하는 자원주의 체제에서는 모아진 헌금을 효율적으로 사용하고, 선교나 교육과 같이 큰 사업을 감당하기 위해 구심적인 역할을 하는 기구가 필요하였던 것이다. 미국 개신교단들은 18세기 말에서 19세기 초반 사이에 전국적 규모로 조직화 되었다. 1784년 감리교감독교회(Methodist Episcopal Church), 1789년 프로테스탄트총회(Protestant General Assembly), 1789년 장로교총회(Presbyterian General Assembly), 1793년 미국화란개혁교회(American Dutch Reformed Church), 1820년 루터교회 등이 조직되었다. 로마가톨릭총회는 1791년 볼티모어에서 조직되었다.[31] 이런 상황에서 침례교회가 전국적 규모의 기구를 창설하는 것은 자연스러운 일이라고 할 수 있다.

1. 3년 연례총회의 설립

미국 침례교인들이 전국적 규모의 범 교단적 조직을 만든 것은 해외선교를 위함이었다. 그들은 본격적으로 자체적인 기구를 만들어 해외선교를 하기 이전에 영국 침례교회가 파송한 선교사들을 지원하였다. 보스턴 침례교인들은 윌리엄 캐리, 조슈아 마쉬맨, 윌리엄 워드 등 인도의 세람포레(Serampore) 선교사들에게 1806년에 2,500달러를 헌금했다. 미국 침례교회 전체로는 1806년에서 1814년까지 총 18,000달러를 헌금하였다. 미국 침례교회는 타 교단 선교사들도 도왔는데, 예를 들면, 미국 회중교회가 1810년에 해외선교부를 설립하고 루터 라이스와 아도니람 저드슨 부부를 선교사로 선정하였을 때, 3,000달러를 헌금하고 격려했다.[32]

미국 침례교회가 최초로 설립한 전국적 규모의 범 교단적 기구는 1814년 5월에 세워진 3년 연례총회(Triennial Convention)였다. 총회의 이름이 독특한 이유는 총회모임이 3년에 한 번씩 개최되었기 때문이다. 총회의 설립 배경은 제2차 대각성운동의 영향으로 발생된 대학생들의 영적부흥과 해외선교에 대한 열정이었다. 특히 기독교 대학들은 각성운동의 영향으로 강력한 부흥이 일어났으며, 그것은 기도회, 전도대회, 선교에 대한 관심으로 이어졌다. 대표적인 예로 매사추세츠에 있는 윌리엄스 대학(Williams College) 내 기독학생회가 1808년에 개최했던 건초더미 기도회(Haystack Prayer Meeting)를 들 수 있다. 기도회는 젊은 학생들에게 해외선교에 대한 비전을 갖게 했으며, 아도니람 저드슨(Adoniram Judson)

과 루터 라이스(Luther Rice)가 바로 이 기도회 출신이었다.[33]

윌리엄스대학교 학생 아도니람 저드슨은 1810년 2월에 해외선교사가 되기로 결심하고, 자신의 뜻을 회중교회에 알렸다. 회중교회는 저드슨의 요청을 받아들여 같은 해에 외국선교위원회 미국본부(The American Board of Commissioners for Foreign Missions)를 세웠다. 저든슨의 결단이 회중교회 해외선교부를 만들게 하였던 것이다. 선교부는 저드슨을 해외선교사로 임명하였다. 저드슨은 선교 예정지인 인도로 가기 직전에 앤 해즐타인(Ann Hasseltine)과 1812년 2월 5일 결혼하였다.[34]

저드슨 부부는 1812년 2월 19일 인도로 향하는 배에 올랐다. 저드슨은 항해 중에 인도에 가게 되면 그곳에서 먼저 사역하고 있는 영국 침례교 선교사 윌리엄 캐리를 만나게 될 것을 예상했다. 그는 캐리와의 대화를 위해 침례교인들이 믿는 신자의 침례에 대해 연구하기 시작했다. 저드슨은 헬라어 신약성경을 공부하면서 신자의 침례가 성서적인 침례임을 발견하게 되었다. 유아세례는 원래 성경적인 행습이 아니라는 것도 알게 되었다. 오랜 고민 끝에 저드슨은 침례교인이 되기로 결심하였고, 부인인 앤에게 자신의 뜻을 밝혔다. 앤은 회중교회에서 자신들을 파송한 것을 말하며 남편의 제안에 대해 반대했다. 그러나 저드슨의 결심이 워낙 단호하여 앤도 함께 침례교인이 되기로 결심했다. 둘은 인도 캘커타(Calcutta)에서 윌리엄 워드(William Ward)에게서 침례를 받았다.[35] 당시에 앤은 부모에게 다음과 같은 편지를 보냈다: "우리 둘은 확고한 침례교인이 되었습니다. 그것은 우리가 원해서가 아니라, 진리가 우리로 하여금 그렇게 되도록 하였기 때문입니다."[36]

또 다른 윌리엄스대학의 학생 루터 라이스 역시 저드슨과 같은 경로를 밟았다. 그는 저드슨과 다른 배로 인도로 갔지만, 저드슨과 비슷한 과정을 겪었고 침례교 신앙으로 개종하였다. 저드슨 부부와 라이스는 회중교회 해외선교부에 자신들의 변화를 알리고 사표를 제출하였다. 이들은 미국의 침례교인들에게 자신들의 상황을 알릴 필요가 있다고 판단하였다. 그런데 당시 라이스는 미혼이었으므로 그가 미국으로 돌아가 그 일을 하기로 결정하였다. 저드슨 부부는 버마(미얀마)로 선교하러 갔다. 라이스는 미국에서 일을 마치고 곧장 선교지로 돌아올 것을 저드슨에게 약속하였지만, 그것을 지키지 않고 미국에서 일생을 지냈다.

저드슨은 라이스가 오지 않자, 크게 실망하고 라이스에 대해 오랜 기간 냉랭한 태도로 대했다.[37]

라이스는 미국으로 돌아와 침례교인들에게 그간의 사정을 설명하고 도움을 요청하였다. 다행이 미국 침례교회는 해외선교 사업에 대한 열정이 무르익고 있던 때였다. 보스턴 침례교인들은 이미 "인도와 기타 해외지역 복음전도를 위한 침례교 협회"(The Baptist Society for the Propagation of the Gospel in India and Other Foreign Parts)를 설립한 상태였다. 라이스는 보스턴의 토머스 볼드윈(Thomas Baldwin) 목사의 후원으로, 중부와 남부를 여행하면서 해외선교에 대해 설명할 수 있었다. 많은 주에서 긍정적인 반응을 보였다. 1813년이 끝나기도 전에 적어도 17개 이상의 지방회들이 해외선교사업에 동참하기로 합의하였다.[38] 해외선교를 지원하기 위한 범 교단적 기구의 설립 문제를 의논하기 위해 전국의 지방회 대표들이 1814년 5월 18일에 필라델피아 제일침례교회에 모였다. 33명의 대표들은 "해외선교를 위한 미국 침례교단의 일반선교총회"(The General Missionary Convention of the Baptist Denomination in the United States for Foreign Missions)를 설립했다. 이 모임은 일반적으로 "총회"라고 불렸고, 혹은 3년 연례총회라고도 불렸다.[39]

33명의 대표 중에서 남부에서 온 사람들은 9명에 불과했지만, 사우스캐롤라이나 주 찰스턴제일침례교회 목사인 리처드 퍼먼(Richard Furman)이 회장으로 당선되었고, 보스턴 제이침례교회의 토머스 볼드윈 목사가 총무(Secretary)로 선출되었다. 헌장에 각 주 선교협회가 파송할 수 있는 대의원 수를 2명까지로 제한하는 규정을 두었다. 총회에서 선출된 21명의 실무진은 "미국 침례교 해외선교부"(The Baptist Board of Foreign Missions for the United States)를 구성하였다. 1814년 5월 24일에 열린 해외선교부 회의에서 총회 총무인 볼드윈이 부장으로 선출되었고, 총무는 필라델피아의 윌리엄 스타우톤이 맡게 되었다.[40] 다음 날 5월 25일에 루터 라이스가 모금활동에 대해 보고하였다. 라이스는 저드슨 부부와 함께 해외선교부의 선교사로 선임되었지만, 미국에 남아 진행하던 사업을 계속하길 원했고, 그것은 받아들여졌다. 저드슨 부부는 버마 선교사로 선임되었으며, 선교본부는 필라델피아에 두도록 결정했다.[41]

2. 3년 연례총회의 조직 및 운영방식

3년 연례총회의 조직과 운영방식을 놓고 대표자들 간에 의견의 차이가 있었다. 북부에서 온 대표들은 교회와 직접적인 연관 관계가 적은 협회방식을 원했고, 반면에 남부의 대표들은 총회방식을 원했다. 총회방식은 교단본부가 사역과 활동의 주도권을 가지는 형태로, 회원의 기초 단위는 지역교회이다. 즉 지역교회가 사자나 대표를 파송하여 총회를 구성하고, 지역교회들이 헌금을 모아 개교회가 감당할 수 없는 사역들, 예를 들면 국내외선교, 주일학교 교제출판, 기독교교육 등의 일을 총회가 하도록 하는 것이다. 이 체제의 장점은 큰 규모의 일도 해낼 수 있고, 중앙집권적 체제이므로 교단에 대한 충성심과 정체성을 강화시키는 장점이 있다. 협회는 회원의 기본 단위가 개인이며, 회원권은 주로 금전적인 공헌에 의해서 결정되어진다. 협회는 개인들의 자발적인 참여에 의해 구성되므로 교회와 아무런 공식적인 관계를 가질 필요가 없다. 즉 지역교회의 회원만이 협회의 회원자격을 갖게 되는 것은 아니다. 이 체제의 장점은 조직이 간단하고, 교단적인 체계와 운영이 불필요하며, 개교회의 자치를 보장할 수 있고, 회원의 헌신이 강화된다는 점 등을 들 수 있다.[42]

북부 침례교회들은 개교회의 자치와 독립을 매우 소중히 여기는 영국 특수침례교회 전통이 강하였기 때문에 협회방식을 선호했고, 남부 침례교회들은 교회들의 연합에 큰 부담이 없는 영국 일반침례교회의 전통을 가지고 있었으므로 총회체제를 좋아했다. 리처드 퍼먼과 윌리엄 존슨(William Bullein Johnson) 같은 남부 출신의 지도자들은 선교사업을 적극적으로 펼치기 위해서는 교단적인 기구가 바람직하다고 주장했다. 하지만 브라운대학교 총장 프란시스 웨일랜드(Francis Wayland)는 지역교회의 자치권을 보호하기 위해서는 협회방식 더 좋다고 주장했다. 웨일랜드의 주장이 대세를 장악하였고, 결국 3년 연례총회는 협회방식으로 운영하는 것으로 결정 났다. 중앙집권화를 반대하여 온 뉴잉글랜드 침례교인들의 주장이 많이 반영되었던 것이다.[43]

두 번째 총회는 1817년 5월 7일, 필라델피아의 샌선 가 침례교회(Sanson Street Baptist Church)에서 개최되었으며, 총회장으로는 퍼먼이 재선되었다. 퍼먼은 총회가 교단의 모든 사역을 총괄하는 방식으로 조직을 재편하려는 시도를 했지만, 여전히 북부지역 대표들의 반대로 실패하게 되었다. 퍼먼은 1820년도 세 번째 총회를 끝으로 3년 연례총회에 관심을 갖지 않게 되었고, 대신 남부 교회들에 대한 사역에 집중하였다.[44] 3년 연례총회가 실질적으로는 협회방식으로 운영되었지만, 어느 정도 총회방식도 함께 포함되어 있는 절충형식이었다. 우선 명칭 자체도 협회가 아니라 총회라는 단어를 사용하였다. 게다가 퍼먼과 같이 남부의 대표자들은 계속 총회체제로 나아가려는 시도를 하였다. 협회방식에 대해 확신을 갖고 있는 북부 교회들의 입장에서 볼 때는 불만족스럽고 우려되는 상황이었다. 당시 남부의 교회들보다 여러 면에서 우위에 있던 북부 교회들은 확고한 협회전통을 세우려했다.

협회주의자들이 제시한 논리는 총회체제는 전통적인 침례교 교회론에 맞지 않다는 것이었다. 프란시스 웨일랜드는 "교회의 완전한 독립"을 거론하면서 "나는 어떻게 교회가 대표를 파견할 수 있는지 모르겠다"고 하였다. 남부에서도 지계석주의자들이 웨일랜드와 유사한 견해를 주장하였으며, 몇몇 반선교주의 침례교인들도 같은 입장이었다.[45] 즉 웨일랜드를 비롯한 총회체제를 거부하는 사람들은 개교회의 자치를 극대화하여 성서적인 의미에서 조직체는 오직 개교회만 인정할 수 있는 것이며, 그 이상의 단체는 자발적인 참여자들에 의해 운영되어야 한다는 것이었다. 완전한 그리스도의 몸은 오직 개별 교회이며, 따라서 교회가 대표자를 파송해 기구를 설립하고, 그 기구에 의해 통제받는 것은 비성서적이며, 침례교 전통에도 위배된다는 논리였다.

협회방식의 강화는 교단 운영의 주도권과도 관련이 있었다. 시간이 흐를수록 침례교 인구는 남부와 서부에서 많아졌고, 루터 라이스의 활발한 활동으로 교단위원회, 신학교, 신문, 출판사업 등과 같은 교단의 여러 기관들에 교단의 재정과 노력이 집중되었다. 북부 침례교인들은 남서부 지역보다 성장률이 적었기 때문에 교인 숫자 면에서도 약화되고 있는 모습을 보게 되었다. 그들은 교단의 주도권에서 밀려날 것을 우려하였다. 그 때 마침 총회방식을 찬성하며 교단의 각 기관을 총회체제 방향으로 이끌어간 루터 라이스가 여러 건의 사업에 실패를 하게 되었다. 이것은 협회주의자들에게 좋은 명분이 되었다. 결국 1826년도 제4차 3년 연례총회에서는 교단의 기구들을 보다 협회방식으로 운영할 것을 결의하였다. 남북 침례교인들 간에 교단 조직과 운영 방식에 대한 불일치는 계속적인 협

동을 거의 불가능하게 만들었다. 그것은 훗날 발생할 교단분열의 전조였다.[46]

3. 해외선교

미국 침례교회가 공식적으로 지원한 최초의 선교지는 버마였다. 침례교인들은 버마에서 선교 중인 아도니람 저드슨 부부를 적극 지원하였다. 저드슨이 1816년에 버마어로 번역한 마태복음과 전도지를 인쇄하기 위해 인쇄공과 인쇄기의 지원을 요청하자 총회는 곧장 조지 휴우(George H. Hough) 목사 부부를 파송하여 돕도록 했다. 저드슨이 총회에 선교지역을 버마뿐만 아니라 태국, 인도차이나, 중국, 일본 등지로 확대하려는 계획을 알리자, 총회는 제임스 콜만(James Colman) 목사 부부와 에드워드 휠락(Edward W. Wheelock) 목사를 선교사로 파송했다. 이들은 1818년 9월에 랑군(Rangoon)에 도착했다. 얼마 후 불교에서 개종한 3명의 신자로 랑군에 침례교회를 세울 수 있었다. 콜만 부부는 1819년에 치타공(Chittagong)에서 선교를 시작하였다.[47]

저드슨의 아내 앤이 건강 악화로 인해 1821년 8월에 미국으로 돌아갔다. 그녀의 미국 체류는 버마 선교에 대한 관심을 더욱 크게 불러일으켰다. 앤이 미국에 있는 동안 조나단 프라이스(Dr. Jonathan Price) 의료선교사가 버마로 가서, 저드슨과 함께 사역했다. 버마 국왕은 프라이스의 의료기술에 대한 소문을 듣고 그를 왕실로 초대했는데, 왕실과의 친분은 선교에 중요한 문제여서 저드슨과 프라이스는 즉각 왕실로 갔다. 앤은 버마 선교사로 임명된 조나단 웨이드(Jonathan Wade) 목사 부부와 함께 1823년에 버마로 돌아왔다. 그 즈음에 저드슨은 신약성서 전체를 버마어로 번역했고, 랑군 교회는 선교사들을 포함해 18명의 교인이 있었다.[48]

버마 선교는 순조롭게 진행되다가 영국과 버마와의 전쟁으로 커다란 어려움에 봉착하게 되었다. 웨이드와 휴우는 인도로 피신 갔고, 저드슨과 프라이스는 감옥에 갇혔다. 앤은 감옥에 있는 남편과 프라이스에게 음식과 의약품을 전달하기 위해 많은 노력을 기울였다. 선교사들은 1826년에 석방되었지만, 앤은 얼마 안가 세상을 떠났다. 전쟁이 끝난 후 저드슨과 웨이드 부부는 영국군이 점령하고 있는 암허스트에 머물렀으며, 프라이스와 휴우는 선교사직을 그만 두고 버마 주

재 미국 정부의 관료가 되었다.[49]

아프리카 선교는 1819년에 흑인 침례교회들이 만든 "흑인 침례교 선교협회"가 라이베리아로 두 명의 흑인 선교사를 파송하는 일에 재정적으로 협조하는 일로 시작했다. 또한 1824년에 워터빌대학 출신의 캘빈 홀톤(Calvin Holton)을 아프리카의 최초 백인 선교사로 파송하였다. 홀톤은 라이베리아에 한 개의 학교와 교회를 설립하였다.[50] 해외선교는 미국 침례교회들의 연합에 활력을 심어주었다. 1832년도 3년 연례총회는 전 총회의 참석인원 72명보다 훨씬 많은 122명의 대의원이 참석하였다. 1832년 총회에서는 프랑스, 독일, 그리스에 대한 선교방법을 논의하였다. 프랑스 선교는 1833년부터 시작되었다. 독일에서는 온켄이 주도하여 침례교 사역을 진행하였다. 독일 침례교인들은 덴마크, 스웨덴, 노르웨이, 러시아 등의 나라에 선교사역을 감당했다.[51]

1835년에 열린 3년 연례총회는 해외선교의 성과로 인해 분위기가 고조되었다. 버마에서는 성경 전체가 버마어로 번역되었으며, 토착선교협회가 1833년에 창설되어 2명의 사역자를 파송하였다는 보고가 낭독되었다. 총회는 최초의 여자 선교사인 새라 커밍스(Sarah Cummings)를 버마 선교사로 파송하였다. 1835년에 버마에는 25명의 선교사, 21명의 현지인 사역자, 그리고 600여명의 교인이 있었다. 선교지역도 확장되었는데, 태국, 해이티(Haiti), 프랑스 등에서도 선교사들이 활동하고 있었다.[52] 해외선교의 성과는 침례교회의 신앙생활 전반에 활력을 불어넣었다. 선교를 위해 큰 비용이 들어갔지만, 그에 상응하는 헌금이 계속 들어왔다. 그리고 관련협회나 선교잡지 그리고 교육기관들에 대한 기금도 증가하였다. 이러한 긍정적인 결과는 반선교주의 운동을 크게 약화시켰다.[53] 미국 침례교회는 1838년에 이르러 69개의 선교처소, 98명의 선교사, 70명의 현지인 사역자가, 38개의 토착교회를 보유하게 되었다. 또한 50개의 학교와 5개의 인쇄소, 그리고 15개 언어로 번역된 성경과 기독교 서적을 보유할 수 있었다.[54] 1844년까지는 총 111명의 외국선교사가 있었다.[55]

주총회들

　전국 총회가 조직되고 난 이후, 남부의 여러 주들에서는 주총회(state convention)가 설립되었다. 제일 처음 주총회를 설립한 곳은 사우스캐롤라이나였는데, 그곳의 대표자들은 1819년에 주총회를 설립하기로 결의하고, 리처드 퍼먼, 존 로버츠(John Roberts), 조셉 쿠크(Joseph B. Cook) 등의 사람들도 준비위원회를 구성하였다. 위원회의 활동은 성공적이어서 1821년 12월 4일에 3개의 지방회가 연합하여 사우스캐롤라이나 주총회를 설립하였다. 초대 회장으로 퍼먼이 선출되었다. 퍼먼의 총회체제에 대한 철학은 남부에서 쉽게 공유되었다. 다음해인 1822년에는 조지아 주총회가 세워졌다.[56] 1823년 6월에는 버지니아 침례교 총 연합회(General Association of Baptists in Virginia)가, 1823년 10월에는 앨라배마 침례교 주총회(Baptist State Convention of Alabama)가 각각 세워졌다. 노스캐롤라이나 주총회는 1830년에 조직되었고, 미주리 침례교총회(Missouri Baptist Convention)는 1834년에 설립되었다. 메릴랜드는 1836년 10월에, 미시시피는 1836년 12월에, 켄터키는 1837년 10월에 각각 주총회를 설립했다.[57]

리처드 퍼먼

　미국 침례교회의 교단 조직과 관련해 리처드 퍼먼(Richard Furman, 1755-1825)은 혁혁한 공헌을 했다. 최초의 총회적 기구인 3년 연례총회의 초대 회장으로, 미국 침례교 최초 주총회의 초대 회장으로 침례교회들을 연합시키는 일에 탁월한 리더십을 보여주었다. 그는 1755년 10월 9일 우드 퍼먼(Wood Furman)과 레이첼 브로드헤드(Rachel Broadhead)의 아들로 뉴욕 주 이소퍼스

| 리처드 퍼먼

(Esopus)에서 태어났다. 퍼먼은 청교도 분리주의 집안 전통을 배경으로 하였다. 그의 부계 조상들은 영국 크롬웰 군대에 참여하였고, 존 윈쓰롭(John Winthrop)과 함께 미국으로 건너온 사람들이었다. 퍼먼이 태어난 지 몇 개월이 되지 않았

을 때, 가족은 사우스캐롤라이나 하이힐즈(High Hills)로 이사했다. 그러나 가족은 정착지를 분명하게 정하지 못하고 여러 곳을 전전하다가 결국 하이힐즈로 되돌아 왔으며, 그러한 이유로 퍼먼은 초등학교 시절에 학교교육을 제대로 받을 수 없었다. 하지만 학교 교사 경험이 있는 아버지와 경건한 어머니, 그리고 가정교사로부터 훌륭한 교육을 받았다. 그리고 무엇보다도 본인의 향학열이 높았다.[58]

하이힐즈에서는 조셉 리스(Joseph Reese)가 분리파 침례교회의 부흥을 이끌고 있었다. 퍼먼 가족은 1771년 하반기부터 리스가 인도하는 예배에 출석했다. 리스 목사의 설교는 퍼먼이 성공회 신자에서 침례교인으로 전향하는 계기가 되었다. 퍼먼과 어머니는 1771년 어느 날 그에게서 침례를 받았다. 퍼먼은 1774년 5월부터 2년 동안 하이힐즈 교회에서 설교하였으며, 1775년 5월에 조셉 리스 목사와 에반 푸(Evan Pugh) 목사로부터 목사안수를 받았다. 그리고 그 해 11월에 엘리자베스 헤인즈워스(Elizabeth Haynsworth)와 결혼하고, 하이힐즈 침례교회의 담임목사가 되었다.[59]

퍼먼은 하이힐즈에서 1774년부터 1787년까지 13년 동안 목회하면서, 주변 지역의 순회부흥집회도 병행하였다. 목회와 부흥회는 크게 성공하였고 그는 점점 유명해졌다. 그는 당시 유명한 침례교 지도자인 찰스턴의 올리버 하트(Oliver Hart), 뉴욕의 존 개노(John Gano) 등과 친분을 갖게 되었다. 퍼먼은 분리침례교회인 하이힐즈 교회를 1778년에 정규침례교 전통의 지방회인 찰스턴지방회에 가입하도록 유도하였다. 퍼먼은 독립전쟁이 발발하자, 독립에 찬성하고 정교분리와 종교의 자유를 주장하였다. 그는 1780년 8월에 전쟁을 피해 북쪽으로 피신하였으며, 독립군이 승리한 이후인 1782년 가을에 하이힐즈로 다시 돌아왔다. 그런데 수년 후 아내가 세 자녀를 남기고 1787년 6월 15일에 세상을 떠났다.[60]

바로 그 즈음에 찰스턴 제일침례교회로부터 담임목사로 초청을 받았고, 퍼먼은 1787년 11월부터 목회를 시작했다. 찰스턴교회는 그의 목회로 인해 크게 부흥하게 되었다. 그가 부임할 때, 152명이었던 교인이 그가 세상을 떠났던 1825에는 780명으로 늘어나 있었다. 찰스턴교회는 당시 남부에서 가장 큰 침례교회였다. 퍼먼은 교단 사역에도 엄청난 공헌을 하였는데, 25년 이상을 찰스턴 지방회 회장을 역임했고, 1814년에는 미국 침례교회의 최초 총회인 3년 연례총회의 초대 회장으로 선출되고, 1817년에는 연임에 성공하였다. 그는 1821년에 사우스캐

롤라이나 주 총회를 설립하는 일에 지도력을 발휘했고, 4년 동안 주 총회 회장으로 봉사했다.[61]

퍼먼은 정치에도 참여하였다. 그는 1790년에 사우스캐롤라이나 주정부 헌법 기초위원으로 위촉되었고, 그 직책을 통해 사우스캐롤라이나에 종교의 자유가 확고히 정착되도록 하였다. 퍼먼은 독립전쟁에 적극 가담하여 혁명정부로부터 신임을 받았고, 1800년 2월 22일에 미국독립혁명협회(American Revolution Society)에서 설교할 수 있었다. 로드아일랜드 대학은 그에게 1800년에 명예신학 박사를 수여했고, 1808년에 사우스캐롤라이나 대학도 같은 학위를 수여했다.[62]

퍼먼의 가장 빛나는 업적은 교육사업이었다. 그는 일찍이 1785년도 찰스턴 지방회에서 교육사업의 필요성을 역설하고, 1790년에 기금 조성을 위한 위원회 설립을 주도하였다. 퍼먼은 죽을 때까지 35년 동안 위원회 의장직을 감당하였다. 그가 세상을 떠날 즈음에 20명의 신학생들이 교육비와 도서비를 지원받으며 학업을 이어나가고 있었다. 그의 이름을 딴, 퍼먼 아카데미와 신학교(Furman Academy and Theological Institution)는 그가 세상을 떠난 1년 뒤인 1826년에 세워졌다. 이 학교는 1851년에 퍼먼대학교(Furman University)가 되었고, 오늘날까지 남부의 유수한 침례교 종합대학교로 남아있다.[63]

출판·문서사역과 침례교문서협회

미국 침례교회에서 주일학교(Sunday School)는 18세기 후반에 일부 교회에서 운영되다가, 1791년에 뉴잉글랜드와 중부지역에서 동시다발적으로 시작되었다. 초기 주일학교들은 종교교육뿐만 아니라 세속교육도 함께 하였고 선생들은 보수를 받았다. 특히 남부의 많은 일반학교들이 남북전쟁으로 폐쇄되었기 때문에, 사람들은 자녀교육을 주일학교에 의존하게 되었다. 남부에서 이러한 형태의 주일학교를 운영하고 있는 교단은 침례교가 거의 유일하였으며, 타교단들로부터도 지지와 후원을 받을 수 있었다.[64]

전적으로 종교교육만을 실시한 주일학교로는 1804년 볼티모어 제이침례교회가 시작했고, 그 이후 다른 교회들도 그렇게 하였다. 1824년에는 초교파 단체인 미국주일학교연맹(American Sunday School)이 설립되었고, 1825년경에 이르러 주일학교는 미국에서 보편적인 제도가 되었다. 주일학교는 종종 교회의 개척을 유발하였는데, 서부 개척지역에서 특히 그러했다. 침례교회는 전도와 교육을 위해 주일학교를 매우 유용하게 활용하였다.[65]

주일학교가 활성화되면서 성경공부교제와 수업도구들의 필요성이 증대되었고, 이러한 필요에 부응하는 협회가 1824년에 만들어졌다. 미국 침례교회에서 두 번째로 만들어진 전국적 단위의 기구인 침례교문서협회(Baptist General Tract Society)는 1824년 2월 15일 워싱턴 D. C.에서 창립되었다. 협회의 창립자 노아 데이비스(Noah Davis)는 새뮤얼 코넬리우스(Samuel Cornelius) 라는 사람이 모자에 전도책자를 가득 담고 가다가 그것들을 땅 바닥에 떨어뜨리는 광경을 보고 협회의 설립을 생각하게 되었다. 데이비스는 자기의 친구이자,「미국의 별」(Columbian Star)이라는 잡지의 편집자인 제임스 노웰스(James D. Knowles)에게 편지를 써서 자신의 뜻을 밝혔다. 노웰스는 잡지를 통해 사람들을 모았는데, 18명의 남자와 7명의 여자가 참여하였다. 이들은 침례교문서협회를 정식으로 구성하였으며, 그 모임에 참석한 루터 라이스가 축복기도를 하였다. 협회헌장은 협회의 목적을 "오직 소책자를 퍼트려서 복음적 진리를 전파하고, 건전한 도덕을 주입시키는 데 있다"고 하였다.[66]

협회의 초대 회장은 오바디아 브라운(Dr. Obadiah B. Brown) 박사가 선출되었고, 재무는 루터 라이스였으며, 총무는 조지 우드(George Wood)였다. 협회는 1826년 11월 14일에 본부를 워싱턴에서 필라델피아로 옮기기로 결정했다.[67] 문서협회는 1827년 7월에 최초의 간행물인 「침례교 전도지 매거진」(The Baptist Tract Magazine)을 발간하였다. 첫 해에 373달러의 헌금을 모아서 19종류의 4-12 페이지 정도의 소책자를 발간하였다. 1830년에는 거의 140만개의 소책자들을 발간하게 되었다. 문서협회는 1840년에 미국침례교 출판 및 주일학교협회 (American Baptist Publication and Sunday School Society)로 개칭하고 교단의 출판을 총괄하는 기구로 발전하게 되었다. 기구의 개편은 주일학교 책자의 중요성이 증대된 것을 보여준다.[68]

독일 침례교 선구자인 요한 옹켄(Johann G. Oncken)이 협회에 독일어 책자의 필요성을 제기하자, 문서협회는 1840년부터 프랑스어와 독일어로 번역된 소책자들을 출판하기 시작하였다. 협회는 1840-1850년대에 성경과 전도지를 판매하는 권서선교사를 고용하였다. 이들은 외딴 곳에 살고 있는 외로운 침례교인들을 방문하고, 목사가 없는 교회의 예배를 인도하며 주일학교를 설립하는 사명을 갖고 있었다. 이들 서적 행상 선교사들은 주일학교 확대와 교회 개척에 큰 공로를 세웠다.[69] 문서협회는 미국 침례교인들을 하나로 묶는데 큰 역할을 했다. 광범위한 국토에 흩어져 있는 교회들에게 침례교회의 공통적인 신학이나 행습을 갖도록 해주었다. 1845년에 미국 침례교회가 남북으로 분열되었지만, 문서협회는 분열되지 않고 그대로 남아있었다. 남부 침례교인들은 1890년 후반까지 본 협회를 후원하였다.[70]

국내선교

미국 침례교회는 처음부터 국내선교에 적극적이었다. 로저 윌리엄스는 1630년대에 인디언들에게 복음을 전했고, 헤제카이어 스미스는 1700년대에 순회설교자로 활약하였다. 스미스 이후 많은 침례교 목사들은 지역교회에서 목회하면서 동시에 인근지역에 복음을 전하는 순회전도자로 살았다. 또한 지방회들이나 지역의 선교협회들 역시 국내선교에 적극 참여하였다. 필라델피아 지방회와 찰스턴 지방회는 불모지에 전도자들을 파송 하였다. 한편 1802년에 매사추세츠 선교협회가 설립되었고, 곧이어 14개 주에 선교협회들이 조직되었다. 1820-30년대에 생긴 여러 주총회들의 가장 중요한 설립목적도 국내선교였다.[71] 이와 같이 침례교인들은 일부 반선교주의자들을 제외하고 전도하는 일에 열심이었다.

미국침례교 국내선교협회의 창설에 가장 큰 공로자는 회중교회에서 침례교로 전향한 존 매이슨 펙(John Mason Peck)이었다. 펙은 코네티컷 출신으로 18세 때 회심하였다. 그는 뉴욕 캣스킬(Catskill)에서 사역하다가 24세가 되던 1813년에 목사 안수를 받았다. 그가 국내선교사가 된 주된 이유는 루터 라이스의 권고 때문이었다. 펙은 1815년 6월에 라이스의 설교를 듣고 감동을 받아 집으로 저녁식사 초대를 하였다. 그 때 라이스는 펙에게 국내선교 사역에 헌신할 것을 촉구하였다. 결국 펙은 국내선교사로, 라이스는 3년 연례총회가 국내선교를 돕도록 설득하는 일을 맡는 것으로 합의를 하였다. 펙의 가정은 1817년에 세인트루이스 (Saint Louis)로 떠났다. 당시 펙은 건강이 좋지 않은 상태였고 부인과 3명의 자녀들도 있었지만, 28세의 젊은 목사는 가족을 이끌고 작은 마차로 여행을 떠나 128일 만에 도착하였다. 펙은 세인트루이스에서 전도하며 주일학교를 만들기 위해 아이들을 모으고, 인근지역도 전도하였다.[72]

펙의 정열적 사역으로 미주리 침례교 지방회가 조직되었고, 50여개의 학교가 설립되었다. 그는 와바시(Wabash)의 인디언들을 상대로 사역하고 있는 아이작 맥코이(Isaac McCoy)를 지원하기도 했다. 그런데 1820년에 개최된 3년 연례총회는 펙이 미주리 지역의 백인 정착민 선교를 중단하고 포트웨인(Fort Wayne)의 인디언들을 대상으로 선교하도록 결정하였다. 이러한 결정은 총회의 원래 설립 목적인 해외선교에 충실하려는 의도에서 비롯된 것이었다. 즉 국내선교는 3년 연례총회의 사역이 아니므로 해외에 나갈 수 없다면 차라리 인디언 선교를 하라고 권면한 것이다. 그러나 펙은 그 결정을 거부하고 미주리에서 계속 사역했다.[73] 그러자 3년 연례총회는 펙에 대한 지원을 끊었다. 펙은 2년 동안 자활을 위해 최선의 노력을 기울였다. 1년에 설교와 연설을 위해 926마일을 여행하였으며, 7개의 성서협회를 설립하고, 2개의 연약한 지방회를 도왔고, 여러 개의 주일학교도 세웠다. 펙의 사역으로 서부지역의 침례교회들은 굳건하게 자리를 잡게 되었으며, 이와 같은 놀라운 성과를 보고, 1822년 말에 매사추세츠 침례교선교협회가 그에게 주당 5불을 지원하기로 결정하였다.[74]

펙은 1826년에 동부를 방문할 기회가 있었는데, 그 때 매사추세츠 주 우스터 (Worcester)에서 목회하고 있던 조나단 고잉(Jonathan Going)을 만났다. 고잉은 펙의 비전을 공유하게 되었고, 1831년 봄에 미시시피를 방문하게 되었다. 그는 선교지에서 돌아와 곧장 매사추세츠 침례교선교협회에 참석하여 범 교단적인 국내선교협회를 창설하자고 제안했다. 매사추세츠 선교협회는 그의 주장을 받아들이고 그에게 일의 추진을 맡겼다. 고잉은 이에 따라 우스터 제일침례교회의 담임목사직을 그만두고 국내선교협회를 조직하는 일에 전념하였다. 1년이 지난 1832년 4월에 국내선교협회가 뉴욕시의 멀버리 스트릿교회(Mulberry Street Church)에서 창설되었다. 그 당시 동시간대에 뉴욕시의 올리버 스트릿교회에서 열렸던 3년 연례총회는 대의원들이 국내선교협회의 창설모임에 참석할 수 있도록 대회를 연

기하였다.[75]

국내선교협회가 창설된 주요한 배경은 서부에 대한 염려였다. 당시 침례교회의 40%이상은 담임목사가 없었는데, 서부지역은 그 비율이 훨씬 높았다. 또한 북동부 침례교회들은 전임 목회자들이 많이 있었지만, 서부의 목사들 대부분은 이중직을 갖고 있었다. 서부의 신앙적인 황폐함에 대한 동부 교회들의 염려는 국내선교협회가 창립되는 결정적 요인이었다.[76] 국내선교협회는 "북아메리카를 그리스도에게로"(North America for Christ)라는 표어를 채택하고, 임원진을 선임하였다. 초대 회장으로는 매사추세츠 주 의회의원인 헬만 링컨(Herman Lincoln)이, 재무는 비누공장 소유자인 유명한 윌리엄 콜게이트(William Colgate)가, 총무는 조나단 고잉이 각각 선출되었다. 본부는 뉴욕에 설치했다.[77]

한편 남부 침례교회들은 국내선교협회에 별로 참여하지 않았는데, 아마 3가지 이유 때문에 그랬을 것이다. 첫째, 본부가 뉴욕에 있어 모임에 참석하기에 거리가 너무 멀었다. 1830년대에 장거리를 여행하는 것은 쉽지 않았고, 비용도 아주 많이 드는 일이었다. 둘째, 1830년부터는 남부의 여러 주총회나 지방회는 스스로 국내선교 사역을 하였기 때문에 국내선교협회의 도움이 크게 필요치 않았다. 셋째, 1826년 3년 연례총회가 협회체제를 강화시키는 결정을 내린 것이 남부 침례교인들을 화나게 만들었던 것이다.[78] 그러나 국내선교협회의 장단기 선교사들은 전국에 걸쳐 전도하고 교회를 개척했으며, 주일학교, 절제회, 선교회, 지방회 등을 조직하였다. 선교사들은 사역을 위해 끊임없이 여행하였는데, 때로는 한 해에 4,500마일(7,200킬로미터)이나 여행하였다. 승마로, 도보로, 때로는 강을 헤엄쳐 건너면서 오지에 있는 동리와 마을들을 방문하였다. 특히 중부, 서부, 남부의 개척지들에서 영웅적인 선교활동을 벌였다.[79] 1844년까지 국내선교협회는 97명의 선교사와 많은 협력자들을 보유하였고, 551개의 교회들을 개척하였으며, 14,426명에게 침례를 주었다.[80]

교육사업

19세기는 미국 침례교회들이 각 지역별로 혹은 범 교단적으로 교육사업에 보다 많은 관심을 쏟고 학교들을 세우는 시기였다. 필라델피아 지방회는 일찍이 1812년 7월에 중부지역 침례교회에서 목회할 신학생들을 훈련시키기 위한 목적으로 "필라델피아 침례교 교육협회"(Baptist Education Society of Philadelphia)를 설립하였다. 협회는 윌리엄 스타우톤(Dr. William Staughton) 박사를 교수로 임명하여 목회자 후보생들을 가르치도록 했다. 스타우톤은 자신의 집에서 학생들을 기숙시키며 가르쳤다.[81] 목사의 집에서 기숙하며 신학과 목회를 배우는 것은 초기 침례교 신학교육의 전형적인 모습이었다. 그러나 19세기부터는 지방회나 총회, 혹은 지역의 교회들이 연합하여 학교를 세우는 일이 보편적인 모습이 되었다.

1. 콜럼비아대학

콜럼비아대학은 미국 침례교회가 총회차원에서 설립한 최초의 학교였다. 본 대학의 설립은 1814년 3년 연례총회가 창립될 때부터 시작되었다. 3년 연례총회 초대 총회장 리처드 퍼먼은 전국침례교회가 참여하는 총회신학교 설립을 추진토록 하고, 그 일의 추진을 위해 윌리엄 스타우톤 박사와 아이라 체이스(Ira Chase) 목사를 선임하였다.[82] 1817년 제2차 3년 연례총회는 3가지 주요 사항들을 결정하였는데, 즉 수도 워싱턴 D. C.에 대학을 설립하고, 「미국침례교잡지」(The American Baptist Magazine)를 교단 공식 기관지로 인정하며, 국내외 선교사업을 위해 전국 교회들에게 매월 첫 번째 월요일을 선교를 위한 기도일로 지킬 것을 권고하는 것이었다.[83]

학교설립과 관련된 총회의 결정은 루터 라이스의 역할이 절대적이었다. 그는 수도 워싱턴 D. C.에 신학과 일반학문을 함께 가르치는 대학을 세우는 것을 오래전부터 꿈꾸어왔다. 라이스는 선교와 목회를 위해서 교육 받은 목회자가 얼마나 중요한지를 잘 알고 있었으며, 그러한 비전을 1817년 총회 때, 대의원들에게 제시하였고, 그것이 받아들여졌던 것이다. 라이스는 대학설립을 위해 전심전력의 노력을 기울였다. 학교 설립위원회는 1817년 워싱턴에 있는 46에이커의 땅을 샀다. 대외활동을 맡은 자들은 미국, 영국, 유럽을 다니며 기금을 모으고, 책을 수집하였다. 1820년 3년 연례총회는 이러한 활동들을 인정하고 그 해에 5층짜리

건물을 신축하였다. 그리고 총장과 교수 한 명을 고용했다.[84]

대학은 1821년 2월 9일에 미국의회로부터 승인을 받았고, 그 해 가을에 신학부 강의를 시작했다. 그 다음해부터는 일반학문도 열기로 했다. 윌리엄 스타우톤의 집에서 운영되던 학교와 체이스 교수가 운영하던 필라델피아의 작은 학교는 콜럼비아대학의 신학부로 통폐합되었다. 학생들은 예상외로 많이 등록하였다. 하지만 학교운영을 위한 충분한 기금이 확보되지 못하였다. 부채는 쌓여갔지만 교단 지도자들은 이러한 상태에 대해 잘 몰랐다. 체이스 교수는 새로운 침례교 학교 사역을 위해 1825년 매사추세츠 뉴턴센터(Newton Centre)로 초청 받아갔다. 그 학교는 후에 뉴턴신학교가 되었다.[85]

1826년 3년 연례총회는 콜럼비아대학의 부채가 주된 이슈였다. 대학의 막대한 부채는 교단 지도자들을 당혹스럽게 하였다. 많은 사람들은 루터 라이스가 태만했다고 비난하였고, 혹자들은 공금을 부정직하게 사용한 것 아닌지 의심하였다. 남서부의 반선교주의 세력들은 개교회가 아닌 중앙집권적인 기구가 교육을 담당하는 것이 얼마나 위험하고 잘못된 것인지를 보여주는 예라고 하며 맹공을 퍼부었다. 결국 총회는 결국 원래 설립 목적인 외국선교에만 전념하기로 하고 콜럼비아대학과의 모든 관계를 단절하기로 결정했다. 총회는 단지 그 대학이 침례교적인 학교로 남기를 원한다는 희망만을 표현하였다. 라이스는 학교를 정상화시키기 위해 온갖 노력을 기울였지만, 학교재정은 점점 더 어려워졌다. 결국 미국 의회가 대학에 자금을 지원하여 구제하였고, 이름도 조지워싱턴대학교

| 조지워싱턴대학교(George Washington University)

(George Washington University)로 바꾸었다. 본 대학교는 1904년에 침례교회와의 남은 마지막 연결도 끊어졌다.[86]

콜럼비아대학의 실패 원인으로는 다음 몇 가지를 들 수 있다. 첫째, 미국 경제의 악화였다. 1820년대는 미국 경제가 좋지 않았고, 따라서 헌금도 상당히 줄었다. 그런데 대학을 운영하는 것은 많은 돈이 필요한 일이었고, 미국 침례교인들은 그것을 감당할 수 없었다. 둘째, 일부 침례교인들에게는 반 교육주의 정서가 그대로 남아있었다. 그들은 학교사업을 돕기는 커녕 오히려 반대하였다. 셋째, 한 학교에서 세속교육과 신학교육이 함께 이루어지는 것을 모든 침례교인들이 다 찬성한 것은 아니었다. 이들은 학교를 지원하는 일에 적극적이지 않았을 것이다. 넷째, 미국인들의 강한 주립의식(州立意識)이 학교를 돕는 것을 방해하는 요인이 되었다. 다섯째, 많은 침례교인들은 3년 연례총회의 기능이 확대되는 것을 원치 않았다. 즉 학교사업을 총회사업으로 하는 것을 꺼린 사람들이 꽤 많았던 것이다.[87]

2. 뉴잉글랜드

1) 콜비대학교

메인 침례교 교육협회는 1813년에 "메인 인문학 및 신학교"(Maine Literary and Theological Institution)를 설립하고 인가를 받았다. 그러나 학교가 실제적으로 운영된 것은 1818년부터였다. 이 학교는 1820년에 워터빌대학으로 합병되었고, 워터빌대학은 1867년에 콜비대학교(Colby University)가 되었다. 학교명은 보스턴의 부유한 상인이자 학교에 거액을 기부한 가드너 콜비(Gardner Colby)의 이름을 딴 것이었다. 메인 주에 침례교 학교들로는 헤브론학교(Hebron Academy; 1804), 코번고전학교(Coburn Classical Institution; 1829), 홀톤학교(Houlton Academy; 1847) 등이 있었는데, 이들 학교들도 모두 1877년에 콜비대학교에 합병되었다.[88]

2) 뉴턴신학교

뉴턴신학교는 매사추세츠 침례교 교육협회가 1825년에 설립한 학교였다. 이

학교는 워싱턴의 콜럼비아대학의 아이라 체이스를 최초의 신학부 교수로 초빙하였으며, 체이스는 20년 동안 봉직하였다. 뉴턴신학교는 미국 침례교 신학교 가운데 3년간 교육과정을 실시한 최초의 학교였고, 19세기 말까지 800여명의 졸업자를 배출하였다. 뉴턴신학교 외에 뉴잉글랜드에는 코네티컷 침례교 교육협회에 의해 1883년에 창설된 코네티컷 인문학교(Connecticut Literary Institution)를 비롯하여, 브랜돈(Brandon; 1832), 블랙리버(Black River Academy; 1834), 더비(Derby; 1840), 뉴햄튼(New Hampton; 1853), 버몬트(Vermont; 1869) 등의 학교들이 있었다.[89]

3. 중부

뉴욕 주에서는 13명의 침례교인들이 1817년 9월 14일에 교육협회를 결성하고, 1819년 5월 1일에 해밀턴(Hamilton)에 "해밀턴 인문학 및 신학교"를 설립하였다. 이 학교는 신학생 교육이라는 원래의 목적에 따라 운영되다가, 1839년부터 신학생 외에 일반학생들도 받아들였다. 이후 일반학부는 1846년 매디슨대학교(Madison University)로 독립하였고, 신학부는 주정부의 간섭을 받지 않기 위해 별개의 독립된 학교가 되었다.[90]

그런데 학교들은 곧 재정적인 어려움을 겪게 되었다. 그러자 학교들을 인구가 많고 급속히 도시로 발전해가고 있는 로체스터(Rochester)로 옮기자는 안건을 두고 찬반양론의 격렬한 논쟁이 발발하였다. 갈등은 법정소송으로 이어졌고, 이를 중재하기 위해 침례교 교육총회가 1849년 10월 9일 개최되었다. 그 결과 타협이 이루어져서 로체스터로 이전하기로 했다. 하지만 뉴욕 주 고등법원은 두 학교의 이전을 위법으로 판시하였다. 법원의 판결이 나오자 두 학교의 일부 교수와 학생들은 뉴욕 주의 서부지역에 있는 사람들과 힘을 합쳐 1850년에 로체스터대학교(Uniersity of Rochester)를 설립하였다. 이 대학교는 교파주의를 고집하지 않았다. 법인의 대다수는 침례교인이었지만, 타 교단 사람들도 있었다. 로체스터대학교와 같은 시기에 로체스터신학대학원(Rochester Theological Seminary)이 뉴욕침례교 목회자교육연맹(New York Baptist Union Ministerial Education)에 의해 설립되었다.[91] 헤밀턴에서 시작된 조그마한 학교가 로체스터대학교와 로체스터신학대학원으로 발전한 것이다.

4. 서부

서부지역에서 교육의 중요성을 고취시키고, 교육사업을 실행한 사람은 바로 그 지역 선교사 존 매이슨 펙이었다. 그는 미주리와 일리노이 침례교인들의 협력으로 1827년 11월 1일에 일리노이 주 락스프링(Rock Spring)에 있는 자신의 집에서 학교를 설립하였다. 락스프링신학교로 알려진 이 학교는 펙의 친구인 조나단 고잉의 협력으로 1832년에 어퍼 알톤(Upper Alton)으로 이전하였고, 1835년에 대학인가를 받았다. 이 대학을 위해 동부 침례교인들도 재정적으로 지원하였는데, 그 중 보스턴의 부유한 침례교 신자인 벤자민 셔트레프(Benjamin Shurtleff) 박사가 1만 불의 거액을 기부하였다. 이에 따라 학교는 그를 기념하여 셔트레프대학교로 교명을 바꾸었다.[92]

오하이오 주 침례교인들은 1831년에 그랜빌 인문학 및 신학교(Granville Literary and Theological Institution)를 세웠다. 이 학교는 1845년에 대학교로 인가받았고, 거액을 기부한 데니슨의 이름을 따서 데니슨대학교(Denison University)로 바꾸었다. 미시간 주의 침례교 학교는 1829년에 그곳으로 온 동부 출신의 토마스 메릴(Thomas W. Merrill)에 의해 시작되었다. 메릴은 뉴욕 주 침례교 선교총회로부터 지원받아 1833년에 칼라마주(Kalamazoo)에 미시간 및 후론 학교(Michigan and Huron Institute)를 설립하였다. 이 학교는 칼라마주대학(Kalamazoo College)으로 발전했다. 미시간 주 침례교총회는 1849년에 칼라마주 신학교(Kalamazoo Theological Seminary)를 설립했는데, 이 학교는 1855년에 칼라마주 대학에 통합되었다.[93] 인디애나 주 침례교인들은 1837년에 프랭클린에 학교를 설립했는데, 이 학교는 1884년에 프랭클린대학(Franklin College)으로 발전하였다.[94]

5. 남부

18세기 중반까지 남부에 세워진 침례교 대학들로는 먼저 3년 연례총회의 초대 총회장을 역임했던 리처드 퍼먼이 찰스턴 지방회의 후원으로 1826년에 세웠던 퍼먼학원 및 신학교(Furman Academy and Theological Institute)가 있다. 이 학교는 1851년에 퍼먼대학교(Furman University)로 승격되었다. 앨라배마 주 침례교인들은 1835년에 앨라배마 인문산업학교(Alabama Institute of Literature and Industry)를 설립하였다. 하지만 이 학교는 재정적 어려움으로 2년 만에 폐쇄되었다. 1836년에서 1839년 사이에 3개의 여학교가 세워졌으며, 1842년에는 하워드대학(Howard College)이 매리언(Marion)에 설립되었다.[95]

조지아에서의 침례교 교육사업은 저명한 설교자이자, 1833년부터 1840년까지 「기독교 색인」(Christian Index)의 편집자를 역임한 제씨 머써(Dr. Jesse Mercer) 박사에 의해 주도되었다. 그는 1833년에 머써대학교(Mercer University)를 설립하였다. 한편 노스캐롤라이나 침례교 주총회는 목회자와 법률가를 양성하기 위해 1834년에 웨이크 포리스트 수공학교(Wake Forest Manual Labor Institute)를 세웠다. 당시 학생들은 하루에 반나절은 농장에서 일하고 나머지 반은 공부하였다. 그것은 가난한 학생들이 공부할 수 있는 길을 열어주기 위함이었다. 이 학교는 1838년에 대학교로 승격되었다. 버지니아에서는 그곳의 저명한 침례교인 로버트 라일랜드(Robert Ryland)가 버지니아 침례교 교육협회의 지원을 힘입어 1832년에 학교를 세웠는데, 이것은 1840년에 리치몬드대학교(University of Richmond)가 되었다.[96] 19세기 전반기 침례교 교육사업은 교육의 중요성을 알았던 선구적인 사람들에 의해 주도되었다. 많은 침례교인들은 교육사업에 협력하였지만, 적지 않은 수의 침례교인들은 교육에 무관심하거나, 혹은 반대하였다. 하지만 이때 침례교인들이 설립한 대학들은 오늘날까지 주요 고등교육기관으로 기능을 잘 감당하고 있다.

신앙고백서들

미국은 19세기에 들어와 자유와 관용의 정신이 보다 확산되었고, 따라서 신학적 기준을 제시하는 신앙고백서의 중요성이 줄어드는 때였다. 이 시기에 신앙고백서의 제정은 주로 남부 침례교인들에 의해 이루어졌다. 북부 침례교인들은 자유의지 침례교회라는 신흥 교단에 대응하기 위한 현실적 필요성 때문에 새로운 신앙고백서를 만들었다.

1. 엘콘과 사우스켄터키 지방회 합동문서(1801)

켄터키의 정규침례교회들의 지방회인 엘콘 지방회와 분리침례교 지방회인 사우스켄터키(South Kentucky)지방회는 합동문서(Terms of Union Between the Elkhorn and South Kentucky, or Separate, Associations)를 만들고, 그것에 기초하여 통합하기로 합의하였다. 두 지방회는 1801년에 11개항으로 이루어진 합동문서를 만들었다. 이것의 대체적인 신학적 특성은, 1)신앙과 행습의 유일한 법칙인 성경, 2)삼위일체 하나님, 3)인간의 타락과 부패, 4)예수 그리스도를 통한 구원, 중생, 성화, 칭의, 5)성도의 견인, 6)신자의 침수침례, 7)의인의 구원과 악한 자의 영원한 징벌, 8)성도 간의 친절함과 하나님의 명예를 고양함, 9)모든 사람들에게 복음전할 의무, 10)개교회 및 개별 지방회의 자치, 11)교회들 간에 교제의 필요성 등이었다.[97]

2. 샌디크릭 지방회 신앙원리들(1816)

대각성운동과 부흥주의 신학을 찬성하였던 셔벌 스턴스와 대니얼 마샬이 노스캐롤라이나 샌디크릭에 세운 분리침례교회는 폭발적인 성장을 하였다. 이 교회는 42개 교회를 개척하고, 새로 세워진 교회들에게 125명의 목회자를 파송하는 등 남부의 침례교 중흥에 크게 이바지하였다. 강한 성서주의를 주장한 분리침례교회들은 신앙고백서를 만드는 것을 반대하였지만, 루터 라이스 및 정규침례교회들의 영향으로, 1816년에 주변의 정규침례교회들과 함께 10개항의 "샌디크릭 지방회 신앙원리들"(Principles of Faith of the Sandy Creek Association)을 제정했다. 그리고 이 문서를 기초로 정규침례교회들과 연합을 이루었다.[98] "샌디크릭 지방회 신앙원리들"의 내용은, 1)삼위일체 하나님, 2)신앙과 행습의 유일한 법칙인 성경, 3)원죄와 인간의 무능성, 4)영원전 선택, 그리스도의 의의 전가, 선택과 유효 소명, 견인, 5)보편적 부활과 심판, 6)신자들의 모임으로서의 교회, 7)그리스도의 교회의 머리되심, 8)침례와 주의 만찬 준수의 필요성, 9)신자의 침수침례, 10)폐쇄성찬주의 등이었다.[99]

3. 뉴햄프셔 신앙고백서(1833년)

뉴햄프셔 신앙고백서가 만들어진 이유는 자유의지 침례교회의 발흥과 관련이 있다. 뉴햄프셔 출신의 벤자민 랜달(Benjamin Randall)은 1779년 뉴햄프셔 덜햄(Durham)에서 인간의 자유와 책임을 강조하는 자유의지 침례교회(Free Will Baptist Church)를 창립하였다. 이 교회는 아르미니우스주의 신학을 받아들였고, 빠른 속도로 성장했다. 자유의지 침례교인들로 인해 뉴햄프셔의 칼빈주의 침례교인들은 1780년 이후부터 아르미니우스주의를 어느 정도 받아들이기 시작하였다.[100] 자유의지 침례교회가 이처럼 예상 외로 큰 호응을 받고, 중류층의 침례교인들이 아르미니우스주의에 대해 호의적인 태도를 갖자, 칼빈주의 신앙을 유지해왔던 뉴햄프셔 교회들은 큰 도전을 느끼게 되었다. 이와 같은 변화는 기존의 엄격한 칼빈주의 전통의 필라델피아 신앙고백서를 완화시켜야 할 필요성을 갖게 하였다. 뉴햄프셔 침례교 총회는 1830년 6월 24일에 새로운 신앙고백서를 작성하기로 결의하고, 윌리엄스(N. W. Williams), 윌리엄 테일러(William Taylor), 퍼슨(I. Person) 등에게 그 일을 맡기고, 다음 총회 때까지 제출하도록 요청하였다.[101]

그러나 새로운 신앙고백서의 작성은 진전을 이루지 못하다가, 2년이 지난 1832년 6월 26일에 초안이 제출되었다. 주총회는 배론 스토우(Baron Stow), 존 뉴턴 브라운(John Newton Brown), 조나단 고잉, 퍼슨 등에게 개정작업을 의뢰했다. 결국 최종 원고가 1833년 1월 15일 주총회 위원회에 제출되었고 약간의 수정을 거친 후 공식적으로 승인되었다.[102] 뉴햄프셔 신앙고백서는 뉴햄프셔 외에서는 별로 알려지지 않다가, 작성된 지 20년이 지난 1853년에 당시 미국침례교 출판협회(American Baptist Publication Society)의 편집자인 J. 뉴턴 브라운(Newton Brown)이 그의 책, 『침례교회 안내서』(Baptist Church Manual)에 그것을 삽입함으로써 미국 전역에 알려지게 되었다. 브라운의 책은 미국 전역의 침례교인들이 애독하였는데, 뉴햄프셔 신앙고백서도 덩달아 알려지게 되었다. 최초의 고백서는

16개 항목으로 구성되어 있었으나, 브라운이 제8항의 "회개와 믿음", 그리고 제10항의 "성화"를 첨가하여 18개의 항목으로 만들었다.[103]

뉴햄프셔 고백서는 이후에도 다른 사람들의 책에 계속 삽입되었다. 펜실베이니아 주 업랜드(Upland)의 침례교 목사이자 지계석주의 침례교(Landmark Baptists) 운동의 지도자인 J. M. 펜들턴(Pendleton)이 1867년에 출판한 그의 책, 『교회안내서』에 삽입하였다. 펜들턴의 책은 지계석주의 교회들뿐만 아니라, 보통 침례교회들도 사용하였기 때문에 뉴햄프셔 고백서는 널리 알려지게 되었다. 1902년에 설립된 남서부 지방 지계석주의 침례교 총회인, 침례교회들의 총연합회(General Association of Baptist Churches)와 1933년에 설립된 북부의 지계석주의 교회 총회인, 정규침례교총연합회(General Association of Regular Baptist Churches)는 뉴햄프셔 신앙고백서를 표준 신앙문서로 채택하였다.[104]

남침례교회의 1925년도 『침례교 신앙과 메시지』(The Baptist Faith and Message)는 뉴햄프셔 고백서에 10개의 새로운 항목을 추가하는 방식으로 만들어졌다. 1925년 이전의 남침례교회 주일학교부의 여러 간행물들에는 뉴햄프셔 신앙고백서가 포함되어 있었다. 특히 뉴햄프셔 고백서를 주석한 O. C. S. 왈리스(Wallace)의 『침례교인들은 무엇을 믿는가?』(What Baptists Believe)는 19만권 이상이나 팔린 베스트셀러였다. 이와 같이 뉴햄프셔 고백서는 남침례교회들에게 큰 영향을 끼쳤다.[105]

뉴햄프셔 신앙고백서의 주요 내용은 다음과 같다. 1) 성경은 영감 받은 사람들이 기록하였고, 내용에 어떠한 오류도 없다. 2) 하나님은 한 분으로 성부, 성자, 성령의 세 위격으로 존재한다. 3) 인간은 선하게 창조되었으나, 자의적인 범죄로 인해 죄인이 되었다. 4) 죄인의 구원은 완전한 인성과 신성을 가진 하나님의 아들의 대속을 통해서만 이루어진다. 5) 그리스도의 의의 전가로 인해 칭의된다. 6) 복음을 받아들이는 것은 모든 사람의 의무이다. 7) 중생은 성령의 능력으로 되며, 그 증거는 거룩한 삶이다. 8) 회개와 믿음은 성령의 은혜로 가능하지만, 동시에 인간의 의무이기도 하다. 9) 하나님의 선택은 인간의 자유로운 행위와 일치하는 형태로 이루어진다. 10) 성화는 점진적으로 이루어지며 중생 시에 시작된다. 11) 참된 신자는 인내한다. 12) 도덕적 율법은 영원하고 불변한 규칙이다. 13) 교회는 언약한 신자들의 모임이다. 교회는 목사와 집사의 두 직분만 존재한다. 14) 침수침례는 주님의 죽음과 부활에 대한 상징이며, 주의 만찬은 주님의 죽으심을 기념하는 것이다. 15) 주일은 기독교 안식일이다. 16) 세속 정부는 하나님이 세우신 기관이므로 위정자들에게 순종해야 한다. 17) 의로운 자와 악한 자는 사후 다른 상태에 놓이게 된다. 18) 최후 심판 때, 의인과 악인은 분리될 것이다.[106]

　　뉴햄프셔 신앙고백서의 특징은 칼빈주의를 완화시키고 아르미니우스주의를 어느 정도 허용하였다는 것이다. 교회론에서는 "가시적인 교회"만 설명하고, "우주적인 교회"나 "비가시적인 교회"는 일체 거론하지 않았는데, 그것은 이전의 침례교 신앙고백서들과 사뭇 다른 것이었다. 이러한 교회론은 지계석주의의 주장에 대한 근거를 제공해주는 결과를 초래하게 되었다.[107]

논쟁과 분열

1. 유니테리언주의 및 보편구원설

　　삼위일체와 예수 그리스도의 신성을 부인하는 유니테리언주의는 18세기 후반기부터 미국 교회를 강타하기 시작했다. 이러한 자유주의의 공격에 대해 침례교회는 비교적 정통주의를 잘 고수하는 편이었다. 헨리 비더(Henry C. Vedder)는 "1800년대에 보스턴에 남아있는 6개의 정통교회들 가운데 2개가 침례교회였던 반면에, 8개의 회중교회와 한 개의 감독교회는 통째로 유니테리언주의로 넘어가고 말았다"고 하였다.[108] 그러나 침례교회에서도 유니테리언주의로 넘어가는 경우가 간혹 발생하였다.

　　켄터키의 코퍼스런 침례교회(Cowpers Run Church)의 교인이자, 켄터키 주지사를 두 번이나 역임한 제임스 게랄드(James Garrard)는 유니테리언주의에 감염되었다. 그가 두 번째 주지사 시절에 해리 톨민(Harry Toulmin)이라는 영국인 비서를 채용했는데, 그는 철저한 유니테리언주의자였다. 톨민은 게랄드를 개종시키는데 성공하였다. 그런데 더 큰 문제는 코퍼스런 침례교회의 담임목사인 이스틴(Eastin) 역시 유니테리언주의를 받아들였다는 것이다. 그러자 그 교회가 회원으로 속해있던 엘콘 지방회(Elkhorn Association)는 그것을 문제 삼아 코퍼스런 교회를 1803년에 제명시켜 버렸다. 침례교인들이 유니테리언주의의 공격을 잘 이겨낼 수 있었던 이유로는, 성경을 문자적으로 믿는 보수적인 성경관과 온건 칼빈주의와 같은 신학적인 요인과 더불어, 대부분이 정규교육을 받지 못한 서민층이었다는 점에 있었다.[109]

필라델피아의 저명한 침례교 목사인 엘헤넘 윈체스터(Elhanam Winchester)는 일찍이 1781년에 악한 자들은 지옥으로 가지만, 그곳에서 형벌 받고 결국 구속을 얻게 된다는 보편구원설(Universalism)을 받아들였다. 그는 추종자들과 함께 "보편침례교회"(Universal Baptists)를 조직하였다. 뉴저지와 뉴잉글랜드에서도 보편구원설이 확산되자, 해당 지방회들은 그 문제를 심각하게 여기고, 그런 이단 사설을 신봉하는 목사와 교인들을 제명시켜 버렸다.[110]

2. 반(反)선교운동

1820년대부터 선교를 반대하는 사람들이 미국 침례교회들 가운데 나타나기 시작했다. 그들은 선교협회나 선교총회 등은 성경적 근거가 없는 인간이 만든 기관이라고 주장하였다. 반선교주의자들은 고등칼빈주의와 성서주의에 자신들의 이론적 근거를 두었다. 이들의 주장은 소박한 침례교인들에게 상당한 호소력을 갖게 되었다. 그들은 심지어 선교사들은 삵을 바라고 일하는 거짓 선지자들이라고 공격했다.[111] 이처럼 반(反)선교운동(Antimission Movement)을 일으킨 사람들은 권력의 중앙집권화와 교육받은 유급 목회자를 반대하고, 교회학교, 선교협회, 신학교 등을 비성서적이고 인위적인 기구라고 비판하였다. 특히 서부 개척지의 침례교인들은 동부의 침례교인들이 선교 정책과 자금을 독점적으로 관리하는 것에 부패의 가능성이 많다고 주장했다. 콜럼비아대학을 비롯한 루터 라이스의 몇 가지 실패를 그 대표적인 예로 보았다. 그들은 라이스가 공금을 횡령하였다고 생각했다. 켄터키의 존 테일러(John Taylor)나 일리노이의 대니얼 파커는 선교헌금을 모아 동부로 보내면, 그 돈이 동부 도시에 이익을 주며, 돈도 잡비로 탕진된다고 선동하였다. 알렉산더 캠벨(Alexander Campbell)은 선교협회라는 것은 성서에 없는 조직이고, 개교회의 자치권만 침해한다고 하였다. 이들은

정규교육을 받고 서부로 파송 받아 온 동부의 학식 있는 목회자들을 질시하고 질투하였다.[112]

반선교주의자들이 선교를 반대하는 또 다른 이유는 인디언들에 대한 변경지역 백인들의 적개심이다. 서부 개척지에서 백인 정착민들은 인디언들에 의해 참혹하게 살해당하는 일이 종종 있었기 때문이다. 특히 인디애나 주의 워바시 계곡(Wabash Valley)에서 인디언들을 상대로 선교하던 아이작 맥코이(Isaac McCoy)의 활동에 대해 상당수 침례교인들은 비판적이었다.[113]

반선교주의 운동은 상당한 세력을 규합하였고, 드디어 몇몇 지방회에서 공식적으로 반선교주의를 헌장에 명시하였다. 예를 들면 애플크릭 지방회(Apple Creek Association)의 헌장에는 다음과 같은 구절들이 쓰여 있었다.

> 19항 우리 지방회는 외국·국내선교회와 성경연구회, 주일학교운동들과 관계하지 않을 것을 천명한다.
> 21항 어떠한 선교사 설교자도 우리 지방회에서 설교할 권한이 없다.
> 23항 우리는 교회들에게 프리메이슨 및 선교 기관들에 대해 항거하고, 그러한 거지 같은 기관들에 대 해서는 한 푼도 헌금하지 말 것을 권고한다.[114]

노스캐롤라이나의 크고 영향력 있는 지방회인 케후키(Kehuckee) 지방회는 1827년 10월에 "현대선교운동과 인간이 만든 기관들을 반대하는 선언문"(A Declaration Against the Modern Missionary Movement and other Institutions of Men)을 선포하였다. 본 지방회는 "모든 선교 단체들, 성경단체들과 신학교들, 이러한 기관들을 지원하기 위해 일반인들에게 돈을 간청하는 행습들을 배격한다고" 결의하고, 그러한 기관들을 좋게 생각하는 사람들을 지방회에서 제명시킨다고 결정했다.[115]

한편 볼티모어 지방회 소속 교회들의 대표들도 1832년에 메릴랜드 주에 있는 블랙락(Black Rock)이라는 곳에 모여서 반선교주의를 공포하였다. 그들은 "현대의 발명들" 즉, 전도 소책자회(tract societies), 주일학교운동, 성경공부회, 선교회, 대학교, 신학교, 부흥회 등은 성경에 근거가 없고, 성경으로부터 권위를 인정받을 수 없기 때문에 받아들일 수 없다고 하였다. 그들은 또한 미리 준비된 설

교나 목사가 사례비를 받는 것도 인정치 않았다.[116]

반선교운동을 이끈 사람들로는 대니얼 파커(Daniel Parker), 존 테일러(John Taylor), 윌슨 톰슨(Wilson Thompson), 조슈아 로렌스(Joshua Lawrence), 그리고 알렉산더 캠벨(Alexander Campbell) 등이 있었다. 대표적인 지도자 대니얼 파커는 정식교육을 받지 못하였기 때문에 신학교육에 대해 깊은 적대감을 가지고 있었다. 그는 1815년에 콩코드(Concord) 지방회의 회장으로 봉사하는 동안 공개적으로 선교, 신학교육, 성경연구회, 그 외 복음을 위한 모든 기관이나 모임을 정죄하였는데, 그의 견해는 테네시 주에 삽시간에 퍼졌다. 파커는 1817년에 일리노이로 이사 가서, 「교회 옹호」(Church Advocate)라는 잡지를 발행하고, 그것을 통해 선교 단체들은 성경에 근거가 없는 인위적인 기관이라고 주장했다. 파커는 1833년부터 텍사스에도 반선교주의를 심었다. 파커의 극단적인 보수주의 색채는 오늘날까지 텍사스 침례교인들에게 어느 정도 남아있다.[117]

파커는 1826년에 "두 가지 씨앗에 대한 관점"(Views on the two seeds)라는 소논문을 발표하였는데, 그 주된 내용은 다음과 같다. 즉 창세기 3:15절은 두 가지 씨앗을 보여준다. 하나는 뱀의 씨앗이고 다른 것은 여인의 씨앗이다. 여인의 씨앗은 그리스도와 택함 받은 백성들이며, 뱀의 씨앗은 유기된 사람들로 구속받지 못할 사람들이다. 이러한 파커의 주장은 시골의 칼빈주의 교인들로부터 상당한 호응을 얻었다. 파커로 인해 원시침례교회(Primitive Baptists) 운동이 발생하였다. 파커의 영향을 받은 원시침례교회는 교회 중심의(church-centered) 전도는 인정하였지만, 교회 이외의(extra-church) 어떠한 선교단체나 기관도 반대하였다.[118]

켄터키에서는 윌슨 톰슨(Wilson Thompson)과 존 테일러가 반선교운동을 주도하였다. 톰슨은 젊은 시절 선교사로 소명 받았으나 순종하지 않고, 인디애나, 오하이오, 켄터키 등지를 돌아다니며 반선교운동을 선전하는 사람이 되었다. 테일러는 버지니아에서 켄터키로 이주해 왔다. 그는 선교협회들이 돈을 모으는 데 주로 관심이 많다고 하면서, 협회가 선교를 전체적으로 관리하는 것은 침례교 민주주의 정신에 맞지 않다고 주장하였다.[119] 반선교운동은 침례교회를 크게 약화시켰다. 선교협회, 성서협회, 전도지협회, 교회학교 등에 대한 반선교주의자들의 반대의 목소리가 컸던 델라웨어에서는 1825년 이후로 뚜렷한 교세의 하락을 보였다. 반선교주의는 선교사업의 위축뿐만 아니라 교육 받은 목회자의 수를 감소시켰다. 그 결과 침례교회는 건전한 지도력을 확보하는 일에 크게 지장을 받았고, 그것은 고스란히 교회의 성장의 저하로 나타났다. 더욱이 목회자에 대한 공격으로 인해, 성직자와 교회의 위신을 손상시키는 결과를 가져왔다.[120]

3. 메이슨 비밀공제조합 논쟁

19세기 전반에 침례교회의 평화를 위협한 사건으로 반비밀공제조합(anti-Masonry) 논쟁이 있다. 메이슨(Masons) 공제조합은 법률과 질서가 확립되지 않은 개척시대에 미국의 평화를 유지하는 데 일정한 공헌을 하기도 했다. 그런데 이 단체는 회원과 집회에 관해 철저히 비밀주의를 표방했기 때문에, 회원이 아닌 사람들에게 의심을 사게 되었다. 많은 침례교인들은 비밀적인 조직과 단체는 신약성서에서 말한 자유의 원리에 위배된다고 보고 공제조합을 반대하였다. 공제조합에 대한 대처는 지방회마다 달랐다. 어떤 지방회는 조합에 가입하는 것을 개개인의 판단에 맡겼고, 다른 지방회는 가입을 금지시켰다.[121]

비밀공제조합은 침례교회 내에 분열도 발생시켰다. 예를 들면 샤프츠버리 지방회 회원 교회 중 다수는 공제조합에 가입한 사람들의 교회 회원자격을 인정하지 말아야 한다고 주장했다. 그러자 교인 가운데 조합원이 많은 교회들은 지방회에서 탈퇴하였다. 노스캐롤라이나의 샌디크릭 지방회는 비밀공제조합원을 축출하기로 1827년에 결정했지만, 확고하게 실행되지 못했다. 인디애나 주에 있는 교회들 역시, 조합원에 대해 교회 회원자격을 박탈하였다. 하지만 1840년 이후부터는 비밀공제조합의 가입에 대해서는 개인에게 맡기고, 교회나 지방회가 간섭하지 않는 방향으로 나아갔다.[122]

4. 성서협회 논쟁

미국 성서협회(American Bible Society)는 성경의 유포를 위해 미국 7개 개신교단 대표자들이 1816년에 필라델피아에 설립한 기구였다. 미국 침례교회도 처음부터 회원으로 참여하며 협회를 지원했다. 논쟁은 미국 침례교회가 벵골어판 성경의 출판을 위해 1835년 8월에 미국 성서협회에 보조금을 신청하면서 발발했다. 캘커타(Calcutta)에 있던 침례교 선교사 윌리엄 예이츠(William Yates)가 번역한 벵골어판 성경에는 뱁티조라는 낱말이 "침수"로 번역되어 있었다. 미국침례교회는 그 단어는 "침수"(immerse) 혹은 "잠그다"(dip)로 번역되어야 한다고 주장했고, 다른 교파들은 반대하였다. 미국 성서협회는 수개월 간의 토의를 거쳐, 성경번역은 보편적인 영어 성경의 원리와 일치해야 하고, 본 협회에 속한 모든 교회들이 사용할 수 있는 용어로 이루어져야 한다는 조건을 충족하는 것을 전제로, 1836년 3월 25일에 5,000불의 지원을 결정하였다. 즉 침수로 번역하는 것을 반대한 것이다. 이에 대해 침례교 해외선교협회는 동협회를 탈퇴하고 벵골어판 성경 출판을 위해 자체 기구를 설립하기로 결정했다.[123]

침례교회들은 1837년 4월에 미국 및 외국성서협회(American and Foreign Bible Society)를 설립하였다. 뉴욕에서 목회하는 두 명의 목사 스펜서 콘(Dr. Spencer H. Cone)과 찰스 서머스(Dr. Charles G. Sommers)가 각각 회장과 부회장에 선출되었고, 유명한 사업가인 윌리엄 콜게이트(William Colgate)가 재무로 선임되었다. 이 새로운 협회는 오랜 기간의 토의 끝에, 영어로 된 표준역 성서(Standard Version)만을 배포하기로 하고, 뱁티조를 침수로 번역된 책을 출판할 필요는 없는 것으로 결론 내렸다. 침례교 영어성경을 바랐던 많은 침례교인들은 이에 대해 크게 실망하고, 1850년 6월에 미국성서연맹(American Bible Union)을 창설하였다.[124] 같은 성격의 두 협회를 운영하는 것은 침례교회로서는 매우 부담스러운 일이었다. 결국 뉴욕 주 사라토가(Saratoga)에서 1883년 5월에 열린 성서총회(Bible Convention)에서 국내 성경보급은 미국침례교출판협회(American Baptist Publication Society)가 담당하고, 국외의 성경보급사업은 미국침례교선교연맹(American Baptist Missionary Union)에서 수행하기로 합의하였다.[125]

5. 밀러파의 분열

밀러파 분열은 뉴욕 주 로우 햄프턴(Low Hampton)의 침례교인이자 농부였던 윌리엄 밀러(William Miller, 1782-1849)가 그리스도의 재림 및 천년왕국의 시작 연대를 예측하며 추종자들을 모으면서 발생하였다. 1816년에 회심하고 침례교인이 된 그는 종말론에 관심을 갖게 되었다. 밀러는 다니엘서 9장 24절의 70주에 대한 기록을 근거로, 그리스도의 재림 연대를 1843년으로 계산하였다. 그는 이 것을 1828년에 발견하였지만, 오랜 기간 침묵하다가 1831년부터 그것을 설파하기 시작했다. 예상 외로 많은 사람들이 그의 말에 동조했으며, 밀러는 1833년에 설교권을 얻을 수 있었다.[126]

| 윌리엄 밀러

밀러는 1836년에 『그리스도의 재림이 1843년에 일어날 것에 대한 성서적·역사적 증거』(*Evidence from Scripture and History of the Second Coming of Christ, About the Year of 1843*)라는 책을 출판하였다. 그런데 이 책이 출판된 다음 해에 경제공황이 발생하였고, 그것은 책에 대한 예외적인 호응을 가져왔다. 대다수 목회자들의 반대에도 불구하고, 침례교회, 자유의지 침례교회, 그리스도 교회 등을 위시하여 거의 모든 교단에서 수천 명의 동조자들이 생겨났다. 밀러주의에 대한 열풍이 절정에 달할 때는 50,000명 이상의 열성적 추종자들이 있었고, 잠재적인 동조자들은 수 백 만에 이르렀을 것으로 추정되었다.[127]

밀러는 그리스도의 재림 날짜를 좀 더 구체적으로 제시하고 싶어졌다. 그는 1843년 3월 21일부터 1844년 3월 21일 사이 어느 날에 지구 종말의 날이 임하게 될 것이라고 선언했다. 마침 그 즈음에 하늘에 유성이 출현하는 사건이 일어나면서 분위기는 점점 더 고조되었다. 그러나 1844년 3월 21일까지 아무런 일도 일어나지 않았다. 밀러는 5월 2일에 하박국 2장 3절과 레위기 25장 9절을 근거로 재림 날짜가 1844년 10월 22일이라고 다시 수정하였다. 그리고 임박한 재림을 주장하고 회개와 열정적 신앙생활을 촉구하였다. 분위기는 더욱 고조되었고, 모여든 군중의 숫자는 날로 늘어났다.[128]

하지만 두 번째 예언도 실패로 끝나게 되고, 대부분의 추종자들은 실망하여 밀러파에서 이탈하였다. 밀러는 로우 햄프턴 침례교회에서 출교 당했고, 1849년에 세상을 떠났다. 그러나 그리스도의 재림에 대한 희망을 버리지 않은 잔류파들은 1845년에 모여서 총회를 조직했다. 그리고 이들은 후에 "재림기독교회"(the Advent Christian Church)와 "제칠일 안식교회"(the Seventh-day Adventist Church)를 설립하였다.[129] 이처럼 밀러파가 급속히 약화되었지만, 적지 않은 수의 사람들이 원래의 정통교회로 돌아가지 않았으며, 오히려 기독교 신앙 자체에 대해 환멸을 느끼고 기독교를 떠났다. 영적 무기력은 기존 침례교회로까지 영향을 미쳤다. 밀러주의 운동은 침례교회에 커다란 상처를 남겼다. 밀러파의 분열은 침례교 성장에 악영향을 끼쳤다. 예를 들면, 뉴욕침례교선교총회(New York Baptist Missionary Convention)는 1843년에 1,857명에게 침례를 주었으나, 1844년에는 274명에게만 침례 베풀 수 있었다. 뉴욕 주 전체의 침례교회 새신자 수도 1843년에 15,794명에서 1844년 4,028명으로 대폭 줄어들었다.[130]

6. 캠벨파의 분열

캠벨파의 분열은 알렉산더 캠벨(Alexander Campbell)이 일부 미국 침례교회들을 이끌고 그리스도 교회를 청설한 사건이었다. 스코틀랜드 장로교 배경을 가진 알렉산더 캠벨은 아버지 토마스 캠벨이 담임목사로 봉직하였던 아일랜드의 씨시더 장로교회(Seceder Presbyterian Church)에 출석하였다. 토머스는 1807년에 미국으로 건너와 장로교회에서 시무하던 중, 본인의 교회가 속해있

| 알렉산더 캠벨

던 노회에서 탈퇴하였다. 탈퇴 이유는 교리적 차이로 교회가 나누어지는 것이 바람직하지 않다고 생각했기 때문이다. 그는 1809년에 "워싱턴기독교연합회"(The Christian Association of Washington)을 창설했다. 그 즈음에 아들 알렉산더가 글래스고(Glasgow)대학에서 1년간의 학업을 마치고 미국으로 건너왔다. 알렉산더는 아버지의 생각에 완전히 동조하였다.[131]

캠벨 부자는 그들의 연합회가 새로운 분파가 될 것을 염려하여 1810년 10월에 피츠버그 장로교노회에 가입하려 했으나 거절당했다. 그리하여 워싱턴기독교연합회는 1811년 5월에 브러쉬런(Brush Run)교회로 탈바꿈하게 되었다. 토마스는 장로로, 알렉산더는 설교자로 임명되었으며, 4명의 집사도 함께 선출되었다.[132] 알렉산더는 다음 해인 1812년 1월 1일에 목사로 안수 받았다. 그 즈음에 알렉산더와 그의 부인 마가렛(Margret) 사이에 첫째 아이가 출생하였다. 곧장 유아세례 문제가 대두되었고, 그들은 유아세례에 관하여 신약성경의 가르침을 연구하기 시작하였다. 연구 결과 그들은 유아는 세례를 받을 수 없을 뿐만 아니라

오직 신앙을 고백한 신자가 침례 받는 것이 성서적인 행습이라는 것을 깨닫게 되었다.[133)

아버지 토머스를 비롯한 그의 전 가족 7명은 1812년 6월 12일에 이웃 침례교 목사인 매튜 루쓰(Matthew Luce)에게서 침례를 받았다. 곧이어 브러쉬런 교회 성도 대부분이 침례를 받았고, 그것을 반대하는 사람들은 교회를 탈퇴하였다. 침례교인들은 이 새로운 침례주의 교회가 그 지역의 레드스톤 침례교 지방회(Redstone Baptist Association)에 가입하도록 독촉하였다. 그러나 서둘러 그 교회를 받아들인 것은 실수로 판정 났다. 브러쉬런 교회는 침수침례 외에는 침례교 신앙을 거의 받아들이지 않았기 때문이다. 브러쉬런 교회는 1813년 가을에 레드스톤 지방회에 가입을 신청하였다. 그런데 캠벨은 지방회의 교리적 기초인 필라델피아 신앙고백서를 찬성하지 않고, 침례교 목사들에 대한 적대감을 표출하였다. 이에 따라 일부 회원들은 그 교회의 가입을 반대하였지만 결국 허입되었다.[134)

신학과 행습에서 캠벨과 침례교와는 다음과 같은 차이점들이 있었다. 첫째, 캠벨은 글래스고대학에서 스코틀랜드 실재주의 철학(Scottish realism)에 심취되었고, 그에 따라 신앙의 문제를 이성주의 관점으로 해석하였다. 그는 구원을 얻게 하는 믿음이란 예수가 그리스도임을 아는 것이라고 정의했다. 즉 그는 머리로서 아는 것을 곧 믿는 것으로 보았다. 반면에 침례교인들은 성경적인 믿음은 인격적인 신뢰 혹은 그리스도에게 일생을 복종하는 것이 포함된다고 믿었다.[135)

둘째, 캠벨은 침수침례로 구원의 과정이 마치게 된다고 주장하였다. 즉 구원과 침례는 서로 긴밀히 연결되어 있다는 것이다. 그는 침례를 하나님께서 죄인들을 용서하시는 가장 분명한 증거로 보았다. 그러나 침례교인들은 구원은 오직 믿음으로 얻는 것이며, 침례는 믿음에 대한 표현이라고 하였다. 셋째, 성경관에서의 차이점인데, 캠벨은 구약성서는 더 이상 권위가 없는 책이라고 주장하였다. 그리고 신약성경에 기록되어 있는 것만 교회의 행습이 되어야 한다고 주장하였다. 이에 따라 그는 성경에 기록되어 있지 않은 선교회, 예배에서의 악기사용, 신앙고백서의 사용, 목회자들에게 정규적으로 급여를 지불하는 것 등을 모두 거부하였다. 넷째, 캠벨은 모든 신앙고백서들을 거부하였다. 침례교인들은 신앙고백서를 일반적인 안내서로서 인정하여 왔으나, 캠벨은 신앙고백서를 억압적인

교리로 보았다. [136)

캠벨은 1820년대에 장로교 목사들과 침례문제로 논쟁할 때, 침례중생론 (baptismal regeneration)을 전개하였다. 그는 켄터키의 장로교 목사 매칼라 (Maccalla)와의 논쟁에서, "물침례는 공식적으로 우리의 죄를 씻는다. 그리스도 의 피는 실지로 우리의 죄를 씻는다. 바울의 죄는 그가 믿었을 때 실지로 사죄되 었다. 그렇지만 그가 이러한 죄를 물침례로 씻어버리기 이전까지는 이 사실에 대한 엄연한 보증, 공식적인 사면, 그의 죄에 대한 공식적인 정화를 간직하지 못 하였다." 라고 말했다. [137) 캠벨은 1823년 8월에 「기독교 침례교인」(The Christian Baptist)라는 잡지를 출간해 자신의 사상을 퍼뜨렸다. 그는 오직 성경만을 의지해 야 하며, 모든 교리나 조직을 배격해야 한다고 주장하고, 선교협회들, 목사의 안 수와 청빙, 교회의 지정좌석 행습, 유급목회자, 성서협회, 지방회 등을 비판하였 다. 그는 "목사를 '고용된 성직자', 신학교를 '성직자 생산 공장'이라 불렀으며, 지 방회를 개교회들에 대한 폭군"이라고 하였다. 캠벨은 자신이 "개혁자"로 호칭되 기 원했다. 그는 「기독교 침례교인」 잡지를 1829년에 폐간하고, 「천년왕국 전령」 (The Millennial Harbinger)을 대신 발간하여 자신의 사상을 계속 확산시켰다. [138)

캠벨은 동조자들을 얻기 위해 서부 여러 주들을 여행하였고, 상당한 성과를 거두었다. 그의 영향력이 특히 크게 작용했던 켄터키의 침례교회들은 캠벨에 대 한 찬성과 반대로 양분되었다. 캠벨의 영향으로 목회자에 대한 사례는 더 감소되 었고, 교육기관을 설립하려는 의욕은 꺾였으며, 여러 개의 지방회들이 해체되고 단순히 조언과 친목을 위한 연례대회로 재조직되었다. 캠벨파 교회들은 "개혁침 례교회"(Reformed Baptist Church)로 불렸다. [139)

1825년부터 1830년 사이에 상당한 수의 침례교회들이 대거 "개혁침례교회" 로 넘어갔다. 이러한 현상은 침례교회들이 캠벨주의 전도자들을 침례교인으로 보고 의심 없이 받아들인 결과였다. 하지만 1830년 이후부터 침례교회들은 그들 의 주장을 알게 되면서 접근을 막기 시작했다. 캠벨의 가르침은 켄터키, 펜실베 이니아, 오하이오, 테네시, 버지니아 등지에서 반응을 얻었다. 어떤 경우는 지방 회 전체가 넘어간 경우도 있었다. 오하이오의 마호닝(Mahoning) 지방회가 그런 경우였다. 켄터키에서는 가장 큰 3개 지방회를 개혁침례교회파가 장악하였다. 침례교 외에도 감리교, 보편구원론자, 장로교 등에서도 캠벨파에 가담하는 경우

가 많이 있었다. 특히 분리침례교회는 가장 많은 피해를 보았다.[140]

개혁파에 대한 침례교회의 본격적인 공격이 1826년부터 시작되었다. 「침례교기록자」(*The Baptist Recorder*), 「피츠버그 기록자」(*The Pittsburg Recorder*), 「서부선각자」(*The Western Luminary*), 「미국의 별과 기독교 색인」(*The Columbian Star and Christian Index*) 등의 간행물들은 캠벨의 잘못된 교리를 비판하고, 그의 신상도 공격하였다. 즉 캠벨은 유니테리언주의자요 자연신론자이며, 심지어 부도덕한 사람이라고 비난하였다. 침례교회들은 "개혁파" 교회들과 공식적으로 교제를 단절하기 시작했다. 1825년 혹은 1826년에 펜실베이니아의 레드스톤 지방회가 최초로 그러한 조처를 취하였고, 1829년에는 켄터키 북부지역 지방회가, 1830년에는 여러 지방회들이 개혁자들을 축출하였다.[141]

캠벨의 추종자 그룹은 1830년부터 "크리스천 교회"(The Christian Church)라고 불렸지만, 그들은 "그리스도의 제자회"(Disciples of Christ)로 알려지기 원했다. 이들 교회들은 최초의 지방회로 마호닝 및 스틸워터 지방회(Mahoning and Stillwater Association)를 설립했다. 이 지방회는 침례교 지방회와 달리 단지 예배와 수련을 위한 연례대회의 성격만을 가졌다. 캠벨은 분파운동을 하지 않겠다고 공언했지만, 1832년 제자회 교회가 세워지면서 새로운 교단이 형성되는 길을 열게 되었다.[142]

제11장

북침례교회

미국 침례교회들은 3년 연례총회, 국내선교협회, 침례교문서협회 등을 통해 해외선교, 국내선교, 문서선교 등의 사업을 진행하였다. 그러다가 1845년에 남부의 침례교회들이 노예제도 문제로 분립해 나가서, 미국 침례교회는 양대 교단으로 분열되었다. 북부의 침례교회들은 3년 연례총회를 계승하고, 계속 강력한 개교회주의를 표방하며, 교단사업은 협회체제로 운영하였다. 그러나 20세기에 접어들면서 교단은 총회에 힘이 집중되는 중앙집권적인 구조로 바뀌었다. 교단명도 이에 따라 새롭게 지어졌다. 북부 침례교회들은 1907년부터 1950년까지 북침례교총회(Northern Baptist Convention)라는 명칭을 사용했고, 1950년부터 1972년까지는 미국침례교총회(American Baptist Convention)로 개칭했으며, 1972년 이후부터 현재까지는 미합중국 미국침례교회(American Baptist Churches, USA)라는 명칭을 사용하고 있다.

미국 침례교회의 분열

1. 남부와 북부의 차이점들

미국 침례교회는 노예문제로 남북전쟁이 발발하기 16년 전인 1845년에 북침례교회와 남침례교회로 분열되었다. 미국의 주요 개신교단들 역시 이 즈음에 남북교회로 분열되었다. 감리교회는 침례교회와 거의 같은 시기에 남북으로 분열되었으며, 장로교회는 1861년 남북전쟁이 발발할 즈음에 분열되었다. 유일하게 성공회(Episcopal Church)만 분열을 겪지 않았다.[1] 남북 침례교회 분열의 가장 직접적인 원인은 노예문제였지만, 먼 배경으로는 남부와 북부 간의 현격한 문화적인 차이를 들 수 있다. 미국은 처음부터 "지역들의 연합"으로 이룩된 국가였으며, 지역들은 나름의 문화와 정체성을 가지고 있었다. 19세기 중반의 정치구조를 보더라도 북동부 지역은 지방분권적 민주주의 체제를 추구하였고, 남부지역은 중앙집권적인 체제를 선호하였다. 경제체제도 북동부는 상업과 제조업이 급속히 발전하고 있었지만, 남부는 대형농장을 중심으로 한 농업이 주산업이었다. 남부의 농업경제는 흑인 노예들의 노동력 없이는 불가능하였다.[2]

정치와 경제체제뿐만 아니라 신앙적인 컬러에서도 차이가 있었다. 남부 침례교인들은 북부 침례교인들과 비교해볼 때, 다음과 같은 신앙적 특징이 두드러졌다. 첫째는, 개인의 영혼구원을 중시하는 개인주의적 신앙이었다. 북부는 도시 빈민 및 이민자들의 삶에 관심을 두어야 하는 필요가 있었기 때문에, 신앙의 사회적 측면을 어느 정도 반영한 반면, 남부는 그러한 강조점이 없었다. 둘째는 대중적인 신앙이었으며, 셋째는, 부흥회식 신앙이었다. 특히 천막집회(Camp Meeting)를 통해 회심, 심령의 부흥 등이 강조되었다. 넷째는, 백인우월주의적 신앙이었다. 노예제도는 일반적으로 용인되고 옹호되었다. 교회도 백인교회와 흑인교회로 인종별로 나뉘어져 있었다.[3]

남북전쟁에 대한 침례교인들의 태도와 행동은 그들의 사상과 입장을 보여준다. 전쟁이 일어났을 때, 북부 침례교인들은 전적으로 합중국의 노선을 지지하였다. 그들은 노예제도를 반대하였을 뿐만 아니라, 정치적 민주주의와 종교의 자유를 보장하는 정부를 방어하려 했다. 뉴잉글랜드 침례교인들은 전쟁의 대의에 갈채를 보냈으며, 목회자들도 군 입대에 적극 참여하였다. 자유의지 침례교회는 58명의 목회자가 종군하는 등, 북부의 대의를 열렬히 지지하였다. 필라델피아 침례교인들 역시 전쟁에 적극적으로 참가하였다. 거의 모든 교회 청년들이 군에 입대하였으며, 목사와 교인들은 그들을 격려하고 지원하였다. 군목으로 참전한 목사들은 사병들로부터 커다란 환영을 받았다. 필라델피아 지방회는 링컨의 노예해방을 지지하고, 국내선교협회를 통해 남부의 흑인들을 돕는 기금마련

을 위해 바쁘게 움직였다.[4]

인디애나, 메릴랜드, 켄터키 등 중부권의 침례교인들은 혼란한 상황 가운데 있었다. 사람들에 따라 북부 지지자와 남부 지지자로 나뉘어졌다. 메릴랜드 침례교인들은 남침례교 총회의 결성을 찬성했지만, 노예제도를 열렬하게 찬성하지는 않았다. 대부분 개인적인 판단에 따라 행동했다. 켄터키는 거의 모든 침례교회가 연방탈퇴 문제로 양분되어 있었다. 어떤 교회는 연방주의자들이 다수를 점하고 있는가 하면, 다른 교회는 탈퇴파가 다수였다. 이러한 분열은 교인들에 대한 정당한 치리를 불가능하게 만들었으며, 따라서 성도들은 더욱 세속화되어갔다. 켄터키보다 더 남쪽에 있는 주들의 침례교인들은 남부연맹(The Confederacy)에 충성하였다. 남부는 전쟁에 패한 후 황폐화되었고 경제적 빈곤으로 인해 선교나 교육사업을 할 수 없었다. 반면에 북부의 협회들은 전후에도 남부지역에서 사업을 지속할 수 있었다. 이러한 환경은 남부 지도자들이 남부 교인들을 북부와 분리시키며 남부의 정체성을 강화시키는 작업을 하게 만들었다. 이와 더불어 북부의 협회들이 남부와 서부의 필요에 부응하지 못한 것도 분열의 공고화를 가져온 배경이다.[5]

2. 교단 조직방식의 차이와 국내선교협회 문제

미국 침례교회가 남북으로 분열하게 된 이유 중 하나는 교단의 조직과 운영방식에서의 불일치와 국내선교협회 문제였다. 개교회의 자치를 보장할 수 있는 협회체제를 선호하는 북부 교회들과, 지역교회들의 연합체인 총회체제를 주장하는 남부 교회들 간에 갈등은 계속 쌓여왔다. 남부 교인들이 북부에 본부가 있는 세 개의 협회들에 참여하는 것은 비용과 시간 면에서 엄청난 부담을 갖는 일이었다. 따라서 그들은 한 번의 만남으로 교단의 중요한 일들을 처리할 수 있는 총회구조를 선호하였다. 북부 침례교인들이 주도하여 총회 본부를 필라델피아에서 보스턴으로 이전하고, 3년 연례총회를 완전히 협회체제로 복귀시킨 1826년 이후부터 남부 사람들의 불만은 더욱 커져갔다.[6] 남부 침례교인들이 보기에 총회는 교단적인 조직체라기보다는 해외선교협회로, 국내선교와 교육 및 출판사업 역시 협회들의 모임으로 전락된 것으로 보았다 남부 침례교인들 사이에서 교단 분립의 목소리가 나오기 시작했다. 예를 들면, 노스캐롤라이나 태생으로 테네시와 미시시피에서 전도를 하던 로버트 대니얼(Robert T. Daniel)은 1835년에 남서부지역을 망라하는 남부총회(Southern Convention)를 설립하자고 제안했다. 하지만 남서부 침례교 지도자들은 받아들이지 않았으며, 3년 후 대니얼이 사망하자 그 주장은 소멸되었다. 그러나 1840년에 서부지역 침례교 총회의 결성을 타진하는 모임이 켄터키 루이빌(Louisville)에서 버크 박사(Dr. W. C. Buck)의 집에서 다시 일어났다. 이처럼 교단조직과 관련하여 분열의 조짐이 있었다.[7]

남북 침례교인들 사이에서 국내선교협회의 사역과 관련해 갈등이 나타났다. 1830년대에 남부 침례교인들은 그들이 국내선교협회에 헌금한 액수에 비해 그들이 받는 혜택은 너무 적다고 생각했다. 남부 침례교인들은 1832년부터 1841년 사이에 28,149불을 국내선교협회에 기부했는데, 협회가 남부지역의 선교를 위해 사용한 금액은 13,646불 밖에 되지 않는다고 불만을 터트렸다. 이에 대해 북부 침례교인들은 켄터키, 테네시, 미주리 등의 지역들을 서부가 아닌 남부로 계산한다면 남부 사람들이 헌금한 액수보다 더 많은 금액이 투자되었다고 항변했다.[8]

하지만 파송된 선교사의 수는 북부가 훨씬 많았다. 1832년에서 1841년까지 국내선교협회는 일리노이, 인디애나, 미시간, 오하이오 등 4개의 북서부 주에 506명의 선교사를 파송하였다. 그런데 그 기간 동안 6개의 남서부 주들 즉, 켄터키, 루이지애나, 미시시피, 아칸소, 테네시, 미주리 등지에는 단지 127명의 선교사만 파송하였다. 협회는 불균형을 해소하기 위해 남서부 지역으로 가는 선교사들에게 급여를 더 지불하는 방법을 제시했지만, 큰 효과를 발휘하지 못하였다. 북부 출신의 선교사들은 노예문제, 기후, 친척과 너무 멀리 떨어져 사는 것, 남부에서 별로 환영받지 못하는 것 등의 문제들 때문에 남서부 지역으로 가는 것을 원치 않았다.[9]

3. 노예문제

1) 노예제도가 이슈로 부상함

미국 침례교회 분열의 가장 핵심적인 원인은 노예문제였다. 미국에서 노예제도는 1800년 이전까지는 남과 북을 나누는 문제가 아니었다. 반노예주의 견해는 미국 전역에서 발견할 수 있었다. 특히 대각성운동과 독립전쟁 기간에 인도주의가 급속히 증대되었고, 미국의 대다수 개신교단들 가운데서 흑인 노예들을 해방시켜야 한다는 생각을 가진 사람들이 생겨났다. 침례교 역시 마찬가지였다. 남부 버지니아의 케톡톤 지방회는 1787년에 "세습적 노예제도는 하나님의 법을 깨뜨리는 것이라고 결의하고," 그것을 시정하고 노예해방을 위한 계획을 입안하는 위원회를 선정하려 하였다. 그러나 교회들 가운데 그것을 반대하는 목소리가 있었기 때문에, 지방회는 그 문제를 덮어두기로 결정했다.[10]

특히 18세기 말에 목화에서 솜을 분리하는 씨아가 발명된 이후, 농업이 주된 산업이었던 남부에서는 씨아 일을 할 노예의 노동력이 매우 긴요해졌다. 반면에 북부는 공장산업이 발전하였기 때문에 노예의 노동이 주는 이익이 남부만큼 필수적이지 않았다. 노예의 노동력은 남부경제에서 없어서는 안 될 주요한 원천이었다. 목화가 남부 경제에 중요한 위치를 차지하고 목화재배가 노예의 노동력에 의존하게 되자, 노예제도를 존속하자는 주장이 남부에서는 점차 많아지게 되었다.[11]

이와 같은 상황적 변화는 노예제도에 대해 침례교회 안에서 서로 다른 견해를 초래하였다. 예를 들면, 존 릴랜드는 1789년에 버지니아 침례교 총 위원회(The General Committee of Baptist Churches of Virginia)에 노예제도폐지 결의안을 제출하였으며, 그것은 총회에서 통과되었다. 그것은 상원에 노예제도를 점진적으로 폐지하고 노예들을 해방시킬 것을 촉구하는 결의안이었는데, 주 내용은 다음과 같다.

결의. 이 노예제도는 인간 본연의 권리를 무자비하게 박탈하는 것이며 공화국 정부의 이상에도 배치 되는 것이다. 그러므로 우리는 이러한 극악을 이 땅에서 근절시키기 위해서 모든 법적인 조치를 취하도록 우리(침례교) 형제들에게 권면하는 바이며, 존경하는 국회의원들이 그들의 권한을 십분 발휘하여 이 땅에 위대한 희년을 제정·공포하도록 전능하신 하나님께 기도하기를 권면한다.[12]

그런데 버지니아 주 로우노크(Roanoke) 지방회는 이 결의안이 올바른 것인지 확신할 수 없기 때문에, 노예문제는 개인의 양심에 맡기는 것으로 결정하였다. 스트로베리(Strawberry) 지방회 역시 노예제도에 대해 불간섭의 원칙을 세웠다. 그러나 필라델피아 지방회는 노예제도의 폐지를 추진하기로 하였으며, 켄터키의 세일럼(Salem) 지방회는 기독교인이 노예를 소유하는 것이 옳은 것인가에 대해 토론하지 않기로 했다. 켄터키의 엘콘(Elkhorn) 지방회는 종교의 자유와 노예제도 폐지를 총회에 건의하기로 하였다. 그런데 이것을 반대하는 교회들이 문제를 제기하자, 그 일의 추진을 멈추었다. 이처럼 노예문제는 켄터키 교회들 간에 분열의 원인으로 작용하고 있었다.[13]

침례교 평신도의 35퍼센트, 목회자의 40퍼센트가 노예를 소유하고 있는 사우스캐롤라이나의 지방회들은 노예문제에 대해서 가급적 언급을 하지 않는 입장을 취했다. 예를 들면, 노예들에 대한 기독교적인 보살핌과 합당한 대우를 법규화 하여 실행하고 있던, 씨더 스프링교회(Cedar Spring Church)가 기독교인이 노예를 소유할 수 있는가에 대해 1799년에 벧엘 지방회에 질의하였지만, 지방회는 그것을 묵살하였다. 메릴랜드 역시 비슷한 입장을 취했다. 이처럼 남부 지방회들은 교회의 화합을 위해 노예문제를 다루려 하지 않았다.[14] 그러나 노예문제는 결코 사라지지 않고, 오히려 한층 격렬해졌다. 그것은 국가적인 문제이기도 하였다. 예를 들면, 미주리와 메인이 미합중국에 가입할 때 노예제도에 관한 두 주의 상반된 입장이 어려움을 가져다주었다. 결국 1820년에 타협안이 성립되었는데, 그것은 의회가 미주리는 노예제도를 지지하는 주로, 메인은 노예해방을 지지하는 주로 용인한다는 것이다. 이것은 미봉책에 불과한 것이었다.[15]

2) 북부 침례교회들의 반노예주의 운동

남부 침례교회들이 노예제도를 용인하는 쪽으로 나아간 반면에 북부 침례교회들은 급속히 노예폐지론으로 움직였다. 이것은 북부 사람들의 일반적인 정서와 더불어 영국 침례교회의 압력도 한 원인이었다. 영국 침례교회는 일반과 특수할 것 없이 노예제도를 반대하였다. 영국의회는 이미 1838년까지 영연방에 속한 모든 나라에서 노예제도를 폐지하는 법안을 통과시킨 상태였다. 영국 침례교인들은 이러한 의회의 결정을 이끌어 내는 데 상당한 공헌을 하였다.[16]

영국 특수침례교 총회인 침례교 연맹(Baptist Union)은 1833년 12월 31일에 미국 침례교 총회에 노예폐지를 촉구하는 편지를 보냈다.

> 그것(노예제도)은 하나님의 신성한 법을 침해하는 것이지 않습니까? 언제 어디서나 구속력을 갖는 사회적 계약을 명백히 위반하는 것이지 않습니까? 만약 그것이 사실이라면, 당신들은 –그리스도인으로서, 특히나 크리스천 목회자로서–그것에 대항하여 항의해야 하지 않겠습니까? 어떠한 합법적인 수단을 동원해서라도 그것을 신속히 그리고 완전히 폐지해야 하지 않겠습니까?[17]

영국 침례교회의 촉구에 자극 받은 북부의 노예폐지론자들은 적극적으로 목소리를 높였다. 메인 주의 헨코크(Hancock) 지방회는 1836년에 즉각적인 노예해방을 촉구하였으며, 같은 주의 워싱턴(Washington) 지방회는 회원들에게 노예소유자와 교제를 금하는 결정을 내렸다. 자유의지침례교회는 노예폐지에 가장 적극적이었다. 교단지 「샛별」(The Morning Star)은 노예제도를 너무 심하게 비판해서 뉴햄프셔에서 1835년부터 1846년까지 두 번이나 출판사 업무를 정지당하기도 했다. 자유의지침례교회는 1843년에 반노예제도협회(Freewill Baptist Ant–Slavery Society)를 조직하였다.[18]

뉴욕에서 1840년 4월에 미국침례교 반노예제도총회(American Baptist Anti–Slavery Convention)가 설립되었다. 이 단체는 매우 강경한 그룹으로 심지어 3년 연례총회와의 관계를 단절하였다. 왜냐하면 3년 연례총회는 노예를 소유하고 있는 사람들도 회원자격을 계속 주고 있기 때문이었다. 본 총회는 1840년 4월 뉴욕에서 약 100여 명의 침례교 목회자들과 평신도들이 모여 노예폐지를 주장하고, 그것을 반대하는 남부 침례교인들의 행태를 비판하는 선언문을 발표하였다. 선언문의 마지막 부분은 다음과 같다.

> 만약 여러분들이 우리의 경고와 호소의 목소리에 귀를 막아버린다면, 노동력에 대

한 임금도 지불하지 않은 채 특권을 누린다면, 그리고 하나님의 형상으로 지음 받았고 예수님께서 보혈을 흘려 사신 사람들을 사유재산으로 주장한다면, 우리는 주님 앞에 두렵고 떨리는 마음으로 엄숙히 선언합니다. – 당신들은 그리스도 안에서 한 형제라고 볼 수 없습니다. 노예들의 울부짖는 고통 소리를 듣지도 못하는 당신들의 이기적인 기도에 우리가 동참할 수 없습니다. 하나님을 모든 인간의 불상사를 만드신 분으로 만드는 설교를 우리는 차마 들을 수 없습니다. 또한 가녀린 여인의 헐벗은 몸에 채찍을 가하는 사람들과 함께 우리는 주님의 만찬에 동석할 수 없으며, 그들을 형제라고 부르며 악수를 할 수 없습니다. 그들은 성경 말씀을 앞에 두고 눈을 감아버린 사람들입니다.[19]

이와 같이 북부 침례교인들의 반노예주의는 강력하였다.

3) 남부 침례교회들의 반발

북부의 노예폐지론자들의 거센 공격은 남부의 강한 반발을 불러일으켰다. 남부의 목사들은 노예제도가 성경에 분명한 근거가 있다고 주장하였다. 남부의 대표적 지도자인 리처드 퍼먼은 1822년에 노예제도를 옹호하는 글을 썼는데, 그의 글은 남부 전역의 침례교인들에게 큰 영향을 끼쳤다. 퍼먼 주장의 핵심은 구약의 족장들은 노예를 소유하였고, 신약성서도 노예소유를 금하고 있지 않았다. 따라서 노예제도는 성경이 인정하는 제도라는 것이다.[20] 윌리엄메리대학(College of William and Mary)의 정치경제학 교수였던 토마스 듀(Thoams R. Dew)는 노예제도가 인류의 문명 발전의 주요 수단이었다고 강변했다.[21] 찰스턴 지방회는 1822년에 이어 1835년에도 노예제도를 옹호한다는 것을 재차 천명하였고, 앨라배마 주총회는 1840년 11월에 총회의 해외선교협회가 노예폐지론자들과는 아무런 관련이 없다는 것을 약속하지 않으면 보조금 지급을 중지할 것을 결의했다.[22]

4) 총회의 중립 정책

양측의 갈등이 점증하는 가운데 3년 연례총회가 1841년 볼티모어에서 개최되었다. 교단 지도자들은 총회의 설립목적이 선교사업이므로, 이외의 문제는 총회가 관여할 사항이 아니며, 판단의 범위를 넘어서는 것이라는 논리로 중립을 지키려 했다. 국내선교협회도 같은 입장을 취했다. 그러나 중립의 노력은 결국 실패로 돌아갔다. 북쪽의 호전적인 노예폐지론자들과 남쪽의 강경한 노예찬성론자들은 온건파의 주장을 제압하였다. 심지어 노예폐지론자들은 자기들의 헌금을 노예제도를 묵과하는 총회에 보내기보다는, 자신들의 뜻에 일치하는 기관에 보내기 원했다. 이러한 목적에 의해 1843년 미국 및 해외 자유침례교 외국선교부(American and Foreign Free Baptist Board of Foreign Missions)가 설립되었다. 총회는 이 단체를 불법이라고 주장하였다.[23]

1844년에 3년 연례총회가 필라델피아에서 개최되었고, 참석 대의원의 수는 600명에서 700명 사이였다. 당시에 미국 침례교인의 총수는 약 70만 명 정도였다. 침례교 인구가 34,843명이었던 매사추세츠는 103명의 대의원을 보내서 타주들보다 월등히 많은 수의 대의원을 보냈다. 버지니아는 침례교인이 82,732명이지만, 43명의 대의원만 참석하였다. 이것은 매사추세츠의 노예폐지론자들이 분명히 목적을 가지고 전투적으로 참석한 것을 반영한다.[24] 남부 출신의 윌리엄 존슨(Willam Bullein Johnson)은 총회장의 임기가 만료되었고, 후임 총회장으로는 로드아일랜드 출신의 프란시스 웨일랜드(Francis Wayland)가, 총무로는 버지니아 출신의 테일러(Dr. J. B. Taylor)가 각각 선출되었다. 노예제도 문제는 총회의 뜨거운 이슈였다. 1844년 4월 25일 화요일 저녁 회무시간에 사우스캐롤라이나의 리처드 풀러(Richard Fuller)는 총회가 오직 선교 사업에만 전념할 것을 요구하는 동의안을 제출했다. 이에 대해 보스턴에서 온 나다니엘 콜버(Dr. Nathaniel Colver)는 그 제안은 문제를 회피하려는 술책에 불과하다고 공격하고 동의안 채택에 반대했다. 결국 동의안은 받아들여지지 않았다. 대신에 필라델피아 제일침례교회 담임목사인 조지 아이드(George B. Ide)의 동의안이 만장일치로 통과되었다. 그것은 총회 차원에서는 노예문제에 관해 어떤 입장도 정하지 말고, 개인적으로는 자신의 의견을 개진할 수 있게 하자는 것이었다. 국내선교협회 역시 이 결정을 그대로 받아들였다.[25]

3년 연례총회가 1844년 필라델피아에서 개최되었을 때, 윌리엄 존슨은 총회장을 역임하고 있었다. 그는 재선이 확실하였지만 건강상의 이유를 들며 사양하였다. 가까운 친구들은 그가 그렇게 결정한 것은 노예폐지론자들과 노예찬성론자들과의 화합을 위해 물러선 것이라고 하였다. 프란시스 웨일랜드는 노예폐지론자였지만, 총회로 하여금 중립을 지키도록 유도하였다.[26] 그러나 총회의 결정은 남부 침례교인들에게는 불만족스러운 것이었다. 선교만을 총회사업으로 명시하자는 남부의 제안이 부결되었고, 비록 총회 차원에서는 노예문제에 대해 공식적인 입장을 정하지 않겠다고 했지만, 개인적으로는 얼마든지 의견을 제시할 수 있게 하는 조항으로 인해 노예폐지론자들의 주장이 확산될 수 있는 길을 열어두었기 때문이었다.

5) 교단분열을 일으킨 두 사건

1844년에 일어난 두 가지 사건은 교단의 분열을 가져왔다. 첫 번째는 조지아 침례교인들이 국내선교협회를 시험한 사건이었다. 그들은 노예소유자인 제임스 리브(James E. Reeve)를 국내선교사로 지명하고, 당시 관례대로 그를 돕기 위해 모금을 하였다. 조지아 주총회는 국내선교협회가 리브를 선교사로 선임하고 지원하게 해 달라고 요청했다. 이에 대해 선교협회는 중립성을 재천명하고, 리브 건을 다루지 않았다.[27]

두 번째는 1844년 11월에 앨라배마 주 총회가 3년 연례총회에 노예소유자가 해외 선교사로 임명될 수 있는지를 질의한 사건이었다. 이것은 노예문제만이 아니라, 내면적으로 선교부의 권한에 대한 것도 함께 질문한 것이었다. 즉 선교사의 임명은 오직 총회의 권한에 속하는 것인가? 교회들도 그러한 권한이 있는 것은 아닌가? 하는 질문이었다. 총회의 대답은 선교사 임명권한이 총회의 실행위원회에만 있다고 하였다. 그리고 "한 가지는 분명하다. 즉 우리는 결코 노예제도를 찬성하는 것을 주선하는 단체는 아니다." 라는 문구를 삽입하였는데, 이것은 그 동안의 중립을 깨뜨린 말로 평가되었다.[28]

두 선교기관의 결정은 노예제도폐지론자들이 노예제도를 옹호하는 사람들보다 교단에서 더 영향력이 컸음을 보여준다. 그 이유로는 총회 기관들이 필라델피아, 뉴욕, 보스턴과 같은 북부에 본부를 두고 있어서 그 지역의 목회자와 평신도들로부터 더 많은 영향을 받았기 때문이다. 당시에 침례교 교세는 남부가 북부와 서부를 합친 것 보다 더 많았지만, 멀리 북부에 있는 협회모임에 대의원을 보내기는 현실적으로 매우 어려운 일이었다.[29]

4. 남북 침례교회의 분립

총회가 중립정책을 유지하지 못하고, 남부 침례교인들을 포기하는 모습을 보이자 분열이 가시화되었다. 버지니아 침례교인들은 1845년 4월에 제반 문제를 토의하는 모임을 제안하였고, 마침내 1845년 5월 8일, 목요일에 293명의 남부 침례교 대표들이 조지아 주 어거스타(Augusta)에 모였다. 대의원들은 남부의 9개 주에서 왔는데, 조지아에서 139명, 사우스캐롤라이나에서 102명, 그리고 52명이 나머지 주들에서 왔다. 짧은 시간에 모였으므로 다른 주들에서는 많은 대의원이 참석하지 못하였던 것이다. 대의원들 가운데 여성이나 흑인은 없었다.[30] 이 모임에서 남침례교총회가 정식으로 결성되었다. 미국 침례교회가 남북으로 분열된 것이다.

북침례교회의 변화와 발전

1. 교회와 목회자의 변화추이

미국 침례교회는 19세기 중반부터 20세기에 이르기까지 급속한 성장을 구가했다. 미국의 모든 침례교단을 망라한 침례교 인구는 1850년에는 70만 명으로 미국 전체 인구 대비 32명 당 1명꼴이었다. 그런데 1900년경에는 4백 2십만 명의 침례교인이 있었고, 이는 인구의 18명 혹은 19명 당 1명에 해당되었다. 침례교회는 이처럼 규모가 커지면서 교회생활은 보다 제도적이 되었고, 치리는 현저히 쇠퇴하기 시작했다. 과거에는 출교가 책벌 받은 사람이라는 사회적 낙인도 함께 작용하였는데, 이제는 단순히 교인명부에서 제명하는 것으로 그치게 되었다.[31]

남부에서 침례교회는 1890년경에 최대 교단인 감리교회를 넘어서서 가장 큰 교단이 되었지만, 북부에서는 침례교회가 감리교회를 넘어서지 못하고 비슷한 감소 추세로 나아갔다. 남침례교회는 여전히 교육 경력이 없고, 사례를 제대로 받지 못하는 목사들이 가난한 교인들을 상대로 목회했는데, 북침례교회는 신학 대학원을 졸업하고 적절한 사례를 받는 목회자들로 채워졌다. 1906년도 기준으로 볼 때, 침례교 목회자들의 사례비는 북침례교 833달러, 남침례교 367달러로 평균은 536달러였다. 북감리교회는 812달러, 남감리교회는 714달러였다.[32]

침례교 신학대학원들은 대부분 북부지역에 위치하고 있었기 때문에 북침례교 목회자들은 훌륭한 신학교육을 받을 수 있었다. 1835년에 침례교 인구의 36%가 북부에 있었는데, 신학생들의 68%는 북부에서 공부를 하고 있었다. 북침례교 교인수가 남침례교 교인수의 절반도 안 되었던 1916년에도 신학생들의 숫자는 북부가 40%나 더 많았다.[33] 북침례교회는 남침례교회보다 교회 자산이 훨씬 많았다. 1906년 기준으로 남침례교회에 비해 교인수는 절반 정도에 불과했지만, 북침례교 총회의 자산은 남침례교회보다 2배 이상 많았다. 1910년 기준으로 "북침례교 총회의 교인당 교회 자산의 평균 액수는 70.92달러로 미국 감리교회(교인당 54.70달러)보다 높으며, 장로교(82.07달러)나 회중주의(90.34달러)와 비슷하였다."[34]

20세기에 들어서면서 북침례교회는 교회정체에 대한 생각이 변화되었다. 개교회들은 지방회보다는 주총회의 지도권에 더욱 의존하며 보다 중앙집권적인 견해가 많아졌다. 개교회는 온전한 그리스도의 몸이라는 전통적인 강력한 개교회주의가 어느새 약화되어 개교회는 전체 교단의 구성요소라는 생각이 많아졌다.[35] 교회정체에 대한 개념의 변화는 교단사업의 효율성을 높이기 위한 통합적 활동으로부터 생겨났다. 1896년부터 협회들은 모금활동이 중첩되는 것을 방지할 대책을 강구하였다. 협회들과 여선교회들의 대표자들로 구성된 조정위원회가 만들어졌고, 위원회는 1901년 총회 때 구체적인 운영방안을 보고하였다. 요지는 협회들의 통합은 배제하지만, 협회들 간의 조정을 위한 위원회를 운영하고, 모금에 대해 합동호소를 한다는 것이었다. 이 계획은 곧바로 실행되지 않고 몇 년간 지연되다가 1907년 5월 워싱턴 총회 때 다시 제안되었다.[36]

20세기에 교인들의 도시 집중화는 예상보다 빨리 진행되었다. 선교에 관한 1961년 1월 미니애폴리스의 모임에서 침례교인들의 인구 변화에 대한 보고가 있었다. 교회의 5분의 3은 여전히 읍과 군 지역에 있지만, 전체 교인수의 3분의 2는 도시에 있었다. 이제 도시의 환경에 맞는 목회와 전도 전략이 요구되는 시점이 되었던 것이다. 시골 환경에서 목회자는 설교자뿐만 아니라 치리자 혹은 다스리는 자(ruler)로서 역할이 가능했지만, 도시에서는 목회자가 복음의 증거자, 신앙생활의 안내자로서의 역할만 요구되었다. 이것은 미국침례교인들의 교회생활에 있어서 혁명적 변화였다.[37] 이와 같이 미국 침례교회의 교회와 목회자는 시대의 변화에 따라 함께 변화의 과정을 밟았다.

2. 총회의 발전 및 변화

미국침례교회는 1907년부터 북침례교회(Northern Baptist Convention)로 명칭을 바꾸고 새로운 도약을 위한 출발을 하였다. 타 교단이나 초교파적 단체에 대해서도 총회는 협력적인 관계를 유지하였다. 이미 1893년에 발족된 북미해외선교협의회(Foreign Missions Conference of North America)에 참여한 바 있는, 북침례교회는 1908년에 설립된 국내선교회의(Home Missions Council)에도 참여하였고, 같은 해에 창설된 미국기독교회연방회의(Federal Council of Churches of Christ in America)에도 회원으로 가입하였다. 그리고 필리핀, 중국 등의 선교지에서 예양협정에 기초하여 구획을 설정하고, 타 교단들과 합동으로 대학을 운영하는 것에 찬성하였다.[38]

1910년에 북침례교총회가 합법적인 법인체로 등록되었다. 총회 내규의 주요한 사항은 다음과 같다. 1) 대의원은 개교회와 협력단체들의 대표들로 구성된다. 2) 전년도 총회장, 현 총회 임원, 평신도 대표로 구성된 실행위원회를 설치한다. 3) 협력단체의 독립은 보장되지만, 총회의 재정위원회로부터 매년 감사를 받아야 한다. 4) 각 협회와 총회는 양쪽에서 관계를 끊을 수 있다.[39]

1920년에는 총회의 각 부서와 협회의 사업을 검토하고 예산을 심의할 진흥부(Board of General Promotion)를 설립하였다. 위원은 총회장과 총회 실행위원회의 대표들, 각 협력단체의 대표들, 각 도시 선교협회의 대표 등으로 구성되었다. 이 기관이 1919년부터 1924년까지 전개된 5개년 신세계운동을 주도하였다. 1924년에는 선교협동부(Board of Missionary Cooperation)로 명칭을 바꾸어서 계속 같은 역할을 수행하였다. 북침례교회의 전통적인 협회방식은 사실상 종말을 고하였고, 교단이 주도하는 방식으로 나아갔다.[40]

1933년 워싱턴 총회에서는 침례교회의 자원주의와 자치주의를 다시 강화하고 중앙집권화를 배격하면서 협력할 수 있는 방안을 모색하였다. 이를 위해 15

인 위원회를 선정하여 연구토록 했다. 위원회는 1934년에 보고서를 제출했는데, 보고서의 주요 골자는 총회 기관은 실무 위주의 간결한 조직체가 되어야 하며, 중요한 사항의 결정은 부서와 지역을 대표하는 무급 임원들로 구성된 전체회의 (General Council)가 담당해야 한다고 제안하였다. 총회는 위원회의 제안에 따라 선교협동부를 폐지하고, 재정 및 진흥회의(Council on Finance and Promotion)를 창설하여 모금사업을 담당하도록 했다.[41]

20세기 중반에 접어들면서 북침례교회는 신학적 다양성이 강화되었다. 개혁주의는 과거 침례교회들에게 신학적 통일성을 제공했지만, 더 이상 그런 위치를 갖지 못했다. 개혁주의, 경건주의, 부흥주의, 자유주의, 보수주의, 근본주의, 신정통주의 등 다양한 신학전통이 교단에 혼재하고 있었다. 강력한 개교회주의는 신학적 다양화를 강화시켰다.[42]

미국침례교총회는 1950년부터 1962년에 걸쳐 총회의 조직이 효율적으로 운영되고 있는지를 평가하고, 그것에 따른 조직재편을 추진하였다. 이 일을 위해 총회는 1950년에 총무직책을 신설했다. 1953년에는 미국 기업관리 연구소 (American Institute of Management)에 총회 구조에 대한 조사연구를 의뢰하였다. 연구소는 2년간 조사한 후, 그 결과를 총회에 통보하였다. 보고서는 총회의 모든 기관을 한 곳으로 집결시킬 것을 권고했다. 1955년도 총회는 이 연구소의 보고서를 기초로 각각 두 개의 본부를 두고 있던 국내선교협회와 해외선교협회의 본부들을 통합하도록 결정했다.[43]

본부건물을 어느 곳에 위치시킬 것인가와 관련해 오랜 기간 논쟁이 이어졌다. 총회는 대체로 뉴욕을 찬성하는 파와 중서부 지역의 도시를 찬성하는 파로 갈리었다. 1958년에 뉴욕과 시카고가 경합을 벌이다가, 양쪽 다 뜻을 이루지 못하고 타협안으로 펜실베이니아의 밸리포지(Valley Forge)를 선정하기로 의견의 일치를 보았다. 1960년 5월 뉴욕 주 로체스터에서 총회가 열렸고, 이 때 밸리포지에 총회 건물을 세우기 위한 예산 8백만 불이 승인되었다. 그리고 전국교회협의회가 침례교 신앙과 다른 노선을 추구하기 때문에 탈퇴하자는 동의를 받아들이지 않았다.[44]

1961년 6월에 개최된 제54차 총회에서는 그동안 진행되어온 조직의 재편이 마무리되었다. 전체협회의가 설립되었다. 전체협의회는 총회에서 선출된 회원과 각 협회 및 연관 조직체들에서 선출된 회원으로 이루어졌다. 그리고 교단 산하 각종 협회 및 부서들에 대한 최고 실무 책임은 총회의 총무가 맡게 되었다. 이로써 미국침례교총회는 엉성하게 연결된 연방체로부터 진정한 연맹(Union)의 체제로 발전하게 된 것이다. 그리고 다음해인 1962년 5월 26일에는 새로 지은 총회 본부건물을 헌당할 수 있었다.[45]

1964년 총회는 총회 창립 150주년을 기념하는 의미로 남침례교총회와 함께 개최되었다. 총회장으로는 해롤드 스태쓴(Harold E. Stassen)이 선출되었는데, 그는 미네소타 주의 주지사를 역임했고, 유명한 평화주의자로서 국제연합헌장의 서명자이기도 했다. 당시 총회의 주요 안건들로는 인종문제, 전쟁과 평화, 기독교의 통합과 사회운동이었다. 연사로는 마틴 루터 킹(Martin Luther King, Jr.) 목사를 비롯한 저명한 인권운동가들과, 전국교회협의회 총무 에드윈 에스피(Edwin Espy)가 등단하였다.[46]

1969년 5월 시애틀에서 개최된 총회에서 토마스 킬고어(Thomas Kilgore, Jr.)가 총회장으로 선출되었는데, 그는 미국 침례교 역사상 최초의 흑인 총회장이었다. 그리고 총회의 대의원 자격과 관련하여 수침교인이라는 조항을 삭제하기로 가닥을 잡았지만, 최종적으로는 차기 총회에서 검토 후 결정키로 했다. 오하이오 주 신시내티에서 열린 1970년 총회는 대의원 자격 문제에 대해, 대의원은 "수침신자"로 한정하지 않으며, 개교회의 고유 권한에 의해 선출되도록 하되, 교회들에게 신자의 침례 교리를 강조하기로 결의했다. 그리고 흑인침례교 단체인 진보전국침례교회(Progressive National Baptist Church)와 "협력관계"를 맺자는 동의안을 통과시켰다. 진보전국침례교총회 역시 9월 총회에서 긍정적인 입장을 결정하였고, 이것은 흑백관계에 중요한 이정표가 되었다.[47]

1972년 덴버 총회 때에는 교단의 구조에 변경을 주었다. 전체협의회를 확대해 200명으로 구성된 전체 위원회(General Board)를 만들고, 총무의 직책을 강화하였다. 그리고 교단명을 미국침례교회에서 "미합중국 미국침례교회"(American Baptist Churches in the USA)로 바꾸었다. 또한 매년 개최되었던 총회를 2년에 한 번씩 하는 것으로 바꾸었다. 그리고 진보전국침례교회와 함께 합동으로 기금을 만들어, 기금의 60퍼센트를 흑인, 히스패닉, 인디언 등 소수집단을 위해 사용하고, 나머지 40퍼센트는 지역 목회를 위해 사용키로 했다.[48]

해외선교사역

1. 미국침례교선교연맹의 설립과 발전

남침례교총회가 분리해 나간 이후, 북부 침례교회들은 1845년 11월 20일에 개최된 특별대회에서 3년 연례총회를 미국침례교선교연맹(American Baptist Missionary Union)으로 바꾸었다. 총무로는 에드워드 브라이트(Edward Bright)가 선출되었다. 브라이트는 10년 동안 봉직하면서 남부 교회들의 도움 없이 해외선교를 운영해야 했기 때문에 적극적으로 모금활동을 펼쳤다. 그 결과 1845년 82,000불이었던 금액이 1846년에는 100,000불 이상이 되었다. 1857년의 불경기 때와 남북전쟁 시기를 제외하고 모금은 꾸준히 증가하였다.[49] 선교연맹은 외국 선교에만 전적으로 헌신하였다. 연맹에 헌금하는 사람은 누구나 회원자격을 얻을 수 있었다. 즉 개교회의 자치를 보호하기 위해 협회방식을 강화시켰던 것이다. 하지만 이 방법은 교회의 선교사역을 없애버렸고, 선교를 비교회적인 협회의 사역이 되도록 만들었다. 헌금은 1851년에 121,000불, 1900년에 543,048불, 특별히 해외선교를 강조한 해인 1893년에는 766,782불이 모금되었다.[50]

선교 종사자 수는 1846년에 99명의 선교사와 보조자들, 155명의 현지인 사역자, 82개의 현지교회, 현지인 개종자 5,300명이 있었다. 그리고 50개의 현지 학교와 2,000명의 학생을 보유하였다. 1900년에 이르러서는 474명의 선교사, 3,482명의 현지인 사역자, 928개의 현지 교회가 있었다. 이들 교회들은 10만 2천 명이 넘는 교인들을 확보하고 있었다. 선교지역은 버마, 태국, 중국, 인도, 아프리카, 프랑스, 독일, 덴마크, 그리스, 일본, 콩고, 스웨덴, 러시아, 핀란드, 스페인 등지였다.[51]

1845년에서 1900년까지 북침례교회의 해외선교에는 4가지 주요 변화 및 이슈들이 있었다. 첫째는 선교본부의 권한과 역할의 확대이다. 초기에 본부는 선교사들에게 단지 기도와 물질만 지원하였을 뿐, 지시는 거의 하지 않았다. 그러나 점차 본부가 선교사들의 임무와 사역에 대하여 일반적인 지시를 하게 되었다. 둘째, 해외선교지에서 교육과 직접전도 중 어느 것이 더 우선적이어야 되는가에 대한 문제였다. 선교연맹은 교육보다는 직접전도를 선호하였지만 현지에 학교도 많이 세웠다. 셋째는 현지교회가 자립하고 자치하는 교회가 되도록 하는 일에 집중한 것이다. 결과로 1898년 853개의 현지교회 중에서 524교회가 완전히 자립하는 교회가 되었다. 넷째는 여자선교사들의 역할이 강화되었다는 것이다. 초기에는 선교사 부인들에게 선교사란 칭호를 붙여야 하는가에 대해 논란이 있었다. 심지어는 선교사의 부인이 확실히 회심하기 전까지는 "자매"라는 칭호도 붙이지 말자고 결정한 적도 있었다. 그러나 남북전쟁 이후부터는 공식적으로 여자 선교사를 임명하기 시작했다.[52]

2. 해외선교지

북침례교회는 최초의 선교지인 버마에서 크게 성공하였다. 그것은 미국의 다른 교단들로 하여금 버마를 침례교 선교지로 간주하게 만들었다. 선교 업적들을 보면, 카렌족의 교육을 위해 1846년에 카렌 인문학 및 신학교(Karen Literary and Theological Institution)가 몰메인에 세워졌다. 1872년에는 버마의 전 부족을 상대로 랑군침례교대학(Rangoon Baptist College)을 설립하였다. 1900년에 이르기까지 버마의 47개 부족들과 접촉하였고, 약 5만 명의 현지인 신자를 보유할 수 있게 되었다. 그 중 3만 5천명은 카렌족이고, 3천 5백 명이 버마족이었으며, 그 외 다른 족속들이 합쳐 약1만 명을 상회하였다. 총 685개의 교회가 있었고, 이들 중 482개의 교회가 자립교회였다. 이처럼 저드슨이 버마에 도착한 지 87년이 지난 후의 결실은 실로 엄청났다.[53]

인도 선교도 크게 성공적이었다. 영국령인 인도의 아샘(Assam) 지방은 19세기 기준 다양한 부족들로 구성된 5백5십만의 인구가 있었다. 1900년경에 약 4,000명의 교인과 자체적인 지방회가 있었다. 인도에서 또 다른 성과는 모룽(Molung)이라는 곳에서 일어났다. 클라크(E. W. Clark) 선교사 부부에 의해 그곳 부족 전체가 기독교를 받아들였고, 얼마 후 나가스(Nagas)족 역시 모두 기독교 신자들이 되었다.[54] 인도 온골(Ongole) 지방에 있는 텔루구(Telugus)족 역시 극적인 집단개종을 했다. 이곳의 선교는 영국 침례교 선교사인 애모스 서튼(Amos Sutton) 부부가 1835년 리치몬드에서 개최된 미국 침례교회 3년 연례총회에서 텔루구족을 소개하면서 시작되었다. 서튼 부인은 미국 침례교 버마 선교사 제임스 콜만(James Colman)의 미망인이었다. 총회는 새뮤얼 데이(Samuel S. Day)를 파송하여 텔루구족 선교를 시작했다.[55]

아프리카 콩고에서도 커다란 결실을 보았다. 이곳에서의 사역은 부유한 영국 기독교인인 그래탄 기네스(H. Grattan Guiness)가 선교활동을 하다가, 1884년에 미국침례교선교연맹에 양도하면서 시작되었다. 헨리 리처드(Henry Richard) 부부가 그곳에서 사역한 지 6개월 만에 1,000여명이 예수를 영접하는 놀라운 부흥이 일어났다. 1900년경에 교인 수는 약 1,500명이었고, 3개의 큰 교회와 57명의 현지인 전도자와 교사들이 있었다.[56]

중국선교는 미국침례교선교연맹이 1863년에 윌리엄 애쉬모어(William Ashmore)를 중국 산동에 배치하면서 시작되었다. 혹심한 박해에도 불구하고 1872년에는 저장성침례교지방회(Chekiang Baptist Association)가 설립될 수 있었다. 1894년 기준으로 선교연맹은 9개의 여자 기숙학교를 설립했는데, 각각 인도에 2개, 버마에 2개, 중국에 1개, 일본에 4개가 있었다. 또한 버마, 중국, 일본에 각각 1개의 여자성경교사 양성학교와, 버마의 몰메인에 1개의 여학교와 2개의 선교대학을 가지고 있었다.[57]

일본에 대한 선교는 조나단 고블(Jonathan Goble)에 의해 1860년부터 시작되었다. 그는 1853년에 일본을 방문한 미국 정부 유람단을 태운 배의 선원으로 처음 일본에 갔었다. 고블은 귀국하여 해밀턴 신학교에서 공부한 후 일본 선교사로 갔다. 그는 마태복음과 찬송가를 일본어로 번역했다.[58] 필리핀에 대한 선교는 에릭 런드(Erick Lund)에 의해 1900년부터 시작되었다. 자로공업학교(Jaro Industrial School)가 1905년 10월에 세워졌고, 이 학교는 1921년에 중앙필리핀대학(Central Philippine College)으로 승격되었다.[59]

3. 해외선교협회의 설립과 발전

북침례교회는 20세기 초에 변화를 추구했다. 먼저 미국침례교선교연맹은 1910년에 미국침례교 해외선교협회(American Baptist Foreign Mission Society)로 명칭을 바꾸었다. 1911년에는 자유의지침례교회가 북침례교회에 통합되어 교단의 규모와 재산, 그리고 선교 영역이 넓어졌다. 1913년에는 동부, 서부, 뉴욕 등지에서 독자적인 운영을 해오던 여선교회들이 통합되었다.[60] 1912년도 북침례교 총회는 해외선교 정책에 변화를 주었다. 그것은 새로운 선교지를 개설하기 보다는 기존 선교지 가운데 일정 지역에 집중적으로 투자하여 자립하고 지속가능한 교회로 만든다는 것이었다. 이 목적을 달성하기 위해서는 먼저 교육기관을 설립하는 것이 중요하다고 판단하였으며, 일본과 필리핀을 대상지로 선정하였다.[61]

유럽에서 1914년 8월에 일어난 전쟁은 경제침체를 가져왔으며, 그것은 선교사업을 위한 모금에도 영향을 미쳤다. 전쟁이 끝날 무렵인 1918년 5월에 개최된 총회는 북침례교 평신도 전국위원회(National Committee of Northern Baptist Laymen)가 교단 모금활동에 대해 연구하고, 다음 총회 때 발표하기로 결정했다. 그 결과 1919년 총회 때 5개년 신세계운동(New World Movement)이 발족되었다. 그것은 진흥총본부(General Board of Promotion)를 설립하고, 전국 선교협회, 주 선교협회, 도시 선교협회의 대표들로 구성된 진흥총본부의 행정위원회가 기금을 함께 모금하고 배분하는 형식이었다. 이로써 각 협회들은 개별적으로 모금하는 짐을 벗게 되었다.[62]

신세계운동은 1924년까지 5년 동안 1억불 모금을 목표로 하였지만, 절반 정도만 모금되었다. 그러나 선교헌금 자체는 증가하였고, 평신도들도 선교에 더 관심을 갖는 유익을 얻을 수 있었다. 신세계운동이 끝난 후, 헌금액은 급격히 감소되었다. 1920-1921년도의 9백8십만 불 헌금은 1926-1927년에 4백4십만 불로 감소되었다. 해외선교협회에 할당된 금액 역시 1백3십만 불에서 8십3만 불로 줄어들었다. 선교사 개인이나 가정을 선교사 한 단위로 계산했을 때, 선교사 단위의 수는 1923년 313명에서 1939년에는 179명까지 떨어졌다.[63]

이와 같은 선교사업의 막심한 쇠퇴의 원인으로는 신학논쟁과 세계적인 경제 공황을 들 수 있다. 신학논쟁은 해외선교협회에 소속된 3명의 선교사들이 북침례교회의 선교정책이 자유주의에 기초하여 세워진 것이라고 비판하면서 시작되었다. 그들과 뜻을 같이 하는 사람들은 1928년에 "세계전도침례교연합회"(The Association of Baptists for World Evangelism)를 창설했다. 새로운 기구는 산하 선교사들과 직원들에게 근본주의 교리를 담은 강령에 서명하도록 했다. 이들에 대한 지원은 북부정규침례교 총연합회(General Association of Regular Baptist Churches, North)에 속한 400개 교회들에 의해 이루어졌다.[64]

1942년부터 예산은 상당히 회복되었고, 선교사들은 임지로 돌아갈 수 있었다. 그런데 이 때 또다시 신학 논쟁이 발발하였다. 일부 사람들은 해외선교협회가 정통 복음주의 신앙을 포기하고 포괄주의를 받아들였다고 비판했다. 이에 대해 선교협회는 침례교회의 전통적인 복음주의 신앙을 분명하게 견지하였다고 반박했다. 그러자 보수파들은 선교사를 심사할 때, 그리스도의 동정녀 탄생 교리를 믿는 지를 분명하게 검증할 것을 요구하였다. 그러나 그 요구는 받아들여지지 않았고, 보수파는 결국 1943년 12월 15일에 시카고에서 보수침례교 해외선교협회(Conservative Baptist Foreign Mission Society)를 설립하였다. 이 협회는 산하모든 직원과 선교사들에게 매년 보수주의 교리 강령에 서명하도록 요구하였으며, 시카고에 본부를 두었다.[65]

보수파가 세운 해외선교협회는 북침례교단 내에서 큰 이슈가 되었다. 1945년 5월 총회에서는 두 가지 보고서가 제출되었다. 첫 번째는 북침례교총회 내에같은 역할을 하는 또 다른 협회를 정식으로 인정할 수 없다는 것이고, 두 번째는보수침례교 해외선교협회를 독자적인 협회로 승인해 줄 것을 요청하는 보고서이다. 투표 결과 첫 번째 보고서가 통과되었는데, 대의원들은 총회의 승인 없이 새로운 협회를 조직하는 것은 일종의 반항이며, 총회의 규제를 받지 않는 것이라고보았다. 이것은 북침례교회가 오랫동안 시행하여 왔던 협회체제가 완전히 사라졌고, 중앙집권적인 총회로 변화되었다는 것을 보여준다.[66]

출판 및 주일학교사역

남침례교회가 분립한 후 북침례교회는 기존의 문서협회(Tract Society)를 미국침례교출판협회(American Baptist Publication Society)로 명칭을 바꾸었다. 남침례교회가 따로 독립해 나간 후에도 오랜 기간 출판협회와의 협력은 유지되었다. 남부의 침례교회들은 1890년대까지 이 출판협회에서 나온 책들을 사용하였다.[67] 출판협회는 주일학교 운동에 큰 공헌을 하였다. 협회는 권서 선교사들을 통해 출판협회에서 출판된 책들과 교제들을 각 교회와 가정으로 보냈다. 미국침례교 출판협회는 미국침례교 출판 및 주일학교협회(American Baptist Publication and

Sunday School Society)로 확대되었다. 본 기관은 주일학교 교재를 대거 출판했다. 대표적인 간행물은 1856년에 출판된『젊은 추수꾼』(The Young Reaper), 1870년의『침례교 교사』(Baptist Teacher), 1872년에 출간된『우리 어린이들』(Our Little Ones) 등이 있었다. 1871년에는 26개의 출판사들이 뉴욕에 모여 북침례교회의 주일학교 공과를 통일시킬 것을 결의했다. 통일된 주일학교 공과에 대한 수요는 급격히 증대되었다.[68]

국내선교사역

미국침례교 국내선교협회(American Baptist Home Mission Society)는 1845년부터 1870년까지 텍사스, 캘리포니아, 인디애나, 위스콘신, 일리노이, 아이오와, 미네소타, 캔자스, 네브래스카, 콜로라도, 다코타, 와이오밍, 아이다호, 워싱턴 등의 주들에서 선교활동을 하였다. 오래된 남부 주들에 대해서는 남북전쟁이 끝난 1862년부터 본격적으로 시작했다. 협회는 연약한 교회들이 예배당을 신축하는데 필요한 재정적인 지원을 위해 교회건축부를 신설하였다. 수 백 개의 교회들이 본 기관으로부터 도움을 받았다. 또한 흑인들, 인디언들, 이민자들, 로마가톨릭이 주도적인 위치를 점하고 있는 남미에서도 선교활동을 하였다.[69]

북침례교인들은 해외선교에 대해서는 중요한 사역으로 인식했지만, 국내선교는 해외선교에 비해서 그다지 중요한 일로 생각하지 않았다. 그러나 헨리 무어하우스(Henry L. Morehouse)와 같은 뛰어난 국내선교협회 지도자들은 침례교인들의 마음에 국내선교를 중요한 사역으로 각인시켰다. 특별히 외부적인 상황들 즉 유럽으로부터의 이민자들의 대거유입, 남부에서 해방된 흑인들의 영적인 필요, 서부지역에서의 인구 폭발 등은 국내선교에 새로운 관심을 쏟게 하였다.[70] 국내선교협회가 창립된 지 68년이 지난 1900년까지 협회 산하 국내선교사들과 교사들은 163,361명의 회심자들에게 침례를 주었고, 5,387개의 새로운 교회를 조직하였다. 국내선교사들의 수는 1871년 352명에서, 1882년에 513명으로 늘었고, 19세기가 끝날 무렵에는 1,180명까지 증가하였다.[71]

1. 교회건물사역

국내선교협회는 새로운 지역에서 침례교회가 공고하게 자리 잡기 위해서는 교회건물을 신축하는 것이 매우 긴요한 일임을 발견했다. 그래서 매년 예배당 건축을 추진했는데, 적게는 1880년에 6개의 건물을 세웠고, 최고로 많게는 1892년에는 무려 121개의 예배당을 신축하였다. 국내선교협회는 20세기에 건물사역을 확장하여 예배당 건축뿐만 아니라 학교건물도 건축하였다. 이를 위해 교회건축헌납기금(Church Edifice Gift Fund)을 설립하였다. 약 2,000개 교회들이 본 기금으로부터 지원을 받았다.[72]

2. 흑인 사역

남북전쟁이 끝난 후, 자유민으로 바뀐 흑인노예들의 자립이 중요한 국가적 이슈로 떠올랐다. 직업을 갖고 자립적인 삶을 살기 위해서는 교육이 가장 시급한 일이었다. 남부 전체에서 노예에게 글을 가르치는 것이 법으로 금지되어 있는 상황에서는 더욱 그러하였다. 미국침례교 국내선교협회는 흑인들의 비극적인 상황을 충분히 인식하고 그들이 성경을 읽고 자립할 수 있도록 교육시키기 위해 기금을 모았다.[73] 국내선교협회는 일찍이 노예해방이 가까워질 무렵인 1863년에 자유민 재단(Freeman's Fund)을 설립하고, 해방 노예들을 위한 사업을 본격적으로 시작했다. 본 협회는 재단을 통해 마련된 자금으로 특히 남부지역 흑인들의 전도와 교육사업을 착수하였다. 미국 남부의 주요도시들, 즉 내슈빌, 롤리(Raleigh), 뉴올리언스, 리치몬드, 세인트헬레나, 어거스타 등에 흑인들을 위한 학교를 세웠다. 북침례교인들은 흑인들을 위한 20여개의 학교에 약 37만 불의 특별헌금을 헌납하였다. 이러한 도움에 힘입어 남북전쟁 이후 흑인들은 문맹에서 벗어나기 시작했다. 또한 그들이 주체가 되어 교회를 세우고 운영할 수 있었다. 남부에서 흑인 교회들은 급속히 성장하였다.[74]

해방된 흑인들의 교육을 위해 장로교, 감리교, 성공회, 침례교 등은 초교파적 단체인 교육총국(General Education Board)을 창설하였다. 북침례교 국내선교협회는 1908년부터 1928년까지 교육총국으로부터 2백 50만 불의 기금을 수령하였는데, 이것은 북침례교회가 흑인들을 위한 교육에 매우 열성적으로 임하였다는 것을 보여주는 것이었다.[75] 많은 북침례교인들이 흑인들을 돕기 위해 남부로 내려갔다. 대표적인 인물로는 조지워싱턴대학교(George Washington University)의 전신인 콜럼비아대학(Columbian College)의 총장이자 미얀마 선교사였던 비니(J. G. Binney), 모건파크신학교(Morgan Park Theological Seminary) 교수 네데니얼 콜버(Nathaniel Colver), 데니슨대학교(Denison University) 교수 마르세나 스톤(Marsena Stone), 벌링턴대학교(Burlington University) 총장 조셉 로버트(Joseph T. Robert) 등이 있었다.[76]

북부에서 남부로 간 선교사들은 여러 가지 어려움을 겪었다. 먼저 대부분의 흑인 학생들은 완전히 문맹이어서 교육을 수행하기가 매우 어려웠다. 또한 남부 백인들의 박해도 심하였는데, 선교사들에게 건물을 팔거나 세를 주지 않으려 해서 기거할 주택을 구하기가 매우 어려웠다. 심지어는 구타당하거나 추방당했고, 어렵게 세운 학교 건물이 방화되기도 하였다. 남부 교회 신문들은 "하얀 넥타이를 맨 선교사들"과 "어여쁜 양키 소녀들"은 자기의 고향으로 돌아가라고 권고하였다.[77] 흑인들은 기존의 백인들이 교외 주택지구로 이사를 떠난 자리에 들어와 살았는데, 그 지역들은 대개 위생이나 치안이 좋지 못하였다. 국내선교협회는 이러한 지역에 크리스천 센터(Christian Centers)들을 건립하여 불건전한 환경을 기독교 환경으로 바꾸려 하였다. 특히 흑인 인구가 급증하는 북부와 서부지역에 이러한 센터들을 많이 설립했다.[78]

3. 인디언 사역

인디언 선교는 3년 연례총회를 계승한 미국침례교선교연맹이 담당하고 있었다. 남북전쟁이 발발하기 전까지 인디언들을 위해 임명된 선교사는 60명에 달하였고, 2천명의 인디언들이 개종하였다. 그러나 전쟁은 인디언 선교에 막대한 피해를 주었다. 전쟁이 끝난 1865년에 국내선교협회가 선교연맹으로부터 인디언 선교사업을 이양 받았는데, 그 때 활발하게 선교활동을 하는 지역은 단 2곳 밖에 없었다.[79] 북침례교회는 인디언 선교를 재가동하였다. 1876년에 인디언들을 위한 학교를 설립하자는 알몬 배콘(Almon C. Bacone)의 제안을 받아들여 그 일을 착수하기로 했다. 배콘은 4년이 지난 1880년에 탈레쿠아(Tahlequah)에 인디언 사범 및 신학교(Indian Normal and Theological School)를 세웠다. 교사건립은 존 록펠러가 교인으로 있는 오하이오 주 클리블랜드의 유크리드 애비뉴 교회가 지원하였다. 이 대학에는 배콘이 사망할 1896년에 125명의 학생이 수학하고 있었다. 미국 개신교단들 가운데 인디언 복음화에 가장 성공을 거둔 교단은 침례교였다. 개종한 인디언들은 대부분 침례교인으로 전향했다. 사회적 약자들을 진심으로 섬기고자 했던 침례교인들의 태도가 이러한 결과를 낳았던 것이다.[80]

4. 이민자 사역

미국으로 이주해 온 사람들의 수는 1790년부터 1820까지 30년 동안 약 25만 명이었고, 대부분 유럽인들이었다. 그러다가 1840년 이후 가톨릭 계열의 아일랜드인을 비롯하여 수백 만 명의 유럽인들이 본격적으로 미국에 왔다. 1880년부터 1900까지 20년 동안 약2천만 명의 유럽인들이 미국으로 왔다. 이들은 대부분 가톨릭 신자들로서 개신교 신앙으로 회심하거나 미국문화에 동화되기를 거부하였다. 전통적인 개신교 청교도주의 신앙을 따랐던 미국인들은 당황하였다. 원주민 보호주의를 내세워 이민을 저지하려는 움직임이 있었지만, 결국 이민을 막지 못했다. 이러한 상황에서 침례교인들은 여러 민족의 이민자들에게 복음을 전하고, 그들의 목회자들을 양성하는 일을 도왔다.[81]

국내선교협회는 이민자 중 다수를 점하고 있던 독일 사람들을 중점적으로 선교하였다. 독일인들의 대다수는 중서부지역에 정착하고 있었다. 1851년에 독일 침례교협의회가 필라델피아에서 열렸고, 1859년에는 재미독일침례교총회(General Conference of German Baptist Churches in America)가 개최되었다. 또한 로체스터 신학교에 독일어 분과(German Department)를 개설하고, 어거스터스 라우셴부쉬(Augustus Rauschenbush)를 담당 교수로 임명하였다.[82]

덴마크와 노르웨이 사람들에 대한 선교는 1848년에 시작되었으며, 1882년까지 30개의 덴마크-노르웨이 교회를 설립했다. 스웨덴 사람들에 대한 선교는 일리노이 주 록 아일랜드(Rock Island)에서 시작되었으며, 1882년에 이르러 스웨덴인 교회는 중서부지역에 104개 교회에 5천 명의 교인으로 성장하였다. 캘리포니아에 많이 정착해 살고 있던 중국인들에 대한 선교는 남침례교회가 먼저 실행하고 있었는데, 1884년에 국내선교협회가 그 사역을 인수받았다. 멕시코인과 프랑스계 캐나다인들에 대한 선교는 1849년에 시작하였고, 폴란드인들과 포르투갈 사람들에 대한 사역은 1888년에 개시하였다. 이탈리아 선교회는 1894년 뉴욕 주 버펄로에 설치하였다. 그리고 1896년부터는 유대인, 일본인, 레트인(Lettish), 네덜란드인, 시리아인(Syrians)에게까지 선교사업을 확장하였다.[83]

미국침례교회는 다른 개신교단들과 마찬가지로 이민자들에 대한 효과적인 목회를 위해 각 신학교에 외국어 부서를 만들었다. 1858년에 로체스터신학교에 독일어부를, 1889년에 뉴턴신학교에 프랑스어 부서를, 1907년에 콜게이트신학교에 이탈리아어 부서를 각각 개설하였다. 이러한 부서들을 통해 다양한 민족들을 위한 목회자들이 양성하였다.[84]

5. 중앙아메리카 사역

멕시코에서는 침례교회가 선구적으로 복음을 전하였다. 그곳에 개신교 신앙이 최초로 소개된 것은 1827년부터 1830년까지 영국 및 외국 성서협회에서 파송된 스코틀랜드 침례교인 제임스 톰슨(James Thompson)에 의해서였으며, 멕시코에 설립된 최초의 개신교회는 텍사스 주에서 온 침례교 목사 제임스 힉키(James Hickey)가 세운 교회였다. 힉키는 미국성서협회의 성서행상인으로 사역하던 중 1866년에 사망하였고, 토마스 웨스트럽(Thomas Westrup)이 그를 대신하게 되었다. 웨스트럽은 1870년에 미국침례교 국내선교협회에 소속되었다.[85]

중앙아메리카에 대한 선교는 남북 침례교회가 예양협정에 기초하여 협력했다. 새로운 선교소들이 설치되었는데, 1911년 엘살바도르, 1916년 니카라과, 1918년 온두라스, 1919년 아이티, 1921년 자메이카에 각각 설립되었다. 이미 선교가 상당히 진행된 쿠바에서는 1920년에 쿠바선교협회가 조직되었다. 1945년경에 중앙아메리카 6개 국가에서 205개 교회, 432개의 선교처소, 그리고 25,446명의 교인이 있었다. 39개 학교가 운영되고 있었으며, 236명의 본토인 선교사와 16명의 미국인 선교사가 활동하고 있었다.[86]

교육사업

북침례교회는 해방된 흑인들을 위해 학교를 설립하는 데 열심을 기울였다. J. C. 비니(Binney) 목사와 네데니얼 콜버(Nathaniel Colver) 목사가 흑인노예를 가두는 감옥을 사서 학교로 만든 것에서 시작된 리치몬드신학교(Richmond Theological Seminary), 흑인 교육 옹호자였던 필립 모리스(Phillip F. Morris) 목사가 1887년에 건립한 버지니아신학교(Virginia Seminary), 침례교 안수집사이자 노예폐지론자였던 스티븐 베네딕트(Stephen Benedict) 부부가 세운 베네딕트대학(Benedict College) 등을 비롯하여 19세기 말까지 26개의 흑인들을 위한 대학을 설립하거나, 혹은 설립을 위한 재정적 지원을 하였다.[87]

미국에서 최초의 남녀공학 학교는 북침례교인들에 의해 시작되었다. 이 학교는 노덤벌랜드 침례교 지방회(Northumberland Baptist Association)의 지원을 받아 1846년 펜실베이니아 주 루이스버그의 한 침례교회의 지하실에서 시작된 루이스버그대학교(University of Lewisburg)였다. 이 학교는 인기가 높아 학생들이 많이 몰려와서 3년 이내에 대학교로 발전할 가능성을 충분히 보여주었다. 루이스버그대학교는 신학뿐만 아니라 일반 학문도 가르쳤다. 설립 후 1년 만에 "여자대학"이 부설되었고, 나중에는 남자 학교와 통합되었다. 이것은 남녀공학이 널리 시행되지 않은 당시로 보아서는 매우 선구적인 조처였다. 필라델피아의 부유한 중개업자인 윌리엄 벅넬(William Bucknell)은 이 학교에 거액을 기부하였고, 학교는 그를 기리기 위해 교명을 벅넬대학교(Bucknell University)로 바꾸었다.[88]

펜실베이니아의 또 다른 침례교 신학교는 새뮤얼 크로저(Samuel A. Crozer)에 의해 세워졌다. 그는 사업가인 부친 존 크로저(John P. Crozer)로부터 물려받은 유산을 침례교회에 기부하였다. 크로저가 낸 헌금을 기초로 북침례교회는 1868년에 크로저신학교(Crozer Theological Seminary)를 체스터 시의 외곽지역인 업랜드(Upland)에 세웠다.[89] 필라델피아의 은혜침례교회(Grace Baptist Temple of Philadelphia) 담임목사 러셀 콘웰(Dr. Russell H. Conwell)은 빈곤층 청년들이 대학과정을 이수할 수 있게 하려는 목적으로 템플대학(Temple College)을 1896년에 설립하였다. 이 학교는 템플 박사의 불굴의 노력에 감동을 받은 여러 사람들의 도움으로 교사를 마련하고 성장하였다. 템플대학은 처음부터 초교파적인 학교로

설립되었다.[90]

뉴욕 주 로체스터에 소재하고 있는 콜게이트 로체스터 신학교(Colgate Rochester Divinity School)는 1850년에 세워진 로체스터신학교(Rochester Theological Seminary)와 과거 해밀턴신학교였던 콜게이트신학교(Colgate Seminary)를 통합하여 1928년에 세워진 것이다.[91] 위스콘신 주의 침례교인들은 1854년에 교육협회를 창설하고, 두 개의 대학을 설립하였다. 하나는 남자학교인 웨이랜드대학교(Wayland University)이고, 다른 하나는 여자학교로서 폭스 레이크(Fox Lake)에 있었다. 위스콘신 침례교인들은 두 개의 대학교를 운영하기에 역부족이었다. 그 결과 웨이랜드대학교는 1859년에서 1861년 사이 18개월 동안 폐쇄되었다가 다시 남녀공학 대학교로 재개되었으나, 여자대학은 1862년에 회중교회로 넘어갔다.[92]

매사추세츠 주 뉴톤센터(Newton Centre)에 소재하고 있는 앤도버뉴턴신학교(Andover Newton Theological School)는 회중교회의 앤도버신학교와 침례교회의 뉴턴신학교가 1965년에 통합하여 세워진 학교이다. 이 학교는 침례교회와 회중교회 두 교단에 가입되어 있다.[93] 캔자스침례교총회(Kansas Baptist Convention)는 1860년에 오타와대학교(Ottawa University)를 설립하였다. 또한 1901년에는 캔자스와 인근 지역에서 사역할 신학생을 양성하기 위해 캔자스신학교(Kansas City Seminary)를 세웠다. 이 학교는 후에 중앙침례교신학대학원(Central Baptist Theological Seminary)이 되었다. 사우스다코타 침례교인들은 1883년에 다코타대학(Dakota Collegiate Institute)을 창설했다. 이 학교는 1885년에 지웅폴스대학교(Sioux Falls University)로 바뀌었다. 자유의지침례교인들은 1857년에는 메인 주에 대학을 설립했는데, 이 학교는 1863년에 베이츠대학(Bates College)이 되었다. 또한 1884년에 미시간 주 스프링알버(Spring Arbor)에도 대학을 세웠다[94]

1851년에 결성된 서북지역 침례교 교육협회(Northwestern Baptist Education Society)는 1860년에 시카고에 신학교를 설립하기로 결정하고, 7년이 지난 1867년에 침례교연합신학대학원(Baptist Union Theological Seminary)을 설립하였다. 이 학교는 10년 후에 몰간 파크(Morgan Park)로 이전하였고, 몰간파크교회의 유능한 담임목사, 토마스 웨이크필드 굳스피드(Dr. Thomas Wakefield Goodspeed)의 리더십 아래 들어갔으며, 후에 시카고대학교 신학부가 되었다.[95] 시카고대학교(University of Chicago)는 시카고 제일침례교회 담임목사인 존 버러즈(John C. Burroughs)를 비롯하여 시카고 침례교 지도자들이 세운 구(舊)시카고대학교(Old University of Chicago)에서 출발했다. 구(舊)시카고대학교의 학교 부지는 스티븐 더글러스(Stephen A. Douglas)가 헌납하였다. 학교는 1857년부터 1866년 사이에 교사를 건축하고 정식으로 운영되었지만, 얼마 못가 재정적인 어려움으로 1887년에 문을 닫게 되었다.[96]

후에 이 학교는 시카고대학교에 의해 계승되었다. 초대 총장 윌리엄 하퍼(William Rainer Harper)는 당대 최고의 갑부이자 침례교 집사인 존 록펠러(John D. Rockefeller)로부터 수백만 불의 기금을 이끌어내는데 성공했다. 학교를 위해 땅을 기부한 마샬 필드(Marshall Field)를 비롯한 부유한 시카고 사람들의 기부도 잇달았다. 시카고 제2침례교회 담임목사 토머스 굿스피드(Thomas J. Goodspeed)를 비롯한 침례교 지도자들도 활발하게 모금활동을 하였다. 대학교는 1892년 10월 1일에 창립예배를 드릴 수 있었다.[97] 시카고대학교는 신학부가 포함되어 있는 일반대학교로 설립되었다. 학교의 운영은 침례교회가 주도적 위치를 점하되, 초교파적인 학교로 운영되도록 하였다. 초대 이사진의 3분의 2와 총장은 침례교인이어야 했지만, 나머지 이사는 교단과 관계없이 영입될 수 있었다. 그리고 교수, 직원, 학생 등 학교의 구성원들은 모두 종교로 인해 불이익을 당하거나 배제될 수 없다는 것을 최초 법인문서에 명시했다. 윌리엄 하퍼는 전국의 저명한 학자들을 교수로 초빙하여서, 시카고대학교의 명성을 빠른 시간에 높였다. 몰간 파

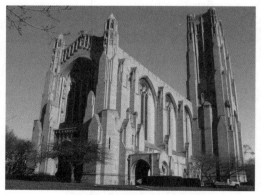

| 시카고대학교(University of Chicago)

크에 있던 침례교연합신학교는 시카고대학교 신학부가 되었다.[98]

북침례교신학대학원(Northern Baptist Theological Seminary)은 시카고대학교가 자유주의 신학을 받아들이는 것에 반발한 보수파 침례교인들이 1913년에 세운 학교였다. 이 학교는 시카고의 제2침례교회 건물에서 시작되었으며, 미국침례교회 보수주의의 요람지 역할을 하였다. 북침례교총회는 1920년에 이 학교를 교단 신학교로 승인하고 재정적 지원을 하였다.[99] 미국침례교회는 북침례교신학대학원 외에 20세기에 5개의 신학교를 세웠는데, 그 학교들은 다음과 같다. 캔자스시티의 센트럴침례신학대학원(Central Baptist Theological Seminary, 1901), 캘리포니아 버클리의 버클리침례신학교(Berkeley Baptist Divinity School, 1904), 시카고의 노르웨이침례신학교(Norwegian Baptist Theological Seminary, 1913), 로스앤젤레스의 스페인-아메리카 훈련학교(Spanish-American Training School, 1921), 필라델피아의 이스턴침례신학대학원(Eastern Baptist Theological Seminary, 1925) 등이다.[100]

신학적 갈등과 분열

1. 자유주의의 확산

19세기 후반부터 미국 사회의 변화와 더불어 미국침례교회의 신학도 엄청난 속도로 바뀌기 시작했다. 우선 개인의 자유와 의지를 존중하는 민주주의 사상으로부터 크게 영향을 받으면서 전통적인 칼빈주의가 현저히 약화되었다. 이것은 1911년에 아르미니우스주의를 표방하는 자유침례교회(Free Baptists)와 북침례교회가 통합한 것에서 잘 나타난다. 그런데 이러한 변화와는 비교가 되지 않을 정도의 변화가 유럽에서 들어왔다. 즉 하나님에 대한 지식을 습득함에 있어 계시보다는 인간의 이성을 더 강조하는 합리주의가 들어왔고, 찰스 다윈의 진화론이 소개되었다. 합리주의는 성경을 하나님의 계시가 아닌 인간의 종교적 발전과 깨달음에 대한 기록으로 격하시켰다. 그리고 지금까지 성경의 진리성에 근거하여 믿어온 이신칭의, 천국과 지옥, 성도의 성화 등의 교리들을 무의미한 것으로 만들

었다.[101]

　초기 북침례교 자유주의자들은 복음주의적 자유주의의 입장에 서있었다. 즉 그들은 기독교 핵심 교리들을 현대적인 상황에서도 받아들일 만한 교리가 되도록 재 진술하려 하였다. 이러한 목적에 따라 그들은 성경이 문자적인 하나님의 계시가 아니라, 하나님에 대한 경험의 기록이라고 하였다. 그리고 신에 대한 역사적 경험을 기록한 문헌은 결코 과학적 논증의 대상이 될 수 없다고 주장하였다. 이러한 복음주의적 자유주의를 주장한 대표적인 인물은 콜게이트신학교 (Colgate Theological Seminary) 교수인 윌리엄 뉴턴 클라크(William Newton Clarke)였다. 그의 저서, 『기독교 신학 개관』(Outline of Christian Theology)은 복음주의적 자유주의의 교의학으로 불렸다.[102]

　그런데 과학적 성경연구로 인해 제기된 의문들에 대해, 성경의 권위를 훼손하지 않고 변호하려는 시도는 종종 난관에 부닥치게 되었다. 전통적인 기독교 교리와 충돌되는 성경 구절들도 추출될 수 있었다. 버크넬대학교(Bucknell University) 교수 토머스 커티스(Thomas F. Curtis)는 1867년에 출판한 그의 저서 『거룩한 성서의 영감 속에 있는 인간적 요소들』(The Human Elements in the Inspiration of the Sacred Scripture)에서 전통적인 기독교 교리와 충돌되는 성경 구절들을 지적하였다. 이 책을 통해 충격을 받았던 커티스의 동료이자 크로저신학교(Crozer Theological Seminary) 학장이었던 헨리 웨스턴(Henry G. Weston)은 "나는 영감이 무엇인지 정의할 수도 없고, 그 한계가 무엇인지도 모른 채 망연자실해 있다." 라고 말했다.[103] 성경의 영감과 권위에 대한 의문은 신앙에 커다란 위협이 되었다.

　복음주의적 자유주의는 20세기부터 좀 더 급진적인 방식으로 바뀌는 움직임이 일어났다. 그것은 과학적 근대주의로서, 대표적인 사람은 시카고대학교의 셰일러 매튜즈(Dr. Shailer Matthews) 교수였다. 그는 기독교 정통 교리들을 부정하지 않았지만, 그것들은 반드시 과학적으로 설명되어야 한다고 생각했다. 이러한 입장은 전통적인 기독교 교리나 신학보다는 과학적 세계관에 부합될 수 있는 일반적인 종교적 진술에 더 많은 관심을 갖게 만들었다.[104] 시카고대학교는 과학적 근대주의의 중심지였다. 초대 총장 윌리엄 하퍼(William Rainey Harper)는 이런 목적으로 미국의 가장 저명한 신학자들을 교수로 영입했다. 대표적인 교수들로는 셰일러 매튜즈, 조지 버만 포스터(George Burman Foster), 셜리잭슨 케이스

(Shirley Jackson Case), 제럴드 버니 스미스(Gerald Birney Smith) 등이 있었다. 이들은 "교리적 진술들을 역사·문화적 유형들의 한 반영"으로 보았다. 따라서 그것들은 영구적인 진리가 아니라, 언제든지 새롭게 해석될 수 있는 가변적인 것이 되었다. 즉 시대에 맞게 해석할 수 있으며, 또 그렇게 해야 하는 것이기도 했다.[105]

합리주의를 막아내고 보수신앙을 발전시킬 목적으로 만들어진 시카고대학교가 정반대로 급속하게 자유주의 신학을 옹호하는 대학교로 바뀐 것이다. 1906년에 시카고대학교의 조지 포스터(George B. Poster) 교수의 저서, 『기독교 종교의 종국』(The Finality of the Christian Religion)은 시카고 지방회 내에서 문제가 되었다. 목회자들은 급진적인 사상을 피력한 포스터를 목회자 협회에서 제명시켜 버렸다. 시카고대학교는 불만을 받아들이면서도 학문의 자유를 인정한다는 의미로 포스터를 신학부에서 비교종교학부로 옮겼다.[106] 이것은 시카고대학교가 원래의 보수주의 신앙노선을 포기하고 학문의 자유를 숭상하였음을 단정적으로 보여주는 것이었다.

북침례교회에 속해 있는 학생들뿐만 아니라, 많은 타교단 학생들도 시카고대학교에서 수학하였기 때문에, 이러한 접근방법은 다른 교단들에게 상당한 영향을 끼치게 되었다. 신학교 교수들 역시 전국적인 영향력을 행사하는 사람들도 많았다. 예를 들면, 셰일러 매튜즈는 1912년부터 1916년까지 연방교회협의회(Federal Council of Church) 회장을 역임했고, 1915년도에는 북침례교회 총회장도 역임하였다. 시카고대학교 출신인 하이드 파크가 침례교회 주일학교부의 총책임자로 선임되자 시카고식 방법은 교단 내에서 광범위하게 확산되었다.[107]

뉴욕 리버사이드 침례교회의 담임목사 헨리 에머슨 포스딕(Henry Emerson Fosdick)은 1922년에 뉴욕시 제일장로교회에서 "근본주의자들이 이길 것인가?"라는 제목으로 설교했다. 소책자로 출판된 그의 설교는 근본주의자들에 대해 던진 도전장이었다. 포스딕은 반지성주의적인 근본주의는 결국 소멸되고 말 것이라고 주장했다.[108] 이처럼 자유주의 신학은 북침례교회 산하 신학교와 교회들에 퍼져나갔다. 로체스터신학교의 월터 라우셴부시(Water Rauschenbusch) 교수, 헨리 에머슨 포스딕 등은 자유주의를 확산시키는 일에 앞장 선 인물들이었다. 19세기말까지 모든 북침례교 신학교들은 자유주의를 받아들였다.[109]

2. 보수주의자들의 반격과 좌절

자유주의가 교단에 만연하게 되자 보수주의자들은 위기의식을 갖기 시작했다. 그들은 성경의 무오성, 예수 그리스도의 신성과 동정녀 탄생, 그리스도의 속죄와 육체적 부활, 재림 등의 정통주의 신앙을 고수하기 위해 방어에 나섰다. 대표적인 지도자들로는 보스턴의 트리몬트 템플(Tremont Temple) 교회의 담임목사 J. C. 매씨(Massee), 미니애폴리스 제일침례교회 목사이자 서북성서학교(Northwestern Bible School) 교장인 윌리엄 라일리(William B. Riley), 뉴욕 갈보리침례교회의 존 로치 스트래톤(John Roach Straton), 데스 모이네스대학교(Des Moines University) 총장인 T. T. 쉴즈(Shields) 등이 있었다.[110]

보수주의자들은 시카고대학교가 자유주의를 받아들인 것에 반발하여 북침례교신학대학원(Northern Baptist Theological Seminary)을 1913년 시카고에 설립하였다. 이 학교의 설립은 시카고 제2침례교회가 주도하였다. 보수주의자들은 초교파적인 근본주의 단체들과 호흡을 같이 하면서, 1920년 6월에 북침례교근본주의친목회(Fundamental Fellowship of the Northern Baptist Convention)를 조직하였다. 이 단체는 후에 북침례교근본주의전국연합(National Federation of Fundamentalists of the Northern Baptists)으로 바뀌었다.[111] 「파수꾼-검사관」(Watchman-Examiner)의 편집자요 침례교 목사인 커티스 리 로우스(Curtis Lee Laws)는 전통적인 기독교 신앙을 보존하려 했다. 그는 신앙의 근본교리들을 지키기 위해 전쟁을 준비하였던 사람들을 지칭하는 "근본주의자들"(fundamentals)이라는 용어를 만들어내었다. 이들은 자유주의자들이 성경은 객관적인 진리가 아니라 주관적인 종교 경험의 산물이므로, 자유롭게 해석할 수 있다고 주장하는 것에 대해 매우 당혹해하고 분노하였다.[112]

보수주의자들은 총회를 정통주의 신앙으로 묶기 위한 전략으로 신앙고백서의 사용을 들고 나왔다. 그들은 총회가 정통신앙을 천명하는 신앙고백서를 제정하고, 그것을 모든 회원 교회들이 따르게 하자고 제안했다. 1921년도 총회가 열리기 전에 목회자 협의회에서 원로인 프랭크 굿차일드(Frank M. Goodchild) 목사가 간략한 신앙고백서를 제출했으나 받아들여지지 않았다. 1922년도 총회에서 윌리엄 라일리(W. B. Riley)가 뉴햄프셔 신앙고백서를 개교회에 추천하도록 하자는 동의안을 제출했다. 이에 대해 해외선교협회 전임회장인 코넬리우스 웰프킨(Cornelius Woelfkin)은 획일적인 신앙고백서의 채택에 반대하며, "신약성서가 우리의 신앙과 행습의 더 없는 충분한 근거"라는 것을 총회가 확인하자는 개의를 냈다. 투표결과 1,264대 637로 개의가 통과되었다.[113]

보수주의자들은 해외선교협회가 선교사들의 신학적 입장을 제대로 살펴보지 않고 임명하고 있다고 비난하였다. 보스턴의 J. C. 매씨는 1924년 총회에서 총회장이 7인의 위원회를 구성하여 조사하자는 동의안을 제시했고 가결되었다. 그러자 선교협회의 사무부장인 F. L. 앤더슨(Anderson) 교수는 협회가 믿고 있는 복음에 대한 정의를 총회에 제출하였다. 즉 복음은 "십자가에 못 박히시고 다시 살아나신 그리스도와의 생동적인 결합을 통해 값없이 주시는 죄사함과 영생에 관한 좋은 소식이며…"라는 문구였다.[114] 선교협회는 "복음의 한계"를 믿고 있으며, 이것을 선교사 선정의 신앙적 기준으로 삼고 있다고 주장하였다. 7인 위원회는 1925년에 시애틀에서 열린 총회에서 4권으로 된 보고서와 자료집을 제출하였다. 보고의 대략적인 내용은 다음과 같다: 1) 해외선교협회의 간사들과 직원들이 자유주의자들이라서 자유주의를 신봉하는 선교사들을 선정하였다는 혐의에 대해서는 그런 사실을 발견하지 못했다. 그러나 선교사 선정 시, 복음적 신앙을 점검하는 것을 소홀히 다룬 증거는 발견하였다. 2) 일부 선교사들 가운데 복음적 신앙에서 이탈된 그릇된 교훈이 있음을 발견하였다. 3) 선교협회와 선교사들은 지난 10년 간 전도보다는 교육을 강조하였는데, 그것은 토착인 지도자를 양성하기 위한 것이었다.[115]

해외선교협회는 7인 위원회의 보고서를 받아들였으며, 보고서 내용의 실행을 위한 위원회를 조직하겠다고 했다. 하지만 W. B. 힌슨(Hinson) 목사는 복음적 신앙에 대해 보다 세밀하게 정의하고, 선교사 후보자들 가운데 그러한 신앙을 공유하지 않는 사람은 선교사로 선정하지 말 것을 동의안으로 제시하였다. 이에 대해 R. V. 메익스(Meigs) 목사는 교리적 진술보다는 신약성서만을 기준으로 삼자고 결의한 1922년 인디애나폴리스 총회의 결정을 고수하자는 수정안을 제출하였다. 토의 끝에 수정안이 742대 574표로 통과되었다.[116] 1926년에 워싱턴에서 개최된 총회에서는 지난 해 총회에서 통과된 수정안을 기초로 침례교인에 대해 다음과 같이 명확하게 정의하였다: "북침례교총회는 … 오직 침례 받은 회원만을 총회의 대의원으로 인정할 것을 선언한다."[117] 이것은 북침례교 정회원의 자격조건을 오직 침례 받은 신자만으로 규정했기 때문에 매우 포괄적인 것이었다. 보수주의자들의 주장은 전혀 받아들여지지 않은 것이다.

자유주의와 포괄주의를 반대하는 사람들은 총회를 탈퇴하기 시작했다. 그들은 1925년에 동부침례교신학교(Eastern Baptist Theological Seminary)를 세워 자파 신학생들을 양성하려했다. 그리고 개방성찬, 이방인 침례, 교단 간 교류 등을 반대하던 지계석주의자들은 1928년에 교단을 탈퇴하고 애리조나침례교일반총회(Baptist General Convention of Arizona)를 설립하였다. 이후 유사한 분열이 오리건 및 캘리포니아 주에서도 발생되었다. 1933년에는 특히 자유주의 신학에 불만은 품은 교회들이 교단을 탈퇴하여 정규침례교회총연합회(General Association of Regular Baptist Churches)를 조직하였다.[118]

그러나 총회는 기존 입장을 계속 견지하였다. 그러자 보수파들은 1943년에 보수침례교 해외선교협회(Conservative Baptist Foreign Mission Society)를 창설했고, 1947년에는 미국보수침례교연합회(Conservative Baptist Association of America)를 조직하였으며, 1948년에는 보수침례교 국내선교협회(Conservative Baptist Home Mission Society)를 개설하였다. 이들은 원로인 프랭크 굿차일드(Frank M. Goodchild) 목사가 제시한 8개항으로 구성된 간략한 신앙고백서를 채택했다.[119]

미국보수침례교연합회와는 별도로 미국침례교성서동맹(Baptist Bible Union of America)이라는 근본주의 단체가 생겨났다. 이것은 130명의 보주주의자들이 전통적인 침례교 신앙을 따르지 않는 기관들을 비판하고 교리적으로 건전한 신학교와 선교사들을 양성하기 위해 1921년에 "소집과 성명서"(Call and Manifesto)를 발표하면서 시작된 것이었다. 동맹은 연합회가 교단의 분열을 우려해 근본적인 교리들을 고수하기 위해 단호한 행동을 취하지 못한다고 판단하고, 어떤 대가를 치르더라도 복음신앙을 지키겠다고 결심하였다.[120]

동맹은 1925년도 북침례교 총회가 복음적 신앙에서 이탈한 선교사들을 소환하는 것을 거부하자, 총회 산하 선교단체들에 대한 지원을 철회하고 자체적인 해외 및 국내선교부들을 만들었다. 총회와 입장이 계속 벌어지자 동맹은 출판위원회를 따로 설치하고 데스 모이네스 대학교(Des Moines University)를 동맹의 소속

학교로 만들었다. 하지만 1928년 이후로 신학논쟁이 시들어지고 동맹의 지도자들의 잘못된 정책으로 인해 동맹은 갑작스럽게 소멸되었다.[121] 데스 모이네스 대학교의 이사장이며 동맹의 지도자였던 T. T. 쉴즈(Shields)가 주도하여 동맹의 신앙고백서를 만들었는데, 그것은 18개 조항으로 되어 있으며 보주주의 침례교 신앙에 대해 잘 정리한 것이었다. 제1항 성경은 "(a) 초자연적으로 영감 받은 사람들에 의해 쓰였고, (b) 그것이 다루는 문제들에 관하여 어떠한 오류의 혼합도 없이 진리를 소유하고 있다고 믿는다.…"라고 선포하였다. 그 외 신론, 기독론, 구원론, 종말론 등은 개혁주의 입장을 따랐다.[122]

대부분의 미국 개신교단들과 마찬가지로 북침례교회도 근본주의-현대주의 논쟁으로 어려움을 겪었다. 자유주의의 영향이 북침례교회에 상당히 퍼졌고, 이에 보수주의자들이 반발하고 문제를 제기했지만 받아들여지지 않았다. 그들의 노력이 실패하자 보수주의자들은 교단을 이탈해 독립된 조직체를 형성했다. 북침례교회는 이러한 혼란을 겪은 이후 평화를 회복할 수 있었다.

주요 신학자들

1. 자유주의 신학자, 월터 라우쉔부쉬

미국 사회복음(Social Gospel)의 선구자 월터 라우쉔부시(Walter Rauschenbusch)는 독일 루터교 목사의 아들로 1861년 10월 4일에 태어났다. 그의 아버지 어거스트 라우쉔부쉬는 미국으로 이민 온 지 얼마 되지 않아 침례교 목사가 되었고, 로체스터신학교에서 독일어로 강의하는 교수가 되었다. 라우쉔부쉬의 가정은 성경읽기와 기도가 일상적인 경건한 분위기였지만, 아버지와 어

| 월터 라우쉔부시

머니는 4년 간 별거할 정도로 부부의 불화가 매우 심각하기도 했다. 월터는 9세 때, 깊은 회심을 체험하고 목회자로의 소명을 느꼈다.[123]

월터는 독일에 있는 보수 경건주의 학교인 구터슬로 김나지움(Gutersloh

gymnasium)에서 4년 간 공부한 후, 미국으로 건너와 로체스터대학교와 로체스터 신학대학원에서 공부하였다. 라우쉔부쉬는 1886년부터 뉴욕시의 독일 이민자들에 대한 목회를 하면서 보수 복음주의 신학을 포기하고 사회복음에 대한 시각을 갖게 되었다. 그가 목회한 지역은 지옥의 부엌(Hell's Kitchen)이라 불리는 뉴욕시에서도 특별히 가난한 곳이었다. 라우쉔부쉬는 극심한 가난, 열악한 주거환경, 냉혹한 노동착취 등에 시달리는 이민자들의 삶의 현장에서 개인의 영혼구원만 강조하는 복음주의 신앙의 한계를 경험했다. 그는 예수님의 가르침은 구조적이고 사회적인 문제를 해결하는 것까지 확장되어야 한다고 생각했다.[124]

라우쉔부시는 1897년에 로체스터신학교 교수가 되었다. 그는 1907년에 『기독교와 사회적 위기』(Christianity and the Social Crisis)라는 사회복음을 다루는 책을 통해, 미국의 엄청난 빈부격차에 대해 고발하고, 불합리한 사회적 경제적 구조를 개혁해야 하는 기독교인의 책임을 강조하였다. 이 책은 곧장 광범위한 주목과 찬사를 받았다. 이 책으로 전국적인 명성을 얻게 된 라우쉔부시는 곧이어 『사회적 각성을 위한 기도』(Prayers of the Social Awakening)를 출판했고, 이것은 미국 경건서적의 고전이 되었다.[125] 라우쉔부시의 사회복음 사상은 전 미국의 신학교와 교회들에게 영향을 주었다. 신학교들은 한적한 시골에서 도시의 한 복판으로 옮기거나, 시골에 있는 신학교들은 여름 동안 도시 문제들을 체험하게 하는 등 커리큘럼에 사회적 문제를 다루는 부분을 포함시켰다. 교회들도 산업사회에 내재하는 문제들에 대해 공동으로 대처하기 위해 미국교회협의회(National Council of Churches)의 전신인 연방교회협의회(Federal Council of Churches)를 1908년에 조직하였다.[126]

라우쉔부쉬는 이후 6권 이상의 책을 썼는데, 특히 1912년에 출판한 『사회질서의 기독교화』(Christianizing the Social Order)는 당대의 사회문제들과 해결방안을 제시하고, 이를 위한 교회의 역할을 설명하였다. 그의 마지막 책이자 최고 걸작은 1917년에 출판한 『사회복음 신학』(A Theology of the Social Gospel)이었다. 이 책은 하나님의 나라에 끝까지 저항하는 유전되고 광대한 악의 왕국에 대해 설명하였다. 라우쉔부쉬는 이 책이 나올 즈음에 암으로 고통당하고 있었다. 그는 이 듬해인 1918년 7월 25일 숨을 거두었다.[127]

라우쉔부쉬는 소수가 부를 독점하는 자본주의 체제를 비판하고, 자본가의 횡포를 비난하며 가난한 사람들의 고통을 드러냈다. 그는 자유방임적인 자본주의는 악의 제국의 모습이라고 하였으며, 개인주의화된 경건주의는 이러한 사회적 문제를 해결할 수 없다고 주장하였다. 그는 자유롭고 정의로운 사회를 구현하는 일에 교회가 앞장서 선도하는 역할을 맡아야 한다고 생각했다. 그러한 목표를 이루기 위해서 철도나 도로 같은 공익사업체의 국유화, 노동조합의 지원, 쾌적한 작업환경, 아동노동의 철폐, 사회보장보험의 설립, 공공 공원과 도서관 설립 등을 추진하였다. 그리고 알코올 오용을 반대하고, 여성과 소수민족의 평등권을 주장하였다. 라우쉔부쉬는 노골적인 물질주의는 성경적인 정신에 배치되는 것이라고 주장하였다.[128]

라우쉔부쉬는 독일 자유주의로부터 영향을 받았지만, 자유주의가 가지고 있는 한계와 약점도 분명하게 인식하고 있었다. 즉 자유주의는 살아있는 신앙의 불을 꺼버린 오류를 범했다는 것이다. 그는 기독교 정통주의를 보존하려는 마음이 있었다. 라우쉔부쉬가 강조한 것은 복음의 사회적 측면을 무시하지 말아야 한다는 것이었지, 개인의 회심이나 영혼구원이 중요치 않다는 것은 아니었다. 그가 배격한 것은 자기 중심적이고 이기적인 복음주의였다.[129] 라우쉔부쉬는 개인의 영혼과 육체에 대한 총체적 구원을 추구하는 균형 잡힌 복음을 추구하려 했던 것이다.

2. 중도주의 신학자, 어거스터스 홉킨스 스트롱

로체스터신학교의 학장을 역임한 어거스터스 홉킨스 스트롱(Augustus Hopkins Strong, 1836-1921)은 대표적인 중도주의자였다. 그는 로체스터신학교(Rochester Theological Seminary)에서 교수와 학장으로 40년 이상을 봉직했다. 그는 신학적 차이에 대해 개방적이고 포괄적인 태도를 취했는데, 월터 라우쉔부쉬(Walter Rauschenbusch)와 헨리 뉴만(Albert Henry Newman) 같은 진보적인 신학자들을 교수로 임용하였으며, 알바 하비(Albah Hovey), 아도니람 고든(A. J. Gordon) 같은 보수주의자들과도 아주 가깝게 지냈다. 스트롱은 신학교

| 어거스터스 홉킨스 스트롱

를 자유주의로 바꾸기를 원한 것은 아니었고, 궁극적인 기독교 진리와 행습을 발견하고 추구하는 학풍을 세우고자 하였다.[130]

스트롱은 1836년 8월 3일 뉴욕 주 로체스터에서 태어났다. 대학생 시절 찰스 피니(Charles Finney)의 집회에서 회심하였고, 곧 목회자로 소명 받았다. 스트롱은 1857년에 예일대학교를 졸업하고, 1859년에 로체스터신학교에 입학했다. 스트롱은 매사추세츠와 오하이오 에 있는 침례교회들에서 목회를 하면서 뛰어난 강해설교로 명성을 얻게 되었다. 그는 브라운대학교 총장직을 제안 받았지만, 목회를 계속하기 위해 거절했다. 하지만 1872년에 제안 받은 로체스터신학교 학장직은 받아들였다. 그리고 신학교 교수이자 학장으로 1912년에 은퇴할 때까지 봉직하였다. 그는 또한 해외선교협회 회장, 교단 총회장, 배사대학(Vassar College) 이사 등 교단의 여러 중요한 직책을 맡았다.[131]

스트롱은 성서에 대한 역사비평을 긍정적인 시각으로 보았으며, 성경을 역사적 상황 및 저자들의 인식의 결과물로 보려는 유럽 신학자들의 사고를 어느 정도 인정하였다. 스트롱은 "영감은 성경 저자들의 정신에 끼치는 성령 하나님의 영향이다. … 영감은 성경의 주요한 목적에 본질적이지 않는 일들에서 무오를 보증하지 않는다." 라고 하였다. 즉 성경은 성령의 영감을 받은 저자들이 기록한 것이지만, 그것이 저자들이 가지고 있는 한계들이 없는 것은 아니라고 하였다. 스트롱은 성경의 무오성보다는 성경의 신앙적 효용성을 강조했다.[132] 스트롱의 개방적 입장은 그가 의도하지 않았다 하더라도 시카고대학교 신학부나 로체스터신학교로 하여금 자유주의로 나가게 하는 데 일조하였다. 그는 하나님의 진리를 아는 데 있어서 자유로운 연구로 인해 발생되는 문제들은 자유로운 지식을 막는 것에 비해 위험성이 적다고 판단하였던 것이다.[133]

3. 근본주의 신학자, 윌리엄 벨 라일리

"근본주의의 건설자," "미국 근본주의를 조직한 천재" 등으로 불렸던 윌리엄 벨 라일리(William Bell Riley, 1861-1947)는 1861년 3월 22일 인디애나 주 그린 카운티(Green County)에서 출생하였다. 아버지 브랜슨 라일리(Branson Radish Riley)는 민주당원으로 노예제도를 찬성하는 사람이었다. 가족은 남북전쟁이 발발하자 켄터키로 이주하였다. 부모들은 모두 신실한 신자들이었고, 윌리엄은 17세 때 회심을 경험하였다.[134]

라일리는 원래 변호사가 되려고 했으나, 복음전파자에 대한 소명에 순종하기로 했다. 그는 1881년 가을에 인디애나 주에 있는 장로교 학교인 하노버(Hanover)대학을 졸업한 후, 바로 서든침례신학대학원으로 진학하였다. 신학교를 졸업한 후, 인디애나 지역에서 목회하며 릴리안 하워드(Lillian Howard)와 결혼하고 6명의 자녀를 얻었다. 1893년에 시카고에 있던 갈보리(Calvary)

| 윌리엄 벨 라일리

침례교회에 부임하여 4년 만에 60명의 교인을 500명으로 늘어나게 했다. 1897년에 미니애폴리스의 제일침례교회에 부임하여 45년간 목회하면서 빛나는 업적을 남겼다. 라일리가 부임할 때, 585명의 교세가 그가 은퇴할 때 3,550명으로 늘어났다.[135]

라일리는 목사는 영적인 부흥운동과 기독교 교육을 위한 사명뿐만 아니라, 사회문제에 대해 책임의식을 가지고 참여해야 한다고 생각했다. 그는 이러한 입장에 입각해서 도시 내의 시민연합에 가입하여 주류산업, 사회적 부도덕과 부패를 대항해 싸웠다. 동시에 그는 1년에 4개월을 순회설교자로 사역했다. 라일리는 목사가 없는 시골 교회들이 많이 있는 것을 발견하고, 1902년에 초교파적 성경학교인 노스웨스턴 성경선교훈련학교(Northwestern Bible and Missionary Training School)를 설립했다. 또한 도시 교회들의 목회자 양성을 위해 노스웨스턴복음주의신학교(Northwestern Evangelical Seminary)를 1938년에 세웠고, 1944년에는 노스웨스턴대학(Northwestern College)을 설립했다.[136]

라일리는 일찍이 세대주의를 받아들이고, 성경예언운동에 참여하는 등 보수주의 지도자로 자리매김 하였다. 그는 현대주의자들과 대항하기 위해서는 보수주의자들의 연합체를 형성할 필요를 느꼈다. 그는 1919년 5월 필라델피아에서 세계기독교근본주의협회(World's Christian Fundamentals Association)을 창립하는데 주도적인 역할을 하였고, 그 단체의 사무국장으로 선출되었다. 라일리는 이후 전국을 다니며 현대주의를 공격하는 일에 박차를 가했다.[137] 라일리는 자신이 속한 북침례교회에서 자유주의를 배격하고 보수 신학을 보존하는 일에 열심을 기울였다. 그는 J. C. 메씨(Massee)를 비롯한 보수주의자들과 함께 근본주의협회 (Fundamentalist Fellowship)을 조직하고, 교단에 학교와 선교기관에 종사하는 사람들의 신학적 성향에 대한 조사를 요청했다. 교단에서 반응이 없자, 이들은 구속력 있는 교단의 신앙고백서를 채택할 것을 요구했다. 이에 대해 자유주의자들은 침례교회는 신약성서만을 신앙과 행습의 절대적 기준으로 삼아왔기 때문에 또 다른 문서가 필요치 않다고 주장했다. 그런데 보수파에 속한 대의원 1,264명 중에 637명이 자유주의자들을 입장에 동조하였고, 결과 투표에서 패배하게 되었다. 이후에도 보수파들의 제안들은 총회에서 계속 부결되었다.[138]

교단 내에서 성과를 거두지 못하자, 라일리는 캐나다의 쉴즈(T. T. Shields), 텍사스의 노리스(J. Frank Norris) 등과 함께 1923년에 침례교성서연맹(Baptist Bible Union)을 만들어, 북미 침례교 보수주의자들을 집결시키고자 했다. 그러나 1927년경에 이르러 북침례교회에서 보수파가 더 이상 교단을 이끌 수 없다는 결론이 나왔고, 연맹에 속한 사람들은 1932년에 총회를 탈퇴하여 정규침례교총회 (General Association of Regular Baptists)를 설립하기로 했다. 하지만 라일리는 북침례교회의 변화 가능성을 믿고, 교단에 잔류하였다. 그러나 그는 성공하지 못하고 1947년 8월에 세상을 떠났다.[139] 라일리는 성경무오교리와 세대주의를 믿었다. 그는 성경은 인간이 기록했지만, "하나님께서 최종적으로 검토하여, 모든 책, 장, 절, 문장과 심지어 단어도 쓰셨다"고 하였다. 또한 성경 원본은 무류하며, 현 시대에 보존되어 온 사본들 역시 원본과 비슷하게 오류가 없다고 믿었다. 라일리는 진화론을 받아들면서 정통주의 기독교 신자가 되는 것은 불가능하다고 주장했다. 그는 "유신론자이면서 진화론을 지지하는 하는 사람들이 있고, 또 그들은 그렇게 말한다. 그러나 예외 없이 그들은 성경의 하나님을 섬기는 사람들이 아니고, 예수 그리스도의 본질적인 신성을 받아들이는 사람들도 아니다." 라고 말했다.[140]

4. 복음주의 신학자들

1) 조지 엘든 래드

"복음주의 학풍을 대학교 세계에서 신뢰할 수 있는 것으로 만드는 일"에 열심을 기울인 조지 엘든 래드(George Eldon Ladd)는 1911년 7월 31일 캐나다 앨버타(Albeta)에서 태어났다. 그의 가족은 미국 뉴햄프셔로 이사 왔고, 래드는 보스턴에 있는 고든대학(Gordon College)에서 학부과정을 이수하고, 1933년에 북침례교총회 소속 목사로 안수 받았다.[141] 래드는 여러 교회에서 목회한 후, 1943년부터 1949년까지 하버드대학교에서 고전학 박사과정을 밟았다. 그는 하버드대학교를 졸업한 후, 1950년에 새로 신설된 풀러신학대학원의 신약학 교수로 선임되어서 캘리포니아 파사데나(Pasadena)로 갔다. 래드는 안식년 기간 중에 하이델베르크대학교와 바젤대학교 등지에서 연구하며 학문의 지평을 넓혔다. 래드는 미국의 여러 복음주의 학회에서 논문을 발표하며 왕성한 활동을 하였으며 국내외적으로 명성을 떨쳤다. 그는 1982년에 숨을 거두었다.[142]

래드는 근본주의-현대주의 논쟁에서 보수주의자들을 지지하였다. 하지만 그는 근본주의자들과 달리 본문비평, 양식비평, 문헌비평 등 여러 비평학이 하나님의 말씀을 이해하는데 긍정적인 역할을 할 것이라고 하였다. 그의『신약신학』(A Theology of the New Testament)은 이와 같은 입장에서 서술되었다. 래드는 성서비평학을 완전히 거부하면 신학은 지성이 결여된 주장 밖에 될 수 없다고 보았다.[143] 하지만 래드는 성경의 기적은 역사적인 사건이라는 것을 확고히 주장했다. 그는 기적을 사실과 역사의 영역에서 배제시키는 성경해석을 확고히 거부했다. 그는 하나님이 자연의 질서에 자신의 능력을 드러내는 것을 자연의 법칙을 위반하는 것으로 보아서는 안 되며, 또한 비역사적인 것으로 취급되어서도 안 된다고 하였다. 초자연적인 것이 자연에 영향을 줄 수 있으며, 그럴 때, 그것은 역사적인 사실이 된다고 하였다.[144] 이러한 관점에서 래드는 역사적 예수(historical Jesus)가 신앙을 위해 적절치 않다는 불트만의 주장을 반대하고, 역사적 예수와 복음서에 기록된 예수는 서로 연결점이 있다고 주장했다. 그는 복음서가 신앙의 산물임을 인정했지만, 그것이 곧 비역사적인 기록을 의미하는 것은 아니라고 강조했다. 그는 역사적 예수와 복음의 선포에서 만나는 예수를 반드시 구분해야 한

다는 것은 불필요한 이원론에 불과하다고 하였다.[145]

2) 칼 헨리

| 칼 헨리

칼 헨리(Carl F. H. Henry)는 독일에서 이민 온 가정의 자녀로 1913년 1월 22일 뉴욕시에서 태어났다. 어머니는 가톨릭 집안 출신이었고 아버지는 루터교인이었지만, 두 사람 모두 진지한 신앙인들은 아니었다. 헨리는 고등학교 때부터 언론계에 관심을 보였고, 그 분야에서 곧 두각을 나타냈다. 하지만 하나님의 소명을 깨닫게 된 이후 촉망받던 신문사 직업을 내려놓았다. 그리고 1935년에 휘튼대학(Wheaton College)에 입학했다. 대학교에서는 빌리 그래함(Billy Graham), 해롤드 린젤(Harold Lindsell) 등과 각별하게 지냈다.[146]

헨리는 휘튼에서 헬가 벤더(Helga Bender)양을 만나 1940년에 결혼하였다. 그리고 휘튼에서 신학석사(M.A. in Theology)를 받고, 북침례교신학대학원에서 신학사(B.D.)와 신학박사 학위를 받았다. 그는 모교인 북침례교신학대학원에서 강의하던 중, 1947년에 막 설립된 풀러신학대학원의 초청을 받게 되었다. 이 학교는 유명한 복음전도자 찰스 풀러(Charles E. Fuller)와 해롤드 오켕가(Harold J. Ockenga)가 서부지역에 복음주의 신학을 굳건하게 세우려는 비전에 따라 설립한 학교였다. 헨리는 풀러에서 신학과 철학을 가르쳤고, 교수 생활을 하면서 보스턴대학교에서 철학박사학위를 받았다.[147]

헨리는 풀러에 온 지 약 10년이 지난 후, 새로 만들어진 복음주의 잡지인 「크리스채너티 투데이」(Christianity Today)의 초대 편집인을 맡기 위해 학교를 떠나게 되었다. 이 잡지는 빌리 그램함과 해롤드 오켕가의 주도로 자유주의 성향을 가지고 있는 「크리스천 센츄리」(The Christian Century)에 대응하기 위해 창간된 것이었다. 헨리는 1956년부터 1967년까지 「크리스채너티 투데이」를 이끌며, 복음주의자들의 신학과 주장을 성공적으로 전파하였다. 이후, 헨리는 이스턴침례신학대학원(Eastern Baptist Theological Seminary)에서 교수로 봉직했고, 월드비전(World Vision) 강사로 활약했다.[148]

빌리 그래함이 복음적 설교를 통해 복음주의 운동을 미국을 비롯한 전 세계에 확장시켰다면, 헨리는 복음주의를 지성적으로 정의하고 변호하는 역할을 하였다. 헨리는 근본주의 운동의 실패 원인은 교회의 사회적 책임과 참여를 무시하고 좁은 분리주의 틀에 갇혀 있었기 때문이라고 보았다. 그는 『현대 근본주의의 불편한 양심』(*The Uneasy Conscience of Modern Fundamentalism*)을 통해 이러한 점을 지적했으며, 그것은 곧 근본주의와 구분되는 신복음주의의 탄생을 의미하였다. 헨리는 복음주의자들은 신학적 차이에 대해 관대하며, 복음의 사회적, 문화적 참여를 인정하는 사람들이라고 정의했다.[149]

　　헨리는 근본주의자들이 믿었던 정통주의 신앙을 그대로 계승하지만, 근본주의자들의 종말론에 대한 지나친 집착, 분리주의, 사회적 참여의 결여 등은 비판하였다. 또한 자유주의 신학이 교회를 황폐케 한 것에 대해 공격하며, 어거스터스 스트롱(A. H. Strong)과 같이 정통주의와 자유주의를 중재하려는 중도주의 신학도 결국 실패할 수밖에 없는 시도였다고 비판했다. 헨리는 칼 바르트의 신정통주의 역시 특별계시가 비명제적이라고 주장하여 복음주의 신학에 혼란을 주었다고 하며, 복음주의자들은 신정통주의에 희망을 갖고자 하는 생각을 완전히 버려야 한다고 주장했다.[150] 헨리는 성경의 축자적 영감과 무오류를 주장하였다. 그는 성경의 무오 개념은 근대시대에 창안된 것이 아니라, 교회의 원래적인 입장이었다고 하였다. 헨리는 성경의 무오성은 신학적이고 윤리적인 가르침뿐만 아니라, 과학적이고 역사적인 것까지도 포함된다고 주장했다. 그리고 무오성은 성경의 원본뿐만 아니라, 사본에도 적용된다고 하였다.[151]

3) 버나드 로렌스 램

　　복음주의가 반계몽적이지 않으며 지성 사회에서 존중받을 수 있는 신학으로 만드는 것을 자신의 의무로 생각했던 버나드 로렌스 램(Bernard Lawrence Ramm)은 몬태나 주 뷰트(Butte)에서 1916년에 출생했다. 그는 워싱턴대학을 졸업하고, 이스턴침례신학대학원(Eastern Baptist Theological University), 펜실베이니아대학교 등지에서 수학했다. 그리고 1945년부터 1950년까지 서든캘리포니아대학교에서 철학 전공으로 석사와 박사를 취득했다.[152] 램은 그 후 뉴욕, 워싱턴, 캘리포니아 등에 있는 여러 교회들에서 목회하였고, 「크리스채너티 투데이」를 비롯한 몇몇 기독교 간행물에 수 십 편의 논문을 기고했으며, 로스엔젤레스 침례신학대

학원, 베델(Bethel)대학 및 신학대학원을 비롯하여 여러 대학교에서 교수로 봉직했다.[153]

램은 신정통주의 신학으로부터 가장 큰 영향을 받았다. 그는 1957년부터 1958년까지 칼 바르트의 지도 아래 공부하였다. 램은 바르트를 통해 과거 교부들을 존중하는 태도를 배웠으며, 이러한 영향으로 그는 복음주의자들과 침례교인들이 역사의식이 결여되어 있다고 비판하였다. 램은 기독교에 대한 계몽주의의 질문에 대해 근본주의자들은 적절한 답을 제공하지 못했을 뿐만 아니라, 마치 현대과학의 영향이 없었던 것처럼 행동하였다고 했다. 하지만 바르트의 신학은 계몽주의의 질문에 대해, 그것을 극복하는 답을 제시하였다고 했다.[154] 램은 그러나 바르트의 보편구원론(universalism)에 대해서는 분명히 거부하였다. 그는 구원은 오직 예수 그리스도를 믿음으로 구원 얻게 되며, 구원 받은 자와 그렇지 못한 자는 확고히 구별될 것이라고 주장하였다.[155]

4) 웨드워드 존 카넬

당대의 뛰어난 신복음주의 지도자였던 웨드워드 존 카넬(Edward John Carnell)은 위스콘신 주 안티고(Antigo)에서 1919년 6월 28일 침례교 목사 가정에서 태어났다. 그는 휘튼대학과 웨스트민스터신학대학원에서 수학하고, 하버드대학교에서 1948년 라인홀드 니버에 관한 논문으로 신학박사학위(Th.D.)를 취득했다. 그리고 다음 해에 보스턴대학교에서 "키에르케고르의 검증 문제"라는 논문으로 철학박사학위(Ph.D.)를 받았다.[156] 카넬은 1944년에 침례교 목사 안수를 받은 후, 매사추세츠의 마블헤드(Marblehead)에 있는 침례교회에서 목회하면서 고든대학교에 강의를 나갔다. 1948년에 풀러신학대학원의 교수가 되었으며, 그곳에서 19년 동안 봉직하면서, 총장을 역임하기도 했다. 그러나 그는 신경쇠약증으로 인해 1967년 4월 25일에 비극적인 죽음을 맞이하였다.[157]

카넬이 복음주의 운동에 끼친 영향은 약 3가지로 볼 수 있다. 첫째는 그가 풀러신학대학원의 총장으로 재직하면서 학교를 괄목할 만큼 성장시킨 것이며, 두 번째로는 복음주의와 근본주의의 차이를 분명하게 각인시켰다는 점이다. 그는 교리적인 차이에 대한 근본주의자들의 엄격하고 편협한 태도를 비판하고, 좀 더 개방적인 입장을 취했다. 예를 들면 카넬은 성경의 무오 교리를 신봉했지만, 그것에 대한 다양한 해석의 가능성을 인정하였다. 그리고 이와 같은 방법을 통해 복음주의 신학 내에 존재하는 긴장과 갈등을 해소하려 하였다. 셋째, 카넬은 분리주의 교회관을 비판하고, 다양한 교파와 교회단체 간의 협력을 강조하였다. 그는 이러한 입장에서 보수주의 잡지인 「크리스채너티 투데이」뿐만 아니라, 「크리스천 센츄리」에도 정기적으로 글을 실었다.[158] 즉 카넬은 복음주의 내에서도 좀 더 개방성을 강조하고, 교회간의 협력도 자유주의까지 확대하려는 진보적인 입장을 취하였다고 볼 수 있다.

5) 밀라드 에릭슨

초교파적으로 활동하였던 대다수 복음주의자들과 달리, 밀라드 에릭슨 (Millard J. Erickson)은 신실한 침례교 신자로 남아 있었다. 그의 강력한 침례교 정체성에 대한 자각은 스웨덴 침례교도인 조부모로부터 상속된 것이었다. 에릭슨의 친가 외가 조부모들은 모두 스웨덴에서 미국으로 이주해 온 사람들이었으며, 미국에 정착한 후 곧바로 침례교회에 가입하였다.[159] 밀라드 에릭슨은 1932년 6월 24일 미네소타 주 스텐치필드(Stanchfield)에서 태어났다. 그는 매우 총명해서 우등생으로 고등학교를 졸업했다. 에릭슨은 미네소타대학교에 가려고 한 계획을 바꾸어 베델대학(Bethel College)으로 갔는데, 그것은 담임목사의 권면 때문이었다. 에릭슨은 베델대학 2학년 때 미네소타대학교로 전학하여 철학을 전공했다. 그는 1953년에 우수한 성적으로 졸업하고, 베델신학대학원으로 가서 얼마간 공부한 후, 시카고 있는 북침례교신학대학원으로 전학 갔다. 에릭슨은 베델에 있을 때, 버지니아 넵스테드(Virginia Nepstad)와 결혼하였으며, 또한 버나드 램(Bernard Ramm)을 통해 신복음주의 신학과 주창자들에 대해 알게 되었다.[160]

에릭슨은 신학교를 졸업하고 시카고의 페어필드 애비뉴(Fairfield Avenue) 침례교회에서 목회하면서, 1958년에 시카고대학교에서 철학전공으로 석사학위를 받았다. 에릭슨은 노스웨스턴(Northwestern)대학교에서 박사과정을 마치고, 미니애폴리스의 올리버침례교회로부터 청빙을 받았다. 그는 1963년에 칼 헨리, 버나드 램, 에드워드 카넬 등 신복음주의 신학자들에 관한 박사학위 논문을 마쳤으며, 1964년에 휘튼(Wheaton)대학교 교수로 갔다. 에릭슨은 1969년에 베델신학대학원으로 자리를 옮겼고, 그 학교의 학장까지 역임했다. 에릭슨은 『신복음주의 신학』(*The New Evangelical Theology*)과, 세 권으로 된 『기독교 신학』(*Christian Theology*)을 포함하여 여러 권의 책을 저술하고 편집했다.[161]

에릭슨에게 영향을 끼친 사람들은 주로 헨리, 램, 카넬 등 침례교 신복음주의자들이었다. 이들은 근본주의자들은 의견의 차이를 참지 못하는 경직된 태도를 보이고, 분리주의를 조장하며, 자유주의의 공격을 물리치지도 못했고, 대중들에게 영향력을 행사하지 못했다고 비판했다. 카넬은 근본주의는 기독교 전통을 무시한 우상화된 사상에 불과하다고 공격했고, 헨리는 근본주의자들의 협소한 세계관, 반지성주의적 태도, 문화와 사회적인 참여 정신의 결여 등을 지적했다. 이들은 현대적인 요구에 관심을 가지되, 과거부터 내려오는 기독교 정통주의 신앙을 보존하려 하였다.[162] 에릭슨 역시 이러한 신복음주의 노선에 따라 신학을 세웠다. 에릭슨은 성경은 하나님의 영감 받은 신실하고 믿을 만한 말씀이라고 하였다. 그는 영감은 하나님이 성경저자들에게 영향을 끼쳐 하나님의 뜻을 정확하게 드러내게 하신 것이라고 하였다. 그는 성경의 무오성에 대해, "성경은 그것이 기록된 시대에 유통되었던 의사소통의 수단과 문화에 비추어서, 그리그 그것이 주어진 목적에 따라 올바르게 해석되었을 때, 성경이 진술하는 모든 것은 전적으로 참된 것이다." 라고 정의하며, 무오성은 반드시 주장되어야 한다고 했다.[163]

제12장

남침례교회

20세기 초 침례교회는 미국에서 감리교회를 제치고 최대 개신교단이 되었다. 약 1906년경에 침례교회는 감리교를 추월했으며, 그 격차는 갈수록 벌어졌다. 침례교회가 미국 개신교 최대교단으로 발전하게 된 원인은 바로 남침례교회의 급속한 성장 때문이었다. 남침례교회는 1890년에 남부에서 이미 가장 큰 교단이 되었다.[1] 본 장은 남침례교회의 성장과 변화의 과정을 살펴볼 것이다.

19세기 남침례교회

1. 교단의 형성

미국침례교인들은 3년 연례총회를 중심으로 단일 교단을 이루고 있었다. 그런데 19세기 중엽부터 노예문제로 교단은 남북으로 나뉘어져 갈등하였다. 북부는 노예제도를 폐지하기 원했지만, 남부는 존속시키기 원했다. 교단은 분열을 막으려고 애를 썼다. 예를 들면, 1841년 총회 때 남과 북의 대표 74명은 "타협조항"(Compromise Articles)에 서명하고, 노예 문제로 교단이 분열되어서는 안 된다고 천명했다. 그러나 노예제도는 신앙과 사상의 문제뿐만 아니라, 경제적 이익도 첨예하게 갈리는 문제였기 때문에 쉽게 극복하기 어려웠다. 남부 침례교인들은 총회가 중립을 지키지 않고 북부의 노예폐지론에 기울어져 있다고 생각했다.

그들은 국내선교협회와 3년 연례총회가 노예제도를 찬성할 수 없다는 뜻을 밝히자, 자신들의 생각이 옳았다고 확신했다.[2]

남부 침례교인들은 "타협조항"을 명백히 위반하는 기관들의 태도에 분노했다. 버지니아 침례교 선교협회(Virginia Baptist Missionary Society)는 남부 침례교회들을 위한 독립된 총회의 건설을 제안하였고, 1845년 5월 8일 목요일에 남부 침례교 대표들이 조지아 주 어거스타에서 모였다.[3] 이 모임의 개최에 핵심적인 역할을 한 사람은 사우스캐롤라이나 출신의 윌리엄 존슨(William Bullein Johnson)이었다. 리치몬드에서 온 J. B. 테일러(Taylor)가 조지아 주지사인 윌슨 럼킨(Wilson Lumpkin)이 사회를 맡을 것을 동의하였고 그것은 가결되었다. 럼킨이 사회를 본 회의에서 윌리엄 존슨은 총회장으로 피선되었고, 부총회장으로는 럼킨과 테일러가 선임되었다. 리처드 풀러(Richard Fuller)가 교단의 전문과 선언서를 준비할 위원회를 구성할 것을 동의하였고, 존슨은 풀러를 위원장으로 하는 위원회를 임명하였다.[4]

창립총회의 세 번째 날인 5월 10일 토요일에 헌장의 전문과 13개 조항이 총회에서 통과되었다. 헌장은 존슨이 이미 작성하여 총회에 가져온 것으로, 풀러가 위원장이었던 위원회가 일부만 빼고 대부분 그대로 추인하여 총회에 제출한 것이었다. 존슨의 초안에서 바뀌었던 중요한 것은 바로 제1항 교단의 명칭이었다. 존슨은 "남부 및 남서부침례교총회"(Southern and Southwestern Baptist Convention)라는 명칭을 제안했지만, 위원회는 "남침례교총회"(Southern Baptist Convention)라는 명칭으로 바꾸었다. 교단은 처음부터 지역주의가 정체성의 중요한 부분임을 분명하게 드러냈다.[5]

초대 총회는 총회체제와 협회체제를 혼합하였다. 협회체제적인 요소는 다음과 같다. 회원은 단순히 개교회가 파송한 사람들이 아니라, 일정한 헌금을 낸 교회와 단체가 파송한 사람들, 혹은 헌금을 낸 개인으로 하였다. 또한 개교회의 독립성과 자치성을 보장하고 권력이 지나치게 집중되는 것을 막기 위해 주총회의 역할을 강화하고, 총회의 결의는 민주적 투표 방식으로 이루어지도록 하였으며, 교단 산하 기관들을 서로 다른 도시에 배치토록 하였다.[6] 이런 조치들은 총회가 협회체제를 받아들였다는 증거이다. 남침례교총회는 그러나 총회체제도 도입했는데, 그것은 총회가 사역에 필요한 부서들(Boards)과 사역자들을 세울 수 있다고 명시한 헌장의 제5항에서 드러난다. 이것은 존슨이 리처드 퍼먼으로부터 배운 총회체제를 현실화 시킨 것이었다. 남침례교 초대 총회는 해외선교와 국내선교를 위한 두 개의 부서를 조직하였다. 이와 같이 남침례교회는 중앙집권적인 총회가 산하에 부서를 두는 체제를 구축했다.[7]

5월 11일 주일날 총회 참석자들은 어거스타 제일침례교회에서 주의 만찬을 거행했다. 그리고 5월 12일에는 "대외 성명서"(Address to the Public)를 발표하였다. 이 성명서는 선교사역과 관련하여 분열이 있음을 인정하지만, 남북 침례교인들은 여전히 형제이며, 신앙고백에 있어 다른 점이 전혀 없음을 천명하였다.[8] 초대 총회의 임원진은 총회장 윌리엄 존슨, 제1부총회장 윌슨 럼킨, 제2부총회장 J. B. 테일러, 제3부총회장 A. 다커리(Dockery), 제4부총회장 로버트 호웰(Robert Boyte Crawford Howell), 총무 J. 하트웰(Hartwell)과 J. C. 크레인(Crane), 재무 M. T. 멘든홀(Mendenhall)이었다.[9]

2. 윌리엄 존슨

남침례교총회의 창립을 주도하였던 윌리엄 B. 존슨 (William Bullein Johnson, 1782-1862)은 1782년 6월 13일 사우스캐롤라이나 주 존스 아일랜드(John's Island)에서 태어났다. 어머니는 메리 벌레인 존슨(Mary Bullein Johnson)인데, 그녀의 조상은 1696년 메인에서 찰스턴으로 왔던 키터리 교회의 일원이었다. 그녀는 매우 경건한 기독교인이자 탁월한 인격의 소유자로서 존슨에게

| 윌리엄 B. 존슨

참된 신자의 모범을 보여주었다. 아버지 조셉 존슨(Joseph Johnson)은 미국에 파견된 영국 정부의 관리로서 옥스퍼드 대학교 출신의 엘리트였다.[10]

존슨의 어린 시절 교육에 관해서는 잘 알려져 있지 않다. 그렇지만 그가 1814년에 브라운 대학교에서 인문학 석사를 받은 것과, 같은 학교에서 1833년에 명예신학박사를 받은 것은 사실이었다. 존슨은 1803년 12월 10일에 헨리에타 켈살 혼비(Henrietta Kelsal Hornby)와 결혼하였고, 이듬해인 1804년에 침례를 받았으며, 1806년 1월에 침례교 목사로 안수 받았다.[11] 존슨은 유호(Euhaw)에 있는

침례교회에서 목회를 시작하였다. 1809년에는 사우스캐롤라이나 주 콜롬비아
(Columbia)에 제일침례교회를 개척했고, 1811년부터 1815년까지 조지아 주 사반
나(Savannah)에서 목회하였다. 1822년부터는 사우스캐롤라이나 주 그린빌
(Greenville)에서, 그리고 1830년부터 1852년까지는 그린빌 근교인 에쥐필드
(Edgefield)에서 목회하였다.[12]

　　존슨은 연합을 이루어 사역하는 것을 좋아했으며, 교단 일에 열심이었다.
그는 미국 침례교 최초의 총회인 3년 연례총회에 남부의 여러 지도자들과 함께
참석하였다. 존슨은 1845년 남침례교 창립총회도 참석하였는데, 그는 양 총회
를 모두 참석한 유일한 인물이었다.[13] 존슨은 교단의 조직체제에 대해서는 리처
드 퍼먼과 같이 총회체제를 선호하였다. 그는 남침례교회가 총회체제로 가도록
리더십을 발휘하였다.[14] 사우스캐롤라이나는 남부에서 최초로 주총회가 설립된
곳이었는데, 존슨은 주총회 설립에도 적극 관여하였다. 1821년 12월 4일 콜롬비
아에서 창립총회가 개최되었고, 초대 총회장에는 리처드 퍼먼이, 그리고 부회장
에는 윌리엄 존슨이 지명되었다. 윌리엄은 존 랜드럼(John Landrum)과 함께 주
총회의 헌장을 작성하는 일도 감당했다. 1825년 리처드 퍼먼이 세상을 떠난 후,
존슨은 퍼먼의 뒤를 이어 사우스캐롤라이나 주총회를 이끌었다. 존슨은 3년 연
례총회, 사바나해외선교협회(Savannah Society for Foreign Mission), 사우스캐롤
라이나 침례교 주총회 등의 3개 기구의 설립을 도왔고, 이 기구들의 회장을 역임
하였다.[15]

　　존슨은 교육의 중요성을 알았기 때문에, 학교를 세우려는 열정을 가졌다. 그
는 1809년 콜롬비아에서 목회할 때, 그곳에 있었던 사우스캐롤라이나 대학의 교
목도 겸하였다. 또한 1822년 그린빌에서 목회할 때, 1830년까지 그린빌 여자학
교(Greenville Female Academy)의 원장을 맡았고, 1826년에는 1년 전에 세상을
떠난 리처드 퍼먼 목사를 기리며, 퍼먼 아카데미와 신학교(Furman Academy and
Theological Institution)를 세웠다. 이 학교는 1851년에 퍼먼대학교(Furman
University)로 발전하였고, 이 대학교의 신학부는 1859년에 서든침례신학대학원
(Southern Baptist Theological Seminary)로 발전하게 되었다. 존슨은 에쥐필드에
서 사역할 때, 에쥐필드 여자대학(Edgefield Female College)의 학장을 역임했고,
1852년부터 1858년까지는 존슨 여자대학교(Johnson Female University)의 총장과

이사장을 역임했다.[16]

　노예제도로 남부와 북부의 갈등이 점증하던 1841년에 존슨은 3년 연례총회의 총회장으로 당선되었다. 많은 사람들은 그의 폭넓은 대인관계와 원만한 성품이 갈등을 완화시켜 줄 것으로 기대하였다. 하지만 갈등은 쉽게 해결되지 않았다. 북부 목회자들은 노예제도를 비도덕적이고 비성서적인 것이라고 공격했다. 이에 대해 존슨은 신약성서에 노예제도가 있으며, 성서는 그것을 명시적으로 배격하지 않았다고 반박했다.[17] 대다수 남부의 침례교 목회자들은 존슨의 생각과 일치하였다. 존슨은 성경을 영감 받은 오류 없는 하나님의 말씀으로 믿었다. 그는 성경의 역사비평에 대해, "진리가 여러 방면에서 공격을 받고 있다. 여러 가지 형태의 사악한 공격이 이루어지고 있다. 조소, 불성실, 폭력의 영이 공격의 무기가 되고 있다. 부패한 마음의 소유자들이 복음의 계시를 전복시키려 하고 있다." 라며 강력하게 비난하였다. 존슨은 완전축자영감을 믿었다. 그는 "하나님께서는 거룩한 필자들을 통해서 무엇을 쓸 것이며 어떻게 쓸 것인가를 지시하셨다. 그들은 하나님께서 사용하도록 하셨던 언어로 하나님의 마음을 표현하였다." 라고 했다.[18]

3. 새로 발족한 주총회들

　남침례교회가 창립되고 난 후, 여러 주총회들이 새로 설립되었다. 1848년에는 아칸소, 루이지애나, 텍사스 등 3개의 주들이 주총회를 설립했으며, 플로리다는 1854년에 주총회를 세웠다. 아칸소 주에서는 알렉산더 캠벨의 반선교운동과 제임스 그레이브스의 지계석주의운동이 강력하여 총회 창립에 어려움을 주었지만, 아칸소 침례교인들은 이러한 방해들을 극복하고 1848년 9월 21일 튤립(Tulip)에서 아칸소침례교주총회(Arkansas Baptist State Convention)를 창립하였다.[19] 루이지애나에서의 최초의 침례교회는 1812년에 세워졌다. 지방회는 1818년에 시작되었고, 주총회는 1848년 12월 2일에 발족되었다. 처음에는 북부 루이지애나 침례교 주총회(Baptist State Convention of North Louisiana)로 명명하였다가, "북부"라는 단어를 1853년에 떼어버렸다. 1886년에 루이지애나침례교총회(The Louisiana Baptist Convention)라는 이름으로 명칭을 바꾸었다.[20]

루이지애나처럼 텍사스도 스티븐 오스틴이 1821년에 최초로 그곳에 정착한 이래로 로마가톨릭이 개신교회를 반대하는 분위기였다. 오스틴 무리가 정착할 때, 약 11개 침례교 가정이 합류한 것으로 여겨진다. 텍사스에서 최초의 침례교회는 아이러니하게도 반(反)선교운동주의자 대니얼 파커(Daniel Parker)가 이끄는 교회였다. 파커는 일리노이에서 "예정론주의 정규침례교인들의 순례자 교회"(The Pilgrim Church of Predestinarian Regular Baptists)를 개척했고, 그 교회가 1833년에 텍사스로 이주하였던 것이다.[21] 파커 교회는 반선교주의 교회였기 때문에, 텍사스 침례교인들은 텍사스에서 실제적인 침례교 시작을 테네시 출신 Z. N. 모렐(Morrell)이 1837년 텍사스 주 워싱턴(Washington)에 세운 교회로 돌린다. 텍사스의 최초 침례교 지방회는 3개 교회의 담임목사였던 T. W. 콕스(Cox)에 의해 세워진 연합지방회(Union Association)였다. 연합지방회가 만든 교육협회를 통해 베일러대학교가 세워졌다. 최초의 주총회는 23개 교회에서 파송된 55명의 사자들이 모인 가운데 1848년 9월 8일 앤더슨(Anderson)에서 창립되었다. 또 다른 총회가 1853년에 만들어졌는데, 양 총회는 1886년 웨이코(Waco)에서 텍사스 침례교 전체 총회(Baptist General Convention of Texas)로 통합되었다.[22]

플로리다에서는 서부플로리다 침례교지방회(West Florida Baptist Association)가 1847년에 세워졌는데, 이 지방회는 1854년 11월 20일에 플로리다침례교총회(Florida Baptist Convention)를 세우는 일에 견인차 역할을 하였다.[23] 테네시에서 주총회는 다소 늦은 1875년에 가서야 설립되었다. 테네시는 노스캐롤라이나 침례교인들의 이주와 샌디크릭 교회들의 선교로 침례교가 활성화되었다. 주총회 설립이 늦어진 것은 테네시 주 자체가 3개 지역으로 나누어져 있어서 각 지역별로 독자적인 그룹들이 있었다는 점, 캠벨 논쟁, 반선교주의 정서, 지계석주의 운동 등과 같은 이유 때문이었다.[24] 오늘날 워싱턴 D. C.에 해당하는 컬럼비아 특별구(District of Columbia)의 침례교인들은 규모가 작은 지역임에도 불구하고, 메릴랜드와 버지니아로부터 독립하여 1877년에 자체 주총회를 세웠다.[25]

4. 남북전쟁 시 남침례교회

1861년 4월에 발발한 미국의 남북전쟁은 남침례교회의 모든 기관과 사업에 영향을 끼쳤다. 1861년 조지아 주 사바나에 모인 총회는 남부군을 지지하기로 결의하고, 남부의 대의를 위해 교회들에게 기도를 요청하기로 했다. 일부는 북부에 대한 적대감으로, 그리고 또 다른 사람들은 "북부의 무법적인 통치 앞에서 예수의 정신"을 지킬 수 있도록 기도를 요청하였다.[26] 남침례교 교인들과 목회자들은 전쟁의 열정에 사로잡혔다. 테네시 주 멀프리스보로(Murfreesboro)에 있는 유니언대학교에서 1861년에 석사학위를 받은 젊은 윌리엄 휫짓(William Whitsitt)은 즉시 남부군 보병대에 합류하여 군목으로 사역했다. 휫짓은 3년 동안 가장 치열한 전투 현장에 있었다. 그는 북부군대에 의해 사로잡혔고, 12개월을 감옥에 있어야 했다.[27]

어렸을 적부터 선교사가 되는 것을 꿈꾸었던 크로포드 호웰 토이(Crawford Howell Toy)는 다른 두 선교사 가족들과 함께 일본으로 가기로 되어 있었는데, 전쟁으로 인해 그것이 막히게 되었다. 그는 버지니아대학교를 졸업하고 근처의 앨버말 여학교(Albemarle Female Academy)에서 가르치고 있었다. 토이는 그 때 적극적이고 총명한 버지니아대학교 학생 샬롯데 문(Charlotte Moon)에게 매우 끌렸다. 하지만 그는 휫짓처럼 보병대에 입대하였고, 곧 군목이 되었다. 토이는 보통 군대병원에서 일했지만, 주일날에는 최전방에 있는 군인들에게 설교하였다. 토이는 남부군이 패전한 뒤에 여전히 게티스버그(Gettysburg)에 남아있기로 하였고, 결국 북부군에 의해 포로로 잡혀 수년간 감옥생활을 해야 했었다.[28] 전쟁 기간 중에 남침례교 기관들은 문을 닫거나 파괴되었다. 해외선교부와 국내선교부는 물론이고, 내슈빌에 있는 성서부, 찰스턴에 소재한 남침례교 출판협회, 그린빌의 서든침례신학대학원 등은 전쟁의 와중에 문을 닫게 되었다. 주일학교부가 1863년에 만들어져서 성서부와 남침례교 출판협회가 했던 일들을 맡게 되었다.[29]

5. 남북전쟁 후 남침례교회

전쟁이 끝난 후 신학교와 선교부 건물들은 크게 손상을 입었다. 남부 주들은 경제적으로 피폐해 졌다. 버지니아 침례교 신문인 「신앙의 선구자」(The Religious Herald)의 인쇄공장은 북부 군대에 의해 전체가 파괴되었다. 북부군이 진격한 곳은 이러한 파괴가 종종 반복적으로 일어났다. 이러한 때 페트릭 휴즈 멜(Patrick Hues Mell)은 남침례교 총회장으로서 교단의 수습을 위해 진력하였다.[30] 남북전쟁 후 많은 남침례교인들은 서남부 지역으로 이사 갔다. 옛 남부 지역이 황폐해졌기 때문에 재기의 희망을 품고 서부로 떠났다. 옛 남부의 교회들은 수적인 감소로 어려움을 겪게 되었다. 더구나 이전의 노예들이 백인 교회를 떠나 그들만의 교회를 설립한 것도 교세 약화의 원인이었다. 반대로 서남부 주들, 텍사스, 아칸소, 루이지애나 등에는 남침례교인들이 급속도로 많아졌다.[31]

옛 남부지역의 과부들이나 버려진 여인들은 피폐된 경제로 큰 고통을 감수해야 했다. 해방된 노예들은 남부의 경제체제에 이미 깊이 연결되어 있었기 때문에, 이를 벗어나 새로운 체제에 적응하는 것에 많은 어려움을 느꼈다. 그들은 소작농이나 일용직으로 일하는 것을 힘들어 했다. 많은 백인 기독교인들은 흑인들에게 교육의 기회를 주고자 노력하였는데, 특히 북침례교국내선교협회가 이 사업에 선두적인 역할을 감당하였다.[32]

남침례교인들 사이에서 전쟁이 끝난 후, 북침례교회와의 재통합의 기운이 감돌기는 했지만, 대다수는 분리된 교단으로 남는 것을 선호했다. 노예제도 문제는 해소되고 정치적 긴장은 완화되었지만, 지역적인 응어리와 분단은 오히려 더 깊어졌다. 북침례교 국내선교협회는 남침례교회를 돕기 보다는 선교사들을 대거 남부 여러 주들에 파송하여 적극적으로 공략했는데, 이것 역시 통합을 지연시키는 주요 원인이었다.[33] 북침례교회는 남침례교회와의 통합을 염원하는 마음으로 양쪽의 선교사업을 연합으로 운영하자고 제의했다. 이러한 제의를 좋게 여긴 남침례교 인사들은 1869년 총회에서 안건으로 제출했지만 부결되었다. 10년 후 똑같은 동의안이 1879년 애틀랜타 총회에서 제출되었지만 역시 부결되었다. 대다수 남침례교인들은 남북 침례교회가 각 지역에서 우호적으로 협력하되, 독자적인 교단으로 남는 것이 더 바람직하다는 서든침례교신학대학원 교수 존 브로더스(John A. Broadus)의 견해에 공감하였다.[34]

20세기 남침례교회

1. 총회체제 정비

20세기에 들어서서 남침례교인들 가운데서 총회의 조직과 운영이 과연 효율적인지를 놓고 논의가 자주 일어났다. 총회는 1913년에 7명의 위원으로 능률위원회를 구성하고 그 문제를 연구하게 했다. 능률위원회는 총회 직속의 실행위원회(Executive Committee)를 둘 것을 제안했다. 총회는 이를 받아들여 1917년에 실행위원회를 발족하였다. 이것은 남침례교회의 조직에 획기적인 변화를 가져왔다. 그때까지 총회는 연차총회 기간의 며칠 동안 임시로 모이는 수준이었지만, 이제는 상주직원들이 총회의 예산과 정책을 전문적으로 관리하는 체제가 되었던 것이다.[35]

2. 7천5백만 불 모금운동

남침례교회는 제1차 세계대전이 끝난 뒤인 1919년에 범교단적으로 7천5백만 불 모금운동(The Seventy-five Million Campaign)을 시작하였다. 그것은 1919년부터 1924년까지 5년 동안 헌금을 모금하여 교단의 각종 사업을 힘 있게 추진한다는 의도였다. 15명의 위원으로 구성된 모금위원회가 설립되었고, 댈러스제일침례교회 담임목사인 조지 트루엣(George W. Truett)이 회장을, 사우스웨스턴침례신학대학원(Southwestern Seminary) 총장 리 스카보로(Lee R. Scarborough)가 총무를 맡았다. 상당한 준비를 한 후, 작정헌금을 하도록 했는데 9천 2백만 불 이상의 작정이 이루어져 대성공을 거두게 되었다.[36]

교단 지도자들은 매우 고무되었다. 그들은 작정헌금을 믿고 은행에서 융자를 받아 사업을 먼저 시행하는 등 교단사업을 공격적으로 펼쳐나갔다. 하지만 그 즈음에 남부의 중요한 경제적 기반인 면화산업이 갑자기 몰락하기 시작했다. 1921년부터 1922년까지 40전 하던 면화 값이 25전으로, 다시 15전으로, 급기야는 10전까지 떨어졌다. 결과적으로 9천 2백만 불의 약정액 가운데 실제로 걷힌 헌금액은 5천 8백 50만 불에 그쳤다. 그런데 총회는 이미 사업을 확대하였기 때문에

과도한 지출을 하였고, 1926년 12월 31일자로 약 6백 5십만 불의 부채가 생겨 났다.[37]

7,500만 불 모금운동은 비록 실패하였지만, 교단에 여러 긍정적인 영향을 끼쳤다. 총회와 주총회들이 서로 긴밀하게 협력하는 패턴을 제공하였고, 커다란 사역들도 마음만 먹으면 해낼 수 있다는 자신감을 고취시켜주었다. 가장 중요한 것은 협동프로그램(Cooperative Program)에 대한 아이디어를 제공한 것이다. 침례교 지도자들은 협동을 정례화 하는 방안을 검토하기 시작했다. 그리고 1925년 테네시 주 멤피스에서 개최된 총회에서 협동프로그램을 출발시켰다.[38]

협동프로그램이 만들어질 때 그 운영 원칙과 방법은 다음과 같다.

(1) 협동프로그램은 남침례교 총회와 각 주총회들 간의 동등한 협력관계 위에 근거하고 있다.

(2) 이 프로그램의 모금활동을 활발하게 추진할 모든 책임은 "남침례교인들의 협동프로그램국"(Commission on Cooperative Program of Southern Baptists)에게 있다.

(3) 각 지역 현장의 모금책임은 각 주총회에게 있다.

(4) 각 지역교회에서 드려진 헌금은 주총회와 전국총회에 균등하게 배분되어져야한다.

(5) 이미 정착된 특별헌금들을 제외하고 어떤 기관에서 특별헌금을 모금하고자 할때는 총회의 동의를 얻어야 한다.

(6) 주총회는 주에서 목적하는 사업을 위해서 헌금액을 배분하고, 남침례교 총회는 총회에서 목적하는 사업을 위해서 헌금액을 배분한다.

(7) 협동프로그램에 참여하고 있는 어떠한 기관도 개교회에 직접 접근하여 헌금을 호소해서는 안 된다.

(8) 어떤 기본적인 비용항목, 예를 들면 주총회에서의 모금촉진 비용이나 직접적인 행정비용 등은 헌금을 배분하기 전에 총액에서 공제할 수 있다.

(9) 협동프로그램은 개인적으로 지정헌금을 드리고자 하는 자의 권리를 보호한다.

(10) 각 기관들은 개인들(교회들이 아니라)에게 특별기부금을 증여받기 위해서 그들을 찾아 나서는 것은 허용된다.

(11) 교회들로부터 드려진 기금은 주총회와 남침례교 총회 양자 모두가 가입한 신

탁기관에 맡길 수 있다. 그러나 주총회는 주총회 사업을 위해서 남침례교 총회의 지분을 건드려서는 안 된다.

(12) 협동프로그램은 지정헌금과 비지정헌금 모두를 포괄한다.[39]

협동프로그램국은 만들어진지 2년만인 1927년에 해체되고, 총회 실행위원회가 그 역할을 대신하게 되었다. 협동프로그램으로 인하여 교단 산하 각 기관들은 개교회나 지방회에게 헌금을 요청하지 않아도 되었다. 각 교회에 입장에서는 여러 기관들에 헌금하기보다는 예산의 일정액을 협동프로그램을 위해 주총회로 보내면, 교단의 제반 사역에 참여하는 것이 되기 때문에 간편하였다. 지역교회들은 1926년에 예산의 약 10.86퍼센트를 협동프로그램을 위해 사용했고, 1927년에는 약 11.2퍼센트를 사용하였다.[40]

협동프로그램은 개교회의 자치와 독립을 유지하면서도 교단적인 협력을 가능케 하는 탁월한 제도였다. 협동프로그램은 자발성의 원리에 기초하였다. 왜냐하면 개교회가 헌금의 여부와 액수를 결정하는 구조이기 때문이다. 주총회나 전국총회는 개교회에게 예산의 몇 퍼센트를 헌금하라고 강요할 수 없었다. 협동프로그램은 개교회의 자치와 독립성을 온전히 보장하면서도 개교회와 총회를 서로 긴밀하게 연결하여 교단의 일체감을 증진시켰다. 총회는 예산을 미리 예상할 수 있기 때문에 사업을 보다 조직적이고 합리적으로 추진할 수 있게 되었다.[41]

3. 진화론 논쟁과 『침례교 신앙과 메시지』(1925)

20세기 초반에 북침례교회는 근본주의-현대주의 논쟁으로 어려움을 겪었지만, 남침례교회는 보수주의가 압도적이어서 그와 같은 신학적 분열을 겪지는 않았다. 남침례교회는 그러나 진화론을 공립학교에서 가르치는 것을 총회가 반대해야 하는지와 관련해 논쟁을 벌였다. 보수주의자들은 진화론 교육을 금지하는 법이 제정되도록 총회가 적극적으로 나서야 한다고 주장했다. 하지만 당시 서든 신학대학원의 총장이자 교단에서 발언권이 강했던 에드가 영 멀린스는 정교분리를 주장하며, 보수주의자들이 주장에 반대했다. 그는 진화론 논쟁에 깊이 관여하였다. 멀린스는 진화론은 잘못된 가설이지만, 그렇다고 교회가 공립학교에 대해 진화론을 가르치지 말라고 하는 것은 정교분리를 주장하는 침례교회가 택할 수 있는 방법이 아니라고 주장했다.[42] 멀린스는 또한 과학과 신앙은 구분되어야 한다고 했다. 그는 과학이 자연계를 연구하는 것은 합법적인 것이므로 기독교인들이 그러한 행위를 금지할 수 없으며, 또 그렇게 해서도 안 된다고 하였다. 멀린스는 진화론이 신앙을 위협하는 잘못된 가설인 것은 분명하지만 기독교 신자는 그것을 합리적이고 이성적인 방법으로 대처해야하며, 법으로 제제하려고 해서는 안 된다고 주장했다.[43]

멀린스의 설득은 효과를 발휘하였다. 1923년 총회에서 보수주의자들은 공립학교에서 진화론을 가르치지 못하도록 정부에 압력을 넣자고 동의했으나, "총회의 범위를 넘어서는 개입이라는 이유로 부결되었다."[44] 그러나 진화론과 관련한 동요는 사라지지 않았고 반대로 더욱 격렬해졌다. 총회가 교회들에게 적절한 기준을 제시해야한다는 공감대가 확산되었다. 결국 총회는 이와 관련하여 신앙고백서를 제정하기로 결의하고, 멀린스를 위원장으로 하고, 스카보로우(L. R. Scarborough), C. P. 스텔리(Stealey), W. J 맥글로슬린(McGlothlin), S. M. 브라운(Brown), E. C. 다간(Dargan), R. H. 피트(Pitt) 등을 위원으로 하는 기초위원회를 구성하였다. 그리고 위원들에게 다음 연차총회 때까지 초안을 제출할 것을 요청했다.[45]

진화론 논쟁으로 시작된 1925년도 『침례교 신앙과 메시지』(The Baptist Faith and Message)는 남침례교단이 채택한 최초의 신앙고백서였다. 『침례교 신앙과 메시지』위원회는 뉴햄프셔 신앙고백서를 기초로 하되, 몇 항목을 수정하고 10개 항목을 새로 첨가하여 신앙고백서를 만들었다. 뉴햄프셔 신앙고백서의 제12항과 16항은 삭제되었고, 제 7, 9, 18항은 표현이 바뀌었다. 그리고 추가된 10개 항목은 "부활," "주님의 재림," "종교의 자유," "평화와 전쟁," "교육," "사회봉사," "협력," "전도와 선교," "청지기 직분," "하나님 왕국" 등이었다. 본 신앙고백서는 온건 칼빈주의 입장을 따랐다. 그리고 하나님의 천지창조, 그리스도의 동정녀 탄생, 부활, 재림 등을 강조하여 보수적 신앙을 지키고 현대주의를 배격하였다.[46]

『침례교 신앙과 메시지』는 총26개 항목으로 되어있으며, 크게 네 부분으로 나뉠 수 있다. 첫째 서론 부분에서는 신앙고백서가 만들어지기까지의 과정, 신조와의 차이점, 신앙고백서의 성격과 기능에 대한 침례교회의 입장 등을 설명하였다. 둘째 부분은 교리들에 대한 설명이고, 셋째는 그리스도인의 삶과 사회적 책임을 다루었다. 네 번째 부분은 과학과 종교의 관계에 관한 것으로, 반(反)진화론적 진술이 신앙고백서에 포함되어야 한다는 보수주의자들을 만족시키기 위한 조처였다. 이것은 멀린스가 1923년도 총회 때 연설한 내용으로, 그 중 마지막 부분을 발췌하여 신앙고백서의 부록으로 첨부한 것이다.[47] 이처럼 『침례교 신앙과 메시지』는 교리적인 진술뿐만 아니라, 그리스도인의 삶, 목회, 선교 등에 관한 규정도 함께 두어서 교회의 전체적인 삶에 대한 포괄적인 기준을 제시했다.

4. 1950년대의 남침례교회

1) 급속한 성장

20세기 중반에 남침례교회는 눈부신 성장을 이루었다. 총회는 1950년에 27,788개 교회에 7,079,889명의 교인이 있었다. 주일학교에 5백만 명이 이상의 사람들이 출석하고 있었으며, 주일학교부는 1949년에 약 9백4십만 불의 판매를 올렸다. 해외선교부는 803명의 선교사들을 후원했고, 국내선교부는 779명의 선교사들을 고용했다. 총회는 1950년 전후로 3개의 신학교를 세웠다. 즉 1944년에 골든게이트, 1950년에 사우스이스턴, 1957년에 미드웨스턴을 각각 설립했다.[48] 남침례교회는 이제 북부에도 교회를 세우면서 미국 전역을 커버하는 교단으로 발전했다. 과거의 지리적인 경계선은 무의미해졌다. 남침례교회는 세계교회협의회에 가입하는 것은 자유주의 신학을 용인하는 결과가 되기 때문에 반대한다고 천명하고, 보수복음주의 전통을 계승하고 전통적인 영혼구원에 힘썼다. 그 결과 1950년에 27,788개 교회가 1957년에는 30,834개로 늘어났고, 교인수도 7,079,889명에서 8,703,823명으로 증가되었다. 남침례교회는 또한 도시화에 적극 대응하였다. 국내선교부는 "도시를 그리스도에게로"라는 표어를 내걸고 도시선교에 힘을 집중시켰다. 그 결과 1959년에 교인 수는 9백만을 상회하게 되었고, 1961년에 이르러서는 1천만 명을 돌파하게 되었다.[49]

2) 인종차별 문제

1950년대의 미국은 인종차별 문제가 중요 이슈였다. 미국 대법원은 1954년에 공립학교에서의 인종차별은 비헌법적이라고 선포하였다. 남침례교총회는 이에 부응하여 1954년, 1959년, 1961년의 세 번에 걸쳐 각 교회들에게 대법원의 결정을 받아들이도록 권고하였다. 총회 산하 기독생활위원회(Christian Life Commission)는 매년 인종차별을 줄이는 방안을 제시했지만 그 이행은 느리게 진행되었다.[50] 대법원이 1954년에 인종차별을 불법으로 판결하기 2년 전에 미국교회협의회(National Council of Churches)는 인종차별에 대해 반대의사를 공식적으로 표명하였다. 그리고 대법원의 결정이 난 이후에는 그 결정이 신속하게 실행되도록 안내서를 발간했다. 그런데 미국교회협의회는 신중하지 못하게 남부에서 흑인들의 대규모 저항을 인정하는 정책을 채택했다. 그러자 남부의 백인 교단들은 반발하며 지도력 행사를 포기하였다. 남침례교회도 대법원의 결정을 지지하는 성명서만 발표할 뿐, 아무런 실질적인 행동은 하지 않았다.[51]

남침례교인들의 흑인들에 대한 차별은 오랜 기간 개선되지 않았다. 1960년대에 남침례교신학교에서 가르친 새뮤얼 서더드(Samuel Southard) 교수는 "시설물을 인종차별 없이 사용하도록 특별한 조치를 취한 목회자연합회나 개교회는 거의 없었으며, 공공시설물 출입에 관한 연방정부의 결정을 평화적으로 받아들이도록 권고하는 사람도 거의 없었다"고 지적했다. 서더드는 대도시나 변경의 주들에서 그러한 조치가 간혹 행해지기도 했지만, 교단의 임원들은 개교회 목사들보다 흑인 차별을 개선하는 데 더 소극적이었다고 하였다.[52]

| 남침례교 목사
마틴 루터 킹 2세

이런 상황에서 남침례교 젊은 흑인 목사 마틴 루터 킹 2세(Martin Luther King Jr)는 흑백차별을 철폐하기 위한 행동에 나섰다. 그는 앨라배마 주 몽고메리(Montgomery)에서 흑인들로 하여금 대규모로 버스승차 거부운동을 일으켰고, 결국 1954년에 몽고메리 시의 대중교통 좌석 분리제를 폐지시킬 수 있었다. 마틴 루터 킹은 모든 분리정책을 공격하는 운동을 이끄는 핵심 인물이 되었다. 킹은 뜻을 같이 하는 사람들과 더불어 '남부기독교지도자협의회'(Southern Christian Leadership Conference)를 설립하고 회장으로 활동했다.[53] 킹 목사의 인종차별을 반대하는 비폭력 저항운동은 1962년에 북부 도시들로 확산되었으며, 미국교회협의회는 그것을 적극적으로 후원하였다. 1963년 8월 28일 워싱턴에서 대규모 거리시위와 연좌시위에 저명한 성직자들과 교단의 지도자들이 동참하였다. 이 "워싱턴 행진"에서 킹은 "나에게는 꿈이 있습니다."(I have a dream)라는 유명한 연설을 하였다. 킹은 1964년에 노벨평화상을 수상하였다. 그러나 그는 1968년 4월 테네시 주 멤피스에서 암살당했다.[54]

5. 1960년대 남침례교회

1) 엘리어트 논쟁과 「침례교 신앙과 메시지」(1963)

남침례교회는 또 한 번 신앙고백서를 제정할 필요가 생겼다. 그것은 자유주의 신학 문제였다. 문제의 발단은 교단 신학교인 미드웨스턴침례신학대학원(Midwestern Seminary)의 구약학 교수 랄프 엘리어트(Ralph H. Elliot)가 1961년 7월에 남침례교 주일학교부 소속 출판사인 브로드맨(Broadman)을 통해 『창세기의 교훈』(The Message of Genesis)을 출판하면서 시작되었다. 대다수 남침례교인들은 창세기를 역사적 사건으로 보고, 문자적으로 해석하였는데 반해, 엘리어트는 역사—비평적 입장에 기초해 창세기를 우화적이고 상징적인 표현으로 보았다. 그는 창세기는 복수의 저자에 의해 기록된 것이며, 어떤 내용은 예수님의 비유와 같은 비유로 보아야 한다고 했다. 또한 아담은 한 사람이 아니라 인류 전체에 대한 상징적 용어이고, 노아의 홍수는 전 지구상에 일어난 것이 아니라 지역적인 사건이라 하였다. 그의 사상은 창세기의 역사성과 성경의 무오성을 부인하는 것으로 비난 받았다.[55]

1962년 샌프란시스코 총회에서는 신학교 교육이 성경의 무오성과 권위를 파괴하고 있다는 불만이 폭발하였다. 목사들은 엘리어트와 그의 책을 출판한 주일학교부를 격렬하게 비난하였다. 휴스턴제일침례교회의 담임목사 오웬 화이트(K. Owen White)는 텍사스 침례교 주간지, 「침례교 기준」(Baptist Standard)에 『창세기의 교훈』을 독약이라고 하였다. 그는 "이런 류의 이성주의적 본문비평은 위대한 신약성서적 교단을 더욱 혼란과 불신앙과 부패 그리고 종국에 가서는 분열로 이끌 따름이다." 라며 강력히 비판하였다.[56] 사실상 남침례교 목회자들은 이미 수

년 전부터 교단 신학교에 자유주의 성향을 가진 교수들이 있다고 우려하던 중이었다. 결국 엘리어트는 사임하고 그의 책들은 회수되었지만, 목회자들은 교단의 신학적 기준을 제시하는 문서의 필요성을 강하게 느꼈다. 1962년 7월 샌프란시스코에서 개최된 총회에서, 다음과 같은 권고문이 통과되었다.

> 그러므로 우리는 본 총회의 의장이 총회 규정 18조에 따라 각 주 총회의 의장들로 위원회를 구성하여, 내년 캔자스 연차총회에 (1925년 판과) 유사한 신앙고백을 작성하여 제출할 것을 요청하는데, 그것은 지역교회들에게는 정보로써, 남침례교 산하의 여러 기관에게는 권고지침으로 이용될 수 있어야 합니다. …[57]

당시 남침례교단 총회장이자 오클라호마 제일침례교회 담임목사인 허셸 홉스 (Hershel H. Hobbs)가 위원장이 되고, 주총회장들 가운데서 5명의 위원들이 선정되어 새로운 신앙고백서를 작성하는 일을 맡게 되었다. 그들은 1925년도 「침례교 신앙과 메시지」를 기초로 하되, 일부만 수정하여 새로운 신앙고백서를 만들었다. 그것은 1963년 5월 9일 캔자스시티에서 열린 연차총회에서 받아들여졌다.[58]

1963년도 「침례교 신앙과 메시지」의 서문에는 1925년도 「침례교 신앙과 메시지」에서 밝힌, "신앙고백서의 본질과 기능에 관한 역사적인 침례교 관점"을 다시 한 번 적시했다. 그 내용은 다음과 같다.

> (1) 신앙고백서들은 우리 교인들의 일반적인 교훈과 지침을 위하여, 그리고 우리 가운데 대부분 분명하게 유지되는 기독교 신앙의 조항들에 대해 관심을 가지고 있는 다른 사람들을 위하여, 크고 작은 몇몇 침례교 단체가 의견의 일치를 이룬 것이다. 그것들은 신약성경에 나타나있는 구원의 단순한 조건 즉, 하나님을 향한 회개 및 예수 그리스도를 구원자와 주로 믿는 것에 대해 어떠한 것을 덧붙이려는 의도로 만들어진 것은 아니다. (2) 우리는 그것들을 최종적이며 무류한 특성을 가진 우리 신앙의 완전한 선언문들로 여기는 것이 아니다. 과거에도 그랬듯이 미래에도 마찬가지로, 침례교인들은 그들이 현명하고 합당하다고 생각될 때는 언제든지 자신들의 신앙선언문들을 개정하는 데 자유로워야 한다. (3) 어떠한 크고 작은 침례교 그룹들도 자신들을 위해서 작성할 수 있는 고유한 권리가 있으며, 그들이 그것을 출판하

는 것이 합당하다고 생각하면 언제든지 자신들의 신앙고백으로 세상에 출판할 수 있다. (4) 침례교인들 사이에서 신앙의 행습의 유일한 권위는 구약과 신약성경이다. 신앙고백서들은 단지 해석에 있어 안내서이며, 양심 위에 군림하는 권위가 아니다. (5) 그것들은 신앙적 확신에 관한 선언문이며, 성경으로부터 작성된 것이다. 그것들은 사상의 자유 혹은 삶의 다른 영역을 고찰하는 것을 방해하는 용도로 사용되어서는 안 된다.[59]

1963년도 「침례교 신앙과 메시지」의 목적은 남침례교회가 여전히 보수주의 신학을 견지하고 있음을 내외적으로 천명하는 것이었다. 교리 부분에서 보수정통주의를 강화시켰다. 예를 들면 "성경" 조항은 1925년 판과 다르게, 마지막 부분의 성경해석의 주요 원리에서, "성경 해석의 기준은 예수 그리스도이다"라는 문구를 덧붙였다. 또한 "교회" 조항에서 우주적인 교회 개념을 인정함으로 오직 지역교회만을 강조하는 지계석주의 교회론을 명시적으로 배격하고 개신교 정통주의 교회론을 재차 강조하였다.[60]

1963년도 「침례교 신앙과 메시지」는 교단이 자유주의로 나아가는 것을 차단하고, 복음주의 신학과 신앙을 계속 유지하게 하는 강력한 장치였다. 이것은 총회 산하 여러 주총회들과 기관들의 신학적 기준과 안내의 역할을 하였다. 예를 들면, 해외선교부는 1963년 10월에 선교사와 선교부 직원의 선발 기준은 1963년도 「침례교 신앙과 메시지」에 부합한 사람들이라고 발표했다. 또한 주일학교부에서 발행하는 모든 공과들에도 "1963년도 「침례교 신앙과 메시지」가 교리적인 표준입니다." 라는 글귀가 있으며, 교단 산하 신학대학원들은 교수를 채용할 때, 이 신앙고백서에 따르겠다는 맹세 문구에 서명하게 하였다.[61]

2) 협동 프로그램의 활성화 및 사회참여

1960년대 남침례교회는 1950년대의 성장을 계속 이어나가기 위한 노력을 기울였다. 지도자들은 1925년부터 시작된 협동프로그램을 활성화하기 위해, 협동프로그램만을 전담하는 독립된 기구의 설립을 추진하였다. 결과로 1960년에 청지기국(Stewardship Commission)이 설립되었다. 청지기국은 협동프로그램의 홍보, 침례교인들의 청지기 의식 고양, 모금된 헌금의 관리와 재산 증식 등 세 가

지가 주된 사역이었다.[62]

1960년대부터 남침례교회는 사회적인 문제에 관심을 쏟기 시작했는데, 아마도 마틴 루터 킹 목사의 영향과 사회적 요구 때문이었을 것이다. 1965년 6월 댈러스에서 개최된 남침례교총회에서 기독생활위원회의 총무인 포이 발렌타인(Foy Valentine)은 지도력을 발휘해 인종차별을 반대하는 강력한 보고서가 채택될 수 있게 하였다. 이것은 인종차별문제를 포함한 기독생활위원회의 사역에 대해 예산을 감액하려는 동의안을 반박하기 위하여 제출된 것이었다. 발렌타인의 노력으로 결국 동의안은 부결되었다. 그러나 1965년 총회의 핵심적인 주안점은 전국복음화를 위해 전력을 집중하는 문제였다. 총회는 전도를 위한 적극적인 활동을 전개하였고, 그 결과 1965년 말 남침례교회는 33,797개 교회와 10,772,712명의 교인을 확보할 수 있게 되었다.[63]

1960년대 대다수 남침례교인들은 사회참여에 부정적이었다. 일부 지도자들은 사회참여의 필요성을 역설했지만, 대부분 무시되었다. 예를 들면, 1967년의 총회에서 연사들은 "사회참여"에 찬성하는 입장을 개진했으나, 대다수 대의원들은 사회참여를 반대하였다. 기독생활위원회는 인종차별을 반대하는 동의안을 제출했으나, 완전히 패배하고 말았다. 하지만 작은 변화도 조금씩 감지되었다. 이에 대한 증거는 도시에서의 효과적인 사역을 위한 세미나를 워싱턴에서 4주간 가졌는데, 그 때 빈곤과 사회구조적 문제들을 다루었던 것이다.[64]

1968년 봄에 실시한 여론조사의 결과는 남침례교회의 변화가 가속화되고 있음을 보여주었다. 목회자의 과반수가 교단 산하 대학과 병원을 위해 정부의 지원금과 차관을 받아들이는 것에 찬성하였다. 그리고 대다수는 세계교회협의회에 참여하는 것을 반대했지만, 지역적인 협의회에 가입하는 것은 무방하다고 응답했다. 그해 6월 4–7일 사이에 휴스턴에서 개최된 총회의 대회장 밖에서 신학생들이 인종차별, 빈곤, 베트남 전쟁 등을 항의하는 의미로 침묵시위를 하였다. 결국 총회는 인종차별에 대하여 침례교인들이 도덕적인 책임 의식을 가져야 할 것과, 총회의 기관들로 하여금 "인간의 평등과 정의"를 지지하는 일을 추진하도록 결의하였다. 하지만 총회장은 보수파의 지도자인 왈리 크리스웰(W. A. Criswell)을 선출하였는데, 그것은 균형을 맞추려는 의도가 작용한 것이었다.[65]

엘리어트 사건과 사회참여를 요구하는 흐름에 대해 남침례교인들은 반동적으로 보수주의 성향을 강화시켰다. 크리스웰은 『나는 왜 성경이 문자적인 사실임을 설교하는가』(*Why I Preach the Bible is Literally True*) 라는 책을 출판하며 보수주의 신앙을 재천명하고 교단을 그 방향으로 이끌어갔다. 이러한 크리스웰의 태도에 반감을 가진 몇몇 교수들을 비롯한 일부 진보 그룹은 그가 총회장으로 재선되는 것을 막으려 하였다. 그러나 크리스웰은 1969년 총회에서 7,483대 450이라는 압도적인 표차로 총회장에 재선되었다.[66]

1970년 이후의 남침례교회

1. 보수파의 교단 장악

1) 브로드맨 성경주석서 문제

1970년 남침례교회는 교단 창립 125주년이 되는 해였다. 1845년에 4천 1백여 교회와 35만 교인으로 시작한 총회가 3만 4천 교회, 1천1백만 성도의 대 교단이 되었다. 남침례교회는 이러한 경이적인 성장과 더불어 효과적인 성경공부 프로그램, 활기차고 강력한 선교사업, 6개 신학교, 효율적인 협동 프로그램, 민주주의적 회중주의 정체, 교단에 대한 충성심 등을 자랑할 수 있었다.[67] 하지만 1970년도 덴버 총회는 축제의 분위기가 전혀 없었다. 그것은 브로드맨 성서주석서 문제 때문이었다. 1970년에 교단 출판사인 브로드맨 출판사는 『브로드맨 성경주석서』(*The Broadman Bible Commentary*)의 창세기 부분을 영국인 학자인 헨톤 데이비스(G. Henton Davies)에게 맡겼는데, 데이비스는 과거의 엘리어트와 마찬가지로 자유주의 관점에서 창세기를 해석하였던 것이다. 보수파들은 또 다시 자유주의자들이 교단을 파괴하는 책동을 하고 있다고 공격하였다. "보수적인 견해로 다시 쓰자"는 제안이 5,395표 대 2,170표로 가결되었다. 주일학교부는 데이비스에게 그 부분을 고칠 것을 요청했다. 하지만 1971년 총회 때 아예 다른 저자에게 맡기자는 동의가 근소한 차이로 가결되면서, 서든침례신학대학원 교수인 클라이드 프란시스코(Clyde T. Francisco)가 대신하기로 결정되었다. 이 사건은 보수파가 자유주의를 몰아내기 위해서는 조직적인 행동이 필요하다는 인식을 갖게

하였다.[68]

2) 보수파의 교단 장악 전략

보수파의 핵심 인물 두 명은 이 일이 발생하기 3년 전에 교단장악을 계획했다. 1967년 어느 날 밤, 당시에 텍사스 주 항소법원의 법관인 폴 프레슬러(Paul Pressler)와 뉴올리언스 침례신학대학원에 재학 중인 패이지 패터슨(Paige Patterson)은 뉴올리언스에 있는 유명한 프랑스식 간이식당 카페 듀 몽데(Cafe du Monde)에서 만났다. 그 때 두 사람은 교단이 자유주의로 흘러가는 막기 위한 대책을 숙의했다. 프레슬러는 보수적인 총회장을 선출하여 그로 하여금 교단 산하기관의 이사들을 선출하게 하자는 전략을 제안했다.[69] 남침례교단은 엄격하게 말하면 총회기간 며칠만 존재하며, 실질적인 교단 사업은 20개의 산하 기관에 종사하는 직원들이 수행한다. 따라서 그들이 교단의 실질적인 리더십을 가지고 있다고 볼 수 있다. 주요 기관으로는 총회 실행위원회, 해외선교부(Foreign Mission Board), 국내선교부(Home Mission Board), 주일학교부(Sunday School Board), 6개 신학교가 있었다. 프레슬러와 패터슨은 총회의 각 기관과 부서에서 일하는 사람들을 보주주의자로 바꾸겠다는 목표를 세웠다.[70]

브로드맨 성서주석서 문제는 애드리안 로저스(Adrian Rogers), 왈리 크리스웰(Wally A. Criswell), 제리 바인스(Jerry Vines), 찰스 스탠리(Charles Stanley) 등과 같은 저명한 교단 지도자들로 하여금 패터슨과 프레슬러의 생각에 동조하게 만들었다. 우선 크리스웰은 교단의 보수신학을 강화하기 위해 1971년에 〈크리스웰 성경연구소〉(Criswell Biblical Studies Center)를 세우고, 패터슨을 교장으로 앉혔다. 1973년에는 "침례교 신앙과 메시지 협회"(Baptist Faith and Message Fellowship)라는 보수파들의 모임이 애틀랜타 제일침례교회에서 결성되었다. 본협회는 「남침례교 저널」(Southern Baptist Journal)이라는 잡지를 출간하여 보수주의자들의 주장을 선전하였다. 편집자인 윌리엄 포웰(William A. Fowell)은 저널이 넓은 도끼가 되어 "자유주의라는 암"을 내리칠 것이라고 공언했다.[71]

프레슬러는 보수파 지도자들에게 남침례교회의 교단구조는 총회장이 막강한 임명권을 가지고 있기 때문에, 보수파에서 총회장을 수년간 연속으로 당선시켜 그로 하여금 교단 산하 기관의 사람들을 교체하도록 하자는 전략을 제시했다. 남침례교 총회의 구조는 총회장이 70명으로 구성된 "위원회들을 위한 위원회"(committee on committees)를 임명할 수 있다. 이 "위원회들을 위한 위원회"는 총회 때 "추천위원회"를 추천할 수 있다. 추천위원회를 인정하는 지에 대한 여부는 총회 대의원들이 결정한다. "추천위원회"는 교단 산하 각 기관의 이사, 부서장을 추천하며 역시 총회 대의원들이 최종 결정한다. 그런데 총회 대의원들이 "추천위원회"가 추천한 사람들을 이론적으로는 거부할 수 있지만, 현실적으로 그렇게 하기가 매우 어려웠다. 250명이나 되는 추천된 사람들을 바꾸어 새로운 사람들을 선정하는 것은 시간적으로 거의 불가능한 일이기 때문이다. 따라서 추천 받은 사람들이 대부분 인준되었다. 그런데 부서장이나 이사는 기관이나 학교에 따라 4년에서 5년의 임기를 가지고 있으며, 대게 중임을 하는 것이 일반적이었다. 따라서 교단 전체의 리더십을 보수주의자들로 교체하려면 약 10년을 보수파 총회장이 당선되어야 하는 것이다.[72]

3) 보수파 총회장들의 당선

보수파들은 1979년에 애드리안 로저스를 필두도 1990년까지 총회장을 내리 당선시키므로 교단을 완전히 장악하였다. 남침례교회는 총회장이 재직기간에 특별한 잘못이 없는 한 중임하는 것이 관례여서 여섯 명의 총회장을 배출하면 교단을 10년 이상 장악할 수 있다. 당선된 보수파 총회장들의 득표율을 아래와 같다.[73]

1979년　애드리안 로저스(Adrian Rogers)　51.36%

1980년　베일리 스미스(Bailey Smith)　　51.67%

1982년　지미 드래퍼(Jimmy Draper)　　52.18%

1984년　찰스 스탠리(Charles Stanley)　52.18%

1986년　애드리안 로저스(Adrian Rogers)　54.22%

1988년　제리 바인스(Jerry Vines)　　　50.53%

1990년　모리스 채프만(Morris Chapman)　57.68%

4) 논쟁 주제들

기존의 교단 지도자들과 기관 사역자들은 온건파를 형성하였다. 그들은 보수파의 행동에 대해 둔감하게 반응했다. 그들은 보수파의 교단 장악 시도가 성공하지 못할 것으로 보았다. 그러다가 뒤늦게 사태의 심각성을 깨닫고 세력화에 나섰다. 온건파와 보수파는 침례교 대의원들에게 적극적으로 호소하였다.

양 파는 다음과 같은 여러 가지 이슈로 논쟁을 벌였다. 1) 성경 무오론 대 영혼의 자유였다. 보수파는 성경의 무오교리가 침례교 정체성의 핵심이라고 강조하고, 자신들은 교단을 성경에 충실한 원래의 침례교회로 되돌리려는 운동을 벌이는 것이라고 주장했다. 이에 대해 온건파는 침례교 정체성의 핵심은 영혼의 자유와 만인제사장 교리라고 주장했다. 그들은 지금까지 남침례교회가 성경의 권위를 벗어난 적이 없었는데, 보수파가 사실을 왜곡하고 있다고 주장하며, 따라서 논쟁의 원인은 교리가 아니라 교권 쟁탈이라고 했다. 2) 신학교육에 관한 것인데, 보수파는 교단 신학교에서 자유주의는 결코 용인될 수 없으며, 자유주의 신학을 따르는 교수들은 해임시켜야 한다고 주장했다. 이에 대해 온건파는 지금까지 교단 신학교육에 큰 문제가 없었다고 하였다. 3) 목회자의 권위 문제였는데, 보수파는 목사의 권위를 높이는 것이 성경적인 가르침에 부합된다고 주장했고, 온건파는 만인제사장 교리를 강조했다. 4) 여성의 목사안수 문제였는데, 보수파는 성경에 근거해 볼 때, 여성은 다른 사역은 할 수 있지만 목사는 될 수가 없다고 하였다. 이에 대해 온건파는 여성의 목사안수에 대해 우호적인 입장을 취하였다. 5) 사회, 정치적 문제로서, 보수파는 낙태반대와 같은 미국의 정치, 사회적인 이슈에 대해서 우파적인 입장을 옹호하고, 그것을 실현하기 위해 정치에 관여해야 한다고 주장했다. 이에 대해 온건파는 침례교회의 정교분리 전통을 강조하며 보수파의 우경화를 우려하였다.[74]

5) 평화위원회

남침례교단은 1985년 달라스 총회에서 22명의 위원으로 구성된 평화위원회를 조직하였다. 위원들은 근본주의자, 온건주의자, 중립을 지키는 자 등으로 골고루 안배하였다. 평화위원회는 교단 화합을 위한 보고서를 작성하고, 1987년 세인트루이스 총회 때 제출하였다. 보고서는 보수주의자들의 입장이 교단의 다수 교인들의 생각이라는 것을 입증하였다. 예를 들면, 성경이 오류 없는 하나님의 말씀이라고 말할 때, 대부분의 남침례교인들은 그 의미를 다음과 같이 생각한다고 하였다.

(1) 그들은 직접적인 창조를 믿는다. 그러므로 그들은 아담과 이브가 실제의 인간들이었다고 믿는다.
(2) 그들은 성경 속에서 성경이 저자의 이름을 말한 그 사람들이 참으로 그 성경을 집필했다고 믿는다.
(3) 그들은 성경 속에 묘사된 기적들이 역사 속의 초자연적인 사건들로써 실제 일어난 것으로 믿는다.
(4) 그들은 역사적인 진술들이 저자들이 말한 그대로 실제로 정확하며 신뢰할 수 있다고 믿는다.[75]

보고서는 교단의 직원들과 교수들을 채용할 때, 위와 같은 남침례교 신앙을 확고히 믿는 사람을 선정할 것을 촉구하였다.

6) 각 기관 장악

보수파는 교단을 실질적으로 이끄는 기관 사역자들을 보수파 사람들로 교체하는 것을 최종적인 목표로 삼았다. 보수주의자들이 각 기관을 장악하면, 남침례교회는 명실공이 확고한 보수주의 교단으로 계속 남을 수 있기 때문이었다. 그들은 건전한 성서적 삶을 살고, 보수주의 신앙을 갖춘 사람들을 임명 기준으로 삼았다.

침례교협동위원회(Baptist Joint Committee)는 미국에 있는 대다수 침례교단들이 함께 참여하는 기관으로 종교의 자유를 비롯한 여러 공무와 관련된 침례교 입장을 대변하는 역할을 하였다. 본부는 정치적 활동의 필요에 따라, 의회와 백악관이 있는 워싱턴 D.C.에 두었다. 오랜 기간 남침례교회는 이 기관의 운영을 위한 비용 대부분을 감당하여왔다. 위원장으로는 남침례교 목사인 제임스 던(James Dunn)이 장기간 봉직하였다. 남침례교단을 장악한 지도자들은 본 위원회가 낙태반대, 학교에서 기도하는 것, 종교기관이 세운 학교에 대해 국가가 재정

지원을 하도록 하는 것 등 보수우파의 입장을 대변해줄 것을 요청하였다. 협동위원회는 이러한 요구에 불응하였다. 그러자 남침례교회는 지원금을 점차로 없애기 시작했다. 1989년에 45만 불, 1990년과 1991년에는 각 40만 불을 지원했지만, 1992년에는 5만 불로 급격히 낮추었고, 1993년에는 지원금을 전혀 주지 않았다. 제임스 던은 1999년에 퇴임할 수밖에 없었다. 남침례교회는 침례교협동위원회의 역할을 교단 산하 기독생활위원회에 맡기고, 위원회의 본부도 워싱턴 D. C.로 이전하였다.[76)]

주일학교부 부장으로 1984년에 선임된 로이드 엘더(Lloyd Elder)는 온건파에 속한 인물로 교체 대상이었다. 그를 대신해 교단 총회장을 역임한 텍사스 주 근본주의 교회의 목사 지미 드래퍼(Jimmy Draper)가 1991년 7월에 부장으로 선임되었다. 드래퍼는 주일학교부를 보수주의 신앙을 변호하는 출판사로 만들고, 직원 수를 줄이는 등 구조조정을 단행하였다. 남침례교회는 1998년에 주일학교부를 생명길 기독자원부(Lifeway Christian Resources)로 바꾸었다.[77)]

「침례회보」는 총회 실행위원인 폴 프레슬러(Paul Pressler)가 주도적으로 장악하였다. 그는 1987년 3월에 침례회보의 책임자가 된 앨빈 쉐클포드(Alvin C. Schackleford)와 52세의 베테랑 기자 댄 마틴(Dan Martin)에게 사표를 요구하였다. 그들이 거부하자 7월 17일 회의에서 즉각 해고하였다. 그러자 해고된 사람들을 중심으로「연합침례신문」(Associated Baptist Press)이 발족되었다.[78)] 교단 갈등은 총회나 주총회에 의해 지배받지 않는 독립신문들이 많이 생겨나게 만들었다. 보수파 계열 신문들로는, 1973년 브로드맨 주석 논쟁의 결과로 생겨난「남침례교 신문」(The Southern Baptist Journal), 1980년에는 프레슬러–패터슨 계열의「남침례교 옹호자」(The Southern Baptist Advocate), 1990년에 창설된「침례교 연합뉴스」(Baptist United News), 1991년에 설립된「남침례교 파수꾼」(The Southern Baptist Watchman),「텍사스 침례교」(The Texas Baptist),「남침례교 대화자」(The Southern Baptist Communicator), 1992년에 시작된「침례교 관찰자」(The Baptist Observer), 1994년에 창간된「침례교 깃발」(The Baptist Banner),「버지니아 SBC 최근소식」(The SBC of Virginia Update) 등이 있었다. 이들 가운데는 잠깐 있다가 사라지는 출판물들이 많았다. 온건파는 1983년 4월에「SBC 투데이」(SBC Today)을 출간하였는데, 1991년 8월에「뱁티스트 투데이」(Baptist Today)로 명칭을 바꾸었다. 이

신문은 온건파에서 규칙적으로 발행하는 독립신문 중 유일한 것이다.[79]

　해외선교부는 1980년에 부장으로 선출된 키스 팍스(R. Keith Parks)의 처리에 대해 오랜 기간 통일된 입장을 취하지 못했는데, 그것은 팍스가 보수파 이사들과 함께 일하기 위해 최선의 노력을 기울였기 때문이다. 하지만 팍스는 1992년 3월에 13시간 동안 이사들과 격렬한 회의 끝에, 본인은 1992년 10월에 사임하겠다고 발표했다. 해외선교부 이사회는 1993년 5월에 41세의 제리 랜킨(Jerry Rankin)을 부장으로 선출하였다.[80] 해외선교부 이사회는 1991년 10월에 스위스의 루실리콘(Ruschlikon)에 있는 침례신학교에 대한 재정지원을 중지할 것을 결의하였다. 이 학교는 남침례교회가 1949년에 세운 학교였다. 학교에 대한 지원 중단 이유는 신학교가 자유주의 교수들을 계속 방관하고 처리하지 않았기 때문이라고 하였다. 이 학교는 협동침례회와 몇몇 주총회 그리고 개인들의 지원으로 운영되고 있으며, 1993년에 국제침례신학교(International Baptist Theological Seminary)로 명칭을 바꾸고, 1995년에는 체코의 프라하로 학교를 옮겼다.[81]

　신학교를 자유주의의 온상이라고 보았던 보수파는 신학교 개혁을 주요 목표로 삼았다. 근본주의 계열의 학생들은 교수의 강의를 녹음하여 제보하는 첩보자 노릇을 하였다. 이러한 전 방위적인 압박을 줄이고자, 6개 신학교 학장들은 1986년 10월에 "글로리에타 선언문"(Glorieta Statement)을 발표하였다. 이 선언문은 신학교들이 전통적인 침례교 교리를 충실히 따를 것임을 선포하였고, 학장들 자신들은 "66권의 성경은 모든 면에서 오류가 없다"는 것을 믿는다고 선언하였다.[82]

　그러나 보수파는 1987년 사우스이스턴 침례신학대학원부터 접수하기 시작했다. 학장 외에 교수들은 새로운 교수 채용에 참여하지 못하게 하였고, 학장에게는 평화위원회의 보고서에 동의한 교수들만 채용하도록 했다. 결국 랜델 로리 학장은 사임하였다. 이러한 과정과 관련하여 미국신학교협회(Association of Theological School: ATS)와 남부 대학 및 학교협회(Southern Association of Colleges and Schools: SACS)는 사우스이스턴을 근신(probation)에 처할 것이라는 입장을 밝혔다. SACS는 실제 1991년 12월에 근신처분을 내렸다. 그 영향으로 학생 수가 1987년 1,098명에서 1991년에 603명으로 줄어들었다. SACS가 1993년에 학교를 재 인준하자 학생 수는 다시 증가하였다. 보수파의 핵심 지도자인 페이지 패터슨이 1992년 5월에 학장으로 선출되었고, 사우스이스턴은 성경무오교리를 강력하게 주장하는 남침례교회의 첫 번째 신학교가 되었다.[83]

　서든 침례신학대학원 역시 1990년부터 본격적으로 보수파가 장악하기 시작하였다. 근본주의 이사들은 학생들이 모든 강의를 녹음할 수 있도록 허락하였으며, 일부 학생들은 강의내용을 보수파에 제보하였다. 적대적인 이사들과 함께 일하는 것에 상당한 어려움을 느낀 로이 허니컷(Roy Honeycutt) 총장은 원래의 계획보다 3년을 앞당겨 1993년 말에 퇴직했다. 그의 후임으로는 조지아 침례교 회보 「크리스천 인덱스」(Christian Index)의 편집자이자, 보수파의 핵심 지도자인 앨버트 몰러(Albert Mohler)가 33세의 나이에 총장으로 취임하였다. 몰러는 총장이 되자 학교시설을 협동침례회와 관련된 행사에 사용되지 못하도록 막고, 1994년에는 여성 조직신학 교수인 몰리 마샬(Molly Marshall)을 사임케 했다. 1995년에는 카버 사회복지학교(Caver School of Social Work)의 책임자인 다이애나 갈랜드(Diana Garland)의 보직을 취소했다. 다이애나는 서든신학교에서 신약학 교수로 봉직하고 있던 남편 데이비드 갈랜드와 함께 1996년에 베일러대학교로 근무지를 옮겼다.[84]

　근본주의자들은 사우스웨스턴 침례신학대학원도 접수하기 위한 과정을 밟았다. 학교 이사회는 인기 많은 학장 러셀 딜데이에게 1994년 3월 9일 해고를 통지하였다. 딜데이를 해고한 것에 대해 교단 내 분노가 심상치 않게 퍼지자, 이사회는 11,000달러를 들여서 해고 이유를 담은 편지 약 4만여 통을 목사들과 선교부장들에게 발송했다. 편지에는 딜데이가 "고등비평의 원리에 빠져 있는데, 이 고등비평은 신학적인 자유주의(근대주의), 신정통주의, 사신론, 상황윤리 등등을 야기시켰다." 라고 하였다. 당사자인 딜데이는 편지 내용을 강하게 부인하였다. 46세의 케네스 햄필(Kenneth Hemphill)이 1994년 7월에 제7대 총장으로 선출되었다.[85]

　골든게이트 신학대학원은 프랭크 폴라드(Frank Pollard)를 1986년에 사임시키고 윌리엄 크루스(William Crews)를 후임 총장으로 선출하였으며, 미드웨스턴 신학대학원 총장 밀톤 퍼쿠슨(Milton Ferquson)은 1996년 7월에 정년퇴임할 것이라고 1994년 4월에 공식적으로 발표했지만, 이사회는 마크 코펜저(Mark Coppenger)를 1995년 6월에 총장으로 선임해버렸다. 뉴올리언스 신학대학원 총장 랜드럼 리벨 2세(Landrum P. Leavell II) 역시 1996년 말에 퇴임하겠다고 1994년 4월에 발표했으나, 이사회는 척 캘리(Chuck Kelley)를 1996년 3월 1일자로 총장으로 선임하였다. 캘리는 페이지 페터슨의 처남이었다.[86]

국내선교부는 래리 루이스(Larry Lewis)를 부장으로 선출하고, 그로 하여금 보수주의 신앙을 가진 직원들만 채용하도록 했다. 루이스는 여성이 목회하고 있는 교회에 대해서는 재정적인 지원을 금지시켰다. 여선교회와 연금부(Annuity Board)는 인물 교체가 쉽게 이루어졌지만, 온건파 직원들이 다수였던 "기독생활위원회"(Christian Life Commission)는 리처드 랜드(Richard Land)를 회장으로 선출하고, 그를 통해 대부분의 직원들을 교체하였다.[87]

2. 온건파 단체들

1) 침례교연맹(Alliance of Baptists)

보수파의 공격으로부터 학교와 자신들을 지키기 위해, 1986년에 신학교 총장들이 성경의 무오교리를 확정하는 글로리에타 선언문을 발표하였을 때, 온건파는 이것을 항복문서로 보았다. 이에 깊이 실망한 일부 온건파 사람들은 새로운 모임 즉, 남침례교연맹(Southern Baptist Alliance)을 창설하기로 결심했다. 이들은 남침례교인들 가운데 가장 진보적인 사람들이었다. 1986년 11월 15개 주에서 온 대표자들이 노스캐롤라이나 주 샬롯트(Charlotte)에 있는 프로비던스침례교회(Providence Baptist Church)에서 정식으로 단체를 결성하였다. 그들은 언약문을 채택했는데 주요 내용은, 1)성경의 사적 해석권 및 해석의 자유, 2)교회운영과 선교방식에 대한 개교회의 자주권, 3)복음전도를 위한 적극적 협력, 4)교회 지도자의 종의 역할, 5)성경의 권위를 존중함과 더불어 개방된 질문에 대해 책임 있는 자세로 연구하는 신학교육, 6)회개, 믿음, 사회정의를 위한 복음의 선포, 7)자유로운 정부 아래서 자유로운 교회 등이었다. 남침례교 연맹은 1992년 3월에 침례교연맹으로 이름을 바꾸었다.[88]

본 연맹의 최초 전임 실행위원장으로 침례교합동위원회(Baptist Joint Committee)에서 15년간 섬겨왔던 스탄 해스티(Stan Hastey)가 1989년 1월에 선출되었으며, 본부는 워싱턴 D.C.에 두었다. 연맹은 1989년 2월까지 4만4천명의 회원을 확보하였다. 그리고 연맹차원에서 『침례교인이 된다는 것은 자유롭게 된다는 뜻이다』(*Being Baptist Means Freedom*)라는 책을 최초로 출판하였다.[89] 연맹은 1991년에 버지니아 주 리치몬드에 리치몬드침례신학교(Baptist Theological Seminary at Richmond)를 세웠다. 1993년 5월에 첫 졸업생들을 배출하였는데, 졸업생 대부분은 남침례교 신학대학원들에서 전학 온 학생들이었다. 연맹의 예산은 남침례교회가 포기했거나 아예 지원을 금지하는 사역들을 위해 사용되었다. 첫 선교기금은 침례교합동위원회를 돕고, 여성목사나 이혼한 목사가 사역하는 교회들을 돕는데 사용되었다.[90]

2) 협동침례교협회(Cooperative Baptist Fellowship)

1990년 뉴올리언스 총회에서 보수파의 모리스 채프만이 온건파의 댄 베스탈(Dan Vestal)을 58대 42로 대패시키면서 보수파는 최종적인 승리를 거두었다. 온건파는 패배와 박탈감에 사로잡혔고, 교단정치에 참여하려는 동기를 상실하게 되었다. 그 후로 자파의 총회장 후보를 내려는 시도를 하지 않았다. 댄 베스탈은 그 해 8월에 온건주의자들의 별도 모임을 애틀랜타에서 갖자고 제안했고, 약 3천명의 사람들이 8월 23일부터 25일까지 참석하였다. 그들은 베스탈을 임시 회장으로 선출하고 이듬해에 다시 모이기로 합의하였다.[91] 1991년 5월 6천 명의 온건주의자들은 1991년 5월 애틀랜타에서 다시 회집하여 "협동침례교협회"를 정식으로 발족하였다. 그들은 스스로를 남침례교총회와 분리된 교단으로 여기지 않고, 보수파가 장악한 교단에 헌금을 보내기 보다는, 자신들이 원하는 일에 재정적으로 지원하는 선교단체로 인식하였다. 따라서 그들은 연례모임을 총회(Convention)이라 부르지 않고, "전체 모임"(general assembly)라고 불렀다. 협회는 산하 출판물 「협회뉴스」(*The Fellowship News*)를 간행하였다.[92]

협동침례교협회는 보수 신학을 옹호하면서도 진보적 주장도 포용하는 사람들의 모임이었다. 신학과 행습에서 중도 보수가 대체적인 입장이었고, 조직의 형태는 옛 협회방식을 따랐다. 남침례교 해외선교부장으로 정년퇴임한 케이스 팍스는 1992년 10월에 협동침례교협회의 선교책임자로 선임되었다. 협동침례회로 들어오는 헌금은 급격하게 늘어났다. 1991년에는 391개 교회로부터 4백 50만 불이 들어왔는데, 1998-1999년 회계연도에는 1천 5백만 불의 예산을 세울 수 있을 정도였다. 예산의 63퍼센트는 세계선교를 위해 책정되었으며, 이 즈음에 약 1,600교회가 헌금을 보내왔다.[93] 협회는 전체 모임을 매년 6월 넷째 목요일부터 토요일까지로 정했다. 출판 업무를 위해 스마이스와 헬위스사(Smyth & Helwys, Inc)를 설립하였고, 1998년 10월에 「뱁티스트 투데이」지의 경영권을 갖게 되었다. 이들 온건파 침례교인들은 1992년 10월에 월터 휫짓 침례교 유산학회(Walter H. Whisitt Baptist Heritage Society)를 만들었고, 본 학회를 통해 「휫짓 저널」(The Whisitt Journal)을 출판하고 있다.[94]

1990년 이후의 남침례교회

1990년에 이르러 보수파는 온건파와의 오랜 투쟁에서 완전한 승리를 거두었지만, 교단에 대한 개교회들의 충성심은 약해졌다. 예를 들면, 1990년대에 지역교회들이 예산 대비 협동프로그램에 보내는 헌금의 비율은 약 7퍼센트 전후였다. 이것은 1926의 10.86퍼센트, 1927의 11.02퍼센트보다 현격히 떨어진 비율이다. 협동프로그램으로 보내진 헌금의 사용 비율도 1995년도 기준으로 볼 때, 주총회가 63.24퍼센트, 전국총회는 36.76퍼센트였다. 이것은 주총회들이 전국총회에 보내는 헌금 액수를 줄이고, 주총회를 위해 사용하는 헌금을 늘여나가고 있음을 보여준다. 헌금의 사용용도로는 1996년도 기준으로 볼 때, 해외선교에 50퍼센트, 국내선교에 19.56퍼센트, 신학교육에 20.40퍼센트, 라디오와 텔레비전을 비롯한 방송 사역에 3.90퍼센트, 기타사업에 6.14퍼센트였다.[95]

그러나 남침례교회는 이미 비약적인 발전을 이루어 미국의 최대 개신교단이 되었다. 교단이 창립될 1845년도에 4,126개 교회에 351,951명의 교인이, 147년이 지난 1992년에는 38,221개 교회에 15,238283명의 교인이 되었다. 그리고 37개의 주총회와 1,218개의 지방회가 있으며, 116개국에 약 3,800명의 선교사들이 사역하고 있었다. 또한 총회 본부에 해당하는 실행위원회를 비롯하여 4개의 부(Board), 6개의 교단 직영 신학대학원, 7개의 국(Commission), 1개의 재단(Foundation), 그리고 2개의 협력기관이 있었다.[96]

1993년 휴스턴 총회는 낙태와 동성애 문제를 심각하게 다루었다. 총회는 낙태와 동성애에 대해 전향적인 자세를 보인, 남침례교 신자였던 빌 클린턴(Bill Clinton) 대통령과 앨 고어(Al Gore) 부통령을 비난하는 분위기가 팽배하였다. 일부에서는 클린턴이 회원으로 등록되어 있는 아칸소 주 리틀록(Little Rock)에 있는 임마무엘침례교회(Immanuel Baptist Church)의 대의원권을 박탈하는 방법으로 클린턴을 질책하려 하였다. 휴스턴 총회는 국내선교부가 1991년부터 2년 동안 11만 불의 경비를 들여 연구한 프리메이슨에 대한 보고서를 승인했다. 국내선교부는 프리메이슨이 "기독교나 혹은 남침례교 교리와는 일치되지 않는다"고 결론지었다. 하지만 침례교인이 프리메이슨에 회원으로 가입하는 것에 대한 문제는 개교회가 결정할 일이지, 총회가 관여할 사항은 아니라고 하였다.[97] 휴스턴 총회는 또한 교단 조직이 낭비와 비능률이 없었는지, 효율적인 체제로 갖추어진 것인지를 재점검하는 위원회를 설립하기로 결정하였다. 위원회는 "프로그램과 조직 연구위원회"(Program and Structure Study Committee)로 명명하였다. 위원회는 마크 브리스터(Mark Brister) 위원장을 비롯한 7명의 위원들도 구성되었다. 위원회는 2년간의 연구 끝에, "새로운 세기를 위한 언약"(Covenant For A New Century)으로 명명한 조직개편안을 제출하였다.[98]

1994년도 올랜도(Orlando) 총회에서는 총회 산하 기관들이 협동침례교협회로부터 재정 지원을 받는 것을 거부하자는 동의안이 4,730표 대 3,342표로 통과되었다. 협동침례교협회는 남침례교 기관들에게 1991년에 2백 6십만 불, 1992년에 3백 3십만 불, 1993년에는 2백 7십만 불을 각각 지원하였다. 이러한 지원이 그치게 되자 남침례교 국내선교부는 재정적 어려움으로 1994년 8월에 22명의 직원을 줄이기로 결정했다. 총회 실행위원회는 1994년 가을에 모든 주총회들에게 협동침례교협회와 관계를 단절해줄 것을 요청했다.[99]

1995년 총회는 창립 150주년 기념 총회로 애틀랜타에서 모였다. 본 총회에서는 과거 남침례교회가 노예제도를 옹호한 것을 회개하는 성명서를 발표하였다. 또한 교단 조직의 축소를 제안한 "브리스터 보고서"(Brister Report)를 통과시켰다. 마크 브리스터(Mark Brister) 위원장을 포함하여 7명의 위원으로 구성된 프로그램 및 구조 연구위원회는 총회의 19개의 기관과 위원회를 12개로 축소할 것을 제안하였다. 예를 들면, 국내선교부, 라디오와 텔레비전 위원회(Radio and Television Commission), 형제회(Brotherhood Commission)를 북미선교부(North America Mission

Board)로 통폐합할 것을 제안하였다. 그리고 해외선교부는 국제선교부(International Mission Board)로, 기독생활위원회(Christian Life Commission)은 윤리와 종교자유위원회(Ethics and Religious Liberty Commission)로 개명할 것을 건의하였다. SBC 역사위원회(SBC Historical Commission)과 청지기위원회는 해체시킬 것을 요청하였다. 1995년 총회는 이와 같은 브리스터 보고서를 채택하였다.[100]

한편 여전도회(WMU)는 총회뿐만 아니라 협동침례교협회와도 협력 관계를 계속 유지하였다. 여전도회는 총회를 장악한 보수파 지도자들에게 큰 어려움이 되었다. 왜냐하면 여전도회는 남침례교 총회의 산하 기관이 아니라 "보조기관"(auxiliary)이어서, 이사들의 선출도 자체적으로 이루어지기 때문에 영향력을 행사할 수 있는 통로가 없기 때문이었다. 총회 지도자들은 여전도회를 날카롭게 비난하였다. 1995년 1월 해외선교부의 이사장 존 잭슨(John Jackson)은 여전도회를 비난하였고, 그해 가을 해외선교부장 랜킨은 4만 여명의 전국 목사들과 여전도회 회장들에게 여전도회의 정책의 변화를 촉구하는 편지를 보냈다.[101]

1996년 총회에서는 디즈니회사(Disney company)가 고용인들의 동성애 파트너에게 보험을 주는 것을 비판하며, 디즈니회사 물건의 구매를 자제하는 결의안을 통과시켰다. 1997년 총회에서도 디즈니회사의 "반 기독교적이고 반 가정적인 경향"이 계속되고 있다고 비판하며, 전년도 총회 수준의 불매운동을 결의했다.[102]

1998년 솔트레이크 시에서 개최된 총회에서 페이지 패터슨이 만장일치의 박수를 받으며 총회장으로 피선되었다. 온건파는 1990년 이후로 총회장 후보를 내지 않았다. 본 총회에서는 미국 근본주의 지도자 제리 팔웰(Jerry Falwell)이 처음으로 대의원으로 참석하였다. 그가 담임하고 있는 버지니아 린치버그에 있는 토마스 로드 침례교회(Thomas Road Baptist Church)는 1997년에 총회에 1만 달러를 헌금했다. 팔웰은 리버티대학교의 신학생들을 통해 많은 새로운 남침례교회들이 세워지게 될 것이라고 말했다. 그리고 그 해 주일학교부 주최 전국 교회지도자 수양회에서 연설하였다. 1998년 총회는 가족관계에 대해 성서적이고 전통적인 입장을 진흥시키는 문장을 채택하고, 그것을 위해 「침례교 신앙과 메시지」를 개정할 것을 결의하였다. 주일학교부는 새명길 기독자원부(LifeWay Christian Resources)로 개칭하기로 결의하였다.[103]

총회에서 여러 번의 결정을 통해 개칭된 남침례교단 산하 기관의 이름과 형편은 다음과 같다. 1) 국제선교부(IMB, International Mission Board)는 종전의 해외선교부가 명칭을 변경한 것이다. 사역의 변경은 거의 없고, 본부는 버지니아주 리치몬드에 있다. 2) 북미선교부(NAMB, North America Mission Board)는 기존의 국내선교부가 사역을 확대하며 명칭을 변경하였다. 즉 캐나다 선교를 관장하며, 기존의 "라디오 및 텔레비전국"(Radio and Television Commission)과 "형제국"(Brotherhood Commission)을 북미선교부에 통폐합시켰다. 본부는 조지아 주애틀랜타 근교 알프레타(Alpharetta)에 있다. 또한 선교와 관련된 두 부서의 업무 조정과 협력을 위해 "지상명령협의회"(Great Commission Council)을 두어서, 두 부서의 총재를 포함하여 각 7명씩의 대표들이 정례적으로 모임을 갖도록 하였다.[104]

양대 선교부와 달리 3) 연금부(Annuity Board)는 명칭과 기능을 그대로 유지하였다. 침례교 목회자들, 선교사들, 기관 사역자들의 보험, 연금, 재난구조 등을 담당하며, 본부는 텍사스 주 댈러스에 있다. 4) 생명길 기독자원부(Lifeway Christian Resources)는 종전의 "주일학교부"의 사역을 계승하고, "청지기국"(Stewardship Commission)의 사업도 함께 관장하도록 했다. 즉 성경교육, 제자훈련, 교회음악, 교회행정, 교회미디어와 도서관, 교회오락 등의 기존의 주일학교부 사업, "브로드맨과 홀맨 출판사"(Broadman & Holman Publishers)와 종전에 침례교 서점(Baptist Book Store)에서 명칭이 변경된 "생명길 기독교서점"(Lifeway Christian Store)을 운영한다. 또한 청지기국이 통폐합되면서 협동프로그램의 홍보와 활성화 사업도 담당하고 있다. 본부는 테네시 주 내슈빌에 있다.[105]

그 외 다른 기관으로 5) 윤리 및 종교자유국(Ethics and Religious Liberty Commission)이 있다. 이것은 종전의 "기독생활위원회"(Christian Life Commission)의 명칭을 변경한 것으로, 기독교 윤리와 가치를 공공정책에 반영하는 일과, 침례교회의 오랜 전통인 종교의 자유를 촉진하는 사업을 관장한다. 본부는 테네시 주 내슈빌에 있다. 6) 총회 실행위원회(Executive Committee)는 총회의 주요정책의 결정, 장단기 사업계획 수립, 총회 산하기관들의 책임자 선정, 협동프로그램의 관리 및 활성화, 연차총회 준비 등 굵직한 사업들을 총괄하는 대표기구이다. 위원으로는 총회장, 총무, 각 부의 총재들, 각 주총회 대표 2인으로 구성된다. 본부는 테네시 주 내슈빌에 있다.[106]

또한 6개 신학대학원의 총장들로 구성된 7) "신학대학원총장협의회"(Council of the Seminary Presidents)가 신설되어 정례적인 모임을 갖도록 하였다. 1915년 부터 존재해왔던 "역사편찬국"(Historical Commission)을 "남침례교회 역사도서관 및 고문서보관소"(Southern Baptist Historical Library and Archives)로 개칭하고, "신학대학원총장협의회"의 지휘와 감독을 받게 하였다. 한편 1924년 이래 흑인 침례교회(National Baptist Convention) 산하 신학교를 지원하던 것을 중단하고, 이 사역을 담당한 "미국 침례교신학대학원 지원국"(Commission on the American Baptist Theological Seminary)을 폐지하였다. 1915년에 창립된 "교육국"(Educational Commission)의 업무를 "남침례교 대학 및 학교연합회"(Association of Southern Baptist Colleges and Schools)에 귀속시켰다.[107] 마지막으로 8) 여선교회(Women's Missionary Union)는 1888년에 설립되었으며, 총회 산하 직속기관이 아닌 협력기관(Auxiliary)으로 국내외 선교와 협동프로그램을 위한 모금을 돕고, 지역교회의 사역을 감당한다. 본부는 앨라배마 주 버밍햄(Birmingham)에 있다.[108]

남침례교회는 재정, 교인 수, 사역의 양 등을 종합적으로 평가해 볼 때, 전세계에서 가장 큰 개신교단이라 할 수 있다. 남침례교회가 견고한 성장을 이루고 위대한 교단이 될 수 있었던 이유에 대해 종교사회학자 로저 핑크(Roger Finke)와 로드니 스타크(Rodney Stark)는 5가지 요인을 제시하였다. 첫째, 남북전쟁 후황폐화된 남부의 경제가 세속화를 막았다. 둘째, 남침례교회의 회중주의는 교인들이 목사의 고용 여부를 결정할 수 있게 만들었기 때문에, 목사들은 교인들의 뜻에 민감하게 반응할 수밖에 없었다. 셋째, 강력한 개교회주의로 인해 지방회나 총회가 함부로 교회들을 제명시킬 수 없었다. 넷째, 신학교들을 독립기관이 아닌 총회 산하 기관으로 묶어두고, 자유주의를 추구하는 교수들을 해고하는 등학교들이 신학을 현대화하려는 경향을 막아냈다는 점이다. 다섯째, 여전히 많은 목회자들이 아주 적은 보수를 받고 목회하였는데, 그것은 교회의 세속화를 막게하였던 한 요인이었다.[109] 핑크와 스타크의 주장을 요약해보면 남침례교회는 세속화가 덜 되었고, 복음주의 신앙을 유지했으며, 회중주의 체제로 인하여 목회자들이 쉽게 안주할 수 없는 구조를 가졌기 때문에 성장을 계속 이어올 수 있었다는 것이다. 이와 더불어 수많은 신실한 목사와 성도들의 헌신이 오늘날 남침례교회를 일구어냈음을 잊어서는 안 될 것이다.

해외선교사역

남침례교회는 선교협회들이 독립적인 지위를 갖고 독자적으로 운영하는 북침례교회와 달리, 총회의 모든 기관은 총회의 감독을 받는 산하 기관으로 운영되었다. 해외선교도 마찬가지였는데, 총회는 해외선교부(Foreign Mission Board)를 설립하고 본부를 버지니아 리치몬드에 두었다. 초대 부장으로는 제러마이어 벨 제터(Dr. Jeremiah Bell Jeter)를, 초대 총무로는 제임스 바네트 테일러(James Barnett Taylor)를 선임했다.[110]

1. 버마 선교

버마선교는 3년 연례총회로부터 지원을 받은 아도니람 저드슨을 계속 지원하는 방식으로 이루어졌다. 저드슨은 새로 탄생한 남침례교 해외선교부에게 버마 선교에 동참해줄 것을 요청하였다. 버마를 위해 저드슨은 많은 대가를 치러야 했다. 본인은 건강이 상했고, 사랑하는 아내 앤 헤젤타인 저드슨과 아이들이 희생되었다. 당시 해외선교부 총무 제임스 테일러는 루터 라이스의 전기를 쓰고 있었는데, 그 일을 위한 자료를 모으면서 저드슨과 앤, 그리고 버마에 있는 다른 동료들이 라이스에 대한 불만과 갈등을 표출한 편지들을 입수할 수 있었다. 그런데 테일러는 이 편지들을 라이스의 전기에 반영하지 않고 따로 보관하였다.[111]

저드슨은 테일러에 대해 매우 긍정적인 생각을 가지고 있었다. 그는 제러마이어 제터에게 테일러가 해외선교부의 일을 파트타임보다는 전임으로 하는 것이 좋겠다고 권고하였고, 제터는 저드슨의 제안을 받아들였다. 제터는 테일러와 이미 오래 전부터 동료로 일하며 함께 호흡을 맞추었던 사이였다. 테일러는 나이 많은 제터의 지혜에 많이 의존하였다. 테일러는 1804년 영국에서 국교회 가정에서 태어났다. 가족은 테일러가 어렸을 때 미국 뉴욕으로 이민 갔다. 그들은 뉴욕 제일침례교회(First Baptist Church of New York)에 가입하여, 침례교인으로 개종하였다. 테일러는 그 교회에서 가장 어린 나이에 침례 받은 사람이었다. 가족은 버지니아로 이사 갔으며, 테일러는 그곳에서 약 20세 정도부터 설교하기 시작했고, 그 때 제터를 알게 되었던 것이다.[112]

2. 중국 선교

남침례교 해외선교부가 가장 먼저 선교를 시작한 곳은 중국이었다. 선교부는 중국 남부의 광동지역에서 1835년에 3년 연례총회로부터 파송되어 활동하고 있는 기존 선교사들과 연결하는 방식을 채택했다. 제일 먼저 연결된 사람은 루이스 슈크(J. Lewis Shuck)와 그의 부인 헨리에타 홀 슈크(Henrietta Hall Shuck), 그리고 I. J. 로버츠(Roberts) 등이었다. 3년 연례총회는 이들 선교사의 후원을 남침례교회로 이양할 것에 동의하였다.[113]

남침례교 선교부가 임명한 최초 선교사는 S. C. 클랍톤(Clopton) 부부였다. 이들은 1845년 가을에 중국으로 갔다. 그리고 같은 해에 조지 펄시(George Percy)가 동참하였다. 슈크와 로버츠는 1846년 3월에 정식으로 남침례교 선교사로 임명되었다. 슈크는 해외선교부 모임에 참석하여 중국 선교에 대해 설명하였는데, 그 때 엄마를 잃은 5명의 아이들도 함께 데리고 왔다. 아내 헨리에타는 이미 중국에서 세상을 떠났던 것이다. I. J. 로버츠는 켄터키중국선교협회(China Missions Society of Kentucky)의 지원금을 기초로 형성한 재산으로 선교하였는데, 그 재산을 선교부에 귀속시켰다. 루이스 슈크는 리치몬드에서 개최된 1846년도 남침례교 총회에 중국인 동료 사역자와 함께 참석하여 간증하는 시간도 가졌다.[114]

제임스 제터는 중국선교의 확장을 위해 정력적으로 일했다. 그 결과 윌리엄 존슨의 아들 프란시스 클리블렌드 존슨(Francis Cleveland Johnson)과 의사인 J. 섹스턴 제임스(Sexton James) 부부가 1846년 가을에 중국으로 떠날 수 있었다. 중국선교는 엄청난 대가를 요구했다. 클랍톤은 첫 해에 열병으로 세상을 떠났고, 의사 제임스 부부는 중국 땅에 발을 들여놓기 전에 홍콩에서 폭풍우를 만나 익사하고 말았다.[115]

버지니아 포화턴(Powhatan) 출신의 해리엇 베이커(Harriet A. Baker)는 남침례교 최초의 미혼 여성 선교사로 임명 받아 1850년에 중국으로 떠나는 배를 탔다. 그녀는 여자 학교를 세우는 사명을 부여받았다. 베이커는 칸톤(Canton)에 도착하자 I. J. 로버츠가 자신이 그곳에 있는 것을 매우 싫어한다는 것을 알게 되었다. 그녀는 갈등을 피해 선교지를 상해로 옮겼다. 선교부는 1851년에 까다로운 로버츠와 관계를 끊었다. 하지만 베이커는 곧 병이 들었고, 1853년에 선교사직을 사임하게 되었다.[116]

1856년에 광동에 도착한 로스월 그레이브스(Roswall H. Graves) 선교사는 노련한 솜씨로 선교소들을 확장시켜나갔다. 그레이브스는 볼티모어 출신으로 의학적인 지식도 함께 갖춘 인물이었다. 그는 어머니를 비롯하여 볼티모어에 있는 교인들의 많은 협력을 받았다. 그레이브스는 1886년 5월에 중국인 지방회를 조직하였고, 1887년에는 4개의 남자학교와 11개의 여자학교를 설립하였다. 1899년에는 중국침례교출판협회(Chinese Baptist Publication Society)를 조직하였고, 그 해에 광동에서만 500명 이상에게 침례를 베풀었다. 하지만 이러한 급속한 성장은 의화단 사건으로 위축되었다.[117]

중국 중부지역의 선교는 1847년 9월 12일 매튜 예이츠(Matthew T. Yates) 부부가 상해에 도착하면서 시작되었다. 이후에 파송되어 온 선교사들과 함께 사역한 결과, 1867년에 이르러 상해와 인근의 촌락에 복음이 전파되고 중국어 성경이 배포되었다. 북부지역의 선교사업은 1860년 홈스(J. L. Holmes) 부부가 옌타이(연태)에 도착하면서 시작되었다. 1891년에 이르러 북부지역 침례교회들은 지방회를 조직할 수 있었다.[118]

중국 북부지역에서 선교하고 있던 J. B. 하트웰(Hartwell) 부부와 T. P. 크로포드(Crawford) 부부는 미국이 남북전쟁 시기라서 지원을 확신할 수 없는 상황에서, 중국 북부에 계속 머물면서 사역했다. 크로포드 부부는 1852년에 중국 남부지역 선교사로 갔지만, 그곳 선교사들과의 갈등으로 북부지방으로 갔다. 크로포드는 북중국에 있으면서 선교사들은 중국 사람들처럼 먹고 입어야 한다고 확신하게 되었다. 그리고 지계석주의로부터 영향을 받아 선교사들은 선교부가 아닌 개교회로부터 지원 받아야 된다고 생각하게 되었다.[119] 1900년에 이르기까지 남침례교는 중국에 24개 교회와 36개의 선교처소를 설립했고, 47명의 선교사들과 55명의 선교보조자들을 지원했다. 중국인 총교인수는 약 2,300명 정도였고, 34개 학교를 통해 940명의 학생들을 교육시켰다.[120]

3. 아프리카 선교

3년 연례총회 산하 선교사로 라이베리아에서 활동 중인 미국인 흑인 선교사 존 데이(John Day)는 1847년에 남침례교회 아래서 사역하기로 하였다. 1848년에는 또 다른 흑인 미국 선교사인 B. J. 드레이턴(Drayton)이 데이와 합류하기 위해 라이베리아로 떠났다. 드레이턴은 리치몬드 제일흑인침례교회(First African Baptist Church in Richmond)의 회원이었다. 여성과 흑인들이 교단에서 권리를 주장할 수 없었던 시절에 흑인 선교사는 아주 돋보이는 것이었다.[121]

선교부는 1849년에 토머스 J. 보우웬(Thomas J. Bowen)을 나이지리아로 파송하여 새로운 지역에서의 선교를 시작했다. 아프리카 선교는 중국보다 훨씬 힘들었다. 보우웬은 건강 악화로 몇 년 안에 미국으로 돌아왔다. 그는『요루바족 나라』(Yoruba Land)라는 책을 매사추세츠공대(Massachusetts Institute of Technology)에서 출판하여 유명해졌다. 보우웬은 1859년에 리우데자네이루(Rio de Janeiro)로 선교하러 가길 원했지만, 그의 건강이 다시 나빠져서 실천에 옮기지 못했다. 보우웬은 생애 마지막 수년 동안을 조지아의 정신병원에서 보냈다.[122]

남침례교인들의 해외선교에 대한 열정은 매우 컸다. 해외선교부가 1846년에 모금한 헌금액은 1849년에 이르러 두 배가 되었고, 이것은 또다시 1853년에 두 배로 뛰었다. 그리고 1859년에 이르러서는 가장 많은 헌금이 모금되었다. 하지만 그 이후로는 전쟁으로 인해 경제가 황폐화되어 지원이 줄어들었다. 테일러는 남부의 전역을 방문하며 열심히 모금하였지만, 해외선교부는 전쟁이 끝난 시점에 약 1만 달러의 부채를 지게 되었다.[123] 선교부는 남북전쟁으로 말미암아 선교사들에게 전혀 지원을 할 수 없었다. 하지만 선교사들은 인내로 선교사업을 계속 감당하였다. 총회는 1871년부터 아프리카 선교를 재개했지만, 기후로 인한 질병으로 백인 선교사들이 라이베리아에 계속 머물 수가 없었다. 그래서 요루바(Yoruba)로 사업을 이전하였고, 그곳에서 꾸준한 결실을 얻게 되었다. 1900년에 이르러서 아프리카에는 3개의 선교소가 있었고, 250명의 침례교인이 있었다.[124]

4. 그 외 선교지들

남침례교회는 로마가톨릭의 중심지인 이탈리아 선교를 위해, 의사이자 프랑스에서 기독교청년연합회(YMCA)의 총무를 역임한 윌리엄 코트(Dr. William N. Cote) 박사를 파송하였다. 그는 신교자유가 허용된 이후 로마에 들어간 최초의 개신교 선교사였다. 코트는 1871년 1월에 8명의 교인으로 교회를 조직했다. 코트의 뒤를 이어 조지 테일러(George Taylor)가 로마로 갔고, 많은 열매를 맺기 시작했다. 그는 1876년에 「씨뿌리는 자」(Il Seminatore)라는 잡지를 발행하였고, 1878년에는 로마에 선교회 건물을 매입하였다. 1900년에 이탈리아에는 24개 교회, 20여개의 선교처소, 1명의 선교사, 20명의 현지인 보조자, 그리고 624명의 교인이 있었다.[125]

브라질 선교는 1873년에 상파울로 지역의 산타 바바라(Santa Barbara)에 정착한 미국 침례교인들이 브라질을 선교지로 삼을 것을 총회에 요청하면서부터 시작되었다. 총회는 1880년에 퀼린(E. H. Quillin) 목사와 배그비(W. B. Bagby) 부부를 파송하였다. 1882년에는 텍사스 출신의 테일러(Z. C. Taylor) 부부가 그곳으로 갔다. 이들은 선교 중심지를 상파울로에서 동북쪽 해안도시인 바히아(Bahia)로 옮겼다. 브라질 선교는 가톨릭교인들로부터 박해를 받았지만 꾸준히 발전하였다. 1900년에 이르러 브라질에는 27개 교회, 45개의 선교처소, 19명의 선교사와 19명의 현지인 보조자, 19,000명이 넘는 교인이 있었다. 브라질은 남침례교 선교에서 가장 많은 결실을 맺은 선교지였다.[126]

1864년부터 몇몇 텍사스 침례교인들은 개인적으로 멕시코 선교를 했다. 총회는 1880년에 선교를 개시하기로 결정하고, 최초의 선교사로 포웰(W. D. Powell) 목사와 그의 처제인 애나 메이베리(Anna J. Mayberry) 양을 파송하였다. 1882년 가을에 사틸로(Satillo)에 도착한 이들은 2년 이내에 약 50명으로 구성된 교회를 세웠다. 19세기 말엽에 이르러 멕시코에는 32개 교회, 39개의 선교처소, 12명의 선교사, 12명의 현지인 보조자, 그리고 200명의 교인이 있었다.[127]

남침례교회는 일본 선교를 위해 1860년에 J. Q. 로러(Rohrer) 부부, J. L. 존슨(Johnson) 부부, 그리고 총각인 크로포드 토이(Crawford Howell Toy)를 임명하였다. 그러나 당시에는 남북전쟁의 기운이 돌던 시기였기 때문에, 오직 로러 부부만 일본으로 향하는 배를 탈 수 있었다. 로러 부부는 1860년 8월 3일에 일본에 도착하고 본격적인 선교활동에 착수했다.[128] 1888년 총회는 부런슨(J. A. Brunson) 부부와, 맥콜럼(J. W. McCollum) 부부를 일본 선교사로 임명하였다. 맥콜럼 부부는 1889년에 코베에 도착하였는데, 그곳에는 미국침례교선교연맹이 이미 사역을 감당하고 있었다. 선교연맹은 남침례교 선교사들에게 오사카를 권했다. 따라서 맥콜럼은 오사카에서 사역을 시작했으며, 1891년에 이르러 15명의 교인이 있는 교회와 학교를 설립하였다. 19세기말에 이르러 일본에 8명의 선교사와 7명의 현지인 보조자, 그리고 75명의 침례교인이 있었다. [129]

5. 20세기 해외선교사역

남침례교회의 해외선교사역은 20세기에도 활발하게 진행되었다. 20세기가 시작될 즈음에 배그비(Mrs. W. B. Bagby) 여사는 상파울로(Sao Paulo)에서 몇몇 소녀들을 가르치기 위해 학교를 세웠다. 이 학교는 후에 애나 배그비 대학(Anna Bagby College)이 되었다. 선교부는 1900년에 시리아의 베이루트(Beirut)에 선교소를 개설하였으며, 1901년에는 로마에 신학교를 설립하기 위해 덱스터 위팅힐(Dr. Dexter G. Whittinghill) 박사 부부를 파송하였다. 위팅힐의 부인은 이탈리아 여선교회연맹을 창설하는 일을 주도하였다.[130] 1903년에는 아르헨티나에 4명의 청년 선교사 부부를 파송하였고, 1904년에는 멕시코의 엘파소(El Paso)에 침례교 출판사를 설립하였다. 중국 상해에서는 남북 침례교회가 연합하여 1907년에 신학교를 그리고 1908년에 대학교를 설립하였다. 이 학교들은 1911년에 상해대학교(University of Shanghai)로 통합되었다. 그 즈음에 하남성 청조우(Chengchow)에 선교소를 개설하였다. 1909년에는 아프리카 나이지리아에 의료선교사들을 보냈다.[131]

남침례교 해외선교부는 선교지 교회들의 자립을 추구하였는데, 서서히 결실이 나타났다. 브라질에서는 1907년 6월 23일에 브라질전국침례교총회(Brazilian National Baptist Convention)가 조직되었고, 총회 산하에 자체적인 해외 및 국내 선교부가 세워졌다. 1908년 12월에 아르헨티나침례교총회(Argentina Baptist Convention)가 5개 교회 153명의 회원으로 조직되었다. 1911년에는 부에노스아이레스에 침례교신학교가 설립되었다. 나이지리아 침례교인들은 1915년에 나이지리아침례교총회(Nigeria Baptist Convention)를 조직하였고, 라고스(Lagos)에 신학교를 설립하였다. 1917년에는 남북 침례교회가 연합으로 멕시코 살틸로(Saltillo)에 전국침례교신학교(National Baptist Theological Seminary)를 설립하였다.[132]

　　제1차 세계대전이 끝날 즈음에 미국은 미래에 대한 낙관주의가 팽배하였다. 남침례교회 역시 같은 분위기였고, 1919년부터 5년 동안 7천 5백만 불 헌금액을 목표로 캠페인을 벌이고, 사업도 그 정도로 맞추어놓았다. 약정 금액은 총 9천 2백만 불이었다.[133] 초과된 약정 금액을 근거로 총회는 선교사업을 공격적으로 확대하였다. 일본 도쿄의 학생들을 겨냥한 사업을 시작하고, 히로시마와 나가사키에도 선교사를 파송하였다. 팔레스타인과 시리아에는 1923년 3월 6일에 4명의 선교사를 파송하였다. 유럽에는 유고슬라비아, 헝가리, 루마니아, 우크라이나, 스웨덴 등지에서도 사역하였다. 하지만 남침례교회가 사업을 확장하던 때에 남부의 면화산업이 갑자기 몰락하면서 총회와 해외선교부는 재정적인 어려움을 겪게 되었다.[134] 남침례교 해외선교부의 1919년부터 1930년까지 아프리카, 아시아, 유럽, 라틴 아메리카 등에 있는 10개의 선교지의 사역을 개관하면, 교회는 505개 교회에서 1,407개 교회로, 교인 수는 49,695명에서 161,059명으로, 헌금액은 173,372불에서 472,820불로 각각 증가하였다. 423명의 선교사와 2,045명의 현지인 사역자들이 활동하였고, 13개의 신학교, 9개의 병원이 운영되고 있었다.[135]

　　계속되는 경제공황으로 헌금액이 감소하자, 각 기관들은 채무를 제대로 변제할 수 없었다. 총회는 1932년부터 부채 청산운동에 들어갔다. 1933년 4월 12일과 13일에 총회 실행위원회는 각 기관 대표들과 함께 철야회의를 개최했다. 그 자리에서 침례교 십만인 클럽(Baptist Hundred Thousand Club)의 계획이 세워졌다. 그것은 정규적인 헌금 외에 매달 1불 이상을 납부하는 회원 10만 명을 만든다는 것이었다. 이 운동은 서서히 효과를 발휘하였다. 1937년부터 모금액은 뚜렷이 개선되었다.[136]

　　하지만 동양의 선교지에서는 전쟁으로 크게 요동치는 상황이었다. 그동안 남침례교회의 중국 선교는 한창 발전하고 있었다. 자립적인 토착교회를 세울 수 있는 중국인이 지도자들을 양성하는 교육기관도 많이 설립되었다. 예를 들면, 광동에 그레이브즈신학교(Graves Theological Seminary), 상해에 엘리자 예이츠 여자학교(Eliza Yates Girl's School), 휑세인에 북중국침례신학교(North China Baptist Theological Seminary), 북침례교회와 함께 설립한 상해대학교 등이 있었다. 1938년에는 중국침례신학교(China Baptist Theological Seminary)와 여자훈련학교(Women's Training School)를 신설하였다.[137] 그러나 그 즈음에 중국을 침입한 일본군에 의해 교회와 학교 건물이 파괴되었다. 심지어 1938년 연말에는 상해대학교 중국인 총장 리우(Dr. Herman C. E. Liu) 박사가 피살되었다. 전쟁과치안의 악화로 중국에 있던 178명의 선교사들과 84명의 자녀들은 그곳을 떠나지않을 수 없었고, 외국선교부는 이 일을 위해 10만 불의 빚을 내었다. 일본에서의선교활동은 1941년에 중단되었다. 일본 정부가 모든 개신교단들을 하나의 교단으로 강제 통합시켰기 때문에 더 이상 선교를 할 수 없었다.[138]

국내선교사역

1. 19세기 국내선교사역

남침례교총회는 국내선교부(Domestic Mission Board)를 앨라배마 주 매리온(Marion)에 본부를 두고, 초대부장으로는 바실 맨리(Basil Manly)를 세웠다. 맨리는 다음 해인 1846년에 뉴올리언스 출신의 러셀 홀만(Russell Holman)에게 부장직을 넘겼다. 홀만은 뉴올리언스의 국내선교협회에 이미 오래 전부터 참여하였고, 그 협회의 회장으로 섬겼던 사람이었다. 홀만은 1812년에 매사추세츠에서태어나 뉴잉글랜드에서 성장하고 브라운대학교에서 수학했지만, 그는 항상 남부에 밀착되어 있었다.[139]

홀만은 국내선교부의 사역을 남부에서 일반적인 복음전도와 더불어, 흑인,인디언, 캘리포니아의 중국인, 미주리와 메릴랜드에 있는 독일인, 그리고 로마가톨릭이 득세하고 있는 뉴올리언스(New Orleans) 백인들을 주된 사역 대상으로삼았다. 1845년 당시 남부의 흑인 노예는 약 250만 가량이었고, 그 중에는 33만명 정도의 흑인 자유민이 포함되어 있었다. 기독교 신자 흑인은 약 10만 명 정도였다. 사역과정에서 국내선교부는 기존의 선교협회들이나 주총회들과 마찰을 빚기도 하였다. 국내선교부는 초기에 해외선교부보다 훨씬 적은 기부금을 받았다. 이러한 차이는 1860년에 가서야 어느 정도 해소되었다.[140)

홀만은 1851년에 사임하였고, T. F. 커티스(Curtis)가 부장직을 이어 받았다. 커티스는 단지 2년만 그 직책을 감당하였고, 조셉 워커(Joseph Walker)에게 이양하였다. 국내선교부는 이전에 중국에서 선교하였고, 중국의 동료 선교사들로부터 도덕적 문제로 고발당해 해외선교부를 떠났던 루이스 슈크(J. Lewis Shuck)를 1853년에 캘리포니아 주 오클랜드(Oakland)로 파송하여, 그곳의 중국인들을 전도하고 백인 교회를 세우는 사명을 부여하였다. 남침례교인들은 1861년 남북전쟁이 일어나기 전까지 서부 사역을 강력하게 지원하였다.[141)

남침례교 총회는 1855년에 앨라배마 주 몽고메리에서 개최된 총회에서 국내선교부가 인디언선교협회(Indian Mission Association)를 인수할 것을 제안하였다. 이 협회는 아이작 멕코이(Isaac McCoy)가 만든 기관이었다. 국내선교부는 이 제안을 받아들여 1855년부터 "국내 및 인디언 선교부"(Domestic and Indian Mission Board)로 명칭을 개칭하였으며, 1874년까지 그 명칭을 사용하다가, 1874년에 국내선교부(Home Mission Board)로 다시 바꾸었다.[142) 국내선교부의 기본적인 사역 중 하나는 남부의 벽촌에 복음을 전파하는 것이었다. 남부의 많은 사람들은 성경을 모르고 설교도 들어보지 못하였다. 또한 반선교주의 세력은 선교사들의 활동에 큰 제약거리였다. 하지만 국내선교부가 설립된 지 15년 만에, 900명의 장단기 선교사들이 1만 3천명의 개종자를 얻고, 179개의 교회를 설립하는 등 큰 성과를 올렸다. 또한 여러 인디언 부족들을 위해 35명의 선교사들을 배치하였고, 이를 위해 6만 불 이상의 헌금을 투입하였다. 남침례교인들은 국내선교를 위해 1860년까지 26만 6천불을 헌금했다.[143)

1861년부터 1865년까지 진행된 남북전쟁은 국내선교에 직접적인 타격을 주었다. 경제의 붕괴와 급격한 인플레이션은 선교사들에게 재정적인 지원을 할 수 없게 만들었다. 1860년에 37,000달러가 모금되었지만, 1862년에는 15,000달러만 모금되었다. 그러나 선교사들과 목회자들은 군목으로 활동하며 군대에서 큰 부흥을 일으켰다.[144) 남북전쟁이 한창인 1862년에 국내선교부 총무를 맡아 1875년까지 사역한 섬너(M. T. Sumner)는 성실과 열정으로 선교에 활력을 불어넣었다. 이 시기에 남부는 경제의 피폐로 선교부에 모금되는 헌금액이 급격히 감소하던 때였다. 섬너는 1875년에 총무직을 사임하고 매리언(Marion)에 있는 저드슨여자대학(Judson Female College)의 학장으로 취임했다. 국내선교부는 W. B. 메킨토시(McIntosh)를 영입하였다.[145] 북침례교회는 보다 풍부한 재정으로 남부에서 사역을 확대하였다. 1870년 기준으로 북침례교 국내선교협회는 14만 4천불을 모금했으나, 남침례교 국내선교부는 단지 2만 1천불의 모금에 그쳤다. 많은 남부의 침례교회들은 선교협회로부터 대출을 받았는데, 이로써 다수의 교회는 북부의 영향 아래 있게 되었다. 남침례교 지도자들은 이러한 상황에 대해 염려하였다.[146]

바로 이때 남침례교 국내선교부를 활성화 시킨 사람은 바로 아이작 티케놀(Dr. Isaac T. Tichenor)이었다. 국내선교부는 1882년에 본부를 앨라배마 주 매리언에서 조지아 주 애틀랜타로 옮겼고, 아이작 티케놀를 총무로 초빙하였다. 티케놀은 앨라배마 농학 및 기계학대학의 학장으로 봉직하다가 국내선교부로 자리를 옮겼다. 티케놀은 남부의 교회와 지방회 그리고 주총회들이

| 아이작 티케놀

북부기관들에 대한 의존성을 버리고 자립정신을 갖도록 유도하였다. 그의 리더십은 매우 강력했다. 그가 취임한 5년 내에 "남부의 백인들 가운데서 일하는 선교사들 중에서 남침례교총회의 국내선교부로부터 임명을 받지 않았거나, 혹은 국내선교부와 제휴하고 있는 남침례교 주선교부(State Boards)의 임명을 받지 않은 선교사는 단 한 사람도 없었다."[147] 교단에 대한 충성심을 강조한 티케놀의 전략은 성공하였던 것이다.

티케놀은 남침례교회들의 광범위한 지지를 받으며 사역을 활발하게 펼쳤다. 그는 남부지역에서 배타적인 권리를 주장하여 북침례교회 국내선교협회와 갈등을 일으켰다. 이 문제를 해결하기 위해 양측은 1894년 9월 12일과 13일 이틀 동안 버지니아 주 포트레스 몬로에서 협의회(Fortress Monroe Conference)를 개최하였다. 이 협의회에서 양측은 예양협정에 기초하여 협력하기로 결정하였다. 북침례교회는 남침례교회가 주장하는 지리적인 경계를 최초로 승인하였다.[148] 티케놀이 총무를 시작한 1882년에는 교회와 선교처소의 수가 100개였는데, 그가 사

역을 마칠 무렵인 1899년에는 2,580개가 되었다. 그는 정규적인 헌금으로 선교사업을 지원하는 협동사업을 창안했으며, 1884년에는 교회건물부를 설립하고, 주일학교부의 기초를 놓았다. 티케놀은 남침례교회를 크게 중흥케 한 위대한 지도자였다.[149]

2. 주요 선교대상 사역

인디언을 위해 남침례교회는 크리크족 인디언 마을에 레버링선교회 수공학교(Levering Mission Manual Labor School)를 1881년 9월 5일에 설립했다. 트렌차드(J. A. Trenchard) 목사는 이 학교 초대 교장으로 봉직했다. 학교는 1891년에 크리크족에게 이양되었다.[150] 흑인 선교는 다소 어려움을 겪었는데, 그것은 자유를 얻은 흑인들이 백인 전도자들에 대해 적개심을 가졌기 때문이었다. 흑인들은 흑인 목회자들을 뚜렷이 선호하였다. 따라서 국내선교부는 흑인 선교사들을 고용하고, 흑인 목회자들을 양육하는 교육기관을 지원하는 형식으로 선교했다.[151]

국내선교부의 이민자들에 대한 선교는 특히 버지니아, 테네시, 텍사스, 켄터키, 미주리 등의 남서부 주들에 거주하는 독일 이민자들을 집중되었다. 국내선교부는 1857년부터 독일인들을 위한 선교소를 개설하였다. 남북 침례교회들의 선교에 의해 1882년경에 이르러 독일인 침례교회는 미국 전역에 137개가 있었고, 교인은 1만 명을 상회했다.[152] 중앙아메리카에 대한 사역은 1870년에 존 웨스트럽을 멕시코 선교사로 임명하면서 시작되었다. 남북 침례교회는 멕시코 선교를 위해 긴밀하게 협력하였다. 양 선교회들은 1900년에 조직된 멕시코침례교총회(Mexican Baptist Convention) 산하에 함께 속하였다. 쿠바에 대한 선교는 미국-스페인 전쟁(American-Spanish)이 끝난 1898년 이후부터 본격적으로 이루어졌다. 1900년에 이르러 쿠바에는 5개의 교회가 세워졌고, 남북 침례교회로부터 파송된 25명의 선교사들이 활동하고 있었다.[153]

3. 20세기 국내선교사역

남침례교회에 있어 20세기는 번영의 시대였다. 1904년에 재직하고 있는 국내선교사는 616명이었는데, 그들은 1904년 한 해 동안 7,526명에게 침례를 주었고, 157개의 교회를 개척했으며, 179개의 예배당을 건립하거나 혹은 개축하였다. 20세기 초반에 남침례교회에 속한 교회들 가운데 8천 교회가 예배당이 없거나 혹은 거의 쓰러져가는 건물에서 예배를 드리는 형편에 있었다. 이를 타개하기 위해 총회는 1913년에 백만 불 교회건물 대여기금(Million Dollar Church Building Loan Fund)을 개설하여 어려운 교회들을 도왔다. 20세기 초 남침례교회의 교세는 급속히 증가했는데, 1904년부터 1914년까지 헌금액은 300퍼센트, 침례 받은 성도는 270퍼센트, 교인 수는 340퍼센트로 각각 증가했다.[154] 흑인들에 대한 선교는 흑인 침례교 교단인 전국침례교총회(National Baptist Convention)와 협력하여 수행했고, 국내선교부 자체로 여러 명의 흑인 선교사를 고용하기도 했다. 중앙아메리카 선교 역시 활발하게 전개되었는데, 1906년 쿠바에 25명, 파나마에 3명의 선교사들이 활동하고 있었다.[155]

남침례교회는 1921년부터 시작된 면화가격의 폭락으로 헌금액이 급감하였다. 따라서 국내선교부에게 지급된 금액도 매우 감소되었다. 선교부는 선교사 수를 대폭 감축할 수밖에 없었다. 1921년과 1928년을 비교해 보면, 선교사의 수는 1,656명에서 765명, 수침자 수는 56,164명에서 17,649명, 개척된 교회는 305개에서 105개로 각각 줄어들었다. 더구나 선교부의 재무가 90만 불의 거금을 잘못 사용한 것이 1928년 9월에 알려지면서, 국내선교에 큰 타격을 주었다. 국내선교부의 총 부채액수는 거의 2백 50만 불에 육박하였다.[156] 총회는 1928년부터 부채청산과 긴축재정의 정책을 세워 힘차게 추진하였다. 이 과업은 신임 총무 및 재무로 임명된 로렌스(J. B. Lawrence)가 주로 담당했다. 1936년 이후 경제가 어느 정도 회복되면서, 국내선교부는 선교사들을 더 고용하게 되었다. 1938년에 남부지역과 중남미에서 활동하는 선교사는 332명이었다. 제2차 세계대전 기간 중에는 1,042명의 남침례교 목사가 군목으로 봉사했다.[157]

주일학교부

남부에서 주일학교의 수가 본격적으로 많아진 것은 1820년대부터였다. 주일학교 운동이 발전하게 된 원인은 미국주일학교연맹(American Sunday School Union)이 유능한 사역자들을 남부로 파송해 주일학교를 촉진시켰기 때문이다. 1830년대부터 남부의 여러 침례교 주총회들도 주일학교를 육성하기 시작했다.[158] 미국 침례교회가 남북 침례교회로 분열되었지만, 출판협회(Publication Society)는 독특하게도 분열되지 않고 계속 협력을 유지하였다. 출판협회는 남침례교 창립총회에 대의원을 파송하기도 했다. 남침례교회들은 주일학교에 필요한 교재들을 출판협회로부터 계속 공급받았다.[159] 그러던 중에 1854년에 켄터키 침례교인들이 불만을 제기하였고, 결국 그 해에 남침례교출판협회(Southern Baptist Publication Society)가 설립되었다. 1863년에는 총회 산하 주일학교부(Sunday School Board)가 창설되고, 본부를 사우스캐롤라이나 주 그린빌에 두었다.[160]

1863년에 만들어진 주일학교부는 남북전쟁 기간에 파괴된 성서부와 남침례교 출판협회의 일을 함께 맡게 되었다. 신학대학원 교수들인 존 브로더스와 바실 맨리는 전쟁으로 신학교가 문을 닫고 있는 동안, 아이들을 위한 책,「친절한 말씀」(Kind Words)의 저술하고 출판을 주도하였다. 이 일은 극적인 성공을 거두었으며, 주일학교부는 브로더스와 맨리의 공헌을 기리기 위해 그들의 이름을 딴 브로드맨(Broadman) 출판 자회사를 설립했다.[161] 주일학교부는 1868년에 남침례교 주일학교연맹(Southern Baptist Sunday School Union)과 통합하여 본부를 그린빌에서 테네시 주 멤피스로 옮겼다. 하지만 전쟁 이후에는 피폐한 경제로 인해 재정이 궁핍하였고, 제대로 활동을 할 수 없었다. 1891년에 남침례교총회는 새로운 주일학교부(Sunday School Board)를 테네시 주 내슈빌에 설립하였다.[162]

1895년 가을에는 침례교청년연맹(Baptist Young People's Union)이 남침례교 총회의 부설기관으로 애틀랜타에 세워졌다. 이 기관은 세워진 후 25년 동안은 오직 청년사업만 관장하다가, 그 이후부터는 전 연령층을 대상으로 훈련하는 프로그램인 침례교신앙훈련회(Baptist Training Union)를 운영하였다.[163] 남침례교회를 급성장으로 이끈 주요 원인 중 하나로는 주일학교 및 청장년 프로그램의 활발한 운영이었다. 이와 관련된 사업은 내슈빌에 있는 주일학교부(Sunday School Board)가 주도하였는데, 주일학교부는 출판물을 통해 많은 수입을 올렸고, 그것을 다시 어린이와 청장년 교육에 투자하였다. 주일학교에 참가하는 교인수는 1891년에 49만 명에서 1944년에 3백 4십만으로 늘어났다.[164]

교육사업

1. 베일러대학교

남침례교회는 교단 창립 이래로 급성장했으며, 그에 따라 학교도 많이 필요하게 되었다. 텍사스 주를 예로 들면, 1860년에서 1900년 사이에 인구는 404.57퍼센트가 증가했는데, 침례교인 수는 1,643.48퍼센트의 증가를 보였다. 인구증가율의 4배에 달하는 성장세를 보였던 것이다. 텍사스 침례교회들은 1841년에 교육협회를 조직하고, 협회는 4년 후인 1845년에 베일러대학교(Baylor University)를 설립했다. 베일러대학교의 부속대학이었던 베일러여자대학(Baylor Female College)은 1851년에 분리 독립하였다.[165]

웨이코대학교(Waco University)는 1856년 웨이코제일침례교회에서 남자고등학교로 출발하였다. 이 학교는 1860년에 웨이코 지방회에서 인수하여 종합대학교로 만들었으며, 1866년에 신학부를 설치하였다. 웨이코대학교는 20년이 지난 후 베일러대학교에 통합되었다. 1894년에 베일러대학교의 성서교육부가 신설되었고 캐롤(Dr. B. H. Carroll)이 학장으로 봉직하였다. 성서교육부는 1905년에 베일러신학교(Baylor Theological Seminary)가 되었다.[166] 북침례교회와 달리 남

| 베일러대학교(Baylor University)

침례교회가 세운 학교들은 대부분 지방회, 주총회, 총회의 직접적인 감독 아래
있었다.

2. 서든침례신학대학원

남부의 많은 목회자들과 성도들은 신학교육에 대해 그다지 긍정적으로 생각
하지 않았다. 그들은 신앙은 머리가 아니라 마음의 영역에 해당되는 것이며, 설
교를 잘하려면 성령의 은사를 받아야 되지 특별한 교육이나 오랜 기간의 준비로
되는 것은 아니라고 생각했다. 이들은 교육 받은 목사들은 머리로 설교하는 사람
들이라는 편견을 가지고 있었다.[167] 그러나 교단의 지도자들은 목사가 되려면 신
학교육을 전문적으로 받아야 한다고 생각했다. 그들은 사우스캐롤라이나의 퍼먼
대학교, 버지니아의 리치몬드대학교, 조지아의 머서대학교 등을 비롯하여 여러
주들에서 남침례교인들에게 양질의 교육을 제공하는 학교들을 설립하였다. 대부
분의 학교들은 신학부가 있었지만, 많은 교단 지도자들은 목회자 양성을 전문적
으로 담당하는 신학대학원의 설립을 주장했다. 앨라배마대학교(University of
Alabama) 총장인 바실 맨리 1세(Basil Manly, Sr.)는 일찍이 1835년에 남부에 신
학대학원이 필요하다는 주장을 펼쳤다. 그의 아들 바실 맨리 2세 역시 퍼먼대학

| 서든침례신학대학원

교 교수로 있으면서 같은 목소리를 냈다.[168]

이들의 주장에 많은 사람들이 공감하였다. 남부와 남서부의 통합에 중추적인 역할을 할 수 있는 총회신학교를 설립하려는 안건은 1849년 5월에 개최된 남침례교총회의 특별회의에서 다루어졌고, 그 결과 20명으로 구성된 준비위원회가 설립되었다. 신학교 설립운동을 이끈 사람은 부총회장인 하우웰(Dr. R. B. C. Howell)이었다. 그런데 그가 지계석주의 주창자 그레이브스와의 논쟁으로 인하여, 본인이 운영하는 신문사도 포기하고 목회지도 옮기는 등 개인적인 문제로 학교설립에 관한 일에 관심을 쓸 수 있는 상황이 못 되었다.[169]

지계석주의자들의 반대로 신학대학원의 설립이 지연되었다. 결국 그 일은 제임스 보이스(James P. Boyce)에게 맡겨졌다. 보이스는 프린스턴대학교를 졸업한 후, 사우스캐롤라이나 주 콜럼비아에서 목회를 하고 있던 중이었다. 보이스는 대학 교육을 받지 않은 사람들도 신학대학원에 입학할 수 있는 방안과 더불어, 교수를 양성할 수 있는 차원 높은 과정도 진행되는 학교를 건설하려 했다. 그리고 교수들로 하여금 정통 신앙에 대한 선언서에 서명하여 교리적인 일탈을 근원적으로 막는 장치를 마련코자 했다. 보이스의 생각이 실현되어 1859년 가을에 사우스캐롤라이나 주 그린빌(Greenville)에서 4명의 교수진과 26명의 학생으로 침례신학대학원(Southern Baptist Theological Seminary)이 시작되었다. 제임스 보이스가 학장이었고, 교수진으로는 존 브로더스(John A. Broadus), 윌리엄 윌리엄스(William Williams), 바실 맨리 2세 (Basil Manly, Jr.) 등이 있었다. 반지성주의자들과 반기구주의자들(anti-institutional)은 학교의 설립이 침례교회 전통을 파괴시키는 것이라고 하면서 불만스러워했다.[170]

서든신학대학원은 곧 남침례교회들의 구심점이 되었다. 그러나 남북전쟁 중에는 남부연맹(Confederacy)의 징용법에 의해 학교 운영이 중지될 수밖에 없었다. 전쟁이 끝난 1865년 가을학기부터 다시 개강할 수 있었다. 보이스는 교수들을 자신의 집으로 모이게 했다. 그는 학교를 다시 시작하기 위해 자신의 재산을 기꺼이 내놓았다. 브로더스는 다음과 같은 보이스의 말을 생생하게 기억했다: "아마 우리는 말을 하고 있지 않지만, 신학대학원이 죽을 수 있다는 생각을 할 것입니다. 그러나 우리가 먼저 죽을 것입니다."[171] 보이스는 학교의 재건에 생명을 걸었다. 남침례교총회는 학교를 위해 1866년에 1만 불 이상을 보조해 주었다.

1873년에는 켄터키 침례교인들이 학교를 위해 30만 불을 헌금하였는데, 그것은 학교를 그린빌에서 켄터키 주 루이빌로 이전하도록 만들었다.[172]

3. 그 외 신학교들

1900년 이후에 남침례교회가 세운 신학교들로는 다음과 같다. 1907년에 여자선교사연맹훈련학교(Woman's Missionary Union Training School)가 켄터키 주루이빌에 세워졌다. 사우스웨스턴침례신학대학원(Southwestern Baptist Theological Seminary)은 1907년에 텍사스 주 웨이코(Waco)에 세워졌다가, 곧 포트워쓰(Fort Worth)로 이전하였다. 1917년에 뉴올리언스침례신학대학원(New Orleans Baptist Theological Seminary)의 전신인 침례교성서학교가 루이지애나 주뉴올리언스에 세워졌고, 1924년에는 유색인 학생을 위해 미국침례교신학교(American Baptist Theological Seminary)가 설립되었다. 1944년에는 골든게이트침례신학대학원(Golden Gate Baptist Theological Seminary)이 캘리포니아 주 밀밸리(Mill Valley)에 세워졌고, 1950년에 사우스이스턴침례신학대학원(Southeastern Baptist Theological Seminary)이 노스캐롤라이나 주 웨이크 포레스트(Wake Forest)에 설립되었다. 1957년에 미드웨스턴침례신학대학원(Midwestern Baptist Theological Seminary)이 미주리 주 캔자스시티에 세워졌다.[173]

지계석주의 운동

침례교 고교회주의(Baptist High Churchism)운동인 지계석주의 운동은 미국남서부 지역에서 전개되었다. 이 운동이 일어났던 19세기 중반은 미국이 켄터키, 테네시, 아칸소, 텍사스 등 서부지역의 개척이 활발하게 진행되던 시기였다. 기독교의 각 교파들도 서부를 놓고 경쟁을 벌였다. 특히 내슈빌에서는 신학논쟁이 신랄하여 서로 인신공격까지 벌어지는 전투의 현장이었다. 이러한 상황에서 침례교회의 정통성과 자긍심을 극단적으로 고취하는 지계석주의가 발생되었다.[174]

지계석주의가 발생된 또 다른 배경은 바로 한 세대 전에 일어났던 캠벨주의를 견제하기 위함이었다. 알렉산더 캠벨(Alexander Campbell)은 초대교회로 돌아가야 한다는 환원주의 운동을 일으켜 많은 침례교인들을 유혹해 "크리스천 교회"로 이끌어갔다. 캠벨은 침수침례를 구원의 마지막 단계라고 주장하는 것을 비롯하여 여러 신학적 오류들을 범하였으며, 지계석주의자들은 그러한 오류들을 지적하고 정확한 침례교 정통주의를 확립하고자 했다.[175] 지계석주의는 오늘날까지 남부와 서부의 침례교인들 마음에 뿌리 깊게 자리하고 있다. 따라서 "지계석주의를 모르고 남침례교인들을 이해하는 것은 불가능하다." 지계석주의는 남침례교회의 신앙과 정서에 큰 부분을 차지하고 있기 때문이다.[176] 지계석주의는 세 명의 사람들에 의해 주도되었다.

1. 지계석주의 삼총사

1) 제임스 로빈슨 그레이브스

"지계석주의의 아버지" 제임스 로빈슨 그레이브스(James Robinson Graves, 1820-1893)는 지계석주의를 진리로 굳게 확신하고 그것을 지키는 데 일생을 헌신한 사람이었다. 그레이브스의 확신은 테네시 주 멤피스(Memphis)의 엘름우드(Elmwood) 묘지에 있는 그의 묘비에 잘 나타나 있다: "형제들이여, 나는 내가 여러분과 함께 있는 동안 말했던 것을 여러분이 기억하기를 바랍니다."[177]

| 제임스 로빈슨 그레이브스

그레이브스는 1820년 4월 10일 버몬트 주 체스터(Chester)에서 세 자녀 중 막내로 태어났다. 그의 아버지는 그가 태어난 지 2-3주 만에 세상을 떠났다. 따라서 가족들은 매우 가난하고 척박한 환경에서 겨우 생계를 이어나가는 수준의 삶을 살았다. 어렸을 적부터 고달픈 인생살이를 경험한 그레이브스는 독립심과 강한 자립심을 갖게 되었다. 그는 남부에 살면서 어린 시절에 대해서는 가급적 언급을 하지 않았는데, 자신이 북부 출신임을 은폐하고 싶었기 때문이었다. 그는 종종 자신은 남부에 충성하는 사람이라는 것을 사람들에게 확인시키곤 했다.[178]

그레이브스는 회중교회에서 신앙생활을 하다가 버몬트 주 스프링필드에 있는 침례교회에 가입하였다. 그리고 그 교회에서 14세였던 1834년 11월 9일에 침례를 받았다. 그레이브스는 가난으로 인해 정규교육을 받지 못했지만, 향학열이 아주 높아서 하루에 8시간씩 독학으로 공부했다. 그는 상당한 지식을 쌓았으며, 19세 때 오하이오 주 킹스빌(Kingsville)에 있는 학교에서 일자리를 얻게 되었다. 그러나 얼마 가지 않아 격무와 학업으로 건강이 나빠져서 켄터키로 이사하였고, 마운트 프리덤 마을(Mount Freedom Community)에 있는 클리어크릭학교(Clear Creek Academy)의 교장으로 채용되었다.[179]

그레이브스는 켄터키에 있는 동안 캠벨 논쟁에 개입하였다. 그는 처음에는 캠벨주의를 지지하다가 나중에는 강렬하게 반대하였다. 캠벨을 따르는 수많은 침례교인들은 그리스도 제자교회(Disciples of Christ) 혹은 그리스도 교회 (Churches of Christ)로 분열해나갔다. 그레이브스는 어쩌면 캠벨에게서 논쟁 방식을 배웠을 것이다. 그는 캠벨과 아주 흡사하게 반대파들을 논리 정연한 화술과 신랄한 풍자와 조롱으로 파괴시켰다.[180]

그레이브스는 마운트 프리덤 침례교회에 가입하였고, 그 교회에서 1842년 10월에 목사안수를 받았다. 그리고 1843년에 공부와 사역을 위해 오하이오 주 킹스빌로 갔다. 그레이브스는 2년 후인 1845년 6월에 테네시 주 내슈빌로 이사하였고, 내슈빌 제일침례교회에 출석하였다. 그 교회의 담임목사인 R. B. C. 호웰(Howell)은 「테네시 뱁티스트」(The Tennessee Baptist)라는 신문의 편집장도 겸하고 있었다. 호웰은 그레이브스를 1846년 11월에 부편집장으로 발탁하였다. 그레이브스는 1년 전 1845년 11월에 내슈빌 제이침례교회의 담임목사로 취임하여 목회를 하고 있었다. 호웰은 1849년에 신문사를 사임하였고, 그레이브스가 뒤를 이어 편집장이 되었다. 호웰은 1850년에 버지니아 주 리치몬드의 제이침례교회 (Second Baptist Church of Richmond)의 담임목사로 갔다.[181]

그레이브스의 사상은 「테네시 뱁티스트」를 통해 널리 전파되었다. 그레이브스는 1859년 1월에 「테네시 뱁티스트」는 13,000명의 독자를 확보한 세계 최대의 침례교 주간지가 되었다고 선언하였다. 제임스 펜들턴과 에이머스 데이턴이 신문 사역에 합류하였다. 이들 3인방의 활동으로 지계석주의는 급속하게 확산되어 갔다. 그러나 계속된 논쟁으로 인한 싫증과, 남북전쟁의 발발로 지계석주의는 사람들의 관심에서 점차 멀어져갔다.[182] 남북전쟁이 끝난 후 그레이브스는 테네시 주 멤피스로 이사 갔다. 그는 그곳에서 「테네시 뱁티스트」를 「뱁티스트」(The Baptist)로 개명하여 1867년 2월 1일에 발행하였다. 그레이브스는 영국에서 1838년에 출판된 G. H. 올차드(Orchard)의 『외국 침례교회 약사』(A Concise History of Foreign Baptists)를 1855년에 미국에서 재출판하였다. 그레이브스는 이 책을 기초로 자신의 저술, 『옛 지계석주의: 그것은 무엇인가?』(Old Landmarkism: What Is It?)를 1880년에 출판하였다.[183]

지나치게 과감한 신문사 경영으로 재정적인 압박이 심했던 그레이브스는 건강에도 문제가 생겼다. 그는 1884년 8월 17일 멤피스 제일침례교회에서 설교하던 도중에 뇌졸중으로 쓰러졌으며, 그 이후로는 의자에 앉은 채 설교하였다. 신문사는 그의 사위인 헤일리(O. L. Hailey)에게 맡겼다. 신문사는 1889년 8월 22일 내슈빌로 옮겨 「침례교와 성찰자」(Baptist and Reflector)로 개명되어 발행되었으며, 지계석주의 논조를 더 이상 강하게 나타내지 않았다. 그레이브스는 1890년 8월 11일에 또 다시 넘어졌으며, 이후로 다시는 걷지 못했다. 그는 1893년 6월 26일에 격동적인 생을 마감하였다.[184]

2) 제임스 펜들턴

제임스 매디슨 펜들턴(James Madison Pendleton, 1811-1891)은 존과 프란시스 펜들턴 사이의 4번째 자녀로 1811년 11월 11일, 버지니아 주 스팟실바니아(Spottsylvania)에서 출생하였다. 부모는 제임스 매디슨 대통령의 이름을 따서 아들의 이름을 삼았다. 제임스가 태어나기 얼마 전에 부모는 침례교 신자가 되었다. 그의 가족은 1812년에 켄터키 주 크리스천 카운티(Christian County)로 이주하였다.[185] 크리스천 카운티는 개척지였기 때문에 펜들턴은 공교육을 받을 기회를 갖지 못했다. 그는 교회에서 운영하는 학교에서 공부하였다. 펜들턴 가족은 베델(Bethel)침례교회에 다녔다. 펜들턴은 그 교회에서 1829년 4월 14일에 침례를 받았으며, 1830년 2월에 설교권을 얻었다. 그리고 1833년 11월에 목사안수를 받았다.[186]

펜들턴은 1837년 1월 1일에 켄터키의 볼링그린(Bowling Green)의 제일침례교회에 부임하여 20년간 목회하였다. 그는 400달러의 연봉을 받았는데, 그것은 매우 획기적인 금액이었다. 덕분에 펜들턴은 켄터키의 침례교 목사 중 세속적인 일을 하지 않고 목회에만 전념할 수 있는 최초의 사람이 되었다. 볼링그린에서 목회하는 중에, 그는 「이그재미너」(*The Examiner*)라는 신문에 "남부 노예해방론자"라는 이름으로 노예제도를 반대하는 20여 편의 글을 실었다.[187]

펜들턴은 1852년 2월에 테네시 주 내슈빌의 목사 제임스 그레이브스를 부흥회 강사로 초청하였다. 펜들턴은 그레이브스로부터 이방인 침례(alien immersion) 사상을 들었지만 동조하지 않았다. 그러자 그레이브스는 집회를 시작하기도 전에 떠나려고 했다. 펜들턴은 계속 머물기를 간청했고, 점차 지계석주의에 매료되었다. 그레이브스는 펜들턴에게 「테네시 뱁티스트」에 유아세례와 관련한 글들을 기고해 줄 것을 요청했다. 그 때 펜들턴이 보낸 글들은 1854년에 『옛 지계석 재건』(*An Old Landmark Re-Set*)이라는 소책자로 출판되었다. 이 책은 광범한 주목을 받았고 지계석주의를 범 교단적인 이슈로 만들었다.[188] 1867년에 출판된 펜들턴의 『교회 안내서』(*Church Manual*) 역시 상당한 독자층을 가지고 있었기 때문에, 지계석주의의 확산의 주된 원인이 되었다.[189]

팬들턴은 1856년 말까지 볼링그린에서 목회한 후, 그레이브스의 지원에 힘입어 1857년 1월에 테네시 주 멀프리스보로(Murfreesboro)에 있는 유니온대학교(Union University)의 교수가 되었다. 대학교수 시절 펜들턴은 그레이브스, 데이턴 등과 함께 「테네시 뱁티스트」의 공동 편집인으로 활동했다. 그런데 이들 지계석주의 지도자들의 긴밀한 관계는 펜들턴이 노예해방을 찬성하고, 미연방이 유지되기를 원하는 입장으로 인해 균열이 발생했다. 그런 모습은 당시 남부의 정서와 매우 동떨어진 것이었다. 펜들턴은 유니온대학교 이사회가 사직을 원하면 언제든지 교수를 그만두겠다고 하였다. 하지만 이사회는 그렇게 하지 않았다.[190] 그러나 결국 펜들턴은 1865년 8월에 가족을 이끌고 남부를 떠나 오하이오 주 해밀턴(Hamilton)으로 이사하여 그곳의 제일침례교회에서 목회하였다. 그리고 얼마 후 좀 더 북쪽 펜실베이니아 주 업랜드(Upland)로 갔다. 팬들턴은 말년에 이르러서는 상당히 온건한 형태의 지계석주의로 변하였다.[191]

3) 에이머스 쿠퍼 데이턴

에이머스 쿠퍼 데이턴(Amos Cooper Dayton, 1813-1865)은 뉴저지 주 베스

킹 리지(Basking Ridge)에서 1813년 9월 4일에 출생했다. 그는 1814년 3월 4일 한 장로교회에서 유아세례를 받았다. 데이턴은 1834년에 의과대학을 졸업하고 치과의사로 살았다.[192] 그는 1852년에 테네시 주 셸비빌(Shebyville)로 이사하였다. 그곳에서 그는 유아세례가 비성서적임을 깨닫고, 침례교인으로 개종하여 셸비빌침례교회에서 침례 받았다. 데이턴은 그 교회에서 설교자 자격증을 받았고, 1853년 1월 2일에 목사안수를 받았다. 그는 그레이브스로부터 강하게 영향을 받았고, 「테네시 뱁티스트」에 글을 자주 기고하였다. 데이턴은 "다작의 문필가"로서 지계석주의 사상을 전파하였다.[193]

데이턴은 1860년경에 조지아 주 애틀랜타에서 지계석주의 신문 「침례교 깃발」(The Baptist Banner)을 설립하였다. 데이턴이 지계석주의를 퍼뜨리는 데 공헌을 한 것은 「침례교 깃발」보다 그의 두 권의 소설이었다. 첫 번째 소설은 1857년에 출판된 『테오도시아 어니스트』(Theodisia Ernest)이고, 두 번째 책은 1858년에 나온 『유아세례주의자들과 캠벨파 침례주의자들』(Pedo-Baptist and Cambellite Immersions)이었다. 이 책에는 그레이브스의 주장, 펜들턴의 소책자, 올차드(Orchard)의 역사책이 함께 수록되었다. 지계석주의를 이끈 사람들은 각각 전사(그레이브스), 선지자(펜들턴), 검객(데이턴)으로 불리었다.[194]

2. 지계석주의 사상

1) 고등성경주의

지계석주의자들은 고등성경주의를 표방하였다. 그레이브스는 "만일 성경 전체가 하나님의 말씀이라면, 성경의 모든 책과 그 책의 모든 부분, 모든 문단과 구절, 모든 의미와 문장과 단어는 동일하게 하나님의 말씀이다." 라며 완전축자영감설을 주장하였다.[195] 그는 성경은 과거에 일어난 사건에 대한 기록이므로 문자적으로 해석을 해야 한다고 주장했다. 창세기의 창조기사와 홍수사건을 신화라고 주장하는 사람들에 대해 가혹한 비난을 주저하지 않았다.[196]

2) 세대주의 역사관과 침례교 계승설

지계석주의자들은 세대주의 역사관을 받아들였으며, 그것을 침례교회의 역사에 적용하였다. 이렇게 하여 만들어진 것이 바로 침례교 계승설이다. 제임스 그레이브스는 세대주의를 미국 침례교인들에게 퍼뜨린 장본인이었다. 세대주의자들은 강력한 정교분리주의를 표방하였다. 그들은 콘스탄틴 황제가 기독교를 공인하여 정교일치주의가 교회에 들어왔고, 그 때부터 교회는 타락의 길로 들어서게 되었다고 하였다. 강력한 반(反)가톨릭주의를 표방하는 세대주의자들은 심지어 개신교회들도 가톨릭으로부터 오염되었기 때문에, 점점 타락의 길로 나아가고 있다고 보았다. 따라서 그들은 진정한 교회는 오염된 가톨릭이나 기존의 개신교단과도 분리되어야 한다고 생각했다. 이러한 세대주의 역사관을 침례교회에 적용한 지계석주의자들은 예수님이 세우신 순수한 교회가 바로 침례교회이며, 이 교회는 시대에 따라 다양하게 불리었지만 단절되지 않고 끊임없이 이어져 왔다고 주장했다. 그들은 따라서 침례교회는 개신교회가 아니며, 개신교회들보다 훨씬 이전에 존재했던 초대 신약성서적 교회라고 하며, 침례교회 이외의 다른 교회들은 "인간의 사교 집단"에 불과하다고 주장했다.[197]

침례교 계승설은 영국 침례교 목사 올차드의 1838년도 책, 『외국 침례교회 약사』에서 처음 제시되었다. 이 책은 로마 가톨릭을 반대하며 탈퇴한 그룹들은 대부분 사실상 침례교인들이었다고 하였다. 그레이브스는 이 이론을 그대로 받아들여 노바투스파, 바울파, 발도파, 알비파, 재침례파 등 핍박받았던 분파들은 명칭은 다양했지만 내용상은 침례교인들이었다고 하였다. 그레이브스는 올차드의 책을 1855년에 미국에서 재출판하여 광범위하게 보급했고, 많은 침례교인들로부터 지지를 얻게 되었다.[198]

그레이브스는 진정한 교회는 "신적인 기원, 영속적인 존속, 가시적 기관, 지역적 조직, 성경적인 행습" 등의 특성을 보존한 교회라고 했다. 신적 기원은 신성을 가지신 예수 그리스도에 의해 설립되어야 한다는 것이고, 영속성은 교회가 사도시대 부터 오늘날까지 정체성이 깨지지 않은 상태로 존속되어 와야 한다는 의미이며, 가시적이고 지역적 조직은 성경에서 나타난 교회가 바로 그런 모습이라는 것이고, 성경적 행습은 신자로 구성된 교회를 뜻한다고 하였다. 그레이브스는 이런 모든 조건을 충족시키는 교회는 침례교회 밖에 없으며, 따라서 예루살렘 교회는 침례교회였다고 주장했다. 그레이브스는 로마 가톨릭과 개신교회들은 신적 기원이 없고 인간들이 만든 기관이므로 사교단체에 불과하다고 주장

했다.[199]

그레이브스는 침례교 고교회주의를 확대시켜, 침례교인이 되는 것은 참된 그리스도인이자 애국자가 되는 길이라고 목소리를 높였다.

> 당신은 진정한 그리스도인이 되기를 원하는가? 그렇다면 침례교 정신을 소유하라. 다른 정신을 갖지 말라. 침례교 정신은 그리스도를 위해, 그의 순수한 말씀을 위해, 그의 교회를 위해, 그 교회가 수많은 시대를 통해 타락하지 않고 보존되도록 그 역할을 감당해 왔다.… 가슴속에 참된 침례교인의 심장이 뛰고 있는 그리스도인을 우리에게 제시한다면, 우리는 그 사람을 인류에 대한 영예요, 기독교의 자랑이요, 세상에 대한 축복으로 여긴다.… 온전한 침례교인이 되는 것은 인간의 가장 큰 영광이자 인간으로서 최선의 존재가 되는 것이다. 그런 의미에서 그리스도인으로서 애국자, 시민, 그리고 하나님의 친구이자 사람의 친구가 되는 것이다.[200]

그레이브스가 이와 같은 침례교 고교회주의를 주장한 이유로는, 내슈빌에서 강력하게 성장하고 있는 감리교회에 대한 우려와 침례교 교세를 현저히 약화시킨 캠벨주의 논쟁 때문이었다. 그는 침례교회가 과연 살아남을 수 있을지를 걱정했고, 강력한 침례교주의를 선전하였던 것이다.[201]

3) 가시적 지역교회 강조

지계석주의자들은 과거, 현재, 미래의 모든 신자로 구성된다는 우주적인 교회의 개념을 부인하고, 성경에서 말하는 교회는 오직 가시적인 지역교회만을 가리킨다고 주장했다. 그들은 신약성서에서 교회에 해당되는 에클레시아(ecclesia)라는 단어가 약 110번 등장하는데, 그 중 적어도 98번은 지역교회의 개념으로 사용되었고, 나머지도 우주적인 교회라기보다는 지역교회에 대한 은유적인 표현이라고 하였다.[202] 지계석주의자들은 하나님의 왕국은 가시적인 교회들로 이루어지며, 참된 교회는 침례교회 밖에 없기 때문에 침례교회들의 연합이 하나님의 왕국이 된다고 하였다. 다른 "종교적인 사교단체들"은 이 왕국의 일부가 아니며, 그 단체들에 속한 사람들은 하나님 왕국의 일원이 될 수 없다고 하였다. 그레이브스는 미국은 여러 주들의 연합으로 구성되어 있고, 미국민이 되려면 어떤 주의 시민이 먼저 되어야 하듯이, 하나님의 왕국은 침례교회들로 구성되므로 침례교 신자가 되어야 하나님 왕국의 시민이 될 수 있다고 하였다.[203] 그렇다면 침례교 인만 구원 받는가? 이에 대해 그레이브스는 전혀 그렇지 않다고 대답했다. 그는 구원을 얻는 것과 하나님 나라의 일원이 되는 것은 완전히 다른 영역이고 서로 관련이 없다고 주장했다.[204]

지계석주의자들은 지역교회의 완전한 독립성과 자치권을 강조했다. 그들은 지방회나 총회에 가입 여부도 지역교회가 자발적으로 결정하는 것이며, 지방회 나 총회는 지역교회의 자치권을 침해할 수 없다고 하였다. 그리고 지역교회는 회 원들의 투표에 의해 결정되는 공화제적인 행정으로 운영되어야 한다고 하였다. 그레이브스는 여자와 21세 미만의 청소년, 그리고 해방된 노예들에게는 투표권 을 허용해서는 안 되는데, 왜냐하면 이들은 권위 아래 있는 사람들이기 때문에 본인의 자유의사에 따라 투표하지 못하기 때문이라고 하였다. 그레이브스는 백 인우월주의의 입장을 가지고 있었던 것이다.[205]

4) 타교단과의 교류 문제

강단 교류를 비롯한 타 교단와의 협력은 19세기 미국에서 흔한 일이었고, 침 례교회도 마찬가지였다. 그런데 지계석주의자들은 이러한 행습이 성경의 가르침 에 부합하지 않다고 주장하였다. 그들은 신양성서에서 볼 때, 교회회원이 되는 조건은 참된 믿음과 신자의 침례 두 가지가 요구된다. 따라서 유아세례를 행하는 교회는 신약성서에서 요구하는 기준에 부합되지 않으며, 참된 교회의 조건을 갖 추지 못했다. 그러므로 침례교회가 그런 교회들과 교류하는 것은 바람직하지 않 다고 주장하였다.[206] 이와 관련해 펜들턴은 다음과 같이 말했다.

복음에 따르면, 나의 입장은 선교의 권리는 하나님의 허락하심 아래 그리스도의 가 시적인 교회로부터 나와야 한다는 것이다. 그러므로 가시적인 교회의 구성원들만 이 목회의 사역을 감당할 수 있다. 따라서 교회는 거기에 소속되지 않은 사람들을 통제하지 않는다. 그러나 유아세례론자의 공동체들은 그리스도의 가시적인 교회들 이 아니다. 그렇다면 어떻게 그들에게 말씀 선포에 대한 복음적인 권위를 줄 수 있겠는가?[207]

이와 같이 지계석주의자들은 타교단과의 교류를 부정하였다.

5) 침례와 주의 만찬

그레이브스는 침수가 침례의 유일한 형태이며, 침례는 구원과 직접적인 관계가 없다는 것을 강조하였다. 또한 침례는 죽음, 매장, 부활에 대한 상징에 불과하지만, 결코 그 중요성이 과소평가돼서는 안 된다고 하였다. 그레이브스는 합당한 침례는 다음의 3가지 특징을 가져야 한다고 주장했다.

> 1. 성경에 입각한 대상자, 즉 그리스도를 믿는 자. 2. 성경에 입각한 방식, 즉 삼위일체의 이름으로 그 대상자를 침수례하는 것. 3. 성경에 입각한 집례자, 즉 복음적인 교회의 권위 아래 활동하는 침수례를 받은 신자.[208]

지계석주의자들은 침례는 구원의 최종적 단계라는 캠벨주의자들에 주장에 대해 강력하게 반대하며, 침례는 중생한 사람이 자신의 회심을 공적으로 선언하는 행위이므로, 본질상 은유적이고 상징적인 의식이라고 하였다. 지계석주의자들은 침수만이 성서적 침례방식이며, 그것은 오직 침례교회만이 베풀고 있기 때문에, 침례교회 이외의 다른 교회에서 행해진 침례는 정당성을 갖지 못한다고 하였다. 그들은 침례교회 외에 다른 데서 베풀어진 침례를 "이방인 침례"(Alien Baptism)라고 불렀다.[209]

지계석주의자들은 개방성찬을 반대하고 폐쇄성찬을 주장했다. 즉 침례교회에서 행해지는 주의 만찬은 오직 침수침례를 받은 침례교인만 참여할 수 있다는 것이다. 지계석주의자들은 초기에는 침례교인이 자기 교회가 아닌 다른 침례교회의 성찬에 참여하는 것을 인정하다가 나중에는 이마저도 인정하지 않았다. 왜냐하면 지역교회 회원들만이 누가 정회원인지를 알 수 있기 때문이었다. 그들은 주의 만찬은 아주 엄격한 기준에 의해 시행해야만 그 의식의 순수함을 보전될 수 있다고 믿었다.[210] 지계석주의자들이 엄격한 폐쇄성찬을 주장한 또 다른 이유는 그것이 권징과 관련이 있기 때문이었다. 그레이브스는 주의 만찬은 교회가 권징을 실시할 수 있는 대상에게만 베풀 수 있다고 하였다. 따라서 타 교단 교인이나, 타 침례교인에게 성찬을 허용하면 이러한 취지에 어긋나며, 지역교회의 자치권과 독립성도 해치게 된다고 하였다. 이런 주장은 "이중 폐쇄성찬"(double closed communion)이라고 불렸다. 성찬은 권징의 수단이 되므로 참가자는 매우 제한적이어야 한다는 것이다.[211]

3. 지계석주의 세력의 하락

지계석주의자들의 주된 무기는 출판이었다. 출판물을 통한 선전활동은 매우 효과적이었다. 남침례교총회가 1851년에 성서부(Bible Board)를 시작할 때, 그 본부를 내슈빌에 두었다. 당시 내슈빌에서 그레이브스의 영향력이 점증하는 때였기 때문에, 그는 1852년에 성서부의 부장으로 에이머스 데이턴이 선출되도록 만들 수 있었다. 남침례교회에 대한 그레이브스의 영향력이 최대로 확장되기 시작하였다.[212] 5년이 지난 1857년에 로버트 호웰(Robert Boyte Crawford Howell)이 내슈빌에 다시 와서 제일침례교회의 담임목사직을 맡게 되었다. 그 때 호웰은 4번째 교단 총회장으로 피선된 직후였다. 그가 내슈빌에 왔을 때, 호웰은 데이턴이 성서부를 지계석주의를 위한 목적으로 이용하고 있다는 것을 즉각 알아차렸고, 그것을 시정하려 하였다.[213]

이를 위해 호웰은 새로운 기관을 만들어 성서부를 대체하려 하였다. 이런 목적으로 총회는 1857년 10월 3일 내슈빌에서 남침례교주일학교연맹(Southern Baptist Sunday School Union)을 조직하였다. 그러나 그레이브스는 새로운 부서에 대해서도 리더십을 확보할 수 있었다. 데이턴을 회장으로 자신은 총무로 선출되도록 하였던 것이다. 호웰은 이제 자신이 만든 기관을 반대해야 하는 입장에 놓이게 되었다. 하지만 내슈빌에서 늘 인기가 많았던 호웰은 데이턴을 제거하는 데 성공하였다. 그러자 그레이브스는 호웰에 대해 총공격을 퍼부었다. 호웰은 강력하게 반격했다. 전쟁은 내슈빌제일침례교회에서 절정에 이르렀다. 호웰 지지자들은 자신의 목사를 공격한 그레이브스를 비난하였다. 결국 호웰이 승리하였고, 그레이브스파 25명은 교회를 탈퇴하고 그들이 생각하는 참된 제일침례교회를 세웠다. 이 전쟁과 관련하여 교회들과 지방회들은 나누어졌다.[214]

1858년에 주일학교연맹의 회장을 박탈당한 데이턴을 위해 그레이브스는 「테네시 뱁티스트」에 자리를 마련했다. 데이턴은 얼마 후 조지아로 이사하였고, 그곳에서 지계석주의 신문 「침례교 깃발」(Baptist Banner)을 설립하고, 1865년 죽을 때까지 운영하였다.[215] 그레이브스는 1859년에 해외선교부와 호웰을 공격하였다. 반선교주의를 주장한 캠벨처럼, 그레이브스는 지역교회 이외의 교단 기관들을 공격했다. 그는 지역교회만이 모든 일에 권한을 가지고 있다고 하며, 총회는 헌금에 기초한 대의원들로 구성되는 기관이 아니라, 지역교회들의 대표 기관이 되어야 한다고 주장했다. 그는 총회를 자신이 주장한 방식으로 운영하지 않는 사람들을 계속 공격했다.[216]

그레이브스, 데이턴, 펜들턴은 리치몬드에서 열린 1859년 교단 총회에서 해외선교부를 폐지하려했으나 실패하였다. 버지니아는 반(反)지계석주의의 보루였다. 투표 결과 지계석주의자들은 확실하게 패배하였다. 그러자 그레이브스는 호웰이 총회장으로 재선되는 것을 반대하는 데 전력을 기울였다. 호웰의 민감한 성격이 또 다시 나타났다. 그는 총회장을 사양하였고, 리처드 풀러가 선출되었다.[217] 지계석주의 세력은 남북전쟁이 일어나는 시점에 약화되었다. 펜들턴은 반노예주의를 강력하게 옹호하였고, 그것은 유니언대학교의 교수직을 잃게 하였다. 또한 그의 아들 존 말콤(John Malcolm)이 남부군에 입대함으로 가족 간의 유대도 상실하였다. 펜들턴은 북부 오하이오 주로 이주했고, 1862년에 그의 아들이 전사했다는 소식을 듣게 되었다.[218]

그러나 그레이브스는 전쟁이 끝난 후 멤피스로 이사 가서, 늙은 시절에 새롭게 부흥한 영향력을 즐겼다. 특히 미시시피, 아칸소, 텍사스에서 그를 추종하는 사람들이 많았다. 그의 연설 능력은 줄어들지 않았다. 그는 청중이 두 세 시간 동안 넋을 잃고 연설에 몰두할 수 있게 만들었다. 그의 확신, 단순한 생각, 열정적인 신념들이 사람들을 자기에게로 오게 하였다. 그레이브스는 중풍으로 휠체어에 앉아 있으면서도 사람들을 움직였다.[219]

4. 지계석주의의 지속적 영향

남침례교회에서 지계석주의는 결코 포기되지 않았다. 주 침례교 신문과 독립

신문들을 통해 지속되고 심지어 강화되었다. 그러한 신문들로는, J. B. 갬브럴(Gambrell)이 편집자인 미시시피의 「침례교 기록」(The Baptist Record)이 있었고, 나중에 「침례교와 성찰자」(The Baptist and Reflector)로 개명된 테네시의 「뱁티스트」(The Baptist)와 「아칸소 복음」(The Arkansas Evangel) 등이 있었다. 「아칸소 복음」은 후에 나온 신문, 「아칸소 뱁티스트」(The Arkansas Baptist)에 통합되었다.[220] 또한 미주리의 D. B. 레이(Ray)는 「전쟁 깃발」(The Battle Flag)과 「교회사가」(Church Historian)를 통해 지계석주의를 극구 칭찬하였고, 켄터키 주 침례교 신문인 「서부 기록자」(The Western Recorder)는 처음에 지계석주의 관점에 공감하다가, A. C. 캐퍼턴(Caperton)이 편집인으로 있을 때 논조를 바꾸었다. 하지만 T. T. 이턴(Eaton)이 편집인으로 있었던 1880년대에는 다시 지계석주의를 강력하게 옹호하는 논조로 바뀌었다.[221]

그레이브스는 1880년 1월에 남부 침례교회의 16개의 주간지 가운데 오직 1개 주간지만 이방인 침례와 강단교류를 찬성하고 있으며, 북부 주들 가운데서는 2개 신문이 지계석주의 원리와 행습을 지지하고 있다고 하였다. 하지만 그레이브스의 주장과 달리, 좀 더 많은 남부의 신문들이 지계석주의를 반대하였다. 버지니아의 「신앙의 선구자」(The Religious Herald)는 강력하게 반(反)지계석주의를 지속적으로 주장하였고, 노스캐롤라이나의 「성경 기록자」(The Biblical Recorder)와 사우스캐롤라이나의 「침례교 전령」(The Baptist Courier) 역시 그러하였다. 또한 조지아의 「기독교 색인」(The Christian Index)과 「앨라배마 침례교」(The Alabama Baptist), 그리고 1880년대에 출판을 시작한 「플로리다 침례교 증인」(Florida Baptist Witness) 역시 반지계석주의에 동참하였다. 전체적으로 볼 때, 200개가 넘는 침례교 신문과 잡지 중에서 약 절반 이상이 지계석주의를 지지하였다.[222]

남침례교회에 끼친 지계석주의의 영향은 크게 3가지 정도를 들 수 있다. 첫째, 개교회주의가 보다 강화되었던 점이고, 둘째, 세계적인 교회일치운동이 한창 붐을 일으킬 때, 거대 교단인 남침례교회는 합류하지 않고, 오히려 침례교회들로만 구성된 침례교세계연맹을 결성하였다는 점이다. 셋째, 남침례교회는 20세기 초반에 일어났던 근본주의-현대주의 논쟁에 연루되지 않았다는 것이다. 즉 지계석주의로 인해 자유주의가 교단에 들어오는 것이 차단되었고, 교회론에 집중함으로 성경과 관련된 논쟁에 빠지지 않았다.[223] 지계석주의는 이와 같이 남침례교회에 지속적인 영향을 남겼다.

5. 지계석주의와 관련된 논쟁들

1) 복음선교주의 논쟁

지계석주의자들은 선교는 개교회의 일이기 때문에 협회나 총회의 선교부가 선교사업을 수행하는 것은 잘못이라고 하였다. 교단 기관이 선교사역을 주도하는 것은 신약성경에 근거와 예를 찾아볼 수 없는 비성서적인 방식이기 때문에 철폐되어야 한다는 것이다. 그들은 신약성경에서 선교는 오직 지역교회에게 위임된 일이므로, 지역교회나 지역교회들의 협력을 통해 이루어져야 한다고 주장하였다. 이러한 지계석주의자들의 선교관은 복음선교주의(Gospel Missionism)라고 불렸다.[224]

그레이브스는 1859년도 남침례교 총회에 복음선교주의를 제안했다. 총회는 선교부 폐지는 거부했지만 지계석주의자들의 주장을 일부 받아들였다. 즉 지역교회는 자체적으로 선교사를 선출하고 임명할 수 있으며, 만일 그런 결정을 했을 경우 해당 교회가 선교 경비 일체를 책임져야 한다고 결정했다.[225] 해외선교부에서 파송 받아 중국에서 30년간 선교활동을 하였던 T. P. 크로퍼드(Crawford)는 그레이브스의 사상에 깊이 영향을 받아, 총회가 주도하는 선교를 반대하고 선교사 역시 철저하게 현지 문화에 적응 하여 현지인과 똑같이 살아야 한다고 주장했다. 그는 선교부 제도는 신약성경에 근거가 없기 때문에 철폐해야 한다고 생각했고, 1855년에 미국으로 귀국하여 전국을 순회하며 자신의 사상을 전파하였다. 그리고 『전선을 향한 교회들』(Churches to the Front)이라는 그의 책을 통해 교단과 해외선교부를 비방하기도 했다. 결국 크로퍼드와 그를 추종하는 사람들은 교단에서 제명되었고, 복음선교주의도 점차 잦아들게 되었다.[226]

2) 휫짓 논쟁

1872년부터 서든침례신학대학원의 교회사 교수였으며, 1895년부터 1899년까지 제3대 총장을 역임하였던 윌리엄 휫짓(William H. Whitsitt)은 침례교 계승설에 대해 문제를 제기했다. 그는 대영박물관에서 장기간 연구한 결과, 침례교회는 17세기 영국 청교도 분리주의자들로부터 시작된 개신교단 중 하나이며, 침례교 기원을 예수님 시대로 소급하는 것은 근거가 없다고 주장했다. 그는 또한 침례교인들은 신자의 침례를 먼저 시행했고, 침수례의 행습은 좀 더 이후에 정착되었다고 했다. 횟짓은 1896년에 발표한 "침례교 역사에 있어서 한 가지 질의: 영국에 있던 재침례교도들이 1641년 이전에 침수침례를 행했는가?"(A Question in Baptist History: Whether the Anabaptists in England Practiced Immersion before the Year 1641?) 라는 논문에서 이와 같은 주장을 펼쳤다.[227]

횟짓 총장의 이론은 지계석주의자들을 격분케 하였다. 그들은 횟짓을 "1600 년간의 침례교 유산을 포기해 버린 자이며, 유아세례론을 주장하는 대적들의 손에 침례교를 팔아넘긴 배신자" 라며 비난하였다. 당시에는 침례교 계승설이 교단 내 정설로 받아들여졌기 때문에, 지계석주의자들뿐만 아니라 대다수 목회자들도 비판에 합세하였다. 1899년 놀폭(Norfolk)에서 열린 연차총회에서 횟짓이 총장직을 사임하지 않으면, 총회는 서든에 대한 재정지원을 중단할 것이라는 결의가 통과되었다. 횟짓은 결국 교수직과 총장직에서 떠날 수밖에 없었다.[228]

주요 인물들

1. 존 리들리 대그

존 리들리 대그(John Leadley Dagg, 1794-1884)는 1794년 2월 14일에 버지니아 주 미들버그(Middleburg)의 한 장로교 가정에서 출생했다. 그는 15세였던 1809년에 회심하고, 얼마 안가 유아세례에 대해 관심을 갖게 되었다. 대그는 오랜 기간 연구한 끝에 침례교회의 주장이 옳다는 결론을 갖게 되었고, 침례교인으로 전향했다. 1812년 봄에 에벤니저침례교회(Ebeneezer Baptist Church)에서 윌리엄 프리스토 목사로부터 침례 받았고, 1817년 11월에는 목사안수를 받았다.[229] 대그는 도시의 여러 큰 교회들로부터 청빙을 받았으나 거절하고, 고향 시골의 작은 교회들을 돌보았다. 그러던 중 1825년 1월에 필라델피아 제5침례교회의 초청을 받아들였다. 그 교회는 필라델피아에서 가장 큰 교회로, 약 1,300명을 수용할 수 있는 예배당을 가지고 있었다. 9년간의 성공적인 목회를 마치고, 1834년에 필라델피아 지방회가 새로 설립한 해딩턴 신학교(Haddington Institute)의 학장으로 취임했다. 하지만 학교는 설립한 지 2년 만에 문을 닫게 되었고, 대그는 그 후 남부의 앨라배마 여학교(Alabama Female Athenaeum)에서 8년간 학장직을 수행했다.[230]

대그는 1844년 1월 29일에 조지아 주 멀써대학교(Mercer University)의 총장 겸 신학교수로 취임하였다. 1844년부터 1854년까지 그가 총장으로 재직한 10년 동안 멀써대학교는 학생 수, 자산, 기부금 등에서 몇 배로 늘어났다. 대그는 1856년에 신학교수직에서도 물러났다. 그리고 남은 생애는 교단사역과 저술활동에 힘썼다. 은퇴한 다음해인 1857년에 출판한 『신학편람』(Manual of Theology)을 비롯하여 『교회론』, 『윤리학 입문』, 『기독교 증거학』 등은 그의 대표적인 저술이다. 1884년 6월 11일, 90세의 일기로 숨을 거두었다.[231] 대그는 남침례교회의 전통적인 신학인 칼빈주의를 보존하는 것과, 이것을 왜곡시키는 지계석주의를 반대하는 일에 앞장섰다. 그는 지계석주의자들의 주장을 뒷받침할 근거가 없다는 점을 지적하였다. 지계석주의가 한창 인기를 끌던 당시의 시류에 거슬리는 주장이지만, 대그는 확고한 침례교 정통주의를 표방했기 때문에, 지계석주의 지도자 펜들턴도 그의 『신학편람』과 『교회론』을 유니온 대학교에서 교재로 사용하였다.[232]

2. 제임스 퍼티거 보이스

제임스 보이스(James Petigur Boyce, 1827-1888)는 1827년 1월 11일에 사우스캐롤라이나 주 찰스턴의 부유한 은행가이며 사업가인 커 보이스(Ker Boyce)와 어맨다 제인 캐롤라인 존스턴(Amanda Jane Caroline Johnston)의 아들로 태어났다. 당시 찰스턴은 약 3만 명의 인구에 상업과 문화가 발전한 도시였다. 커는 아들이 법률가가 되기를 바랐지만, 제임스는 목회자의 길을 선택했다. 보이스 가족들은 찰스턴 제일침례교회에 출석하면서 그 교회의 담임목사 바

| 제임스 퍼티거 보이스

실 맨리 1세(Basil Manly, Sr.)로부터 많은 영향을 받았다. 맨리 1세는 후에 서든 침례신학교의 초대 이사회 의장으로 봉직했다.[233]

보이스는 찰스턴대학에서 2년간 공부한 후, 브라운대학교로 진학하였다. 그곳에서 유명한 침례교 학자이자 정치가인 프란시스 웨일랜드(Francis Wayland)로부터 큰 영향을 받았다. 제2차 대각성운동이 브라운대학교에도 일어났고, 보이스는 그 때 깊은 회심을 경험했다. 보이스는 1849년부터 1851년까지 프린스턴신학대학원(Princeton Theological Seminary)에서 학업을 하였고, 아치발드 알렉산더(Archibald Alexander)와 찰스 하지(Charles Hodge)로부터 영향을 받았다. 특히 하지의 『조직신학』은 보이스의 『조직신학개요』(Abstract of Systematic Theology)의 모델이 되었다.[234]

보이스는 프린스턴을 졸업한 후, 사우스캐롤라이나 주의 콜럼비아 제일침례교회(First Baptist Church in Columbia)에서 2년 동안 목회하였다. 1855년에 펄먼대학교에서 교수로 임명되고, 1856년 7월에 취임 연설을 하면서 교수생활을 시작하였다. 보이스는 취임연설에서 신학교에 일어나야 할 3가지 변화에 대해 지적했는데, 그것들은 후에 서든침례신학대학원의 중요한 원칙이 되었다. 첫째, 신학교는 학벌이나 지위와 관계없이 모든 사람들에게 개방되어야 하며, 둘째 학문적으로 뛰어나야 하고, 셋째, 신학교의 일관성과 방향성을 제시하는 교리적 원칙이 있어야 한다는 것이었다. 특히 마지막 원칙은 미국에서 최초의 침례교 신학교인 뉴턴신학교(Newton Theological Institute)나 1845년에 설립된 남침례교 총회에도 없었던 것이었다. 보이스는 신학교의 교리적 타락을 막기 위해서는 반드시 이와 같은 원칙이 필요하다고 믿었다.[235]

남침례교총회는 신학교 설립문제를 논의하기 위한 교육총회(education convention)를 1857년에 개최하였다. 그리고 신학교 설립을 위한 모금 및 제반 일들에 대한 책임자로 보이스를 임명했다. 보이스는 1859년 32세의 나이로 남침례신학대학원의 초대 총장(당시에는 "교수회 의장"으로 불렸다)이 되었다. 보이스는 신학, 설교학, 신약, 교회사 등 여러 과목을 가르쳤고, 회계의 일도 보았다. 그의 풍부한 개인 재산은 학교 운영을 위한 충분한 기금이 모아지지 않은 때에도 학교가 도산되지 않게 했다.[236] 보이스는 신학교 교수가 교리 선언문에 서명하는 것이 학문과 양심의 자유에 배치된다는 지적에 대해서, 개인의 권리도 중요하지만 학교 설립자들의 권리도 보호되어야 한다고 답변하였다. 그는 교리문서를 반대하는 것은 성경 이외에는 어떤 교리나 신조도 필요치 않다는 알렉산더 캠벨의 영향 때문인 것으로 보았다. 보이스는 침례교인들은 신앙고백서를 줄곧 사용하였다는 사실을 강조하였다. 서든침례신학대학원은 1859년 설립 이래 모든 교수들로 하여금 "원리강령"(Abstract of Principles)에 서명케 하여, 그 문서에 제시한 신학적 원리에 반하여 가르치지 않을 것을 서약하도록 했다.[237]

남북전쟁 시절에 보이스는 동료인 존 브로더스(John Broadus)와 함께 남부군 군목으로 사역했으며, 사우스캐롤라이나 주 의회 의원으로도 활동하였다. 의회 활동은 상당히 성공적이었고, 주변에서는 아예 전업으로 정치를 권하는 사람들도 많았다. 그러나 친구 브로더스는 그런 유혹에 빠지지 말 것을 충고했고, 보이스는 그것을 받아들였다. 전쟁이 끝난 후, 보이스, 브로더스, 맨리, 윌리엄 윌리엄스(William Williams) 등 4명은 사우스캐롤라이나 주 그린빌(Greenville)에 있던 보이스의 집에 모여 신학교 문제를 논의하였다. 보이스는 그 때 학생들을 위한 장학금과 교수들의 급여를 위해 자기 재산을 아낌없이 내놓았다.[238]

보이스는 건강이 악화되어 가는 1888년 여름에 유럽으로 가는 배를 탔다. 유럽에서 그의 건강은 급속하게 악화되었고, 결국 1888년 12월에 프랑스 남부에서 숨을 거두었다. 그의 시신은 이듬해 1월에 켄터키 주 루이빌(Louisville)의 케이브힐 묘지(Cave Hill Cemetery)에 안장되었다.[239]

보이스는 도르트 공의회의 "5대 교리"를 명확하게 지지하며, 인간의 전적인 타락과 무능, 선택, 예정 등 정통 칼빈주의 신학을 추구하였다. 그러나 하나님의 주권만 강조하고 인간의 책임을 부인하는 고등 칼빈주의는 철저하게 반대했다. 전도와 선교, 신학교, 주일학교 등을 반대하는 초대침례교회의 주장에 대해서도 강력하게 반대했다. 보이스는 복음전파를 매우 중요시 여겼다. 그는 서든신학대학원이 매월 하루를 선교의 날로 사용하도록 했는데, 그런 전통은 1960년대까지 지속되었다. 무디(D. L. Moody)가 1887년에 루이빌에서 전도집회를 할 때, 보이스는 학교에 5천석 규모의 야외집회장을 짓도록 하고, 교수와 학생들로 하여금 신앙상담으로 봉사하도록 했다. 그에게 은혜의 교리는 하나님의 은혜를 전파하는 동기로 작용하였던 것이다.[240]

보이스는 고등 성경관에 기초하여 성경은 무오한 하나님의 말씀으로 절대적 권위가 있다고 믿었다. 성경에 대해 그의 소요리문답은 다음과 같이 말한다.

> 질문: [성경이] 어떻게 기록되었는가?
> 답: 하나님이 거룩한 사람들에게 영감을 주어 그것을 기록하게 하셨다.
> 질문: 그들은 그것을 하나님께서 바라시는 대로 정확하게 기록하였는가?
> 답: 그렇다. 하나님이 직접 기록하신 것과 다름없다.
> 질문: 그러므로 우리는 그것을 믿고 순종해야 하는가?
> 답: 그렇다. 하나님께서 우리에게 직접 말씀하신 것과 마찬가지이므로.[241]

보이스는 학장으로서 보수주의 성서론에 위배되는 것은 엄격하게 다루었다. 대표적인 예가 크로포드 토이(Crawford Toy) 교수를 해임한 일이었다. 1869년에 서든신학대학원의 교수로 임명된 토이는 "성경은 그 내용상 가장 미세한 부분에까지 절대적이고 무오하게 참이다." 라는 취임연설을 하였지만, 시간이 흐를수록 독일 자유주의 신학자들의 성경관을 받아들이게 되었다. 보이스는 이에 대해 토이에게 항의서를 발송하였다. 그리고 이사회 역시 문제를 삼았다. 결국 토이는 1879년에 사표를 제출하였다. 토이는 그 후 하버드대학교 교수가 되었으며, 유니테리언 교회에 가입하고, 성경에 대해 더욱 급진적인 입장을 갖게 되었다.[242]

3. 존 브로더스

보이스의 절친한 친구였던 존 브로더스(John A. Broadus)는 버지니아 태생으로, 1850년에 버지니아대학교에서 석사학위를 받았으며, 같은 해에 목사안수를 받고 결혼도 하였다. 그는 샬롯테스빌(Charlottesville)에 있는 침례교회에서 목회하면서, 버지니아대학교에서 라틴어와 그리스어를 가르쳤다.[243] 브로더스는 버지니아대학교에서 젊고 총명한 크로포드 토이를 가르쳤는데, 토이는 후에 서든의 동료 교수가 되었다. 샬롯테스빌에서는 총명하고 당당한 로티 문(Lottie Moon)이 브로더스의 설교를 듣고 기독교에 대한 냉소적 태도를 버리고 진지한 신자가 되었다. 브로더스는 1858년에 서든신학대학원의 교수직을 제안 받았는데, 고민 끝에 그것을 받아들였다. 신약성서의 해석과 설교학에서 발군의 실력을 발휘한 브로더스는 예일대학교에서 1889년에 설교에 관해 특별강의를 할 정도로 탁월성을 인정받았다.[244]

4. 바실 맨리 2세

바실 맨리 2세(Basil Manly, Jr.)는 사우스캐롤라이나 주 찰스턴에서 태어나고 성장했다. 그의 아버지 바실 맨리 1세는 앨라배마대학교 총장을 역임한 바 있었는데, 바실이 태어날 때는 찰스턴에서 목회하고 있었다. 맨리는 15세 때 회심하였고, 19세 때 설교하였다. 그는 매사추세츠에 있는 뉴턴신학교(Newton Theological Institute)에서 공부하였으며, 남침례교총회가 창립될 때 창립 회원으로 참가하였다.[245] 맨리는 1847년에 프린스턴대학교를 졸업하고, 몇 군데에서 사역하다가 1850년부터 리치몬드 제일침례교회에서 목회하였으며, 1854년에 새로 설립된 리치몬드여학교(Richmond Female Institute)의 교장직을 맡기도 했다. 그는 보이스로부터 서든신학대학원의 구약학 담당 교수로 청빙을 받았다. 맨리는 신학교 교수들이 의무적으로 서명해야 할 원리 요약문의 작성 책임을 맡아 그것을 초안했다.[246] 이 문서는 남침례교회 안에서 지금까지 보존되어 온다.

5. 윌리엄 윌리엄스

윌리엄 윌리엄스(William Williams)는 조지아 태생으로, 조지아대학교(University of Georgia)와 하버드대학교 법학대학에서 공부하였다. 하지만 그는 목회자로 소명을 받고 법학 공부를 포기하였다. 윌리엄스는 앨라배마 주 오번(Auburn)에서 목회하였으며, 멀써대학교에서 교수로 봉직하였다. 그는 보이스로부터 서든신학대학원 교수로 초빙 받아서, 교회사, 교회정치, 목회자 직무 등의 과목을 가르쳤다. 이방인 침례에 대한 윌리엄스의 가르침은 당시에 만연했던 지계석주의와 갈등을 일으켰다. 그러자 보이스는 그 과목을 윌리엄스에게서 빼앗아 자신이 맡는 방식으로 논란을 해소하였다.[247]

6. 패트릭 휴즈 멜

패트릭 휴즈 멜(Patrick Hues Mell, 1814-1888)은 1814년 7월 19일에 조지아주 리버티 카운티(Liberty County)에서 태어났다. 그는 10대 시절에 부모를 여의여서 경제적으로 매우 어려웠지만, 초등학교에서 교사 생활을 하면서 공부를 했다. 멜은 1832년에 그 지역의 노스뉴포트(North Newport) 침례교회에서 침례 받았다. 멜은 독지가의 도움으로 19세에 암허스트(Amherst)대학교에 입학하였다. 하지만 교수와의 갈등으로 1년 만에 학교를 그만두고 조지아로 돌아와 중등학교들에서 교사 생활을 하였다. 그리고 에모리대학교(Emory University)의 전신인 옥스퍼드 고전 및 영어학교(Oxford Classical and English School)의 교장으로 봉직했다.[248]

멜은 1839년에 목회자로 소명 받았으며, 그의 모교회가 그것을 인정해주었다. 멜은 1841년에 멀써대학교(Mercer)의 고대 언어부 부장으로 선임되었다. 그는 멀써에서 가르치는 일을 하면서 지역교회에서의 목회도 병행하였다. 멜의 뛰어난 지도력은 눈에 띄었고, 남침례교 출판협회 서기, 웨이크 포레스트 대학(Wake Forest College) 학장, 앨라배마 몽고메리의 한 여성기관의 의장직, 조지아주 사바나 제일침례교회 담임목사 등 많은 중요한 직책들을 제안 받게 되었다. 멜은 그러나 멀써에서 계속 가르치기 원했으므로 그러한 제안들을 거절했다.[249]

멜은 1856년에 멀써대학교에서의 사역을 끝내고, 조지아대학교의 고대언어 교수로 옮겼다. 그는 여전히 교수생활을 하면서 두 교회에서의 목회도 병행하였다. 그는 조지아대학교의 부총장이 되었다. 멜은 교단의 일에도 적극적이었는데, 1855년에 조지아 침례교 지방회 초대회장으로 선출된 이후 29년 동안 그 직책을 맡았고, 1857년에는 조지아 침례교 총회의 회장으로 선출되어, 이후 31년 동안 25번이나 회장으로 선출되었다. 또한 남침례교 총회장을 15년 동안 역임하였다. 멜은 1878년에 조지아대학교 총장이 되었다. 그는 1882년에 멀써대학교의 신학부 학장직을 제안 받았지만 사양하였다. 멜은 1888년 1월 26일에 화려하게 쓰임 받았던 생애를 마감하였다.[250]

멜은 칼빈주의를 옹호하였다. 그는 남침례교 목회자들이 "은혜의 교리"를 선포하는 것이 줄어들고 있는 것을 애석하게 여겼다. 멜은 칼빈주의 신관은 절대주권자요 통치자이신 하나님을 드러내는 데 반하여, 아르미니우스주의자들은 "무기력하고, 종속되고, 변덕이 심하고, 그가 정하지 않는 우연성에 의지하며, 절제할 수 없이 혼란하여 산만한 하나님"의 신관을 가지고 있다고 주장했다.[251] 멜은 선택과 유기 모두는 하나님의 주권적인 결정이라는 절대예정론을 믿었다. 그는 만약 선택이 예견된 믿음과 행위에 기초한다면, 그것은 택자들에게 자랑할 이유를 주는 것이고, 구원에 있어 죄인들이 우선권을 갖고 하나님은 보조자로 전락하게 되어 버리므로, 조건적 예정론은 잘못된 것이라고 하였다.[252]

멜은 마태복음 18장 17절을 근거로 교회란 오직 지역교회를 의미한다고 하며, 우주적 교회 개념을 인정하지 않았다. 그는 침수침례를 강조하였다. 그 근거로 첫째, 침례와 관련된 신약성경의 헬라어 원어의 뜻은 오직 침수만을 의미한다는 점이고, 둘째, 예수님이 요한에게서 받은 침례는 요단강에서 침수침례 형식이었고, 또한 신약성경에 나오는 침례의 모든 장면들을 세밀하게 검토하면 모두 침수침례임을 알 수 있다고 하였다. 셋째, 침례는 그리스도 안에서 신자의 죽음과 장사와 부활을 상징한다. 넷째, 2세기 말까지 유아세례가 없었는데 반하여, 침수침례는 사도시대까지 거슬러 갈 수 있다고 주장했다.[253] 멜은 폐쇄성찬론을 주장하였다. 그 이유로 그는 주의 만찬은 교회의 의식이며, 따라서 침례교회에서의 성찬은 침례를 받은 정회원만이 참여할 수 있다는 것이다. 침례는 성찬 참여의 선행조건인 것이다. 멜은 이러한 생각에 대해 어떠한 성서적 근거를 찾을 수 없지만, 침례교인들의 다수의 의견을 따랐다고 하였다.[254]

7. 버내저 하비 캐롤

버내저 하비 캐롤(Benajah Harvey Carroll, 1843-1914)은 1843년 10월 27일 미시시피 주 캐롤턴(Carrolton)에서 가난한 침례교 목사의 아들로 태어났다. 그는 어렸을 적부터 교회에서 교육을 받고 자랐지만, 성경의 기적들과 기독교 교리를 불신하였다. 캐롤의 가족은 1858년 10월에 텍사스로 이사했다. 그는 16세가 되던 1859년에 구(舊) 베일러대학교(Baylor University)에 3학

| 버내저 하비 캐롤

년으로 편입했다.[255]

캐롤은 1861년 4월 베일러대학교의 졸업을 1주일 남겨두고 남부 연합군에 지원하였다. 그 즈음에 그는 아버지를 여의고, 부인이 그를 버린 큰 시련을 겪게 되었다. 캐롤은 너무나 낙담한 나머지 전쟁터에서 죽으려고 가장 치열한 전투를 찾아갔다. 전쟁터에서 상처를 입고, 겨우 건강을 회복할 수 있었다. 캐롤은 전쟁이 끝난 후 학교를 세워 운영하였지만, 실패하여 빚더미에 앉게 되었다.[256]

인생의 절망 끝에서 캐롤은 필사적으로 성경을 보며 하나님을 찾았다. 그는 어머니의 권유로 감리교회의 모임에 참석했는데, 그때 회심을 경험했다. 캐롤은 예수님에 대한 환상을 보았으며 목회자로 소명을 받게 되었다. 며칠 후 그는 침례를 받았다. 도브(Dove)침례교회는 1866년에 캐롤의 소명을 인정하고 목사안수를 베풀었다.[257] 캐롤은 1866년 12월 28일에 결혼하고, 1869년에 뉴호프(New Hope)침례교회의 담임목사가 되었다. 1871년에는 웨이코(Waco) 제일침례교회가 그를 청빙했고, 그 교회에서 28년간 목회하였다. 당시에 웨이코에는 침례교인들을 유혹하는 올세네스 피셔(Orceneth Fisher)라는 감리교 목사가 있었는데, 캐롤은 1871년에 그와 논쟁하여 피셔를 무너뜨렸다. 이 사건은 캐롤을 텍사스 침례교의 영웅으로 만들어주었고, 남침례교 전체에서 명성을 얻게 하였다.[258]

캐롤은 유능한 설교자였다. 그는 자신의 교회에서 매년 집적 부흥회를 인도했다. 1893년 집회 때에는 수백 명이 웨이코 교회에 가입하기도 했다. 웨이코 교회는 캐롤이 재임하는 동안 2,325명의 회원으로 늘었고, 텍사스 주에서 가장 큰 침례교회가 되었다. 캐롤은 금주운동을 주도하였고, 이를 위해 정치인들과 논쟁을 벌이기도 했다. 그리고 교단의 사역에도 적극 참여했는데, 웨이코 지방회 회장, 텍사스 선교부 회장, 텍사스 총 연합회(Baptist General Association) 부회장, 텍사스 침례교 총회(Baptist General Convention of Texas)의 설립 위원 등을 역임하였다.[259] 캐롤은 30년 동안 거의 매년 주총회에서 설교하였는데, 이것은 남침례교 역사상 매우 특이한 경우이다. 그는 1894년부터 1911년까지 서든침례신학대학원의 이사로 봉직하였으며, 텍사스 침례교인들로 하여금 북침례교 국내선교협회보다 남침례교 국내선교부(Home Mission Board)를 더 많이 지원하도록 지도력을 발휘하였다. 또한 교단 총회에서 주일학교부(Sunday School Board)의 설립안이 가결되도록 영향력을 발휘하였다.[260] 캐롤은 지계석주의자 크로포드(T. P Crawford)가 복음선교운동(Gospel Mission Movement)을 1892년부터 택사스에서 시작하자, 그 운동을 초기에 분쇄시켰다. 그는 대니얼 파커(Daniel Parker)의 "두 씨앗"이론은 복음전파를 할 수 없게 만드는 이론이라며 비난했다.[261]

캐롤은 서든침례신학교 학장인 윌리엄 휫짓(William H. Whisitt)과 지계석주의자들 간의 논쟁이 일어났을 때, 적극적으로 개입하여 휫짓을 사임하도록 만들었다. 캐롤에게 가장 중요한 것은 교단이 분열되지 않고 연합을 잘 유지하는 것이었다. 그는 모든 교단의 논쟁을 대할 때, 바로 이것을 주된 목적으로 삼고 대처했다.[262] 캐롤은 신학교육을 받은 적이 없지만 50여 년 동안 매일 300페이지 이상을 독서하여 충만한 지식을 구비하였다. 그에게 베일러대학교(Baylor University)에서 명예석사학위, 그리고 테네시대학교(Tennessee University)와 키치대학(Keatchie College)에서 각각 명예박사학위를 수여했다. 캐롤은 1887년부터 1907년까지 베일러대학교의 이사장으로 20년 동안 봉직하면서, 베일러의 부채를 청산하는 일에 주된 공헌을 하였다.[263]

캐롤은 1905년에 택사스 지역을 기차로 여행하면서 미국 남서부 지역에 신학교를 설립해야겠다는 생각을 갖고, 즉시 기금을 모았다. 그 해 8월에 베일러대학교 이사회로부터 대학교내에 신학교의 설립을 허락받고, 가을학기부터 수업을 시작하였다. 1907년도 택사스 주총회는 이 학교를 베일러대학교에서 분리시키기로 결정했다. 드디어 1908년 5월 14일 사우스웨스턴침례신학대학원이 웨이코에 설립되었다. 이 학교는 1910년에 포트워스(Fort Worth)로 이전하였다. 이처럼 남침례교회에 엄청난 족적을 남긴 캐롤은 1914년 11월 11일에 사망하였다.[264]

캐롤은 성경은 무오하고 불오한 하나님의 말씀으로 믿었다. 그는 성경의 모든 부분은 모음 부호에 이르기까지 전 단어가 다 영감 받았다고 하며 완전축자영감을 주장했다. 그는 영감은 원본성경에만 해당되지만, 하나님께서는 특별한 방식으로 사본성경도 보존하셨다고 하였다. 캐롤은 고등성경관을 가지고 있었지만, 신학과 행습을 확립하는 데 있어서 성경뿐만 아니라 규약이나 신앙고백서도 사용할 것을 적극 권장하였다.[265] 즉 개교회나 교단적 조직의 정체성과 연합, 그리고 교리적 문제들을 위해 성경뿐만 아니라, 보조적인 규약이나 교리문서가 필요한 것을 인정하였던 것이다.

캐롤은 비가시적 우주적 교회의 개념을 거부하고, 교회란 신자들의 가시적이며 지역적인 모임이라고 주장했다. 그리고 교회의 회원이 될 수 있는 자격 조건은 중생의 증거인 침례와 신앙고백이며, 교회의 목적은 선교라고 하였다.[266] 캐롤은 유효한 침례가 되기 위해서는 다음의 4가지 조건이 맞아야 한다고 했다. "(1)적합한 교회가 침례를 행한다. (2)침례 받기 적합한 자는 회개한 신자다. (3)적합한 방식은 침수침례다. (4)적합한 의도는 침례 중생의 의도가 배재된 상징적인 것이다." 이처럼 캐롤은 침례교회에서 시행된 침수침례만을 인정하였다. 주의 만찬은 폐쇄성찬을 주장하였다.[267] 그의 교회론은 여러 모로 지계석주의 교회론과 유사하였다. 그는 지계석주의 삼총사인 그레이브스, 펜들턴, 데이턴을 "남부의 위대한 세 명의 침례교인들"이라고 하였다. 캐롤 자신도 침례교회는 사도시대 부터 계속 이어져 내려온 참된 교회이며, 침례 요한은 첫 번째 침례교인이라고 주장했다. 그러나 캐롤은 지계석주의 운동은 침례교회의 연합을 깨고 선교를 약화시킨다고 보았기 때문에 강력하게 반대하였다. 그에게 있어 교단의 연합은 가장 중요한 가치였다.[268]

8. 윌리엄 오웬 카버

윌리엄 오웬 카버(William Owen Carver, 1868-1954)는 테네시 주 내슈빌 근처의 농장에서 태어났다. 어머니는 그가 어렸을 때 돌아가셨고, 아버지는 퇴역 군인이었다. 카버는 리치몬드대학(Richmond College)에서 석사학위를 받았고, 1891년 10월에 서든침례신학대학원에 입학하여 신학 석사와 박사를 취득했다. 그는 1896년 28세에 학교를 졸업하면서 곧장 서든신학대학원에서 신약해석학과 설교학을 가르치는 조교수로 채용되었다. 바로 그 해에 교단의 해외선교국 국장이었던 해리스(H. H. Harris) 박사가 선교학 교수로 신학대학원에 왔으며, 카버는 그에게서 선교학을 배웠다. 해리스는 건강상의 문제로 학교를 떠났고, 카버는 1898년 5월에 그를 대신하여 선교학을 가르치는 일을 맡게 되었다.[269]

서든신학대학원은 1899년에 카버를 책임자로 하여 선교학 분야를 신설하였는데, 이것은 전 세계의 신학교들 가운데서 가장 선구적인 조치였다. 이러한 이유로 카버는 남침례교인들 사이에서 세계에서 가장 뛰어난 선교학자라는 찬사를 받게 되었다. 카버는 1898년부터 1943년까지 서든의 교수로 있으면서 선교학 분야를 확고하게 세웠다. 그는 또한 총회 해외선교부와도 밀접하게 연결되어 사역하였다.[270] 카버는 에큐메니컬 정신을 가진 사람이었다. 그는 남침례교 해외선교부가 1919년에 미국의 초교파적 모임인 해외선교협의회를 탈퇴했지만, 자신은 여전히 회원으로 남아 있었다. 그는 또한 1938년부터 1948년까지 세계교회협의회(WCC)에도 참여하였다. 카버는 선교의 목적으로 유럽, 남미, 동양 등을 방문하였다. 그의 두 자녀는 아버지의 영향으로 선교와 관련된 사역을 하였다. 아들 조지 카버(George A. Carver)는 남침례교 해외선교사로서 1931년에서 1941년까지 중국 상하이대학교 교수로 봉직했다. 그리고 이후에는 서든에서 선교학 교수이자 카버 선교대학 학장으로 봉직했다. 딸 도로시(Dorothy)는 1935년부터 약 40년 동안 일본에 머물며 선교하였다.[271]

9. 월터 토마스 카너

월터 토마스 카너(Water Thomas Conner, 1877-1952)는 아칸소 주 클리블랜드에서 1877년 1월 19일에 태어났다. 그는 남북전쟁이 끝난 이후, 남부의 비참한 빈곤의 환경 가운데 어린 시절을 보냈다. 그의 가족은 카너가 15세 되던 1892년 11월에 텍사스로 이주했다. 카너는 17세가 되던 1894년 여름에 회심하였다. 그리고 곧장 마을에 있는 하모니(Harmony) 침례교회에 가입하였다.[272] 카너는 1899년에 목사안수를 받고, 이후 1908년까지 텍사스 주의 여러 교회들에서 목회를 하였다. 그는 목회를 하면서 학업을 하였는데, 경제적인 문제로 종종 중간에 그만두어야 했다. 우여곡절 끝에 1906년에 베일러대학교를 졸업하였다. 카너는 학업에 한창이던 1907년 6월 4일 블란치 혼(Blanche Ethel Horne) 양과 결혼하였다. 그리고 1910년에 로체스터신학대학원에서 석사학위를 받았다.[273]

카너는 1910년부터 1913년까지 사우스웨스턴침례신학대학원의 강사로 사역하였고, 1913년부터 1949년까지 정식 교수로 활동하였다. 1914년 한 해 동안 서든신학대학원에 가서 멀린스의 지도하에 조직신학을 공부하였으며, 1916년 5월에 "실용주의와 신학"(Pragmatism and Theology)이라는 제목의 논문으로 서든에서 신학박사(Th.D.)를 받았다. 이후 서든이 철학박사(Ph.D.) 제도를 만들자, 카너는 "요한복음에서의 성육신 개념"(The Idea of the Incarnation in the Gospel of John)이라는 추가 논문을 제출하여 1931년에 철학박사를 받았다.[274]

카너는 사우스웨스턴에서 스트롱(A. H. Strong)의 『조직신학』(Systematic Theology) 을 1910년부터 1917년까지 주교재로 사용했고, 1918년부터 1922년까지는 멀린스(E. Y. Mullins)의 『기독교 신앙의 교리적 표현』(The Christian Religion in Its Doctrinal Expression)을 교재로 썼다. 1922년 이후부터는 본인의 저서, 『기독교 교리의 체계』(A System of Christian Doctrine), 『계시와 하나님』(Revelation and God), 『구속의 복음』(The Gospel of Redemption) 등을 교재로 사용했다. 카너는 해외선교에 관심이 많았지만, 실천에 옮기지는 못했다. 하지만 포트워스에 있는 중국인들을 상대로 사역을 했다. 그는 1928년도 침례교세계연맹(Baptist World Alliance)에서 연설하고, 북침례교신학대학원에서 강의하는 등 활발하게 활동했다. 성실한 신학자 카너는 1952년 5월 26일에 영면하였다.[275]

카너는 원죄와 전적 타락을 부인하였다. 그는 죄가 유전된다는 것을 인정하지 않고, 인류는 아담과 하와의 죄로 인해 부정적인 영향을 받았을 뿐이며, 책임을 물을 수 있는 죄는 오직 자범죄 뿐이라고 하였다. 그는 법정적 칭의 교리도 반대하고, 칼빈주의 5대 교리 중에서는 선택과 견인만 인정하였다. 그는 대체적으로 복음주의 안에 포함된다고 볼 수 있지만, 몇 가지 점에서는 개신교 정통주의를 벗어나기도 했다. 따라서 카너는 어떤 한 신학적 입장으로 분류하기가 애매한 사람으로 볼 수 있다.[276]

10. 허셀 홉스

| 허셀 홉스

허셀 홉스(Herschel Hobbs)는 1907년 10월 24일 앨라배마 주 텔라데거 스프링스(Teladega Springs)에서 농부의 아들로 태어났다. 그는 어머니의 영향으로 침례교인이 되었고, 12세 때 참석한 부흥회에서 예수 그리스도를 만났다. 홉스는 샘포드대학의 전신인 하워드대학에서 공부하였고, 19세 때 프랜시스 잭슨(Francis Jackson)과 결혼하였다. 신실한 신자였던 아내의 도움

으로 홉스는 성가대장으로 봉사하고 십일조를 철저히 내는 등 교회생활을 열심히 하였다. 홉스는 얼마 후 목사 안수를 받았다.[277]

홉스는 목회와 샘포드에서의 학업을 병행하였다. 대학을 졸업한 후, 홉스는 서든침례신학대학원으로 진학하여 6년 만에 철학박사 학위를 받았다. 그 이후로 그는 여러 교회에서 목회를 하였는데, 두각을 나타내기 시작한 것은 오클라호마 제일침례교회에서 목회할 때였다. 홉스는 그때 방대한 저술을 쓰기 시작했고, "침례교 시간"(Baptist Hour)이라는 라디오 방송 담당자로 18년간 사역했다. 그리고 교단 신학교들과 기관들의 이사를 역임하고, 「침례교 신앙과 메시지」 위원회 의장, 침례교세계연맹의 부총재 등으로 봉사했다.[278]

홉스는 1963년 판 「침례교 신앙과 메시지」 위원회 의장으로서 신앙고백서를 만드는 일을 주도하였다. 홉스는 미드웨스턴신학대학원 교수 랄프 엘리어트의 『창세기 교훈』(The Message of Genesis)의 문제로 인해 만들어진 신앙고백서는 신조가 아니라는 점을 특히 강조하였다. 그는 둘의 차이점을 다음과 같이 설명하였다.

… 신조와 우리 입장 간의 차이는 소에게 풀을 뜯어먹게 하는 방법의 차이다. 한 방법은 소를 말뚝에 묶어두는 것이다. 그러면 소는 말뚝 주위를 빙빙 돌다가, 마침내 그 밧줄이 짧아져 더 이상 갈 곳이 없게 되면 고개를 들지 못하고 풀을 더 이상 먹지 못하게 된다. 이 방법이 신조적 신앙이다. 하지만 살아있는 신앙은 당신이 목장 둘레에 울타리를 치고 소를 풀어놓고 "자 이제 너희들은 이 목장 안이면 어디든지 풀을 뜯어먹어라. 그러나 울타리 밖으로 나가서는 안 된다"고 말하는 것이다. 이 경우 울타리는 곧 성경이다. 성령의 인도하심으로, 우리는 성경을 읽고 해석할 자유가 있다. 그러나 그 해석은 전체 성경 안에서만 가능하다. …[279]

홉스는 침례교회의 핵심적인 정체성은 "영혼의 능력, 신앙의 자유, 만인사제주의"라고 생각했다. 그가 「침례교 신앙과 메시지」를 침례교회의 신앙에 대한 안내서이지 교조적인 신조가 아님을 강조한 것도 바로 이러한 사상 때문이었다. 이와 관련해 홉스는 다음과 같이 주장했다.

침례교인들은 우리의 기본적인 침례교 신앙이 일부가 주장하는 것처럼 성경의 무오성에 있지 않음을 종종 망각한다. 나는 성경의 무오성과 예수 그리스도의 신성을 의심 없이 믿지만, 무오성 자체가 예수 그리스도의 신성은 아니다. 침례교인들의 핵심신앙은 영혼의 역량이다. 그 점을 망각할 때, 우리는 온갖 종류의 난관에 봉착하게 된다. 내가 최근에 그 점을 말할 때, 젊은 설교자들은 쇠귀에 경 읽듯 나를 바라보았다.[280]

홉스는 남침례교인들은 신학적으로 중도적 입장에 있었다고 주장했다. 그는 "우리는 어떤 면에서도 결코 극단주의자가 아니었다. … 남침례교에는 5% 정도의 극우파와 5% 정도의 극좌파가 있다. … 그러나 90%는 남침례교가 늘 견지한 중도노선을 취하고 있다." 라고 말했다.[281]

홉스는 항상 성경의 무오성을 지지하였지만, 「브로드만 성경주석」이나, 랄프 엘리어트의 책에 대해 크게 반대하지 않았다. 그가 상반된 태도를 취하는 이유는 학문을 존중하는 그의 태도에서 찾을 수 있다. 홉스는 오경은 모세에 의해 기록되었다고 믿으면서도, 문서가설도 인정했다. 이와 같은 태도는 무오주의자에게는 매우 이례적인 것이었다.[282] 홉스는 칼빈주의 구원론에서 견인론만 지지하였다. 그는 멀린스의 사상을 받아들여 하나님의 무조건적 선택과 불가항력적 은혜의 교리를 거부하였다. 즉 하나님은 인간의 자유의지를 무시하지 않는 방법으로 선택하신다고 하였다. 그리고 예정은 그리스도 안에 있는 사람들을 가리키는 것으로 해석하고, 제한속죄는 받아들이지 않았다.[283]

11. 프랭크 스태그

프랭크 스태그(Frank Stagg)는 1911년 10월 20일 루이지애나 주 유니스(Eunice)에서 침례교 집사이자 농부인 폴 스태그의 아들로 태어났다. 스태그는 11살 때 침례를 받았으며, 19세 때 목회자로 소명 받았다. 스태그는 루이지애나대학교에 다니면서 대학 주간지의 편집장과 루이지애나대학 침례교학생연맹(Baptist Student Union) 회장을 역임했다. 학교를 다니는 동안 1933년 9월 10일 목사안수를 받았고, 1934년 학교를 졸업한 후, 두 교회에 비상근 목사로 사역했다. 그리고 이듬해인 1935년 8월 19일에 루이지애나대학 동문인 에블린 오웬(Evelyn Owen)과 결혼하였다.[284] 스태그는 서든침례신학대학원에서 1938년부터 1943년까지 신학석사(Th.M.)와 박사(Ph.D.)를 받았다. 그 후 루이지애나 주 데리더(DeRidder) 제일침례교회에서 목회하면서 인종차별과 제국주의 전쟁을 반대하는 입장을 분명히 드러냈다. 스태그의 서든신학교 동료였던 듀크 맥콜(Duke McCall)은 뉴올리언스침례신학대학원의 전신인 침례교성경연구원(Baptist Bible Institute)의 원장이 되자, 스태그를 신약학 교수로 초빙하였다. 스태그는 1945년 1월 1일부터 약 20년 동안 그 학교의 교수로 사역했다.[285]

1955년에 출판된 스태그의 『사도행전: 제약받지 않는 복음을 위한 초기 투쟁』(The Book of Acts: The Early Struggle for an Unhindered Gospel)은 인종차별에 대한 비판을 담았고, 이 때문에 스태그는 많은 고통을 당해야 했다. 스태그는 1964년에 서든으로부터 교수로 초청받았는데, 그것은 이제 서든신학대학원의 학장이 된 옛 동료 맥콜이 제안한 것이었다. 스태그는 서든으로 가서 1981년 은퇴할 때까지 가르치고 저술하는 데 열심을 기울였다. 그는 『브로드맨 성서주석』(The Broadman Bible Commentary)의 편찬위원으로 마태복음과 빌립보서를 주석했다.[286]

12. 데일 무디

데일 무디(Dale Moody)는 1915년 1월 27일 텍사스 주 존스 카운티의 한 침례교 가정에서 태어났다. 그는 12세 때 회심하였고 침례를 받았다. 고등학교를 졸업할 때 그는 목회자로 소명을 받고, 댈러스신학대학원과 베일러대학교에서 공부하였다. 그리고 신학박사과정은 서든침례신학대학원에서 카버의 지도하에 이수했다.[287] 무디는 수 년 간의 연구 휴가기간에 폴 틸리히, 에밀 브루너, 칼 바르트, 오스카 쿨만, 발터 아이히로트 등 세계적인 신학자들과 교제하며 인식의 폭을 넓혔다. 그는 에큐메니컬 활동에도 적극적이었는데, 1960년대에는 임기 4년의 세계교회협의회(WCC)의 신앙 및 직제 위원회 위원을 두 번이나 봉직하였으며, 1969-1970년에는 로마의 그레고리안대학교(Gregorian University)에 침례교인으로서는 처음으로 강의하였다. 그리고 1970년대에는 예루살렘에 있는 진보신학연구소(Advanced Theological Research, Tantur)에서 두 차례 강의하였다.[288] 무디는 이와 같이 개방적인 자세로 다양한 그룹의 기독교 단체와 관계하였다.

무디는 침례교 보수주의자들과 신학적 입장이 달랐고, 거기에다 도발적인 성격을 가지고 있어서 많은 논쟁을 일으켰다. 그는 신약성경은 배교의 가능성을 인정한다는 주장을 담은 조직신학 책, 『진리의 말씀』(The Word of Truth)을 1981년에 출판하여 커다란 논란을 불러왔다. 아칸소 주에서 시작된 논쟁은 결국 전국으로 확산되어 그가 서든신학대학원의 교수직을 박탈당하는 결과를 가져왔다.[289]

무디는 조직신학과 성서신학을 겸비한 학자였다. 그는 모든 신학을 성경주해에 근거하여 판단하고자 했으며, 그 결과 남침례교 신학의 관점에서 볼 때 혁신적인 사상을 주장하였다. 예를 들면, 일반계시로 구원 가능성, 성부수난설, 예수 그리스도는 로고스가 인간 예수에 내주하는 것으로 해석하는 것 등을 들 수 있다.[290] 구원론에서는 칼빈주의 5대 교리를 반대하였는데, 특히 견인론을 집중적으로 반박하였다. 그는 견인론은 사람들로 하여금 구원 이후에는 "마귀처럼 살아도 된다"는 식으로 생각하게 만들었다고 비판하며, 성경은 분명히 회복가능성이 없는 배교에 대해 말하고 있다고 주장했다. 그는 유효소명, 그리고 회개와 믿음에 선행하는 중생을 부인하였다. 하나님의 선택은 그리스도 안에 있는 사람들을 가리키는 의미이며, 그것은 인간의 자유의지를 배제하는 방식으로 이루어지지 않는다고 주장했다. 무디의 구원론에서 가장 중요한 기초는 인간은 자유롭게 선택할 수 있는 존재라는 데 있었다.[291] 즉 자유의지를 강조하는 아르미니우스주의가 그의 신학적 입장이었다.

무디는 에큐메니컬 정신을 매우 소중하게 여겼다. 이런 입장은 그의 신학 전반에 나타났는데, 그는 성경적인 근거가 있다고 판단하여, "은사운동, 캠벨주의, 성부수난설, 네스토리우스주의" 등을 비판적으로 지지하였다. 교회론에서는 지계석주의자들과 반대로 "보편교회, 개방성찬, 타교단 침례" 등을 지지하였다. 심지어 주교제도나 여성의 성직 안수가 성경적 근거가 있다고 보았다.[292] 데일 무디는 남침례교회에서 볼 때 지나치게 자유로운 사상가였다.

13. 클락 피녹

클락 피녹(Clark H. Pinnock)은 1937년 2월 3일 캐나다 토론토에서 침례교 가정에서 태어났다. 그는 자유주의 신학을 추종하는 침례교회에 출석하였지만, 신실한 할머니와 주일학교 교사로 인해 그리스도에 대한 신앙을 갖게 되었다. 피녹은 이후 청소년선교회(Youth For Christ)와 케직사경회(Keswick Bible Conference) 등 보수적인 신앙 환경에서 성장하였다. 그리고 칼빈주의, 복음주의 학자들의 저서들을 읽으면서 영향을 받았다.[293] 피녹은 1960년에 토론토대학을 우등으로 졸업하고, 영국 맨체스터대학교에서 유명한 프레더릭 브루스(Frederick Fyvie Bruce) 밑에서 신약학 박사과정을 밟았다. 그는 1963년에 학위과정을 끝냈지만, 2년을 영국에 더 머물면서 브루스와 함께 학문 활동을 하였다. 피녹은 1965년에 뉴올리언스침례신학대학원의 신약학 교수로 초빙 받아 갔으며, 2년 후 부터는 조직신학을 담당하게 되었다. 피녹은 『성경의 불오성 변증』(A Defence of Biblical Infallibility)을 1967년에 출판하며, 본격적으로 보수주의 신학을 주장하였다. 그는 심지어 침례교 학교들에서 보수적인 성경관을 갖고 있지 않은 사람들은 추방시켜야 한다고 주장했다.[294]

피녹은 성경적 복음주의와 칼빈주의를 자신의 신학적 기초로 삼았다. 그런데 이러한 기초에 변화를 줄 수 있는 것들을 경험하였다. 먼저 그는 달라스신학대학원의 영향으로 전천년주의를 택하게 되었고, 1967년에는 뉴올리언스의 친구들에게 성령의 능력을 얻기 위한 안수기도를 요청했으며 그 결과 성령의 충만을 체험하게 되었다.[295] 피녹은 1969년에 트리니티 복음주의 신학대학원으로 가서 1974년까지 조직신학을 가르쳤다. 그리고 1970년대 초반에 북미지역 신학생회(North America Division of Theological Student Fellowship)의 설립을 주도하였고, 그 기관의 총무로 활동했다.[296] 피녹은 칼빈주의를 기초로 신학을 시작했으나, 뉴올리언스의 경험과 마샬(I. H. Marshall)의 『하나님의 능력에 의한 보호』(Kept by the Power of God)를 통해, 칼빈주의에 대해 부정적인 생각을 갖게 되었고, 결국 웨슬리-아르미니우스주의로 전향하였다. 사회 정치적인 입장에 있어서도 1969년까지는 보수우파의 입장을 지지하다가, 1970년부터 1978년까지는 급진좌파의 관점을 받아들였다. 하지만 1978년 이후에는 다시 온건 보수주의로 복귀하였다.[297]

제13장

남침례교회에 큰 영향을
끼친 세 명의 인물

본 장에서는 남침례교회에 큰 영향을 끼친 세 명의 인물에 대해 살펴볼 것이다. 에드가 영 멀린스는 교단의 지도자요 신학자로서 보수적이고 칼빈주의적인 남침례교 신학에 현대 신학방법론을 도입하여 중도주의라는 새로운 신학을 창안하고, 탁월한 지도력으로 자신의 신학을 교단에 뿌리내리게 하였다. 왈리 크리스웰은 현대 남침례교회로 하여금 중도주의에서 다시 보수 신학으로 회귀하도록 하는데 견인차 역할을 하였다. 그는 성경은 무오하고 불오한 하나님의 말씀이라는 전통적인 침례교 신앙을 현대 남침례교회의 핵심 신학으로 확고하게 안착시켰다. 빌리 그래함은 복음주의 운동을 일으켜 남침례교회에 보수주의 신앙을 지키면서 분리주의를 극복하는 정신을 불어넣어 주었다. 그래함은 남침례교회뿐만 아니라 전 세계 기독교회에도 엄청난 영향을 끼친 인물이었다.

에드가 영 멀린스

1. 생애에 대한 간략한 소개

에드가 영 멀린스는 미국 남북전쟁이 발발하기 1년 전인 1860년 1월 5일 미시시피 주 프랭클린 읍(Franklin County)에서 태어났다. 그의 할아버지는 침례교 목사였고, 그의 아버지 세스 멀린스(Seth Mullins)는 침례교 목사이면서 학교 교사였다. 멀린스의 외가도 몇 대째 걸친 전통적인 침례교 집안이었다.[1] 멀린스 가족은 그가 어렸을 때, 텍사스로 이사하였으며, 멀린스는 텍사스에서 초등학교부터 대학까지 공부하게 되었다. 대학을 졸업한 후 1880년에 회심을 경험하였고, 얼마 안 되서 목회의 소명을 받게 되었다. 멀린스는 1881년

| 에드가 영 멀린스

캔터키 주 루이빌 시에 있는 서든침례교신학교(Southern Baptist Theological Seminary)에 입학하였다. 루이빌은 미국의 중동부에 위치한 도시로서 북부와 남부의 영향이 교차하는 곳이었다. 신학교에서 멀린스는 전형적인 칼빈주의자였던 제임스 보이스(James P. Boyce) 교수로부터 큰 영향을 받게 되었다.[2]

멀린스는 1885년에 신학대학원을 졸업하였고, 브라질 선교사가 되려고 하였으나 건강상의 이유로 인하여 선교사가 되지 못하고 약 3년간 켄터키 주 헤로즈버그(Harrodsburg)에서 목회하였다. 그 곳에서 목회하는 동안 그는 이슬라 메이 하울리(Isla May Hawley)와 결혼하여 두 아들을 얻었지만, 모두 어렸을 때 죽었다. 1888년 멀린스는 메릴랜드 주 볼티모어에 있는 리 스트릿 침례교회(Lee Street Baptist Church)에 담임목사로 부임하여 7년간 목회하였다. 볼티모어에서의 목회는 그로 하여금 사회복음에 관심을 갖게 하였다. 멀린스는 볼티모어에서 목회 이후, 보스턴 근교에 있던 뉴 센터 침례교회(New Centre Baptist Church)에서 4년간 목회하였다. 그 교회는 중상층 계층의 교육수준이 높고 부유하며 문화적인 교인들로 구성된 교회였다.[3]

멀린스는 남침례교단이 고등비평론, 진화론, 사회복음, 그리고 침례교 기원 등의 주제들로 논쟁이 한창 진행될 때인 1899년 남침례신학대학원의 학장 겸 조직신학 교수로 취임하여 죽을 때까지 29년간 봉직하였다. 멀린스의 재임기간 중 그의 지도력으로 인하여 학교는 당시 세계에서 가장 큰 신학교로 발전하게 되었다. 그는 또한 대외적인 활동도 활발하게 하였다. 멀린스는 1921년-1924년 동안 남침례교 총회장을 역임하였고, 세계침례교총회(Baptist World Alliance)의 회장 직을 1923년-1928년 동안 역임하였다. 멀린스는 1928년 11월 23일 세상을 떠났다.[4]

2. 중요성

멀린스는 남침례교회의 과거와 현재에 걸쳐 큰 영향을 끼친 사람이었다. 그의 재임 시기 남침례교단은 급성장하여 교인수에서 북침례교를 훨씬 능가하였고 교단은 보다 더 중앙집권화 되고 조직화되었던 때였으며, 또한 여러 가지 신학적 논쟁으로 인한 격변의 시기이기도 하였다. 멀린스는 이러한 시대에 남침례교를 대표하는 신학자요 정치가이며 또한 행정가로서 항상 중심인물로 남아 있었고, 교단의 신학과 정치에 막대한 영향력을 행사하였다.[5] 그의 조직신학 책으로 1917년에 출판된 『교리적 표현에 나타난 기독교 신앙』(Christian Religion in Its Doctrinal Expression)은 서든신학교에서 30년 넘게 교재로 사용되었다.[6] 멀린스의 후임으로 서든신학교의 학장직을 역임하였던 존 샘피(John R. Sampey)는 멀린스가 주장한 영혼의 능력(Soul Competency)을 "어머니 원리"(the mother principle)라고 하면서 침례교 정체성의 핵심으로 인정하였다. 또한 멀린스의 제자이면서 사우스웨스턴침례교신학교(Southwestern Baptist Theological Seminary)의 조직신학 교수로 평생 봉직하였던 월터 토마스 카너(Walter T. Conner, 1872-1952) 역시 멀린스로부터 절대적인 영향을 받았다.[7] 이처럼 멀린스의 신학은 남침례교단의 크고 중요한 두 신학교에서 가르쳐지고 있었던 것이다. 카너의 제자들은 사우스웨스턴침례교신학교를 비롯해 골든게이트침례교신학교 등 교단 소속의 다른 신학교에서 교수로 사역하였고, 그들을 통해 멀린스의 신학은 1980년까지 남침례교단에 영향을 끼쳤다고 볼 수 있다.

멀린스는 최근의 남침례교 논쟁에서도 중요한 역할을 하였다. 1980-1990년대의 남침례교단은 성경의 권위를 침례교의 핵심 사상이라고 주장하는 보수파와 영혼의 능력과 신앙의 자유가 침례교 핵심정신이라고 하는 온건파 사이에 첨예한 논쟁이 있었는데, 양쪽은 모두 멀린스를 자기 편이라고 주장하였다. 왜냐하면 그의 중도적인 입장은 본질적으로 서로 다른 해석을 허용하였기 때문이었다.[8] 이것은 멀린스가 현재의 남침례교인들 사이에서도 여전히 침례교 신학의 기준을 제시한 사람으로 인정받고 있다는 증거가 된다.

멀린스는 남침례교인들뿐만 아니라 심지어 한국 침례교회에도 많은 영향을 끼쳤다. 1950년대에 한국에 온 남침례교 선교사들은 주로 서남신학교 출신들인

데, 그들은 카너의 제자들로부터 신학을 배웠던 사람들이었다. 따라서 그들의 신학은 대체로 멀린스의 신학적 입장을 따랐고, 그 신학을 한국인들에게 전수하였다. 약 1980년대 후반부터 1990년대 초 이전까지 남침례교 신학교들로 유학한 한국인 신학자들은 멀린스 신학의 영향을 어느 정도 받고 한국으로 돌아와서 가르쳤다고 볼 수 있다. 또한 권혁봉 전 침례신학대학교 교수는 멀린스의 조직신학 책을 번역하여 오랫동안 신학교 교재로 사용하기도 했다.[9]

3. 멀린스의 중도주의 신학

멀린스가 신학교를 졸업할 즈음까지는 미국 남부의 보수주의 신학과 제임스 보이스의 복음적 칼빈주의가 그의 신학적 기초를 형성하고 있었다. 하지만 볼티모어와 보스턴 근교에서 11년간의 목회하면서, 그는 존스홉킨스대학교(Johns Hopkins University), 하버드대학교, 그리고 뉴톤신학교(Newton Theological Institute) 등의 교수들로부터 새로운 철학적, 신학적 영향을 받게 되었다. 그는 유럽 자유주의 신학의 창설자인 프리드리히 슐라이에르마허의 경험주의, 하버드 교수인 윌리엄 제임스(William James)의 실용주의(pragmatism), 그리고 보스턴 대학교의 보든 파커 바운(Borden Parker Bowne)의 인격주의(personalism) 철학의 영향을 받게 되었고, 이러한 영향으로 보수주의와 현대주의를 섞은 중도주의 신학을 갖게 되었다.[10] 경험주의, 실용주의, 그리고 인격주의 영향으로 인하여 멀린스는 원래의 보수주의, 칼빈주의 신학으로부터 이탈하며 중도적인 신학을 추구하게 되었다. 그는 신학뿐만 아니라 다른 문제들에 대해서도 중도적 입장을 견지하였다.

1) 객관적 교리와 주관적 경험

멀린스는 객관적인 교리와 주관적인 경험을 모두 중시하였다. 그렇게 하여 교리를 영원불변하는 진리라고 믿는 근본주의자들과 교리의 무용성을 주장하는 자유주의자들을 통합하려고 하였다. 그는 먼저 교리의 정당성과 효용을 인정하였다. 멀린스는 침례교인들은 교리가 없다고 하는 것과, 침례교의 신앙의 자유 정신은 교리적 문구를 만드는 것을 금지한다고 알려진 것은 오해라고 하면서, 사실 신앙고백서를 공표하는 것은 침례교인들의 오랜 전통이었다고 하였다. 그는 또한 신앙고백서와 신앙의 자유는 상충되는 것이 아니라고 하면서 침례교회는 타교단과의 구별을 위해서도 교리가 필요하다고 하였다.[11]

멀린스는 또한 교리의 기초가 되는 역사적인 사실도 분명하게 인정하였다. 그러나 동시에 그것들은 귀납적인 방법 즉, 경험을 통해 이해되어져야 한다는 점도 함께 강조하였다: "그리스도 안에서의 하나님의 계시는 그것의 진리성을 확고히 하는데 필요한 모든 요소들을 가지고 있으며, 하나님의 계시는 객관적인 사실로 알려진다. 그런데 계시의 결과들은 주관적인 경험 안에서 알 수 있다."[12] 그는 또한 "하나님에 의해서 개인의 마음에 계시된 진리에 대한 경험적 지식만이 하나님 나라에 들어가는 유일하게 가능한 열쇠이다." 라고 하면서 경험적 지식과 관련 없는 지식은 복음 정신에서 낯선 것이라고 하였다.[13] 멀린스는 종교회의나 교회법정에서 결의된 신경이나 신조는 그 시대의 교리적 신념을 선포하는 것은 하나님에 대한 간접적인 지식에 불과하며, 진정한 신앙의 지식은 오직 하나님을 직접 경험함으로서 알 수 있다고 주장했다.[14] 멀린스는 침례교인들은 자신들이 권위에 의해 강제되어진 교리에 따라서 그리스도를 믿지 않았을 뿐만 아니라, 자신들의 신앙고백을 결코 다른 사람들에게 강제하지 않았는데, 왜냐하면 그와 같은 방법으로는 결코 그리스도나 성서에 관한 진리를 발견할 수 없다고 믿었기 때문이었다고 했다.[15]

멀린스는 기독교 경험의 중요성을 침례교 정체성과 연결하여 설명함으로 그 중요성을 보다 더 확고히 하였다. 그는 침례교를 다른 교단들과 구분해 주는 독특성은 바로 영혼의 능력이라고 하면서, 침례교인들은 이것을 통해서 기독교에 공헌하여 왔다고 하였다. 그는 영혼의 능력은 모든 성도가 성경을 개인적으로 이해하고 해석할 수 있는 능력을 의미한다고 하였으며, 완전한 영혼의 자유(soul freedom in its completest measure), 정교분리, 믿는자 침례, 그리고 중생자 교회 회원 등과 같은 침례교 교리들은 영혼의 능력과 밀접히 관련된 원리들이라고 하였다.[16]

멀린스는 경험의 중요성을 강조하였으나, 극단적인 경험주의자는 아니었다. 그는 기독교 교리는 경험을 통해 설명해야 한다는 것은 경험만이 진리를 구분하는 유일한 표준이라고 주장하는 것은 아니라고 하면서 "자신의 주관적인 경험으로 모든 기독교 교리를 추론하려는 자는 매우 어리석은 사람이다. 기독교는 역사적 종교이다." 라고 하여, 객관적인 역사와 사실에 대한 중요성을 주장했다.[17] 멀린스는 미래의 신학에 있어서 이성주의, 자연주의, 진화론 등은 거부될 것이며, 미래에 최적의 신학은 성경의 권위를 인정하고 기독교 경험의 사실을 함께 존중하는 신학이 될 것이라 하였다.[18]

2) 성서론

멀린스는 성서론에 있어 보수주의와 자유주의 사이의 중도적인 입장을 가졌다. 남침례교인들은 전통적으로 성경에 나오는 사건들은 역사적 사실이요 신학의 기초로 믿어왔다. 하지만 멀린스는 역사적 계시인 성경을 일차적이고 최종적인 신앙의 근거요 권위로 생각하지만, 성경을 기독교 경험의 빛 안에서 해석하려 하였다. 즉 신앙의 객관적인 계시는 주관적인 체험으로 증거 되어야 한다고 생각한 것이다.[19] 멀린스는 먼저 그리스도 안에서의 하나님의 객관적인 계시인 성경을 무시하지 않았다. 그는 그리스도는 인간에 대한 하나님의 계시이며, 이 점에서 성경이 권위와 규정적인 가치가 있다고 하였다. 성경만이 유일하게 역사적인 그리스도를 접촉할 수 있게 해주기 때문에 역사적인 기록으로부터 멀어지면 그리스도의 모습이 희미해지고, 그분의 권위가 약해진다고 하였다.[20]

멀린스는 성서비평론에 대해서 중도적인 입장을 취했다. 그는 성서비평론이 가설을 교리적으로 주장한 것은 잘못이지만, 성경의 발전적 계시(progressive revelation of the Bible)라는 관점을 제시해준 측면에서 공헌한면이 있다고 했다. 즉 멀린스는 성경의 과학적 연구도 하나님의 계속적인 계시가 될 수 있다고 보던 것이다. 그는 심지어 "비평론이 가져다주는 진리와 깨달음(light)을 받아들이지 않으려는 사람은 진정한 의미에서 침례교인 이라 할 수 없을 것"이라고 말하기까지 했다.[21] 멀린스는 점진적이고 발전적인 계시는 성서해석에 있어서의 몇 가지의 문제점들을 해결해주는 공헌을 할 수 있다고 하였다. 예를 들면, 구약에서 하나님이 보복하시고 무죄한 자도 죄인들과 함께 고통을 받게 하는 구절들(시편 137:9; 109:5-20)을 해석하는데 단서를 제공해주며, 그리스도의 재림은 인간의 도덕적 영적 준비가 될 때 가능하다는 의미를 보여줄 수 있고, 인간으로 하여금 윤리적인 발전과 죄와 죄책에 대한 의식, 그리고 속죄의 필요성에 대한 의식

을 증대시킬 수 있다고 하였다.[22]

멀린스는 성경이 영감받은 하나님의 말씀임을 믿었지만 어떠한 종류의 영감인지에 관해서는 언급하지 않았다. 그는 영감설 자체는 잘못된 전제 즉, 연역적 방법을 사용하였기 때문에 문제가 있다. 진정한 성경연구 방법은 귀납적이어야 한다. 왜냐하면 그래야만 경험적이고 실제적으로 영감의 교리에 접근할 수 있기 때문이라고 했다.[23] 그는 이와 같은 경험적인 방법이 영감론에 대한 침례교의 전통적인 입장이라고 주장했다. 침례교인들이 성경의 권위를 인정하였던 것은 교리적인 권위에 의해서가 아니라, 성경 자체의 증거와 영적인 삶을 통해서 성경이 하나님의 말씀임을 발견했기 때문이라고 했다. 따라서 침례교인들에게 성서의 권위는 교리나 전통에서 비롯된 것이 아니며 영적인 권위라 하였다.[24]

3) 근본주의와 자유주의 논쟁들

멀린스는 근본주의와 현대주의가 투쟁하는 시기에 "대타협"(Grand Compromise)의 방법으로 교단의 단합을 이끌었던 정치가였다. 그는 양극단의 중간의 입장에 서서 자유주의는 성경의 초자연적인 사실들과 기독교 진리들을 거부하여 잘못되었고, 근본주의는 교리적 차이에 대해 지나치게 반응하여 반대자들을 공격하는 점에서 침례교적인 정신과 거리가 멀다고 비판하였다.[25]

(1) 과학과 종교

멀린스는 과학과 종교의 관계에 있어서 당시의 진보주의와 근본주의 사이에 중간적인 입장을 취했다. 그는 현대주의의 도전에 맞서 기독교를 보호하는 방법으로 과학과 구분된 종교의 영역을 확보하려 하였다. 멀린스는 먼저 현대과학을 무조건 외면하려고 하는 근본주의자들의 태도에 대해 비판하였다. 그는 기독교가 계속 살아남으려면 영속적이고 보편적인 요소가 있어야 하며, 또한 건전한 학문과 과학적인 방법으로서 자신을 변호할 수 있어야 한다고 주장했다. 무오한 교황, 권위 있는 교회, 불오한 성경 등의 교리적인 권위가 기독교를 구원하는 것은 아니라고 하였다.[26] 멀린스는 성경의 초자연적인 사실들 즉, 동정녀 탄생, 그리스도의 신성, 대속적 죽음, 부활, 재림 등을 사실로 믿어야 하며 이러한 사실에 신앙의 뿌리를 두어야 하지만, 동시에 반–종교적이지 않은 과학에는 호의를 가

져야 한다고 주장했다.[27]

멀린스는 현대주의자들의 잘못도 지적하였다. 그는 현대시대에서 기독교와 과학의 갈등 원인은 오직 물리적인 계속성의 원리만으로 우주의 신비를 이해하려하기 때문이라고 하였다. 다시 말해 자연세계에 적용해야 할 과학을 영적세계에 적용하여 기독교의 초자연적인 요소들을 제거해 버린 잘못이 있다고 했다.[28] 멀린스는 성경의 사실들은 진정한 역사적 사실이라고 하면서, 사실은 세계관보다 앞서야 하며 세계관은 사실 위에 건설되어야 한다고 주장했다. 그는 자유주의의 잘못은 역사적 사실과 과학적 증명의 관계를 혼동하므로 기독교를 오해한 것이라고 하면서, 역사적 사실은 과학적 증명보다 우선하므로 기독교적 사실이 증명되지 않았다고 하더라도 사실이 아닌 것은 아니라고 하였다.[29] 멀린스는 과학과 종교는 서로 다른 영역을 다루고 있다는 점을 강조하였다. 현대과학이 자연세계의 사실들을 밝힌다면 기독교는 초자연적 세계의 사실들과 인간의 신앙경험을 다룬다고 하였다.[30] 멀린스는 과학은 자연과 자연법칙, 그리고 인과율을 연구하는 것이고, 철학은 과학에 의해 제공된 자료에 근거하여 체계를 세우는 것이며, 종교는 윤리적이고 영적인 축복과 평화를 추구하는 것이다. 각각의 분야는 나름의 가치와 필요성이 있음을 인정해야 하며, 한 분야가 타 분야를 정복하려고 하면 투쟁이 생긴다고 하였다.[31]

(2) 진화론

진화론은 1920년대 미국 기독교계에 핵심적인 논쟁의 주제였으며, 이 문제에서도 멀린스는 현대주의자들과 근본주의자들 사이에서 중도적인 입장을 취했다. 멀린스는 진화론을 인정하지 않지만 학교에서 진화론을 가르치는 것을 금지하는 법률을 제정하자는 근본주의자들의 주장에 반대하였다. 그는 동시대의 복음주의 부흥사 빌리 선데이(Billy Sunday)와의 편지에서 자신은 분명하게 진화론을 거부하지만 공립학교에서 성경읽기 수업을 하도록 하는 것과 창세기를 가르치는 것, 그리고 창조론을 지지하기 위해서 정부로부터 어떠한 지원을 받는 것에 대해서는 반대한다고 하였다. 그는 타종교에 대한 공격금지 법안을 만드는 것으로 충분하며, 교회가 진화론에 대항하여 투쟁하지 말자고 제안하였다.[32] 멀린스는 "왜 진화론이 사탄의 거짓이라고 말하지 않는가?" 라는 질문에 대해, 그렇게 하는 것은 과학적 가정을 다루는 기독교적인 방법이 아니기 때문이라고 답변했다.[33] 멀린스는 또한 "과학은 자연의 사실들을 발견하려는 것으로 이러한 동기나 목적은 완전히 합법적인 것이다. 과학이 이러한 목적을 추구하는 것을 기독교인들이 금지하는 것은 교만하거나 어리석은 일"이라고 주장했다.[34]

멀린스 과거에는 천동설만 인정되었고 지동설은 이단적인 것으로 여겨졌지만, 결국 지동설이 옳다는 것으로 밝혀진 것을 예로 들면서, 진정한 사실을 추구하는데 열린 마음을 갖는 것이 중요하다고 했다. 그는 진화론과 같이 비기독교적인 생각들도 이성적인 대화의 방법으로 맞서 싸우므로 제거해야 하며, 피하기만 해서는 안 된다.[35] 따라서 기독교 학교에서의 교육은 기독교적면서 동시에 과학적이어야 한다고 하였다.[36] 멀린스의 중도적인 입장은 근본주의자들로부터 많은 공격을 받았고, 그 결과 서든신학교에 대한 재정지원이 감소하게 되었다. 멀린스는 결국 근본주의자들의 요구에 굴복하게 되었고, 1925년 이후부터는 보다 더 보수적인 입장을 견지하였다. 그러나 그런 와중에도 멀린스는 반진화론의 법제화 추진에는 끝까지 반대하였다.[37] 그러나 그의 노력은 결국 성공하지 못했다. 1926년 남침례교 총회에서 창세기는 문자적 역사로 확정되었고, 창조론이 비과학적이라는 모든 주장과 진화론은 거부되었다. 1927년 총회에서는 교단 산하의 학교들에서 진화론을 가르치는 것을 금지하는 결정을 내렸다.[38]

4) 칼빈주의와 아르미니우스주의

멀린스는 남침례교의 전통 신학인 칼빈주의를 변경시켰다고 알려졌다. 서든신학교 학장 알버트 몰러는 멀린스가 슐라이에르마허의 영향과 교리의 진보적인 발전을 믿었기 때문에 칼빈주의와 아르미니우스주의 논쟁에서 자유로울 수 있었고, 두 신학사조들을 극단적인 사상이라고 비판할 수 있었다고 했다.[39] 토마스 네틀스와 러셀 딜데이는 멀린스가 칼빈주의와 아르미니우스주의가 모두 진리를 가지고 있다고 말했으며, 그가 하나님의 주권성과 인간의 자유의지를 함께 강조하기 위해서 하나님의 은혜는 강압적이지 않고 인간으로 하여금 믿음을 갖도록 설득하신다는 주장을 했다고 하였다.[40] 미국 워싱턴에 소재하며 미국 침례교단들이 연합으로 세운 기관으로서 침례교회의 입장을 정치권에 반영시키는 일을 하는, "공공업무 침례교 연합 위원회"(Baptist Joint Committee on Public Affairs)

의 책임자로 오랜 기간 일하였던 제임스 던(James Dunn)은 멀린스가 남침례교단을 극단적인 칼빈주의로부터 구한 것에 대해 스스로 자부심을 가졌다고 했다.[41] 멀린스는 자신의 조직신학 책 서문에 아르미니우스주의는 인간의 자유를 지나치게 주장하다가 하나님에 대한 본질적인 진리들을 간과하였고, 칼빈주의는 아르미니우스주의에 반대하면서 하나님의 주권을 옹호하는데 열심을 내다가 극단적인 결론에 이르게 되었다고 하면서, "우리는 두 사상이 가지고 있는 진리를 보존하면서도, 그 두 사상의 이름을 버리고 성경에 보다 더 충실 하는 법을 배우려고 한다." 라고 언급하였다.[42]

멀린스는 먼저 하나님의 주권교리가 너무 추상적인 방법으로 제시되어왔다고 하면서, 하나님의 예정과 관련해서 다음의 사실을 꼭 명심해야 한다고 하였다. 첫째 예정은 결코 인간의 자유를 취소해서는 안 된다. 그렇지 않으면 하나님이 인간의 악한 행위에 대해 책임을 갖게 되기 때문이다. 둘째, 인간의 죄악의 행위들에 대한 예정의 적용은 허용적인 의미(permissive sense)로 보아야지 유효적인(efficaciously) 것으로 해석해서는 안 된다고 하였다.[43] 멀린스는 옛 칼빈주의는 하나님의 주권을 하나님의 의지에만 관련시켜서 해석하는 오류를 범했기 때문에 하나님을 자의적인 독재자로 만들었는데, 하나님의 의로움과 사랑의 속성도 함께 고려해야 한다고 주장했다. 멀린스는 사랑과 정의로서의 주권은 복음서에 뚜렷이 나타나있으며, 이러한 하나님의 속성을 감안하면 이중예정과 제한속죄는 잘못된 교리임을 알 수 있다고 하였다.[44]

멀린스는 그러나 구원의 주도권은 하나님에게 있으므로, 죄인이 회개하고 중생하는 것은 하나님의 은혜로 되는 것이라고 하였다. 그런데 하나님은 은혜를 주실 때 인간의 자유의지를 무시하고 억압적인 방법 즉, 불가항력적인 방법으로 주시는 것이 아니라 도덕적, 영적, 그리고 인격적인 방법으로 하신다고 했다. 하나님의 선택은 자의적이고 변덕스러운 주권에 의한 것이 아니라, 무한한 지혜, 은혜, 그리고 기술을 통해서 하신다고 하였다.[45] 멀린스는 심지어 하나님의 주권은 세 가지 조건 즉, 인간의 자유의지, 불가피하게 악을 선택하는 인간의 연약성, 그리고 구원을 위한 인간적 작용의 필요성 등에 의해 제한받는다고 하였다. 그리고 이와 같은 선택이론은 선택의 자의성과 불공정성을 배재할 수 있다고 주장하였다.[46] 결국 멀린스는 칼빈주의를 약화시키고 아르미니우스 신학을 도입하였던 것이다.

멀린스는 남침례교회의 보수주의 신학을 현대적인 신학 방법론으로 재정립하여 현대시대에도 여전히 유용한 신학이 되게 하려 하였다. 그는 이런 목적을 이루기 위하여 중도주의 신학을 세웠고, 그것을 교단에 이식하였다. 그의 노력은 상당히 성공하였고, 많은 남침례교 신학자들은 오랜 기간 멀린스의 신학을 침례교 표준 신학으로 인식하였다. 멀린스의 중도주의는 교단 내에서 보수주의와 진보주의 간의 갈등이 일어날 때, 교단의 일치를 유지하는데 공헌하였다. 그러나 멀린스의 중도주의는 신학적인 불안정성을 교단 안에 잠재시킨 측면도 있다. 최근 남침례교 신학논쟁이 그 증거가 될 수 있을 것이다.

왈리 크리스웰

현대 남침례교회가 보수·복음주의 신학으로 재무장하는 데 견인차 역할을 한 크리스웰은 금세기 미국의 가장 뛰어난 설교가 중의 한 사람이기도 했다. 크리스웰은 성경은 무오하고 불오한 하나님의 말씀이라는 전통적인 침례교 신앙을 현대 남침례교회의 핵심 신학으로 확고하게 안착시킨 인물이었다. 따라서 그의 신앙과 사상을 이해하는 것은 현대 남침례교회의 흐름을 파악하는데 필수적인 일이라고 할 수 있다.

1. 유아부터 1944년까지

| 왈리 애이머스 크리스웰

왈리 애이머스 크리스웰(Wallie Amos Criswell, 1909 -2002)은 왈리 애이머스 크리스웰(Wallie Amos Criswell)과 애나 커리 크리스웰(Anna Currie Criswell) 사이에 1909년 12월 19일 오클라호마 주 엘도라도(El Dorado)에서 태어났다. 그의 부모는 미국 시골마을의 관습에 따라 아버지의 머리글자를 그의 이름으로 사용했다. 엘도라도 지역의 험한 환경과 경제적 어려움으로 인해 그

의 가족은 크리스웰이 5살 되던 때인 1914년 뉴멕시코와의 경계지역의 한 텍사스 마을로 이사하였다. 크리스웰은 그곳에서 학교와 교회를 다니고 아버지의 이발소를 청소하면서 어린 시절을 보냈다.[47] 크리스웰은 어렸을 적부터 교회에서 신앙생활 하는 것을 무척 좋아하였다. 그는 1919년 10살이 되던 해 존 힉스(John Hicks) 목사가 자신의 동네에 있는 작고 하얀 교회에서 인도하였던 부흥회에 참석하였고, 바로 그때 그리스도를 개인적으로 깊이 만나는 경험을 하였다. 부흥 강사의 설교는 어린 소년의 영혼을 흔들어 놓았다. 초청을 위한 찬송을 부르는 동안에 크리스웰은 응답의 의미로 서 있었다. 그 때 그는 뒷좌석에 앉아 있었던 어머니를 보기 위해 고개를 돌렸는데, 어머니는 한없이 눈물을 흘리면서 어린 아들에게 "오늘" 구원자이신 주님께 네 마음과 생명을 드렸는지를 물었다. "예, 어머니! 오늘, 저는 예수님을 나의 구주로 영접했어요." 아주 오랜 세월이 지난 후에도 이 이야기를 할 때는 언제든지 크리스웰의 눈에는 눈물이 가득 고이곤 하였다.[48] 이러한 공적인 신앙고백을 한 후 얼마 되지 않아, 크리스웰은 자기 교회의 담임목사인 힐(L. S. Hill)에게서 침례를 받았다. 크리스웰은 장래에 목사가 되기를 원하였지만, 그의 어머니는 목회자의 가난하고 힘든 삶을 염려하여 아들이 의사가 되기를 바랐다. 그러나 크리스웰은 12세 때 자신은 앞으로 설교자가 되겠다고 공개적으로 헌신했다. 그리고 바로 그 해 그는 자신의 애완견 장례식에서 일생 처음으로 설교하였다.[49]

어머니는 아들을 매우 헌신적으로 사랑하였다. 그녀는 크리스웰을 고등학교에 입학시키기 위해 남편을 시골마을에 남겨둔 채, 아들만 데리고 애머릴로(Amarillo)로 이사하였다. 얼마 후 남편이 애머릴로로 와서 함께 살게 되었지만, 그녀는 이번에는 크리스웰을 베일러대학교(Baylor University)에 진학시키기 위해 웨이코(Waco)로 또 다시 아들만 데리고 이사했다. 크리스웰은 한 번도 학업성적으로 인해 어머니를 실망시키지 않았다. 아들이 자립할 수 있게 되자 어머니는 애머릴로로 돌아가 남편과 함께 살았다. 이러한 인하여 크리스웰은 어머니를 무척이나 존경하고 편애하게 되었다.[50] 애머릴로의 시절부터 크리스웰은 트럼본을 불면서 성대를 강화시켰으며, 이 훈련은 후에 그로 하여금 우레와 같은 큰 목소리로 설교할 수 있게 하였다. 사람들은 "맑은 저녁 날에는 크리스웰의 설교를 5마일 밖에서도 들을 수 있다"라고 말하곤 하였다. 크리스웰은 19세가 되던 해인

1928년에 애머릴로의 샌작신토침례교회(San Jacinto Baptist Church)에서 목사안수를 받았다. 그리고 베일러대학교에서 공부하면서 데블스 벤드(Devil's Bend)와 풀타이트(Pultight) 지역의 교회들에서 목회 사역을 했다.[51]

크리스웰은 베일러대학교를 1931년에 졸업하고, 곧장 캔터키 주 루이빌 시에 있는 서든침례교신학교(Southern Baptist Theological Seminary)에 입학하여 6년간 수학하면서 1934년에 신학석사(Th.M.)을, 그리고 1937년 "기독교 운동과의 관계에서 침례 요한 운동"(The John the Baptist Movement in Its Relation to the Christian Movement)이라는 학위논문으로 박사(Ph.D.)를 취득하였다. 신학교 시절 그는 데이비스(W. Hershey Davis) 교수의 영향으로 헬라어 신약성서의 중요성을 깨닫게 되었다.[52] 크리스웰은 학업을 하면서 목회활동을 병행하였다. 그는 켄터키 주의 마운트 워싱턴(Mount Washington)이라는 마을에 있는 교회에서 파트타임으로 사역하는 동안, 베티 메이 해리스(Betty Mae Harris)라는 아름다운 교회 피아노 반주자와 1935년에 결혼하였다. 베티는 처음에는 크리스웰을 싫어하였지만 결국에는 그의 부인이 되었다. 그들은 4년 후 외동 딸 메이블 앤(Mable Ann)을 얻었다.[53]

신학교를 졸업한 후 크리스웰 부부는 목회지에 관해 기도하면서, 자신들을 가장 먼저 초청하는 교회가 하나님께서 인도하는 교회라고 생각했다. 알라버마 주에 있는 유명한 버밍햄 제일침례교회가 크리스웰을 담임목사로 청빙하려고 했지만, 이미 오클라호마 주의 치카샤 제일침례교회가 먼저 그를 초청한 상태였다. 크리스웰은 1937년 이 알려지지 않은 지역의 교회에 가기로 결정하였다. 몇 년 후 그는 오클라호마 주의 머스코기 제일침례교회로 옮겼고, 그곳에서 가장 행복한 시절(1941-1944)중의 일부를 보냈다.[54] 1944년 7월 7일 달라스제일침례교회(First Baptist Church of Dallas)의 유명하고도 위엄 있는 목사 조지 트루엣(George W. Truett)이 오랜 지병 끝에 사망했고, 크리스웰은 그 교회의 후임목사로 청빙을 받게 되었다. 당시에 많은 사람들은 크리스웰이 후임자가 될 것이라는 생각을 거의 하지 못했다. 남침례교 귀족이자 후에 서든침례교신학교의 학장이 된 듀크 맥콜(Dr. Duke McCall)이 크리스웰 다음의 차점자였다는 사실이 알려지자 사람들은 맥콜이 선출되지 않은 것은 의외라며 놀라워했다.[55]

2. 달라스 제일침례교회에서의 목회사역

35세의 젊은 목사 크리스웰이 교회에 부임하면서 가장 어려운 점은 전임 목사 트루엣을 특별하게 존경하는 교인들의 지지를 얻는 것이었다. 그는 이 문제를 그가 교회로부터 초청받기 이전 즉, 트루엣이 세상을 떠난 직후에 꾸었던 꿈을 이야기함으로 해결할 수 있었다. 꿈에서 크리스웰은 달라스 교회의 오래된 발코니에 앉아서 장례식에 참석하고 있었는데, 트루엣 목사가 다가와 바로 옆에 앉아서 이렇게 말했다. "형제여! 당신은 부디 내려와서 나의 성도들에게 말씀을 전해 주시오." 크리스웰은 그의 제안을 거절하였지만 트루엣은 계속 요청하였고 그가 마침내 승낙하자 그 꿈이 사라지게 되었다는 것이다. 크리스웰은 이 꿈을 자신의 취임 예배 설교 시 이야기 하였으며, 트루엣을 따랐던 많은 사람들은 꿈 이야기를 듣고 감동 받아 크리스웰을 자신들의 새로운 영적 지도자로 받아들이게 되었다.[56]

크리스웰은 트루엣을 존경하였지만, 두 사람은 매우 대조적이었다. 트루엣은 정제된 설교를 하며 품위 있고 명문귀족의 모습을 가진 전설적인 인물이었다. 반면에 크리스웰은 열광적인 사람으로 대단히 외향적이며, 소리 지르고, 때로는 독설을 퍼붓고, 울고, 간청하며, 과장하는 설교를 하는 스타일이었다.[57] 크리스웰이 목회를 시작하면서 달라스 교회는 꾸준히 부흥되었다. 크리스웰은 열정적이고, 감정적이며, 자유롭고, 활동적이며, 강렬한 성품을 그대로 드러내는 설교를 하였다. 하지만 크리스웰은 설교를 늘 세밀하게 준비하였고, 심지어 원고를 보지 않고 45분간 설교하였다. 그는 주로 성경 주석 설교를 하였는데, 1946년부터 시작한 신구약 성경 전체의 주석 설교는 무려 17년 8개월에 걸쳐 완성하였다. 그의 주석 설교는 전국적인 인기를 누렸다.[58] 부지런한 성경연구는 크리스웰이 깊이 있는 주석과 풍부한 내용으로 가득 찬 설교를 할 수 있게 한 원동력이었다. 그는 매일 오전시간을 성경연구와 설교준비로 보냈는데, 보통 아침 6시에 일어나서 오전 10시까지 서재에서 공부한 후, 10시부터 약 45분간 마을을 활기차게 걸으며 휴식 시간을 갖고, 또다시 정오까지 공부하였다. 달라스 교회는 크리스웰의 집 근처에 교회 도서관을 지어서 그가 좀 더 쉽게 연구 할 수 있도록 배려하였다. 크리스웰은 보통 성경을 절별 혹은 장별로 설교했기 때문에, 책상 위에 책들을 펴둔 채, 수개월간 동안 같은 주석서 등을 통해 연구하였다. 그는 또한 많은 설교집을 참고하였으며, 설교용으로 킹 제임스 성경(King James Bible)을 결코 포기하지 않았다. 하지만 그는 원문을 통한 성경연구를 좋아했고, 잘 번역된 성경을 가지고 연구하는 것 역시 좋아했다.[59]

오후 시간은 점심을 먹고 난 후 병원심방, 상담, 교회행정 전반의 업무와 함께 교회의 건너편에 위치해 있던 YMCA에서 운동을 하였다. 이 모든 것을 마치면 대략 오후 4시에서 4시 30분 정도가 되는데, 크리스웰은 그 이후부터 6시 30분까지 자신의 집무실에서 회의를 인도하거나 약속된 사람들을 만나는 일을 하였다. 그는 일과를 마치고 집으로 돌아와 저녁 식사를 하고 또 다시 서재실로 가서 공부에 열중하곤 했다.[60] 설교와 목회에 대한 크리스웰의 열정은 정말로 대단하였다. 그는 가족과 시간을 갖는 일이 거의 없었고, 월차를 내거나 혹은 "단지 즐기기 위한" 휴가는 내지 않았다. 심지어 휴가 중에도 그는 교회에서 설교를 하며 지냈다. 1969년 12월 31일 송구영신 예배 때에는 저녁 7시부터 자정까지 계속 설교했는데, 2,800명의 성도들이 끝까지 남아 설교를 들었다. 그 설교의 주제는 성경의 각 장을 통해 나타난 구속의 주홍 실을 전체적으로 살펴보는 것이었다.[61]

크리스웰은 전도의 긴급성을 늘 의식하였던 사람이었다. 그는 우레와 같은 설교의 마지막 부분에 항상 부드러운 목소리로 사람들로 하여금 믿음을 갖도록 호소하며 "초청"의 시간을 가졌고 매주 결신자를 얻었다.[62] 또한 모든 침례식 예배의 끝 부분에서 크리스웰은 두 팔을 벌리고 "아직 구원받아야 할 사람이 더 있다"라고 말하곤 했다.[63] 크리스웰은 교회의 체제를 잘 편성하여 교인들에게 신앙적, 교육적, 사회적 유익을 제공하려하였다. 즉 주일학교를 활성화시키고, 중국, 일본, 한국인들을 위한 예배, 그리고 여러 신체적, 정신적 장애를 가진 사람들을 위한 특별한 프로그램을 진행시켰다. 또한 초등학생부터 고등학생까지 교육하는 침례교학교(The Baptist Academy)와 신학교육을 위해 크리스웰성경연구소 (Criswell Center for Biblical Studies)를 세웠다.[64]

크리스웰은 교회를 가족 활동 센터로 활용하는 매우 창조적인 일을 하였다. 달라스교회는 교인들과 그들의 손님들을 위하여 체육관, 수영장, 스케이트장, 볼링장, 농구장 등과 같은 체육시설과 레크리에이션 설비들을 구비하였다.[65] 크리스웰은 사회사업 및 지역봉사의 중요성도 잊지 않았다. 제일침례교회는 달라스 시내 전역에 28개의 처소를 두어서 가난한 사람들에게 음식과 옷, 그리고 그 외 여러 가지의 도움을 주었다. 교회는 또한 청각장애인, 정신지체인, 노숙자를 위해 적극적으로 사역을 펼쳤고,[66] 이러한 사역을 위해 크리스웰은 교회를 다양한 부서로 나누어 운영하였다. 14세를 단위로 하는 기본적인 그룹과 더불어서 선교부, 교회 레크리에이션부, 음악부, 상담실 등을 운영하였다. 이처럼 교회를 기업형 조직으로 운영하는 것은 당시로서는 매우 선구자적인 방법으로서 전 미국 교회에 큰 영향을 끼치게 되었다.[67]

크리스웰의 선구자적이고 실험적인 측면은 예배 시간에도 자주 나타났다. 남침례교 역사신학자 티모시 조지(Timothy George)는 제일침례교회에서 주의 만찬을 참여한 경험을 결코 잊을 수 없다고 하였다. 그 이유는 크리스웰이 회중들로 하여금 무릎을 꿇고 기도하는 마음으로 떡과 잔을 받도록 했기 때문이었다.[68] 크리스웰은 또한 남편과 아내가 함께 침례를 받는 경우에는 두 사람을 한꺼번에 침례하기도 했고, 헌아식도 거행하였다. 헌아식이나 무릎을 꿇고 떡과 잔을 받는 것은 당시 침례교 목회자들에게 구시대적이고 가톨릭적인 것으로 여겨지던 때였다.[69] 크리스웰은 또한 설교를 이해시키기 위해 예상외의 행동을 자주 하였다. 예를 들면 한창 설교 중에 노래한다든지, 약혼녀로부터 배신당해 매우 절망에 빠진 젊은이의 심정을 묘사하기 위해서 설교단 뒤에 숨어서 갑자기 사라지는 등의 행동을 하였다. 그의 이러한 과감한 시도는 청중들로 하여금 설교에 눈과 생각을 고정하게 만들었다.[70]

이와 같은 크리스웰의 열정적 설교, 전도, 그리고 교회의 체계적 운영은 교회의 계속적인 성장으로 결실을 맺었다. 교회도 담임목사를 사랑하여 자동차를 매년 새 것으로 바꾸어주고, 넓은 목사관을 제공하며, 책을 출판할 때 재정적으로 후원하였다. 크리스웰도 목사관과 30년 동안 받은 월급의 총액인 60만 달러가 넘는 금액을 교회에 되돌려주겠다고 1974년에 공언하였다. 그는 주식투자의 성공으로 이미 부자가 되어 있었기 때문에 그러한 일이 가능하였던 것이다.[71] 교회와 담임목사 서로 간의 사랑과 신뢰는 제일침례교회를 엄청나게 성장케 하였다. 크리스웰이 취임한 해인 1944년에 7,000명 교인과 15만 달러의 재정은 그가 죽은 해인 2002년에는 약 28,000명 교인과 1,100백만 달러의 재정으로 발전하게 되었다.[72]

3. 교단과의 관계

크리스웰이 남침례교회와의 관계에서 가장 중요한 공헌은 교단을 보수적 신앙으로 인도하는데 결정적인 영향을 끼친 일이다. 그와 달라스제일침례교회는 신학 논쟁 시기에 보수주의 신앙을 지키는 견고한 후원세력이 되었다. 크리스웰은 때로 자신의 교회로 하여금 초교파적 단체들 예를 들면, 위클리프성경번역소(Wycliffe Bible Translators), 대학생선교회(Campus Crusade for Christ), 달라스신학교(Dallas Theological Seminary), 제리 팔웰의 도덕적 다수(Jerry Falwell's Moral Majority) 등을 지원하도록 유도했지만, 그는 늘 확고한 침례교인 이었으며 총회에 막대한 협동비를 헌금하며 교단에 충성하였다.[73] 교단과의 관계는 그가 총회장으로 선출된 1968년도에 최고조에 이르렀다. 당시는 미드웨스턴침례교신학교(Midwestern Baptist Seminary)의 구약학 교수인 랄프 엘리어트(Ralph Elliott)는 『창세기 말씀』(The Message of Genesis)를 통해 창세기를 자유주의 시각으로 해석하여 보수파들을 격분시켜 긴장이 팽배하던 때였다.[74] 그 때 크리스웰은 『나는 왜 성경은 문자적 사실임을 설교하는가』(Why I Preach the Bible is Literally True)라는 책을 출판하며 보수주의 신앙을 천명하고 교단을 그 방향으로 이끌어갔다. 이러한 크리스웰의 태도를 못마땅하게 생각한 일부 교수 그룹은 그가 이듬해 1969년 총회에서 총회장으로 재선되는 것을 막으려고 하였다. 하지만 크리스웰은 7,483대 450이라는 표차로 손쉽게 총회장에 재선되었다.[75]

랄프 엘리어트 사건과 성격이 유사한 『브로드맨 성경주석서』(The Broadman Bible Commentary) 사건이 1970년에 다시 발생하자 보수파들은 교단을 실질적으로 장악하여 자신들의 입장을 구현해야 할 필요성을 절감하게 되었다. 이 일은 크리스웰의 부목사이며 크리스웰 성서연구원의 원장인 페이지 패터슨(Paige Patterson), 법률가인 폴 프레슬러(Paul Pressler), 맴피스의 매우 큰 교회 담임목사인 애드리언 로저스(Adrian Rogers), 그리고 달라스침례교대학(Dallas Baptist College) 학장인 마빈 왓슨(Marvin Watson)등이 주도하게 되었다. 많은 사람들은 크리스웰이 이들의 활동을 묵인하고 배후에서 지원하는 것으로 판단하였다.[76] 웨스턴캔터키대학교(Western Kentucky University)의 역사학 교수인 제임스 베이커(James Baker)는 이들이 타락한 자유주의 교수들의 사악한 계획에 저항하기 위

해서 일반 성도들의 청교도적 분노를 모으라는 백발의 크리스웰의 조언에 따라서 행동했다고 하였다.[77]

교단 내 보수파와 온건파 사이 투쟁에 있어 분수령이 된 총회였던 1985년 달라스 총회의 목회자 회의(Pastor's Conference)에서, 크리스웰은 "우리가 죽느냐 사느냐"라는 설교를 통해 자유주의를 맹비난하고, 동료 침례교인들은 성서에 계속 충실해야 함을 역설하였다.[78] 크리스웰과 그의 동료들은 결국 교단을 장악하는데 성공하였고, 자신들이 원하는 대로 남침례교회를 이끌었다. 크리스웰은 보수파 운동이 하나님의 섭리에 의한 것임을 의심하지 않았으나, 논쟁이 진행되면서 서로 가혹하게 행동하게 되고 관계들이 파괴된 것을 후회하기도 했다.[79] 달라스제일침례교회와 교단에 엄청난 영향을 끼치고 성취의 인생을 살았던 크리스웰 목사는 간암으로 2002년 1월 10일 92세의 일기로 세상을 떠났다. 그의 장례식은 제일침례교회에서 동년 1월 16일 거행되었으며, 2,700명의 사람들이 장례예배에 참석하였다.[80]

크리스웰은 54권의 저서를 남겼는데, 그 중 대부분은 설교집이다. 다음의 몇 가지 책들은 그의 사상을 잘 나타내준다. 『인간은 그냥 존재하게 되었나?』(*Did Man Just Happen?*, Grand Rapids: Zondervan, 1957)은 창조론과 진화론에 대해 깊이 있는 연구를 제공하고, 진화론을 반대하는 이유를 설득력 있게 제시하고 있다. 이 책은 121 페이지의 짧은 저서이지만 매우 큰 영향을 끼쳤다. 『계시록 강해설교집』(*Expository Sermons on Revelation*, Grand Rapids: Zondervan, 1969)은 크리스웰의 세대주의적 전천년주의 종말론을 잘 설명해준다. 크리스웰은 계시록을 과거와 미래에 대한 역사적 선언으로 믿고 문자적 해석을 추구했다. 『현대시대에서 성령』(*The Holy Spirit in Today's World*, Grand Rapids: Zondervan, 1966)은 은사운동에 관하여 여러 견해들로 인해 혼란스러웠던 시대에 성령론에 관한 성서적 원리를 제공한다. 이 책은 성령침례와 성령충만의 차이에 대해 설명하고, 일상적인 신유와 현대시대의 방언사용을 반대하는 크리스웰의 입장을 보여준다. 『나는 왜 성경은 문자적 사실임을 설교하는가』는 성경의 권위와 영감에 관한 문제를 전국적인 신학적 이슈로 만든 책이다. 남침례교단이 자유주의 신학 논쟁에 휩싸여 있을 때, 이 책은 성경의 무오성과 불오성을 옹호하고 자유주의 신학의 잘못된 점을 강하게 비판하였다. 『크리스웰의 목회자 안내서』(*Criswell's Guidebook for*

Pastors, Nashville: Broadman, 1969)는 매우 실제적인 책으로, 크리스웰은 오랜 목회 경험을 통해 후배 목사들에게 설교준비와 전달, 부 교역자들과의 관계, 교회 조직, 교회 재정, 그리고 예배당 건축 등과 같은 내용들에 관해 설명해준다.[81]

4. 성서론

크리스웰의 신학은 오늘날 남침례교회 보수파의 신학 관점과 대동소이하다. 따라서 그의 신학을 살펴보는 것은 현재 남침례교회의 신학적 정체성을 이해할 수 있다.[82] 특히 성경이 영감 받은 하나님의 말씀임을 믿는 보수주의 성서론의 중요성을 인식했다. 그는 자유주의 고등 비평학은 성경의 일관된 주제에 대해 설명할 수 없는데, 그 이유에 대해 "성령이 성경책을 썼기 때문입니다. 하나님의 영의 구원과 구속의 기사를 지으신 저자이며, 이것은 성경의 어느 부분에서도 발견되는 것입니다." 라고 하였다.[83] 크리스웰은 영감의 목적은 하나님에 관한 것을 인간의 언어로 정확히 표현하는 것이므로 축자영감이 가장 타당하다고 믿었다: "저 자신의 확신은, 하나님의 성령이 초자연적으로 성경의 기자를 인도하여 하나님의 진리와 계시를 적어 내려가게 했다는 것입니다."[84]

크리스웰은 성경 원본은 무오하고 불오한 하나님의 말씀으로 믿었다. 그는 최초의 성서 본문이 부정확하다면 하나님의 진리라고 말할 수 없으므로 "히브리어와 아람어, 그리고 헬라어로 쓰여진 원래의 말씀의 무오류성을 믿는 것, 그것이 전능하신 하나님께서 영감을 부으신 정확한 말씀으로 믿는 것은 가장 중요한 일이며, 선택할 수 있는 것이 아니라 필수적인 일"이라하였다.[85] 크리스웰은 또한 하나님께서는 성경을 전 시대에 걸쳐서 잘 보존하셔서 주요한 교리들은 전혀 변화가 없도록 하셨다고 했다.[86] 크리스웰은 성경은 객관적인 진리임을 강조하였다: "그것은 사람이 내면적으로 심리학적으로 성찰한 것도 아닙니다. 하나님께서 말씀하신 것입니다. 그 분의 객관적인 진리는 그 책 속에서 우리에게 선포되었습니다."[87] 크리스웰은 하나님은 창조세계, 인류의 역사, 양심, 그리고 인생의 섭리 등과 같은 자연계시를 통해서도 계시하지만, 특별계시인 성경만이 진정한 신앙의 근거라고 하였다.[88]

크리스웰은 성경을 해석하는데 있어 지켜야 할 몇 가지 원칙을 제시하였다.

첫 번째 성경은 하나의 목적을 향해 움직이는 통일성을 가진 책이므로 전체의 성경을 염두에 두고 해석해야 하며, 두 번째 어떤 문장을 따로 떼어서 해석하지 말고 언제든지 문맥 속에서 해석해야 하고, 세 번째 본문의 정확한 의미를 찾아내기 위해서는 히브리어와 헬라어 등의 원어를 해독할 수 있어야 한다고 하였다.[89] 이러한 성서해석의 원칙 위에서 크리스웰은 가급적 성경을 문자적으로 해석하는 것을 선호하였다. 그러나 때때로 시적, 비유적, 그리고 추상적 해석 등도 시도하였다. 그러나 우의적 혹은 영적 해석은 해석자에 의해 지나치게 주관주의로 흐를 가능성이 있다고 보고 거부하였다.[90] 예를 들면, 그는 요나의 사건을 문자적으로 해석하였지만, 문자적으로 해석하기 어려운 부분들은 자기 나름대로 해석하였다. 즉 주의 만찬에서 예수님이 "이것은 내 몸이다." 라는 구절은 "이것은 내 몸을 의미한다."로 해석하고, 고전 14:34의 "여자는 교회에서 잠잠 하라."라는 구절은 바울이 여자들이 알려지지 않은 방언으로 말하지 말 것을 명령한 것으로 해석하였다.[91]

크리스웰은 세대주의 성경관을 가지고 있기도 했다. 그는 성경의 예언은 인류의 역사 속에서 이미 실현되었음을 상기시키면서, 또한 성경은 인류의 미래 사건들에 대한 구체적인 예언을 담고 있다고 믿었다: "이 책 속에서 우리들은 중동에서의 하나님의 목적을 읽게 됩니다. 이 책 속에서 우리들은 러시아의 발흥을 읽는 것입니다. 이 책 속에서 우리들은 우리가 미국 내에서 속해 있는 서부 연합(Western Confederacy)에 대해서 읽고 있습니다. 이 책 속에서 우리들은 유대인들과 그들의 운명에 대해서, 그리고 교회와 교회의 영광에 대해서 읽는 것입니다. 그 모든 것이 이 책 속에 있습니다."[92] 이처럼 크리스웰은 성경의 영감과 무오를 믿었으며, 세대주의 성경관을 가지고 있었다.

5. 성령론

크리스웰은 성령 침례와 성령 충만을 구분하였다. 성령 침례는 중생과 관련된 것으로 사람이 구원을 받을 때 발생하는 일회적 사건으로서 신자는 그것을 통해 그리스도의 몸에 결합되고 교회의 일원이 된다. 그러나 성령 충만은 성령의 내주하심과 은혜와 권능을 느끼는 것임으로 계속적으로 반복해서 일어나는 것이라고 하였다.[93] 크리스웰은 오순절주의에 반대하였다. 그는 방언의 목적은 오직 다른 나라의 언어로 그리스도 예수를 전하는 것이었으며 오순절 날 임한 일회적인 은사라고 하였다. 또한 때때로 신유가 가능할 수 있지만, 사도 시대처럼 전반적인 치유는 타당하지 않다고 하였다.[94]

6. 구원론

크리스웰은 전통적인 칼빈주의 구원론을 믿지 않았다. 그는 인간의 전적 타락과 은혜 구원을 믿었으나, 칼빈주의와 다르게 해석하였다. 그는 죄가 유전된다는 사상을 받아들이지 않았다. 크리스웰은 "하나님의 전지하시고 전능하시고 역사하시는 일에서 죄를 전가 시키시는 그러한 일은 없습니다. 우리는 조상의 죄의 결과가 후손들에게 미친다고 여길지 모릅니다. 그러나 다른 사람의 죄가 옮겨지는 일은 없을 것입니다. 나의 아버지는 자기 죄에 대해 하나님 앞에 책임을 져야 하고, 나 또한 나의 죄에 대해 하나님 앞에 책임을 져야 하는 것입니다. 나는 하나님 앞에서 아버지의 죄 때문에 책임을 지지 않습니다. 나는 나의 죄를 다른 사람의 탓으로 돌릴 수 없습니다." 라고 하여 죄책은 오직 자범죄에만 국한된다고 주장했다.[95]

크리스웰은 또한 회개와 의지적 믿음을 갖는 것을 구원 얻는데 필수적인 요소들로 보았다. 그는 "하나님은 만약 내가 돌아서지 않고 회개하지 않으며 변화하지 않는다면, 하나님과 나와의 화합은 불가능하고, 하나님은 나를 대하지도 않을 것입니다." "믿음은 항상 의지력을 나타내는 낱말입니다. 믿음은 역동적이지 결코 수동적 혹은 무기력함을 나타내지 않습니다. 믿음은 움직입니다."라고 하였다.[96] 크리스웰은 이중예정의 교리는 받아들이지 않았다: "하나님의 선택은 저주와 지옥일 수 없습니다. 하나님의 선택은 항상 천국과 구원입니다. … 인간이 지옥으로 가는 것은 자기 자신이 지옥을 선택했기 때문입니다."[97] 크리스웰은 성도의 견인 교리는 믿었다: "한 번 구원 받으면 그리스도 안에서 영원히 안전합니다."[98]

7. 종말론

페이지 패터슨(Paige Patterson)은 무천년주의가 빠른 속도로 침례교 종말론을 장악하기 시작하는 시대에, 크리스웰은 다니엘과 계시록에 관한 설교를 통해 세대주의를 주장하였고, 그의 영향으로 전천년주의가 남침례교인들 가운데서 다시 한 번 더 각광을 받기 시작했다고 하였다.[99] 크리스웰은 시온주의나 교회의 환난 전 휴거를 믿는 세대주의 종말론을 믿었다.[100]

크리스웰은 세대주의자들과 마찬가지로 예언서 연구의 중요성을 강조하였다: "그리스도 당시의 종교 지도자들은 예언을 연구하지 않았기 때문에 예수님이 오셨을 때 알지 못하였습니다. 또한 오늘날에 또 종교지도자들이 예언을 연구하지 않는다면 그리스도의 재림에 대비하지 못할 것입니다."[101] 그는 그리스도의 초림에 대한 성경 예언이 문자적으로 이루어졌기 때문에 그의 재림에 대한 예언도 문자적으로 이루어질 것이며, 재림 때에는 왕과 심판자로 오시게 될 것이라 하였다.[102] 크리스웰은 또한 그리스도의 임박한 재림을 믿었다: "주 예수 그리스도께서 직접, 문자 그대로 이 세상에 재림하실 때가 임박하였다는 사실은 모든 성경 중에서 가장 확실한 진리입니다."[103]

크리스웰은 성도의 환난 전 휴거를 주장하였다.

> 그리스도께서 약 2,000년 전에 이 세상에 오셨을 때 한 시기—베들레헴에서부터 갈보리까지—동안 이 세상에 계셨으므로 그의 재림 때에도 한 시기—교회와 함께 영광 가운데 재림하셔서 교회의 휴거에서부터 이 지상에 천년왕국을 완성하실 때까지—동안 지나실 것입니다. 이 짧은 기간 동안에 이 세상의 일과 하늘의 일이 동시에 전개될 것입니다. 하늘에서 그리스도의 심판과 어린양의 혼인잔치가 진행되고 있는 동안에 땅 위에서는 다니엘이 말한 70이레의 사건이 진행될 것입니다. 이것을 계시록 6–18장에 기록된 대로 대환란이라 부릅니다. 하나님은 온 세상에 닥쳐올 무서운 심판으로 부터 자기 백성을 구원하실까요? 물론입니다. 영광스럽게 그리고 환희 가운데서 구원하실 것입니다.[104]

크리스웰은 많은 사랑을 받았으며 동시에 멸시를 당하기도 했다. 많은 남침례교 온건주의자들은 크리스웰이 자신들을 "스컹크"로 놀린 것을 비난하였다.[105] 보수파는 크리스웰을 매우 좋아했다. 1953년 이후부터 달라스제일침례교회 회원인 빌리 그래함은 "이제껏 내가 들었던 최고의 설교가"라고 칭찬하였고, 크리스웰을 만나고 목회하기로 결심한 릭 워렌(Rick Warren)은 "그의 목회는 믿을 수 없을 만큼 혁신적이었다. 많은 사람들이 그를 모방하게 되자 그것이 전통이 되었다"고 하며 그를 높이 평가하였다.[106] 칼 헨리(Carl F. H. Henry)는 크리스웰을 설교자의 설교자라고 하며, 남침례교단을 정통 기독교 신앙으로 이끈 인물이라고 칭송하였다.[107] 이처럼 크리스웰은 좋던 싫던 금세기 남침례교단에 엄청난 영향을 끼친 인물임에 틀림없다.

빌리 그래함

| 빌리 그래함

빌리 그래함은 전 세계적으로 기독교권 내에서 강력한 운동으로 부상하였고, 기독교의 미래를 위한 최선의 대안으로 평가되는 복음주의 운동을 형성하고 현실화시킨 미남침례교 목사이다.[108] 그래함은 성경의 권위와 인간의 원죄, 그리스도에 대한 신앙의 중요성, 그리고 교파들의 폭넓은 연합을 주장하여 현대 복음주의 운동의 전형을 제시하였으며,[109] 자신이 속한 미국 남침례교회(Southern Baptist Convention)를 강한 보수주의 신학으로 재무장시키는데 커다란 영향력을 발휘하였다.[110] 빌리 그래함은 한국교회에도 지대한 영향을 끼쳤다.

1. 생애와 사역

빌리 그래함은 1918년 11월 7일 노스캐롤라이나 샬럿에서 어머니 모로 그래함과 아버지 윌리엄 프랭클린 그래함 사이의 4명의 자녀 중 장남으로 태어났다. 그는 경건한 기독교 신자인 부모의 신앙과 미국 남부의 문화를 몸으로 체험하며 자랐다. 빌리의 가족은 연합 칼빈 장로교회에 출석하였는데, 그 교회는 성경을 문자적으로 믿었으며 웨스트민스터 신앙고백을 따르는 교회였다.[111] 빌리는 10대 소년 시절에 노스캐롤라니아에서 모디카이 햄(Mordecai Ham)이라는 나이 많은 부흥사의 부흥집회에서 회심을 경험하였다. 고등학교를 졸업한 후 빌리는 미국 근본주의의 온상인 밥 존스 대학교에 입학하였다. 그러나 건강이 악화되어 플로리다 성경학교(Florida Bible Institute)로 전학을 가게 되었다.[112] 그는 보수·복음주의 신학전통을 보존하고 있는 플로리다 성경학교에서 공부하는 동안 목회자로 소명 받게 되었다. 그는 1938년 여름에 이스트 팰럿카(East Palatka) 침례교회에서 생애 처음으로 부흥회를 열었으며, 이 일을 계기로 장로교에서 남침례교로 교단을 옮겼다.[113]

빌리는 플로리다 성경학교를 졸업한 후 시카고에 있는 휘튼대학교로 진학하였다. 당시의 휘튼은 미국 근본주의 기독교 정신을 잘 간직하고 있던 학교였다. 빌리는 그곳에서 부인이 될 루스 벨(Ruth Bell)을 만났다. 그녀는 미국 장로교 의료 선교사 넬슨 벨(Nelson Bell) 박사의 딸로서 어린 시절을 중국에서 보냈으며, 북한에서 고등학교를 다닌 뒤 휘튼 대학에 입학한 티베트 선교를 꿈꾸던 학생이었다. 둘은 1943년 8월 13일 결혼식을 올렸다.[114] 빌리 그래함은 토리 존슨(Torrey Johnson)과 함께 1945년 6월 인디애나의 위노나레이크에서 국제기독청년회(Youth for Christ, International)를 창설하여 그 기관의 전임 설교자가 되었다. 이후로 미국의 전역을 다니면서 설교하고, SFC 지부 설립에 노력하게 되었다.[115]

그래함은 1949년 로스앤젤레스 집회가 대 성공을 거두게 되고 이듬해인 1950년 그는 빌리 그래함 전도협회(Billy Graham Evangelistic Association, BGEA)를 설립하였다. 또한 같은 해 11월 5일 〈결단의 시간〉이라는 방송 제목으로 라디오 사역을 시작하였고 엄청난 성공을 거두게 된다. 그는 점점 더 국가적인 인물이 되어갔다.[116] 1952년에는 텍사스 휴스턴과 미시시피 잭슨, 그리고 수도 워싱턴에서 집회를 가졌다. 워싱턴 집회는 30-50만 명이 참석하였고, 많은 법조인들과 정치가들도 참석하였다. 그 중 리처드 닉슨과 린든 존슨은 빌리와 오랜 기간 친구 사이로 지내게 된다.[117] 그래함은 1952년 가을 당시 한국전에 참가하고 있는 미군 군목들로부터 격려 방문을 요청받고, 그 해 크리스마스 시즌 때 한국에 와서 부산과 대구에서 집회를 열었다.[118] 그래함은 1954년에 영국 역사상 종교적 집회로 가장 많은 사람들이 참여한 역사적인 집회를 이끌었다. 영국 부흥회 이후 빌리는 독일과 인도에서 선풍적인 복음전파의 바람을 일으켰다.[119]

그래함의 사역이 계속되면서 근본주의자들 가운데 엄격한 그룹은 빌리가 복음주의 가르침을 세속화시킨다고 공격하였다. 그들은 1957년 뉴욕집회가 에큐메니컬 부흥회의 형태로 진행되자 크게 분노하였다.[120] 뉴욕 부흥회는 그동안 불완전한 통합을 하여왔던 "근본주의"와 "복음주의"가 분명하게 분리되는 시점이었다. 비판과 반대에도 불구하고 부흥회는 5월 15일 1만 8천명의 청중으로 시작되었고, 시간이 흐를수록 열기는 높아져서 원래 6주간 열릴 예정이던 집회는 5개월 더 연장되었다. 집회는 CBS와 ABC 방송을 통해 전국으로 중계되었고, 미국 전역에서의 호응과 더불어 대성공을 거두게 되었다.[121] 그래함은 1958년 캘리포니아에서, 1959년에는 호주와 뉴질랜드에서 부흥회를 인도하였고, 1960년 초에는 아프리카의 9개국 16개 도시에서 순회전도 집회를 가졌다.[122] 그는 1960년 독일 집회에서 엄청난 성공을 거두었다. 베를린 집회는 동베를린 공산당의 방해와 협박 속에 진행된 집회에 동베를린 사람들은 목숨을 걸고 참석하였다.[123] 1964년 부활절에 앨라배마 버밍햄에서 열린 집회는 남부 도시의 인종차별적 법안을 철폐하는 계기가 되었다.[124]

그래함은 1973년 역사적인 한국 부흥회를 갖게 된다. 그는 6월 3일 주일날 오후 세계 기독교 역사상 가장 많은 112만 명의 군중 앞에서 설교하였다. 김장환 목사는 통역을 잘 감당하여 부흥회를 성공적으로 이끄는 데 큰 역할을 하였다. 빌리의 아내 루쓰는 이화여자대학교에서 연설을 하였으며, 빌리 그래함 전도팀들은 한국의 전역에서 여러 주 동안 복음을 전했다.[125] 빌리는 냉전시대에 공산주의 국가들에게 복음을 전하는 커다란 성과를 남겼다. 1977년 9월 헝가리를 방문하였고, 1978년 10월에는 폴란드에서 집회를 인도하였다.[126] 드디어 1982년 5월 소련의 모스코바에서 복음을 설교할 수 있었다. 9년이 지난 1991년 7월 그는 모스코바에 복음전도학교를 열었고, 소련 전역에서 4천 9백 명의 교역자들이 참석하였다. 그는 고르바쵸프와 회담하였고, 그것은 TV를 통해 전국으로 방영되었다.[127] 빌리 그래함은 전 세계 기독교에 지울 수 없는 족적을 남기고, 2018년 2월 21일 노스캐롤라이나 몬트리트의 자택에서 영면하였다. 미국인들이 가장 사랑했던 목사의 장례식은 3월 2일 고향 샬럿에서 진행되었다. 트럼프 대통령 내외를 비롯한 "2000여 명의 주요 미국 정치인과 종교인이 참석했고, 1973년 서울 집회 당시 통역을 맡았던 김장환 목사가 추모사를 읽었다."[128]

2. 한국 교회에 끼친 영향

1) 한국 침례교회에 대한 도움

그래함의 1952년과 1973년의 두 차례 한국 집회는 군소교단인 한국 침례교회가 한국 사회에 알려지는 계기가 되었다. 세계적인 부흥사가 침례교 목사라는 사실이 한국인들에 알려지면서 침례교회에 대한 호감도도 높아졌다. 그래함은 재한 미군 군목들의 요청에 따라, 6·25전쟁에 참전하는 미군들을 위로하기 위한 목적으로 1952년 12월 15일 한국에 왔다. 당시 한국에서 활동 중인 미남침례회 선교사들은 그래함의 방한과 "집회의 계획 및 진행"에 처음부터 개입하고 도움을 주었다.[129] 1952년경 침례교회는 남한에 수천 명의 교인만 있는 작은 교단이었다. 미약한 교세의 이유는 북한과 만주에 교회들이 많이 있었던 것과 신사참배를 거부하여 교단이 해체된 것과 관련이 있다. 캐나다 독립 선교사 말콤 펜윅(Malcolm C. Fenwick, 1863-1935)이 1889년 12월 11일 부산에 입항하면서 시작된 한국침례교회는 "대한기독교회", "동아기독교회", "동아기독대", "동아기독교" 등의 명칭을 사용했다.[130] 교단은 신사참배와 황궁요배를 거부하고, 예수 재림과 천년왕국 신앙으로 인해 일제에 의해 국체명징(國體明徵)을 위배한 교단으로 기소되어 1944년 5월 10일 교단 해체의 판결을 받게 되었다.[131] 교인들은 흩어졌고 해방 이후 남한에 40여개 교회 수백 명의 신도만 남아있었다. 외부의 도움이 절실하였던 교단은 미국 남침례교회와 제휴하였다.

미남침례교회는 1920년부터 중국에서 선교하였던 존 애버네티(John A. Abernathy) 부부를 1950년 1월 한국에 최초 선교사로 파송하였다.[132] 이들이 1950년 2월 27일 한국에 도착하여 상황을 파악하고 있던 중 6·25전쟁이 갑자기 발발하였고, 필리핀 마닐라로 피난갈 수밖에 없었다. 존은 1951년 4월 한국에 재입국하여 선교활동을 재개했고, 부인은 1952년 9월에 합류하였다.[133] 1952년 12월에 한국에서 활동한 미남침례교 선교사로는 애버네티 부부, 렉스 레이(Rex Ray), 의료선교사 넬슨 브라이언(Nelson A. Bryan)과 요컴(A. W. Yocum) 등이 있었다.[134] 빈사상태의 한국침례교회는 남침례교 선교사들의 활동으로 회복되기 시작했다.

한국침례교회가 기사회생하려고 발버둥치는 때에 그래함이 한국을 방문하였다. 그래함은 월드비전 창설자 밥 피어스(Bob Pierce)를 비롯한 여러 명의 목사들과 함께 육군이동병원을 방문하며 부상당한 장병들을 위로하였고,[135] 부산 충무로 광장에서 "맘문을 활짝 열고 그리스도를 영접하라"라는 제목의 설교를 하며 집회를 인도하였다.[136] 애버네티가 미남침례교 총회에 제출한 그래함의 부산 집회에 대한 보고서는 당시의 모습을 생생히 보여준다.

집회에 참석하러 온 많은 군중을 다 수용할 수 있는 강당이나 큰 텐트가 없어서 야외 공원에서 집회를 할 수밖에 없었다. 찬 북풍과 눈덮힌 산에서 불어오는 찬바람이 먼지가 자욱한 공원을 통과했다. 그러나 수천 명의 한국인들과 미국 군인 및 선원들은 집회 장소로 발걸음을 옮겼다. 집회의 마지막 밤에는 약 1만 명의 군중이 모였다. 사람들은 짚으로 된 멍석을 깔고 앉았으며, 집회 장소의 모서리에 있는 사람들은 서서 설교를 들었다. 미군 군복을 입은 빌리는 십자가의 오랜 옛이야기를 마음으로부터 쏟아냈다. 초청 시간에 수백 명의 사람들이 강단 앞으로 나와 그들의 죄를 고백하고 그리스도를 구세주로 영접하였다. 2,000명 이상이 결신 카드를 제출했는데, 그중 많은 수가 미군들이었다.[137]

부산 집회는 그래함에게도 깊은 인상을 남겼다. 그는 미국으로 돌아가 다음과 같이 말했다.

만일 오늘 사도행전에 기록된 오순절 성령의 역사를 믿을 수 없다면 지금 한국에 가서 보라. 그 많은 피난민들이 부산 바닷가 산언덕에 천막을 치고 난로도 피우지 않은 곳에서 새벽 네 시에 열심히 기도하는 것을 볼 수 있으며, 거리에서 전도하는 것을 볼 수 있다. 수백 명의 목사, 전도사가 공산당에 의해 죽임을 당하고 끌려가서 생사를 모르게 되었다. 그런 가운데서도 신학교마다 수백 명이 모여서 순교자의 뒤를 따르기로 결심하고 열심히 공부하고 있는 것을 이 눈으로 똑똑히 보았다.[138]

그래함은 부산에서 집회를 마친 후 서울로 올라가 20일부터 23일까지 영락교회에서 기독교연합회 주최의 부흥회에서 설교하였다. 매일 밤 1,000여명의 사람들이 참석했고 100명의 결신자를 얻었다.[139] 남침례교 선교사들은 그래함의 서울 집회를 위해서도 긴밀하게 협력하였다. 집회 후 애버네티 선교사는 그래함 목사 일행에게 한국 음식으로 저녁을 대접하며 한국침례교회의 역사와 현황에 대해 설명해주었다. 만찬 때 당시 한국침례교회에서 주도적 역할을 하고 있었던 안대벽 목사 부부가 동참하였다. 안대벽은 펜윅 선교사의 양아들로 영어를 사용할 수 있었으며, 그래함 일행에게 펜윅의 10만 평 규모의 원산 농장과 선교활동에 대해 말해주었다. 안대벽의 설명을 듣고 있던 그래함은 "와! 당신 영어실력은 매우 훌륭합니다." 라며 안대벽을 칭찬하였다.[140] 안대벽의 부인 이순도도 영어를 사용할 수 있었다. "이화여대 출신의 상냥한 여성" 이순도는 낙선재(樂善齋)에 거처하고 있던 조선왕조 마지막 황제인 순종의 황후 윤씨의 영어비서로 일하기도 했다. 안대벽은 "서울 중구 필동 2가 101-1번지"에 있던 구황실의 별장 돈암장의 관리자로 그곳에서 생활하고 있었다. 안대벽 부부는 북한에서 피난 온 동아기독교 교인들과 함께 돈암장을 예배 장소로 삼아 1946년 9월 25일 서울침례교회를 개척하였다.[141] 이순도는 미군정 기간 이승만의 부인 프란체스카 여사의 통역관으로도 봉직하였다.[142] 세계적인 부흥사이자 침례교 목사인 그래함의 방한은 재기를 위해 몸부림치는 소수의 한국침례교인들에게 적지 않은 위로가 되었을 것이다. 또한 남침례교 선교사들 역시 한국에서의 선교활동에 도움을 받았을 것이다.

그래함의 한국 침례교회에 대한 좀 더 구체적인 도움은 112만 명이 참석한 교회 역사 상 최대 규모의 집회였던 1973년 서울 집회에 침례교 목사 김장환을 통역자로 발탁함으로 이루어졌다. 당시 침례교회는 한국 사회에서 별로 알려지지 않았는데, 서울집회를 계기로 널리 알려지게 되었다.[143] 김장환은 탁월한 통역으로 유명세를 탔고, 그가 시무하던 수원중앙침례교회는 즉각 30%의 성장을 하였다.[144] 수원중앙침례교회는 이후 출석 교인이 1만 명이 넘는 대형교회로 발전하여 한국 침례교회의 성장을 이끌었다. 김장환은 1977년 1월 1일 아세아 극동방송의 한국인 최초 국장으로 취임하여 초교파적으로 사역하며 점점 영향력을 넓혀갔다.[145] 또한 빌리 그래함 전도협회의 주요 강사요 국제적인 기독교 지도자

로 발돋움하게 되었다.[146] 김장환은 1992년부터 1997년까지 아세아침례교연맹
회장, 2000년부터 2005년까지는 침례교세계연맹(Baptist World Alliance)의 총회
장으로 봉직하였다.[147] 김장환 목사의 국내외적인 활약은 한국침례교회의 성장
과 위상에도 크게 도움을 주었다. 이처럼 그래함의 방한과 활동은 침례교회가 한
국에서 알려지고 성장하는 데 적지 않은 기여를 하였다.

2) 반공주의의 강화

그래함은 한국교회에 반공주의 사상을 깊이 심어놓았다. 전호진 박사는 그래
함은 미·소 냉전 시대 미국에서 반공주의 운동을 주도하였으며, 공산주의를 "반
하나님, 반 예수, 반 미국(anti-God, anti-Christ, and anti-American)으로 봤다"
고 하였다.[148] 실제로 그래함은 한 기자회견에서 "여러분들은 이 강단에서 어떤
종교적 집단이나 정치적 집단에 대해 공격하는 설교를 한 번도 들을 수 없을 것
이다. 하지만 내가 강단에서 유일하게 종종 언급하는 것은 바로 공산주의인데,
이 공산주의는 하나님에게 반대하는 그리스도의 적이며 반미국적이다"라고 말했
다.[149] 그래함은 1949년 9월 로스앤젤레스 집회 때 35만 군중 앞에서 하나님과
성경을 반대하는 소련 공산당의 원자폭탄 공격이 발생되지 않게, 미국인들은 하
나님 앞에서 회개해야 한다고 역설했으며 열광적인 호응을 받았다.[150] 그래함은
자신의 라디오 방송인 1950년 〈결단의 시간〉(Hour of Decision)에 행한 첫 번
째 설교에서 "기독교와 공산주의와의 싸움은 죽을 때까지의 전투"라고 하였
다.[151]

철저한 반공주의자 그래함은 트루먼 대통령에게 6·25전쟁에 미군이 참전할
것을 촉구하였다. 그래함의 전기 작가 윌리엄 마틴(William Martin)에 의하면, 당
시 미국은 한국에 대해 깊은 관심을 갖고 있지 않았으나, 오직 공산주의를 막아
내려는 목적으로 한국전쟁에 참전하게 되었다.[152] 김용삼 「미래한국」 편집장은
트루먼이 미국 시간으로 1950년 6월 24일 밤 9시에 보고를 받은 후, 26일 공군력
동원과, 30일 지상군 파병을 결정한 것은 미국 역사상 매우 이례적인 신속한 참
전이었으며, 그러한 결정의 배후에는 조지프 매카시 상원의원과 빌리 그래함 목
사의 공헌이 컸다고 했다.[153] 공산주의의 확산을 막으려고 참전하였던 한국전쟁
이 1년 이상 지속되자 미국 국민들은 우려하기 시작했다. 그러자 그래함은 1951

년 9월 〈결단의 시간〉 방송설교에서 한국전쟁은 사단의 대리자 스탈린과 싸우는 정당한 전쟁임을 미국인들에게 재차 강조했다.[154]

그래함은 트루먼 대통령이 맥아더(Douglas MacArther) 장군의 제안을 무시하고 한국전쟁을 끌다가 수천 명의 희생자를 발생시켰다고 비난했다. 그는 자신과 비슷한 입장인 아이젠하워를 지지하였고, 그가 대통령에 당선되자 대통령 취임식에서 축복기도를 하고 백악관에서 새 대통령에게 침례를 베풀었다.[155] 그래함은 1953년에 행한 "미국의 결단"이라는 설교에서 한국전쟁에 대한 유엔의 연약한 대응을 비난했다. 그는 유엔이 "유신론적인 기초가 부족"해서 무신론적인 공산주의자들에게 굴복하였다고 주장했다.[156]

그래함의 반공주의는 한국교회에 커다란 영향을 끼쳤다. 한국 복음주의자들도 그래함과 마찬가지로 공산주의를 무신론에 기초한 기독교의 적으로 보았다. 예를 들면, 한국대학생선교회(CCC) 설립자인 김준곤 목사는 1966년 3월 8일 개최된 제1회 국가조찬기도회에서, "공산주의와 유물 사상과 암흑의 무신 사상의 망령을 우리 몸에서 몰아낼" 것을 설교하였다.[157] 김준곤은 1969년 5월에 개최된 제2회 국가조찬기도회에서도 공산주의는 무신론에 기초하고 있다고 하며, "예수 신앙이 있는 곳에는 공산주의가 발을 붙이지 못합니다. 예수냐? 공산주의냐? 그것은 상극적인 것입니다." 라고 역설하였다.[158] 또한 1970년 5월 1일에 개최된 제3회 국가조찬기도회에서도 "우리가 공산주의와 대결할 때 신앙과 신앙이 맞서고 있다는 사실을 알아야 합니다." 라고 주장했다.[159] 이처럼 그래함은 한국 기독교 안에 내재되어 있던 반공주의를 보다 강화시키는 일에 적지 않은 영향을 끼쳤다.

3) 대중 전도집회를 통한 교회 부흥

빌리 그래함은 대중 전도집회를 통해 한국교회에 부흥의 불씨를 지피는 일에 크게 공헌하였다. 그는 1952년에 이어 한국기독교협의회 초청으로 1956년 2월 26일에도 다시 내한하여 동대문운동장에서 전도대회를 열었다. 집회에는 이승만 대통령을 비롯한 관료와 장군들, 주한 외교관들도 함께 참석하였다. 그래함은 요한복음 3장 16절의 말씀으로 90분 정도 설교하였고, 1,083명의 결신자를 얻었다.[160]

그래함은 1973년에 한국 역사 5천년 동안 "최대의 민중집회로" 평가 받는 한국 전도대회를 여의도광장에서 개최하였다.[161] 대회장 한경직 목사는 "5천만 민족의 복음화"를 위해 각 교단, 교회, 단체, 기관이 연합하여, 5월 16일–27일 동안에는 부산, 춘천, 대전, 전주, 광주, 대구 등 6개 도시에서 열리고, 5월 30일–6월 3일에는 여의도 5·16 민족 광장에서 개최될 것이라고 하였다. 한경직은 서울 집회에 "매일 저녁 20만 내지 50만까지" 참석하게 될 것이라고 선포했으나,[162] 그의 예상을 훨씬 뛰어 넘는 많은 군중들이 집회에 왔다. 종합통계를 보면, 서울은 5월 30일 51만, 31일 46만, 6월 1일 48만 5천, 2일 65만, 3일 115만, 합계 325만 5천 명이고 총 결신자는 37,365명이었다. 지방은 부산 29만 4천, 대구 13만 8천, 광주 32만, 대전 8만 8천, 전주 25만 5천, 춘천 4만 3천, 인천 5천, 수원 3만 5천, 제주 4천, 합계 118만 2천 명이었다. 전국 연 인원은 443만 6천 명이고, 결신자는 54,310명이었다.[163] 부산에서는 그래디 윌슨, 전주에서는 하워드 존스, 대전에서는 아크바르 압둘-하크, 대구에서는 존 웨슬리 화이트, 춘천에서는 클리프 베로우즈, 광주에서는 랄프 벨이 설교했다. 그래함의 아내 루스 벨은 이화여자대학교에서 수 천 명의 여성들에게 연설을 했다.[164]

서울 집회를 계획할 때 장소로 여의도광장이 너무 넓어 10만 명이 참석해도 신문과 TV화면에는 적은 무리로 보일 것이 우려되었다. 서울 육상경기장은 2만 5천 명만 수용 가능했으므로, 결국 여의도광장으로 결정하였다. 한국 정부는 여의도광장을 무료로 제공하였고, 육군 공병단을 보내 1만 명의 합창단 단상과 아크등을 설치해주는 협력을 하였다.[165] 본 전도대회는 한국 사회에 교회에 대한 긍정적 관심을 불러일으켜, 1970년대의 폭발적인 교회 성장의 동인이 되었다. 1973년 5월 서울에 1,400개의 교회가 1974년 말 2,000개로 30%의 급성장을 하였다.[166] 집회에 냉담한 반응을 보였던 지식인들과 매스컴도 긍정적인 방향으로 선회하였다. "동아일보가 정치 제1면에 기독교 기사를 쓰는" 역사에 없던 일이 일어났고, 주간지들은 집회를 특집으로 다루었으며, TV 방송국들도 집회를 토픽 주제로 삼아 좌담회를 개최하기도 했다.[167]

1973년 한국 전도대회는 교단 간의 협력 정신도 불러일으켰다. 서울의 교회들은 집회에 적극 협력하였는데, 예를 들면 서울침례교회는 1973년 3월부터 상담훈련, 성가대 연습, 기도회에 참여하였고, 집회 때 380석을 배정 받아 주일저녁 예배를 여의도 집회로 대신하여 전 교인이 참석하도록 했다.[168] 성결교 잡지

「활천」은 "빌리 그래함 한국전도대회가 1973년 5월 30일부터 6월 3일까지 5·16 민족광장에서 열리게"됨을 광고하였다.[169] 새롭게 일어난 교회들의 협력을 보며, 한경직은 "우리가 함께 무릎 꿇고 기도할 때 우리는 모두 한 형제라는 것을 발견하게 됐다"라며 감격하였다.[170] 서울 집회의 시설 및 진행 준비를 맡았던 조동진 후암교회 목사는 보수, 진보의 구별 없이 가톨릭을 제외한 한국 개신교회가 모두 합심해서 협력하였다고 하였다. 그는 "심지어 제7일 안식일교회가 천막을 치기까지 하여 참석했습니다. 이런 일은 전례가 없었지요"라고 했다.[171] 준비위원으로 참석한 조향록 초동교회 목사도 한국교회가 그동안 갈등하고 싸움하는 모습만 보였는데, 모처럼 하나 되는 모습을 보여주었다고 했다.[172] 이와 같이 그래함의 대중 집회는 한국교회의 부흥과 협력정신을 심어주는 데 큰 영향을 끼쳤다.

4) 복음주의 운동의 보급과 확산

한국에서 복음주의 운동은 1950년대 초에 이미 소개되었으나, 강한 교파주의로 인해 오랜 기간 동면 상태에 있었다. 그러던 중 1973년 빌리 그래함 전도대회를 기점으로 복음주의 운동이 활발하게 전개되기 시작하였다. 김명혁 목사는 1973년 대회는 한국 복음주의 운동의 가시적 태동으로서 "교회와 선교단체들 간의 협력을 촉진하는 계기"가 되었으며, 1974년 로잔세계복음화대회는 복음주의 운동을 확산시켰다고 했다.[173] 총신대 박용규 교수 역시 "한국 복음주의 운동에 불을 지펴 준 것이 초교파 선교단체, 빌리 그레이엄 전도집회를 비롯하여 대중 전도 집회와 로잔 언약이었다고" 하였다.[174] 1974년 7월 16-25일에 개최된 로잔 대회는 로잔언약에 동조하는 모든 기독교 교파와 단체가 함께 일할 수 있도록 우산 역할을 하였고, 전통적인 선교의 중요성을 다시 각성토록 했으며, 복음주의 신학을 정립하는 등 현대 복음주의 운동의 이정표를 세웠다.[175] 로잔 언약은 성경의 권위, 삼위일체, 그리스도의 유일성, 이신칭의 등 개신교 정통 교리들을 재확정하고, 영혼구원의 우선성을 인정하며 동시에 교회의 사회적 책임도 강조했다.[176] 복음주의 운동의 확산에 힘입어 "생명의말씀사, 두란노서원, 엠마오, 기독교문서선교회" 등의 출판사들은 복음주의 저서들을 대거 출판하였다.[177] 또한 초교파 복음주의 신학교인 아세아연합신학대학원(ACTS)이 세계복음주의협의회(WEF)와 빌리 그래함 전도협회(Billy Graham Evangelistic Association, BGEA)의

도움으로 1974년에 5월에 세워졌다.[178]

　　그래함의 신복음주의로부터 영향을 받은 복음주의자들은 1970년대부터 정치·사회 문제에 대한 참여와 사회봉사의 필요성을 대거 주장하기 시작했다. 김준곤은 비록 전도와 사회참여는 구분되나 영적 변혁은 사회의 변혁으로 이어져야 하며,[179] 경제구조와 사회구조를 복음화해야 한다고 했다.[180] 피어선 신학교 학장이자 한국복음주의선교회학회 회장 전호진은 한국의 보수교회들이 "음주, 흡연, 오락 등의 '소윤리'에 관심을 더 두고 빈부의 격차, 인권탄압, 고문, 독재 등 신앙의 사회적 차원인 '대윤리' 문제에는 비교적 소극적"이었음을 지적하면서,[181] "신앙의 내면화 위주의 경건보다는 사회적 경건, 즉 사회봉사를 교회가 해야 할 중요한 사역으로 생각할 것"을 촉구하였다.[182] 복음주의 운동의 활발한 전개는 한국복음주의협의회(Korea Evangelical Fellowship)의 설립을 가져왔다. 1978년부터 박조준과 한철하 등이 협회 창립을 추진하다가, 1981년 5월 7일에 이르러 아세아연합신학원에서 창립총회를 개최하였다.[183]

제14장
미국 아프리카계 침례교회사

침례교회는 21세기 현재 교인 수, 재정, 사역에 있어 세계 최대의 개신교단이다. 침례교회가 이러한 위상을 갖게 된 이유 중 하나는 아프리카계 미국 침례교회의 막강한 교세 때문이다. 아프리카계 미국인들에게 본격적으로 복음이 전해진 시기는 18세기부터였다.

18세기 미국 아프리카계 침례교회

미국에서 최초 아프리카계 침례교 신자는 예상 외로 매우 이른 시기에 존재했다. 미국에서 두 번째로 세워진 뉴포트(Newport)침례교회에 1652년에 여러 명의 새신자들이 입교하였는데, 그들 가운데 "유색인 잭"(Jack, a colored man)이 있었다. 침례교회가 창설된 지 얼마 되지 않은 시점에 흑인 침례교인이 있었다는 것은 매우 흥미롭다. 뉴포트는 당시 빠른 속도로 발전하는 항구였고, 잭은 아마도 중미에서 일시적으로 건너 온 항해 선박의 고용인이었던 것 같다. 그는 뉴포트에 체류하는 동안 침례교회에 출석하였던 것이다.[1] 이처럼 미국의 최초 아프리카계 침례교인은 17세기 중반에 존재했었지만, 그는 잠시 체류하고 떠났기 때문에, 본격적인 아프리카계 침례교 역사는 한 세기를 더 기다려야 했다.

북미 지역에 아프리카인들이 처음으로 온 것은 1619년이었다. 버지니아에 도착인 이들은 원래 계약 기간이 정해져 있는 노역자들이었지만, 백인들에 의해

노예 신분으로 바뀌게 되었다.[2] 개신교 백인들은 아메리카 인디언들은 선교 대
상으로 보았지만, 흑인들은 기독교 신앙을 가질 능력이 없다고 판단하여 복음을
전하지 않았다. 심지어 대다수 농장주들은 그들이 야만의 상태에 있는 것이 더
유리하다고 생각하여 방치하는 편을 택했다. 이런 태도는 17세기 후반까지 지속
되었다.[3] 이와 같은 이유로 아프리카계 미국인들 가운데 침례교 신앙을 가진 사
람들은 18세기에 가서야 나오게 되었던 것이다.

1. 아프리카계 미국 침례교회의 출현과 발전

북미에서 흑인 노예들에게 복음을 전한 최초의 개신교인들은 퀘이커교도들
이었다. 그들은 17세기 후반부터 노예들을 전도하기 시작했다. 다른 교단들은
1730-1740년대에 일어난 제1차 대각성운동 기간에 흑인들에게 복음을 전하였는
데,[4] 이러한 변화를 일으킨 사람들은 부흥사들이었다. 조지 휫필드(George
Whitefield)를 비롯한 부흥사들은 흑인 노예들도 회심할 수 있고 심지어 설교자도
될 수 있다고 주장했으며, 부흥운동을 찬성한 사람들은 그러한 주장에 동조하기
시작했다.[5] 노예들 역시 부흥사들이 전한 구원과 내세에 대한 복음에 적극 반응
하였다. 대각성운동을 기점으로 기독교 신앙으로 개종한 아프리카계 노예들은
성공회나 가톨릭보다는 침례교나 감리교를 택하였다. 가톨릭과 성공회의 예전적
인 예배 의식과 엄격한 중앙집권적인 교단체제는 그들에게 맞지 않았다. 또한 기
독교의 신비한 내용들을 지나치게 단순화시킨 퀘이커교회의 예배도 이해하기 어
려워했다. 아프리카계 미국인들은 침례교와 감리교의 복음주의 신앙과 예배형식
을 가장 좋아했다. 특히 대각성운동의 영향으로 이들 교회는 종종 감정적인 표출
이 자유롭고 열정적인 부흥회식 예배를 드렸는데, 그것은 노예들로부터 큰 호응
을 불러일으켰다.[6]

개종한 노예들이 신앙생활을 처음으로 한 곳은 주인들의 교회였다. 백인 침
례교인들 역시 노예들을 적극적으로 교회로 끌어들였다. 그들은 회심한 노예들
과 같이 예배드리고, 때로 침례도 함께 받았다. 하지만 서로 간에 진지한 교제는
없었다. 남부 침례교회의 전체 교인 숫자에서 노예가 차지하는 비중이 1770년에
는 대략 5퍼센트, 1780년에는 11퍼센트 정도 되었다.[7] 제1차 대각성운동과 함께

| 실버블럽(Silver Bluff)침례교회

아프리카계 침례교인들이 급속하게 증가한 시기는 미국 독립혁명기 전후였다. 개종한 노예들이 많아지면서 노예 설교자들이 배출되고, 그들만의 교회도 설립되기 시작했다. 북미에서 최초의 흑인교회는 1773년에서 1776년 사이 사우스캐롤라이나 주 에이킨(Aiken)에 세워진 실버블럽(Silver Bluff)침례교회였다. 이 교회를 개척한 데이비드 조지(David George, 1742-1810)는 캐나다 노바스코샤에도 최초의 흑인침례교회를 개척하였고, 아프리카로 건너가 시에라리온을 건국하고 그곳에 최초의 침례교회를 세운 사람이었다. 실버블럽침례교회는 1788년에 조지아 주 어거스타(Augusta)에 흑인침례교회를 개척하였다.[8]

데이비드 조지의 동역자 조지 릴리(George Liele, 1750?-1820)는 침례교 집사 헨리 샤프(Henry Sharp)의 노예였는데, 샤프는 독립전쟁 시절에 릴리를 해방시켜주고 흑인들에게 복음을 전하라는 부탁을 하였다. 이후 릴리는 자메이카로 가서 수도 킹스턴(Kingston)에 1782년 최초의 침례교회를 설립하였다.[9] 노예 출신으로 조지 릴리에 의해 침례 받았던 앤드류 브라이언(Andrew Bryan)은 조지아 서배너(Savannah)에서 동료 흑인 노예들을 전도하였다. 그는 1788년에 백인 목사 아브라함 마셜(Abraham Marshall)에게 목사안수를 받고 서배너에 최초 아프리카계 침례교회인 "예수 그리스도 에티오피안 교회"(Ethiopian Church of Jesus Christ)를 설립했다. 이 교회는 백인들로부터 많은 박해를 받았으며, 앤드류는 심지어 칼에 찔리기도 했다. 하지만 교회는 계속 성장하여 1800년에 700명의 교인이 있었다. 점차 백인들도 그 교회를 인정하기 시작했고, 이 교회는 서배너에서 제2, 제3의 아프리카계 침례교회들을 개척하였다.[10]

남부의 다른 지역에도 아프리카계 침례교회들이 나타났다. 1776년 버지니아

주 피터스버그에, 1785년 버지니아 주 윌리엄스버그에, 1790년 켄터키 주 렉싱턴에 각각 세워졌다. 중부와 북부 지역에서는 19세기 초에 아프리카계 침례교회들이 세워졌는데, 1805년 보스턴에, 1809년에는 필라델피아와 뉴욕에 각각 세워졌다.[11] 이처럼 18세기 아프리카계 침례교인들은 자신들의 교회를 세우고 신앙생활을 하는 경우도 몇몇 있었지만, 그들 대다수는 주인이 다니는 침례교회에 참석하였다.

2. 노예제 폐지 논쟁

농업이 주된 산업이었던 18세기 남부에서 흑인 노예들은 필수적인 존재였다. 북부에서 노예들은 주로 하인의 역할이 대부분이었지만, 남부에서는 농사일을 해나가는 육체 노동자였다. 시간이 갈수록 노예노동이 중요하게 되자, 남부 백인들은 카리브 연안의 흑인 노예들을 대거 수입하였고, 그 결과 흑인들의 수는 급증하게 되었다. 예를 들면, 사우스캐롤라이나에서는 1750년 총인구 6만 4천명 가운데 4만 명이 흑인 노예들이었다.[12] 노예의 노동력이 매우 중요해지자, 남부 백인 침례교인들은 노예제를 옹호하기 위해 성경의 여러 부분들을 왜곡하기 시작했다. 대표적인 것이 창세기 9장에 근거한 "함족에 대한 저주"였다. 즉 노아의 둘째 아들 함에 대한 저주는 그의 후손들에게까지 미치게 되었는데, 함의 후손들은 바로 아프리카인들이라는 것이다. 그들은 흑인들은 정신적, 영적 능력이 없으며, 심지어 영혼이 없는 존재라고 말하기도 했다.[13]

노예제에 대해 문제의식을 갖게 된 사람들이 독립혁명기에 나타났다. 영국의 부당한 압제에 항거하였던 애국자들 중 일부는 정작 본인들도 흑인 노예들을 압제하고 있다는 사실을 자각하게 되었던 것이다. 이들은 노예제는 자유와 평등을 기치로 내세우는 새로운 공화국에 어울리지 않다고 주장했다. 하지만 대다수 정치인들과 사회지도층들은 침묵하는 태도를 취했다. 노예들이 해방을 얻게 되면 발생할 일들에 대해 걱정하였던 것이다. 토마스 제퍼슨(Thomas Jefferson)은 소유자의 재산권이 노예들의 민권보다 우선한다고 하며, 노예들을 일괄적으로 해방시키면 사회적 혼란이 초래될 것이라고 했다.[14]

남부 백인 침례교회들은 반노예주의 운동에 동참하지 않았다. 예들 들면, 버지니아의 주총회 격인 침례교전체위원회(Baptist General Committee)는 이 문제에 대해 뚜렷한 입장을 표명을 하지 않고 묵과하는 자세를 취했다. 그러다가 존 릴랜드(John Leland)가 반노예주의 입장을 취할 것을 강력하게 요구하자, 전체위원회는 1790년에 다음과 같은 반노예주의 성명서를 채택하였다.

> 결의. 이 노예제도는 인간 본연의 권리를 무자비하게 박탈하는 것이며 공화국 정부의 이상에도 배치되는 것이다. 그러므로 우리는 이러한 극악을 이 땅에서 근절시키기 위해 모든 법적인 조치를 취하도록 우리 형제들에게 권면하는 바이며, 존경하는 국회의원들이 그들의 권한을 십분 발휘하여 이 땅에 위대한 희년을 제정·공포하도록 전능하신 하나님께 기도하기를 권면한다.[15]

전체위원회는 하지만 개별 교회들에게 노예제 폐지와 관련된 어떤 행동도 요구하지 않았다. 그리고 2년 후 전체위원회는 노예제는 입법부에 속하는 일이며, 교회가 관여할 사안이 아니라고 하며 이전의 선언문을 철회하였다. 버지니아 침례교회들 다수는 노예제 폐지에 반대하였다. 르노우크(Roanoke)와 스트로베리(Strawberry) 지방회들은 전체위원회의 선언문을 공개적으로 비판하였다. 하지만 버지니아 북부 지역의 교회들은 점진적인 폐지의 가능성을 인정하기도 했다.[16] 이처럼 18세기 남부 백인 침례교인들은 대체로 노예제를 인정하는 입장이었다.

3. 18세기 아프리카계 침례교인들의 교회생활

대다수 흑인 노예 침례교인들은 주인의 교회에 참석하였다. 노예들이 예배에 참여하는 초기시대에는 백인들과 흑인들의 좌석이 서로 분리되어 있지 않았다. 하지만 흑인 노예들의 수가 많아지면서 예배당 좌석이 분리되었다. 백인 교인들은 후에 교회당에 발코니를 마련해 노예들의 전용 예배 장소가 되게 하였다. 그런데 발코니에서 예배드리던 아프리카계 노예들은 큰 소리로 아멘을 외치며 설교에 소란스럽게 반응하자, 결국 예배를 따로 드리는 방법을 택하게 되었다. 백인들은 오전에, 흑인들은 오후에 예배드렸으며, 백인 설교자가 두 예배 모두 설교를 맡았다.[17]

18세기 침례교 노예 신자들의 교회생활은 크게 세 가지 패턴으로 행해졌다. 첫째, 주인의 교회에서 주인 가족의 좌석에 함께 앉아 예배드리는 경우이다. 둘째, 주인이 노예들을 위해 예배당을 건설해주는 경우이다. 이 경우 대개 백인 목사가 주일 오전에는 백인 교회에서 오후에는 흑인 교회에서 설교하였다. 그는 흑인 조사(exhorter)의 도움을 받았는데, 조사는 예배를 준비하고 백인 설교자의 설교를 통역하는 일을 했다. 셋째, 백인과 완전히 분리하여 독자적으로 예배를 드리는 경우이다. 이런 형태는 주로 흑인 노예들의 예배가 금지된 정착지에서 일어났다. 그들은 늦은 밤에 비밀리에 숲속에서 만나, 열정적으로 찬송 부르고, 둥글게 돌며 춤을 추는 방식으로 예배했다.[18] 노예주들은 기독교 신앙이 노예들을 각성하게 하여 반란을 일으킬 것을 우려했다. 실제로 기독교 신앙은 노예들을 순종적으로 만들기도 했고, 반란을 조장하기도 했다. 평등과 자유라는 기독교 이상으로부터 영향을 받은 반란 혹은 반란시도는 약 250여 건이 있었는데, 대표적으로 덴마크 베시(Denmark Vesey, c. 1767-1822)와 냇 터너(Nat Turner, 1800-1831)가 일으킨 반란이 있다. 이후 노예주들은 예배를 포함하여 어떤 형태든지 노예들의 자체 집회를 허용하지 않으려 했다.[19]

백인들은 때때로 똑똑한 흑인들로 하여금 신앙 간증을 하도록 했으며, 그러한 간증으로 설교를 대신하기도 했다. 이것은 흑인 설교자들이 아프리카계 공동체의 리더가 되는 출발점이 되었다. 백인들은 그러나 노예 설교자가 성경의 해방 메시지를 전할 것을 우려하였고, 따라서 교회의 허락 없이 설교하는 행위는 엄격하게 금지하였다. 당시 노예주들의 허락이나 백인들의 참관 없는 5명 이상 노예들의 모임은 법으로 금지되었으며, 이 법을 어길 시 등짝에 39대 이하의 매질을 당해야 했다. 또한 노예가 허락 없이 설교할 경우에도 동일하게 39대가 넘지 않는 선에서 매질 형을 받았다.[20]

아프리카계 노예들은 백인들의 신앙을 그대로 받아들였다. 그러나 두 그룹은 신앙과 신학은 같았지만 교회에서의 지위는 결코 평등하지 않았다. 아프리카계 침례교인들은 18세기 내내 2등급 교인으로 취급당했다. 그들은 교회의 주요 회의에 참석할 수 없었으며, 집사나 목사가 되는 경우는 거의 없었다. 19세기 초에 이르러서야 집사 직분을 얻을 수 있었지만, 오직 흑인 공동체를 관리하는 권한만 있었다. 노예 집사들은 백인들과 흑인들 사이에 가교 역할만 했지, 결정하거나 치리할 권한은 없었다.[21] 흑인 노예 교인들은 교회 치리에도 매우 제한적으로 참여하였다. 그들은 동료의 죄를 고발할 수 있었으나, 백인들을 고발하는 것은 극히 어려운 일이었다. 반대로 백인들은 종종 노예들을 고발하였다. 결국 교회 치리는 노예들의 행동을 감시하는 수단으로 변질되어 버렸다. 노예들은 세속 관리로부터 벌을 받고, 거기에 더해 교회로부터 배척당하는 이중의 고통을 겪어야 했다. 노예들의 게으름이나 주인의 허락 없이 밤에 돌아다니는 행위는 출교의 이유가 되었다.[22]

노예 교인들은 교회에서 각종 사항들을 결정하는 결의권이나 투표권을 갖고 있지 못했다. 예를 들면, 안디옥(Antioch)침례교회는 1776년 9월 회의에서 투표권은 명시적으로 백인 남자들에게만 해당된다고 하였다. 치리에 있어서도 노예들은 백인의 죄를 치리할 수 없었으며, 주인에 대한 노예의 고발은 교회로부터 거의 받아들여지지 않았다. 하지만 노예주가 극단적인 행위를 하는 경우에는 치리를 받기도 했다. 예를 들면, 버지니아의 메헤린(Meherrin)침례교회는 1772년에 찰스 쿡(Charles Cook)이라는 백인 교인이 자신의 노예를 불태워 죽이자, 그를 출교시켰다. 그러나 쿡은 자신의 행위를 사과한 후, 그 다음 달에 교회에 복귀할 수 있었다. 교회는 점차 그의 행위를 잊어버렸고, 쿡은 1772년이 가기 전에 심지어 그 교회의 설교자로 세움을 받을 수 있었다.[23] 이와 같이 18세기 남부 아프리카계 침례교인들은 교회에서 심한 차별을 받았다.

19세기 아프리카계 침례교회

1. 남북전쟁 이전 시대 아프리카계 침례교회

1) 제2차 대각성운동과 아프리카계 침례교회의 성장

미국 정부가 1808년에 노예무역 금지법을 시행하면서 아프리카로부터 온 노예의 수는 급감하게 되었다. 19세기 흑인 노예들 대부분은 미국에서 태어난 사람들이었다. 흑인 인구는 1800년에 100만 명에서 1850년 360만으로 급격히 늘어났으며, 그것은 당시 미국 전체 인구에 각각 19퍼센트, 16퍼센트를 차지하는 것이었다. 흑인 인구의 90퍼센트는 노예들이었고, 이들은 거의 남부에 있었다. 나머지 북부에 살았던 10퍼센트의 흑인들은 자유인과 노예가 섞여 있었다.[24]

본토 출신 아프리카계 미국인들은 영어를 구사하였기 때문에 기독교 복음에 대해 이해할 수 있었고, 18세기 말부터 일어난 제2차 대각성운동으로부터 큰 영향을 받게 되었다. 특히 1799년부터 1801년 사이 미국 시골지역에서 일어난 천막집회(camp meetings)는 많은 아프리카계 미국인들로 하여금 기독교 신자가 되게 했다. 예를 들면, 켄터키 렉싱턴(Lexington) 근처 케인리지(Cane Ridge)에서 모인 집회에는 약 1-2만 명의 사람들이 참석하였는데, 당시 렉싱턴의 인구가 2천명이 채 되지 않은 것을 감안하면 실로 엄청난 숫자였다. 여러 명의 설교자들이 분산하여 설교하였고, 약 3천명의 새로운 회심자들이 생겨났다.[25] 천막집회 참가자들은 주로 침례교와 감리교도들이었으며, 주인들과 함께 온 노예들도 부흥회를 통해 신앙적 열정에 사로잡히게 되었다. 부흥회에 참석한 백인들은 흑인 노예들의 개종 가능성을 확신하게 되었다. 이후 일부 노예들은 순회전도자로, 또 일부는 부흥사의 조사로 발탁되기도 했다.[26] 개종한 흑인 노예들은 대부분 침례교 혹은 감리교 신자가 되었다. 이처럼 제2차 대각성운동은 흑인 침례교인들의 수를 급격히 증가시키는 원동력이었다.

교인의 대다수가 하층민이었던 침례교회는 노예들을 교회회원으로 적극 받아들였다. 신앙을 가진 노예들이 늘어나면서, 백인들은 노예제는 하나님이 아프리카 이교도들을 전도하는 방안이라는 생각을 갖게 되었다. 노예들을 바라보는 시선도 점차 부드러워졌다. 즉 노예들을 짐승 같은 존재로 보는 시각이 사라지고, 비록 지성적으로 열등하지만 영혼을 가졌고 성령이 내주하는 사람으로 보게 된 것이다. 심지어 소수의 성자처럼 살아간 노예들에 대해서는 칭송하며 존중하는 태도를 보이기도 했다. 영어도 잘하고 기도하며 성령의 충만한 얼굴과 행동을 하며, 신실한 신자의 모습을 가진 노예들은 영어를 알아듣지 못하고 미개한 행동을 하는 노예들의 이미지와는 정말 다른 것이었다.[27]

교회는 흑인 노예들이 자기 존중과 가치를 발견하는 장소였다. 즉 자신들을 구속하기 위해 하나님이 성육하고 죽으셨으며, 예수 그리스도를 믿음으로 죄사함 받고 구원받아 천국의 시민이 된다는 복음의 메시지는 노역으로 힘든 일상에 위안과 희망을 불어넣어 주었을 뿐만 아니라, 자신들을 존중받을 가치가 있는 존재로 인식하게 하였다. 교회는 또한 다양한 정착지에 흩어져 살고 있던 노예들이 한 자리에 모일 수 있는 기회도 제공하였다. 여행의 자유가 없던 이들은 교회가 아니면 거의 만날 수 없었다. 교회는 노예들이 친지와 친구를 만나고, 구애하며, 자신들의 공동체를 생각할 수 있는 유일한 공간이었다. 또한 발코니와 같이 분리된 좌석은 백인의 시선으로부터 벗어나 자유롭게 교제할 수 있게 하였다.[28]

복음은 백인과 흑인 간의 갈등을 완화시키는 작용을 하였다. 이런 이유로 남북전쟁 이전에 남부는 계급 갈등이 거의 없는 평온한 상태를 유지할 수 있었다.[29] 당연히 침례교회로 입교한 흑인 노예들의 수도 계속 증가하였다. 일부 교회에서는 흑인의 수가 백인의 수를 초과하는 경우도 종종 발생하였다. 예를 들면, 1841년 리치몬드제일침례교회는 백인이 387명이었지만, 흑인은 1,708명이나 되었다. 1846년 사우스캐롤라이나 주 찰스턴제일침례교회는 백인은 261명인데, 흑인은 1,328명이었다. 같은 주 조지타운 교회는 백인 33명, 흑인 798명이었고, 미시시피 주 낫체즈(Natchez) 교회는 백인 62명, 흑인 380명이었다.[30] 1850년에 조지아 지방회에 45개의 회원교회들은 2,815명의 백인 교인과 3,908명의 흑인 교인들을 보유하고 있었다. 10년이 지난 1860년에는 46개 교회에서 3,112명의 백인과 5,052명의 흑인들이 있었다. 남침례교회가 1845년 창설할 당시 35만 명의 회원이 있었는데, 그중에 10만 명은 흑인이었다.[31]

북부와 서부의 흑인 침례교인들은 백인 교회와 분리된 독자적인 교회, 지방회, 주총회를 설립하기 시작했다. 흑인 침례교회들의 최초 지방회인 프로비던스(Providence)지방회가 1836년 오하이오에서 조직되었다. 이 지방회는 "버팔로, 피터스버그, 클리블랜드, 콜럼부스, 신시내티, 디트로이트, 시카고" 등 오하이오와 인근 주 여러 도시들의 교회들을 포괄하였다. 1840년에는 일리노이 우드리버(Wood River)지방회가 설립되고, 서부지역 교회들은 유색인침례교총회(Colored Baptist Convention)를 1853년에 세웠다. 뉴잉글랜드와 중부 대서양 연안 주들의 교회는 1840년에 미국침례교선교총회(American Baptist Missionary Convention)을 설립했다.[32]

2) 아프리카 선교

19세기 전반기 아프리카계 침례교인들의 다수는 남부에 있었고, 그들은 주인의 교회에서 함께 신앙생활을 했다. 18세기부터 시작된 아프리카계 침례교인들의 아프리카 선교는 19세기에도 계속 이어졌다. 이 사업은 백인 박애주의자들이 설립한 미국식민지협회(American Colonization Society)로부터 큰 도움을 받았다. 본 협회는 목화 상품으로 거부가 된, 침례교 집사 존 크로저(John Price Crozer) 가문으로부터 많은 재정적 지원을 받았다. 존의 형제 새뮤얼(Samuel) 크로저는 아프리카로 이민 가는 흑인들을 보살피는 미국식민지협회 사역의 책임을 맡았다. 그의 도움으로 1820년 2월 6일 86명의 흑인들이 뉴욕 항을 떠나 그해 3월 9일 시에라리온에 도착했다.[33]

아프리카의 라이베리아 역시 미국식민지협회가 아프리카로 돌아가기를 원하는 흑인들을 위해 세운 국가였다. 라이베리아는 노예 출신 침례교도인 롯 캐리(Lott Carey)와 콜린 티그(Collin Teague)에 의해 1821년에 건립되었다. 캐리 일행은 1821년에 라이베리아의 수도 몬로비아에 몬로비아침례교회를 세웠는데, 그것은 라이베리아에서 최초의 개신교회였다.[34] 롯 캐리는 1780년

| 롯 캐리(Lott Carey) 목사

버지니아 주 리치몬드 근처 찰스 시 카운티(Charles City County)에서 경건한 노예의 아들로 태어났다. 캐리는 젊은 시절 세속적이고 무절제한 삶을 살다가 깊은 회심을 경험한 후, 1807년 리치몬드 제일침례교회 담임목사인 존 코트니(John Courtney)로부터 침례를 받았다. 교회에서 조사 직분을 받았던 캐리는 성경을 읽고 싶은 마음에 야학교에서 열심히 공부하였다. 야학교에서 공부하면서 아프리카의 처참한 현실을 알게 되고, 고향땅을 위해 헌신하기로 결심했다.[35]

캐리는 담배농장의 감독관으로 신실하게 일하였고, 그의 성실함에 감동을 받은 주인은 그가 비록 노예였지만 상당한 금액을 보상으로 주었다. 캐리는 검약하여 850달러의 거금을 모을 수 있었고, 그 돈으로 1813년에 자신과 두 자녀의 자유권을 살 수 있었다. 캐리는 1815년에 아프리카 선교사로 가기로 결심했으나, 6년이 지나서야 그 꿈을 실현할 수 있었다. 미국식민지협회는 라이베리아로 가는 흑인들의 교통비를 도와주었다. 캐리 일행은 1821년 1월 23일 오후 6시 30분 아프리카로 떠나는 배에 승선하여 약 40일의 항해 끝에 1821년 3월 7일 오후 5시경에 도착하였다. 캐리와 일행들은 항해 중에 자주 기도와 금식을 했고, 캐리는 설

교로 봉사했다.[36]

아프리카에 도착한 이들을 맞이한 것은 현지인들의 적개심과 열병이었다. 현지인들의 공격에 캐리는 전투대장 역할을 해야 했고, 열병이 집단으로 발생하였을 때는 의사 역할도 해야 했다. 다행이 어린이 3명을 제외하고 모두 목숨을 구할 수 있었다. 캐리는 몬로비아침례교회를 세우고 담임목사로 취임하였다. 그는 복음을 전할 뿐만 아니라, 교육, 산업, 보건, 공무 등 모든 면에서 몬로비아를 이끌었다. 그리고 서로 적개심을 가지고 있던 부족들 간에 화합도 이루어냈다. 라이베리아의 최초 총독이었던 캐리는 갑작스러운 사고로 1828년 11월 8일 하나님의 품으로 돌아갔다.[37]

2. 남북전쟁과 노예제 문제

아프리카계 노예들의 수는 자연증가로 인해 급속히 늘었다. 이들은 1810년에 120만 명에서 1860년에 400만 명에 육박하게 되었다. 많은 수의 노예들로 인해 노예제는 미국의 국가적 현안이 되었다. 북부는 이미 노예제를 폐지했으나, 남부는 노예제를 절대적으로 고수하려 하였다. 양측의 갈등은 새롭게 미연방으로 편입되는 여러 신생 주들에게 현실적인 문제로 다가왔다. 일부 주들은 노예제를 허락하고 일부는 금지하는 형태로 타협안이 만들어졌다.[38] 노예제에 대한 백인 침례교회의 입장은 남과 북으로 갈렸다. 총회는 논쟁에 휘말리지 않기 위해 가급적 중립정책을 취했다. 그러나 결국 노예제 논쟁은 미국 침례교회를 두 교단으로 나누는 계기가 되었다. 남부 주들은 노예 소유주를 선교사로 인정할 것인가를 총회 기관에 질의하였고, 1844년에 국내선교협회 총무 패티슨(R. E. Pattison)은 부정적으로 답변했다. 노예제 반대의 뜻을 내비친 국내선교협회의 발언에 대해 바질 맨리(Basil Manly)를 비롯한 남부 교인들은 노예소유주도 노예를 소유하지 않는 사람들과 똑같이 동등한 권리를 누려야 한다고 주장하였다. 그러나 국내선교협회의 입장은 변함이 없었고, 이에 남부 침례교회들은 1845년 교단을 탈퇴하여 남침례교회를 결성하였다.[39]

남부의 백인 침례교인들에게 있어 신앙은 개인적인 일이었다. 즉 신앙은 사회구조적인 문제를 다루는 것이 아니라 개인의 영혼과 관련된 것으로 한정해야 한다는 것이다. 그들은 노예제는 국가의 문제이고, 교회는 국가와 분리되어야 하며, 복음화 하는 일을 우선순위로 삼아야 한다고 주장했다.[40] 찰스턴지방회는 1835년 사우스캐롤라이나 주 의회에 다음의 결의문을 제출했다.

> 본 지방회는 성경은 노예제를 전혀 도덕적인 문제로 다루지 않는다고 생각합니다. 우리의 거룩한 종교의 신적 저자는 특히 노예제를 기존 사회제도의 일부로 간주하며, 그것이 죄악된 것이 아니라면, 그것에 간섭하지 않고, 전적으로 인간의 통제에 맡겨놓으려는 의도를 갖고 계십니다.[41]

즉 남부의 백인 침례교인들은 노예제는 종교의 영역이 아니며, 이미 확립된 사회 체제의 일부로 보았던 것이다. 백인 침례교 설교자들은 노예제를 통해 노예가 복음을 듣고 구원받아 영생을 얻게 된다면 결과적으로 좋은 일이라는 논리를 만들어냈다. 또한 노예제는 흑인 노예들의 물질적 필요를 채워주며, 기독교 신앙을 접하게 하여 구원을 얻도록 하기 때문에 유익한 제도라고 주장하였다.[42] 이처럼 대다수의 남부 백인 침례교인들은 노예제는 하나님이 인정하신 제도로 이미 확립된 사회체제라고 확신하였던 것이다. 반면에 북부의 백인 침례교인들은 노예제는 하나님의 뜻에 어긋나는 죄악으로 보았다. 그들은 노예제 폐지에 반대하는 남부의 형제들과 갈라설 수밖에 없었다.

3. 남북전쟁 후 아프리카계 침례교회

1) 노예해방에 대한 백인 침례교인들의 태도

남북전쟁에서 북부가 승리하자 흑인 노예들은 해방을 맞게 되었다. 아브라함 링컨 대통령은 1863년 1월 노예해방령(Emancipation Proclamation)을 발표하였고, 1865년에 이루어진 연방헌법 제13차 개정안은 노예제를 공식적으로 폐지하였다. 남부의 흑인 노예들은 이제 법적으로는 자유인이 되었지만, 실제로는 여전히 차별과 멸시를 당했다.[43] 노예해방이 이루어졌지만 흑인들에 대한 남부 백인 침례교인들의 태도는 변화가 전혀 없었다. 예들 들면, 라파핸녹(Rappahannock)지방회는 1865년에 "전쟁은 노예제가 성서적으로 합법이라는 우리의 생각에 조금의 변화도 가져오지 않았다"고 선언하였다. 백인 침례교인들은 흑인들은 문명화된 사회를 건설해 본적이 없는 열등한 종족으로 가만히 나두면 미개한 상태로 되돌아간다는 오래된 신화를 들먹이기 시작했다. 남침례교 국내선교부는 1892년 총회 때 "자연자원이 풍부한 [아프리카] 지역이 3천년 동안 야만의 상태로 있었다는 것은 그들[흑인들]이 다른 사람들의 도움 없이는 문명화된 삶의 축복에 이를 수 있는 능력이 없다는 것을 실제적으로 보여주는 것"이라는 보고서를 제출했다.[44]

앨라배마 침례교 주 총회는 "최근 우리 노예들의 변화된 정치적 신분은 우리 교회들과 그들의 관계에 있어서 그 어떠한 변화도 일으키지 않았다"고 하였다.[45] 남침례교회 산하 교단 잡지들인 「텍사스 침례교」(Texas Baptist), 「침례교 기록」(Baptist Record) 등은 흑인들은 백인들에 비해 열등하며, 예술, 과학, 종교 등 정신적인 분야에 업적이 전혀 없다고 지적하였다. 이러한 남침례교인들의 백인우월주의적인 태도는 20세기 초반까지 이어졌다.[46] 전후 남침례교회는 아프리카계 미국인들에 대한 물질적, 영적 도움을 주려는 시도를 별로 하지 않았다. 1880년대 남부의 60만 아프리카계 침례교인들은 매우 가난하였다. 그러나 당시 남침례교인들은 노예해방은 남부의 의사와 관계없이 이루어졌기 때문에, 흑인들을 위한 복지는 북부 노예폐지론자들이 책임져야 한다고 주장했다. 다만 흑인들에 대한 어떠한 폭력행위도 교회와 기독교 신앙에 부합될 수 없다는 점은 총회 차원에서 명백하게 밝혔다.[47]

2) 노예해방에 이후 아프리카계 침례교인들의 자의식

아프리카계 침례교인들은 광야에서 40년을 방황하였던 고대 이스라엘 민족과 자신들을 동일시하였다. 목회자들은 해방 후 고난의 시기에, 정의롭게 살고 기도하며 하나님의 때를 기다리면, 언젠가 하나님께서 회복시키실 것이라고 설교했다. 그들은 해방을 얻게 된 공로를 아브라함 링컨과 북부 군대에 돌리기도 했지만, 진정으로 그들을 해방시킨 분은 하나님이라고 믿었다.[48] 아프리카계 침례교인들은 전 세계 흑인들을 복음화 하는 일에 자신들이 택함 받은 것으로 여겼다. 그들은 다른 흑인 종족들보다 자신들이 종교와 문화면에서 월등하다고 믿었고, 그러한 생각은 압제당하는 모든 사람들을 해방시켜 주어야 한다는 커다란 의

무감을 갖게 하였다. 이들은 성경에서 자신들이 역사적으로 고대 이집트 및 에티오피아인들과 연결되어 있다는 것을 발견하였으며, 함의 자손들이 백인 히브리인들을 지배하고 노예로 삼았다는 사실을 자랑스러워했다. 또한 모세가 이집트 여인과 결혼한 것, 솔로몬 왕이 아프리카 여왕을 취한 것을 중요시했으며, 아가서의 "검고 아름다운" 신부는 기독교회의 원형이라고 주장했다. 그러면서 자신들은 결코 야만족의 후손이 아니며, 오히려 친절하고 사랑스럽고 신실한 사람들의 후손이라고 주장했다.[49]

흑인 침례교인들은 백인들의 편견에 항거하였지만, 신앙과 행습은 백인 침례교회의 복음주의 전통을 그대로 받아들였다. 침례는 신자의 죄에 대하여 죽고 그리스도와 함께 부활하는 것을 상징하는 신약성서적 행습이라고 믿었으며, 칼빈주의 구원론에 따라 전적 타락한 사람은 무능하여 스스로 구원에 이를 수 없고 오직 하나님의 은혜로 된다고 믿었다. 택함 받은 자는 의롭게 되고, 양자되며, 성화되어 구원에 이르고, 성도는 견인하게 될 것도 믿었다.[50]

3) 가난과 차별 극복을 위한 아프리카계 침례교회의 노력

노예해방 이후 1870년의 제15차 헌법 개정으로 흑인 남자들에게도 선거권이 주어졌다. 그러나 흑인들의 시민적 권리는 남부의 주들에서 시행되지 않았다. 남부에 주둔하던 연방 군대가 1877년에 모두 철수하자, 남부는 과거와 별로 다를 바 없는 사회가 되었다. 아프리카계 미국인들은 소작농이나 노동자 외에 다른 직업을 거의 갖지 못했으며, 여전히 가난과 차별 아래 고통당하고 있었다.[51]

이러한 상황에서 아프리카계 침례교 목회자들은 교인들에게 가난하고 노예적인 상태에 다시 놓이지 않도록 자립심을 기르고 협동할 것을 권고하였다. 아프리카계 침례교회는 당장 하루끼니를 이을 수 없는 사람들에게 먹을 것을 주는 실제적 활동도 병행하였다. 어떤 경우는 복지를 위해 보다 장기적인 방안을 마련하기도 했다. 예를 들면, 애틀랜타의 우정(Friendship)침례교회는 1875년에 "선한 사마리아인 명령"(Good Samaritan Order)라는 조직을 만들어, 금주운동, 병자에 대한 치료비 지원, 부동산 구입 지원 등의 사역을 했다. 교회의 여성들은 소녀들에게 위생, 결혼, 어머니가 되는 것 등을 가르쳤다. 교회는 교회의 회원이 설립한 고아원을 지원하고, 병자들을 돌보며, 장례를 제공하고, 가난한 자들에게 음식을 나누어주었다.[52] 많은 아프리카계 침례교회들도 유사한 사회사업을 실행하였다.

아프리카계 침례교 지도자들은 교육의 중요성을 강조하였다. 노예출신으로 침례교 목사가 된 부커 워싱턴(Booker T. Washington), 두보이스(W. E. B. DuBois) 등은 개화된 이성 없이 중생한 마음만 가지고 있으면, 악을 용인할 가능성이 있는 문제점이 있다고 했다. 워싱턴은 앨라배마에 터스키지 학교(Tuskegee Institution)를 세워 흑인 학생들에게 농업과 기술을 가르쳤다. 워싱턴은 「전국침례교잡지」(National Baptist Magazine)에 짐꾼, 요리사, 웨이터, 농사 등의 직업을 위한 교육을 시켜야 한다고 주장했다. 대다수 남부 아프리카계 침례교 학교들은 현실성이 없는 교육은 위험성이 크다는 워싱턴의 조언에 따랐다.[53] 그러나 켄터키 주 루이빌에 있는 흑인 침례교 대학교인 주립대학교(State University)의 총장 시몬스(W. J. Simons)는 워싱턴 식 직업교육관은 부당하다고 생각했다. 그는 흑인들이 천한 직업을 벗어나, 보다 주류 사회에 진입해야 백인들의 폭력에서 벗어날 수 있다고 주장했다.[54]

19세기 후반 백인종과 유색인종을 분리하는 법인 짐 크로우 법이 만들어졌고, 연방대법원은 그것을 1896년에 합헌으로 인정해주었다. 이후로 남부에서 아프리카계 미국인들에 대한 차별은 더욱 심해졌다. 이에 대해 아프리카계 침례교 설교자들은 짐 크로우법의 부당함을 호소하며, 범국가적인 양심의 회복을 촉구했다. 아프리카계 미국인들을 총으로 쏘고 불에 태우며 칼로 찌르는 포악한 행위들이 남부에서 발생하였고, 이에 대해 일부 흑인들은 똑같은 방식으로 백인들에게 보복하겠다고 선언하였다. 하지만 아무리 고통을 당하더라도 법을 지켜야 한다는 아프리카계 목사들의 설득으로 폭력사태는 발생되지 않았다.[55]

4) 아프리카계 침례교회의 독립과 발전

아프리카계 침례교인들은 해방 후에도 여전히 백인들로부터 차별과 모욕을 당하자, 1860년대부터 남침례교회를 버리기 시작했다. 완전한 자유와 자치가 가능한 교회를 원한 것도 백인 교회를 떠나는 주된 이유였다. 이런 여파로 사우스캐롤라이나 주 남침례교회들은 1858년에 2만 9천 명이었던 흑인 신자들이 1874년에 1,600명으로 줄어든 것을 지켜보아야 했다.[56] 선버리(Sunbury)지방회는 흑

인 교회들의 이탈로 지방회 자체가 붕괴되었다.[57)

아프리카계 침례교회들은 빠른 속도로 지방회, 주 총회, 선교단체들을 설립
하였다. 1864년 6월 북서부 및 남부 침례교총회(Northwestern and Southern
Baptist Convention)가 세인트루이스에서 조직되었다. 첫 모임에는 일리노이, 인
디애나, 오하이오, 미주리, 테네시, 루이지애나, 미시시피, 아칸소 등에서 26개의
교회의 대표들이 참석하였다.[58) 또한 아프리카 선교사 파송을 목적으로 1880년 앨
라배마 주 몽고메리에서 침례교해외선교총회(Baptist Foreign Missionary Convention)
를 설립하였다.[59)

여러 주총회들과 단체들은 1895년 9월 24일 조지아 주 어거스타에서 창설된
아프리카계 침례교회의 전국 총회인 전미침례교총회(National Baptist Convention
of America)에 통합되었다. 전미침례교총회는 재산권 및 출판과 관련된 문제로
1907년에 분열되었으며, 다수 그룹은 미합중국 전국침례교총회(National Baptist
Convention of the U.S.A., Inc)라는 명칭을 채택했고, 소수파는 옛 이름을 고수
했다.[60) 한편 아프리카계 침례교회들 가운데는 이 두 교단에 소속되지 않는 독립
교회들도 많이 있었다. 이들 교회들은 주로 농촌에 있다가 도시화의 진행에 따라
도시로 옮겨갔다. 따라서 각 도시에는 크고 작은 흑인 독립 침례교회들이 속속
생겨났다.[61)

아프리카계 침례교회는 급속한 성장을 이어갔다. 가장 많은 아프리카계 성도
를 보유하고 있던 감리교단을 1890년에 추월하였고, 20세기 초반에는 아프리카
계 감리교 신자들의 두 배에 해당하는 교인을 확보하게 되었다.[62) 아프리카계 침
례교회가 급성장을 하게 된 이유로는 첫째, 영적인 체험을 중요시하는 침례교 신
앙전통이 그들의 정서와 맞았다는 점이며, 둘째, 침례교의 개교회주의와 회중주
의 정체는 아프리카계 침례교인들로 하여금 그들이 원하는 예배와 조직체를 자
유롭게 형성할 수 있도록 하였다는 것이다. 셋째, 아프리카계 침례교 목사들은
아프리카계 미국인들의 공동체에서 상당한 권위와 영향력이 있었다는 점이고,
넷째, 지원해야 할 교단적인 기구가 오랜 기간 없어서 부담 없이 교회생활을 할
수 있었다는 것이다. 다섯째, 선교와 전도에 큰 관심을 쏟았던 백인 침례교회들
의 활동을 모델로 삼았다는 점이다.[63) 교회는 아프리카계 침례교인들의 야망과
전통의 보루였고, 삶의 중심지이자 구심점이었다. 교회는 아프리카계 미국인들

이 소유한 유일한 기관이었으며, 자부심의 근거였다.[64] 아프리카계 침례교인들은 이런 교회를 사랑했고, 그곳에 모이는 것을 행복으로 여겼다.

20세기 아프리카계 침례교회

1. 급속한 성장과 교단신학 체계화

농촌에 있던 아프리카계 침례교회들은 19세기 후반에 대거 도시로 이주했다. 도시로 갔던 아프리카계 교회들 가운데 침례교회가 가장 약진하였다. 1931년에 미국의 12개 도시에는 약 2,104개의 아프리카계 교회들이 있었는데, 그중 54퍼센트에 해당되는 1,127개가 침례교회였다. 이들 도시 아프리카계 침례교회들의 3분의 1정도는 상가 교회 혹은 가정 교회였다.[65] 아프리카계 침례교인들의 수는 1865년에 약 40만 명이었는데, 1899년에는 1백 5십만 명, 1906년에는 2백 3십만 명으로 늘었고, 1950년에는 7백만 명을 넘어섰다. 20세기 중반의 미국 아프리카계 개신교 신자 중 70퍼센트는 침례교인들이었다. 1961년 11월 15일 세 번째 흑인 침례교 총회인 미국진보침례교총회(Progressive Baptist Convention of America)가 설립되었다. 이 교단은 흑인의 인권 향상과 사회참여에 적극적인 입장을 견지하였다. 1978년에 이르러 세 교단에 속한 교인 수는 모두 9백 5십만 명이었다.[66] 1989년에 세 교단 교세 총합은 1천 1백만 명을 넘어섰다. 미합중국전국침례교총회에 7백 5십만 명, 전국침례교총회에 2백 4십만 명, 미국진보침례교총회에 1백 2십만 명의 교인들이 각각 있었다.[67]

아프리카계 침례교회들은 교단신학을 체계화하기 시작했다. 미합중국전국침례교총회의 해외선교부 부장이었던 조던(L. G. Jordan)은 1929년에 『침례교 표준 교회안내서와 목회자 지침서』(The Baptist Standard Church Directory and Busy Pastor's Guide)를 출판하였는데, 본 저서는 미국침례교회의 "뉴햄프셔 신앙고백서(1833)"와 남침례교회의 "침례교 신앙과 메시지(1925)"의 내용들을 적절히 섞어 만든 것이었다.[68] 이와 같이 흑인 침례교회들은 백인 침례교회의 보수 복음주의 신학 노선을 계속 따랐다. 그러나 사회적인 문제에 있어서는 백인 침례교회보

다 훨씬 진보적인 입장을 취했다.[69]

2. 인종차별 반대와 인권운동

남부 백인들의 인종차별적 행위는 20세기에 들어와서도 개선되지 않았다. 남침례교회는 비록 총회 차원에서 개선 노력을 기울였으나, 대다수의 남침례교인들은 인종차별적 태도에서 크게 벗어나지 못했다. 총회는 인종문제에 관한 선언문 작성을 위한 특별위원회를 만들고, 그 위원회가 만든 "원리선언문"을 1950년 총회 때 승인하였다. 같은 해 주일학교부는 "당신은 베드로의 환상과 그의 고넬료에 대한 경험을 참고하여 인종에 관한 태도를 결정하라"라는 전단지를 배포하며, 인종차별을 반대하는 캠페인을 벌였다.[70] 남침례교 총회는 또한 소책자, 성경공부 교제, 교단 기관들의 출판 자료에 백인과 흑인 간의 협력을 옹호하는 내용을 다루도록 했다. 총회 산하 신학교들은 1951년 4월에 인종차별 없이 학생들을 받겠다고 선언하였다. 그러나 이러한 노력들에도 불구하고 남침례교인들의 인종차별적 태도와 행위는 쉽사리 개선되지 않았다.[71]

그 즈음 인종차별과 관련해 미국에 커다란 변화가 발생했는데, 그것은 1954년에 연방대법원이 백인과 흑인을 각각 다른 공립학교에서 교육받도록 하는 것은 "본질적으로 불평등"하다는 판결을 내린 것이었다. 그것은 짐 크로우 법을 합헌으로 인정하였던 1896년 판결을 뒤집는 것으로, 남부의 인종차별 법을 폐기하는 근거가 되는 역사적인 판결이었다. 연방법원은 그러나 본 판결의 시행은 각 주가 점진적으로 실시하도록 하였다.[72] 남부의 여러 주들은 연방법원의 판결 시

| 마틴 루터 킹 2세
(Martin Luther King, Jr.,
1929–1968)

행을 서두르지 않았다. 이런 상황에서 젊은 침례교 목사 마틴 루터 킹 2세(Martin Luther King, Jr., 1929–1968)는 흑인들의 인권을 위해 분연히 나섰다. 흑인 목사의 아들로 애틀랜타에서 태어난 킹은 무어하우스대학(Morehouse College), 크로저신학교(Crozer Theological Seminary)를 거쳐, 보스턴대학교(Boston University)에서 박사학위를 받았다. 그는 미합중국 전국침례교총회에서 목사안수를 받고 앨라배마 주 몽고메리의 덱스터 가

침례교회(Dexter Avenue Baptist Church)의 담임목사로 부임했다.[73]

킹이 인권운동에 나서게 된 것은 1955년에 앨라배마 주 몽고메리(Montgomery)에서 흑인좌석에 앉기를 거부한 로사 파카(Rosa Park)라는 흑인 여성이 체포되면서부터였다. 킹은 버스 좌석 분리제를 시행하는 몽고메리 시의 법에 맞서 버스승차 거부운동을 일으켰다. 그는 1년 동안의 힘든 거부운동을 통해 마침내 승리를 쟁취했으며, 그 후 여행과 공동 숙박시설에서의 차별도 없애려는 운동을 펼쳤다.[74] 루터 킹 목사는 남부의 인종분리 정책의 조속한 폐지를 위해 전국적인 캠페인을 벌였다. 그는 1963년 8월, 25만 명이 운집한 워싱턴 집회에서 "나에게는 꿈이 있습니다." 라는 탁월한 연설로 미국의 양심을 자극했다. 킹과 그의 동료들의 노력은 1964년 인권법(Civil Rights Act)과 1965년 선거법(Voting Right Act)으로 결실 맺게 되었다. 킹은 35세의 젊은 나이인 1964년에 노벨평화상을 수상하였다.[75]

킹은 흑인 침례교 목사들에게 지대한 영향을 끼쳤다. 예를 들면, 워싱턴 D.C. 지역의 교회들로 구성된 컬럼비아침례교총회(Columbia Baptist Convention)의 최초 흑인 사무총장 제프리 헤거레이(Jeffrey Haggray)는 킹이 자신에게 끼친 영향에 대해 다음과 같이 말했다. 자신은 1960년대에 어린이었고, 그때 시편, 잠언, 주기도문, 팔복, 마틴 루터 킹의 연설 등을 외우면서 자랐는데, 그 중에서 킹의 "나에게는 꿈이 있습니다." 라는 연설이 자신에게 가장 큰 울림을 주었다고 하였다. 그는 또한 "해방, 정의, 평등한 기회, 인종차별폐지에 대한 킹 박사의 비전과 해석은 아프리카 미국인 남성이자 기독교인으로서 나의 근본적인 신앙과 핵심 가치가 되었다"고 하였다.[76] 미국에서의 인종차별 철폐와 흑인 인권 향상은 20세기 흑인 침례교인들이 이루어낸 쾌거였다.

미합중국 전국침례교총회는 2015년 현재 성경의 영감, 유일한 하나님, 구원자 예수 그리스도, 칭의, 예정, 견인, 침례, 예수의 재림과 최후 심판 등 전통적인 침례교 보수주의 신앙을 표방하고 있으며, 동성 간 결혼을 반대하며, 목회자들에게 그와 관련된 의식의 집례를 허용하지 않고 있다. 교세는 대략 7백 5십만 명 정도이다.[77] 2015년 현재 전미침례교총회는 3백 5십만 명[78], 미국진보침례교총회는 약 2백 5십만[79] 명의 교세를 보이고 있다. 위의 대표적인 교단들 외에 여러 군소 아프리카계 침례교단들과 독립교회들이 있다.

제4부

유럽대륙 및 군소 침례교단 역사
침례교 대학교와 침례교세계연맹

제15장

유럽대륙 침례교회사

유럽대륙에서 1830년대에 시작된 침례교회는 빠른 속도로 유럽대륙 전역으로 확산되었다. 1850년에 4,000명의 침례교인이 1900년에는 22만 명이 되어 매우 급속히 성장하였으나, 대다수 국민들이 기독교 신자였던 19세기 유럽대륙 전체에서 볼 때, 여전히 아주 적은 수의 무리에 불과하였다.[1] 유럽대륙 침례교회의 초기 역사에 대해 간략하게 살펴보다.

유럽대륙 침례교회의 배경

1. 재침례교회와의 관계

19세기 유럽대륙의 교회 역사가들이나 일반인들은 침례교회를 재침례교회의 재출현으로 보는 경우가 많았는데, 이것에 대해 긍정과 부정 두 가지 반응이 있었다. 두 교회의 연결성을 부정하는 주장을 살펴보면, 유럽과 미국의 여러 침례교 대학에서 교수로 봉직하였던 미국 침례교 역사학자 키스 파커(G. Keith Parker)는 유럽의 침례교도들을 재침례파 후손으로 볼 수 있는 객관적인 증거가 없다고 했다.[2] 네덜란드 교회사가 얀네스 라일링(Jannes Reiling)도 네덜란드 침례교회는 재침례교회와 연관성이 없다고 단언했다. 그는 19세기 메노파 교회는 현대주의자들로 신자들의 교회라는 신앙도 거의 사라진 상태였는데 이에 반해,

침례교회는 보수주의 신앙과 신자의 교회를 믿었기 때문에 서로 연관성이 없다는 것이다. 라일링은 최초 네덜란드 침례교회는 한 화란개혁교회 목사의 신학적 갈등에서 시작된 것이라고 주장했다.[3]

그러나 침례교회가 재침례교회와 직접적으로 연결된 때도 있는데, 러시아를 비롯한 몇몇 지역에서의 침례교회는 메노파 교회가 침례교회로 전향한 경우였다. 이러한 이유로 19세기 유럽인들 다수는 침례교회를 재침례교회의 연속으로 간주하였다. 재침례교회와의 동일시는 심한 박해를 불러왔으며, 박해의 주된 세력은 국교회와 세속정부였다. 국교회 지도자들은 위정자들과 백성들에게 분파주의 공포를 부채질하였고, 정부 관리들은 침례교인들에게 벌금을 부과하거나 감옥에 가두었으며, 침례교인의 자녀들을 강제로 국교회에서 유아세례를 받게 하였다. 1848년 유럽 전역에서 일어난 혁명으로 종교의 자유가 상당부분 인정되었으나, 꽤 많은 나라들이 침례교회에 대한 규제를 유지하였다.[4]

2. 경건주의 운동과의 관계

19세기 초 유럽 기독교는 이성주의와 광교주의로부터 심대한 영향을 받았다. 신학교들은 자유주의 신학을 추구하였고, 국교회들은 정통주의를 표방하였지만 영적인 능력은 상실한 상태였다. 그때 경건주의 운동이 재 부흥하여 영성을 강조하는 사람들이 나타났다. 경건주의자들의 다수는 국교회에 남아 있었으나, 일부는 탈퇴하여 독립교회나 혹은 침례교회를 시작하였다.[5] 종교의 개인적 측면, 성경공부, 회심을 강조하는 경건주의의 영향은 유럽 침례교회들의 예배형식, 전도방식, 신학과 기독교인의 삶 등에 뚜렷하게 남아있다. 또한 경건주의의 영향으로 유럽대륙 침례교회는 평신도 사역자의 비율이 높은 특징이 있었다. 경건주의자들이 교회의 제도화를 반대하고 평신도 사역을 중시하였기 때문이었다. 침례교회의 평신도 사역자 제도는 교회 질서를 교란한다는 이유로 국교회 지도자들의 혹독한 비판과 박해의 원인이 되었다.[6] 그러나 평신도 목회자 전통은 오랜 기간 지속되었다. 침례교세계연맹의 1984년 보고에 의하면, 당시 동유럽 침례교회들의 80퍼센트는 평신도 사역자들에 의해 운영되고 있었다. 서유럽 침례교회들은 비율이 그 정도로 높지 않았지만, 상당수 교회들이 평신도 사역자들에 의해 운영되고 있었다.[7] 평신도 사역자들의 활약은 침례교 성장의 결정적인 요인이었다.

요한 옹켄과 독일 침례교회

독일 침례교회는 유럽대륙 침례교회의 모교회 역할을 하였다. 독일 침례교 창시자 요한 게르하르트 옹켄(Johann Gerhard Oncken, 1800-1884)은 "유럽대륙 침례교회의 아버지"로 불릴 만큼 유럽 침례교회의 설립과 발전에 지대한 공헌을 하였다. 따라서 옹켄과 독일 침례교회 역사는 비중 있게 살펴볼 필요가 있다.

1. 옹켄의 젊은 시절과 침례교 개종

옹켄은 1800년 1월 26일 독일의 바렐(Varel)이라는 마을에서 태어났다. 어머니는 옹켄을 출산하면서 사망하였고, 아버지는 그가 태어날 때, 독립군으로 활동하다가 영국으로 피신한 상태였으며, 그곳에서 몇 년 후 세상을 떠났다. 따라서 옹켄은 부모에 대한 기억이 없는 상태로 할머니 슬하에서 성장하게 되었다.[8] 옹켄은 1813년 한 스코틀랜드 상인의 조수로 채용되어 스코틀랜드로 갔고, 그곳의 장로교회에서 신앙생활을 했다.

| 게르하르트 옹켄
(Johann Gerhard Oncken,
1800-1884)

19세 때에는 런던으로 이주하여 독립교회에 출석하였으며, 회심은 감리교회에서 하였다. 신앙적 열정에 불탔던 옹켄은 전도책자를 살 돈을 마련하기 위해 수많은 식사를 1페니의 빵으로 해결하였다.[9]

옹켄은 성경공부를 통해 1826년경에 유아세례가 성서적 근거가 없음을 알게 되었다. 그는 침례를 다시 받고자 했으나, 독일에서 그에게 침례를 베풀어줄 사람이 없었다. 3년이 지난 1829년 가을에 미국 침례교인이며 선장인 캘빈 텁스(Calvin Tubbs)라는 사람이 옹켄을 찾아왔다. 텁스는 함부르크에 6개월간 머무르면서 옹켄과 경건주의 무리에게 침례교 신앙에 대해 설명하였고, 미국으로 돌아가서 미국침례교총회에 이러한 사실을 알렸다. 마침 뉴욕 주 해밀턴 대학의 시어즈(Barnas Sears) 교수가 1833년부터 1년 동안 안식년으로 독일에 갈 예정이었기 때문에, 미국침례교총회는 그에게 옹켄을 만나볼 것을 요청하였다.[10]

2. 독일 최초 침례교회의 설립과 박해

시어즈는 1834년 4월 22일 옹켄과 그의 아내, 그리고 6명의 다른 신자들에게 엘베(Elbe) 강에서 침례를 주고, 다음 날 4월 23일 독일 최초의 침례교회인 함부르크 침례교회의 창설을 도왔다. 시어즈는 옹켄에게 목사안수를 베풀었다.[11] 옹켄은 함부르크에서 율리우스 쾨브너(Julius Kobner)라는 훌륭한 동역자를 얻었다. 1806년 6월 11일 덴마크 오덴세(Odense)에서 유대교 랍비의 아들로 태어난 쾨브너는 1826년에 기독교로 개종하였고, 함부르크에 살면서 옹켄에 의해 침례교인이 되었다. 쾨브너는 1836년 5월 17일 옹켄에 의해 침례를 받았다.[12] 1837년 9월부터 함부르크 침례교인들에 대한 박해가 본격화되었다. 루터교회 목사 램바크(A. J. Rambach)는 이들을 "광신도 재침례교 분파"라고 하며 분노하였다. 램바크는 여자 성도가 침례 받을 때 하얀 잠옷만 입고 침례 받는 다는 이야기를 들었다고 하면서 침례교도들은 비도덕적인 사람들이라고 비난했다.[13] 함부르크 경찰총장 빈더(Binder)는 침례교회의 "뿌리와 가지" 모두를 제거할 것이라고 공언했다. 옹켄은 체포되어 한 달간 구금되었으며, 그의 재산은 법정비용의 명목으로 압류 처분되었다.[14]

3. 박해의 종식과 발전

함부르크 침례교회에 대한 박해가 실제적으로 종식되고 교회가 급성장하게 된 사건이 일어났는데, 그것은 1842년 5월 5일에 일어난 함부르크 대화재였다. 화재로 도시의 1/3이 파괴되었고, 수만 명의 사람들이 집을 잃었다. 함부르크 침례교회는 예배당으로 개조하려고 사두었던 창고를 임시 주거지로 바꾸어, 70명의 사람들을 그곳에서 살도록 하고, 수개월 동안 음식과 옷을 제공해주었다. 이 사건을 계기로 침례교회는 법적으로 인정된 종교는 아니었으나, 박해는 거의 사

라지게 되었다.[15]

대화재 이후 함부르크 침례교회는 급성장했다. 2년 만에 교인 수는 380명으로 늘어났으며, 1847년에는 새로운 예배당을 신축할 수 있었다.[16] 옹켄은 함부르크 침례교회에서 목회하면서 광범위한 지역을 여행하며 침례교 신앙을 전파하였다. 그는 "침례교 신자는 누구나 선교사이다"라는 모토를 세우고, 독일의 여러 지역들뿐만 아니라, 스위스, 프랑스, 프러시아, 발칸 반도 국가들, 헝가리, 러시아 등지로 선교여행을 다녔다. 그는 일생을 성경과 전도책자들을 파는 권서전도인으로 살았으며, 방문하는 곳마다 침례교회를 세웠다.[17] 옹켄이 함부르크 교회를 비울 때는 쾨브너가 설교하며 함부르크 교회를 관리하였다. 그는 함부르크 교회의 부목사 역할을 하였던 것이다. 쾨브너는 1844년에 옹켄으로부터 목사안수를 받았고, 옹켄처럼 유럽의 여러 도시들을 방문하며 전도하였다.[18] 함부르크 침례교회는 옹켄과 쾨브너의 협력사역으로 건실하게 성장하였다.

4. 베를린 침례교회

독일에서 두 번째 침례교회인 베를린 침례교회는 코프리트 빌헬름 레만(Gottfried Wilhelm Lehmann, 1799-1882)에 의해 설립되었다. 레만은 루터교회의 형식적인 신앙에 실망하여 소그룹 성경공부 모임을 조직하였다. 그는 성경 배포에 관심이 많았으며, 그것은 옹켄과 연결되는 접촉점이 되었다. 레만 그룹은 옹켄을 베를린으로 초청하여 침례에 대한 설명을 듣고 침례교인이 되기로 하였다. 1837년 5월 13일 레만과 그의 부인, 그리고 다른 네 명의 신자들은 베를린 근교의 호수에서 옹켄으로부터 침례를 받았으며, 이튿날 레만을 담임목사로 베를린 침례교회를 설립하였다.[19] 레만은 1840년 6월 29일, 6명의 영국 침례교 목사들로부터 런던의 솔터스 홀 채플(Salter's Hall Chapel)에서 목사안수를 받았다. 베를린 침례교회는 급성장하여 1842년에 교인 수가 300명을 넘어섰다. 레만은 1882년에 주님의 품으로 돌아갈 때까지 베를린 교회에서 목회하였다. 레만의 후임으로 쾨브너가 1884년 임종할 때까지 베를린 침례교회를 섬겼다.[20]

5. 독일 침례교회의 발전

함부르크와 베를린에 이어 여러 지역에서 침례교회들이 세워지게 되었고, 독일 침례교회는 1848년에 연회(conference)를 조직하였다. 초대 연회는 기금을 모아 2/3는 국내선교를 위해, 1/3은 미국 침례교회를 통해 해외선교 자금으로 사용하기로 결의하였다. 또한 빌헬름 바이스트(Wilhelm Weist)를 전임선교사로 임명하여 유럽 침례교회 개척 사역을 맡겼다.[21] 1849년에는 덴마크 지방회와 함께 "독일과 덴마크 침례교회 연맹"을 결성하였다. 연맹의 설립 목적은 1) 신앙고백서 작성, 2) 상호 교제의 강화, 3) 선교활동, 4) 통계자료 준비 등이었다. 연맹은 미국 침례교회의 전체선교총회의 본을 따라 3년에 한 번씩 모였으며, 초기에는 주로 함부르크에서 모였다.[22]

독일 침례교회가 이처럼 급속히 성장하고 체계화 하는 시점에 갑자기 박해가부활하였다. 1848년 혁명이 끝난 후 다시 힘을 얻게 된 독일 정부는 비국교도들을 제거하려 하였던 것이다. 그러나 1860년대를 거치면서 박해는 사라졌고, 침례교회는 계속 발전하였다. 독일 침례교회는 교인 수가 1863년 11,275명, 1867년 15,229명, 1870년 18,218명, 1913년 45,583명으로 지속적인 발전을 이룩했다.[23]

유럽 각국의 침례교 설립과 발전

1. 프랑스

프랑스는 유럽대륙에서 침례교회가 가장 먼저 세워진 나라였다. 단초는 1810년 노마인(Nomain)의 농부 페르디난드 코울리어(Fedinand Caulier)가 집 안에서 성경을 우연히 발견하고 다른 사람들과 함께 성경을 공부하면서부터였다. 이들 모임을 알게 된 스위스 사람 헨리 피트(Henri Pyt)는 1819년 노마인에 와서 침례교 신앙에 관해 설명하였다. 피트는 1820년에 근처 강에서 이들에게 비밀리에 침례를 주고 교회를 조직하였다. 이것은 존 스마이스(John Smyth)가 1609년 암스테르담에 세운 영국인 망명교회 이후, 유럽대륙에서 세워진 최초의 침례교회였다.[24] 23세 때 프랑스에 왔던 피트는 제네바대학 출신의 순회 복음전도자였다. 그는 로버트 할데인의 영향으로 성경을 하나님의 말씀으로 믿게 되었으며, 1808년에 침례교인이 되었다. 피트가 노마인에서 첫 모임을 인도할 때 140명의 사람들이 참석했다. 피트 부부는 1년 조금 넘게 노마인에 머물렀으나, 그가 떠난 후 노마인 침례교회는 얼마 가지 못하고 사라졌다.[25]

　　미국 침례교 목사 하워드 말콤(Howard Malcolm)이 1831년에 프랑스에 와서 피트 교회의 남은 자들을 만났고, 미국침례교회 총회에 프랑스 선교를 실행해줄 것을 요청하였다. 미국침례교회 총회는 1832년에 뉴턴신학교 교수 이라 체이스(Irah Chase)를 프랑스로 보내 상황을 파악하도록 했다.[26] 체이스로부터 선교 필요성을 보고 받은 미국침례교회는 미국에서 침례교인이 된 프랑스인 카시미르 로스탄(Casimir Rostan)을 파리로 파송하였다. 로스탄은 지성인들 사이에서 침례교 신앙을 전파하며 상당한 성과를 올렸으나, 1834년에 콜레라로 갑자기 세상을 떠났다. 로스탄을 이어 미국 침례교 선교사 윌마스(Isaac Willmarth)와 윌라드(Erastus Willard)가 사역하였으며, 특히 윌라드는 21년 간 프랑스에 살면서 침례교회를 세우는 일을 하였다.[27]

　　프랑스 침례교회는 국가의 박해로 인해 초기에 많은 어려움을 겪었으나, 1848년 혁명에 의해 세워진 제2공화국(the Second Republic)의 종교자유 정책으로 완만한 성장을 할 수 있었다.[28] 1871년 프랑스 혁명은 침례교인들에게 보다 확장된 종교의 자유를 갖게 하였으며, 이에 따라 프랑스 침례교회는 1879년 최초 신문을 간행하였고 1880년에는 신학교도 세웠다. 그러나 오랜 기간의 박해로 많은 프랑스 침례교인들이 미국으로 이민을 갔고, 19세기 말에 발생한 교리 논쟁으로 프랑스 침례교회는 퇴보하게 되었다.[29] 이러한 현상은 20세기에도 이어졌는데, 1900년경 30개 교회에서 1908년에는 27개로, 1923년에는 20개 교회로 줄어들었다.[30]

2. 스위스와 오스트리아

스위스 침례교회 역사는 옹켄이 1847년 호치발트(Hochwart)라는 마을에서 몇 사람에게 침례를 주면서 시작되었다. 1849년에 취리히에 침례교회가 세워졌으며, 세인트 갈렌(St. Galen)과 투르가우(Thurgau)에서도 교회들이 설립되었다. 스위스에 침례교회들이 속속 생겨나자 옹켄은 1859년에 마이어(Friederich Maier)와 하르니쉬(I. Harnish)를 스위스 선교사로 파송하였으며, 그들의 급여는 함부르크 침례교회가 책임지도록 했다. 침례교 신앙은 비쇼프츠젤(Bischofszell)과 헤리자우(Herisau)에도 퍼져갔다. 그러나 스위스 침례교회는 성장이 느려 20세기초에 7개 교회와 877명의 회원만 있었다.[31]

오스트리아의 침례교회는 1842년 함부르크 대화재 때, 그곳의 재건사업에 참여한 기술자들에 의해 시작되었다. 옹켄에 의해 침례교 신자가 되었던 그들은 고국으로 돌아가 침례교회를 설립하였다. 비엔나 침례교인들은 칼 라우치(Karl Rausch)라는 사람의 집에서 주로 모였는데, 1850년 4월 20일 경찰이 이 집을 급습하여, 예배하고 있던 9명의 남자와 8명의 여자를 체포하였다. 여자들은 곧 풀려났으나 남자 4명은 재판에 넘겨졌고, 비엔나 시민이 아닌 사람들은 추방되었으며, 시민은 엄격한 관리 아래 놓이게 되었다.[32] 영국과 해외성서협회 선교사 에드워드 밀라드(Edward Millard)가 1851년에 비엔나에 와서 라우치의 사역을 이어갔다. 밀라드의 집은 침례교인들의 피난처가 되었다. 하지만 경찰은 1852년에 집회 장소를 폐쇄하고 밀라드를 추방시켰다. 그러나 밀라드는 11년 후에 다시 비엔나로 돌아와 1869년에 이르러 침례교회를 세울 수 있었다. 오스트리아에서 침례교회는 20세기 초까지 합법적인 종교로 허가받지 못했다.[33]

3. 네덜란드

네덜란드의 최초 침례교회는 요하네스 파이써(Johannes Elias Feisser)와 6명의 신자들이 1845년 5월 15일 가쎌트-니흐벤(Gasselte-Nijveen)에 세운 교회이다. 파이써는 라이덴 대학에서 교회사를 전공으로 1828년 6월 21일에 신학박사 학위를 받고, 화란개혁교회 목사로 목회하던 중 경건주의로부터 영향을 받게 되었다.[34] 그는 성경공부를 통해서 1841년 가을 "오직 은혜"로 구원 받는 것과, 성경과 초대교회가 유아세례를 인정하지 않았다는 사실을 발견했다. 파이써는 교인 자녀들에게 유아세례 베푸는 것을 거부하였다. 그러자 교단신학을 어긴 이유로 1843년 12월 19일 목사직을 박탈당하였다.[35] 파이써는 옹켄의 초대를 받아 함부르크로 가서 침례교 신앙에 관한 설명을 들었다. 쾨브너는 파이써와 동행하여 가쎌트-니흐벤으로 가서, 1845년 5월 15일 파이써와 7명의 교인들에게 침례를 주고, 파이써를 담임목사로 네덜란드 최초 침례교회를 설립하였다.[36]

네덜란드에서 두 번째 침례교회는 메노파 교회가 침례교회로 전향한 교회였다. 유트펜(Zutphen)이라는 작은 마을에 있는 메노파 교회 목사 얀 드 리프데(Jan de Liefde)는 당시 메노파 교회에 만연한 소지니주의를 반대하고, 예수 그리스도를 믿음으로 구원 받게 된다는 사실을 믿었다. 파이써와 쾨브너는 리프데를 만나 침례교 신앙에 대해 설명했으나, 리프데는 세대주의 종말론을 믿었기 때문에 침례교인이 되는 것을 거부하였다. 당시 침례교회는 세대주의를 인정하지 않았던 때였다. 한편 리프데가 건강상의 이유로 교회를 잠시 비우게 되자, 교인들은 침례교회로 바꾸기로 결정하고, 1845년 6월 24일에 모두 침례를 받았다.[37] 그러나 유트펜 교회는 얼마 후 일부 교인이 몰몬주의로 넘어가고, 다른 사람들은 세대주의를 따르는 등 교회가 혼란하였다. 파이써가 유트펜 교회를 몇 차례 방문하였으나, 교회의 몰락을 막지 못했다.[38] 네덜란드에서 세 번째 교회는 암스테르담의 소그룹 성경공부 모임에서 시작되었다. 이들은 1845년경 침례에 대해 연구한 후, 신자의 침례가 옳다고 믿었다. 이 소식을 알게 된 쾨브너와 파이써는 1845년에 5월에 암스테르담으로 가서 4명의 신자에게 침례를 베풀었다. 그 후 참여자가 늘어나면서 1847년에 정식 교회가 되었다.[39]

네덜란드의 북부지역은 독일 침례교회로부터 직접적인 영향을 받았다. 이곳의 침례교 운동은 피터 요하네스 드 뇌이(Peter Johannes de Neui)가 시작했다. 함부르크신학교에서 옹켄과 쾨브너 아래서 6개월을 공부하였던 드 뇌이는 프리슬란트의 작은 마을 프라네커(Franeker)에서 칼빈주의를 신봉하는 침례교회를 세웠다. 드 뇌이는 프라네커, 스타츠카날, 암스테르담 교회들을 독일 연맹에 가입시키려 하였다. 그러나 스타츠카날의 목사 헨드리카디우스 클로커스(Hendrikadius Zwaantinus Kloekers)는 그의 시도를 반대하였다. 클로커스는 아르미니우스주의를 선호하였으며, 독자적인 총회의 설립을 꿈꾸었다. 그의 꿈은 결국 실현되어, 1881년 1월 26일 네덜란드침례교연맹이 결성되었다.[40] 네덜란드 침례교회는 완만한 성장을 보였다. 19세기 말에 1,000명의 교인이 1910년경 1,400명이 되었고,

1915년에는 1,700명으로 늘어났다.[41]

4. 덴마크와 노르웨이

덴마크에서 침례교회를 시작한 사람은 율리우스 쾨브너였다. 쾨브너는 1839
년에 코펜하겐으로 전도여행을 떠나 경건주의자 페더 뮌스터(Peder C. Monster)
를 만났다. 뮌스터는 유아세례는 성서적 근거가 없다는 확신을 가지고 있었으
나, 침례교에 대해서는 전혀 아는 바가 없었다. 쾨브너는 뮌스터 그룹을 침례교
신자로 개종시키고, 뮌스터를 비롯한 11명을 1839년 10월에 침례를 주었으며,
뮌스터를 담임목사로 덴마크 최초의 침례교회를 세웠다. 이 교회는 스칸디나비
아 반도에서 최초의 침례교회이기도 했다. 유틀란트(Jutland)에도 침례교 신앙에
관심을 가진 사람들이 생겨났다. 그러자 뮌스터는 한 사람을 그곳으로 보냈으
며, 보냄을 받은 사람은 1840년 10월 1일에 6명의 사람에게 침례를 주고 침례교
회를 세웠다.[42]

침례교회들이 하나 둘 씩 생기자 박해의 광풍이 불어왔다. 뮌스터와 그의 동
생 아돌프(Adolf)는 수차례 감옥에 갇혔다.[43] 1845년부터 박해는 점차 누그러졌
으며, 1849년에 헌법이 개정되어 기본적인 종교의 자유가 주어졌다. 헌법은 "공
인된"(recognized) 종교와 "용인된"(tolerated) 종교를 구분하였다. 전자는 재산을
소유할 수 있고 결혼식을 집행할 수 있지만, 후자는 그렇게 할 수 없었다. 후자
에 속했던 침례교회는 1952년에 이르러서야 "공인된" 종교의 자격을 갖게 되었
다. 1900년 덴마크의 침례교 교세는 28개 교회, 19명의 목사, 3,906명의 교인이
있었다.[44]

노르웨이에서는 경건주의 영향을 받은 루터교회 목사 램머스(G. A. Lammers)
가 1856년에 설립한 "사도 자유교회"(Apostolic Free Church)에서 시작되었다. 이
교회의 일부 교인들은 신앙고백에 근거한 침례를 받아야 한다고 생각하게 되었
다. 얼마 후 미국에서 침례교로 개종한 노르웨이인 프레드릭 라임커(Frederick L.
Rymker)가 교회를 방문하여 사람들에게 침례를 베풀고, 1860년 4월 22일 노르웨
이 최초 침례교회를 조직했다.[45] 이후 두 번째 교회가 1860년 라비크(Larvik)에,
세 번째 교회가 1862년 크라게로(Kragero)에 각각 세워졌다. 1872년에 "남부지역

지방회"가 만들어졌으며, 5년이 지난 1877년에 14개 교회가 노르웨이침례교연회 (Norwegian Baptist conference)를 결성했다. 1877년에는 14개 교회, 12명의 목사, 511명의 교인, 6개 주일학교에 374명의 학생이 있었으며,[46] 1900년에는 32개 교회, 16명의 목사, 2,671명의 교인이 있었다.[47]

5. 스웨덴

스웨덴 침례교회는 미국에서 개종한 두 사람의 스웨덴 선원들에 의해 시작되었다. 슈레더(G. W. Schroeder)라는 선장은 미국에서 침례교인이 되었으며, 그는 후에 스웨덴 침례교회 창시자 프레드릭 닐손(Frederick Olaus Nillson, 1809-1881)에게 큰 영향을 끼쳤다. 닐손은 미국선원협회(American Friends Seaman's Society)의 선교사로 임명 받아 1839년경 스웨덴으로 돌아왔다. 선교사로 활동하던 닐손은 슈레더의 인도로 침례교 신앙을 받아들이게 되었고, 1847년 8월 1일 함부르크의 옹켄으로부터 침례를 받았다.[48] 닐손은 동료들과 함께 1848년 9월 21일 괴텐베르크(Gothenburg)에서 정식으로 스웨덴 최초의 침례교회를 세웠다. 교회는 급성장하여 교인 수가 54명에 달했다. 그러자 극심한 박해가 시작되었고, 닐손과 침례교인들은 1853년 5월에 미국으로 이민 갔다. 스웨덴 정부가 1860년에 종교의 자유를 인정하자 닐손은 다시 고국으로 돌아가서, 괴텐베르크 침례교회에서 7년을 목회한 후, 다시 미국으로 돌아갔다.[49]

스웨덴 침례교회의 또 다른 창시자는 안드레아스 비베르크(Andreas Wiberg)였다. 루터교 목사였던 그는 경건주의 운동에 영향을 받아 국교회 목사직을 사임하고, 쾨브너에게서 얻은 펜길리(Pengilly)의 침례에 관한 소책자를 읽고 침례교인이 되었다. 비베르크는 코펜하겐에서 닐손으로부터 1852년 7월 23일 밤에 침례를 받고, 미국으로 건너가 3년간 머물렀다.[50] 비베르크가 미국에 있는 동안 두 번째 침례교회가 탄생되었다. 모피상인 포셀(D. Forsell)과 헤이덴베르크(P. F. Hejdenberg)는 사업차 함부르크로 가서 1854년 5월에 침례를 받았다. 그들은 스톡홀름으로 돌아와 전도하여 1854년 6월 15일에 7명에게 침례를 주고, 18일 침례교회를 설립했다. 한편 비베르크는 1855년에 스톡홀름으로 돌아왔으며, 그의 귀환은 스톡홀름 교회에 큰 힘이 되었다.[51]

스웨덴 침례교회는 19명의 대의원으로 1857년에 최초 연회를 조직하였다. 1858년 두 번째 연회에는 100명 가까운 대의원이 참석하였으며, 3번째 연회는 1861년 스톡홀름에서 개최하였다. 당시 스웨덴 침례교 교세는 125개 교회, 4,930명의 회원으로 집계되었다.[52] 스웨덴 침례교회는 1861년에 교리를 명확하게 하고, 정부로부터 신앙의 자유를 얻기 위한 목적으로 신앙고백서를 작성하였다. 신앙고백서는 보수주의, 칼빈주의, 정교분리주의, 폐쇄성찬 등을 지지하였다.[53] 스웨덴 침례교인들은 영국과 미국 침례교회들의 재정적 후원으로 1866년 스톡홀름에 베델신학교(Bethel Seminary)를 설립하였다. 이 학교는 유럽대륙에 세워진 최초의 정규 침례교신학교였다.[54] 1866년에 스웨덴 침례교회는 10개 지방회, 183개 교회, 6,877명 회원, 1,717명의 주일학교 학생을 보유하고 있었으며, 1889년에 스웨덴침례교연맹을 결성하였다.[55] 스웨덴은 스칸디나비아 반도에서 침례교회가 가장 부흥한 나라였다. 1900년에는 564개 교회, 749명의 목회자, 40,759명의 교인이 있었다.[56]

6. 핀란드

핀란드 침례교회는 스웨덴어와 핀란드어를 사용하는 교회로 나누어져 있다. 스웨덴 말을 사용하는 침례교회는 스웨덴 사람 몰러스바드(C. J. Mollersvard)에 의해 시작되었다. 그는 1855년 여름에 올란드(Aland) 섬에서 침례교 신앙을 전파하고, 2년 후 핀란드에 최초 침례교회를 세웠다. 올란드 섬에서 시작된 침례교 운동은 본토로 확산되어, 야콥스타드(Jacobstad, 1872), 바사(Vasa, 1881), 헬싱키(Helsinki, 1885) 등에서도 침례교회가 세워졌다. 이들 교회는 스웨덴 침례교회와 긴밀하게 연결되어 있었으며, 핀란드 신학생들은 스톡홀름에 있는 베델신학교에서 훈련받았다.[57]

핀란드어를 사용하는 지역에서의 침례교회의 시작은 1870년대에 룬드베르크(Esaias Lundberg)가 루비아(Luvia)에서 침례를 베풀면서 시작되었다. 거의 같은 시기에 루터교회 목사 요한 하이맨더(John Hymander)가 유아세례를 부인하고 1870년에 패리칼라(Parikkala)에 침례교회를 세웠다.[58] 20세기 초 스웨덴어를 사용하는 침례교회는 30여개 교회와 2,000명의 교인이 있었고, 핀란드어를 사용하

는 침례교회는 52개 교회와 3,156명의 교인이 있었다.[59]

7. 이탈리아

이탈리아 침례교회는 영국 침례교선교협회 제임스 월(James Wall) 선교사가 1863년 볼로냐에서, 그리고 에드워드 클라크(Edward Clark)가 같은 해에 스페치아(Spezia)에서 전도하면서 시작되었다. 이중 월은 1870년 로마로 사역지를 옮겨 1901년 그가 죽을 때까지 사역했다.[60] 침례교선교협회는 1875년에 랜델스(W. Kemme Landels)를 로마로 파송하여 월을 돕도록 하였다. 랜델스는 1887년에 토리노로 사역지를 옮겼으며, 그곳에서 25년 선교한 후, 1912년에 다시 로마로 갔다. 침례교선교협회는 존 랜델스(John Landels) 선교사를 1887년 제노바로 파송했으나, 얼마 안가 장티푸스 열병에 걸려 영국으로 돌아가야 했다. 그를 대신하여 로버트 워커(Robert Walker)가 제노바에 왔다. 그는 제노바를 비롯하여 여러 지역에서 사역하다가, 마지막으로 플로렌스에서 1907년까지 선교하였다.[61] 영국 침례교선교협회는 미국 남침례교회에 로마의 남부지역을 넘겨주고, 로마 동부지역, 토리노, 제노바, 플로렌스를 중심으로 선교하였다. 20세기 초에 이들 지역에는 20개 교회, 604명의 교인, 17개 주일학교, 711명의 학생, 2명의 선교사, 17명의 본토인 사역자가 있었다.[62]

남침례교회는 1873년에 조지 테일러(George B. Taylor)를 이탈리아 선교사로 파송하였으며, 그는 1907년 죽을 때까지 34년 동안 이탈리아에서 사역하였다. 테일러가 사역한 지 몇 년 후 이거(J. H. Eager)가 파송 받아 동역했다. 1901년에 휘팅힐(D. G. Whittinghill)이 이탈리아 선교사로 와서 테일러를 도왔으며, 테일러 사망 후 책임자로 사역했다. 그 후 길(Everette Gill), 스튜어트(J. P. Stuart) 등이 합류하였다.[63] 남침례교회는 이탈리아 사역을 북부와 남부로 나누어서 관리하였다. 북부 지방회는 17개의 주요 선교 스테이션과 43개의 보조 스테이션, 그리고 15개의 교회, 337명의 교인, 317명의 주일학교 학생, 18명의 본토인 목회자들과 사역자들이 있었다. 주요 도시는 제노바, 플로렌스, 밀라노, 로마, 베니스 등이었다. 남부 지방회는 23개의 주요 스테이션과 여러 개의 보조 스테이션, 그리고 856명의 교인과 775명의 주일학교 학생들, 20명의 본토인 사역자들이 있었다. 주요 도시는 바리(Bari), 칼리아리(Cagliari), 나폴리, 메시나(Messina) 등이 었다.[64]

미국 북침례교회는 1871년 로마에 침례교회를 설립했으며, 19세기 말까지 이탈리아 전역에 몇 개의 교회를 더 세웠다. 그러나 내부적인 문제들과 훈련된 목회자의 부족, 로마가톨릭의 방해로 어려움을 겪게 되면서 문서선교에 주력하게 되었다. 로마가톨릭은 북침례교회의 복음주의 문서들을 금서로 선포하였다.[65] 미국침례교회가 발행한 월간 「목격자」(Il Testimonio)는 이탈리아에서는 가장 오래된 복음주의 신문이었으며, 「씨 뿌리는 사람」(Il Seminatore)은 격주로 발행되는 신문으로 로마가톨릭의 가르침이 성경과 차이 나는 부분들을 집중적으로 조명하였다.[66]

8. 스페인

스페인에 처음으로 침례교회를 세운 사람은 윌리엄 냅(William Knapp) 선교사였다. 그는 1868년에 독립 선교사로 스페인에 왔으나, 얼마 후 미국침례교선교연맹과 연대하였다. 냅은 1870년 32명에게 침례를 주고, 스페인 최초 침례교회인 마드리드 침례교회를 세웠으나 교회는 오래가지 못했다.[67] 미국침례교선교연맹은 1879년 룬드(E. Lund)를 통해 카탈로니아(Catalonia)에, 스웨덴침례교협회는 하그룬드(C. A. Haglund)를 통해 1885년에 발렌시아(Valencia)에 각각 선교본부를 세웠다.[68] 스웨덴 침례교 선교사 에릭 룬트(Eric Lund)는 1880년경에 스페인 선교를 시작하여, 바르셀로나(Barcelona)와 인근 마을들에 10개의 작은 교회들을 세웠다. 그러나 강력한 반대와 박해로 인해 교회는 사적 모임 정도로 축소되었다. 룬트가 선교를 위해 필리핀으로 떠나자 바르셀로나, 발렌시아 같은 도시 교회들은 생존하였으나 마을의 교회들은 사라지게 되었다.[69] 19세기 말에 스페인에는 10개 교회 115명의 교인과 6명의 목회자가 있었다.[70]

9. 포르투갈과 벨기에

포르투갈에서 침례교 신앙이 가장 일찍 전파된 것은 1888년 영국 평신도 선교사 조셉 존스(Joseph Jones)가 오포르토(Oporto)에서 전도하면서부터이다. 그러나 19세기가 끝날 때까지 포르투갈에는 침례교회가 설립되지 않았다. 벨기에는 19세기에 몇 개의 침례교회들이 있었으나, 교회들은 매우 작았고 대부분 이웃 국가의 지방회나 총회에 소속되어 있었다.[71]

10. 폴란드

폴란드에서 침례교 신앙은 독일계 폴란드인들 사이에서 시작되었으며, 최초로 침례교 신앙을 전파한 사람은 루터교회 학교의 교사였던 루돌프 스탁노우스키(Rudolf Stagnowski)였다. 그는 1851년에 침례교 신앙을 받아들였으며, 그 이유로 직장을 잃게 되었다. 스탁노우스키는 침례교 권서전도인으로 사역하면서 1861년까지 149명에게 침례를 주는 등 성과를 거두었다. 스탁노우스키는 주로 독일계 주민들에게 전도하였다.[72]

폴란드에서의 최초 침례는 독일 목사 바이스트(Weist)가 1858년 11월 28일 실시한 것이었다. 바이스트는 9명에게 침례를 주고, 이튿날 17명에게도 침례 주어 총 26명의 독일어권 폴란드인들에게 침례를 베풀었다.[73] 폴란드에서 두 번째로 침례교회가 세워진 곳은 1860년에 키친(Kicin) 마을이었다. 바이스트에 의해 침례 받은 고트프리드 알프(Gottfried Alf)는 키친의 메노파 교인들을 침례교인으로 전향시키는 데 성공하였던 것이다.[74]

폴란드 언어를 사용하는 사람들 사이에서 최초로 침례교 신앙을 전파한 사람은 1859년에 가톨릭에서 개종한 차코스키(Czarkowski)였다. 그는 먼저 친족들을 전도하고 이후 폴란드 언어를 사용하는 루터교인들을 전도하였다. 2년 내에 차코스키는 200명을 침례교 신자로 만들었다. 그가 살고 있던 루미(Rumi)라는 마을은 침례교 센터가 되었으며, 1861년에 폴란드 언어를 사용하는 침례교회가 정식으로 세워졌다. 차코스키와 평신도 전도인들은 다른 마을에도 가정교회를 세웠으며, 그 교회들은 후에 자립적인 교회들로 성장했다. 1900년에 폴란드에는 4,162명의 침례교인들이 있었다.[75]

11. 헝가리

헝가리 침례교회는 함부르크 대화재 때 침례교로 개종한 사람들과, 영국 침례교회 선교사들에 의해 개종한 사람들로부터 시작되었다. 함부르크 대화재 때 침례교인이 된 6명의 목수들은 부다페스트로 돌아가 3명의 신자를 더 얻어, 9명으로 1846년에 헝가리 최초의 교회를 시작했다. 그러나 헝가리의 최초 침례교회는 박해로 인해 몇 년 후 사라져 버렸다.[76] 27년이 지난 1873년에 영국과 해외성경협회의 후원을 받은 하인리히 마이어(Heinrich Meyer) 부부가 부다페스트에서 도착했다. 마이어는 가톨릭교회와 루터교회의 견제와 박해에도 불구하고 독일어 사용 지역에서 성공하여, 10년 동안 629명에게 침례를 주고, 주일학교도 개설하였다. 1893년에 헝가리에는 3,200명의 침례교인들이 있었는데, 이처럼 헝가리에서 침례교회가 성공하게 된 원인은 마이어의 신실한 사역과 독일침례교연맹의 시의적절한 지원 때문이었다.[77]

마이어는 안톤 노박(Anton Novak) 부부를 전도하여 침례를 주었으며, 노박 부부는 베케슈사바(Bekescsaba)와 나기잘론타(Nagyszalonta)에서 활발하게 침례교 운동을 일으켰다. 그들은 미할리 코르냐(Mihaly Kornya)와 미할리 토스(Mihaly Toth)를 전도하였다. 코르냐와 토스는 "농부 선지자들"로 불렸으며, 큰 열정과 천부적인 재능으로 광범위한 지역에 침례교 신앙을 전파하였다. 토스는 헝가리에서 침례교 예배당 건립을 도왔고, 코르냐는 헝가리와 루마니아에서 30년 목회하는 동안 11,000명 이상의 사람들에게 침례를 주었다고 알려졌다.[78] 1908년 1월 헝가리침례교연맹이 설립되었고, 약 800개 교회 26,000명의 교인들이 있었다.[79]

12. 체코슬로바키아와 유고슬라비아

체코슬로바키아에 처음으로 침례교 신앙을 전파한 사람은 독일 침례교인 크나페(A. Knappe)였다. 그는 1860년대에 독일어를 사용하는 보헤미아 사람 몇 명에게 침례를 주었으나, 교회를 세우지는 못했다. 영국 침례교선교협회 선교사 미리어스(A. Meeries)는 헨리 노보트니(Henry Novotny)를 전도하였고, 노보트니는 16명의 침례교인과 함께 1885년에 프라하에 최초의 침례교회를 설립했다.[80] 노보트니는 폴란드에서 온 찰스 온드라(Charles Ondra) 목사에게 침례를 받고 프라하로 돌아와, 30년 가까이 사역하면서 30개 이상의 마을에 침례교 신앙을 심었다. 체코슬로바키아에는 20세기 초 12개의 교회 및 예배처소가 있었다. 노보트니는 1912년 1월에 세상을 떠났으며, 그의 아들 조셉(Joseph)이 그를 이어 보헤미아 침례교회의 지도자로 활약하였다.[81]

유고슬라비아의 침례교회는 세 가지 기원에서 시작되었다. 첫째, 외국에서 침례교 신자로 개종하고 유고슬라비아에 침례교 신앙을 심은 경우이다. 예를 들면 노비사드(Novi Sad) 지역의 프란츠 타보리(Franz Tabory) 부부는 1862년에 루마니아의 부쿠레슈티에서 침례를 받고 본국에 와서 침례교회를 설립하였다. 둘째는 영국 및 독일 침례교 선교사들의 사역이다. 옹켄은 아우구스트 리비히(August Liebig)를 1863년에 유고슬라비아로 보냈으며, 하인리히 마이어는 노비사드 지역에서 여러 사람에게 침례를 주었다. 유고슬라비아 사람 아돌프 헴프트(Adolf Hempt)는 이때 개종하여, 영국과 해외성서협회의 후원으로 광범위한 지역을 여행하며 전도하였다. 이러한 선교와 전도활동으로 슬로바키아인들 가운데 강력한 침례교 부흥이 일어났다. 1900년 기준으로 유고슬라비아 침례교인 전체 수의 30퍼센트가 슬로바키아인들이었다. 셋째는 미국 남침례교회로부터 후원을 받는 크로아티아 사람 빈코 배세크(Vinko Vacek)의 사역이다. 그는 5개의 언어를 사용하는 그룹들을 모아 1920년에 유고슬라비아침례교연맹을 세웠다.[82]

13. 루마니아와 불가리아

루마니아의 최초 침례교회는 칼 샬슈미트(Karl Scharschmidt)라는 평신도에 의해 세워졌다. 그는 1845년 함부르크에서 옹켄으로부터 침례를 받았으며, 헝가리에서 수년을 보낸 후 1856년에 루마니아로 돌아왔다. 샬슈미트는 부쿠레슈티에 사는 독일어를 사용하는 사람들을 개종시켜 침례교회를 설립하였다. 옹켄은 1863년에 아우구스트 리빅(August Leibig)을 이 교회의 담임목사로 파송했다.[83] 한편 베를린침례교회의 회원이었던 바이글(Weigl)은 부쿠레슈티에서 1862년에 또 다른 침례교회를 시작했다. 약 10년이 지난 후, 독일성경협회의 선교사 요한

햄머슈미트(Johann Hammerschmidt)가 이 교회의 목사로 부임하였다. 햄머슈미트의 후임으로 독일계 미국인 목사 슈리프(B. Schlipf)가 부임하였고, 교회는 착실히 성장했다. 20세기 초 독일계 루마니아 침례교회는 4개 교회, 335명의 교인이 있었다.[84] 루마니아로 이민 온 러시아 침례교인들도 교회를 세웠다. 그러나 그들은 끔찍이 가난했기 때문에 교회가 존립하는 것이 매우 어려웠다. 한편 루마니아인 침례교 지도자 콘스탄틴 아도리안(Constantin Adorian)과 안탈 노발(Antal Noval)의 활약으로 트란실바니아(Transylvania)에서 침례교회는 급속히 성장하였다.[85]

불가리아의 침례교회는 크게 세 가지 근원이 있는데, 첫째 박해로 고통당하던 러시아 침례교인들이 1880년대에 대거 이주한 일이다. 다뉴브 강변의 루스트추크(Rustchuk)에 있는 매우 커다란 예배당은 1882년 이민 온 러시아 침례교인들이 세운 교회였다. 상업도시 롬(Lom)에도 남부 러시아에서 추방된 야콥 클룬트(Jacob Klundt)가 침례교회를 설립하였다. 그는 침례교 신앙을 전파한다는 이유로 1865년에 추방되었으나, 1880년에 다시 와서 목회하였다. 클룬트는 20년 이상을 순회전도자로 살았고, 노년에는 롬에 정착하여 교회를 돌보았다.[86]

두 번째 근원은 그레고르 둠니코프(Gregor Dumnikoff)와 페트로 킬킬라노프(Petro Kirkilanoff)라는 두 명의 젊은이들이다. 이들은 우연히 구입한 복음서들을 공부하다가 신자의 침례를 믿게 되고, 적극적으로 새로운 교리를 전파하며 교회들을 개척했다.[87] 세 번째 근원은 피터 도이체프(Peter Doycheff)가 세운 교회들이다. 그는 17세에 침례교인으로 개종하고 미국으로 건너가 침례교 신학교와 시카고에 있는 맥코믹 대학교(McCormick University)에서 수학한 후, 고국으로 돌아왔다. 그는 훌륭한 성품과 깊은 영성으로 많은 사람들을 끌어들였으며, 그의 사역은 여러 지역으로 확산되었다.[88] 그러나 불가리아에서 침례교인의 수는 수백 명을 넘어선 적이 없을 정도로 발전이 느렸다.[89]

14. 러시아

러시아 침례교회의 성장에는 세 가지 요인이 있었다. 첫째는 1789년부터 프러시아의 메노파 교도들이 병역을 피하기 위해 대거 러시아로 이주한 것이었고,

둘째는 크림전쟁(Crimean War) 이후 농노들이 해방이었다. 셋째는 영국과 해외 성경협회가 러시아 전역에 뿌린 성경이었다. 해방된 농노들 가운데 일부는 외국 성경협회가 뿌린 성경들을 공부하기 위해 성경공부반을 조직하였다. 이것은 스툰트 운동(Stundist Movement)로 불렸으며, 침례교회 발생의 주요한 배경이 되었다.[90] 러시아는 인종에 따라 침례교회 단체가 따로 구성되었다. 비 슬라브계 사람들은 러시아-독일 침례교연맹에 속해 있으며, 슬라브계 침례교인들은 러시아 전국 침례교연맹(Russian National Baptist Union)과 러시아 전국 복음주의기독교 침례교회(Russian National Evangelical Christian Baptists)에 소속되어 있다.[91]

1) 비 슬라브계 침례교회

비 슬라브계 러시아 최초 침례교회는 프러시아계 기능공들이 1860년 빈다우(Windau)에 설립한 교회였다. 독일침례교연맹으로부터 후원을 받았던 레트인들도 1870년에 이르러 16개의 교회를 설립하였다. 폴란드계 러시아인들의 최초 침례교회는 고트프리드 알프(Gottfried Alf)에 의해 1861년 아다모우(Adamow)에 세워진 교회였다. 알프는 1867년까지 10번이나 감옥에 갇혔으며, 1898년 12월 18일 67세의 일기로 죽을 때까지 신실하게 침례교 복음을 전하였다.[92] 한편 옹켄은 상트페테르부르크에서 1863년 12월 3일 밤 12시에서 새벽 1시 사이에 침례식을 거행했으며, 1869년에는 러시아 남부지역을 방문하여 개종자들에게 침례를 주고 교회를 설립할 것을 권고하였다.[93]

러시아 정부는 침례교 신앙을 독일계 사람들에게는 허용하면서, 다만 다른 사람들을 꾀어 러시아 정교회를 탈퇴케 하는 행위는 엄벌하겠다고 공표했다. 그리고 설교자들은 자기 지역에만 머물러야 한다고 명령하였다. 이러한 제한으로 인해 독일계 러시아 침례교인들은 루마니아와 불가리아로 이민 갔으며, 이를 우려한 러시아 황제는 1879년 9월 21일 신앙의 자유를 인정하는 칙령을 발표하게 되었다. 그때 스웨덴족, 레트족, 에스토니아족 등도 종교의 자유를 인정받았다.[94]

2) 슬라브계 침례교회

슬라브계 러시아인으로서 최초로 침례 받은 사람은 니키타 보로닌(Nikita

Voronin)이었다. 그는 1867년 8월 20일 어두운 밤에 쿠라 강(Kura River) 근처의 냇가에서 독일 침례교인 마틴 칼바이트(Martin Kalweit)로부터 침례를 받았다.[95] 이후 침례교회가 급속하게 성장하였고, 개종자들은 신약성경에 나와 있는 대로 두 명씩 짝을 지어 마을들을 방문하며 복음을 전파하였다.[96]

코카서스(Caucasus) 지역에서 살고 있던 몰로칸파(Molokan)는 침례교 성장의 중요한 모판이 되었다. 몰로칸파 중에서 침례교로 전향하여 러시아 침례교 지도자들이 된 사람들로 니키타 보로닌, 바실리 파브로프(Vasili Pavlov), 이반 프록하노프(Ivan Prokhanov), 야콥 즈히도프(Jacob Zhidhov), 알렉산더 카레프(Alexander Karev) 등이 있었다. 몰로칸파 침례교인들의 전도는 성공적이어서 5년 이내 코카서스 지역 148개의 마을에 침례교 복음이 전파되었다. 그러나 몰로칸파 침례교인들은 초교파적인 방향으로 나아갔다. 그들은 침례교라는 명칭 대신에 복음주의라는 명칭을 선호했으며, 이것은 엄격한 침례교주의를 주장하는 사람들과 갈등의 원인이 되기도 했다.[97]

독일 메노파 교회로부터 영향을 받은 우크라이나의 스툰드 파(Stundists)로부터 발생한 침례교회는 우크라이나 키예프 주변지역에서 많은 회심자를 얻게 되었다.[98] 상트페테르부르크의 침례교 운동은 라드스톡 경(Lord Radstock)으로 더 잘 알려진 경건한 영국인 귀족 왈드그레이브(G. A. W. Waldgrave)의 활동으로부터 많은 도움을 받았다. 그의 주변에 몰려들었던 탁월한 러시아인들 가운데 콜프 백작(Count M. M. Korff)과 파시코프 대령(Colonel Pashkov)이 있었다. 파시코프는 러시아의 모든 침례교 그룹들을 통합하여 1880년에 침례교 연회를 만드는 일을 주도하였다.[99]

침례교회의 급속한 성장에 위협을 느낀 러시아 정교회 지도자들은 1891년 8월의 모스크바 공의회에서 침례교회를 박해하기로 결의하였다. "급속히 성장하는 이 종파는 국가의 심각한 위협이 된다."라는 문구로 시작한 결의문은 침례교인 아이들을 정교회 신앙으로 교육시킬 것, 침례교인들에게 상행위나 부동산 소유를 금지할 것, 시민권을 일정 기간 박탈할 것, 감옥에 감금하며, 시베리아나 다른 외딴 지역으로 추방할 것 등 침례교인들에 대한 구체적인 벌칙을 제시하였다.[100]

러시아 침례교회는 처음부터 다양한 교리와 행습을 포함하고 있었다. 일부는 독일 침례교회의 신앙과 행습을 따랐으며, 다른 사람들은 몰로칸 파 혹은 플리머스 형제회 전통의 영향으로 초교파주의를 취하였다. 스툰드 파는 메노파 특성을 가지고 있었고, 많은 침례교인들이 오순절주의를 받아들였다. 이와 같은 다양한 배경으로 인해 총회의 구성이 늦어져 20세 초에 이르러서여 연맹이 설립될 수 있었다.[101] 20세기 초 러시아 침례교 교세는 러시아 전국 침례교연맹에 97,000명, 러시아-독일 침례교연맹에 36,527명, 러시아 전국 복음주의기독교침례교회 8,472명 등 총 14만 명 정도였다.[102]

유럽대륙 각국에서 침례교회는 다양한 요인에 의해 시작되었다. 메노파 교회의 침례교회로의 전향, 경건주의자들의 침례교 개종, 영·미 침례교 선교사들의 활동, 침례교인들의 이웃 국가로의 이민 등이 유럽대륙 침례교회의 기원이었다. 1,500년 이상 국교회 체제에 익숙하였던 유럽인들은 국교회의 기초인 유아세례와 정교일치를 거부하는 침례교인들을 혁명분자로 오해하여 박해하였다. 침례교인들은 그러나 모진 박해를 감수하면서 침례교 신앙을 고수하고 교회들을 설립해나갔다. 그 결과 19세기가 끝나기 전 유럽대륙의 거의 모든 국가에 침례교회가 존재하게 되었다. 뚜렷한 성장을 거둔 나라들은 스웨덴, 독일, 러시아였다. 이들 나라에서 침례교회의 성공은 사회적 혹은 정치적인 요인이 아니라, 열정적인 복음전파를 통해 이룩된 것이었다.[103] 요한 옹켄, 요하네스 파이써, 프레드릭 닐손, 안드레아스 비베르크, 하인리히 마이어 등을 비롯한 수많은 무명의 침례교인들은 영웅적인 헌신과 희생으로 오늘날 유럽대륙에 침례교회가 존재할 수 있게 하였다. 유럽대륙 침례교회의 역사는 진실한 신자의 헌신으로 교회가 세워지고 유지된다는 사실을 또 다시 확인시켜주었다.

제16장

군소 침례교단들

1. 일반 여섯-원리 침례교회

아르미니우스주의 전통을 이어온 일반 여섯-원리 침례교인들은(General Six-Principle Baptists) 1670년에 영국에서 미국으로 건너와 로드아일랜드에 교회를 세웠다. 이들은 히브리서 6장 1-2절에 나오는 여섯 가지 원리들 즉, 회개, 믿음, 침례, 안수, 부활, 최후심판 등의 교리를 철저히 보존하였다. 펜실베이니아, 로드아일랜드, 매사추세츠 등 3개 주에 산재한 여섯-원리 침례교회들은 20세기 초반에 약 1,000명 정도의 교인을 가지고 있었다. 그러나 교세는 점차 하락해서 20세기 중반에는 300명이 채 되지 못했다.[1]

2. 초대 침례교회

초대(구파, 혹은 반선교)침례교회(Primitive, Old School, or Antimission Baptists)는 뉴욕과 펜실베이니아의 경계선 양편 지역을 관할하고 있는 체뭉(Chemung)지방회에서 시작되었다. 이 교회들은 성서협회, 선교협회, 교회학교, 총회 등 모든 인간이 만든 조직이나 기구는 성경에 근거가 없다고 믿고, 1835년에 미국침례교회로부터 탈퇴하여 분립하였다. 이 교회들은 조직체를 통하지 않는 모든 종류의 선교활동은 찬성하였다. 초대침례교회들은 세족식을 하나의 의식으로 간주하여 지켰다. 교세는 1844년에 1,600개 교회, 61,000명의 교인에서 1890년에는 거의

3,000교회 121,000명의 교인으로 급속히 성장했다. 그러나 20세기 중반에 이르러서는 교인이 거의 반으로 줄어들어 약 69,000명 정도만이 남아있었다.[2]

3. 분리침례교회

대각성운동 기간에 뉴잉글랜드에서 발생한 분리침례교회(Separate Baptists)는 시간이 지나면서 대부분 정규침례교회로 흡수되었지만, 극소수의 무리는 독립된 단체로 남아 있었다. 1945년 기준으로 약 6,500여명의 교인이 인디애나, 켄터키, 테네시, 메릴랜드, 일리노이 등지에 퍼져있었다.[3]

4. 자유의지 침례교회

자유의지 침례교회(Freewill Baptists)는 뉴햄프셔 주 뉴캐슬(New Castle) 출신의 벤자민 렌덜(Benjamin Randall)에 의해 1780년에 세워졌다. 렌덜은 청년 시절 선원과 재봉사로 살아가다가 소명을 받고 목사가 되었다. 그는 목사가 된 후에도 생계를 위해 재봉의 일을 계속하였다. 렌덜은 조지 휫필드가 사망하였다는 소식을 듣고 회심하게 되었다. 그는 자신이 유명한 휫필드의 집회에 한 번도 참석하지 않을 정도로 신앙에 무관심하였던 것에 대해 스스로 상심하였다. 렌덜은 그리스도를 만나고 난 후, 1771년 뉴캐슬의 한 회중교회에 가입하였다. 하지만 교인들은 신앙적인 열정이 없었다. 렌덜은 목사의 허락을 받아 천막집회를 가지기도 했지만, 열정을 불러일으키기는 것이 난감하다는 것을 깨닫고 그 교회를 탈퇴하였다.[4]

렌덜은 신약성경을 연구하면서 신자의 침례가 옳다는 것을 확신하게 되었다. 당시는 미국이 한창 독립전쟁으로 혼란스러운 때였다. 렌덜은 1776년 10월에 세 사람의 친구와 함께 메인 주 버윅(Berwick)의 침례교회 목사 윌리엄 후퍼(William Hooper)로부터 침례를 받았다. 그는 곧이어 설교하며 전도하러 다녔는데, 놀라운 열매들이 나타났다.[5] 렌덜은 상업 활동과 농장의 수입으로 자급자족하면서 뉴잉글랜드 전역을 돌며 복음을 전하였다. 그런데 그는 1779년경에 이르러 뉴잉글랜드 지역의 칼빈주의 침례교인들이 자신을 비판적인 시각으로 보는 것을 깨닫게 되었다. 그곳의 침례교회들은 대부분 칼빈주의 신학을 따르는 입장이었다. 렌덜은 동료 침례교인들의 비관용성에 크게 상심하여 1779년 3월에 버윅 침례교회를 탈퇴하고, 뉴햄프셔 주 스트래포드(Strafford)에 막 설립된 아르미니우스주의 크라운 포인트 교회(Arminian Crown Point Church)에 가입하였다. 그리고 곧장 4월에 뉴 덜햄(New Durham)에 있는 아르미니우스주의 침례교회에서 목사안수를 받고, 6월 30일에 그곳에서 자유의지 침례교회를 개척했다.[6]

렌덜은 뉴 덜햄 교회에서 목회하면서, 주변 지역에 순회설교를 다녔다. 그 결과 1781년과 1782년 사이에 15개의 교회가 개척되었다. 렌덜은 이 교회들을 분기별 모임과 연차총회로 결합시켰다. 자유의지 침례교총회(General Conference of Freewill Baptists)가 결성된 것이다. 이 교단은 총회가 개교회나 지방회를 징계할 수 있지만, 개교회나 지방회의 결정사항을 변경시킬 권한은 없었다. 이것은 전통적인 침례교 개교회주의와 상위기관에 입법적 권한을 부여하는 장로교주의가 절충한 형태였다. 총회는 개교회에 대한 치리권은 없었지만 확고한 도덕적 권위는 가지고 있었다.[7] 즉 개교회가 총회와 무관하게 마음대로 할 수 없는 구조를 가지고 있었던 것이다.

자유의지 침례교회는 뉴잉글랜드 중산층으로부터 큰 호응을 얻게 되었다. 렌덜이 오랜 전도여행으로 폐결핵에 걸려 사망한 1808년에 교단은 130개 교회, 110명 목회자, 6천 명 정도의 교인이 있었다. 교회의 대다수는 메인, 뉴햄프셔, 버몬트 주에 있었다. 몇몇 교회들은 중부지역과 뉴욕, 그리고 캐나다 등지에도 퍼져있었다.[8] 렌덜이 사망한 이후 교단은 약 20년간 혼란기를 겪게 되었다. 일부는 그리스도 교회나 제자 교회(Disciples)와 통합을 시도하였다. 하지만 주류는 계속 교단을 유지하며 발전시켰다. 자유의지 침례교회는 1827년 총회 때, 흑인 목사 안수를 가결하고, 얼마 후 여성목사도 인정하여 당시 기준으로 볼 때, 매우 관용적이며 진취적인 성향을 보였다.[9]

자유의지 침례교회들은 1832년 총회에서 교단의 교리와 행습에 관한 문서를 제정하는 것에 동의하였다. 신앙고백서는 약 2년 동안의 준비 끝에 1834년 4월에 완성되었다. 그 이후 신앙고백서는 개정과 확장을 여러 번 거쳤고, 아홉 번째 판인 「자유의지 침례교 신앙」(Free Will Baptist Faith)을 1869년 1월 1일에 완성하였다.[10] 자유의지 침례교회는 1830년부터 1845년 사이에 급속하게 성장했고,

교인 수는 약 6만 명을 헤아리게 되었다. 교회들도 미국 전역으로 퍼졌다. 하지만 1845년부터 분열이 발생되었다. 일부 지도자들은 신학교 세우는 것과 금주협회, 선교협회 등을 반대하였다. 특히 학교를 세우려는 계획에 반대하는 8,000명의 사람들이 교단을 탈퇴하였다. 분열로 인한 교세의 감소는 계속적인 전도와 부흥으로 곧 회복되었다. 교단은 해외선교사를 인도에 파송하고, 학교 사업에도 참여하였다.[11]

자유의지 침례교회는 꾸준한 성장을 이어가서 1880년에는 1,400개 교회와 77,000명의 교인이 있었고, 1910년에는 586개 교회와 90,000명의 교인, 그리고 51개의 지방회가 있었다. 이듬해인 1911년에 북침례교총회(Northern Baptist Convention)와 통합되었다. 칼빈주의 전통을 이어온 북침례교회가 자유의지 침례교회와의 통합을 승인한 것은 신학적 차이에 대한 관용성이 매우 증대된 상태였음을 보여준다.[12]

5. 원자유의지 침례교회

원자유의지 침례교회(Original Freewill Baptists)는 1729년에 남부의 버지니아와 노스캐롤라이나 등지에서 조직되었으며, 그들은 영국 침례교회 창시자 토마스 헬위스(Thomas Helwys)의 전통을 계승하고 있다고 주장하였다. 이들의 독특한 점은 "세족식, 병자의 도유, 복수장로제, 남자만이 교회의 직분을 갖는 것" 등이다. 이들은 협의회 형태의 교단조직을 통해 치리와 교회들 간의 갈등을 조정하였다. 교세로는 1890년에 167개 교회에 12,000명의 교인이 있었다.[13] 원자유의지 침례교회는 20세기 전반기에 큰 성장을 이루었다. 교회들은 6개의 남부 주들에 산재해 있었으며, 1916년에 미주리 주 패턴스버그(Pattonsburg) 근교에 모여, 자유의지 침례교 협동총회(Cooperative General Association of Free Will Baptists)를 조직하였다. 당시 교세는 약 30만 명 정도였다.[14]

교단은 세족식을 교회의 의식으로 할 것인가를 놓고 갈등이 일었다. 다수의 교회들은 세족식을 반대했지만, 노스캐롤라이나와 테네시의 교회들은 그것을 계속 실행해야 한다고 주장하였다. 이들 교회들은 자신들의 입장이 받아들여지지 않자 1921년에 교단을 탈퇴하였다. 하지만 분열은 얼마 가지 않았다. 탈퇴한 교회들은 1935년 11월 5일에 다시 원래 교단과 합병하여 자유의지 침례교 전국총회(National Association of Free Will Baptists)를 창립하였다. 또한 창립총회 때 벤자민 랜덜의 1834년 신앙고백서와 교회들이 이미 사용하고 있던 치리문서들을 합하여, 교단의 신학과 행습의 기초로 사용될 신앙고백서를 제정했다.[15]

총회는 1947년에 신앙고백서를 개정하기 위한 위원회를 구성하여 개정작업을 하였으며, 1948년 7월 아칸소 주 포카혼타스에서 개최된 총회에서 개정된 고백서를 채택하였다. 총 22장으로 구성된 신앙고백서의 대체적인 내용은 다음과 같다: 1) 성경은 영감 받은 사람들이 기록하였으며, 구원과 예배에 있어 무류한 규칙과 안내서이다. 2) 유일하신 하나님은 창조자요 구속주이시며, 전능, 전지, 편재하고, 선한 하나님이다. 3) 하나님은 인간에게 자유로운 선택의 능력을 주셨기 때문에 인간은 책임적인 존재이다. 4) 하나님은 자신의 기쁘신 뜻에 따라 세상, 천사, 사람을 창조하셨다. 인간은 선하게 창조되었지만 타락하게 되었고, 그 영향으로 모든 후손들도 타락의 상태에 있게 되었다. 구원은 오직 그리스도의 보혈과 성령의 역사로 가능하다. 5) 예수 그리스도는 모든 신적인 완전함을 소유하고 있으며 창조자, 구속자, 심판자이시며 성육하신 하나님이시다. 6) 그리스도는 속죄를 위해 죽으시고, 칭의를 위해 다시 사셨으며, 승천하여 중보자가 되셨다. 유아기에 죽은 아이들은 지옥에 가지 않고 천국에 가게 될 것이다. 7) 성령은 인격적인 특성과 완전한 신성을 소유하고 있다. 성부, 성자, 성령은 한 하나님이시다. 8) 성령에 의한 복음의 초청은 모든 사람들에게 제공된다. 따라서 구원의 책임은 개인에게 달려있다. 9) 회개는 죄의 자각, 참회, 고백, 온전히 죄를 버리는 것이다. 10) 믿을 수 있는 능력은 하나님의 선물이지만, 믿는 것 자체는 피조물의 행위이다. 죄인은 믿는 행위 없이 구원 얻을 수 없다. 11) 중생은 성령에 의해 마음이 새롭게 되는 것이며, 생명을 얻고 하나님의 자녀가 되는 것이다. 12) 회개와 믿음으로 칭의되며, 하나님의 은혜로 성화된다. 13) 중생한 자의 견인은 가능성이 매우 높지만, 꼭 확정된 것은 아니다. 14) 기독교 안식일인 주일은 성수해야 한다. 15) 중생한 신자들만 교회의 회원 자격이 있으며, 새로운 신자는 교회의 승낙, 침례, 교제의 오른손 예식 등을 받게 된다. 16) 십일조는 하나님이 제정한 것이다. 17) 목사는 소명이 있어야 하며, 기도와 안수로 임명되고, 설교, 예전집행, 심방 등의 일을 한다. 18) 복음서의 의식들로, 첫째 침례는 삼위 하나님의 이름으로 침수하는 것이다. 둘째, 주의 만찬은 그리스도의 죽음에 대한 기념이며, 떡과 포도주는 예수의 몸과 피의 상징이다. 셋째, 성도의 발을 씻는 것은 예수 그리스도가 제정한 의식이다. 19) 육체는 죽지만 영혼은 죽지 않고 의식이 있는 상태로 살게 된다. 20) 그리스도는 심판주로 재림하실 것이다. 21) 선인과 악인 모두 부활할 것이다. 22) 의로운 자는 영생으로, 악인은 영벌로 가는 최후의 심판이 있다.[16]

6. 그리스도 침례교회

그리스도 침례교회(Baptist Church of Christ)는 고등 칼빈주의를 신봉하여 회심은 전적인 하나님의 행위이기 때문에 인위적인 방법이나 감정주의는 안 되며, 모든 구원은 하나님의 절대적인 예정 가운데 이미 확정되어 있다고 믿었다. 그들은 선교협회, 성서협회, 금주협회, 교회학교 등 모든 종류의 조직은 비성서적이며, 목회자가 급여를 받는 것도 성서에 어긋난다고 보았다. 그리스도 침례교인들이 이와 같은 주장을 하는 이유로는 성서지상주의뿐만 아니라, 동부의 권력을 가진 사람들이 교단의 재정을 관할하고 있는 것에 대한 반발심도 함께 작용했던 것으로 보인다. 최초의 그리스도 침례교회는 1808년 테네시 주에서 조직되었지만 곧 소멸되어 사라졌다.[17]

7. 성령 내 이종예정침례교회

성령 내 이종예정침례교회(Two-Seed-in-the-Spirit Predestination Baptists)는 대니얼 파커(Daniel Parker)에 의해 1820년에 창설되었다. 파커는 테네시에서 1806년에 안수 받고, 그곳에서 1817년까지 활동하였다. 그 후 1836년까지 일리노이에서 목회하였고, 말년은 텍사스에서 보냈다. 그는 모든 인류는 하나님의 씨앗과 사탄의 씨앗으로 구분되고, 구원은 오직 하나님의 씨앗에 해당하는 사람들만 받으며, 그 사람들은 이미 예정되어 있다고 주장하였다. 파커와 그를 추종하는 사람들은 목사직을 반대하지 않았지만, 목회자에게 급료를 주는 것은 반대하였다. 이들은 세속식도 하나의 의식으로 지켰다. 이들 교세는 19세기 말에 473

개 교회 13,000명의 교인수를 가지고 있었으나, 1945년에 이르러서는 단지 200명의 교인에 불과할 뿐이었다. 이 교단보다 교세가 급속히 하락한 단체는 찾아보기 어렵다.[18]

8. 지계석주의 교단

1) 텍사스선교침례교연합회

1879년에 세워진 라이브 오크(Live Oak) 침례교회는 지계석주의자들이 댈러스 제일침례교회에서 탈퇴하여 세운 교회였다. 그 교회에 1883년에 담임으로 부임한 새뮤얼 헤이든(Samuel A. Hayden)은 철저한 지계석주의자였으며, 「텍사스 뱁티스트」(The Texas Baptist)라는 신문을 창간하여 총회의 선교사업을 비판하였다. 헤이든은 텍사스 주총회에 개교회 중심의 선교방식을 제안했지만, 거부당하자 흩어져 있던 지계석주의 교회들을 모아서 1899년에 텍사스선교침례교연합회(Missionary Baptist Association of Texas)를 결성하였다.[19]

2) 침례교 텍사스지역 총연합회

강력한 개교회주의를 주장하는 지계석주의자들은 남침례교회의 중앙집권적 운영에 반대하며 교단을 탈퇴하였다. 52개의 지계석주의 교회들은 1902년 3월에 침례교회 텍사스지역 총연합회(Texarkana a General Association of Baptist Churches)를 조직하였다. 이들 교회들은 교단 탈퇴의 명분을 다음과 같이 주장하였다.

> 지방회라는 것이 "본래 오늘날 우리들이 알고 있는 바와 같은 하나의 조직체가 아니며 상호간의 협조를 위하여 함께 연합하는 일단의 교회들이라는 사실을 잊고서 교회를 그 지방회의 한 회원으로 만들었다. 그들은 그 교회들이 총회의 사업에 관심을 갖는다는 이해관계에는 상관없이 그 교회들로서 총회를 구성하여왔다. 그들은 교회의 정당한 인식 변호와 더불어 출발하였으나 그들의 교회학은 보다 큰 조직체 안에서 교회가 상실되는 결과를 빚었다."[20]

지계석주의자들은 이와 같이 지역교회의 자치와 독립을 가장 우선시하였음을 알수 있다.

3) 미국침례교연합회

아칸소 주에서도 지계석주의 교단이 설립되었는데, 그것을 주도한 사람은 벤보가드(Ben Bogard)였다. 그와 추종자들은 아칸소 주총회를 지계석주의 신앙원리를 따르는 총회로 만들고자 노력하였지만 실패하였다. 그들은 결국 1905년에 리틀록(Little Rock)에서 지계석주의 침례교회 전미 총 연합회(United States National General Association of Landmark Baptists)를 창설하였다. 협동 사업을 위해 연합회는 부서들(boards)이 아닌 위원회들(committees)을 만들었다. 본 단체는 1924년에 보다 짧은 이름 즉, 미국침례교연합회(American Baptist Association)로 개칭하였다. 교단은 급속히 성장하였으며, 1950년에 이르러 34개 주에 걸쳐 교회들이 있었고, 총 회원 수는 20만 명을 상회하였다.[21]

미국침례교연합회는 12개 조항으로 구성된 교리 선언문에서 "뉴햄프셔 신앙고백서의 승인을 재확인하며," 현대주의자들에 대항하여 전통적인 교리들을 재천명하였다. 그리고 지계석주의 신앙을 제10항에서 12항까지 3개 조항에 담았다.

> 10. 진정한 침례교인들이 지금까지 간직하여왔던 것으로 우리 또한 보존하고 있는 것 즉, 위대한 위임은 교회들에게 오직 주어졌다는 것이다. 하나님 왕국 사역에 관해서는 교회가 단위이며, 오직 교회들만이 소유하는 단위이어야 한다. 교회들은 자신들의 능력들에 따라 그에 상당하는 권위와 책임을 가져야 한다.
> 11. 모든 협동적인 단체 즉, 지방회들, 총회들, 그리고 그것들의 부서들과 위원회들 등등은 분명히 교회의 봉사자들이 되어야 한다.
> 12. 우리는 위대한 위임은 선교하는 침례교회가 그리스도 시대부터 오늘날까지 계승되어왔음을 가르쳐주고 있다고 믿는다.[22]

4) 북미침례교연합회

북미침례교연합회(North American Baptist Association)는 미국침례교연합회에서 1950년에 주요 회원 교회들이 탈퇴하여 만든 단체였다. 이 교회들은 1950

년 5월 25-26일에 아칸소 주 리틀록에 있는 템플침례교회(Temple Baptist Church)에서 모여 새로운 교단을 결성하였다. 1955년 총회에 685개 교회들이 대의원들을 파송하였다. 당시에 총회는 7개국에서 선교활동을 하였다.[23] 북미침례교연합회는 미국침례교연합회의 교리문서에 몇 개의 신앙조항들을 첨가하여 "선교침례교회의 신앙과 행습"(Missionary Baptist Faith and Practice)을 담은 교리 선언문을 만들었다. 그것은 보수정통주의 침례교 신앙을 재천명하면서, 제20항과 21항을 통해 지계석주의를 보다 뚜렷하고 명확하게 선언하였다.

> 20. 우리는 다음과 같은 것들 즉, 개방 성만찬, 이방인 침례, 이단적인 목회자들과의 강단교류, 교회 합동주의, 현대주의, 현대 교단주의, 단일교회 독재체제, 그리고 이러한 행습들로부터 발생된 모든 유사한 악한 것들은 비성서적이라고 낙인찍는다.
> 21. 우리는 침례가 유효한 것이 되려면 반드시 진정한 성서적 선교침례교회의 권위에 의해서 집행 되어야 한다고 믿는다. 우리는 또한 이방인 침례를 알면서도 받아들이는 세칭 침례교회는 성서적인 침례교회가 아니며, 따라서 그 교회의 예전은 유효하지 않다고 믿는다.[24]

9. 미국침례교총협회

미국침례교총회와 긴밀하게 연관을 맺고 있던 스웨덴 침례교인들은, 1944년에 미국침례교총협회(Baptist General Conference of America)를 결성하고 미국침례교회와의 연대를 끊었다. 보수주의 신앙을 추구하는 이들 교회들은 미국침례교 해외선교협회의 "포괄정책"에 반대하며 분립하였다. 1945년에 정식 교단으로 발족하였는데, 당시에 320개 교회에 40,224명의 교인을 확보하고 있었다. 이 교단의 선교열정은 대단해서 1960년에 117명의 해외선교사를 파송하였다. 교세도 성장하여 536개 교회에 7만2천명의 교인이 있었다. 시카고에 본부를 두었으며, 교단은 지속적으로 성장하여 1970년에는 교인수가 10만 명을 상회하고, 교회도 693개로 늘어났다.[25]

10. 미국보수침례교연합회

미국보수침례교연합회(Conservative Baptist Association of America)는 1920년
대 발생한 근본주의-현대주의 논쟁에서 총회가 자유주의를 용인하는 포괄주의
로 나가고 있는 것에 불만을 느낀 보수파 교회들이 교단을 탈퇴하여, 1933년에
만든 정규침례교 총연합회(General Association of Regular Baptist Churches)가 출
발점이 되었다.[26] 이들 교회들은 1947년 5월에 미국보수침례교연합회가 되었다.
이 교단은 1961년 기준으로 교세와 활동을 보면, 1,300개 교회가 소속되어있었
으며, 전통적인 영혼구원과 선교에 진력하고 자유주의와 에큐메니컬 운동을 반
대하였다. 4개의 신학교, 3개 대학, 2개의 성서학원을 지원했으며, 390명의 해외
선교사와 94명의 국내선교사가 활동하고 있었다. 1971년에는 약 30만 명의 교인
을 확보하고 있었다.[27]

본 교단은 북침례교회의 보수주의 목사인 프랭크 굿차일드(Frank M.
Goodchild)가 1921년에 작성한 교리문서를 교단의 신앙고백서로 채택하였다. 신
앙고백서는 8개 조항으로(후에는 마지막 두 조항이 하나로 합쳐져 7개 조항으로
되었다) 간략하게 구성되어 있는데, 신앙고백서의 서문에는 "역사적인 필라델피
아 및 뉴햄프셔 신앙고백서의 재 확증에 불과한 것"이라고 하였다. 즉 보다 간략
한 형식으로 보수주의 교리들을 재천명한다는 것이었다.[28] 이들 보수파 교회들
은 미국 침례교회가 자유주의로 나아가는 것을 반대하고, 과거의 복음주의적 개
혁주의 전통을 고수하려 하였다.

11. 캐나다 침례교회

캐나다 침례교회들은 각 지역마다 독립적인 총회를 형성하고 활동하는 체제
를 가지고 있었다. 그러던 중 1947년에 3개의 지역 총회가 연합하여 캐나다침례
교연방(Baptist Federation of Canada)을 설립하였다. 이 단체는 보다 큰 교단인 캐
나다연합교회(United Church of Canada)와 교회학교 자료를 함께 출판하는 등 긴
밀한 유대관계를 이어왔다. 그런데 연합교회가 창세기에 대해 자유주의 입장을
반영한 책을 출판하고, 자유교회 전통에서 벗어나 성공회와 통합을 시도하자,

이에 반발한 침례교연방은 연합교회와의 유대관계를 거두어들였다. 침례교연방 내에서도 캐나다교회협의회(Canadian Council of Churches) 가입과 로마가톨릭과의 협력 문제로 인해 내분이 있었다. 그러나 1970년에 4번째 지역총회인 캐나다 프랑스인침례교연맹(Union of French Baptist Church of Canada)을 회원으로 가입시킬 수 있게 됨으로, 1700여 교회에 18만 명의 교인을 가진 캐나다에서 가장 큰 침례교 단체가 되었다.[29]

캐나다에서 두 번째로 규모가 큰 침례교단은 1970년경 약 330개의 회원 교회를 보유한 복음주의침례교협회(Fellowship of Evangelical Baptist Churches)이다. 이 교단은 성경의 무오 교리를 강조하고, 에큐메니컬 운동을 반대하였다. 전체적으로 캐나다 침례교회는 캐나다의 인구 성장률과 비교해 볼 때, 계속 감소하는 추세로 일관하였다.[30]

12. 침수침례파 단체들

침수침례파 단체들은 침수침례를 행하지만, 정규 미국 침례교단들 가운데 일파로 분류하기에는 어려운 단체들이다. 이들은 메노파 신앙을 추종하는 그룹들이 많다.

1) 메노파 교회

유럽의 메노파교인들은 17세기후반부터 본격적으로 미국으로 진출했고, 주로 종교의 자유가 있던 펜실베이니아에 많이 거주하였다. 가장 초기에 온 그룹은 1683년에 독일의 크레펠트(Krefeld)에서 온 사람들이었다. 이들은 아메리카 식민지로 오기 전에 퀘이커의 영향을 받았는데, 온전한 메노파 신앙으로 복귀한 것은 1690년도였다. 그 이후 스위스 메노파교인들이 속속 들어와 랭커스터 카운티(Lancaster County)에 정착하였는데, 이곳은 지금까지도 메노파 교회의 심장부로 남아있다.[31]

2) 던커파교회

던커파교회(Dunkers)는 여러모로 메노파교회와 유사하였다. 이 그룹의 창시자는 알렉산더 맥(Alexander Mack)이었다. 그는 모교회인 독일 개혁교회의 영적 무기력과 나태에 크게 실망하여, 자신의 집에서 성경공부 모임을 이끌었는데, 1703년에 이 모임을 교회로 만들었다. 이들은 경건한 삶, 수수한 옷차림, 맹세의 거부, 평화주의 등 메노파의 관습을 따랐지만, 침례 방식으로는 세 번 물속에 잠기는 삼중침례를 실시하였다. 이러한 독특한 침례 방식으로 인해 그들은 던커스라는 이름을 얻게 되었다. 이들은 애찬식과 세족식, 그리고 교제의 오른손 예식(right hand of fellowship)도 지켰다.[32] 던커파의 본격적인 미국 이민은 먼저 온 크레펠트 교인들과 관련된 사람들이 들어오면서 시작되었다. 그들은 1723년에 저먼타운(Germantown)에 첫 번째 교회를 세웠다. 던커파는 신학교육이 영성을 약화시킨다고 반대하였고, 심지어 자녀들이 공립교육을 받는 것도 거부하였다. 유급목사 제도를 반대하였고 일찍이 노예제도에 반기를 들었다. 이 교단은 19세기 보수파와 진보파 간에 분열이 발생하였다.[33]

3) 그리스도 형제단

그리스도 형제단(Brethren in Christ)은 1751년 펜실베이니아에 정착한 한 작은 무리로부터 시작되었다. 강변 형제단(River Brethren)으로 알려진 이들은 메노파에서 유래되었으며, 평화주의를 비롯한 메노파 전통을 계승하였다. 이들 교회는 삼중침례와 세족식을 시행하였으며, 수년 동안 작은 단체들로 분열되었다.[34]

4) 하나님의 교회

하나님의 교회(Church of God)은 1817년 독일개혁교회에 속한 사람이 펜실베이니아와 메릴랜드의 농촌 지역에서 일으킨 교단이었다. 이들은 1831년에 협의회를 설립하고 순회전도자들을 파송하였다. 이들은 한 지역사회에서 교리적 차이로 분열되지 않는 하나의 기독교회를 추구하는 교회연합주의를 표방하였다. 하지만 침례방식은 침수를 주장하였고, 세족식도 의식으로 준행하였다. 교세는 20세기 초반에 479개 교회, 22,500명의 교인을 확보하고 있었다. 1952년에는 35,000명 이상의 교인이 있는 것으로 알려졌다.[35]

5) 제7일 침례교회

제7일 침례교회(Seventh Day Baptists)는 영국의 안식일파 침례교도였던 스티븐 멈포드(Stephen Mumford)가 1671년 로드아일랜드 주 뉴포트에 세우면서 시작되었다. 교회들은 꾸준히 성장하여 19세기 초부터 1846년까지는 3년 단위의 총회로 모일 수 있었다. 1846년 이후로는 연차총회로 모였다. 이 교단은 선교협회, 전도지협회, 출판사를 소유하고 있으며, 두 개의 대학도 설립하였다. 이들 교회들은 토요일을 안식일로 지키는 것 외에는 침례교 신앙과 거의 동일하였다. 교세로는 19세기 말에 106개 교회, 9,000명의 교인을 가지고 있었으나, 1945년에 이르러서는 교인수가 6,581명으로 줄어들었다.[36]

제17장

세계 침례교 신학교와 대학교

신학교육에 대한 침례교인들의 태도

신학교육에 대한 침례교인들의 태도는 처음부터 찬성과 반대의 양면이 함께 있었다. 먼저 반(反)교육주의 전통을 살펴보면, 영국과 미국의 초창기 침례교인들 중 많은 사람들은 신학교육이 예배를 정형화시키고 성령의 사역을 제한한다고 생각했다. 이들은 국교회나 주정부 교회가 목회자들의 교육을 의무화하자 이에 반발하며 반-교육주의를 강화하였다.[1] 영국은 오랜 기간 비국교도들의 대학교 입학을 금지하였기 때문에, 침례교 목사들은 성경을 스스로 공부하면서 오직 성령께 의지하는 목회를 하였다. 이것은 정식교육을 배타하며 체험을 강조하는 태도를 만들었다.[2] 미국의 경우 대각성운동은 교육의 중요성을 인식하게 하는 원인으로 작용하였지만, 동시에 반대의 결과도 함께 가져왔다. 대각성 운동의 영향으로 회중교회에서 침례교회로 전향한 사람들과 부흥운동 찬성파 침례교인들로 구성된 분리파 침례교회들(Separate Baptists)은 체험을 중요시하며 반교육주의 정서를 교단에 깊이 뿌리내리게 하였다.[3] 특히 남부 농촌지역의 목회자들은 열정적인 농부 설교가들로, 그들은 신앙은 마음의 영역이며 설교는 성령의 은사이므로 특별한 훈련이나 오랜 시간의 준비가 필요치 않다고 생각했다. 경제적 어려운 가난한 농부 설교가들은 교육받고 월급 받는 목회자들을 나쁘게 보는 편견을 가지고 있었는데, 그것도 신학교육을 반대하는 한 원인이었다.[4]

하지만 일부 침례교 지도자들은 신학교육의 중요성을 인식하였다. 다른 교단들과의 경쟁과 유식한 교인들의 필요를 채워주어야 하는 것이 증대될수록 공식적인 교육의 필요를 더 느끼게 되었다. 예를 들면, 미국 침례교의 초대 총회장이었던 리처드 퍼먼(Richard Furman)은 1814년 5월에 개최된 최초 교단총회에서 다른 교단들은 젊은 신학생들을 교육하는 데 매우 열정적인 데 반해 침례교회들은 이 부분에 크게 관심을 쏟지 않고 있는 데, 이것은 매우 유감스러운 일이라고 역설하였다.[5]

영국과 미국에서 최초의 침례교 신학교육은 도제식 교육이었다. 그것은 경륜 있는 목사가 젊은 목회자 후보생을 자신의 집에서 숙식하며 공부를 가르쳐주고 목회를 돕도록 하는 방식이었다. 약 2-5년간의 훈련이 끝나면 대개 후보생이 목사를 이어 그 교회의 후임목사가 되는 것이 전형적인 모습이었다.[6] 시간이 지나면서 침례교인들은 학교의 설립과 운영을 위한 여러 방법을 강구하였다. 예를 들면, 미국 매사추세츠 주 워렌(Warren)지방회 교육협회의 대표자였던 조나단 고잉(Jonathan Going) 목사는 신학생들이 노동을 통해 학비와 기숙비를 해결할 수 있도록 농장에 신학교를 세우는 것이 좋다고 주장하였다.[7] 이러한 노동과 학업을 연계하는 방안은 한 때 미국 침례교에서 널리 실시되었지만, 얼마 가지 않아 실패로 끝나게 되었다. 하지만 시간이 흐르면서 침례교인들은 교육의 중요성을 더욱 보편적으로 인정하게 되었다. 19세기의 다수 침례교인들은 신학대학의 설립을 당연한 것으로 여기게 되었다. 각종 교육협회들과 주총회들이 학교설립을 추진하였다. 또한 미국 북침례교회의 예를 통해 알 수 있듯이 국내선교회도 대학설립에 커다란 공헌을 하였다.[8] 전 세계의 주요한 침례교 신학대학교들의 설립과정을 간략하게 살펴보자.

영국침례교 신학대학교

1. 브리스톨침례교대학(Bristol Baptist College)

이 땅에서의 최초 침례교 대학은 한 평신도의 헌신에서 시작되었다. 비국교도들의 생존 자체도 어려웠던 17세기에 영국 브로드미드(Broadmead) 침례교회 평신도 지도자 에드워드 테릴(Edward Terrill)은 교육 받은 목사의 필요를 깨닫고, 1679년 자신의 재산을 목회자 교육을 위해 사용할 것을 요청하는 유언장을 썼다. 그는 1685년 혹은 1686년에 사망하였고, 그의 아내는 남편의 유언대로 재산을 헌납하였다.[9] 하지만 테릴의 유산이 실제로 집행되기 시작한 것은 칼렙 조프(Caleb Jope)가 브로드미드 침례교회의 공동 목사이자 학교 교수로 1710년 내지 1711년에 임직하면서부터이다. 하지만 그는 만족스러운 성과를 이루지 못했다. 후임자로 버나드 포스

| 브리스톨침례교대학(Bristol Baptist College)

켓(Benard Foskett)이 1720에 부임하였고, 그때부터 대학은 활발하게 움직이기 시작했다. 포스켓은 런던 특수침례교 기금과 브리스톨 침례교 기금을 학교로 끌어왔다. 그의 제자들은 영국에서 가장 목회를 잘하고 유명한 목사들이 되었다.[10]

포스켓은 1758년에 죽었다. 그의 뒤를 이어 휴 에반스(Hugh Evans)가 그리고 1779년에는 그의 아들 칼렙 에반스(Caleb Evans)가 학장이 되어 대학을 이끌어갔다. 이들 부자는 학교의 재정을 안정시키고 기숙사를 마련하였다. 학교 창설 이후 100년 동안 학생들은 학장의 집에서 함께 살았던 것이다.[11] 브리스톨이 배출한 사람들은 침례교 발전에 지대한 공헌을 하였다. 1792년에 만들어진 침례교선교협회(Baptist Missionary Society)의 창설자 13명 중 4명이 브리스톨 출신이었다. 앤드류 풀러(Andrew Fuller)를 이어 공동회장으로 선교협회를 이끈 존 릴랜드(John Ryland)와 제임스 힌턴(James Hinton), 로우돈대학(Rawdon College)의 전신인 홀톤대학(Horton College)의 초대학장 윌리엄 스테드맨(William Steadman), 리전트파크대학(Regent's Park College)의 전신인 스텝니대학(Stepney College)의 솔로몬 영(Solomon Young) 학장, 영국 문서선교회의 창설자 중 한사람으로 초대회장을 역임했고, 또한 영국과 해외 성서공회(British and Foreign Bible Society)도 설립하며 초대회장으로 봉사한 조셉 휴즈(Joseph Hughes), 윌리엄 캐리(William Carey)와 함께 인도선교를 감당한 조슈아 마쉬맨(Joshua Marshman), 미국 브라운대학교(Brown University)를 창설한 모건 에드워즈(Morgan Edwards), 미국 컬럼

비아대학(Columbian College)의 학장을 역임한 윌리엄 스타우턴(William Staughton) 등이 모두 브리스톨 출신이었다.[12]

브리스톨대학은 1910년 브리스톨대학교(Bristol University)에 소속된 대학이 되었다. 따라서 대학에서의 신학수업은 브리스톨 대학교의 문학사를 받기 위한 예비과목으로 인정되었다. 브리스톨대학은 1979년 기준으로 학생은 40명이며 교수는 학장과 3-4명의 교수가 있다. 브리스톨처럼 영국 대학들의 대다수는 대학교에 연결되어 대학교를 통해 학위를 수여하는데, 이런 전통은 300년 이상 이어져왔다.[13]

2. 노던침례교대학(Northern Baptist College)

노던침례교대학은 영국 북부지역 침례교 목회자들이 세운 홀톤학교(Horton Academy)로부터 시작된다. 1804년 5월 24일 요크(York)와 랭카스터(Lancaster) 지역의 목회자들은 교육협회를 구성하고 학교설립을 추진하였다. 그들은 1805년 10월 윌리엄 스태드맨(William Stedman)을 교수로 채용하고 교수 1명 학생 1명으로 홀톤학교를 1806년 1월 개교하였다.[14] 이후 학생들은 영국 전역에서 모여들었다. 스태드맨이 뒤를 이어 1836년에 제임스 애크월쓰(James Ackworth)가 학장이 되었다. 그는 매우 강한 독립주의적인 성향을 가지고 있었는데, 이런 극단적인 독립주의는 곧 이 학교의 특성이 되었다.[15] 대학은 1870년대에 맨체스터로 옮겼고, 학교명도 맨체스터침례교대학(Manchester Baptist College)으로 바꾸었다. 그 당시 영국 북부지역에서는 또 다른 침례교 대학인 로우돈대학이 있었다. 1890년부터 두 대학의 합병이 논의되기 시작하였지만, 결론을 내리지 못하다가 결국 1964년 10월 1일 합병하여 노던침례교대학이 되었다.[16]

3. 리전트파크대학(Regent's Park College)

대학의 역사는 런던 동부의 스텝니(Stepney)에 1810년에 세워진 스텝니학교(Stepney Academy)로부터 시작된다. 당시 유명한 침례교 목사 로버트 홀(Robert Hall)은 "계시의 빛은 이성의 빛과 반대되는 것 아니다. … 둘은 같은 근원에서 나온다." 라고 하면서 학교를 세우는 일에 적극 찬성하였다.[17] 대학은 1840년 런던 대학교에 가입하였고, 1856년에 리전트파크(Regent's Park)로 이전하여 학교명도 그 지역 이름으로 바꾸었다. 대학은 계속 발전하였다. 리전트파크는 1865년 기준으로 런던 대학교에 가입한 21개 대학들 중에서 졸업생을 많이 배출한 학교 4위에 기록되었다. 리전트파크는 결국 1901년도에 런

| 리전트파크대학(Regent's Park College)

던 대학교의 신학대학이 되었다.[18] 19세기 영국의 대학들은 새로 생긴 큰 대학교에 가입하여 보다 많은 교육 자료들을 공유하는 것이 하나의 패턴이었다. 이러한 방식에 대해서 일부는 정체성의 상실을 의심하였지만, 리전트파크는 복음주의 신앙과 침례교 정체성을 상실하지 않고서도 협력운영 방식이 가능하다고 역설했다.[19]

리전트파크는 1850-1900 사이에 인문학이나 법학을 공부하기 원하는 평신도도 학생으로 받아들였는데, 당시에 이것은 매우 독창적인 정책이었다. 대학은 다양한 직업에서 기독교 정신을 구현하는 것을 대학의 핵심사명으로 삼게 되었다. 1920년 위대한 구약학자 헨리 휠러 로빈슨(Henry Wheeler Robinson)이 학장이 되었고, 그는 1927년부터 학교를 옥스퍼드(Oxford)로 옮기는 작업을 시작했다. 그러나 학교명은 그대로 사용해서 대학주소에 대해 다소 혼란을 초래하였다. 대학은 1958년 "상임사립대학"(Permanent Private Hall)로서 옥스퍼드 대학교에 가입하였다. "상임사립대학"으로 지정받은 것은 리전트파크의 모든 학생은 옥스퍼드 대학교 학생과 똑같은 권한과 신분을 갖게 되며, 교수는 대학교의 각 교수회의에 정식회원이 될 수 있음을 의미하였다. 그리고 학위는 리전트파크가 독자적으로 주는 것이 아니라 대학교에서 준다.[20]

리전트파크는 영국침례교총회(Baptist Union)에 가입된 대학이다. 하지만 총회가 학교를 소유 지배하며 재정의 책임을 지는 것은 아니며, 대학 졸업자가 총

회 목사로 인정을 받은 것을 의미한다. 대학은 목회자 교육과 관련해서 오직 침례교 목회자만을 양성하지만, 성공회를 비롯한 타 교단의 학생들도 와서 공부하기도 한다. 이러한 의미에서 리전트파크는 침례교 전통의 계승뿐만 아니라, 보다 국제적이고 범 교단적인 대학으로서의 모습을 갖게 되었다.[21] 1998년도 기준으로 리전트파크의 학생 수는 119명이다. 이렇게 작은 대학이 학부와 대학원을 운영할 수 있는 이유는 도서관을 비롯하여 옥스퍼드 대학교의 모든 교육시설 및 자원을 이용할 수 있기 때문이다. 예를 들면, 신학교수가 리전트파크에는 11명 밖에 없지만, 대학교 전체로는 100명이 넘기 때문에 학생은 여러 분야의 강의를 들을 수 있고 세부전공도 가능한 것이다.[22]

4. 스펄전대학(Spurgeon's College)

스펄전대학은 세계적으로 유명한 영국 침례교 목사 찰스 헤든 스펄전(1834-1892)에 의하여 1856년 런던에 세워졌다. 스펄전은 높은 학문성이 꼭 유능한 목회자를 만들어내는 것은 아니며, 오히려 목회에 실제로 필요한 부분들을 잘 배운 사람이 목회를 더 잘할 수 있다고 생각하였다. 그는 이러한 생각으로 학교를 운영했는데, 결과는 대성공을 거두었다. 스펄전은 학장으로 주 2시간 강의하였으며, 사람들은 대학을 종종 "선지자 학교"로 불렀다.[23] 대학은 오직 침례교 신학생

| 스펄전대학(Spurgeon's College)

만을 교육하였으며, 학생의 능력에 따라 수업을 진행했다. 따라서 2년 과정이 3–4년으로 늘어나기도 하였다. 졸업생들은 개척하여 교회당을 신축할 수 있을 정도로 목회를 잘했다. 스펄전대학 출신들은 1871년까지 런던에 40개 침례교회를 개척하였다. 스펄전은 영성, 정통교리, 그리고 복음전파를 강조한 것이 이런 성공을 가져왔다고 하였다. 하지만 그는 1880년대부터 설교자가 풍부한 지식을 가지는 것도 중요하다고 보고 학문성 증진에도 관심을 기울였다.[24] 비록 스펄전은 신학논쟁 때문에 교단을 탈퇴했지만, 스펄전대학 학생들은 총회에 소속되어 사역하였다. 스펄전은 결코 따른 교단을 만들 의도가 없었던 것이다.[25]

퍼시 에반스(Percy Evans)는 1925–1950 사이 학장을 하면서 대학의 학문성을 높이는 일에 박차를 가했다. 1923년에 대학은 사우스 놀우드(South Norwood)로 이전하였고, 1940년대에는 런던 대학교와 연계하면서 급속히 성장했다. 에반스는 대학을 복음주의의 주류 대학으로 그리고 침례교 학교로 자리매김하였다. 대학은 1938년 후반에 영국 침례교 총회에 정식으로 가입하였지만, 설립 때부터 교단과 밀접한 관계를 가져왔다. 1897–1933 사이 29명의 총회장 중 10명이 스펄전대학 출신이었다.[26] 대학은 신복음주의를 받아들이고, 1961년부터는 여학생의 입학도 허용하였다. 대학은 영성과 복음전파를 강조하면서 학문성도 중시하는 입장을 견지하였다. 대학은 복음주의 지도자들을 많이 배출하였는데, 그것은 대학이 초교파적으로 영향을 끼치는 결과를 가져왔다. 스펄전대학은 1992년에 웨일즈대학교에 가입하였으며 전 학위과정을 운영할 수 있게 되었다.[27]

미국 침례교 신학대학교

이 장은 주로 미국침례교회(과거 북침례교회)와 남침례교회의 신학대학교들을 중심으로 살펴볼 것이다. 이 두 교단 외에 보수파 독립 침례교회들과 자유의지침례교회는 성서대학들을 많이 세웠다. 본 논문에서는 다루지 않았지만, 성서대학들은 미국 침례교뿐만 아니라 미국 개신교 발전에 엄청난 공헌을 하였다.[28]

1. 남·북 침례교단이 함께 세운 대학교

1) 로드아일랜드대학(Rhode Island College)

미국의 명문 브라운대학교(Brown University)의 전신이자 미국 최초의 침례교 대학인 로드아일랜드대학은 영국 브리스톨 대학 출신인 모건 에드워즈에 의해 만들어졌다. 에드워즈는 1762년에 필라델피아 제일침례교회의 담임목사가 되었다. 그는 미국 침례교회가 신학생과 일반인을 교육하는 대학이 없음을 발견하고 대학을 세울 것을 필라델피아 지방회에 건의하였으며, 지방회는 그의 건의를 받아들였다. 로드아일랜드대학은 1764년에 설립허가를 취득했고, 1765년 9월 3일 제임스 매닝(James Manning) 교수와 한 명의 학생으로 시작하였다.[29] 대학은 로드아일랜드(Rhode Island)에 위치하도록 하였는데, 1760경에 뉴잉글랜드 지역의 침례교인 22,000명 중 80퍼센트가 그곳에 살고 있었기 때문이다. 대학은 1764년 로드아일랜드 주 워렌(Warren)에 세워졌지만, 1770년에 프로비던스(Providence)로 옮겼다.[30]

대학은 신학과가 포함되어 있는 기독교 일반대학으로 설립되었다. 대학의 헌장은 학교가 어떤 교단의 특수한 이익이 아니라 사회의 일반 복지를 위해 설립되었음을 분명히 하였다. 또한 대학운영에 있어서도 교단의 지시 없이 독자적으로 운영한다고 되어있다. 대학헌장은 입학과 관련하여 학생들에게 어떠한 종교적 시험을 부과해서는 안 되며, 총장은 침례교인 이어야 하지만 나머지 교수들은 모든 정통 개신교단에서 뽑을 수 있다고 하였다.[31] 이처럼 최초 대학헌장은 대학이

| 로드아일랜드대학(Rhode Island College)

교단으로부터 독립과 자유를 가진다는 점을 분명히 하였던 것이다.

대학은 2-3대 학장 조나단 맥시(Jonathan Maxcy)와 아사 메써(Asa Messer)를 거치면서 일반대학의 성격이 보다 강화되었다. 그들은 침례교 목사였지만 온건한 칼빈주의자인 초대 학장과 달리 자유주의 기풍을 가졌다. 메써는 침수가 침례의 고유한 형태라는 교리에 의문을 제기했고, 예수의 신성을 부인하는 유니테리언주의를 공개적으로 지지했다. 대학의 동문이자 주요한 기부자인 니콜라스 브라운(Nicholas Brown)도 신학보다는 법학 및 문학을 위한 기부금으로 1804년에 5,000달러를 제공했다. 그의 기부는 학교명을 브라운 대학교로 바꾸게 하였고 종합대학교로 발전하는 기초가 되었다. 1811년 의과대학이 생기고 브라운은 주요 경쟁대학들인 하버드, 예일, 프린스턴의 전철을 밟게 되었다.[32] 즉 학교는 세속 일반대학의 방향으로 더욱 나아갔고 신학부의 비중은 점점 더 축소되어 갔다. 브라운은 많은 침례교 지도자들을 배출했으며, 미국의 유수한 대학교 그룹인 소위 "아이비 리그"(Ivy League)가 되었으나 침례교단과의 관계는 단절되었다.

2) 컬럼비아대학(Columbian College)

컬럼비아대학은 루터 라이스(Luther Rice)의 열정으로 시작되었다. 그는 리처드 퍼만, 윌리엄 스타우턴(William Staughton) 등과 함께 1817년 총회에서 대학설립 위원회를 구성하는 일을 주도하였다. 라이스는 미국의 수도 워싱턴에 일반학문과 신학을 함께 가르치는 대학을 꿈꾸었다. 책들이 모아졌고, 1820년에는 5층짜리 건물도 마련하였다. 1821년 2월 9일 미국 의회는 대학설립을 승인하였고, 학교는 1821년 가을에 신학부 강의를 열었다. 윌리엄 스타우턴은 필라델피아에서 개인적으로 운영하던 신학교를 1821년 대학으로 옮겨왔는데, 그것이 대학의 신학부가 되었다.[33] 대학은 예상보다 많은 학생들이 등록했고, 곧 의회 의원들과 대통령의 관심을 받는 등 워싱턴 시민들의 관심사가 되었다. 그러나 불행히도 침례교회들은 대학 운영을 위한 충분한 자금을 확보하지 못하였다. 학교의 부채를 교단이 더 이상 감당하지 못하게 되자, 결국 총회는 1826년에 학교와 공식적인 관계를 끊게 되었다. 하지만 라이스는 그의 남은 생애를 학교를 살리기 위한 필사적인 노력에 쏟았다. 그러나 결국 의회가 구제 금융을 제공하며 학교를 인수하고, 학교명도 조지워싱턴대학교(George Washington University)로 바꾸었다. 1904

년 침례교와의 모든 관계는 완전히 정리되었다.[34]

2. 미합중국 미국침례교회(American Baptist Churches, USA) 관련 대학교

1) 해밀톤과 뉴턴 학교(Hamilton and Newton Institutions)
이 학교는 13명의 뉴욕 주 침례교인들이 1817년 9월 14일에 결성한 교육협회에 의해 설립되었다. 그들은 1819년 5월 1일 뉴욕 주 해밀턴(Hamilton)이라는 조그마한 마을에 신학교를 세웠다.[35] 하지만 학교는 계속되는 재정의 부족으로 인해 어려움을 겪었다. 그러자 인구가 많은 지역으로 학교를 이전하자는 사람들과 반대하는 사람들 사이에 논쟁과 충돌이 있었다. 1848부터 1950까지 3년간 지속된 논쟁은 심지어 법정투쟁으로 확대되었다. 결국 1850년 일부 교수와 학생이 해밀턴을 떠나 급속히 발전하는 도시인 로체스터(Rochester)로 가서 로체스터대학교(University of Rochester)와 로체스터신학교(Rochester Theological Seminary)를 만들었다.[36]

2) 콜게이트로체스터신학교(Colgate Rochester Divinity School)
해밀턴 신학대학에서 갈라져 나온 사람들이 시작한 로체스터신학교는 1850년 11월 4일 2명의 교수와 24명의 학생으로 시작되었다. 당시에는 독일인들이 대거 미국으로 이민 오는 시기였다. 신학교는 독일어부를 개설하고 책임 교수로

| 로체스터신학교(Rochester Theological Seminary)

어거스터스 라우셴부쉬(Augustus Rauschenbusch)를 1858년에 임명하여 독일 이민자들에게 독일어로 인문학과 신학을 가르치도록 했다.[37] 대학은 예일 대학교와 로체스터를 졸업한 어거스터스 홉킨스 스트롱(Augustus Hopkins Strong)을 제2대 학장이자 조직신학 교수로 1872년에 초빙하였다. 스트롱이 학교로 오기 전에 목회한 교회에는 당대 미국의 제일 거부 존 록펠러(John D. Rockefeller)가 성도로 있었다. 스트롱이 학교로 오자 록펠러는 최대 기부자로, 이사회 부회장과 회장을 역임하면서 신학교를 도왔다. 스트롱의 40년 학장 기간 학교는 전국적인 명성을 얻게 되었는데, 특히 그가 1897년에 교수로 초빙한 어거스터스 라우셴부쉬의 아들 월터 라우셴부쉬(Walter Rauschenbusch)는 미국 사회복음 창시자가 되어 학교를 유명하게 만들었다.[38] 한편 해밀톤신학교는 콜게이트신학교(Colgate Seminary)로 교명을 바꾸어 운영되고 있었다. 이 학교는 1928년에 로체스터와 통합하여 콜게이트로체스터신학교가 되었다.[39]

3) 앤도버뉴턴신학교(Andover Newton Theological School)

이 학교는 1808년에 창설된 회중교단의 앤도버신학교(Andover Theological Seminary)와 1825년에 침례교회들이 세운 뉴턴신학교(Newton Theological Institution)가 1965년에 통합하여 세워진 학교로 매사추세츠 주 뉴턴 센터(Newton Centre)에 있다. 이 학교는 미국 침례교회와 회중교회 두 교단에 가입되어 있다.[40] 앤도버는 회중교회의 하버드대학교 신학부가 유니테리언주의에 의해 장악되자, 정통주의 신앙을 믿는 회중교회 지도자들이 세운 학교였다.[41] 두 학교가 합쳐진 배경은 앤도버가 1931년에 뉴턴 캠퍼스로 학교를 옮겨오면서 부터이다. 두 학교는 비록 서로 독립적인 학교로 유지되었지만, 교수, 시설, 캠퍼스를 공유하였다. 그러던 중 1965년에 공식적으로 합병하여 앤도버뉴턴신학교가 된 것이다.[42] 앤도버뉴턴신학교는 1986년 사명선언문을 통해 교회연합적인 비전을 제시하며, 히스패닉과 흑인을 위한 프로그램을 신설하였다. 1990년대 후반에는 매사추세츠 주에 있는 히브리대학(Hebrew College)과 학문교류를 하며, 기독교와 유대교의 대화와 협력을 이끌었다.[43]

4) 시카고대학교(University of Chicago)

| 존 록펠러(John Davison Rockefeller, 1839–1937)

시카고대학교는 초대 총장 윌리엄 하퍼(William Rainer Harper)의 비전과 존 록펠러의 지원으로 만들어졌다. 록펠러는 미국 침례교 교육협회 회장 프레드 게이츠(Fred T. Gates)에게 시카고 대학의 설립을 위해 1890년 6월 1일까지 침례교단이 40만 달러를 모금할 경우 자신도 60만 달러를 기부하겠다는 편지를 보냈다.[44] 이에 따라 게이츠와 시카고제이침례교회(Chicago Second Baptist Church)의 담임목사 토머스 굿스피드(Thomas J. Goodspeed)는 시카고 전역을 돌아다니며 30만 달러 기부의 약속을 받아냈다. 그리고 나머지 10만 달러를 위해 5,502개 침례교회들에 편지를 보내 협력을 요청하였다.[45]

한편 시카고의 부유한 상인 마샬 필드(Marshall Field)는 공원이 인접해있고 대중교통 수단이 가까이 있는 10에이커(약 12,240평)의 비싼 땅을 대학교를 위해 기부하겠다고 밝혔다. 그곳은 학교 부지로는 이상적인 땅으로 여겨졌다. 그는 다만 록펠러가 제시한 40만 달러의 모금이 완전히 이루어지면 땅을 기부하겠다고 했다.[46] 미국침례교회들은 1890년 6월 5일까지 40만 2천 달러를 모금하였다. 록펠러는 지원하기로 결정하였다. 대학교 설립의 첫 걸음이 시작된 것이다.[47] 미국침례교 교육협회는 21명의 사업가들로 구성된 이사회를 구성하고 학교의 법인을 설립했다. 최초 법인문서에는 "이사의 2/3와 총장은 정규 침례교회의 회원이어야 한다."라는 문구와 함께 학교의 교수, 직원, 학생들은 어떠한 종교적 이유로 배제되어서는 안 된다는 것도 분명히 했다.[48] 즉 대학교는 침례교회와 관련이 있지만 침례교단 학교가 아닌 일반대학교라는 것을 설립초기부터 명시한 것이다.

록펠러는 60만 달러 외 100만 달러를 더 기부하는데, 80만 달러는 학부교육에, 10만 달러는 신학교육에, 그리고 나머지 10만 달러는 신학대학 건물을 위해 사용되는 조건으로 기부하였다.[49] 총장 하퍼는 당대 최고의 학자들을 교수진으로 영입하였다. 초대 교수진 중 9명은 모두 타 대학의 총장이나 학장을 역임한 사람들이었다. 이러한 최고의 교수진 영입은 록펠러의 관심을 끌었고 그는 또 100만 달러를 기부하였다. 록펠러는 "건강을 회복시켜 주신 전능하신 하나님께 특별 감사헌금으로 이 헌물을 드리는 것이다." 라고 했다.[50] 대학교는 1892년 10월 1일 창립예배를 드림으로 시작되었다. 예배는 특별순서나 떠들썩한 행사 없이 조용하게 드려졌다.[51] 시카고 대학교 신학부는 미국 자유주의 운동을 선구적으로 이끌었다. 성서학자들은 사회-역사적 방법을 도입하였고, 철학 및 신학교수들은 경험주의, 인문주의, 실용주의, 그리고 과정철학을 받아들였다.[52] 신학부의 이러한 움직임은 미국침례교단에 엄청난 영향을 끼치게 되었다.

5) 노던침례신학교(Northern Baptist Theological Seminary)

시카고 대학교의 신학부가 자유주의 신학을 옹호하는 최선봉에 나서며 교단은 신학논쟁에 휩싸이게 되었다. 보수파는 시카고제이침례교회에서 1913년 신학교를 만들었다. 학교는 성경의 권위, 예수 그리스도의 신성, 성령의 인격성과 신성, 그리스도의 속죄, 부활, 재림의 신앙을 확고하게 주장했다.[53] 학교는 1920년대에 불붙은 근본주의-자유주의 논쟁에도 적극적으로 참여하여 보수주의의 주된 보루역할을 하였다. 노던침례신학교는 미국 침례교단 학교들 중에서 신학적인 방향을 정하고 그 입장을 유지하려는 의도로 만들어진 최초의 학교였다.[54] 노던침례신학교는 미국침례교 총회가 1920년에 교단 산하 신학대학원으로 승인하여 재정적 지원을 하면서 비약적인 발전을 이루었다.[55] 하지만 학교는 1940년 교단의 또 다른 신학논쟁에 말려들며 혼란을 겪었다. 일부 교수와 학생이 참여한 근본주의 그룹은 학교가 교단에서 탈퇴하지 않은 것을 비판하면서, 1950년 콜로라도 주 덴버에 보수침례신학교(Conservative Baptist Seminary)를 세웠다.[56]

6) 아프리카계 대학 및 신학교

미국침례교회는 아프리카계 미국인들을 위한 대학을 많이 설립하였다. 대학들은 대부분 국내선교회의 도움으로 설립되었지만, 동시에 신실한 목회자들과 신자들의 헌신으로 시작된 것도 많았다. 예를 들면, 컬럼비아대학 학장을 역임한 비니(J. C. Binney) 목사와 클로버(Nathaniel Colver) 목사는 노예상 럼킨(Rumkin)이 흑인노예를 가두는 감옥을 사서 학교로 만들었는데, 이 학교는 이후 리치몬드신학교(Richmond Theological Seminary)로 발전하였다.[57] 교단의 교육위원회 회장이며 흑인 교육 옹호자였던 필립 모리스(Phillip F. Morris)는 흑인들이 소유하고 운영하는 신학교가 필요하다는 생각을 갖고 버지니아신학교(Virginia Seminary)를 1887년에 만들었다. 이 신학교는 1891년에 학생 수 156명에서 3년 뒤인 1894년에는 408명으로 급성장하였다.[58] 베네딕트대학(Benedict College)의 경우 안수집사이자 강한 노예폐지론자였던 스티븐 베네딕트(Stephen Benedict) 부부가 재산을 흑인 교육을 위해 기증하면서 시작되었다. 이 대학은 1990년 기준으로 학생 수 1,500명과 교직원 200명으로 구성된 내실 있는 기독교 대학으로 성장하였다. 국내선교회는 20세기가 되기 전까지 버지니아유니언대학교(Virginia Union University)로부터 시작하여 26개의 흑인 대학을 설립하거나 재정지원을 하였다.[59]

3. 남침례교회(Southern Baptist Convention) 관련 대학교

남침례교회가 대학을 설립하는 일반적인 방법은 각 주총회들이 대학설립위원회를 조직하고, 위원회가 제반 업무를 수행하며 학교를 세우는 것이었다. 남침례교회가 대학을 설립하는 일차적인 목적은 목회자 양성이었다. 초기시대는 대학에서 신학과 일반학문을 함께 가르쳤다. 하지만 시간이 흐르면서 일반학문이 급속히 발전하여 대학의 중추학문이 되었고, 신학부는 신학대학원으로 따로 독립하여 나오게 되었다.

1) 베일러대학교(Baylor University)

로마 가톨릭이 지배하던 텍사스 초기시대의 침례교 선교사들인 제임스 헉킨스(James Huckins), 윌리엄 타이론(William M. Tyron), 베일러(R. E. B. Baylor) 등이 댈러스(Dallas)에 설립한 대학교이다. 학교는 1845년 2월 1일 설립허가를 받았다. 초대총장 헨리 그레이브스(Henry Lea Graves)는 침례교 선교사였고, 2대 총장 루퍼스 벌슨(Rufus C. Burleson) 역시 선교사이자 휴스턴제일침례교회 담임 목사였다.[60] 침례교 신학자이자 목사인 캐롤(B. H. Carroll)은 20년간 대학교 이사장을 역임하며 신학을 가르쳤다. 베일러대학교 졸업자들 가운데서는 유명한 남침례교 목사, 학자, 해외선교사가 많이 배출되었다. 특히 1940년대까지의 교단파송 남미 선교사들 282명 중 58명이 베일러대학교 출신이었다. 남침례교회로

하여금 한국에 선교하도록 만들었던 베이커 코든(Baker James Cauthen)도 베일러대학교의 동문이었다. 베일러대학교는 그러나 학생들을 교단과 관계없이 받아들였다.[61]

2) 교단 직영 신학대학원들

대다수 남침례교 대학들은 대학교에 신학부를 두는 방식으로 신학교육을 하였다. 하지만 1835년 바실 맨리(Basil Manly, Sr.)를 필두로 신학대학원의 필요를 주장하는 사람들이 등장했다. 그러나 그들의 주장은 신학교육을 반대하던 지계석주의자들로 인하여 오랜 기간 저지되었다. 그러던 중 제임스 보이스(James P. Boyce)의 헌신으로 1859년 가을에 서든침례교신학교(Southern Baptist Theological Seminary)가 미국 사우스캐롤라이나 주 그린빌(Greenville)에 세워졌다.[62] 서든침례교신학교는 남침례교단의 신학과 목회자 양성에 있어 독점적 위치를 가지게 되었다.

텍사스, 알칸사스, 오클라호마 주들이 있는 광활한 미국 남서부 지역을 담당하는 목적으로 만들어진 사우스웨스턴침례교신학교(Southwestern Baptist Theological Seminary)는 주로 캐롤(B. H. Carroll)의 열정으로 세워졌다. 그는 베일러대학교의 이사장 및 신학대학 학장으로 봉사하기도 했다. 캐롤의 노력으로 텍사스 침례교 주총회는 1907년에 신학교를 만들기로 하였고, 1908년 5월 14일 주정부로부터 정식 허가를 받았다.[63] 캐롤은 댈러스에 신학교를 세우기를 원했지만, 조지 트루엣(George Truett)은 베일러대학교과 경쟁관계가 되는 것을 거론

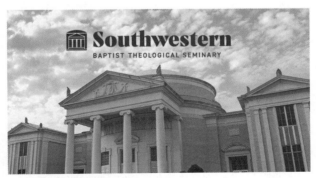

| 사우스웨스턴침례교신학교(Southwestern Baptist Theological Seminary)

하며 반대하였다. 반면 포트워스(Fort Worth)에 있는 침례교인들은 학교 유치에 적극적이었다. 결국 신학교는 포트워스에서 1910년 10월 개교하였다.[64]

| 뉴올리언스침례교신학교(New Orleans Baptist Theological Seminary)

뉴올리언스침례교신학교(New Orleans Baptist Theological Seminary)는 1914년 부터 건립의 필요성이 본격적으로 제기되다가 1917년 총회에서 설립을 결정하였다. 서든은 교육받은 목회자를, 사우스웨스턴은 설교자 훈련을 주요목표로 제시했는데, 뉴올리언스는 선교를 주요목표로 내세우며 1918년 10월 1일 시작하였다.[65]

| 골든게이트침례교신학교(Golden Gate Baptist Theological Seminary)

골든게이트침례교신학교(Golden Gate Baptist Theological Seminary)는 아이샘

허지(Isam B. Hodge) 목사의 소명으로 시작되었다. 그는 1944년 3월 23일 기도회 시간에 하나님께서 일하실 때가 되었음을 확신하였다. 그리고 3월 26일 주일날, 자신의 교회와 샌프란시스코 제일 남침례교회 안수집사들 가운데 학교 이사로 섬길 사람들을 선출하였다. 1944년 9월 4일 골든게이트의 첫 수업이 시작되었다. 학교의 신앙원리는 1925년 남침례교 신앙고백서이다.[66]

| 사우스이스턴침례교신학교(Southeastern Baptist Theological Seminary)

사우스이스턴침례교신학교(Southeastern Baptist Theological Seminary)는 사우스캐롤라이나에 있는 침례교 대학 웨이크포레스트대학(Wake Forest College)의 이전과 맞물려서 설립되었다. 총회는 우여곡절 끝에 웨이크포레스트대학을 매입하여 그곳에 신학교를 건설하기로 하였다. 신학교는 1951년 9월 12일 시작하였지만, 웨이크포레스트대학이 1956년에 이전을 완료하였기 때문에 5년 동안 캠퍼스와 시설을 공유하였다.[67] 남침례교 신학대학원의 현황을 표로 정리해보면 다음과 같다.

신학대학원	창립년도	교단 직영학교 편입연도	ATS 인증 받은 연도
Southern	1859	1925	1938
Southwestern	1907	1925	1944
New Orleans	1917	1946	1954
Golden Gate	1944	1950	1962
Southeastern	1950	1950	1958
Midwestern	1957	1957	1964

남침례교 신학대학원들은 미국신학교협회(Association of Theological Schools, ATS)로부터 인증 받은 신학교들 가운데 학생 수나 재정규모가 타 학교들을 압도한다. 1992년 가을학기를 기준으로 볼 때, ATS 인증 신학대학원들의 평균은 학생 175명, 교수 12명, 예산 280만 달러인데, 남침례교 6개 신학대학원은 학생 1,622명, 교수 43명, 예산 850만 달러였다. ATS에 속한 학교들의 평균치 안에는 남침례교 신학대학원들이 들어가 있음을 감안하면, 실제적인 차이는 더 크다고 볼 수 있다.[69] 교단 직영은 아니지만 남침례교회가 지원하고 있는 신학교로는 미드아메리카침례교신학교(Mid-America Baptist Theological Seminary), 비슨신학교(Beeson Divinity School), 리치몬드침례교신학교(The Baptist Theological Seminary at Richmond), 가드너-웹 대학교 신학부(Divinity School of Gardner-Webb University) 등이 있다.[70]

4. 미국의 기타 침례교 신학교대학교

1) 덴버보수파침례교신학교(Denver Conservative Baptist Seminary)

콜로라도 지역의 미국 침례교 보수주의 목회자들은 1950년 5월 보수신학을 유지하는 신학교 설립의 필요를 느끼고, 이를 위한 위원회를 구성하였다. 신학교는 1952년에 시작되었으며, 보수파 침례교인들 뿐만 아니라 전국의 복음주의 계열 학생들이 많이 참여하였다. 학생 수가 증가하자 1960년대 중반 덴버 시내 가까이로 옮겼고 10명의 전임교원을 두게 되었다.[71] 신학대학원은 1962년 ATS의

준회원이 되었고, 1971년에 정회원이 되었다. 학교는 꾸준히 성장하였으며, 교수진은 확대되었다. 1990년대 후반 학생은 약 600명 정도이고 전임교원은 23명으로 늘었다. 학교는 성경의 완전성을 강조하며, "성경의 테두리 안에서 사고의 자유"를 표방하였다.[72] 성서는 커리큘럼의 핵심이며, 대학원의 3대 교육목표는 성경과 신학에 대한 탄탄한 지식, 그리스도인의 인성을 갖춘 지도자, 목회에 필요한 기초 기술 습득이다.[73]

2) 침례교성서대학(Baptist Bible College)

1950년 5월 일단의 침례교 목회자들이 텍사스의 포트워스에 모여 세계 성서 침례교 연합회(Baptist Bible Fellowship International)를 결성하고 기독교 대학을 설립하기로 하였는데, 이것이 침례교성서대학의 설립 배경이다. 학교의 교리와 신학은 완전히 침례교적이며, 107명의 학생으로 1950년 9월 시작되었다. 학교는 4년제 학부과정 대학으로서 일차적으로 4천 개가 넘는 성서침례교 연합회 교회들의 목회자와 선교사를 배출하는 책임을 맡고 있다. 1990년대 말 기준으로 대학은 35명의 전임교수와 14명의 파트타임 교수들 있으며, 그들은 20개 조항으로 구성된 보수적 신앙고백서를 엄격히 준수한다. 학생 수는 850명이다.[74]

기타 지역의 침례교 대학교

1. 캐나다

맥메스터신학대학(McMaster Divinity College)은 영국 침례교 선교사들이 1861년에 세운 캐나다 인문학교(Canadian Literary Institute)로부터 시작되었다. 이 학교는 신학과 인문학을 가르치며 많은 목회자들을 배출하였다. 하지만 학교가 외진 곳에 있는 것이 단점이었다. 이 점을 아쉽게 생각한 토론토 은행가이자 상원의원인 윌리엄 맥메스터(William McMaster)는 학교를 토론토로 옮기는 조건으로 100만 달러를 기부하겠다고 약속하였다. 학교는 이전하였고 이름을 토론토 침례교대학(Toronto Baptist College)으로 하였다.[75] 대학은 1887년에 대학교로 승인받았고 학교명을 맥메스터대학교(McMaster University)로 바꾸었다. 대학교는 곧 교수들의 출판과 선교로 유명해졌다. 대학교의 신학대학은 1957년까지 캐나다 침례교단의 목회자들을 배출하는 주요 공급처였다. 하지만 대학교는 규모가 커지게 되자 기금마련에 유리하도록 침례교단과의 관계를 끊었다. 종전의 신학대학은 대학교의 종교연구소와 대학교에 가입한 독립적인 신학대학으로 바뀌었다. 이후 신학대학은 비록 침례교가 주류를 차지하지만 완전히 초교파적인 학교로 바뀌었다. 1990년대 말 기준으로 학생 수는 230명 정도인데, 이중 40%는 침례교인이며 나머지는 다양한 교단출신들로 구성되어 있다.[76]

2. 유럽

1) 엘스탈신학교(Theologisches Seminar Elstal)

유럽의 최초 침례교 신학교는 1867년 스웨덴의 스톡홀름에 세워졌다. 두 번째 신학교는 1880년에 세워진 엘스탈신학교이다.[77] 이 학교는 "설교자와 선교사 학교"로 1880년 함부르크 침례교회에서 시작하였으며, 이후 미국 침례교회의 도움으로 신학대학원으로 발전하였다. 학교는 1997년 10월 베를린과 가까운 엘스탈(Elstal)로 옮겼다. 신학교는 만인사제설에 근거하여 목회자뿐 아니라 평신도도 교육시킨다. 5년제 학사과정으로 운영되며, 1999년도 기준으로 재학생은 61명이다. 독일 침례교 총회가 학장, 교수, 학생 선발에 전반적인 책임과 권한을 갖고 있으며, 총회의 재정적인 지원으로 학생들은 무료로 공부한다.[78]

2) 국제침례교신학교(The International Baptist Theological Seminary)

유럽의 중심지역에 국제침례교신학교의 설립 필요성이 최초로 제기된 것은 1908년 베를린에서 모인 유럽침례교회의에서였다. 학교설립 열기는 1911년 미국 필라델피아에서 개최된 침례교세계연맹의 총회에서 최고조에 달했다. 당시 러시아 침례교 대표는 러시아에 신학교 설립이 매우 필요하다고 호소했다.[79] 의장은 침례교세계연맹으로 하여금 러시아에 대표자를 파송하여 신학교 설립을 협상하도록 하겠다고 선언했다. 하지만 당시 러시아의 사정과 세계 제1차 대전은 그 계획을 불가능하게 만들었다.[80] 국제침례교신학교의 비전은 오랜 기간 논의

| 국제침례교신학교(The International Baptist Theological Seminary)

되지 못하였다. 그러던 중 미국 남침례교 해외선교부 책임자인 테론 랜킨(Theron M. Rankin)이 적극적으로 나섰다. 그는 유럽 각국의 신학생들이 모여 훈련받는 신학교는 유럽의 복음화와 침례교단의 강화, 그리고 세계 평화에 이바지 할 것이라고 생각하였다. 1948년 4월 7일 남침례교 해외선교부는 스위스에 신학교 설립안을 승인하였다.[81] 신학교는 1949년 가을 두 명의 교수와 28명의 학생으로 스위스 루실리콘(Ruschlikon)에서 시작하였다. 학제는 4년제로 미국 및 영국의 신학학사, 그리고 유럽의 대학교 정규과정과 맞추었다. 1957년부터는 신학석사(Th. M.)과정도 시작하였다. 신학대학원의 학생 분포는 캐나다, 미국, 뉴질랜드, 남아프리카, 중동, 일본 등 국제적이었다.[82] 미국 남침례교회는 1988년에 학교의 재산과 운영을 유럽침례교연맹에 넘겨주었으며 1992년부터 재정지원을 끊었다. 학교는 1994년 체코의 프라하로 이전하였다.[83]

3. 일본

일본에 대한 침례교 선교는 1853년 미국 정부의 일본 방문단을 태운 배의 선원으로 일본에 갔던 조나단 고블(Jonathan Goble)에 의해 시작되었다. 그는 귀국하여 해밀턴신학교(Hamilton Seminary)에서 공부한 후 1860년에는 선교사로 다시 일본에 갔다. 고블은 찬송가와 마태복음을 일본어로 번역했다.[84] 한편 미국 남침례교회는 롤러(J. Q. L. Rohrer) 부부를 1860년 8월 3일 일본에 입국시키면서 본격적인 선교활동에 착수했다. 그 이후 미국의 남·북침례교회는 선교사들을 계속 파송하여 1873년 3월 2일 요코하마 제일침례교회의 설립을 필두로 교회와 학교들을 세웠다. 선교사들은 여러 중고등학교와 대학을 설립했다. 대학교로는 요코하마 침례교신학교가 발전하여 된 간도가쿠인대학(1905), 후쿠오카에 있는 세이난가쿠인대학(1921), 세이난신학대학원(1922)이 있다.[85] 이들 학교들은 현재까지 유지되고 있다.

| 세이난가쿠인대학

4. 필리핀

미국 북침례교 선교사 에릭 런드(Eric Lund)가 1900년 3월 24일 필리핀에 도착하면서 침례교 선교가 시작되었다. 당시 필리핀은 강한 반미정서로 인하여 선교에 어려움 있었지만 교회가 개척되고 학교도 지어졌다. 1905년 10월에 세워진

| 센트럴필리핀대학(Central Philippine College)

자로공업학교(Jaro Industrial School)는 1921년 센트럴필리핀대학(Central Philippine College)으로 발전하였다. 이 학교는 신학부가 있는 기독교 4년제 대학으로 오늘날까지 존재하고 있다.[86)]

제18장

침례교세계연맹의 역사와 사역

침례교회는 전통적으로 개교회의 자치와 독립에 대한 신념이 강했다. 이러한 강력한 개교회주의로 인해 총회 설립은 오랜 기간 지연되었다. 1630년대에 시작한 영국 특수침례교회와 미국침례교회는 약 180년이 지난 후 총회를 설립하였다. 영국 특수침례교회는 1813년 6월에 침례교 연맹(Baptist Union)을, 미국침례교회는 1814년 5월에 3년 연례총회(Triennial Convention)를 각각 세웠다.[1] 이처럼 총회가 늦게 조직되었지만, 시간이 흐를수록 총회의 역할은 확대되었다. 침례교회에서 총회의 역할은 협력과 친교로 대별된다. 즉 총회는 개별 교회가 감당하기 어려운 사업들을 함께 협력하여 이루고자 하는 목적으로 설립되었기 때문에, 사역을 위해 함께 논의하고 서로의 우애와 결속을 확인하는 축제의 장이 침례교 총회의 일반적인 모습이었다. 몇몇 침례교인들은 20세기 초에 각국의 범위를 넘어 전 세계적인 침례교 모임에 대한 열망을 드러냈고, 그것은 침례교세계연맹 (Baptist World Alliance, BWA)[2]의 결성으로 이어졌다. 한국침례교회가 BWA와 관계를 맺기 시작한 것은 1955년 7월 영국 런던에서 개최된 제9차 세계대회에 이순도 여사와 김광택이 총회 대표로 참가하면서부터였다.[3]

역 사

1. 설립 배경

전 세계에 퍼져있는 침례교 지도자들이 한 장소에 모여서 교제하고 관심사항을 논의하려는 생각은 1790년에 존 리폰(John Rippon)이 가장 먼저 표명하였다. 그는 자신이 발행한 「침례교 기록」(The Baptist Register)이라는 잡지에서 그러한 비전을 제시하였다.[4] 그리고 약 100년 후 「신앙의 전령」(Religious Herald)라는 잡지의 편집자인 미국 버지니아 출신의 피트(R. H. Pitt)도 유사한 주장을 하였다.[5] 침례교세계대회라는 아이디어가 현실이 되게 한 직접적인 계기는 유명한 남침례교 신학자 로버트슨(A. T. Robertson)이 「침례교 감시자」(The Baptist Argus)라는 잡지의 1904년 1월 호에서 1905년 여름에 런던에서 침례교 세계대회를 열자는 구체적인 제안에서 비롯되었다. 본 잡지의 편집자인 존 프레스트리지(John Newton Prestridge)는 로버트슨의 제안을 전 세계 침례교 지도자들에게 발송했다. 알렉산더 맥클라렌(Alexander Maclaren), 존 클리포드(John Clifford), 존 셰엑스피어(John Howard Shakespeare) 등 영국 침례교 지도자들은 그러한 제안을 적극 환영하였으며, 영국 침례교선교협회(Baptist Missionary Society)도 협력 의사를 밝혔다. 결국 1905년 7월에 런던의 유명한 엑스터 홀(Exeter Hall)에서 대회가 열렸고, 그 때 침례교세계연맹이 결성되었다.[6]

BWA의 결성 요청이 호응을 받게 된 데에는 좀 더 큰 배경이 있었다. 침례교인들은 1880년부터 시작되었던 기독교 교단들의 세계적인 모임 결성 흐름에 상당한 자극을 받은 것으로 보인다. 1880년부터 1930년까지 8개의 교단들은 세계적 단체를 조직하였는데, 1867년에 람베스성공회주교회의(Lambeth Conference of Anglican Bishops)를 필두로, 1875년 개혁교회세계연맹(World Alliance of Reformed Churches), 1881년 세계감리교회의(World Methodist Council), 1891년 국제회중교회회의(International Congregational Council), 1905년 침례교세계연맹, 1920년 퀘이커교 단체인 친우회세계위원회(Friends World Committee), 1923년 루터교세계연맹(Lutheran World Federation), 1930년 그리스도교회세계총회(World Convention of the Churches of Christ) 등이 조직되었다.[7]

이러한 분위기와 더불어 영국 침례교 지도자들은 자유교회운동(Free Churches Movement) 같은 초교파 활동을 통해 연합의 중요성을 알았다. 존 클리포드(John Clifford)를 비롯한 영국 침례교 지도자들이 참여한 자유교회운동은 1906년 총선에서 보수당을 패배시키고 야당인 자유당이 집권하는 일에 결정적인 역할을 하였다. 1906년 총선에서 승리하자 비국교도들은 큰 자신감과 용기를 갖게 되었다.[8] 침례교인들은 연합적인 활동이 엄청난 일을 할 수 있게 한다는 것을 몸소 알게 되었다. 이러한 배경은 BWA의 결성에 적지 않은 영향을 끼친 것으로 보인다.

2. 주요 세계대회

1) 제1차 런던 대회(1905)

대회는 셰엑스피어, 휘짓(William H. Whitsett), 프레스트리지의 초청에 23개 국가의 300여명의 침례교인들이 응답함으로 시작되었다. 6백만 침례교인들을 대표해서 참가한 이들은 대부분 영국과 미국에서 온 사람들이었다.[9] 대회 분위기는 활기차고 낙관적이었다. 셰엑스피어는 개회사에서 침례교회는 "세상에서 가장 큰 복음주의 개신교 단체일 것"이라며 교단에 대한 긍지를 드러냈다. 박해 가운데 있는 러시아 침례교회와 아프리카의 신생 교단 대표들도 기쁨과 감격의 인사말을 하였다. 영국 침례교회의 원로 지도자인 알렉산더 맥클라렌 목사가 사회를 보았으며, 참석자들은 BWA의 창설을 만장일치로 결의했다.[10] 기구는 가급적 최소화하여, 회장에 존 클리포드를 총무에는 셰엑스피어와 프레스트리지 두 사람을 선출하였다. 임원회(Executive Committee)를 만들어 세계대회 개최 준비를 비롯한 주요 사항들을 처리하도록 했다.[11] 초대 대회에서 특이한 사항은 맥클라렌이 역사적 교회의 연속성 안에 침례교회도 포함되어 있으며, 그것을 잘 드러내는 방법은 사도신경을 낭독하는 것이라고 제안했고, 참석자들이 그것을 모두 받아들였다는 사실이다. 참석자들은 전원 기립하여 맥클라렌이 선창하면 따라하는 식으로 사도신경을 고백하였다.[12]

연맹은 1905년 7월 17일에 헌법을 제정하였다. 최초 헌법의 서문에는 침례교 신앙과 직제를 따르는 전 세계 교회들 간에 교제와 협력을 증진하기 위해 BWA

를 창설하며, BWA는 개별교회의 독립을 인정하고 기존 침례교 단체가 행하고 있는 어떠한 기능도 대신하지 않는다는 점을 분명히 밝혔다. 또한 BWA가 개별 교회나 단체보다 높은 권위를 갖고 있지 않고, 그들에 대해 어떠한 법적 권한도 없으며, 온전히 자발적인 단체로서 도덕적, 영적 일들에 대해 서로 돕는 기구라는 점도 확고히 하였다.[13] 서든침례교신학교 학장 멀린스(E. Y. Mullins)와 캐나다에서 온 존 맥닐(John MacNeil) 목사가 초대 대회에서 인상 깊은 연설을 하였다. 이들은 후에 제3대와 제4대 BWA 회장을 역임할 사람들이었다. 참석자들은 세계대회(World Congress)를 매 5년에 한 번씩 열기로 결의하였다.[14]

2) 제2차 필라델피아 대회(1911)

제2차 BWA 세계대회는 미국 펜실베이니아 주 필라델피아에서 개최되었다. 본 대회 역시 영국과 미국 대표들이 대다수를 차지했지만, 러시아, 호주, 중미 지역에서도 꽤 많은 사람들이 왔다.[15] 러시아 대표단은 침례교 목사들이 설교한다는 이유로 제정 러시아로부터 감옥에 가는 등 갖은 박해를 당하고 있다고 보고하였다.[16] 참석자들은 깊은 동정심을 느꼈고, 상트페테르부르크(St. Petersburg)를 예정지로 신학교를 건립할 기금 10만 달러를 모으기로 결정하였다. 기금은 예상보다 많이 걷혔으며, 마침내 1928년에 기금의 일부가 상트페테르부르크 신학교를 개원하는 데 사용되었다. 그러나 그 학교는 공산당 정부에 의해 1929년에 폐교되었고 교수들은 해직되었다.[17]

3) 제3차 스톡홀름 대회(1923)

스웨덴 스톡홀름에서 열린 제3차 세계대회에는 약 2,300명의 대표들이 참가했다. 1,500명 이상이 영국, 미국, 캐나다에서 왔고, 580여명이 스웨덴 침례교인들이었다. 나머지는 유럽의 여러 나라들과, 아르헨티나, 브라질, 칠레, 일본, 남아프리카 등에서 왔다. 특히 구소련에서 꽤 많은 사람들이 참석하였다. 본 대회에서는 중국, 아시아, 아프리카에서 이루어지고 있는 침례교 사역에 대한 보고가 있었다. 그렇지만 대회의 가장 핵심적인 관심사항은 제1차 세계대전 이후 유럽에 대한 구호사업이었다. 특기할 점은 회원자격을 교단적인 단체뿐만 아니라, 현지 교회들이나 해외선교협회들에게도 부여하기로 한 것이다.[18]

4) 제4차 토론토 대회(1928)

본 대회에서는 연맹의 일을 전임으로 하는 사역자를 고용하기로 하였는데, 러쉬부르크가 최초의 전임사역자이자 단일총무로 선출되었다. 회장으로는 토론토에서 온 존 맥닐이 선출되었다. 토론토 대회에는 몇몇 구소련 대표들이 참여했으나, 그들은 귀국한 즉시 체포되어 박해받았다. 그 이후 소련 대표들은 더 이상 BWA 세계대회에 참석하지 않았다.[19]

5) 제5차 베를린 대회(1934)

제4차 대회에서 차기 대회장소로 지정된 베를린은 논란의 대상이 되었다. 그것은 독일 나치정권이 언론의 자유를 인정할 것인가에 관한 것이었다. 그런데 독일 정부는 정식으로 대회를 허락하였고, 아돌프 히틀러(Adolf Hitler)의 환영문과 더불어 수 백 명의 독일 침례교인들이 대회를 환영했다.[20] 나치정부는 언론의 자유를 대거 보장했고, 베를린 대회에서는 교회와 국가, 민족주의, 인종차별주의, 세계평화 등에 관한 주제들이 토의되고 결의되었다. 결의문들은 대부분 독일 정부의 정책에 반대되는 내용들로 채워져 있었지만, 그것의 출판과 유통이 허용되었다. 그러나 대회가 끝난 몇 개월 후, 나치정부는 그 책자들의 출판과 배포를 금지시켰다. 베를린 대회는 당시까지 동반구에서 모였던 침례교 대회로서는 가장 큰 대회였다.[21]

6) 제6차 애틀랜타 대회(1939)

본 대회는 미국 남침례교회 대표들이 대거 참석하였으며, 꽤 많은 사람들이 미국 북부와 캐나다, 그리고 남미와 아시아에서 왔다. 러쉬부르크가 회장으로 선출되었다. 창립대회 때부터 30년 넘게 BWA 사역에 깊숙이 관여하였던 러쉬부르크는 1947년 제7차 대회를 준비하는 도중인 1947년 2월 1일에 갑작스런 심장마비로 세상을 떠났다.[22] 애틀랜타 대회는 미국 흑인침례교회인 휫스트리트침례교회(Wheat Street Baptist Church)에서 개최되었는데, 그 교회당은 당시 애틀랜타에서 가장 큰 건물 중 하나였다. 인종차별주의가 여전히 남아 있던 남부지역에서 흑인 교인들의 예배당에서 세계적인 대회가 열린 것은 적지 않은 파장을 불러일으켰다. 조지 트루엣(George W. Truett) 회장은 연설을 통해 흑인 침례교인들에게 감사의 뜻을 밝히고, 인종과 종교적인 이유로 박해하는 행습을 강력히 비판했다.[23] 이러한 분위기와 더불어 본 대회에서는 침례교 전통 중에서 영혼의 자유, 개인의 역량, 교회와 국가의 분리를 강조하는 콘퍼런스가 개최되었는데, 서든침례교신학교의 카버(Carver) 박사가 사회를 보았고, 「연대기」(Chronicle) 잡지의 편집자인 크로저신학교(Crozer Seminary)의 학니스(Harkness) 박사가 연설을 하였다.[24]

7) 제7차 코펜하겐 대회(1947)

연맹은 제2차 세계대전으로 오랜 기간 세계대회를 열지 못하다가 1947년에 덴마크 코펜하겐에서 개최할 수 있었다. 본 대회에서 미국 흑인 침례교단인 전국침례교총회(National Baptist Convention)의 지도자인 바버(J. Pius Barbour)는 "신약성경에서 본 인종 간 장벽"(The Color Bar In Light of the New Testament)이라는 설교에서, 미국 흑인들 가운데 공격적인 태도들이 근래에 많아지고 있다고 하였다. 그의 설교는 1950년대와 1960년대에 발생할 흑인 인권운동을 예견한 것이었다.[25]

8) 제8차 클리블랜드 대회(1950)

본 대회는 제7차 대회가 오랜 기간 연기된 후 개최되는 바람에 3년 만에 열리게 되었다. 회장인 존슨(C. Oscar Johnson)은 연설을 통해 상업주의와 물질주의를 쌍둥이 악마라고 하며, 모든 갈등과 전쟁의 배경에는 바로 이 두 가지가 존재한다고 했다.[26]

9) 제9차 런던 대회(1955)

창립 50주년 기념대회로 열린 런던 대회에는 대규모 인원이 참가하였다. 아메리카 대륙에서 4,714명, 유럽의 19개 침례교 단체에서 2,973명, 아프리카 10개 단체에서 74명, 아시아 14개 나라에서 94명의 대표들이 각각 참석하였다.[27]

10) 제10차 리우데자네이루 대회(1960)

1960년대와 70년대에 BWA는 급속히 확장되었다. 많은 새로운 단체들이 세계대회에 참가하였다. 예를 들면, 제10차 대회에는 "앙골라, 바하마, 벨기에, 볼리비아, 브라질, 카메룬, 칠레, 콜롬비아, 코스타리카, 에콰도르, 말레이 군도, 가나, 과테말라, 온두라스, 홍콩, 인도네시아, 아일랜드, 이스라엘, 자메이카, 요르단, 레바논, 라이베리아, 멕시코, 뉴기니, 니카라과, 파키스탄, 파나마, 페루, 로디지아, 대만, 태즈메이니아" 등에서 온 침례교 단체들이 가입했다. 그 결과 1960년에 BWA에 가입된 단체는 총 72개 되었다. 또한 1960년에서 1965년 사이에 가입한 단체는 르완다, 가나, 과테말라의 침례교단들과 미국의 진보파 흑인 침례교단인 진보전국침례교총회(Progressive National Baptist Convention)였다.[28]

11) 제11차 마이애미비치 대회(1965)

요한복음 8장 32절 "진리가 너희를 자유케 하리라"라는 구절을 주제 성구로 삼은 마이애미비치 대회는 특히 식민주의, 인종차별주의, 빈곤으로부터 자유를 강조한 대회였다. 특기할 점은 라이베리아 출신의 윌리엄 톨버트(William Tolbert)을 차기 회장으로 선출하였는데, 그는 최초의 흑인 회장이었다.[29]

12) 제13차 스톡홀름 대회(1975)

본 대회에서는 선진국과 후진국 간의 부의 편중 문제를 심도 있게 다루었다. 로스앤젤레스 제이침례교회 목사이자 흑인인 토머스 킬고어(Thomas Kilgore)는 다른 나라에서 수백만 명이 굶주리고 있는데, 미국이 수백만 달러를 다이어트 하는 일에 사용하는 것은 용납하기 어려운 일이라고 주장하였다. 그는 1960년대에 선진국의 일인당 국민소득은 650달러 상승한 반면, 개발도상국은 단지 40달러만 증가하는 데 그쳤다고 하며, 세계 경제의 구조적인 문제점을 지적하였다.[30] 본 대회에서 홍콩 출신의 데이빗 왕(David Y. K. Wong)이 회장으로 선출되었는데, 아시아인으로서는 최초 회장이었다.

13) 제14차 토론토 대회(1980)

회장 데이빗 왕이 사회를 본 토론토 대회는 "자유, 정의, 평화 위원회"(Commission on Freedom, Justice, and Peace)가 제시한 "인권선언문"(The Declaration of Human Rights)을 채택하였다.[31]

14) 제15차 로스앤젤레스 대회(1985)

로스앤젤레스 대회가 중심적으로 다룬 것은 인종주의였다. 본 대회에서 참석자들은 인종 차별과 남아프리카공화국의 인종 차별정책인 아파르트헤이트(Apartheid)를 반대하는 결의안을 채택했다. 본 결의안은 인종 차별과 기독교 복음은 서로 양립할 수 없다고 하였다. 그것은 또한 하나님의 형상으로 창조된 인간이라는 기독교 창조 교리(창세기 1장 27절), 전 인류와 족속을 위해 죽으신 예수 그리스도의 속죄(골로새서 3장 11절), 만유를 자신 안에 통합시키려는 하나님의 영원한 계획(에베소서 1–2장)에 어긋난 것이라고 주장했다. 이처럼 인종 차별은 인간과 하나님에 대한 범죄이며, 특히 남아프리카공화국의 아파르트헤이트는 정죄 받아 마땅한 정책이라고 선언하였다.[32]

15) 1985년 이후의 세계대회들

1985년 이후부터는 국제화를 위해 세계대회나 연합회의(General Council)를 전략적인 장소에서 개최하였다. 즉 "싱가포르(1986), 요르단 암만(1987), 유고슬라비아 자그레브(1989), 짐바브웨 하라레(1993), 스웨덴 웁살라(1994), 부에노스아이레스(1995), 호주 멜버른 세계대회(2000), 쿠바 하바나(2000), 캐나다 샬럿타운(2001), 스페인 서블(2002), 브라질 리우데자네이루(2003), 한국 서울(2004)" 등에서 대회들이 열렸다.[33] 2005년 현재 BWA의 규모는 211개 침례교 단체들, 3천6백만 교인, 14만6천 지역교회들로 구성되어 있다.[34] 최근 BWA에 큰 타격을 주는 일이 발생하였는데, 그것은 미국 남침례교회가 2004년에 BWA를 탈퇴한 사건이다. 남침례교회는 연맹의 신학적 지향을 문제 삼으며 탈퇴하였다. 재정의 가장 큰 부분을 감당하였던 남침례교회가 탈퇴한 후 연맹은 기금의 부족으로 어려움을 겪게 되었다.[35]

3. 지역대회(Regional Conferences)

연맹에 참여하는 침례교인들은 세계대회가 5년에 한 번씩 열리기 때문에 관심 사항을 논의하기 위해 긴 세월을 기다려야 했다. 이들은 세계대회 중간에 모임을 가져야 할 필요를 느꼈는데, 그것은 지역대회를 만드는 계기가 되었다.

1908년 베를린에서 최초의 유럽침례교대회가 개최되었고, 1913년에 스톡홀름에서 두 번째 대회를 갖는 등 유럽대회는 어느 정도 정착 단계를 밟고 있었다. 그러나 1914년에 발생한 제1차 세계대전은 유럽대회의 계속적인 개최를 어렵게 하였다.[36] 유럽 침례교회들은 제2차 대전이 끝난 1948년 8월 13일부터 17일까지 런던에 모여서 유럽 지역대회를 본격적으로 활성화하는 방향으로 나갔다. 런던 대회가 다룬 문제는 구호사업이었다. 참석자들은 전후 황폐화된 유럽 국가들에게 구호물자를 전달하기로 결정하였으며 독일을 주된 대상 국가로 삼았다. 약 4백만 달러에 달하는 음식과 옷, 그리고 의료품이 독일로 보내졌다.[37] 런던 대회는 유럽침례교연맹(European Baptist Federation)의 산파 역할을 하였다. 본 연맹은 1950년 10월 프랑스 파리에서 정식으로 결성되었다. 유럽침례교연맹은 총회로 5년마다 모이지만, 임원들은 매년, 혹은 격년으로 모여 주요 사안들을 논의하였다. 산하에 여러 위원회들과 재무가 있으며, 선교와 출판이 주된 사업이었다.[38]

북아메리카의 경우 북미침례교협회(North American Baptist Fellowship)가 1963년에 창설되어 다섯 교단이 가입하였다. 본 협회는 대회를 열지 않고, 대신 소속 교단 지도자들이 연차모임을 갖고 상호 관심사를 논의하였다. 1970년에는 중앙아메리카침례교회들의 모임이 결성되었으며, 이어서 호주와 뉴질랜드를 포함한 아시아 지역의 침례교단들은 아시아침례교협회(Asian Baptist Fellowship)를 설립하였다. BWA 임원회는 1973년에 지역대회에 일정한 권한을 부여하는 결정을 내렸다.[39] 연맹 임원들은 지역대회와 연계를 강화하기 위해 지역대회에 적극 참석하였다. 이들의 참석은 지역대회를 승인하고 권장하는 의미를 담는 것이었다. 예를 들면, 1926년 9월과 10월에 개최된 지역대회에 멀린스 회장과 총무가 참석하였고, 맥닐 회장은 1930년 8월부터 10월까지, 조지 트루엣은 1937년 7월과 8월에 지역대회들을 방문하였다. 남서부유럽, 스칸디나비아 반도 국가들, 남동부유럽 등에서 지역대회가 열렸으며, 침례교인들은 이런 모임을 통해 민족적, 정치적 적개심을 극복할 수 있었다.[40]

최초의 남미대륙 대회는 1930년 브라질 리우데자네이루에서 개최되었는데, 당시 BWA 총무 러쉬부르크와 회장 트루엣이 연맹을 대표하여 참석하였다. BWA 임원들은 또한 각 나라의 침례교 단체들도 적극 방문하였다. 맥닐은 1931년 9월부터 1932년 2월까지 약 6개월 동안 일본, 중국, 버마, 인도, 팔레스타인,

유럽 등지를 방문하였고, 같은 기간에 총무 러쉬부르크는 남아프리카, 호주, 뉴질랜드, 미국과 캐나다를 방문하였다.[41)

4. 조직

초기 시절 BWA는 기구라기보다는 대규모 투어 친목대회였다. 전 세계 침례교인들이 한 자리에 모여 서로 격려하고 축하하는 축제 성격의 모임이었던 것이다. 따라서 조직도 최소화하였다. 하지만 BWA가 시행하는 일들이 많아지고, 그 일들을 실행하는 위원회나 부서가 설립되면서 자연스럽게 기구화 되어갔다. 그렇다고 BWA가 초거대 교단이나 중앙집권적인 단체, 혹은 선교단체는 아니다. 그것은 인종을 초월한 국제적이며 다문화적인 침례교 공동체라고 정의할 수 있다.[42) 연맹은 초기시절에 실무를 위해 총무를 두 명 선출하여, 각각 서반구와 동반구를 책임지게 했다. 그러나 1928년부터는 전임 단일 총무체제로 전환하였다. 러쉬부르크가 최초의 단일 총무가 되었다.[43) 또한 1928년에 청년위원회(Young People's Committee)를 조직하는 등 각종 위원회를 만들었다. 청년위원회는 침례교청년대회(Baptist Youth Congress)를 개최하였는데, 초대 대회는 프라하에서, 두 번째 대회는 취리히에서 개최하였다.[44)

회장과 총무와 더불어 연맹의 리더십을 형성하는 임원회 위원들은 지명위원회에 의해 선출되며 총회에서 인준 받았다. 지명위원회는 회장과 총무가 직전임원들이나 행정 소위원회와 상의하여 선출했다. 1964년 함부르크에서 열린 임원회에서는 모든 회원 교단들의 대표는 임원회 위원이 되어야 한다고 결의하였고, 본 결의는 1965년도 제11차 마이애미비치 세계대회에서 채택되었다.[45) 모든 가입 단체의 대표들을 당연직 임원이 되도록 하였지만, 실제로 임원으로 활동하는 사람들은 절반도 되지 못했다. 예를 들면, 1973년 임원회의 경우 95개 교단 중 32개 교단의 대표만이 참석하였다. 참여가 적은 주된 이유는 비용 문제였다. 당시에 임원회에 참여하기 위한 경비는 개발도상국의 목회자일 경우, 1년에서 2년치의 연봉과 맞먹는 것이었기 때문에 그들은 임원회에 참석할 수 없었던 것이다. BWA도 예산이 부족하여 그러한 경비를 대신 지불할 수 없었다.[46)

총무는 BWA 사업을 총괄하고 이끌어가는 핵심 사령탑이었다. 심지어 총무의 영향력에 의해 BWA 본부가 이전되는 경우도 발생했다. 즉 미국 남침례교인 로버트 데니(Robert Denny)가 1970-80년까지 총무로 있을 때, 본부를 영국 런던에서 미국의 워싱턴 D.C.로 이전하였다. 이것은 그가 속한 남침례교회가 연맹의 재정에 상당한 부분을 책임지고 있었기 때문에 가능한 것이었다. 데니는 남침례교회의 풍부한 지원에 힘입어 재임기간 중에 가장 많은 직원을 고용했다. 미국 정부 관료를 역임하였던 칼 틸러(Carl W. Tiller)가 1972년에 부총무로 데니를 도왔다.[47]

사역 영역이 확장되면서 연맹의 조직도 확장되고 또 국제화되었다. 이러한 현상은 1980-1990년대에 가속화되었다. 데니의 뒤를 이어 총무가 된 독일인 게르하르트 클라쓰(Gerhard Class)는 새로운 직원들을 채용할 때, 국가적 안배를 고려하였다. 그는 전도, 교육, 구제, 청년 사역을 위해 덴톤 롯츠(Denton Lotz)를, 공보, 학문, 조사 업무를 위해 라인홀드 커스탄(Reinhold Kerstan)을 채용했다. 침례교세계구호(Baptist World Aid), 남자부, 북미침례교협회(North American Baptist Fellowship)의 사역을 위해 캐나다인 알키 고디(Archie R. Gordie)를, 청년부를 위해서는 케냐인 샘손 마당간(Samson Mathangan)을 고용했다. 연맹의 국제화를 이끈 클라쓰는 1988년 캘리포니아에서 자동차 사고로 갑작스럽게 세상을 떠났다.[48] 2014년 현재 BWA는 1) 선교, 전도, 신학연구부(Mission, Evangelism and Theological Reflection), 2) 자유와 정의부(Freedom and Justice), 3) 침례교 세계구호부(Baptist World Aid), 4) 여성부, 5) 남성부, 6) 청년부 등 크게 여섯 개의 프로그램(부서)으로 나뉘어져 있다.[49]

사역 및 활동

연맹이 운영하는 여섯 개의 프로그램(부서)은 사역의 결과로 발생된 것이다. 본 장에서는 BWA로 하여금 단순한 친교단체가 아니라, 기구로서의 특성을 갖게 한 사역활동을 살펴볼 것이다.

1. 전도, 선교, 교육사역

예수 그리스도의 복음을 전하여 그리스도의 제자 삼는 일을 돕는 것이 BWA의 핵심적인 설립목적이다. 연맹의 헌법 서문에 나오는 7개의 설립 목적에는 "예수 그리스도의 복음을 증거하고 회원 단체들이 모든 사람들을 구세주요 주님이신 예수 그리스도를 통해 하나님께로 데려오는 성스러운 사업을 돕는 것이다."라는 구절이 분명히 있다.[50] 이처럼 전도와 양육은 연맹 사업의 중심적 위치를 차지했다. 1950년 클리블랜드에서 개최된 세계대회 때 전도위원회가 조직되었으며, 1960년 리우데자네이루 대회에서는 전도위원회에 직원을 배치하기로 결정했다.[51] 1970년대에 이르러 전도부가 BWA 내에 정식 부서가 되어야 한다는 의견이 많아졌다. 이러한 요청에 따라 1975년 스톡홀름 대회에서 복음전도 및 교육부가 창설되었고, 전도부장(Director of Evangelism)으로 영국인 로날드 굴딩(Ronald Goulding)이 선임되었다. 그리고 양육과 교육사역을 전도부에 포함시키기로 결정하여 전도교육부로 확대하였다. 1980년대에 전도교육부의 주된 사역들로는 "신학교육에 대한 침례교 국제대회"(Baptist International Conference on Theological Education)의 개최, 침례교 신학대학원 및 대학 안내 책자 출판, 전도교육부 회보 발간 등이었다.[52]

전도교육부는 1986년 중국 난징에서 중국기독교협회(China Christian Council)를, 1987년에는 전 아프리카 침례교협회(All Africa Baptist Fellowship)를 각각 개최하였다. 1987년에는 나이지리아 이바단(Ibadan)에서 선교대회를 열기도 하였다. 1990년대에는 "2000년까지 BWA와 세계복음화" 혹은 줄여서 "비전 2000"을 제시하였다. 1990년에 전도교육부 부장으로 선출된 호주 출신 토니 큐피트(Tony Cupit)는 1990년 7월 대한민국 서울에서 개최될 세계대회에서 낭독할 "서울언약서"(Seoul Covenant)을 작성하는 책임을 맡았다. 전도를 격려하는 이 언약서는 많은 나라의 언어로 번역 유포되었다.[53] 전도교육부는 1990년대에 여러 콘퍼런스를 개최하였다. 콘퍼런스에서 다루어진 주제들로는 "그리스도에 대한 믿음 공유하기, 미전도 사람들에게 나아가기, 기독교 저술, 교회개척, 예배 및 전도와 섬기는 리더십 간의 관계" 등이 있었다. 콘퍼런스는 세계 전역에서 열 되, 특별히 침례교회가 소수이거나 억압당하는 지역에서 개최하도록 했다. 콘퍼런스들은

"쿠바, 러시아, 우크라이나, 파푸아뉴기니, 인도네시아 자바, 스리랑카, 프랑스, 폴란드, 필리핀, 페루, 아르헨티나, 영국, 니카라과, 스페인, 독일, 스웨덴, 노르웨이, 네팔, 그리고 인도의 여러 주들 즉, 나갈랜드, 마니푸르, 미조람, 아셈, 안드라프라데시, 서 벵골, 메갈라야, 트리푸라" 등의 지역에서 열렸다.[54]

교육과 관련해서는 "신학교육 침례교 국제콘퍼런스"(Baptist International Conferences on Theological Education)를 1993년 남아프리카 요하네스버그에서, 1997년 캐나다 밴쿠버에서 각각 개최하였다. 전도교육부는 예배 콘퍼런스들도 개최하였는데, 1997년 베를린에서, 2000년 호주 멜버른과 브라질의 리우데자네이루에서, 2001년 인도의 하이데라바드, 2002년 니카라과의 마나과, 2003년 우크라이나의 키예프에서 각각 개최하였다.[55] 전도교육부는 각종 대회와 콘퍼런스를 개최하는 것뿐만 아니라, 실제로 복음을 전하기도 하였다. 예를 들면, 전도부장 토니 큐피트는 유럽에서 온 전도팀들과 함께 서아프리카 카메룬, 시에라리온, 라이베리아, 코트디부아르, 토고, 베냉 등에서도 전도했다. 2004년에는 미국과 남아프리카에서 온 16개의 전도팀들과 함께 말라위에서 사역을 시작한후, 인근 국가인 탄자니아, 모잠비크, 짐바브웨, 잠비아 등지에서 복음을 전하였다.[56]

2. 구호사역

1914년 7월에 시작되어 1918년 11월에 끝난 제1차 세계대전은 유럽을 극히 황폐화시켰다. BWA 지도자들은 전후 유럽의 문제를 논의하기 위한 특별 대회를 1920년 7월 19일부터 23일까지 런던에서 개최하였다. 미국 침례교 해외선교협회의 찰스 부룩스(Charles A. Brooks)와 영국 침례교 목사 러쉬부르크가 유럽 각 나라들의 형편을 보고하였다. 보고를 청취한 참석자들은 비록 얼마 전까지 국가적으로 적대관계에 있었지만, 그것을 잊고 서로 협력하기로 하였다. 런던 대회는 다음의 네 가지를 결의하였다. 첫째 1백만 달러를 모금하여 "인종이나 종교에 관계없이" 궁핍한 사람들을 위해 사용하기로 한 것이고, 둘째 주요 교단들에게 책임을 할당한 것이었다. 예를 들면, 미국 남침례교회에게는 스페인, 유고슬라비아, 헝가리, 루마니아, 우크라이나, 남부소련 등을 배정하고, 북(미국)침례교회에게는 프랑스, 벨기에, 스위스, 폴란드, 노르웨이, 덴마크 등을 할당했다. 셋째 신학교가 없는 곳에 침례교 신학교를 건설하기로 하였고, 에스토니아, 라트비아, 폴란드, 체코슬로바키아, 헝가리, 루마니아 등을 유력지로 삼았다. 넷째 러쉬부르크를 침례교 유럽 책임자(Baptist Commissioner for Europe)로 선임한 것이다. 러쉬부르크에게 구호뿐만 아니라 박해 당하는 침례교인들을 돕는 책임도 함께 맡겼다.[57] 1백만 달러는 미국 남·북 침례교회가 각각 50만 달러 씩 출현하여 조성하도록 했으며, 구호금과 물품의 배분은 수혜를 받는 나라의 침례교 총회가 주축이 되어 시행하도록 했다.[58]

연맹은 원래 구호사업을 전후 복구를 위한 일시적 사업으로 여겼다. 그런데 얼마 후 제2차 세계대전이 발발하였고, 연맹은 다시 구호사업을 시작하였다. 연맹은 1943년 5월 27일 미국 시카고에서 세계 긴급구호위원회(Committee on World Emergency Relief)를 조직하였다.[59] 구호위원회의 임무는 필요에 관한 정보를 모아 유포시키고, 여러 침례교 단체들에게 협력을 요청하고, 각국의 구호 당국자들과 관계를 유지하며, 연맹에 접수된 구호물자를 배분하는 것이었다. 당시 러쉬부르크는 BWA 회장 겸 유럽지역 침례교재건특별위원회의 회장이었다. 그는 담임목사직을 사임하고 유럽 구호사업 담당 전임 사역자가 되었다. 구호위원회의 활동으로 독일에만 250만 파운드의 식량과 370만 파운드의 옷과 신발들이 투입되었으며, 9,000명의 피난민들이 도움을 받았다.[60] 전쟁이라는 상황으로 인해 시작된 구호사업은 1950년에 발생한 인도 아셈지방의 지진, 자메이카의 재난, 한국전쟁의 발발 등 계속적으로 수요가 발생되자 지속적인 사업이 되었다. 결국 BWA는 1972년에 구호사업을 항구적 사업으로 삼겠다는 뜻을 발표했다.[61]

유럽이 복구되자 BWA 구호사업은 주로 가난한 개발도상국을 향했다. 예를 들면, 1992년에 극심한 기근을 겪은 짐바브웨를 위해 두 명의 농업 기술자를 짐바브웨에 파송하였다. 이들은 4개의 짐바브웨 침례교 단체들과 함께 일했다. 2년이 지나자 4개의 침례교 단체들은 함께 자립을 위한 독자적인 재건 프로젝트를 추진하기 시작했다. 1994년 4월에 발생한 대규모 르완다 난민들을 위해서 구호물자를 나누어주고, 능력 있는 현지인 지도자도들을 양성하는 일을 하였다. 그리고 르완다의 침례교 단체들이 스스로 회복과 재건을 위한 노력을 하도록 리더십을 발휘하였다.[62] 20세기 후반 소련이 붕괴되면서 동유럽 국가들에 대한 구호 수요가 발생되었다. 예를 들면, 크로아티아로 피난 온 보스니아 무슬림 여인들과 아이들을 위해 구호활동을 했다. 시베리아 지역도 그곳의 적은 수의 침례교회들과 함께 일했다. BWA는 또한 헝가리침례교회를 통해 수 년 동안 북한을 도왔다. 평양 남부의 사리원 시의 어린이와 고아들을 위해 의약품과 의료 기구를 제공하였다.[63]

3. 종교의 자유를 위한 활동

1920년대 BWA는 동유럽과 소련에서 행해지고 있던 종교에 대한 탄압을 비난하고 종교의 자유를 촉구하였다. 특히 침례교인들이 박해 받는 일이 빈번하게 이루어지고 있는 나라들에 대해서는 연맹의 임원들이 그 나라 정부 지도자들을 방문하여 개선을 촉구했다. 예를 들면, 러쉬부르크는 체코슬로바키아에서 침례교인들이 로마가톨릭 교인들과 비교하여 세금납부에 있어 불평등한 대우를 받고 있음에 대해, 체코 대통령 마사리크(Masaryk)를 접견하여 시정을 촉구하였다. 그 결과 시정하겠다는 답변을 들을 수 있었다. 한편 헝가리에서도 활동적인 침례교 목사가 헝가리 국적이 없다는 이유로 추방령을 받았는데, 러쉬부르크는 이 문제를 헝가리 종교장관과 협의하여 그것을 폐기시켰다. 이탈리아에서도 한 침례교 목사가 받은 추방명령을 러쉬부르크가 무솔리니와 협의하여 폐기토록 했다.[64]

제1차 세계대전 이후 러시아에서는 공산당이 권력을 장악하였다. 러시아 공산정부는 종교 말살 정책을 펼쳤다. 아이들에 대한 종교교육, 성경공부, 교회개척, 전도하는 것 등이 금지되었으며, 예배당과 모임 장소들은 폐쇄되었다. 신학교를 세우거나 러시아어 성경을 출판하거나 수입하는 일도 금지되었다. 모든 공립학교는 전투적으로 무신론을 가르쳤다. 러쉬부르크는 종교의 자유를 위해 여섯 번이나 러시아를 방문했지만 아무런 성과도 올릴 수 없었다.[65]

1920년대 루마니아는 침례교회를 법적으로 인정하지 않고 압제하였다. 이에 대해 러쉬부르크는 루마니아 장관들을 만나 시정을 촉구했고, 장관들은 박해를 멈추도록 하겠다고 약속했다. 그러나 정교회의 압력으로 그 약속들은 계속 지켜지지 않았다. 결국 BWA는 전 세계 국가들에게 이러한 상황을 고발하기로 결정하였다. 이에 다급해진 루마니아 정부는 박해가 중단되도록 조치하였고, 루마니아 의회도 1928년에 침례교회를 법적으로 인정하였다. 그러나 이 법은 오랜 기간 적용되지 않았기 때문에 침례교회의 법적 지위는 모호한 상태로 남아있었다.[66] 정교회 사제들과 국가 관리들은 이러한 상황을 이용하여 침례교회에 대한 박해를 재개하였다. 그들은 교회를 폐쇄시키고, 침례교 목사들의 설교를 금지하며, 침례교인 자녀들이 학교에서 불이익을 받게 하고, 벌금을 물리는 등 여러 박해들을 가했다. 이에 대해 러쉬부르크는 1935년에 강력하게 항의하였고, 루마니아 수상은 침례교회에 대한 박해가 중지되도록 약속했다. 1937년 4월 루마니아 종교부 장관은 침례교회에 대한 제제를 해제하는 명령을 발표했다. 동시에 침례교회들은 3개월 이내에 재등록을 해야 하며, 재등록을 하지 않는 침례교회들은 폐쇄 조치한다는 명령문을 발표하였다. 이 명령은 침례교 원리에 맞지 않고, 루마니아 침례교회들이 실행하기도 어려운 것이었다. 결국 침례교회들을 폐쇄시키려는 조치 밖에 안 되었다. BWA와 루마니아침례교연맹(Rumanian Baptist Union)은 이 명령을 단호히 거부하기로 결정하였다. 명령은 결국 유보되어 교회의 폐쇄가 실행되지 않았다.[67]

종교의 자유를 위한 BWA 활동은 계속되었고 성과도 올렸다. 예를 들면, BWA 총무인 조셉 놀덴하그(Josef Nordenhaug)는 1966년에 소련정부로부터 2만부의 성경책과 3만부의 찬송가 출판을 허락받았다. 1968년에는 쿠바 침례교인들에 대한 압제를 완화시키기 위해 쿠바 정부와 논의하였고, 1969년에는 부총무 로버트 데니가 버마 정부 대표자들을 만나 버마 침례교인들에 대한 핍박을 그치게 해줄 것을 요청하였다. BWA는 이러한 활동을 대체로 그 나라의 침례교단과 협의를 거쳐 실행하였다.[68]

4. 도덕과 윤리 문제

도덕과 윤리는 처음부터 BWA의 주요 관심사항이었다. 1905년 첫 번째 세계대회에서 캐나다 출신의 프리맨(J. D. Freeman)은 침례교회의 영혼의 자유 원리가 노예제도폐지에 큰 영향을 끼쳤음을 설명했다. 그는 자메이카에서 활약한 영국 침례교 선교사 윌리엄 니브(William Knibb)가 노예들이 종교교육을 받을 수 없고 복음도 들을 수 없으면, 어떻게 그리스도의 지상명령을 수행할 수 있느냐고 항변한 것을 예로 제시했다. 제2차 세계대회에서는 회장 존 클리포드가 형제애에 기초하여 가난한 사람들과 약자를 돌보는 것은 침례교회의 오랜 전통이라고 주장했다.[69] 윤리위원회는 가장 먼저 세워진 BWA 위원회들 가운데 하나로 도덕적 기준들, 금주, 경제, 민족주의, 인종주의 등의 문제들을 다루었다. 그리고 필요에 따라서는 좀 더 구체적인 윤리적 이슈들도 다루었다. 예를 들면, 저명한 흑인 침례교 목사이자 신학자인 앰머뉴얼 맥콜(Emmanuel L. McCall)은 자신이 1995년부터 2000년까지 회장으로 봉직했던 윤리위원회가 다룬 주제들로, "동성애, 성문제, 낙태, 남아프리카공화국의 인종차별정책, 핵무기, 차별 철폐 조처, 경제적 결정에 대한 기독교회의 영향, 개발도상국들의 부채, 전쟁에 대한 염려, 정의와 평화, 안락사" 등이 있었다고 했다.[70]

21세기 초반 BWA의 주요 이슈는 인종 문제였다. 총무 덴톤 롯츠(Denton Lotz)는 BWA의 2000년대 초반 10년의 주제를 "화해"로 정하고, "인종적 정의를 향상시키는 10년"(The Decade to Promote Racial Justice)이라는 표어를 만들었다. 롯츠는 이 주제를 확산시키기 위해 애틀랜타에 있는 대형 흑인 교회인 에베네저(Ebenezer)침례교회와, 전 미국 대통령 지미 카터를 기념하여 세운 카터 대통령 센터(Carter Presidential Center)에서 1999년 1월 8일부터 11일까지 "인종차별주의 반대 및 윤리적 갈등에 대한 침례교 국제수뇌회담"(International Summit on Baptists Against Racism and Ethnic Conflict)을 개최했다. 131명의 대표들이 등록하였으며, 무어하우스 대학(Morehouse College)에 있는 마틴 루터 킹 목사 기념 예배당에서 열린 축하행사에 1000명 이상의 사람들이 참석하였다.[71] 지미 카터를 비롯한 유명 인사들과 목사들이 연설했다. 연설에서는 인종주의가 경제에 악 영향을 끼친 점, 전통적인 선교 철학과 행습이 교회 발전을 저해한 사실, 복음보다 문화주의를 전한 선교사들의 문제, 피선교지를 지배하려는 선교국가 교단들의 행태 등이 지적되었다. 본 컨퍼런스를 통해 애틀랜타언약서(Atlanta Covenant)가 만들어졌는데, 그것은 인종차별주의를 반대하고 화해의 성서적 원리와 방안을 천명한 문서였다.[72]

5. 여성의 지위에 관한 문제

200개 이상의 침례교 단체들로 구성된 BWA에서 여성의 역할과 지위는 오랜 기간 상당히 제한되어 있었다. 1905년 최초 런던 대회에서 전체 회중 앞에서 행해진 설교와 연설은 총 80개였는데, 그 중 여성이 행한 연설은 단 하나 밖에 없었다. 인사말을 하였던 각국 대표들 가운데 여성은 없었다. 놀만 워터베리 (Norman Waterbury) 여사가 행한 최초의 여성 연설의 주제는 선교에 관한 것이었다. 당시 여성이 전체 청중 앞에서 연설할 수 있는 주제는 선교사역과 관련된 것에 한정되어 있었다.[73] 1911년 제2차 필라델피아 대회에서 여성위원회가 만들어졌다. 여성위원회는 전체 총회가 모이기 전에 여성들의 모임을 따로 갖도록 했다. 여성 모임의 연사는 총회와 정반대로 대부분 여성들이었으며 다양한 의견들이 개진되었다. 예를 들면, 스코틀랜드 출신의 스콧(D. M. Scott) 여사는 교회에서 여성들의 책임이 더 확대되어야 한다고 주장했지만, 캐나다 출신의 존 퍼스트부룩(John Firstbrook) 여사는 가정 사역이 더 중요하다고 역설했다.[74]

필라델피아 대회에서 전체 회중을 대상으로 한 여성의 연설은 쿠바에서 선교사로 활동했던 몰리나(Molina) 여사의 연설이 유일하였다. 당시에 대다수 여성들은 그들의 연설주제가 선교에 한정되어 있는 것을 받아들였지만, 소수의 대담한 여성들은 다른 목소리를 내기 시작했다. 1923년 스톡홀름에서 개최된 제3차 세계대회에서 그리스어 학자이자 미국 북침례교총회 총회장을 역임한 헬렌 몽고메리(Helen Barrett Montgomery) 여사는 "침례교 여성들을 향한 새로운 기회"라는 제목의 연설에서, 예수 그리스도는 위대한 여성 해방자요 평등주의자라고 했다. 그녀는 침례교회에서 종교의 자유 원리가 여성에게도 적용되어야 한다고 주장했다.[75] 한편 영국 출신의 러셀 제임스(Russell James) 여사는 침례교여자교육대학 (Baptist Women's Training College)을 런던에 세울 것을 제안했다. 그녀의 제안에 따라 실제로 "여자집사, 사회복지사, 여자 설교자 및 복음전도자, 주일학교 사역자, 외국선교사" 등을 배출하기 위한 여자대학이 설립되었다.[76]

여성들의 지위가 향상되면서 1934년 베를린 대회 때에는 임원회 안에 여성이 최소 5명이상 포함되도록 BWA 헌법을 개정하였다. 그러나 BWA에서 여성의 위치는 획기적으로 향상되지 못하였다. 이런 현실을 잘 보여주는 것이 바로 1947

년 코펜하겐 대회 때, 여성 대회가 단지 여러 분과모임 중 하나로 간주되었다는 사실이다.[77] 그러나 20세기 중반부터 여성들의 지위는 급속히 상승하였다. 1965년 마이애미 대회에서 캐나다 출신 에드가 베이츠(Edgar Bates) 여사는 선교가 아닌 인종차별주의, 종교의 자유, 세계평화 등에 관한 연설을 하였다. 1985년 로스앤젤레스 대회 때에는 스웨덴침례교연맹(Baptist Union of Sweden)의 총무인 버짓 칼쓴(Birgit Karlsson) 여사가 설교를 하였다. 2000년에 멜버른 대회에서는 애나 롯츠(Anne Graham Lotz) 여사가 전체총회에서 설교하였으며, 영국인 제랄다인 라티(Geraldine Latty) 여사가 총회예배 사회를 보았다. 그리고 많은 여성들이 BWA의 부회장을 비롯한 임원으로 활동하였다. 다만 아직까지 여자 회장은 배출되지 않았다.[78] 이처럼 20세기 후반부터 BWA 내에서 여성의 지위는 급격하게 상승되었다.

6. 타 교단단체 및 교회연합운동에 대한 입장

타 교단이나 단체에 대해 BWA는 우호적인 입장을 취했다. BWA는 1911년에 샌프란시스코에서 개최된 세계주일학교대회(World's Sunday School Congress)에 축하 서신을 보냈다. 그리고 1928년도 BWA 세계대회를 방문한 그리스도 제자교회(Disciples of Christ), 감리교회, 캐나다연합교회(United Church of Canada)의 우호사절단을 환영했다. 1965년 대회 때에는 메노파교회세계협의회(Mennonite World Conference)의 증경 회장, 장로교세계연맹(Presbyterian World Alliance)의 증경 회장, 루터교세계연맹(Lutheran World Federation)의 현 회장 등이 우호사절로 참석하였다.[79] 1972년에 BWA 임원회는 침례교회들이 개혁교회세계연맹(World Alliance of Reformed Churches)과 학문적이고 신학적인 대화를 갖는 것을 격려하기로 결의했다. 그러나 1962년에 개최된 제2차 바티칸공의회에 참석하는 문제에 대해서는 합의를 이루지 못했다.[80]

연맹은 타 교단이나 기독교 단체에 대해서 우호적인 입장을 취했지만, 교회연합운동에 대해서는 대체로 부정적인 반응이 많았다. 1923년 스톡홀름 대회에서 회장으로 선출된 멀린스는 기독교회 간의 연합은 신약성경에 계시된 그리스도의 뜻에 합당할 때 이루어질 수 있다고 하며, 침례교회는 "개인의 양심 위에 군림하여 권력을 휘두르는 중앙집권화 된 교회단체나, 사제가 특별한 은혜를 전달할 수 있는 존재라고 믿는 사제주의"를 인정하는 교회와는 결코 연합할 수 없다고 주장했다.[81] 교회연합운동을 찬성하는 목소리도 있었다. 예를 들면, 1934년 베를린 대회 때, 영국인 길버트 로우스(Gilbert Laws)는 침례교회의 정체를 타 교단과 교류할 수 있게 변경시킬 수 있는지를 논의할 필요가 있다고 주장하며, 침례교회가 교회연합운동에 앞장서서 범 기독교의 연합을 이루는 일에 공헌하자고 제안했다.[82]

"신앙과 직제에 관한 옥스퍼드 및 에든버러 대회"는 1937년에 교회연합에 대한 침례교회의 입장이 무엇인지 알려달라고 요청했다. 이와 관련해서 BWA는 카버(W. O. Carver) 박사에게 연구를 의뢰하였다. 카버는 1939년 애틀랜타 대회에서 교회연합운동에 대한 침례교회의 입장을 크게 네 가지로 요약했다: 1) BWA의 중요한 책임은 침례교 정신과 협동을 강화시키는 것이다. 2) 일부 침례교단들은 침례교 신앙과 행습을 반대하는 교단들과, 국가교회 교단들이 WCC 안에 포함되어 있기 때문에 WCC에 가입하는 것을 반대한다. 3) 일부 침례교단들은 WCC에 가입하는 것을 찬성한다. 4) 분명한 것은 대다수 침례교회단들이 WCC나 그 외의 어떤 단체와의 협력 문제로 BWA가 분열되는 것을 원치 않는다.[83] 교회연합운동에 대해 일치된 결론이 도출되지 않았기 때문에 BWA는 이 문제에 대해 어떤 결정도 내리지 않았다. BWA에 소속된 교단들의 다수는 WCC를 찬성하지 않았다. 그러나 영국침례교회, 북침례교회, 미국 흑인 침례교단인 전국침례교총회 등 일부 주요 교단들은 WCC에 가입하였다.[84]

전 세계 침례교회의 친교를 목적으로 세워진 BWA는 여러 분야의 사역을 실천하면서 점차 범세계적인 기구로 변해갔다. 물론 BWA가 교단적 단체는 아니며 침례교 단체들의 자발적 연합체이지만, 주요 사업들을 수행하면서 세계 침례교회들의 구심점 역할을 해왔다. 세계가 급속히 글로벌시대로 전환되어 가는 추세로 볼 때, BWA는 앞으로 그 중요성과 역할이 더 커질 것으로 전망된다. 그러나 연맹에 소속된 침례교 단체들 간에는 전도, 선교, 교육, 구호, 종교의 자유와 인종차별 반대 등에 관해서는 이견이 없지만, 여성의 지위나 교회연합운동에 관해서는 여전히 일치를 이루지 못한 부분이 있다. 특히 여성목사와 WCC 참여는 계속 논쟁적인 주제가 될 전망이다. BWA는 또한 침례교 정체성에 관한 회원 단체들 간에 의견일치를 도출할 필요가 있을 것 같다. 남침례교회의 탈퇴에서 볼 수 있듯이, BWA가 교리나 행습에서 침례교 정체성에 어긋난다고 판단하는 회원 단체는 언제든지 BWA를 탈퇴할 수 있기 때문이다.

BWA 세계대회와 역대회장[85]

대회	장소	개최일자	회장(국적, 임기)
1	영국, 런던	1905년 7월 11-19	John Clifford (영국, 1905-11)
2	미국, 필라델피아	1911년 6월 19-25	Robert Stuart MacArthur (미국, 1911-23)
3	스웨덴, 스톡홀름	1923년 7월 21-27	Edgar Y. Mullins (미국, 1923-28)
4	캐나다, 토론토	1928년 6월 23-29	John MacNeil (캐나다, 1928-33)
5	독일, 베를린	1934년 8월 4-10	George W. Truett (미국, 1934-39)
6	미국, 애틀랜타	1939년 7월 22-28	J. H. Rushbrooke (영국, 1939-47)
7	덴마크, 코펜하겐	1947년 7월 29-8월 3	C. Oscar Johnson (미국, 1947-50)
8	미국, 클리블랜드	1950년 7월 22-27	F. Townley Lord (영국, 1950-55)
9	영국, 런던	1955년 7월 16-22	Theodore F. Adams (미국, 1955-60)
10	브라질, 리우데자네이루	1960년 6월 26-7월 2	Joao F. Soren (브라질, 1960-65)
11	미국, 마이애미비치	1965년 6월 25-30	William F. Tolbert (라이베리아, 1965-70)
12	일본, 동경	1970년 7월 12-18	V. Carney Hargroves (미국, 1970-75)
13	스웨덴, 스톡홀름	1975년 7월 8-13	David Y.K. Wong (홍콩, 1975-80)
14	캐나다, 토론토	1980년 7월 8-13	Duke K. McCall (미국, 1980-85)
15	미국, 로스앤젤레스	1985년 7월 2-7	G. Noel Vose (호주, 1985-90)
16	대한민국, 서울	1990년 7월 26-31	Knud Wumpelmann (덴마크, 1990-95)
17	아르헨티나, 부에노스아이레스	1995년 8월 1-6	Nilson do Amaral Fanini (브라질, 1995-2000)
18	호주, 멜버른	2000년 1월 5-9	김장환(Billy Kim) (한국, 2000-05)
19	영국, 버밍햄	2005년 7월 28-31	David Coffey (영국, 2005-10)
20	미국, 호놀룰루	2010년 7월 28-8월 1	John Upton (미국, 2010-현재)

제5부

한국침례교회사

제19장
초기부터 일제강점기까지

초기선교시대(1889-1905)

한국에 최초로 침례교 신앙과 사상을 심은 사람들은 1895년 봄에 내한한 미국 북침례교회 엘라씽선교사들이었다. 그런데 그들이 한국으로 오게 된 것은 그들보다 6년 전에 한국에 와서 사역하고 있었던 말콤 펜윅 선교사 때문이었다. 평신도 독립 선교사로 1889년 12월 11일 내한한 펜윅은 1893년에 미국으로 돌아가 엘라씽선교사들과 같은 학교에서 공부하게 되었다. 그때 그는 한국선교의 긴급성을 호소하였고, 그것은 엘라씽선교회가 한국을 새로운 선교지로 정하는 계기가 되었다. 따라서 한국침례교회 역사는 펜윅 이야기로부터 시작되어야 한다.

1. 말콤 펜윅 선교사의 내한

말콤 펜윅(Malcolm C. Fenwick, 1863-1935)은 26세의 초교파 독립선교사로 캐나다에서 일본을 거처 한국으로 왔다. 펜윅은 '오와리 마루(Owari Maru)'라는 일본 증기선을 타고 1889년 12월 11일 부산항에 입항하였으며, 부산에서 며칠 머문 후 서울로 갔다.[1] 펜윅은 아치발드 펜윅(Archibald Hugh Fenwick, 1813-1868)과 바바라 라담(Barbara Ann Latham, 1823-1901) 사이의 7

| 말콤 펜윅(Malcolm C. Fenwick, 1863-1935) 선교사

남 4녀 중 10번째 자녀로 1863년 캐나다 토론토 마캄(Markham)에서 태어났다. 펜윅은 5살 때 아버지가 세상을 떠나 경제적으로 어려워 정규교육을 받을 수 없었으나, 재림신앙이 투철한 어머니와 도널드 매킨토시(Donald McIntosh) 목사의 가르침 안에서 건전하게 성장하였다.[2]

펜윅은 18세가 되던 해 온타리오 프라이즈 모델 농장(Prize Model Farm of Ontario)에 취직하여 마니토바(Manitoba)라는 지역으로 가서 3년간 일한 후 집으로 돌아왔다. 그때 어머니는 사고로 몸져 누워있는 상태였다. 그는 어머니를 얼마간 간호한 후 다시 직장으로 돌아가려는 때에, "아들아, 네가 너의 마음을 예수님께 드리기만 한다면, 나는 네가 아무리 멀리 떠나 있어도 걱정이 없을 것이다."라는 말을 듣게 되었다. 어머니의 간곡한 권면은 펜윅으로 하여금 예수님을 진지하게 찾게 만들었다. 그는 숲속에서 기도하거나, 밤을 새워 기도하는 등 여러 방법으로 주님을 직접 만나려 하였다. 그런 세월을 2년 동안 보낸 후, 23세가 되던 1886년에 토론토의 어떤 거리에서 예수님에 대한 환상을 보게 되고 깊은 회심을 경험하게 되었다.[3]

예수님을 만난 펜윅은 탁월한 강사들이 성경과 기독교 진리를 가르치는 나이아가라 사경회(Niagara Bible Conference)를 알게 되었으며, 정기적으로 그 사경회에 참석하여 신앙체계를 세웠다. 본 사경회는 1883년부터 1897년까지 나이아가라 폭포에서 22km 떨어진 나이아가라 호수 가에 있는 퀸스 로열(Queen's Royal) 호텔에서 매년 여름 개최되었다.[4] 나이아가라 사경회는 유럽의 자유주의를 미국 신학교들이 받아들이는 데 반발하여, 성경의 진실성과 전통적인 보수신앙을 수호하려는 목적으로 만들어졌다.

펜윅은 1887년 7월에 개최된 나이아가라 사경회에서 이전부터 막연히 느껴오던 해외선교의 소명에 응답하였다. 본 사경회에서 미국학생자원운동(Student Volunteer Movement)의 창립회원이며, 인도 선교사였던 로버트 윌더(Robert Wilder)가 해외선교의 긴급성을 호소하였고, 펜윅은 이에 감동받아 선교를 결단하였던 것이다.[5] 펜윅은 어떤 이유인지 알 수 없으나 한국에 선교사로 가야한다는 압박감을 가지고 있었다.[6] 결국 1889년 늦가을에 한국을 향해 떠났다.

1889년 12월 20일경 서울에 온 펜윅은 그곳에서 약 10개월 간 거주하며, "한국어 교과서와 입문서를 무조건 외우려"하는 등 한국말을 익히려고 부단히 노력했다. 그러나 여의치 않자 외국인들이 없는 곳으로 가야겠다고 생각하여, 자신의 한국어 선생인 서경조와 함께 황해도 소래로 갔다. 펜윅은 소래에서 10개월가량 머물며 한국말 공부를 하면서 선교지를 탐색하였다. 그는 얼마 후 함경도 원산을 영구적인 선교본부로 정하였는데, 이유는 그곳에 아직 외국 선교부가 진출하지 않았기 때문이었다. 펜윅은 "남의 터 위에 건축지 아니하리라"(롬 15:20)라는 말씀을 지키려고 애썼다. 그는 1891년 가을에 개항장이며 미항인 원산으로 갔다.[7] 선교사로 일하면서 정식 목사가 되어야 할 필요성을 절실하게 느꼈던 펜윅은 목사안수와 후원그룹을 조직할 목적으로 1893년 봄에 미국으로 돌아갔다.

2. 아도니람 고든과 클라렌돈 가 침례교회

펜윅은 미국에 가서 나이아가라 사경회의 주요 지도자였으며, 보스턴(Boston)의 클라렌돈 가 침례교회(Clarendon Street Baptist Church)의 담임목사인 아도니람 저드슨 고든(Adoniram J. Gordon)을 찾아갔다. 고든은 찬송가 315장 "내 주 되신 주를 참 사랑하고"를 작곡한 음악에 재질이 있고, 초교파적으로 유명한 목사였다. 그는 뉴햄프셔 주 뉴햄톤(New Hampton)에서 1836년 4월 19일 침례교 집사 존 칼빈 고든(John Calvin Gordon)

| 아도니람 저드슨 고든
(Adoniram J. Gordon) 목사

과 샐리 로빈슨 고든(Sally Robinson Gordon) 사이에서 태어났다. 아버지 존 고든은 미국 침례교회 최초 해외선교사인 아도니람 저드슨을 매우 존경하여, 그의 이름을 따 아들의 이름을 지었다. 아도니람 고든은 15세 때인 1851년에 회심하였고, 1860년에 명문 브라운대학교를, 1863년에 뉴톤신학교(Newton Theological Institution)를 각각 졸업하였다. 1863년부터 1869년까지 매사추세츠 주 록스버리(Roxbury)에 있는 자메이카 광야침례교회(Jamaica Plain Baptist Church)에서 목회하였고, 1869년에 보스턴 클라렌돈 가 침례교회의 담임으로 부임하여 1895년 2월 2일 세상을 떠날 때까지 목회하였다.[8]

클라렌돈 가 교회는 상류층들이 모인 교회로서 예배당은 색유리 창문, 고급

| 클라렌돈 가 침례교회
(Clarendon Street Baptist Church)

스러운 카펫, 값비싼 오르간으로 장식되어 있었으며, 전문 4중주 음악가들이 음악을 인도하였다. 그러나 교회는 형식주의와 의례주의에 빠져 있었고 영적인 생동감이 없었다. 고든은 교회에 부임한 이후 영적이고 살아있는 교회를 만들기 위해 갱신을 추진하였다. 먼저 신앙이 없는 전문 음악가로 구성된 4중주 찬양대를 해체하고, 중생한 신자로 합창단을 구성하여 찬양을 인도하도록 했다. 그리고 교회 내에 각종 세속적인 오락 프로그램들 즉, 댄스, 연극, 코믹 오페라, 각종 페스티벌 등을 폐지하고, 대신 기도회와 성경공부반을 활성화시켰다.[9] 교회는 점차 부흥하기 시작했다. 고든이 부임했던 1869년 12월에 358명의 교인이 있었는데, 그가 세상을 떠난 1895년에는 1천명 이상의 교인이 출석하고 있었다. 1869년에는 국내외 선교사 각 1명씩 2명을 후원했으나, 1895년에는 각 12명씩 총 24명을 후원하였으며, 미국 내에 있는 유대인, 중국인, 흑인들을 개종시키기 위한 노력도 조직적으로 실행했다.[10]

3. 보스턴선교사훈련학교와 엘라씽선교회

펜윅이 고든 목사를 찾아간 것은 고든이 설립한 보스턴선교사훈련학교(Boston Missionary Training Institute)에서 공부하여 목사안수를 받으려는 목적 때문이었다.[11] 고든은 평신도 선교사나, 늦은 나이에 목회자로 소명 받은 사람, 혹은 정규 고등학교를 졸업하지 못하여 신학대학교에 진학할 수 없는 사람들을 위해, 1889년 10월에 2일에 보스턴선교사훈련학교를 세웠다. 학생들 가운데는 나이가 지긋한 학생들이 많았으며, 학교는 성경을 유일한 교재로 사용하였다. 고든 박사는 초대 교장이었으며, 그의 부인은 비서를 맡았다. 전임교수로 채펠(F. L. Chapell)이, 사무처장으로 퍼킨스(C. W. Perkins)가 채용되었다. 학비는 무료였으며, 강의는 클라렌돈 가 침례교회의 부속건물에서 이루어졌다.[12]

| 고든대학(Gordon College)

  학교는 2년의 교과과정을 시행했지만 정식 학위를 수여할 수 없었기 때문에 학생들의 형편에 따라 수업 연한은 얼마든지 조정이 가능했다. 1889년 10월 3일에 15명의 남학생과 1명의 여학생을 상대로 첫 수업을 시작하였다. 학생 수는 이듬해인 1890년에 40명으로 늘었으며, 그 가운데는 아프리카에서 온 학생도 있었다. 그 후 학생 수는 계속 늘어나 1894년에는 89명에 달했다. 강의는 화요일부터 토요일까지 주간에 개설되었으나, 가끔 야간강의도 개설되었다. 학생들은 주일에는 교회의 여러 사역에 참여하였으며, 월요일은 쉬는 날로 보냈다. 교과과정은 8개 주제들을 주로 가르쳤는데, 1) 성서 및 실천 신학, 2) 성경 종합연구, 3) 성서 해석학, 4) 특별 성경연구, 5) 성경읽기, 6) 영적 삶과 크리스천 사역, 7) 선교, 8) 찬양 등이었다.[13] 이와 같이 보스턴선교사훈련학교의 교육 목적은 성경공부가 주를 이루면서 목회와 선교를 위한 실제적인 가르침에 초점을 맞춘 것이었다. 오지선교를 위한 선교사 배출을 목적으로 설립된 보스턴선교사훈련학교는 현재 미국 동부의 명문 기독교 일반대학인 고든대학(Gordon College)과 고든-콘웰 신학교(Gordon-Conwell Theological Seminary)의 두 학교로 발전하였다.[14]

  클라렌돈 가 교회는 새뮤얼 씽(Samuel B. Thing, 1833-1900)이라는 안수집사가 20대 초반에 세상을 떠난 외동딸 엘라를 기념하여 엘라씽기념선교회(Ella Thing Memorial Mission)를 세웠다. 소녀시절에 중병으로 곧 죽게 될 것을 알았던 엘라는 자신의 상속분을 "그

| 새뮤얼 씽(Samuel B. Thing, 1833-1900) 집사

리스도를 모르는 사람들에게 복음을 전하는 일에사용하기" 원했고, 씽 집사는 딸의 청원을 받아들여 엘라씽선교회를 조직하였던 것이다. 씽 집사는 이미 여러 선교단체에 정기적으로 헌금했지만, 엘라의 유산만큼은 자신이 선교활동을 확인할 수 있는 선교단체에 주고 싶어 했다. 이와 같은 목적으로 씽 집사는 담임목사인 아도니람 저드슨 고든과 함께 엘라씽선교회를 창설하였다.[15]

4. 펜윅의 목사안수와 엘라씽선교사들의 내한

펜윅은 1893년 봄부터 1894년 봄까지 약 1년간 보스턴선교사훈련학교에서 공부한 후, 1894년 4월에 에드워드 폴링을 비롯한 몇몇 사람과 함께 고든과 아더 피어슨 목사(Arthur T. Pierson, 1837-1911)로부터 목사안수를 받았다.[16] 초교파 평신도 선교사였던 펜윅이 침례교 목사로 정체성을 갖는 순간이었다. 피어슨은 장로교 목사로서 고든과 함께 나이아가라 사경회와 학생자원운동을 이끌었으며, 유명한 영국 침례교 목사 찰스 스펄전의 메트로폴리탄 테버네클교회에서 1891년 10월부터 1893년 6월까지 설교목사로 사역하였고, 1892년 2월 스펄전 목사의 장례식에서 설교를 맡는 등 침례교회와 각별한 관계를 맺었다.[17] 피어슨은 피어슨기념성경학원(현재 평택대학교)의 설립자이기도 하다.

보스턴선교사훈련학교에서 공부하는 동안 펜윅은 고든 목사와 동료 학생들에게 한국선교의 필요성을 적극 개진하였고, 이에 감동한 고든은 학교를 졸업한

| 노년의 에드워드 클레이튼 폴링(Edward Clayton Pauling, 1864-1960) 선교사와 가족

학생들을 엘라씽선교회의 파송선교사로 한국에 보내기로 했다. 엘라씽선교회는 에드워드 클레이튼 폴링(Edward Clayton Pauling, 1864-1960)과 어맨더 개더라인(Amanda Gardeline)을 최초의 한국 선교사로 임명했다.[18]

폴링은 1864년 8월 31일 미국 펜실베이니아 주 엘림스포트(Elimsport)에서 태어났다. 그는 19세부터 25세까지 인디애나주의 여러 공립학교에서 교사

로 봉직하며 주일학교를 조직하고 설교사역도 했다. 폴링은 1888년에 베크넬 학교(Backnell Academy)를 졸업하였고, 1888년부터 1889년까지 인디애나 발파리소 사범학교(Valpariso Normal School Indiana)에서 수학하였다. 그는 1889년 가을에 펜실베이니아주의 벅넬대학교(Bucknell University)에 입학하였으며, 1893년 졸업할 때 웅변학 수업의 최우수 학생으로 선발되어 부상으로 금시계를 받기도 했다. 폴링은 학업을 하는 동안 1892년부터 1893년까지 노텀버랜드 교회(Northumberland Church)에서 목회도 병행했다.[19]

폴링은 1894년 4월 목사안수를 받은 후 약혼녀 마벨 발렌타인 홀(Marbel Valentine Hall), 그리고 개더라인과 함께 1894년 5월에 한국을 향해 떠났다. 당시는 외국에서 한국으로 올 때 일본을 경유해야 했기 때문에, 폴링 일행은 일본에 먼저 도착하였다. 그들은 11월에 한국을 잠시 방문한 후 일본으로 돌아가 그해를 보냈다. 이듬해인 1895년 2월 14일에 폴링과 홀은 요코하마에서 결혼식을 올리고, 곧바로 한국으로 떠났다.[20] 폴링 일행은 1895년 2월 15일경 서울에 도착했다.[21] 그들은 현재 서울시 종로구 내자동 201번지의 서울지방경찰청 자리에 1,000여 평 규모의 선교 스테이션(본부)을 마련하였다. 스테이션은 몇 개의 집들로 이루어져 있었는데, 그곳은 경복궁의 외곽 부속건물들이 있었던 곳으로 주로 환관들이 사용하던 곳이었다.[22]

엘라씽선교사들은 서울에서 전도지 배포, 개별 방문, 길거리 설교, 책 판매, 선교 스테이션을 방문하는 사람들에게 복음을 증거 하는 등 다양한 방법으로 복음을 전했다.[23] 폴링 선교사는 여러 명의 한국인들로부터 침례를 베풀어달라는 요청을 받았지만, 온전히 회심한 것으로 보이는 한 사람에게만 침례를 주었다.[24] 폴링에게 침례를 받은 한국의 최초 수침자는 서울과 군산, 강경을 오가며 포목장사를 하던 지병석이었다.[25] 지병석은 1895년 8월 서울 한강에서 침례받았다. 이것은 엘라씽선교사들이 1895년 여름경에 보스턴선교사훈련학교에 보낸 선교보고를 통해 추정할 수 있다. 보스턴학교의 채플 교수는 이와 관련하여 다음과 같이 말하였다: "이미 우리들에게서 나

| 지병석 집사 부부

간 사람들로부터 오는 기분 좋은 소식은 끊임없이 격려가 되며, 또한 이곳에서 이루어진 가르침의 실제적인 가치를 분명히 입증하는 것이다. 한국에서의 새로운 선교는 이미 서울에서의 첫 개종자를 얻었고 점차 해안가 지역으로 팽창되어져 가고 있으며 그 지역의 다른 곳에 새로운 선교센터를 개원하려고 계획 중에 있다."[26] 엘라씽선교사들은 침례교 전통에 따라 회심이 분명한 사람에게만 침례를 주었는데, 지병석은 1895년에 서울에서 회심하고 침례받았다.

5. 엘라씽 선교사들의 충청도 선교

엘라씽선교사들은 지병석을 통해 충청도를 선교지역으로 삼게 되었다. 그들은 오지선교를 추구하는 엘라씽선교회의 입장에 따라, 다른 교단 선교부들이 자리 잡고 있는 서울보다 복음이 아직 들어가지 못한 충청도를 선교지로 삼을 것을 결정했다. 폴링은 1896년에 출판된 글에서, 자신들은 남부지역에서 선교사업을 할 것이고, 서울에는 더 이상 새로운 선교 스테이션을 개설할 계획이 없다고 하였다.[27]

폴링은 1896년에 출판된 잡지에서 이런 사실을 밝혔지만, 충청도 선교의 결정은 1895년에 이루어졌을 가능성이 높다고 볼 수 있다. 충청도는 원래 1893년 1월 28일 북장로교 선교사 빈턴(Vinton)의 집에서 열린 '장로교선교부연합공의회'(Advisory Council of the Presbyterian Missions)에서 전라도와 함께 남장로교 선교부가 맡기로 하였던 지역이었다.[28] 그러나 남장로교 선교부는 인력 부족으로 충청도를 침례교 선교부에 넘겨주게 되었는데, 엘라씽선교회는 남장로교 선교부로부터 1895년 9월경에 충청도 지역을 양도 받은 것으로 보인다. 이와 관련해 남장로교 선교부 기관지인 「The Missionary」의 1896년 1월 호에 "침례교 형제들이 아마도 충청도 전역을 담당할 것 같다. 우리의 영역은 전라도로 제한될 것이다."라는 보고가 실렸다. 또한 남장로교 의료선교사 드루(A. D. Drew)는 1895년 9월에 작성한 것으로 보이는 "Korea"라는 글에서 "침례교는 올해 4-5명의 충원을 기대하면서 그들 중 몇 명을 충청도로 내려 보내려고 하는 중이다."라고 하였다.[29] 이와 같이 남장로교 선교부는 충청도를 침례교회에 넘겨주고 전라도에 집중하여 사역하였다.

엘라씽선교사들은 공주와 강경에 두 개의 선교 스테이션을 건설했다. 이때가 1896년 초반이었을 것으로 보인다. 한국침례교 역사학자인 조효훈 박사는 엘라씽선교사들이 공주와 강경 두 곳에 선교 스테이션의 개설하기로 결정한 것은 적어도 1896년 7월 이전이라고 하였다.[30] 당시의 전반적인 정황을 살펴보면 엘라씽선교사들이 충청도로 진출할 것을 결정한 것은 1895년이었고, 공주와 강경의 선교 스테이션은 1896년 초반에 설립되었다.

폴링은 강경의 선교 스테이션을 위해 옥녀봉의 4,732평 대지를 매입하였는데, 그것은 옥녀봉 전체의 1/3에 해당하는 규모였다. 강경 땅은 1912년 8월에 실시된 일제의 토지조사령에 따라, 1912년 10월 1일 전체 4,732평의 대지가 펜윅 명의로 등기되었다.[31] 1896년 2월 9일 폴링 부부와 개더라인 선교사, 그리고 지병석 성도와 그의 아내 천성녀 등 5명이 지병석에 의해 옥녀봉에 마련된 집에서 예배드리므로 한국 최초의 침례교회인 강경침례교회가 시작되었다.[32] 공주의 선교 스테이션을 위해서는 공주 반죽동에 2,470평의 땅을 매입하여 선교 스테이션을 건설하였다. 이 대지 역시 1912년 일제의 토지조사령에 따라 두 개로 분할 등기되었다. 공주읍 반죽동 109번지 1,346평은 1912년 9월 19일에 신명균 목사의 이름으로 등기되었고, 공주읍 반죽동 110번지 1,124평은 1912년 10월 27일에 펜윅 선교사의 이름으로 등기되었다.[33]

충청도를 주된 선교지로 정하고 난 후 엘라씽선교회는 서울의 선교 스테이션 대지와 가옥들을 매각하였다. 남감리교 여선교사 조세핀 캠벨은 "학교 사업을 계획했던 한국의 감리교회는 1898년 8월의 첫날, 서울 북쪽의 장흥고 앞에 위치한 부지를 구입할 수 있게 된 것을 다행으로 여긴다. 그 부지는 전에 침례회 선교부가 소유했던 곳이다."라고 하였다.[34] 남감리교 선교부는 그곳의 집들을 수리한 후, 1898년 10월 2일부터 배화학당을 시작하였다.[35] 캠벨은 전에 침례회 선교부가 소유하였던 건물과 대지를 매입하였다고 하였기 때문에, 이 기록만 가지고는 엘라씽선교회가 서울 내자동의 부지와 건물들을 언제 매각했는지 정확하게 알 수 없다는 아쉬움이 있다. 어쨌든 엘라씽선교회는 서울의 자산을 매각하고, 그 자금을 충청도 선교를 위해 사용한 것으로 보인다.

충청도는 침례교회가 가장 먼저 선교한 지역이었다. 장로교나 감리교 선교회들은 가끔 서울에서 내려와 충청도를 살펴보았지만, 터를 잡고 본격적으로 선교하지는 않았으며, 엘라씽선교사들이 최초로 선교본부를 세우고 정착했다. 당시 충청도에는 복음을 들어야 할 100만 명의 사람들이 살고 있었으며, 그들을 향해 폴링과 스테드맨을 비롯하여 6명의 엘라씽선교사들은 예수 구원을 외쳤다.[36]

6. 엘라씽선교사들의 선교활동

| 프레더릭 스테드맨(Frederick
W. Steadman, 1871-1948)
선교사 가족

폴링 부부와 개더라인 선교사는 강경에 정착하며 수시로 공주와 칠산 등지로 순회전도를 다녔다. 그러다가 1896년 4월에 한국에 온 프레더릭 스테드맨(Frederick W. Steadman, 1871-1948), 새디 에클스(Sadie Ackles), 알마 엘머(Arma Ellmer) 등 제2진 엘라씽선교사들에게 공주의 사역을 맡겼다. 스테드맨 일행은 서울에서 얼마간 머문 후 1896년 여름에 공주로 와서 선교 스테이션을 정비하고 공주 전역을 돌아보며 복음을 전하기 시작하였다.[37] 캐나다 노바스코샤(Nova Scotia) 주 빌타운(Billtown) 출신으로, 25살의 총각 선교사로 내한한 스테드맨은 한국에 온 지 1년 반 후인 1897년 9월 29일에 아그네스 테일러 브라이든(Agnes Taylor Bryden)과 서울에서 결혼하였다.[38] 당시 공주는 충청남도 도청 소재지로 유교와 불교문화가 강하여 선교활동이 결코 쉽지 않았으나, 엘라씽선교사들은 마을들을 두루 다니며 복음을 전하였다.[39]

공주에서 열심히 사역하고 있던 스테드맨은 1899년 가을 폴링 목사로부터 자신은 가족과 함께 미국으로 귀국하기로 결정하였으므로, 강경교회를 맡아달라는 부탁의 말을 듣게 되었다. 폴링은 왜 잘 발전하고 있는 교회들을 나두고 미국으로 돌아가는 결정을 하였을까? 그가 한국선교를 접은 이유는 크게 세 가지로 볼 수 있는데, 첫째가 장남의 사망 때문이다. 폴링 목사의 첫째 아들 고든 폴링(Gordon Pauling, 1895-1899)은 만 3세가 갓 지난 1899년 초에 사망하였으며, 장남의 사망으로 인해 폴링 부부는 커다란 슬픔과 고통 가운데서 선교의 의지가 많이 위축되었다. 당시에 폴링의 아내는 4번째 자녀이자 첫 번째 딸인 클레멘타인(Clementine)을 임신 중에 있었기 때문에, 정서적으로 더 힘들었을 것이다. 1899년 8월 27일에 클레멘타인이 출생하고 폴링의 아내가 2~3개월 몸조리를 한 후, 폴링 부부는 늦가을이나 겨울경에 미국으로 돌아갔다.[40] 고든 폴링은 현재 서울 양화진외국인선교사묘원에 안장되어 있다.

폴링의 조기 철수의 두 번째 이유는 1895년 2월 2일 아도니람 고든 목사가 사망한 이후 엘라씽선교회가 원활하게 운영되지 않았기 때문이었다. 선교회 창시자 새뮤얼 씽 집사(1833-1900)는 1900년까지 살아있었지만, 선교회의 재정 상태는 한계 상황에 이르렀을 것이다. 클라렌돈 가 침례교회는 부유한 성도들이 많았지만, 한 교회가 단독으로 해외선교사업을 계속하는 것은 매우 어려운 일이라고 할 수 있다.[41] 셋째는 침수침례에 대한 한국인들의 부정적인 시각도 한 몫을 했다는 것이다. 이것은 호레이스 알렌의 주장이었다. 알렌은 "[엘라 씽 기념선교회의] 침례교 선교사들이 한국에 사역을 개설하였는데, 아마도 토착민들이 몸이 물에 잠기는 침수 예식을 싫어하였던 것 같다. 어쨌든 그들은 얼마 되지 않아 한국을 떠나 목욕의 나라인 일본으로 갔다."라고 주장했다.[42] 알렌의 주장은 다소 타당성이 떨어진다. 맏아들의 죽음과 선교회의 재정적 어려움을 객관적인 이유로 보는 것이 합당하다. 폴링 가족이 미국으로 귀국할 때, 개더라인과 엘머 역시 함께 미국으로 떠난 것으로 보인다. 스테드맨 부부와 에클스는 1899년 겨울이나 1900년 초에 강경으로 이사하였다.[43] 그들은 강경으로 와서 지병석 집사 가정의 도움을 받으며 강경침례교회를 돌보며, 인근의 칠산교인들도 관리하고, 공주도 정기적으로 방문하여 성도들을 돌보았다.

스테드맨은 칠산에서 장교환, 김치화, 김도정, 최준명, 홍봉춘, 고내수 등 6명의 결신자들을 얻게 되었다. 그는 공주교회 성도이자 후에 세브란스 의학전문학교의 제2대 교장으로 의학과 사회사업에 크게 공헌한 인물인 오긍선을 1900년 봄 금강에서 직접 침례를 준 것과 달리, 칠산의 새신자들은 군산에서 활동하고 있던 남장로교 부위렴(William F. Bull) 선교사에게 침례 받도록 했다. 스테드맨은 안수 받은 목사의 신분이 아니었기 때문에, 자신의 조사인 오긍선에게 침례 주는 것은 큰 부담이 없었으나, 6명의 새신자들에 대해서는 목사 선교사가 침례를 주는 것이 더 좋다고 판단한 것 같다. 부위렴은 6명의 신자들에게 1900년 8월

에 금강에서 침례를 베풀었다.[44]

칠산교회 6명의 성도들은 전도하여 새로운 신자들을 얻었다. 스테드맨은 그
들에게 침례를 베풀었는데, 부여군 양화면 원당리의 최미리암(최종석 목사 조모)
과 정성교가 그때 침례 받았을 것으로 보인다. 최미리암은 스테드맨이 침례를 주
고 난 후 지어준 이름이다. 부여군 양화면 원당리의 원당교회는 최미리암, 정성
교, 최미리암의 남편 최원여(崔元汝)가 중심이 되어 세워졌다. 또한 전북 여산군
용안면의 이자삼, 이자운, 유내천, 장봉이 등도 스테드맨에게서 침례 받았다.[45]
엘라씽선교사들의 활약으로 복음은 계속 확장되어, 그들이 한국을 떠날 때인
1901년 4월에는 23개의 성경공부 반(class)이 유지되고 있었다.[46] 이러한 사실에
비추어 볼 때, 당시 공주, 강경, 칠산 등지에는 적어도 100여명의 침례교인들이
있었을 것이다.

스테드맨은 공주, 강경, 칠산의 교회 지도자들을 소집하여 말콤 펜윅 선교사
에 대해 설명하며, 엘라씽선교회의 사역과 재산을 그에게 이양할 것임을 천명하
였다.[47] 그런데 펜윅은 당시 원산에 있었으며, 스테드맨은 충청도 교인들에게 펜
윅이 부재한 상태에서 그를 소개하였던 것이다. 펜윅은 신명균과 함께 1901년 9
월이 되어서야 충청도에 왔다.[48] 엘라씽선교사들이 떠났고 펜윅은 아직 오지 않
았지만, 충청도 침례교인들은 스스로 신앙을 지키고 있었다. 강경교회와 칠산교
회는 서로 번갈아가며 예배를 드리기도 했는데, 북장로교 선교사 밀러(Frederick
S. Miller)의 조사 김홍경은 1901년 8월 8일자 〈그리스도 신문〉의 "교회통신"란
에 다음과 같은 글을 실었다:

> 은진 강경포와 임천 원산포(칠산)에 회당이 있는데 상거가 삼십리 가량인데 이 근
> 래에 상약하기를 우리가 멀지 아니한 곳에서 주일을 각각 보는 것이 매우 섭섭한
> 일이라 하고 한주일은 원산포에서 보고 한주일은 강경포에서 보기로 하자고 주
> 일을 당하면 사오십명 남녀 교우가 이 고렴에 더위를 무릅쓰고 삼십리 길을 고로온
> 줄 모르고 서로 왕래하야 주일을 지내니 형제사랑 하는 열심을 매우 감사할너라.[49]

한편 스테드맨이 떠나고 펜윅이 오기 전 5개월간의 공백 기간 중 흥미로운
일이 일어났다. 그것은 부위렴 선교사가 침례교인들에게 목회해 주겠다고 제안

하였으나, 그것을 침례교인들이 거절한 사건이었다. 이와 관련해 장일수 목사는 자신의 조부 장기영의 주장을 증언했다: "우리는 침례를 받은 침례교인이므로 장로교회로 갈 수 없다고 거절하므로 부위렴 선교사와는 관계를 끊고 교인들끼리 계속 신앙생활을 지속하였다"고 하였다.[50] 이처럼 충청도 교인들은 침례교인이라는 자의식을 가지고 있었다. 스테드맨은 한국을 떠나 미국으로 돌아간 후에도 충청도 교인들과 연락을 취하였다. 그는 미국으로 돌아가서 목사안수를 받고, 미국침례교선교연맹(American Baptist Missionary Union)에 한국 선교사로 파송해줄 것을 간곡히 요청하였다. 선교연맹은 한국선교에 대해 검토하였지만 재정적인 어려움으로 포기하고, 대신 스테드맨을 기존의 선교지인 일본으로 파송하였다.[51] 당시 미국침례교회는 한국선교를 계획하지 않았고 따라서 예산도 편성해놓지 않았기 때문에, 스테드맨의 요청을 들어줄 수 없었던 것이다.

스테드맨은 1902년 일본 도쿄에 도착한 직후, 곧바로 그해 3월 한국으로 가서 충청도의 성도들과 재회하였다. 당시 한국은 1901년에 있었던 심한 흉년으로 국민들의 생활이 극히 어려운 상태였다. 스테드맨은 춘궁기인 3월에 내한하여 "백미와 소고기로 교인들을 도웁고 성경을 가르치며, 심방하면서 위로하였다."[52] 그리고 장기영, 김한나, 장석천, 홍봉춘, 이화춘, 이화실 등에게 침례를 주었다. 홍봉춘은 1900년 여름에 장로교 부위렴 선교사로부터 금강에서 침례를 받았으나, 침례교 목사에게 정식으로 받겠다고 하여 다시 침례 받았다.[53] 스테드맨은 1903년 11월에 다시 한국을 방문하였는데, 그때 충청도 성도들이 정기적으로 예배드리며 건실하게 신앙생활을 하고 있는 것을 보고 매우 기뻐했다.[54] 스테드맨은 1905년에 3차로 한국을 방문하였다. 그때는 서울과 부산 사이에 철도가 준설되어 있었으며, 부산에서 공주까지 하루 정도 걸렸다. 스테드맨은 5명의 일본인 침례교 신자들과 함께 자신의 첫 사역지인 공주를 가장 먼저 방문했다. 그들이 숙소로 갈 때 옛 친구와 지인들이 둘러싸 제대로 걸어갈 수 없을 정도였다. 스테드맨은 이들 중 많은 사람들이 이제는 예수를 구주로 영접하고 신앙생활을 하고 있음을 보고 매우 기뻐하였다.[55]

공주에서의 일정을 마치고 스테드맨 일행은 도보로 강경에 도착했다. 강경에서 교인들과 교제한 후 칠산까지는 배편으로 갔다. 스테드맨은 당시 세 지역에서 정규적으로 모이고 있는 교회는 8개가 있으며, 자신은 그 교회들을 볼 때 글로 표현할 수 없을 만큼 큰 기쁨을 느낀다고 하였다. 스테드맨은 1905년 기준으로 공주, 강경, 칠산 등지에 200명 이상의 침례교 신자가 있으며, 원산과 서울에 있는 작은 교회를 더하면 한국에는 약 300명의 침례교인들이 있다고 하였다.[56] 엘라씽선교사들은 한국에 침례교 신앙을 뿌리내리게 하는 일에 크게 공헌하였다. 그들은 모두 보스턴선교사훈련학교 출신들로 아도니람 고든 목사로부터 직접적인 영향을 받았다. 따라서 보수·복음주의와 전천년주의 신앙을 견지하였고, 오지선교와 순회선교를 통해 가급적 빠른 시일 내에 복음을 전하고자 애썼다. 그들의 선교활동으로 공주교회, 강경교회, 칠산교회, 원당교회, 용안교회 등 충청도와 전라도 일대에 침례교회들이 세워졌다.

7. 펜윅의 엘라씽선교회 인수와 충청도 선교

펜윅은 미국에서 1894년 4월에 목사안수를 받고 난 후, 2년을 더 머물며 한국순회선교회(Corean Itinerant Mission)를 조직하였다. 본 선교회의 정책은 중국내지선교회 및 아도니람 고든의 선교정책과 매우 흡사하였으며, 펜윅은 1896년 봄에 한국순회선교회 파송 선교사 자격으로 원산으로 돌아왔다.[57] 원산에서 본격적으로 선교활동을 하고 있던 펜윅은 1901년 4월 초에 남루한 누런 상복을 입은 키가 작은 사람 신명균을 만났다.[58] 당시 신명균은 함흥 외가의 상을 치르고 서울로 돌아가던 길에 원산에 들렀는데, 주일날 펜윅의 원산교회에서 나오는 찬송 소리에 이끌려 그곳으로 갔던 것이다.[59] 10일이 지난 후, 신명균은 회심하였

으며,[60] 펜윅은 그의 신앙고백을 진실한 것으로 여기고 그에게 침례를 베풀었다. 이때가 1901년 4월 중순으로 추정된다. 신명균은 서울 태생으로 평산(平山) 신씨 문중의 양반이자 한학자였으며, 일어학원(日語學院)과 군관학교(軍官學校)를 졸업한 당시 한국에서 최고 엘리트에 해당하는 사람이었다.[61]

엘라씽선교회로부터 충청도 지역을 인계받은 펜윅은 1901년 9월 신명균과 함께 충청도에

| 펜윅과 신명균 목사

와서 공주, 강경, 칠산 교회들을 두루 순방하며, 지병석, 장교환, 김치화, 김도전, 최준명, 고내수 등의 교인들과 교제하였다.[62] 펜윅은 약 4개월을 목회한 후, 12월에 충청도의 전 교인들 대상으로 사경회를 열었다. 그리고 신명균을 공주에 주재케 하고 자신은 원산으로 돌아갔다.[63] 펜윅은 기독교 신학에 관한 충분한 가르침을 받지 못한 신명균에게 교회들을 맡긴 것이 내심 불안했으나, 얼마 가지 않아 그것이 기우였음을 알게 되었다.[64] 신명균은 놀라운 성공을 거두었고, 곧 12개의 교회를 개척할 수 있었다. 그는 자신이 개척한 교회들을 작은 나귀를 타고 정규적으로 순방했으며, 그의 제자들은 그를 뒤따르며 수행했다.[65] 장일수 목사는 "펜윅은 충청도를 중심으로 선교 사업을 하려고 작정하여, 신명균씨를 총책임자로 세우고, 편선교사는 원산에 가 있었으며, 1년에 1차례씩 왕래 하면서 격려해 주었다. 교인들이 구원 받은 것과 침례 받은 것을 기쁘게 여기고 열심을 내어 전도하던 중, 교회는 공주, 강경, 칠산을 중심으로 한산, 옥천, 온양, 영동, 용안, 고산 등지로 발전해 갔다."라고 하였다.[66]

교회들의 수가 많아지자 펜윅은 교역자 양성을 위해 1903년 2월 10일 공주 반죽동 공주교회 내에 성서학원을 설립했다. 신명균을 초대 원장으로 임명하고, 몇 명의 교사들을 세웠다.[67] 장일수 목사는 본 학원에서 "장석천, 황태봉, 고문중을 비롯하여 30여명의 학생들이 모여들어 공부하였다. 수년 후부터 측량부까지 두어, 그 당시에 적합한 기술교육까지 겸하여 시키었다. 교회의 중직들은 대부분 이 학원을 나온 사람들이다."라고 증언하였다.[68] 이처럼 성경학원은 과수나무 기르는 법과 토목기술도 가르쳐, 학생들로 하여금 기술을 통해 수입을 올리면서 전도할 수 있도록 준비시켰으며, 학생들은 이후 교단의 중추적인 인물들이 되었다.[69] 성경학원이 공주교회 내에 설립된 것은 공주교회가 충청도의 중심교회로 성장하였음을 의미한다.

공주성경학원은 펜윅의 지시에 따라 성경을 유일한 교재로 사용하고, 성경 교수 방법으로 성경을 많이 읽게 했다. 펜윅은 "우리가 가지고 있는 성경교수의 계획은 성경의 일정 부분의 내용의 핵심을 자유롭게 알게 될 때까지 학생들로 하여금 그 부분을 여러 번 읽게 하는 것"이라고 하였다.[70] 성경만을 유일한 교재로 사용하는 것은 보스턴선교사훈련학교의 방법을 그대로 따른 것이었다. 고든 목사는 보스턴선교사훈련학교에서 성경 이외에 다른 신학 교재를 사용하지 못하게

하였다.[71] 그것은 또한 나이아가라 사경회의 모본을 따른 것이기도 했다. 나아아
가라 사경회는 성경을 교리적으로 해석하기 보다는 성경 그 자체가 무엇을 말하
는지가 중요하며, 그것을 알기 위해서는 성경읽기가 중시되어야 한다는 입장이
었다.[72] 이처럼 펜윅은 보스턴선교사훈련학교와 나이아가라사경회의 방식을 그
대로 한국에 적용하였으며,[73] 신명균 교장은 이와 같은 펜윅의 방침에 따라, 오
직 성경만을 교재로 삼고, 주로 성경읽기 방식으로 성경을 가르쳤다. 성경읽기
는 교단 전체의 운동으로 확대되었다. 당시 침례교인들은 대화회(총회)나 당회
(지방회)에 참석하는 동안 시간이 나는 대로 성경을 읽었다. 예를 들면, 한 방에
여러 명이 사용하게 될 때, 쉬거나 잠을 잘 수 있지만, 잡담은 원칙적으로 금지
되었고, 대신 조용히 성경을 읽어야 했다. 초기 침례교인들에게 성경을 200-500
회 통독하는 것은 보통 수준이었다.[74]

펜윅은 미국감리교선교회(Methodist Episcopal Mission) 선교사로 1898년 12
월 3일에 한국에 와서 호수돈여학교 초대교사로 사역하고 있던, 페니 힌즈(Fanny
Hinds; 1866-1933)와 1903년 원산에서 결혼하였다. 힌즈는 보스턴선교사훈련학
교에서 공부한 적이 있었으며, 동료 선교사들 사이에서 "성자"로 불릴 만큼 매우
헌신적이며 영성이 깊은 사람이었다.[75] 힌즈는 결혼 후 감리교 선교사직을 그만
두고 남편의 사역을 도왔다. 펜윅 부부는 '동산'으로 불렀던 10만평 규모의 원산
농장에 커다란 초가집을 짓고, 안대벽 가족 및 20-30명의 고아들과 함께 살았으

며, 그들에게 성경, 영어, 피아노 등을
가르쳤다. 펜윅은 집에서 예배드리다가,
얼마 후 원산 시내의 고등여학교 앞에 있
던 ㄱ자 건물을 구입하여 교단 본부 및
예배당으로 사용하였다. 초기 교인들은
펜윅의 가솔 외에 김희서, 이정화, 황태
봉, 황상필 등이 있었다.[76]

| 페니 힌즈(Fanny Hinds; 1866-1933)와
원산의 성서학습반원

대한기독교회(1906-1920)

1. 대한기독교회의 설립

복음전파가 활발하게 진행되어 1906년까지 31개의 교회들이 세워졌다. 교회 수가 많아지자, 펜윅은 교회들의 관리와 효과적인 복음전도를 위해 조직화의 필요성을 느꼈고, 결국 1906년 10월 6일에 강경교회에서 제1차 대화회(총회)를 열고, 대한기독교회(Church of Christ in Corea)를 조직하였다. 총회 모임은 인간과 하나님을 화목케 하신 그리스도의 사역을 기리는 의미로 "대화회"라 칭하였다. 대화회는 일주일 동안 열렸는데, 처음 5일은 사경회로, 나머지 2일은 사무처리회로 운영되었다. 사무처리회는 안건들의 결의, 각 교회의 보고, 권징, 침례와 혼례, 당원(정회원)선발, 특별 안건 등을 다루었다.[77] 대한기독교회는 교단이름을 여러 번 개명했는데, 1921년에 대한기독교회에서 "동아기독교회"로, 1933년에는 "동아기독대"로, 1940년에는 "동아기독교"로 바꾸었다.

대한기독교회의 교규는 총14장으로 구성되었으며, 제1장 총칙에서는 속죄, 중생, 부활, 재림, 심판의 교리에 대한 신앙을 선포하였다. 제2장은 교역과 직무를 다루었는데, 교역자들로는 감독(총회장), 목사, 감로, 교사, 전도, 당원이 있었다. 후에 총찰과 예비전도라는 직급이 생겼는데, 예비전도는 전도가 되기 전, 총찰은 교사가 되기 전에 받는 직위였다. 당원도 각각 100명, 50명, 10명의 교인을 통솔하는 통장, 총장, 반장의 3개 직급이 있었다. 또한 각 지방의 총 책임자인 안사가 있었다.[78] 제3장과 4장은 교역원의 임기와 선정방법을 다루었고, 제5장은 침례법을 다루었는데, 침례 대상자를 "중생의 경험을 받은 자"로 한정하였다. 제6장은 연 1회 대화회의 소집 및 임원회의 수시 개최에 대해 설명하였다. 제7장과 8장은 대화회와 임원회에서 다룰 사무를 규정하였고, 제9장은 당회(지방회)의 조직과 운영, 제10장과 11장은 당원의 임기와 당회의 모임과 사무, 제13장은 교회 권징의 원리와 종류, 제14장은 침례와 혼인을 각각 다루었다.[79]

2. 구역설정과 선교사 파송

1906년 10월 6일 강경교회에서의 제1차 대화회는 다음의 몇 가지 안건을 결의하였다. 즉 한반도와 남북 만주, 시베리아를 선교구역으로 정하고, 펜윅 선교사를 초대 감목으로 선임하였으며, 신명균의 1905년에 받은 목사안수를 정식으로 인준하고, 칠산교회의 장기영과 입포의 홍봉춘을 초대 감로로 안수하며, 이종덕, 손필환, 이영구를 교사로 임명하였다. 총회본부는 원산에 두고 원산, 강경, 공주, 영동을 4개 구역으로 지정하여, 공주와 강경에서는 장석천이, 원산에서는 이종덕이, 경상도 밀양에서는 박노기가, 경북 울진과 통천에서는 손필환이 각각 전도의 책임을 맡도록 했다. 또한 강경구역 용안 출신 한태영, 유내천, 이자삼, 이장운, 장봉이 등 5명을 만주 선교사로 파송하였다.[80] 대한기독교회가 1906년 초대 총회에서 한태영 외 4명을 만주 선교사로 파송한 것은 한국 개신교 역사상 가장 이른 교단파송 해외선교사였다. 한국 침례교회는 이처럼 한국에서 선도적으로 해외선교를 시작한 자랑스러운 신앙 전통을 가진 교단이다.

3. 전도인들의 활약과 순교

대한기독교회는 복음전파에 모든 교단의 역량을 총동원하였다. 개교회 담임 목사 제도가 없었기 때문에 목사들은 구역의 여러 교회들을 돌보면서, "순회설교자"로 순회전도하고 말씀을 전하였다. 감로, 교사, 당원(통장, 총장, 반장)들도 모두 전도가 주된 사역이었다. 그 결과 교단은 1906년 4개 구역의 31개의 교회에서 1911년에 이르러서는 14개 구역 162개 교회로 급증했다.[81]

1) 만주와 시베리아 지역 전도

만주는 한인들이 경제적 이유와 일제의 탄압을 피해 대거 이주한 지역이었다. 일제 강점기에 약 200만 명의 한인들이 살고 있는 중요한 선교지였다. 펜윅은 일찍이 이곳을 선교지로 삼고 한태영 외 4명을 선교사로 1906년에 파송하였고, 1908년 2월에는 본인 스스로 연변을 방문하였다. 그는 연변에서 약 2개월 동안 전도하는 가운데 최성업, 이종근, 이종만, 장진규 등을 전도하였다.[82] 만주에서 펜윅에 의해 전도된 최성업은 시베리아 지역 전도자로 크게 성공하였다. 그는 어렸을 때 부모를 따라 러시아로 갔기 때문에 러시아어에 능통했다. 최성업은 예수님을 영접한 후 1년 만에 아버지 최응선을 전도했으며, 이후 이들 부자는 박노기, 김재형 교사의 도움에 힘입어 홍치미교회, 새재헌교회, 시영구교회, 남흥교회, 그분에쓰교회 등 수청, 청재동, 도빙허 지역에서 30여개 교회를 개척하였다.[83]

| 최성업 목사

제13차 대화회에서 박노기 목사, 김희서 교사, 최응선 감로, 전영태 총찰 등 네 명은 만주와 시베리아 지역 선교사로 임명되었다. 이들은 수청, 연추로 가기 위해 배편을 이용하다가 포세트 해의 모커우 라는 곳에서 갑작스러운 돌풍을 만나 배가 파선돼 모두 순교하게 되었다. 최성업은 천신만고 끝에 아버지 최응선과 전도인들의 시신을 인양하여 시베리아 연추에 안장했다. 이들 4인 선교사들의 순교는 지역 교포사회에 순식간 퍼지면서 수십 개의 교회가 개척되는 부흥을 가져왔다.[84]

| 박노기 목사

| 김희서 교사

2) 남한지역 전도

남한은 충청도와 더불어 경북지역에서 활발하게 복음이 전파되었다. 경북의 예천에 성경책사를 개설하였고, 예천에서는 노재천, 윤종두, 김재덕, 이만기, 이종배 등이 전도하였다. 진주지방은 장기덕 총찰, 강경구역은 김희서 총찰, 포항과 울진 구역은 손필환 목사, 영동구역에는 신명균 목사가 복음을 전하고 교회들을 세웠다.[85] 1910년 5월 10일에 울릉도 최초의 기독교회인 저동교회가 김창규와 김종회에 의해 개척되었으며, 1911년 2월에 석포교회가 세워졌다. 이후 홍문동교회, 평리교회, 서달교회가 차례로 세워졌고, 1915년부터 울릉도는 독립 구역으로 인정되었다.[86]

3) 전도인들의 전도방식과 희생적 삶

대한기독교회 전도인들의 전도방식은 다음과 같다. (1)전도인들은 총찰의 감독 아래 활동하였고, 매월 일회씩 총찰에게 보고하고 경비를 지급받았다. (2)전도인들은 경비로 매월 현금 5원과 쪽복음 5원어치를 받았으며, 전도인들은 쪽복음을 팔아 경비를 마련했다. (3)총찰들은 전도인들의 활동을 매월 감목에게 보고하였다. (4)목사와 교사들은 총찰과 전도인들의 활동을 점검하고 격려하였다.[87] 전도인들은 쪽복음과 전도지를 실은 궤짝을 등에 지고 마을들을 방문하며 판매하였다. 자금이 턱없이 부족하였기 때문에 주막이나 여관에서 잠을 자지 못하고, 마을의 행랑이나 교인의 집에서 잠을 청했고, 종종 노숙도 했다. 펜윅은 때로 전도인들에게 실비도 지급할 수 없었는데, 그때는 현금 대신 성경구절을 봉투에 넣어 보냈다. 그러면 전도인들은 "초근목피로 주린 배를 채우며 송화 가루로 허기를 달래며 또 내일을 기다려야 했다."[88]

4) 삼인 전도기

| 박기양 목사

신성균, 박기양, 노재천 세 명의 목사는 "불고가사"와 "불고처자"의 순회전도자들로 만주와 시베리아의 태산준령과 설원동토를 횡단하며 복음을 전하였다. 전도하는 동안 강도, 한국 독립군, 공산당, 일본 경찰 등으로부터 위협을 받았지만, 가장 고통스러운 것은 배고픔과 추위였다.[89] 박기양 목사는 1917년 말에 만주 집안현에 전도하러 가는 도중, 엄동설한에 노숙을 하다가 동사의 위기를 겪기도 하였다. 그는 태산준령이 첩첩이 인적을 가로막고 있는 북한, 만주, 시베리아의 산간벽지에 살아가는 동포들에게 복음을 전하며 가정교회를 개척한 주님의 종이었다.[90]

성품이 강직하여 불의에 타협하지 않으면서도 인자한 마음을 가졌던 노재천 목사는 경남지역에서 복음을 전하던 중, 1917년에 만주 봉천성의 임강현, 통화현, 집안현을 전도지역으로 배당받았다. 그는 엄동설한에 만주로 떠났는데, 매서운 혹한으로 부었고 얼굴은 눈살에 타서 마치 인디언 같이 검게 되었다. 그는 동사의 고비를 여러 번 넘기고, 마침내 압록강을 건너 대목송교회를 방문하였

다. 교우들의 뜨거운 환대와 사랑은 모든 고초들을 잊게 만들기 충분했다.[91]

노재천은 대목송교회에서 임지인 통화현으로 가던 때의 기억을 다음과 같이 회고하였다:

> 그곳에서 대목송교회의 환영을 받으며 집회를 인도하고 다시 임지인 통화현, 집안 현을 가기 위 해 눈덮힌 험로를 가다가 그곳에서 약모초안을 간다는 두 전도인을 만나 동행하였다. 4백여 리를 앞두고 며칠을 걸어서 삼도구에 당도했고, 다시 노일 령을 넘어 홍의적이 많다는 산길을 피해 홀루 항자 라는 준령을 세 개씩이나 넘는 동안 배고픔과 피로로 기진맥진하였다. 세 사람은 험한 산 속 에서 생의 여망을 잃 고 마지막 제단을 쌓기로 하였다. "구주님께 찬송하욤, 절 붓드신 고으신 신랑, 보 혈아래 유하올 때 저는 넉넉 평안하올 종, 상전님 상전님 매일 위로합시요. 절 간청 하심, 또 순복 케 하시옵소서." 마지막 예배를 드리기 위해 성경, 찬송을 꺼내려 봇 짐을 푸는데 생각지도 못했던 한덩이의 떡이 나왔다. 이 떡은 세 사람에게 한줄기 생명의 소망이었다. 이 떡은 한 달 전 임강현 에서 만난 고향친구 김주일이 떡 대접 을 하고 나서 여행 떠나는 노재천의 봇짐에 은밀히 넣어둔 것 이었다. … 죽음을 각 오한 마지막 예배에서 얻은 용기와 힘으로 남은 마지막 산을 넘어 목적지인 약모초 안 교회까지 도착하였다.[92]

4. 포교계 문제와 수난

일본의 조선 총독부는 1915년 8월 16일에 전문 19조로 된「포교규칙」을 발표 하고 한국교회에 동년 10월 1일부터 그것을 실시하도록 명령하였다.「포교규칙」 은 교파의 명칭, 포교자 명단과 자격, 교회당의 위치, 신도의 수 및 증감 등 보고 사항을 자세히 적시했다. 또한 새로운 교회당 설립은 총독부의 허가를 받도록 하 였다. 이처럼「포교규칙」은 한마디로 총독부가 교회의 제반 사항을 파악하여 통 제와 감시의 수단으로 삼겠다는 것이었다.[93] 대한기독교회는 1916년 11월 18일 경북 예천구역 신원교회에 열린 11차 대화회 때,「포교규칙」에 따른「포교계」제 출 문제가 가장 중요한 의제였다. 손필환, 김규면 목사는「포교계」제출은 국가 의 공적인 일에 따르는 것이며, 이 문제로 교회에 어려움을 줄 필요가 없으니 제출하자는 입장이었다. 이에 반해 이종덕 감목은 정교분리를 주장하며 포교계 제출을 단호하게 반대하였다. 대화회에서 이종덕 감목의 뜻대로「포교계」를 제출하지 않는 것으로 결정이 나자, 손필환, 김규면 목사는 교단을 탈퇴하였다.[94]

손필환 목사는「포교계」를 제출하지 않고 일본에 대항하는 것은 결국 교회의 폐교로 이어질 것이므로, 다른 교단들처럼「포교계」를 제출하자고 주장했으나 받아들여지지 않았다. 손필환은 이종덕이 감목으로 선정된 것에 불만을 품고 있다가,「포교계」제출 문제를 계기로 교단을 떠나기로 결심했다. 그는 1916년 12월에 대동교회를 조직하고 교단을 탈퇴하였고, 일부 교회들이 손필환 목사를 따라갔으며, 다른 교인들은 일본의 탄압으로 신앙을 포기하고 세상으로 나갔다. 김규면 목사도「포교계」제출 찬성을 주장하며 자신을 따르는 교회들과 함께 교단을 탈퇴하였다.[95] 장일수 목사는 당시의 상황과 손필환 목사의 말년에 대해 다음과 같이 증언하였다: "예산구역, 공주구역은 대부분의 교회가 구세군과 조합기독교로 넘어가고, 교인들은 타락되어 교회가 끊어지며, 전국 각 교회가 탄압을 견디지 못하여 분산되니, 손씨는 후회하고 홀로 집에 있었다. 수 년 후에 이종덕씨 주선으로 만주에 들어갔으나, 교회 일도 하지 못하고 몇 해 후에 별세하였다."[96]

「포교계」제출 거부로 이종덕 감목이 투옥되는 등 대한기독교회는 일제로부터 박해를 받게 되었다. 김용해 목사는 이와 관련하여 "본 교단에서는 하나님의 교회를 일정(日政)에 제출할 것 없다는 이유로 거부하니 핍박이 가중하고 집회금지 또는 총책임자인 이종덕 감목을 구금하여 수난을 당하게 되어 교회는 자연 침체 되었으나 신앙의 독실한 성도들끼리 지속해 왔다"라고 증언하였다.[97] 이처럼 대한기독교회는「포교계」문제와 손필환, 김규면의 교단 탈퇴로 교세가 약화되었다. 그러자 교단은 일제의 박해가 미치기 어려운 평안도의 강경, 자성, 후창지역과 함북의 국경 접경지역, 만주와 시베리아 등지로 전도인들을 파송하는 쪽으로 방향을 잡았다.[98]

총독부는「포교계」제출을 거부한 대한기독교회들에 대해, 명령 불복의 이유로 예배당 문에 못을 박고 출입을 금지하는 등 탄압을 개시하였다. 1917년부터 시작된 교회폐쇄와 집회금지 처분은 1919년 3·1 독립만세 운동이 일어난 후에야 해제될 수 있었다.[99] 3·1 독립운동의 물결에 당황한 일제는 1920년부터 무단통치를 중단하고 문화정책을 채택하여 유연한 정책으로 전환하였다. 「포교규칙」과 관련해서는 교회당 설립을 허가제에서 신고제로 바꾸었으며, 다른 사항들도 완화시켰다. 그러자 대한기독교회 총부는 1922년부터 「포교계」를 제출하기로 결정하고, 전국의 교회들에게 「포교계」를 제출하여 닫쳐진 교회 문이 열리고 다시 예배를 드릴 수 있게 하라고 지시했다. 1922년 4월 20일자 「달편지 광고란」에 이와 관련하여 자세한 안내를 하였다.[100]

| 이종덕 감목

5. 펜윅의 성서번역

펜윅은 1889년 말에 설립된 한국예수교문서회에 재무를 맡았고, 이미 1887년 2월 27일에 설립된 한국성서번역위원회에도 1890년부터 참여하였으나, 침례 단어에 대한 번역 문제로 동 위원회를 탈퇴하고 독자적으로 성경을 번역하기 시작하였다.[101] 펜윅은 1890년 중반부터 1892년 중반까지 2년 정도 서경조로부터 한글을 배웠는데, 영어성경을 한글로 번역하는 방식으로 한글을 배웠다. 이러한 과정을 통해 펜윅과 서경조는 영어와 중국어 문리역(文理譯) 성경을 저본으로 1891년에 「요한복음전」을 출판하였다. 이 「요한복음

| 펜윅의 1891년에 「요한복음전」

전」에는 "세례"를 "밥테례"로 표기하고, 신(上帝)의 명칭을 "하ᄂᆞ님"으로 표기하였다. 그러나 「요한복음전」을 수정하여 1893년 원산에서 출간한 「약한의 긔록ᄒᆞᆫ대로 복음」에는 "하ᄂᆞ님"이 다시 "샹데"로, "밥테례"를 다시 "세례"로 번역하였다.[102]

펜윅은 1898년에는 「요한복음·빌립보서 합본」을 출간하였으며, 마침내 1919년 10월 18일 일본의 요코하마 인쇄소에서 「신약젼셔」를 출판하였다. 펜윅은 1915년에 신약성경의 번역을 완료하였지만, 비용 문제로 4년이 미루어졌으며, 원래 국내에서 출판하려 했으나, 3·1운동이 대대적으로 일어나 국내 상황이 어

| 1910년 펜윅의 「신약젼셔」

렵게 되어 요코하마에서 출판하게 되었던 것이다. 1915년 신약성서 완역본은 세례를 침례로, 성령을 성슘님으로, 예수를 예수씨로 표기하였다. 성슘님과 예수씨는 토착적인 한국어로서 다른 한국어 성경에서는 찾아볼 수 없는 매우 독창적인 표현이었다. 펜윅의 「신약젼셔」는 한국에서 개인이 번역한 최초의 신약전서였다.[103]

6. 복음찬미와 그 외 문서들

펜윅은 14장으로 된 「복음찬미」라는 대한기독교회의 전용 찬송가집을 1899년에 처음으로 발간하였다. 「복음찬미」의 일부는 펜윅이 직접 작사 작곡한 것이었다. 「복음찬미」는 1911년에 25장, 1921년에 78장, 1926년에는 150장, 1933년에 256장, 1938년에는 274장으로 각각 증보 발간되었다. 1947년 제37차 공주 총회

| 복음찬미

에서 「복음찬미」 제7판의 곡들 가운데 107곡을 선별한 「복음찬미」 1,000권을 출판하기로 결정하고, 1948년 7월 15일에 출간했다. 1958년에 4월 6일 부활주일에 출판된 323장으로 된 「복음찬미」가 마지막으로 발행된 「복음찬미」였다.[104] 펜윅은 1899년에 「만민묘혼긔별」이라는 5-6쪽의 전도용 소책자를 발간했으며, 1911년에는 『대한기독교회』(The Church of Christ in Corea)를, 1915년에는 『잔속의 생명』(Life in the Cup)을 출판하였다.[105]

동아기독교회(1921-1932)

1. 교단명칭 변경과 종성동 성경학원 설립

일본은 한일합방 이후 "대한"이라는 단어에 대해 상당한 불만을 드러냈다. 이에 따라 대한기독교회는 1921년도 제16차 대화회에서 교단명을 "동아기독교회"(The Church of Christ in East Asia)로 변경하기로 결의했다.[106] 이종덕 감목은 목회자 양성을 위해 1921년에 종성동교회 안에 성경학원을 설립했다. 본인이 원장을 맡고, 교사로는 김재형 목사, 백남조 목사, 정빈, 최천국, 최병학 등을 선발했다. 김상준과 함께 한국성결교회를 창설한 정빈은 김상준과의 갈등으로 교단을 탈퇴하고, 1914년 9월에 동아기독교회의 일원이 되었다. 그는 1915년에 왕청구역의 하남교회를 개척하였고 감로 안수를 받았다. 정빈은 1917년에 성결교회로 복귀하였다가 1921년에 재차 종성동 성경학원의 교수로 임명되었던 것이다.[107]

2. 순교자들

동아기독교회의 순회목회와 적극적인 전도활동은 많은 순교자들을 배출하였다. 평북의 자성군 일대를 임지로 부여 받은 손상열 목사는 인근의 만주 임강현과 압록강 연안의 한국인 촌락을 순회전도하였다. 이러한 손목사의 행동을 한국독립단의 밀정으로 오인한 일본 경찰은 1921년 자성군 오수덕에 있는 오봉산교회에서 주일예배를 인도하는 손 목사를 체포하여 숲속에서 총살시켰다.[108]

1925년부터 만주의 길림성에 순회전도 하던 김상준, 안성찬, 이창희, 박문기, 김이주, 윤학영 등 6명의 전도들은 한국 독립당원들에 의해 일제의 밀정으로 오해받아 죽임 당하였다.[109] 1928년 9월 14일 밤에 30여명의 공산당원들이 종성동 교회에 난입하여 김영진 목사와 김영국 감로를 심하게 구타하고 살가죽을 벗겨내는 인면수심의 행동을 하였다. 이러한 만행을 제지한 정춘보는 총에 맞아 순교하였고, 이덕춘 총장은 납치당했다.[110] 1924년에 몽고 선교사로 파송된 이현태 교사는 교포 방용범과 중국인 이달고탁과 함께 몽고에서 400여 명의 신자를 얻고 45개의 예배처소를 개척할 만큼 엄청난 성공을 거두었다. 그러나 이현태는 1939년에 전도하는 중 토족의 습격으로 죽임을 당했으며, 그가 순교한 후에도 그의 아내가 계속 몽고에 남아 복음전도 사역을 감당했다.[111]

3. 독경운동

펜윅은 평소에 성경읽기를 중시하였다. 예를 들면, 대화회나 당회 기간 중 여러 사람이 공동으로 쓰는 방에 모이면, 원칙적으로 잡담은 금지하였고 각자 휴식을 취하거나 성경을 읽도록 했다.[112] 1919년 10월에「신약젼셔」를 출판한 후 펜윅은 성경읽기를 보다 독려하자, 교단은 1920년대에 독경운동이 활발하게 일어났다. 펜윅은 한국 교인들에게 성경을 많이 볼 것, 성령께 순복할 것, 마귀를 대적할 것 등의 세 가지 교의를 가르쳤다. 그는 복음찬미 40장 1절을 "세 가지 볼일 있답에. 두 번 난 자에게 성경보고, 숨(성령)께 순복, 마귀를 대적하오."라고 작사하여 성경읽기를 강조하였다. 이와 같은 펜윅의 노력으로 인해 동아기독교회의 젊은 신자들은 신구약 30독을 보통으로 하였고, 연로한 신자들은 200독 혹은 500독도 하였다. 간혹 잠언이나 전도서 전체를 외우는 사람들도 있었다.[113]

4. 펜윅의 세속교육 폐지

1926년 점촌교회에서 개최된 제21차 동아기독교회 대화회는 펜윅의 강력한 요청으로 세속교육을 반대하기로 결의하였다. 펜윅은 교단 임원들부터 솔선하여 자녀들을 학교에 보내지 말고 성경을 더 많이 읽게 하라고 하였다. 펜윅은 다음의 3가지 이유로 학교교육폐지를 결정하였다.[114] 첫째, 지성주의에 대한 경계심이다. 펜윅은 이성을 의지하는 것은 사탄의 간계에 빠져 선악과를 먹은 하와의 실수를 반복하는 것이며, 자유주의 신학은 바로 지나친 이성주의, 지성주의에서 비롯되었다고 믿었다.[115] 둘째, 1920년대 미국 기독교계에서 학교교육과 관련하여 가장 큰 이슈는 진화론에 관한 것이었으며, 보수 교단들은 진화론을 거부하였다. 보수 신앙을 믿었던 펜윅은 이러한 흐름에 영향을 받아 일본 학교들의 진화론 교육을 배격하려 했던 것이다.[116] 셋째, 펜윅의 극단적인 종말신앙도 세속교육 폐지 결정의 이유이다. 즉 주님의 재림이 가까웠는데, 세상일에 시간을 들일 필요가 없다는 것이다.

1926년에 발행된 「달편지」에 펜윅의 생각이 잘 드러나 있다: "우리 놉흔 사름곳 대학교 졸업쟝 밧은 사름이 리치 잘 설명치 안이ᄒ면 다른 사름 알아듯지 못 ᄒ 겟다오. 아ᄂ 바는 교만케 ᄒ고 …"[117] 세속교육 폐지는 교단에 상당히 오랜 기간 영향을 끼쳤다. 예를 들면, 1943년생인 박정일 꿈의교회 장로는 자신이 어린 시절에는 학교 다니던 사람도 그만두게 했다고 했다.[118] 박정일 장로가 어렸을 적이라면 1950년대 정도인데, 교단의 세속교육 금지가 1950년대까지 영향을 끼쳤던 것으로 보인다. 펜윅은 세속교육 폐지를 결정한 후, 기술학교 건립을 위해 사두었던 원산의 토지도 그때 매각해 버렸다. 펜윅은 후에 학교교육폐지를 실행한 것을 크게 후회했다고 한다.[119] 그러나 아무리 후회한들 잘못된 결정으로 발생된 비극과 인재가 없는 교단을 만든 결과는 되돌릴 수 없는 것이다.

| 달편지

동아기독대(1933-1939)

1. 교단명칭 변경과 신사참배 반대

1933년 원산에서 개최된 제28차 대화회는 교단명을 동아기독대로 바꿀 것을 결의하였다. 교단의 명칭을 양 무리를 뜻하는 '대'(隊)로 바꾼 것은 펜윅의 강력한 요청 때문이었다. 그는 한국의 기존 교회들이 신사참배로 더럽혀졌고, 심지어 천도교도 '교회'라는 명칭을 사용하고 있었기 때문에, 교단명을 '성별된 무리'를 뜻하는 '대'로 바꾸자고 주장했던 것이다.[120] 일본은 1930년대 이르러 신사참배를 더욱 강요하기 시작했다. 장일수 목사는 "조선 사람들에게 동방요배와 신사참배를 강요하고, 가가호호에 천조대신의 신패를 배부하여 섬기게 하였다. 서울에서는 남산 밑을 지나가는 사람이나 전차나 자동차 속에서까지 남산 밑을 지나갈 때에는 남산 신궁에 경례를 하지 않으면, 비국민이라 비난하였다. 교회에서는 예배 전에 국민의례를 먼저하고 예배를 드리게 하였다."라고 증언했다.[121]

신사참배에 대한 강요는 기독교 학교와 교회에도 예외가 아니었다. 이에 대해 동아기독대 김영관 감목은 전국 교회에 배달된 1935년 10월 5일자 「달편지」에서 신사참배 및 황궁요배에 대한 교단의 공식적인 입장을 밝혔다:

> 어떤 구역에는 관청 당국에서 황제에게 요배를 하라고 시켰사오나 그것에 대하여 결코 응할 수 없는 것은 가령 황제님 앞에서 절한다는 것은 옳지만, 멀리서 보이지 않는 데서 절하는 것은 헛된 절 이며, 곧 절반은 우상의 의미를 가졌으니 이것은 성경에 위배되는 것으로 우리 믿는 사람은 못할 일입니다. 이것을 하지 않는다고 황제께 불경한 죄라고 할 수 없는 것은 믿는 사람이 복음을 어기고 황제께 공경한다면 진정한 복음이라 할 수 없고, 따라서 복음을 어기고 자기를 공경하라고 명하실 황제님이라고 저희는 생각할 수 없습니다. 그래도 불경죄라고 책임을 지운다면 그 은혜 베푸시는 대로 핑계 없이 감당하기를 원하며 …[122]

위의 「달편지」 내용은 신사참배와 황궁요배는 우상숭배이므로 본 교단은 할 수 없는 일이며, 만약 박해가 온다면 감수할 수밖에 없다는 취지이다. 이처럼 동아기독대는 신사참배를 분명하고 확고하게 반대하였다. 위의 「달편지」를 입수한 일본 경찰은 김영관 감목, 백남조 총부서기, 이종덕 안사, 전치규 안사, 노재천 목사 5인을 원산경찰서에 구금하였다. 이들은 3개월 만에 입건서류와 함께 송치되어 5개월 동안 원산형무소에서 갇혀 재판을 받았다. 재판결과 김영관과 백남조는 3년 집행유예, 그리고 나머지 세 사람은 기소유예의 처분을 받았다. 이와 같이 점점 극심해가는 박해로 교인들은 줄어들기 시작했다.[123]

2. 펜윅 부부의 별세와 계속된 신사참배 문제

패니 힌즈 여사는 원산 앞바다가 내려다보이는 동산 자택에서 1933년 1월 19일 71세의 일기로 주님께 돌아갔다. 뜰에서 실족하여 골절상을 입은 것이 화근이 되어 세상을 떠난 것이다. 한국어에 능통한 힌즈는 어린이들과 부인들에게 성경을 잘 가르쳤고, 동료 선교사들로부터 "성자"로 불릴 만큼 인정을 받았다. 힌즈는 남편과 함께 종종 순회전도를 다녔으며, 시간이 있을 때마다 전도인들의 여비를 보충하기 위해 뜨개질을 하여, 그녀의 손끝은 항상 피멍이 맺혀 있었다고 한다. 이러한 힌즈의 헌신은 많은 사람들에게 감화를 끼쳤다.[124] 펜윅은 한국에서 만 46년간 사역을 성공적으로 마치고, 1935년 12월 6일, 72세의 일기로 원산 동산의 자택에서 영면하였다. 그는 "동아기독교는 세상 교회들로부터 분리되어야 한다는 것과, 자신의 무덤은 평장으로 하라"는 두 마디의 유언과 한 통의 유서를 남겼다. 그의 유언에 따라 부인 힌즈의 무덤 옆에 평장으로 묻혔다. 펜윅은 장례식에 인산인해의 물결을 이룰 정도로 한국인들로부터 추앙받았다.[125]

신사참배 문제는 동아기독대에 계속 어려움을 주었다. 천주교, 감리교, 안식교, 구세군, 성공회 등은 신사참배를 하였고, 장로교마저 1938년에 신사참배를 결의하였다. 하지만 동아기독대의 김영관 감목은 신사참배를 끝까지 거부하였다. 이에 따라 고초를 겪는 교회들 가운데 일부가 감목의 결정에 반대의견을 제시하기도 하였다. 곤란한 처지에 있던 김영관은 결국 감목직을 사임하고 말았다.[126] 1939년 원산에서 개최된 제34차 대화회는 이종적 안사가 임시의장을 맡아 진행하였는데, 본 대화회에서도 신사참배와 황궁요배를 끝까지 반대하기로 결의하였다.[127]

동아기독교(1940–1944)

1. 교단명칭 환원과 교세현황

1940년 원산에서 개최된 제35차 대화회에서 교단 명칭을 '동아기독교'로 바꾸기로 결의하였다. 그것은 일본이 군대조직을 연상시키는 '대'라는 용어를 사용하지 말 것을 요구했기 때문이었다. 당시 동아기독교 교세는 "한국전역 24개 구역에 100여 교회, 만주에는 6개 구역에 100여 교회, 시베리아 2개 구역에 47개 교회, 몽고지방에 수 개처의 교회들"이 있었다.[128] 그런데 만주지역 교회들은 일본에 의한 강제적인 개신교 통폐합 정책으로 본국 교회와 분리되었다. 일본은 기독교 세력을 일목요연하게 관리하기 위해 만주에 있는 장로교, 감리교, 성결교, 동아기독교, 안식교, 조선기독교 등 6개 교파를 1941년 11월 28일 만주국조선기독교연맹으로 통합시켰던 것이다.[129]

2. 원산사건과 교단폐쇄

동아기독교 초기시대에 교단폐쇄까지 발전된 소위 '원산사건'으로 불리는 비극적인 사건이 발생하였다. '원산사건'은 우태호라는 사람이 발단이 되어 일어났다. 평안남도 거부이자 장로교 목사 우기모의 아들로 1903년 2월 29일에 출생한 우태호는 17세였던 1920년에 미국 유학길에 올라 미국에서 고등학교를 마치고, 1930년에 캘리포니아 파사데나 대학교(Pasadena University)를 졸업했다. 1932년 8월 20일에 애틀랜타에 있는 오글레도르프 대학교(Oglethorpe University)에서 석사학위를 받았으며, 1940년 5월 20일 서든침례신학대학원을 졸업했다. 그는 신학교를 졸업하기 전인 1939년에 내슈빌에 있는 벨몬트 하잇츠 침례교회(Belmont Hights Baptist Church)에서 목사안수를 받았으며, 신학교를 졸업한 후 벨몬트 교회의 한국 선교사로 파송되었다. 우태호는 1941년 말엽에 원산의 동아기독교 총부에 와서 본인에 대해 소개하고 함께 일하고 싶다는 의사를 밝혔다.[130]

우태호의 갑작스러운 방문에 당황한 교단 지도자들은 그의 제안을 거절하였다. 그러나 우태호는 포기하지 않고 타 교단 목사에게 교섭을 의뢰하며 동아기독교에 합류하려 하였다. 그러자 펜윅 선교사의 양아들인 안대벽은 그가 교단의 재산을 노린 것으로 의심하고 평소 친분이 있던 일본 형사에게 우태호에 대한 조사를 의뢰했다. 나중에 이 사실을 알게 된 우태호는 격분하여 일본 헌병대에 동아기독교를 불순한 교단으로 고발하고, 당시 성서공회 총무였던 오문환 장로교 목사에게 동아기독교의 「복음찬미」와 성경을 건네주었다. 오문환은 「복음찬미」에 예수님의 재림에 관한 찬송가 가사들이 천황을 모독하는 내용이라며 총독부 경무국에 고발하였다.[131]

이 일로 인해 교단총부에 있는 성경과 복음찬미 6천 5백 권과 서류들이 압수당하였고, 당시 교단 대표인 이종근 감목이 1942년 6월 10일 체포되어 원산 헌병대의 유치장에 갇히게 되었다. 다음날인 6월 11일 전치규 안사와 김영관 목사도

구속되었다. 일본 검사는 이종근 목사에게 다음과 같이 취조하였다:

1문: 예수가 재림한다는데 어떤 지위로 재림하는가? 답: 성경말씀대로 만왕의 왕으로 오셔서 왕국을 건설하신다. 2문: 천년왕국을 건설하면 일본도 그 통치에 들어가는가? 답: 그렇다. 3문: 일본의 천황폐하도 불신시는 멸망하시는가? 답: 성경에 그렇게 기록되어 있다. 4문: 찬미가 7장에 '대왕님 예수'라 했는데 예수는 천황폐하보다 더 높은 대왕인가? (그 때는 일본도 망하고 천황폐하도 예수 통치 하에 들어가는가?) 답: 전 세계가 통일되는 동시에 예수님 아래 있을 수밖에 없다. 5문: 국체명징(國體明徵)에 위반이면 불경죄에 해당되는 것을 모르는가? 답: 신앙양심에서 답하는 바이다. 6 문: 단체 대표인 감목이 그렇게 답변할 때 간부는 물론이고 전 교단의 지도자들도 동일한 신조를 지도하고 있는 것이 아닌가? 답: 동일한 성경으로, 동일한 신앙을 소유하는 것이 합치되는 이론일 것이다.[132]

일본 경찰은「포교계」도 가장 늦게 제출하고, 신사참배와 동방요배도 거부하던 동아기독교를 박해할 명분을 갖게 되자 교단 말살 정책을 썼다. 치안 유지법 위반이라는 죄명으로 앞의 세 사람을 포함해, 전국의 동아기독교 지도자 32인을 체포하였다. 맡은 바 사역지에서 열심히 일하던 29인의 교단 지도자들은 어느날 갑자기 일본 경찰에 체포되어 원산 헌병대로 압송되었다.[133]

동아기독교 대표 32인은 원산구치소에서 함흥형무소로 이감되어 감옥에서 심한 구타와 고문을 당하는 등 말로 표현하기 어려운 고초를 겪었다. 재판 결과 이종근, 노재천, 전치규, 김영관, 백남조, 장석천, 박기양, 신성균, 박성도 등 9명의 목사를 제외한 나머지 23인은 기소유예로 1943년 5월 15일에 석방되었다.[134] 이들 23인의 석방은 강경 땅과 연관이 있는 것으로 보인다. 일본은 강경 옥녀봉에 있는 강경신사를 확장하기 위해 1939년 9월에 동아기독교의 옥녀봉 부지 중 581평을 강제 매입하였다. 그리고 나머지 4,151평은 23명이 기소유예로 풀려 나오는 조건으로 강경신사에 증여할 것을 요구한 것으로 보인다. 4,151평은 1943년 5월 14일에 강경신사에 증여되었고, 그 다음날 1943년 5월 15일 김용해 목사를 비롯한 23명이 기소유예로 석방되었던 것이다.[135] 한편 전치규 안사는 1944년 2월 13일, 57세의 일기로 옥중에서 순교하였다.[136]

함흥 재판소는 1944년 5월 10일에 동아기독교 폐교를 판결하였다. 교단 폐쇄의 이유는 신사참배와 황궁요배를 거부하여 천황을 모독하고 국체명징에 위배된다는 것이었다. 고등법원도 아닌 지방법원에서 교단 해체를 결정한 것은 법 상식에 맞지 않는 처사였다. 이후 동아기독교회로 모이는 것 자체가 불법이 되었으며, 교회의 모든 재산은 강제로 압수당하고, 전국 교회들은 폐쇄되었다. 종이나 놋쇠 같은 것들도 모두 빼앗겨 폭탄을 만드는 재료로 사용되었다. 동아기독교인들은 가정에서 예배드리는 것도 금지되었다. 그러자 많은 교인들 낙심하여 신앙을 포기하거나 타교파로 넘어갔다. 폐교 당시 동아기독교는 전국에 250여 개의 교회와 예배처소가 있었으며, 침례를 받은 교인 수만 1만 여명 정도였으나, 교단 폐쇄 후 교인 수는 급속히 감소되었다.[137]

말콤 펜윅과 대한기독교회의 복음주의 신앙과 항일활동과의 관계

한국침례교회의 전신인 대한기독교회는 일제 강점기 민족의 아픔에 동참하지 않았다는 비판을 받아왔다. 대표적인 한국침례교 역사가 허긴 박사는 대한기독교회는 선교사 말콤 펜윅의 영향으로 1905년 을사늑약과 1910년 한일강제병합이라는 민족적 비극을 외면하고, 재림 신앙에 파묻혀 복음전도에만 몰두하며 3·1 독립만세운동에도 동참하지 않았는데, 이러한 역사는 "두고두고 길이 새기면서 자성하고 반성해야 될 우리의 믿음의 자세"라고 일갈하였다.[138] 허긴의 주장은 장로교회나 감리교회가 민족운동을 펼칠 때, 대한기독교회가 적극 참여하지 않았다는 점에서 타당성이 있다고 볼 수 있다. 펜윅의 영향으로 대한기독교회는 비정치적 신앙을 가졌고,[139] 그로 인해 초교파적 민족운동에 소극적이었다. 선교 대상자들은 성경보다 먼저 선교사로부터 신앙을 전수 받는 것이 일반적이므로 선교사의 영향은 절대적이라 할 수 있다.[140] 대한기독교회도 마찬가지였다. 대한기독교회는 펜윅에 의해 설립되었으며, 그가 유일한 선교사였기에 그의 신앙과 행습이 대한기독교회의 신조와 규칙이 될 정도로 교단에 절대적 영향을 끼쳤다.[141] 일본의 통치에 대한 교단의 반응도 펜윅의 신앙과 생각이 주요 판단 기준으로 작용하였다. 펜윅은 1935년 12월 6일에 세상을 떠났으나, 그가 전수한 신앙과 행습은 1944년 5월 10일 일제에 의해 교단이 폐쇄되기까지 고수되었다.

펜윅과 대한기독교회는 민족주의에 기초하여 독립운동이나 항일활동을 전개하지 않았다. 그럼에도 교단은 일제에 부역하거나 친일의 결정을 한 적이 없었으며, 거의 일관되게 항일적 태도를 견지하였다. 교인 중 일부는 이러한 행동을 민족운동에 동참한 것으로 해석하기도 했다. 예를 들면, 8·15 해방 후 교단 재건을 위해, 1946년 2월 9일 충남 부여군 임천면 칠산교회에서 개최된 임시위원회 회의에서, 이덕여 감로는 교단이 "민족운동에서도 완전히 떠나서는 안 된다고 생각한다."라는 의견을 제시한 적이 있다.[142] 이덕여는 교단이 일제의 명령을 거부한 것을 민족운동으로 여겼던 것이다. 대한기독교회는 항일투쟁이나 독립운동을 펼치지 않았으나, 일제의 통치에 항거하는 행동을 하였다. 교단은 어떤 때는 항일적인 행동을 하였으나, 다른 때는 민족운동에 동참하지 않는 다소 모순된 입장을 취했다. 그것은 대한기독교회가 민족주의에 기초한 항일운동이 아니라, 복음주의 신앙을 기준으로 일제에 항거했기 때문이다. 일제의 요구가 그들의 신앙 양심에 맞지 않을 경우, 저항했던 것이다. 물론 펜윅과 대한기독교회는 애국주의를 표방하였다. 애국주의와 더불어 성경주의, 신앙의 자유 및 정교분리의 복음주의 신앙을 기준으로 항일을 하였다.

대한기독교회가 불참한 민족운동

대한기독교회는 펜윅의 영향으로 민족운동에 적극 참여하지 않았다. 펜윅은 철저한 세대주의적 전천년주의자로서 교단으로 하여금 사회적 참여보다는 영혼구원에 집중하도록 하였다.[143] 그는 또한 교인들에게 애국을 강조하였고, 성경적 신앙과 신앙의 자유 및 정교분리 사상을 가르쳤다.[144] 그 결과 대한기독교회는 애국주의, 영혼구원의 우선성, 성경주의 신앙, 신앙의 자유와 정교분리 등으로 무장되었고, 이러한 원리들을 일본의 통치에 반응하는 기준으로 삼았다. 교단은 일제가 신앙 원리에 배치되는 것을 강요할 경우 결연하게 반대하였으나, 그렇지 않은 경우에는 가급적 정치·사회 문제에 관여하지 않고 복음전파에만 집중하였다.

대한기독교회는 이러한 기준에 따라 몇 가지 중요한 민족운동에 참여하지 않았다. 첫째, 1906년부터 1907년까지 한국교회가 참여한 대한자강회와 국채보상운동에 함께하지 않았다. 대한자강회는 국권 회복의 발판을 마련하기 위해 교육과 산업을 발전시키려는 의식적인 애국계몽운동이었다.[145] 애국계몽운동은 기독교 신앙이 전파된 지역에서 보다 활발하게 일어났으며, 그런 지역에서 3·1운동 역시 활발하게 전개되었다.[146] 대한기독교회는 의식적인 민족운동인 애국계몽운동에 참여하지 않고, 직접적인 복음전파에 시간과 힘을 사용했다. 둘째, 1907년 4월경 안창호, 윤치호, 양기탁 등 기독교인들이 중심이 되어 조직한 신민회에 대한기독교회는 참여하지 않았다. 신민회는 교육진흥과 상공업 중흥을 통한 독립기반 마련과, 만주에 무관학교를 설립하여 무력 독립을 이루려 하였던 의도적인 독립운동이었다.[147] 셋째, 신민회와 관련된 1911년의 105인 사건에도 대한기독교회는 관여하지 않았다. 일제는 테라우치 총독이 1910년 12월 27일 압록강 철교 개통식에 참석할 때, 신민회원들을 비롯한 민족주의자들이 암살을 모의했고 외국인 선교사들이 배후에서 사주했다는 날조된 사건을 근거로, 관서 지방의 목사, 장로, 집사 등 교회 지도자 500여명을 검거 투옥하고, 이들 중 123명을 기소하여 105인에게 유죄 판결을 내렸다.[148] 투옥된 123명 중 기독교인이 91명으로 전체의 74%를 차지하였는데,[149] "장로교 80인, 감리교 7인, 조합교 2인, 기타 2인"이었다.[150] 선교사들은 105인 사건의 허위성과 잔악함을 세계에 알렸고, 이에 국제적 압박을 받게 된 일제는 2심에서 105인 중 99명을 무죄 석방하였다. 이러한 과정에서 외교를 통해 독립을 추구하는 외교독립론이 나타났고, 기독 청년들이 무장투쟁론을 주장하는 등 항일의식이 강화되었다.[151] 기소된 91명의 기독교인들 가운데 대한기독교인은 한 명도 없었다. 교단은 독립운동 단체에 가입하여 활동하기보다 복음전파에 전력을 기울여야 한다고 믿었기 때문이다.

대한기독교회는 넷째로 1919년 3·1 만세운동과 임시정부에도 참여하지 않았다. 3·1운동은 미국 대통령 우드로 윌슨의 민족자결주의의 영향으로 시작되었다. 윌슨은 1차 세계대전을 승리로 이끈 후, 기독교 정신과 민주주의에 입각해 각 민족의 자결권을 보장하려했다. 미국의 한인 교포 기독교인들은 크게 호응하여 1918년 11월 한국의 독립 청원서를 윌슨에게 보냈다.[152] 민족자결주의는 중국과 일본에 있는 한국인들에게도 영향을 끼쳤다. 중국 상해의 한국 기독 청년들은

1918년 11월 신한청년단을 조직한 후, 윌슨에게 독립청원서를 보냈으며, 일본의 한국 유학생들은 2·8 독립선언서를 선포하였다.[153] 국외의 노력들은 국내에 영향을 끼쳤고 곧 3·1운동이 일어났다. "3·1독립선언서"는 인도주의, 자유민주주의에 기초한 독립국을 표방하고, 비폭력 무저항 원칙을 지향하였다.[154] 3·1운동 관련 "피검자 19,525명 가운데 기독교인이 3,426명으로 전체의 17.6%"에 해당하는데, 당시 기독교인 수는 전체 인구의 2%에도 못 미쳤던 점을 감안하면, 한국교회가 얼마나 열정적으로 3·1운동에 참여하였는지 알 수 있다.[155] 그런데 대한기독교회는 불행하게도 3·1운동에 참여하지 않았다. 펜윅의 영향으로 교단은 복음 전파와 영혼구원에 집중하였기 때문이다.

대한기독교회의 복음주의 신앙에 입각한 항일활동

펜윅과 대한기독교회는 이처럼 의도적인 항일운동이나 독립운동에는 참여하지 않았다. 그럼에도 종종 일제의 통치에 항거하였는데, 그것은 복음주의 신앙을 고수하려는 목적 때문이었다. 애국주의 역시 바탕에 있었다. 복음적 신앙을 고수하는 것과 애국주의, 이 두 가지가 항일활동의 원동력이었다. 펜윅은 대한기독교인들에게 모세나 바울처럼 조국을 사랑해야 하며, 국가에 충성하지 않으면 하나님 나라도 잘 섬길 수 없다고 가르쳤다.[156] 그는 일제의 식민지 정책과 약탈에 분개하고 교인들에게 한민족의 전통과 얼을 일깨워주려 하였다. 예를 들어 어떤 교인이 검정 옷을 입고 교회에 오자, 펜윅은 "그대는 일본 사람 같소."라고 말하며 흰옷으로 갈아입을 것을 권면하였다.[157] 펜윅은 한국의 문화와 예절을 무척 좋아했으며, 자신이 편위익 이라는 한국 이름으로 불리는 것을 즐거워했다. 그런데 애국주의를 주장하면서 민족운동에 동참하지 않은 것은 모순되는 면이 있다고 볼 수 있다. 그것은 펜윅과 교단이 성경주의, 영혼구원의 우선성, 신앙의 자유와 정교분리 등의 신앙 원리를 더 중시했기 때문이다. 그래서 이러한 복음주의 신앙이 직접적으로 도전 받지 않은 경우에는 가급적 정치·사회적 문제에 개입하지 않으려 했다. 교단은 그러나 복음주의 신앙을 고수하는 차원에서는 적극적으로 항일활동을 실행했는데, 구체적인 사례들은 다음과 같다.

1. 1905년 11월 19일 교단 연합 구국기도회 개최

대한기독교회는 1905년 11월 17일 을사늑약이 체결되자 장로교, 감리교와 함께 구국기도회를 공동 개최하고, 전국의 기독교인들에게 하루 한 시간 나라를 위해 기도할 것을 촉구하였다. 1905년 11월 19일자 대한매일신보에 실린 광고와 기도문의 일부는 다음과 같다.

> 長老會와 浸禮會와 美美會에서 公同훈 聯合會를 團結ᄒ야 祈天永命의 主旨로 獨一無二 ᄒ시고 全智全能ᄒᆞᆸ신 造物主大主宰上帝耶和華께 爲國祈禱를 虔恭至誠으로 日日 設行ᄒᆞᄂᆞ듸 其日日誦 禱ᄒᄂ 全文이 如左ᄒ더라.… 祈禱時間은 每日申時 (午後三時와 四時)오 祈禱文이 如左ᄒ니 萬王의 王이신하나님이시여우리 韓國이 罪惡으로 沈淪에 드럿스미오직하나님밧게빌듸업사와우리가 一時에 祈禱ᄒ오니 韓國을불상히녁이시 耶利 未亞와 以賽亞와 但以理의 自己나라를 爲ᄒ야 懇求홈을드르 심 갓치 韓國을 救援ᄒ사 全國人民으로 自己罪를 悔改ᄒ고다 天國百姓이되여나 라이하나임의 永遠훈 保護를밧아 地球上에 獨立國이 確實케ᄒ야쥬심을 耶穌의 일 홈으로비ᅀᆸ나니다.…[158]

위 기도문의 내용은 국가가 멸망에 처한 때 예레미야, 이사야, 다니엘이 이스라엘을 위해 기도하였듯이, 한국 기독교인들도 회개하고 하나님의 도우심을 간구하자는 것이다. 기도문은 기독교 민족운동의 근거를 성경의 예언자들에게서 찾았으며, 운동의 실행 방식은 회개하고 기도하는 영적 방식을 제안했다. 이처럼 무장 투쟁을 반대하고 비폭력적 저항과 성경적 가르침에 부합한 민족운동을 펼치는 것은 당시 복음주의 신앙인들이 추구한 방식이었다.[159] 펜윅과 대한기독교회는 구국기도회가 복음주의 신앙에 부합한다고 보아서 동참했다. 구국기도회의 참여는 간접적 항일활동으로 볼 수 있다.

2. 펜윅의 1906년 애국가 보급

펜윅은 을사늑약이 체결된 이듬해인 1906년에 애국가를 작사하여 교인들로

하여금 부르도록 했다. 애국가는 5장으로 되어 있으며 전문은 다음과 같다.

대한 노뤼
1. 우리 대한 나라 대한국을 위해 노뤼합세
   열성조 나신데 또 도라가섯네
   모든 산것 혜셔 노뤼합세
2. 우리 대한 일흠 엇지 스랑흘가 우리 대한
   그 산과 골이나 그 강과 수풀 다
   스랑흐는 우리 노뤼합세
3. 걱정흐지 말고 하느님만 의자 성자 밋세
   구쥬 밋는 백셩 성경을 조츠면
   아모 나라던지 핍박업네
4. 맘 먹고 니러나 하느님 압헤셔 긔도합세
   잘못된 일 즈복 죄사흠을 밧어
   긔독의 의지로 나라 세오
5. 긔즈 세운 나라 엇지 니즐소냐 만셰 만셰
   대한의 사름 다 행실 뉘쳐 고쳐
   힘써서 나를 다시 셰오.[160]

위의 애국가는 1905년 11월 구국기도회와 유사하게, 나라를 다시 일으키려면 성경적 삶, 회개, 기도, 그리스도를 의지해야 한다고 주장하였다. 애국심과 복음주의 신앙을 국가 회복의 원리로 제시한 것이다. 한국교회는 구한말 시대부터 애국가 제창을 나라사랑의 상징물로 사용했다. 1896년 달성교회의 애국가, 그리고 평양 예수교학당 김종섭의 애국가 등을 위시하여 여러 애국가들이 지어지고 불려졌다.[161] 펜윅과 대한기독교회도 한국교회의 애국주의 전통을 계승하고 동참하였다. 1906년의 상황에서 애국가의 작사와 보급은 항일활동으로 볼 수 있다.

3. 1916년 「포교계」 제출 거부와 수난

일본 조선총독부는 1915년 8월 16일 전문 19조의 "포교규칙"을 발표하고 한국교회로 하여금 동년 10월 1일부터 실시하도록 명령하였다. "포교규칙"은 교파의 명칭, 포교자 명단, 교회당의 위치, 신도 숫자 등 보고사항을 자세히 적시했고, 새로운 교회당 설립 시 총독부의 허가를 받도록 하였다. 이처럼 "포교규칙"은 총독부가 교회의 제반 사항을 파악하여 통제와 감시의 수단으로 삼으려는 목적에서 발표된 것이다.[162] 그 무렵 펜윅은 선교후원금 문제로 1915년 잠시 미국과 캐나다에 다녀왔고, 1917년 5월에 다시 출국하여 5년이 지난 1923년 5월에 한국으로 돌아왔다. 이런 환경에서 "포교계" 제출 문제는 한국 교인들이 주도적으로 결정했다. 1916년 11월 18일 경북 예천구역 신원교회에 열린 11차 대화회는 "포교계" 제출 문제가 중심적인 논의 안건이었다. 교단의 지도급 목사였던 손필환과 김규면은 "포교계"를 제출하지 않으면 교회의 폐교로 이어질 것이므로, 다른 교단들처럼 "포교계"를 제출하자고 주장했으나, 감목(총회장)이었던 이종덕 목사는 "포교계" 제출은 정교분리에 어긋난다고 주장하며 반대하였다. 대화회는 결국 "포교계"를 제출하지 않는 쪽으로 결의했다.[163] 이에 반발한 손필환은 교단을 탈퇴하여 일부 교회들과 함께 1916년 12월에 대동교회(大同教會)를 조직하였고, 김규면도 교단을 탈퇴하여 함경도, 간도, 시베리아 일대의 교인들과 더불어 대한성리회(大韓聖理會)를 설립하였다.[164] 이종덕 감목은 "포교계" 제출 거부로 일경에 의해 체포 투옥되는 고초를 겪기도 했다. 그리고 공주교회(現 꿈의교회)를 비롯한 일부 교회들은 교회당이 폐쇄되고 집회를 금지 당했다.[165]

일제는 3·1독립운동에 충격을 받고 1920년부터 문화정책을 채택하였다. 그 일환으로 "포교규칙"을 완화하고, 종교단체에 법인 자격을 부여하며, 언론과 집회의 자유를 확대하는 유연한 정책을 펼쳤다.[166] 총독부는 종교 행정과 사무를 위해 학무국에 종교과를 따로 신설하여 영어에 능통한 기독교 신자를 직원으로 뽑아 외국인 선교사들과의 관계 개선을 도모하고, 외국인 선교사 연합대회에 학무국장이 찾아가 선교사들의 고충사항을 청취하였다. 이러한 노력은 효과를 발휘하여, 선교사들이 일본을 긍정적으로 보기 시작했다.[167] 대한기독교회는 일본의 정책이 확연히 변경된 1922년에 이르러 "포교계"를 제출하여, 폐쇄된 교회들이 다시 예배드릴 수 있게 하였다.[168] 대한기독교회의 "포교계" 거부와 수용의 과정은 교단이 신앙의 자유와 정교분리라는 복음주의 신앙 원리에 따라 일제의 통치를 거부하거나 받아들였음을 보여준다. 즉 일제의 요구가 복음적 신앙을 지킬 수 없게 하는 경우에는 박해를 불사하고 항거하였으나, 일제의 명령이 복음주의 신앙 원리를 지키는 데 방해가 되지 않을 경우에는 받아들였던 것이다.

한편 독립운동가였던 김규면이 "포교계" 제출을 주장한 것은 의외의 일이었다. 김규면은 1881년 3월 12일 함경북도 경흥군 상면 농경동 오송골에서 빈농의 아들로 태어났다. 그는 한성사범학교 속성과를 졸업한 후, 육군무관학교 속성과를 다니다가 1904년 9월 중도에 그만두었다.[169] 학교를 그만 둔 얼마 후에 원산에서 펜윅을 만나 개종하였고, 훈춘과 연해주 지역에 권서전도인으로 활동하면서 독립운동가들과 교분을 쌓았다. 그는 1914년에 이동휘 등과 함께 황청현 나자구에 동림무관학교를 설립했다.[170] 김규면과 관련하여 기존의 한국침례교 역사와 정반대의 주장이 있다. 한국교회사가 오세호는 김규면은 "포교계" 제출을 반대하였으나, 이종덕이 "포교계"를 제출키로 결정하였고, 이에 반발하여 탈퇴했다고 주장했다. 그는 김규면이 일제와 타협한 외국인 선교사가 주도하는 교단에 한계를 느끼고, 대한성리교회를 세워 독립운동을 이어가려 했다고 주장했다.[171] 오세호는 대한성리교회의 신앙과 교규, 교단 운영 방식은 대한기독교회의 그것과 상당히 유사하였고, 간도와 연해주 지역에 300여 교회와 3만 명의 교인이 있었으며, 김규면은 훈춘의 대한성리교회를 중심으로 무장 독립군단체 대한신민단을 조직했다고 하였다.[172] 오세호는 김규면이 「포교계」 반대 주장이 받아들여지지 않아 교단을 탈퇴하였다는 주장에 대한 근거는 제시하지 않았다. 오세호가 왜 기존 역사에 반대되는 주장을 펼쳤는지 알 수 없으나, 아마도 김규면의 독립운동가 면모를 확고히 하려는 목적에서 그랬을 것으로 판단된다.

김규면이 대한성리교회를 대한신민단의 기반으로 사용한 것에서 볼 수 있듯이, 그는 대한기독교회를 독립운동의 기반으로 삼으려 했을 것이다. 그러기 위해서는 교회가 일단 유지되어야 했고, 그런 목적으로 「포교계」 제출을 주장했을 것으로 여겨진다. 반면에 이종덕과 대한기독교인들은 복음주의에 기초한 정교분리 사상에 의거 「포교계」 제출을 거부하였다. 대한기독교회는 복음주의 신앙 양심을 지키려는 목적에서 일제에 항거하였던 것이다. 한편 이종덕은 19세 때 의병대에 가입하여 독립운동을 하다가 일경으로부터 수배를 당한 경력이 있던 사람이었다. 그는 도피 도중에 전도 받아 대한기독교회에 입교하였고, 펜윅의 도움으로 수배가 중지되자 의병활동을 접고 신앙생활에 전념하였다.[173] 이것은 이종덕이 중심이 되어 「포교계」 제출을 거부한 것은 복음주의 신앙을 지키려는 것이 주된 이유였으나, 반일 민족주의적 측면도 어느 정도 작용했을 가능성을 짐작해볼 수 있다.

4. 1930년대 신사참배 반대와 박해

일제는 1930년대에 들어서서 한국인들에게 신사참배를 보다 더 강요하기 시작했다. 일본에서 신사참배는 충성스러운 일본 국민 양성의 핵심적인 수단이었다. 일본은 근대 천황제 실시 이후 국가주의 교육을 채택하여, 학교교육을 천황제를 뒷받침하는 주축으로 삼았다.[174] 일본 학교들은 천황은 일본의 최고신인 천조대신(天照大神)의 후손이며, 신사참배는 국가에 대한 충성의 행위라고 가르쳤다. 이를 위해 신도(神道)를 신사신도(神社神道)와 교파신도(敎派神道)로 구분하여, 전자는 종교가 아닌 국민의례이고 후자는 종교라 하였다. 이러한 정책에 따라 신사신도는 내무성 신사국이 관할하고, 교파신도는 문무성 종교국이 관할하게 했다.[175] 이러한 정책은 식민지 조선에서도 똑같이 적용되었다. 조선 총독부 초대 학무과장 쓰미모토는 1910년 9월 8일자 "교화 의견서"에서, 조선 민족의 일본화를 이룩하려면 일본의 언어, 풍속, 습관의 체득과 경제적 번영만으로는 안 되며, 충군애국 정신을 심어줄 때 가능해진다고 주장하였다.[176] 즉 천황을 숭배하는 정신이 없으면 내선일체는 실패하게 될 것이라는 것이다. 당시 일본의 유명한 법학자 호즈미 야쓰카 역시 조선에서의 교육은 "황실을 숭경하는 정신을 부식할" 것을 강조하였다.[177]

조선총독부는 신사참배는 종교 행위가 아니라 천황과 국가 영웅들을 숭배하는 국민의례이므로 학교에서 가르쳐야 되지만, 종교 행위는 정교분리에 위배되므로 학교에서 실행하면 안 된다고 하였다. 조선총독부 초대 학무국장 세키야는 교육과 종교의 분리는 신교의 자유와 교육 발전에 필수라고 하였고,[178] 외사국장

고마쓰 역시 국민 교육을 종교와 분리시키지 않으면 신교의 자유를 제한하는 결과를 가져오게 될 것이라고 했다.[179] 조선총독부는 1915년 3월 24일에 "개정사립학교규칙"을 발표하고, 기독교 학교에서 성경을 가르치거나 예배드리는 것을 금지시켰다.[180] 조선총독부 시학관 다카하시는 1927년에 전국 각 도지사에게 보낸 "신사참배와 학교교육"에 관한 통첩에서 신사참배는 종교행위가 아닌 국민교육의 요체임을 재차 강조했다.[181] 이처럼 일본은 학생 시절부터 신사참배를 통해 내선일체 사상을 심으려 하였다.

1931년 9월 만주사변 이후 신사참배는 보다 강요되었다. 한국의 기독교계 학교들도 신사참배와 전몰자 위령제에 참석할 것을 요구받았으며, 이에 불응한 학교들은 1937년부터 1939년 사이에 폐교되거나 관공립학교에 흡수되었다.[182] 신사참배 수용과 관련해 장로교 선교사들 간에 의견의 차이가 있었다. 평양 숭실학교 교장 조지 맥큔(George S. McCune)은 1935년 12월 13일 야스타케 평남지사에게 "기독교인으로서 나는 양심적으로 전능하신 하나님 이외에 다른 신을 경배한다고 해석될지도 모르는 행위인 신사참배를 할 수 없습니다."라는 내용의 편지를 보냈다.[183] 한편 대구의 계성학교 교장 해럴드 헨더슨(Harold H. Henderson)은 만일 신사참배가 단지 국가에 충성을 표시하는 행위라면 신사에 절할 수 있다는 입장이었다.[184] 다수의 북장로교 선교사들은 신사참배를 우상숭배로 간주하여, 1936년 선교사 연회에서 69대 16으로 교육사업의 철수를 결의하였다.[185]

대한기독교회의 후신인 동아기독대는 다수의 북장로교 선교사들처럼 신사참배를 우상숭배로 보았다. 김영관 감목의 명의로 전국 교회에 배달된 1935년 10월 5일자 「달편지」에는 이러한 교단의 입장이 잘 나타난다.

어떤 구역에는 관청 당국에서 황제에게 요배를 하라고 시켰사오나 그것에 대하여 결코 응할 수 없 는 것은 가령 황제님 앞에서 절한다는 것은 옳지만, 멀리서 보이지 않는 데서 절하는 것은 헛된 절이며, 곧 절반은 우상의 의미를 가졌으니 이것은 성경에 위배되는 것으로 우리 믿는 사람은 못 할 일입니다. 이것을 하지 않는다고 황제께 불경한 죄라고 할 수 없는 것은 믿는 사람이 복음을 어기고 황제께 공경한다면 진정한 복음이라 할 수 없고, 따라서 복음을 어기고 자기를 공경하라고 명하실 황제님이라고 저희는 생각할 수 없습니다. 그래도 불경죄라고 책임을 지운다면 그

은혜 베 푸시는 대로 핑계 없이 감당하기를 원하며 …[186]

교단은 신사참배와 황궁요배는 우상숭배로서, 성경과 복음주의 신앙에 위배되기 때문에 결코 실행하면 안 되고, 만일 그로 인해 박해를 피할 수 없다면 감수할 것을 결의하였다. 또한 신사참배는 신앙의 자유와 정교분리의 원리에 어긋나는 일이기 때문에 실행할 수 없다고 생각했다. 위의 「달편지」를 입수한 일본 경찰은 김영관 감목, 백남조 총부서기, 이종덕 안사, 전치규 안사, 노재천 목사 5인을 원산경찰서에 구금하였다. 이들은 3개월간 원산경찰서에 구금되고, 5개월 동안 원산형무소에서 옥살이를 하였다.[187] 재판 결과 김영관과 백남조는 3년 집행유예, 나머지 세 사람은 기소유예로 석방되었다. 당시 펜윅은 죽음이 임박한 상황이라 박해를 면할 수 있었다. 펜윅은 1935년 12월 6일, 72세의 일기로 영면하였다.[188]

일본이 1937년 중일전쟁에서 승리한 후, 한국 교회 지도자들과 교인들 가운데 친일로 돌아서는 사람의 수가 급증하였다.[189] 조선총독부 경무국 보안과 사무관인 모리의 보고에 의하면, 1938년 5월 말 현재 한국 기독교도들은 국기에 대한 경례 93%, 동방요배는 94%, 신사참배는 53%의 참가율을 기록하였다.[190] 조선신궁의 참배자 연인원은 1931 403,550명, 1937년 2,022,292명, 1940년 2,158,861명, 1942년 2,648,365명 이었는데,[191] 1937년에 그 수가 급증한 것을 볼 수 있다.

동아기독대에서도 이탈자가 나오기 시작했다. 1938년도 조선총독부 고등법원검사국사상부의 보고서에 다음과 같은 보고문이 있다.

함북 경흥군 경흥면 동아기독교대 통장(統長) 박석홍은 작년(1937) 11월 6일 관할서에 출두하여 '우리들은 일본제국 신민이라는 것을 망각하고 있는 감은 없지만, 좌담회 등에 의하여 황군이 우리 들 때문에 싸우고 있다는 것을 알았다'고 하면서 제국신민이기 때문에 안심하고 기도를 계속하게 된 것을 깨달아 예하 신자 일동으로부터 국방헌금을 갹출하였다.[192]

이 보고서는 일제가 중일전쟁 전후시기 동아기독대를 관심 대상으로 삼기 시작했음을 보여준다. 일제는 그동안 동아기독대를 조선 기독교단의 통계에 포함시키지 않았으나, 중일전쟁 시기부터 포함시켜 본격적으로 관리하기 시작했다. 1938년 조선총독부 경무국 보안과 사무관 모리는 동아기독교회를 2,263명의 교세를 가진 조선인 포교의 교파 중 가장 큰 교단으로 보고하였다.[193] 총독부가 동아기독대를 관리하는 상황은 박석홍과 경흥교회에 큰 압박이 되었을 것이다.

경흥교회처럼 동아기독대 교회들 가운데는 신사참배를 찬성하는 교회들이 늘어갔다. 교단에서 신사참배 찬반논란은 갈수록 격화되었다. 이에 곤란을 느낀 김영관 목사는 결국 감목직을 사임하였는데, 이는 동아기독대 내에 신사참배 찬성파의 수가 결코 무시할 정도가 아니었음을 반증하는 것이다. 결국 제2대 감목이었던 이종덕 목사가 임시의장을 맡아 1939년에 제34차 대화회를 원산에서 진행하였는데, 본 대화회에서는 "숨님(성령)의 권능이 행하시는 대로 따른다."라는 신앙으로 신사참배와 황궁요배를 끝까지 반대하기로 결의하였다.[194] 교단의 결정은 일제의 혹독한 박해를 불러왔는데, 심지어 교단에서 감목직을 맡으려는 사람이 없을 정도였다. 어려운 와중에 이종근 목사가 1940년에 감목직을 맡겠다고 자원하여 겨우 교단의 체제를 갖출 수 있게 되었다. 이종근은 철석같은 의지로 복음주의 신앙을 지킨다는 교단의 결의를 준행하였다.[195] 동아기독대는 신사참배는 우상숭배로 복음주의 신앙에 정면으로 위배된다고 믿었기 때문에, 온갖 박해를 무릅쓰고 거부하였다. 신사참배 거부는 항일활동으로 볼 수 있다.

5. 1940년대 재림신앙과 교단폐쇄

동아기독대의 후신인 동아기독교는 신사참배 거부 입장을 계속 견지하였다. 또한 예수 재림과 천년왕국 신앙을 성경적 진리로 믿고 있었다. 그런데 일제는 1940년부터 예수 재림과 천년왕국 신앙을 반국가적 사상으로 간주하여 관련자들을 검속 체포하기 시작하였다. 조선총독부 경무국보안과는 1940년 9월에 193명을 치안유지법 위반으로 검거하였다는 보고문을 발표하였다.

[이들은] 현재 사회는 악마가 조직한 사회라고 하여 저주·부인함과 동시에 수년 후에는 예수의 재림에 의하여 지상천국의 신사회가 초래될 것이라고 몽상 요망하고,

… 우리 국체의 변혁을 목적으 로 하는 비밀결사를 조직하고, 이를 모체로 하여 전 조선적으로 동지를 획득하여 지상천국을 건설 할 기도를 하고 있을 뿐만 아니라, 천황 및 황대신궁에 대하야 불경스러운 언동, 혹은 황군에 관한 조언비어(造言蜚 語), 총후 국민에 대한 반관(反官) 내지 반국가적 기운 양성 등의 악질적인 범죄를 감행하고 있는 것으로 대략 판명되었는데, …[196]

일본은 예수 재림과 천년왕국 신앙을 국체의 변혁을 획책하는 악질적인 범죄 로 보았으며, 동아기독교는 바로 이 신앙으로 인해 폐쇄되었다.

소위 '원산사건'으로 불리는 교단폐쇄 사건은 우태호와 관련하여 발생하였 다. 우태호는 평안남도 장로교 목사 우기모의 아들로 1903년 2월 19일에 출생하 였다. 그는 1920년 미국 유학길에 올라 미국에서 고등학교를 마친 후, 1930년 캘 리포니아 파사데나대학교(Pasadena University)를 졸업하고, 1932년 8월 20일 애 틀랜타의 오글레돌프대학교(Oglethorpe University)에서 석사학위를 받았다.[197] 그 는 1937년 밴더빌트대학교(Vanderbilt University)의 신학부(School of Religion)에 입학하였다.[198] 밴더빌트 학생 시절 침례교로 전향하여, 테네시 주 내슈빌에 있 는 벨몬트하이츠침례교회(Belmont Heights Baptist Church)에서 침례를 받았다.[199] 그리고 같은 교회에서 설교 자격증을 취득하고,[200] 목사안수까지 받았다.[201] 우태 호는 1940년 5월 20일 캔터키 주 루이빌에 있는 서든침례신학교(Southern Baptist Theological Seminary)를 졸업하고, 벨몬트하이츠침례교회로부터 한국선교사로 임명 받아 미남침례회 일본 선교부 소속 선교사로 한국에 왔다.[202]

우태호는 1941년 9월에 원산의 동아기독교 총부에 와서 자신을 소개하며 함 께 일하고 싶다는 의사를 밝혔다. 그러나 교단 지도자들은 그의 제안을 거절하였 다. 그러나 우태호는 포기하지 않고 계속 동아기독교에 합류하려 하였고, 펜윅 의 양아들인 안대벽은 그가 교단의 재산을 노려 합류하려는 것으로 의심하고 일 본 형사에게 우태호에 대한 조사를 의뢰했다. 이 사실을 알게 된 우태호는 격분 하여 일본 헌병대에 동아기독교를 불순한 단체로 고발하고, 당시 성서공회 총무 였던 오문환에게 동아기독교의 『복음찬미』와 『신약전서』를 건네주었다.[203] 오문 환은 내선일체를 위한 목회자 모임을 이끈 대표적인 친일파 인사였다. 그는 20 명으로 구성된 일본 시찰단을 데리고 1938년 10월 7일부터 27일까지 20일간 일본의 여러 지역을 방문하고, 도쿄에서 개최된 일본기독교 대회에 참석하여 기독교도의 내선일체화를 역설했다. 그 자리에서 오문환은 조선 장로교회들이 모금한 오사카, 고베 지역의 수해 구제금 670원을 증정하기도 하였다.[204]

오문환은 『복음찬미』에 나오는 예수 재림과 천년왕국 신앙은 불온사상이라며 총독부 경무국에 고발하였다.[205] 실제로 『복음찬미』에는 천년왕국 신앙을 고취하는 내용이 많이 들어있었다. 예를 들면, 1926년도 제6판 『복음찬미』에 펜윅이 작사한 찬송가들 가운데 다음과 같은 가사들이 있다. 17장 5절, "예수씨 강림하실 날을 이제 매우 고대하되 주님 대궐 가울 때부터 넉넉 되오리라." 79장 7절, "통일하옴 통일하옴 황제들 주재와 함께 통일 보좌에 함께 통일 하올세 제일 기뻐올 것 그 낯을 뵈옴." 89장 5절, "영광서 오시다가 약조하신 곳으로 여태 원하신 신부 공중에 만날 날 새로운 때 위 새로운 때 위에 함께 통일 하시고 복 나눠주실 신랑 길게 진실토다." 95장 4절, "나라들 심판하러 오사 재판소에서 올 때에 신랑을 위하사 증거인으로 되겠사옵나니까." 150장 4절 "그 후부터 대벽 장자 보좌에 앉으사 통일 천년 동안 하실 후에 새해 새 땅을 지실 주." 222장 후렴구 "가신대로 두 번째 공중에 강림하사 자기께 어린아이 다 부르실 주" 등이 있다.[206]

일경은 이러한 찬미가 가사를 반국가적 사상으로 간주하여, 동아기독교 교단 총부에 있던 『신약전서』와 『복음찬미』 6,500권과 서류들이 압수하고, 교단 대표 이종근 감목을 1942년 6월 10일 체포하여 원산 헌병대에 구금하였다. 다음날 6월 11일 증경 감목들인 전치규 목사와 김영관 목사도 구속하였다. 일본 검사는 이종근에게 다음과 같이 취조하였다:

1문: 예수가 재림한다는데 어떤 지위로 재림하는가? 답: 성경말씀대로 만왕의 왕으로 오셔서 왕국 을 건설하신다. 2문: 천년왕국을 건설하면 일본도 그 통치에 들어가는가? 답: 그렇다. 3문: 일본의 천황폐하도 불신시는 멸망하시는가? 답: 성경에 그렇게 기록되어있다. 4문: 찬미가 7장에 '대왕님 예수'라 했는데 예수는 천황폐하보다 더 높은 대왕인가? 그 때는 일본도 망하고 천황폐하도 예수 통치 하에 들어가는가? 답: 전 세계가 통일되는 동시에 예수님 아래 있을 수밖에 없다. 5문: 국체명징(國體明徵)에 위반이면 불경죄에 해당되는 것을 모르는가? 답: 신앙양심에서

답하는 바이다. 6 문: 단체 대표인 감목이 그렇게 답변할 때 간부는 물론이고 전 교단의 지도자들도 동일한 신조를 지도하고 있는 것이 아닌가? 답: 동일한 성경으로, 동일한 신앙을 소유하는 것이 합치되는 이론일 것이다.[207)

이종근의 답변에 격분한 일경은 전국의 동아기독교 지도자 32인을 체포하여 원산구치소에 수감하였다. 일경은 이들을 곤봉으로 때리고 물고문을 시키며, 겨우 생명을 유지할 정도의 음식만 주는 등 말할 수 없는 고통을 주었다.[208)

조선총독부 고등법원검사국은 소하 18년(1943년) 5월 24일, 32인 중 23인은 기소유예하고, 이종근, 노재천, 전치규, 김영관, 백남조, 장석천, 박기양, 신성균, 박성도 등 9명은 정식재판에 회부하였다. 고등법원검사국은 다음과 같이 범죄 요지를 밝혔다:

> 함남 원산부에 그리스도를 절대무이의 권위자라고 숭배하고 소위 말세론에 기초하여 그리스도의 재림에 의한 천년왕국 실현을 기다리고, 궁극적으로 우리나라를 부정하며 나아가 황실 존중, 숭배 를 모독하는 사항을 유포할 것을 목적으로 하는 동아기독교 결사에 가입하고, 이 결사에 핵심 신도[임원 신도]로써 그 목적 수행을 위하여 각종 활약을 했다.[209)

조선총독부 고등법원검사국은 동아기독교 사건을 조선중대사상 사건으로 취급하였다. 재판 결과 수감되었던 전치규 목사는 1944년 2월 13일, 57세의 일기로 옥중에서 순교하였다.[210) 함흥재판소는 예수의 재림과 천년왕국 신앙이 국체 명징에 위배된다는 죄목으로 1944년 5월 10일 동아기독교의 폐쇄를 판결하였다. 교단 재산은 강제로 압수당하였고, 전국 교회들은 폐쇄되었다.[211) 교단이 폐쇄된 후 교인 수는 급속히 감소하였고 교회들은 사라져갔다. 일본에 의해 예수 재림과 천년왕국의 신앙이 반국가적 사상으로 간주되던 때에, 그러한 신앙을 고수한 것은 항일활동으로 해석될 수 있다. 동아기독교는 교단이 폐쇄를 당하는 것을 불사하면서까지 복음주의 신앙을 지키기 위해 일제에 항거했다.

결 론

일제 강점기 펜윅과 대한기독교회가 실행한 항일활동과 관련하여 다음과 같은 몇 가지 결론을 도출할 수 있다. 첫째, 교단은 펜윅의 비정치적 신앙의 영향으로 영혼구원에 주력하고, 조직적인 항일운동이나 독립운동을 펼치지 않았고, 초교파적인 민족운동에도 소극적이었다는 점이다. 둘째, 그럼에도 펜윅과 대한기독교회는 일제의 통치에 항거하는 활동을 한 사실이 분명히 존재한다는 것이다. 셋째, 그들이 일제에 항거한 기준은 애국주의와 더불어 성경주의, 신앙의 자유와 정교분리 등 복음주의 신앙 원리였다는 점이다. 대한기독교회의 항일활동의 구체적인 예로는, 1) 을사늑약 체결 직후인 1905년 11월 19일 장로교, 감리교와 더불어 교단 연합구국기도회를 개최했고, 2) 1906년 펜윅 작사의 애국가를 교인들에게 보급했으며, 3) 1916년 "포교계" 제출을 거부하여 수난을 받았고, 4) 1930년대 신사참배를 지속적으로 반대하여 박해를 받았으며, 5) 1944년 교단 폐쇄를 불사하면까지 예수 재림과 천년왕국 신앙을 고수한 것 등을 들 수 있다. 대한기독교회는 이처럼 성경적 진리와 복음주의 신앙은 어떤 경우에도 포기되거나 타협될 수 없다는 믿음과 사명으로 일제의 반기독교 정책에 대해 항거하였다. 대한기독교회는 성경적 복음주의 신앙을 지키는 방식으로 항일활동을 하였다.

제20장

1949년부터 1958년까지

교단의 재건과 강경 대화회

대한민국은 1945년 8월 15일 일본의 지배로부터 해방을 얻게 되었고, 교단이 폐쇄되었던 동아기독교는 다시 재건할 수 있는 기회를 갖게 되었다. 그러나 막상 해방된 후 교단을 재건하는 일은 무망해보였다. 남한의 교인들은 교단폐쇄 기간 중 대다수가 타 교단으로 넘어갔거나 아예 신앙생활을 포기하였다. 만주와 북한 지역의 교회들은 공산당의 탄압으로 남한 교회와 연락이 되지 않았다.

교단재건의 가능성이 거의 없어보였으나, 교단 지도자들은 교단을 재건하기로 굳게 결심하였다. 강경교회 김용해 목사와 점촌교회 노재천 목사는 칠산교회의 장석천 목사를 방문하여 상의하였고, 이들은 1946년 2월 9일에 충남 칠산교회에서 교단재건 회의를 개최하기로 합의하였다. 약속된 날에 22명의 동아기독교인들이 모였는데, 참석자들의 면면은 다음과 같다:

> 노재천(점촌), 김용해(익산), 장석천, 이상필, 김순오, 최종석(부여), 오경환, 이헌구(공주), 박기양(예천), 신성균, 이종만, 김주언, 이덕상(점촌), 이종학(영일), 윤상순(강경), 김만근(부여), 이덕여(예산) 목사 9개 구역 대표 17명과 그 외 방청회원 5인(박봉석, 홍갑덕, 이건창, 장순길, 강석오) 등 22인 이었다.[1]

해방 후 남한의 동아기독교의 실상에 대해 장일수 목사는 다음과 같이 증언

하였다: "1946년 교단 재건 시 교회 수는 30여개 침례교인 수는 350명 정도였다. 예배당을 건축하지 못한 교회가 태반이어서 가정에서 모여서 예배드리는 정도였다."[2] 이러한 열악한 상황이라서 재건회의에 참석한 사람들 중 일부는 교단을 해체하고 장로교회로 귀속하자는 의견을 개진하였지만, 대다수는 "60년간 순교의 피로 지켜온 교단을 포기할 수 없다는 데 뜻을 모아 결국 교단 재건을 결의하였다."[3]

동아기독교인들은 드디어 제36차 대화회를 1946년 9월 9일 강경교회에서 개최하였다. 본 대화회에서 교단의 명칭을 "동아기독교"로 하고, 교단의 정치체제를 감목체제에서 회중체제로 변경하기로 결의하여, 대화회는 총회로, 감목은 총회장으로, 안사는 목사로, 감로는 장로로, 통장(100부장)은 권사로, 총장(50부장)과 반장(10부장)은 집사로 개칭하기로 하였다. 임원으로는 총회장 이종덕 목사, 부총회장 노재천 목사, 서기에 김용해 목사가 각각 당선되었다. 교역자는 파송제에서 청빙제로 변경하고 전도비는 개교회의 책임으로 하였다.[4] 동아기독교회는 그동안의 순회목회 제도를 폐지하고 개교회 담임목사 제도를 택하였다. 그러나 순회목회에 젖어있던 교단은 1950년대 후반까지 순회목회 형태를 유지하였다.

대한기독교침례회(1949-1951)

동아기독교는 1948년 9월 12일 경북 점촌교회에서 개최된 제38차 총회에서 성경학원 설립을 결의하고 신혁균, 장일수 두 사람에게 목사안수를 주었다. 본 총회에서는 미국 남침례교회로부터 도움을 받는 방안을 추진키로 하고, 구체적인 실무를 한기춘, 김용해, 안대벽 3인에게 일임하였다. 그러나 한기춘 목사는 두 사람과 상의하지 않고 원산사건의 주역인 우태호 목사를 몰래 만나, 남침례교회와 관계 맺는 일을 추진해줄 것을 부탁하였다.[5] 우태호는 이 일을 잘 감당하면 침례교단에서 함께 일할 수 있게 될 것이라는 한기춘의 말을 믿고 1949년 이른 봄에 자비량으로 미국에 갔다. 우태호가 주도적인 역할을 한다는 것을 뒤늦게 알게 된 총회는 당혹해 하였고, 결국 남침례교회와의 관계는 계속 이어가되 한기춘은 그 일에서 제외시키기로 결의하였다. 이에 낙담한 한기춘은 본인이 개척한 서울교회를 사임하고 장로교회로 넘어갔다.[6]

우태호는 남침례교 해외선교부(Foreign Mission Board)를 방문하여 동아기독교를 소개하고 선교사 파송을 요청하였다. 이에 따라 해외선교부 동양지역 담당 총무인 베이커 코든(Baker J. Cauthen)이 일본에서 활동 중인 남침례교 선교사 에드윈 도져(Edwin B. Dozier)와 함께 1949년 8월 한국에 왔다.[7] 코든은 1949년 9월 강경교회에서 개최된 동아기독교 제39차 총회에 참석하였다. 그는 동아기독교와 말콤 펜윅 선교사, 그리고 보스턴의 클라렌돈 가 침례교회 등에 관해 들었다. 그리고 동아기독교의 신앙과 행습을 살펴본 후, 비록 명칭은 다르나 내심 침례교회임이 틀림없다고 생각했다.[8] 코든은 총회석상에서 남침례교회는 침례교회와 선교관계를 맺으려 한다고 전제하고, 선교사를 파견하여 동아기독교회의 신앙과 주장이 침례교적인 것인가를 살펴본 후에 선교사업을 결정하겠다고 말했다. 이때 한 대의원이 일어나 코든에게 침례교 신앙에 대해 설명해 줄 것을 요청하였다. 코든이 침례교에 대해 설명하자 대의원들은 자신들도 똑같이 믿어왔다고 하였다.[9]

동아기독교는 코든이 떠난 이후, 계속된 강경총회에서 교단의 이름을 '대한기독교침례회'로 바꾸기로 결정하였다. 그리고 이종덕 총회장 명의로 다음과 같은 공식서한을 코든에게 전보로 보냈다. "제39회 총회에서 우리는 이렇게 결의하였습니다. 우리는 동아기독교회란 명칭을 대한기독교침례회로 개칭했습니다. … 우리는 미국남침례교 외국선교부에게 선교사 파송을 요청하기로 결의하였습니다."[10] 동아기독교는 원래 침례교 신앙을 가지고 있었고, 오랜 기간 타 교단으로부터 침례교회로 불렸던 점을 감안해, 교단 명칭을 침례교회로 바꾸고 남침례교회와의 제휴를 정식으로 추진하기로 결의한 것이다.

1. 이종덕, 전병무 목사 순교

6·25 전쟁 와중에 경상북도 울진군 금남면 행곡교회에서 시무하던 전병무 목사와 강경침례교회의 이종덕 목사는 공산군들에게 순교 당하였다.[11] 이종덕 목사는 공산당들이 강경을 점령하였을 때도 인민위원회와 내무서 등을 찾아가

부목사인 김장배가 만들어준 명함을 전달하며 복음을 전하였다.[12] 공산당들은 몹시 불쾌했지만 일찍이 청년시절부터 항일운동에 투신했고, 강경의 유지이자 지역민들로부터 존경을 한 몸에 받는 이종덕 목사를 함부로 다룰 수 없었다. 결국 공산당들은 퇴각하던 날인 1950년 9월 28일 밤에 그를 체포하여 금강연변 갈 대밭에서 총살시켰다. 이종덕 목사는 야음을 틈타 탈주할 수 있었으나, 함께 잡혀간 김요한 집사만 도피시키고 본인은 순교의 잔을 기꺼이 마셨다.[13]

2. 미남침례교회와의 연결을 위한 우태호의 활동

미남침례교회가 한국에 선교를 시작하는 일에 심대한 공헌을 한 우태호는 평안남도 장로교 목사 우기모의 아들로 1903년 2월 19일 출생하였다. 17세였던 "1920년에 미국 유학길에 올라 미국에서 고등학교를 마치고, 1930년에 캘리포니아 파사데나대학(Pasadena College)에서 학사(B.A.)를, 1932년 8월 20일 애틀랜타에 있는 오글레도르프대학교(Oglethorpe University)에서 석사(M.A.)"를 취득하였다.[14] 우태호는 1938년에 밴더빌트대학교(Vanderbilt University)의 신학부(School of Religion)에 2학년으로 재학 중이었는데,[15] 그즈음 장로교에서 침례교로 전향하고, 테네시 주 내슈빌에 있는 벨몬트하이츠침례교회에 가입하고 침례를 받았다.[16] 같은 교회에서 1939년 6월 9일 설교자 자격증을 얻었고,[17] 담임목사 켈리 화이트(R. Kelly White)의 주례로 1939년 11월 29일 수요일에 목사안수를 받았다.[18]

우태호는 1940년 5월 20일 서든침례교신학교 졸업했으며, 신학교를 졸업하기 전에 벨몬트하이츠교회의 한국 선교사로 임명되었다. 화이트는 1940년 4월 11일에 미남침례회 선교사로 일본 후쿠오카의 세이난학교에서 사역하고 있던 에드윈 도져(Edwin Dozier)에게 우태호를 추천하는 편지를 보냈다. 편지에는 우태호의 학력과 목사안수에 대해 간략한 설명과 더불어, 그가 한국에 부인과 네 명의 자녀들이 있는 인품이 훌륭하고 건강한 사람으로 한국에 선교사로 가고 싶어한다는 것, 남침례교회가 한국을 선교지로 개설할 수 없는 형편이므로 우태호를 일본 선교부 소속으로 받아달라는 요청 등이 담겨있었다. 우태호의 여행 경비와 첫해 급여는 교회가 책임을 질 것이라고 하였다.[19] 도져는 1940년 6월 21일자 답신을 통해 우태호를 환영하며, 재정적으로는 벨몬트하이츠교회가 3년간 지원하되, 첫해는 300달러, 2년째는 200달러, 3년째는 100달러 총 600달러 정도면 좋겠다고 하였다.[20] 우태호는 도쿄를 거쳐 한국으로 왔으며, 고향에서 거주하다가 1941년 말경에 원산을 방문하였다.

해방된 지 얼마 되지 않아 우태호는 남한으로 내려왔고, 미군에서 일자리를 얻게 되었다. 1946년 8월 인천항에 정박하였던 어네스틴 코랜더 미육군병원선(USAHS ERNESTINE KORANDA)에서 근무했던, 얼 햄린(Earle J. Hamlin) 미군 군목은 로버트 브라운 부인(Mrs. Robert Brown)에게 1946년 8월 1일자로 보낸 편지에서, 우태호 가족은 1946년 3월에 남한으로 내려왔고, 우태호는 "가족들이 남쪽으로 와서 자신과 함께 있게 된 것을 매우 기뻐하고 있다"고 하였다.[21] 우태호는 가족보다 먼저 월남하여 자리를 잡고 가족들을 데려왔던 것이다. 햄린은 같은 편지에서 우태호는 "지금 인천에서 군 정부의 산업시설 관리인으로 일하고 있다. 공장들이 군 정부 지시를 잘 따르는지를 감시하는 일로 책임이 막중한 자리이다. 미국 군인들은 우태호 목사를 높이 평가하고 있다"라고 하였다.[22]

한기춘의 제안에 따라 우태호는 1949년 초 미국으로 건너가 남침례교 해외선교부장 M. 테론 랜킨(Teron Rankin)을 만났다. 그는 랜킨에게 한국에 침례교인들이 있으며, 그들은 선교사와 구호물자가 긴급히 필요하다고 말했다. 랜킨은 중국 상해의 해외선교부 동양본부 책임자 베이커 제임스 코든에게 이 사실을 알렸고, 코든은 1949년 4월 14일자 답신을 통해 조사해보겠다고 하였다.[23] 랜킨은 1949년 5월 24일에 코든에게 편지를 보냈는데, 상해 본부와 홍콩 지부 두 곳으로 보냈다. 편지에서 랜킨은 우태호가 "잘 훈련된 신뢰할 만한 사람으로 한국에서 선교 사업을 시작하는 데 도와줄 사람을 찾는다면 그가 탁월한 연락책이 될 것"[24]이라고 하며 우태호를 추천했다. 랜킨은 한국침례교인들을 위한 구호자금도 마련하였다. 이에 대해 코든은 랜킨에게 보낸 1949년 6월 22일자 편지에서, "어쨌든 나는 당신이 가용할 수 있는 얼마간의 구호자금을 마련한 것이 기쁩니다. 이 자금은 앞으로 어떤 단계로 전개되느냐와 관계없이 도움이 될 것입니다"[25]라고 말하였다. 우태호는 랜킨에게 신임을 받았고, 그것은 남침례교회가 한국 선교를 시작하는 촉진제 역할을 하였던 것이다.

우태호는 남침례교회 잡지인 「The Commission」의 1949년 7월호에 "무궁화의 나라"(The Land of Hibiscus)라는 글을 기고하여 한국침례교회를 소개하였다. 글의 대략적인 내용은 다음과 같다. 1895년 한국에 최초의 침례교 선교사들이 내한하여 공주를 본부로 충청도에서 선교했다. 한국 침례교인들은 오랜 기간 외국 선교사의 도움을 받지 못했으며, 현재 140개 교회 1만 7천 명의 교인이 있다. 북한은 러시아가 장악하여 선교가 불가능하며, 남한만이 가능하다. 미군은 한국 사람들을 친절히 대하며 전쟁고아들을 위해 고아원을 건립하였고, 미군 군목들은 영어를 가르치며 성경공부반을 운영하고 있다. 이처럼 무궁화의 나라는 개화기에 있으므로 한국침례교회를 도와 달라.[26]

우태호는 미국에 있는 동안 코든에게 1949년 5월 14일 편지를 보냈으며, 코든은 1949년 6월 22일에 인천시 창동 17번지로 되어있는 우태호의 주소로 답신을 보냈다. 답신에서 코든은 일본침례교총회에 참석차 8월 초에 일본에 갈 것이고, 그 후 한국을 방문할 계획이라고 하였다.[27] 성공적으로 임무를 마친 우태호는 1949년 6월 15일 한국으로 귀국하였다. 코든이 랜킨에게 보낸 1949년 6월 22일자 편지에, "우태호 목사가 6월 15일에 미국을 떠날 것이라고 나에게 말하였기 때문에 그 편지를 한국에 보냈습니다"라는 문구에서 그의 귀국 날짜를 알 수 있다.[28] 코든은 같은 편지에서 랜킨에게 한국침례교회가 어떤 경로로 발전하였는지, 정말 침례교회인지 아닌지를 파악해 보겠다고 하였다.[29]

우태호의 적극적인 교섭으로 코든은 1949년 8월에 한국을 방문하게 되었다. 코든은 한국에서 우태호를 처음 만났으며, "나는 우태호 목사를 알게 되어 매우 기뻤다"[30]라고 말했다. 그러나 우태호와 동아기독교의 과거 사건을 알고 난 후에는, 한국 선교에 우태호를 적극 동참시키기 어렵다고 판단했다. 코든은 랜킨에게 해외선교부가 구호물자와 관련한 일로 우태호에게 이미 지급한 3개월 치 급여 외에 더 이상의 급여를 약속하지 말 것을 조언했다. 다른 사람들과 갈등이 심각한 상황에서 우태호를 계속 고용하면 서로 간의 골을 더 깊게 만들 수 있기 때문이라는 이유에서였다.[31]

코든과의 만남에서 우태호는 남침례교회가 한국에서 교육 사업을 해야 하며, "대학이나 다른 형식의 학교가 세워지면" 자기가 관리하고 싶다는 뜻을 밝혔다. 코든은 지금 상황에서는 불가능한 일이라고 답변하고, 우태호에게 일단 인천에서 교회를 개척할 것을 권고하였다.[32] 그것은 교단과의 관계 개선이 우태호에게 우선적으로 필요한 일로 보았기 때문이었다. 우태호는 흔쾌히 코든의 제안을 받아들였으나, 6·25 전쟁으로 실천할 수 없었다. 그는 부산으로 피난 가서 유엔군에서 일자리를 얻게 되었다. 한국 최초의 남침례교 선교사 존 애버네티는 코든에게 보낸 1951년 5월 15일자 편지에서, 자신은 우태호를 만나지 못했으며 그가 유엔군에서 일하며 그의 가족은 부산의 한 장로교회에 다니고 있다는 이야기를 들었다고 했다.[33] 애버네티가 한국에 와서 본격적으로 선교 사업을 하였던 1951년 5월에 우태호는 이미 교단에서 배제된 상태인 것으로 보인다. 남침례교회로 하여금 한국 선교를 시작하게 만들었고, 교육 사업을 제안할 정도의 혜안을 가졌던 우태호가 교단에서 배제된 것은 매우 아쉬운 일이 아닐 수 없다. 물론 우태호가 동아기독교의 해체를 촉발시킨 것은 변명의 여지없이 비난 받을 일이다. 그럼에도 교단에 큰 공로를 세웠으므로, 그를 받아들여 활동하게 하는 것이 온당한 처사이며 교단 발전에도 유익하지 않았을까 생각된다.

3. 코든의 역할과 활동

남침례교회는 한국 선교를 본격적으로 검토하기 위해 코든의 방한을 추진하였다. 코든은 1949년 6월 22일 우태호에게 편지를 보내 한국에서 접촉해야 할 사람과 머물 곳, 한국침례교회의 약사가 포함된 답신을 자신의 홍콩 사무실 주소, 415 Castle Peak Road, Kowloon, Hongkong으로 보내 달라고 하였다.[34] 코든은 같은 날 일본 후쿠오카의 세이난학교에서 일하는 맥스필드 개럿(Dr. Maxfield Garrot) 박사에게도 편지를 보내, 1949년 8월에 개최되는 일본침례교총회와 선교대회에 참석한 후 한국으로 갈 것이라고 하였다. 그리고 한국에 140개의 침례교회와 1만 7천 명의 교인이 있다는 정보가 들어왔는데, 그들이 정말 침례교인들인지 매우 알고 싶다고 했다.[35] 코든은 랜킨에게 보낸 1949년 7월 28일자로 편지에서 "나는 한국의 우태호 목사로부터 그가 서울에서 나를 만나게 될 것이라는 편지를 받았습니다. 나는 노스웨스트 항공을 이용해 도쿄에서 서울로 갈 것입니다"라고 보고하였다.[36]

랜킨은 1949년 8월 10일에 코든과 도져에게 답신을 보내면서, 우태호가 구호물자를 요청한 것과 관련해 한국 교인들에게 다음과 같이 말해달라고 하였다. 즉 남침례교 주총회 선교부들이 CROP으로 알려진 단체를 통해 구호물자를 전 세계의 침례교 단체들에게 보내기로 합의하였고, 한국에도 어느 정도 보낼 수 있을 것이다. 그리고 "우태호 목사가 최소 50에서 60개 가마니의 목화를 소화할 수 있다고 했는데, 만약 밀을 가공할 준비가 되어 있다면 상당한 양의 밀도 보내줄 수 있다는 것"을 전해주라고 했다.[37]

코든은 한국을 방문한 후 랜킨에게 1949년 9월 10일자로 자신의 행적과 조사 내용을 담은 10페이지의 편지 형식의 보고서를 보냈다. 이 보고서는 남침례교회가 한국 선교의 가부를 결정하는 중요한 판단 기준이 되었으므로, 보고서를 자세히 검토할 필요가 있다. 보고서에 따르면, 코든은 1949년 8월 27일(토요일) 도져 목사와 함께 노스웨스트 항공기 편으로 도쿄에서 서울로 갔다. 공항에는 우태호, 이종덕 총회장, 안대벽과 다른 몇 사람이 마중을 나왔다. 코든 일행은 조선 호텔에서 여장을 푼 뒤, 안대벽의 집에서 저녁을 대접받았다.[38] 코든은 다음날(8월 28일) 주일 오전에 70-80명 정도 모이는 필동교회에서 설교했다. 주일 오후에는 우태호와 한국인 목사들과 긴 시간 대화를 나누었고, 한국침례교회에 관해 많은 정보를 얻었다. 코든 일행은 서울에서 며칠을 더 머문 후, 인천의 우태호의 집을 방문했고 거기서 7시간 기차를 타고 연차총회가 열리는 강경으로 갔다.[39]

강경총회에서 코든은 오전 회무 때 연설을 했다. 그는 남침례교 선교부는 침례교 사업을 하라고 헌금한 남침례교인들의 뜻에 부합하게 일을 해야 한다는 점을 밝히고, 다음과 같이 말했다:

나는 그들이 본질적으로는 침례교적이었으나, 오랜 기간 정체성이 불분명한 교단명을 사용했다는 것을 지적하였다. "기독교회"(Church of Christ)라는 명칭은 미국에서는 "그리스도의 교회"(The Church of Christ)를 의미하고, 중국, 태국, 인도, 필리핀을 비롯한 다른 나라들에서는 일반적인 연합운동으로 인식된다는 점을 설명했다. 나는 만일 본국 선교부에 "동아기독교"(The Church of Christ in East Asia)를 돕기 위해 선교사들을 파송하자고 제안하면, 남침례교인들은 즉각 "그건 무슨 교회인가?"라고 묻게 될 것이라고 하였다. 나는 우리가 그들이나 다른 단체들에게 침례교회가 될 것을 요청하기 위해 한국에 온 것이 아니라는 점은 분명히 했지만, 그들의 사역이 원래 침례교였고, 신앙도 본질적으로 침례교적이었으며, 세계의 침례교 단체와 동일하게 여김을 받기 원하는 입장이니만큼, 스스로 자신들을 침례교회로 선포하고 행습들 가운데 침례교의 보편적인 행습과 부합되게 조정해야 될 부분들을 조정할 것을 조언했다.[40]

코든의 연설이 끝나자 동아기독교인들은 그에게 침례교 신앙에 대해 물었고, 코든은 최대한 명확하게 설명하였다. 그들은 코든이 말한 것과 자신들의 신앙은 정확하게 똑같다고 대답했다. 그러나 코든은 자기가 떠난 후에 침례교로 개명할 것인지, 남침례교회에 선교사 파송을 요청할 것인지를 자유롭게 토론하고, 결과를 홍콩에 있는 자신에게 알려달라고 하였다.[41]

코든이 이러한 제안을 한 것은 그가 동아기독교를 본질적으로 침례교회로 보았기 때문이었다. 그는 동아기독교의 역사, 신앙, 행습을 자세히 조사한 후 다음과 같이 결론 내렸다:

> 비록 교회체제는 비침례교적으로 발전되었으나, 근본적인 교리들은 본질상 침례교적이었다. 은혜에 의한 구원 교리는 변함없이 유지되었고, 분명히 침례중생론이나 혹은 교회가입을 통한 구원을 인정하지 않았다. 침수만이 침례 행습의 유일한 형식이었고, 신자의 침례만을 엄격하게 실행하였다. 그러나 이러한 입장을 고수하면서도, 비-침수주의 사람들이 침수침례를 행하지 않고 교단 가입을 원할 경우 허락해 주었다. 결정은 개인에게 맡겨졌다. 침수를 택하면, 그렇게 할 수 있고, 만일 이전의 비-침수 방식의 세례를 근거로 회원으로 받아들여지기 원하면, 그것도 인정되었다.[42]

코든은 동아기독교가 교회체제에서 침례교와 다른 독특한 측면은 있으나 본질적으로는 침례교회로 볼 수 있다고 판단하였다. 그는 한국 선교를 시작하는 것에 긍정적이었다. 코든은 랜킨에게 한국에 파송할 최초 선교사로 애버네티 부부가 적합하다는 제안까지 하였다: "만일 그들이 침례교 사업을 선포하고 도움을 줄 선교사를 요청하면 충분히 고려할 필요가 있다고 생각합니다.... 만일 일이 잘 진행되어 한국에 선교사를 보내야 한다면, 나는 존 애버네티와 그의 부인이 그 일에 가장 적합한 사람들이라고 생각합니다."[43] 코든은 그러나 "선교사들로부터 한국에서의 사역이 확실하게 침례교적이라는 보고서가 오기 전까지는 항구적인 헌신이나 기관 차원의 사역을 고려할 필요가 없을 것입니다"[44]라며 최종적인 결정은 선교사들이 동아기독교를 침례교로 인정할 때까지 보류할 것을 제안하였다. 남침례교회는 동아기독교가 침례교라는 것이 입증된 다음 본격적으로 선교하려 하였던 것이다.

랜킨이 코든의 제안을 받아들이자, 코든은 애버네티에게 1949년 11월 21일에 편지를 보내, 그가 한국에서 해야 할 임무와 주의사항을 설명하였다. 즉 남침례교회는 아직 한국에서 항구적으로 선교할 것인지를 결정하지 않은 상태이며, 애버네티가 연구하고 조사한 결과에 따라 정해질 것이라고 하였다. 그리고 조사 결과에 따라 일시적인 도움으로 그쳐야 할 수도 있기 때문에 한국인들에게 섣부른 약속을 하지 말 것을 조언했다.[45] 코든은 그러나 구제 사업은 시급히 실행되어야 한다고 하였다. 그는 애버네티에게 "이 소박한 기독교 단체의 간절한 요청은 너무나 절박하여, 랜킨 박사뿐만 아니라 리치몬드에 있는 다른 사람들의 심금을 울렸습니다. 한국을 방문한 나도 같은 생각입니다. 장기적으로 그들과 함께 일할 것인지와 관계없이 당장 그들을 돕는 것이 옳다고 생각됩니다"[46]라고 하였다. 코든은 한국에서의 구호사업의 성격과 방향도 정해주었다. 그는 랜킨에게 보낸 1951년 4월 27일자 편지에서, 구호사업을 위해 한국에 입국하려는 사람들은 유엔의 허가를 받아야 하는데, 애버네티는 남침례교 선교사역에 직접 종사하는 선교사이므로 한국 입국이 가능했다고 하였다. 애버네티의 대규모 구호사업이 남침례교 선교사업의 한 분야였기 때문에 가능했으며, 만일 애버네티가 순수 구호사업차 한국에 왔으면, 미군 당국과 마찰이 일어났을 것이라고 하였다.[47] 즉 코든은 애버네티의 구호사업은 철저하게 선교사업의 일부로 실행되어야 할 것을 강조하였던 것이다.

코든은 애버네티가 한국에 가면 기존 교회들을 방문하고, 부흥회나 단기 성경학교, 세미나 등을 개최할 것을 권했다. 그리고 교회 지도자들에 대한 교육과 훈련이 매우 필요하다고 말했다. 코든은 한국 선교를 어느 수준으로 할 것인지를 정하기 전까지는 집을 구매하지 말고 임대할 것을 권유하고, 만일 집이 마련되지 않으면 조선호텔을 임시 거처로 삼아도 좋을 것이라고 하였다.[48] 남침례교회가 한국 선교를 착수하기로 결정한 다음, 코든은 이에 대한 배경과 과정을 남침례교회 잡지 *The Commission*의 1952년 3월호에 자세히 설명하였다. 그는 "1만 명의 침례교인들을 발견했다!"(Found: 10,000 Baptists!)라는 제목의 글에서, 랜킨의 한국 방문 요청으로 도져 선교사와 함께 서울에 간 것, 펜윅과 엘라씽선교사들의 활동, 동아기독교의 교단 폐쇄 사건, 해방 후 한국교회 실상 등을 기술하였다. 코든은 "그런 감동적인 설명을 듣는 동안 내 마음은 이상할 정도로 동정심이 생겼습니다. 나는 이 영웅적인 그룹을 좀 더 알아보려는 간절함이 생겼습니다"라고 고백하였다.[49] 코든은 이어서 강경 총회에서 행한 그의 연설과 동아기독교인들로부터 "한국침례교회가 조직되었습니다. 우리에게 선교사들을 보내주십시오"라는 전보를 받은 사실에 대해 말했다. 그리고 동아기독교가 해외의 어떤 교단과도 연결되어 있지 않다는 것을 발견하고 자신이 한국 선교를 추천하게 되었음을 밝혔다.[50]

4. 안대벽·이순도 부부의 역할과 활동

| 안대벽 목사

안대벽 부부는 남침례교회가 한국 선교를 시작하기로 최종 결정을 내리는 일에 결정적인 역할을 하였다. 이들은 이 문제와 관련해 실질적 권한을 가졌던 애버네티 부부에게 호감과 신뢰를 얻어, 그들이 한국 선교를 결심하게 하는 데 큰 도움을 주었다. 안대벽 부부는 코든에게도 긍정적인 인상을 주었던 것으로 보인다. 코든이 이순도를 "이화여대 출신의 상냥한 여성"으로 호평하였기 때문이다.[51] 이처럼 안대벽 부부는 선교사를 유치하는 일에 처음부터 적극적으로 참여하였다.

안대벽은 일본에 있는 애버네티 부부에게 한국에 오는 것을 환영한다는 편지를 보냈는데,[52] 환영 서신은 그들에게 한국 방문에 대한 기대감을 불러일으켰을 것이다. 안대벽은 또한 애버네티 부부가 돈암장이라는 멋진 저택에서 살 수 있도록 하였다. 안대벽이 그렇게 할 수 있었던 것은 원산에서 구황실 친족 이해성과 친분을 쌓았기 때문이다. "1894년 1월 16일 황해도 장연군 대구면 송천리(솔내 혹은 소래)"의 양반 가문에서 태어난 안대벽은 14세가 되던 1908년부터 펜윅의 양자가 되어 원산에서 살게 되었다. 해방 후 안대벽 가족은 1946년 초에 서울로 왔으며, 이해성의 도움으로 구황실의 별장이었던 돈암장의 관리자가 되었고, 부인 이순도는 낙선재(樂善齋)에 거처하고 있던 조선왕조 마지막 황제인 순종의 황후 윤씨의 영어비서로 일하게 되었다. 이러한 일로 안대벽 가족은 "서울 중구 필동 2가 101-1번지"의 넓은 저택 돈암장에서 살 수 있었다. 안대벽 부부는 돈암장을 예배당으로도 활용했다. "만주 용정 등에서 월남한 동아기독교인 김은섭, 김은택 형제와 김은섭의 부인 김혜경, 고봉진, 양한나" 등과 함께 돈암장에서 1946년 9월 25일 수요일에 예배를 드림으로 필동교회(현 서울침례교회)를 시작하였다.[53]

존의 아내 주얼 애버네티(Jewell L. Abernathy)에 따르면, 돈암장은 창덕궁 내에 있었고 이순도는 황후의 비공식 직원으로 매주 한 번씩 황후의 집을 방문하였다고 했다. 애버네티 부부는 1950년 2월에 한국에 왔을 때 돈암장 교회에 참석하였다. 주얼은 100여 명 가량의 학생들이 주일학교를 일찍 마치고 나면, 어른들이 11시에 방에서 예배를 드렸다고 했다. 그리고 노래를 인도할 악기가 없어서 셔우드 군목(Chaplain Sherwood)이 오르간을 가지고 왔다고 했다.[54] 황실의 별장에서 예배를 드리는 모습은 애버네티 부부에게 독특한 인상을 심어주기 충분했을 것이다.

안대벽 부부는 애버네티 부부에게 돈암장의 2층을 내주었다. 2층은 두 개의 방과 독립적으로 식사할 수 있는 공간이 갖추어져 있었다. 애버네티는 이러한 환대를 받는 것을 주저했다. 왜냐하면 당시는 가장 추운 시기였고, 석탄은 매우 비쌌으며 물량도 부족해 확보하기가 어려웠기 때문이다. 그러나 안대벽 부부는 함께 지낼 것을 강권하였다. 애버네티 부부는 결국 조선호텔에서 2주간 머문 뒤, 3월 11일 오후에 돈암장으로 갔다. 주얼은 그날이 그해에 가장 추운 날이었으나, 안대벽 부부의 따뜻한 환영은 추위를 잊게 만들었다고 하였다.[55]

돈암장으로 온 애버네티 부부를 안대벽은 "우리는 선교사님 부부가 평안하게 여기며, 우리 집에서 결코 떠나가지 않으시기 바랍니다"라며 유쾌하게 맞이하였다. 필동교회의 김용해 목사가 창문 닦는 일을 도와주었는데, 창문들은 "너무나 깨끗하고 투명해져 유리가 보이지 않을 정도였다"라고 주얼은 말했다. 주얼은 또한 안대벽의 부인 이순도는 미군정 기간 이승만 대통령 부인의 통역관이었다고 했다.[56] 주얼은 "안대벽 목사 부부는 햄을 훈제하는 법, 잼과 버터를 만드는 법, 빵을 발효시키는 법 등을 펜윅 선교사로부터 배워서 알고 있었다"고 하였다.[57] 애버네티 부부는 자신들을 지근거리에서 도우며, 영어를 잘 구사하고, 미국 문화에도 친숙하며, 대통령 부인과 관계할 정도로 높은 사회적 위치에 있는 안대벽 부부를 점점 더 신뢰하였다.

애버네티 부부는 안대벽이 펜윅의 양자라는 사실도 매우 중시했던 것 같다. 그들은 안대벽의 외동아들(안여석)이 태어난 지 1개월이 되었을 때, 펜윅이 진지하게 헌아기도를 해주었던 것과, 펜윅이 안대벽의 여동생 안덕가(Dorcas Ahn)를 매우 신임한 사실을 주의 깊게 들었다. 애버네티는 펜윅이 안덕가에게 했던 유언에 대해 다음과 같이 소개하였다:

> 그리스도 예수 안에서 나의 첫 번째 딸인 안 도르가(Dorcas Ahn)에게 나의 축음기와 음반들을 주어라. 나의 땅이 팔릴 경우 그녀에게 1,000엔을 주어 그것으로 논을 살 수 있게 하라. 또한 나의 집, 땅, 정원 그리고 피아노는 교회 청소년들에게 찬송가 부르는 방법 및 찬송 음악을 가르치는 용도로 사용하도록 안 도르가에게 신탁한다.[58]

안대벽 가문과 한국침례교회 창시자 펜윅과의 특별한 관계는 애버네티 부부가 안대벽 부부를 신뢰하고 사역 파트너로 삼는 데 큰 영향을 끼쳤을 것이다.

애버네티 부부는 선교 초기에 안대벽 부부를 절대적으로 신임하였다. 주얼은 "우리의 전국적인 침례교 지도자 안대벽 목사는 한국에서 침례교 사역을 가능케 하고 있다"라고 하여, 그들이 한국 선교에 착수하는 데 안대벽이 큰 공헌을 하고 있음을 밝혔다.[59] 애버네티 부부는 남침례교회에 보낸 한국 선교에 관한 초기 보고서에 안대벽 부부에 대한 칭찬들을 열거했다. 예를 들면, 1952년 12월에 방한한 빌리 그래함 목사와의 저녁 만찬 일화이다. 애버네티는 빌리 그래함 일행에게 한국 음식을 대접하는 만찬을 주최했고, 안대벽 부부도 동참토록 했다. 식사 시간에 미국 사람들은 안대벽에게 펜윅의 원산 농장에 대해 물었고, 안대벽은 열심히 대답하였다. 빌리 그래함은 그때 안대벽에게 "와! 당신 영어실력이 훌륭합니다"라고 칭찬하였다고 했다.[60]

주엘은 또한 안대벽은 늘 교회를 우선하였다고 하며, 다음의 일화를 소개했다. 그들이 부산에서 살 때, 안대벽의 친구들이 그에게 정부 요직에서 함께 일하자고 제안했고, 이에 대해 안대벽은 "아니요, 나는 목사입니다. 나는 나의 시간과 힘을 그리스도의 일에 사용하고 싶습니다"라며 거절했다고 하였다. 그리고 안대벽 목사는 교인들로부터 최고 설교가라는 찬사를 들었으며, 예배당 건축 시 건축업자들과 함께 살다시피 하며 비용을 절감했다고 하였다. 주엘은 또한 안대벽의 친구인 이씨는 "나는 수년 동안 안대벽 목사가 물질보다 기독교 신앙을 지나치게 강조한다고 생각했습니다. 그러나 이제 그가 옳았다는 것을 알게 되었습니다. 나는 이 사람을 모범으로 삼을 것입니다"라고 말했다고 하였다.[61] 애버네티가 "하나님께서 우리에게 좋은 성별된 두 사람, 안대벽 목사 부부를 우리를 돕는 자로 주셨다"[62]라는 고백을 한 것에서 알 수 있듯이, 안대벽 부부는 유창한 영어실력, 미국 문화에 대한 이해, 돈암장을 제공한 것, 펜윅과의 특별한 관계, 최선을 다한 조력 등을 통해 애버네티 부부가 한국 선교를 결심하도록 하는 일에 큰 공로를 세웠다.

5. 애버네티 부부의 역할과 활동

한국 최초의 남침례교 선교사 존 애버네티(John Arch Abernathy, 1896-1973)는 미국 침례교단들이 한국 선교를 하지 않은 이유가 북침례교회와 다른 교단들 사이의 신사협정 때문이었다고 했다. 즉 북침례교회가 한국에 선교사를 보내지 않는 대신 다른 교단들은 버마(Burma)에 선교사를 보내지 않는다는 협정 때문이었다는 것이다.[63] 애버네티 부부는 이러한 잘못된 협정에 얽매이지 않고 한국에 왔다. 애버네티는 1896년 1월 3일 노스캐롤라이나주 스테이츠빌

| 존 애버네티(John Arch Abernathy, 1896-1973) 선교사 부부

(Statesville) 근교의 한 농부 가정에서 11명의 자녀 중 6번째 자녀로 태어났다. 그는 13세에 예수를 영접하고 사우스리버침례교회(South River Baptist Church)에

가입하였다. 회심 후 하나님의 소명에 대해 심각히 고민하던 중, 한 설교가로부터 중국 선교의 필요성을 듣고 중국 선교사로 가기로 결심하였다.[64] 그는 노스캐롤라이나대학교(University of North Carolina), 시카고대학교(Chicago University), 사우스웨스턴신학교(Southwestern Baptist Theological Seminary), 뉴올리언스상과대학(New Orleans Business College), 침례교성경학교(Baptist Bible Institute) 등에서 수학한 후,[65] 1920년 8월 14일 중국 상해로 가는 배를 타기 위해 샌프란시스코행 기차를 탔다. 기차는 캔자스시티(Kansas City)에 잠시 정차하였고, 그때 한 매력적인 젊은 여인이 승차하였다. 그 여인도 선교사로 중국 상해를 향해 가는 길이었다. 애버네티는 이렇게 만난 제노비아 주얼 레너드(Zenobia Jewell Leonard)와 1925년 6월 20일에 결혼하였고, 산둥성(山東省)의 성도(省都)로 신혼여행을 갔다. 성도는 그들이 24년을 살며 사역하는 선교지가 되었다.[66]

주얼 애버네티(1895-1977)는 아칸소주 헌팅턴(Huntington) 출신으로 이스트센트럴 오클라호마사범대학(East Central Oklahoma Teacher's College), 무디성경학교(Moody Bible Institute), 침례교성경학교(Baptist Bible Institute) 등에서 수학하였다. 주얼은 1920년부터 1925년까지 중국직접선교회(China Direct Mission) 소속으로 활동하다가, 존과 결혼 후 남침례교선교부로 전향하였고 성도에 있는 침례교 소녀중등학교의 교장으로 사역하였다. 존은 성도에서도 1925년부터 1948년까지 침례교 소년중등학교의 교장으로 봉직하였다. 이들 부부는 1961년에 은퇴하였다. 존은 1973년에 주얼은 1977년 2월 17일에 주님의 품으로 돌아갔다.[67]

존은 북중국선교회(North China Mission) 회장, 북중국침례신학교(North China Baptist Seminary) 이사, 산둥성 정부 고문, 산둥성 명예 국회의원 등을 역임하였다. 그러나 중국의 정치적 상황으로 존은 1942년 9월 미국으로 송환되었으며, 1944년에 선교사가 아닌 연락관이라는 정부 관료로 중국에 다시 왔다. 존은 연락관으로서, 그리고 선교사로서의 공로를 인정받아 1948년 4월에 중국 중앙정부로부터 훈장을 받았다. 애버네티 부부는 1948년 5월 휴가를 떠났는데, 그 후 다시는 중국으로 돌아가지 못했다. 공산주의자들이 중국을 점령했기 때문이었다. 애버네티 부부는 미국에 머물다가 1950년 1월 한국을 향해 출발하였다.[68]

애버네티 부부의 방한은 동양선교 책임자 코든이 동아기독교를 1년 정도 조사하고 결과를 선교부에 보고해달라는 요청에 따른 것이었다.[69] 그들은 1950년 2월 27일 한국에 왔으며, 대대적인 환영을 받았다. 서울과 인천에 있는 한국 침례교인들과 중국인 기독교인들이 몇 차례의 환영 모임을 주선하였으며, 환영 모임에는 남한의 침례교 목사들 모두가 참석하였다.[70] 존은 또한 1950년 4월에 개최될 7일간의 제40차 총회 기간 매일 설교해줄 것을 요청받았다. 애버네티 부부는 처음 4개월 동안 38선 이북에 있는 교회들은 방문할 수 없어 남한의 교회들만 방문하였다. 당시 한반도 전체에 140개, 남한에서는 40개 이상의 교회들이 있다는 것을 알게 되었다.[71] 애버네티가 여행을 떠나지 않고 서울에 있을 경우에는 필동 침례교회에서 설교하였고 이순도가 통역하였다.[72]

한국에 머무는 4개월 동안 애버네티 부부는 동아기독교의 출발, 신앙 행습, 선교와 순교의 역사를 알게 되었다. 또한 다수의 동아기독교 교회들이 북한에 있으며, 북한의 몇몇 침례교 목사들이 공산주의자들에 의해 죽임을 당했다는 말도 들었다.[73] 신사참배 거부와 천년왕국 신앙으로 인해 교단 지도자들이 투옥되고 교단이 폐쇄당한 사실도 알게 되었다.[74] 이와 같이 동아기독교를 파악하는 임무를 열심히 행하던 중 갑자기 6·25 사변이 터졌다. 당시 "용산구 후암동에 거주하던 나요한 선교사 부부는 주성범, 김용해 목사, 김광훈" 등의 도움으로 김포공항을 통해 1950년 6월 27일(혹은 28일) 피난을 떠났다.[75] 공산군들이 서울 바로 외각까지 이르렀던 매우 급박한 상황이어서 부인인 주얼이 먼저 떠났고, 존은 가방 하나만 들고 다음 비행기를 탔다.[76] 일본 후쿠오카에 도착한 애버네티 부부는 전쟁이 한시적일 것으로 생각하고, 전쟁이 끝나는 대로 한국으로 돌아갈 것을 기대하였다.[77] 그러나 전쟁은 길어졌고, 그들은 필리핀 마닐라에 있는 중국인들을 상대로 사역하는 일을 맡게 되었다. 존은 1951년 4월에 한국에 재입국하였고, 주얼은 1952년 9월이 되어서야 입국이 허락되었다.[78]

한국에 돌아온 애버네티는 절박한 상황들을 목격하였다. 전국에서 몰려온 피난민들로 가득한 부산에는 노숙자들로 넘쳐났고, 골목골목에는 전쟁고아들이 "마치 강아지들처럼 서로 부둥켜안고" 자고 있었다. 애버네티는 "온통 파괴된 참혹한 광경을 볼 때 나는 거의 아플 것 같았다"라고 말했다. "모든 도시, 읍, 마을들이 포탄과 화염으로 거의 완전히 파괴되었고" 많은 병든 사람들이 약을 사거나 의사의 진료를 받을 돈이 없어 죽어가고 있었다.[79] 이처럼 극한의 고통 속에 있는 사람들에게 애버네티는 수천 달러치의 식품, 옷, 약품 등을 나누어주었다. 총회에 참석한 침례교 목사 한 명당 100만 원(150달러)을 주기도 했다.[80] 애버네티는 병원에 갈 형편이 안 되는 사람들에게 치료비를 주고, 남침례교 해외선교부에 의사와 간호사들을 급히 보내 달라고 요청하였다. 넬슨 브라이언(Nelson A. Bryan) 박사가 12월에 내한하였고, 오자마자 바로 환자들을 돌보았다. 얼마 후 렉스 레이(Rev. Rex Ray) 목사가 병원 물품들, 지프차, 그리고 다른 여러 장비를 가지고 한국에 왔다.[81] 이들 선교사는 구호사업과 의료선교를 본격적으로 실시하였다.

애버네티는 동아기독교를 조사하여 보고하는 것이 일차적 책무였는데, 이와 관련해 1951년 6월 남침례교회 총회에 다음의 보고서를 제출하였다:

> 침례교 사역이 시작된 지 55년이 지난 후, 한국에는 약 150개 교회와 1만 명의 교인이 있었다. 우리는 그들이 정상적으로 조직된 침례교 총회를 가지고 있었고, 사도 바울의 교회들에 가장 근접한 방식으로 사역하였던 사실을 발견하였다. 그들은 신약성경과 가장 가까운 교회를 지향했고, 목사와 집사뿐만 아니라 감로와 전도인도 있었다. 감로는 집사 보다 높은 위치였다. … 십일조가 가르쳐졌고 모든 교회들은 자립적이었다.[82]

애버네티는 1952년 5월 남침례교 총회 때, 동아기독교인들의 침례교 정체성을 좀 더 명확하게 인정하는 보고서를 제출했다: "한국에는 지난 50년간 침례교인들이 있었다. 그들은 침례교라는 명칭을 항상 사용한 것은 아니지만, 신앙과 행습으로는 진실로 침례교인들이었다."[83] 남침례교회는 애버네티의 보고서를 신뢰하여 한국에서 장기적인 선교 사업을 실시하기로 결정했다. 애버네티는 동아기독교를 침례교회로 보았기 때문에 그러한 보고서를 제출했다. 참혹한 상태에 있는 한국인들에 대한 선교사로서의 사랑과 책임감도 긍정적 보고서 작성에 제한적이나마 영향을 끼쳤을 것이다.

남침례교 선교사들의 초기 사역 1(1950-1954)

남침례교회가 애버네티의 보고에 따라 한국 선교의 가능성을 저울질할 때, 6·25전쟁이 발발했다. 전쟁의 처참한 상황은 남침례교회로 하여금 한국 선교를 착수하게 했다. 고통에 처한 한국인들에게 기독교적 사랑을 실천하기 위한 구호사업과 의료선교가 본격적인 선교로 발전하게 되었던 것이다. 구호와 의료선교로 시작된 남침례교 선교는 거의 전멸 상태의 한국침례교회를 기사회생시키는 기적을 일으켰다. 6·25전쟁 때 남침례교회 군목으로 참전한 윌리엄 펠프리(William T. Pelphrey)는 "이곳에 침례교를 세우는 일은 마치 한 편의 소설 같다"라고 말했다.[84] 1951년 40개 교회 수백 명의 교인밖에 없어, 사라지기 직전의 침례교회가 기적적으로 회생하고 성장한 것은 마치 한 편의 소설처럼 믿기 힘든 일이었다. 한국침례교회의 기적적 생환을 가져온 주된 요인은 전쟁 시기에 남침례교 선교사들이 실행한 구호사업과 의료선교였다.

1. 존 애버네티의 재입국

1950년 2월 27일 내한한 애버네티 부부는 미남침례회 해외선교부가 선교활동을 지원하기 위해 보내준 포드자동차를 타고 다니며 전국을 순회하였다. 1948년 9월 테네시 주 멤피스 공장에서 출고된 포드자동차는 1950년 4월 7일 서울에 도착했다. 애버네티 부부가 6월 27일 6·25전쟁을 피해 일본행 비행기를 타러 김포공항으로 갈 때, 주일학교 부장 마이크 추(Mike Chu)가 포드자동차를 운전했다.[85] 애버네티는 금방 한국으로 돌아올 것으로 생각하고, 남침례교회에 다음과 같이 보고하였다: "우리는 전쟁이 일시적이라고 생각한다. 전쟁이 끝나면 가급적 빨리 돌아올 것이다. 여러분이 이 보고서를 읽기 전에 우리가 돌아와 사역을 하고 있기를 희망한다."[86] 하지만 전쟁은 예상외로 길어졌고, 애버네티 부부는 필리핀 마닐라로 가게 되었다. 애버네티는 안대벽과 연락을 취하며 한국 상황을 점검하였다. 안대벽은 애버네티에게 서울이 수복되었고, 부산으로 가져간 포드자동차를 1950년 12월에 서울로 가져다 놓았다고 하며, 빨리 한국으로 귀환할 것을 촉구하였다. 그리고 포드자동차는 순종의 황후 윤씨가 부산의 새집으로 이

사 갈 때 사용되기도 했다고 말해주었다.[87]

　애버네티는 즉시 한국으로 가려 했으나 주한 미국 공사로부터 중국 공산군들이 참전하여 서울을 향해 진격하고 있으므로, 필리핀에 좀 더 머물러 있으라는 편지를 받았다.[88] 얼마 후, 존은 마침내 1951년 봄 재입국 허가를 받았다. 하지만 아내 주얼은 허락을 얻지 못해 마닐라에 남아 중국인들을 상대로 계속 사역했다. 존은 1951년 4월 14일 토요일 오후 부산에 도착했다. 안대벽 부부가 마중을 나왔다. 그들은 마치 친 형제와 자매가 만나는 것처럼 서로 재회의 기쁨에 눈물을 흘렸다. 애버네티는 치숌(Chisholm) 의사 부부와 한 집에서 살도록 되어 있었다. 당시 치숌 부인은 간호사가 아닌 일반인 외국 여성으로는 유일하게 한국에 있던 사람이었다. 선교사로는 부산에 6~7명과 대구에 몇 명이 있었다. 선교사들은 군부대 매점을 이용할 수 있었고, 이를 통해 애버네티는 자동차 기름을 구입하는 등 편의를 얻을 수 있었다.[89]

　애버네티는 1951년 4월 22일 주일 아침, 부산 집의 두 방에 꽤 많은 한국 침례교인들을 모아 놓고 설교하였다. 그들 가운데는 남한 교인들뿐만 아니라 원산에서 온 교인들도 함께 참석하고 있었다. 다다미 마루에 좁게 앉아 있던 교인들은 창백하였고, 아주 낡은 옷을 입고 있었다. 애버네티는 구호사업이 시급함을 느꼈고, 남침례교 해외선교부 동양 총무 베이커 코든(Baker J. Cauthen)에게 편지를 보내 구호사업의 착수를 요청했다.[90] 코든은 동의하였고, 애버네티는 구호사업을 시작했다.

2. 구호사업

　구호사업은 전쟁으로 인해 기아와 추위, 질병의 고통 가운데 있던 한국인들에게 한 줄기 빛이요 소망이었다. 또한 교세가 너무 연약하여 거의 사라지기 직전인 한국침례교회를 기사회생시키는 놀라운 결과를 가져왔다. 1951년부터 1954년까지 구호사업의 전개 과정을 살펴보자.

1) 1951년 구호사업
　애버네티는 안대벽과 함께 여러 지역을 방문하면서 전쟁의 쓰라린 상처를 목격했다. 그는 "온통 파괴된 참혹한 광경을 볼 때 나는 거의 아플 것 같았다. 모든 도시, 읍, 마을들이 포탄과 화염으로 거의 완전히 파괴되었다"라고 증언했다.[91] 애버네티는 많은 침례교회당이 완전히 파괴되었고, 사람들은 유해 환경에 노출되었으며, 영양부족과 병으로 죽어가고 있음을 남침례교회에 알리며 구호의 손길을 촉구하였다. 그는 한국은 모든 곳에서 절박하게 구호가 필요하다며, 예를 들면 전국의 모든 피난민이 몰려 있는 부산에는 판잣집이 부족하여 노숙하는 사람이 많이 있고, 아이들은 떼를 지어 몰려다니며 구걸을 하거나 물건을 훔치고, 골목골목에서 마치 강아지들처럼 서로 안고 포개어 자다가 겨울 추위에 얼어 죽는 경우도 있다고 보고했다.[92]

남침례교회 해외선교부로부터 구호사업을 승인받은 애버네티는 1951년 5월 15일 구호위원회(Central Relief Committee)를 조직하여, 본인이 위원장이 되고, 김용해, 장일수, 안대벽, 신혁균, 최성업, 김주언 등을 위원으로 세웠다.[93] 애버네티는 1951년 5월 충남 부여의 원당교회에서 개최된 총회에서 공산군에 의해 순교당한 총회장 이종덕 목사를 비롯해 61명의 순교자를 기념하는 예배를 드린 후,[94] 총회에 참석한 목사 한 명당 100만 원(150달러)을 주었다. 목사들은 감사의 눈물을 흘렸다. 당시 기차는 유엔군이 운영하였고, 군사적 용도로만 사용되었기 때문에, 일반인들은 기차를 이용할 수 없었다. 따라서 총회 대의원들은 걸어서 총회 장소에 와야 했다. 애버네티는 구호자금으로 일본에서 자전거를 수입하여 목회자들에게 나누어 주었다.[95]

남침례교회에서 온 수천 달러치의 식품, 옷, 약품 등이 배분되었다. 구호자금은 200명 이상의 침례교인 자녀들의 중고등학교와 대학의 학비로 사용되었으며, 또한 집들을 수리하거나 새로 짓는 데도 사용되었는데, 55가구의 침례교인들이 혜택을 받았다. 많은 고아와 노숙자를 포함하여 1951년 말까지 3만 명 이상의 사람들이 혜택을 받았다.[96] 구호사업은 한국침례교회가 남침례교회와 영구적으로 결속하는 계기가 되었다. 애버네티는 남침례교회에 "지난 8개월 동안 구호사업보다 한국과 미국 기독교인들을 서로 결속케 하는 것은 없었다. 영혼과 육체의 도움이 절실한 한국인들은 가장 어려운 시기에 도와준 남침례교인들에 영구적인 감사의 마음을 가질 것"이라고 보고했다.[97] 코든도 많은 한국 침례교 목회자들이 남침례교회의 구호에 깊이 감사했다고 보고하였다.[98]

2) 1952년 구호사업

구호사업은 1951년 11월에 내한한 렉스 레이(Rex Ray) 선교사가 동참하면서 활기를 띠게 되었다.[99) 레이는 전국 방방곡곡을 다니면서 옷을 나누어주고 복음을 전하였다. 그는 1951년과 1952년 사이 어느 겨울날 밤 공주 태성에 도착했다. 온통 하얀 눈으로 덮인 산골짜기 마을의 태성교회에서는 겨울성경학교가 진행 중이었다. 성경학교에 참석한 청소년들은 한 달간 체류하는 동안 먹을 쌀을 가지고 왔으나, 몇몇 학생은 너무 가난하여 쌀을 가지고 오지 못했다. 성경학교 학생들은 주변 마을들을 방문하며 특별 부흥집회를 알렸다. 레이는 마을 사람들에게 옷을 나누어주며 4일 동안 밤 집회에서 설교하였고, 93명의 회심자를 얻을 수 있었다.[100)

옷을 나누어 주며 복음을 전하는 것은 큰 효과가 있었다. 레이가 한국에 온 지 4개월 만에 1,955명이 신앙을 고백하였다. 구호사업으로 교회의 수가 급증하였다. 1951년 4월 40개 교회가 1952년 중반 112개의 교회 및 설교처소로 늘어났다.[101) 레이는 남침례교 교단 잡지에 한국으로 옷을 보내려면 다음의 주소, P. O. Box, Special No. 1, Pusan, Korea로 보내달라고 하였다.[102) 레이는 1952년 내내 옷을 나누어주며 복음을 전하였다. 그는 남침례교 총회에 "나는 여름, 가을, 겨울 동안 한국 전역을 돌아다니며 옷을 나누어 주었다. 최근에는 5일 동안 1,000마일(1,600킬로미터)을 여행하며, 3톤의 옷을 남한의 북서쪽에서 북동쪽 지역에 나누어주었다"라고 보고하였다.[103)

레이는 남침례교인들에게 한국에서의 에피소드를 전하며 후원을 유도하였다. 하루는 그가 마이크(Mike)로 불리는 한국인 보조자와 함께 옷을 전달하려고 가는 도중 여관에서 하룻밤 머물게 되었다. 그들은 여관에서 잡일을 하는 작은 소녀와 대화를 하면서, 전쟁으로 소녀와 그의 어린 남동생이 고아가 된 가슴 아픈 사연을 듣게 되었다. 레이는 소녀에게 적은 돈을 주었고, 소녀는 남동생의 셔츠를 사줄 수 있다며 기뻐하였다. 다음날 이른 아침 마이크와 레이는 구호물자 트럭 깊숙한 곳에서 옷 상자를 꺼내 추위에 떠는 두 고아들에게 주었는데, 그때 소녀의 행복한 미소는 금이나 은으로 살 수 없을 것이며, 주님도 기뻐하셨을 것이라고 하였다.[104)

1952년 구호사업에 대해 애버네티는 남침례교 총회에 총괄 보고를 하였다.

즉 선교부는 피난민들에게 음식과 옷을 제공하였고, 1952년 한 해 동안 59,174 달러를 구호자금으로 썼다. 침례교 가정의 자녀 500명에게 대학과 고등학교에 다니도록 도움을 주었다. 그리고 목사들, 사역자들, 많은 과부와 고아들, 다친 군인들과 그들 가정에 구호기금을 주었으며, 50개 교회당이 신축되거나, 복구되는 데 도움을 주었다.[105] 조효훈 박사는 1951년 4월부터 1952년 9월 24일까지 약 1년 6개월 동안 10만 달러에 해당하는 식량과 의류, 그리고 현금이 투입되었고, 그 외에도 남침례교인들로부터 수천 달러의 구호물자가 한국에 들어왔는데, 구호사업은 죽어가는 환자가 다시 살아나듯 침례교회에 기적의 생환을 주었다고 하였다.[106]

3) 1953-1954년 구호사업

구호사업은 1953년과 1954년에도 계속 이어졌다. 1953년에는 20톤이 넘는 구호 의류가 침례교 총회 관할 지역의 가난한 사람들에게 배분되었다. 이 일은 연초에 들여온 지프차와 트레일러, 그리고 1953년 6월에 들여온 새로운 트럭에 의해 실행되었다. 수많은 사람이 미남침례교회의 구호 의류를 통해 추운 겨울을 무사히 지낼 수 있었다. 구호위원회는 1953년에 구호자금 55,000달러의 절반을 25개 교회당의 건축과 수리에 사용하였고, 나머지 절반은 침례교회가 후원하는 4개의 고아원과 2개의 양로원 지원, 기독교 가정들 곡식 지원과 집수리, 다친 군인과 가족들 지원 등에 사용했다.[107]

렉스 레이는 1953년에 미국으로 들어가서 1954년 5월에 다시 한국으로 왔는데, 공백 기간에는 그의 아들 대니얼 레이(Daniel Ray)가 아버지를 대신하여 옷과 음식을 나누어주는 일을 하였다. 1954년 5월부터는 렉스가 다시 책임을 맡았다. 1954년 9월에는 호주 침례교인 빈스 차터웨이(Vince and Ellen Chattaway) 부부가 내한하여 남침례교 선교사들과 더불어 구호물자를 나누어주는 일을 하였다. 남침례교회뿐만 아니라 호주침례교회도 한국에 식료품, 옷, 의료품을 보내주었다. 1954년 12월 렉스 레이의 부인이 내한하여 구호위원회에 합류하였다.[108] 이와 같이 1951년 4월부터 시작된 구호사업은 1954년 말까지 지속하였다.

3. 의료선교

의료선교는 구호사업과 함께 남침례교 선교사들이 서둘러 시행한 사역이었다. 구호사업의 주된 수혜자는 한국 침례교인들이었으나, 다른 일반인들에게도 적지 않은 도움을 주었다. 이것은 남침례교 구호사업이 한국 선교와 연계된 사업이라는 것과 더불어 인도적 차원의 사업이었음을 보여준다. 의료선교 역시 전쟁의 시기에 질병으로 고통당하는 한국인들을 인도적 차원에서 무상으로 치료해주었다. 그런데 의료선교사들은 치료 받으러 오는 사람들이 반드시 복음을 들어야 하는 체제를 만들었는데, 이것은 의료행위를 선교와 밀접히 연계하여 시행하였음을 보여준다. 남침례교회는 의료사업이 아니라, 의료선교를 주된 목적으로 삼았던 것이다. 1951년부터 1954년까지 의료선교가 어떻게 전개되었는지 살펴보자.

1) 1951년 의료선교

전쟁은 긴급한 의료적 도움이 필요했고, 애버네티는 서둘러 의료선교를 추진하였다. 그는 부산충무로교회(현 부산침례교회)에서 의료선교를 시작하였다. 피난온 안대벽 목사 가족과 필동침례교회 교인 7명이 주축이 되어 시작된 부산충무로교회는 1951년 4월에 귀국한 애버네티의 도움을 받아 남포동 2가 22번지에 있는 2층짜리 적산건물을 매입하였다. 건물을 수리하는 동안 군인 천막 2개를 설치하여 하나는 교회로, 하나는 교인들의 거주 용도로 사용하였다. 천막 교회는 1951년 6월 24일 정식으로 창립예배를 드렸다. 건물의 수리가 끝난 후, 1층은 예배당으로, 2층은 애버네티와 안대벽 가정의 사택으로 사용하도록 했다. 주일 낮 예배는 애버네티가 설교하였고 이순도가 통역을 하였으며, 저녁예배는 안대벽이 설교하였다.[109]

애버네티는 코든에게 부산에 부동산을 확보하였고, 그곳에서 의료사역을 할 수 있으니 선교사를 보내 달라고 요청하였다. 코든은 중국에서 활동하던 의료선교사 넬슨 브라이언(Nelson A. Bryan)을 보냈고, 브라이언은 1951년 11월 22일 충무로교회 앞뜰에서 텐트를 치고 진료하므로 침례병원의 역사를 시작하였다.[110] 의료선교는 처음부터 선교적 목적으로 실행되었기 때문에, 병원에 갈 형편이 안

되는 사람들에게는 무료로 치료받도록 해주었다. 브라이언이 내한한 지 얼마 되지 않아, 렉스 레이 선교사가 병원 물품들, 지프차, 그리고 다른 여러 장비들을 가지고 배편으로 한국에 왔다.[111] 남침례교회 해외선교부는 1951년 12월에 한 명의 한국인 의사와 두 명의 간호사를 고용하여 브라이언을 돕도록 했다.[112] 이처럼 침례병원은 의료선교를 목적으로 1951년 11월 22일에 시작되었다.

2) 1952년 의료선교

무료 진료의 혜택으로 환자들이 급증함에 따라 의료진을 보충했다. 1952년에는 브라이언과 4명의 한국인 의사, 3명의 간호사가 매일 200~300명의 환자를 진료했다. 환자 대부분은 무료로 진료와 약을 제공받았다. 그들은 의사를 만나기 전에 복음을 듣는 시간을 가졌는데, 고용된 두 명의 전도사들이 그 일을 담당하였다. 환자들은 복음서와 전도책자들을 선물로 받아 그 자리에서 읽거나, 그것들을 집으로 가져가기도 했다.[113] 브라이언이 매일 돌보는 환자의 수는 매우 많았는데, 유엔민간원조단(United Nations Civil Assistance Corps)과 연계된 의사들이나 다른 선교기관 의사들은 브라이언이 어떻게 매일 엄청난 수의 환자들을 돌볼 수 있는지 의아해할 정도였다.[114] 침례병원의 의료진들은 열정을 다해 환자의 육체와 영혼을 치료하려 했다. 레이는 남침례교인들에게 비타민과 약품들, 그리고 붕대와 약솜을 후원받아 의료선교를 도왔다.[115]

3) 1953년 의료선교

간호 선교사 아이렌 브레넘(Irene Branum), 루비 휫(Ruby Wheat)이 1953년 2월에 내한하여 브라이언과 합류하였다. 브라이언은 아내의 병으로 1953년 5월 미국으로 갔고, 중국에서 선교했던 요컴(A. W. Yocum) 박사가 대신 왔다. 브레넘과 휫 두 명의 간호사들은 6월에 한국정부의 간호사국가고시(National Nurses Examination)에 합격하여 한국에서 간호사의 일을 할 수 있게 되었다.[116] 요컴이 한국에 왔을 때 이미 정년의 상태였으나, 그의 합류는 병원에 안정감을 주었다.[117] 새로운 의료 선교사들이 계속 들어왔다. 1953년 6월에 의사 존 헤이워드(John Hayward)가 8월에는 간호사 루시 라잇(Lucy Wright)이 왔다. 1953년 8월 현재 침례병원에는 3명의 한국인 의사와 2명의 미국인 의사, 4명의 한국인 간호

사와 3명의 미국인 간호사들이 사역하고 있었다.[118]

훌륭한 의료진과 좋은 약품으로 침례병원은 급속히 유명해졌고, 환자들은 새벽 4시부터 병원에 왔다. 의료진은 하루에 보통 200~500명의 환자를 보았으며, 때로 1,000명을 넘게 보는 경우도 있었다. 당시 환자들은 대부분 영양실조와 결핵환자들이어서 고단위 비타민, 우유, 결핵약 등이 처방되었다. 1953년에도 무료 진료는 계속되었고, 그런 이유로 경상도와 전라도 전역에서 침례병원을 찾아왔다.[119] 남침례교인들이 보내준 약품, 비타민, 붕대, 우유 등이 큰 도움이 되었다. 병원은 1953년 12월 24일 성탄절 이브에 커다란 병원용 자동차를 얻게 되었다. 침례병원은 보건부와 협력하여 폐결핵 퇴치 운동의 일환으로 두 개의 공립학교를 일주일에 두 번씩 방문하여 진료하였고, 그로 인해 경남 도지사로부터 표창을 받았다.[120]

침례병원은 1953년 한 해 동안 137,000명 이상의 환자를 돌보았으며, 여러 개의 상과 감사패를 받았다. 브라이언은 1953년에 경남 도지사로부터 표창을 받았고, 요컴도 도지사의 표창과 보건부 장관의 감사패, 경상도 교육부의 감사패, 부산 공립학교 부서의 감사패를 받았다. 침례병원에 온 환자들은 모두 병원을 떠나기 전에 찬양, 간증, 설교를 통해 복음을 듣는 기회를 제공받았다.[121] 침례병원의 하루 내원자 수는 8월에 최고로 달하여 평균 716명이 왔으며, 겨울에는 평균 464명으로 줄어들었다. 하루에 엄청난 수의 환자를 볼 수 있었던 것은 내원자들 가운데는 검진이 아니라, 단지 우유를 받거나 상처에 붕대를 감기위해 오는 사람들도 있었기 때문이었다.[122] 침례병원은 1953년에 부산 영도 영선동에 병원 건물로 사용할 목적으로 부동산을 매입하였다. 그런데 그 건물은 곧장 병원으로 사용할 수 없어서 구호물자와 병원 물품들을 보관하는 창고로 활용되었다.[123] 건물을 50병상 규모의 병원으로 개조하는 일은 렉스 레이 선교사가 맡아 지휘하였다.[124]

4) 1954년 의료선교

침례병원은 요컴의 행정 책임 하에, 1954년에 총 130,648명의 환자를 치료하고 전도하였다. 매주 화, 금요일에는 특별 병동에서 23,000명의 폐결핵 환자들을 치료하였다. 3명의 간호 선교사들은 교대로 근무하면서 틈틈이 한국어를 배웠다.[125] 1955년 11월 15일 영도구 영선동에 50개 병상의 건물이 완공되어, "왈레스 기념 침례병원"으로 명명하였다.[126] 중국 공산당에 의해 1950년 12월 19일 체포되어 투옥된 지 두 달 만에 순교한 남침례교 의료선교사 윌리엄 왈리스(William L. Wallace)를 기념하기 위해 그의 이름을 병원명으로 하였다.[127]

4. 전도와 교회개척

6·25전쟁이라는 엄청난 시련 속에서 실시된 남침례교회의 구제사업과 의료선교는 침례교회에 회생과 도약의 기회를 주었다. 선교사들은 두 가지 사업을 영혼구원과 연계하여 추진하였으며, 그 결과 많은 사람이 교회에 가입하고 새로운 교회들이 개척되었다. 한국침례교회를 기적적으로 회생시킨 1951년부터 1954년까지의 전도와 교회개척의 역사를 살펴보자.

1) 1951년 전도와 교회개척

남침례교 선교사들은 복음전파를 구제사업과 의료선교와 연계하여 실행하였고, 그 결과 1951년 4월 이후 몇 개월 만에 새로운 9개 교회 및 설교 처소가 세워졌다. 애버네티는 남침례교 총회에 자신은 1951년 여름에 600명 이상의 사람들에게 침례를 주었고, 그 외에 많은 수의 사람들이 복음에 관심을 가지고 있음을 발견했다고 보고하였다. 부산에서는 한국인뿐만 아니라 미군들과 미국인 선원들도 복음을 듣고 바다에서 침례 받기도 했다.[128] 애버네티와 안대벽 목사가 설교할 때 수백 명의 전쟁포로들, 다친 한국군인들, 부산 시민들이 예수를 영접했다. 집회 중에 미군의 제트 비행기가 천둥소리를 내며 머리 위로 날아가곤 하였다.[129]

애버네티는 부산에서 매주 금요일 저녁에 "침례교 시간"(Baptist Hour)이라는 프로그램을 마련하여 예배와 친교의 시간을 가졌다. 그 모임에는 부산과 인근에 있는 많은 미군도 참석하였고, 은혜를 받은 미군들은 부산 범일동교회를 세우는 데 도움을 주었다.[130] 한편 남침례교 군목인 데이비드 위버(David E. Weaver)는 1951년에 원주에 예배당을 구입하여 피난민들의 예배장소 및 학교로 사용하도록 했다. 그는 한국을 떠나기 전에 그것을 침례교 재산으로 남기고 떠났다. 미공군 군목으로 1951년에 수원에서 근무하였던 데이비드 쉘톤(David K. Shelton)은 복음을 전하고 구호사업을 펼쳤는데, 그의 사역은 수원중앙침례교회의 모태가 되었다.[131] 쉘톤은 코든에게 편지를 보내 한 젊은 한국 목사에게 미국에서 공부할 수 있는 길을 열어주려는 노력도 기울였다.[132]

선교사들은 복음 전파와 함께 예배당 건축도 서둘렀다. 애버네티는 부산 교인들을 위해 남포동 2가 22번지에 있는 2층짜리 적산건물을 매입하여 예배당으로 개조하였다.[133] 이 부산충무로교회당은 부산의 요충지여서, 땅이 교회에 등록된 다음에도 세 그룹이 땅을 차지하려고 경쟁하였다. 그 과정에서 예배당 건축을 금지하는 법원의 고지서가 날아오기도 했으나, 예배당 건축은 지속되었다.[134] 1952년 4월에 완공된 충무로교회는 남침례교인들의 라티문 크리스마스 헌금(Lottie Moon Christmas Offering)으로 세워졌다.[135] 한국 교인들도 예배당 건축에 동참하였다. 예를 들면, 칠산교회 여자 성도들은 예배당 부지를 매입하기 위해 성미를 모았고, 목사는 가장 좋은 논을 팔아 헌금했다. 그들은 금강이 내려다보이는 7개의 높은 언덕 중 하나를 부지로 매입하고 예배당 건축을 시작했다. 그러나 예배당을 완공할 만큼의 자금을 확보하지 못했는데, 그 부족분을 침례교 구호기금이 메꾸어주었다.[136]

2) 1952년 전도와 교회개척

한국침례교회는 1952년에도 부산을 중심으로 성장을 이어갔다. 부산충무로교회에는 한국인들뿐만 아니라 미군 병사들도 예배에 참석하여 구원받고 심령의 부흥을 경험하였다. 애버네티는 주중에 교회에서 4개의 성경공부반을 운영하였는데, 어떤 반은 참석자가 150명 정도가 될 만큼 눈부신 결실을 보았다.[137] 한국에서 거의 알려지지 않았던 침례교회는 남침례교회의 지원으로 급속히 알려지기 시작했다. 1950년대 초 한국에 있던 미국 개신교 군목 70명 중 50명이 침례교 목사였고, 미군 군목의 최고지휘관 육군 소장 로이 파커(Roy H. Parker)가 남침례교인이었다. 이들 군목은 수시로 남침례교 선교부를 방문하였는데, 그들의 방문은 침례교회가 널리 알려지는 결과를 가져왔다.[138]

남침례교회의 배경뿐만 아니라 안대벽 부부의 폭넓은 대인관계도 침례교회의 발전과 인지도 상승에 기여했다. 안대벽은 이승만 대통령과 친구로 지냈으며, 그의 아내 이순도는 이승만의 부인 프란체스카의 한글 선생 겸 통역으로 일하였다. 이런 배경으로 남침례교 선교사들은 한국 정부 기관들에 자유롭게 접근할 수 있었다. 심지어 부산 충무로교회에는 함태영 부통령이 경찰과 경호원들의 삼엄한 경비를 받으며 가끔 주일 예배에 참석하곤 하였다.[139] 침례교회가 한국에서 부상하는 시기에 세계적인 부흥사이자 남침례교 목사인 빌리 그래함이 1952년 12월 15일 한국에 왔다. 그래함은 6·25전쟁에 참전하는 미군들을 위로해주라는 미국 정부의 요청으로 한국에 왔는데, 주한 남침례교 선교사들이 그의 내한과 집회 전반을 기획하고 도왔다. 부산에서 개최된 그래함의 집회는 겨울의 차가운 북풍이 부는 야외 공원에서 진행되었으나, 매일 수천 명의 미군들과 한국인들이 참석하였고, 2,000명 이상이 예수 영접 카드를 제출하는 등 성황을 이루었다.[140]

1952년은 침례교회가 회생하는 기적의 해였다. 거의 매주 새로운 교회가 개척되었다. 1951년 5월에 40개 교회밖에 없던 교단은 1952년 말 134개의 교회를 갖게 되었다. 1952년 한 해 동안 1,128명이 예수를 영접하고 침례 받았고, 예수를 믿었으나 아직 침례를 받지 못한 8,396명의 침례예비자도 있었다. 이 숫자는 빌리 그래함의 부산 집회 때 영접 카드를 제출한 사람을 포함하지 않은 수였다.[141] 1952년은 영혼의 결실이 풍성한 해였다.

3) 1953년-1954년 전도와 교회개척

1953년과 1954년에는 구호사업의 축소, 그리고 부산을 떠나 고향으로 돌아간 교인들이 침례교회를 떠난 이유 등으로 총 교인 수가 1952년에 비해 감소하였다. 침례교인의 총수는 1952년 11,318명, 1953년 4,844명, 1954년에는 6,436명의 분포를 보였다.[142] 소위 구호물자 교인이 빠져나가 교인 수가 줄었지만, 침례교회는 목회의 질적 향상과 예배당 신축, 개교회와 교단의 기관 설립 등 장기적인 발전의 기틀을 놓고 있었다. 목회의 질적 향상을 위해 선교부는 목사와 교인과의 만남을 늘려주는 정책을 펼쳤다. 당시 침례교회는 이전 동아기독교 시대의 순회목회 전통을 계속 유지하고 있었다. 예를 들면, 1953년 당시 57세였던 신성균 목사는 17개 교회를 담임하면서 3,200명의 교인을 돌보았다. 그는 매주 3교회를 방문하고, 각 교회에서 2개월에 한 번씩 성찬을 집례 하였다.[143] 이런 상황에서 선교부는 10대의 자전거를 구입하여 목사들이 교회를 자주 방문하도록 도왔다.[144] 1953년 5월 총회 때, 124개의 조직 교회와 곧 교회로 조직될 모임들이 있었다. 1952년부터 1953년 5월까지 3,800명이 침례 받았고, 15,000명의 침례문답자와 18,000명의 주일학교 학생들이 있었다.[145] 이러한 보고는 일시적으로 교회에 가입한 교인들이 대거 이탈해나가는 대신 침례교 신앙을 이해하고 믿는 사람들로 교회가 채워져 가고 있음을 보여준다.

선교부는 예배당 건축도 주도적으로 감당했다. 대표적인 사례가 서울침례교회이다. 서울 수복 이후 다시 서울로 돌아간 부산충무로교회 교인들은 서울 필동에 있는 작은 예배당에서 모임을 가질 수 없었다. 교인들의 수가 많아졌기 때문이다. 교인들은 궁여지책으로 불교 사찰로 사용되던 건물을 임대하여 예배 장소로 사용하였다. 비록 절에서 모였으나 교회는 계속 성장하였다.[146] 그런데 어느날 국방부 장관이 절과 절 옆에 있는 고아원을 수용하여, 절은 한국전 참전 군인들의 유해를 안치하는 건물로, 고아원은 사무실로 사용할 것이라는 포고문을 발표하였다. 건물을 비우기 위해 일단의 무리가 고아원으로 들이닥쳤고 123명의 고아는 저항하였다. 그 과정에서 고아 10명은 폭행을 당하여 얼굴에 상처를 입기도 했다.[147]

애버네티는 그날 오후 청와대에 이승만 대통령 면담을 청원하였다. 청와대는 다음 날 오전 11시에 대통령을 만날 수 있다고 했다. 다음 날 애버네티 부부와 최 목사, 안대벽 부부 5명이 청와대로 갔다. 그들은 한 방에서 대기하도록 조치되었다. 얼마 후 비서가 "선교사님들이 조금 일찍 오셨으나, 대통령이 들어오시도록 했다"라는 말과 함께 인사를 하며 집무실로 안내했다. 한국인 동행자들은 면담 허가 명단에 포함되어 있지 않아서 그 방에 머물러야 했다. 이승만 대통령은 일어나 앞으로 다가와 악수를 청했다. 세 명은 향기로운 중국차가 놓여 있는 작은 탁자에 앉았다. 애버네티는 대통령에게 에덴고아원의 사정을 말하고 안대벽의 부인 이순도가 고아원 원장이라는 것도 알려주었다. 이승만은 그 사건에 관해 전혀 듣지 못했다고 분개하면서, 경호처장에게 즉각 자세히 조사할 것을 명령하였다. 이승만은 "한국 정부가 그 건물이 꼭 필요하였기 때문에 수용하려 했을 것이나, 그런 방식으로 해서는 안 된다"고 하였다.[148]

주얼 애버네티는 이승만 대통령에게 "작년 부산에서 신년 교례회 때 만났을 때보다 건강해보인다"고 말하고, "한국에 평화가 가능할 것 같은가요?"라고 질문하였다. 이승만은 "백만 명의 중국인들이 북한을 헤집고 다니는데 어떻게 평화를 기대할 수 있겠는가?"라며 굳은 얼굴로 대답했다. 다른 방에서 기다리던 사람들은 대통령과의 면담은 보통 5분을 넘지 않는데 어떻게 20분이나 대통령과 대화할 수 있었는지 물었다. 주얼은 이승만이 한국을 구하는 일이면 자기 목숨도 내놓을 사람 같이 보인다고 말했다.[149]

대통령 면담으로 어느 정도 시간을 벌었으나, 예배당 건축은 꼭 필요한 상황이었다. 애버네티는 자신의 집에서 정기적으로 모임을 갖던 주한미군 침례교 군목들에게 예배당 건축을 논의했고, 군목들은 15,000달러를 모금해줄 것을 약속했다. 그리고 주한미군의 물자, 트럭, 불도저, 기술자들을 동원해 주겠다고 하였다. 미군은 전쟁 물자를 전쟁이 끝난 뒤, 특별한 목적에 사용되도록 하였는데, 예배당, 학교, 병원, 고아원 등이 그 대상이었다.[150] 남침례교 해외선교부는 라티문 성탄 헌금에서 50,000달러를 지원하였다. 1954년 7월 27일 정초식 예배가 드려졌고, 그때 영어와 한국어로 기록된 두 개의 머릿돌을 놓았다. "침례교 군목들과 한국에서 싸우고 목숨을 바친 사람들을 기억하며. 요한복음 15장 13절. 1954년 7월 27일"(In memory of Baptist chaplains and men who fought and laid down their lives in Korea. John 15:13. July 27, 1954)이라는 문구가 새겨졌다. 정초식 예배는 1부와 2부로 나뉘어 드려졌는데, 영어로 드려진 1부 예배는 중령 군목 애드워드 어네스(Edward Eanes)가 사회를 보았으며, 애버네티와 미군 8연대 연대장 J. W. 보웬(Bowen) 대령이 순서를 맡았다. 2부 예배는 강성주 목사가 사회를 보았고, 최성업 목사가 헌당 기도를 했다. 강성주와 애버네티가 머릿돌을 놓았고 찬양대가 노래를 불렀다. 교회명은 서울기념침례교회(Seoul Memorial Baptist Church)로 하였다. 교회명이 필동교회에서 서울침례교회로 바뀌었다.[151] 당시 한국에서 가장 아름다운 건물 중 하나였던 서울침례교회는 1954년 12월 28일 헌당하였고 본당은 1,200석 규모였다. 1954년 말 서울에는 아현동교회(서울제일침례교회), 영등포교회, 서울침례교회 등 3개가 있었다.[152] 서울침례교회를 비롯한 한국의 초기 교회당들은 남침례교회의 라티문 성탄 헌금으로 세워졌다. 부산충무로교회, 대전대흥교회, 마산, 대구의 침례교회, 그리고 서울영등포교회 등이 라티문 성탄 헌금으로 세워진 교회들이었다.[153]

5. 침례교 정체성 강화

　남침례교회의 선교는 한국침례교회에 침례교 정체성을 공고히 하는 계기가 되었고, 그 결과 총회는 직제와 신학을 세계침례교회와 같게 하려는 결정들을 잇달아 하였다. 1951년 5월 충남 부여의 원당교회에서 개최된 제41차 총회에서는 전도사는 허용하되 교회 직분은 원칙적으로 목사와 집사 두 직분만 인정하기로 했다. 또한 침례교세계연맹(Baptist World Alliance)에 가입하기로 했다.[154] 1952년 충남 칠산의 칠산교회에서 개최된 제42차 총회 때에는 일본침례회연맹 규약을 기초로 삼아 만든 규약을 총회 규약으로 받아들였다. 총회 명칭도 대한기독교침례회연맹총회로 하였는데, 연맹이라는 단어를 사용한 것은 개교회들의 연맹이라는 뜻으로 개교회주의 원리를 표명하기 위함이었다.[155] 침례교회의 특성을 교단에 확고히 심으려는 것이었다.

　애버네티는 1953년 9월에 출판된 최초 교단 잡지인 「뱁티스트」 초판에 "침례교회는 어떠한 교회인가?"라는 글에서, 성경중심주의, 중생자 교회회원, 상징으로서의 침례와 성찬, 신자의 침수침례, 목사와 집사의 두 직분, 전도와 봉사의 강조 등을 침례교회의 특성으로 설명하였다.[156] 남침례교 선교사들은 침례교 기원으로 계승설을 소개하고 정설로 믿게 하였다. 1953년 9월의 「뱁티스트」 초판에, "거룩한 혈통"이라는 제목의 글에서, 제이 엠 케롤(J. M. Carroll)의 계승설을 설명하였다.[157] 침례교 계승설은 세대주의 역사관에 기초한 이론이었다. 그런데 한국침례교인들은 말콤 펜윅의 세대주의 사상에 이미 큰 영향을 받고 있었기 때문에 계승설이 낯설지 않았으며 쉽게 받아들일 수 있었다.[158]

6. 교회 및 총회 기관 설립

　남침례교 선교사들은 구제사업과 의료선교를 통해 짧은 기간에 많은 교회들을 세웠다. 거의 사라져갔던 한국침례교회를 회생시킨 이후, 선교사들은 교단의 장기적인 발전을 위해 개교회와 교단 차원의 기관들을 설립하였다.

1) 중고등부와 청년 모임들

애버네티는 부산충무로교회에서 매주 금요일 저녁 "침례교 시간"(Baptist Hour)이라는 모임을 이끌었는데, 그 모임에는 많은 미군도 참석하였다. 은혜를 받은 미군들은 부산범일동교회를 세우는 데 도움을 주었다. 미군 병사 중 프레드 버넷(Fred C. Burnette, Jr)과 토마스 풀리암(Thomas A. Pulliam)은 남침례교회 중고등부 모임인 왕의 사신단(Royal Ambassador; RA)과 소녀회(Girls in Auxiliary; GA)를 최초로 소개하고 운영하였다.[159] 충무로교회와 범일동교회에서 시작된 이들 모임은 곧장 전국으로 확산되었다.

1953년에 내한한 간호선교사 아이렌 브래넘, 루비 휏, 루시 라잇이 학생부 모임과 더불어 청장년 훈련과정인 신훈회(신앙훈련회, Baptist Training Union; BTU), 18-25세의 미혼 여자 청년 모임인 여자청년회(Young Women's Association; YWA), 5세부터 9세까지 어린이들의 신앙교육 단체인 일광회(Sunbeam Band) 등을 활성화시켰다.[160] 왕의 사신단은 그리스도의 사신으로서, 교회출석, 성경암송, 봉사, 전도 등의 실적에 따라, "공사, 기초대사, 전권대사, 흠정대사" 등의 진급제도를 운영하여 소년들의 적극 참여를 유도하였다. 소녀회도 "처녀, 시녀, 공주, 왕비, 섭정왕후, 전권왕후" 등의 등급을 두었고, 면류관과 홀을 든 왕후의 지위에 올라가면 대대적으로 축하해주며 신앙심을 북돋웠다.[161] 여자청년회는 1953년에 내한한 테드 다월스의 부인인 오마 다월스(Oma Lee Dowells)가, 일광회는 주얼 애버네티가 각각 담당하였다.[162] 1953년에 전국 규모의 왕의 사신단 및 소년회 캠프가 최초로 실시되어, 100명의 소년과 57명의 소녀가 참석하였다.[163] 1954년 8월에는 신훈회, 왕의 사신단, 소녀회가 합동으로 캠프를 개최하였다. 1953년에는 2개의 신훈회만 있었으나, 1954년에는 36개의 신훈회가 조직되었다.[164] 1954년 12월 현재 아이렌 브래넘이 신훈회를, 루시 라잇은 여전도회를, 루비 휏은 왕의 사신단, 소녀회, 일광회를 맡았다.[165]

2) 부인전도회 설립

1952년 칠산교회에서 개최된 제42차 총회에서 "부녀회(婦女會)를 조직하고 부녀운동을 전개하기로" 결의하였으나, 부녀회의 구체적인 활동에 관한 기록이 없다. 따라서 여전도회의 실질적인 모체는 1954년 4월 대전 대흥침례교회에서 개최된 제44차 총회 기간에 창립된 부인전도회로 보는 것이 적절하다.[166] 부인전도회는 초대 총회에서 루시 라잇 선교사가 준비한 규약을 통과시키고, 초대 회장 서울교회 이순도 사모, 부회장 서울교회 문인순 집사, 총무 부산교회 방호선 집사, 재무 수원교회 김추일 집사 등을 선출하였다.[167] 1954년 8월에 부인전도회 대회가 처음으로 개최되었는데, 부산의 수영 바닷가에 천막을 치고 20여 명의 회원이 교제와 전도회의 발전을 위한 회합을 했다.[168]

3) 침례신학교

선교부는 목회자 양성을 위해 1953년 6월 15일 침례교 성경학원을 개교하였다. 전국 각지에서 200명 이상이 지원했으나, 그 중 50명의 학생이 뽑혀 입학하게 되었다.[169] 신학생들이 모여 공부한 최초의 건물은 대전시 동구 원동에 있는 한 절간이었다. 여름방학이 끝난 9월에 중동의 적산 건물로 옮겼다.[170] 테드 다월 (Ted Dowells) 부부, 다니엘 레이(Daniel and Frances Rays) 부부가 1953년 초에 내한하여 신학교 사역을 맡았으며, 남침례교 해외선교부는 중동의 건물 매입을 위해 20,000달러를 지원하였다.[171] 성경학원은 1954년 4월에 "예과 3년, 본과 3년의 6년 정규과정과 3년 과정의 별과와 특수과 과정"으로 개편하였다. 당시 한국에서 6년의 신학교 과정을 실시한 학교는 침례신학교뿐이었다. 성경학원은 1954년 7월 7일 신학교로 승격 인가를 받았다.[172] 신학생들은 현장 실습을 하였고, 그것은 침례교회 발전에 큰 활력소가 되었다. 신훈회 과정을 마친 신학생들이 여름방학 동안 교회들을 방문하여 신훈회를 조직하고 운영 방식을 가르쳐 주었으며, 겨울방학 기간에는 교회가 없는 마을을 찾아가 복음을 전파하였다.[173]

7. 미남침례회 한국선교부 설립

남침례교 선교사들의 초기 사역은 남침례교회와 한국침례교회를 영구적으로 결속하게 만들었다. 구제사업과 의료사업이 확대되면서 체계적 관리가 필요하게 되자, 코든은 1952년 1월 11일 애버네티에게 선교부 조직을 제안하였다. 이에 따라 1952년 1월 하순, 렉스 레이가 회장이 되고 애버네티가 총무 겸 재무로 하여 미남침례회 한국선교부(Korea Baptist Mission)가 발족하였다.[174] 그러나 1952년 1

월에 설립된 한국선교부는 다소 잠정적인 조직이었다. 한국선교부가 정식으로 조직된 것은 1954년 7월 13일 서울 애버네티 자택에서의 모임에서였다. 11명의 선교사를 회원으로 회장에 레이, 총무 및 재무에 루비 휫이 선정되었다.[175] 선교부 본부는 이미 1953년 12월에 부산에서 서울로 옮겨진 상태였다.[176] 선교부의 정식 발족의 주된 이유는 부산 영도 영선동의 침례병원 건축을 체계적으로 추진해야 할 필요가 있었기 때문이었다.[177] 구제사업과 의료선교는 남침례교회가 한국에 선교부를 설치하고 영구적으로 선교하게 하는 원인이 되었던 것이다. 1950년대 초반 남침례교 선교는 거의 전멸 상태의 한국침례교회를 회생시키고, 주류 교단으로 발전할 기반을 제공해주었다. 남침례교회의 구제와 의료선교, 그리고 이와 연관된 적극적인 복음전도는 많은 사람을 침례교회로 오게 하였고, 새로운 침례교회들이 생겨나게 하였다. 선교사들은 교회와 교단의 기관들도 설립하여 장기적인 교단 발전을 가능케 하였다. 전체적으로 볼 때, 1951년에서 1954년까지 남침례교 선교사들의 사역은 시의적절 했으며, 한국침례교회를 살리는 공헌을 했다.

남침례교 선교사들의 초기 사역 2(1955-1958)

1. 선교사들의 인적 변화

존 애버네티 부부는 1950년 2월 27일 한국에 온 지 4개월 만에 한국전쟁으로 인해 필리핀 마닐라로 피신했다. 애버네티는 1951년 4월 14일 토요일에 다시 복귀하여 선교활동을 재개하였고, 그해 11월 렉스 레이(Rex Ray)와 넬슨 브라이언(Nelson A. Bryan)이 가세하였다. 이들 세 명의 선교사는 1952년 1월에 잠정적으로 한국선교부(Korea Baptist Mission)를 조직하고, 의료선교와 구제사업을 실행했다. 애버네티 부인 주얼도 1952년 9월에 한국에 왔다.[178] 1953년 2월 간호선교사 아이렌 브레넘(Irene Branum)과 루비 휫(Ruby Wheat)이 왔고, 얼마 후 의사 요컴(A. W. Yocum) 박사도 왔다. 그해 대전의 성경학원 사역을 위해 테드 다월(Ted Dowell)과 다니엘 레이 부부(Daniel and Frances Ray)가 왔으며, 렉스 레이

아내도 합류했다. 애버네티 부부는 서울 수복 후, 피난민들이 대거 서울로 몰려간 상황을 감안하여 서울에 선교 스테이션을 개설했다.[179] 잠정적 조직이었던 한국선교부는 1954년 7월 13일 서울 애버네티 자택에서 규정, 임원, 위원회를 갖추어 정식 조직으로 발족했다. 회장에 레이가 총무 및 재무에 휫이 선출되었다.[180]

1955년에는 호주 선교사 빈스 채터웨이(Vince Chattaway) 부부가 내한하여 구호사업을 도왔으며, 남침례교 선교사 얼 파커(Earl Parker) 부부는 한국에 있는 중국인을 상대로 사역했다. 루시 와그너(Lucy Wagner)는 여전도회 사역을 맡았고, 의료선교사 로버트 라잇(Robert and Paula Wright) 부부가 왔으며, 브라이언은 휴가를 끝내고 복귀하였다.[181] 1956년에는 파크스 말러(Parkes Marler) 부부, 굳윈(J. G. Goodwin) 부부, 맥스 윌락스(Max Willocks) 부부, 의료선교사 로버트 도로우(Robert Lee and Mary Dorrough) 부부가 왔다. 랙스 레이와 브라이언은 1956년에 은퇴했다.[182]

1957년부터 선교사들은 미국 예일대학교에서 한국어 공부 과정을 마치고 한국에 왔다. 돈 존스(Don C. Jones) 부부, 루이스 오코너(Louis O'Conner) 부부, 알버트 게미지(Albert Gammage) 부부, 찰스 테버(Charles Tabor)의사 부부, 레베카 렘버트(Rebecca Lambert) 처녀 선교사 등이 왔다. 베티 헌트(Betty Jane Hunt) 선교사는 교육 사역 및 침례회신학교 다월 교장의 비서로 내한했다.[183] 애버네티 부부는 1년간의 휴가를 마치고 1957년 1월에 다시 한국으로 돌아와 한국선교부 회개의 일, 선교부 사무실 시내 이전, 선교사 주택을 위한 부지 매입 등의 일을 했다.[184]

1958년에 다월이 휴가를 떠났고, 윌락스가 교장 대리 임무를 맡았다. 존스는 신학교 교수로 배치되었고, 굳윈은 침례병원 사무국장을 맡았으며, 말러는 서울 지역 선교사로 배정되었다. 1958년에 새로 들어온 선교사로는 보즈맨(O. K. Bozeman Jr.) 부부, 가이 핸더슨(Guy Henderson) 부부, 케네스 톰슨(Kenneth Thompson) 부부가 있다. 얼 파커 부부는 은퇴하였고, 요컴 의사는 미국으로 돌아갔다.[185] 1958년에 말러 가족이 서울로 이사했고, 휴가에서 돌아온 루시 와그너는 서울에 거주하며 부인전도회의 일을 하였다. 1958년에 36명의 선교사가 서울, 부산, 대전에 흩어져 있었다.[186]

2. 선교사들의 한국에 대한 인식과 적응 모습

남침례교 선교사들은 한국에 대한 인식과 적응 과정에 관해 산발적인 기록을 남겼다. 침례병원 원장 로버트 라잇은 크로리에게 1957년 3월 7일에 보낸 편지에서, 가족이 문화적 차이로 힘들어하고 있음을 호소했다. 라잇은 한국에 온 지 2년 정도 지났으나 어린 두 딸이 여전히 힘들어한다며, 문화적 차이가 커서 환경에 적응하려는 노력이나, 한국말을 아는 것만으로는 극복하기 어려울 것 같다고 했다.[187] 라잇과 그의 아래 폴라는 7개월 후인 1957년 10월에 그들의 후원자인 가족과 친구들에게 편지를 보냈다. 편지에는 적응의 어려움을 심령의 부흥과 선교사 간의 교제를 통해 극복했다는 내용이 담겨 있다. 라잇 부부는 모든 재한 선교사들이 다음 해 계획을 세우는 일로 1957년 7월의 한 주간을 대전에 모였는데, 그때 부흥이 일어났다고 했다. 그들은 하나님의 임재를 느끼고 하루 오전 내내 무릎 꿇고 기도했는데, 그 결과 전에는 어려움이 극복될 수 없는 것으로 보였으나, 성령님께서 상상해보지 못한 통찰력과 사랑의 마음을 주셨다고 했다.[188] 라잇 부부는 1957년 8월에 무창포 여름 피서지에서 선교사 가족들 모임도 한국 적응에 큰 도움이 되었다고 했다. 아이들은 테니스, 수영 강습, 보트 타기, 하이킹, 조개잡이, 파티, 소풍 등으로 즐겁게 지냈고, 부모와 자녀들이 함께 어울려 하는 게임도 무척 즐거웠다고 했다. 라잇은 1957년 10월 1일 다른 의사(도로우) 부부가 미국으로 돌아가서 병원에 남아 있는 의사 선교사는 자신이 유일하지만, 하나님께 모든 어려움을 맡기면 하나님이 채워주시고 힘을 주실 것을 믿는다고 했다.[189] 라잇 부부의 예에서 보듯, 성령 충만과 선교사 간의 교제로 적응의 어려움을 극복하는 선교사들이 있었음을 알 수 있다.

라잇 부부의 경우와 달리, 한국에 대해 긍정적으로 보며 빠른 속도로 적응하는 선교사들도 있었다. 예를 들면 1957년에 내한한 돈 존스는 한국이 피난민 문제, 청소년 범죄, 가난으로 매우 어려운 상황이지만, 푸른 산과 눈부시게 맑은 시내와 강이 아름다운 나라여서 자신은 두 번째 고향인 한국을 깊이 사랑하게 되었다고 했다.[190] 존스는 또한 한국은 서양인에게 깊은 배려를 한다며, 자신의 몇 가지 경험을 예로 들었다. 그는 추운 겨울밤 시골에서 저녁 예배를 마치고 집으로 돌아가려는데, 자동차가 시동이 걸리지 않았다. 그래서 전화로 부인에게 사정을 알리기 위해 인근의 경찰서로 갔다. 경찰관은 한 시간 동안이나 전화기를 돌려서 대전 존스의 집 근처 경찰서에 연락했다. 대전 경찰서는 두 명의 경찰관을 존스의 집으로 보내 메시지를 전달하고 밤새 집을 경계해 주었다. 존스는 공휴일에 기차를 타야 했는데, 공휴일은 혼잡하여 기차를 타려면 매우 오래 기다려야 했으나, 차장이 외국인을 위한 좌석으로 안내했기 때문에 몇 분 만에 탈 수 있었다고 했다. 또한 도벽이 있는 소년들이 자신의 만년필이나 시계를 훔치려 할 때, 옆에서 지켜본 어른들이 거의 항상 다가와 대신 사과한다고 했다. 존스는 미국에서 찾기 힘든 일이라 하며 한국인의 친절에 감탄하였다. 그는 한국인들은 힘든 노역을 하지만 대체로 발랄하며 불평하지 않고, 자식들 교육에 매우 헌신적이라고 하며, 남침례교회가 한국에 적극적으로 선교해야 한다고 주장했다.[191]

동양지역 총무 크로리 역시 한국에 대해 긍정적으로 평가하고 남침례교회의 적극적 선교 참여를 주장했다.[192] 선교사들은 한국에서 기독교가 성공하는 이유에 대해 강력한 국가 종교가 없고, 무속신앙, 불교, 유교 등도 조직화 되지 않아 복음 전파에 장애가 없기 때문이라 하였다. 또한 한국인들이 선교사를 존중하고 높은 도덕적 수준의 삶을 사는 것도 주요 이유라 했다.[193] 이처럼 남침례교 선교사들 가운데 한국에 대해 부정적인 인식으로 적응에 어려움을 겪는 경우도 적지 않았으나, 반대로 긍정적으로 인식하며 잘 적응하는 사람들도 많이 있었다.

3. 남침례교 선교사들의 사역

1950년부터 1954년까지 남침례교 선교는 주로 구호사업과 의료선교에 집중되었으나, 1955년부터는 전도와 교회 개척, 예배당 건축, 교회와 총회의 기관 육성 등에 선교 자원과 역량을 집중적으로 투입했다. 의료선교는 침례병원 건물이 완공되면서 안정되었다. 이와 관련한 구체적인 내용을 살펴보자.

1) 전도와 교회 개척

남침례교 선교사들은 1955년에도 구호사업을 지속했으나, 전도와 교회 개척으로 선교의 중심축을 옮겼다. 애버네티는 총회 구호위원회 위원장으로 여전히 활동했고, 렉스 레이 부부는 호주침례교총회 파송 선교사 빈스 채터웨이 부부와 함께 구호물자를 나누어주었다.[194] 그러나 선교사들은 지역을 방문하여 전도하는 일에 많은 시간을 쓰기 시작했다. 애버네티는 1955년에 38선 지역의 한 마을을 방문하여 복음을 전하였고, 레이의 아들 대니얼 레이(Dan Ray)는 시골 마을들을 방문하여 복음을 전하고 침례를 주었다. 파커 부부는 부산에 있는 중국인 피난민들에게 복음을 전하였는데, 이들은 당시 남한에 있던 20,000명의 중국인을 상대로 사역하는 초교파적으로 유일한 선교사였다.[195]

애버네티는 1955년에 자신의 운전기사 김씨를 전도했다. 그는 15년간 순종의 황후 윤씨의 운전기사였던 사람이었다. 김씨는 애버네티 부부를 왕궁으로 데려가 왕실 전용 차고에 전시된 서리형(surrey) 마차 1대와 프랑스 자동차, 캐딜락을 보여주었다. 애버네티는 종종 차를 타고 나가야 했고 자동차 관리를 위해 김씨가 매우 필요했기 때문에, 자신의 저택 안에 그가 거처할 작은 집을 마련해주었다. 김씨는 애버네티 부부와 함께 살게 되면서 성경과 신훈회 잡지를 읽는 데 많은 시간을 보내었다. 그는 마침내 개종하였고 금붕어들이 살고 있는 애버네티 집 정원 연못에서 침례를 받았다. 연못은 서울침례교회 예배당이 완공되기 전까지 침례 장소로 사용되었다. 김씨는 그의 가족도 전도했다.[196]

파커 부부는 서울과 부산에 있는 중국인들을 상대로 목회하였고, 1956년 부산에, 1957년 서울에 각각 중국인 예배당을 헌당했다.[197] 말러는 창리라는 마을을 방문했다. 말러 일행이 도착하자, 마을 종이 울렸고 마을 사람들 모두 방앗간 마당에 모였다. 말러는 예수님을 모셔 드리라는 단순한 설교를 했는데, 100명 넘는 사람들이 그리스도를 영접하였다. 말러는 오래된 집을 구입하여 예배당으로 사용하도록 기증했다. 말러는 대전에서 여성들이 일하는 공장에 있는 선교 처소를 방문하고 설교했다. 44명의 여성이 예배에 참석했고 그중 21명이 회심했다. 그는 또한 공주에서 3일간 부흥회를 인도했는데, 27명의 남자 고등학생과 4명의 성인이 예수님을 영접했다.[198]

다니엘 레이는 1957년에 남침례교 선교사 중 최초로 울릉도를 방문하여 설교했다. 그것이 계기가 되어 남침례교 선교사들은 1959년에 울릉도에서 지도자 강습회를 개최했다. 존스 부부, 루시 와그너, 6명의 신학생, 통역관 등이 10일간의 강습회를 인도했다.[199] 1958년에 윌락스와 다니엘 레이는 청주시 문의마을에 있는 천막 교회를 방문했다. 교인들은 낡은 천막의 차디찬 바닥에 앉아 예배를 드렸으나, 설교에 열정적으로 반응했다. 문의교회 교인들은 인근 노양마을에 복음의 씨앗을 뿌려놓은 상태였다. 윌락스는 노양마을에 가서 수개월 동안 머물며 사역했다. 결국 노양마을의 어른들은 마을회관을 예배장소로 사용하도록 허락해주었다. 보리와 쌀을 탈곡하고, 고추를 말리며, 민요를 부르며 춤을 추는 장소로 사용되던 마을회관은 약간의 수리를 거친 후 예배당으로 사용되었다.[200]

노양마을의 교인들은 산 너머 마동마을에 복음을 전했고, 윌락스에게 그곳에 방문하기를 요청했다. 윌락스 일행은 "참새, 메뚜기, 산에서 나는 뿌리 식물로 된 점심을 먹고 난 후, 산 너머에 있는 마을로 갔다." 적막한 산길 수 킬로미터를 걸어서 도착한 마동마을은 백인이 한 번도 온 적이 없는 곳이었다. 선교사 일행은 마을 어른들과 눈이 휘둥그레진 아이들의 환영을 받았다. 사람들은 단순한 말씀에 반응했고, 마을 전체가 기독교를 믿는 쪽으로 결정했다. 마을 사람들은 모든 소유를 그리스도께 드리려 했는데, 그런 모습에 선교사들은 전율을 느꼈다.[201] 말러 부부는 1958년 봄에 한 천막교회에서 집회를 열었다. 집회는 그러나 성공적이지 못했다. 마을 사람들은 외국인에 대한 호기심에 왔으나, 예배당 안에 들어오지 않고 밖에서 떠들기만 했다. 아이들은 천막을 향해 돌을 던지며 큰 소리로 웃어댔다. 선교사들이 지프차를 타러 걸어갈 때, 동네 아이들에게 쫓아왔다. 말러는 아이들에게 이집트로 팔려 간 요셉의 이야기를 들려주고, 요한복음 3장 16절을 따라 읽게 했다.[202]

남침례교 해외선교부는 군인 전도도 일찍이 염두에 두고 있었다. 훳 선교사에 의하면, 1956년에 내한한 말러 부부는 원래 군인을 상대로 사역할 목적으로 파송되었다.[203] 가이 핸더슨은 1958년 여름 미시시피 주 키슬러 공군본부에서 훈련받던 이희호라는 한국 공군 하사를 만났다. 이희호는 미국에 있는 동안 핸더슨이 담임으로 있던 빌록시(Biloxi)에 있는 임마누엘침례교회를 다녔다. 핸더슨 부부는 한국 선교사로 임명받고 1958년 9월에 예일대학교의 극동언어연구소(Institute of Far Eastern Languages)에서 공부했다. 핸더슨은 대전 대흥동침례교회가 1959년에 오클라호마 제일침례교회 담임목사인 허셀 홉스를 강사로 초청해 개최한 부흥회에서 이희호를 만나게 되었다. 이희호는 부흥회 기간에 예수님을 영접하였는데, 그 장면을 본 핸더슨은 50만 한국군인 전도를 꿈꾸게 되었다.[204] 이처럼 남침례교 선교사들은 복음전파와 교회 개척을 위해 많은 시간과 자원을 사용했다.

2) 예배당 건축

선교사들은 교회들이 대거 개척되자 예배당 건축에도 관심을 기울였다. 애버네티는 1955년 가을경 비무장 지역에 인접한 강원도 양구에 세 그룹의 침례교회중이 예배당이 없다는 소식을 듣고 양구를 방문했다. 그곳에는 100여 명의 침례교인이 낡은 군대 천막에 모여 있었다. 애버네티는 교인들이 마을의 요지에 예배당 부지를 확보해놓았으나, 그들의 힘만으로는 예배당을 건축할 수 없음을 알게 되어 지원을 약속했다.[205] 애버네티 일행은 양구에서 약 24킬로미터 떨어진 옥산포로 갔다. 그곳의 침례교회는 이미 예배당을 짓고 있었으나, 물자가 소진되어 완공할 수 없었다. 애버네티는 침례교 군목협회(Baptist Chaplains' Association)에서 이들 교회의 상황을 설명했고, 군목들은 도와주기로 했다. 그 결과 군사 접견 지역에 세 개의 침례교 예배당이 완공되었다.[206] 한편 말러는 북구리라는 산골 마을에 예배당을 세워주었다. 30여 명의 북구리 교인들은 3년 동안 낡은 천막에서 예배를 드리고 있었다.[207] 남침례교 해외선교부는 라티문 성탄절 헌금(Lottie Moon Christmas Offering)을 통해 예배당 건축을 지원했다. 최초의 라티문 예배당은 1952년에 지은 부산 충무로교회였다. 다음은 대전 대흥동침례교회였고, 세 번째는 1953년 12월에 완공된 서울 영등포침례교회였다. 1954년에는 마산과 대구에 예배당을 건축했다. 이후 아현동교회와 서울침례교회가 라티문 헌금으로 건축되었다.[208]

3) 학생부와 청년부 사역

한국 침례교회의 학생부와 청년부 사역은 미군들이 도입했고, 여성 선교사들이 운영했다. 1954년에 브레넘이 남자 청년 모임인 신앙훈련회(Baptist Training Union; BTU)와 18~25세의 미혼 여성 청년 모임인 여자청년회(Young Women's Association; YWA)를 책임지고 있었고, 횟이 남녀 학생 모임인 왕의사신단(Royal Ambassador; RA)과 소녀회(Girls in Auxiliary; GA)를 이끌고 있었다.[209] 1955년에 애버네티 부인인 주얼(Jewell)이 부인전도회와 5세부터 9세의 모임인 일광회(Sunbeam Band)를 맡았다.[210] 애버네티 부부가 1955년 12월 5일 휴가차 미국으로 떠나자, 루시 와그너가 부인전도회와 일광회 사역을 이어받았다. 다월은 왕의사신단 지도자 캠프를 인도하였으며, 그의 부인은 여자청년회를 돕는 일을 했다. 브레넘은 부산 지역 교회들의 신앙훈련회를 돕는 일과 기독교 문서 번역 사역을 했고, 휫은 왕의사신단과 소녀회가 사용할 교재의 번역과 1955년 소녀회 여름 캠프를 주관하는 일을 맡았다.[211]

1956년 8월에 학생부와 청년부의 여름 캠프가 대대적으로 개최되었다. 20개 교회에서 52명의 청년부 회원, 87명의 소녀회 회원, 100명 이상의 왕의사신단 회원이 참가했는데, 13명이 신앙 고백했고, 7명이 침례받았으며, 많은 사람이 재헌신했다.[212] 캠프는 참가자들에게 사명을 발견하는 기회를 제공했다. 소녀회 대표 중 한 명은 시골 아이들에게 예수님에 대해 말해주는 사람이 없는 것이 안타까워서, 간호사가 되어 한국의 시골 마을들을 다니며 예수님을 전하고 싶다고 했다.[213] 청년부 캠프의 하이라이트는 주일 저녁에 실시한 전도 집회였다. 젊은이들은 주일 오후 동네로 나가 사람들을 집회로 초청했다. 집회 시간이 되자 아이들이 먼저 왔고, 얼마 후 어른들도 와서 200명 이상이 집회에 참석했다. 한 여자청년회 회원은 주일 저녁에 모인 사람들 가운데 글을 몰라 성경을 읽지 못하는 사람들을 보고, 앞으로 크리스천 교사가 되어 문맹을 없애는 일에 헌신하겠다고 했다. 다른 청년들은 하나님이 인도하시면 어디든지 가겠다고 결심했다.[214]

1958년 여름에도 3주간 무창포 침례교 캠프장서 여름 캠프를 진행했다. 캠프장에는 4개의 긴 막사같이 생긴 4개의 기숙사, 채플, 샤워장 등 6개의 건물이 완공된 상태였다. 청소년부 50명, 소녀회 26명이 등록했다. 캠프 일정은 성경 공부, 설교 말씀, 그룹 토론, 찬양, 레크레이션 등으로 이루어졌다. 캠프 기간에 39명의 결신자가 생겼으며, 어떤 학생은 불교를 믿는 부모님을 전도할 것을 결심했다.[215]

청년부 사역은 주한 미군의 참여로 풍성해졌다. 예를 들면 1958년에 서울침례교회에서 시작한 영어신앙훈련회(English-speaking Training Union)가 그것이다. 남침례교 출신 군인들은 교회를 도울 목적으로 영어로 말하는 신훈회를 만들었다. 영어신훈회는 미군에 대한 한국 여성들의 부정적 시각을 개선하는 효과를 가져왔다. 미군들에게는 한국 기독교 신자의 열정을 보며 도전받는 계기가 되었다.[216] 영어신훈회는 미국인들에게 한국 문화를 소개하는 역할도 했다. 영어신훈회 멤버 프랭크 버저(Frank Burger)는 "나는 한국인 가정을 방문하는 것이 즐겁다. 뜨거운 온돌방에 방석을 깔고 앉아서, 영하의 날씨에 발을 따뜻한 이불 밑에 넣는다. 나는 한국인의 생활과 문화를 이해하게 되었다"라고 했다.[217] 이처럼 다양한 학생부와 청년부 사역은 한국 침례교회의 수적, 질적 성장을 가져왔다.

4) 부인전도회

오늘날 여전도회의 전신인 부인전도회는 1953년 2월에 내한한 간호선교사 브레넘과 횟에 의해 시작되었다.[218] 이후에는 1953년 6월 8일에 내한한 간호선교사 루시 라잇이 부인전도회 사역을 책임졌다.[219] 라잇은 다른 여성 선교사들이 주일학교 단체들을 돕는 일부터 시작한 것과 달리, 처음부터 부인전도회 사역만 맡았다.[220] 부인전도회는 1954년 5월 5일 대전 대흥동침례교회에서 개최된 제44차 대한기독교침례회연맹총회의 총회 기간에 라잇이 준비한 규약을 통과시키고, 임원진을 구성하여 공식적으로 설립했다.[221]

1955년도 부인전도회의 사역으로는, 부산 충무로교회에서 제2차 총회를 개최하여 대의원들에게 규약과 세칙을 배포하고, 개교회에서 부인전도회의 운영 방법에 관한 강좌를 열었다. 당시 부인전도회는 주일학교 단체 및 출판 업무도 함께 하고 있었기 때문에, 소녀회의 조직과 운영 방식을 다룬『소녀회 입문』(G. A. Manual)을 번역 출판하였고,『바울의 생애』(Life of Paul),『어떻게 시작되었나』(How It Begins) 등의 책도 출판했다. 그리고 부인전도회의 항구 표어인 "우리는 하나님의 동역자들이요"(고전 3:9)와, 부녀회 회가 "오시오 부녀들"(합동 34장 곡)을 채택했다. 도한 부인전도회를 상징하는 색깔로 연보라색을 정하고, 배지는 미남침례교 여전도회의 휘장을 그대로 사용하되, 글자만 한국부인전도회로 고치도록 했다.[222]

부인전도회는 1955년 6월에 대전에서 개최된 제1회 지도자 강습회의 운영을 도왔다. 이것은 한국신훈회연맹(Korean Training Union)의 최초 전임사역자가 된 마이크 추(Mike Chiu)의 제안에 따른 것이었다. 그는 교단이 새로운 사업을 시작하기 전에 기관 지도자들을 훈련하는 일이 꼭 필요하다는 내용의 편지를 각 교회에 발송했다. 강습회는 신훈회 뿐만 아니라 왕의 사신단, 소녀회도 포함하기로 결정되었다. 프로그램은 오전에는 신훈회 운영방법, 오후에는 왕의 사신단과 소녀회 운영방법, 밤에는 청지기 훈련으로 짜였다. 강습회에는 각 교회의 대표들과 100여 명의 대전 신학교 학생이 참가했다.[223]

부인전도회는 제3차 총회를 부산 충무로교회에서 1956년 4월 19~20일 양일간 개최하였는데, 총회에서 라잇은 100개의 부인전도회와 2,228명의 회원이 있다고 보고했다. 1956년도 부인전도회의 주요 사역으로 부인전도회의 8가지 존재 이유에 대한 팸플릿 1,000부와 왕의 사신단과 소녀회에서 사용될 교재를 출간한 일이다.[224] 1957년 제4차 부인전도회 총회가 각 교회 대표 48명이 참석한 가운데 서울침례교회에서 4월 22~23일 양일간 개최되었다. 김추일(수원교회) 재무는 이순도(서울교회) 회장이 미국에서 가져온 승용차와 두 대의 피아노로 인해, 1,779,145환의 부채가 발생했다고 보고했다. 총회는 미국의 기증자에게 한국 정부가 승용차 사용을 불허하므로, 자동차 처분의 허락을 요청하는 편지를 발송키로 결의했다. 또한 출판을 후원해준 미국 후원자들에게 감사 편지를 발송키로 했다. 부인전도회는 남침례교회의 본을 따라 1957년 12월부터 해외선교를 위한 특별 예배를 드리고 "라티문 성탄 헌금"을 거두기로 했다. 1957년에 총 112,480환의 라티문 헌금이 모였다.[225] 루시 와그너가 1957년 6월부터 부인전도회 전담 선교사 되었다. 와그너는 1955년 10월에 내한하여 한국어 공부했고, 이후 부인전도회 사역을 맡았다.[226] 1957년 말에 부인전도회 월간지 제작을 준비했으며, 『소녀회 입문』을 재출간했다.[227]

1958년도 부인전도회의 사역으로는, 1월에 "부인전도회 월보" 초판을 출판했다. 이순도 회장의 창간사가 포함된 24~30쪽 분량의 제1호 월보는 인쇄소 〈정문사〉를 통해 150부 발행했다. 월보는 제9호까지 각 교회에 무상으로 배포되었다. 3월에는 이마리아를 교회 순회 전도사로 임명하여, 각 교회를 다니며 부인전도회의 조직과 육성을 돕도록 했다. 5월 10~12일 삼 일간 경북 점촌침례교회에서 부인전도회 5차 총회를 개최했다. 1958년에는 남침례교 선교사들이 자체적으로 "부인전도회 위원회"를 구성했는데, 마르다 말러, 주얼 애버네티, 루시 와그너가 위원으로 선출되었다.[228] 이처럼 부인전도회는 여성 선교사들의 적극적인 협력으로 견실하게 성장했다.

5) 청지기 운동

남침례교 선교사들은 자립교회 육성을 위해 1958년부터 청지기 운동을 펼쳤다. 1958년 1월에 무어 박사(Dr. Merrill D. Moore)와 그린스텝 박사(Dr. W. E. Grindstaff)가 내한하여 청지기 강습회를 열었다. 참석한 120여 명의 목회자는 크게 감동하여 교인들에게 청지기 강의를 개최하려는 열망으로 가득했다. 목회자들은 가난한 교인들이 십일조 내기가 어렵다고 판단하고 헌금 생활을 강조하지 않았는데, 청지기 강습회를 통해 독립적이고 자립적인 교회가 되기 위해서는 청지기 훈련이 꼭 필요한 일임을 인식하게 되었다.[229]

6) 침례회신학교

침례회성경학원은 1953년 6월 15일, 38명의 남학생과 12명의 여학생 총 50명의 학생에게 교육을 실시함으로 시작되었다. 초대 교수진으로 원장에 애버네티, 교수에 한기춘, 최형근, 한태경이 있었다.[230] 학교가 개원하기 전의 준비과정을 살펴보면 다음과 같다. 대한기독교침례회연맹총회는 1952년도 제42차 총회에서 신학교 설립을 결의하였고, 그해 11월 30일 집행위원회에서 이사회를 조직했다. 이사장에 장일수 목사가, 이사에 김용해, 신혁균, 안대벽, 한기춘, 최형근, 최성업 목사가 선출되었다.[231] 교사로 일제 강점기에 유곽으로 사용되었던 대전시 중동 21번지에 있는 국일관(國一館)을 매입하여 사무실, 강당, 식당, 도서실, 교실 2개, 20여 개 방의 기숙사로 개조해 사용했다.[232]

이사회는 1954년 2월에 성경학원을 신학교로 격상시키기로 결의하고 교수진을 9명으로 확대했다.[233] 이사회는 1954년 2월에 문교부에 신학교 인가를 신청했고, 동년 7월 7일 문교부로부터 각종 학교로 정식 인가받아 침례회신학교가 되었다.[234] 신학교의 학제는 예과 3년과 본과 3년 합계 6년의 정규과정(정과), 3년 과정의 별과, 3년 과정의 특수과가 있었다.[235] 이것은 미국 신학교 학제를 본 딴 것이었다. 본과(seminary proper)는 학부를 마친 이후의 과정으로서 오늘날 신학대학원에 해당하며, 예과는 신학교에 입학하기 전 3년간의 교양과정 혹은 대학(college)에 해당한다. 별과는 본과와 예과에서 공부할 자격을 갖추지 못한 사람을 위한 과정이었다.[236] 특수과는 1953년에 입학한 학생들을 위한 한시적 과정이었다. 본과는 예과를 수료했거나 다른 대학에서 학사학위나 동등한 과정을 이수한 사람이 입학할 수 있었고, 별과는 고등학교나 사범학교 혹은 일제 4년제 중학교를 졸업했거나 대학입학 검정고시에 합격한 사람이 입학할 수 있었다.[237] 성경학원은 예과 48명, 별과 47명, 특수과 43명의 학생으로 1954년 4월 8일에 봄 학기를 시작했다. 문교부에 신청한 학생정원은 본과 50명(50×3=150명), 예과 50명(50×3=150명), 별과 50명(50×3=150명)이었다. 수업은 예과, 별과, 특수과 학생들이 모두 참여하는 합반 형식으로 진행되었다.[238]

1955년도 침례회신학교의 교장은 애버네티였고, 다월은 신학교에서는 영어를, 충남대학교에서는 영어성경을 가르쳤다. 레이 부부 역시 교수 사역을 했다.[239] 1955년에 대전시 목동 산 111-7번지에 18,290평의 땅을 새로운 캠퍼스 부지로 매입했다. 대지 중 임야가 7,000평이어서 나머지 11,000평만 학교 건물과 운동장으로 사용 가능했다.[240] 1956년 3월 8일에 특수과 학생 18명이 졸업했다. 그들은 신학교가 배출한 최초의 졸업생들이었다. 1956년 목동 캠퍼스에 본관 건축을 착공하여 10월 19일 정초식을 거행했다. 모든 공사비는 남침례교 선교부가 전액 부담했다.[241] 굿윈 부부와 윌락스 부부가 1956년 10월부터 신학교 사역에 합류했다. 다월은 신학교에 한국어 학교를 개설, 12월부터 수업을 시작했으며, 말러 부부도 신학교와 한국어 학교 사역에 동참했다. 말러는 선교사 관사 건설도 주관했다.[242]

1957년 3월 29일 34명의 남학생과 5명의 여학생으로 구성된 별과 제1회 39명이 졸업했다. 졸업식은 완공을 앞둔 본관 앞에서 진행되었다. 1954년에 별과로 입학한 47명의 학생 중 3년 과정을 마친 사람은 29명밖에 없었으나, 특수과 학생 10명의 별과로 편입해서 39명이 졸업하게 된 것이다. 학생들의 중도 탈락률이 높은 이유는, 교사가 대전역 주변의 유흥가에 위치하여 교육에 부적절했다는 것과, 신학교가 정식 대학이 아닌 각종 학교여서 병역 감면의 혜택을 주지 못했기 때문이다. 당시 정식 대학의 재학생은 1년 6개월만 군 복무하면 되는 특혜가 있었으나, 각종 학교 학생에게는 그런 특혜가 주어지지 않았다.[243] 1957년 3월에 애버네티가 교장직을 사임하고 다월이 만장일치로 후임 교장에 선출되었다. 1957년 5월에 3층짜리 본관 건물이 완공되었다. 본관에는 각각 50명의 학생을 수용할 수 있는 8개의 강의실이 있었다. 다월은 본관이 완성되자 기숙사 건축을 시작했다.[244] 기숙사가 완공된 후, 다월은 기숙사 학생들이 운영하는 새벽기도회

에 매일 참석하고 학생들과 함께 아침을 먹었다.[245]

1958년에는 몇몇 학생이 병으로 학교를 중퇴하고, 많은 학생이 군대에 입대했기 때문에 등록 학생 수가 1957년보다 적었다. 다월은 안식년으로 미국으로 갔고, 윌락스가 교장 대리로 사역했다. 선교부는 1958년에 대전시 중심가에 기독교 서점을 개설했다. 1958년에 3개 선교회의 후원으로 시작된 선교사 자녀를 위한 학교에 침례교 선교사 자녀들도 다녔다.[246] 1950년대 신학생들은 전도하고, 교회를 방문해서 가르치며, 길거리 예배를 인도하는 등 활발하게 활동했다. 어떤 학생은 여름성경학교를 잘 운영하여 선교사들과 함께 주일학교 교사 강습회의 강사로 활동했다. 학생들은 자체적으로 학생 조직을 구성해 학생들의 사소한 징계 사항을 다루고, 학생 자치 식당을 유지하며, 운동 프로그램을 계획하고, 매년 「십자가」라는 잡지를 발행했다. 매달 토론회도 개최했는데, "왜 침례교회들은 남자보다 여자 성도가 많은가? 어떻게 남자들을 전도할 수 있을까?"와 같은 주제를 가지고 토론을 벌였다.[247] 전체적으로 신학교는 학생 수가 감소하는 때도 있었으나, 대체로 빠른 속도로 안정화되었다.

7) 침례병원

넬슨 브라이언이 1951년 11월 22일 부산시 남포동 2가 22번지 충무로교회(부산 선교부) 앞뜰에서 시작한 의료선교는, 1955년 11월 15일 부산시 영도구 영선동 2가 31에 50개 병상의 병원을 완공함으로 영속적 사역으로 안착했다.[248] 기존의 남포동 병원은 요컴 박사의 주도로 외양을 아주 좋게 개조하여 사용하고 있었다.[249] 남포동 병원은 1955년에 하루 평균 400명의 환자를 돌보았다. 간호선교사 브래넘과 휫은 훈련과 전도 프로그램을 위한 책자의 출판 업무도 맡고 있었다.[250] 렉스 레이의 책임하에 1953년부터 진행된 영도 병원 공사는 2년 6개월여 만에 완공되었다. 병원명은 중국에서 15년간 선교하다 공산당에 의해 1951년 1월에 순교한 남침례교 의료선교사 윌리엄 왈레스(William L. Wallace, 1909-1951)를 기념하여 "왈레스 기념 침례병원"으로 하였다.[251] 병원의 머리돌에는 "이 건물은 육체적 및 정신적 질병으로 고통당하는 모든 생명에게 헌납된 것으로써 하나님의 영광을 위해 중국의 선교사로 일생을 살며 봉사하다가 죽은 윌리암 엘 왈레스 의사님을 기념하기 위해 세워졌습니다"라는 글귀가 새겨져 있다. 병원의

설립 목적을 환자치료, 복음전도, 의료요원 교육으로 정했다.[252]

부산시 영도구는 피난민들이 모여 사는 가난한 지역으로, 그곳에 병원을 세운 것은 선교 목적 때문이었다. 540평의 대지 위에 세워진 침례병원은 당시 부산에서 가장 좋은 시설을 갖춘 병원이었다. 3층짜리 병원 건물의 지하실은 세탁실, 각종 기계실, 예배실, 상점, 교실, 놀이방이 있었고, 1층은 진료소, 수술실, 입원실이 있었으며, 3층은 간호사 기숙사로 사용되었다.[253] 1955년 11월 29일에 봉헌예배(헌당식)가 드려졌으며, 250~300명의 사람이 참석하는 성황을 이루었다. 브라이언 병원장이 사회를 보았고, 루시 라잇과 존 애버네티가 연설했다.[254]

1956년 1월 1일 왈레스 기념 침례병원은 외래진료를 시작했다. 당시 병원 행정 체제는 브라이언 원장, 라잇 간호 부장, 브레넘 수간호사, 횟 입원실 책임자로 구성되었다. 그리고 5명의 한국인 의사, 27명의 한국인 간호사, 30명의 직원이 함께 일했다. 병원은 복음전파를 늘 우선순위에 놓았는데, 예방주사 놓는 날을 주요 전도일로 삼았다. 병원 전임 목회자가 예방주사를 맞기 위해 병원에 몰려온 사람들에게 복음을 전했는데, 하루에 4~6번 정도 설교하는 때도 있었다. 1956년 3월 초에 병원 채플을 오픈하여 입원 환자들을 대상으로 주일예배를 실시했는데, 평균 참석 인원은 주일예배에 80명, 주일학교에 150명 정도였다.[255] 1956년 5월에 로버트 라잇 부부가 침례병원에 합류했다. 이들은 1955년 9월에 내한하였으나, 8개월간 서울에 머물며 한국어를 공부했다. 로버트는 미국으로 돌아가는 브라이언을 대신하여 침례병원의 원장이 되었다.[256]

로버트는 1923년 11월 24일 텍사스 중부 한 시골마을에서 의사의 아들로 태어났다. 부모는 기독교 신자였으나 신앙생활에 적극적이지 않았다. 11살 때 누이 아이다(Ida)의 영향으로 회심을 경험하고 침례를 받았다.[257] 로버트는 텍사스 A&M 대학 1학년 때 하나님의 소명을 느꼈는데, 텍사스주 침례교대학생연맹 (B.S.U.) 총무 빌 마셜(Bill Marshall)로부터 중국과 일본 선교에 관해 들었을 때 큰 도전을 받았다. 로버트는 대학생이 된 지 18개월 정도 지난 후, 군에 입대하여 분쟁지역을 다녔다. 그는 외국의 여러 나라에서 복무하는 동안 많은 사람이 어둠에 사는 것을 목격했다. 로버트는 1945년 필리핀을 여행하는 도중 폴라 퍼킨스(Paula Perkins)를 만나 1945년 10월 2일 결혼하였다. 로버트는 1946년 11월에 의료선교사가 되겠다고 결심하고, 1947년 가을 휴스턴의 베일러 의과대학

(Baylor Medical School)에 입학했다. 1951년 졸업 후 휴스턴과 샌안토니오에서 인턴과 레지던트 과정을 마쳤다. 부부는 세 명의 자녀를 두었는데, 장남 로버트 2세(Robert Jr.)가 1948년 2월 26일에, 첫째 딸 주디스(Judith)가 1949년 8월 2일에, 막내딸 질(Jill)이 1951년 9월 3일에 각각 태어났다.[258] 로버트는 해외선교부의 선교사 지원서에 선교의 최고 목적은 예수 그리스도를 구세주로 알리는 것이며, 다른 사역들은 부수적이어야 한다고 썼다. 그리고 사회정의와 세계질서는 개인의 심령 변화에서 비롯된 결과이어야 하며, 타 종교는 거짓이며 사탄에게서 온 것이므로 타협할 수 없다고 했다. 로버트는 성경은 영감받은 하나님의 말씀으로 유일한 권위라고 했다.[259] 이처럼 라잇은 보수적 신앙인이었다.

1956년 6월 도로우 의사 부부가 병원 사역에 합류했으며, 브레넘은 호주인 간호선교사 빈스 채터웨이(Vince Chattaway)와 함께 1956년 7월에 소아진료소를 개설했다. 그들은 매주 평균 150명의 아기에게 우유를 제공하고 예방접종을 실시했다.[260] 도로우는 1925년 10월 10일 신실한 기독교 가정에서 태어났다. 10살 때 회심했고, 어렸을 적부터 십일조를 드렸다. 공부를 탁월하게 잘해 고등학교 때 명예학생단체(National Honor Society)의 회원으로 뽑혔다.[261] 도로우는 공과대학에 진학했고, 군인으로서 전쟁에 참여했다. 프랑스, 벨기에, 독일 등지에서 여러 경험을 하면서 선교사 소명을 갖게 되었다. 이후 미주리주 세인트루이스에 있는 워싱턴대학교(Washington University) 의과대학에서 수학하고, 애틀랜타와 세인트루이스에서 인턴과 레지던트 과정을 했다.[262] 도로우는 소아과 분야 의료선교를 지망하는 메리 길리랜드(Mary Gilliland)와 1951년 1월 16일 결혼했다. 부부는 세 아들 프레드(Fred), 데이비드(David), 칼(Carl)을 두었다.[263]

침례병원은 복음전도 사역을 위해 조이전 목사와 여자 전도사 한 명을 채용했다. 그들은 입원 환자를 돌보고, 문맹자를 위해 매주 두 번 야간 수업을 진행했다.[264] 목회자들의 활동으로 예수를 믿게 된 환자들이 많아졌다. 새로 예수를 믿게 된 사람들은 교회에 가고 싶었으나 당시 영도에는 침례교회가 없었다. 그들은 병원에서 예배를 드리다가 1956년 12월에 12명의 창립 회원과 15명의 침례 지원자를 중심으로 영선침례교회를 세웠다.[265]

1957년도 침례병원 현황은 라잇이 원장으로 도로우가 의료 실장으로 봉직하고 있었다. 특이한 일은 루시 라잇이 간호사자격 국가고시에 합격한 것이다. 라잇은 한국어로 시험을 보아서 간호사 자격증을 받은 최초의 미국인이었다.[266] 그러나 의사들은 한국에서 일하는 것에 적응하지 못하고 힘들어했다. 동양총무 크로리는 1957년 2월 21일에 라잇에게 편지를 보내, 도로우가 두 번째 회기 사역을 위해 한국으로 돌아갈지 고민하고 있고, 라잇 역시 비슷한 입장임을 알고 있다고 하며, 언어와 생활환경, 동료와의 관계에서 오는 곤란을 충분히 이해한다고 했다. 그러나 언어를 좀 더 이해하고 병원 사역이 안정되면 완화될 것이니 좌절하지 말고 견뎌 주기를 요청했다.[267] 크로리는 편지로 라잇을 다독였다.

라잇은 크로리에게 다음과 같은 답장을 보냈다. 도로우가 당신에게 보낸 편지에는 사태를 촉발시킨 문제에 대한 언급이 전혀 없다. 내가 알고자 하는 것은 해외선교부가 램브라이트 부부(Lambrights)와 테버 부부(Tabors)에 대해 어떤 계획이 있는가이다. 두 가정이 한국으로 파송되도록 예정되었는데, 테버는 색소암을 진단받고 힘들어하고 있는데, 한국이 아닌 다른 지역으로 파송될 것이라는 이야기를 듣고 혼란스러워한다. 선교부가 테버를 한국으로 보내지 않으면, 나와 선교부의 관계는 매우 심각하게 될 것이다. 한국에 3명의 의사 선교사가 필요한데, 현재 두 명밖에 없다. 한국인 의사는 큰 도움이 안 된다. 유일한 가능성은 한국인 의사를 미국으로 보내 몇 년간 훈련받고 오도록 하는 것이다.[268] 침례병원을 1등급 병원이 되게 하려면 최소 4명의 의사가 필요하다. 우리가 1등 병원을 지향하지 않으면 선교와 그리스도를 증거 하는 일도 같은 수준에 머물게 될 것이다. 일본은 4명의 의사와 행정을 담당하는 선교사가 있는데, 한국은 단지 두 명뿐이다. 세 명이 있는 인도네시아보다 적다.[269] 라잇 병원장의 강력한 항의 편지는 효과를 발휘하여, 찰스 테버 부부가 1957년에 부산 침례병원으로 배치되었다.

라잇의 아내 폴라는 다른 방식으로 침례병원 사역을 도왔다. 그는 미국의 후원자들에게 한국 어린이들에게 성탄절 선물로 비누, 치약, 칫솔, 손수건, 사탕 등을 보낼 때, 병원 수술실에서 사용할 무명실과 실 감는 통(실패)도 보내달라고 했다. 그리고 물자들을 보낼 때 반드시 한국 우편을 통해야 하며, 세관 통과를 위해 포장하지 않은 상태로 보내야 한다고 했다. 미군 군사 우체국으로 보내면 반송되므로 한국 주소 PO Box 76, Pusan, Korea로, '한국 어린이들을 위한 구호물자'라는 문구를 표기한 채 보내야 관세를 물지 않게 된다는 점도 말했다.[270]

1958년도 침례병원은 라잇이 원장이었고, 수간호사 루시 라잇이 휴가를 떠나 브래넘이 대신 수간호사를 맡고 있었다. 횟 간호선교사와 5명의 한국인 의사, 27명의 한국인 간호사, 1명의 병원 목사, 30명의 직원이 함께 있었다.[271] 도로우가 휴가를 떠났기 때문에 1958년 내내 병원에 상주한 의사 선교사는 라잇 원장이 유일했다.[272] 1955년부터 1958년까지 침례병원은 내부적인 어려움에도 불구하고 안정적으로 발전했다. 침례병원은 환자들의 육체적, 영적 질병을 고쳐주는 일과 복음을 전하는 통로의 역할을 감당했다.

8) 초기 선교의 의미와 공헌

남침례교 선교의 의미와 공헌은 다음과 같다. 첫째, 1950년부터 1954년까지 한국에 온 선교사 대부분은 중국에서 활동한 나이 든 선교사들이었으나, 1955년부터는 젊은 선교사들이 미국에서 직접 한국으로 왔는데, 이것은 남침례교회가 한국을 주요 선교지로 선정하여 본격적으로 선교 자원을 투입했음을 알 수 있다. 둘째, 1955년 이후 한국에 온 젊은 선교사들 가운데 한국에 대해 부정적인 인식으로 적응에 어려움을 겪은 선교사들은 비교적 일찍 선교를 포기했으나, 한국과 한국인에 대해 긍정적인 인식을 가진 선교사들은 빨리 적응하고 장기적으로 한국에 머물며 사역했음을 알 수 있다. 셋째, 1955년부터 구호사업이 축소되고 전도와 교회 개척, 예배당 건축, 학생부와 청년부 사역, 부인전도회, 청지기운동 등 개 교회의 발전과 내실화에 선교 자원과 역량을 투입한 것을 볼 수 있다. 이것은 남침례교 선교의 목표가 영혼구원과 교회의 설립이라는 것을 명확히 보여준다. 구호와 같은 사회사업은 인도적 차원의 사업이었지 남침례교 선교의 목적은 아니었다. 넷째, 침례회신학교와 침례병원에 인력과 자금을 대거 투입하여 교단의 안정적 발전을 도모했다. 신학교를 통해 건전하고 능력 있는 목회자를 배출하여 교단의 장기적인 발전을 추구했다. 침례병원은 침례교회의 위상을 높였고 실질적인 선교 거점의 역할도 했다. 부산의 여러 교회는 침례병원을 통해 세워졌다.

대한기독교침례회연맹총회(1952-1958)

1952년 칠산교회에서 개최된 제42차 총회에서 총회의 새로운 규약을 제정하고 총회 명칭을 대한기독교침례회연맹총회로 바꾸기로 결의하였다. 개교회들이 상호 연맹정신으로 결속한다는 의미로 교단명을 바꾸었다.[273] 1950년대 한국침례교회는 미국 남침례교 선교부의 물적, 의료적 지원으로 인해 급성장하였고, 많은 교회들이 개척되었다. 선교부는 침례교 목회자들의 생활비와 교회의 각종 경비를 지원하였는데, 이 때문에 침례교회에서 사역하고 싶어 하는 타 교단 목회자들이 많이 있었다. 교단은 갑자기 많아진 교회들을 맡을 목회자가 절대적으로 부족하였고, 타 교단 목회자들을 대거 영입할 수밖에 없었다. 이와 같은 배경 속에서 1956년경 교단에는 크게 3가지 파벌이 존재하게 되었다. 첫째는 타 교단에서 넘어온 목회자들이 중심이 된 "전입파"가 있었고, 둘째로는 대한기독교 시대부터 교단을 지켜온 목회자들로 구성된 "주류파"가, 세 번째는 침례신학교를 졸업한 목회자들과 신학교 교수들로 구성된 "신학교파"가 있었다.[274]

교단 내 파벌과 더불어 1950년대 중반 젊은 선교사들이 대거 입국하면서 갈등이 표면화되었다. 이들 젊은 선교사들은 교단이 침례교 신앙의 원리를 실천하지 않고 있으며, 교단 지도자들은 선교자금을 유용하고 있다고 의심하였다.[275] 이들은 특히 안대벽 목사 부부를 불신하였다. 안대벽은 펜윅 선교사의 양아들이었으며, 그의 부인 이순도는 펜윅 부부와 함께 살면서 영어에 능통하여 이승만 대통령 부인의 통역가로 활동했기 때문에, 애버네티 부부로 하여금 좋은 집에서 지낼 수 있게 하고 선교활동에도 여러 가지 편의를 제공할 수 있었다.[276]

애버네티 선교사는 1953년에 안대벽 부부가 미국 사우스웨스턴침례신학교에서 1년 간 공부할 수 있게 해주었다. 그러나 안대벽 부부는 학업보다는 미국의 여러 교회들을 방문하여 많은 선물과 선교자금을 받았다. 선교사들은 안대벽 부부가 귀국한 후 행적을 유심히 살펴보면서, 선교헌금과 선물이 기증자들의 뜻과 다르게 개인적으로 전용되고 있다고 생각하게 되었다. 선교사들은 안대벽을 비롯하여 한국 지도자들을 불신하기 시작하였다.[277]

안대벽은 미국으로 떠나기 전에 자신이 맡은 역할을 대신해 줄 사람으로 조응철을 애버네티에게 소개해주었다. 조응철은 장로교 출신으로 영어도 잘하며 리더십도 갖춘 인물이었다. 그는 곧 전입파 목회자들의 구심점이 되었다. 안대벽은 자신의 위치가 위협 받고 있다는 것을 느끼고, 조웅철의 불미한 과거 사생활을 문제 삼아 제거하는데 성공하였다.[278] 교단의 주류 세력과 전입파 세력 간의 반목이 증대되었다.

한편 1950년대 중반에 한국에 온 젊은 선교사들은 한국교회 지도자들이 침례교 신앙에 대한 이해가 부족하고 선교자금도 유용하고 있다고 생각하고, 선교자금을 통제하기 시작하였다. 선교비 통제는 총회를 무력화시켰고, 교단의 주도권을 선교부가 갖게 만들었다. 이제까지 불고처자, 불고가사의 정신으로 선교를 감당한 기존 목회자들은 자긍심에 상처를 입고 감정적으로 격앙되었다. 그들은 희생적인 삶을 살았던 펜윅 선교사 부부와 비교하여 남침례교 선교사들의 호화스러운 생활을 비판적으로 바라보았다. 그들은 가정부, 요리사, 관리인, 문지기, 운전수, 통역관, 비서들을 두고 있었다. 선교사들과 한국인 목회자들 사이에 갈등은 커져갔다.[279]

제21장

총회분열시대(1959-1968)

한국 침례교회는 1906년 10월 6일 총회 창립 이후 단일교단으로 이어오다가 1959년부터 1968년까지 9년간 두 교단으로 분열되었다. 교단은 일제강점기 신사참배 거부와 재림신앙을 고수하는 과정에서 순교자가 발생하고 교단이 폐쇄되었으나, 분열 없이 단일 대오를 유지해왔다. 해방 이후 미남침례회의 막대한 원조로 기사회생하던 교단은 예기치 않게 분열을 하게 되었다. 불굴의 신앙으로 고난을 함께 이겨낸 침례교인들에게 분열은 큰 충격이었다. 분열은 1) 안대벽, 애버네티, 장일수 등 핵심 인물들 간의 갈등, 2) 경제적 이익 추구를 위한 파벌 간 투쟁, 3) 미국 선교사들의 한국 목회자에 대한 부정적 인식, 4) 주류파 목회자들의 순진하고 그릇된 판단 등 네 가지 주요 원인에 의해 일어났다. 이처럼 한국 침례교회의 분열은 교단 지도자들의 물질에 대한 욕망과 이와 연계된 파벌 간의 쟁투, 그리고 선교사들과 목회자들의 사려 깊지 않은 결정 등으로 인해 발생된 정당성이 없는 분열이었다.

분열의 원인에 대해 교단을 지켜온 주류파 목회자들은 다음과 같이 진단했다. 김용해는 "안대벽 목사를 중심으로 한 주류파와 장일수 목사를 중심으로 한 반대파의 대립적 충돌"[1]이라 했고, 김장배는 "한국교회 지도자 되는 몇 분의 목사님들과 선교부의 몇 사람 선교사들과의 불화 때문"에 발생한 것이라 했으며,[2] 김갑수는 타 교단에서 넘어온 전입파 목회자들이 "치밀한 계획과 준비 중에 추진된 일"로서 선교부가 전입파를 지지하면서 일어난 사건이라 했다.[3] 이처럼 주류파는 핵심 인물들 간의 갈등과 더불어, 선교부와 전입파가 연합해 주류파로부터 교권을 빼앗으려는 과정에서 분열이 일어났다고 했다.

한편 미남침례회 선교사들은 주류파의 리더 안대벽을 분열의 최고 원인으로 지목했다. 맥스 윌락스(R. Max Willocks, 우락수)는 "안대벽이 총회를 분열시킨 것이 거의 확실하다. 분열된 두 총회는 이미 완전히 계획되어 있었다"라고 했다. 그는 선교사들은 분열을 치유하기 위해 여러 시도를 했으나 항상 안대벽이 협상을 무너뜨려 이룰 수 없었고, 특히 안대벽 그룹이 대다수 교회, 신학교, 병원 등의 재산 소유권을 보유하는 법인을 통제해 모든 재산을 소유하려 했다고 주장했다.[4] 전입파를 지지한 인천침례교회는 분열은 "경제권을 둘러싼 개인의 야욕과 파벌 그리고 교권 투쟁의 불같은 욕망"에서 비롯된 것이라 했다.[5] 한국 침례교 역사가 허긴 역시 교단 분열을 "선교자금을 둘러싼 교권 쟁패"로 정의했다.[6]

이처럼 교단 분열은 핵심 인물들 간의 갈등, 경제적 목적을 위한 파벌 간 투쟁, 선교부의 교단 정치 관여 등이 주요 원인이었다. 본 장에서는 애버네티, 안대벽, 장일수 등 핵심 인물들의 갈등이 교단 분열에 주된 원인이 된 점을 살펴보려 한다. 그리고 교단 분열의 원인과 과정에 관한 기존 역사를 토대 삼으면서, 새롭게 발견한 일차 자료를 통해 역사적 사실을 보다 자세히 기술하고 새롭게 첨가해야 할 부분을 보충하려 한다. 새롭게 발견된 일차 자료 중에서, 특히 주류파 가운데 유일하게 공립보통학교와 피어선 신학대학에서 정식으로 교육받은 장일수의 친필, 『교단 약사』, 『설교문』, 『자서전』을 비중 있게 참조했다. 장일수의 『자서전』에는 본 논문의 제목과 관련된 내용이 있는데, 상당히 신빙성이 있는 것으로 판단된다. 장일수의 자료를 비중 있게 참조한 이유는 주류파를 대변하는 자료는 많이 있지만, 반대파의 입장을 드러내는 자료는 상대적으로 적기 때문이다. 이러한 과정을 통해 본 장은 한국 침례교 분열에 관한 기존 역사의 결핍된 부분을 채우고 객관적 이해를 도모하고자 한다.

미남침례회의 한국선교와 교단의 급속한 성장

기독교한국침례회 총회 역사는 1889년 12월 11일 내한한 말콤 펜윅(Malcolm C. Fenwick) 선교사[7]가 1906년 10월 6일 창립한 대한기독교회의 제1회 대화회

(총회)부터 시작된다. 대한기독교회는 1921년 동아기독교회, 1933년 동아기독대, 1940년 동아기독교로 각각 명칭을 바꾸었다. 동아기독교는 예수 재림과 천년왕국 신앙을 믿었는데, 일제는 그것을 국체명징(國體明徵)에 위배되는 죄라고 주장하며 1944년 5월 10일 교단 폐쇄를 판결했다.[8] 해방 이후 남한에 40여 개 교회와 수백 명의 교인만 남아 있던 교단은 1946년 9월 14일부터 20일까지 진행된 동아기독교 남부 제1회 총회에서 장로교회로 흡수될 것인지, 교단을 재건할 것인지를 논의한 끝에 결국 재건하기로 결의했다.[9] 기존의 역사책들은 교단 재건을 1946년 9월 9일 제36회 대화회에서 결의한 것이라 했는데,[10] 일차 자료가 아닌 기억에 의존해 날짜를 오기한 것으로 보인다. 외부의 도움이 절실했던 교단은 1949년 초 미남침례교회와 접촉하였고, 그 결과 남침례교 해외선교부 동양 총무 베이커 코든(Baker James Cauthen)이 1949년 8월 27일 한국에 왔다. 코든은 충남 강경교회에서 개최된 동아기독교 총회에 참석해 남침례교회는 침례교를 돕기 원하므로, 교단 명칭을 침례교회로 바꿀 필요가 있음을 조언했다. 총회는 코든의 제안을 받아들여 대한기독교침례회로 바꾸고, 코든에게 선교사 파송을 요청했다.[11] 남침례교 해외선교부는 1920년부터 중국에서 선교사로 활동했던 존 애버네티 부부(John and Jewell Abernathy)를 한국으로 파송했다. 그들은 1950년 2월 27일 서울에 도착했다.[12] 그러나 한국에 온 지 4개월 만에 6·25전쟁이 터져 필리핀 마닐라로 피난 갔고, 존 애버네티는 1951년 4월 14일 다시 부산으로 왔다.[13] 애버네티는 전쟁의 처참한 상황을 목격하자 구호사업과 의료선교를 서둘러 실행했다. 구호와 의료선교는 한국 침례교를 기사회생시키고 급성장하게 했다. 1951년 50개 교회가 1952년에 134개로 증가했다.[14] 급속한 교회 수의 증가는 타 교단 목회자의 대거 영입을 초래했고, 그것은 교단 분열의 원인이 되었다.

교단 분열의 원인

한국 침례교회가 분열하게 된 원인은 크게 네 가지였다. 첫째, 핵심 지도자들 간의 갈등이었다. 안대벽 부부와 남침례교 최초 선교사 애버네티와의 갈등, 그리고 안대벽과 장일수와의 갈등이 분열의 직접적 원인이었다. 둘째, 경제적

이익 추구와 관련된 교단 내 파벌 간 쟁투였다. 남침례교 한국선교부는 엄청난 규모로 구호와 의료선교를 실행했고, 그 결과 단기간에 많은 교회가 개척되었다. 그런데 교단에는 10여 명의 목사만 있어서 목회자 충원이 시급했다. 당시에는 선교부가 목회자 생활비와 교회의 경비 일체를 부담했는데, 그런 이유로 타교단 목회자들이 침례교회에서 목회하고 싶어 했고, 교단은 그들을 대거 영입했다. 1956년경에 이르러 교단에는 타 교단에서 넘어온 목회자 그룹인 "전입파", 기존 목회자들로 구성된 "주류파", 침례신학교를 졸업한 목회자와 신학교 교수 그룹인 "신학교파" 등 세 가지 파벌이 존재하게 되었다.[15] 이후 주류파 일부와 전입파가 합세하여 "대전파"로, 주류파는 "포항파"로 불렸다. 지역명이 파벌의 이름이 된 것은 총회 장소로 한쪽은 대전을 다른 쪽은 포항을 주장했기 때문이다. "신학교파"는 양쪽에 분산 흡수되었다. 파벌이 생기게 된 배경은 선교부의 보조금 지원 방식 때문이었다. 선교부는 학교, 고아원, 병원에 대해서는 보조금을 직접 주었으나, 개교회에 대해서는 총회에 보조금을 일괄 제공하고, 총회가 교회들을 지원하도록 했다. 이런 방식은 목회자들이 총회 권력을 장악해 보조금을 관장하려는 욕망을 갖게 했고, 이와 연계해 파벌을 형성하게 만들었다.

셋째, 1955년부터 대거 입국한 젊은 남침례교 선교사들과 주류파의 갈등이었다. 초기 남침례교 선교사들은 중국에서 오랜 기간 활동했던 사람들로 동양 문화를 잘 이해하고 있었기 때문에, 기존의 한국 목회자들과 협조적으로 일할 수 있었다. 그런데 1955년부터 젊은 선교사들이 미국 본토에서 직접 오면서 분위기가 달라졌다.[16] 1956년 말 28명의 선교사 중 23명이 신진 선교사였고,[17] 선교부 내에서 이들의 발언권은 급속히 강화되었다. 젊은 선교사들은 한국교회가 침례교 신앙 원리를 실천하지 않고, 선교자금을 유용하고 있다고 생각했다. 1951년에 내한한 렉스 레이의 아들로서 2세대 선교사인 대니얼 레이(Dan Ray)는 1955년 선교부 실행위원회 회의 석상에서, 개교회가 자립과 자치의 노력 없이 총회에 의존하며, 소수의 총회 임원들은 선교부 보조금으로 권력을 장악하고 있다고 비판했다.[18] 1956년에 내한한 월락스 역시 선교부의 대규모 기금이 잘못 사용되고 있다고 주장했다.[19] 이들은 특히 주류파의 수장 안대벽 부부가 보조금을 사적으로 유용한다고 생각하여 선교자금을 통제하기 시작했고, 그것은 주류파와 갈등을 일으켰다. 넷째, 주류파 목회자들의 순진하고 정(情)에 이끌린 판단을 들 수 있다. 그들은 선교사들이 한국 민족을 업신여기고 금권으로 통치하려 한다는 안대벽 부부의 주장을 여과 없이 받아들여 선교사들과 갈등하며 교단 분열도 불사했다.

교단 분열의 과정

한국 침례교는 네 가지 원인으로 분열하게 되었다. 그러한 원인들이 어떻게 서로 상승작용을 하며 교단이 분열에 이르게 되었는지, 그 구체적인 과정을 살펴보자.

1. 애버네티와 안대벽과의 갈등

남침례교 최초 선교사 애버네티와 안대벽과의 갈등은 교단 분열의 핵심 원인이었다. 애버네티는 원래 안대벽 부부를 매우 신임했다. 안대벽은 애버네티 부부가 한국에 오기 전 일본에 대기하고 있을 때 환영 서신을 보냈고, 그들이 한국에 온 이후에는 구황실(舊皇室)의 별장인 돈암장에서 기거할 수 있게 조처했다.[20] 안대벽은 교단의 창설자 펜윅의 양자로서 함경도 원산에서 살았는데, 구황실(舊皇室)의 고문 이기용과 그의 아들 이해성이 원산에 거처할 때 도와준 적이 있었다. 그런 이유로 1946년 초 월남한 안대벽은 이해성의 집에서 6개월간 살고, 이후 돈암장의 관리자가 될 수 있었다.[21] 안대벽과 그의 부인 이순도는 영어를 능숙하게 구사할 수 있었다. 이순도는 이화대학 출신으로 순종의 황후 윤씨의 비상근 영어 비서였고, 이승만 대통령 부인 프란체스카의 한글 선생 겸 통역관의 역할도 했다.[22] 이순도가 프란체스카의 한글 선생이 된 것은 이승만 부부가 1945년부터 1947년 8월까지 돈암장에 체류하였고, 당시 돈암장 관리자였던 안대벽 부부와 교제하며 이루어졌을 것으로 추정된다.[23]

애버네티 부부는 안대벽 부부를 통해 이승만 대통령과 친밀한 관계를 맺을 수 있었다. 이들은 서울침례교회 예배당 건축과 관련하여 대통령의 도움을 받기 위해 경무대를 방문한 적이 있었다. 당시 이승만은 보통 하나의 면담을 위해 5분

정도 시간을 할애했는데, 이들에게는 파격적으로 20분간 면담하고 요청도 들어 주었다.[24] 이러한 배경으로 안대벽이 담임하던 부산 충무로교회에는 함태영 부통령이 가끔 주일예배에 참석하곤 했다.[25] 애버네티 부부는 펜윅의 양자이자 교단의 중심인물이며, 돈암장이라는 멋진 건물에서 살 수 있게 해주고, 영어를 능숙하게 구사하며 미국 음식과 문화에 친숙하고, 대통령 부부를 비롯한 정관계 인사와도 교분이 있는 안대벽 부부를 무척 신뢰했다. 애버네티는 교단의 모든 일을 안대벽을 통해 처리했다.

애버네티는 구호사업을 효과적으로 실행하기 위해 자신을 위원장으로 하고, 위원으로 김용해, 장일수, 안대벽, 신혁균, 최성업, 김주언 등을 지명해 1951년 5월 15일 구호위원회를 조직했다.[26] 얼마 후 구호위원회 운영과 관련해 애버네티와 안대벽은 심각하게 갈등하기 시작했다. 기존의 한국침례교 역사책들은 1954년부터 두 사람의 갈등이 시작되었다고 주장하나, 이보다 이른 시기인 1952년경에 이미 시작된 것으로 보인다. 장일수에 따르면, 안대벽이 애버네티에게 구호위원회가 총회 소속인지 혹은 선교부 소속인지 분명하게 밝혀달라고 요청했고, 이에 애버네티는 "얼굴을 불키더니" 구호위원회는 총회 기관이 아니라고 노발대발했다. 그리고 애버네티가 "회의 중에 2층에 올라가 이순도 씨에게 야단을 하고 내려온다. 안대벽씨 말이면 못하는 일이 없고 안대벽을 통치 않고는 되는 일이 없는데 이것이 웬일인지 모르겠다"라며, 두 사람 사이 정(情)에도 틈이 생긴 것 같다고 했다.[27] 한국 침례교 총회에서 절대적인 권위를 가지고 영향력을 행사하던 애버네티는 안대벽의 도전을 용납하기 어려웠다. 애버네티의 불같이 급하고 독재적인 성품은 종종 총회와도 갈등을 일으켰다. 그는 총회가 본인의 뜻과 다르게 결정하면, 자신은 미국으로 돌아가겠다며 위협적인 언사를 했고, 그럴 때면 총회는 어쩔 수 없이 기존 결의를 뒤집고 애버네티의 주장을 받아들였다. 선교부의 도움 없이는 아무것도 할 수 없었기 때문이다. 1951년 11월에 내한하여 애버네티와 함께 구호사업을 펼친 렉스 레이(Rex Ray)는 애버네티의 독단적 업무 스타일을 "천주교에서나 볼 수 있는 행정"이라며 비판했다.[28] 이처럼 안대벽은 총회가 구호물자와 보조금 관리의 주체가 되어야 한다는 명분으로 자신이 관리하려 했고, 애버네티는 이에 분노하며 안대벽을 배제하려 했다.

애버네티와 안대벽 사이의 불신과 갈등을 증폭시키는 사건이 발생했는데, 그것은 안대벽 부부가 1953년에 미국 사우스웨스턴신학교(Southwestern Seminary)에서 1년간 공부하기 위해 도미한 일과 관련된 것이었다. 애버네티는 안대벽 부부의 유학 경비 일체를 남침례교 해외선교부가 지원하도록 조치했다.[29] 이를 허긴은 애버네티가 안대벽 부부의 노고에 보답하는 차원에서 이루어진 일로 해석했으나,[30] 장일수는 "충돌이 심하여 가니 미국에 보내었다"라며[31] 전혀 다르게 해석했는데, 당시 상황을 직접 경험한 장일수의 말이 더 신빙성이 있을 것으로 생각된다. 즉 안대벽의 미국 유학은 애버네티가 안대벽과 거리를 둘 시간을 만들려는 의도에서 실행한 것으로 보인다. 애버네티는 안대벽이 남침례교회의 신학과 교단 운영방식을 배워 선교사들과 우호적인 협력을 하며, 자신과의 갈등도 해소하는 기회로 삼고자 했던 것 같다. 그러나 그의 의도와는 정반대로 안대벽의 유학은 큰 갈등을 일으키는 계기가 되었다.

첫 번째 갈등은 안대벽이 신학교에서 수업은 거의 듣지 않고 미국 전역의 교회들을 방문하여 피아노, 자동차, 현금 등을 후원받은 일에서 비롯되었다. 선교사들은 안대벽 부부가 1954년 귀국한 이후 미국에서 받은 후원금과 물품의 사용을 면밀히 관찰했고, 후원자들의 뜻과 다르게 전용되고 있다고 확신했다. 월락스에 따르면, 안대벽은 이런 문제점을 지적하는 선교사들에게 다시는 같은 잘못을 반복하지 않겠다고 약속했으나, 한국인들에게는 선교사들이 자신을 함부로 대했다고 불평하며 자신이 한 약속조차 잊어버렸다고 했다.[32] 장일수는 안대벽이 미국에서 "아베나시의 실정을 이야기하고," 선교사들이 돈을 잘못 썼다고 말했고, 이에 선교사들은 총회를 상대로 "안대벽 씨가 미국 선교부에게 선교사들이 돈을 잘못 썼다고 하였으니 이것이 총회 의사냐? 개인의 의사냐?"라고 질문했다고 했다. 그리고 이후 총회 임원과 선교사들과의 매월 회의에서 "하나도 결코 되는 일이 없고 부결뿐이요"라고 증언했다.[33] 선교사들의 안대벽에 대한 불신이 총회 사역에 영향을 끼치기 시작한 것이다.

두 번째 갈등은 서울시 중구 필동2가 101번지 330평 대지를 품고 있는 돈암장에 대한 문제였다. 한국 정부는 안대벽 부부가 미국에 있는 기간에 돈암장의 불하 처분을 통보했고 애버네티는 선교부 재정으로 2백 23만환을 지불하고 돈암장을 불하받았다. 귀국 후 안대벽은 명의 이전을 요구했고, 애버네티는 2백 23만환을 주면 명의를 이전해주겠다고 했다.[34] 안대벽은 돈을 지불하지 않고 명의 이

전만 재차 요구했고, 애버네티는 거부하며 서로 갈등했다.

세 번째 갈등은 전입파 목사 조응철과 관련된 문제였다. 조응철은 장로교 출신으로 안대벽이 미국에 있는 동안 자신을 대신하여 애버네티의 통역을 맡긴 사람이었다. 그는 영어 실력이 출중하고 외교적 활동도 능해서 애버네티로부터 신임을 받아 신학교 부교장이 되었다. 귀국 후 안대벽은 조응철이 자신의 위치를 점하고 있고 전입파의 구심점이 되었음을 보았다. 그리고 주류파 신혁균의 고백을 통해 애버네티의 의중도 알게 되었는데, 즉 "만일에 신 목사가 안 목사를 누르고 조응철 목사를 절대 올려세우면 나는 적극적으로 신 목사를 후원하겠다"라는 말을 애버네티가 했다는 것이다.[35] 위기를 느낀 안대벽은 조응철의 과거를 캐내어 장로교단에서 행한 잘못을 폭로함으로 신학교 부교장직과 대흥동교회 담임 목사직에서 쫓겨나게 했다.[36] 선교사들은 안대벽의 세속적 총회 정치를 우려했다. 총회와 선교부의 갈등이 고조되자 남침례교 해외선교부 동양 총무 윈스턴 크로리(Winston Crawley)는 1956년 4월 제46차 총회에 참석해, "우리는 복음 전파에 있어 동역자들입니다. 나는 처음부터 지금까지 복음 전파를 위해 여러분과 동역하는 것이 얼마나 감사한지 모르겠습니다"라고 말하며 협력을 강조했다.[37] 그러나 조응철은 제46차 총회에서 완전히 축출되었고, 얼마 후 세상을 떠났다.[38] 선교사들은 크로리의 희망과는 정반대로 사건이 전개되는 것을 보며 충격받았고 근본적인 대응의 필요를 느꼈다.

2. 선교사들의 안대벽과 주류파에 대한 공격

선교사들은 안대벽과 주류파를 공격했다. 선교부는 신학교와 침례병원 그리고 고아원에 대해서는 재정을 직접 지원했으나, 개교회와 목회자들에 대해서는 총회를 통해 보조금을 받도록 했다. 그런데 이제 총회를 통한 재정지원 방식을 폐지하려 했다.[39] 이에 당시 총회장 장일수는 1956년 10월 총회와 선교부의 한미 합동실행위원회를 만들어 문제를 해결하려 했다.[40] 공동운영체제는 그러나 안대벽이 1957년 봄 제47차 총회에서 총회장으로 선출되면서 중단되었다. 선교부 실행위원회는 1957년 6월 하순에 "새로 선출된 총회장을 인정할 수 없다"라는 동의안을 가결하고 공동운영체제를 일방적으로 파기했다. 안대벽이 지속적으로 선교

정책을 위반하여, "그가 총회장으로 있는 한 총회와 선교부 간의 공식적인 관계가 이루어질 수 없기" 때문이라는 것이다.[41] 같은 모임에서 선교부는 1957년 7월 홍콩에서 열리는 아시아침례교선교대회에 총회 대표로 장일수를 선임했다. 총회는 이미 신혁균을 대표로 선임한 상태였기 때문에, 총회장 안대벽과 총무 김용해의 공동명의로 장일수를 대표로 파송하는 것은 불법이라는 성명서를 전국 교회에 보냈다.[42] 김용해는 1957년 7월 27일부터 충남 무창포에서 진행된 여름 캠프에서 "감정적 대립이란 심상치 않은 것"이라고[43] 공개적으로 말할 정도로 선교사들과 총회 임원 간의 갈등은 깊었다.

총회 실행위원회는 1957년 7월에 "제안서"를 선교부에 제출하여 총회와 선교부가 합동위원회를 만들어 보조금과 총회 예산을 공동 관리할 것을 제안했다.[44] 답장이 없자 8월에 재차 "어느 한 편의 독단적인 집권이 되지 않고 협동적 사업 진행이 될 것을 희구"한다는 내용의 "建議書"를 제출했다.[45] 그러나 선교사들은 총회를 배제하고 지역, 개교회, 개인 등 다양한 차원으로 접촉하며 보조금을 지급했다. 그리고 교회들이 선교부 보조금에만 의존하면 성장할 수 없다고 판단하여 댄 레이의 주도하에 5개년 자립계획을 입안했다.[46] 선교부는 "교인마다 십일조, 교회마다 자립"이라는 표어를 걸고 자립 캠페인을 벌였다.[47] 그러나 선교사들은 총회가 5개년 자립계획을 겉으로는 받아들였으나 내심 찬성하지 않았다고 보았다. 선교사들은 한국 목회자들이 대한기독교회 시절부터 한 사람에 의해 통치되어 자립을 위한 마음가짐이나 준비가 없으며, 총회는 권력을 휘두르고 선교부로부터 돈을 받는 수단으로 인식하고 있다고 생각했다.[48] 한편 안대벽은 1958년 5월에 개최된 제48차 총회에서 전도부장, 침례회신학교 이사, 재단법인 이사 등 세 직분에 선출되었다.[49] 선교사들은 무엇보다 매년 목회자 보조금 30,000달러를 관장하는 전도부장으로 안대벽이 선출된 것에 매우 당황스러워했다. 그가 오랜 기간 총회 재정을 독단적으로 운영하면서 선교부나 총회에 제대로 보고하지 않았기 때문이었다.[50]

3. 안대벽 부부의 불만과 주장

남침례교 선교사들의 처사와 공격에 대해 안대벽 부부는 거세게 반박했다.

안대벽은 펜윅의 양자라는 위치와 주류파 목회자들과의 오랜 관계를 활용해 총회 정치를 좌우했고, 그의 부인 이순도는 오랜 기간 부인전도회 회장직을 맡아 여성 신도들에게 절대적 영향력을 행사하고 있었다. 영어에 능통하여 애버네티를 비롯 선교사들과의 관계를 독점하고 정계 인물들과도 교분이 있던 두 사람은 당시 침례교회에서 탁월한 위치를 점하며 총회를 장악했다. 그런데 선교사들은 선교 지원금을 두 사람이 관장하지 못하게 하는 방식으로 총회 권력을 빼앗으려 했다. 그러자 두 사람은 총회와 부인회, 지역 교회들이 성명서를 발표하게 하는 방식으로 선교사들을 비판하고 공격했다. 그러다가 교단이 공식적으로 분열되기 직전인 1959년 4월 22일에 이르러서는 개인 명의의 성명서도 발표했다.

이순도는 "재한 미남침례교 선교사들께 경고함"이라는 성명서에서 다음과 같이 주장했다. 감리교 목사의 자녀로서 이화대학 학생 시절과 원산의 루씨 여학교에서 3년 간 교사로 있는 동안 감리회 선교사를 비롯해 많은 선교사와 신앙의 경험을 나누었으며, 침례회의 신자인 안대벽 목사와 결혼한 후 신실한 펀위익 선교사를 만날 수 있는 축복을 누렸다. 이제까지 만난 신실한 선교사들과 달리, 남침례회 선교사들은 선교의 목적에 어긋나는 행동을 하고 동역자들 사이에 화평을 깨는 행위를 하고 있다. 침례교단은 순수하고 평화스럽기로 유명했는데, 남침례교 선교사들의 수가 많아질수록 혼란해지고 갈등이 심해졌다. 그들은 한국역사와 풍속과 도덕과 방언을 배운 후에 사역해야 했는데, 그런 준비 없이 총회 일에 뛰어들어 간섭하는 잘못을 범했다. 일부 선교사들이 미국에 보낸 1957년 6월 15일자 우리 부부를 참소하는 내용의 서신을 열흘 만에 입수했는데, 그 서신에 "우리가 미국에 유하는 동안에 여러 곳에서 당신들 이름을 팔고 또 한국침례회를 이용하여 거액의 모금을 했다는 것, 또는 고아원과 침례회관의 이름으로 모금했다는 것, 또는 피아노와 자동차, 재봉침을 모두 부인회 명의로 얻어 가지고 와서는 다 착복했다"라는 허위 주장을 했다. 선교사들이 거짓 선전을 좋아하고 하나님의 돈을 가지고 마음대로 농락하면 되겠는가? 공산군의 침략으로 헐 벗고 굶주림에 놓여 있는 백의민족에게 선교사들은 돈주머니를 흔들며 농락하지 말라.[51]

안대벽 역시 1959년 4월 22일에 발표한 "주님 안에 사랑하는 동역자 교회 형제자매 귀중"이라는 성명서에서 다음과 같이 주장했다. 남침례회 재한선교부가 한국침례회 총회전도부장을 파면하고 불신임하는 발표문을 각 교회와 교역자와 각 기관과 심지어는 소년·소녀회까지 발송했는데, 이는 어느 나라에서도 있을 수 없는 수욕을 끼치는 행위이다. 우리 부부는 1954년도 미국 남침례회 총회에 참석하여 해외선교부장 코든에게 신령한 사람을 선택해 한국 선교사로 보내주기 바란다고 요청했다. 만일 선교사가 돈주머니를 흔들며 굴복을 요구하면 굶주린 자 중에서 일시적으로 호응하겠지만 돈이 다 사용하거나 자립할 때는 선교사와 관계를 끊어버릴 것이기 때문이다. 우리 한국은 당당한 독립 국가인데, "독립 국가에서 합법적으로 조직된 단체를 어느 외국인이 감히 어떤 정치적 수단으로던지 금전 세력으로던지 무시, 조종, 지배를 못할 것"이다.[52] 이처럼 안대벽과 이순도는 남침례교 선교사들이 자신들에 대해 허위 사실을 유포하고 그것에 근거하여 불신임한 것, 금전으로 교단과 한국 목회자들을 지배하고 한국총회의 합법적 권위를 부인하는 태도를 비판했다. 그리고 한국 목회자들에게 민족적 감정을 자극하여 선교사들을 반대하도록 유도했다.

4. 장일수의 불만과 주장

장일수는 안대벽의 총회 운영에 불만을 품었다. 그래서 선교부 및 전입파와 제휴하여 그에 대한 반대 운동을 이끌었다. 선교사들은 안대벽과 주류파가 장악하고 있는 총회와의 관계를 놓고 두 가지 방법을 상정한 것 같다. 첫째, 안대벽 일파를 제거하고 총회를 자신들의 방식대로 이끈다. 둘째, 이를 위해 전입파와 손을 잡는다. 그런데 총회에서 절대적 권력을 가지고 있던 안대벽 일파를 제거하는 것은 어려운 일이므로, 우선 전입파를 규합할 필요가 있었다. 전입파는 수적으로 주류파보다 두 배 이상 많았음에도, 주류파 목사들이 총회 임원을 독차지하는 것에 불만이 큰 상태였다. 그러나 전입파의 문제는 출신이 다양해서 구심점이 없는 것이었다.[53] 이러한 아쉬운 부분을 장일수가 채웠다. 장일수는 한국 최초 침례교회 중 하나인 칠산교회의 창립자 장기영 감로의 손자이며, 펜윅 선교사의 최측근이자 대표적 부흥사였던 장석천 목사의 아들이었다. 펜윅은 장석천의 결혼을 서양식으로 주례할 정도로 친밀했다. 장일수는 1948년 9월 목사 안수를 받고 대표적인 교회들에서 목회했으며, 1953년에 인천의 시은고등공민학교와 성애원(고아원)을 설립했고, 침례신학교 창립 초대 이사장이었으며, 「침례회보」를 창간했고, 총회장을 두 번이나 역임했다.[54] 어떤 면으로 보아도 장일수는 주류파의 핵심 중 핵심이었다. 그런데 그가 전입파의 수장이 되기로 결심한 것이다. 그렇게 된 것은 주류파와 다른 성향과 지향점을 가진 것, 그리고 안대벽과의 갈등 때문이었다.

장일수는 주류파 목회자들과는 다른 성향의 소유자였다. 1926년 동아기독교회는 펜윅이 주도한 반지성주의와 진화론 반대, 그리고 긴급한 재림신앙으로 총회 차원에서 세속교육 폐지를 결의했다.[55] 당시 교단은 세속교육 폐지 결정을 어길 시 직분에서 물러나게 했는데, 장석천에게도 아들의 학교 교육을 중지하라는 명령서가 내려왔다. 이에 장석천은 목사직 사표서를 원산 총부에 우편으로 부치고, 아들이 계속 공부하여 공립보통학교를 졸업하게 했다. 장일수는 그때를 회고하며, "내 때문에 아버지가 성직을 포기해야 되나, 그러나 공부를 중지하고 싶지는 않았습니다"라고 말했다.[56] 장일수는 학업에 대한 강력한 의지가 있었는데, 그것은 주류파의 정서와는 분명 다른 것이었다.

장일수는 또한 우태호와 조응철 같은 능력 있는 전입 목사를 중용하려 했다. 과거 동아기독교는 남침례교회와 연결하는 일을 한기춘, 김용해, 안대벽 세 사람에게 맡겼는데, 한기춘은 두 사람과 상의 없이, 장로교 출신으로 미국 유학 중 침례교로 전향한 우태호에게 그 일을 부탁했다. 우태호는 1949년 초 미국으로 건너가 일을 성사시켰고, 그 결과 남침례교회의 한국 선교가 시작되었다. 그런데 우태호는 일제 강점기 동아기독교가 일제에 의해 교단 폐쇄를 당하게 만든 사건을 촉발했고, 그 원죄로 인해 교단의 대다수 목사는 그를 미워했고 교단에서 축출하려 했다. 그때 장일수가 적극적으로 중재하여 우태호를 받아들이도록 했다.[57] 그러나 우태호는 몇 년 후 결국 교단에서 축출되었다. 장일수는 안대벽이 주도하여 우태호와 조응철을 축출하는 것을 보며 몹시 불만스러워했다.

장일수는 안대벽이 심지어 전입파의 제거를 넘어 선교사들과 갈등하며 교단을 망치고 있다고 생각하고 본인이 나서기로 했다. 그는 1956년 총회장을 맡고 있던 시절, 안대벽을 찾아가 재정 사용에 대해 잘못을 인정하고 사면받기를 권면했다. 그러자 안대벽은 자기 아들이 이런 이야기를 들으면 가만히 있지 않을 것이라며 장일수를 위협했다. 당시 안대벽의 외동아들 안여석은 부산에서 유명한 폭력배 대장이었다. 장일수는 "주의 사랑 가운데 신앙으로 비밀히 권고하는 데 아들의 주먹으로 위협을 한다. 유감 천만 하였다"라며 한탄했다.[58] 장일수는 그 일 이후 안대벽이 자신을 의리부동한 사람으로 중상모략 했다고 하였다. 총회 실행위원회에서 김용해는 장일수가 문제가 있으므로 의장이 되는 것에 동의할 수 없고, 노재천을 임시의장으로 선정하고 사회를 보게 했다고 하며, 자신이 "무슨 죽을죄를 지었는지 반성해도 모르겠다"라며 탄식했다.[59] 그리고 김용해가 안대벽이 개척한 아현동교회 이기준 집사에게 진정서를 내게 하여 자신의 총회장직 박탈을 시도했다며, "기가 찼다. 할 말이 없었다"라고 했다.[60] 장일수는 안대벽과 주류파가 자신을 조직적으로 배제시키는 것에 분노했다.

장일수는 선교사들의 사역에 대한 견해에서도 안대벽과 매우 달랐다. 안대벽은 선교사들이 돈으로 약소민족인 한국을 지배하려 하니 돈의 권리를 빼앗아야 한다고 주장했다. 이에 장일수는 선교사들은 "하나님의 것을 가지고 지혜로운 청직이가 되려는 것"이라며, "민족을 초월한 것이 신앙인데 교회에서 민족정신으로 단합은 분열을 일으키는 것이며 성경 말씀 가운데 하나 되자"라고 주장했다.[61] 총회 임원들은 장일수의 주장보다는 안대벽의 의견을 따랐다. 이처럼 유능한 전입파 인물들의 제거, 자신에 대한 조직적인 배제, 선교사들의 사역에 대한 다른 견해 등이 장일수가 주류파를 떠나게 된 이유였다. 장일수는 주류파를 밀어내기로 결심했다.

5. 장일수와 선교부의 주류파에 대한 공격

장일수는 전입파 및 선교부와 연대하여 구체적 실행에 착수했는데, 그 첫 번째가 총회 장소를 변경하는 것이었다. 1959년 제49차 총회 장소는 총회 규정에 따라 직전 총회에서 경북 포항교회로 정했다. 그런데 장일수는 "총회 장소변경 신청서"를 동봉한 서신을 1959년 1월 12일 전국 교회에 발송해, 다음의 4가지 이유를 들며 교회들이 총회 장소 변경신청서를 총회에 제출해줄 것을 촉구했다. 즉 1) 총회 사업이 정지 상태이고, 2) 교역자의 생활이 극빈에 빠지고 있으며, 3) 선교부와의 투쟁이 신앙적이며 말씀을 근거한 것이 아니라, 민족적이며 물질적이고 감정적이어서 총회가 어지러운 상황이고, 4) 교회들이 날로 퇴보하고 있다.

이런 이유로 장일수는 선교사들의 거주지이고 신학교가 있는 대전에서 총회를 개최하는 것이 좋다고 주장했다.[62] 80여 개 교회가 신청서를 제출했으나, 총회 실행위원회는 그것을 주류파가 많이 있는 포항을 피해 주류파의 임원 선출을 막 으려는 의도로 보고 5:1로 부결시켰다.[63] 총회 장소변경 시도는 장일수와 전입 파, 선교부가 연합되어 있음을 외부로 드러낸 최초의 사건이었다.

총회 장소변경 시도가 실패하자 선교부는 주류파를 향해 난폭한 공격을 감행 했다. 대전 침례신학교에서 개최된 1959년 3월 18일 한·미 전도부 연석회의에 서, 구두원 선교사는 선교부의 두 가지 결정 사항을 알렸다. 첫째, 안대벽을 불 신임하며 "주님의 사업과 관련성이 있는 여하한 직책상의 기능에 있어서라도 그 를 인정하거나 그에게 여하한 재정적인 원조를 여하한 방법으로도 허용하지 않 는다." 둘째, "총회 재무부장은 선교부로부터 받은 금액 중 소지하고 있는 전 금 액을 선교부 재무부장에게 즉시 반환하고 재분배 받을 것"이었다. 선교부는 1959년 3월 19일 안대벽의 부인 이순도에 대해서도 동일한 내용으로 결의하고, 이를 담은 성명서를 전국 교회와 기관에 발송했다. 성명서에는 안대벽이 총회 대 의원들의 선택의 자유를 방해하고 있다는 내용도 포함되어 있었다.[64] 윌락스는 선교부가 안대벽 부부를 불신임한 이유는 안대벽이 목회자 보조, 교회당 건축, 교회당 부지 매입과 관련한 선교부의 정책을 계속 거부했으며, 심지어 몇몇 선교 사들을 본국으로 송환하는 목적으로 총회 지도자들을 규합하는 일에 선교자금을 사용했기 때문이라 했다.[65] 한·미 전도부 연석회의는 유회(流會)되었고, 총회 대 표 김용해는 선교부 대표 말러에게 "총회가 선출한 간부를 선교부에서 불신임하 는 것은 주권 침해"에 해당하니 취소할 것을 촉구했으나, 말러는 "불문에 부치고 요지부동이었다." 이에 총회 실행위원들은 총사퇴로 사태 수습을 시도했으나 장 일수가 불응하여 그것도 이룰 수 없었다.[66] 김용해는 1959년 3월 18일 밤에 장일 수, 이덕여, 전흥상, 한태경, 이덕수 등 대전파 대표들이 대전 선교부를 방문하 고, "대전에서 별도 총회를 조직할 것을 내약(內約) 받고 돌아와서 총회 분열"을 획책했다고 주장했다.[67] 주류파는 선교부가 자신들을 철저히 무시한 것에 대해 분노했다.

대전파는 당시 총회장 신혁균이 "총회개최 무기 연기"의 결정을 명분 삼아, 대표 23인의 명의로 총회수습대회 개최를 알리는 "성명서"를 1959년 4월 2일 발표했다. "성명서"는 교단이 미남침례회의 원조로 유례없이 발전하고 있음에도 총회 실행위원들이 선교부와 불화하여 교단 발전을 저해하고 있다. 주류파 일부 목사들이 10년간이나 회전문식으로 총회 임원을 독차지하고 있고, 이들은 개인 문제를 총회 문제로 비화시키며, 교권 장악을 위해 민족의식과 애국정신을 동원하여 순진한 교우들을 선동하고 있다고 비판했다. 이를 타개하기 위해 대전 대흥동교회에서 4월 28일부터 30일까지 총회수습위원회를 개최한다고 했다.[68] 장일수는 1959년 4월 7일 전국 교회에 발송한 "친애하는 교우들에게"라는 서신을 통해, 선교부가 동아기독교 출신 교역자와는 한 명도 함께 일하지 않을 것이라는 소문은 거짓이라고 주장하며[69] 혼란스러워하는 목회자들을 끌어들이려 했다. 한편 크로리는 1959년 4월 8일 "美國南浸禮會 外國宣敎部"라는 서신을 통해, 선교부와 몇몇 총회 지도자 사이의 갈등을 치유하고 상호협조를 위한 목적으로 5월 5일부터 11일까지 한국을 방문할 것임을 알렸다.[70] 그러나 상황은 악화 일로로 나아갔다.

6. 안대벽과 주류파의 반박

주류파는 저항을 선택했다. 총회 실행위원회는 1959년 3월 31일 다음과 같은 7가지 내용의 반박 "성명서"를 발표했다: 1) 안대벽은 총회를 대표한 공인(公人)이므로 그를 불신임하는 것은 총회를 불신임하는 것이다. 2) 선교부가 총회를 상대로 문제해결을 하지 않은 것은 불법이며 총회를 무시한 행위이다. 3) 총회 재무에게 남은 보조금을 즉시 반환하라고 명령한 것은 총회를 멸시하는 행위이다. 4) 안대벽 부인에 대한 불신임도 불법적이고 부인회 총회를 멸시하는 행위이다. 5) 안대벽이 선택의 자유를 방해한다는 주장은 총회 회원을 그의 지배에 예속된 존재로 취급하는 모독이다. 6) 선교부가 안대벽 부부에 대한 불신임의 구체적 근거를 제시하지 않고 성명서를 배포하는 것은 불법적이며, 동역자에 대한 잔인한 태도이다. 7) 선교사들의 구두(口頭) 민주주의를 불신용하며 인권을 무시하는 행동을 규탄한다. 성명서는 선교부의 무례한 행동은 "민족적 서름을 통감케한 바이어니와 이런 행위가 지방 각 교회와 소년 소녀에게까지 계속적 선전을 감행하는 것을 볼 때에 흐르는 눈물을 금치 못하는 바입니다."라고 끝맺었다.[71] 총회 실행위원회는 1959년 3월 31일 크로리에게도 8개 항목의 공개 질의서를 발표했는데, 질의서는 선교부의 행위가 비합법적이고 한국 민족을 멸시하며 내정에 간섭하는 것이라고 적시했다.[72] 주류파는 선교부의 행위를 불법적 폭거로 규정하며, 민족적 감정에 호소했다.

주류파는 이후 성명서들을 대거 발표하며 선교부와 대전파를 비난했다. 총회 전도부 실행위원들은 1959년 4월 7일 전국 교회에 "해명서"를 발송했는데, "해명서"는 1959년 3월 18일 한·미 전도부 연석회의에 관한 내용이었다. 즉 개회 벽두에 구두원 선교사가 안대벽 부부 불신임을 통보하자, "회의장 내는 즉시 감정과 긴장한 가운데 흥분을 폭발"했고, 특히 이덕근은 민족과 동역자를 배신할 수 없다며 퇴장했다고 했다.[73] 대한기독교침례회 경서구역은 1959년 4월 10일 "성명서"에서, 선교부의 독단적 처사는 "독립국인 우리 한국 전체를 멸시하여 자주 주권을 침해한 월권 행사로 규정하는 바이다"라고 했다.[74]

총회 전도부 실행위원회는 1959년 4월 10일 "각 교회 귀중"이라는 성명서에서 선교부가 총회 전도부장을 불신임하는 것은 "침례회 근본 주장과 리상에 크게 배치하는 것"이라 했으며,[75] 총회 실행위원회는 1959년 4월 13일 "성명서"를 통해 선교부의 행동은 불법이고 총회장소 변경 시도는 분열 공작이라 했다.[76] 경북구역 총회 역시 1959년 4월 13일 "성명서"를 통해, 안대벽과 이순도의 불신임은 한국 총회와 부인회에 대한 모욕이며 불법이다. 그리고 이미 주어진 지원금을 무조건 반환하라는 것은 만행이며, 안대벽을 자유 선거 방해자라 주장하는 것은 총회에 대한 내정간섭이며 명예훼손이라 했다.[77] 침례회신학교 동창회 임원회는 4월 16일 "성명서"에서, 선교부가 정당한 절차에 따라 총회와 문제를 해결하지 않고 각 교회에 성명하는 것은 총회를 무시하는 행위이며, 보조금 잔액의 즉시 반환 요구는 경제 권력으로 압력을 가하는 것이라 했다.[78] 이처럼 주류파는 민족주의적 관점, 침례교 이상에 위배됨, 내정간섭 등에 기초해 항거했다.

성명서에는 매우 감정적이며 강렬한 표현들도 등장했다. 안대벽이 담임하는 종로교회는 1959년 4월에 발표한 "재한미남침례회 선교부 실행위원회 귀하"라는 성명서에서, 선교사들의 행위는 "정신병자들이 하는 처사이거나 그렇지 않으면 경제 세력으로 한국 총회를 멸시하는 불법적 만행"이라며, 남침례교 총회에 소환을 요청할 것이라 했다.[79] 총회 실행위원회는 1959년 4월 20일 "해명서"에서,

총회수습대책위원회 소집은 불법적 행위이며, 장일수는 "선교사들에게 아부 결탁하고" 각 구역에 총회장소 변경을 진정하도록 사촉했다고 주장했다.[80] 이순도가 회장인 부인전도회의 임원들은 1959년 4월 22일 "성명서"에서, 합법적으로 선출된 회장 이순도를 불신임한 것은 "약한 여성에게 정치적으로 압력을 가하는 비신사적 행동"이며, 보조금의 즉시 반환 요구는 "노골적으로 딸나정책을 실현화한 행동"이라며 비판했다.[81] 총회 재무부장 김주언은 1959년 4월 24일 "성명서"에서, 자신이 선교부 보조금을 유용했다는 소문에 대해 해명했다. 즉 단산교회 전도사 최원규는 교회당 대지 매입을 위한 선교부 보조금을 이미 총회에 넘겨주었다는 우락수의 말만 믿고 공개적으로 송금을 요청했는데, 총회는 보조금을 받은 적이 없으므로 잘못된 행위라 했다. 김주언은 "우락쓰 선교사의 말을 미끼를 삼아 각 교회들에게 암암리에 악선전을 하여 명예를 손상식히며 도라다니는 분자들이" 있다며 분노를 표출했다.[82] 이처럼 주류파는 선교부와 대전파에 대해 극단적으로 불만을 드러내며 반박했다. 양측의 갈등은 결국 분열로 귀결되었다.

7. 대전총회의 설립

대전파는 장일수가 시무하는 대전 대흥동교회에서 1959년 4월 28일 19시에 107명의 대의원이 총회수습대책위원회를 개최해, 장일수를 의장으로 선출하고 주류파를 비난하는 선언서를 채택했다. 선언서에는 과거 10년 동안 김용해, 안대벽, 노재천, 이원균, 한기춘, 김주언 등 소수의 주류파 인사가 총회를 농단하고 침례교 개교회주의를 파괴한 것, 교권 연장을 위해 교단 분열을 자초한 것 등을 거론하며 불신임 결의했다. 그리고 4월 29일에 정식으로 제49회 정기총회를 개최할 것을 선언했다.[83] 1959년 4월 29일 오후 3시 대흥동교회에서 전국 16개 구역 196개 교회 가운데 140개 교회에서 파송된 228명의 대의원 중 198명이 참석하여 총회를 개최했다. 선교부 회장 말러는 대전총회를 다수파를 대표하는 총회로 인정하며, 이곳에서 선출되는 임원들과 같이 사업할 것이라 했다.[84] 크로리와 말러는 1959년 5월 7일 동일한 내용의 성명서를 재차 발표했다.[85] 대전총회 임원들은 1959년 5월 8일 전국 교회에 발송한 "각 교회 귀중"이라는 성명서에서, 크로리가 "5월 7일 대전에서 개최된 총회 실행위원회 석상에서 대다수 교회가 몽인 우리 총회의 정당성을 인정하고 신임했다"고 밝히고, 불법적인 포항총회에 참석하는 교회는 불이익을 받게 될 것이라고 공지했다.[86] 주류파의 일부, 전입파, 선교부가 합세하여 독자적인 총회를 세운 것이다.

8. 포항총회의 설립

총회 실행위원회는 대전총회를 13가지 이유로 불법총회로 규정했다. 그중 몇 가지를 살펴보면, 1) 총회소집은 총회장 혹은 부회장만이 할 수 있는데 "불순분자 몇 사람이 총회소집 통지서를 일부 교회에만 발송하여 작당적 회집으로 총회 분열을 획책"하였으며, 2) 총회 대의원 수는 규정에 따라 한 교회에 3인이 상한수 임에도 불구하고 한 교회에서 10명 내외의 대의원이 왔고, 모 성결교회 교인에게까지 대의원표를 주었고, 3) 임원선거도 몇 사람이 비밀리에 선출하여 명단을 발표하고 거수기 회원들을 발동시켜 5분 만에 임원선거를 끝마쳤으며, 4) 선교사가 대의원의 1인으로 참석한 것은 총회를 "분열식히는 노골적 행동"으로 총회 분열의 책임이 "다분 선교사들의게" 있으며, 5) 선교사들은 불순분자들과 사전 야합하여 "딸라로 신도들을 유혹하는 죄"를 범했다. 따라서 "3월 18일 이후의 모든 집회와 그 결의는 다 불법이니 이것은 다 무효임을 선언한다"라고 선포했다. 그리고 포항에서 개최되는 제49차 정기총회에 "구름같이 몽여들어서 하나님께 큰일들을 기대"하자고 했다.[87]

총회 실행위원회는 크로리와 말러를 초청하여 1959년 5월 9일 11시 회담했고, 1959년 5월 9일 자 "해명서"를 통해 회담 내용을 전국 교회에 알렸다. "해명서"는 선교부가 다음의 세 가지를 언명했다고 했다. 첫째 크로리는 한국 침례교회의 동태를 파악한 후 태도를 정할 것이며, 모든 침례교회와 함께 사업을 계속하려는 열망이 있다. 둘째, 대전총회가 "정당한 다수 총회라는 것을 재확인할 때까지는 당분간 개 교회를 직접 상대하겠다." 셋째, 선교부 보조금에 대해 "선교부장 말라 씨도 어느 총회의 소속의 구별 없이 각 개 교회를 상대로 보조해줄 것을 확언했다."[88] 그러나 선교부는 대전총회에 가입하지 않은 교회들에 대해 1959년 6월부터 보조금을 완전히 끊었기 때문에, "해명서"는 결과적으로 거짓이 되어 버렸다.

주류파는 총회를 개최하는 데 예상치 못한 어려움도 겪게 되었다. 그것은 총회 장소로 이미 정해진 포항침례교회가 5월 18일 자 "전국교역자 및 교우들 앞"이라는 통지문에서, "본 교회에서는 작일 사무처리회로 뭉이어서 거 4·29일에 뭉이였던 대전총회를 찬성키로 절대다수로 가결"하였기 때문에, 예배당을 총회 장소로 허락지 않기로 결의했음을 알렸다.[89] 포항교회의 조치는 반감을 초래해 예상보다 많은 대의원이 포항교회로 몰려와 예정대로 총회를 열었다. 1959년 5월 26일 오전 9시 경북 포항시 동빙로 1가 46번지 포항교회에서 개최된 총회는 "등록자 수 267명 중 출석자 264명"이 참석하여 성황리에 진행되었다.[90] 1959년 5월 27일 오전 9시에 속회 된 회의에서 대전총회 지도자 장일수, 한태경, 민영호, 조효훈, 김기석, 이덕수, 전흥상, 유영근, 윤덕훈 등 총회 분열의 주동자 9명에게 5년간 총회 회원권을 부여하지 않고, 애버네티, 구두원, 말러, 우락수 등 4명의 선교사를 불신임하며 본국으로 송환할 것을 결의했다.[91] 포항총회는 기존 총회 이름인 "대한기독교침례회"를 고수했고, 대전총회는 "기독교대한침례회"라는 명칭을 사용했다.[92] 교단은 분열되었다.

교단 분열의 결과

교단이 분열된 이후 크게 세 가지 현상이 나타났다. 첫째, 선교부가 대전총회에 가입하지 않는 교회에 대한 모든 재정지원을 끊어 포항총회 소속 목회자들은 거의 기아 상태에 빠지는 고통을 받게 되었다.[93] 둘째, 교회와 가정에서 분열 현상이 나타났는데, 김장배는 "교회와 교회들이, 형제와 형제들이, 심지어 부자 형제간에도 둘로 갈라져서 반목하고 질시하기에 이르렀다"라고 증언했다.[94] 셋째, 교단 재산을 양측이 서로 소유하려는 다툼이 심각하게 일어났다. 포항총회 재단법인 이사장 김용해가 1959년 9월 전국 교회에 발송한 "재단법인 대한기독교침례회 유지재산 처리에 관한 공고"는 그러한 사실을 잘 드러낸다. 공고문은 재단법인 대한기독교침례회연맹 규약 제9조, "가맹교회의 재산은 재단법인 대한기독교침례회에 편입한다"라는 규정을 근거로 가맹교회의 "물권의 등기 및 자산 확보의 권리의무는 본 재단법인을 통하여 보장되는 것"임을 강조했다. 그리고

"위증 사기로 공문서 사취, 명의변조 기타 수단 방법을 가리지 않고 재단명의의 변경을 시도"하고, 등록된 교회 건물을 매각하여 선교부 재단에 기부행위를 하는 것은 민법 제90조에 의해 무효가 되며 당사자는 불법에 대한 책임을 져야 한다고 공고했다.[95] 이처럼 기존 총회는 재산의 이탈을 막는 일에 신경을 곤두세웠다.

재산권 다툼으로 총회 산하기관이 국가 당국에 의해 폐쇄되는 일도 발생했다. 원아 70여 명의 인천 성애원(聖愛院)은 경기도에서 인정받는 모범 고아원이었는데, 교단 분열 이후 포항총회에 소속되었다. 그런데 김은섭 원장의 부인 김혜경이 1959년 포항총회에 참석했다는 이유로 대전총회 총회장 강석주가 일방적으로 김은섭을 파면하고 김동창을 원장으로 임명했다. 고아원이 분규와 혼란에 휩싸이게 되자 경기도 당국이 성애원을 폐지하고 고아들을 타 교단 고아원으로 이송했다.[96] 한편 인천의 시은고등공민학교는 치열한 과정을 거쳐 포항총회에서 대전총회로 넘어가게 되었다. 1959년 7월 2일 강성주가 이봉래 교장을 해임 통보했으나 학교 이사회가 인정하지 않아 불발되었다. 그러자 학교 설립자인 장일수가 교장 해임 통고서를 제출했고 인천시 교육감은 학교 설립자의 요청이라는 이유로 이를 받아들였다. 8월 15일 대전총회에서 구두원(선교회장), 김기석(부총회장), 조효훈(교육부장) 등이 김덕윤과 함께 학교에 와서 김덕윤을 교장으로 임명하려 했으나 이사회가 반대하여 이루어지지 못했다.[97] 이처럼 시은고등공민학교의 이사회는 학교를 대전총회에 빼앗기지 않으려고 애를 썼다. 그런데 이봉래와 인천침례교회와의 분쟁으로 결국 학교를 대전총회로 넘기는 결정을 했다.

인천침례교회는 1960년 8월 25일 장문의 "성명서"를 통해 포항총회를 탈퇴하고 대전총회에 가입하게 된 이유를 설명했는데, 주요 내용은 다음과 같다. 1959년 총회가 분열될 때, 인천교회가 포항총회의 종주교회 격이 된 것은 포항총회의 영수이며 본 교단의 재단 이사장인 김용해가 인천교회의 담임목사였고, 교단의 중요 기관인 성애원과 은혜학교(시은고등공민학교)가 인천에 있었기 때문이다. 대전총회와 장일수가 법적으로 보장된 성은학교에 대한 정당한 권리를 스스로 제한하자 인천침례교회가 자연스럽게 학교를 맡게 되었다. 인천교회 집사들은 갑자기 조직된 은혜학교 운영이사회의 이사가 되어 학교를 도왔다. 그런데 교장 이봉래는 학교를 독재적으로 운영하고 이를 제지하는 이사회를 인천교회의 부당한 간섭으로 대외에 선전했다. 1960년 5월 3일부터 경북 김천에서 개최된 포항파 총회는 이봉래의 뜻에 따라 인천교회 집사들의 이사직을 박탈하고, 이봉래의 비행으로 학교 회계상 막대한 부정이 드러났음에도 회계감사를 종결시키고 이봉래를 유임 인준했다.[98] 이봉래는 나아가 인천교회가 점유하여온 1,358평의 대지를 前자유당중앙위원회 최모라는 자와 임의로 계약 체결하고 70만원을 수령하여, 시은학교 설립자인 장일수로부터 약탈하고 대지의 중심부에 자리 잡은 인천교회를 축출하려 했다. 교회는 이러한 사실을 총회에 알리고 조치를 호소했으나 아무런 반응이 없었다. 인천교회 집사들이 6월 19일 포항총회를 탈퇴할 것을 결의하자, 김용해는 담임목사직 사표를 제출하고 서울로 이주했다. 인천시는 7월 25일 교회가 위치한 인천시 답동 8번지에 있는 시유지 1,358평을 공매 처분키 위해 연고권자인 인천교회에 별도통지서를 보내왔으나, 김용해가 그것을 묵살해버림으로 인천교회는 점유자이면서도 연고권을 행사하지 못했고, 결국 이봉래가 동 대지를 단독 응찰 매수하도록 만들었다. 이런 이유로 8월 21일에 소집된 사무회에서 대전총회에 가맹할 것을 만장일치로 결의했다.[99] 인천교회가 대전총회로 가입하면서 시은고등공민학교는 대전총회 소속 학교가 되었다. 이처럼 분열 후 양측이 가장 많은 관심을 기울인 것은 교단 재산에 관한 재산권 확보였음을 알 수 있다.

분열 이후 대전총회의 상황

대전총회는 선교부가 교단의 모든 일에 주도권을 갖고 사업을 진행하였다. 선교지원금도 총회가 아닌 선교부가 직접 개교회나 지방회에 주었다. 선교부는 지역교회의 자립정책을 추진하였고, 1963년 220개 교회에서 1972년에 900개의 교회로 성장시킨다는 야심찬 목표를 세웠다.[100] 선교부는 침례교 확장을 위해 "뱁티스트 아워"(Baptist Hour)라는 라디오 방송전도사업을 실행하였다. 1960년 5월 1일에 인천방송국, 5월 22일에 부산 방송국, 6월 16일에 서울방송국, 1961년 11월에 전북 이리방송국에서 각각 전도방송이 시작되었다.[101] 선교부는 1967년에 방송전도부를 설치하고 부장으로 구두원 선교사를 선임했다. 이때부터 침례

교 전도방송은 "서울 기독교중앙방송국, 극동방송, 대구 기독교방송, 이리 기독
교방송, 광주 기독교방송, 부산 기독교방송, 대전 문화방송, 강릉 문화방송, 강
원 문화방송, 목포 문화방송, 제주 문화방송"에서 실시되었다. 1966-1967년에는
KBS-TV를 통해 무디성경학교에서 보급 받은 기독교 영화, 과학전도 프로그램
을 방영했다.[102]

분열 이후 포항총회의 상황

포항총회에 참여한 교회들은 남침례교 선교부로부터 그동안 받아오던 재정
적인 보조가 하루아침에 끊어지게 됨으로 엄청난 고통을 겪게 되었으며, 포항총
회에 속한 인천의 성애원은 운영난으로 1960년 9월 5일 폐쇄되었다.[103] 포항총회
는 서울 종로침례교회에서 1961년 4월 18일에 제51차 총회를 개최하여 안대벽
목사를 총회장으로 선출하고, 재정 지원을 받기 위해 국제기독교협의회(ICCC)
에 가입할 것을 결의하고, 같은 해 8월에 「침례월보」를 창간하였다.[104] 포항총회
는 국제기독교협의회와 스완슨 복음전도회로부터 후원을 얻어 1962년 6월 18일
서울 종로침례교회 내에 대한침례회신학교를 설립하고 안대벽을 교장으로 선임
하였다. 학교는 38명의 학생으로 시작되었으며, 이듬해인 1963년 10월에 동자동
총회사무실로 이전하였다. 그런데 안대벽은 외부에서 지원받은 보조금을 임의로
처리하고 총회에 전혀 보고하지 않았다. 총회실행위원회와 신학교 이사회는 안
대벽에게 불법적 행위를 사과할 것을 촉구하였지만, 안대벽은 요지부동이었고
계속 보조금을 유용했다. 결국 총회는 1964년 1월 14일에 안대벽을 불신임하기
로 결의했다.[105]

안대벽이 해임되고 난 후, 신혁균, 한기춘 목사 등이 교장서리로 봉직했다.
학교는 교단이 통합되고 난 이후, 1968년 9월 7일자로 대전에 있는 침례회신학
교에 합병되었다.[106] 포항총회는 재정적으로 빈약하기 짝이 없었으나, 극빈한 교
회들을 보조하였으며, 매년 순회부흥단을 조직하여 어려운 교회들을 순방하고
격려했다. 총회는 교단 역사편찬에도 힘썼는데, 안경선 집사의 도움으로 1964년
3월 30일 「대한기독교침례회사」 1,000부를 출판하였다.[107]

결 론

이상에서 살펴본 바와 같이 한국 침례교회의 분열은 핵심 인물들의 갈등, 교권과 금권을 향한 파벌 간 쟁투, 미국 선교사들의 한국 목회자에 대한 부정적 인식, 주류파의 안대벽에 대한 무비판적 지지 등 네 가지 원인이 어우러져 일어났다. 분열을 해소하려는 몇 차례의 시도는 서로에 대한 불신의 벽을 넘지 못해 좌절되었다. 교단 분열의 가장 큰 책임은 안대벽에게 있다. 그의 물질에 대한 욕망이 모든 문제의 발단이었다. 경제적 이익의 목적으로 구호위원회를 장악하려다가 애버네티와 갈등을 일으켰고, 선교부 보조금의 독점적 운영을 지속하려 하다가 장일수 및 전입파와 갈등하게 되었다.

안대벽은 교단이 분열된 이후에도 금전욕을 포기하지 않았다. 미남침례회로부터 재정지원이 끊어진 포항총회는 안대벽의 주선으로 국제기독교연합회(ICCC)로부터 재정적 지원을 받게 되었다. 안대벽은 이 지원금으로 「대한침례회신학교」를 설립하고 교장에 취임했다. 그런데 그는 신학교 후원금을 임의로 사용하며 학교 이사회나 총회에 보고하지 않았다. 포항총회는 안대벽에게 재정의 유용 행위를 중단하고 이사회의 지도에 따를 것을 촉구했으나, 안대벽은 총회의 권면을 지속적으로 불응했다. 총회는 결국 1964년 1월 14일 안대벽을 불신임 결의했고, 안대벽은 얼마 후 미국으로 이민 갔다.[108] 이처럼 한국 침례교회의 분열은 교리나 이념의 차이가 아닌, 교단 지도자들의 물질에 대한 욕망과 이와 연계된 파벌 간의 쟁투, 그리고 선교사들의 사려 깊지 않은 결정과 한국 목회자들의 감정적 반응 등이 주된 원인이었다. 그러나 신앙적 정당성이 없는 분열은 오래가지 않았다. 한국 침례교회는 1968년 제58차 총회에서 재통합했고, 오늘날까지 단일 교단으로 이어오고 있다.

제22장

1968년부터 현재까지

교단의 재통합과 교단명칭 변경

　분열된 총회의 재통합은 포항총회 총무 김갑수와 전도부장 남용순이 1967년 8월에 대전총회 총무 우성곤과 법인사무장 정인도를 찾아가면서 시작되었다.[1] 이들은 통합을 이룰 것을 약속하고, 양측 총회에서 기초 작업을 시작했다.[1] 경남지방회가 1968년 3월 1일에 "무조건" 통합을 주장하는 성명서를 전국교회에 발송하였으며, 중립적인 입장을 고수해오던 부산 충무로교회가 적극 나섰다. 그 결과 양측 대표들은 1968년 3월 26일 부산의 충무로교회에서 통합을 공식적으로 발표하였다. 드디어 1968년 4월 16일 역사적인 합동총회가 서울침례교회에서 개최되어 9년간의 분열을 마감하고, 교단명칭을 "한국침례회연맹"으로 하였다. 교단의 재통합에 대해 선교부 역시 적극 지지하고 환영한다는 성명을 발표했다.[2]

| 김갑수 목사

| 1968년 3월 26일 부산의 충무로교회 연석회의

도시전도와 기관육성

1960년대 후반부터 도시화 현상이 나타나기 시작하였고, 이에 따라 한국인 목회자들은 선교부에게 농촌보다는 도시에 더 많은 자원을 투자해 줄 것을 요청했다. 그러나 선교사들은 미국의 예를 들면서 농촌의 성공은 곧 도시의 성공을 가져온다고 대답했다. 그들은 한국의 변화를 제대로 인식하지 못하고 안이하게 생각했던 것이다.[3] 그러나 도시의 급성장으로 인해 1970년대부터 목회자들은 농촌에서 도시로 진출하였고, 부흥운동을 통해 교회성장을 이룩하기 시작했다. 그러자 선교부도 보조를 맞추어 도시선교에 더 큰 비중을 두게 되었고, 교회를 직접 개척하기 보다는 총회의 기관들을 육성하고 개교회를 지원하는 정책으로 전환했다.[4]

선교부가 설립한 기관들 가운데 "한미대여보조 정책위원회, 교회행정출판부, 군인전도부와 같은 기관들은 한국의 다른 개신교 교단 선교회에서는 찾아볼 수 없는 독보적 기관들"이었다. 선교부는 교단 산하 기관들이 정상궤도에 오르고, 한국 총회가 운영을 감당할 수 있을 때, 운영권을 넘겨주는 것을 목표로 했다.[5]

기독교한국침례회(1976-)

1. 교단명칭 변경 및 급속한 성장

한국침례회연맹은 1976년 제66차 총회에서 교단명을 기독교한국침례회로 변경했다. 이 즈음에 한국은 도시화가 가속화 되었으며, 선교부도 농촌에서 도시 중심의 선교로 완전히 방향을 바꾸었다. 선교부는 도시에서 교회를 개척할 때 필요한 자금을 지원하기 위해 한미대여보조기금을 만들었으며, 이러한 대여보조정책에 힘입어 침례교회는 70년대와 80년대를 거치면서 급성장하였다. 예를 들면, 1975년 서울에서 침례교회 수는 111개였는데, 1980년에는 190개로, 1985년에는 406개로 늘어났다.[6]

한편 1960년대부터 한국 목회자들 사이에서 일어났던 성령운동은 70-80년대에도 계속되었고, 그것은 교회의 큰 부흥을 가져왔다. 김충기, 오관석 목사는 성령운동의 기수가 되어 전국을 돌아다니며 부흥회를 열었는데, 부흥회 때 방언, 입신, 신유 등이 일어났고, 교회가 활성화되었다. 이처럼 70-80년대의 침례교회의 급속한 성장의 원인은 부흥운동, 도시에 많은 교회들을 개척한 것, 그리고 한미대여보조기금의 적절한 운용이었다.[7]

| 김충기 목사

| 오관석 목사

2. 한미연합전도대회

교단의 급성장을 기반으로 총회는 자립적 토대를 갖게 되었고, 이러한 상황에서 선교부는 1970년대부터 총회와 함께 협력하여 전도하는 방식을 채택하였는데, 대표적인 것이 한미연합전도대회였다. 1970년부터 1975년까지 행해졌던 한국-루이지애나 주 연합전도대회가 가장 먼저 협력전도의 문을 열었다. 특히 1972년에 열린 제3차 대회에는 아폴로 15호에 탑승하였던 제임스 어윈 대령이 참가해 많은 한국인들의 관심을 끌었다.[8]

1976과 1977년의 한미전도대회는 세계복음전도협회 총재인 잭슨 목사와 그 일행이 주도하였다. 총회와 선교부는 이어서 1978년부터 1980년까지 3년 동안 대회를 개최하기로 했다. 1978년을 "청지기의 해"로 정하고, 서울, 부산, 대구, 대전, 광주에서 청지기 강습회를 열었다. 1979년은 "훈련의 해"로 정하고 성경공부 지도자들을 양성하였으며, 1980년은 "전도의 해"로 정하여 지난 2년에 걸친 준비를 기반으로 대대적인 복음전도에 나섰다. 전국 5대 도시에서 음악회를 열고, 도시 기관장들과의 간담회를 개최하여 전도대회의 사전 분위기와 여건을 만들었다. 그리고 미국 YMCA 회장인 제임스 프린톤 박사를 비롯한 유명인사들과 미국 플로리다 주 침례교 목회자와 평신도 244명이 내한하여 전국 5대 도시에서 한국교회들과 함께 전도대회를 열었다. 1980년 전도대회의 참석자는 177,548명이었고, 결신자는 16,877명이었다.[9] 한미전도대회는 1981년부터 1989년까지 계속 이어졌으며 많은 결실을 맺었다. 교단은 1984년에 1천 교회를 돌파하였고, 이후 1990년까지 매년 연평균 100개의 교회가 증가하였다.[10]

3. 100주년 기념사업

| "침례"로 표기한 성경

총회는 1989년에 침례교 선교 100주년 기념사업을 펼쳤다. 이 사업은 미국 루이지애나 침례교회와 협력으로 진행되었다. 먼저 교회진흥원이 1989년 2월 21일부터 25일까지 "평신도전도학교 세미나"를 개최하였다. 4월 2일부터 9일까지는 미국 루이지애나 주총회 음악선교단이 선교 100주년 "기념음악회"를 열었으며, 루이지애나 침례교회와 한국침례교회가 합동으로 5월 14일부터 25일까지 "전국 침례교동시전도대회"를 실시하였다. 총회는 또한 100주년 기념사업의 하나로 루이지애나 주총회로부터 재정 지원을 받아 '세례'를 '침례'로 표기한 성경을 출간하였다. 4월 14일부터 18일까지 전국에서 각종 "세미나"를 개최하였으며, 8월 14일부터 16일까지 목회자 성장대회를 가졌다. 마지막 날인 8월 16일은 "전국 침례교인대회"를 열었다. 오후 7시에 서울 잠실체육관에서 개최된 대회에는 약 2만 명이 참여하여 가슴 벅찬 침례교 계절의 도래를 느꼈다.[11]

교단의 부흥 역사

남침례교 선교부 주도의 부흥

1950년부터 1960년대 중반까지 한국침례교 부흥은 미남침례회 선교부의 주도로 이루어졌다. 해방 이후 남한에 40여 개 교회와 수백 명의 교인만 남아 있었으나, 충남 칠산교회에서 1946년 9월 14일부터 20일까지 개최된 "동아기독교회 남부 제1회 총회"에서 교단 재건을 결의했다.[12] 총회는 우태호 목사를 통해 미남 침례교회로부터 도움을 받으려 했다. 우태호는 1949년 초에 도미하여 일을 성사시켰고, 총회는 1949년 9월 교단 명칭을 대한기독교침례회로 바꾸는 등 적극적으로 노력했다. 그 결과 최초 남침례교 선교사 존 애버네티(나요한) 부부가 1950년 2월 27일 서울에 왔다.[13] 그러나 곧바로 6·25전쟁이 터져 애버네티 부부는 필리핀으로 피난 갔다. 1년 정도 지난 1951년 4월 14일 존 애버네티만 다시 부산으로 왔다.[14] 애버네티는 전쟁의 처참한 상황에 처해있는 부산에서 구호사업과 의료선교를 긴급하게 실행했는데, 이러한 조치는 전멸 상태에 있던 한국침례교회를 생환시키고 기적적인 성장을 가져오게 했다. 1951년 50개 교회가 1952년에 134개로 증가했다.[15] 교회가 급속히 많아지면서 타 교단의 목회자도 대거 영입되었다. 목회자는 1950년 10명, 1955년 117명, 1959년 142명으로 증가했다.[16] 남침례교 선교사들은 전도와 교회개척에 앞장서고, 예배당 건축을 위한 재정을 지원했다. 그리고 유년부(일광회), 중고등부(왕의 사신단과 소녀회), 남자 청·장년부(신앙훈련회), 여자청년회, 부인전도회 등 교회의 각 부서를 세우고, 1958년부터 청지기 운동을 펼치며 교회자립 운동을 주도했다. 또한 침례병원, 한국침례신학대학교, 교회진흥원, 국내선교회, 군경선교회, 침례회신문사 등의 교단 기관을 설립하여 교단 발전의 기초를 놓았다.[17] 이처럼 1950년대부터 1960년대 중반까지 한국침례교 성장은 남침례교 선교사들의 주도로 이루어졌다.

1960년대 중반 이후 부흥

1960년대 중반부터 부흥의 주도권은 선교부에서 한국인 목회자들로 옮겨졌다. 특히 오관석, 김충기 목사는 성령운동을 일으켜 교회들을 부흥케 했다. 방언, 입신, 신유 등이 나타난 이들의 부흥회는 1970년-80년대 큰 부흥의 원동력이 되었다. 1975년 서울에서 침례교회 수는 111개였는데, 1980년에는 190개로, 1985년에는 406개로 늘어났다.[18] 교단은 1984년에 1천 교회를 돌파하였고, 이후 1990년까지 매년 연평균 100개의 교회가 증가하였다.[19] 남침례교 선교부는 주요 도시에서 한미연합전도대회를 개최하며 부흥에 일조했다. 성령운동 중심의 부흥은 윤석전, 장경동 목사로 이어지고 있다. 한편 김장환, 이동원, 안희묵 목사 등은 복음주의 운동에 기초한 부흥을 일으켰다. 목회자들의 신학 및 신앙적 컬러는 차이점이 있으나 공통점이 더 많다고 볼 수 있다. 예를 들면, 김충기 목사는 성령운동뿐만 아니라 말씀 강론으로 부흥을 일으켰고, 이동원 목사는 체계적인 성경공부와 더불어 깊은 영적 기도를 강조했다. 한편 백운현 목사는 대전시에서 장애인거주시설, 보호 및 활동지원센터를 운영하며 교회의 대사회적 공헌을 하고 있다. 부흥이 교회의 수적 성장뿐만 아니라 사회에 대한 건전한 영향도 포함된다고 볼 때, 좋은 부흥 모델을 제시하고 있다고 생각한다.

오관석 목사와 하늘비전교회

1. 성령체험과 태성교회의 부흥

오관석은 유아세례와 사도신경을 하지 않는다는 이유로 한국침례교회가 이단시 되던 1960년대에 부흥을 일으켜 교단의 지명도를 높이는 공헌을 했다. 그의 놀라운 업적은 성령을 크게 경험한 데서 시작되었다. 오관석은 신학교를 졸업하고 1960년 늦은 봄에 공주 정안의 태성교회에 담임목회자로 부임했다. 당시 60년 된 태성교회 교인들은 "성령이여 강림하사 나를 감화합소서"라는 찬송을 부르지 않는데, 성령이 이미 오셨기 때문에 성령 강림을 요청해서는 안 되기 때문이라 했다. 그리고 사람의 노력으로 구원받지 못하므로 전도에 열심을 낼 필요도 없다고 했다. 교회는 날로 퇴보하여 오관석이 부임한 지 1년이 채 되지 않아 60명 교인이 30명으로 줄어들었다.[20]

오관석은 적은 급여에 실망하고 목회에 회의감도 들었다. 그러자 몇 여집사들이 "미숫가루와 담요, 내복, 교통비"를 주며 용문산 기도원 집회를 다녀오라고 했다. 그곳에는 나운몽 장로의 인도 아래 수천 명의 성도들이 통성기도 후 악기소리에 맞추어 찬양과 춤을 추며 기도했다. 그러나 오관석은 그런 형태의 집회에 거부감을 느꼈다. 10일간의 집회였으나 5일이 지나도 갈수록 마음은 냉랭해지고 적응이 되지 않아 하산했다.[21]

집에 와 보니 충남 계룡산 양정기도원에서 교역자 산상수련회가 열린다는 공문이 와 있었다. 첫날 저녁에 120명 정도의 목사와 사모들이 모여 있었고, 강사는 정영문 목사와 김형태 선생이었다. 오관석은 방언 받을 것을 권면하는 동료 침례교 전도사에게 "20년이나 공부를 해가지고 몸이나 흔들고 룰루룰루 따따따따 하고 앉아 있으란 말이냐? 내 몫까지 너나 받아라"라며 하며 면박을 주었다.[22] 그렇지만 마음은 너무 괴로웠고, 결국 목회자 10명에게 안수 기도를 부탁했다. 그들이 방언기도로 안수를 하자, "그 순간, 하늘로부터 정말 뜨거운 불이 쏟아졌다. '악–' 소리를 지르면서, '앗, 뜨거워' 하는 순간에 혀가 빠져나와 방언을 하게 되고, 온몸이 부들부들 떨리고 바위 위에 무릎을 꿇고 그 자리에서 펄펄 뛰었다." 온몸이 강하게 떨리고 불같이 뜨거워지면서 땅에서 뒹굴기 시작했다. 이런 극한 기도 시간이 지나자 감사한 마음이 넘쳐흘렀다.[23]

토요일 하산하여 집으로 돌아와 토요일을 온전히 철야하며 기도했다. 이튿날 주일 설교하는 데, 갑자기 부흥이 임했다. 모든 교인들이 "악 악– 소리를 지르고 가슴을 치고 나뒹구는가 하면, 창밖으로 담배쌈지와 담뱃대를 무릎으로 꺾어 던지고, 또는 설설 기어다니거나 울부짖으며 자기 가슴을 마구 쥐어뜯었다."[24] 그날부터 오관석 전도사는 새벽, 낮, 밤 하루 세 번씩 집회를 3개월 동안 했다. 30명의 교인이 300명으로 늘어났고, "전 교인들이 방언, 예언, 통변 등 성경에 있는 모든 은사를 받았을 뿐 아니라 전 교우가 철저한 주일성수와 십일조 생활과 순교적인 각오로 새벽기도를 드리는 일을 할 만큼 성도의 의무에 주력하는 교인으로 탈바꿈하였다."[25]

태성교회에서 3개월의 집회 기간에 희한한 일들도 일어났다. 기도하느라 교회에 살다시피 하는 아내를 찾아온 남편이 "아내의 머리채를 잡고 끌고 나가다가 그 자리에서 선 채로 방언을 하고 진동을 하여 예수를 영접하였다." 또한 술만 먹으면 '태성교회 종 떼어가는 사람에게 쌀 두 가마니 주겠다'라고 소리소리 지르던 영감이 꿈속에서 마귀에게 쫓겨 다니다 교회로 뛰어 들어오자 마귀가 따라오지 못하는 꿈을 꾸고 교회에 출석하기도 했다. 그리고 새벽에 물 길러 가던 동네 아낙네들은 300여 명이 모여 새벽기도하는 태성교회 지붕에서 불이 활활 타는 모습을 보고 교회에 불났다고 소리소리 지르며 뛰어왔는데, 교회는 멀쩡하게 그대로 있었다. 그런데 멀리서 보면 여전히 교회 지붕에 불이 활활 타오르는 모습이 보였다.[26] 성령의 불길은 계속 이어졌고 기적이 일어났다. 오관석은 15명의 기도 특공대원들과 매일 철야기도를 했고, 그 결과 "충남 일대의 정신병자, 마귀환자, 불치병 등등으로 오는 사람들마다 고침을 받고 감격하여 돌아가는 역사가" 일어났다.[27]

2. 부흥사로서의 활동

오관석은 첫 부흥회를 충남 연기군 금남면 반곡침례교회에서 인도했다. 첫날부터 "사도행전의 원색적인 성령의 역사가 방언, 예언, 통변, 신유 등의 은사를 통해 나타났다." 이런 놀라운 영적 체험을 한 신자들은 교회를 떠날 줄 모르고 밤낮으로 기도했다.[28] 이후 오관석은 1년 52주 거의 한 주도 빠지지 않고 장로교, 감리교, 성결교, 침례교에서 초교파적으로 집회를 인도했고, 집회에서는 성령의 역사와 이적이 일어났다. 노영식 목사가 담임하던 공주침례교회에서 100평 정도 되는 천막을 치고 집회를 했다. 교회 안에서 수백 명 교인이 통성으로 기도하고 있던 중인데, 밖에서 "불이야 불이야" 하는 소리가 들려 나와 보니, 불은 없었다.[29]

천안 성거산기도원에서 저녁 집회를 마치고 숙소로 돌아가는데, 20세쯤 되는 맹인이 어머니같이 보이는 사람과 함께 찾아왔는데, 기도를 받으면 볼 수 있을 것이라는 확신이 들어서 왔다고 했다. 오관석은 "네 믿음대로 예수의 이름으로 볼지어다" 하고 3번 큰소리로 기도했다. 이튿날 낮 공부 시간에 그 청년은 눈이 보인다며 펄펄 뛰며 간증했다.[30]

인천 용인감리교회에서 집회하던 때, 17세 된 앉은뱅이 남자가 그의 어머니와 함께 참석했다. 어머니는 부흥회 기간 교회에서 밥을 지어 먹으며 매시간 눈물로 기도했다. 오관석은 집회 마지막 날 금요일 저녁에 전 교인들에게 안수했는데, 앉은뱅이 청년이 고침을 받는 기적이 일어났다. 그는 일어나 어머니와 함께 춤을 추며 예배당을 뛰어다녔고, 교회는 흥분의 도가니가 되었다.[31] 전라남도 강진 근교의 송학이라는 동네 교회에서 집회할 때, 그 교회의 천 전도사 형이 앉은뱅이였다. 천 전도사가 동네에 부흥회 개최를 알리자, 동네 사람들은 훌륭한 부흥사가 왔으면 앉은뱅이 형이나 걷게 해달라 하라고 했다. 그러나 앉은뱅이 형은 집회에 참석하지 않았고 골방에 있었는데, 동생 전도사가 교인들에게 덕이 안 될 것 같아 그렇게 조치했다. 오관석은 형을 강단 앞에 와서 앉게 하고, 그를 위해 간절히 기도했다. 집회가 끝나고 연이어 강진읍에서 집회하던 중 그 앉은뱅이 천 씨가 걸어서 예배당에 들어왔다.[32] 영주읍 제일장로교회에서 집회할 때 환자가 수레에 실려 왔는데, 그는 오관석의 숙소에 도착했을 때 이미 숨을 거둔 상태였 다. 오관석은 살려 달라고 간절히 기도하며, "예수의 이름으로 기도합니다"라고 기도를 끝낼 때, 죽었던 사람이 "아멘" 하고 말을 했다.[33] 이처럼 오관석의 부흥 회에서는 많은 기적이 일어나는 성령의 강력한 역사가 나타났다.

3. 하늘비전교회의 개척과 성장

오관석은 태성침례교회의 성장에 한계를 느끼고 서울로 올라가 교회를 개척 하기로 결정했다. 1966년 3월 6일 서울시 중구 회현동 28번지 남산 기슭에 30평 되는 2층 집을 세내어 남산제일교회를 시작했다. 개척예배를 드리기 전 5일 동 안 부흥집회를 통해 100명의 결신자를 얻어, 3월 6일 개척예배에 120여 명의 교 인이 있었다.[34] 교회는 부흥했고 1966년 7월 17일 사무처리회에서 침례교회로 하기로 결정하고 교단에 가입하였다. 그 시기에 한국에서 최초로 0시(송구영신 예배) 예배를 드림으로 한국교회에 송구영신 예배 전통을 도입하게 했다.

교회는 부흥하여 종로구 숭인동(신설동)에 비누공장을 하던 200여 평의 부지 를 매입 예배당을 건축하고, 교회명을 서울중앙침례교회로 바꾸었다. 1970년 금 요철야기도회에 약 1,200명이 모여 여의도순복음교회를 제외하고 가장 많은 사 람이 철야기도에 모이는 교회로 소문이 났다. 교회는 6부로 예배를 드려야 했고, 결국 예배당 건축을 위해 잠실에 600평의 대지를 구입했다.[35] 1985년 4월에 대지 600평, 건평 1,258평, 동시좌석 2,700석 규모의 잠실대성전 입당예배를 드렸 다.[36]

오관석은 목회 기간 중에 기도를 쉬지 않았다. 수시로 기도원에 가서 기도하 며, 교회에 위기가 올 때는 예배당 지하 새벽기도실에 내려가 울며 기도했다. 그 가 1994년 12월 29일 산곡기도원에서 기도하던 중, "내년에는 너희 교회에 1,000 배의 복을 주겠다"라는 음성이 계속 마음에 들려왔다. 오관석은 1,000배의 복을 받는 방법을 생각했다. 김영미 목사를 초청 1995년 1월부터 3개월 간 부흥회를 했고, 그 기간에 "기도원 건축, 교육관 건축, 본당 지붕으로부터 외벽 석조 내부 수리 등"의 엄청난 일을 감당할 헌금이 들어왔다. 1,000배의 복을 실감했다.[37] 1998년에 잠실본동 연건평 950평, 지하1층, 지상7층 교육관과 경기도 가평군 설악면 화곡리 20번지 대지 2,751평 연건평 450평 지상3층의 설악수양관을 건립했다. 1999년 9월 오영택이 오관석과 함께 공동 담임목사로 부임했고, 2006년 3월에는 오관석 원로목사 추대와 오영택 제2대 담임목사 취임을 했다. 2011년 6월에 하늘비전교회로 교회명을 변경했다.[38]

4. 오관석의 설교와 신학

오관석은 10여 년 간 부흥회의 낮 공부에 사용했던 교안을 모아 1969년 8월에『그때와 그곳』이라는 책을 출판했다. 이 책은 주제를 제시하고 그것과 관련된 성경의 인물과 사건을 나열해 놓은 형식으로 되어있다. 주요 내용은 다음과 같다. "새 힘을 얻으려면"(눅 23:39-46)이라는 제목에서 세상의 힘은 금력, 권력, 지력, 육력, 시력이 있지만, 영력이 최고이다. 세상의 힘은 잠시 있다 없어지나, 영력은 남고 하늘을 움직이고 땅을 변화시키며 사람의 마음을 사로잡는 능력이 있기 때문이라 했다.[39] "신앙은 모험이다"(민수기 14:1-10)라는 제목에서는 신앙은, 미지를 보여주고, 모험적 담력을 얻게 하며, 위대한 소망을 낳는다고 주장했다.[40] "말세에 역사할 성령론"(요엘 2:2-32)은 성령으로 거듭나지 않으면 하늘나라에 갈 수 없으므로 성령 받을 것을 강조했다.[41] "광야와 하나님의 인도"(출애굽기 16:1-13)에서는 "세상은 가면 갈수록 복잡하고 다사하며 죄악은 관영하고 도덕은 타락하고 불법은 왕성하게"[42]된다고 하여 미래를 부정적으로 전망하는 전천년주의 세계관을 가르쳤다.

오관석은 1967년에『요한계시록 강해』를 출판했는데, 이는 그가 당시에 종말에 대해 많이 설교했음을 반증한다. 오관석은 "벌써 때는 임박한 종말이 왔음에 틀림없다"라고 하며, 요한계시록의 연구가 중요하다고 했다.[43] 요한계시록을 대체로 문자적으로 해석했으나, 때로 상징적 해석도 했다. 예를 들면, 6장에 나오는 붉은 말은 무신론적인 사상을, 검은 말은 자본주의 사상을 의미한다고 했다.[44] 오관석은 특히 무신론과 물질주의를 경계했는데, 8장의 "피 섞인 우박과 불"을 반종교적인 파괴적 혁명과 무신론의 극성을 가리키며, 9장의 "황충이가 연기 가운데서 나옴"은 무신론 사상에서 나오는 정책을 의미한다고 했다.[45] 오관석의 설교집 『정금같이 나오리라』 예수님의 공중재림, 신자의 휴거, 지상의 대 환난, 지상의 천년왕국 등 세대주의 종말론을 설명했다.[46]

오관석의 『하늘보고 사는 땅』은 그가 그리스도의 성육신과 우주 창조, 믿음으로 구원 받음, 성도가 죄를 회개하며 성화의 삶을 살아야 하는 의무, 오병이어와 같은 성경의 기적을 역사적 사실로 인정함, 동정녀 마리아를 통한 예수님의 탄생 등을 설교했음을 보여준다.[47] 그리고 성화도 강조하여 주일 성수, 십일조, 복음 전도 등은 그리스도인의 의무라 했다.[48] 오관석은 신유도 자주 설교했다: "병든 자들은 어제를 한탄하고 내일을 기다릴 것이 아니라 하나님이 주신 오늘이라는 시간을 놓치지 말고 하나님의 치료의 손길을 믿음으로 받아 누려야 합니다."[49] 이처럼 오관석은 보수주의, 은사주의, 세대주의 신학을 믿었다.

김충기 목사와 강남중앙침례교회

김충기는 오관석과 더불어 1960년대부터 부흥사로 활약하여 교단 부흥에 앞장 선 인물이다. 오관석과 마찬가지로 그의 부흥 역시 성령 체험에서 비롯되었다. 김충기는 1932년 6월 19일 충남 부여군 양화면 암수리 269번지에서 불신자 김사인과 신자 김경자의 장남으로 태어났다. 남편과 시댁에서의 30년 핍박 속에서도 신앙을 지킨 김경자는 아들 김충기로 하여금 제사 음식을 먹지 않고 신사참배를 하지 않게 했다.[50] 김충기는 1946년 8월 3일 박기양 목사의 집례로 어머니와 함께 금강에서 침례를 받았다. 1950년 남북전쟁 시 북한군의 포탄에 맞아 생사기로에 있을 때, 살려주면 주의 종이 되겠다는 서원을 했다. 이후 서원대로 중동성경학원(현 한국침례신학대학교)에 입학했다.[51] 신학교를 다니는 동안 1955년 충남 서천군 화양면 망월리에 있는 망월침례교회에서 목회했다. 3년 후 1958년 8월에 충남 부여군 세도면 반조원침례교회로 목회지를 옮겼고, 그곳에서 1958년 10월에 박인애와 결혼했다. 사례비로 보리 서 말을 받았는데, 그것으로는 죽도 끓여 먹기 어려웠다. 생활의 곤고함은 말로 형언하기 어려웠고, 교인 수도 80명에서 12명으로 줄어들었다.[52]

당시 계룡산 양정고개기도원에서는 부산 영주동감리교회 정영문 목사와 충남 부여군 세도면의 장로교 목사 정덕진을 중심으로 집회가 열리고 있었고, 김충기는 1960년 8월 집회에 참석했다. 북을 치고 나팔을 불고 손뼉을 치는 집회가 낯설어서 다음 날 집으로 돌아가리라 결심했다. 그런데 그곳에는 어떤 여자 성도가 예언 기도를 하고 있었고, 신기하게도 김충기가 목회자라는 것과, 그가 하나님이 그를 크게 쓰시겠다는 예언을 의심하고 있다는 사실을 알아맞히었다. 김충기는 예언 기도를 받고 회개하기 시작했다. 방언 기도하는 사람들을 미쳤다고 생각했는데, 어느덧 그의 입에서 방언이 터져 나왔다. 김충기는 "방언이 미친 사람의 기도가 아니고 주님이 살아 계신 역사임을 몸으로 체험하게 되었다"고 고백했다.[53]

김충기는 집으로 돌아온 이후 그날부터 집에 가지 않고 교회당에서 매일 기도하며 지냈다. 그러한 생활이 1960년 8월부터 이듬해 5월까지 계속되었는데, 어느 날 성령의 강한 임재가 임했다. "입에서는 절제할 수 없는 이상한 방언이 이어지고 회개의 기도와 함께 깨닫지 못하던 말씀의 계시가 확신과 더불어 심령을 깨우치며 터져 나와 말씀을 증거하자 성도들의 회개와 성령의 체험이 일어났다." 6월 첫 주일부터 50일간 부흥집회가 지속되었다.[54] 교인들은 두 시간 이상의 설교도 지루한 줄 모르고 집중해서 들었다. 철야기도회를 10일 이상 지속하는 동안 교인들은 잠을 자는 가운데서도 방언을 하고, 성령의 진동으로 새벽 4시 반이면 모두 일어나 새벽기도에 동참하는 현상이 일어났다.[55] 동네 사람들은 김 전도사가 자신들의 가족을 미치게 만든다고 생각해 동네에서 쫓아내려했다. 심지어 신학교 학생과장 조효훈 목사는 김충기를 의심하여 몰래 정탐하러 갔다가 은혜를 받기도 했다.[56]

김충기 전도사는 반조원침례교회를 사임하고 전라북도 익산시 함열읍에 있는 함열침례교회에 1962년부터 1967년까지 목회했는데, 그곳에서 기적들이 일어났다. 그 교회의 한 안수집사는 전임 목사를 구타하고 쫓아낸 사람으로 김충기에게도 고압적인 태도를 취했다. 그런데 그가 중병이 들어 의술로는 치료가 불가능했으나, 김충기가 안수기도를 하자 치료되는 기적이 일어났다. 또한 교회에 최함향이라는 서울에서 공부한 촉망받는 젊은 성도가 있었는데, 그가 갑자기 관절 마디가 굽어지고 다리와 온 몸이 떨리는 병을 얻게 되었다. 의술로도 고치지 못하는 불치병이었다. 김충기는 그를 위해 매일 기도했다. 그러던 중 어느 날 그가 갑자기 자리에서 벌떡 일어나 걷다가 넘어지기를 반복하더니, 다리가 쭉 펴지고 방안을 성큼성큼 걷기 시작했다. 치유의 소문이 사방에 퍼졌고 사람들이 몰려왔다.[57]

1965년 전라북도 군산시 성산면의 성산장로교회에서 부흥회를 할 때 또 한 번의 기적이 일어났다. 교회는 세 가정만 남아있어 곧 폐쇄될 처지에 놓여있었고, 사정을 알게 된 김충기는 큰 교회의 부흥회를 취소하고 성산장로교회로 갔다. 그 교회에는 날 때부터 꼽추로 태어난 아이가 있었는데, 5살 때 전주예수병원에서 평생 장애를 가지고 살아야 한다는 진단을 받았다. 아이의 어머니는 신앙생활을 반대하는 시아버지와 남편으로부터 박해받고 있었다. 그녀는 집회 내내 울며 기도했다. 집회 끝 무렵 금요일 저녁시간에 그녀가 아이를 데리고 왔다. 김충기는 간절히 기도했고, 기적적으로 아이의 등이 펴졌다. 아이의 아버지는 교회에 와서 회개했으며, 소문을 듣고 온 사람들도 모두 회개하고 성령을 체험했다. 세 명의 무당이 예수를 믿고 무당 집기를 불태우는 일도 일어났다.[58] 김충기는 1967년에 함열침례교회를 사임하고 대구중앙침례교회로 목회지를 옮겼다. 그 교회는 분란이 있어 담임목사가 쫓겨나고 교인은 10여 명 남아있었다. 장로교 교세가 절대적이었던 당시 대구에서는 침례교회가 이단시 되던 때였다. 김충기는 매일 철야기도 하고 전도하며 열심히 목회했다. 그 결과 10명의 교인이 700명으로 늘어났다. 부흥회를 하면 온 동네 사람들이 모였고 하나님의 역사가 나타났다. 대구의 큰 장로교회가 김충기를 부흥강사로 초청할 정도로 침례교회가 인정받기 시작했다.[59]

김충기는 큰 부흥을 이룬 대구중앙침례교회를 두고 교회를 개척하기 위해 1975년 12월 서울로 갔다. 1976년 2월 1일 강남구 청담동 학동빌딩 3층의 90평 예배당에서 강남중앙침례교회 창립예배를 드렸다.[60] 김충기는 주일 오전 11시부터 오후 3시까지 진행되는 특별집회를 1976년 2월 8일 시작하여 2년 동안 계속했다. 십자가 복음을 칠판에 적으면서 말씀을 전했다. 교회는 부흥하여 창립 1주년을 맞은 1977년 2월에는 등록 교인수가 250명이나 되었다.[61] 이후 교인이 기하급수적으로 늘어나 예배당 건축이 불가피했다. 결국 1977년 11월 14일 강남구 논현동 240번지의 17-18에 대지 642평을 매입하고, 지상 4층 지하 2층 총 1,120평의 성전을 1980년 9월 27일 완공했다. 이후 조경과 부대시설 공사를 마치고 1981년 6월 14일 봉헌예배를 드렸다.[62] 당시 교회학교도 급속히 성장해 출석인원이 2,500명 정도 되었다. 교회는 본당 근처 556평의 대지 위에 연건평 1,315평의 교육관을 건립하기로 하고, 1983년 9월 18일 기공예배를 드렸다. 1982년에 개원한 중앙선교원은 1985년 강남유치원으로 발전했다.[63] 교회는 개척 10년 만에 "교역자 20명, 행정 및 관리인원 20명, 제직 800명, 재적 성도 1만 명, 300개 구역에 달하는 규모"의 교회로 부흥했다.[64]

김충기는 교회를 개척할 때부터 기도처 건립에 대한 소망이 있었다. 그래서 1977년부터 틈나는 대로 부지를 물색했는데, 결국 1980년에 경기도 양평군 양서면에 20만평의 대지를 구입하게 되었다. 기도원 명칭을 "양수리수양관"으로 정하고, 1982년 8월 28일 기공예배를 드리며 공사를 시작하여, 1995년 9월 17일에 봉헌예배를 드렸다. 수양관의 규모는 2,000명을 수용하는 벧엘성전과 식당과 숙소를 갖춘 에녹관, 대식당, 숙소 세미나실을 갖춘 두란노관, 객실을 갖춘 바울관 등 1,513평의 4층 건물로 이루어졌다. 그리고 축구장과 테니스장도 마련되었다.[65] 강남중앙침례교회는 김충기가 목회하던 시절 국내 30여개 교회와 국외 20여개 교회를 개척했고 지교회도 세웠다. 멘토링 개척방식으로 불리는 지교회 개척은 2년 동안 인적, 물적 자원을 전폭적으로 지원하여 자립하는 교회가 되게 하고, 자립 이후에는 독립교회로서 모든 것을 자치적으로 결정하게 했다. 이런 정신으로 세워진 교회로는 1997년 분당강남중앙침례교회, 2001년 일산강남중앙침례교회, 2002년 용인강남중앙침례교회 등이 있다.[66]

김충기의 공헌에 대해 『강남중앙침례교회 사십년사』는 다음과 같이 평가했다. 1) 동아기독교와 기독교한국침례회를 연결하는 가교 역할을 했고, 2) 침례교회가 타 교단으로부터 이단시 되던 시대에 침례교회가 성서중심적이고 복음적인 교회라는 것을 널리 알리는 공헌을 했으며, 3) 성령의 역사에 의한 기적과 은사를 통해 교회가 부흥할 수 있음을 입증했다. 4) 양수리수양관을 단순 기도하는 건물이 아니라 종합적인 기독교 수양시설로 만들어 한국 기도원의 위상을 높였고, 5) 대교회에 안주하지 않고 교회 개척을 위해 재정과 교인을 지원하여 여러 교회를 세웠다.[67] 김충기는 늘 성령으로 거듭나야 함을 강조했다. 그는 인격자는 존경은 받지만 구원받을 수는 없기 때문에 하나님의 생명이 있는 영격자가 되어야 하고, 인본주의가 아니라 신본주의로 살아야 한다고 했다[68] 그는 하나님의 말씀의 중요성도 항상 의식했다. 그래서 조직적으로 성경을 가르치고자 칠판설교를 창안해냈는데, 성도들이 시각과 청각을 통해 말씀에 집중하도록 설교 주제나 개요 등을 칠판에 쓰면서 설교했다.[69] 이처럼 성령 체험과 하나님의 말씀이 심령에 새겨지도록 하는 것이 김충기 부흥의 특징이다.

김장환 목사와 수원중앙침례교회

수원중앙침례교회는 김장환 목사의 탁월한 목회에 의해 2022년 12월 현재 재적교인 1만 5천명, 25개의 지교회를 둔 초거대교회로 성장했다. 그가 일으킨 부흥의 역사를 살펴보자.

1. 어린 날들과 미국 유학생 시절

김장환은 1934년 경기도 화성군의 몹시 가난한 소작농 김순필과 박옥동 사이 10남매 중 막내로 태어났다. 부모님을 포함하여 일가친척 중 기독교 신자는 한 명도 없었다. 가족은 초등학교 시절 수원으로 이사했다. 김장환은 신풍초등학교를 졸업하고 명문인 공립 수원농림학교에 입학했다. 이후 학비가 무료인 철도고등학교 입학시험을 치르기 위해 1950년 6월 26일 서울로 갔다가 한국전쟁으로 수원으로 돌아와야 했다.[70] 당시 수원에는 미군 24사단 21연대가 있었고, 김장환은 미군의 하우스보이로 일하게 되었다. 1주일 후 중공군의 남하로 미군은 경북 경산으로 후퇴하게 되자 함께 동행 했다. 미군들은 그에게 빌리라는 이름을 지어 주었고, 그때부터 빌리 김으로 불렸다. 경산에서 칼 파워스 상사와 운명적 만남이 시작됐다. 하루는 그가 "미국에 가고 싶니?"라고 물었고, 빌리는 곧장 "예스"라고 대답했다.[71] 1951년 가을의 어느 날 파워스는 미국 밥 존스학교의 입학허가서를 가지고 빌리의 집으로 찾아왔다. 어머니는 많은 눈물을 흘리며 아들이 미국

으로 가는 것을 허락했다.[72]

3개월의 항해 끝에 미국에 도착하고, 1952년 2월 3일 밥 존스학교의 중학교 3학년으로 입학했다. 파워스가 수속과 학비를 책임져주었다. 당시 밥 존스에는 안인숙 사모와 김동명 목사도 공부하고 있었는데, 그들은 빌리를 초청해서 저녁을 대접하고 성경책을 선물로 주었다. 빌리는 그러나 심한 향수병으로 날마다 눈물을 흘리며 고통 받고 있었는데, 제리 메이저라는 신학생이 요한복음 3장 16절을 읽어 보라고 권유하며 예수가 향수병을 치유해 줄 것이라 했다. 둘이서 함께 기도하고 난 후 거짓말처럼 향수병이 사라졌다.[73] 이후 빌리는 마음이 안정되었고 파워스를 실망시키지 않겠다는 각오로 열심히 공부했다.

그 결과 고등학교 2학년 때 전국 고등학생 웅변대회에서 1등상인 아이젠하워상을 받았다. 밥 존스학교의 에드워드 학장은 채플시간에 빌리 김이 학교의 명예를 높였다고 칭찬했다. 빌리는 트로피와 부상으로 받은 텔레비전을 파워스에게 선물했다. 파워스 가족은 눈물을 흘리며 기뻐했다. 그 동네에는 텔레비전이 없었기 때문에 동네 사람들은 텔레비전을 보기 위해 파워스 집에 몰려왔다.[74] 빌리는 우등생으로 고등학교를 졸업하고 밥 존스 신학대학에 진학했다. 1학년 때부터 주말에는 시골 교회를 방문하여 전도활동을 했다. 그 즈음 대학원을 마치면 한국으로 돌아가 복음전도자로 살 것이라 결심했다.[75] 빌리는 1958년 5월에 신학대학을 졸업했고 '1958년 밥 존스를 빛낸 30대 동창생'에 선발되었다. 1958년 8월 8일 미시간주 그린빌 침례교회에서 트루디는 결혼식을 올렸다. 당시 빌리는 24세, 트루디는 20세였다.[76]

빌리는 1959년 2월 단테 침례교회에서 목사안수를 받았고, 그해 11월 석사학위를 받았다. 빌리 부부는 한국으로 가는 배표 두 장을 이미 사놓았으나, 후원자가 여전히 확보되지 않았다. 그들은 한 달에 50달러를 후원해주는 분이 있으면 한국으로 가겠다는 기도를 했는데, 오하이오주 캔턴 침례교회가 한 달에 50달러씩 선교비를 후원하기로 결정했다. 그것은 다른 선교사보다 두 배 많은 금액이었다.[77] 한편 빌리의 밥 존스학교 동기생의 아버지 왈도 예거 장로는 미국기독교실업인협회 회장을 3년간 역임한 신실한 사업가였는데, 그는 '세계기독봉사회'를 만들어 빌리 부부를 후원하기로 했다. 빌리는 기독봉사회 선교사로, 트루디는 기독봉사회 한국 대표로 임명되었다.[78]

2. 수원중앙침례교회와 1973년 빌리 그래함 전도대회

미국에 간 지 8년이 지난 1959년 말 고향 수원에 돌아온 김장환은 가족을 전도하고 1960년부터 YFC(십대선교회)를 조직했다.[79] 그가 한국에 올 때 공식 직함은 '세계기독봉사회' 소속 선교사였다. 그는 매달 200~300달러의 후원금을 받았는데, 30달러는 생활비로 쓰고 나머지는 사역에 사용했다. 김장환은 인계동 집을 비롯해 선교후원비로 마련한 부동산은 모두 기독봉사회 이름으로 등기했다. 김장환은 이 단체 외에 어떤 단체로부터도 후원금을 받지 않았고, 수원중앙침례교회가 자립할 때까지 20년간 사례를 받지 않았으며, 극동방송에서도 전혀 사례를 받지 않았다.[80]

김장환은 수원에서 유일한 침례교회였던 수원중앙침례교회에 출석했다. 당시 최성업 목사와 12명의 교인이 있었는데, 최성업은 연로하여 그에게 주일 저녁예배와 수요예배 설교, 그리고 유년부를 맡겼다. 여러 지역을 순회하는 복음전도자의 꿈을 가졌던 김장환은 다소 당황스러웠으나, 1960년 1월 1일부터 협동목사로 사역하기로 했다. 이후 수원 장터에서 노방전도를 하고, 학생 중창단과 외국인 선교사들의 도움을 받으며 복음을 전했다. 학생들이 영어를 배우고 싶어서 많이 찾아왔다. 김장환은 교회 사역과 더불어 미군 부대와 한국군 부대 그리고 YFC 사역 등으로 국내외를 누비며 바쁘게 활동했다. 최성업에 이어 1966년 1월 1일 담임목사가 되었는데 그가 담임이 된 지 8개월 만에 수원중앙침례교회를 수원에서 가장 큰 교회가 되게 했다.[81] 그러나 수원중앙침례교회가 초대형 교회로 성장하게 된 결정적인 요인은 1973년 빌리 그래함 전도대회를 통해서였다. 김장환은 탁월한 통역으로 유명해졌고 수원중앙침례교회는 곧바로 30%가 성장하는 기적이 일어났다.[82]

빌리 그래함 전도협회는 원래 1952년과 1956년의 한국 전도집회에서 통역했던 한경직을 통역자로 내정했었다. 그런데 한경직은 자신이 나이가 너무 많아 통역이 어렵다고 사양하며, 김장환을 소개했다. 결국 칼 매킨타이어의 통역으로 실력이 입증된 김장환이 선택되었다.[83] 빌리 그래함 전도협회는 통역을 선택하는 일에 매우 신중했는데, 통역에 의해 집회의 성공이 좌우되기 때문이었다. 김장환은 매우 성공적으로 통역을 했다. 빌리 그래함도 "덴마크에서 열린 부흥회에서는 통역을 여섯 번이나 바꿨습니다. 한국에 당신과 같이 영어 잘하는 사람이 있는 줄 몰랐습니다."라며 만족을 표현했다.[84]

　　빌리 그래함의 통역을 맡는 것은 영광스러운 일이었지만, 김장환의 입장에서는 큰 결단이었다. 자신과 빌리 그래함의 모교이자 미국 근본주의 요람인 밥 존스학교 출신들이 그래함과의 접촉을 금지하고 있었기 때문이었다. 그들은 그래함이 보수주의를 세속화시키며 근본주의를 배반한다고 생각했다. 특히 그래함이 주강사로 초대받은 1957년도 뉴욕집회가 진보교단들이 보수교단과 공동으로 주최한 부흥회라는 사실을 알게 되면서 크게 분노했다.[85] 근본주의 그룹은 그래함에게 뉴욕집회를 맡지 말라고 최종 경고를 했다. 그러나 그래함은 이를 거부하고 집회를 인도했고, 근본주의자들은 결별을 선언했다. 뉴욕집회는 미국 보수주의가 근본주의와 복음주의로 나누어지는 분수령이 된 것이다.

　　김장환은 밥 존스 동문들로부터 후원을 받고 있는 입장이었기 때문에 마음이 무거웠다. 김장환과 트루디는 몇 주간 기도하며 고심했다. 결국 트루디는 "나는 당신이 통역을 해야 한다고 생각해요. 당신은 전도하기 위해 귀국했는데 이보다 더 좋은 기회가 어디 있겠어요."라며 통역 맡는 것을 찬성했다. 기독봉사회 왈도 예거 회장도 "자네가 어떤 결정을 내리든지 우리는 지지할 것이네."라고 했고, 매달 50달러를 보내주는 캔턴 침례교회 핸리거 목사도 "당신이 스스로의 확신을 지킬 수 있다면 우리는 당신의 어떤 결정이든 지지할 것입니다."라고 했다. 칼 파워스 역시 "빌리, 자네가 빌리 그레이엄의 통역을 원한다면 그렇게 하게. 나는 자네를 위해 기도하겠네."라고 했다. 기독봉사회 폴 존슨 이사도 "빌리, 주님 앞에서 당신이 옳다고 생각하는 것을 하십시오. 이번 집회는 한국에서 있었던 전도대회 중에 가장 획기적인 사건이 될 것입니다"라고 했다.[86] 존슨에게 보낸 답신에서 김장환은 "나를 후원하는 몇 교회가 빌리 그레이엄 반대자이지만 나는 그것을 두려워하지 않는다. 우리의 결정은 성경 말씀에 기준을 두어야 하며 빌리 그레이엄 한국 전도대회는 성경에 기준을 두고 있다고 확신한다."라고 했다.[87] 김장환이 그래함의 통역을 받아들인 것은 복음주의 입장에 동조한 것으로 볼 수 있다. 김장환은 미국 학창시절부터 빌리 그래함 전도집회에 참석했었고, 심지어 1966년 베를린 대회에도 참석했었다. 그리고 1971년에 그래함에게 한국에서 전도대회를 열어달라고 편지를 보내기도 했다.[88]

서울과 지방의 9개 도시에서 개최된 1973년 빌리 그래함 전도대회는 한국교회 성장의 기폭제가 되었다. 특히 1973년 6월 3일 여의도 집회 마지막 날에는 117만 명이 참석해 기독교 역사상 최고로 많은 수가 참석한 단일 집회요, 한국 역사 5천년 동안 "최대의 민중집회"로 기록되었다.[89] 서울을 비롯하여 전국적으로 집회에 참석한 연 인원은 443만 6천 명이고, 결신자는 54,310명이었다.[90] 전도대회의 영향으로 한국교회는 급성장했다. 예를 들면, 1973년 5월 서울에 1,400개의 교회가 1974년 말 2,000개로 1년 6개월 만에 30%의 성장을 했다.[91] 1973년 전도대회는 엑스플로 '74대회와 1984년 개신교 100주년 선교대회가 개최되도록 영감을 주었다. 두 대회는 영혼 구원, 교회 간 연합. 교회의 사회적 책임 강조 등 복음주의 정신을 주장했다.[92] 당시 침례교회는 한국 사회에서 별로 알려지지 않았는데, 서울집회를 계기로 널리 알려지게 되었다.

1973년 서울대회는 국내 신문에 대서특필 되었고 TV 방송에서도 크게 다루어졌다. 미국에서도 NBC, ABC, CBS 등 텔레비전 방송이 대대적으로 보도했다. 그러자 밥 존스 친구들이 김장환에게 후원을 중단하겠다고 통보했다. 밥 존스 대학교 총장 밥 존스 3세는 1973년 6월 22일 김장환에게 보낸 편지에서, "당신은 지금까지 세상에 알려진 가장 최악의 타협—빌리 그레이엄 전도협회와의 타협—의 일원이 됨으로써 하나님 앞에 비난받게 되었습니다. … 당신은 이 학교의 불명예이며 당신은 이 학교에서 받은 원칙을 어겼습니다." 라며, 밥 존스 대학 동문의 명단에서 제외시켰다.[93]

그럼에도 김장환은 1973년 전도대회를 기점으로 사역의 범위가 급속히 확대되었다. 그는 1973년에 아세아방송을 맡았고, 1977년 1월 1일 아세아 극동방송의 책임자가 되었다. 빌리 그래함 전도협회의 주요 강사이자, 국내외적으로 대표적인 기독교 지도자로 발돋움하게 되었다.[94] 김장환은 1992년부터 1997년까지 아세아침례교연맹 회장, 2000년부터 2005년까지는 침례교세계연맹(BWA)의 총회장으로 봉직하였다. 그리고 2018년 3월 2일 진행된 빌리 그래함 장례식에서 트럼프 대통령 내외를 비롯한 2,000여 명의 주요 내빈 앞에서 추모사를 읽었다. 김장환의 국내외적 활약은 한국침례교회 위상에 크게 도움을 주었다.

3. 김장환의 신학

김장환은 대체로 개혁주의 신학을 따랐다. 그는 성경은 하나님의 특별계시로서 무오하고 불오하며, 성경에 나오는 모든 기적은 역사적 사실이라 했다.[95] 또한 모든 인간은 원죄로 인해 전적으로 타락한 존재가 되었으며,[96] 따라서 스스로의 힘으로는 구원 얻지 못하고 오직 믿음으로 구원을 얻을 수 있다고 했다.[97] 또한 예수를 구세주로 믿는 신앙의 고백은 "성령의 인도하심에 따른 고백"이며, 구원은 성령의 역사에 의한 것이라 했다.[98] 중생은 성령께서 일으키는 사역으로서 일생에 단 한번만 발생하는 단회적 사건이라 했으며,[99] 중생한 신자는 성화에 불가피하게 들어가게 된다고 했다.[100] 김장환은 하나님께서 성도를 결코 버리지 않을 것이므로 중생한 신자는 결코 구원을 상실하지 않으며,[101] 신자는 죽은 후에 천국으로 가게 된다고 했다.[102]

4. 김장환의 공헌

김장환의 공헌에 대해 여의도순복음교회 교회성장연구원 원장 명성훈은 세 가지를 제시했다. 1) 침례교단의 이미지 개선에 크게 기여했다. 김장환은 극동방송에서 세례 대신 침례란 말을 사용한 것 때문에 이단이라는 소리를 많이 들었지만 사용했고, 특히 1973년 빌리 그래함 전도대회를 통해 교단 이미지 개선에 결정적 역할을 했다. 이후 지미 카터 미국 대통령의 방한, 1990년 세계침례교대회에서 1만 명 침례 준 사건 등은 한국에서 침례교 이미지 개선에 크게 기여했다. 2) 수원중앙침례교회가 행한 교육, 봉사, 문화 사역이 좋은 이미지를 주었다. 3) 김장환의 명성이 수원중앙침례교회의 발전과 침례교단에 대한 이미지를 높이는 데 결정적인 역할을 했다.[103] 명성훈이 제시한 세 가지 외에도 많은 신학생과 목회자를 도운 것도 주요 공헌이다. 김장환은 200여 명의 학생들이 신학교에 다닐 수 있도록 지원해주었다.[104]

이동원 목사와 지구촌교회

지구촌교회는 재적 교인 5만 명, 평균 출석 교인 약 3만 명의 초거대 교회이다. 그리고 많은 국내외 교회를 지원하며 사회복지재단들을 운영하고 있다. 이처럼 한국을 대표하는 교회가 된 것은 대부분 이동원의 목회를 통해서였다. 그의 사역과 업적에 대해 살펴보자.

1. 미국 유학과 1기 한국 사역

이동원은 1945년 12월 수원에서 수의자요 공무원인 이봉규와 이봉후의 6남 1녀 중 장남으로 태어났다. 대학 진학을 준비하는 동안 김장환 목사의 'YFC'와 '라이프 클럽'(Life Club)에 참여하면서 기독교 신앙에 대해 호기심을 갖게 되었다. 1965년 9월 말경에 예수를 영접한 이후 YFC 간사와 교회 주일학교 교사로 봉사했다.[105] 이동원은 한 신학교에 원서를 냈고 1등으로 합격했다. 그러나 1년 만에 학교를 그만 두었는데, 그 이유로 "지극히 폐쇄적인 근본주의 신학에 나는 의욕을 상실했습니다."라고 말했다.[106] 기질적으로 근본주의가 맞지 않았던 것이다.

이동원은 군복무를 마치고 토리 존슨과 빌리 그래함이 설립한 YFC의 간사와 총무로 일하면서 복음주의 신앙을 익히고 제자 훈련과 창의적 사역 훈련을 쌓았다. CCC 운동과 관련하여 홍정길과 하용조 그리고 조이(JOY) 선교회와 관련하여 이태웅, 홍성철, 유용규 등과 교제하게 되었다. 또한 네비게이토 선교회 선교사와 지도자들, 그리고 옥한흠과의 만남으로 다양한 영향을 받게 되었다.[107] 이동원은 "선교회를 방문하기 위해 내한하는 세계 기독교 지도자들과의 만남은 근본주의를 기독교의 전부로 알고 있던 내게 더 넓은 복음주의적 기독교의 지평선을 보여주었습니다. 근본주의 기독교가 강조하는 신앙의 근본 요소들을 포기하지 않으면서도 급변하는 세상에서 창의적이고 도전적으로 문화를 끌어안는 성숙한 신앙의 가능성을 확인했습니다." 라며 복음주의를 선택했음을 드러냈다.[108]

김장환의 도움으로 이동원은 미국 유학을 가게 되었다. 세계기독교봉사회 왈도 예거 회장이 그를 초청하고 디트로이트 성서대학으로 데려다 주었다. 이동원은 줄곧 우등생으로 공부했으며, 졸업할 때 최고의 명예에 해당하는 '그 해의 설교자'로 선정되었다. 미국의 신학대학원으로 진학하려 했으나, 김장환의 요청으로 귀국해 YFC 사역을 돕기 위해 빌리 선데이 기념교회에서 목사 안수를 받고, 1975년 6월 초 한국으로 돌아왔다.[109]

귀국한 후 1975년 6월 김장환 목사의 주례로 우명자와 결혼하고, 수원중앙침례교회에서 부목사로 사역했다.[110] 부목사와 한국 YFC총무로 섬기고 있던 중 수원시 우만동에 위치한 유신고등학교의 교목 겸 학교 내 있던 산상교회의 제1대 목사로 1년 6개월 목회했다. 이후 1979년 10월 서울침례교회 담임목사로 부임했고, 4년의 목회 기간 동안 300여명의 교인을 2,000명으로 부흥케 했다.[111] 대학부 부흥이 교회 부흥을 이끌었다. 서울침례교회 대학부 출신 심민수 목회리더십연구소 소장은 서울침례교회 대학부는 일반 선교단체 이상으로 캠퍼스 사역을 감당했다고 하면서, "5시간 동안의 집회가 끝나고 돌아가는 대학생들의 얼굴은 성령의 빛으로 충만했다. 귀가 길에 오른 버스에서는 일대일 개인전도와 소리쳐 전도하는 젊은이들로 소동이 벌어지곤 했다." 라고 증언했다.[112]

또한 이동원이 한국에서 최초로 실행한 "새생활 세미나"가 선풍적인 인기를 얻은 것도 서울침례교회 부흥의 원인이었다. 그는 미국 유학 중 가정 사역에 관한 강의와 저서를 접하였고, 1975년 귀국하자마자 YFC 학생들과 한국은행 선교회원들을 상대로 "새생활 세미나"를 개최하여 큰 호응을 얻었다. 이후 영락교회, 충현교회 등 대표적 교회들이 세미나 개최를 요청했다. 1979년 서울침례교회에서 유료 세미나를 시도했는데 대성공이었고, 초 교파적으로 유관순 기념관에서 세미나를 열어야 했다. 첫날부터 2,000명 이상이 등록하여 월요일부터 금요일까지는 저녁 시간에, 토요일은 하루 종일 열리는 세미나에 열정적으로 참여했다. 세미나를 통해 가정이 회복되고 삶이 달라졌다는 간증이 계속 이어졌다.[113]

2. 미국 워싱턴 제일한인침례교회(현 워싱턴지구촌교회) 사역

서울침례교회의 급속한 성장으로 예배당 이전은 불가피했다. 그러나 일부 성도들은 이전을 극구 반대했다. 이동원은 결국 미국 워싱턴 제일한인침례교회의 청빙을 받아들이기로 했다. 1983년 8월부터 목회하면서, 3년 과정의 제자훈련

커리큘럼을 만들어 매주 토요일 아침 평신도 지도자들과 사역자들을 훈련시켰다. 5년이 지나자 교인 수가 많아져 기존 예배당을 제자훈련을 위한 학교 식 건물로 확장 건축했다.[114] 이동원은 이민 2세를 상대로 하는 영어 목회의 중요성을 인지하여, '교회 내 교회'의 개념을 도입하고 영어 목사와는 독립적이면서 상호 협력하는 목회를 했다.[115] 이것은 미국 한인교회들에 영향을 끼쳐 다양한 형태의 2세 목회가 생겨나게 했다. 이동원은 또한 코스타(KOSTA, 해외유학생수양회) 운동을 시작했는데, 유학생들이 학업 후 귀국하는 것을 고려해, 한국교회와 연계하여 실행했다. 홍정길 목사, LA 오정현 목사 등과 의논하여, 첫 코스타 대회를 1986년 워싱턴 근교 수양관에서 개최했다. 워싱턴제일침례교회가 매일 김치와 밥을 제공하며 섬겼다.[116] 이동원은 워싱턴제일침례교회의 말씀 사역이 어느 정도 궤도에 오르자, 기도의 필요를 강하게 느꼈다. 마침 당시 미남침례교회의 중보기도 운동이 상당한 수준으로 진행되고 있어, 관련 자료를 모으고 연구하여 교회 중도기도 사역을 만들었다.[117] 중보기도는 당시 한인교회에서는 선구적인 사역이었다.

이동원은 목회하는 동안 사우스이스턴 침례신학교에서 신학 석사 과정을 공부하며, "칼빈주의와 알미니안의 극단에 치우치지 않으면서 복음적인 균형을 잡으려 애써 온 침례교 정신에 큰 매력을 느꼈다."[118] 트리니티 신학교 선교학 박사 과정(D.Miss)에서 "근본주의도 자유주의도 아닌, 복음주의적 신앙"을 그의 믿음의 확고한 기준으로 확신했다.[119] 이동원은 1993년에 미국 목회를 마감하고 한국으로 가기로 마음먹었다. 교회는 한국과 미국 교회에서 공동 목회를 하는 조건으로 95% 이상 찬성했다. 한국에서 개척될 교회와 공동체 의식을 갖기 위해 교회명을 통일하기로 했고, '지구촌교회'라는 이름으로 결정했다.[120]

3. 한국 지구촌교회 사역

이동원은 한국에서 기다리고 있던 10가정의 교인과 함께 교회를 시작했다. 수지에 있는 선경 스마트 복지관 5층의 300명 수용 가능한 강당에서 1993년 11월 65명의 교인과 함께 지구촌교회를 시작하는 예배를 드렸다. 1994년 1월 첫 주일 오후 300여 명의 교인들이 모여 정식으로 창립예배를 드렸고, 홍정길, 옥한흠, 하용조 목사들이 참석해 축하와 격려를 해주었다. 1994년 말경 출석 성도가 1,000명에 이르렀다.[121] 1995년 8월 예배당을 분당 정자동 에 있는 성심빌딩으로 옮겼다. 지하실은 예배당으로 4층 전체는 교육관으로 사용했다. 그때부터 1998년 3월까지 2년 7개월 동안 폭발적인 부흥이 일어났다. 장년 출석교인이 1,000명에서 4,000명으로 늘었다. 그 기간 동안 교육 프로그램, 이웃 초청 사랑의 축제 등 연례행사, 세계선교정책이 완성되었다. IMF 위기 중 교회는 거국적인 금 모으기 운동에 적극 동참했으며, 20일 특별 새벽기도회에서 2,000명의 성도들이 눈물로 하나님께 간구했다.[122]

폭발적으로 증가하는 교인들을 수용할 수 없어 지구촌교회는 1998년 4월 수지 신봉리로 예배당을 이전하기로 결정했다. 그곳에는 신학교가 건축 중에 재정적 이유로 중단된 건물이 있었다. 그 건물로 이전하는 안건은 반반으로 의견이 갈렸다. 교인들의 의견을 존중하겠다고 늘 다짐한 이동원은 난감한 마음이었다. 그런데 어느 날 희한한 꿈을 꾸었다. 그는 꿈을 믿지 않았는데, 너무나 특별한 꿈이라 교인들에게 말했다. "유령의 집 같은 건물 중앙 지하에서 작은 샘이 솟고 있는데, 갑자기 그 샘이 강이 되고 강이 바다를 이루었습니다. 이 바다 위로 수많은 사람이 헤엄쳐 밀려들어오는데 건물 양쪽에 아름다운 꽃과 건물들이 장관을 이루더니 이어서 이 바다 길이 다시 앞으로 쫙 펼쳐지며 세계 지도를 만드는 형상을 보다가 잠에서 깼습니다."[123] 담임목사의 꿈 이야기를 들은 교인들은 수지로 이전을 결정했다. 수지에서 4년 동안 매년 1,000명씩 교인이 증가하여 4,000명에서 8,000명으로 늘었다.[124]

지구촌교회는 2003년 4월 분당 비전 센터를 설립하여 수지와 분당에 두 성전을 갖게 되었다. 미국에서 유행한 '두 캠퍼스 교회' '멀티 캠퍼스교회'를 본 딴 것이다. 2001년에 수지 성전의 출석 교인이 10,000명이 훌쩍 넘어 대안을 찾아야 했다. 분당 미금역에 있는 뉴코아 백화점 건물을 이랜드와 함께 매입했다. 이랜드는 주일에 쉬기 때문에 1,300여 대의 주차가 가능했다. 내부 수리와 인테리어 작업을 거쳐 2003년 4월 첫 주에 3,000석 규모의 본당에서 입당예배를 드렸다. 100개 이상의 교실을 만들었고, 지하 1층은 서점, 카페, 도서실, 기도실을 비치했다.[125] 이동원은 단계별 성경공부 중심의 제자훈련의 한계와 대형교회의 약점을 보안하기 위해 멀티 캠퍼스교회와 셀교회의 체제를 도입했다. 동시에 대형교

회의 장점도 살릴 필요가 있어, '크지만 작은 교회'를 추구하며 장점들을 최대한 살렸다.[126]

4. 이동원에 대한 평가

이동원을 경험한 사람들은 창의성, 겸손, 균형, 복음주의, 탁월한 설교 등을 주요 덕목으로 제시했다. 김만풍 워싱턴지구촌교회 목사는 이동원을 창의성이 뛰어난 디자인형 지도자, 책을 사랑하는 목사, 성도와 함께 가는 팀워크형 지도자, 탁월한 영적 가이드 등으로 평가했다.[127] 김인중 안산동산교회 목사는 이동원의 창의적인 목회를 통해 큰 도움을 받았다고 했다. 구체적으로 '새생활 세미나'를 배워 교회에 적용했는데, 그 결과 "가정이 행복하고 든든한 교회로 소문이 났다"고 했다.[128] 홍정길도 이동원의 주요 업적으로 제임스 케네디의 『전도 폭발』 번역과 더불어 '새생활 세미나', '코스타', '영성기도 세미나' 등 창의적 사역을 제시했다.[129] 이태웅 한국글로벌리더십연구원 원장은 이동원의 겸손을 크게 평가했다. 그는 "겸손한 인격과 타고난 재능, 성실함은 하나님이 주신 은사와 함께 어우러져" 이동원을 만들었다고 했다.[130] 방선기 직장사역연합 대표는 이동원이 유명해지고 소위 '뜬' 목사여도 언제나 겸손함을 유지했다고 했고,[131] 하용조는 그를 마음이 따뜻하고, 유머를 적절히 사용하며, 성실하고, 사욕이 없으며, 비전과 열정이 있는 하나님의 사람으로 평가했다.[132]

오정현은 이동원을 생각할 때 가장 먼저 떠오르는 것은 '균형'이라 했고,[133] 목동 지구촌교회 조봉희 목사는 이동원이 균형 잡힌 목회의 표본을 제시했다고 하며, "지성과 영성, 내면과 외면, 성장과 성숙, 전도와 양육, 비전 지향적이면서도 철저한 자기 관리의 균형, 설교와 교육, 영적 전투와 내면적 영성 향상, 섬김과 리더십의 이상적 균형을 보여 주신다."고 했다.[134] 박영선은 이동원의 공헌은 "한국 교회의 교파 간 장벽을 허문 일"이라며, 옥한흠, 하용조, 홍정길, 이동원 4명의 교제와 협력은 장로교와 침례교, 통합과 합동이 연합하여 사역하는 모델이 되었다고 했다.[135] 김기태 선교사는 "사회에 대한 복음주의적 관점이 흔들릴 때마다 방향을 잡아 주신 이도 이동원 목사님이었다." 라고 고백했다.[136]

이동원은 탁월한 설교로 광범위한 영향을 끼쳤다. 새생명비전교회 강준민 목사는 "저의 설교 스타일은 이 목사님의 설교를 모방하면서 형성된 것이라 해도 과언이 아닙니다."[137] 라고 했고, 수원중앙침례교회 고명진 목사 역시 "웅변조 설교는 물론이거니와 설교의 주제를 잡은 일에서부터 예화를 사용하는 것까지 이동원 목사님에게서 배우지 않는 것이 하나도 없었다."고 했다.[138] 영안교회 박정근 목사는 이동원의 완벽한 설교는 타고난 천재성에 더해 풍부한 독서, 성실한 설교 준비를 통해 이루어졌다고 했다.[139] 방선기는 이동원의 설교는 명료하고, 감동이 있으며, 재미가 있다고 했고,[140] 문상기 한국침례신학대학교 교수는 1) 말씀의 내용을 정확하게 파악하여 중심 메시지를 뽑아내며, 2) 군더더기 없는 내용과 청중의 감성을 터치하는 수사학적 전달 기법이 탁월하고, 3) 청중의 존경심을 일으키는 인격을[141] 그의 설교 특성으로 제시했다.

5. 이동원의 신학

이동원의 신학은 복음주의적 개혁주의에 해당한다고 볼 수 있다. 그는 성경은 하나님의 유일무이한 특별계시로서,[142] 무오하고 불오하여 기록된 모든 내용은 거짓이나 잘못이 없다고 믿었다.[143] 또한 정통 삼위일체론과 기독론을 믿었다.[144] 구원에 관해서는, 인간은 전적타락 하여,[145] 예수 그리스도의 구속을 통한 하나님의 은혜와 믿음으로만 구원 얻을 수 있다고 했다.[146] 또한 로마서 11:1-6, 25-36은 하나님의 예정과 선택이 성경적 교리임을 보여주며, 하나님의 선택은 무효화 될 수 없다고 했다.[147] 이동원은 로마서 8:30을 통해 구원의 과정을 예정과 선택, 믿음, 칭의, 성화, 영화의 단계로 설명했는데, 이것은 전형적인 개혁주의 구원론의 노선에 있음을 보여준다.[148] 그는 선택의 근본 동기는 인간을 향한 하나님의 사랑이며,[149] 선택의 교리를 부인하는 것은 하나님을 하나님으로 인정하지 않는 것과 같다고 했다.[150] 그러나 이중예정 교리는 부인했다.[151] 이동원은 성도의 성화를 강조하며,[152] 성도의 견인은 성경이 보증하는 진리라 했다.[153]

윤석전 목사와 연세중앙교회

윤석전 목사는 1986년 60평의 곰팡이 냄새가 창궐하는 지하실 예배당에서 연세중앙교회를 개척한 이후, 29년이 지난 2005년에 1만 2천 평 부지에 9천 평 규모의 대성전을 완공하고, 이어서 교육센터를 비롯한 각종 부속 건물들을 세웠다. 연세중앙교회는 아시아에서 가장 큰 예배당 및 부속 건물들을 가진 교회로서 수만 명의 교인이 예배, 기도, 전도, 봉사에 열심을 내는 교회로 인정받고 있다. 연세중앙교회가 운영하는 흰돌산수양관에는 매년 초교파적으로 수만 명의 사람이 모여 집회에 참석하고 숙식한다. 이와 같은 교회의 기적적 성장과 엄청난 사역은 윤석전의 영성과 열심에서 비롯되었다.

1. 교회 부흥의 원동력인 기도

윤석전은 "제 평생에 가장 듣고 싶은 말이 있다면 바로 '기도하는 사람'이라는 말입니다"라고 말하며, 연세중앙교회가 성장하고 큰 예배당을 건축한 것과 흰돌산수양관에 사람들이 넘치게 하는 원동력이 바로 기도라 했다.[154] 그가 기도의 중요성을 확신하게 된 것은 신학생 때 일이었다. 윤석전은 1983년 3월 37세에 신학교에 입학했고, 신학생 시절부터 부흥회 강사로 사역했다. 1985년 신학교 3학년 즈음 건강이 급속히 상했다. 당시 유명 연예인과 함께 경기도 파주에 있는 얍복강기도원에서 부흥회 인도가 약속되어 있었으나, 도저히 건강이 따르지 않아 포기하려 했다. 그러나 그의 부인 김종선 사모의 강권으로 윤석전은 월요일부터 토요일 아침까지 3시간씩 세 번, 하루에 9시간을 설교했다. 김종선은 집회가 끝나자, 남편을 삼각산에 데려다 놓으며 하나님께 기도하라는 말을 남기고 하산했다.[155] 윤석전은 몸을 가눌 힘이 없어 양팔과 턱을 나뭇가지 위에 올려놓고, 여러 날 물만 먹으며 회개의 기도를 했다. 그러던 중 어느 날 성경 66권의 내용이 한눈에 펼쳐지는 경험을 했다. 그리고 자신의 교만을 깨달으며 회개의 기도를 했다. 그러자 14일째 되던 날, "내가 너를 내 이름을 위하여 증거자로 삼겠노라"라는 주님의 음성이 들려왔다. 몸이 좋아져 시장기를 느끼게 되었고, 텐트 안에 있던 쌀로 밥을 지어 먹었다.[156] 몸이 회복되자 한참 떨어진 곳에서 애절한 기도 소리가 들렸다. 그곳에는 아내 김종선이 "나무뿌리를 부여잡고 흙먼지를 뒤집어쓴 채 몸부림치며 기도하고 있었다." 아내의 사랑에 감동을 받은 윤석전은 하루에 18시간에서 22시간을 기도하며 지냈다.[157]

윤석전은 가족과 친척, 동료 전도사 1명, 교우 3명 등 15명과 함께 1986년 1월 1일 교회설립 준비 예배를 드렸다. 예배당은 기도나 찬양 소리가 새어 나갈 염려가 없는 지하실을 원했는데, 연세대학교 후문 옆이 있는 60평 규모의 지하실을 구할 수 있었다.[158] 교회를 개척한 날부터 윤석전 부부는 예배당 나와 7-8시경에 시작해서 새벽 5시까지 매일 철야기도를 했다. 1년이 지나자 100여 명의 교인이 철야기도에 동참했다. 매일 철야기도는 이후 18년간 지속되었다. 지하실 예배당에서 기도하던 중 윤석전은 환상을 보았고, 그것을 교인들에게 말해주었다: "장차 우리 교회는 맨 끝자리에 앉은 성도를 망원경으로 봐야 할 정도로 큰 성전을 건축하게 될 것입니다." 환상은 2005년 궁동 대성전을 봉헌하므로 이루어졌다.[159] 윤석전 부부는 교인들과 함께 자주 산 기도를 갔다. 밤에 삼각산에 올라 두 시간을 부르짖어 기도하고 함께 간식을 먹곤 했다.[160] 연세중앙교회와 함께 개척한 교회들이 있었는데, 이들 교회도 기도에 열심을 냈고 부흥하게 되었는데, 교인이 150-200명 정도 될 즈음 기도를 등한히 하며 교인이 수십 명으로 줄어드는 현상을 경험했다. 반면에 계속 기도에 매진한 연세중앙교회는 100배로 부흥했다.[161]

기도는 수많은 응답을 가져왔는데, 연세중앙교회가 노량진으로 이전할 때도 나타났다. 교회가 성장하여 큰 예배당으로 이전이 시급하던 때인 1992년 1월 말에, 동작구 노량진 전화국 옆에 있는 1,500석 규모의 예배당이 매각한다는 소식이 들려왔다. 예배당 인수 금액은 60억이었고, 그 교회와 같은 교단에 속한 두 교회가 구매 의사를 밝힌 상태였다. 한 교회는 60억 원을 주겠다고 했고, 다른 교회는 20억 원을 계약금으로 주고 나머지는 두 달에 20억 원씩 주겠다고 했다. 연세중앙교회는 계약금 6억 원만 제시할 수밖에 없는 형편이어서 예배당 인수는 객관적으로 불가능한 상태였다. 윤석전과 온 교인들은 하나님께 부르짖어 기도했다. 그러자 그 교회의 담임목사와 중직들이 마음을 바꾸기 시작했다. 결국 연세중앙교회가 노량진 예배당을 매입하게 되었다.[162] 윤석전은 목회하는 동안 "상상할 수 없는 엄청난 시간을 기도했습니다"라고 말하며, 기도하면 하나님의 능력이 함께 했었다고 고백했다.[163] 윤석전은 또한 "저에게 있어서 설교 준비는 기도가 전부입니다"라고 말할 정도로 기도의 중요성을 강조했다.[164] 이처럼 기도는 윤석전의 목회 출발과 과정, 그리고 모든 사역의 핵심적 원동력이었다.

2. 신유와 기적의 나타남

기도를 통한 신유와 기적의 나타남은 연세중앙교회가 초거대교회로 성장하는 데 큰 역할을 했다. 윤석전의 신유 사역은 그의 체험에서 시작된다. 그는 신학생 시절부터 콧속이 썩는 듯한 병이 있었다. 그 병은 의료적으로 치료되지 않았고, 증세가 심한 날에는 머리가 아프고 눈이 빠질 것 같은 고통을 느끼게 했다. 윤석전은 하나님의 치유를 기대하며 삼각산에 올라가 밤새 손뼉 치며 찬송했다. 손바닥이 터져 피가 났고, 옷이 피와 땀에 젖었다. 그러던 순간 머리가 시원해지고 콧속이 상쾌해졌다. 병이 나은 것이다.[165] 이후 윤석전에게 신유의 은사가 나타나기 시작했다. 연세중앙교회는 1986년 3월 15일 설립 예배를 드렸고, 이틀 후일 3월 17일부터 21일까지 부흥회를 개최했다. 그리고 매월 한 차례씩 정기 부흥회를 열었다. 은혜 받은 성도들이 매일 밤 윤석전 부부와 함께 철야로 기도하며 부르짖었다. 그러던 중 신유의 기적이 나타났다. 폐암 말기 환자, 자궁암, 유방암, 태반암, 골수암 등 각종 암 환자들이 윤석전 부부의 기도를 받고 낫게 되었다. 신유와 축사를 체험한 사람들이 형제 일가친척을 전도했고, 많은 사람이 연세중앙교회로 몰려들었다.[166]

윤석전은 1987년 3월 17일 교회설립 1주년 감사 예배 때 목사 안수를 받았다. 목사 안수식 때 그는 지난 1년 동안 일어난 각종 신유의 기적에 대해 간증했다. 전신 무력증을 앓던 사람이 벌떡 일어났고, 당장 수술이 필요한 사람이 즉시 치유되었으며, 아이를 낳지 못하던 사람이 아이를 낳았다고 했다.[167] 1987년 5월 5일 밤부터 열린 부흥회에서도 기적이 일어났다. 머리가 가슴팍에 파묻히고 등이 심하게 구부러진 한 중학생이 괴상한 소리를 지르며 앉아 있었다. 그는 충청북도 중등부 펜싱 대표 선수였는데, 수개월 전부터 갑자기 그런 증세가 나타났다. 서울 신촌 S병원에서 진료 받았는데, 현대 의학으로 고칠 수 없는 병이라 판정받았다. 모자는 우연히 연세중앙교회 백미현 집사를 만나 집회에 참석하게 되었다. 학생은 월요일부터 금요일까지 괴로워했고, 그의 어머니는 난생처음 금식기도를 했다. 토요일 새벽예배가 끝난 후 윤석전 목사 부부는 드디어 안수 기도를 했는데, 아이가 아니라 어머니에게 손을 얹고 예수 이름으로 귀신을 쫓아냈다. 놀랍게도 그 순간 아이의 몸이 확 펴졌다. 그는 2개월이 지난 후 완전히 정상으로 회복되어 고향 청주로 내려갔다.[168]

윤석전은 1989년은 3월 12일 설립 3주년 감사예배 설교 때, 교회는 예수님의 사역, 즉 "죽은 자를 살리고 귀신을 쫓아내고 병을 고치는 능력과 권세로 영혼구원 사역"을 지속해야 한다고 설교했는데,[169] 그해 연세중앙교회 윤성순 집사가 골수암을 치료받은 기적이 일어났다. 윤성순의 어머니는 자궁암으로 고생했고, 그의 외삼촌은 각혈 병이 있었는데, 모두 윤석전 목사 부부의 기도로 깨끗이 낫는 기적을 체험했다. 그런데 윤성순이 젊은 나이에 골수암이 발병하자, 가족의 다수는 다리를 잘라 목숨을 건져야 한다고 했고, 어머니는 기도로 하나님께 맡기자고 주장해 매일 서로 부닥쳤다. 결국 어머니와 윤성순은 함께 삼 일간 금식기도를 하고 윤석전 목사에게 기도 받기로 했다. 윤석전은 기도한 후, "일어나서 걸어가!" 하고 소리쳤다. 바로 그 순간 극심한 무릎 통증이 사라지고 일어나 걷고 뛸 수도 있었다. 병원에 가서 엑스레이 촬영해보니 의사가 "암세포가 모두 새까맣게 타버렸다"라고 했다.[170]

정병택 안수집사는 청년이던 1991년 4월 연세중앙교회에 출석했다. 몇 개월 후 하계산상성회에 참석했는데, 그때 영안이 열려 지옥과 천국의 모습을 보게 되었다. 지옥에는 1m 높이 쇠꼬챙이 수억 개가 촘촘히 꽂혀 있는 원형 경기장 같은 곳이 있고, 한 영혼이 그 위에서 엉금엉금 기어가고 있었다. 그는 온몸이 찔려 피범벅이 되고 처절한 고통의 신음을 냈는데, 그곳을 빠져나가려 해도 계속 그 자리를 맴돌고 있었다. 한편 천국은 산이 온통 푸른빛으로 반짝였고, 동산은 금빛이 반사하여 형용할 수 없이 아름다웠다. 정병택은 이런 신비한 체험 이후 어떤 어려움이 와도 변함없이 교회를 섬기고 있다고 했다.[171]

양기천 집사는 청년이던 1999년에 흰돌산수양관 청년 하계성회에 참석했다. 그는 당시 교회에 형식적으로 등록만 하고 출석은 거의 하지 않았는데, 청년회 회원들의 격려와 기도 그리고 자신을 전도한 김미영 집사가 참가비를 내주어 어쩔 수 없이 성회에 참석했다. 성회에서 양기천은 수천 명의 청년과 함께 부르짖어 회개하고 방언기도까지 받게 되었다. 집회 셋째 날 갑자기 코안 쪽 아픈 부위에 톡톡 쪼는 느낌이 들었다. 고등학교 때부터 알레르기 비염으로 네 번 수술했으나 재발한 상태였고, 코로 숨을 쉬지 못하고 입으로 숨을 쉬어 입 안이 늘 헐어 있었다. 그런데 하나님이 코를 치료하신다는 느낌을 받았다. 곧 코가 시원해졌고 그 후 두 번 다시 콧병으로 고생하지 않았다.[172]

연세중앙교회는 1986년 3월 교회를 개척한 날부터 2003년까지 18년간 연중무휴로 매일 철야기도를 진행했다. 그런 가운데 "현대 의학으로는 고칠 수 없는 각종 질병이 나았으며, 악한 귀신이 떠나가고" 많은 문제가 해결되었다. 이적을 체험한 성도들은 가족과 이웃을 전도했고 교회는 부흥했다.[173] 윤석전은 이러한 기적의 역사를 목회자들에게 적극적으로 소개했다. 2008년 8월 25일부터 28일까지 흰돌산수양관에서 열린 제38차 목회자부부영적세미나에 7,000명이 넘는 인파가 모였다. 윤석전은 참석자들에게 교회가 부흥하지 않는 원인은 인본주의적 수단과 방법으로 목회하기 때문이라며, "기도함으로 성령 충만을 받아 이적과 표적을 나타내는 목회자, 예수 생애를 재현하는 권능 있는 목회자"가 될 것을 촉구했다.[174]

연세중앙교회는 2010년 6월 6일부터 7월 25일까지 '전 성도 40일 그리고 10일 작정 기도회'를 실시했다. 전 성도가 50일간 매일 저녁 하루 2시간 모여서 기도하는 것이다. 50일 작정 기도회를 통해 "각종 종양에서 척추 질병, 디스크 질환, 관절염, 20-30년간 앓던 축농증, 희귀병, 난치병에 이르기까지" 많은 질병이 고침을 받는 역사가 일어났다. 또한 경제와 환경이 열리고 영적인 삶이 회복되었다.[175] 이은경 집사는 난소에 2cm 크기의 종양으로 수술 날짜를 잡아 놓은 상태였는데, 기도회 6일째 엄청나게 큰 트림과 함께 온몸이 시원해지더니, 초음파 검사에서 난소의 혹이 전혀 보이지 않았다. 신숙희 권사는 20년간 축농증을 심하게 앓았는데, 기도회 6일째 되던 날, 윤석전 목사가 "오늘 병 고친 사람 많습니다"라고 선포를 들었다. 다음 날 아침 가래가 한 덩어리씩 나왔는데, 그날부터 축농증 증상이 사라지고 통증 없이 숨을 쉴 수 있었다. 장분조 성도는 골다공증으로 척추뼈 세 개가 부러져 석고로 대체했으나 통증이 심했다. 기도회 5일째 허리 통증이 사라지고 오랜 세월 굽었던 허리가 펴졌다. 박순옥 집사는 생후 23개월 난 딸아이가 아토피 증상이 심했는데, 기도회 7일째 아토피 증상이 사라졌다.

이강희 성도는 사업이 어려워 투자자들이 자금을 회수하려 하자, 야근을 포기하고 기도회에 참석했는데 매출이 두 배 늘어나 부채의 절반을 갚았다. 그리고 하루 3-4갑 피우던 담배도 전혀 생각나지 않고 오락들도 끊게 되었다.[176]

윤석전은 연세중앙교회 30년의 역사 동안 "회개와 성령 충만과 변화와 치유와 이적"이 일어나 사도행전적 초대교회 역사를 지속해왔으며, 악한 귀신이 떠나가고, 각종 병과 장애, 그리고 불치의 병으로 사형선고를 받은 사람들이 치유되는 역사가 일어났다고 했다. 그리고 치유를 체험한 성도들이 교회의 부흥을 이끌었다고 했다.[177] 이처럼 열정적인 기도를 통한 신유와 기적의 나타남은 연세중앙교회 부흥의 원동력이었다.

3. 영적 전쟁과 이원론적 세계관

윤석전은 영적 전쟁과 이원론적 세계관에 근거한 영혼 구원을 강조했는데, 특히 학생과 청년들에게 영적 전쟁에 관해 설교하며 그들의 가치관을 바꾸는 일을 했다. 1996년 1월 22일부터 25일까지 제13차 중·고등부 동계성회가 흰돌산수양관에서 열렸는데, 윤석전은 초교파적으로 263개 교회에서 온 4,000명의 학생에게 세속주의에 물들어 쾌락에 젖게 만들고, 영적 생활에 게으르게 하는 마귀의 궤계에 속지 말아야 한다고 설교했다. 학생들은 회개하고 하나님 중심으로 살아가기로 결단했다.[178] 2002년 1월 7일부터 10일까지 제32차 초교파 중·고등부 동계연합성회가, 1월 21일부터 24일까지 제33차 성회가 각각 흰돌산수양관에서 열렸다. 두 성회에 참석한 1만여 명의 학생들은 윤석전의 설교를 듣고 영적 생활의 중요성을 깨달으며, 시간을 낭비한 죄를 회개하고 성령 충만을 받았다.[179]

윤석전은 2004년 1월 12일부터 15일까지 흰돌산수양관에서 개최된 제41차 중·고등부 동계성회에서 성적 타락에 빠져 '낙태계'를 결성하는 일부 청소년들의 일탈 행위를 비판하고 회개를 촉구했다. 집회에 참석한 학생들은 변화를 보여, "그동안 형형색색으로 물들인 머리카락을 검은색으로 염색하는 행동도 보였다."[180] 2007년 7월 23일부터 26일까지 흰돌산수양관에서 열린 제54차 중고등부 하계성회에서 윤석전은 타락한 세상 가치관으로 살아가는 기독 청소년의 삶을 지적하며 회개를 촉구했다. 성회에 참석한 중학교 3학년 황현이라는 학생은 집회를 통해 은혜 받아 삶이 변화되었다. 황현은 부모가 이혼하여 할머니 집에서 살았는데, 여학생이던 황현은 술과 담배를 하고 남학생들과 어울려 다니며 방황하는 삶을 살았다. 그러던 중 성회에 참석하여 회개하고 방언 은사를 받았다. 그 후 인터넷 미니홈피와 게임을 다 정리했다. 기도하는 것이 더 재미있었기 때문이다. 반에서 꼴찌 수준이던 성적이 전교 2등으로 올라갔다. 황현의 변화로 인해 가정도 변화되는 일이 일어났다.[181]

윤석전은 연세중앙교회의 표어로 "이 땅에 불신자가 있는 한 우리 교회는 영원한 개척교회입니다"라는 문구를 사용한다. 즉 영혼 구원은 연세교회의 존재 이유이자 정체성이다. 육신의 때, 즉 이 땅의 삶은 영원하지 않고 진정한 가치를 부여할 수 없다. 이 땅의 삶은 영혼의 때, 다시 말해 천국을 준비하는 기간으로 살아갈 때 참된 의미가 있다는 것이다. 연세중앙교회의 "영혼의 때를 위하여"라는 교회가에도 "이 땅에 불신자가 있는 한 우리 교회는 영원한 개척교회"라는 문구가 반복적으로 강조되어 있다.[182] 이처럼 윤석전은 이원론적 세계관에 기초하여 복음 전하고 영혼 구원하는 일에 교회의 역량을 쏟아 부었다.

4. 윤석전의 은사주의 부흥의 공헌

윤석전의 은사주의 부흥은 국내외적으로 다음과 같은 커다란 영향력과 공헌을 이루었다. 첫째, 수만 명의 교인이 열정적인 기도와 영성으로 신앙생활 하는 교회를 세운 점이다. 연세중앙교회는 아시아 최고 크기의 예배당뿐만 아니라, 기도, 전도, 교육, 봉사, 선교 등 모든 분야에서 활발하게 사역이 진행되는 살아 있는 교회이다. 연세중앙교회는 큰 부흥을 주신 하나님께 감사하는 마음으로 2012년 성탄절에 어린이부터 노인에 이르기까지 참여한 '5,000명 찬양대'가 성탄 감사 찬송을 드렸다.[183] 2013년과 2014년 성탄절에는 '1만 명 찬양대'가 찬양을 드렸고, 그 장면은 MBC, KBS, SBS, CTS, CBS 등 각종 방송에 보도됐다.[184] 2015년에는 '전 성도 찬양대'가 찬송했다. 그 장면은 위성방송으로 세계 여러 지역으로 송출되었다.[185] 연세중앙교회가 신앙의 열정이 살아있는 초거대교회임을 한국과 전 세계에 알린 것이다.

둘째, 은사주의 영성이 심령의 변화와 교회에 부흥을 일으킨다는 점을 입증했다. 윤석전은 1988년 5월에 침례교 경기지방회 소속 18명의 사모들을 대상으로 1차 전국사모영적세미나를 개최했다.[186] 사모세미나는 해가 가면서 확대되어 '사모목회대학'으로 발전했다. 1991년에는 초교파적으로 300명의 사모가 4월부터 6월까지 봄 학기와, 9월부터 11월까지 가을 학기를 수강했다.[187] 윤석전은 남자 목회자들을 대상으로 한 '실천목회연구원'도 운영했다. 1996년 말 흰돌산수양관이 6,000명을 수용할 수 있는 대성전과 숙소, 기도실, 등록처 건물까지 약 3,200평의 시설을 갖추게 되자, 초교파 집회는 대부분 흰돌산수양관에서 진행됐다. 초교파 동·하계 성회와 실천목회연구원 및 사모목회대학 등의 모임에 연간 10만 명 이상의 사람들이 참석했고,[188] 윤석전은 그들에게 은사주의 영성을 설교하고 가르쳤다. 예를 들면, 2004년 제29차 목회자부부영적세미나에서 윤석전은 "육적인 목회에서 영적인 목회로, 인본주의 목회에서 신본주의 목회로," 그리고 이론과 현실을 의존하지 말고 기도로 하나님의 능력을 힘입는 목회를 하라고 촉구했다.[189] 윤석전의 은사주의 영성은 초교파적으로 확산됐다. 예를 들면, 함애경 사모(평택 벧엘교회)는 사모목회대학에 다녔는데, 부인을 데리고 온 남편 목사도 뒷자리에 앉아 강의를 들었다. 이들 부부는 윤석전의 강의에 큰 도전을 받고 밤새워 기도하는 생활을 했다. 그러자 교회 근처에 살던 박수가 신통력을 잃고 굿판을 벌이지 못하게 되었으며, 남편 목사가 설교할 때, 성도에게 역사하던 귀신이 떠나가고, 자궁암, 갑상샘 질병, 귓병과 같은 각종 질병이 치료받는 기적이 일어났다. 교회도 부흥하여 432평의 대지에 150평의 성전을 건축할 수 있게 되었다.[190]

셋째, 연세중앙교회뿐만 아니라 초교파적 성회를 통해 젊은이들이 타락된 세속 문화에서 벗어나 영적이고 건전한 가치관을 갖도록 했다는 점이다. 윤석전은 그것이 교육뿐만이 아니라 강력한 영성이 뒷받침되어야 이루어질 수 있음을 보여주었다. 예를 들면, 연세중앙교회는 2001년 6월 24일에 중·고등부가 마사다 결의식을 하고 10개 항으로 된 선서문을 채택했다. 선서문의 내용은 온전한 신앙생활, 부모 공경, 이웃사랑, 타락한 세속 문화 멀리하기, 경건 생활과 학업에 최선 다하기, 순결 서약 등으로 구성되어 있었다.[191]

넷째, 활발한 대외활동을 통해 은사주의가 개인 구원이나 개별 교회 성장에만 매몰되지 않고, 국가와 사회에 협력하는 신앙임을 보여주었다. 윤석전은 IMF

외환위기 시절인 1998년 6월 19일 오후 4시 서울 잠실 올림픽주경기장에서 열린 'IMF 국난 극복 비상 구국기도대성회'에서 설교했다.[192] 윤석전은 한국기독교복음단체총연합회 대표의장 자격으로 2001년 8월 10일 파주 통일전망대에서 구국기도회를 개최했다. 또한 한국교회연합 비상구국기도회 준비위원장으로서 2001년 10월 19일 양재동 횃불선교센터에서 세계평화와 민족통일을 위한 구국기도회를 열었다.[193] 윤석전은 2004년 4월 5일 흰돌산수양관에서 개최한 구국기도회에서, "신앙의 자유를 인정하는 국가이념 아래에서만 예수 믿는 신앙이 존립할 수 있다"라며, 올바른 국가관과 애국주의를 강조했다.[194]

다섯째, 해외선교를 통해 성령 운동을 국제적으로 확산시켰다. 연세중앙교회는 김종선 사모를 최초 해외선교사로 파송하며 해외선교를 시작했고, 매년 선교팀들을 여러 나라에 보내 선교하게 했다. 선교지에서는 한국에서보다 신유와 기적이 많이 일어났다. 예를 들면, 김종선은 1991년에 공산국가인 A국에서 선교할 때, 여러 가지로 하나님의 역사를 경험했다. 김종선은 최종 목적지인 산골 마을로 가는 기차 안에서 죽어가는 남자 어린이를 안수 기도로 살아나게 했다. 선교지인 산골 마을 동네의 18년간 귀신 들린 청년을 기도로 고쳤으며, 위암 말기로 복수가 찬 그 지역 육군 총사령관을 낫게 했다. 그 결과 산골 마을은 7일 만에 50가구가 전부가 예수를 믿게 되었다.[195] 윤석전 역시 해외집회를 통해 은사주의 부흥을 확산시켰다. 그는 2013년 5월 23일부터 26일까지 아이티에서 성회를 인도했다. 윤석전은 아이티가 변화되려면 목회자들이 기도로 성령 충만을 받아 "부두신이 할 수 없는 이적을 나타내서 살아계신 예수 그리스도를 보여주는 방법 외에는 없다"라고 외쳤다. 목회자 세미나 마지막 날 치유의 역사가 일어났다. 걸을 수 없던 여인이 걸어서 강단으로 나왔고, 하체를 쓰지 못하던 남자 목회자가 혼자 힘으로 걸었다.[196] 평신도를 위한 성회를 2013년 5월 25일과 26일 오후 4시에 대통령궁 앞 선마스 광장에서 개최했다. 윤석전은 수많은 인파를 상대로 "예수 이름으로 귀신아, 물러가라, 병을 가지고 떠나가라, 문제를 가지고 떠나가라!"라고 외쳤다. 그러자 항문이 막혀 온몸에 독이 퍼져 죽기 직전의 사람이 낫게 되는 등 갖가지 질병이 치유되는 일이 일어났다. RTG TV 방송국은 성회 장면을 전국으로 생방송했다. 성회 이전에 아이티 기독교 인구가 14%에도 미치지 못했는데, 몇 개월 후 47%로 상향된 놀라운 역사가 일어났다.[197]

이처럼 윤석전의 은사주의 부흥은 한국과 세계 교회에 큰 파장을 일으켰다. 연희동 지하실 개척교회 시절, "강단에서 맨 뒷자리에 앉은 성도의 얼굴을 보려면 망원경을 써야 할 정도로 큰 성전을 지을 것"이라는 놀라운 선포는 결국 하나님의 역사로 이루어졌다. 기독교 역사는 강력한 영성과 사랑의 실천이 언제나 교회의 생존과 성장의 조건임을 보여준다. 연세중앙교회의 은사주의 부흥은 이러한 교회 부흥의 원리가 옳다는 것을 다시 한 번 입증시켜주었다.

안희묵 목사와 꿈의교회

꿈의교회(구 공주침례교회)는 공주라는 작은 도시에서 부흥을 이루고, 그것을 기반으로 대전과 세종에 멀티교회들을 세워 복음을 확산시키고 있는 교회이다. 꿈의교회는 소도시에서의 부흥, 멀티교회 모델 제시, 중요한 세종특별자치시를 선점하여 영향력 있는 교회들을 배출하는 등 부흥의 새로운 전략과 이정표를 제시했다. 꿈의교회는 2023년 4월 현재 공주꿈의교회 1,000명, 대전꿈의교회 600명, 세종꿈의교회 5,000명, 글로리채플교회 1,000명, 글로벌꿈의교회 30명, 새로운꿈의교회 700명 등 총 8,330명의 출석 교인과, 총 재적 교인 1만 2천명의 교회로 성장했다.[198] 1996년에 230명 정도의 성도가 27년 만에 36배로 성장한 것이다. 꿈의교회의 폭발적 성장은 안희묵이 목회에 동참하면서 시작되었다. 그는 미국에서 공부와 목회를 하는 중, 제리 포웰의 토마스로드침례교회처럼 "작은 도시를 믿음으로 장악하며 하나님의 나라를 확장하는 영향력 있는 교회"를 세우겠다는 비전을 가졌는데,[199] 그것을 한국에서 실현했다. 꿈의교회 부흥의 원인은 크게 7가지를 들 수 있다.

1. 목장교회로의 전환과 활성화

안희묵은 1996년 2월 1일 부목사로 부임하며 〈미래를 준비하는 교회〉라는 표어 아래, 미국 유학 시절 경험한 목장교회를 실현하기 위해 7명의 청년을 뽑아 씨앗 목장을 만들었다. 그는 목장교회를 교회성장의 방편이 아니라 교회가 추구해야 할 본질과 목적으로 믿었기 때문에, 목장을 세우고 확장하는 일에 열정을 불태웠다. 그의 지하 사택에서 시작된 1기 청년목장은 청년들의 신앙관에 획기적인 변화를 가져왔다. 그들은 복음전도와 교회세우는 일을 삶의 우선순위로 삼았다. 15명 정도 모이던 청년부 모임이 70명 이상으로 늘었고, 목자가 다른 목자를 세우면서 목장도 늘어났다. 청년부의 부흥은 교회를 활기차고 생동감이 넘치는 분위기로 바꾸었고, 장년들에게 전염되어 장년 목장이 만들어졌다. 결국 교회 전체가 전통교회에서 목장교회로 체질을 바꾸었고, 목장이 활성화 되면서 평신도들이 교회 사역의 대부분을 맡아 하게 되었다. 안희묵은 목자들을 돕고 관리하는 것을 목회의 최고 우선순위로 삼았다. 청년 1개, 장년 남·여 1개로 시작된 꿈의교회의 목장은 오늘날 공주, 대전, 세종에 수 백 개의 목장으로 성장했다. 이처럼 목장교회의 성공적인 안착과 활성화가 꿈의교회 부흥의 주요 요인이었다.[200]

2. 세상과 문화에 대한 인식의 전환

교회가 복음을 전파하고 세상에서 섬기는 사명을 감당하기 위해서는 교인들이 세상과 문화를 무조건 거부하기보다 유연하게 대하는 마음을 갖게 하는 것이 필요했다. 안희묵은 성도가 세상과 분리되어 예배당 안에서만 살려 해서는 안 되고, 세상에 나아가 그리스도의 진리와 기독교 문화를 전하고 실현하는 용기 있는 신자가 되어야 한다고 가르쳤다. 즉 그리스도인은 세상을 도피하지 않고 복음으로 세상을 정복하며 세상 문화를 개혁해야 할 사명이 있음을 심어주었다. 보수적인 공주 문화와 전통적 기독교인의 상을 지녔던 교인들은 시간이 지나면서 기적적으로 생각과 생활 패턴을 바꾸기 시작했다.[201] 이러한 변화로 인해 교회는 지역사회에 발전적 기여를 했으며, 그것은 지역사회에서 교회에 대한 긍정적 이미지를 고양하게 했다.

3. 다양한 양육 프로그램

꿈의교회는 다양한 양육 프로그램을 운영하여 교인들의 신앙 성장에 필요한 부분을 채웠다. 안희묵은 양육 목표를 "말씀의 의식화와 생활화"로 삼고, 일대일 공부, 소그룹 성경공부, 각종 세미나, 리더목자 모임, 새신자 양육 프로그램, 멘토 목자 훈련, 중보기도 사역 등의 과정을 운영했다. 꿈의교회는 또한 5단계 훈련과정도 운영하고 있는데, 단계별로 각 2년 간 총 10년의 훈련과정이다. 1단계 '블레싱 코스'는 교회 공동체의 가족이 되게 하는 것을 목적으로 하고, 2단계 '사역자 코스'는 하나님의 사역자의 특권에 대해 배우며, 3단계 '목자코스'는 목자와 영적 전사로 준비되는 과정이고, 4단계 '리더코스'는 하나님 나라의 확장과 세상에 영적 영향력을 끼치는 리더로 살게 하는 과정이다. 마지막 5단계 '라이프코스'는 하나님을 더 깊이 알아가는 기쁨과 행복을 누리게 하는 과정이다.[202] 안희묵은 평신도들 가운데 양육 리더를 세워 그들이 양육과정을 운영하도록 했다. 평신도 리더의 활발한 양육사역은 교회의 부흥을 지속하게 만들고 교인 간의 깊은 교제를 가능케 했다.

4. 창의적이며 잘 준비된 예배

안희묵은 교인들이 예배를 통해 하나님을 만날 수 있도록 예배 주제에 맞추어 찬양, 설교, 영상 등 예배와 관련된 모든 요소들을 철저히 기획하고 준비했다. 인물에 대한 설교를 할 때는 해당 인물의 성화를 보여주고, 성막에 대해 설교할 때는 대제사장 의복인 에봇을 입고 성소의 모형을 만들어 보여주며 설교했다. 설교 주제와 관련된 영상을 만들어 설교 전에 보여주거나, 스킷 드라마를 만들어 공연하는 등 다채로운 시도를 했다. 안희묵은 한번의 예배로 인생이 바뀔 수 있다고 믿었기 때문에 예배 전날까지 설교 원고를 수정하고 외웠다. 그리고 예배가 끝나면 항상 예배 녹화자료를 보며 점검했다.[203] 이처럼 예배를 기획하고 준비해서 교인들이 예배에 집중하고 은혜 받게 한 것이 부흥의 주요 요인이었다.

5. 다음 세대를 위한 과감한 투자

꿈의교회가 가장 심혈을 기울이는 사역은 다음 세대를 키우는 일이다. 주일학교를 선데이스쿨(Sunday School)에서 재미있는 학교라는 뜻의 펀데이스쿨

(Funday School)로 바꾸고, 다양한 프로그램과 과정을 운영하고 있다. 즉 '어와나 프로그램', '드림FC 축구팀', 7-11개월까지의 영유아와 엄마를 위한 '처음학교', 12-30개월까지의 유아와 부모를 위한 '아기학교', 5-10세 어린이의 전인적 성장을 위한 '그로잉252', '재능스쿨', 미국 원어민 교사가 가르치는 '방과 후 국제학교', 매주 책을 읽고 토론하는 '독서사관학교', 4차 산업혁명 시대 대비 위한 '코딩교회학교' 등이다. 이밖에도 청소년이 예배에 흥미를 갖도록 CCM, 크리스천 댄스팀, 뮤직비디오, 스킷 드라마 등을 활용하는 문화예배를 드리고 있다. 또한 주일 목장모임, 여름캠프, 리더십캠프, 학교별 스쿨목장 등 다양한 모임을 정기적으로 운영하고 있다. 다음 세대를 위한 아낌없는 투자와 노력은 주일학교의 성장으로 나타났다. 2016년 4월 현재 세종꿈의교회의 출석성도 3,000명 중 1,200명이 고등학생 이하 세대이다. 출석성도 35퍼센트 이상을 미성년자들이 차지하고 있는데, 이것은 꿈의교회가 매우 건강하게 부흥하고 있음을 보여준다.[204] 미래 교회를 이끌어갈 다음 세대를 세우는 일이 한국교회의 소망이자 절박한 과제인데, 꿈의교회에서는 이것이 현재 진행형으로 이루어지고 있다.

6. 전도와 국내선교

꿈의교회는 전통적인 노방전도도 하지만, 주로 목장중심, 관계중심의 전도에 중점을 두고 있다. 예를 들면 학생들의 전도는 스쿨목장이 주로 담당하는 방식이다. 그리고 가끔 유명 인사를 초청하여 이벤트성 행사나 사회봉사를 통해 전도의 접촉점을 삼기도 했다. 예를 들면 사진관을 운영하는 교인이 가난한 지역 주민들에게 무료로 가족사진 찍어주기, 독거노인과 소년·소녀 가장들에게 물질적 지원하기, 모든 교인이 모여서 공주시를 관통하는 냇가 주변을 청소하기 등을 통해 복음전파의 접촉점을 넓혔다. 국내선교 활동으로는 미자립 교회와 기관을 매달 후원하며, 미자립 교회 목회자들을 초청하여 세미나를 열고 풍성히 대접하며 격려했다. 그리고 매년 한 교회를 선정해 그 교회가 필요로 하는 것을 채워주는 방식의 선교 정책도 실행했다. 그 외 초교파적인 연합사업과 이단 퇴치 활동에도 선도적인 역할을 했다.[205]

7. 멀티교회

꿈의교회는 공주에서 가장 큰 교회로 성장한 것에 만족하지 않고 대전과 세종에 멀티교회들을 세우며 선교적 차원의 부흥 모델을 제시했다. 멀티교회(Muli-Church)란 지교회나 지성전으로 세우는 것이 아니라, 행정이 독립된 교회를 세우되 같은 비전과 사명 안에서 함께 사역하는 교회의 개념이다. 구체적 방법은 역량 있는 교회가 사역자와 교인을 파송해 사명과 비전을 공유하는 교회를 세우는 것이다.[206] 대형교회는 한 지역에 큰 건물을 세우고 사람을 오도록 하는 형태라면, 멀티교회는 '수평적 교회확산'을 추구하는 것으로 규모의 확장이 아닌, 하나님 나라의 확장을 목적으로 지역에 교회를 세우는 선교 지향적 교회를 의미한다. 멀티교회는 성경에도 그 예가 나온다. 즉 바울 사도는 여러 지역을 다니며 복음을 전하고 교회를 세운 후(행14:21, 행18:23, 벧전1:1-2), 자신이 세운 교회들이 같은 비전과 사명을 공유하게 하고, 각 교회의 헌금을 모아 새로운 교회 개척이나 어려운 교회를 돕도록 했다(롬15:26). 꿈의교회는 초대교회가 선교적 멀티교회 형태였음을 발견하고, 그 모본을 따라 멀티교회를 추구하고 있다.[207]

공주, 세종, 대전, 글로리채플, 새로운꿈의교회는 재정과 행정이 독립되어 있으며, 각 지역과 사회 특성에 맞추어 사역을 감당하고 있다. 동시에 멀티꿈의교회는 현재 각 교회 주일 헌금의 10%를 비전선교회로 모아 30여명의 선교사와 150여개의 미 자립 교회를 매달 후원하며, 은퇴 목회자와 은퇴 선교사들을 위해 연금재단 설립과 운영에 기여하고 있다. 또 한국을 넘어 아프리카 잠비아에 카도바 꿈의 중학교를 설립하고 그 지역에 있는 학생들 약 500여명의 생활비를 지원하고 있다. 특별히 2022년부터는 한국컴패션과 협력하여 1,220 여명의 필리핀 아이들과 결연을 맺어 후원하며 북한선교도 준비하고 있다. 이 외에도 재단법인 엘피스와 함께 착한 사역 프로젝트를 진행하여 지역사회가 추천하는 학생들과 어려운 신학생들을 위해 장학금을 전달하고 착한 난방 등 지역 사회에 공헌하기 위한 다양한 사역을 시행하고 있다.[208]

멀티꿈의교회의 현황을 보면, 공주꿈의교회는 도농복합 도시 교회의 모델을 제시하고 있고, 대전꿈의교회는 공주꿈의교회에서 분립개척 되어 다음 세대를 중점적으로 세우는 교회로 성장하고 있다. 세종꿈의교회는 신도시에서 지역사회와 함께 성장하는 교회의 모델을 보여주고 있으며, 세종꿈의교회에서 첫 번째로 개척한 글로리채플교회는 다음세대를 위한 교회, 그리고 문화와 성도의 영적 힐링이 있는 교회로 성장하고 있다. 새로운꿈의교회는 4차 산업 혁명시대에 교회와 복음의 영적 플랫폼이 되는 교회로 부흥하고 있다. 글로벌 꿈의교회는 세계선교를 목적으로 설립된 교회 안의 교회로서, 설교, 양육, 목장, 사역을 영어로 진행하고 있다.[209] 이처럼 소도시 공주에서 시작된 꿈의교회 부흥은 대전과 세종으로 확산되며 멀티교회라는 새로운 부흥의 모델을 제시하고 있다.

백운현 목사와 사랑의교회 및 푸른초장

지구촌교회를 비롯한 앞서 소개된 거대교회들은 대부분 사회복지기관을 운영하고 있다. 그런데 사랑의교회가 특별한 점은 사회복지를 교회의 주요 설립 목적으로 삼은 것이다. 교회를 개척할 때부터 장애인 섬기는 것을 교회의 주요 사역으로 삼았으며, 교회와 복지기관이 상호 도움을 주며 성장하고 있어, 교회의 개척 및 부흥의 모델이 되고 있다.

1. 사랑의교회

사랑의교회는 비신자의 영혼구원과 지역사회에서 장애인과 그 가정을 지원하고 섬기기 위한 목적으로, 백운현 목사의 집에서 2003년 3월에 시작되었다. 사랑의교회는 전교인이 목자로 헌신하는 가정교회를 지향하고, 사회복지법인 푸른초장을 지원하고 있다. 푸른초장은 교회의 지원으로 더 많은 장애인을 돌볼 수있게 되었고, 푸른초장의 성장은 사랑의교회를 부흥하게 했다. 말씀사역과 치유사역을 병행하신 예수님을 본받아, 교회는 기도와 인력과 재정으로, 푸른초장은 전문적 사회복지 사역으로 서로 합력하여 많은 열매를 맺을 수 있게 되었다. 사랑의교회는 푸른초장에 대한 지원과 비신자 전도에 집중하는 방침을 가지고 있다. 교회를 개척할 때부터 수평이동을 받지 않고 비신자를 전도하여 예수영접 및 침례를 받게 했다. 2003년부터 2023년 3월까지 15차례 침례식을 통해 130명에게 침례를 주었으며, 침례 받은 신자 대부분은 목자, 목녀 혹은 리더로 교회를 섬기고 있다. 2023년 3월 현재 사랑의 교회는 19개 목장과 100여명의 성도가 있다.

2. 푸른초장

푸른초장은 기독교 정신을 바탕으로 전문적 복지서비스를 실천함으로써 장애인에게 만족스럽고 행복한 삶을 지원하는 것을 목적으로 설립되었다. 푸른초장은 두 가지 핵심가치를 지향한다. 첫째, 지역사회에서 함께 살아가는 것이다. 한가한 곳에 장애인들만을 위한 공동체를 별도로 만드는 것이 아니라 지역사회 속에서 함께 살아가면서 모든 문화시설, 편의시설, 의료시설, 생활시설, 체육시설, 교육시설 등을 함께 이용하며 살아가는 것이다. 가정과 기관과 지역사회가 함께 힘을 합쳐서 장애인과 장애인 가정을 도와서 건강한 지역주민으로 살아갈 수 있도록 해 주는 것이다. 둘째, 요람에서 무덤까지 평생계획을 준비하는 것이다. 학령기 아동 장애인에서 성인기 직장생활을 하는 장애인에 이르기까지 생애주기별로 돌보면서 함께 생활해 가는 공동체를 목적하며 그렇게 자리 잡아 가고 있다.

(2023년 3월 현재 푸른초장의 시설 현황은 도표와 같다)

시설명	아담중증장애인 거주시설	노아단기 보호센터	이삭주간 보호센터	장애인 주간활동 센터	계
이용자수	30	15	15	36	96
종사자수	31	9	4	30	74

시설명	장애인 활동 지원센터	특화형일자리 (사업)	복지일자리 (사업)	계	총계
이용자수	170	21	6	191	293
종사자수	178	1	0	179	253

3. 사랑의교회와 푸른초장의 비전과 공헌

사랑의교회와 푸른초장의 비전은 동일한데, 그것은 영혼구원이다. 장애인이 예수님을 믿고 하나님 나라에 대한 소망을 갖게 하는 일이 교회와 복지기관 설립의 궁극적 목적이다. 백운현은 2000년도 푸른초장을 시작할 때, 하나님으로부터 요한복음 6장에 나오는 오병이어의 비전을 받았다. 오천 명을 먹이고도 남는 영향력을 주시겠다는 하나님의 말씀이 20년이 지난 2023년 현재 이루어졌다. 사랑의교회와 푸른초장이 300명의 장애인을 섬길 수 있게 되었고, 장애인 가정의 부모와 형제들이 장애인 가족을 돌보는 일에서 자유로워져서, 사회에서 더 많은 활동을 하게 되었다. 그들이 사회에 끼치는 영향은 이미 오천 명을 먹이고도 남는 영향력이 되었다.

한국 침례교 부흥의 평가

한국침례교회는 134년의 역사를 거치는 동안 다양한 형태의 부흥을 경험했다. 첫째 복음전도와 교회개척을 통한 부흥이다. 대한(동아)기독교회는 펜윅의 사경회와, 장석천, 손필환 같은 부흥사들의 설교, 그리고 교단연합사경회를 통해 부흥을 일으켰다. 그 과정에서 회개, 신유, 축사가 나타났다. 그러나 이러한 다양한 형태의 부흥보다, 대한(동아)기독교회 부흥의 근본적 실체는 국내외 전도와 교회개척이었다. 둘째, 남침례교 선교사들의 적극적 선교활동이 부흥을 가져왔다. 구호사업, 의료선교, 전도와 교회개척, 예배당 건축, 교회 각 부서와 교단 기관의 설립 등은 교단에 기적적인 부흥을 가져왔다. 한미전도대회 또한 교단 부흥에 크게 기여했다. 셋째, 오관석, 김충기, 윤석전, 장경동 등으로 대변되는 성령운동을 통한 부흥이다. 성령의 강력한 체험과 은사의 나타남, 그리고 그에 기초한 능력 있는 설교로 부흥이 일어났다. 침례교회가 이단시 되던 시절에 부흥사들의 강력한 영성은 부정적 이미지를 해소하고 오히려 침례교회로 사람들이 몰려 올 정도로 강력했다. 넷째, 김장환, 이동원, 안희묵 등으로 대변되는 복음주의 신학에 기초한 부흥이다. 신학적으로 잘 준비된 설교, 체계화된 성경공부, 훈련, 다양한 사역, 사회 참여 등으로 영혼구원과 지역사회에 건전한 영향을 끼쳤다. 다섯째, 사회복지기관과 교회가 밀접하게 연계하여 교회도 성장하고 사회에도 기여하는 부흥이다.

이처럼 한국침례교 부흥은 크게 5가지 형태의 부흥이 있었다고 평가할 수 있다. 그렇지만 5가지 부흥의 형태는 상대적으로 두드러진 특성에 따른 분류이지 결코 절대적인 기준이 아니다. 성령과 은사운동의 부흥을 일으킨 부흥사들이 결코 말씀의 깊이나 복음적 설교가 부족하지 않았으며, 복음주의 신학에 기초해서 부흥을 주도한 목회자들 역시 결코 성령운동에 관심이 없거나 영성이 부족하지도 않았다. 사회복지기관과 연계하여 교회를 성장시킨 목회자 역시 복음주의자요 성령의 역사를 강조한다. 즉 부흥을 일으킨 목회자들은 부흥의 특성들의 대부분을 포괄하고 있으므로, 지나친 일반화는 경계해야 한다.

앞으로 한국침례교회가 계속 부흥하기 위해서 무엇이 필요하며 어떻게 해야 할까? 밝은 미래를 맞이하려면 과거 부흥의 요인을 되살리는 동시에 적절한 대안들을 마련해야 할 것이다. 이와 관련해 몇 가지 제안을 드린다. 첫째, 강력한 영성이 계속 필요하다. 교회의 생명은 영성에 있다는 것이 교회 역사가와 종교사회학자들에 의해 이미 입증되었다. 최근 200년 교회 역사에서 영성이 약해지거나 없어진 교단들은 예외 없이 몰락했다. 유럽과 미국의 기독교 교단 중 자유주의 신학을 받아들여 영성을 무시하고 합리적 신앙을 추구한 교회들은 급속한 교인 수의 감소를 겪었다. 교인의 부족으로 예배당을 유지할 수 없어 리모델링 하여 사용되거나 다른 기관에 팔리고 있다. 이것은 교회의 본질이 영적 모임이며 구원의 기관임을 여실히 보여주는 증거이다. 영성은 다른 것으로 대체할 수 없는 것이다. 특히 물질주의가 팽배하고 세속적 삶에 관심이 높아가는 한국의 현실에서 예수 그리스도의 복음을 믿게 하고 천국 소망을 갖게 하는 것은 얼마나 지난(至難)한 일인가? 물질주의 우상을 돌파하기 위해서는 강력한 영성이 필수 불가결하다. 성령 충만을 통해 믿음과 확신으로 세상을 이기게 만드는 것이 부흥이다. 오관석, 김충기, 윤석전, 장경동 목사로 이어지는 깊은 영성과 살아있는 설교는 교회 부흥에 항상 중요하고 필요한 요소이다.

둘째, 사랑의 실천 즉 사회적 책임에 민감해야 한다. 교회는 믿음과 더불어 사랑의 실천으로 성장했고 세상을 정복해왔다. 예를 들면, 초대교회 시절 역병이 돌았을 때, 성도들은 자기 목숨을 구하기 위해 피난가지 않고 아픈 동료 신자들을 간호하고 돌보았다. 심지어 비기독교인 병자와 가난한 자들도 보살피고 도왔다. 그리스도의 사랑을 본받은 선행으로 교회는 결국 로마제국을 정복했다. 교회가 그리스도의 사랑을 실천하고 사회적 책임에 최선을 다할 때 부흥을 유지했고 사회적 지지를 확보할 수 있었다. 백운현 목사는 재산을 사회복지기관을 설립하는 데 다 바쳤다. 그 결과 많은 장애인과 그 가족들에게 평안과 희망을 주었고, 교회도 견실하게 성장했다. 그리스도의 사랑을 실천하는 것은 믿음과 더불어 교회를 부흥케 하는 요인이다.

셋째, 목회자의 열정과 부지런함이 필요하다. 교회 부흥의 대부분은 목회자에게 달려 있다. 부흥은 부흥을 경험한 목회자가 교인들에게 부흥을 전염시킴으로 발생한다. 그런데 이런 목회자들에게 발견되는 공통적 특성이 있는데, 그것은 열정과 부지런함이다. 김충기 목사의 전기에 보면, "하루에 1분도 마음 놓고 쉴 틈이 없었던 김충기 목사는 자리에 오래 앉아 있으면 몰려오는 피로함 때문에 졸음이 올까 봐, 심방을 가서도 편히 앉아 있는 법이 없었다. 심방이 끝나기가 무섭게 또 다른 장소로 이동하곤 했다. 몸을 움직이는 한, 졸음을 쫓을 수 있다는 김 목사만의 방법이었다."라는 기록이 있다.[210] 또한 김장환 목사에게 어떤 사람이 "당신은 끊임없이 일을 벌여 나가는 사람"이라고 말을 한 적이 있었는데, 이에 관해 김장환은 다음과 같이 말했다: "맞는 말이라고 생각한다. 끊임없이 일을 벌이느라 늘 피곤한 생활을 하는 것이 때로는 부담이 되기도 하지만 그 일이 '사람의 일'이 아니고 '하나님의 일', 아니 '하나님께서 시키신 일'이라는 점이 위로도 되고 보람도 된다."[211] 두 사람뿐만 아니라 본 장에서 다룬 목회자들은 모두 열정적으로 부지런히 사역했다. 예수님의 사랑에 감격하여 부지런하게 일하다보니 부흥이 일어나게 된 것이다.

넷째, 현재 상황과 미래의 변화에 대한 이해와 창의적 사역이 필요하다. 그 시대에 꼭 필요한 사역이 무엇인지를 파악하고 실천해야 한다. 예를 들면, 이동원 목사는 제임스 케네디의『전도 폭발』번역, '새생활 세미나', '코스타', '영성기도 세미나' 등 시대별, 상황별로 필요한 사역을 제공함으로 교회의 부흥을 견인했고, 안희묵 목사는 다음 세대를 위한 다양한 사역과 멀티교회를 실행하여 현시대의 필요와 트렌드에 맞는 교회 부흥의 모델을 제시했다.

앞으로 전개될 미래는 어떠할까? MZ세대의 가치관과 경향은 어떤 특성이 있을까? MZ세대는 개역개정 성경을 잘 이해하지 못한다고 하는데, 그러면 쉬운 말로 번역된 성경을 교회에서 채택해야 해야 하나? 그들은 또한 찬양을 중요시하여 전문성을 갖춘 찬양인도자를 요구한다고 하는데, 우리 교회의 상황에서 어떻게 해결할 수 있을까? 챗GPT가 활성화 되고 있는데, 그것이 교회와 신앙에 끼치는 영향은 무엇이며, 교회는 어떤 준비를 해야 하나? 비대면 예배를 선호하는 경향을 어떻게 이해하고 대처해야 하나? 4차 산업혁명의 시대 복음전파와 교회의 부흥은 어떤 식으로 가능할까? 이러한 질문들에 대해 고민하고 대안을 찾는 노력은 기존의 부흥 요인들과 더불어 교회의 미래 부흥을 위해 필요할 것이다. 믿음과 영성, 사랑의 실천, 미래에 대한 분석과 준비에 열심을 내야겠다.

후 주

제1부
침례교회의 정체성과 기원

제1장 침례교회 개관 및 정체성

1) Eric H. Ohlmann, "The Essence of the Baptists: A Reexamination," *Perspective in Religious Studies* 13 (Winter 1986): 85.
2) William Lumpkin, 『침례교 신앙고백서』, 김용복 외 2인 역 (대전: 침례신학대학교출판부, 2008), 149.
3) Lumpkin, 『침례교 신앙고백서』, 194.
4) 17세기 영국 특수침례교회의 언약신학에 관해서는 Pascal Denault, *The Distinctiveness of Baptist Covenant Theology: A Comparison Between Seventeenth-Century Particular Baptist and Paedobaptist Federalism* (Birmingham, Alabama: Solid Ground Christian Books, 2013)을 참조하시오.
5) Lumpkin, 『침례교 신앙고백서』, 425-26.
6) Rob James, et al., 『미국 남침례교 현대사』, 정양숙 역 (대전: 침례신학대학출판부, 2001), 63-64.
7) Gregory A. Wills, *Democratic Religion: Freedom, Authority, and Church Discipline in the Baptists South, 1785-1900* (New York: Oxford University Press, 1997), 28; Justice C. Anderson, "Old Baptist Principles Reset," *Southwestern Journal of Theology* 31 (Spring 1989): 7.
8) Stanley E. Porter, "Baptism in Acts: The Sacramental Dimension," in *Baptist Sacramentalism* eds. by Anthony R. Cross and Philip E. Thompson (Carlisle: Paternoster Press, 2003), 117.
9) Robert G. Torbet, 『침례교회사』, 허긴 역 (대전: 침례신학대학출판부, 1991), 586.
10) 김용국, "침례교 기원에 관한 역사적·신학적 이해: 존 스미스의 신학적 변천을 중심으로," 「복음과 실천」 36집 (2005): 91; Ohlmann, "Essence," 94.
11) John Smyth, "Short Confession of Faith in Twenty Articles by John Smyth (1609)," in *Baptist Confessions, Covenants, and Catechisms*, eds. by Timothy and Denise George (Nashville: Broadman & Holman, 1996), 33; Norman H. Maring and Winthrop S. Hudson, *A Baptist Manual of Polity and Practice* (Valley Forge, PA: The Judson Press, 1963), 7.
12) H. Leon McBeth, *The Baptist Heritage* (Nashville: Broadman Press, 1987), 47; Torbet, 『침례교회사』, 587.

13) Justice C. Anderson, "Old Baptist Principle Reset," *Southwestern Journal of Theology* 31 (Spring 1989): 8; Ohlmann, "The Essence," 92; Wills, *Democratic Religion*, 15.

14) Lumpkin, 『침례교 신앙고백서』, 203.

15) Timothy George and Denise George, *Baptist Confessions,* 85, 142; Wayne Dalton, "Worship and Baptist Ecclesiology," *Foundation* 12 (January–March 1969): 11; Southern Baptist Convention, *The Baptist Faith and Message* (Nashville: LifeWay Christian Resources, 2000), 13.

16) Wills, *Democratic Religion*, 18.

17) Timothy and Denise George, *Baptist Confessions*, 44, 85.

18) Torbet, 『침례교회사』, 589.

19) F. M. W. Harrison, "The Nottinghamshire Baptists: Polity," *Baptist Quarterly*, vol. 25 (1973–1974): 225–28; McBeth, *Baptist Heritage*, 229–30.

20) 김용국, "교회예식(성례)에 대한 침례교 전통," 「역사신학논총」 14집 (2007): 88–89; Stanley J. Grenz, "Baptism and the Lord's Supper as Community Acts: Toward a Sacramental Understanding of the Ordinances," in *Baptist Sacramentalism* eds. by Anthony R. Cross and Philip E. Thompson (Carlisle: Paternoster Press, 2003), 77–80; Philip E. Thompson, "Sacraments and Religious Liberty: From Critical Practice to Rejected Infringement," in *Baptist Sacramentalism* eds. by Anthony R. Cross and Philip E. Thompson, 38–39.

21) William L. Lumpkin, *Baptist Confessions of Faith* (Valley Forge: Judson Press, 1969), 290–93.

22) Curtis W. Freeman, "To Feed Upon by Faith: Nourishment from the Lord's Table," in *Baptist Sacramentalism*, 194–5; Lumpkin, *Baptist Confessions of Faith*, 311–12, 317, 321; Stanley K. Fowler, "Is 'Baptist Sacramentalism' an Oxymoron?: Reactions in Britain to *Christian Baptism* (1959)," in *Baptist Sacramentalism* eds. by Anthony R. Cross and Philip E. Thompson, 145–6; Michael A. G. Haykin, "His soul–refreshing presence: The Lord's Supper in Calvinistic Baptist Thought and Experience in the 'Long' Eighteenth Century," in *Baptist Sacramentalism* eds. by Anthony R. Cross and Philip E. Thompson, 181; Thompson, "Sacraments and Religious Liberty," 48–49.

23) Grenz, "Baptism and the Lord's Supper as Community Acts," 81–83; Anthony R. Cross and Philip Thompson, "Introduction," in *Baptist Sacramentalism* eds. by Anthony R. Cross and Philip E. Thompson, 1–2; Haykin, "His soul–refreshing presence," 188–89; Lumpkin, *Baptist Confessions of Faith*, 396–97.

24) Torbet, 『침례교회사』, 588.

25) Wills, *Democratic Religion*, 50.

26) 김용국, "신앙의 자유와 책임에 대한 침례교 전통," 「복음과 실천」 40집 (2007): 111; Malcolm G. Shotwell, "Reclaiming the Baptist Principle of Associations," *Baptists in the Balance: The Tension between Freedom and Responsibility*, ed. Everett C. Goodwin (Valley Forge: Judson Press, 1997), 248; Norman H. Maring and Winthrop S. Hudson, *A Baptist Manual of Polity and Practice* (Valley Forge: Judson Press, 1963), 5–6; McBeth, *Baptist*

Heritage, 95–8; Wills, *Democratic Religion*, viii; Anderson, "Old Baptist Principle," 9.

27) Barrie White, "Early Baptist Arguments for Religious Freedom: Their Overlooked Agenda," *Baptist History and Heritage*, vol. 24, no. 4 (1989): 4; Water B. Shurden, "Baptist Freedom and the Turn toward a Free Conscience: 1612/1652," *Turning Points in Baptist History*, eds. Michael E. Williams Sr. and Walter B. Shurden (Macon: Mercer University Press, 2008), 22–25, 29.

28) Torbet, 『침례교회사』, 592; Ohlmann, "Essence," 87–88; Anderson, "Old Baptist Principle," 10–11.

29) Lumpkin, 『침례교 신앙고백서』, 168.

30) Thomas Helwys, *A Short Declaration of the Mystery of Iniquity, The Life and Writings of Thomas Helwys*, ed. Joe Early, Jr. (Macon: Mercer University Press, 2009), 157, 209; Charles W. Deweese, "Baptist Beginnings and the Turn toward a Believers' Church: 1609/1612/1633/1639," *Turning Points in Baptist History*, eds. Michael E. Williams Sr. and Walter B. Shurden (Macon: Mercer University Press, 2008), 16.

31) 김용국, "신앙의 자유와 17–18세기 미국 침례교회," 『역사신학 논총』 5집 (2003): 335–36; William McLoughlin, *Soul Liberty: The Baptists' Struggle in New England, 1633-1833* (Hanover: University Press of New England, 1991), 217–19, 264–69.

32) Helwys, *Mystery of Iniquity*, 209.

33) Williams, *The Bloudy Tennent of Persecution*, in H. Leon McBeth, *A Sourcebook for Baptist Heritage* (Nashville: Broadman Press, 1990), 84.

34) 김용국, "신앙의 자유와 17–18세기 미국 침례교회," 337; James E. Wood, Jr., "Religious Liberty and Public Affairs in Historical Perspective," *Baptist History and Heritage* 9 (July 1974): 160.

35) Harrison, "Nottinghamshire," 272–75; McBeth, *Baptist Heritage*, 289; Torbet, 『침례교회사』, 597–98.

36) Harrison, "Nottinghamshire," 267–69.

37) Torbet, 『침례교회사』, 599–600.

38) 미국 침례교회의 비정치적 전통에 대한 원인으로 로버트 톨벳은 4가지를 제시하였다. 첫째, 침례교인들은 항상 개인의 영혼구원을 일차적 관심으로 두었고, 둘째, 침례교회가 지향한 교회와 국가의 분리 원칙은 종교와 도덕적 영역 외의 다른 분야에 대한 정치적 활동을 자제하게 만들었으며, 셋째, 침례교 정체의 분권주의는 사회에 대한 통합된 영향을 끼치지 못하게 만들었다. 즉 개별 교회나 지방회 차원의 활동은 있었지만, 그것이 전체 사회에 주는 영향은 크지 못하였던 것이다. 넷째, 침례교인들은 "사회복음" 안에는 자유주의 신학이 포함되어 있는 것으로 보고 우려하였다. Torbet, 『침례교회사』, 596.

39) Torbet, 『침례교회사』, 604.

40) Torbet, 『침례교회사』, 596, 603.

41) Guy Gugliotta, "GOP Moves to Bolster Ties to Evangelicals," *The Washington Post*, May 9, 1998. Rob James et al., 『미국 남침례교 현대사』, 97에서 인용.

42) Jesse C. Fletcher, *The Southern Baptist Convention: A Sesquicentennial History* (Nashville:

Broadman and Holman Publishers, 1994), 34; Doyle L. Young, "Andrew Fuller and the Modern Mission Movement," *Baptist History and Heritage*, vol. 17 (October 1982): 18-19.

43) Torbet, 『침례교회사』, 594.

44) Torbet, 『침례교회사』, 601-2.

45) Torbet, 『침례교회사』, 595.

46) McBeth, *Baptist Heritage*, 48-49.

제2장 침례교 기원

1) H. Leon McBeth, *The Baptist Heritage* (Nashville: Broadman Press, 1987), 56.

2) 김승진, 『침례교회와 역사』(대전: 침례신학대학교출판부, 2009), 419-20; Harold S. Smith, "제임스 로빈슨 그레이브스," 『침례교신학자들 (상)』 eds. Timothy George and David Dockery (대전: 침례신학대학교출판부, 2008), 360; McBeth, *Baptist Heritage*, 58-59.

3) Hugh Wamble, "Inter-Relations of Seventeenth Century English Baptists," *Review and Expositor* 54 (July 1957): 407.

4) 김승진, 『침례교회와 역사』, 44-45.

5) McBeth, *Baptist Heritage*, 56-57; Kenneth Ross Manley, "Origins of the Baptists: The Case for Development from Puritanism-Separatism," *Baptist History and Heritage* 22 (1987): 35-36.

6) McBeth, *Baptist Heritage*, 58-59.

7) 김용국, 『한국침례교 사상사, 1889-1997』, (대전: 침례신학대학교출판부, 2005), 226-27; J. M. Carroll, "거룩한 혈통" 김요셉 역, 「뱁티스트」 1 (구판) (1953년 9월): 42-51; J. M. Carroll, 『피흘린 발자취』(서울: 韓國뱁티스트聖書聯盟, 1957).

8) McBeth, *Baptist Heritage*, 61-63.

9) McBeth, *Baptist Heritage*, 49-50.

10) 김승진, 『침례교회와 역사』, 47-48; McBeth, *Baptist Heritage*, 50.

11) Winthrop Hudson, "Baptists Were Not Anabaptists," *The Chronicle*, vol. 16, no. 4 (1953): 171-79.

12) 김승진, 『침례교회와 역사』, 52에서 재인용.

13) 김승진, 『침례교회와 역사』, 52-53.

14) McBeth, *Baptist Heritage*, 51-52.

15) McBeth, *Baptist Heritage*, 53-55; Manley, "Origins of the Baptists," 37-39.

16) McBeth, *Baptist Heritage*, 52-53.

17) 김승진, 『침례교회와 역사』, 53-57.

18) 김용국, "17C 영국 일반 침례교 아르미니우스주의 형성과 발전에 관한 연구," 「복음과 실천」 44집 (2009): 104; William R. Estep, *An Anabaptist Ancestry* [CD-ROM] (London: The Baptist Historical Society, 1983), 3-4; William R. Estep, "Anabaptists, Baptists, and the

Free Church Movement," *Criswell Theological Review* 6 (Spring 1993): 311.

19) 김승진, 『침례교회와 역사』, 60-61.

20) Lumpkin, 『침례교 신앙고백서』, 121.

21) 이와 관련해서는 다음의 자료를 참고하시오. Thomas Helwys, "An Advertisement or Admonition to the Congregations, Which Men Call the New Fryelers, in the Lowe Countries, Written in Dutch and Published in English," in *The Life and Writings of Thomas Helwys*, ed. Joe Early, Jr. (Macon: Mercer University Press, 2009).

22) Manley, "Origins of the Baptists," 35-36.

23) Manley, "Origins of the Baptists," 37-39.

24) 김용국, "재세례파 교도들의 교회론," 「일립논총」 7 (서울: 한국성서대학교, 2001): 30-33. 종교개혁자들은 키프리안부터 종교개혁 때까지 약 1,300년간 지속되어 온 교회의 통일성 개념을 중요하게 여기고 있었다.

25) 김용국, "재세례파 교도들의 교회론," 35-38.

26) "Short Confession of Faith in Twenty Articles by John Smyth (1609)," in *Baptist Confessions, Covenants, and Catechisms*, eds. by Timothy and Denise George (Nashville: Broadman & Holman, 1996), 33.

27) Ohlmann, "Essence," 92; Justice C. Anderson, "Old Baptist Principle Reset," *Southwestern Journal of Theology* 31 (Spring 1989): 8; Gregory A. Wills, *Democratic Religion: Freedom, Authority, and Church Discipline in the Baptists South, 1785-1900* (New York: Oxford, 1997), 15.

28) 김용국, "재세례파 교도들의 교회론," 38-40.

29) "The London Confession (1644)," in *Baptist Confessions, Covenants, and Catechisms*, eds. by Timothy and Denise George (Nashville: Broadman & Holman, 1996), 45.

30) Michael A. G. Haykin, "The Baptist Identity: A View from the Eighteenth Century," *Evangelical Quarterly* 67 (April 1995): 138.

31) George, *Baptist Confessions*, 44, 85.

32) 김용국, "재세례파 교도들의 교회론," 40-41.

33) Ohlmann, "Essence," 87-88; Anderson, "Old Baptist Principle," 10-11.

34) 김용국, "재세례파 교도들의 교회론," 41-44.

35) Wills, *Democratic Religion*, 29, 50.

36) John J. Kiwiet, "The Baptist View of the Church: A Personal Account," *Southwestern Journal of Theology* 31 (Spring 1989): 16. 사실 침례교회의 모든 교단 기관은 원래 선교 목적으로 조직되었다. Ohlmann, "Essence," 90을 보시오.

제2부
영국 침례교회사

제3장 17세기 영국 일반침례교회

1) Williston Walker, et al., 『기독교회사』, 송인설 역 (서울: 크리스챤다이제스트, 1993), 604-5.

2) Patrick Collinson, *The Religion of Protestants: The Church in English Society 1559-1625* (Oxford: Clarendon Press, 1982), 250.

3) Collinson, *The Religion of Protestants*, 242-46.

4) Walker, 『기독교회사』, 613.

5) 최영재, "16, 17세기 영국 청교도의 계약사상 연구," (석사학위논문, 장로회신학대학교 대학원, 2002), 30-32.

6) 최영재, "16, 17세기 영국 청교도의 계약사상 연구," 35.

7) 최영재, "16, 17세기 영국 청교도의 계약사상 연구," 37-39.

8) 최영재, "16, 17세기 영국 청교도의 계약사상 연구," 42-43.

9) 최영재, "16, 17세기 영국 청교도의 계약사상 연구," 43-44.

10) Collinson, *The Religion of Protestants*, 251; 최영재, "16, 17세기 영국 청교도의 계약사상 연구," 56-57. 퍼킨스는 "하나님의 계약은 어떤 조건 하에 영생을 얻는 것에 관한 인간과의 계약이다. … 하나님께서 인간에게 하신 약속은 인간이 어떤 조건을 이행하면 당신은 그의 하나님이 되시겠다고 맹세하시는 것이다." 라고 하며 쌍무적인 책임을 강조하였다. (ibid., 52).

11) H. Leon McBeth, *Baptist Heritage* (Nashville: Broadman Press, 1987), 24-25; 정만득, 『미국의 청교도 사회』(서울: 비봉출판사, 2001), 30-31.

12) 홍치모 교수는 청교도 운동에 관한 학자들 간의 다양한 해석을 제시하였다. 홍치모, "청교도란 누구인가," 『신학지남』, 267호 (2001 여름): 290-92.

13) 정만득, 『미국의 청교도 사회』, 32.

14) Walker, 『기독교회사』, 607-8.

15) 유호용, "청교도신조를 통하여 본 초기 회중교회주의: 1582년부터 1648년까지" (석사학위논문, 아세아연합신학대학교 대학원, 2000), 23; Walker, 『기독교회사』, 610.

16) McBeth, *Baptist Heritage*, 21.

17) [온라인 자료] https://en.wikipedia.org/wiki/John_Smyth_(Baptist_minister), 2019년 8월 26일 접속.

18) McBeth, *Baptist Heritage*, 32; James R. Coggins, "The Theological Positions of John Smyth," *Baptist Quarterly* 30 (April 1984): 247.

19) William R. Estep Jr., "Anabaptists, Baptists, and the Free Church Movement," *Criswell Theological Review* 6 (Spring 1993): 303-34;

20) Estep, "Anabaptists," 304.

782 침례교회사

21) McBeth, *Baptist Heritage*, 32-33; Estep, "Anabaptists," 303-5.

22) Estep, "Anabaptists," 305.

23) James R. Coggins, "The Theological Positions of John Smyth," *Baptist Quarterly* 30 (April 1984): 247.

24) Coggins, "Theological Positions," 247.

25) McBeth, *Baptist Heritage*, 33; Lumpkin, *Baptist Confessions of Faith*, 97; Coggins, "Theological Positions," 248-49; Estep, "Anabaptists," 305.

26) 원문은 다음과 같다: "as the Lord's free people joined themselves (by a covenant of the Lord) into a Church estate, in the fellowship of the gospel, to walk in all his ways made know, or to be made known to unto them, according to their best endeavors, whatsoever it should cost them, the Lord assisting them." William Bradford, *Of Plymouth Plantation 1620-1647* (New York: Alfred A. Knopf, 1959), 9. Fletcher, *Southern Baptist Convention:* 20에서 재인용.

27) Keith L. Sprunger, "English Puritans and Anabaptism in Early Seventeenth-Century Amsterdam," *The Mennonite Quarterly Review* 46 (April 1972): 114.

28) W. T. Whitely, "Early English Baptists," *The Chronicle*, vol. 1, no. 1 (1938): 15; Mosteller, "Baptists and Anabaptists," 103; McBeth, *Baptist Heritage*, 33-34; Coggins, "Theological Positions," 248-49; Estep, "Anabaptists," 305.

29) Estep, "Anabaptists," 307.

30) McBeth, *Baptist Heritage*, 34; Keith L. Sprunger, "English Puritans and Anabaptism in Early Seventeenth-Century Amsterdam," *The Mennonite Quarterly Review*, vol. 46 (April 1972): 113; James R. Coggins, "A Short Confession of Hans De Ries: Union and Separation in Early Seventeenth-Century Holland," *Mennonite Quarterly Review* 60 (April 1986): 128. 존 로빈슨은 네덜란드 이주에 필요한 여행경비의 상당부분은 헬위스가 부담했다고 말했다. 헬위스의 아내 조안은 함께 가지 못하고 영국에 남아 있었고, 남편의 일로 투옥되어 3개월간의 옥고를 치렀다. 한편 제씨 플래처는 헬위스의 부인이 거의 1년간 감옥생활을 하였으며, 그 후 네덜란드로 가서 남편과 함께 지낼 수 있었다고 하였다 (Fletcher, *Southern Baptist Convention*, 21).

31) Sprunger, "English Puritans," 113. 17세기 초부터 1648년까지 행해겼던 스페인으로부터의 독립전쟁에서 화란개혁교회는 중추적인 역할을 감당하였고, 그 교단은 관료들에게 타 교파들을 억누르라고 압박하였다. 하지만 관료들은 경제적, 정치적 이유로 관용정책을 썼는데, 암스테르담은 네덜란드에서 가장 관용적인 도시였다. James R. Coggins, "A Short Confession of Hans De Ries: Union and Separation in Early Seventeenth-Century Holland," *Mennonite Quarterly Review* 60 (April 1986): 128을 보라.

32) Fletcher, *Southern Baptist Convention*, 19; Mosteller, "Baptists and Anabaptists," 104; Lumpkin, 『침례교 신앙고백서』, 120; Early, *The Life and Writings*, 20, 23; Estep, "Thomas Helwys," 25.

33) Lumpkin, *Baptist Confessions of Faith*, 98; Estep, "Anabaptists," 307-8; Coggins, "Short Confession," 130. 초대교회는 1610년에 이르면 자체 건물을 건축할 수 있을 정도로 규모

가 큰 교회였는데, 자체 예배당을 신축하였던 1610년 교회는 헨리 에인트워스(Henry Aintsworth)가 이끄는 무리와 원래 담임 목사였던 프란시스 존슨 무리의 두 파로 나뉘어져 분열되었다. 법정 소송을 통해 에인트워스 무리가 교회당을 소유하게 되자 존슨 무리들은 암스테르담을 떠나 엠덴(Emden)으로 갔다. Sprunger, "English Puritans," 116을 보라.

34) Thomas Helwys, Letter on Church Order, 26 September 1608, *The Life and Writings of Thomas Helwys*, ed. Joe Early, Jr. (Macon: Mercer University Press, 2009), 53-54.

35) Wamble, "Inter-Relations," 410-11; Coggins, "Theological Positions," 251.

36) John H. Watson, "Baptists and the Bible," *Foundations* 16 (July-September 1973): 241.

37) Estep, "Anabaptists," 310.

38) Ross Thomas Bender, *The People of God* (Scottdale: Harold Press, 1971), 24.

39) Coggins, "Theological Positions," 248.

40) Coggins, "Theological Positions," 248.

41) Estep, "Anabaptists," 308-9.

42) Sprunger, "English Puritans," 117; Estep, "Anabaptists," 310-11.

43) McBeth, *Baptist Heritage*, 35-36; Michael J. Walker, "The Relation of Infants to Church, Baptism and Gospel in Seventeenth Century Baptist Theology," *Journal of the Baptist Historical Society* 21 (April 1966): 245; Fletcher, *Southern Baptist Convention*, 22; Sprunger, "English Puritans," 117; Estep, "Anabaptists," 310-11; Wamble, "Inter-Relations," 411.

44) Michael J. Walker, "The Relation of Infants to Church, Baptism and Gospel in Seventeenth Century Baptist Theology," *Journal of the Baptist Historical Society* 21 (April 1966): 245; Wamble, "Inter-Relations," 411.

45) Walker, "Relation of Infants," 243.

46) Walker, "Relation of Infants," 243.

47) McBeth, *Baptist Heritage*, 37-8; Lumpkin, *Baptist Confessions of Faith*, 99; Coggins, "Short Confession," 131-34; Whitely, "Early English Baptists," 16.

48) Sprunger, "English Puritans," 118-9. 워터랜더 교회는 그 지역의 재침례교회 중에서 가장 자유주의적이고 진보적인 교회였다. Coggins, "Short Confession," 129를 보시오.

49) Lumpkin, *Baptist Confessions of Faith*, 99.

50) Coggins, "Short Confession," 131-34.

51) Sprunger, "English Puritans," 119; Coggins, "Short Confession," 137.

52) Coggins, "Theological Positions," 256.

53) Coggins, "Theological Positions," 249.

54) Coggins, "Theological Positions," 254.

55) Coggins, "Theological Positions," 255.

56) Estep, "Anabaptists," 312-13.

57) Douglas Shantz, "The Place of the Resurrected Christ in the Writings of John Smyth," *Baptist Quarterly* 30 (January 1984): 199-203.

58) John Smyth, "Propositions and Conclusions concerning True Christian Religion, 1612–1614," in William L. Lumpkin, *Baptist Confessions of Faith* (Philadelphia: Judson Press, 1969), 131–32; 135.

59) Manley, "Origins of the Baptists," 39–40.

60) B. R. White, "The English Baptists and John Smyth Revisited," *Baptist Quarterly* 30 (October 1984): 345–46.

61) Walker, "Relation of Infants," 246.

62) Manley, "Origins of the Baptists," 40–41.

63) Lumpkin, *Baptist Confessions of Faith*, 98–99.

64) Stephen Brachlow, "John Smyth and the Ghost of Anabaptism," *Baptist Quarterly* 30 (July 1984): 296–97.

65) Brachlow, "John Smyth," 298–99.

66) Joe Early, Jr., ed., *The Life and Writings of Thomas Helwys* (Macon: Mercer University Press, 2009), 14–5.

67) Early, *The Life and Writings*, 14.

68) Early, *The Life and Writings*, 15.

69) William R. Estep, Jr., "Thomas Helwys: Bold Architect of Baptist Policy on Church–State Relations," *Baptist History and Heritage*, vol. 20 (July 1985): 24.

70) Early, *The Life and Writings*, 14; Estep, "Thomas Helwys," 24–25.

71) Early, *The Life and Writings*, 15; Estep, "Thomas Helwys," 24.

72) Early, *The Life and Writings*, 16.

73) Early, *The Life and Writings*, 16.

74) Estep, "Anabaptists," 305; Early, *The Life and Writings*, 16–17.

75) James D. Mosteller, "Baptists and Anabaptists: John Smyth and the Dutch Mennonites," *The Chronicle*, vol. 20, no. 3 (1957): 102; James R. Coggins, "The Theological Positions of John Smyth," *Baptist Quarterly*, vol. 30 (April 1984): 248–49.

76) McBeth, *Baptist Heritage*, 33; Estep, "Thomas Helwys," 25; W. T. Whitely, "Early English Baptists," *The Chronicle*, vol. 1, no. 1 (1938): 15; Mosteller, "Baptists and Anabaptists," 103.

77) McBeth, *Baptist Heritage*, 34; Early, *The Life and Writings*, 19; Keith L. Sprunger, "English Puritans and Anabaptism in Early Seventeenth–Century Amsterdam," *The Mennonite Quarterly Review*, vol. 46 (April 1972): 113.

78) Mosteller, "Baptists and Anabaptists," 104; William L. Lumpkin, 『침례교신앙고백서』, 김용복 외 2인 역 (대전: 침례신학대학교출판부, 2008), 120; Early, *The Life and Writings*, 20, 23; Estep, "Thomas Helwys," 25.

79) McBeth, *The Baptist Heritage*, 37; Brown, "The History," 8; Lumpkin, 『침례교 신앙고백서』, 121; Early, *The Life and Writings*, 25. 침례교 역사가 W. T. Whitely는 Smyth 그룹은 자녀들이 네덜란드 말을 할 수 있고 그곳 문화에 적응한 것도 그들이 암스테르담에 남으

려는 이유 중 하나라고 했다. Whitely, "Early English Baptists," 16을 참고하시오.

80) Thomas Helwys, *An Advertisement or Admonition to the Congregations, Which Men Call the New Fryelers, in the Lowe Countries, Written in Dutch and Published in English, The Life and Writings of Thomas Helwys*, ed. Joe Early, Jr. (Macon: Mercer University Press, 2009), 95, 114.

81) Thomas Helwys, *A Vindication of the Position Assumed by the English Baptists*, 12 March 1610, *The Life and Writings of Thomas Helwys*, ed. Joe Early, Jr. (Macon: Mercer University Press, 2009), 57−59.

82) Estep, "Thomas Helwys," 30.

83) Helwys, *An Advertisement or Admonition*, 115−17.

84) Thomas Helwys, Letter of Thomas Helwys and Church to the Consistory of the United Mennonite Church at Amsterdam, n. d. *The Life and Writings of Thomas Helwys*, ed. Joe Early, Jr. (Macon: Mercer University Press, 2009), 55−56.

85) Lumpkin, 『침례교 신앙고백서』, 140; Estep, "Thomas Helwys," 29.

86) Brown, "The History," 10; Estep, "Thomas Helwys," 27−28; Early, *The Life and Writings*, 25−26; Lumpkin, 『침례교 신앙고백서』, 140.

87) Estep, "Thomas Helwys," 31.

88) Brown, "The History," 7; Estep, "Thomas Helwys," 31; Early, *The Life and Writings*, 40.

89) Early, *The Life and Writings*, 36.

90) Early, *The Life and Writings*, 41.

91) Helwys 무리들은 영국에서 완전한 종교의 자유를 공개적으로 주장한 최초의 사람들로 알려져 있다. Brown, "The History," 10−11을 보시오.

92) Barrie White, "Early Baptist Arguments for Religious Freedom: Their Overlooked Agenda," *Baptist History and Heritage*, vol. 24, no. 4 (1989): 4; Water B. Shurden, "Baptist Freedom and the Turn toward a Free Conscience: 1612/1652," *Turning Points in Baptist History*, eds. Michael E. Williams Sr. and Walter B. Shurden (Macon: Mercer University Press, 2008), 22−25; 29.

93) Thomas Helwys, *A Short Declaration of the Mystery of Iniquity*, *The Life and Writings of Thomas Helwys*, ed. Joe Early, Jr. (Macon: Mercer University Press, 2009), 157.

94) Helwys의 사망 연도는 정확하지 않다. 분명한 것은 1616년 이전에 사망하였다는 것이다. Charles W. Deweese, "Baptist Beginnings and the Turn toward a Believers' Church: 1609/1612/1633/1639," *Turning Points in Baptist History*, eds. Michael E. Williams Sr. and Walter B. Shurden (Macon: Mercer University Press, 2008), 16; Early, *The Life and Writings*, 43−44.

95) Helwys, *An Advertisement or Admonition*, 96−97.

96) Helwys, *An Advertisement or Admonition*, 97−99.

97) Helwys, *An Advertisement or Admonition*, 104−6.

98) Helwys, *An Advertisement or Admonition*, 106−7; 112−13.

99) Helwys, *An Advertisement or Admonition*, 129-32.

100) Helwys, *An Advertisement or Admonition*, 140-43.

101) Helwys, *Mystery of Iniquity*, 162-69.

102) Helwys, *Mystery of Iniquity*, 171-74; 204.

103) Helwys, *Mystery of Iniquity*, 174-75.

104) Helwys, *Mystery of Iniquity*, 205.

105) Helwys, *Mystery of Iniquity*, 220-24.

106) Helwys, *Mystery of Iniquity*, 231-33.

107) Helwys, *Mystery of Iniquity*, 246-47.

108) Helwys, *Mystery of Iniquity*, 249-54.

109) Helwys, "Confession of Faith," 60; Lumpkin, 『침례교 신앙고백서』, 144.

110) Helwys, "Confession of Faith," 61; Lumpkin, 『침례교 신앙고백서』, 146.

111) Lumpkin, 『침례교 신앙고백서』, 144; Helwys, "Confession of Faith," 60.

112) Helwys, "Confession of Faith," 62; Lumpkin, 『침례교 신앙고백서』, 145.

113) Thomas Helwys, *A Short and Plaine Proof by the Word and Works of God that God's Decree Is Not the Cause of Any of Man's Sins or Condemnation*, *The Life and Writings of Thomas Helwys*, ed. Joe Early, Jr. (Macon: Mercer University Press, 2009), 92.

114) Helwys, *A Short and Plaine Proof*, 75. 당시의 영국 일반사회와 달리 궁중에서는 아르미니우스주의가 유행하였다는 주장도 있다. Humphreys, "Baptists and Their Theology," 11 을 보시오.

115) Helwys, *A Short and Plaine Proof*, 88-89.

116) Helwys, *A Short and Plaine Proof*, 77-78.

117) Helwys, *A Short and Plaine Proof*, 85-87.

118) Lumpkin, 『침례교 신앙고백서』, 145.

119) Helwys, *A Short and Plaine Proof*, 82-84. 유아세례를 받지 않고 죽은 아이들도 구원 받을 수 있다는 사상은 Helwys 이전에도 유럽과 영국에 이미 있었다. 영국에서 유아의 구원 가능성을 제일 먼저 제기한 사람은 John Wycliff (c. 1324-1384)였다. Brown, "The History," 2-3을 보시오.

120) Lumpkin, 『침례교 신앙고백서』, 145.

121) Lumpkin, 『침례교 신앙고백서』, 146.

122) Helwys, "Confession of Faith," 62; William L. Lumpkin, *Baptist Confessions of Faith* (Valley Forge: Judson Press, 1969), 120-21.

123) Deweese, "Baptist Beginnings," 14; Lumpkin, 『침례교 신앙고백서』, 146-47.

124) Lumpkin, 『침례교 신앙고백서』, 148.

125) Lumpkin, *Baptist Confessions of Faith*, 122-23.

126) Helwys, *Mystery of Iniquity*, 209.

127) William Bradford, *Of Plymouth Plantation*, ed. by Harvey Wish (New York: Capricorn

Original, 1962), 29. 정만득, 『미국의 청교도 사회』, 37-38에서 재인용.

128) McBeth, *Baptist Heritage*, 34; 정만득, 『미국의 청교도 사회』, 39-40.

129) 정만득, 『미국의 청교도 사회』, 41-42.

130) 정만득, 『미국의 청교도 사회』, 42-43.

131) 정만득, 『미국의 청교도 사회』, 44-45.

132) 정만득, 『미국의 청교도 사회』, 47.

133) McBeth, *Baptist Heritage*, 33-34; 정만득, 『미국의 청교도 사회』, 48-49.

134) Barrington R. White, *The English Baptists of the Seventeenth Century* (London: The Baptist Historical Society, 1983), 23; James R. Coggins, "The Theological Positions of John Smyth," *Baptist Quarterly* 30 (April 1984): 248.

135) Thomas Crosby, *The History of the English Baptists* [CD-ROM] (Paris, Arkansas: The Baptist Standard Bearer, 2005), 172; White, *English Baptists*, 24. 아담 테일러는 스마이스가 이러한 중요한 차이들로 인해서 메노나이트들에게 침례식 거행하는 것을 요청하지 않았는데, 이것은 영국 일반침례교의 기원이 재침례교로부터 시작된 것이 아님을 분명하게 보여주는 것이라고 하였다. Adam Taylor, *The History of the English General Baptists* [CD-ROM] (Paris, Arkansas, The Baptist Standard Bearer, 2005), 47.

136) Lumpkin, 『침례교 신앙고백서』, 121; William R. Estep, "Anabaptists, Baptists, and the Free Church Movement," *Criswell Theological Review* 6 (Spring 1993): 311.

137) Richard Knight, *History of the General or Six Principle Baptists in Europe and America* [CD-ROM] (Paris, Arkansas: The Baptist Standard Bearer, 2005), 19-20; Taylor, *History*, 51; Estep, "Anabaptists," 311. 분리파 청교도들의 비판 내용과 이에 대한 스마이스의 답변에 관한 자세한 기록을 보려면 Crosby, *History*, 87-92; 172를 살펴보시오.

138) Taylor, *History*, 46.

139) Knight, *History*, 19.

140) Stephen Brachlow, "Puritan Theology and General Baptist Origins," *Baptist Quarterly* 31 (1985): 179.

141) Stephen Brachlow, "John Smyth and the Ghost of Anabaptism," *Baptist Quarterly* 30 (July 1984): 296-99.

142) Brachlow, "Puritan Theology," 179-94.

143) B. R. White, "The English Separatists and John Smyth Revisited," *Baptist Quarterly* 30 (October 1984): 344-47.

144) Taylor, *History*, 52-53.

145) William R. Estep, *An Anabaptist Ancestry* [CD-ROM] (London: The Baptist Historical Society, 1983), 3-4; idem., "Anabaptists," 311. 당시에 스마이스 교회는 가난한 피난민들의 교회였고, 워터랜더 교회는 부유한 중산층 성도들이 많았으며, 암스테르담에서 가장 규모가 비국교도 교회였다. 워터랜더 교회로서는 스마이스 교회를 받아들이는 것이 결코 매력적인 일은 아니었다. 두 교회의 합병과 관련하여 자세한 내용은 James R. Coggins, "A Short Confession of Hans De Ries: Union and Separation in Early

Seventeenth-Century Holland," *Mennonite Quarterly Review* 60 (April 1986): 128-38을 참조하시오.

146) Estep, *Anabaptist Ancestry*, 6-7.

147) Coggins, "Theological Positions," 254, 257-58.

148) Thomas Helwys, *A Short and Plain Proofe, by the Word and Works of God that God's Decree is not the cause of Anye Mans Sinne or Condemnation*, in *Baptist Life and Thought: 1600-1980*, ed. William H. Brackney (Valley Forge: Judson Press, 1983), 28-29; Coggins, "Theological Positions," 258.

149) Estep, *Anabaptist Ancestry*, 8에서 재인용.

150) White, *English Baptists*, 26.

151) Crosby, *History*, 174; Taylor, *History*, 55.

152) Crosby, *History*, 174.

153) Estep, *Anabaptist Ancestry*, 8.

154) Taylor, *History*, 200-1; Knight, *History*, 54-55.

155) Lumpkin, 『침례교 신앙고백서』, 277, 362-63, 378-79.

156) Taylor, *History*, 202.

157) Lumpkin, 『침례교 신앙고백서』, 122, 144.

158) Lumpkin, 『침례교 신앙고백서』, 218, 347.

159) Taylor, *History*, 203-7.

160) Lumpkin, 『침례교 신앙고백서』, 123, 146.

161) Lumpkin, 『침례교 신앙고백서』, 270; 348-50.

162) Knight, *History*, 59; Taylor, *History*, 209.

163) Taylor, *History*, 209.

164) Taylor, *History*, 209-10. 이에 대해 에인스워스(Ainsworth)는 일반침례교회의 인간론은 재침례교 인간론과 같다는 것을 보여주기 위하여, 그는 재침례교도들도 원죄라는 단어를 쓰지 않고 대신 "모든 사람들은 연약한 본성을 가지고 있어서 순종하여 생명을 얻지 못하고 죄를 짓고 죽음에 이르게 된다." 라는 식으로 표현한다고 하였다. (ibid.).

165) Lumpkin, 『침례교 신앙고백서』, 123.

166) Lumpkin, 『침례교 신앙고백서』, 144-45.

167) Lumpkin, 『침례교 신앙고백서』, 217; 219; 221.

168) Lumpkin, 『침례교 신앙고백서』, 230-31; 270.

169) Lumpkin, 『침례교 신앙고백서』, 357.

170) Michael J. Walker, "The Relation of Infants to Church, Baptism and Gospel in Seventeenth Century Baptist Theology," *Baptist Quarterly* 21 (April 1966): 248.

171) Taylor, *History*, 210에서 재인용.

172) Lumpkin, 『침례교 신앙고백서』, 273; 384-85; Walker, "Relation," 247-49.

173) Taylor, *History*, 211.

174) Knight, *History*, 60-61.

175) Knight, *History*, 62-63.

176) Lumpkin, 『침례교 신앙고백서』, 124; 144-45; 221.

177) Lumpkin, 『침례교 신앙고백서』, 363.

178) Taylor, *History*, 213-14.

179) Lumpkin, 『침례교 신앙고백서』, 144; 217.

180) Lumpkin, 『침례교 신앙고백서』, 232; 270; 361.

181) Knight, *History*, 60.

182) Lumpkin, 『침례교 신앙고백서』, 145.

183) Lumpkin, 『침례교 신앙고백서』, 272.

184) Lumpkin, 『침례교 신앙고백서』, 353-54.

185) Lumpkin, 『침례교 신앙고백서』, 145; 275.

186) Lumpkin, 『침례교 신앙고백서』, 378.

187) White, *English Baptists*, 13-14.

188) Estep, *Sixteenth-Century Anabaptism*, 34.

제4장 17세기 영국 특수침례교회

1) H. Leon McBeth, *Baptist Heritage* (Nashville: Broadman Press, 1987), 22.

2) Peter Naylor, *Calvinism, Communion and the Baptists: A Study of English Calvinistic Baptists from the Late 1600s to the Early 1800s* (Cumbria, United Kingdom: Paternoster Press, 2003), 10, 12.

3) McBeth, *Baptist Heritage*, 39-40.

4) 홍치모, "청교도란 누구인가," 『신학지남』, 267호 (2001 여름): 303.

5) 유호용, "청교도신조를 통하여 본 초기 회중교회주의: 1582년부터 1648년까지" (석사학위 논문, 아세아연합신학대학교 대학원, 2000), 64-66.

6) 유호용, "청교도신조를 통하여 본 초기 회중교회주의," 24에서 재인용.

7) 최영재, "16, 17세기 영국 청교도의 계약사상 연구" (석사학위논문, 장로회신학대학교 대학원, 2002), 19; Williston Walker, et al., 『기독교회사』, 612.

8) McBeth, *Baptist Heritage*, 40-41; Jesse C. Fletcher, *The Southern Baptist Convention: A Sesquicentennial History* (Nashville: Broadman and Holman Publishers, 1994), 24.

9) McBeth, *Baptist Heritage*, 42-43.

10) D. M. Lloyd-Jones, 『청교도 신앙: 그 기원과 계승자들』, 서문강 역 (서울: 생명의말씀사, 1990), 171.

11) Barrie R. White, "Baptist Beginnings and the Kiffin Manuscript," *Baptist History and Heritage*, 2 (1967): 34-36; McBeth, *Baptist Heritage*, 43; Fletcher, *Southern Baptist Convention*, 24.

12) Barrie R. White, "Baptist Beginnings and the Kiffin Manuscript," *Baptist History and Heritage*, 2 (1967): 37; McBeth, *Baptist Heritage*, 44.

13) Walker, 『기독교회사』, 614-15.

14) Walker, 『기독교회사』, 616-17.

15) Naylor, *Calvinism, Communion and the Baptists*, 22; 홍치모, "청교도란 누구인가," 302; Walker, 『기독교회사』, 618-19.

16) Naylor, *Calvinism, Communion and the Baptists*, 23.

17) Naylor, *Calvinism, Communion and the Baptists*, 23-25.

18) Walker, 『기독교회사』, 620-22.

19) Thomas J. Nettles, *By His Grace and For His Glory: A Historical, Theological, and Practical Study of the Doctrine of Grace in Baptist Life* (Lake Charles: Cor Meum Tibi, 2002), 13. 이 책은 칼빈주의신학이 침례교회 내에서 어떻게 영향을 끼치고 유지되어 왔으며 변화를 겪었는지를 잘 설명해준다.

20) James M. Renihan, "John Spilsbury (1593-c. 1662/1668)," in *The British Particular Baptists, 1638-1910*, Vol. 1, ed. Michael A. G. Haykin (Springfield: Particular Baptist Press, 1998), 36.

21) Barry H. Howson, "Hanserd Knollys (c.1589-1691)," in *The British Particular Baptists, 1638-1910*, Vol. 1, ed. Michael A. G. Haykin (Springfield: Particular Baptist Press, 1998), 53.

22) Paul R. Wilson, "William Kiffin (1616-1701)," in *The British Particular Baptists, 1638-1910*, Vol. 1, ed. Michael A. G. Haykin (Springfield: Particular Baptist Press, 1998), 73-74.

23) Allen Smith, "John Bunyan (1628-1688)," in *The British Particular Baptists, 1638-1910*, Vol. 1, ed. Michael A. G. Haykin (Springfield: Particular Baptist Press, 1998), 88.

24) Tom J. Nettles, "Benjamin Keach (1640-1704)," in *The British Particular Baptists, 1638-1910*, Vol. 1, ed. Michael A. G. Haykin (Springfield: Particular Baptist Press, 1998), 100-1.

25) Nettles, "Benjamin Keach (1640-1704)," 105.

26) Nettles, "Benjamin Keach (1640-1704)," 114-17.

27) Lumpkin, 『침례교 신앙고백서』, 178-9; Nettles, *By His Grace and For His Glory*, 58. 네틀스는 윌리엄 럼킨이 제1차 런던 고백서를 온건한 형태의 칼빈주의라고 평가한 것을 비판하였다. 그는 이 고백서는 전형적인 정통 칼빈주의라고 주장했다 (ibid., 59).

28) Barrie R. White, "Baptist Beginnings and the Kiffin Manuscript," *Baptist History and Heritage*, 2 (1967): 33. 이 고백서의 서문에 "그들은 우리가 자유의지를 신봉한다는 것, 은혜로부터 떨어져나갈 수 있다는 것, 원죄를 부인하는 것, 관료직을 거절하는 것, 몸으로든 물질로든 그것이 합법적인 명령이라 하더라도 관료들을 돕지 않는 것, 침례의식을 보기 흉하게 행하는 것 등을 들어 기독교인이 아니라고 우리를 비난합니다. 우리가 거부했던 그 모든 비난들은 사실 악명 높은 거짓입니다."라고 기록되어있다. (Lumpkin, 『침례교 신앙고백서』, 190).

29) Lumpkin, 『침례교 신앙고백서』, 199-200.

30) Lumpkin, 『침례교 신앙고백서』, 238, 245.

31) R. Philip Roberts, *Continuity and Change: London Calvinistic Baptists and the Evangelical Revival, 1760-1820* (Wheaton: Richard Owen Roberts, Publishers, 1989), 23, 37; Naylor, *Calvinism, Communion and the Baptists*, 38.

32) Lumpkin, 『침례교 신앙고백서』, 301.

33) John Briggs, "The Influence of Calvinism on Seventeenth-Century English Baptists," *Baptist History and Heritage,* 39 (Spring 2004): 14-5; Renihan, "John Spilsbury," 31.

34) Howson, "Hanserd Knollys," 39-45.

35) Lumpkin, 『침례교 신앙고백서』, 203.

36) Lumpkin, 『침례교 신앙고백서』, 335.

37) Lumpkin, 『침례교 신앙고백서』, 207.

38) Lumpkin, 『침례교 신앙고백서』, 206-7.

39) 원어(영어)로 된 고백서들을 비교해보면 유사점과 차이점을 명확히 알 수 있다. 다음을 참고하시오. G. I. Williamson, *The Westminster Confession of Faith* (Philadelphia: Presbyterian and Reformed Publishing Company, 1964); William L. Lumpkin, *Baptist Confessions of Faith* (Valley Forge: Judson Press, 1969), 248-95. Lumpkin, 『침례교 신앙고백서』, 283-84에 두 고백서의 차이점들에 대해 간략한 설명이 있다.

40) Renihan, "John Spilsbury," 21-27.

41) Renihan, "John Spilsbury," 28.

42) Wilson, "William Kiffin," 71-72.

43) Lumpkin, 『침례교 신앙고백서』, 208.

44) Lumpkin, 『침례교 신앙고백서』, 331-32; Briggs, "The Influence of Calvinism," 19.

45) Naylor, *Calvinism, Communion and the Baptists*, 50-1; Howson, "Hanserd Knollys," 50-51.

46) Briggs, "The Influence of Calvinism," 11; Naylor, *Calvinism, Communion and the Baptists*, 94.

47) Smith, "John Bunyan," 79-87.

48) Smith, "John Bunyan," 87; Naylor, *Calvinism, Communion and the Baptists*, 95-97.

49) Naylor, *Calvinism, Communion and the Baptists*, 98-9; Smith, "John Bunyan," 90.

50) Wilson, "William Kiffin," 65-71. 키핀의 생애와 침례교인이 되는 과정에 관해서는 Barrington Raymond White, "How did William Kiffin join the Baptist?" *The Baptist Quarterly*, 23 (January 1970): 201-7; Barrie R. White, "William Kiffin-Baptist Pioneer and Citizen of London," *Baptist History and Heritage* 2 (1967): 91-103 등을 살펴보시오.

51) Wilson, "William Kiffin," 72-73; Naylor, *Calvinism, Communion and the Baptists*, 102-5.

52) McBeth, *Baptist Heritage*, 44.

53) McBeth, *Baptist Heritage*, 45; Fletcher, *Southern Baptist Convention*, 24.

54) McBeth, *Baptist Heritage*, 47; Fletcher, *Southern Baptist Convention*, 24.

55) McBeth, *Baptist Heritage*, 47.

56) McBeth, *Baptist Heritage*, 47-48.

57) McBeth, *Baptist Heritage*, 48-49.

제5장 18-19세기 영국 일반침례교회

1) Kenneth O. Morgan, ed., 『옥스퍼드 영국사』, 영국사학회 역 (서울: 한울 아카데미, 1997), 416; Williston Walker, 『기독교회사』, 송인설 역 (서울: 크리스챤 다이제스트, 2002), 621-22.

2) H. Leon McBeth, *Baptist Heritage* (Nashville: Broadman Press, 1987), 121.

3) McBeth, *Baptist Heritage*, 153.

4) Morgan, 『옥스퍼드 영국사』, 428.

5) Morgan, 『옥스퍼드 영국사』, 432.

6) Morgan, 『옥스퍼드 영국사』, 433-35.

7) McBeth, *Baptist Heritage*, 155; Morgan, 『옥스퍼드 영국사』, 419;

8) Frank Louis Mauldin, "Truth, Heritage, And Eighteenth-Century English Baptists," *Baptist Quarterly*, vol. 35 (1993-1994): 211-22.

9) McBeth, *Baptist Heritage*, 155-56.

10) McBeth, *Baptist Heritage*, 156.

11) Mauldin, "Truth, 213; R. W. Ambler, "Church, Place and Organization: The Development of the New Connexion General Baptists in Lincolnshire, 1770-1891," *Baptist Quarterly*, vol. 37 (1997-8): 239.

12) Mauldin, "Truth," 213-14.

13) McBeth, *Baptist Heritage*, 156.

14) McBeth, *Baptist Heritage*, 157-58.

15) Tom Nettles, *The Baptists*, vol. 1 (Scotland: Mentor Imprint, 2008), 95; Frank Beckwith, "Dan Taylor (1738-1816) and Yorkshire Baptist Life," *Baptist Quarterly*, vol. 9 (1938-9): 300.

16) Nettles, *The Baptists*, 95-96.

17) Beckwith, "Dan Taylor," 298.

18) Morgan, 『옥스퍼드 영국사』, 443-44.

19) Beckwith, "Dan Taylor," 300; Nettles, *The Baptists*, 96. 18세기 영국에서 설교가 끼치는 영향은 매우 컸다. 예를 들면, 런던에서는 성공회 및 각종 비국교회의 예배당에서 월요일에서 토요일까지 매일 설교를 들을 수 있었다. 자선, 사순절, 심방, 결혼, 장례, 국가와 지방 단체의 공식 행사 등에서도 설교는 으레 있었다. Raymond Brown, "Baptist Preaching in Early 18th Century England," *Baptist Quarterly*, vol. 31 (1985-6): 4-5을 보시오.

20) McBeth, *Baptist Heritage*, 160.

21) Beckwith, "Dan Taylor," 300.

22) Nettles, *The Baptists*, 96. Dan Taylor의 동생 John은 특수 침례교회의 영향으로 인해 칼빈주의자가 되었다. Beckwith, "Dan Taylor," 300을 보시오.

23) Beckwith, "Dan Taylor," 300-1; Nettles, *The Baptists*, 97; William L. Lumpkin, 『침례교신앙고백서』, 김용복 외 2인 역 (대전: 침례신학대학교출판부, 2008), 398.

24) Nettles, *The Baptists*, 97; Beckwith, "Dan Taylor," 301.

25) R. W. Ambler, "Church, Place and Organization: The Development of the New Connexion General Baptists in Lincolnshire, 1770-1891," *Baptist Quarterly*, vol. 37 (1997-8): 238.

26) Ambler, "Church, Place and Organization," 238-39.

27) Nettles, *The Baptists*, 98.

28) McBeth, *Baptist Heritage*, 161.

29) McBeth, *Baptist Heritage*, 166-67.

30) Ambler, "Church, Place and Organization," 239.

31) Nettles, *The Baptists*, 105.

32) Beckwith, "Dan Taylor," 301-2; Nettles, *The Baptists*, 98; J. H. Y. Briggs, "Evangelical Ecumenism: The Amalgamation of General and Particular Baptists in 1891, Part I," *Baptist Quarterly*, vol. 34 (1991-2): 100.

33) Beckwith, "Dan Taylor," 302; Nettles, *The Baptists*, 99. W. T. Whitley, "The Late Midland College (3): Principals and Tutors," *Baptist Quarterly*, vol. 1 (1922-3): 263.

34) Ambler, "Church, Place and Organization," 240-41.

35) Nettles, *The Baptists*, 99에서 인용.

36) McBeth, *Baptist Heritage*, 162-63.

37) Lumpkin, 『침례교신앙고백서』, 400-1.

38) Ambler, "Church, Place and Organization," 241; Lumpkin, 『침례교신앙고백서』, 398-99.

39) Nettles, *The Baptists*, 222.

40) Briggs, "Evangelical Ecumenism, Part I," 100.

41) Beckwith, "Dan Taylor," 302; Ambler, "Church, Place and Organization," 243.

42) Nettles, *The Baptists*, 107.

43) Nettles, *The Baptists*, 104-5.

44) Nettles, *The Baptists*, 103.

45) Beckwith, "Dan Taylor," 303; H. Foreman, "Baptist Provision for Ministerial Education in the 18th Century," *Baptist Quarterly*, vol. 27 (1977-8): 365. 구 연합은 1702년 총회에서 런던에 신학교를 세우는 것을 결의하였지만, 이후 90년 동안 아무런 성과도 내지 못하였다. 따라서 구 연합은 목사들의 개인 교습으로 신학교육을 대체했다. 학생들은 장로교 신학교에서 공부하고 돌아오기도 하였다. 1794년 총회는 다시 신학교 설립 위한 기금의 조성을 결의했지만 모금 실적은 저조했다. Foreman, "Baptist Provision," 362-4을 보시오.

46) Foreman, "Baptist Provision," 365.

47) Whitley, "The Late," 263.

48) Beckwith, "Dan Taylor," 303.

49) Nettles, *The Baptists*, 108.

50) Beckwith, "Dan Taylor," 303; Nettles, *The Baptists*, 103.

51) Beckwith, "Dan Taylor," 305.

52) McBeth, *Baptist Heritage*, 164.

53) Ambler, "Church, Place and Organization," 242.

54) Ambler, "Church, Place and Organization," 243.

55) McBeth, *Baptist Heritage*, 168-69.

56) T. R. Hooper, "The Lincolnshire Conference of the New Connexion, 1791-1803," *Baptist Quarterly*, vol. 2 (1924-5): 38-42.

57) Ambler, "Church, Place and Organization," 246.

58) Russell E. Richey, "English Baptists and Eighteenth-Century Dissent," *Foundations*, vol. 16 (October-December 1973): 349-50.

59) Ian Sellers, "The Old General Baptists, 1811-1915," *Baptist Quarterly*, vol. 24 (1971-2): 30.

60) Sellers, "The Old General Baptists, 1811-1915," 32.

61) Sellers, "The Old General Baptists, 1811-1915," 31-35.

62) Sellers, "The Old General Baptists, 1811-1915," 35-36.

63) Ian Sellers, "The Old General Baptists, 1811-1915 (2)," *Baptist Quarterly*, vol. 24, no. 2 (April 1971): 76.

64) Sellers, "The Old General Baptists, 1811-1915 (2)," 76-78.

65) Sellers, "The Old General Baptists, 1811-1915 (2)," 80-82.

66) Sellers, "The Old General Baptists, 1811-1915 (2)," 82-84.

67) Sellers, "The Old General Baptists, 1811-1915 (2)," 84-85.

68) Beckwith, "Dan Taylor," 302; Lumpkin, 『침례교신앙고백서』, 399.

69) F. M. W. Harrison, "The Approach of the New Connexion General Baptists to a Midland Industrial Town," *Baptist Quarterly*, vol. 33 (January 1989): 16.

70) Harrison, "The Approach," 17.

71) E. K. Jones, "Some Old Association Reports," *Baptist Quarterly*, vol. 13 (1949-50): 355.

72) Harrison, "The Approach," 18.

73) Jones, "Some," 356.

74) Jones, "Some," 357-58.

75) Jones, "Some," 358-59.

76) Richey, "English Baptists," 347-48.

77) Briggs, "Evangelical Ecumenism, Part I," 100-3.

78) Briggs, "Evangelical Ecumenism, Part I," 104-5.

79) Briggs, "Evangelical Ecumenism, Part I," 107-10.

80) Briggs, "Evangelical Ecumenism, Part I," 106, 111.

81) Briggs, "Evangelical Ecumenism, Part II," 160.

82) Briggs, "Evangelical Ecumenism, Part II," 161.

83) Briggs, "Evangelical Ecumenism, Part II," 162.

84) Ambler, "Church, Place and Organization," 244-45.

85) Briggs, "Evangelical Ecumenism, Part II," 163-64.

86) Briggs, "Evangelical Ecumenism, Part II," 165-66.

87) Briggs, "Evangelical Ecumenism, Part II," 167-70.

88) McBeth, *Baptist Heritage*, 307; Briggs, "Evangelical Ecumenism, Part II," 171-76.

제6장 18세기 영국 특수침례교회

1) Frank Louis Mauldin, "Truth, Heritage, And Eighteenth-Century English Baptists," *Baptist Quarterly*, vol. 35 (1993-1994): 217.

2) H. Leon McBeth, *Baptist Heritage: Four Centuries of Baptist Witness* (Nashville: Broadman Press, 1987), 172-73; Ernest F. Clipsham, "Andrew Fuller and Fullerism: A Study in Evangelical Calvinism," *Baptist Quarterly*, vol. 20 (1963-4): 100-1.

3) Clipsham, "Andrew Fuller," 102.

4) Clipsham, "Andrew Fuller," 103-4.

5) McBeth, *Baptist Heritage*, 172.

6) McBeth, *Baptist Heritage*, 174-75.

7) McBeth, *Baptist Heritage*, 175-76.

8) Doyle L. Young, "Andrew Fuller and the Modern Mission Movement," *Baptist History and Heritage*, vol. 17 (October 1982): 17-18.

9) McBeth, *Baptist Heritage*, 177.

10) Clipsham, "Andrew Fuller," 102-3.

11) Clipsham, "Andrew Fuller," 104-5.

12) McBeth, *Baptist Heritage*, 179-80.

13) Michael A. G. Haykin, "Andrew Fuller: Life and Legacy, A Brief Overview," *The Works of Andrew Fuller*, ed. Andrew Gunton Fuller (Carlisle, PA: The Banner of Truth Trust, 2007), 1. Fuller는 많은 책자, 주석서, 소논문 등을 남겼다. 최근에 Southern Baptist Theological Seminary의 교회사 교수인 Michael A. G. Haykin은 자료들을 모아서 두껍고 큰 책으로 출판하였다. Andrew Gunton Fuller, ed., *The Works of Andrew Fuller*, (Carlisle, PA: The Banner of Truth Trust, 2007)를 참조하시오.

14) Ernest F. Clipsham, "Andrew Fuller and Fullerism: A Study in Evangelical Calvinism," *Baptist Quarterly*, vol. 20 (1963-4): 99; Haykin, "Andrew Fuller," 1.

15) Michael Haykin, "'The Oracles of God': Andrew Fuller and the Scriptures," *Churchman*, vol. 103 (1989): 61; Phil Roberts, "Andrew Fuller," *Baptist Theologians*, eds. Timothy

George and David S. Dockery (Nashville: Broadman Press, 1990), 121.

16) Clipsham, "Andrew Fuller," 106; Haykin, "Andrew Fuller," 1.

17) Arthur H. Kirkby, "Andrew Fuller-Evangelical Calvinist," *Baptist Quarterly*, vol. 15 (1953–54): 195; Roberts, "Andrew Fuller," 121–22.

18) Clipsham, "Andrew Fuller," 106; Roberts, "Andrew Fuller," 122; Haykin, "Andrew Fuller," 1.

19) Clipsham, "Andrew Fuller," 106; Kirkby, "Andrew Fuller," 195.

20) Clipsham, "Andrew Fuller," 107; Kirkby, "Andrew Fuller," 196.

21) Kirkby, "Andrew Fuller," 197; Clipsham, "Andrew Fuller," 107.

22) Haykin, "Andrew Fuller," 1–2.

23) Andrew Gunton Fuller, ed., *The Works of Andrew Fuller* (Carlisle, PA: The Banner of Truth Trust, 2007), 150.

24) 김승진, 『침례교회와 역사』(대전: 침례신학대학교출판부, 2009), 114; Roberts, "Andrew Fuller," 122; Clipsham, "Andrew Fuller," 108. 『현대의 의문점』는 1742년에 무명으로 출판되었는데, 그 책의 저자를 Abraham Taylor라고 지명한 사람은 다름 아닌 Fuller였다. 그는 책의 문체가 Taylor의 것과 동일하고 그가 이전에 말한 내용이 책의 일부분과 같다는 점 등을 근거로 들었다. Geoffrey Nuttall 교수는 Fuller의 의견은 신빙성이 높다고 평가했다. Taylor는 제한속죄론을 반대하였고, 그로 인해 고등 칼빈주의자였던 John Gill, John Brine 등으로부터 공격받았다. Geoffrey F. Nuttall, "Northamptonshire and the Modern Question: A Turning-Point in Eighteenth-Century Dissent," *Journal of Theological Studies*, 16 (April 1965): 101–2; 115–17을 보시오.

25) Clipsham, "Andrew Fuller," 108–9; Haykin, "Andrew Fuller," 2.

26) Clipsham, "Andrew Fuller," 109; Haykin, "Andrew Fuller," 2; Roberts, "Andrew Fuller," 122. 1793년에 이르면 이미 복음적 칼빈주의가 Northampton 지역 침례교회들의 대다수를 점하고 있었다. Fuller가 1793년에 작성한 그 지역 교세 보고가 이를 잘 보여주는데, 당시 136개 교구와 13개의 소도시로 이루어져 있었던 Northampton 지방은 비국교회가 40개 있었으며, 그중 21개가 침례교회였다. 침례교회들은 다양한 교리적 입장들을 가지고 있지만, 모두 그리스도의 신성과 속죄를 믿는 정통주의를 견지하고 있었다. 4–5개 교회가 고등 칼빈주의를 믿었지만, 다수의 교회는 온건 칼빈주의를 따랐다. 그리고 온건파 교회들은 꾸준히 성장하는 추세를 보였다. Andrew Fuller, "The State of Religion in Northamptonshire(1793) by Andrew Fuller," *Baptist Quarterly*, vol. 29 (1981–82): 177–78을 보시오. Fuller는 같은 보고서에 1793년 당시 Northamptonshire 지역의 성공회, 침례교회, 기타 비국교회들의 이름과 담임목사의 명단을 게시하였다 (ibid., 179).

27) Haykin, "Andrew Fuller," 2; Clipsham, "Andrew Fuller," 110. Fuller는 성경을 제외하고는 Edwards 책으로부터 가장 영향을 많이 받았다고 한다. Chris Chun, "A Mainspring of Missionary Thought: Andrew Fuller on 'Natural and Moral Inability,'" *American Baptist Quarterly*, vol. 25 (Winter 2006): 336을 보시오. Fuller, *The Works*, 151을 보시오.

28) Chun, "A Mainspring," 340.

29) Chun, "A Mainspring," 341.

30) Chun, "A Mainspring," 343–44.

31) Chun, "A Mainspring," 344-45.

32) Fuller, *The Works*, 150; Haykin, "Andrew Fuller," 2-3.

33) Fuller는 어떤 목회자와 대화 가운데 칼빈주의자들을 세 그룹으로 분류하였으며, 이것은 Fuller의 친구 Ryland의 책에 기록되어 있다. Kirkby, "Andrew Fuller," 195; Haykin, "Andrew Fuller," 3.

34) Kirkby, "Andrew Fuller," 197. Fuller는 칼빈의 기독교 강요와 주석서들로부터 여러 문장들을 인용하였다. Ernest F. Clipsham, "Andrew Fuller and Fullerism(2): A Study in Evangelical Calvinism," *Baptist Quarterly*, vol. 20 (1963-4): 146-47을 보시오. Fuller는 "나는 몇몇 부분에서 칼빈과 다르지만, 주요한 부분에서는 그와 동의한다. … 나는 칼빈주의자라는 용어를 사용하였으며, 내가 다른 사람들로부터 그렇게 불리는 것에 대해 반대하지 않는다." 라고 분명히 말했다. (idem., *The Works*, 210).

35) Kirkby, "Andrew Fuller," 200.

36) Roberts, "Andrew Fuller," 123-24.

37) Fuller가 성도를 염려하고 돌본 글들은 Haykin, "Andrew Fuller," 4를 참조하시오. 한편 Phil Roberts는 Fuller의 생전에 교회는 정회원이 150명을 결코 넘은 적이 없었다고 하였다. (idem., 124).

38) Haykin, "Andrew Fuller," 5; Roberts, "Andrew Fuller," 124.

39) Roberts, "Andrew Fuller," 124. 그러나 Haykin은 Fuller가 두 학교의 학위 모두를 거절하였다고 주장했다. (idem., "Andrew Fuller," 5).

40) Haykin, "The Oracles," 61-64.

41) Haykin, "The Oracles," 67.

42) Fuller, *The Works*, 157-58. 고등 칼빈주의자 John Brine은 구원을 위한 보편적 초청은 이중예정 교리와 부합되지 않기 때문에 구원을 위한 노력을 인간의 의무로 보아서는 안 된다. 하나님은 그것들을 인간의 의무로 만들지 않았다고 주장했다. (ibid., 169).

43) Fuller, *The Works*, 159-60.

44) Fuller, *The Works*, 160.

45) Fuller, *The Works*, 160-61.

46) Fuller, *The Works*, 161-62.

47) Fuller, *The Works*, 170.

48) Fuller, *The Works*, 164-66.

49) Fuller, *The Works*, 162. Fuller는 죄악된 무지, 교만, 부정직한 마음, 하나님을 싫어하는 마음 등에 대한 성경 구절을 제시하며 설명하였다. (ibid., 162-63).

50) Fuller, *The Works*, 163. Fuller는 고등 칼빈주의자들이 즐겨 사용하는 성경 구절들 즉, "음욕으로 가득한 눈은 죄 짓기를 멈추지 못한다.""악한 자가 어찌 선한 말을 할 수 있는가?""자연인은 하나님 영의 일들을 받아들이지 아니하고, 또 알 수도 없다.""아버지께서 나에게 보내고 이끄시는 자 외에는 나에게 아무도 올 수 없다." 등의 구절들은 모두 도덕적 무능의 상태로 해석해야 한다고 주장했다. (ibid., 172).

51) Clipsham, "Andrew Fuller," 112.

52) Fuller, *The Works*, 170–71.

53) Fuller, *The Works*, 171.

54) Fuller, *The Works*, 171.

55) Fuller, *The Works*, 173.

56) Fuller, *The Works*, 173–74.

57) Fuller, *The Works*, 174.

58) L. G. Champion, "Evangelical Calvinism and the Structures of Baptist Church Life," *Baptist Quarterly*, vol. 28 (1979–80): 196. W. R. Ward는 1780–1830의 시기를 "온건 칼빈주의자들이 고등 칼빈주의자들에 대해 승리한 시기"라고 했다. (ibid., 29).

59) Haykin, "Andrew Fuller," 4.

60) Haykin, "Andrew Fuller," 4.

61) Fuller, *The Works*, 151.

62) Fuller, *The Works*, 174.

63) 이 책은 Fuller, John Sutcliff, John Ryland, Jr. 등의 요청에 의해 Carey가 저술한 것이다. Clipsham, "Andrew Fuller," 100. Young, "Andrew Fuller," 18–19.

64) E. F. Clipsham, "Andrew Fuller and the Baptist Mission," *Foundations*, vol. 10 (January–March 1967): 5에서 재인용.

65) Haykin, "Andrew Fuller," 3; Young, "Andrew Fuller," 19; "Kettering, October 2, 1792," 148. Fuller는 협회에서 자신의 직위를 총무라는 호칭을 사용하였는데, 그 이유는 자신의 직위가 명망이나 권력이 아니라 Carey에게 했던 맹세를 지키기 위해 거룩한 일을 맡았다는 의미였다. Clipsham, "Andrew Fuller and the Baptist Mission," 9를 보시오.

66) Clipsham, "Andrew Fuller and the Baptist Mission," 10–11. Fuller는 선교 헌금을 모으기 위해 끊임없이 여행을 다녔다. 그의 가까운 친구인 John Ryland 목사는 Fuller가 1년에 4달을 여행하는데 썼다고 했다. 그는 잉글랜드, 아일랜드, 스코틀랜드, 웨일즈 전역을 다녔다. Young, "Andrew Fuller," 26을 보시오.

67) Clipsham, "Andrew Fuller and the Baptist Mission," 6–7.

68) Clipsham, "Andrew Fuller and the Baptist Mission," 12.

69) Aileen Sutherland Collins, "William Carey: The 'Consecrated Cobbler' Who Founded Modern Mission," *American Baptist Quarterly*, vol. 11 (September 1992): 72–73.

70) Clipsham, "Andrew Fuller and the Baptist Mission," 13–4; Young, "Andrew Fuller," 23.

71) Haykin, "Andrew Fuller," 3; Collins, "William Carey," 275. Clipsham, "Andrew Fuller and the Baptist Mission," 14.

72) Young, "Andrew Fuller," 22–23; Clipsham, "Andrew Fuller and the Baptist Mission," 12.

73) Young, "Andrew Fuller," 18.

74) Young, "Andrew Fuller," 18–19. 이 소책자는 Timothy George, *Faithful Witness: The Life and Mission of William Carey* (Birmingham: New Hope, 1991)의 부록에 전문이 실려 있다.

75) "Kettering, October 2, 1792," 146. 복음적 칼빈주의자들로 함께 동역한 이들 사이에는 깊은 신뢰와 애정이 있었다. 캐리는 1821년에 Ryland에게 보낸 편지에서 "나의 사랑하는 형

제여 내가 당신을 알기 시작한 이후부터 늘 당신을 사랑해왔으며, 당신과 나의 사랑은 여전히 줄어들지 않고 있다고 확신합니다." 라고 말했다. 또한 1826년 Ryland가 죽었다는 말을 들은 캐리는 "내가 정말 사랑하는 형제, 분명히 이 세상에서 누구보다 더 사랑스러운 형제"라고 말했다. L. G. Champion, "Evangelical Calvinism and the Structures of Baptist Church Life," *Baptist Quarterly*, vol. 28 (1979-1980): 201을 보시오.

76) 김승진, 「침례교회와 역사」 (대전: 침례신학대학교출판부, 2009), 147-48.

77) "Kettering, October 2, 1792," *Chronicle*, vol. 5 (October 1942): 145.

78) 영국 침례교회에 대한 감리교 운동의 영향에 관해서는 김용국, "Dan Taylor와 신(新) 연합의 형성과 발전에 관한 연구," 「복음과 실천」, 48집 (2011 가을): 185-212을 참조하시오.

79) Aileen Sutherland Collins, "William Carey: The 'Consecrated Cobbler' Who Founded Modern Mission," *American Baptist Quarterly*, vol. 11 (September 1992): 271.

80) "Kettering, October 2, 1792,"145; Collins, "William Carey," 272; W. Taylor Bowie, "William Carey," *Baptist Quarterly*, vol. 7 (1934-1935): 171; 김승진, 「침례교회와 역사」, 148-49.

81) Collins, "William Carey' 272; 김승진, 「침례교회와 역사」, 150-51.

82) Collins, "William Carey," 272; 김승진, 「침례교회와 역사」, 152.

83) George, *Faithful Witness*, 17-18. Sutcliff는 헬라어, 라틴어를 스스로 공부할 만큼 언어에 큰 관심을 갖고 있던 캐리에게 히브리어를 가르쳐주었다 (ibid., 24).

84) "Kettering, October 2, 1792," 145-46. Timothy George는 캐리가 연봉으로 12파운드 이상을 받지 못했다고 하였다 (*Faithful Witness*, 18).

85) "Kettering, October 2, 1792," 146.

86) Collins, "William Carey," 272.

87) "Kettering, October 2, 1792," 146; 김승진, 「침례교회와 역사」, 157.

88) William Carey, Leicester, to Father, January 21, 1790, in "More 'Carey' Letters, 1790-1808," *Baptist Quarterly*, vol. 8 (1936-1937): 332.

89) 김승진, 「침례교회와 역사」, 157-59.

90) "Kettering, October 2, 1792," 147; 김승진, 「침례교회와 역사」, 161.

91) "Kettering, October 2, 1792," 147-48.

92) Doyle L. Young, "Andrew Fuller and the Modern Mission Movement," *Baptist History and Heritage*, vol. 17 (October 1982): 19; "Kettering, October 2, 1792," 148.

93) "Kettering, October 2, 1792," 148.

94) William Carey, London, to Father, April 7th, 1793, in "More 'Carey' Letters, 1790-1808," *Baptist Quarterly*, vol. 8 (1936-1937): 333; Young, "Andrew Fuller," 19.

95) Herbert Anderson, "The India of Carey and of Today," *Baptist Quarterly*, vol. 9 (1938-1939): 451-52.

96) Davis, "William," 6.

97) Collins, "William Carey," 72-73에서 인용.

98) Davis, "William," 7. 캐리는 1793년부터 1813년까지 20년을 "인도 기독교 역사의 암흑기"

라고 불렀는데, 그 이유는 동인도회사가 모든 방법을 동원하여 선교를 방해했기 때문이었다. (ibid).

99) Thomas R. McKibbens, "Disseminating Biblical Doctrine Through Preaching," *Baptist History and Heritage*, vol. 19 (July 1984): 47에서 재인용.

100) Collins, "William Carey," 273.

101) Collins, "William Carey," 273.

102) McBeth, *Baptist Heritage*, 186.

103) Galen K. Johnson, "William Carey's Muslim Encounters in India," *Baptist History and Heritage*, vol. 39 (Spring 2004): 104-105.

104) Collins, "William Carey," 273. 세람포레는 번창하고 쾌적한 도시였다. 영국 템스 강 정도의 넓은 강에는 매일 수백 척의 배들이 오가곤 하였다. 영국인 선교사들은 런던에 있는 덴마크 영사의 추천서를 가지고 세람포레에 왔기 때문에 덴마크 총독의 호의를 얻기 쉬웠다. W. T. Whitley, "Serampore and its College," *Baptist Quarterly*, vol. 4 (1928-1929): 141-42을 보시오. 캐리 시대에 인도는 기차가 없었고, 여행은 도로나 강을 이용하였다. 캐리는 주로 크고 느릿느릿 움직이는 주거용 배를 타고 세람포레에서 캘커타로 이동하곤 했다. Anderson, "The India," 455-56.

105) Whitley, "Serampore," 141-42.

106) Collins, "William Carey," 273; William Carey, et al., "The Serampore Form of Agreement," *Baptist Quarterly*, vol. 12 (1946-48): 125.

107) Anderson, "The India," 462; Collins, "William Carey," 273.

108) Carey, Marshman and Ward, Serampore, to Andrew Fuller, December 18, 1801, in "Calendar of Letters, 1742-1831," *Baptist Quarterly*, vol. 6 (1932-1933): 278.

109) William Carey, et al., "The Serampore Form," 126; Whitley, "Serampore," 142. 캐리가 Fuller에게 1801년 12월 18일자로 보낸 편지에는 Marshman의 아내가 여학교를 설립하기 위해 선교사들의 집과 가까운 건물을 10,000 루피를 주고 샀다는 내용이 나온다. Carey, Marshman and Ward, Serampore, to Andrew Fuller, 278을 보시오.

110) Whitley, "Serampore," 142.

111) Bowie, "William Carey," 168.

112) Bowie, "William Carey," 173.

113) Brynmor F. Price, "Carey and Serampore - Then and Now," *Baptist Quarterly*, vol. 19 (1961-1962): 103-4. 캐리는 Ryland에게 1803년 12월에 보낸 편지에서 15년 정도 최선을 다하면 동양의 모든 언어로 성경을 번역할 수 있을 것이라고 했다. 또한 1804년 4월에 영국의 선교협회로 보낸 편지에 인도에는 7개의 주요 언어들이 있다고 하였다 (ibid.).

114) William Carey, et al., "The Serampore Form," 126. 9명의 선교사는 William Carey, Joshua Marshman, William Ward, John Chamberlain, Richard Mardon, John Bliss, William Moore, Joshua Rowe, Felix Carey였다.

115) Carey, "The Serampore Form," 129-38.

116) Johnson, "William," 101-2.

117) Johnson, "William," 103-4.

118) E. Daniel Potts, "I throw away the guns to preserve the ship," *Baptist Quarterly*, vol. 20 (1963-1964): 115.

119) Potts, "I throw away the guns to preserve the ship," 115.

120) Potts, "I throw away the guns to preserve the ship," 115-16.

121) Potts, "I throw away the guns to preserve the ship," 116-17.

122) Davis, "William," 8-9.

123) Davis, "William," 8-10.

124) Davis, "William," 10. 원래 여섯 선교사 가정들이 공동체를 시작했지만, 세 가족은 중간에 탈퇴하였다. 1801년 7월경에 이르면 삼총사와 그 가족들만 공동체 생활을 계속했다 (ibid.).

125) Davis, "William," 10-11.

126) Davis, "William," 11-12.

127) Davis, "William," 12-13.

128) Earnest A. Payne, "Carey and his Biographers," *Baptist Quarterly*, vol. 19 (1961-1962): 4.

129) Collins, "William Carey," 276.

130) Payne, "Carey," 330-31; Bowie, "William Carey," 169-70; Ken Manley, "From William Carey in India to Rowland Hassall in Australia," *Baptist Quarterly*, vol. 40 (2003-2004): 331; Collins, "William Carey," 274-76. 캐리는 Bengal과 같은 비교적 규모가 작은 지역에서만도 약 500건의 사티를 목격할 수 있었다(Anderson, "The India," 460).

131) Anderson, "The India," 461.

132) Davis, "William," 6.

133) Collins, "William Carey," 275에서 인용.

134) Davis, "William," 8.

135) Collins, "William Care," 274.

136) Collins, "William Care," 275.

137) Roger Hayden, "Kettering 1792 and Philadelphia 1814: The Influence of English Baptists Upon the Formation of American Baptist Foreign Missions 1790-1814 (1)," *Baptist Quarterly*, vol. 21 (1965-1966): 9-11.

138) Hayden, "Kettering 1792 and Philadelphia 1814," 11.

139) William H. Brackney, "The Baptist Missionary Society in Proper Context," *Baptist Quarterly*, vol. 34 (1991-1992): 364-67.

140) Brackney, "Baptist," 367-68. Brackney는 캐리가 침례교선교협회를 만드는데 영향을 끼친 다른 요인으로서 캐리의 기업가적 정신, 신발 공장과 금융업으로 성공한 Thomas Gotch (1748-1806)의 조언, 그리고 단일한 목적을 위한 작은 조직의 효율성을 주장한 John Sutcliff (1752-1814)의 영향 등을 제시하였다 (ibid.).

141) Brackney, "Baptist,", 368-69.

142) Brackney, "Baptist," 372-73.

143) Reginald H. Spooner, "Northamptonshire Ministers' Meetings, 1770-1816," *Baptist History and Heritage*, vol 11 (April 1976): 84-85; 89.

144) Spooner, "Northamptonshire Ministers' Meetings, 1770-1816," 85-86. Fuller는 홍수로 인해 여행 중 위험에 처한 사실을 John Sutcliff는 겨울에 320킬로미터를 7일간의 도보로 여행한 것 등을 기록으로 남겨놓았다 (ibid).

145) Spooner, "Northamptonshire Ministers' Meetings, 1770-1816," 86-87.

146) Spooner, "Northamptonshire Ministers' Meetings, 1770-1816," 91-92.

147) McBeth, *Baptist Heritage*, 187-88.

148) McBeth, *Baptist Heritage*, 190-91.

149) McBeth, *Baptist Heritage*, 195.

150) McBeth, *Baptist Heritage*, 196.

151) McBeth, *Baptist Heritage*, 197.

152) McBeth, *Baptist Heritage*, 197-98.

제7장 19세기 영국 특수침례교회

1) Deryck W. Lovergrove, "Particular Baptist Itinerant Preachers during the late 18th and early 19th Centuries," *Baptist Quarterly*, vol. 28 (1979): 127-28.

2) Lovergrove, "Particular Baptist," 128-30. Steadman은 Richard Pengilly라는 젊은 목회자의 1807년 안수식 때, 새로 안수 받는 목사에게 자기 교회뿐만 아니라 지역사람들의 영적인 필요에 대해서도 민감할 것을 권면하였다(ibid.).

3) H. Leon McBeth, *Baptist Heritage: Four Centuries of Baptist Witness* (Nashville: Broadman Press, 1987), 299-300.

4) Lovergrove, "Particular Baptist," 130-32.

5) Lovergrove, "Particular Baptist," 132.

6) Robert G. Torbet, 『침례교회사』, 허긴 역 (대전: 침례신학대학출판부, 1991), 101. 영국은 19세기 초부터 도시화가 급속히 진행되었다. 1801년에 이미 약 30%의 인구가, 그리고 1901년에는 인구의 80%가 도시에 살았는데, 이러한 도시화 율은 유럽에서 가장 높은 것이었다. Kenneth O. Morgan, 『옥스퍼드 영국사』, 영국사학회 역 (서울: 한울아카데미, 2010), 487, 540-41.

7) A. Gordon Hamlin, "The Bristol Baptist Itinerant Society," *Baptist Quarterly*, vol. 21 (1965-1966): 321. 스코틀랜드에서도 Christopher Anderson(1782-1852)에 의해 스코틀랜드 순회 협회(Scottish Itinerant Society)가 세워졌다(ibid.).

8) Hamlin, "The Bristol Baptist Itinerant Society," 321.

9) Hamlin, "The Bristol Baptist Itinerant Society," 321-22.

10) Hamlin, "The Bristol Baptist Itinerant Society," 322-23.

11) J. H. Y. Briggs, "Charles Haddon Spurgeon and the Baptist Denomination in Nineteenth Century Britain," *Baptist Quarterly*, vol. 31 (1985-1986): 224.

12) Briggs, "Charles Haddon Spurgeon," 225-26.

13) Briggs, "Charles Haddon Spurgeon," 226-27.

14) Torbet, 『침례교회사』, 104

15) Briggs, "Charles Haddon Spurgeon," 227.

16) McBeth, *Baptist Heritage*, 300. 1851년도 잉글랜드의 종교 인구조사를 보면, 인구의 35% 정도가 주일 예배에 참석하였는데, 이 중 약 절반은 비국교회에 출석하였다. 그리고 같은 해 브리튼 전체 종교 인구로는 성공회가 약 5백 3십만, 가톨릭이 38만, 비국교회가 4백 5십만 명 정도였다. 인구조사는 비국교도들의 약진을 입증하였고, 결국 그들에게 더 많은 정치적 배려를 해야 할 필요성을 보여주었다(Morgan, 514, 532).

17) Gerald T. Rimmington, "Baptist Membership In Rural Leicestershire, 1881-1914," *Baptist Quarterly*, vol. 37 (1997-1998): 386.

18) Rimmington, "Baptist Membership In Rural Leicestershire, 1881-1914," 386. 하지만 지역별로 교세가 최고로 확장된 때는 다소 차이가 있다. Kent는 1909년에, Lincolnshire, Northamptonshire, Nottinghamshire, Derbyshire 등은 1908에서 1909년 사이에, 런던은 1912년에 각각 교세가 최고조에 이르렀다(ibid., 386-87).

19) 각 마을의 침례교인 수의 변화는 Rimmington, "Baptist Membership In Rural Leicestershire, 1881-1914," 388-89에 나와 있음. 이러한 현상은 성공회를 비롯한 모든 교회들도 마찬가지였다. 교회 토지의 임대가 주 수입원이었던 성공회 사제들은 생활수준이 악화되었다. 임대 농지로 수입을 얻는 침례교회는 거의 없었고, 침례교회들의 주 수입원은 대부분 소작농이었던 교인들의 헌금으로 이루어졌다. 그런데 이들 중 많은 사람들은 경기 침체로 몰락한 상태였다(ibid.).

20) Leicestershire 공업 지역들의 침례교 교세 추이 변화는 Rimmington, "Baptist Membership In Rural Leicestershire, 1881-1914," 392-93을 보시오. 하지만 Torbet은 다르게 평가하였다. 그는 침례교회들은 "일반적으로 이 도시의 노동자 계급을 포섭하는 데 실패"했으며, 새로운 산업 및 상업중심지가 된 도시들을 적절하게 장악하지 못했다고 하였다. Toebet은 침례교 교세가 비교적 강한 Northamptonshire에서 인구가 크게 증가하였음에도 불구하고, 1837년부터 1900년까지 단지 6개의 도시 교회만이 새로 세워졌다는 사실을 근거로 제시했다. 그리고 이러한 상황은 타 지역에서도 대동소이하였다고 했다(idem., 129).

21) P. E. Ollerhead, "The Baptists in Crewe, 1840-1940," *Baptist Quarterly*, vol. 28 (April 1978): 261.

22) Ollerhead, "The Baptists in Crewe, 1840-1940," 262.

23) John Pitts, "The Centenary of the Baptist Building Fund," *Baptist Quarterly*, vol. 3 (1926-1927): 211.

24) Pitts, "The Centenary of the Baptist Building Fund," 213, 215.

25) Pitts, "The Centenary of the Baptist Building Fund," 215-16.

26) Pitts, "The Centenary of the Baptist Building Fund," 225. 평균 대여액수는 20세기에도 갈수록 늘어났다. Seymour J. Price, "The Centenary of the Baptist Building Fund," *Baptist*

Quarterly, vol. 3 (1926–1927): 270을 참조하시오.

27) 김용국, "윌리엄 캐리의 사역과 업적," 「역사신학논총」, 23집 (2012 여름): 134, 145; Torbet, 『침례교회사』, 115–16. 지속적인 산업발전과 막강한 해군력으로 인해, 19세기 초반 영국은 세계교역의 약 20퍼센트를 차지할 정도로 무역을 발달시킬 수 있었다. 영국은 섬유, 제철, 석탄 등의 제조업이 급속히 발전했으며, 무역전쟁에서 많은 승리를 이루어서 인도, 남아프리카, 이집트, 캐나다, 아메리카 등에서 식민지를 얻게 되었다. 식민지에서 얻은 이익은 막대하였으며, 그 결과 국민소득이 증대되었고, 인구 증가도 급속히 이루어졌다. 인구는 1780년에서 1831년의 50년 동안 2배로 늘어났다. Morgan, 『옥스퍼드 영국사』, 485–87, 498을 보시오.

28) 김용국, "Andrew Fuller와 복음적 칼빈주의," 「복음과 실천」, 50집 (2012 가을): 240–41. Joshua Marshman은 동인도회사의 직원들은 양심의 가책도 없이 물질적 부를 축적하고, 현지 첩들과 방탕한 삶을 살았다고 하였다. Herbert Anderson, "The India of Carey and of Today," *Baptist Quarterly*, vol. 9 (1938–1939): 451, 458을 참조하시오.

29) Torbet, 『침례교회사』, 118–19.

30) McBeth, *Baptist Heritage*, 295.

31) Torbet, 『침례교회사』, 121.

32) 김용국, "윌리엄 캐리," 146–47.

33) F. M. W. Harrison, "The Nottinghamshire Baptists: Polity," *Baptist Quarterly*, vol. 25 (1973–1974): 217에서 재인용.

34) Harrison, "The Nottinghamshire Baptists: Polity," 220.

35) 김용국, "세계 침례교 신학대학교의 역사," 『한국침례교회와 역사: 회고와 성찰』, 허긴 박사 은퇴기념논문집 발간위원회 (대전: 침례신학대학교출판부, 2010), 380–81.

36) Harrison, "The Nottinghamshire Baptists: Polity," 220–21.

37) J. E. B. Munson, "The Education of Baptist Ministers, 1870–1900," *Baptist Quarterly*, vol. 26 (July 1976): 320.

38) Munson, "The Education of Baptist Ministers, 1870–1900," 321; Torbet, 『침례교회사』, 144–45.

39) Munson, "The Education of Baptist Ministers, 1870–1900," 322–23. 목회자의 교육 수준은 높아졌지만, 목회자 수는 감소하였다. 1870년 1,577명에서 1901년에는 1,359명으로 떨어졌다. 교단은 성장하였지만, 목회자는 줄어들었으며, 이러한 불균형은 주로 평신도 설교자의 증가로 보충되었다. 1901년 기준으로 평신도 설교자는 4,578명에 달했다(ibid., 320–1).

40) 김용국, "세계 침례교 신학대학교의 역사," 383–85.

41) 김용국, "세계 침례교 신학대학교의 역사," 385–88.

42) Harrison, "The Nottinghamshire Baptists: Polity," 221. 신 연합 교회에서는 집사와 역할이 같은 "조사"(helps)라는 직분이 있었다. 이 직분은 "조력자"(helpers)라는 이름으로 20세기까지 이어졌다(ibid.).

43) Harrison, "The Nottinghamshire Baptists: Polity," 222.

44) Harrison, "The Nottinghamshire Baptists: Polity," 224-25.

45) Harrison, "The Nottinghamshire Baptists: Polity," 223.

46) McBeth, *Baptist Heritage*, 289-90.

47) Harrison, "The Nottinghamshire Baptists: Polity," 225-26.

48) Harrison, "The Nottinghamshire Baptists: Polity," 227-28.

49) Harrison, "The Nottinghamshire Baptists: Polity," 226-27.

50) McBeth, *Baptist Heritage*, 302.

51) McBeth, *Baptist Heritage*, 229-30.

52) 김용국, "찰스 해돈 스펄전의 교회와 사회에 대한 복음주의적 개혁,"「역사신학논총」, 24 집 (2012): 116을 보시오. 도시에는 노동자들이 슬럼가를 형성하였고, 그곳의 위생 상태는 매우 나빴다. 노동계급이 거주하는 지역에서 전염병이 발생하였고, 종종 극빈자들로부터 시중을 받는 부자 역시 병에 걸리곤 했다. 1832년 브리튼에서는 콜레라로 약 31,000명이 사망하였다. 또한 성홍열 같은 전염병도 많은 인명을 앗아갔다. Morgan,「옥스퍼드 영국사」, 509-10.

53) Willis B. Glover, "English Baptists at the Time of the Down Grade Controversy," *Foundations*, vol. 1 (July 1958): 49; Torbet,「침례교회사」, 137.

54) Torbet,「침례교회사」, 142-43.

55) Torbet,「침례교회사」, 143-44. 1850년 런던의 노동자들은 10퍼센트 정도만이 글을 읽고 쓸 줄 아는 수준이었다. 이런 상황에서 1839년 Roebuck이라는 하원의원이 공공교육을 위한 법안을 제출했지만, 국교회의 반대로 좌절되었다. 이에 대해 비국교도들은 400만 서명운동을 일으켜 1844년에 "공장법"(Factory Act)을 통과시켜 어린이들에게 반나절은 의무적으로 교육하도록 했다. 김용국, "찰스 해돈 스펄전," 118을 보시오.

56) Torbet,「침례교회사」, 145.

57) 김용국, "찰스 해돈 스펄전," 118-19.

58) 김용국, "찰스 해돈 스펄전," 119-20.

59) Torbet,「침례교회사」, 139-40; McBeth, *Baptist Heritage*, 300.

60) McBeth, *Baptist Heritage*, 301; Torbet,「침례교회사」, 140-41.

61) Torbet,「침례교회사」, 138. 영국의 정치권력은 오랜 기간 불균등하게 배분되어 있었다. 예를 들면, 1801년도 기준 70만 인구의 요크셔 지역은 2명의 주 대표 의원과 26개 도시선거구 의원을 가질 수 있었던 반면, 인구가 약 19만 명 수준의 콘월 주는 2명의 주 대표 의원과 42개 도시선거구 의원을 뽑을 수 있었다(Morgan,「옥스퍼드 영국사」, 494).

62) F. M. W. Harrison, "The Nottinghamshire Baptists: The Political Scene," *Baptist Quarterly* vol. 28 (April 1978): 272-73; Torbet,「침례교회사」, 138-39; McBeth, *Baptist Heritage*, 289. 투표권은 1832년 중산층으로 확대되었지만, 전통적인 지주계층이 그 이후에도 거의 50년 동안 의회를 지배하였다. Morgan,「옥스퍼드 영국사」, 505을 보시오.

63) Torbet,「침례교회사」, 139.

64) Harrison, "The Nottinghamshire Baptists: The Political Scene," 275.

65) Harrison, "The Nottinghamshire Baptists: The Political Scene," 276.

66) Morgan, 『옥스퍼드 영국사』, 535-39; 김용국, "찰스 해돈 스펄전," 120-21.

67) Harrison, "The Nottinghamshire Baptists: The Political Scene," 267-68.

68) Harrison, "The Nottinghamshire Baptists: The Political Scene," 268-69. 6명의 침례교인 이름은 Birkin, Felkin, Vickers, Biddle, Heard, North이다. 이들은 모두 성공한 사업가들이었다(ibid.).

69) Harrison, "The Nottinghamshire Baptists: The Political Scene," 270.

70) Harrison, "The Nottinghamshire Baptists: The Political Scene," 276-77. 예를 들면, Nottingham의 Beeston Church는 1811년 5월 26일 전쟁으로 인한 참화로부터 지켜주기를 원하는 기도회를 열기로 결의하였다(Ibid.).

71) Torbet, 『침례교회사』, 125-16; McBeth, Baptist Heritage, 290-92.

72) McBeth, Baptist Heritage, 292.

73) McBeth, Baptist Heritage, 292-93.

74) Geoffrey R. Breed, "The London Association of Strict Baptist ministers and Churches," Baptist Quarterly, vol. 35 (1993-1994): 376.

75) Breed, "The London Association of Strict Baptist ministers and Churches," 377-78.

76) Torbet, 『침례교회사』, 128-29.

77) Breed, "The London Association of Strict Baptist ministers and Churches," 380, 387-89.

78) Breed, "The London Association of Strict Baptist ministers and Churches," 389-91.

79) 김용국, "Dan Taylor," 200-3.

80) Briggs, "Charles Haddon Spurgeon," 228.

81) F. M. W. Harrison, "Nottinghamshire Baptists and Social Condition," Baptist Quarterly vol. 27 (January 1978): 215.

82) Harrison, "Nottinghamshire Baptists and Social Condition," 216.

83) McBeth, Baptist Heritage, 306-7. McBeth는 통합의 결정적 이유로, 특수침례교회들의 칼빈주의가 지속적으로 약화된 점, 양 교단에서 개방성찬론자들이 많아진 것, 그리고 연맹이 성장하여 공통의 장이 될 수 있었던 점 등을 꼽았다(ibid.). 폐쇄성찬을 찬성하는 교회들이 19세기 전반까지는 압도적으로 많았다. 하지만 19세기 중반부터 개방성찬을 실시하는 교회들이 점차 확산되기 시작했으며, 20세기에는 다수의 교회가 그렇게 하였다.

84) Willis B. Glover, "English Baptists at the Time of the Downgrade Controversy," Foundations, vol. 1 (July 1958): 41-42.

85) Price, "Spurgeon Centenary," 241.

86) Glover, "English Baptists," 45.

87) 피영민, "스펄전의 하강 논쟁," 「복음과 실천」, 18 (1995): 454.

88) 피영민, "스펄전의 하강 논쟁," 452-55.

89) 피영민, "스펄전의 하강 논쟁," 456.

90) Michael Nicholls, "The Down Grade Controversy: A Neglected Protagonist," Baptist Quarterly, vol. 32 (January 1987): 260; Glover, "English Baptists," 46-47.

91) Nicholls, "Down Grade," 260.

92) 피영민, "스펄전의 하강 논쟁," 458-59.

93) Charles H. Spurgeon, *The Downgrade Controversy* (Pasadena, Tx: Pilgrim Publications, n. d.), 17. Nicholls, "Down Grade," 260; Glover, "English Baptists," 47.

94) 피영민, "스펄전의 하강 논쟁,"460; Nicholls, "Down Grade" 261.

95) McBeth, *Baptist Heritage*, 302-3; Nicholls, "Down Grade," 260.

96) McBeth, *Baptist Heritage*, 303-4. Booth는 "내가 당신에게 보낸 서신들은 공적이고 비밀스러운 것들이니 명예 상 당신이 그 서신들을 사용할 수 없습니다."라는 말로 비공개를 분명히 요구하였다. (피영민, "스펄전의 하강 논쟁," 461).

97) Mark T. E. Hopkins, "Spurgeon's Opponents in the Downgrade Controversy," *Baptist Quarterly*, vol. 32 (January 1987): 275-76.

98) 피영민, "스펄전의 생애," 45. 예를 들면, J. Guinness Rogers 목사는 스펄전이 예수 그리스도의 복음이 아니라 칼빈의 복음을 고수하지 않는다고 공격하고 있다고 했다. (Nicholls, "Down Grade," 264).

99) J. H. Y. Briggs, "Evangelical Ecumenism: The Amalgamation of General and Particular Baptists in 1891, Part I," *Baptist Quarterly*, vol. 34 (1991-2): 106, 111.

100) 피영민, "스펄전의 하강 논쟁," 461 재인용.

101) 피영민, "스펄전의 하강 논쟁," 457.

102) Michael Walker, "Charles Haddon Spurgeon (1834-1892) and John Clifford (1836-1923) on the Lord's Supper," *American Baptist Quarterly*, vol. 7 (June 1988): 128-29.

103) Walker, "Charles Haddon Spurgeon (1834-1892) and John Clifford (1836-1923) on the Lord's Supper," 139.

104) Glover, "English Baptists," 42-43.

105) Walker, "Charles Haddon Spurgeon," 140-43.

106) Glover, "English Baptists," 44-45.

107) Mark Hopkins, "The Down Grade Controversy: New Evidence," *Baptist Quarterly*, vol. 35 (1993-1994): 262.

108) Nicholls, "Down Grade," 262-63.

109) Hopkins, "Down Grade," 263.

110) Hopkins, "Down Grade," 264.

111) Spurgeon to Booth, 14 December 1887. Hopkins, "Down Grade," 265-66.

112) Hopkins, "Down Grade," 266-68.

113) Nicholls, "Down Grade," 261.

114) Nicholls, "Down Grade," 262; 피영민, "스펄전의 하강 논쟁," 462-63.

115) Nicholls, "Down Grade," 265.

116) Nicholls, "Down Grade," 263. 스펄전의 대변인 격으로 알려진 스펄전의 동생 James Spurgeon은 Angus에 협력하였다. (ibid).

117) Patrick R. Leland, "Anti-Creedalism in the Down Grade Controversy," *Baptist History* and Heritage, vol. 31 (April 1996): 34-35.

118) Leland, "Anti-Creedalism in the Down Grade Controversy," 35.

119) 이 주제와 관련해서는 김용국, "신앙의 자유와 책임에 대한 침례교 전통," 「복음과 실천」, 40 (2007): 95-123을 참조하시오.

120) Leland, "Anti-Creedalism in the Down Grade Controversy," 38-39. 19세기 영국의 기풍은 자유주의로 흘러갔고, 자유주의는 시대정신이 되었다. 국가의 간섭으로부터 개인의 자립과 자치를 존중하는 개인주의적 자유주의는 빅토리아 시대를 풍미하였다. (Morgan, 「옥스퍼드 영국사」, 532-34).

121) McBeth, *Baptist Heritage*, 304. Michael Nicholls는 스펄전의 교단 탈퇴는 교단에 대한 환멸로 인하여 소원하게 된 오랜 과정이 최고조에 이른 결과였다고 했다. Nicholls, "Down Grade," 261; 피영민, "스펄전의 하강 논쟁," 463.

122) 피영민, "스펄전의 하강 논쟁," 463.

123) 김용국, "윌리엄 캐리," 142-43.

124) 김용국, "윌리엄 캐리," 143-44; McBeth, *Baptist Heritage*, 296-97.

125) McBeth, *Baptist Heritage*, 298-99.

126) Briggs, "Charles Haddon Spurgeon," 218-20; 김용국, "Dan Taylor와 신(新) 연합의 형성과 발전에 관한 연구," 「복음과 실천」, 48집 (2011 가을): 205-6.

127) Briggs, "Charles Haddon Spurgeon," 232-35.

128) 최원진, "찰스 스펄전의 선교이해를 통해 본 지역교회의 선교방향 연구," 「복음과 선교」, 14집 (2011): 10; 피영민, "스펄전의 생애," 「뱁티스트」, 78 (2006): 36; 피영민, "스펄전의 인간성," 「뱁티스트」, 79 (2006): 51.

129) 피영민, "스펄전의 인간성," 57; idem., "스펄전의 생애," 36.

130) 피영민, "스펄전의 인간성," 57-58; idem., "스펄전의 생애," 37.

131) 피영민, "스펄전의 생애," 38-39. Henry Spyvee는 스펄전이 회심을 경험한 날짜는 그의 자서전에서는 1850년 1월 6일로 나오지만, 당시의 날씨와 그 지역 신문을 참조해보면 1월 13일이 훨씬 가능성이 많다고 하였다. Henry Spyvee, "Eld Lane, Colchester and the Spurgeon's Family," *Baptist Quarterly*, vol. 38 (1999-2000): 123-24을 보시오.

132) 피영민, "스펄전의 생애," 41-42.

133) Spyvee, "Eld Lane, Colchester and the Spurgeon's Family," 123. 침례 교인이 되는 일에 있어서 스펄전의 아버지와 할아버지는 기꺼이 동의하였다. 다만 어머니는 반대하다가 결국 동의해주었다. 피영민, "스펄전의 인간성," 51.

134) 피영민, "스펄전의 생애," 43-45.

135) Seymour J. Price, "The Spurgeon Centenary," *Baptist Quarterly*, vol. 6 (1932-33): 242; 피영민, "스펄전의 생애," 49-50.

136) 피영민, "스펄전의 인간성," 52-53.

137) Price, "Spurgeon Centenary," 242-46; 피영민, "스펄전의 생애," 50-52.

138) 피영민, "스펄전의 생애," 52; 최원진, "찰스 스펄전," 13-4.

139) Price, "Spurgeon Centenary," 253.

140) Peter Shepherd, "Spurgeon's Funeral," *Baptist Quarterly*, vol. 41 (January 2005): 72-73;

75. 스펄전 사망보다 훨씬 이른 시기인 1851년의 대영제국 인구조사를 보면 당시 총인구는 17,927,609명이었고, 성공회 신도는 5,292,551명, 로마 가톨릭은 383,630명, 그리고 개신교 비국교도들은 4,536, 265명이었다. 비국교도들은 생각보다 숫자가 많았으며, 따라서 보다 큰 정치적 대표권과 배려를 요구할 수 있었다. Kenneth O. Morgan ed., 『옥스퍼드 영국사』, 영국사학회 역 (서울 한울 아카데미, 1997), 531-32을 보시오.

141) Shepherd, "Spurgeon's Funeral," 74.

142) Shepherd, "Spurgeon's Funeral," 77-79.

143) C. H. Spurgeon, "A Sermon and a Reminiscence," *The Metropolitan Tabernacle Pulpit, vol. 54, in The Charles H. Spurgeon Collection* [CD-ROM] (Albany, OR: Ages Software, 1997), 30; 516-17. 최원진, "찰스 스펄전," 15, 22에서 재인용.

144) Price, "Spurgeon Centenary," 246-49.

145) Price, "Spurgeon Centenary," 250; 최원진, "찰스 스펄전," 19.

146) 최원진, "찰스 스펄전," 21.

147) 자세한 내용은 피영민, "스펄전의 선교적 관심," 「뱁티스트」, 84 (2007): 58-61을 참조하시오.

148) McBeth, *Baptist Heritage*, 185; Brian Stanley, "C. H. Spurgeon and the Baptist Missionary Society, 1863-1866," *Baptist Quarterly*, vol. 29 (1981-1982): 319.

149) BMS *Annual Report for 1864-5*, viii; Stanley, "C. H. Spurgeon," 319.

150) Stanley, "C. H. Spurgeon," 320-22.

151) 최원진, "찰스 스펄전," 28-29. 스펄전의 이러한 생각의 기초는 그의 교회론 즉, 교회는 중생한 신자들의 모임이기 때문에 신자들이 자발적인 헌금으로 사역이 진행되어야 한다는 믿음이었다. (ibid., 27).

152) General Committee minutes, vol. "O" (1860-4), 384, 386-87, BMSA; Stanley, "C. H. Spurgeon," 322.

153) 피영민, "스펄전의 사회적 관심," 「뱁티스트」, 80 (2006): 42-43.

154) David Nelson Duke, "Charles Haddon Spurgeon: Social Concern Exceeding an Individualistic, Self-Help Ideology," *Baptist History and Heritage*, vol. 22 (October 1987): 47.

155) Glover, "English Baptists," 49.

156) Duke, "Charles Haddon," 48.

157) Duke, "Charles Haddon: 49-51. Duke는 "사실 스펄전의 사회적 관심은 사람들이 예상하는 것보다 더 열정적이고, 광범위했으며, 철저하였고, 사회적 염려에 대해 개인적으로 관용적 접근을 했다는 강력한 증거가 있다." 라고 주장했다. (ibid., 51).

158) W. Ridley Chesterton, "The Spurgeon Centenary: Social Life in Spurgeon's Day," *Baptist Quarterly*, vol. 6 (1932-33): 337-38.

159) Morgan, 『옥스퍼드 영국사』, 540-41.

160) Chesterton, "Spurgeon Centenary," 338; 피영민, "스펄전의 사회적 관심," 40-41.

161) Chesterton, "Spurgeon Centenary," 338-39.

162) Chesterton, "Spurgeon Centenary," 340-41; 피영민, "스펄전의 사회적 관심," 39-40.

163) 피영민, "스펄전의 사회적 관심," 40-42.

164) 피영민, "스펄전의 선교적 관심," 51 재인용. 19세기 영국에서 정의와 복지는 복음주의 자들이 이룩하였다. 예를 들면, Shaftesbury 경은 어린이 농노제도 및 노예제를 폐지시켰 으며, Booth 장군은 빈민가에 있는 하나님을 가르쳤다. (Chesterton, "Spurgeon Centenary," 343).

165) 피영민, "스펄전의 사회적 관심," 46-47.

166) 피영민, "스펄전의 사회적 관심," 48-49.

167) Chesterton, "Spurgeon Centenary," 339.

168) 피영민, "스펄전의 교육적 관심," 48-49.

169) M. Nicholas, "Charles Haddon Spurgeon, Educationalist, Part I," *Baptist Quarterly*, vol. 31 (1985-1986): 385-86.

170) 피영민, "스펄전의 교육적 관심," 49-50.

171) Nicholas, "Charles, Part I," 387; 피영민, "스펄전의 교육적 관심," 50-51.

172) 피영민, "스펄전의 교육적 관심," 53; M. Nicholas, "Charles Haddon Spurgeon, Educationalist," *Baptist Quarterly*, vol. 32 (January, 1987): 73, 82. James는 스펄전의 건 강이 악화되자 1867년부터 메트로폴리탄 테버네클의 공동 담임목사로 사역하였다. (ibid., 77).

173) Nicholas, "Charles Haddon Spurgeon, Educationalist," 77; 84-85.

174) Nicholas, "Charles Haddon Spurgeon, Educationalist," 77-79.

175) Nicholas, "Charles Haddon Spurgeon, Educationalist," 80-81; 피영민, "스펄전의 교육적 관심," 55-56.

176) 피영민, "스펄전의 교육적 관심," 56-57.

177) 피영민, "스펄전의 교육적 관심," 62 재인용.

178) 피영민, "스펄전의 목회적 관심," 61-64; Morgan 『옥스퍼드 영국사』, 535-36.

179) Morgan 『옥스퍼드 영국사』, 538-39; 피영민, "스펄전의 목회적 관심," 73-74.

180) 피영민, "스펄전의 목회적 관심," 73-74.

181) Chesterton, "Spurgeon Centenary," 341-42; 피영민, "스펄전의 목회적 관심," 67.

182) 피영민, "스펄전의 목회적 관심," 64-65.

183) 피영민, "스펄전의 목회적 관심," 70-71에서 재인용.

184) 피영민, "스펄전의 목회적 관심," 72.

185) Glover, "English Baptists," 47; McBeth, *Baptist Heritage*, 305-7.

제3부
미국 침례교회사

제8장 17세기 미국 침례교회

1) 정만득, 「미국의 청교도 사회」 (서울: 비봉출판사, 2001), 5-6.

2) Winthrop Hudson and John Corrigan, 「미국의 종교」, 배덕만 역 (서울: 성광문화사, 2008), 47-8.

3) Winthrop Hudson and John Corrigan, 「미국의 종교」, 49.

4) 정만득, 「미국의 청교도 사회」, 9-10.

5) H. Leon McBeth, *The Baptist Heritage* (Nashville: Broadman Press, 1987), 34; Keith L. Sprunger, "English Puritans and Anabaptism in Early Seventeenth-Century Amsterdam," *The Mennonite Quarterly Review*, vol. 46 (April 1972): 113; 정만득, 「미국의 청교도 사회」, 36.

6) McBeth, *Baptist Heritage*, 33-4; 정만득, 「미국의 청교도 사회」, 48-50.

7) 정만득, 「미국의 청교도 사회」, 50-4.

8) 정만득, 「미국의 청교도 사회」, 60-1, 64-8.

9) 정만득, 「미국의 청교도 사회」, 85-6.

10) 정만득, 「미국의 청교도 사회」, 97-8.

11) Winthrop Hudson and John Corrigan, 「미국의 종교」, 70.

12) Cotton Mather, *Magnalia*, I, 362. Winthrop Hudson and John Corrigan, 「미국의 종교」, 83 에서 재인용.

13) Winthrop Hudson and John Corrigan, 「미국의 종교」, 83.

14) 정만득, 「미국의 청교도 사회」, 86-7.

15) 정만득, 「미국의 청교도 사회」, 88, 92-3.

16) Winthrop Hudson and John Corrigan, 「미국의 종교」, 57, 61.

17) Winthrop Hudson and John Corrigan, 「미국의 종교」, 70. 영국 정부는 식민지가 이와 같이 독립국가의 체제를 갖추어 운영되고 있다는 것을 나중에 알게 되자 허가서를 회수하려 하였다. 하지만 매사추세츠의 지연작전으로 1684년이 되어서야 허가서가 취소되고 영국 국왕이 파견한 총독이 다스리게 되었다(ibid, 71).

18) 정만득, 「미국의 청교도 사회」, 115-6.

19) Darrett B. Rutman, *Winthrop's Boston* (New York, 1965), 54. 정만득, 「미국의 청교도 사회」, 118-9에서 재인용. 이러한 교회언약에 기초한 교회의 설립은 영국 침례교회가 초기 시대부터 사용하던 방식이었다.

20) McBeth, *Baptist Heritage*, 124.

21) 정만득, 「미국의 청교도 사회」, 146-8; 151-2.

22) Jesse C. Fletcher, *The Southern Baptist Convention: A Sesquicentennial History* (Nashville:

Broadman and Holman Publishers, 1994), 16-7; 정만득, 「미국의 청교도 사회」, 153-7.

23) McBeth, *Baptist Heritage*, 124.

24) McBeth, *Baptist Heritage*, 124.

25) McBeth, *Baptist Heritage*, 124-5.

26) McBeth, *Baptist Heritage*, 125.

27) 김승진, 「침례교회와 역사」 (대전: 침례신학대학교출판부, 2009), 186-7.

28) McBeth, *Baptist Heritage*, 125.

29) McBeth, *Baptist Heritage*, 125-6.

30) McBeth, *Baptist Heritage*, 126.

31) 정만득, 「미국의 청교도 사회」, 188-9; McBeth, *Baptist Heritage*, 126-7. 멕베스는 윌리엄스가 보스턴 교회 교사직을 제안 받았다고 하였다(ibid.). Jesse Fletcher은 윌리엄스가 1631년 2월 5일에 도착했다고 하였다. Fletcher, *Southern Baptist Convention*, 15을 보시오.

32) McBeth, *Baptist Heritage*, 127.

33) 정만득, 「미국의 청교도 사회」, 189-90.

34) McBeth, *Baptist Heritage*, 127.

35) 김승진, 「침례교회와 역사」, 196.

36) 김승진, 「침례교회와 역사」, 199-200.

37) McBeth, *Baptist Heritage*, 127.

38) McBeth, *Baptist Heritage*, 128; Fletcher, *Southern Baptist Convention*, 15-6; 정만득, 「미국의 청교도 사회」, 191.

39) 정만득, 「미국의 청교도 사회」, 192-3.

40) 정만득, 「미국의 청교도 사회」, 193.

41) 정만득, 「미국의 청교도 사회」, 194-5.

42) 정만득, 「미국의 청교도 사회」, 195-6.

43) 정만득, 「미국의 청교도 사회」, 196.

44) 정만득, 「미국의 청교도 사회」, 197.

45) James E. Tull, *Shapers of Baptist Thoughts* (Valley Forge: Judson Press, 1972), 33; McBeth, *Baptist Heritage*, 128.

46) 김승진, 「침례교회와 역사」, 201-2.

47) 김승진, 「침례교회와 역사」, 202-3; James E. Wood, Jr., "Religious Liberty and Public Affairs in Historical Perspective," *Baptist History and Heritage* 9 (July 1974): 158.

48) Martyn H. Dexter, *As to Roger Williams, and his 'Banishment' from Massachusetts Plantation* (Boston: Congregational Publishing Society, 1876), 59; Winthrop Hudson and John Corrigan, 「미국의 종교」, 71.

49) Fletcher, *Southern Baptist Convention*, 16; McBeth, *Baptist Heritage*, 129; 김승진, 「침례교회와 역사」, 191.

50) 정만득, 「미국의 청교도 사회」, 199-200.

51) McBeth, *Baptist Heritage*, 129-30, 135; *Winthrop's Journal: History of New England 1630-1649*, 2nd vols., edited by James K. Hosmer (New York: Charles Scribner's Sons, 1908), 1:299; 정만득, 「미국의 청교도 사회」, 268-70.

52) 정만득, 「미국의 청교도 사회」, 284-5.

53) McBeth, *Baptist Heritage*, 124, 130; Robert G. Torbet, 「침례교회사」, 허긴 역 (대전: 침례신학대학출판부, 1991), 232; Fletcher, *Southern Baptist Convention*, 16.

54) Winthrop Hudson and John Corrigan, 「미국의 종교」, 73, 95.

55) W. Morgan Patterson, "The Contributions of Baptists to Religious Freedom in America," *Review and Expositor* 73 (Winter 1976): 24; Fletcher, *Southern Baptist Convention*, 16-7; Torbet, 「침례교회사」, 232.

56) *Winthrop's Journal: History of New England 1630-1649*, 1:279; McBeth *Baptist Heritage*, 131 에서 재인용.

57) McBeth, *Baptist Heritage*, 131; Fletcher, *Southern Baptist Convention*, 16.

58) McBeth, *Baptist Heritage*, 131-2.

59) Fletcher, *Southern Baptist Convention*, 17; McBeth, *Baptist Heritage*, 132.

60) 김승진, 「침례교회와 역사」, 197-8.

61) Torbet, 「침례교회사」, 240.

62) 정만득, 「미국의 청교도 사회」, 266-7.

63) 정만득, 「미국의 청교도 사회」, 268-70.

64) 정만득, 「미국의 청교도 사회」, 203-4.

65) 김승진, 「침례교회와 역사」, 196; 정만득, 「미국의 청교도 사회」, 272-4.

66) 정만득, 「미국의 청교도 사회」, 204-5.

67) 김승진, 「침례교회와 역사」, 196-7; 정만득, 「미국의 청교도 사회」, 274-5.

68) McBeth, *Sourcebook for Baptist Heritage*, 83; idem., *Baptist Heritage*, 133; 정만득, 「미국의 청교도 사회」, 206-7.

69) McBeth, *Baptist Heritage*, 133-4; John Cotton, *The Bloudy Tennent Washed and Made White in the Bloudy of the Lamb* in James Tull, *Shapers of Baptist Thoughts*, 37; James Ernst, *Roger Williams: New England Firebrand* (New York: The Macmillan Company, 1932), 247.

70) Winthrop Hudson and John Corrigan, 「미국의 종교」, 73.

71) 김승진, 「침례교회와 역사」, 197; 정만득, 「미국의 청교도 사회」, 214.

72) Roger Williams, *The Bloudy Tennent of Persecution*, 1644 in H. Leon McBeth, *A Sourcebook for Baptist Heritage* (Nashville: Broadman Press, 1990), 83-4; McBeth, *Baptist Heritage*, 133; 김승진, 「침례교회와 역사」, 203-4.

73) 정만득, 「미국의 청교도 사회」, 283.

74) 김승진, 「침례교회와 역사」, 199; Edwin S. Gaustad, "Roger Williams: Beyond Puritanism," *Baptist History and Heritage* 24 (October 1989): 11.

75) Fletcher, *Southern Baptist Convention*, 17; Torbet, 「침례교회사」, 232-3.

76) H. Leon McBeth, 「침례교회의 역사와 유산(상)」, 김용국 외 2인 역 (대전: 침례신학대학

교출판부, 2013), 187, 189; Edwin S. Gaustad, "John Clarke: Good News from Rhode Island," *Baptist History and Heritage* 24 (October 1989): 20−8.

77) Fletcher, *Southern Baptist Convention*, 17; McBeth, 「침례교회의 역사와 유산(상)」, 187−8.

78) McBeth, 「침례교회의 역사와 유산(상)」, 189.

79) McBeth, 「침례교회의 역사와 유산(상)」, 188.

80) *Winthrop's Journal: History of New England 1630-1649*, 2nd vols., edited by James K. Hosmer (New York: Charles Scribner's Sons, 1908), 1:277; 2:41.

81) McBeth, 「침례교회의 역사와 유산(상)」, 188−9; Fletcher, *Southern Baptist Convention*, 17.

82) Torbet, 「침례교회사」, 233.

83) Winthrop Hudson and John Corrigan, 「미국의 종교」, 92.

84) Winthrop Hudson and John Corrigan, 「미국의 종교」, 95; 정만득, 「미국의 청교도 사회」, 219.

85) John Clarke, *Ill News from New England*(1652) in McBeth, *Sourcebook*, 91; Torbet, 「침례교회사」, 234−5; McBeth, 「침례교회의 역사와 유산(상)」, 191−2.

86) Clarke, *Ill News* in McBeth, *Sourcebook*, 92.

87) 정만득, 「미국의 청교도 사회」, 277−9; 김승진, 「침례교회와 역사」, 197; Morgan W. Patterson, "The Contributions of Baptists to Religious Freedom in America," *Review and Expositor* 73 (Winter 1976): 26. Fletcher, *Southern Baptist Convention*, 18.

88) Thomas E. Buckley, S. J., "Church and State in Massachusetts Bay: A Case Study of Baptist Dissenters, 1651," *Journal of Church and State* 23 (Spring 1981): 322.

89) McBeth, 「침례교회의 역사와 유산(상)」, 190.

90) McBeth, 「침례교회의 역사와 유산(상)」, 190.

91) Winthrop Hudson and John Corrigan, 「미국의 종교」, 92; McBeth, 「침례교회의 역사와 유산(상)」, 192−3; Torbet, 「침례교회사」, 234; Fletcher, *Southern Baptist Convention*, 18.

92) Torbet, 「침례교회사」, 235; McBeth, 「침례교회의 역사와 유산(상)」, 193.

93) McBeth, 「침례교회의 역사와 유산(상)」, 193−4; Torbet, 「침례교회사」, 235.

94) Torbet, 「침례교회사」, 235−6.

95) Torbet, 「침례교회사」, 236.

96) Torbet, 「침례교회사」, 236−7.

97) Torbet, 「침례교회사」, 237.

98) Torbet, 「침례교회사」, 237; Robert A. Baker, ed., *A Baptist Source Book* (Nashville: Broadman Press, 1966), 2; McBeth, 「침례교회의 역사와 유산(상)」, 197.

99) Torbet, 「침례교회사」, 238.

100) Torbet, 「침례교회사」, 239.

101) McBeth, 「침례교회의 역사와 유산(상)」, 197; Torbet, 「침례교회사」, 239.

102) 심지어 분리주의 정서가 매우 강했던 세일럼에서도 유아세례를 거부한 힝검(Hingham)과 토마스 페인터(Thomas Painter) 등은 태형을 받았다. Torbet, 「침례교회사」, 234을 보시오.

103) McBeth, 「침례교회의 역사와 유산(상)」, 197-8.

104) Winthrop Hudson and John Corrigan, 「미국의 종교」, 56-7, 75.

105) Winthrop Hudson and John Corrigan, 「미국의 종교」, 76.

106) Torbet, 「침례교회사」, 241.

107) Torbet, 「침례교회사」, 231.

108) McBeth, 「침례교회의 역사와 유산(상)」, 198; Torbet, 「침례교회사」, 242.

109) Torbet, 「침례교회사」, 242.

110) Torbet, 「침례교회사」, 243.

111) McBeth, 「침례교회의 역사와 유산(상)」, 199; Torbet, 「침례교회사」, 242.

112) Torbet, 「침례교회사」, 244.

113) Torbet, 「침례교회사」, 240.

114) Torbet, 「침례교회사」, 249.

115) Fletcher, *Southern Baptist Convention*, 14; Torbet, 「침례교회사」, 249-50.

116) Fletcher, *Southern Baptist Convention*, 14-5; McBeth, 「침례교회의 역사와 유산(상)」, 200-1.

117) Torbet, 「침례교회사」, 238.

제9장 18세기 미국침례교회

1) H. Leon McBeth, 「침례교회의 역사와 유산(상)」, 김용국 외 2인 역 (대전: 침례신학대학교 출판부, 2013), 277-8.

2) Winthrop Hudson and John Corrigan, 「미국의 종교」, 배덕만 역 (서울: 성광문화사, 2008), 202.

3) Roger Finke and Rodney Stark, 「미국 종교시장에서의 승자와 패자」, 87.

4) Roger Finke and Rodney Stark, 「미국 종교시장에서의 승자와 패자」, 84.

5) Winthrop Hudson and John Corrigan, 「미국의 종교」, 117.

6) Robert G. Torbet, 「침례교회사」, 허긴 역 (대전: 침례신학대학출판부, 1991), 256; McBeth, 「침례교회의 역사와 유산(상)」, 278-9; Winthrop Hudson and John Corrigan, 「미국의 종교」, 54, 86.

7) Winthrop Hudson and John Corrigan, 「미국의 종교」, 118.

8) Winthrop Hudson and John Corrigan, 「미국의 종교」, 142-3.

9) Winthrop Hudson and John Corrigan, 「미국의 종교」, 122-3.

10) Winthrop Hudson and John Corrigan, 「미국의 종교」, 123-5.

11) Winthrop Hudson and John Corrigan, 「미국의 종교」, 126-8.

12) Winthrop Hudson and John Corrigan, 「미국의 종교」, 130-2.

13) Torbet, 「침례교회사」, 256.

14) Torbet, 「침례교회사」, 256-7.

15) Winthrop Hudson and John Corrigan, 「미국의 종교」, 133-4.

16) Torbet, 「침례교회사」, 257.

17) Roger Finke and Rodney Stark, 「미국 종교시장에서의 승자와 패자」, 김태식 역 (서울: 서로사랑, 2009), 103-5.

18) Roger Finke and Rodney Stark, 「미국 종교시장에서의 승자와 패자」, 105.

19) Roger Finke and Rodney Stark, 「미국 종교시장에서의 승자와 패자」, 90-1.

20) Stanley J. Grenz, "아이작 배커스," 「침례교신학자들 (상)」 eds. Timothy George and David Dockery (대전: 침례신학대학교출판부, 2008), 157-8.

21) Grenz, "아이작 배커스," 158. Winthrop Hudson and John Corrigan, 「미국의 종교」, 138; McBeth, 「침례교회의 역사와 유산(상)」, 281-3; Torbet, 「침례교회사」, 257.

22) McBeth, 「침례교회의 역사와 유산(상)」, 282-3.

23) Grenz, "아이작 배커스," 「침례교신학자들 (상)」, 158-9.

24) McBeth, 「침례교회의 역사와 유산(상)」, 281-2.

25) Torbet, 「침례교회사」, 258.

26) Roger Finke and Rodney Stark, 「미국 종교시장에서의 승자와 패자」, 92.

27) 지역별 교세의 도표는 Roger Finke and Rodney Stark, 「미국 종교시장에서의 승자와 패자」, 63에 나와 있음.

28) Roger Finke and Rodney Stark, 「미국 종교시장에서의 승자와 패자」, 58.

29) Roger Finke and Rodney Stark, 「미국 종교시장에서의 승자와 패자」, 100-1. 감리교회는 1776년에 4,921명의 교인에서 1806년에는 130,570명으로 늘었다(ibid, 100).

30) Winthrop Hudson and John Corrigan, 「미국의 종교」, 207-8.

31) McBeth, 「침례교회의 역사와 유산(상)」, 284-5; Roger Finke and Rodney Stark, 「미국 종교시장에서의 승자와 패자」, 64.

32) McBeth, 「침례교회의 역사와 유산(상)」, 285.

33) Torbet, 「침례교회사」, 258; McBeth, 「침례교회의 역사와 유산(상)」, 285-6.

34) Torbet, 「침례교회사」, 258-9; McBeth, 「침례교회의 역사와 유산(상)」, 286-7.

35) Torbet, 「침례교회사」, 259-60; McBeth, 「침례교회의 역사와 유산(상)」, 287.

36) McBeth, 「침례교회의 역사와 유산(상)」, 288.

37) McBeth, 「침례교회의 역사와 유산(상)」, 288-9; Torbet, 「침례교회사」, 259.

38) 회중교회 목사로서 1778년에 예일대학교 총장이 된 에즈라 스타일스(Ezra Stiles)는 1760년 기준으로 뉴잉글랜드에는 22,000명의 침례교인들이 있었고, 회중교인들은 약 60,000에서 70,000명 정도 있었다고 하였다. 그런데 이 차이는 계속 좁혀졌다. Winthrop Hudson and John Corrigan, 「미국의 종교」, 205.

39) Torbet, 「침례교회사」, 244-5; McBeth, 「침례교회의 역사와 유산(상)」, 292.

40) Winthrop Hudson and John Corrigan, 「미국의 종교」, 93; Torbet, 「침례교회사」, 245.

41) McBeth, 「침례교회의 역사와 유산(상)」, 291.

42) Torbet, 「침례교회사」, 260; McBeth, 「침례교회의 역사와 유산(상)」, 292.

43) McBeth, 「침례교회의 역사와 유산(상)」, 293-4.

44) McBeth, 「침례교회의 역사와 유산(상)」, 294.

45) Torbet, 「침례교회사」, 261; McBeth, 「침례교회의 역사와 유산(상)」, 294-5.

46) Torbet, 「침례교회사」, 261; McBeth, 「침례교회의 역사와 유산(상)」, 295-6.

47) McBeth, 「침례교회의 역사와 유산(상)」, 296-7.

48) Torbet, 「침례교회사」, 247; McBeth, 「침례교회의 역사와 유산(상)」, 298.

49) Winthrop Hudson and John Corrigan, 「미국의 종교」, 53-4.

50) Winthrop Hudson and John Corrigan, 「미국의 종교」, 78.

51) Roger Finke and Rodney Stark, 「미국 종교시장에서의 승자와 패자」, 73-4.

52) Torbet, 「침례교회사」, 248-9.

53) Torbet, 「침례교회사」, 249, 262.

54) Winthrop Hudson and John Corrigan, 「미국의 종교」, 140.

55) Torbet, 「침례교회사」, 266.

56) McBeth, 「침례교회의 역사와 유산(상)」, 303-5.

57) McBeth, 「침례교회의 역사와 유산(상)」, 298-300.

58) McBeth, 「침례교회의 역사와 유산(상)」, 300-1.

59) Torbet, 「침례교회사」, 251.

60) Fletcher, *Southern Baptist Convention*, 32; McBeth, 「침례교회의 역사와 유산(상)」, 301.

61) McBeth, 「침례교회의 역사와 유산(상)」, 301-2.

62) Torbet, 「침례교회사」, 266; McBeth, 「침례교회의 역사와 유산(상)」, 302-3; Fletcher, *Southern Baptist Convention*, 32.

63) McBeth, 「침례교회의 역사와 유산(상)」, 303; Fletcher, *Southern Baptist Convention*, 32.

64) Torbet, 「침례교회사」, 265-6.

65) Torbet, 「침례교회사」, 251-2.

66) Torbet, 「침례교회사」, 252-3; McBeth, 「침례교회의 역사와 유산(상)」, 306.

67) Fletcher, *Southern Baptist Convention*, 31; Winthrop Hudson and John Corrigan, 「미국의 종교」, 140; Torbet, 「침례교회사」, 262-3.

68) McBeth, 「침례교회의 역사와 유산(상)」, 306-7.

69) Torbet, 「침례교회사」, 254; McBeth, 「침례교회의 역사와 유산(상)」, 307-8.

70) Torbet, 「침례교회사」, 264; McBeth, 「침례교회의 역사와 유산(상)」, 308-9.

71) McBeth, 「침례교회의 역사와 유산(상)」, 309-10.

72) McBeth, 「침례교회의 역사와 유산(상)」, 310.

73) McBeth, 「침례교회의 역사와 유산(상)」, 310-12.

74) Fletcher, *Southern Baptist Convention*, 31; McBeth, 「침례교회의 역사와 유산(상)」, 312.

75) William Lumpkin, 「침례교 신앙고백서」, 김용복 외 2인 역 (대전: 침례신학대학교출판부, 2008), 419; Torbet, 「침례교회사」, 263; McBeth, 「침례교회의 역사와 유산(상)」, 313.

76) McBeth, 「침례교회의 역사와 유산(상)」, 313-4.

77) Torbet, 「침례교회사」, 263-4.

78) McBeth, 「침례교회의 역사와 유산(상)」, 314-6.

79) McBeth, 「침례교회의 역사와 유산(상)」, 316.

80) McBeth, 「침례교회의 역사와 유산(상)」, 316-7.

81) McBeth, 「침례교회의 역사와 유산(상)」, 318.

82) Winthrop Hudson and John Corrigan, 「미국의 종교」, 140; McBeth, 「침례교회의 역사와 유산(상)」, 319-20.

83) McBeth, 「침례교회의 역사와 유산(상)」, 320-1.

84) Roger Finke and Rodney Stark, 「미국 종교시장에서의 승자와 패자」, 77.

85) Roger Finke and Rodney Stark, 「미국 종교시장에서의 승자와 패자」, 78.

86) Roger Finke and Rodney Stark, 「미국 종교시장에서의 승자와 패자」, 130.

87) Roger Finke and Rodney Stark, 「미국 종교시장에서의 승자와 패자」, 131.

88) Roger Finke and Rodney Stark, 「미국 종교시장에서의 승자와 패자」, 67-8.

89) Fletcher, *Southern Baptist Convention*, 33.

90) Winthrop Hudson and John Corrigan, 「미국의 종교」, 168.

91) Torbet, 「침례교회사」, 273-4.

92) Torbet, 「침례교회사」, 274-5. 전쟁에 관해서 침례교인들은 일반적으로 평화주의를 채택하지 않았다. 침례교인들은 전쟁이 만족스러운 방법은 아니지만 불가불 전쟁을 감행해야 하는 상황에 처했을 경우 전쟁에 찬성하였다. 17세기에 발생한 영국의 내란, 미국의 독립전쟁과 남북전쟁, 미국-스페인 전쟁, 양차 세계대전 등, 침례교인들은 피할 수 없고 정의로운 이유라고 판단될 때는 예외 없이 전쟁에 참여하였다(ibid, 603-4).

93) McBeth, 「침례교회의 역사와 유산(상)」, 347.

94) McBeth, 「침례교회의 역사와 유산(상)」, 351.

95) McBeth, 「침례교회의 역사와 유산(상)」, 351-2.

96) McBeth, 「침례교회의 역사와 유산(상)」, 352.

97) McBeth, 「침례교회의 역사와 유산(상)」, 348.

98) Torbet, 「침례교회사」, 270.

99) Winthrop Hudson and John Corrigan, 「미국의 종교」, 176. 매사추세츠에서 종교세는 모든 주민들이 내야 했으므로, 매사추세츠의 회중교회 지도자들은 매사추세츠 주 전체인구를 회중교회 총 교인수와 동일하게 보는 경향이 있었다. 예를 들면 대표적인 회중교회 목사 에즈라 스타일스(Ezra Stiles)는 1760년도에 회중교인들의 숫자를 445,000명으로 계산했는데, 이것은 당시 총인구에서 4천 명만 제한 숫자였다. Roger Finke and Rodney Stark, 「미국 종교시장에서의 승자와 패자」, 55.

100) Torbet, 「침례교회사」, 270; McBeth, 「침례교회의 역사와 유산(상)」, 355.

101) McBeth, 「침례교회의 역사와 유산(상)」, 355; Torbet, 「침례교회사」, 270-1.

102) 김승진, 「침례교회와 역사」, 352-3. 보스턴 근교인 애시필드(Ashfield)에는 침례교인들이 오래전부터 정착해 살고 있었다. 그런데 나중에 그곳으로 이주해 온 회중교인들은 종

교세를 징수하려했고, 침례교인들이 그것을 거부하자, 1770년 4월에 박해를 받게 되었다. McBeth, 「침례교회의 역사와 유산(상)」, 353.

103) Isaac Backus, *A History of New England with Particular Reference to the Denomination of Christians Called Baptists*, 94-95n. McBeth, 「침례교회의 역사와 유산(상)」, 353에서 재인용.

104) Stanley J. Grenz, "아이작 배커스," 「침례교신학자들 (상)」 eds. Timothy George and David Dockery (대전: 침례신학대학교출판부, 2008), 159; 김승진, 「침례교회와 역사」, 345-6.

105) 김승진, 「침례교회와 역사」, 348; William McLoughlin, "Isaac Backus and the Separation of Church and State in America," in *The Marrow of American Divinity*, ed. by Peter Charles Hoffer (New York: Garland Publishing Inc., 1988), 216.

106) Grenz, "아이작 배커스," 159-60; 김승진, 「침례교회와 역사」, 349-50.

107) Grenz, "아이작 배커스," 160; McBeth, 「침례교회의 역사와 유산(상)」, 356; William McLoughlin, *Soul Liberty: The Baptists' Struggle in New England, 1633-1833* (Hanover: University Press of New England, 1991), 127.

108) Grenz, "아이작 배커스," 160-1; Torbet, 「침례교회사」, 271.

109) McBeth, 「침례교회의 역사와 유산(상)」, 356; 김승진, 「침례교회와 역사」, 358-9.

110) 김승진, 「침례교회와 역사」, 359-60.

111) McBeth, 「침례교회의 역사와 유산(상)」, 357-8; Grenz, "아이작 배커스," 165.

112) McLoughlin, *Soul Liberty*, 264-69; 김승진, 「침례교회와 역사」, 362-3. 배커스는 분리주의자가 아니었다. 그는 뉴잉글랜드에서 분리침례교회들과 정규침례교회들이 분리되는 것을 방지하려고 노력했다. 또한 범교단적인 연합사업에도 열심을 내었다. 배커스는 로드아일랜드의 스티븐 개노 및 21명의 타 교파 목회자들과 함께, 1795년에 교파를 초월한 전국적인 "합동기도회"를 열자는 내용의 "회람서신"을 발송했다. 이들의 제안은 전국에 있는 교회와 대학교 지도자들로부터 큰 호응을 얻었다. 모라비아 개혁교회를 비롯하여 감리교, 장로교, 침례교, 회중교회 등이 연합하여 부흥의 열기를 이어갔다. Torbet, 「침례교회사」.

113) 김용국, "신앙의 자유와 17-18세기 미국 침례교회," 「역사신학논총」 5집 (2003): 333-4; McLoughlin, *Soul Liberty*, 249-50, 255-7; William McLoughlin, "Isaac Backus and the Separation of Church and State in America," in The Marrow of American Divinity, ed. by Peter Charles Hoffer (New York: Garland Publishing Inc., 1988), 216, 223, 226-7.

114) McBeth, 「침례교회의 역사와 유산(상)」, 359.

115) Grenz, "아이작 배커스," 164; McBeth, 「침례교회의 역사와 유산(상)」, 364-5.

116) Grenz, "아이작 배커스," 164.

117) Torbet, 「침례교회사」, 271.

118) Grenz, "아이작 배커스," 162; Torbet, 「침례교회사」, 271; McBeth, 「침례교회의 역사와 유산(상)」, 360; 김용국, "신앙의 자유와 17-18세기 미국 침례교회," 336.

119) Torbet, 「침례교회사」, 272. 영국 런던 당국에 직접 호소하려는 시도가 실제로 이루어진 경우는 없었다. 김승진, 「침례교회와 역사」, 355을 보시오.

120) Torbet, 「침례교회사」, 272.

121) William G. McLoughlin, ed., *The Diary of Isaac Backus*, 3:1595–6. McBeth, 「침례교회의 역사와 유산(상)」, 361에서 재인용.

122) 김승진, 「침례교회와 역사」, 355–6; Grenz, "아이작 배커스," 162–3; Torbet, 「침례교회사」, 272–3.

123) Isaac Backus, *A History of New England with Particular Reference to the Denomination of Christians Called Baptists*, 203n. McBeth, 「침례교회의 역사와 유산(상)」, 362에서 재인용.

124) McBeth, 「침례교회의 역사와 유산(상)」, 362.

125) Grenz, "아이작 배커스," 163–4; 김승진, 344, 358.

126) McBeth, 「침례교회의 역사와 유산(상)」, 366–7.

127) McBeth, 「침례교회의 역사와 유산(상)」, 367–9.

128) McBeth, 「침례교회의 역사와 유산(상)」, 372–3.

129) Torbet, 「침례교회사」, 275, 277.

130) Torbet, 「침례교회사」, 275–7.

131) McBeth, 「침례교회의 역사와 유산(상)」, 371.

132) McBeth, 「침례교회의 역사와 유산(상)」, 372.

133) 김승진, 「침례교회와 역사」, 375–6.

134) 김승진, 「침례교회와 역사」, 376–8. 버지니아에는 1740년에 6개의 침례교회만 있었는데, 50년이 지난 1590년에는 410개의 교회로 늘어났다. 이러한 엄청난 성장의 원인 중 하나는 바로 릴랜드의 순회설교였다(ibid, 381).

135) 김승진, 「침례교회와 역사」, 378–9, 388–90; Torbet, 「침례교회사」, 277–8.

136) 김승진, 「침례교회와 역사」, 382–3.

137) McBeth, 「침례교회의 역사와 유산(상)」, 374.

138) McBeth, 「침례교회의 역사와 유산(상)」, 374–5.

139) McBeth, 「침례교회의 역사와 유산(상)」, 376에서 재인용; 김용국, "신앙의 자유와 17–18세기 미국 침례교회," 337.

140) McBeth, 「침례교회의 역사와 유산(상)」, 376–7; 김승진, 「침례교회와 역사」, 384–5.

141) McBeth, 「침례교회의 역사와 유산(상)」, 377에서 재인용.

142) McBeth, 「침례교회의 역사와 유산(상)」, 378.

143) Winthrop Hudson and John Corrigan, 「미국의 종교」, 179.

144) McBeth, 「침례교회의 역사와 유산(상)」, 379–80. 장로교회는 의견이 나누어졌는데, 평신도 장로들은 일반과세를 반대하였지만, 목사들은 불만족하면서도 받아들였다. Winthrop Hudson and John Corrigan, 「미국의 종교」, 180, 182를 보시오.

145) McBeth, 「침례교회의 역사와 유산(상)」, 380에서 인용.

146) Winthrop Hudson and John Corrigan, 「미국의 종교」, 181; Torbet, 「침례교회사」, 278; McBeth, 「침례교회의 역사와 유산(상)」, 381.

147) McBeth, 「침례교회의 역사와 유산(상)」, 381.

148) Torbet, 「침례교회사」, 278.

149) 김승진, 「침례교회와 역사」, 357. 헌법 6조의 영문은 다음과 같다: "No religious test shall ever be required as a qualification to any office or public trust under the United States." 미국에서 침례교회들이 많은 지역에서는 항상 종교의 자유가 확대되었다. 예를 들면 침례교인들의 수가 많았던 켄터키, 인디애나, 일리노이 등이 주 헌법을 제정하게 될 때, 그 헌법들은 민주주의와 자유주의를 강조하는 특성을 갖게 되었다. 이것은 만인사제주의에 근거한 회중주의와 민주주의를 믿었던 침례교인들의 사상이 국가의 정치체제에도 영향을 끼친 증거가 된다. 또한 이들 켄터키, 일리노이, 인디애나 주들이 미연방에 편입되자, 자유와 민주주의 사상은 연방적인 차원에서 보다 강화되는 결과를 가져왔다. Torbet, 「침례교회사」, 589, 600.

150) McBeth, 「침례교회의 역사와 유산(상)」, 382.

151) McBeth, 「침례교회의 역사와 유산(상)」, 383; Torbet, 「침례교회사」, 280.

152) 김승진, 「침례교회와 역사」, 393.

153) McBeth, 「침례교회의 역사와 유산(상)」, 384.

154) McBeth, 「침례교회의 역사와 유산(상)」, 384.

155) 김승진, 「침례교회와 역사」, 357. 수정헌법의 해당 조항 영문은 다음과 같다: "Congress shall make no law respecting an establishment of religion, or prohibiting the free exercise thereof, or abridging the freedom of speech or of the press, or the right of the people peaceably to assemble and to petition the government for the redress of grievances."

156) McBeth, 「침례교회의 역사와 유산(상)」, 385; Torbet, 「침례교회사」, , 280.

157) McBeth, 「침례교회의 역사와 유산(상)」, 336.

158) McBeth, 「침례교회의 역사와 유산(상)」, 336-8.

159) McBeth, 「침례교회의 역사와 유산(상)」, 338.

160) McBeth, 「침례교회의 역사와 유산(상)」, 339.

161) McBeth, 「침례교회의 역사와 유산(상)」, 339. 미국의 최초 침례교 찬송가인 1766년 「뉴포트 찬송집」(Newport Collection)에는 다음과 같은 구절이 있다. "어떤 이들은 그것을 침례라고 부르며, 계속 지지할 것이라 생각한다네. 사람의 손에서 몇 방울의 물이 저주 아래에 있는 어린아이 얼굴 위로 떨어지는 것을. 하지만 우리는 그것을 우리에게 증명해 줄 성서구절을 찾지 못하네."(ibid).

162) McBeth, 「침례교회의 역사와 유산(상)」, 340.

163) Torbet, 「침례교회사」, 267.

164) McBeth, 「침례교회의 역사와 유산(상)」, 327.

165) Torbet, 「침례교회사」, 245.

166) Torbet, 「침례교회사」, 247.

167) Torbet, 「침례교회사」, 268; Fletcher, Southern Baptist Convention, 36.

168) Torbet, 「침례교회사」, 246-7, 269; William McLoughlin, Soul Liberty: The Baptists' Struggle in New England, 1633-1833 (Hanover: University Press of New England, 1991), 7-8.

169) Torbet, 「침례교회사」, 268.

170) William Lumpkin, 「침례교 신앙고백서」, 김용복 외 2인 역 (대전: 침례신학대학교출판부, 2008), 408.

171) Winthrop Hudson and John Corrigan, 「미국의 종교」, 93; Lumpkin, 「침례교 신앙고백서」, 409.

172) Lumpkin, 「침례교 신앙고백서」, 409-10; Torbet, 「침례교회사」, 246; McBeth, 「침례교회의 역사와 유산(상)」, 328-9;

173) Lumpkin, 「침례교 신앙고백서」, 294. 영어 원문은 다음과 같다. "The Holy Scripture is the only sufficient, certain, and infallible rule of all saving Knowledge, Faith, and Obedience." 김승진, 「침례교회와 역사」 (대전: 침례신학대학교출판부, 2009), 217-8.

174) 김승진, 「침례교회와 역사」, 218.

175) 김승진, 「침례교회와 역사」, 219-20.

176) 김승진, 「침례교회와 역사」, 220.

177) Lumpkin, 「침례교 신앙고백서」, 412.

178) Lumpkin, 「침례교 신앙고백서」, 412.

179) Lumpkin, 「침례교 신앙고백서」, 413.

180) Lumpkin, 「침례교 신앙고백서」, 414.

181) 김승진, 「침례교회와 역사」, 210.

182) 김용국. "신앙의 자유와 책임에 대한 침례교 전통." 「복음과 실천」 40집 (2007): 113-4; Robert G. Torbet, *A History of the Baptists* (Valley Forge: Judson Press, 1963), 46; McBeth, *Baptist Heritage*, 66-8.

183) McBeth, 「침례교회의 역사와 유산(상)」, 329-30.

184) McBeth, 「침례교회의 역사와 유산(상)」, 330-1.

185) McBeth, 「침례교회의 역사와 유산(상)」, 331.

186) Lumpkin, 「침례교 신앙고백서」, 415.

187) Lumpkin, 「침례교 신앙고백서」, 415-6.

188) Lumpkin, 「침례교 신앙고백서」, 416-8.

189) Torbet, 「침례교회사」, 246; McBeth, 「침례교회의 역사와 유산(상)」, 331-2.

190) McBeth, 「침례교회의 역사와 유산(상)」, 332-3; Torbet, 「침례교회사」, 246.

191) Torbet, 「침례교회사」, 351; McBeth, 「침례교회의 역사와 유산(상)」, 321-2.

192) Torbet, 「침례교회사」, 352.

193) Torbet, 「침례교회사」, 352-3.

194) Roger Finke and Rodney Stark, 「미국 종교시장에서의 승자와 패자」, 125-6.

195) McBeth, 「침례교회의 역사와 유산(상)」, 322.

196) Torbet, 「침례교회사」, 353; McBeth, 「침례교회의 역사와 유산(상)」, 322.

197) McBeth, 「침례교회의 역사와 유산(상)」, 324; Torbet, 「침례교회사」, 353; William H. Brackney, *Congregation and Campus: Baptists in Higher Education* (Macon: Mercer

University Press, 2008), 51-2.

198) Torbet, 「침례교회사」, 353-4.

199) Torbet, 「침례교회사」, 354.

200) 김용국, "세계 침례교 신학대학교의 역사," 허긴 박사 은퇴기념논문집 발간위원회, 「한국침례교회와 역사: 회고와 성찰」(대전: 침례신학대학교출판부, 2010), 390; Elmer G. Million, "Relationship of the Church-Related University to the Churches and to the State," *Foundations*, vol. 7, no. 3 (1964): 237-9.

201) Torbet, 「침례교회사」, 354-5; McBeth, 「침례교회의 역사와 유산(상)」, 324-5.

202) 김용국, "세계 침례교 신학대학교의 역사," 390; McBeth, 「침례교회의 역사와 유산(상)」, 326; Brackney, *Congregation and Campus*, 56-8.

203) McBeth, 「침례교회의 역사와 유산(상)」, 323.

204) McBeth, *The Baptist Heritage* (Nashville: Broadman Press, 1987), 237; Torbet, 「침례교회사」, 355.

제10장 19세기 전반기 미국침례교회: 남북침례교 분립 이전까지(1800-1844)

1) Robert G. Torbet, 「침례교회사」, 허긴 역 (대전: 침례신학대학출판부, 1991), 280.

2) Roger Finke and Rodney Stark, 「미국 종교시장에서의 승자와 패자」, 김태식 역 (서울: 서로사랑, 2009), 96-7.

3) H. Leon McBeth, *Baptist Heritage* (Nashville: Broadman Press, 1987), 343.

4) Roger Finke and Rodney Stark, 「미국 종교시장에서의 승자와 패자」, 101-2.

5) Roger Finke and Rodney Stark, 「미국 종교시장에서의 승자와 패자」, 142-3.

6) Roger Finke and Rodney Stark, 「미국 종교시장에서의 승자와 패자」, 166-7.

7) Winthrop Hudson and John Corrigan, 「미국의 종교」, 배덕만 역 (서울: 성광문화사, 2008), 227-31.

8) Roger Finke and Rodney Stark, 「미국 종교시장에서의 승자와 패자」, 147-9.

9) Roger Finke and Rodney Stark, 「미국 종교시장에서의 승자와 패자」, 147-8.

10) Torbet, 「침례교회사」, 346-7.

11) Winthrop Hudson and John Corrigan, 「미국의 종교」, 232.

12) Torbet, 「침례교회사」, 264.

13) Torbet, 「침례교회사」, 344-5, 348.

14) Torbet, 「침례교회사」, 347.

15) Torbet, 「침례교회사」, 348-9.

16) Winthrop Hudson and John Corrigan, 「미국의 종교」, 245-6.

17) Roger Finke and Rodney Stark, 「미국 종교시장에서의 승자와 패자」, 134-5.

18) Roger Finke and Rodney Stark, 「미국 종교시장에서의 승자와 패자」, 124.

19) Roger Finke and Rodney Stark, 「미국 종교시장에서의 승자와 패자」, 135.

20) Torbet, 「침례교회사」, 280-1; Winthrop Hudson and John Corrigan, 「미국의 종교」, 245.

21) Roger Finke and Rodney Stark, 「미국 종교시장에서의 승자와 패자」, 110.

22) Roger Finke and Rodney Stark, 「미국 종교시장에서의 승자와 패자」, 136-8.

23) Roger Finke and Rodney Stark, 「미국 종교시장에서의 승자와 패자」, 117.

24) Torbet, 「침례교회사」, 283.

25) Torbet, 「침례교회사」, 264-5.

26) Winthrop Hudson and John Corrigan, 「미국의 종교」, 244; Torbet, 「침례교회사」, 283-4.

27) Torbet, 「침례교회사」, 284. 영국 특수침례교회는 1792년 10월 2일에 12명의 목회자들이
모여 침례교선교협회(Baptist Missionary Society)를 설립하였다. Doyle L. Young, "Andrew
Fuller and the Modern Mission Movement," *Baptist History and Heritage*, vol. 17 (October
1982): 19. 본 협회는 윌리엄 캐리의 인도 선교의 성공에 힘입어 많은 지지를 얻게 되었
고, 곧 영국 침례교회 내에서 회원 수와 재정 규모에서 타의 추종을 불허하는 가장 크고
영향력 있는 협회가 되었다.

28) Winthrop Hudson and John Corrigan, 「미국의 종교」, 243; Torbet, 「침례교회사」, 282.

29) H. Leon McBeth, *Baptist Heritage* (Nashville: Broadman Press, 1987), 361; Torbet, 「침례
교회사」, 291.

30) Torbet, 「침례교회사」, 268-9.

31) Torbet, 「침례교회사」, 282, 289-90.

32) Torbet, 「침례교회사」, 286.

33) Torbet, 「침례교회사」, 345.

34) McBeth, *Baptist Heritage*, 344-5.

35) Aileen Sutherland Collins, "William Carey: The 'Consecrated Cobbler' Who
Founded Modern Mission," *American Baptist Quarterly*, vol. 11 (September 1992): 274;
Winthrop Hudson and John Corrigan, 「미국의 종교」, 258; Torbet, 「침례교회사」, 286.

36) James D. Knowles, *Memoir of Mrs. Ann H. Judson* (Boston: Lincoln and Edmands, 1829),
63. Jesse C. Fletcher, *The Southern Baptist Convention: A Sesquicentennial History* (Nashville:
Broadman and Holman Publishers, 1994), 36.

37) Winthrop Hudson and John Corrigan, 「미국의 종교」, 258; Torbet, 「침례교회사」, 286;
Fletcher, *Southern Baptist Convention*, 36.

38) Torbet, 「침례교회사」, 287; McBeth, *Baptist Heritage*, 346. 영국 침례교 선교사 윌리엄 캐
리는 라이스가 해외선교를 호소하기 훨씬 전에 토머스 볼드윈 목사와 이미 서신교환을
통해 친분을 쌓고, 인도선교를 소개하였다. 김용국, "윌리엄 캐리의 사역과 업적," 「역사
신학논총」 23집 (2012): 146을 참조하시오.

39) Torbet, 「침례교회사」, 287-8.

40) Torbet, 「침례교회사」, 287-8.

41) McBeth, *Baptist Heritage*, 288.

42) McBeth, *Baptist Heritage*, 347-8.

43) Fletcher, *Southern Baptist Convention*, 37, 44; Torbet, 「침례교회사」, 291; McBeth, *Baptist Heritage*, 349.

44) 김승진, 「침례교회와 역사」 (대전: 침례신학대학교출판부, 2009), 274.

45) McBeth, *Baptist Heritage*, 357-8.

46) McBeth, *Baptist Heritage*, 359-60.

47) Torbet, 「침례교회사」, 382-3.

48) Torbet, 「침례교회사」, 383.

49) Torbet, 「침례교회사」, 383-5.

50) Torbet, 「침례교회사」, 383-4.

51) McBeth, *Baptist Heritage*, 360; Torbet, 「침례교회사」, 386.

52) Torbet, 「침례교회사」, 386-7.

53) Torbet, 「침례교회사」, 387.

54) Torbet, 「침례교회사」, 388.

55) McBeth, *Baptist Heritage*, 360.

56) 김승진, 「침례교회와 역사」, 275-6; Fletcher, *Southern Baptist Convention*, 37.

57) Fletcher, *Southern Baptist Convention*, 37-8.

58) Thomas J. Nettles, "리처드 펄먼," 「침례교신학자들 (상)」 eds. Timothy George and David Dockery (대전: 침례신학대학교출판부, 2008), 215-6; 김승진, 「침례교회와 역사」, 254-5.

59) Nettles, "리처드 펄먼," 216-7; 김승진, 「침례교회와 역사」, 256-8.

60) 김승진, 「침례교회와 역사」, 258-61.

61) Nettles, "리처드 펄먼," 218-9; 김승진, 「침례교회와 역사」, 261-2, 265-6.

62) Nettles, "리처드 펄먼," 216-7; 김승진, 「침례교회와 역사」, 256-7, 265.

63) 김승진, 「침례교회와 역사」, 277-8, 281-2.

64) Torbet, 「침례교회사」, 378-9.

65) Torbet, 「침례교회사」, 375.

66) McBeth, *Baptist Heritage*, 361.

67) Torbet, 「침례교회사」, 375-6.

68) McBeth, *Baptist Heritage*, 361-2; Torbet, 「침례교회사」, 363, 376.

69) McBeth, *Baptist Heritage*, 363-4; Torbet, 「침례교회사」, 376-7.

70) McBeth, *Baptist Heritage*, 365.

71) McBeth, *Baptist Heritage*, 352, 365-6; Torbet, 「침례교회사」, 412-3. 19세기 전반 미국 개신교단들은 전국적인 협회들을 통해 선교 사업을 펼치는 특징을 보였다. 이것은 당시 미국 영토의 확장에 부합되는 것이었다. 미국은 1803년 루이지애나를 매입하였고, 1819년에는 플로리다를 확보하였다. 광범위한 국토를 망라하기 위해 개신교는 협회체제로 사역을 감당하려 하였다. 1815년 미국교육협회(American Education Society), 1816년 미국 성서협회(American Bible Society), 1824년 교회학교연맹(Sunday School Union), 1825년 미국서회(American Tract Society), 1826년 미국금주촉진협회(American Society for Promoting

Temperance), 1826년 미국국내선교회(American Home Missionary Society), 1828년 미국평화협회(American Peace Society) 등 다양한 협회들이 설립되었다. Torbet, 「침례교회사」, 289.

72) McBeth, *Baptist Heritage*, 353-4; Torbet, 「침례교회사」, 413.

73) Torbet, 「침례교회사」, 290, 414-5.

74) Torbet, 「침례교회사」, 415.

75) Torbet, 「침례교회사」, 415-6.

76) McBeth, *Baptist Heritage*, 367-8.

77) Torbet, 「침례교회사」, 416.

78) McBeth, *Baptist Heritage*, 368-9.

79) Torbet, 「침례교회사」, 417.

80) McBeth, *Baptist Heritage*, 370.

81) Torbet, 「침례교회사」, 356.

82) Torbet, 「침례교회사」, 356.

83) Torbet, 「침례교회사」, 382.

84) McBeth, *Baptist Heritage*, 355; Torbet, 「침례교회사」, 356-7.

85) 김용국, "세계 침례교 신학대학교의 역사," 허긴 박사 은퇴기념논문집 발간위원회, 「한국 침례교회와 역사: 회고와 성찰」 (대전: 침례신학대학교출판부, 2010), 391; McBeth, *Baptist Heritage*, 355-6; Robert G. Torbet, "Baptist Theological Education: An Historical Survey." *Foundations*, vol. 6 (1963): 315; Charles D. Johnson, *Higher Education of Southern Baptists* (Waco: Baylor University Press, 1955), 5-7.

86) McBeth, *Baptist Heritage*, 356; Torbet, 「침례교회사」, 384-5.

87) McBeth, *Baptist Heritage*, 356; Torbet, 「침례교회사」, 357.

88) Torbet, 「침례교회사」, 357-8.

89) Torbet, 「침례교회사」, 358.

90) 김용국, "세계 침례교 신학대학교의 역사," 392; Torbet, 「침례교회사」, 358-9; Edward C. Starr, "Baptist Beginnings Some Facts on The Hamilton and Newton Institutions," *The Chronicle*, vol. 15, no. 4 (1952): 184-6; Sally Dodgson, "Rochester Theological Seminary: 1850-1928," *American Baptist Quarterly*, vol. 20, no. 2 (2001): 116.

91) Torbet, 「침례교회사」, 359-60; Starr, "Baptist," 186-7; 192; Dodgson, "Rochester," 117-8.

92) Torbet, 「침례교회사」, 361-2.

93) Torbet, 「침례교회사」, 362.

94) Torbet, 「침례교회사」, 362-3.

95) Torbet, 「침례교회사」, 363.

96) Torbet, 「침례교회사」, 364.

97) William Lumpkin, 「침례교 신앙고백서」, 김용복 외 2인 역 (대전: 침례신학대학교출판부, 2008), 421-23.

98) Lumpkin, 「침례교 신앙고백서」, 419-20.

99) Lumpkin, 「침례교 신앙고백서」, 420-1.

100) Lumpkin, 「침례교 신앙고백서」, 423. 김승진, 「침례교회와 역사」, 224-5.

101) Lumpkin, 「침례교 신앙고백서」, 423; McBeth, *Baptist Heritage,* 360, 365-6; Everett C. Goodwin, "Introduction: The Long View: Aspects of the Tension between Freedom and Responsibility," *Baptists in the Balance: The Tension between Freedom and Responsibility* ed. Everett C. Goodwin (Valley Forge: Judson Press, 1997), 15.

102) Lumpkin, 「침례교 신앙고백서」, 423-4.

103) Lumpkin, 「침례교 신앙고백서」, 424.

104) Lumpkin, 「침례교 신앙고백서」, 424-5.

105) Lumpkin, 「침례교 신앙고백서」, 425; 김승진, 「침례교회와 역사」, 230-1.

106) Lumpkin, 「침례교 신앙고백서」, 425-31.

107) 김승진, 「침례교회와 역사」, 228.

108) Henry C. Vedder, *A Short History of Baptists,* 335. Torbet, 「침례교회사」, 307에서 재인용.

109) Torbet, 「침례교회사」, 307-8.

110) Torbet, 「침례교회사」, 308-9.

111) McBeth, *Baptist Heritage,* 371.

112) Torbet, 「침례교회사」, 310.

113) Torbet, 「침례교회사」, 309.

114) McBeth, *Baptist Heritage,* 372.

115) McBeth, *Baptist Heritage,* 372-3; Lumpkin, 「침례교 신앙고백서」, 416.

116) McBeth, *Baptist Heritage,* 373.

117) McBeth, *Baptist Heritage,* 373; Torbet, 「침례교회사」, 310.

118) McBeth, *Baptist Heritage,* 373-4.

119) Torbet, 「침례교회사」, 310-11.

120) Torbet, 「침례교회사」, 317-8.

121) Torbet, 「침례교회사」, 318-9.

122) Torbet, 「침례교회사」, 319-20.

123) Torbet, 「침례교회사」, 320-1.

124) Torbet, 「침례교회사」, 321.

125) Torbet, 「침례교회사」, 321-2.

126) Winthrop Hudson and John Corrigan, 「미국의 종교」, 315-6; Torbet, 「침례교회사」, 322.

127) Winthrop Hudson and John Corrigan, 「미국의 종교」, 316-7.

128) Winthrop Hudson and John Corrigan, 「미국의 종교」, 317-8.

129) Winthrop Hudson and John Corrigan, 「미국의 종교」, 318.

130) Torbet, 「침례교회사」, 323, 349.

131) Torbet, 「침례교회사」, 311.

132) Torbet, 「침례교회사」, 311.

133) McBeth, *Baptist Heritage*, 377−8; Torbet, 「침례교회사」, 312.

134) McBeth, *Baptist Heritage*, 378; Torbet, 「침례교회사」, 312.

135) McBeth, *Baptist Heritage*, 377−8.

136) McBeth, *Baptist Heritage*, 378−80.

137) Debate with Maccalla, 144; Torbet, 「침례교회사」, 313에서 재인용.

138) Fletcher, *Southern Baptist Convention*, 39; Torbet, 「침례교회사」, 313−4.

139) Torbet, 「침례교회사」, 314.

140) Torbet, 「침례교회사」, 314−5.

141) Torbet, 「침례교회사」, 315−6.

142) Torbet, 「침례교회사」, 316−7.

제11장 북침례교회

1) Robert G. Torbet, 「침례교회사」, 허긴 역 (대전: 침례신학대학출판부, 1991), 338.

2) 김승진, 「침례교회와 역사」 (대전: 침례신학대학교출판부, 2009), 316−8.

3) 김승진, 「침례교회와 역사」, 319−21.

4) Torbet, 「침례교회사」, 339−40.

5) Torbet, 「침례교회사」, 340−2.

6) H. Leon McBeth, *Baptist Heritage* (Nashville: Broadman Press, 1987), 381.

7) Torbet, 「침례교회사」, 332.

8) McBeth, *Baptist Heritage*, 381−2; Jesse C. Fletcher, *The Southern Baptist Convention: A Sesquicentennial History* (Nashville: Broadman and Holman Publishers, 1994), 39.

9) McBeth, *Baptist Heritage*, 382.

10) Torbet, 「침례교회사」, 325−6.

11) McBeth, *Baptist Heritage*, 383.

12) 김승진, 「침례교회와 역사」, 324.

13) Torbet, 「침례교회사」, 326−7.

14) Torbet, 「침례교회사」, 327.

15) Torbet, 「침례교회사」, 328.

16) 김승진, 「침례교회와 역사」, 325; McBeth, *Baptist Heritage*, 300.

17) Robert A Baker, ed. *A Baptist Source Book* (Nashville: Broadman Press, 1966), 87−8. 김승진, 「침례교회와 역사」, 325−6에서 재인용; McBeth, *Baptist Heritage*, 301.

18) Fletcher, *Southern*, 40; Torbet, 「침례교회사」, 329.

19) "Christian Watchman" (New York, June 19, 1840). 김승진, 「침례교회와 역사」, 326−7에서 재인용; Torbet, 「침례교회사」, 332.

20) McBeth, *Baptist Heritage*, 383-4.

21) Winthrop Hudson and John Corrigan, 「미국의 종교」, 배덕만 역 (서울: 성광문화사, 2008), 324-5.

22) McBeth, *Baptist Heritage*, 384; Torbet, 「침례교회사」, 332-3.

23) McBeth, *Baptist Heritage*, 385; Torbet, 「침례교회사」, 333-4.

24) Torbet, 「침례교회사」, 334.

25) Torbet, 「침례교회사」, 334-5.

26) Fletcher, *Southern*, 46.

27) McBeth, *Baptist Heritage*, 386-7.

28) McBeth, *Baptist Heritage*, 387.

29) Torbet, 「침례교회사」, 337.

30) Fletcher, *Southern*, 10-1, 40; McBeth, *Baptist Heritage*, 388.

31) Torbet, 「침례교회사」, 486-7.

32) Roger Finke and Rodney Stark, 「미국 종교시장에서의 승자와 패자」, 김태식 역 (서울: 서로사랑, 2009), 273.

33) Roger Finke and Rodney Stark, 「미국 종교시장에서의 승자와 패자」, 273-4.

34) Roger Finke and Rodney Stark, 「미국 종교시장에서의 승자와 패자」, 274-5.

35) Torbet, 「침례교회사」, 500.

36) Torbet, 「침례교회사」, 501.

37) Torbet, 「침례교회사」, 536-8.

38) Torbet, 「침례교회사」, 508.

39) Torbet, 「침례교회사」, 502.

40) Torbet, 「침례교회사」, 503.

41) Torbet, 「침례교회사」, 504-5.

42) Torbet, 「침례교회사」, 530-1.

43) Torbet, 「침례교회사」, 539-40.

44) Torbet, 「침례교회사」, 540-2.

45) Torbet, 「침례교회사」, 542.

46) Torbet, 「침례교회사」, 543.

47) Torbet, 「침례교회사」, 549-50.

48) Torbet, 「침례교회사」, 551-2.

49) Torbet, 「침례교회사」, 389.

50) McBeth, *Baptist Heritage*, 393.

51) McBeth, *Baptist Heritage*, 393-4; Torbet, 「침례교회사」, 389;

52) McBeth, *Baptist Heritage*, 396-7.

53) Torbet, 「침례교회사」, 391-2.

54) Torbet, 「침례교회사」, 392.

55) Torbet, 「침례교회사」, 392-3.

56) Torbet, 「침례교회사」, 394.

57) Torbet, 「침례교회사」, 395.

58) 김용국, "세계 침례교 신학대학교의 역사," 허긴 박사 은퇴기념논문집 발간위원회, 「한국 침례교회와 역사: 회고와 성찰」(대전: 침례신학대학교출판부, 2010), 405; Arika Chiba, "A History of Baptist Work in Japan," *The Chronicle*, vol. 1, no. 4 (1938): 162.

59) 김용국, "세계 침례교 신학대학교의 역사,"406; Henry West Munger, "Baptists in the Philippines," The Chronicle, vol. 1, no. 4 (1938): 167-70.

60) Torbet, 「침례교회사」, 448.

61) Torbet, 「침례교회사」, 448-9.

62) Torbet, 「침례교회사」, 449-51.

63) Torbet, 「침례교회사」, 453.

64) Torbet, 「침례교회사」, 454.

65) Torbet, 「침례교회사」, 459-60.

66) Torbet, 「침례교회사」, 460-61.

67) McBeth, *Baptist Heritage*, 398-9.

68) Torbet, 「침례교회사」, 377; McBeth, *Baptist Heritage*, 399.

69) Torbet, 「침례교회사」, 417-9.

70) McBeth, *Baptist Heritage*, 401.

71) McBeth, *Baptist Heritage*, 402.

72) McBeth, *Baptist Heritage*, 402-3; Torbet, 「침례교회사」, 471.

73) Winthrop Hudson and John Corrigan, 「미국의 종교」, 353.

74) McBeth, *Baptist Heritage*, 404; Torbet, 「침례교회사」, 434-5.

75) Torbet, 「침례교회사」, 471.

76) Winthrop Hudson and John Corrigan, 「미국의 청교도 사회」, 354.

77) Winthrop Hudson and John Corrigan, 「미국의 청교도 사회」, 355.

78) Torbet, 「침례교회사」, 476-7.

79) Torbet, 「침례교회사」, 432.

80) Torbet, 「침례교회사」, 433-4.

81) McBeth, *Baptist Heritage*, 405-6; Torbet, 「침례교회사」, 436.

82) Torbet, 「침례교회사」, 437.

83) Torbet, 「침례교회사」, 438-9.

84) Winthrop Hudson and John Corrigan, 「미국의 종교」, 389; McBeth, *Baptist Heritage* , 406.

85) Torbet, 「침례교회사」, 440.

86) Torbet, 「침례교회사」, 478-80.

87) 김용국, "세계 침례교 신학대학교의 역사," 396-7. 다음의 자료도 참조하시오. Ralph Reavis, Sr., "Black Higher Education Among American Baptists in Virginia: From the Slave

Pen to the University," *American Baptist Quarterly*, vol. 11, no. 4 (1992): 357–62, 366–8; Latta R. Thomas, "The American Baptist Churches' Contribution to Black Education in Southern America: Testimony from a Beneficiary," *American Baptist Quarterly*, vol. 11, no. 4 (1992): 344–56.

88) Torbet, 「침례교회사」, 360, 605.

89) Torbet, 「침례교회사」, 371.

90) Torbet, 「침례교회사」, 371-2, 605.

91) 김용국, "세계 침례교 신학대학교의 역사," 392-3; Edward C. Starr, "Baptist Beginnings Some Facts on The Hamilton and Newton Institutions," *The Chronicle*, vol. 15, no. 4 (1952): 186-7; Sally Dodgson, "Rochester Theological Seminary: 1850-1928," *American Baptist Quarterly*, vol. 20, no. 2 (2001): 116-8.

92) Torbet, 「침례교회사」, 370-1.

93) 김용국, "세계 침례교 신학대학교의 역사,"393; Mark S. Burrows, Richard E. Haley and Elizabeth C. Nordbeck, "Andover Newton Theological School," *American Baptist Quarterly*, vol. 18, no. 2 (1999): 132-6; John W. Brush, "Yoked in Fellowships: A Reminiscence of Andover Newton Theological School," *Foundations*, vol. 6, no. 4 (1963): 336.

94) Torbet, 「침례교회사」, 372.

95) Torbet, 「침례교회사」, 369-70.

96) Torbet, 「침례교회사」, 369-70.

97) 김용국, "세계 침례교 신학대학교의 역사," 394-5; Robert L. Harvey, "Baptists and the University of Chicago, 1890-1894," *Foundations*, vol. 14, no. 3 (1971): 240-8.

98) 김용국, "세계 침례교 신학대학교의 역사," 395.

99) 김용국, "세계 침례교 신학대학교의 역사," 396; James D. Mosteller, "Something Old-Something New: The First Fifty Years of Northern Baptist Theological Seminary," *Foundations*, vol. 8, no. 1 (1965): 27-9, 33-7.

100) Torbet, 「침례교회사」, 510.

101) Torbet, 「침례교회사」, 487-8.

102) Winthrop Hudson and John Corrigan, 「미국의 종교」, 424-6.

103) Winthrop Hudson and John Corrigan, 「미국의 종교」, 418.

104) Winthrop Hudson and John Corrigan, 「미국의 종교」, 427-8.

105) Winthrop Hudson and John Corrigan, 「미국의 종교」, 429-30.

106) Torbet, 「침례교회사」, 490-1.

107) Winthrop Hudson and John Corrigan, 「미국의 종교」, 430.

108) Harry Emerson Fosdick, "Shall the Fundamentalist Win?" (A Sermon Preached at the First Presbyterian Church, New York, May 21, 1922, stenographically reported by Margaret Renton). Winthrop Hudson and John Corrigan, 「미국의 종교」, 556-7.

109) Torbet, 「침례교회사」, 489; Winthrop Hudson and John Corrigan, 「미국의 종교」, 432.

110) Torbet, 「침례교회사」, 489.

111) William Lumpkin, 「침례교 신앙고백서」, 김용복 외 2인 역 (대전: 침례신학대학교출판부, 2008), 448; Torbet, 「침례교회사」, 491.

112) Winthrop Hudson and John Corrigan, 「미국의 종교」, 557.

113) Lumpkin, 「침례교 신앙고백서」, 448-9; Torbet, 「침례교회사」, 492.

114) Torbet, 「침례교회사」, 494-5.

115) Torbet, 「침례교회사」, 495.

116) Torbet, 「침례교회사」, 495-6.

117) Torbet, 「침례교회사」, 496.

118) Torbet, 「침례교회사」, 496-7.

119) Lumpkin, 「침례교 신앙고백서」, 449; Torbet, 「침례교회사」, 499-500.

120) Lumpkin, 「침례교 신앙고백서」, 451-2.

121) Lumpkin, 「침례교 신앙고백서」, 452.

122) 자세한 내용은 Lumpkin, 「침례교 신앙고백서」, 452-9를 참조하시오.

123) Stanley J. Grenz & Roger E. Olson, 「20세기 신학」, 신재구 역 (서울: 한국기독학생회출판부, 1997), 91; Stephen Brachlow, "월터 라우쉔부쉬," 「침례교신학자들 (하)」 eds. Timothy George and David Dockery (대전: 침례신학대학교출판부, 2010), 39-40.

124) Brachlow, "월터 라우쉔부쉬," 40-1.

125) Winthrop Hudson and John Corrigan, 「미국의 종교」, 482.

126) Winthrop Hudson and John Corrigan, 「미국의 종교」, 483.

127) Stanley J. Grenz & Roger E. Olson, 「20세기 신학」, 91; Brachlow, "월터 라우쉔부쉬," 44-5; Winthrop Hudson and John Corrigan, 「미국의 종교」, 483.

128) Stanley J. Grenz & Roger E. Olson, 「20세기 신학」, 92; Brachlow, "월터 라우쉔부쉬," 47-9.

129) Brachlow, "월터 라우쉔부쉬," 49-51. 사회정의를 위해 활동하는 침례교 단체로는 '북미침례교평화협회'(Baptist Peace Fellowship of North America)가 있다(ibid, 59).

130) Kurt A. Richardson, "아우구스투스 홉킨스 스트롱," 「침례교신학자들 (상)」 eds. Timothy George and David Dockery (대전: 침례신학대학교출판부, 2008), 458.

131) Richardson, "아우구스투스 홉킨스 스트롱," 459-60.

132) Richardson, "아우구스투스 홉킨스 스트롱," 465-7.

133) Richardson, "아우구스투스 홉킨스 스트롱," 476.

134) Timothy P. Weber, "윌리엄 벨 라일리," 「침례교신학자들 (하)」 eds. Timothy George and David Dockery (대전: 침례신학대학교출판부, 2010), 15-6.

135) Weber, "윌리엄 벨 라일리," 16-8.

136) Weber, "윌리엄 벨 라일리," 18-9.

137) Weber, "윌리엄 벨 라일리," 19.

138) Weber, "윌리엄 벨 라일리," 20-1.

139) Weber, "윌리엄 벨 라일리," 21-2.

140) William B. Riley, *Inspiration or Evolution* (Cleveland: Union Gospel Publishing Co., 1923), 71. Weber, "윌리엄 벨 라일리," 24-5.

141) Molly Marshall-Green, "조지 엘든 래드,"「침례교신학자들 (하)」eds. Timothy George and David Dockery (대전: 침례신학대학교출판부, 2010), 221-2.

142) Marshall-Green, "조지 엘든 래드," 222-3.

143) Marshall-Green, "조지 엘든 래드," 224-5.

144) Marshall-Green, "조지 엘든 래드," 226.

145) Marshall-Green, "조지 엘든 래드," 229-31.

146) R. Albert Mohler, Jr., "칼 헨리,"「침례교신학자들 (하)」eds. Timothy George and David Dockery (대전: 침례신학대학교출판부, 2010), 281-3.

147) Mohler, "칼 헨리," 283-4.

148) Mohler, "칼 헨리," 284-5.

149) Mohler, "칼 헨리," 285-7; Alister McGrath,「복음주의와 기독교의 미래」, 신상길·정성옥 역 (서울: 한국장로교출판사, 1997), 39-41.

150) Mohler, "칼 헨리," 288-90.

151) Mohler, Jr., "칼 헨리," 294-6.

152) Alan Day, "버나드 램,"「침례교신학자들 (하)」eds. Timothy George and David Dockery (대전: 침례신학대학교출판부, 2010), 393-4.

153) Day, "버나드 램," 394-5.

154) Day, "버나드 램," 396-8.

155) Day, "버나드 램," 409.

156) L. Joseph Rosas III, "에드워드 존 카넬,"「침례교신학자들 (하)」eds. Timothy George and David Dockery (대전: 침례신학대학교출판부, 2010), 425-6.

157) Rosas, "에드워드 존 카넬," 426.

158) Rosas, "에드워드 존 카넬," 443-5.

159) David S. Dockery, "밀라드 에릭슨,"「침례교신학자들 (하)」eds. Timothy George and David Dockery (대전: 침례신학대학교출판부, 2010), 477-8.

160) Dockery, "밀라드 에릭슨," 478-9.

161) Dockery, "밀라드 에릭슨," 480-1.

162) Dockery, "밀라드 에릭슨," 485.

163) Dockery, "밀라드 에릭슨," 490-1.

제12장 남침례교회

1) Roger Finke and Rodney Stark,「미국 종교시장에서의 승자와 패자」, 김태식 역 (서울: 서로사랑, 2009), 235-9.

2) 김승진, 「침례교회와 역사」(대전: 침례신학대학교출판부, 2009), 327-30.

3) Jesse C. Fletcher, *The Southern Baptist Convention: A Sesquicentennial History* (Nashville: Broadman and Holman Publishers, 1994), 40; H. Leon McBeth, *Baptist Heritage* (Nashville: Broadman Press, 1987), 388; 김승진, 「침례교회와 역사」, 333-4.

4) McBeth, *Baptist Heritage*, 389; Fletcher, *Southern Baptist Convention*, 41, 47; 김승진, 「침례교회와 역사」, 334. 감리교, 침례교, 장로교와 달리 교세의 대부분이 북부에 있었던 회중교회는 분열 없이 노예제도 반대를 확정할 수 있었고, 그리스도 제자교회나 그리스도 교회들은 교단 조직이 느슨하였기 때문에 분열을 겪지 않을 수 있었다. Winthrop Hudson and John Corrigan, 「미국의 청교도 사회」, 배덕만 역 (서울: 성광문화사, 2008), 327.

5) Fletcher, *Southern Baptist Convention*:, 48-9; 김승진, 「침례교회와 역사」, 336

6) 김승진, 「침례교회와 역사」, 335-6; Fletcher, *Southern Baptist Convention*, 47-8.

7) Fletcher, *Southern Baptist Convention*, 49.

8) 김승진, 「침례교회와 역사」, 337.

9) Fletcher, *Southern Baptist Convention*, 50.

10) 김승진, 「침례교회와 역사」, 291-2.

11) 김승진, 「침례교회와 역사」, 292-3.

12) Fletcher, *Southern Baptist Convention*, 11, 45; 김승진, 「침례교회와 역사」, 294-5.

13) 김승진, 「침례교회와 역사」, 293-4.

14) 김승진, 「침례교회와 역사」, 308-9.

15) 김승진, 「침례교회와 역사」, 296-8; Fletcher, *Southern Baptist Convention*, 45-6. 루터 라이스는 선교협회들을 많이 세우는 것을 목표로 활동하였지만, 존슨은 많은 협회들을 하나로 묶어서 미국침례교 해외선교협회를 만드는 꿈을 가졌다. 라이스는 존슨이 늘 선교를 위한 전체적인 통합기구의 설립을 구상했다고 하였다(Fletcher, 45).

16) 김승진, 「침례교회와 역사」, 295-6.

17) 김승진, 「침례교회와 역사」, 299-300.

18) *Minutes of the South Carolina Baptist Convention*, 1830, 23. 김승진, 「침례교회와 역사」, 303-4에서 재인용.

19) Fletcher, *Southern Baptist Convention*, 58.

20) Fletcher, *Southern Baptist Convention*, 58-9.

21) Fletcher, *Southern Baptist Convention*, 59.

22) Fletcher, *Southern Baptist Convention*, 59.

23) Fletcher, *Southern Baptist Convention*, 59.

24) Fletcher, *Southern Baptist Convention*, 82.

25) Fletcher, *Southern Baptist Convention*, 82.

26) Fletcher, *Southern Baptist Convention*, 68.

27) Fletcher, *Southern Baptist Convention*, 68-9.

28) Fletcher, *Southern Baptist Convention*, 69.

29) Fletcher, *Southern Baptist Convention*, 70.

30) Fletcher, *Southern Baptist Convention*, 77.

31) Fletcher, *Southern Baptist Convention*, 78.

32) Fletcher, *Southern Baptist Convention*, 79.

33) Fletcher, *Southern Baptist Convention*, 78.

34) Fletcher, *Southern Baptist Convention*, 79-80; Robert G. Torbet, 「침례교회사」, 허긴 역 (대전: 침례신학대학출판부, 1991), 426.

35) 김승진, 「침례교회와 역사」, 468-9; Torbet, 「침례교회사」, 505-6.

36) 김승진, 「침례교회와 역사」, 469-70.

37) Torbet, 「침례교회사」, 465-6.

38) 김승진, 「침례교회와 역사」, 471-3.

39) McClellan, "Origin and Development of the SBC Cooperative Program," 74-5. 김승진, 「침례교회와 역사」, 475에서 재인용.

40) 김승진, 「침례교회와 역사」, 474, 476.

41) 김승진, 「침례교회와 역사」, 477-9.

42) Edgar Y. Mullins, "Evolution, Legislation, and Separation: Correspondence between Billy Sunday and E. Y. Mullins," *Southern Baptist Journal of Theology* 3 (Winter 1999): 86-8.

43) 김용국, "에드가 영 멀린스의 중도주의 신학," 「역사신학논총」 9집 (2005): 77-8; Edgar Y. Mullins, "The Statement of Science and Religion," in *The Axioms of Religion* eds., Timothy and Denise George (Nashville: Broadman & Holman, 1997), 265-7.

44) William Lumpkin, 「침례교 신앙고백서」, 김용복 외 2인 역 (대전: 침례신학대학교출판부, 2008), 459-60.

45) Lumpkin, 「침례교 신앙고백서」, 460.

46) Lumpkin, 「침례교 신앙고백서」, 460; 김승진, 「침례교회와 역사」, 234-5.

47) 김승진, 「침례교회와 역사」, 235-6.

48) 김용국, "세계 침례교 신학대학교의 역사," 허긴 박사 은퇴기념논문집 발간위원회, 「한국 침례교회와 역사: 회고와 성찰」 (대전: 침례신학대학교출판부, 2010), 399-400; Torbet, 「침례교회사」, 515, 535, 554.

49) Torbet, 「침례교회사」, 555-6.

50) Torbet, 「침례교회사」, 533.

51) Winthrop Hudson and John Corrigan, 「미국의 종교」, 582.

52) Torbet, 「침례교회사」, 558.

53) Winthrop Hudson and John Corrigan, 「미국의 종교」, 582-3.

54) Winthrop Hudson and John Corrigan, 「미국의 종교」, 584.

55) Jerry L. Faught, Jr., "The Ralph Elliott Controversy: Competing Philosophies of Southern Baptist Seminary Education," *Baptist History and Heritage* (Summer/Fall 1999): 7-8; Torbet, 「침례교회사」, 556-7.

56) K. Owen White, "Death in the Pot," *Baptist Standard*, 10 January 1962, 39. 김승진, 「침례교회와 역사」, 238에서 재인용.

57) *Annual, Southern Baptist Convention*, 1962, 89. 김승진, 「침례교회와 역사」, 238-9에서 재인용.

58) 김승진, 「침례교회와 역사」, 239.

59) Lumpkin, 「침례교 신앙고백서」, 462; Herschel H. Hobbs, *The Baptist Faith and Message* (Nashville: Convention Press, 1996), vi-vii.

60) 김승진, 「침례교회와 역사」, 240-1. 성경해석원리의 영어 원문은 "The criterion by which the Bible is to be interpreted is Jesus Christ" 이다.

61) 김승진, 「침례교회와 역사」, 242-3.

62) 김승진, 「침례교회와 역사」, 480.

63) Torbet, 「침례교회사」, 559-60.

64) Torbet, 「침례교회사」, 561-2.

65) Torbet, 「침례교회사」, 560-1.

66) 김용국, "W. A. 크리스웰의 생애와 신학," 「복음과 실천」 38집 (2006): 46-7; Jerry L. Faught, Jr., "The Ralph Elliot Controversy: Competing Philosophies of Southern Baptist Seminary Education," *Baptist History and Heritage* (Summer/Fall 1999): 13-4.

67) Torbet, 「침례교회사」, 564.

68) 김용국, "최근 미국 남침례교회 논쟁," 「복음과 실천」 34집 (2004): 69; Nancy T. Ammerman, *Baptist Battles: Social Change and Religious Conflict in The Southern Baptist Convention* (New Brunswick and London: Rutgers University Press, 1990), 67; Torbet, 「침례교회사」, 565-6; James, 「미국 남침례교 현대사」, 45-6.

69) James, 「미국 남침례교 현대사」, 34-5.

70) James, 「미국 남침례교 현대사」, 37.

71) 김용국, "최근 미국 남침례교회 논쟁," 69-70; James, 「미국 남침례교 현대사」, 46

72) James, 「미국 남침례교 현대사」, 38-40; Ammerman, *Baptist Battles*, 173; Bill J. Leonard, *God's Last & Only Hope: The Fragmentation of the Southern Baptist Convention* (Grand Rapids, MI: William B. Eerdmans Publishing Company, 1990), 138-9.

73) James, 「미국 남침례교 현대사」, 115에서 인용함.

74) 김용국, "최근 미국 남침례교회 논쟁," 70-4; Timothy George, "The Southern Baptist Wars: What can we learn from the conservative victory?" *Christianity Today* 36 (March 9, 1992): 24-7; Andrew L. Pratt, "A New Question in Baptist History: Seeking Theological Renewal in the 1990s," *Perspectives in Religious Studies* 20 (Fall 1993): 261-70; David S. Dockery, "On House On Sand, Holy Wars and Heresies: A Review of the Inerrancy Controversy in the SBC," *Criswell Theological Review* 2 (Spring, 1988): 393-400; Andrew M. Manis, "Wars and Rumors of Wars: Seven Books on the Southern Baptist Fundamentalist Controversy," *Perspectives in religious Studies* 23 (Fall 1996): 318, 323-4; Ammerman, *Baptist Battles*, 80-8, 93-4, 112-3, 139. 남침례교회는 전통적으로 여성이 안수 받는 것

을 금하였다. 1885년 교단은 규약을 개정하였는데, 총회 참석 대의원들을 "사자들"(messengers)이라는 말 대신에 "형제들"(brethren)으로 바꾸었다. 남자만이 대의원이 되어야 함을 강조하기 위함이었다. 그러던 중 여성에게 안수를 주는 교회들이 나타나기 시작하였다. 남침례교회에서 여성에게 사역을 위해 최초로 안수한 것은 1964년 노스캐롤라이나 주 더함에 있는 와츠 스트리트 침례교회(Watts Street Baptist Church)가 애디 데이비스(Addie Davis)에게 행한 것이었다. 1993년까지 1,000명이 넘는 여성들이 안수 받았으며, 50명 이상이 목사로 사역했고, 그 중 23명은 담임목사로 봉직했다. 1997년까지는 1,400명의 여성들이 안수를 받았다. James, 「미국 남침례교 현대사」, 55.

75) James, 「미국 남침례교 현대사」, 63-4.

76) James, 「미국 남침례교 현대사」, 91-3; Claude L. Howe, Jr., "From Dallas to New Orleans: The Controversy Continues," *Theological Educator: A Journal of Theology and Ministry* 41 (Spring 1990): 120-1.

77) James, 「미국 남침례교 현대사」, 98-9.

78) James, 「미국 남침례교 현대사」, 100-3.

79) James, 「미국 남침례교 현대사」, 105-7.

80) James, 「미국 남침례교 현대사」, 108-11.

81) James, 「미국 남침례교 현대사」, 109-10; "SBC Leader Affirmed" *Christian Century* 109 (March 4, 1992): 239.

82) James, 「미국 남침례교 현대사」, 70-1.

83) James, 「미국 남침례교 현대사」, 71-3; Manis, "Wars and Rumors," 326; Howe, "From Dallas to New Orleans," 113.

84) James, 「미국 남침례교 현대사」, 74-6; Ammerman, *Baptist Battles*, 244-9.

85) James, 「미국 남침례교 현대사」, 78-80.

86) James, 「미국 남침례교 현대사」, 81-2.

87) 김용국, "최근 미국 남침례교회 논쟁," 79-80; Bill J. Leonard, *God's Last & Only Hope: The Fragmentation of the Southern Baptist Convention* (Grand Rapids, MI: William B. Eerdmans Publishing Company, 1990), 153; Howe, "From Dallas to New Orleans," 120-1; Ammerman, *Baptist Battles*, 227-32, 236-9; George, "Southern Baptist Wars," 26.

88) James, 「미국 남침례교 현대사」, 123, 127.

89) James, 「미국 남침례교 현대사」, 127-8.

90) James, 「미국 남침례교 현대사」, 128-9.

91) James, 「미국 남침례교 현대사」, 125; 131-2.

92) James, 「미국 남침례교 현대사」, 32; Bill J. Leonard, "One Denomination, Many Centers: The Southern Baptist Situation," *Baptists in the Balance: The Tension between Freedom and Responsibility*, ed. Everett C. Goodwin (Valley Forge: Judson Press, 1997), 231-2.

93) James, 「미국 남침례교 현대사」, 132-5.

94) James, 「미국 남침례교 현대사」, 136-9.

95) 김승진, 「침례교회와 역사」, 481-2.

96) 김승진, 「침례교회와 역사」, 489-90.

97) James, 「미국 남침례교 현대사」, 139-42.

98) 김승진, 「침례교회와 역사」, 490.

99) James, 「미국 남침례교 현대사」, 144-5.

100) 김승진, 「침례교회와 역사」, 490, 493-4; James, 「미국 남침례교 현대사」, 148-9.

101) James, 「미국 남침례교 현대사」, 150.

102) James, 「미국 남침례교 현대사」, 152-3.

103) James, 「미국 남침례교 현대사」, 154-8.

104) 김승진, 「침례교회와 역사」, 494-5.

105) 김승진, 「침례교회와 역사」, 495-6.

106) 김승진, 「침례교회와 역사」, 496-7.

107) 김승진, 「침례교회와 역사」, 497-8.

108) 김승진, 「침례교회와 역사」, 499.

109) Roger Finke and Rodney Stark, 「미국 종교시장에서의 승자와 패자」, 275-9.

110) Fletcher, *Southern Baptist Convention*, 50; Torbet, 「침례교회사」, 397.

111) Fletcher, *Southern Baptist Convention*, 53.

112) Fletcher, *Southern Baptist Convention*, 53-4.

113) Fletcher, *Southern Baptist Convention*, 54.

114) Fletcher, *Southern Baptist Convention*, 54.

115) Fletcher, *Southern Baptist Convention*, 54-5.

116) Fletcher, *Southern Baptist Convention*, 55.

117) Fletcher, *Southern Baptist Convention*, 71; Torbet, 「침례교회사」, 398-9.

118) Torbet, 「침례교회사」, 399-400.

119) Fletcher, *Southern Baptist Convention*, 71-2.

120) Torbet, 「침례교회사」, 401.

121) Fletcher, *Southern Baptist Convention*, 55.

122) Fletcher, *Southern Baptist Convention*, 55-6.

123) Fletcher, *Southern Baptist Convention*, 56, 72.

124) Torbet, 「침례교회사」, 401-2.

125) Torbet, 「침례교회사」, 402.

126) Torbet, 「침례교회사」, 403-4.

127) Torbet, 「침례교회사」, 404.

128) Fletcher, *Southern Baptist Convention*, 71; Arika Chiba, "A History of Baptist Work in Japan," *The Chronicle*, vol. 1, no. 4 (1938): 163-6.

129) Torbet, 「침례교회사」, 405.

130) Torbet, 「침례교회사」, 462.

131) Torbet, 「침례교회사」, 462-3.

132) Torbet, 「침례교회사」, 463-4.

133) Torbet, 「침례교회사」, 464.

134) Torbet, 「침례교회사」, 465-6.

135) Torbet, 「침례교회사」, 467.

136) Torbet, 「침례교회사」, 467-8.

137) Torbet, 「침례교회사」, 468.

138) Torbet, 「침례교회사」, 469.

139) Fletcher, *Southern Baptist Convention*, 56.

140) Fletcher, *Southern Baptist Convention*, 56-7; Torbet, 「침례교회사」, 421-3.

141) Fletcher, *Southern Baptist Convention*, 57.

142) Fletcher, *Southern Baptist Convention*, 79-80; Torbet, 「침례교회사」, 398.

143) Torbet, 「침례교회사」, 423-4.

144) Fletcher, *Southern Baptist Convention*, 70.

145) Fletcher, *Southern Baptist Convention*, 81.

146) Torbet, 「침례교회사」, 424-5.

147) Torbet, 「침례교회사」, 429.

148) Torbet, 「침례교회사」, 429-30.

149) Torbet, 「침례교회사」, 430-1.

150) Torbet, 「침례교회사」, 433.

151) Torbet, 「침례교회사」, 435.

152) Torbet, 「침례교회사」, 437.

153) Torbet, 「침례교회사」, 440-1.

154) Torbet, 「침례교회사」, 481-2.

155) Torbet, 「침례교회사」, 482.

156) Torbet, 「침례교회사」, 483.

157) Torbet, 「침례교회사」, 484.

158) Torbet, 「침례교회사」, 377.

159) Fletcher, *Southern Baptist Convention*, 47, 50.

160) Torbet, 「침례교회사」, 378.

161) Fletcher, *Southern Baptist Convention*, 70.

162) Torbet, 「침례교회사」, 378-9.

163) Torbet, 「침례교회사」, 511.

164) Torbet, 「침례교회사」, 514.

165) Lois Smith Douglas, "Baptist Missionary Seeds Bear Fruit at Baylor University," *The Chronicle*, vol. 8, no. 4 (1945): 172-5; Torbet, 「침례교회사」, 373;

166) Torbet, 「침례교회사」, 373-4.

167) Fletcher, *Southern Baptist Convention*, 66.

168) Fletcher, *Southern Baptist Convention*, 66-7.

169) Torbet, 「침례교회사」, 366-7.

170) Fletcher, *Southern Baptist Convention*, 67-8.

171) Fletcher, *Southern Baptist Convention*, 74.

172) Torbet, 「침례교회사」, 367.

173) 김용국, "세계 침례교 신학대학교의 역사," 399-400; Torbet, 「침례교회사」, 515.

174) Harold S. Smith, "제임스 로빈슨 그레이브스," 「침례교신학자들 (상)」 eds. Timothy George and David Dockery (대전: 침례신학대학교출판부, 2008), 381; 김승진, 「침례교회와 역사」, 405-6.

175) 김승진, 「침례교회와 역사」, 406-7.

176) McBeth, *Baptist Heritage*, 447.

177) Smith, "제임스 로빈슨 그레이브스," 351.

178) Smith, "제임스 로빈슨 그레이브스," 352-3.

179) Smith, "제임스 로빈슨 그레이브스," 353-4.

180) Fletcher, *Southern Baptist Convention*, 61.

181) Smith, "제임스 로빈슨 그레이브스," 354-5; Fletcher, *Southern Baptist Convention*, 60-1.

182) Smith, "제임스 로빈슨 그레이브스," 356.

183) 김승진, 「침례교회와 역사」, 411-2; Smith, "제임스 로빈슨 그레이브스," 357.

184) Smith, "제임스 로빈슨 그레이브스," 357.

185) Keith E. Eitel, "제임스 매디슨 펜들턴" 「침례교신학자들 (상)」 eds. Timothy George and David Dockery (대전: 침례신학대학교출판부, 2008), 294.

186) Eitel, "제임스 매디슨 펜들턴," 295; 김승진, 「침례교회와 역사」, 413-4.

187) Eitel, "제임스 매디슨 펜들턴," 295.

188) Eitel, "제임스 매디슨 펜들턴," 296-8; Winthrop Hudson and John Corrigan, 「미국의 청교도 사회」, 280; Fletcher, *Southern Baptist Convention*, 62.

189) 김승진, 「침례교회와 역사」, 414-5.

190) Eitel, "제임스 매디슨 펜들턴," 298-9; Fletcher, *Southern Baptist Convention*, 62.

191) Eitel, "제임스 매디슨 펜들턴," 293, 300, 309.

192) Fletcher, *Southern Baptist Convention*, 62; 김승진, 「침례교회와 역사」, 416.

193) 김승진, 「침례교회와 역사」, 416-7; Fletcher, *Southern Baptist Convention*, 62-3.

194) Fletcher, *Southern Baptist Convention*, 63.

195) J. R. Graves, *The Work of Christ in the Covenant of Redemption; Developed in Seven Dispensations* (Texarkana: Baptist Sunday School Committee, 1883, 1928, 1963), 24. Smith, "제임스 로빈슨 그레이브스," 364에서 재인용.

196) Smith, "제임스 로빈슨 그레이브스," 367.

197) Ernest R. Sandeen, *The Roots of Fundamentalism: British and American Millenarianism* 1800-1930 (Chicago: The University Of Chicago Press, 1970), 166; Eitel, "제임스 매디슨 펜들턴," 418-9; Fletcher, *Southern Baptist Convention*, 61.

198) Smith, "제임스 로빈슨 그레이브스," 360; 김승진, 「침례교회와 역사」, 419-20.

199) Smith, "제임스 로빈슨 그레이브스," 375-6; Fletcher, *Southern Baptist Convention*, 61; 김승진, 「침례교회와 역사」, 422-3.

200) J. R. Graves, "The Hearts You Should Have," TB, November 11, 1854. Smith, "제임스 로빈슨 그레이브스," 361에서 재인용.

201) Smith, "제임스 로빈슨 그레이브스," 359-60.

202) Graves, *Old Landmarkism*, 38. 김승진, 「침례교회와 역사」, 424-5. Fletcher, *Southern Baptist Convention*, 61.

203) 김승진, 「침례교회와 역사」, 426-7.

204) Smith, "제임스 로빈슨 그레이브스," 377.

205) 김승진, 「침례교회와 역사」, 428-9. 그레이브스는 노예제도를 옹호하였다. 그는 창세기 9장 25-27절에 나오는 가나안에 대한 저주를 근거로 인종차별과 노예제도가 하나님에 의해 제정된 것이라고 주장했다. 함의 자손들에 대한 하나님의 저주에는 노예상태, 열등한 지위, 사회적 불평등이 포함되어 있다고 하였다. 반대로 야벳에 대한 축복은 백인의 우월성을 분명하게 밝히는 것이라고 하였다. 신약성서 또한 노예제도에 대해 어떤 의문도 제기하지 않고 있으며, 오히려 노예들에게 그들의 운명에 대해 만족하라고 가르치고 있다고 하였다. 다만 노예에 대해 학대하는 것은 하나님의 진노를 사는 행위라고 하였다. Smith, "제임스 로빈슨 그레이브스," 370-1을 보시오.

206) Fletcher, *Southern Baptist Convention*, 61.

207) Eitel, "제임스 매디슨 펜들턴," 302-4.

208) Smith, "제임스 로빈슨 그레이브스," 378-9.

209) 김승진, 「침례교회와 역사」, 431-3; Fletcher, *Southern Baptist Convention*, 62.

210) Eitel, "제임스 매디슨 펜들턴," 305-6; Fletcher, *Southern Baptist Convention*, 62.

211) Smith, "제임스 로빈슨 그레이브스," 379-80; 김승진, 433-5.

212) Fletcher, *Southern Baptist Convention*, 63.

213) Fletcher, *Southern Baptist Convention*, 64.

214) Fletcher, *Southern Baptist Convention*, 64-5.

215) Fletcher, *Southern Baptist Convention*, 66.

216) Fletcher, *Southern Baptist Convention*, 65.

217) Fletcher, *Southern Baptist Convention*, 65.

218) Fletcher, *Southern Baptist Convention*, 65.

219) Fletcher, *Southern Baptist Convention*, 66.

220) Fletcher, *Southern Baptist Convention*, 83.

221) Fletcher, *Southern Baptist Convention*, 83.

222) Fletcher, *Southern Baptist Convention*, 83-4.

223) Eitel, "제임스 매디슨 펜들턴," 310-1.

224) 김승진, 「침례교회와 역사」, 435-6; Torbet, 「침례교회사」, 324-5.

225) 김승진, 「침례교회와 역사」, 436.

226) 김승진, 「침례교회와 역사」, 436-7.

227) 김승진, 「침례교회와 역사」, 437-8; Eitel, "제임스 매디슨 펜들턴," 310.

228) 김승진, 「침례교회와 역사」, 438.

229) Mark E. Dever, "존 대그," 「침례교신학자들 (상)」 eds. Timothy George and David Dockery (대전: 침례신학대학교출판부, 2008), 257-8.

230) Dever, "존 대그," 258-9.

231) Dever, "존 대그," 259.

232) Dever, "존 대그," 282-3.

233) Timothy George, "제임스 페티그루 보이스," 「침례교신학자들 (상)」 eds. Timothy George and David Dockery (대전: 침례신학대학교출판부, 2008), 393-4; Fletcher, *Southern Baptist Convention*, 75.

234) George, "제임스 페티그루 보이스," 395-6; Fletcher, *Southern Baptist Convention*, 75.

235) George, "제임스 페티그루 보이스," 397-8; Fletcher, *Southern Baptist Convention*, 75.

236) Fletcher, *Southern Baptist Convention*, 75.

237) George, "제임스 페티그루 보이스," 399-400.

238) George, "제임스 페티그루 보이스," 400-1.

239) George, "제임스 페티그루 보이스," 401.

240) George, "제임스 페티그루 보이스," 404-5.

241) George, "제임스 페티그루 보이스," 406에서 재인용.

242) George, "제임스 페티그루 보이스," 408-9.

243) Fletcher, *Southern Baptist Convention*, 75.

244) Fletcher, *Southern Baptist Convention*, 75-6.

245) Fletcher, *Southern Baptist Convention*, 76.

246) Fletcher, *Southern Baptist Convention*, 76.

247) Fletcher, *Southern Baptist Convention*, 76.

248) Paul A. Basden, "패트릭 휴즈 멜" 「침례교신학자들 (상)」 eds. Timothy George and David Dockery (대전: 침례신학대학교출판부, 2008), 321-2.

249) Basden, "패트릭 휴즈 멜," 322.

250) Basden, "패트릭 휴즈 멜," 323.

251) Basden, "패트릭 휴즈 멜," 324-5.

252) Basden, "패트릭 휴즈 멜," 328.

253) Basden, "패트릭 휴즈 멜," 332-5.

254) Basden, "패트릭 휴즈 멜," 335.

255) James Spivey, "베나자 하비 캐롤," 485-6.

256) Spivey, "베나자 하비 캐롤," 486-7.

257) Spivey, "베나자 하비 캐롤," 487-8.

258) Spivey, "베나자 하비 캐롤," 488.

259) Spivey, "베나자 하비 캐롤," 489-91.

260) Spivey, "베나자 하비 캐롤," 491.

261) Spivey, "베나자 하비 캐롤," 492, 499.

262) Spivey, "베나자 하비 캐롤," 492-3.

263) Spivey, "베나자 하비 캐롤," 493.

264) Spivey, "베나자 하비 캐롤," 494.

265) Spivey, "베나자 하비 캐롤," 496-7.

266) Spivey, "베나자 하비 캐롤," 503.

267) Spivey, "베나자 하비 캐롤," 503-4.

268) Spivey, "베나자 하비 캐롤," 504-5.

269) John N. Johnson, "윌리엄 오웬 카버," 「침례교신학자들 (하)」 eds. Timothy George and David Dockery (대전: 침례신학대학교출판부, 2010), 67-8.

270) Johnson, "윌리엄 오웬 카버," 69-70.

271) Johnson, "윌리엄 오웬 카버," 70-1.

272) James Leo Garrett, Jr., "월터 토마스 카너," 「침례교신학자들 (하)」 eds. Timothy George and David Dockery (대전: 침례신학대학교출판부, 2010), 123-5.

273) Garrett, "월터 토마스 카너," 126-7.

274) Garrett, "월터 토마스 카너," 127-8.

275) Garrett, "월터 토마스 카너," 129-30.

276) Garrett, "월터 토마스 카너," 134, 138.

277) Mark Coppenger, "허셸 홉스," 「침례교신학자들 (하)」 eds. Timothy George and David Dockery (대전: 침례신학대학교출판부, 2010), 147-9.

278) Coppenger, "허셸 홉스," 149-50.

279) Herschel Hobbs, Interview by Ronald Tonks, Hobbs Collection, Southern Baptist Historical Commission Archives, 286. Coppenger, "허셸 홉스," 153에서 재인용.

280) Herschel Hobbs, Interview by Ronald Tonks, Hobbs Collection, Southern Baptist Historical Commission Archives, 129. Coppenger, "허셸 홉스," 154에서 재인용.

281) Herschel Hobbs, Interview by Ronald Tonks, Hobbs Collection, Southern Baptist Historical Commission Archives, 270. Coppenger, "허셸 홉스," 157에서 재인용.

282) Coppenger, "허셸 홉스," 159-60.

283) Coppenger, "허셸 홉스," 163-4.

284) Robert Sloan, "프랭크 스태그," 「침례교신학자들 (하)」 eds. Timothy George and David Dockery (대전: 침례신학대학교출판부, 2010), 245-6.

285) Sloan, "프랭크 스태그," 246-7.

286) Sloan, "프랭크 스태그," 247-8.

287) Danny R. Stiver, "데일 무디,"「침례교신학자들 (하)」 eds. Timothy George and David Dockery (대전: 침례신학대학교출판부, 2010), 316-7.

288) Stiver, "데일 무디," 317.

289) Stiver, "데일 무디," 318-9.

290) Stiver, "데일 무디," 331.

291) Stiver, "데일 무디," 333-4.

292) Stiver, "데일 무디," 336.

293) Robert V. Rakestraw, "클락 피녹,"「침례교신학자들 (하)」 eds. Timothy George and David Dockery (대전: 침례신학대학교출판부, 2010), 509-10.

294) Rakestraw, "클락 피녹," 510-1.

295) Rakestraw, "클락 피녹," 511.

296) Rakestraw, "클락 피녹," 512.

297) Rakestraw, "클락 피녹," 513.

제13장 남침례교회에 큰 영향을 끼친 세 명의 인물

1) Edgar Y. Mullins, "Why I Am a Baptist," in *The Axioms of Religion* eds., Timothy and Denise George (Nashville: Broadman & Holman, 1997), 268. R. Albert Mohler, "Introduction," in *The Axioms of Religion* eds., Timothy and Denise George (Nashville: Broadman & Holman, 1997), 1-2; Timothy D. F. Maddox, "E. Y. Mullins: Mr. Baptist for the 20th and 21th Century," *Review and Expositor* 96 (Winter 1999): 88.

2) Mohler, "Introduction," 2-3; Maddox, "E. Y. Mullins," 89.

3) William E. Ellis, "Edgar Young Mullins and the Crisis of Moderate Southern Baptist Leadership," *Foundations* 19 (Ap-Je 1976): 171-72; Mohler, "Introduction," 4-5; Maddox, "E. Y. Mullins," 90-91.

4) Mohler, "Introduction," 5-7; Ellis, "Edgar Young Mullins," 172; Maddox, "E. Y. Mullins," 91-92.

5) E. Glenn Hinson, "E. Y. Mullins as Interpreter of the Baptist Tradition," *Review and Expositor* 96 (Winter 1999): 109; Ellis, "Edgar Young Mullins," 171; Mohler, "Introduction," 17-18.

6) Mohler, "Introduction," 7.

7) James Dunn, "Church, State, and Soul Competency," *Review and Expositor* 96 (Winter 1999): 63.

8) Russell D. Moore and Gregory A. Thornbury, "The Mystery of Mullins in Contemporary Southern Baptist Historiography," *Southern Baptist Journal of Theology* 3 (Winter 1999): 45-49.

9) Edgar Y. Mullins, 『조직신학원론』 권혁봉 역, (서울: 침례회출판사, 1982).

10) Ellis, "Edgar Young Mullins," 172; Mohler, "Introduction," 7-8; Maddox, "E. Y. Mullins," 89-91.

11) Edgar Y. Mullins, "Baptists and Creeds," in *The Axioms of Religion* eds., Timothy and Denise George (Nashville: Broadman & Holman, 1997), 186-90.

12) Edgar Y. Mullins, *The Christian Religion in Its Doctrinal Expression* (Philadelphia: The Judson Press, 1917), 20.

13) Mullins, *Axioms*, 95.

14) Mullins, *Christian Religion*, 40.

15) Mullins, "Why I Am A Baptist," 271.

16) Mullins, *Axioms*, 58-60; 64. 20세기 초 남침례교인들은 멀린스의 전임학장이었던 위치트(W. H. Whitsitt)와 지계속주의자들 사이의 침례교 기원에 관한 논쟁으로 인하여 교단의 정체성에 관심이 높아진 시기였다. 이러한 때, 멀린스는 영혼의 능력을 침례교 정체성의 핵심으로 제시하였다 (Maddox, "E. Y. Mullins," 93; Dunn "Church" 67). Dunn은 멀린스가 영혼의 능력에 관한 어떠한 구체적인 성경적 근거를 제시하지는 않았다는 점을 지적하였다 ("Church,"63). Freeman은 멀린스가 영혼의 능력을 성경의 개인적 해석의 권리로 설명한 것은 아마도 침례교 자유주의 신학자인 프란시스 웨일랜드(Francis Wayland)의 영향 때문일 것이라고 하였다 ("E. Y. Mullins," 35).

17) Mullins, *Christian Religion*, 3.

18) Mullins, "Theological Trend," 258.

19) Hurst, "Problem," 168.

20) Mullins, *Axioms*, 48.

21) Mullins, "Theological Trend," 253. Ellis는 멀린스가 남침례교 지도자 중에 점진적 계시라는 개념을 받아들인 처음 사람이라고 하였다 ("Edgar Young Mullins," 175).

22) Mullins, *Christian Religion*, 146-48.

23) Mullins, *Christian Religion*, 143-44.

24) Mullins, "Why I Am A Baptist," 270-71.

25) Bill J. Leonard, *God's Last and Only Hope* (Grand Rapids: William B. Eerdmans, 1990), 49-51.

26) Edgar Y. Mullins, "Christianity in the Modern World," in *The Axioms of Religion* eds., Timothy and Denise George (Nashville: Broadman & Holman, 1997), 218.

27) Edgar Y. Mullins, "The Dangers and Duties of the Present Hour," in *The Axioms of Religion* eds., Timothy and Denise George (Nashville: Broadman & Holman, 1997), 178-79.

28) Mullins, "Christianity in the Modern World," 221-23.

29) Mullins, "Christianity in the Modern World," 224-27.

30) Mullins, "The Dangers and Duties," 184-85; idem, "Testimony of Christian Experience," 80.

31) Edgar Y. Mullins, "The Response of Jesus Christ to Modern Thought," in *The Axioms of Religion* eds., Timothy and Denise George (Nashville: Broadman & Holman, 1997), 212;

idem, *Christian Religion*, 272-73; idem, "Christianity in the Modern World," 229-30.

32) Edgar Y. Mullins, "Evolution, Legislation, and Separation: Correspondence between Billy Sunday and E. Y. Mullins," *Southern Baptist Journal of Theology* 3 (Winter 1999): 86-88.

33) Edgar Y. Mullins, "The Statement of Science and Religion," in *The Axioms of Religion* eds., Timothy and Denise George (Nashville: Broadman & Holman, 1997), 265.

34) Mullins, "Statement of Science and Religion," 266. 멀린스는 심지어 진화론자가 신학교에서 연설하는 것을 허락하기도 하였다 (Ellis, "Edgar Young Mullins," 175).

35) Mullins, "Statement of Science and Religion," 266-67.

36) Pleasants, "E. Y. Mullins," 46.

37) Ellis, "Edgar Young Mullins," 179-80.

38) Pleasants, "E. Y. Mullins," 43, 52-53.

39) Mohler, "Introduction," 13-14.

40) Nettles, "E. Y. Mullins," 36-37; Dilday, "Mullins," 81

41) Dunn, "Church," 62; Hinson, "E. Y. Mullins," 114.

42) Mullins, *Christian Religion*, vii.

43) Mullins, *Christian Religion*, 266-67.

44) Mullins, *Christian Religion*, 294-95; 338-40; idem, *Axioms*, 87.

45) Mullins, *Christian Religion*, 343-44; Mullins, *Axioms*, 88.

46) Mullins, *Axioms*, 89-91.

47) 크리스웰의 원래 이름은 W. A. Criswell 이다. 사람들이 그에게 머리글자들은 무엇을 의미하는가? 라고 물었고, 크리스웰은 그것은 "Wallie Amos"라고 말했다. Paige Patterson, "The Imponderables of God," *Criswell Theological Review* Vol. 1 (1987): 237-8; L. Russell Bush, "W. A. Criswell," in *Baptist Theologians* eds. by Timothy George and David S. Dockery (Nashville: Broadman Press, 1990), 450

48) Bush, "W. A. Criswell," 450-52.

49) Patterson, "The Imponderables of God," 239; Bush, "W. A. Criswell," 461.

50) Bush, "W. A. Criswell," 452; Patterson, "The Imponderables of God," 239-40.

51) Tmothy George, "The Baptist Pope," *Christianity Today* 46 (March 2002): 54; Patterson, "The Imponderables of God," 239-40.

52) C. Allyn Russell, "W. A. Criswell: A Case Study in Fundamentalism," *Review & Expositor* (Winter 1984): 108; Bush, "W. A. Criswell," 452.

53) Russell, "W. A. Criswell," 108; Patterson, "The Imponderables of God," 240.

54) Bush, "W. A. Criswell," 452.

55) Patterson, "The Imponderables of God," 241.

56) Russell, "W. A. Criswell," 108-9; Patterson, "The Imponderables of God," Bush, "W. A. Criswell," 452.

57) George, "The Baptist Pope," 54; Patterson, "The Imponderables of God," 243-44. 크리스웰의 부목사인 Paige Patterson은 크리스웰이 확고한 결단력, 쾌활, 어린이 같은 호기심,

활기참, 때때로 격분함, 그리고 "신비적"으로 결정하는 경향 등과 같은 성격적 특성을 가지고 있다고 하였다 (ibid, 238).

58) Russell, "W. A. Criswell," 109-10. Rusell은 크리스웰이 성경 주석 설교를 한 이유는 그가 성경의 각 단어가 영감 받았음을 믿었기 때문이었다고 하였다(Ibid, 115). 이와 관련하여 크리스웰은 자신의 생각을 다음과 같이 말하였다: "여러분이 그것을 있는 그대로 제시한다면, 그 말씀은 언제나 아름답게 균형을 이루게 될 것입니다....... 만약 설교자가 자기의 교리 제시의 방향을 변경한다면, 그의 설교는 바뀌는 것입니다. 만약 어떤 교회가 그 교리의 가르침을 다른 각도로 변경한다면 교회가 변질됩니다." W. A. Criswell, 「크리스웰 교리 설교집: 1 성서론」, 이동원 역 (서울: 요단출판사, 1988), 79-80.

59) Patterson, "The Imponderables of God," 242; Bush, "W. A. Criswell," 453.

60) Patterson, "The Imponderables of God," 242; Bush, "W. A. Criswell," 453.

61) Patterson, "The Imponderables of God," 246; Bush, "W. A. Criswell," 453.

62) George, "The Baptist Pope," 56.

63) Bush, "W. A. Criswell," 454.

64) Russell, "W. A. Criswell," 110-1.

65) George, "The Baptist Pope," 54.

66) Patterson, "The Imponderables of God," 251.

67) Patterson, "The Imponderables of God," 247.

68) George, "The Baptist Pope," 56.

69) Patterson, "The Imponderables of God," 247.

70) Patterson, "The Imponderables of God," 244, 246.

71) Russell, "W. A. Criswell," 111-12.

72) George, "The Baptist Pope," 54.

73) Russell, "W. A. Criswell," 112-13.

74) James T. Baker, "Scalping the Ephraimites: Southern Baptists in the '80s," *Christianity Century* 97 (March 1980): 256. 이 문제를 포함하여 최근 남침례교회의 논쟁에 관한 자세한 내용은 김용국, "최근 미국 남침례교회 논쟁," 「복음과 실천」 34 (대전: 침례신학대학교출판부, 2004), 63-83에 나와 있다.

75) Russell, "W. A. Criswell," 113-14; Jerry L. Faught, Jr., "The Ralph Elliot Controversy: Competing Philosophies of Southern Baptist Seminary Education," *Baptist History and Heritage* (Summer/Fall 1999): 13-4.

76) Baker, "Scalping the Ephraimites," 254; Russell, "W. A. Criswell," 114-5.

77) Baker, "Scalping the Ephraimites," 254.

78) George, "The Baptist Pope," 55.

79) Ibid, 55.

80) LaTonya Taylor, "SBC Leader W. A. Criswell Dies at 92," *Christianity Today* 46 (February 2002): 15; "W. A. Criswell," *Christian Century* (January 30-February 6, 2002): 17.

81) Lamar E. Cooper, Sr., "The Literary Contributions of W. A. Criswell," *Criswell Theological*

Review Vol. 1 (1987): 255-61. 같은 논문에서 Cooper는 크리스웰의 그 밖의 책들에 관해서도 간략하게 설명하였다.

82) W. A. Criswell, 『크리스웰 교리 설교집: 1 성서론』, 이동원 역 (서울: 요단출판사, 1988), 27-28. 달라스 제일침례교회는 1970년 10월 7일 신앙고백서를 채택하였는데, 신앙조항들 중에서 성서무오를 선언한 제 1항, 전천년주의를 믿는 제 10항, 십일조 강조하는 제 13항, 사회구원보다 개인구원 우선시하는 제 15항 등의 4가지 조항은 특히 크리스웰의 신학을 반영하였다 (Russell, "W. A. Criswell," 118).

83) Criswell, 『크리스웰 교리 설교집: 1 성서론』, 59.

84) Criswell, 『크리스웰 교리 설교집: 1 성서론』, 146-7.

85) Criswell, 『크리스웰 교리 설교집: 1 성서론』, 45.

86) Criswell, 『크리스웰 교리 설교집: 1 성서론』, 153-5.

87) Criswell, 『크리스웰 교리 설교집: 1 성서론』, 52.

88) Criswell, 『크리스웰 교리 설교집: 1 성서론』, 63-75.

89) Criswell, 『크리스웰 교리 설교집: 1 성서론』, 43-5.

90) Russell, "W. A. Criswell," 116.

91) Russell, "W. A. Criswell," 116-17.

92) Criswell, 『크리스웰 교리 설교집: 1 성서론』, 60.

93) Criswell, 『크리스웰 교리 설교집: 4 성령론』, 47-49.

94) Criswell, 『크리스웰 교리 설교집: 4 성령론』, 100-3; Russell, "W. A. Criswell," 118.

95) Criswell, 『크리스웰 교리 설교집: 5 구원론』, 37.

96) Criswell, 『크리스웰 교리 설교집: 5 구원론』『크리스웰 교리 설교집: 5 구원론』, 76, 80. 믿음의 적극적인 측면을 강조한 크리스웰은 심지어 공적인 신앙고백을 하는 사람만을 진정한 믿음을 가진 자로 인정하려고 했다 (ibid, 116-19).

97) Criswell, 『크리스웰 교리 설교집: 5 구원론』, 191, 198-99.

98) Criswell, 『크리스웰 교리 설교집: 5 구원론』, 165.

99) Bush, "W. A. Criswell," 454; Patterson, "The Imponderables of God," 248.

100) 현대의 이스라엘 건국이 유대인들에 대한 성경 예언의 성취로 보는 크리스웰의 시온주의는 Russell, "W. A. Criswell," 117-18에 잘 설명되어 있다.

101) W. A. Criswell, 『예수님이 내일 오신다면』 지상우 역, (서울: 크리스챤비전하우스, 1982), 26.

102) Criswell, 『예수님이 내일 오신다면』, 39, 41.

103) Criswell, 『예수님이 내일 오신다면』, 46-7.

104) Criswell, 『예수님이 내일 오신다면』, 48.

105) Georege, "The Baptist Pope," 56; "W. A. Criswell" 17. 실지로 크리스웰은 자유주의와 진화론을 반대하면서 설교 시간에 다음과 같은 독설을 퍼부었다: "이러한 인본주의자들, 세속주의자들, 물질주의자들, 사이비 과학자들이 저를 아연실색케 합니다. 그들은 제가 보기에는 괴상한 생물들입니다. 그들은 저에게 바알신을 섬기던 거짓 선지자들을 생각나게 합니다." Criswell, 『크리스웰 교리 설교집: 1 성서론』, 85.

106) LaTonya, "SBC Leader," 15; George, "The Baptist Pope," 54-55.

107) Carl F. H. Henry, "A Voice for God," *Criswell Theological Review* Vol 1 (1987): 235-36.

108) Alister McGrath, 『복음주의와 기독교의 미래』 신상길·정성욱 역 (서울: 한국장로교출판사, 1997), 42.

109) 전호진, "선교적 관점에서 본 복음주의 역사와 선교운동," 「성경과 신학」 제19권 (1996년 봄): 159-60; 김명혁, "복음주의의 역사," 「빛과 소금」 (1987년 5월): 85.

110) 미국의 최대 개신교단인 남침례교회는 1979년부터 보수파와 온건파가 교단의 신학과 운영을 놓고 치열한 투쟁을 벌였다. 이 투쟁은 1985년 6월에 개최된 달라스 총회에서 최고조에 달했고, 그 총회는 교단의 미래를 결정하는 중요한 총회였다. 그 때 빌리 그래함은 보수파를 지지함으로 보수파가 교단을 장악하는데 결정적인 기여를 한 것이다. Nancy T. Ammerman, *Baptist Battles: Social Change and Religious Conflict in The Southern Baptist Convention* (New Brunswick and London: Rutgers University Press, 1990), 184; Claude L. Howe, Jr., "From Dallas to New Orleans: The Controversy Continues," *Theological Educator: A Journal of Theology and Ministry* 41 (Spring 1990): 100-1. 미국 남침례교단 신학교인 The Southern Baptist Theological Seminary 내에는 그의 이름을 딴 The Billy Graham School of Missions, Evangelism, and Church Growth가 있다. 이것은 빌리 그래함이 자신의 이름을 사용하도록 허락한 최초이자 마지막 학교였다. J. Mark Terry, "Billy Graham's Contributions to World Evangelism," *Baptist History and Heritage* Vol 30 (January 1995): 9.

111) Sherwood E. Wirt, 『빌리 그래함』 장밀알·하미경 역 (서울: 예영커뮤니케이션, 1999), 36; William Martin, 『빌리 그레이엄』, 전가화 역 (서울: 고려원, 1993), 52-54.

112) Martin, 『빌리 그레이엄』, 58-59; 65-67; Wirt, 『빌리 그래함』, 28; Terry, "Billy Graham's Contributions to World Evangelism," 5.

113) Martin, 『빌리 그레이엄』, 68-74; Wirt, 『빌리 그래함』, 37.

114) Wirt, 『빌리 그래함』, 36-37; Martin, 『빌리 그레이엄』, 79-81; 86.

115) Terry, "Billy Graham's Contributions to World Evangelism,", 6; Wirt, 『빌리 그래함』, 42; William Martin, 『빌리 그레이엄』, 91-93.

116) Terry, "Billy Graham's Contributions to World Evangelism," 6; Martin, 『빌리 그레이엄』, 127-28.

117) Martin, 『빌리 그레이엄』Martin, 『빌리 그레이엄』, 131-33.

118) John A. Abernathy, "Baptist Missions in Korea," *Annual of the Southern Baptist Convention* (May 1953): 165-6.

119) Martin, 『빌리 그레이엄』, 169-77; 186-200.

120) Martin, 『빌리 그레이엄』, 216-19.

121) McGrath, 『복음주의와 기독교의 미래』, 42; Martin, 『빌리 그레이엄』, 222-31.

122) Wirt, 『빌리 그래함』, 73; Martin, 『빌리 그레이엄』, 263-72.

123) Wirt, 『빌리 그래함』, 129-34.

124) Wirt, 『빌리 그래함』, 157-65.

125) Martin, 『빌리 그레이엄』, 435-39; Wirt, 『빌리 그래함』, 192-95.

126) Wirt, 『빌리 그래함』, 287-89; Martin, 『빌리 그레이엄』, 505-20.

127) 자세한 내용은 Wirt, 『빌리 그래함』, 289-92; Martin, 『빌리 그레이엄』, 521-72을 보시오.

128) 이재근, "5가지 키워드로 읽는 빌리 그레이엄의 삶과 사역," [온라인 자료] http://www.newsnjoy.or.kr/news/articleView.html?idxno=216385, 2018년 9월 21일 접속.

129) John A. Abernathy, "Baptist Mission in Korea," *Annual of the Southern Baptist Convention* (May 1953): 165.

130) 총회역사편찬위원회, 『한국침례교회사』 (서울: 침례회출판사, 1990), 130; James Gale, "1889년 12월 13일. 사랑하는 누나 제니에게, 부산에서," 『착흔목쟈: 게일의 삶과 선교 2』, 유영식 편역 (서울: 도서출판 진흥, 2013), 62-65.

131) 허긴, 『한국침례교회사』 (대전: 침례신학대학교출판부, 1999), 319-20.

132) Ione Gray, "They Live Their Faith," *Baptist Training Union Magazine* (October 1954): 513, 559.

133) John A. Abernathy, "Korea," *Annual of Southern Baptist Convention* (June 1951): 161; Gray, "They Live," 559.

134) Timothy Hyo-Hoon Cho, "A History of the Korea Baptist Convention: 1889-1969" (Th.D. diss., Southern Baptist Theological Seminary, 1970), 131-32.

135) Wirt, 『빌리 그래함』, 191-92.

136) 이은선, "6·25전쟁과 미국 복음주의와 한국교회," 『영산신학저널』 44 (2018년 6월): 206.

137) Abernathy, "Baptist Mission in Korea," 165.

138) 박용규, "Billy Graham(1918-): 20세기가 낳은 가장 위대한 전도자," [온라인 자료] http://www.1907revival.com/news/articleView.html?idxno=3239, 2018년 8월 22일 접속.

139) 이은선, "6·25전쟁과 미국 복음주의와 한국교회," 206.

140) David Ahn and Jewell Leonard Abernathy, "Advance Through Suffering in Korea," *Royal Service* (November 1953), 28.

141) Baker J. Cauthen, Letter to M. T. Rankin, Foreign Mission Board, Southern Baptist Convention, 2037 Monument Avenue, Richmond, Va., September 10, 1949, 8; 서울침례교회 60년사편찬위원회, 『서울침례교회 60년』 (서울: 엘에스커뮤니케이션, 2009), 12-13.

142) John and Jewell Abernathy, "Korean Welcome," *The Commission*, June 1950, 7.

143) 이근미, 『김장환 목사 이야기 下, 그를 만나면 마음에 평안이 온다』 (서울: 조선일보사, 2000), 17-8. William Martin은 통역을 정하는 것이 어려운 일이었는데, 한경직은 이미 자신은 너무 늙었다고 고사하였고, 칼 매킨타이어의 통역을 한 적이 있는 실력이 입증된 김장환을 택하게 되었다고 하였다(Martin, 『빌리 그레이엄』, 437).

144) Martin, 『빌리 그레이엄』, 439.

145) 조수진, "「극동방송」의 대북방송 역사연구-1956년 개국부터 90년대 말까지" (석사학위 논문, 고려대학교 언론대학원, 2014), 54.

146) Wirt, 『빌리 그래함』, 283-85.

147) 이근미, 『김장환 목사 이야기 下』, 12-13.

148) 전호진, "빌리 그래함의 반공 메시지가 한국을 구했다." [온라인 자료] http://www. futurekorea.co.kr/news/articleView.html?idxno=41242, 2018년 8월 22일 접속.

149) Martin, 『빌리 그레이엄』, 159.

150) 이은선, "6·25전쟁과 미국 복음주의와 한국교회," 208-10.

151) Martin, 『빌리 그레이엄』, 159.

152) Martin, 『빌리 그레이엄』, 130-31.

153) 김용삼, "미국의 6·25 참전 도운 매카시 의원, 빌리 그리이엄 목사," [온라인 자료] http://www.futurekorea.co.kr/news/articleView.html?idxno=28510, 2018년 8월 23일 접속.

154) 전호진, "빌리 그래함의 반공 메시지가 한국을 구했다." [온라인 자료] http://www. futurekorea.co.kr/news/articleView.html?idxno=41242, 2018년 8월 22일 접속.

155) Martin, 『빌리 그레이엄』, 134-36.

156) Martin, 『빌리 그레이엄』, 161.

157) 김준곤, 『C.C.C.와 민족복음화운동』(서울: 순출판사, 2005), 14, 16, 18.

158) 김준곤, 『C.C.C.와 민족복음화운동』, 25.

159) 김준곤, 『C.C.C.와 민족복음화운동』, 40-41.

160) 이은선, "6·25전쟁과 미국 복음주의와 한국교회," 207.

161) 유동식, "빌리 그레함 傳道大會를 말한다."『기독교사상』(1973년 7월): 81.

162) 한경직, "빌리그레함 전도대회의 비죤과 그 목표,"『빌리그레함 전집-한국전도대회특집』한국기독교선교협의회 편 (서울: 신경사, 1973), 10.

163) "빌리 그레함 한국 전도대회 종합통계,"『빌리그레함 전집-한국전도대회특집』한국기독교선교협의회 편 (서울: 신경사, 1973), 69.

164) Wirt, 『빌리 그래함』, 192-96.

165) Martin, 『빌리 그레이엄』, 436.

166) 이근미, 『김장환 목사 이야기 下』, 22-23.

167) 조동진, "빌리 그레함 傳道大會를 말한다."『기독교사상』(1973년 7월): 87-88.

168) 서울침례교회 60년사편찬위원회, 『서울침례교회 60년』, 46.

169) 조만, "빌리 그래함 대전도: 빌리 그래함 한국 전도대회,"『활천』366호 (1973): 70.

170) Martin, 『빌리 그레이엄』, 435-36.

171) 조동진, "빌리 그레함 傳道大會를 말한다."『기독교사상』(1973년 7월): 83.

172) 조향록, "빌리 그레함 傳道大會를 말한다."『기독교사상』(1973년 7월): 86.

173) 김명혁, "복음주의 운동과 한국교회,"『선교와 신학』5집 (2000년 6월): 113.

174) 박용규, 『한국교회를 깨운 복음주의운동』(서울: 두란노, 1998), 96-97.

175) 조종남, "복음주의의 현대적 고찰,"『빛과 소금』(1987년 5월): 87-89.

176) 조종남, "복음주의의 현대적 고찰," 90.

177) 박용규, 『한국교회를 깨운 복음주의운동』, 97-98.

178) 박용규, 『한국교회를 깨운 복음주의운동』, 138-9.

179) 김준곤, "엑스플로 '74를 말한다," 「기독교사상」 18호 (1974년 10월): 86-7.

180) 김준곤, 『C.C.C.와 민족복음화운동』, 120.

181) 전호진, "복음주의 시각에서 본 학생운동." 「빛과소금」 (1987년 5월): 92.

182) 전호진, "한국교회 성장, 침체의 원인과 대책은?" 「생명나무」 (2001년 4월): 51.

183) 김명혁, "복음주의 운동과 한국교회," 「선교와 신학」 5집 (2000년 6월): 114.

제14장 미국 아프리카계 침례교회사

1) Edwin S. Gaustad, "The First Black Baptist," *Baptist History and Heritage*, vol. 15 (January 1980): 56.

2) Mark Noll, 『미국·캐나다 기독교 역사』, 최재건 역 (서울: 기독교문서선교회, 2005), 111.

3) Edward A. Freeman, "Negro Baptist History," *Baptist History and Heritage*, vol. 4 (July 1969): 90-91.

4) Freeman, "Negro Baptist History," 91-92.

5) Emmanuel L. McCall, "Slave or Free: Baptist Attitudes Toward African-Americans," *Baptist History and Heritage*, vol. 32 (July-October 1997): 49. 부흥운동은 백인들이 노예들을 보다 관용적으로 대하도록 하는 효과도 가져왔다. 하나님이 창조한 모든 사람들은 본질적으로 숭고하다는 조나단 에드워즈의 가르침을 그의 제자들이 노예들에게 적용시키려 하였다. Noll, 『미국·캐나다 기독교 역사』, 147을 보시오.

6) Freeman, "Negro Baptist History," 92-93.

7) Jewell L. Spangler, "Salvation Was Not Liberty: Baptists and Slavery in Revolution Virginia," *American Baptist Quarterly*, vol. 13 (September 1994): 223. 1776년 남부 인구의 약 46퍼센트가 노예들이었으며, 그때까지는 소수의 노예만이 개종하였다. Roger Fink and Rodney Stark, 『미국 종교시장에서의 승자와 패자』, 김태식 역 (서울: 서로사랑, 2009), 62을 보시오.

8) Miles Mark Fisher, "The Crozer Family and Negro Baptists," *The Chronicle*, vol. 8 (October 1945): 182; Freeman, "Negro Baptist History," 95;

9) Freeman, "Negro Baptist History," 95.

10) Noll, 『미국·캐나다 기독교 역사』, 181-82.

11) Freeman, "Negro Baptist History," 95.

12) 류대영, 『미국 종교사』 (파주: 청년사, 2007), 129-30.

13) McCall, "Slave or Free," 48-49.

14) Spangler, "Salvation Was Not Liberty," 226.

15) 김승진, 『침례교회와 역사』 (대전: 침례신학대학교출판부, 2009), 324.

16) Spangler, "Salvation Was Not Liberty," 227-28.

17) Freeman, "Negro Baptist History," 93-94.

18) McCall, "Slave or Free," 49-50.

19) Noll, 『미국·캐나다 기독교 역사』, 258-9; 류대영, 『미국 종교사』, 243-44.

20) Freeman, "Negro Baptist History," 94. 노예들의 집회를 금지하는 법으로 인해 감시자들은 늦은 오후부터 동이 트기 직전까지 농장들을 돌아다니며 노예들의 활동을 순찰하고 감시했다. 노예들은 감시자들이 잠자리에 든 이후 이른 아침에 비밀리에 모였으며, 이러한 모임은 흑인 설교자들의 위상을 높여주는 결과를 가져왔다 (ibid., 95).

21) Spangler, "Salvation Was Not Liberty," 228-29.

22) Spangler, "Salvation Was Not Liberty," 229-31.

23) Spangler, "Salvation Was Not Liberty," 224-25.

24) 류대영, 『미국 종교사』, 242-3, 245. 본토 출신 노예들은 1740년에 이미 50퍼센트를 초과했고, 1780년에는 80퍼센트에 해당되었다. Stark, 『미국 종교시장에서의 승자와 패자』, 156.

25) 류대영, 『미국 종교사』, 223-24.

26) McCall, "Slave or Free," 49.

27) John B. Boles, "미국 옛 남부 부흥운동과 갱신, 사회적 중재,"『근현대 세계 기독교 부흥』, eds. Edith L. Blumhofer & Randall Balmer, 이재근 역 (서울: 기독교문서선교회, 2011), 113-15.

28) Boles, "미국 옛 남부 부흥운동과 갱신, 사회적 중재," 116-17.

29) Boles, "미국 옛 남부 부흥운동과 갱신, 사회적 중재," 118.

30) Winthrop Hudson and John Corrigan, 『미국의 종교』, 배덕만 역 (서울: 성광문화사, 2008), 357.

31) McCall, "Slave or Free," 50. 아프리카계 미국인의 숫자 역시 급증하였다. 일부 주에서는 흑인의 수가 백인보다 많았다. 1860년 기준으로 사우스캐롤라이나는 흑인 41만 백인 29만, 미시시피는 흑인 44만 백인 35만이었다. 앨라배마는 44만 대 53만, 조지아 46만 대 59만, 버지니아 55만 대 100만 이었다(ibid.).

32) Freeman, "Negro Baptist History," 96.

33) Fisher, "The Crozer Family and Negro Baptists," 181. 크로저 가문은 해방을 얻은 흑인들을 위해 1866년에 거금 5만 달러를 기부했다(ibid.).

34) McCall, "Slave or Free," 54.

35) J. H. Branham, "A Baptist Governor of Liberia," Baptist Quarterly, vol. 8 (1936-1937): 251.

36) Branham, "A Baptist Governor of Liberia," 252-53.

37) Branham, "A Baptist Governor of Liberia," 253-55.

38) 류대영, 『미국 종교사』, 302-3.

39) Natalie N. Ogle, "Brother Against Brother: Baptists and Race in the Aftermath of Civil War," American Baptist Quarterly, vol. 23 (June 2004): 138-39.

40) Boles, "미국 옛 남부 부흥운동과 갱신, 사회적 중재," 104-5.

41) Ogle, "Brother Against Brother," 138.

42) Ogle, "Brother Against Brother," 138.

43) Noll, 『미국·캐나다 기독교 역사』, 395; 류대영, 『미국 종교사』, 319-20.

44) Ogle, "Brother Against Brother," 140.

45) Stark, 『미국 종교시장에서의 승자와 패자』, 280-81.

46) Ogle, "Brother Against Brother," 140-41.

47) Ogle, "Brother Against Brother," 150-51.

48) Floyd T. Cunningham, "Wandering in the Wilderness: Black Baptist Thought After Emancipation," *American Baptist Quarterly*, vol. 4 (September 1985): 268, 270, 272.

49) Cunningham, "Wandering in the WildernessIbid," 272-73.

50) Cunningham, "Wandering in the WildernessIbid," 271.

51) 류대영, 『미국 종교사』, 324-25.

52) Cunningham, "Wandering in the Wilderness,"274-75. 남북전쟁 후 백인 대다수는 노예제가 해결되었다고 생각하여 자유 흑인들의 정치적 권리를 확보해주는 일에 큰 관심을 쏟지 않았다. 흑인들은 이제 스스로 자신들의 정치적, 사회적, 경제적 권리를 쟁취해야 했다. Noll, 『미국·캐나다 기독교 역사』, 395을 보시오.

53) Noll, 『미국·캐나다 기독교 역사』, 417; Cunningham, "Wandering in the Wilderness," 277.

54) Cunningham, "Wandering in the Wilderness," 277.

55) Cunningham, "Wandering in the Wilderness," 276.

56) 류대영, 『미국 종교사』, 331.

57) McCall, "Slave or Free," 54.

58) Fisher, "The Crozer Family and Negro Baptists," 183.

59) W. Morgan Patterson, "Baptist Growth in America: Evaluation of Trends," *Baptist History and Heritage*, vol. 14, no. 1 (1979): 22.

60) Fisher, "The Crozer Family and Negro Baptists," 186; Patterson, "Baptist Growth in America," 22.

61) Noll, 『미국·캐나다 기독교 역사』, 411.

62) Stark, 『미국 종교시장에서의 승자와 패자』, 285-86.

63) Patterson, "Baptist Growth in America," 22.

64) Freeman, "Negro Baptist History," 97.

65) Stark, 『미국 종교시장에서의 승자와 패자』, 310-11.

66) Patterson, "Baptist Growth in America," 22; 김용국, 『미국침례교회사』 (대전: 침례신학대학교출판부, 2014), 421.

67) Noll, 『미국·캐나다 기독교 역사』, 560.

68) 김용국, 『미국침례교회사』, 421.

69) Noll, 『미국·캐나다 기독교 역사』, 588-89.

70) Kenneth K. Bailey, "Southern Baptists, 1940-1963, As Viewed By A Secular Historian," *Baptist History and Heritage*, vol. 3 (January 1968): 20-21.

71) Bailey, "Southern Baptists, 1940-1963," 21-22.

72) 류대영, 『미국 종교사』, 492.

73) Noll, 『미국·캐나다 기독교 역사』, 595, 598.

74) 김용국, 『미국침례교회사』, 422.

75) 류대영, 『미국 종교사』, 494-95.

76) Jeffrey Haggray, "The Black Baptist Experience in the D.C. Baptist Convention," *American Baptist Quarterly*, vol. 23 (June 2004): 205-6.

77) "National Baptist Convention, USA, Inc.," [온라인 자료] http://www.nationalbaptist.com/about-us/index.html, 2015년 8월 11일 접속.

78) "Association of Religion Data Archives," [온라인 자료] http://www.thearda.com/Denoms/D_1390.asp, 2015년 8월 11일 접속.

79) "Progressive National Baptist Convnetion, Inc.," [온라인 자료] http://www.pnbc.org/. 2015년 8월 11일 접속.

제4부
유럽대륙 및 군소 침례교단 역사
침례교 대학교와 침례교세계연맹

제15장 유럽대륙 침례교회사

1) H. Leon McBeth, *The Baptist Heritage* (Nashville: Broadman Press, 1987), 464.

2) G. Keith Parker, *Baptists in Europe* (Nashville: Broadman Press, 1982), 21-22.

3) Jannes Reiling, "Baptists in the Netherlands," *Baptist Quarterly*, vol. 28, no 2 (1979): 62.

4) McBeth, *Baptist Heritage*, 465-67.

5) Brandsma, J. A., "Johannes Elias Feisser and the Rise of the Netherlands Baptists," *The Baptist Quarterly*, vol. 16, no 1 (1955): 10-11.

6) Wayne Alan Detzler, "Johann Gerhard Oncken's Long Road to Toleration," *Journal of the Evangelical Theological Society*, vol. 36, no 2 (June 1993): 235.

7) McBeth, *Baptist Heritage*, 469-70.

8) 김승진, "Johann Gerhard Oncken과 19세기 유럽침례교운동을 위한 그의 기여," 「복음과 실천」, 55집 (2015 봄): 168.

9) James Henry Rushbrooke, "The Pioneer," *The Baptist Movement in the Continent of Europe: A Contribution to Modern History*, ed. James Henry Rushbrooke (London: The Kingsgate Press, 1915), 3-4.

10) Rushbrooke, "The Pioneer," 6-7; Detzler, "Johann," 229-30.

11) Rushbrooke, "The Pioneer," 7-8.

12) F. W. Herrmann, "The Movement in Germany: Its Progress and Consolidation," *The Baptist Movement in the Continent of Europe: A Contribution to Modern History*, ed. James Henry Rushbrooke (London: The Kingsgate Press, 1915), 13-14.

13) Detzler, "Johann Gerhard Oncken's Long Road to Toleration," 233; Rushbrooke, "The Pioneer," 8.

14) Rushbrooke, "The Pioneer," 8-9.

15) Rushbrooke, "The Pioneer," 9-10.

16) Herrmann, "The Movement," 17.

17) 김승진, "Johann," 178.

18) Detzler, "Johann Gerhard Oncken's Long Road to Toleration," 236.

19) Herrmann, "The Movement," 15-16.

20) Detzler, "Johann Gerhard Oncken's Long Road to Toleration," 236; Herrmann, "The Movement," 14-15, 17.

21) Herrmann, "The Movement," 21-22.

22) Herrmann, "The Movement," 22-23.

23) Herrmann, "The Movement," 27-28.

24) Robert Dubarry, "Baptist Work in France and Neighboring French-Speaking Lands," *The Baptist Movement in the Continent of Europe: A Contribution to Modern History*, ed. James Henry Rushbrooke (London: The Kingsgate Press, 1915), 114.

25) Georges J. Rousseau, "Baptist Churches in France," *The Chronicle*, vol. 14, no. 3 (1951): 109.

26) Rousseau, "Baptist Churches in France," 111-12.

27) Ian M. Randall, *Communities of Conviction: Baptist Beginnings in Europe* (Schwarzenfeld, Germany: Neufeld Verlag, 2009), 42-43; Dubarry, "Baptist Work," 114-16.

28) Robert Torbet, *A History of the Baptists* (Valley Forge: Judson Press, 1963), 170.

29) McBeth, *Baptist Heritage*, 485.

30) Torbet, *A History*, 170-71.

31) Herrmann, "The Movement," 47-48.

32) F. W. Herrmann, "The Story of Some Minor Baptist Communities (Denmark, Holland, Switzerland, Austria," *The Baptist Movement in the Continent of Europe: A Contribution to Modern History*, ed. James Henry Rushbrooke (London: The Kingsgate Press, 1915), 50.

33) Herrmann, "The Story," 50.

34) Brandsma, "Johannes," 11-12, 16.

35) Brandsma, "Johannes," 13-14; Reiling, "Baptists," 62.

36) Reiling, "Baptists," 62; Brandsma, "Johannes," 15-16.

37) Reiling, "Baptists," 63.

38) Brandsma, "Johannes," 18.

39) Reiling, "Baptists," 63.

40) Brandsma, "Johannes," 20; Reiling, "Baptists," 64.

41) Reiling, "Baptists," 64–65.

42) Herrmann, "The Story," 37–38.

43) Torbet, *A History*, 179.

44) McBeth, *Baptist Heritage*, 479–80.

45) O. J. Oie, "The Baptists in Norway," *The Baptist Movement in the Continent of Europe: A Contribution to Modern History*, ed. James Henry Rushbrooke (London: The Kingsgate Press, 1915), 130–32.

46) Oie, "The Baptists in Norway," 132–33.

47) McBeth, *Baptist Heritage*, 480.

48) Torbet, *A History*, 176.

49) C. E. Benander, "The Movement in Sweden," *The Baptist Movement in the Continent of Europe: A Contribution to Modern History*, ed. James Henry Rushbrooke (London: The Kingsgate Press, 1915), 56–58. 스웨덴 침례교인들의 미국 이민의 역사에 관해서는 C. George Ericson, "Swedish Baptist Centennial," *The Chronicle*, vol. 15, no. 2 (1952): 89–96 을 참조하시오.

50) Benander, "Movement," 59–60.

51) Benander, "Movement," 60–62.

52) Benander, "Movement," 62–63.

53) William L. Lumpkin, 「침례교 신앙고백서」, 김용복 외 2인 역 (대전: 침례신학대학교출판부, 2008), 486–89.

54) Torbet, *A History*, 177.

55) Benander, "The Movement," 64–65.

56) McBeth, *Baptist Heritage*, 480–81.

57) Benander, "The Movement," 66–67.

58) McBeth, *Baptist Heritage*, 483.

59) Benander, "The Movement," 67.

60) W. Kemme Landels, "The Baptists in Italy," *The Baptist Movement in the Continent of Europe: A Contribution to Modern History*, ed. James Henry Rushbrooke (London: The Kingsgate Press, 1915), 121–22.

61) Landels, "The Baptists in Italy," 123–24.

62) Landels, "The Baptists in Italy," 124–25.

63) Landels, "The Baptists in Italy," 127.

64) Landels, "The Baptists in Italy," 127–28.

65) McBeth, *Baptist Heritage*, 485–86.

66) Landels, "The Baptists," 128–29.

67) Juan Uhr, "The Baptists in Spain," *The Baptist Movement in the Continent of Europe: A Contribution to Modern History*, ed. James Henry Rushbrooke (London: The Kingsgate Press, 1915), 137

68) Torbet, *A History*, 193.

69) Uhr, "The Baptists," 138-39.

70) McBeth, *Baptist Heritage*, 486.

71) McBeth, *Baptist Heritage*, 486.

72) K. W. Strzelec, "The Cradle of Polish Baptists," *The Chronicle*, vol. 13, no 1 (1950): 28.

73) Herrmann, "The Movement," 33.

74) McBeth, *Baptist Heritage*, 487.

75) Strzelec, "The Cradle," 28-29.

76) C. T. Byford, "The Movement in Hungary: Progress and Difficulties" *The Baptist Movement in the Continent of Europe: A Contribution to Modern History*, ed. James Henry Rushbrooke (London: The Kingsgate Press, 1915), 100-1.

77) Byford, "The Movement in Hungary," 103-4.

78) McBeth, *Baptist Heritage*, 488; Byford, "The Movement," 105-6.

79) Byford, "The Movement in Hungary," 100, 106-10.

80) McBeth, *Baptist Heritage*, 489.

81) Byford, "The Movement in Hungary," 88-89. 체코슬로바키아는 1993년 1월 1일 체코와 슬로바키아의 2개 공화국으로 분리되었다.

82) McBeth, *Baptist Heritage*, 489.

83) McBeth, *Baptist Heritage*, 489-90.

84) Byford, "The Movement in Hungary," 96-97.

85) Byford, "The Movement in Hungary," 97; McBeth, *Baptist Heritage*, 490.

86) Byford, "The Movement in Hungary," 91-93.

87) Byford, "The Movement in Hungary," 93-94.

88) Byford, "The Movement in Hungary," 94-95.

89) Torbet, *A History*, 189.

90) Torbet, *A History*, 181.

91) Byford, "The Movement in Hungary," 71.

92) Byford, "The Movement in Hungary," 71-72.

93) Byford, "The Movement in Hungary," 72-73.

94) Byford, "The Movement in Hungary," 73-75.

95) McBeth, *Baptist Heritage*, 490.

96) Byford, "The Movement in Hungary," 76-77.

97) Byford, "The Movement in Hungary," 78; Torbet, *A History*, 181-82.

98) McBeth, *Baptist Heritage*, 492.

99) Byford, "The Movement in Hungary," 81-83.

100) Byford, "The Movement in Hungary," 79-80.

101) McBeth, *Baptist Heritage*, 493.

102) Byford, "The Movement in Hungary," 87.

103) Torbet, *A History*, 196-97.

제16장 군소 침례교단들

1) Robert G. Torbet, 「침례교회사」, 허긴 역 (대전: 침례신학대학출판부, 1991), 294.

2) Torbet, 「침례교회사」, 302; Winthrop Hudson and John Corrigan, 「미국의 청교도 사회」, 271.

3) Torbet, 「침례교회사」, 295.

4) William Lumpkin, 「침례교 신앙고백서」, 김용복 외 2인 역 (대전: 침례신학대학교출판부, 2008), 431; Torbet, 「침례교회사」, 295-96.

5) Lumpkin, 「침례교 신앙고백서」, 431; Torbet, 「침례교회사」, 296.

6) Torbet, 「침례교회사」, 296-97.

7) Torbet, 「침례교회사」, 297.

8) Lumpkin, 「침례교 신앙고백서」, 431-2; Torbet, 「침례교회사」, 297-98.

9) Torbet, 「침례교회사」, 298.

10) Lumpkin, 「침례교 신앙고백서」, 432.

11) Torbet, 「침례교회사」, 298-99.

12) Torbet, 「침례교회사」, 299-300.

13) Torbet, 「침례교회사」, 295.

14) Lumpkin, 「침례교 신앙고백서」, 432-33.

15) Lumpkin, 「침례교 신앙고백서」, 433.

16) Lumpkin, 「침례교 신앙고백서」, 433-43.

17) Torbet, 「침례교회사」, 300-1.

18) Torbet, 「침례교회사」, 301.

19) 김승진, 「침례교회와 역사」 (대전: 침례신학대학교출판부, 2009), 439-40; Lumpkin, 「침례교 신앙고백서」, 444.

20) Torbet, 「침례교회사」, 506-7.

21) Lumpkin, 「침례교 신앙고백서」, 444; 김승진, 440.

22) Lumpkin, 「침례교 신앙고백서」, 445-46.

23) Lumpkin, 「침례교 신앙고백서」, 446.

24) Lumpkin, 「침례교 신앙고백서」, 446-47.

25) Torbet, 「침례교회사」, 567-68.

26) Lumpkin, 「침례교 신앙고백서」, 448-49.

27) Torbet, 「침례교회사」, 568-69.

28) Lumpkin, 「침례교 신앙고백서」, 448, 450.

29) Torbet, 「침례교회사」, 571-72.

30) Torbet, 「침례교회사」, 572-73.

31) Winthrop Hudson and John Corrigan, 「미국의 종교」, 배덕만 역 (서울: 성광문화사, 2008), 103-4.

32) Winthrop Hudson and John Corrigan, 「미국의 종교」, 104-5.

33) Torbet, 「침례교회사」, 303-4; Winthrop Hudson and John Corrigan, 「미국의 청교도 사회」, 104-5.

34) Torbet, 「침례교회사」, 304.

35) Torbet, 「침례교회사」, 304-5.

36) Torbet, 「침례교회사」, 303.

제17장 세계 침례교 신학교와 대학교

1) Arthur L. Walker, "Southern Baptist College and University Education," *Baptist History and Heritage*, vol. 29, no 2 (1994): 16.

2) William H. Brackney, "The Development of Baptist Theological Education in Europe and North America: A Representative Overview," *American Baptist Quarterly*, vol. 18, no. 2 (1999): 86.

3) Walker, "Southern Baptist College and University Education," 16-17.

4) Robert G. Torbet, "Baptist Theological Education: An Historical Survey," *Foundations*, vol. 6, no. 4 (1963): 314; Jesse C. Fletcher, *The Southern Baptist Convention: A Sesquicentennial History* (Nashville: Broadman & Holman Publishers, 1994), 66-7; Daniel O. Aleshire, "Southern Baptist Theological Education," *Baptist History and Heritage*, vol. 29, no 2 (1994): 6.

5) Edward C. Starr, "Baptist Beginnings Some Facts on The Hamilton and Newton Institutions," *The Chronicle*, vol. 15, no. 4 (1952): 183-84; Walker, "Southern," 17.

6) Brackney, "The Development," 86-87; Torbet, "Baptist Theological Education," 311-12.

7) Starr, "Baptist Beginnings Some Facts," 190-91.

8) Torbet, "Baptist Theological Education," 314; Charles Arthur Boyd, "One Hundred Twenty-Five Years of Baptist Educational History," *The Chronicle*, vol. 15, no. 2 (1952): 76-81.

9) G. Henton Davies, "Bristol Baptist College: Three Hundredth Birthday," *Baptist History and Heritage*, vol. 14, no. 2 (1979): 8; F. E. Robinson, "Bristol Baptist College-the 250th Anniversary," *Baptist Quarterly*, New Series, vol. 4 (1928-1929): 292-93.

10) Robinson, "Bristol Baptist College-the 250th Anniversary," 293-94; Brackney, "The Development," 87; Davies, "Bristol Baptist College," 10.

11) Davies, "Bristol Baptist College," 11; Robinson, "Bristol Baptist College-the 250th Anniversary," 294-95를 보시오.

12) Robinson, "Bristol Baptist College-the 250th Anniversary," 296-97; Davies, "Bristol Baptist College," 12-14.

13) Robinson, "Bristol Baptist College-the 250th Anniversary," 298; Davies, "Bristol Baptist College," 10.

14) Richard Kydd, "Northern Baptist College," *American Baptist Quarterly*, vol. 18, no. 2 (1999): 95.

15) Kydd, "Northern Baptist College," 95-96.

16) Kydd, "Northern Baptist College," 98-99.

17) Paul Fiddes, "Regent's Park College, Oxford," *American Baptist Quarterly*, vol. 18, no. 2 (1999): 106-7.

18) Fiddes, "Regent's Park College, Oxford," 107.

19) Fiddes, "Regent's Park College, Oxford," 108.

20) Fiddes, "Regent's Park College, Oxford," 108-11.

21) Fiddes, "Regent's Park College, Oxford," 109-10; 117.

22) Fiddes, "Regent's Park College, Oxford," 111-13.

23) Michael J. Quicke and Ian M. Randall, "Spurgeon's College," *American Baptist Quarterly*, vol. 18, no. 2 (1999): 118-19.

24) Quicke and Randall, "Spurgeon's College," 120-21.

25) Quicke and Randall, "Spurgeon's College," 122-23.

26) Quicke and Randall, "Spurgeon's College," 124.

27) Quicke and Randall, "Spurgeon's College," 125-28.

28) 침례교 성경대학에 관해서는 Edward G. Caughill, *Marvelous In Our Eyes: A Dynamic History of Baptist Bible Colleges in America* (Virginia Beach: Tabernacle Baptist Theological Press, 2003)을 참조하시오.

29) H. Leon McBeth, *The Baptist Heritage* (Nashville: Broadman Press, 1987), 237; William H. Brackney, *Congregation and Campus: Baptists in Higher Education* (Macon: Mercer University Press, 2008), 51-52; Torbet, "Baptist Theological Education," 313.

30) McBeth, *The Baptist Heritage*, 237.

31) Elmer G. Million, "Relationship of the Church-Related University to the Churches and to the State," *Foundations*, vol. 7, no. 3 (1964): 237-39; 어떤 현대 분석가는 대학은 처음부터 공립학교였다고 주장하기도 했다. Brackney, *Congregation*, 53을 보시오.

32) Brackney, *Congregation*, 56-58.

33) McBeth, *The Baptist Heritage*, 355; Torbet, "Baptist Theological Education," 315; Charles D. Johnson, *Higher Education of Southern Baptists* (Waco: Baylor University Press, 1955), 5.

34) McBeth, *The Baptist Heritage*, 356; Johnson, *Higher Education*, 6-7.

35) Starr, "Baptists," 184-6; Sally Dodgson, "Rochester Theological Seminary: 1850-1928,"

American Baptist Quarterly, vol. 20, no. 2 (2001): 116.

36) Starr, "Baptist Beginnings Some Facts," 186−87; 192; Dodgson, "Rochester Theological Seminary," 117−18.

37) Dodgson, "Rochester Theological Seminary," 121−22.

38) Dodgson, "Rochester Theological Seminary," 122−24.

39) Starr, "Baptist Beginnings Some Facts," 187.

40) Mark S. Burrows, Richard E. Haley and Elizabeth C. Nordbeck, "Andover Newton Theological School," American Baptist Quarterly, vol. 18, no. 2 (1999): 132−33; John W. Brush, "Yoked in Fellowships: A Reminiscence of Andover Newton Theological School," Foundations, vol. 6, no. 4 (1963): 336.

41) Burrows, et al. "Andover Newton Theological School," 134−35.

42) Burrows, et al. "Andover Newton Theological School," 135−36; Starr, "Baptist Beginnings Some Facts," 192.

43) Burrows, et al. "Andover Newton Theological School," 136−37.

44) Robert L. Harvey, "Baptists and the University of Chicago, 1890−1894," Foundations, vol. 14, no. 3 (1971): 240.

45) Harvey, "Baptists and the University of Chicago, 1890−1894," 240−41.

46) Harvey, "Baptists and the University of Chicago, 1890−1894," 241.

47) Harvey, "Baptists and the University of Chicago, 1890−1894," 242.

48) Harvey, "Baptists and the University of Chicago, 1890−1894," 242.

49) Harvey, "Baptists and the University of Chicago, 1890−1894," 243.

50) Harvey, "Baptists and the University of Chicago, 1890−1894," 247−48.

51) Harvey, "Baptists and the University of Chicago, 1890−1894," 248.

52) Leonard I. Sweet, "The University of Chicago Revisited: The Modernization of Theology, 1890−1940," Foundations, vol. 22, no. 4 (1979): 326.

53) James D. Mosteller, "Something Old−Something New: The First Fifty Years of Northern Baptist Theological Seminary," Foundations, vol. 8, no. 1 (1965): 27.

54) Mosteller, "Something Old−Something New," 29.

55) Mosteller, "Something Old−Something New," 33−37.

56) Mosteller, "Something Old−Something New," 37.

57) Ralph Reavis, Sr., "Black Higher Education Among American Baptists in Virginia: From the Slave Pen to the University," American Baptist Quarterly, vol. 11, no. 4 (1992): 357−62.

58) Reavis, "Black Higher Education," 366−68.

59) Benedict College 외 다른 학교들의 명단과 설립연도도 Latta R. Thomas, "The American Baptist Churches' Contribution to Black Education in Southern America: Testimony from a Beneficiary," American Baptist Quarterly, vol. 11, no. 4 (1992): 344−56에 나와 있음.

60) Lois Smith Douglas, "Baptist Missionary Seeds Bear Fruit at Baylor University," The

Chronicle, vol. 8, no. 4 (1945): 172–75.

61) Douglas, "Baptist Missionary Seeds," 176–80.

62) Fletcher, *The Southern*, 67–68.

63) Fletcher, *The Southern*, 115–16.

64) Fletcher, *The Southern*, 117.

65) Fletcher, *The Southern*, 130.

66) William A. Carleton, "Golden Gate Baptist Theological Seminary," *Baptist History and Heritage*, vol. 4, no 2 (1969): 100–3.

67) L. Russ Bush, "Southeastern Baptist Theological Seminary," *American Baptist Quarterly*, vol. 18, no. 2 (1999): 144–45.

68) Daniel O. Aleshire, "Southern Baptist Theological Education," *Baptist History and Heritage*, vol. 29, no 2 (1994): 7에서 인용함.

69) Aleshire, "Southern Baptist Theological Education," 8–9.

70) Aleshire, "Southern Baptist Theological Education," 7–8.

71) Kermit A. Ecklebarger, "Denver Conservative Baptist Seminary," *American Baptist Quarterly*, vol. 18, no. 2 (1999): 154–55.

72) Ecklebarger, "Denver Conservative Baptist Seminary," 155–57.

73) Ecklebarger, "Denver Conservative Baptist Seminary," 159–62.

74) Staff of Baptist Bible College, Springfield, Missouri, "Baptist Bible College, Springfield, Missouri," *American Baptist Quarterly*, vol. 18, no. 2 (1999): 168–71.

75) William H. Brackney, "McMaster University: McMaster Divinity College," *American Baptist Quarterly*, vol. 18, no. 2 (1999): 172–73.

76) Brackney, "McMaster University," 173–76.

77) Brackney, "The Development," 91.

78) Edwin Brandt, Gunter Balders, Stefan Stiegler, and Wiard Popkes, "Theologisches Seminar Elstal," *American Baptist Quarterly*, vol. 18, no. 2 (1999): 187–90.

79) J. D. Hughey, "The Baptist Theological Seminary of Ruschlikon," *Baptist Quarterly*, New Series, vol. 20 (1963–1964): 65.

80) Hughey, "The Baptist Theological Seminary of Ruschlikon," 66.

81) Hughey, "The Baptist Theological Seminary of Ruschlikon," 67.

82) Hughey, "The Baptist Theological Seminary of Ruschlikon," 70–73.

83) Keith G. Jones, "The International Baptist Theological Seminary of the European Baptist Federation," *American Baptist Quarterly*, vol. 18, no. 2 (1999): 192–95.

84) Arika Chiba, "A History of Baptist Work in Japan," *The Chronicle*, vol. 1, no. 4 (1938): 162.

85) Chiba, "A History of Baptist Work in Japan," 163–66.

86) Henry Weston Munger, "Baptists in the Philippines," *The Chronicle*, vol. 1, no. 4 (1938): 167–70.

제18장 침례교세계연맹의 역사와 사역

1) H. Leon McBeth, *The Baptist Heritage* (Nashville: Broadman Press, 1987), 292, 344.

2) 이후부터 세계침례교연맹은 BWA 혹은 연맹으로 줄여서 표기할 것이다.

3) 허긴, 『한국침례교회사』 (대전: 침례신학대학교출판부, 1999), 396−97.

4) Water O. Lewis, "Origin and Growth of the Baptist World Alliance," *The Chronicle*, vol. 13, no. 3 (July 1950): 101.

5) J. H. Rushbrooke, "The Baptist World Alliance," *Baptist Quarterly*, vol. 9 (1938−1939): 67;

6) Peter Shepherd, "Denominational Renewal: A Study in English Baptist Church Life and Growth, 1901−1906," *Baptist Quarterly*, vol. 37 (1997−1998): 346−47.

7) William H. Brackney, "The B.W.A.: Making of an International Identity," *American Baptist Quarterly*, vol. 24 (March 2005): 8.

8) Shepherd, "Denominational Renewal," 347−48.

9) Carl W. Tiller, "Some Strands in the History of the Baptist World Alliance," *Foundations*, vol. 17, no. 1 (January−March 1974): 21.

10) Lewis, "Origin and Growth of the Baptist World Alliance," 102.

11) Shepherd, "Denominational Renewal," 347.

12) Tiller, "Some Strands in the History of the Baptist World Alliance," 32−33.

13) Rushbrooke, "The Baptist World Alliance," 68−69.

14) Rushbrooke, "The Baptist World Alliance," 67−69.

15) Brackney, "The B.W.A.: Making of an International Identity," 9.

16) Lewis, "Origin and Growth of the Baptist World Alliance," 102.

17) Tiller, "Some Strands in the History of the Baptist World Alliance," 21.

18) Brackney, "The B.W.A.: Making of an International Identity," 9.

19) Lewis, "Origin and Growth of the Baptist World Alliance," 104.

20) Brackney, "The B.W.A.: Making of an International Identity," 9.

21) Rushbrooke, "The Baptist World Alliance," 70; Lewis, "Origin and Growth of the Baptist World Alliance," 104−5.

22) Lewis, "Origin and Growth of the Baptist World Alliance," 105.

23) Emmanuel L. McCall, "The Continual Flowing Stream: The Moral and Ethical Pronouncement of the BWA," *American Baptist Quarterly*, vol. 24 (June 2005): 120.

24) Howard Wayne Smith, "Editorial: World Baptists and History," *The Chronicle*, vol. 2, no. 4 (October 1939): 145−46.

25) McCall, "The Continual Flowing Stream," 120.

26) McCall, "The Continual Flowing Stream," 120.

27) Brackney, "The B.W.A.: Making of an International Identity," 10.

28) Brackney, "The B.W.A.: Making of an International Identity," 10.

29) McCall, "The Continual Flowing Stream," 121.

30) McCall, "The Continual Flowing Stream," 121-22.

31) McCall, "The Continual Flowing Stream," 122.

32) "Baptist World Alliance Resolution on Racism in General and Apartheid in Particular," *American Baptist Quarterly*, vol. 5, no. 1 (March 1986): 69-70.

33) Brackney, "The B.W.A.: Making of an International Identity," 14-15.

34) Brackney, "The B.W.A.: Making of an International Identity," 8.

35) Brackney, "The B.W.A.: Making of an International Identity," 15-16.

36) Lewis, "Origin and Growth of the Baptist World Alliance," 102-3.

37) Lewis, "Origin and Growth of the Baptist World Alliance," 106.

38) Tiller, "Some Strands in the History of the Baptist World Alliance," 26-27.

39) Tiller, "Some Strands in the History of the Baptist World Alliance," 27.

40) Rushbrooke, "The Baptist World Alliance," 70.

41) Rushbrooke, "The Baptist World Alliance," 71.

42) Tiller, "Some Strands in the History of the Baptist World Alliance," 20.

43) Rushbrooke, "The Baptist World Alliance," 78.

44) Rushbrooke, "The Baptist World Alliance," 79.

45) Tiller, "Some Strands in the History of the Baptist World Alliance," 29.

46) Tiller, "Some Strands in the History of the Baptist World Alliance," 31-32.

47) Brackney, "The B.W.A.: Making of an International Identity," 13.

48) Brackney, "The B.W.A.: Making of an International Identity," 14.

49) "Baptist World Alliance" [온라인 자료] http://www.bwanet.org/, 2014년 7월 13일 접속.

50) "Constitution of the Baptist World Alliance" [온라인 자료] http://www.bwanet.org/images/pdf/bwaconstitutionandbylaws-2012-web.pdf, 2014년 8월 10일 접속.

51) Tony Cupit, "Evangelism and the Baptist World Alliance," *American Baptist Quarterly*, vol. 24 (March 2005): 21-23.

52) Cupit, "Evangelism and the Baptist World Alliance," 23-24.

53) Cupit, "Evangelism and the Baptist World Alliance," 24-26. 서울언약서(The Seoul Covenant)의 전문은 ibid., 32에 있음.

54) Cupit, "Evangelism and the Baptist World Alliance," 26-27.

55) Cupit, "Evangelism and the Baptist World Alliance," 29-30.

56) Cupit, "Evangelism and the Baptist World Alliance," 27-28. BWA 산하 침례교인 수는 1990년에 35,740,000명에서 2000년에는 43,725,000명으로 증가하였다(ibid., 29).

57) Lewis, 103-4; Paul Montacute, "Baptist World Aid - 85 Years of Caring," *American Baptist Quarterly*, vol. 24 (March 2005): 35. Rushbrooke, 72; Richard V. Pierard, "Baptist World Alliance Relief Efforts in Post-Second-World-War Europe," *Baptist History and Heritage*, vol. 36, no. 1&2 (Winter/Spring 2001): 6-7.

58) Pierard, "Baptist World Alliance Relief Efforts," 7.

59) Pierard, "Baptist World Alliance Relief Efforts," 8-9.

60) Montacute, "Baptist World Aid," 35-36.

61) Tiller, "Some Strands in the History of the Baptist World Alliance," 26.

62) Montacute, "Baptist World Aid," 36-37.

63) Montacute, "Baptist World Aid," 37-39.

64) Rushbrooke, "The Baptist World Alliance," 73-74. Rushbrooke는 침례교회가 소수 교단인 국가들의 정치 지도자들은 BWA 지도자와의 접견을 통해 전 세계 침례교인들이 매우 많다는 것을 알게 되고, 그들의 입장을 바꾸는 경우가 많았다고 했다(ibid).

65) Rushbrooke, "The Baptist World Alliance," 74-75.

66) Rushbrooke, "The Baptist World Alliance," 76.

67) Rushbrooke, "The Baptist World Alliance," 77.

68) Tiller, "Some Strands in the History of the Baptist World Alliance," 22-23.

69) McCall, "The Continual Flowing Stream," 117-18.

70) McCall, "The Continual Flowing Stream," 122.

71) McCall, "The Continual Flowing Stream," 123.

72) McCall, "The Continual Flowing Stream," 123-24. 애틀랜타언약서의 전문은 ibid., 124-34에 나와 있음.

73) Scott E. Bryant, "The Role of Women and Women's Issues in the Baptist World Alliance," Baptist History and Heritage, vol. 16, no. 1 (Winter 2006): 55-56.

74) Bryant, "The Role of Women," 60-61.

75) Bryant, "The Role of Women," 57-58.

76) Bryant, "The Role of Women," 61.

77) McCall, "The Continual Flowing Stream," 119; Bryant, "The Role of Women," 61.

78) Bryant, 59. BWA 행정부에 참여한 여성들의 활동에 대한 자세한 내용은 ibid., 62-64를 참조하시오.

79) Tiller, "Some Strands in the History of the Baptist World Alliance," 33.

80) Tiller, "Some Strands in the History of the Baptist World Alliance," 33.

81) Robert G. Torbet, "Baptists and the Ecumenical Movement," The Chronicle, vol. 18, no. 2 (April 1955): 88.

82) Torbet, "Baptists and the Ecumenical Movement," 88-89.

83) Torbet, "Baptists and the Ecumenical Movement," 89.

84) Torbet, "Baptists and the Ecumenical Movement," 89-90.

85) "Bapist World Alliance" [온라인 자료] http://www.bwanet.org/about-us2/officers; http://www.bwanet.org/, 2014년 7월 11일 접속; Brackney, 11-2, 18.

제5부
한국침례교회사

제19장 초기부터 일제강점기까지

1) James Gale, "1889년 12월 13일, 사랑하는 누나 제니에게, 부산에서," 『착흔목쟈: 게일의 삶과 선교 2』, 유영식 편역 (서울: 도서출판 진흥, 2013), 62-65; 유영식 외 3인, 『부산의 첫 선교사들』(서울: 한국장로교출판사, 2015), 69. 지금까지 한국침례교 역사책들은 펜윅 이 1889년 12월 8일에 한국에 도착하였다고 기록하였으나, 최근 게일 선교사의 전집이 출 판되면서 펜윅은 1889년 12월 11일 부산에 입항한 것이 입증되었다.

2) Markham Museum, "Family Group Sheet, Archibald Hugh Fenwick and Barbara Ann Latham," 1-6; Malcolm C. Fenwick, *The Church of Christ in Corea: A Pioneer Missionary's Own Story* (New York: George H. Doran Company, 1911; reprint, Seoul: Baptist Publications, 1967), 1-7. 펜윅과 장로교 선교사 호러스 언더우드와는 비슷한 면이 있다. 1859년 생으로 펜윅보다 4살 많은 언더우드는 펜윅처럼 26세의 총각 선교사로 한국에 왔 고, 어버지의 재림신앙을 물려받았으며, 5살 때 어머니가 세상을 떠나서 아버지로부터 많 은 영향을 받았다. 박용규, 『한국기독교회사 1 (1784-1910』 (서울: 생명의말씀사, 2005), 392-93.

3) Fenwick, *Church of Christ in Corea*, 6-8.

4) Larry D. Pettegrew, "The Niagara Bible Conference and American Fundamentalism," *Central Bible Quarterly* 19 (Winter 1976): 10; 안희열, 『시대를 앞서간 선교사 말콤 펜윅』, (대전: 침례신학대학교출판부, 2010), 69-71.

5) William Scott, "Canadians in Korea: Brief Historical Sketch of Canadian Mission Work in Korea," (n. p.: 1975), 19. 학생자원운동은 아더 피어선(Arthur T. Pierson)과 드와이트 무 디(Dwight L. Moody)가 미국 대학생들에게 해외선교에 대한 도전을 주기 위해 1886년에 창설하였다. 한국에 온 초기 미국 선교사들은 이 운동에 지대한 영향을 받았다.

6) Fenwick, *Church of Christ in Corea*, 9. 존 헤론 선교사는 1885년 6월에 한국에 와서 제중원 (현재 세브란스 병원)에서 사역하다가 격무로 인해 5년만인 1890년 7월에 사망하게 되었 는데, 이런 사실이 잘못 소문이 난 것으로 보인다.

7) 허긴, 『한국침례교회사』(대전: 침례신학대학교 출판부, 1999), 28-31; 한국침례교총회 역 사편찬위원회, 『한국침례교회사』(서울: 침례회출판사, 1990), 51.

8) Adoniram Judson Gordon, "Life," [온라인 자료] https://en.wikipedia.org/wiki/Adoniram_ Judson_Gordon, 2016년 3월 1일 접속.

9) 안희열, 『시대를 앞서간 선교사 말콤 펜윅』, 134-36; Adoniram Gordon, *How Christ Came to Church: the Pastor's Dream. A Spiritual Autobiography* (Philadelphia: American Baptist Publication Society, 1895), 46-48, 52, 97; Adoniram Gordon, *The Twofold Life: Or Christ's Work for Us and Christ's Work in Us* (Boston: H. Gannett, 1883), 223-24을 참조하시오.

10) 안희열, 『시대를 앞서간 선교사 말콤 펜윅』, 137-39.

11) Fenwick, *Church of Christ*, 57; Scott, "Canadians in Korea," 20.

12) 안희열, 『시대를 앞서간 선교사 말콤 펜윅』, 142-47.

13) 안희열, 『시대를 앞서간 선교사 말콤 펜윅』, 148-49.

14) Gordon College, "History of Gordon," [온라인 자료] http://www.gordon.edu/history, 2016
년 2월 27일 접속. Gordon-Conwell Theological Seminary, "Our Histoy" [온라인 자료]
http://www.gordonconwell.edu/about/Our-History.cfm, 2016년 2월 27일 접속.

15) "The Ella Thing Memorial Mission," *The Korean Repository* 3 (1896): 299-300; 안희열, 『시
대를 앞서간 선교사 말콤 펜윅』, 153-55.

16) David Pauling, "Biographical Sketch of Rev. Edward Clayton Pauling," 1. 데이비드 폴링
(David Pauling)은 에드워드 폴링 선교사의 손자임. Scott, "Canadians in Korea," 20.

17) Peter Shepherd, "Spurgeon's Funeral," *Baptist Quarterly*, vol. 41 (January 2005): 74.

18) "The Ella Thing Memorial Mission," *The Korean Repository* 3 (1896): 299-300; 안희열, 『말
콤 펜윅』, 154-55; Fenwick, *Church of Christ*, 57-8. Malcolm Fenwick, *Life in the Cup*
(Mesa Grande, CA: Church of Christ in Corea Extension, 1917), 202.

19) David Pauling, "Biographical Sketch of Rev. Edward Clayton Pauling," 1. 벅넬 대학교는 미
국 침례교인들이 만든 학교였다. 이 학교는 1846년 펜실베이니아 주 루이스버그 침례교
회의 지하실에서 시작되었으며, 처음부터 신학과 일반학문 과정이 함께 있었고, 미국에
서 선구적으로 남녀 공학을 실시한 학교였다. 이후 부유한 중개업자인 윌리엄 벅넬
(William Bucknell)이 학교에 거금을 기부하자, 학교명을 그의 이름으로 바꾸었다. 벅넬
대학교는 현재 미국에서 일반 사립대학으로 명성을 날리고 있다. 김용국, 『미국침례교회
사』(대전: 침례신학대학교출판부, 2014), 271을 참고하시오.

20) Pauling, "Biographical Sketch of Rev. Edward Clayton Pauling," 1.

21) "The Ella Thing Memorial Mission,"299-300; Cho, "A History of the Korea Baptist
Convention," 60-61.

22) 송현강, "강경침례교회 초기 역사(1896-1945)," 『한국기독교와 역사』 42호 (2015년 3월):
9-10.

23) Timothy Hyo-Hoon Cho, "A History of the Korea Baptist Convention: 1889-1969," Th.D.
diss. (Southern Baptist Theological Seminary, 1970), 61; Daniel L. Gifford, *Every Day in
Korea* (Chicago: Student Missionary Campaign Library, 1898), 152. 기퍼드는 폴링의 1895
년도 선교활동을 기술한 것으로 보인다. 왜냐하면 그의 책은 1898년에 출판되었지만, 그
는 1896년부터 1898년에 사이에 미국에 있었다. 따라서 책의 내용은 기퍼드가 1896년 이
전에 보았던 것을 기록한 것이기 때문이다.

24) "The Ella Thing Memorial Mission," 300; Cho, "A History of the Korea Baptist Convention,"
61.

25) 김용해, 『대한기독교 침례회사』 (n. p.: 성청사, 1964), 12; 허긴, 『한국침례교회사』, 43-
44.

26) F. L. Chapell, "Gordon Training School," *The Watchword* 17 (October 1895): 203; 안희열,
『시대를 앞서간 선교사 말콤 펜윅』, 164 재인용.

27) "The Ella Thing Memorial Mission," 299-300. 엘라씽선교회에서 "오지"(regions beyond) 라는 단어는 매우 일상적인 용어였다. Cho, "A History of the Korea Baptist Convention," 60.

28) 송현강, "강경침례교회 초기 역사(1896-1945)," 8.

29) Editor, "Our Field in Korea," *The Missionary* (Jan. 1896): 9; Dr. Drew, "Korea," *The Missionary* (Jan. 1896): 34. 송현강, "강경침례교회 초기 역사(1896-1945)," 13 재인용.

30) Steadman, "Korea-Her People and Missions," 674; Cho, "A History of the Korea Baptist Convention," 61.

31) 「토지대장 및 등기부 등본-충청남도 논산시 강경읍 북옥리 124, 135-1, 135-2, 136, 137, 138, 139-1, 139-2」(충청남도 논산시, 1998); 송현강, "강경침례교회 초기 역사 (1896-1945)," 35-36. 박창근 목사는 지병석의 재적등본을 통해 지병석의 집 136번지 일 대의 "약 3,000여 평의 대지가 1939년(소화 14년 9월 12일) 원산 영정 144번지 안대벽, 전 치규, 김재형, (고) 원로 침례교 목사님 3분의 공동명의로 보존되었다가, 1942년 일본 사 람들의 신사당 강경신사로 등기가 이전되었으며, 지금까지 개인명의로 넘어가지 않고 지 목 자체가 종교부지로 되어 공원화되어" 있다는 것을 발견하였다. 박창근 "한국 최초의 침례가문," 「성광」 (1992년 7월호), 39.

32) 박창근, "한국 최초의 침례가문." 38-9. 1992년 당시 강경교회 담임목사였던 박창근은 81세 된 지병석의 차남 지복남을 만나 인터뷰하였고, 그 내용을 「성광」지에 실었다. 박창 근은 지병석의 재적등본을 통해 지복남이 지병석의 차남임을 확인하였다. 인터뷰에 의하 면, 지병석의 장남은 강경침례교회에서 안수집사로 봉직하였고, 인터뷰 당시에는 세상을 떠난 상태였다.

33) 「토지대장 및 등기부 등본-충남 공주읍 반죽동 109번지, 110번지」 (공주시청과 공주법원 에서 2016년 3월 23일 발급됨).

34) J. P. Campbell, "The Removal of Pai Hwa to Its New Site," *Korea Mission Field* (March 1915), 90.

35) J. P. Campbell, "A Condensed Report of the Woman's Work of 1898 and 1899," *Minutes of the Annual Meeting of the Korea Mission of the Methodist Episcopal Church, South*(1901), 34-35; 송현강, "강경침례교회 초기 역사(1896-1945)," 18.

36) Steadman, "Korea-Her People and Missions," 674.

37) 총회 역사편찬위원회, 『한국침례교회사』, 48; 장일수, 『기독교대한침례교회 약사』(n. p.: 1961), 2, 18. 각주에 사용한 자료는 장일수 목사의 친필 『기독교대한침례교회 약사』를 현 대 한국어로 타이프 한 자료이다. "The Ella Thing Memorial Mission," 300; Cho, "A History of the Korea Baptist Convention," 60-62.

38) "The Ella Thing Memorial Mission," 300; Cho, "A History of the Korea Baptist Convention," 60; 허긴, 『한국침례교회사』, 43.

39) Steadman, "Korea-Her People and Missions," 674.

40) Pauling, "Biographical Sketch of Rev. Edward Clayton Pauling," 1.

41) 송현강, "강경침례교회 초기 역사(1896-1945)," 24.

42) Horace N. Allen, *Things Korean: A Collection of Sketches and Anecdotes Missionary and*

Diplomatic (New York: Fleming H. Revell Company, 1908), 174-75; Cho, "A History of the Korea Baptist Convention," 66 재인용.

43) 송현강, "강경침례교회 초기 역사(1896-1945)," 26.

44) 송현강, "강경침례교회 초기 역사(1896-1945)," 23-25. 6명의 충청도 신자들의 침례 연도에 대해서는 그동안 두 가지 주장이 있었다. 조효훈 박사와 총회 역사는 1899년 여름이라고 주장하였다. Cho, "A History of the Korea Baptist Convention," 62-3; 총회 역사편찬위원회, 『한국침례교회사』, 48-49. 한편 허긴 박사는 침례일자를 1898년 8월로 보았다. 허긴, 『한국침례교회사』, 45. 그러나 윌리엄 불 선교사가 한국에 온 날짜가 1899년 12월이었기 때문에, 침례일자를 1900년 여름으로 보는 것이 타당하다.

45) 김갑수, 『은혜의 발자취』(대전: 침례신학대학교출판부, 2013), 45; 조병산, 『용안침례교회 112년사』(익산: 기독교한국침례교회 용안교회, 2012) 79-82; 송현강, "강경침례교회 초기 역사(1896-1945)," 25; 허긴, 『한국침례교회사』, 73.

46) Steadman, "Korea-Her People and Missions," 674.

47) 총회 역사편찬위원회, 『한국침례교회사』, 52; Fenwick, Church of Christ in Corea, 58.

48) Cho, "A History of the Korea Baptist Convention," 63.

49) 김홍경, "교회통신," 「그리스도신문」, 1901년 8월 8일. 송현강, "강경침례교회 초기 역사(1896-1945)," 28 재인용.

50) 허긴, 『한국침례교회사』, 47-48; Cho, "A History of the Korea Baptist Convention," 64.

51) "Baptists in Korea," The Baptist Missionary Magazine, Vol. 84 (March 1904): 102; "War and Missions in Korea," The Baptist Missionary Magazine, Vol. 84 (April 1904): 132-3.

52) 장일수, 『기독교대한침례교회 약사』, 3.

53) "Baptists in Korea," 102; Cho, "A History of the Korea Baptist Convention," 64; Steadman, "Korea-Her People and Missions," 674.

54) "War and Missions in Korea," 133.

55) Steadman, "Our Work In Korea," The Baptist Missionary Magazine, 85 (October 1905): 388.

56) Steadman, "Our Work In Korea," 388.

57) 허긴, 『한국침례교회사』, 40.

58) Fenwick, Church of Christ in Corea, 58-59.

59) 허긴, 『한국침례교회사』, 59.

60) Fenwick, Church of Christ in Corea, 60.

61) 장일수, 『기독교대한침례교회 약사』, 3; 총회 역사편찬위원회, 『한국침례교회사』, 49-50; 허긴, 『한국침례교회사』, 59, 65.

62) 허긴, 『한국침례교회사』, 65.

63) 장일수, 『기독교대한침례교회 약사』, 5; 총회 역사편찬위원회, 『한국침례교회사』, 53.

64) Fenwick, Church of Christ in Corea, 59, 63.

65) Malcolm C. Fenwick, 「대한기독교회사: 펜윅 선교사의 자서전적 이야기」, 허긴 역 (대전: 침례신학대학출판부, 1989), 86-88.

66) 장일수, 『기독교대한침례교회 약사』, 19.

67) 허긴, 『한국침례교회사』, 61. 공주성경학원 설립연도에 관해 김용해와 총회의 역사책들은 1905년으로 보았다. 김용해「대한기독교 침례회사」, 14; 총회 역사편찬위원회, 『한국침례교회사』, 53을 보시오. 본서는 허긴 박사가 제시한 날짜를 설립연도로 받아들인다.

68) 장일수, 『기독교대한침례교회 약사』, 5.

69) 안중모, 『공주침례교회 100년사』(공주: 공주침례교회, 1996), 10.

70) Fenwick, *Church of Christ in Corea*, 64. 공주성경학원처럼 측량과 과수나무 기르는 법을 가르친 것이나, 원산성경학원처럼 신학생들을 농장에서 일하도록 하여 학비와 생활비를 충당케 하는 방식은 과거 미국 침례교회를 비롯한 미국 보수 개신교단들의 신학교 운영 방법 중 하나였다. 이런 목적을 위해 신학교를 농장에 짓는 경우가 종종 있었다. Edward C. Starr, "Baptist Beginnings Some Facts on The Hamilton and Newton Institutions," *The Chronicle*, vol. 15, no. 4 (1952): 190-91 참조하시오.

71) Robert, Dana L. "The Legacy of Adoniram Judson Gordon." *International Bulletin of Missionary Research* 11 (October 1987): 179.

72) Larry D. Pettegrew, "The Niagara Bible Conference and American Fundamentalism Part Ⅲ," *Central Bible Quarterly* 20 (Summer 1977): 5, 16-19.

73) 김용해, 『대한기독교 침례회사』, 14.

74) 총회 역사편찬위원회, 『한국침례교회사』, 87.

75) E. A. McCully, "A Saint's Home Going," *Korean Mission Field* 29 (March, 1933), 51. 김용국, 『한국침례교 사상사』, 53.

76) 안병숙 증언 (2005년 1월 8일 침례교신학연구소). 안병숙 권사는 안대벽 목사의 5촌 조카이며, 침례신학대학교 윤용준 교수의 이종사촌 누님이다. 김용국, 『한국침례교 사상사』, 139; 허긴, 『한국침례교회사』, 56-57.

77) 김장배, 『한국침례교회의 산증인들』(서울: 침례회출판사, 1994), 27, 32-33; 총회 역사편찬위원회, 『한국침례교회사』, 55-57; 허긴, 『한국침례교회사』, 93-95.

78) Fenwick, *Church of Christ*, 76-7; 김장배, 『한국침례교회의 산증인들』, 32-34; 총회역사편찬위원회, 『한국침례교회사』, 57-58; 허긴, 『한국침례교회사』, 96-97.

79) 총회 역사편찬위원회, 『한국침례교회사』, 58-64. 결혼규례와 침례문답에 대한 자세한 내용은 김장배, 『한국침례교회의 산증인들』, 40-43을 참조하시오.

80) 총회역사편찬위원회, 『한국침례교회사』, 65; 김용해, 『대한기독교 침례회사』, 15.

81) 김장배, 『한국침례교회의 산증인들』, 36; 허긴, 『한국침례교회사』, 105, 118-23; 총회 역사편찬위원회, 『한국침례교회사』, 66-68.

82) 총회 역사편찬위원회, 『한국침례교회사』, 71-72; 허긴, 『한국침례교회사』, 127-30.

83) 김갑수, 『한국침례교 인물사』, (서울: 요단출판사, 2007), 204-206; 총회 역사편찬위원회, 『한국침례교회사』, 73; 허긴, 『한국침례교회사』, 132.

84) 김갑수, 『한국침례교 인물사』, 69-70; 김장배, 『한국침례교회의 산증인들』, 79-80; 허긴, 『한국침례교회사』, 184-86; 총회 역사편찬위원회, 『한국침례교회사』, 80-81.

85) 총회 역사편찬위원회, 『한국침례교회사』, 66-67; 허긴, 『한국침례교회사』, 133-38.

86) 허긴, 『한국침례교회사』, 144-46; 총회 역사편찬위원회, 『한국침례교회사』, 67.

87) 김장배, 『한국침례교회의 산증인들』, 105-106, 207; 총회 역사편찬위원회, 『한국침례교회사』, 68-69; 허긴, 『한국침례교회사』, 147-48.

88) 허긴, 『한국침례교회사』, 150; 총회 역사편찬위원회, 『한국침례교회사』, 69-70.

89) 총회 역사편찬위원회, 『한국침례교회사』, 78; 허긴, 『한국침례교회사』, 187-89.

90) 김갑수, 『한국침례교 인물사』, 163-64; 허긴, 『한국침례교회사』, 190-91; 총회 역사편찬위원회, 『한국침례교회사』, 78.

91) 김갑수, 『한국침례교 인물사』, 154-55; 총회역사편찬위원회, 『한국침례교회사』, 78-79; 허긴, 『한국침례교회사』, 192-94.

92) 총회 역사편찬위원회, 『한국침례교회사』, 79-80.

93) "포교규칙[1915. 08. 16. 조선총독부령 제 83호]" [온라인 자료] http://blog.naver.com/ghkdalstjq35?Redirect=Log&logNo=90185856099, 2016년 4월 6일 접속.

94) 허긴, 『한국침례교회사』, 171-74.

95) 허긴, 『한국침례교회사』, 158, 172-73.

96) 장일수, 『기독교대한침례교회 약사』, 8.

97) 김용해, 『대한기독교 침례회사』, 30.

98) 허긴, 『한국침례교회사』, 181-82.

99) 안중모, 『공주침례교회 100년사』(공주: 공주침례교회, 1996), 10-11.

100) 허긴, 『한국침례교회사』, 200.

101) 허긴, 『한국침례교회사』, 203-204.

102) 김장배, 『한국침례교회의 산증인들』, 21-22; 허긴, 『한국침례교회사』, 204-207; 총회 역사편찬위원회, 『한국침례교회사』, 83.

103) 김용해, 『대한기독교 침례회사』, 36; 허긴, 『한국침례교회사』, 207-9; 총회 역사편찬위원회, 『한국침례교회사』, 83; 김장배, 『한국침례교회의 산증인들』, 50.

104) 총회 역사편찬위원회, 『한국침례교회사』, 83; 허긴, 『한국침례교회사』, 139-41, 210-11.

105) 총회 역사편찬위원회, 『한국침례교회사』, 83; 허긴, 『한국침례교회사』, 211-13.

106) 허긴, 『한국침례교회사』, 217-18; 총회 역사편찬위원회, 『한국침례교회사』, 83-84.

107) 허긴, 『한국침례교회사』, 219-20.

108) 총회 역사편찬위원회, 『한국침례교회사』, 85-86; 허긴, 『한국침례교회사』, 236-37.

109) 김장배, 『한국침례교회의 산증인들』, 82; 허긴, 『한국침례교회사』, 237-39; 총회역사편찬위원회, 『한국침례교회사』, 91.

110) 총회 역사편찬위원회, 『한국침례교회사』, 99; 허긴, 『한국침례교회사』, 240-41; 김장배, 『한국침례교회의 산증인들』, 84-86.

111) 김장배, 『한국침례교회의 산증인들』, 83-84; 총회 역사편찬위원회, 『한국침례교회사』, 96-97.

112) Fenwick, *Church of Christ in Corea*, 64; 총회 역사편찬위원회, 『한국침례교회사』, 87.

113) 김장배, 『한국침례교회의 산증인들』, 53-54; 총회 역사편찬위원회, 『한국침례교회사』, 86-87; 김용해, 『대한기독교침례회사』, 38.

114) 총회 역사편찬위원회, 『한국침례교회사』, 92.

115) Fenwick, *Life in the Cup*, 6, 181-84, 187-88. 미국 보수주의자들은 지성주의를 자유주의의 주된 원인으로 보았다. 그들은 신학적으로 복잡한 이론을 추구하는 것보다 성경을 있는 그대로 믿는 것이 옳다고 믿었다. Norman Kraus, *Dispensationalism in America: Its Rise and Development*, (Richmond, VA: John Knox Press, 1958), 59을 참조하시오.

116) 예를 들면 미국 남침례교 총회에서는 1920년대 초반에 진화론을 공립학교에서 가르치지 못하게 하는 법을 제정하도록 의회에 압력을 넣자는 주장이 제기되었다. 그러나 총회는 이러한 주장들을 공식적인 결의로 채택하기 보다는, 교단의 신앙고백서에 반진화론 진술을 포함시키는 것으로 결정하였다. 이 결의에 의해 나온 신앙고백서가 1925년도 「침례교 신앙과 메시지」(Baptist Faith and Message)였다. 자세한 내용은 김용국, 「미국침례교회사」(대전: 침례신학대학교출판부, 2014), 314-16을 참조하시오.

117) 총회 역사편찬위원회, 『한국침례교회사』, 92 재인용.

118) 원로장로(송재웅, 안원모, 박정일), 안중모 면담, 2016년 3월 6일, 꿈의교회 공주성전, 25.

119) 김장배, 『한국침례교회의 산증인들』, 116-17; 총회 역사편찬위원회, 『한국침례교회사』, 92.

120) 김장배, 『한국침례교회의 산증인들』, 68-69; 총회 역사편찬위원회, 『한국침례교회사』, 102.

121) 장일수, 『기독교대한침례교회 약사』, 11.

122) 허긴, 『한국침례교회사』, 280-81. 「달편지」는 대한(동아)기독교회의 순 한글로 쓰여진 교단 월간지로 내용은 (1) 교단의 행정 업무 집행에 관한 보고 및 지시 사항, (2) 감목과 임원의 직분 임면에 관한 공고 사항, (3) 성경공부 자료, (4) 펜윅과 감목들의 설교와 서신 등으로 구성되었다 (ibid., 251).

123) 노윤백, "노재천 목사님의 사역활동," 2; 총회 역사편찬위원회, 『한국침례교회사』, 109.

124) 허긴, 『한국침례교회사』, 271; 총회 역사편찬위원회, 『한국침례교회사』, 106.

125) 총회 역사편찬위원회, 『한국침례교회사』, 110-11.

126) 허긴, 『한국침례교회사』, 300-301; 총회 역사편찬위원회, 『한국침례교회사』, 128-29.

127) 허긴, 『한국침례교회사』, 301-303; 총회 역사편찬위원회, 『한국침례교회사』, 129.

128) 김장배, 『한국침례교회의 산증인들』, 73-74; 총회 역사편찬위원회, 『한국침례교회사』, 130-31; 허긴, 『한국침례교회사』, 305-306.

129) 허긴, 『한국침례교회사』, 308; 총회 역사편찬위원회, 『한국침례교회사』, 131.

130) Cho, "A History," 90-91; 허긴, 『한국침례교회사』, 310-11.

131) 허긴, 『한국침례교회사』, 312-13; 총회역사편찬위원회, 『한국침례교회사』, 138-39.

132) 총회 역사편찬위원회, 『한국침례교회사』, 141-42.

133) 총회역사편찬위원회, 『한국침례교회사』, 142-43; 노윤백, "노재천 목사님의 사역활동," 2.

134) 허긴, 『한국침례교회사』, 318.

135) 「토지대장 및 등기부 등본-충청남도 논산시 강경읍 북옥리 124, 135-1, 135-2, 136, 137, 138, 139-1, 139-2」(충청남도 논산시, 1998); 송현강, "강경침례교회 초기 역사

(1896-1945)," 36-37.

136) 김갑수, 『한국침례교 인물사』, 80-1; 김장배 『한국침례교회의 산증인들』, 97; 총회역사
편찬위원회, 『한국침례교회사』, 145-46; 허긴, 『한국침례교회사』, 318.

137) 장일수, 『기독교대한침례교회 약사』, 12; 허긴, 『한국침례교회사』, 320; 총회 역사편찬위
원회, 『한국침례교회사』, 148; 김갑수, 『한국침례교 인물사』, 100.

138) 허긴, 『한국침례교회사』, 197.

139) 펜윅의 비정치적 신앙에 대해서는 김용국, 『한국침례교사상사』, 56-61을 참고하시오.

140) 안희열, "초기 한국교회의 부흥운동(1903-1908)과 선교학적 고찰", 『성경과 신학』 44
(2007): 144.

141) R. Max Willocks, "Christian Missions in Korea with Special Reference to the Work of
Southern Baptists," (Th.M. thesis, Golden Gate Baptist Theological Seminary, 1962), 137;
Timothy Hyo-hoon Cho, "A History of the Korea Baptist Convention: 1889-1969," (Th.D.
dissertation, Southern Baptist Theological Seminary, 1970), 42-43. 펜윅의 교단에 끼친
구체적인 영향에 대해서는 김용국, 『한국침례교사상사』, 137-62를 참고하시오.

142) 김용해, "동아기독교 1946년 2월 9-11일 임시위원회 회의록", 3. 감로는 장로와 유사한
직분이었다.

143) 안희열, "종교 신학적 관점에서 본 말콤 펜윅의 구원론과 초기 한국교회의 선교적 성
과", 『성경과 신학』 55 (2011): 135-63. 세대주의자들의 영혼구원 우선성에 대해서는
Dana L. Robert, "The Origin of the Student Volunteer Watchword: The Evangelization of
the World in This Generation," *International Bulletin of Missionary Research* 10 (October
1986): 147-49을 참조하시오.

144) 세대주의자들의 애국주의와 정교분리주의에 대해서는 Norman L. Geisler, "A
Premillennial View of Law and Government," *Bibliotheca Sacra* 142 (July-September
1985): 257-58을 참조하시오.

145) 이은선, "대한자강회 남양지회의 애국계몽운동", 『성경과 신학』 68 (2013): 217-44.

146) 이은선, "남양군에서의 기독교 전파를 통한 여성 교육과 여성 의식 변화와 애국계몽운
동", 『성경과 신학』 70 (2014): 126-27.

147) 이영식, 『한국 장로교회와 민족운동』 (서울: 한국기독교사연구소, 2019), 146-49.

148) 이영식, 『한국 장로교회와 민족운동』, 152-54.

149) 권문상, "한국 전통 문화와 한국 교회의 세속화", 『성경과 신학』 38 (2005): 149.

150) 이영식, 『한국 장로교회와 민족운동』, 170.

151) 장규식, 『일제하 한국 기독교민족주의 연구』 (서울: 혜안, 2001), 96-97, 111-13.

152) 박명수, "윌슨의 민족자결주의가 대한민국 임시헌장에 미친 영향", 『성경과 신학』 91
(2019): 116-25.

153) 박명수, "윌슨의 민족자결주의가 대한민국 임시헌장에 미친 영향", 126-33.

154) 장규식, 『일제하 한국 기독교민족주의 연구』, 122-26.

155) 장규식, 『일제하 한국 기독교민족주의 연구』, 120.

156) 김갑수, 『한국침례교 인물사』, 32.

157) 김갑수, 『한국침례교 인물사』, 24-25.

158) "聲聞于天", 「大韓每日申報(국한문)」, 1905년 11월 19일 第八十一號(第三卷).

159) 장규식, 『일제하 한국 기독교민족주의 연구』, 96-97.

160) Malcolm C. Fenwick, "My Country Tai Han," *The Korea Review* (August 1906): 320.

161) 장규식, 『일제하 한국 기독교민족주의 연구』, 49-53.

162) 데라우치 마사타케, "포교규칙, 1915년 8월 16일," 김승태 편역, 『일제강점기 종교정책
사 자료집』(서울: 한국기독교역사연구소, 1996), 91-93.

163) 허긴, 『한국침례교회사』, 171-74.

164) 허긴, 『한국침례교회사』, 158, 173. 당시 상황에 대해 장일수 목사는 다음과 같이 증언하
였다: "예산구역, 공주구역은 대부분의 교회가 구세군과 조합기독교로 넘어가고, 교인
들은 타락되어 교회가 끊어지며, 전국 각 교회가 탄압을 견디지 못하여 분산되니, 손씨
는 후회하고 홀로 집에 있었다. 수 년 후에 이종덕씨 주선으로 만주에 들어갔으나, 교회
일도 하지 못하고 몇 해 후에 별세하였다." (장일수, 『기독교대한침례교회 약사』, 8.

165) 김용국『꿈의 사람 꿈의 역사: 꿈의교회 120년사』(서울: 요단, 2016), 111; 김용해, 『대한
기독교 침례회사』, 30.

166) "조선통치비화", 김승태 편역, 『일제강점기 종교정책사 자료집』, 123-25.

167) 나카라이 기요시, "조선통치와 기독교", 김승태 편역, 『일제강점기 종교정책사 자료집』,
144-45.

168) 허긴, 『한국침례교회사』, 200.

169) 오세호, "白秋, 金圭冕의 독립운동 기반과 大韓新民團", 「한국근현대사연구」82집 (2017
년 9월): 226-29.

170) 오세호, "白秋, 金圭冕의 독립운동 기반과 大韓新民團", 231-34.

171) 오세호, "白秋, 金圭冕의 독립운동 기반과 大韓新民團", 236.

172) 오세호, "白秋, 金圭冕의 독립운동 기반과 大韓新民團", 237-41.

173) 허긴, 『한국침례교회사』, 165-66.

174) 김승태, "1930년대 일제의 기독교계 학교에 대한 신사참배 강요와 폐교 전말", 「한국근
현대사연구」14집 (2000년 9월): 71-72.

175) 이근삼, "신사참배 문제를 재검토한다," 「신학정론」13 (1995년 6월): 9-10.

176) 쓰미모토, "교화 의견서, 1910년 9월," 김승태 편역, 『일제강점기 종교정책사 자료집』,
31-36, 409.

177) 호즈미 야스카, "조선학제에 대한 의견서, 1911년 4월," 김승태 편역, 『일제강점기 종교
정책사 자료집』, 42, 410.

178) 세키야, "사립학교규칙 개정의 요지, 1915년 4월" 김승태 편역, 『일제강점기 종교정책사
자료집』, 95.

179) 고마쓰, "교육·종교분리주의를 논하여 조선의 교육제도에 미침(1915년 4월)," 김승태 편
역, 『일제강점기 종교정책사 자료집』, 99.

180) 데라우치 마사타케, "개정사립학교규칙 1915년 3월 24일," 김승태 편역, 『일제강점기 종
교정책사 자료집』, 87-90, 411.

181) 다카하시, "신사참배와 학교교육"(1927), 김승태 편역, 『일제강점기 종교정책사 자료집』, 180.

182) 김승태, "1930년대 일제의 기독교계 학교에 대한 신사참배 강요와 폐교 전말", 73-75.

183) 조지 에스 매큔, "평남지사 야스타케에게 보낸 편지 (1935. 12. 13)", 김승태 편역, 『일제 강점기 종교정책사 자료집』, 198.

184) 류대영, "신사참배 관련 소수파 의견-헤럴드 헨더슨(Harold H. Henderson)의 사례", 「한국기독교와 역사」 39집 (2013년 9월): 155-56, 159.

185) 김승태, "1930년대 일제의 기독교계 학교에 대한 신사참배 강요와 폐교 전말", 81.

186) 허긴, 『한국침례교회사』, 280-81 재인용. 달편지는 대한기독교회의 월보로서 교단의 결정사항, 광고, 성경공부 자료, 설교 등을 실었다.

187) 김갑수, 『은혜의 발자취』, 69. 안사는 감목(총회장)을 역임한 목사에게 주어진 호칭이었다.

188) 총회역사편찬위원회, 『한국침례교회사』, 106, 110-11.

189) 조선총독부 고등법원 검사국 사상부, "지나사변(중일전쟁)기에 기독교의 동정과 그 범죄에 관한 조사(1938)," 김승태 편역, 『일제강점기 종교정책사 자료집』, 251-57.

190) 모리, "사변하에서의 기독교(1938)", 김승태 편역, 『일제강점기 종교정책사 자료집』, 279.

191) 일본 대정성 관리국, "신사신앙과 일반 종교정책", 김승태 편역, 『일제강점기 종교정책사 자료집』, 388, 421.

192) 조선총독부 고등법원 검사국 사상부, "지나사변(중일전쟁)기에 기독교의 동정과 그 범죄에 관한 조사(1938)", 김승태 편역, 『일제강점기 종교정책사 자료집』, 253.

193) 모리, "사변하에서의 기독교(1938)", 272, 416.

194) 허긴, 『한국침례교회사』, 300-301; 총회역사편찬위원회, 『한국침례교회사』, 128-29.

195) 허긴, 『한국침례교회사』, 302-303.

196) 조선총독부 경무국 보안과, "치안상황 고등(기독교계 관계, 1940)", 김승태 편역, 『일제강점기 종교정책사 자료집』, 335, 418.

197) Cho, "A History," 90-91.

198) "Bulletin of Vanderbilt University," (Nashville, Tennessee: Printed for the University, 1938), 294.

199) R. Kelly White, Letter to Edwin Dozier, Seinan Gakuin, Fukuoka, Japan, April 11, 1940.

200) Belmont Heights Baptist Church, R. Kelly White, Pastor, Nashville, Tennessee, "License," September 6, 1939.

201) "Announcement of Belmont Heights Baptist Church," November 29, 1939.

202) R. Kelly White, Letter to Edwin Dozier, Seinan Gakuin, Fukuoka, Japan, April 11, 1940.

203) 총회역사편찬위원회, 『한국침례교회사』, 138-39.

204) 조선총독부 경무국, "특수 주요 사건(기독교 관계, 1938)", 김승태 편역, 『일제강점기 종교정책사 자료집』, 244-45.

205) 허긴, 『한국침례교회사』, 313.

206) 말콤 펜윅, 『말콤 펜윅』, KIAST 편역 (서울: 한국고등신학연구원, 2016), 407, 305, 313,

211, 437, 441.

207) 총회역사편찬위원회,『한국침례교회사』, 141-42 재인용. 손양원 장로교 목사도 재림신
 앙 문제로 일본 검사로부터 취조를 받았는데, 검사의 질의 문구는 이종근의 것과 매우
 유사하였다. 손양원 역시 이종근과 유사한 답변을 하였다. 이근삼, "신사참배 문제를 재
 검토한다." 22-23을 보시오.

208) 노윤백, "노재천 목사님의 사역활동", 2; 김갑수,『한국침례교 인물사』, 91-92.

209) 朝鮮總督府 高等法院檢事局思想部, "東亞基督敎會 事件",「思想彙報續刊」(소하 18년):
 12.

210) 김갑수,『한국침례교 인물사』, 80-81, 97.

211) 김갑수,『은혜의 발자취』, 70-71.

제20장 1949년부터 1958년까지

1) 총회 역사편찬위원회,『한국침례교회사』(서울: 침례회출판사, 1990), 150. 총회 역사책이
 10개 구역을 9개 구역으로 잘못 기술한 것으로 보인다.

2) 장일수,『기독교대한침례교회 약사』(n. p.: 1961), 13.

3) 총회 역사편찬위원회,『한국침례교회사』, 150.

4) 총회 역사편찬위원회,『한국침례교회사』, 151-52; Timothy Hyo-Hoon Cho, "A History of
 the Korea Baptist Convention: 1889-1969" (Th.D. diss., Southern Baptist Theological
 Seminary, 1970), 100-101; 허긴,『한국침례교회사』(대전: 침례신학대학교출판부, 1999),
 335.

5) Cho, "A History," 105; 총회 역사편찬위원회,『한국침례교회사』, 155-56.

6) 허긴,『한국침례교회사』, 336-37; 총회 역사편찬위원회,『한국침례교회사』, 158-59.

7) Baker James Cauthen, "Found: 10,000 Baptists," *The Commission* 15 (March 1952): 12-13;
 R. Max Willocks, "Christian Missions in Korea with Special Reference to the Work of
 Southern Baptists," Th.M. thesis (Golden Gate Baptist Theological Seminary, 1962), 147. 우
 태호는 "무궁화의 나라"라는 제목의 소논문을 남침례교단의 잡지인「The Commission」에
 기고하여 미국 침례교인들에게 동아기독교를 소개하였다. Tai Ho Woo, "The Land of
 Hibicus," *The Commission* 12 (July 1949): 196-97.

8) Cauthen, "Found," 12-13; 존 애버네티 선교사의 부인인 주엘 애버네티(Jewell Abernathy)
 는 당시에 "코든은 한국인들이 남침례교인들과 같은 신앙을 가지고 있음을 확신하였다."
 라고 하였다. Jewell L. Abernathy, "Advance through Suffering in Korea," *Royal Service*
 (November 1953): 27.

9) Cauthen, "Found: 10,000 Baptists," 12-13.

10) 총회역사편찬위원회,『한국침례교회사』, 161-62. 코든은 "Korean Baptist Convention
 organized, Send us missionaries." 라는 문구의 전보를 받았다고 했다. Cauthen, "Found,"
 13을 보시오.

11) 허긴, 『한국침례교회사』, 346-47; 장일수, 『기독교대한침례교회 약사』, 13.

12) 강경교회, "한국 최초의 침례교 성지 선교 역사기념교회," 8; 김장배, 『한국침례교회의 산증인들』(서울: 침례회출판사, 1981), 88-89.

13) 김장배, 『한국침례교회의 산증인들』, 92-93; 김갑수, 『한국침례교 인물사』(서울: 요단출판사, 2007), 46; 허긴, 『한국침례교회사』, 356-57; 총회 역사편찬위원회, 『한국침례교회사』, 169.

14) 허긴, 『한국침례교회사』, 310-11.

15) Bulletin of Vanderbilt University (Nashville, Tennessee: Printed for the University, 1938), 294.

16) R. Kelly White, Letter to Edwin Dozier, Seinan Gakuin, Fukuoka, Japan, April 11, 1940. 원문은 다음과 같다: "While he was a divinity student at Vanderbilt University he turned to the Baptist faith and asked to be received in the membership of our church. We accepted him and baptized him and since have ordained him to the Baptist ministry."

17) Belmont Heights Baptist Church, R. Kelly White, Pastor, Nashville, Tennessee, "License," September 6, 1939.

18) "Announcement of Belmont Heights Baptist Church," November 29, 1939.

19) R. Kelly White, Letter to Edwin Dozier, Seinan Gakuin, Fukuoka, Japan, April 11, 1940. 코든에 의하면 우태호는 한국에서는 동아기독교를 전혀 몰랐으며, 미국에서 침례교 선교사가 된 이후 동아기독교에 관심을 갖게 되었다. Baker J. Cauthen, Letter to M. T. Rankin, Foreign Mission Board, Southern Baptist Convention, 2037 Monument Avenue, Richmond, Va., September 10, 1949, 8을 보시오.

20) Edwin Dozier, Letter to Dr. R. Kelly White, Pastor Belmont Heights Baptist Church, Nashville, Tennessee, June 21, 1940.

21) Earle J. Hamilton, Letter to Mrs. Robert Brown, Oberlin, Ohio, August 1, 1946.

22) Earle J. Hamilton, Letter to Mrs. Robert Brown, Oberlin, Ohio, August 1, 1946. 얼 햄린은 우태호가 미국에 있을 때 브라운 부부에게 호의를 입은 것에 감사해하고 있다고 하며, 우태호의 한국 주소를 알려주었다: Tai-ho Woo Property Custodian Bureau Room #5, City Hall Military Government, Inchon, Korea.

23) Baker J. Cauthen, Letter to Dr. M. T. Rankin, Foreign Mission Board, Richmond, Va., April 14, 1949.

24) M. Theron Rankin, Letter to Baker James Cauthen, P. O. Box 1686 Kowloon, Hongkong, May 24, 1949.

25) Baker J. Cauthen, Letter to M. Theron Rankin, Foreign Mission Board, Richmond, Va., June 22, 1949.

26) Tai Ho Woo, "The Land of Hibiscus," The Commission, July 1949, 196-97.

27) Baker J. Cauthen, Letter to Mr. Tai-ho Woo, 17 Chan Dong, Inchon, Korea, June 22, 1949.

28) Baker J. Cauthen, Letter to M. Theron Rankin, Foreign Mission Board, Richmond, Va., June 22, 1949.

29) Baker J. Cauthen, Letter to M. Theron Rankin, Foreign Mission Board, Richmond, Va., June 22, 1949.

30) Baker J. Cauthen, Letter to M. T. Rankin, Foreign Mission Board, Southern Baptist Convention, 2037 Monument Avenue, Richmond, Va., September 10, 1949, 7.

31) Baker J. Cauthen, Letter to M. T. Rankin, Foreign Mission Board, Southern Baptist Convention, 2037 Monument Avenue, Richmond, Va., September 10, 1949, 10.

32) Baker J. Cauthen, Letter to M. T. Rankin, Foreign Mission Board, Southern Baptist Convention, 2037 Monument Avenue, Richmond, Va., September 10, 1949, 9.

33) John Abernathy, Letter to Baker J. Cauthen, Southern Baptist Missions, Hongkong, May 15, 1951.

34) Baker J. Cauthen, Letter to Mr. Tai-ho Woo, 17 Chan Dong, Inchon, Korea, June 22, 1949.

35) Baker J. Cauthen, Letter to Dr. Maxfield Garrot, Seinan Gakuin, Fukuoka, Japan, June 22, 1949.

36) Baker J. Cauthen, Letter to M. T. Rankin, Foreign Mission Board, Richmond, Va., July 28, 1949.

37) M. Theron Rankin, Letter to Dr. Baker J. Cauthen, c/o Rev. Edwin B. Dozier, Tokyo Foreign Missionaries APO 500, c/o P.M. San Francisco, California, August 10, 1949.

38) Baker J. Cauthen, Letter to M. T. Rankin, Foreign Mission Board, Southern Baptist Convention, 2037 Monument Avenue, Richmond, Va., September 10, 1949, 1. 본 편지는 10페이지에 달하는 보고서라서 각주에 페이지를 기입하였음.

39) Baker J. Cauthen, Letter to M. T. Rankin, Foreign Mission Board, Southern Baptist Convention, 2037 Monument Avenue, Richmond, Va., September 10, 1949, 2.

40) Baker J. Cauthen, Letter to M. T. Rankin, Foreign Mission Board, Southern Baptist Convention, 2037 Monument Avenue, Richmond, Va., September 10, 1949, 6.

41) Baker J. Cauthen, Letter to M. T. Rankin, Foreign Mission Board, Southern Baptist Convention, 2037 Monument Avenue, Richmond, Va., September 10, 1949, 6-7.

42) Baker J. Cauthen, Letter to M. T. Rankin, Foreign Mission Board, Southern Baptist Convention, 2037 Monument Avenue, Richmond, Va., September 10, 1949, 4. 영어 원문은 다음과 같다: "Although a non-Baptistic church organization was developed, the essential teachings of the movement remained Baptist in nature. The message of salvation by grace remained unchanged and apparently they did not teach baptismal regeneration or salvation by church affiliation. Immersion was the only form of baptism practiced and it was restricted to believer's baptism only. Although they held this position, they permitted people from non-immersionist groups to join their church without being immersed. The question was left to the individual. If he choose to be immersed, he could do so, but if he wished to be received upon his former non-immersionist baptism, he was accepted."

43) Baker J. Cauthen, Letter to M. T. Rankin, Foreign Mission Board, Southern Baptist Convention, 2037 Monument Avenue, Richmond, Va., September 10, 1949, 7.

44) Baker J. Cauthen, Letter to M. T. Rankin, Foreign Mission Board, Southern Baptist Convention, 2037 Monument Avenue, Richmond, Va., September 10, 1949, 7.

45) Baker J. Cauthen, Letter to Rev. J. A. Abernathy, 1219 North I Street, Fort Smith, Arkansas, November 21, 1949.

46) Baker J. Cauthen, Letter to Rev. J. A. Abernathy, 1219 North I Street, Fort Smith, Arkansas, November 21, 1949.

47) Baker J. Cauthen, Letter to M. Theron Rankin, Foreign Mission Board, Richmond, Va., April 27, 1951.

48) Baker J. Cauthen, Letter to Rev. J. A. Abernathy, 1219 North I Street, Fort Smith, Arkansas, November 21, 1949.

49) Baker James Cauthen, "Found: 10,000 Baptists!," *The Commission*, March 1952, 12−13.

50) Cauthen, "Found: 10,000 Baptists!," 13.

51) Baker J. Cauthen, Letter to M. T. Rankin, Foreign Mission Board, Southern Baptist Convention, 2037 Monument Avenue, Richmond, Va., September 10, 1949, 8.

52) John and Jewell Abernathy, "Korean Welcome," *The Commission*, June 1950, 7.

53) 서울침례교회 60년사편찬위원회, 『서울침례교회 60년』 (서울: 엘에스커뮤니케이션, 2009), 12−13.

54) Jewell L. Abernathy, "Music for a City," *Royal Service*, December 1956, 13.

55) John and Jewell Abernathy, "Korean Welcome," *The Commission*, June 1950, 7.

56) John and Jewell Abernathy, "Korean Welcome," 7.

57) David Ahn and Jewell Leonard Abernathy, "Advance Through Suffering in Korea," *Royal Service*, November 1953, 26.

58) John and Jewell Abernathy, "Korean Welcome," 7.

59) David Ahn and Jewell Leonard Abernathy, "Advance Through," 28.

60) Ahn and Abernathy, "Advance Through," 28.

61) Ahn and Abernathy, "Advance Through," 28−29.

62) John A. Abernathy, "Korea," *Annual of Southern Baptist Convention*, June 1951, 160−61.

63) Abernathy, "Korea," *Annual of Southern Baptist Convention*, June 1951, 160.

64) Ione Gray, "They Live Their Faith," *Baptist Training Union Magazine*, October 1954, 512.

65) Seung Jin Kim, "A History of Southern Baptist Mission Work in Korea: Its Impact of Korean Baptist Church Growth" (Ph.D. diss., Southwestern Baptist Theological Seminary, 1995), 79.

66) Gray, "They Live," 512−13.

67) Kim, "A History of Southern Baptist," 80.

68) Gray, "They Live," 513, 559.

69) Abernathy, "Korea," *Annual of Southern Baptist Convention*, June 1951, 160.

70) John and Jewell Abernathy, "Korean Welcome," 7.

71) John and Jewell Abernathy, "Korean Welcome," 7.

72) 서울침례교회 60년사편찬위원회, 『서울침례교회 60년』, 17.

73) John A. Abernathy, "Korea," *Annual of Southern Baptist Convention*, May 1952, 160-61, 172.

74) John A. Abernathy, "The Loyalty of Deacon Kim," *The Baptist Training Union Magazine*, January 1951, 12.

75) 서울침례교회는 28일을 주장한다. 60년사편찬위원회, 『서울침례교회 60년』, 18. 반면에 아이온 그레이 선교사는 27일 이라고 하였다. Gray, "They Live," 559. 그레이 선교사가 50년대 초반에 사역하였기 때문에 그의 진술이 신빙성이 높다고 볼 수 있다.

76) Cauthen, "Found: 10,000 Baptists!," 14.

77) John A. Abernathy, "Korea," *Annual of Southern Baptist Convention*, June 1951, 161.

78) Gray, "They Live," 559.

79) John A. Abernathy, "Baptists in Korea," *The Commission*, October 1951, 7.

80) Abernathy, "Baptists in Korea," *The Commission*, October 1951, 7-8.

81) John A. Abernathy, "Korea," *Annual of Southern Baptist Convention*, May 1952, 173.

82) John A. Abernathy, "Korea," *Annual of Southern Baptist Convention*, June 1951, 160. 원문은 다음과 같다: "Fifty-five years after Baptist work was begun, there were about 150 churches and congregations in all Korea with about 10,000 members. We found they had a regularly organized Baptist convention and were carrying on the work as nearly like Pauline churches as they knew. They followed the New Testament so closely that in their churches they had pastors and deacons as well as elders and evangelists. An elder was higher than a deacon.... Tithing had been taught and all the churches were self-supporting."

83) John A. Abernathy, "Korea," *Annual of Southern Baptist Convention*, May 1952, 171. 원문은 다음과 같다: "There have been Baptists in Korea for the past fifty years. They have not always used the name *Baptist*, but in faith and practice they were real Baptists."

84) William T. Pelphrey, "Story of Love and Sacrifice," *The Commission*, March 1952, 78.

85) Jewell L. Abernathy, "Missionary Ford," *The Commission 17*, April 1954, 26.

86) Abernathy, "Korea," *Annual*, June 1951, 161.

87) Abernathy, "Missionary Ford," 26.

88) Abernathy, "Missionary Ford," 26.

89) John A. Abernathy, Letter to Dr. B. J. Cauthen, Hongkong, April 23, 1951. 주얼 애버네티는 1952년 9월이 되어서야 한국에 올 수 있었다. John A. Abernathy, "Baptist Mission in Korea," *Annual of Southern Baptist Convention*, May 1953, 16을 보시오.

90) Abernathy, Letter to Dr. B. J. Cauthen, Hongkong, April 23, 1951.

91) John A. Abernathy, "Baptists in Korea," *The Commission*, October 1951, 7.

92) John A. Abernathy, "Baptists in Korea," *The Commission*, October 1951, 7.

93) 허긴, 『한국침례교회사』, 358.

94) Baker James Cauthen, "Found: 10,000 Baptists!," *The Commission*, March 1952, 14; Ahn

and Abernathy, "Advance Through Suffering in Korea," 27.

95) Abernathy, "Baptists in Korea," 7-8.

96) Abernathy, "Korea," *Annual*, May 1952, 172-73.

97) Abernathy, "Korea," *Annual*, May 1952, 172.

98) Cauthen, "Found: 10,000 Baptists!," 14.

99) 침례병원 50년사 편찬위원회, 『침례병원 50년사』(부산: 우주문화사, 2002), 96.

100) Rex Ray, "You Are in This Story," *The Commission*, September 1952, 14.

101) Ray, "You Are in This Story," 15.

102) Ray, "You Are in This Story," 21.

103) John A. Abernathy, "Baptist Mission in Korea," *Annual of Southern Baptist Convention*, May 1953, 166.

104) Rex Ray, "We Four and One More—Jesus Was There, Too," *The Commission*, March 1953, 27. 렉스 레이는 남침례교 총회 연감에도 같은 내용을 보고했다. Abernathy, "Baptist Mission in Korea," *Annual*, May 1953, 166-7을 보시오.

105) Abernathy, "Baptist Mission in Korea," *Annual*, May 1953, 166.

106) Timothy Hyo-Hoon Cho, "A History of the Korea Baptist Convention: 1889-1969" (Th.D. diss., Southern Baptist Theological Seminary, 1970), 125.

107) Irene Branum, "Three Mission Stations in Korea," *Annual of Southern Baptist Convention*, June 1954, 172.

108) Ruby Wheat, "Korea," *Annual of Southern Baptist Convention*, May 1955, 170.

109) 서울침례교회 60년사편찬위원회, 『서울침례교회 60년사』, 18-19.

110) Cauthen, "Found: 10,000 Baptists!," 14; 침례병원, 『침례병원 50년사』, 96.

111) Abernathy, "Korea," *Annual*, May 1952, 173.

112) John A. Abernathy, "Baptist Mission in Korea," *Annual of Southern Baptist Convention* (May 1953): 166.

113) Abernathy, "Baptist Mission in Korea," 166.

114) Abernathy, "Baptist Mission in Korea," 166.

115) Ray, "You Are in This Story," 21; Jewell L. Abernathy, "Korea's 'Lottie Moon Church," *Royal Service*, (July 1953), 7.

116) Branum, "Three Mission Stations in Korea," *Annual*, June 1954, 171.

117) A. W. Yocum, "Forty Years a Missionary Doctor," *The Commission* 17, May 1954, 21.

118) Branum, "Three Mission Stations in Korea," *Annual*, June 1954, 171.

119) 침례병원, 『침례병원 50년사, 96-97.

120) Branum, "Three Mission Stations in Korea," *Annual*, June 1954, 171-72.

121) Yocum, "Forty Years a Missionary Doctor," 27.

122) Branum, "Three Mission Stations in Korea," *Annual*, June 1954, 171.

123) Branum, "Three Mission Stations in Korea," 171.

124) Yocum, "Forty Years a Missionary Doctor," 21, 155; 침례병원, 『침례병원 50년사』, 97.

125) Ruby Wheat, "Korea," *Annual of Southern Baptist Convention*, May 1955, 170.

126) 침례병원, 『침례병원 50년사』, 98.

127) Baker J. Cauthen, "The Orient," *Annual of Southern Baptist Convention*, June 1951, 159.

128) Abernathy, "Korea," *Annual*, May 1952, 172.

129) Ray, "You Are in This Story," 21.

130) Cho, "A History of the Korea Baptist Convention," 128-9. 조효훈 박사는 본인이 1952년 부터 1953년까지 약 2년 동안 "침례교 시간"의 안내자로 봉사했다고 하였다.

131) Cho, "A History of the Korea Baptist Convention," 129-30.

132) Baker J. Cauthen, Letter to Rev. J. A. Abernathy, APO 59 Postmaster, San Francisco, Cal., January 15, 1952.

133) 서울침례교회, 『서울침례교회 60년사』, 19.

134) Jewell Abernathy, "Korea's Lottie Moon Church," *Royal Service* 47, July 1953, 6.

135) Ibid., 6-7; idem, "Letter-ettes," *Royal Service*, December 1955, 24.

136) Abernathy, "Korea," *Annual*, May 1952, 172; Jewell L. Abernathy, "The Church of Great Price," *The Commission*, October 1951, 8.

137) Abernathy, "Baptist Mission in Korea," *Annual*, May 1953, 166.

138) Cho, "A History of the Korea Baptist Convention," 137-8.

139) Cho, "A History of the Korea Baptist Convention," 138. 조효훈은 함태영의 예배 참석을 직접 목격했다고 하였다.

140) Abernathy, "Baptist Mission in Korea," *Annual*, May 1953, 165.

141) Abernathy, "Baptist Mission in Korea," *Annual*, May 1953, 165.

142) 허긴, 『한국침례교회사』, 370.

143) Jewell L. Abernathy, "One Pastor-Seventeen Churches," *The Commission* 17, January 1954, 12.

144) Cho, "A History of the Korea Baptist Convention," 135.

145) Ahn and Abernathy, "Advance Through Suffering in Korea," 28.

146) Ruby Wheat, "Korea," *Annual of Southern Baptist Convention*, May 1955, 170.

147) Jewell Abernathy, "The 'White House' of Korea," *Royal Service* 48, June 1954, 10.

148) Jewell Abernathy, "The 'White House' of Korea," 11.

149) Jewell Abernathy, "The 'White House' of Korea," 11.

150) John Abernathy, "Memorial in Seoul," *The Baptist Training Union Magazine* 30, December 1955, 11.

151) Elmer S. West, Jr., "Visit to Korea," *The Commission* 17, October 1954, 29; Jewell Abernathy, "Our Prize Church," *Royal Service* 49, November 1954, 4.

152) Wheat, "Korea," *Annual*, May 1955, 170.

153) Abernathy, "Letter-ettes," 24.

154) 김용해, 『대한기독교침례회사』 (서울: 성청사, 1964), 85-86.

155) 허긴, 『한국침례교회사』, 365-66.

156) John A. Abernathy, "침례교회는 어떠한 교회인가?" 「뱁티스트」 1 (구판), 1953년 9월, 12-3.

157) "거룩한 혈통," 「뱁티스트」 1 (구판), 1953년 9월, 42-51. 몇 년 후 J. M. Carroll, 『피흘린 발자취』(서울: 韓國뱁티스트聖書聯盟, 1957)로 출판되었다.

158) 자세한 내용은 김용국, 『한국침례교사상사, 1889-1997』(대전: 침례신학대학교 출판부, 2005), 226-27을 참조하시오.

159) Cho, "A History of the Korea Baptist Convention," 128-29. 조효훈은 자신이 1952년부터 1953년까지 약 2년 동안 "침례교 시간"의 안내자로 봉사했다고 하였다.

160) 이숙재, "여성 연합사역의 중요성 강조와 기관의 정체성 유지를 위한 한국침례교 여선 교회 매뉴얼 개발" (목회학 박사학위논문, 침례신학대학교 목회신학대학원, 2018), 39-40.

161) 서울침례교회, 『서울침례교회 60년사』, 29-30.

162) 조혜도, 왕은신, 『한국침례교 여전도회사』 (서울: 유니게출판사, 1998), 28; 이숙재, "여성 연합사역의 중요성," 40.

163) Branum, "Three Mission Stations in Korea," 171.

164) Wheat, "Korea," *Annual*, May 1955, 169.

165) Wheat, "Korea," *Annual*, May 1955, 170.

166) 조혜도, 왕은신, 『한국침례교 여전도회사』, 26; 김용해, 『대한기독교침례회사』, 88.

167) 조혜도, 왕은신, 『한국침례교 여전도회사』, 27.

168) Wheat, "Korea," *Annual*, May 1955, 169; 조혜도, 왕은신, 『한국침례교 여전도회사』, 28.

169) Branum, "Three Mission Stations in Korea," 172.

170) 김병수, 저자와의 면담, 2017년 10월 4일, 대전 반석마을 아파트 608동 1502호 저자 자택, 녹취록, 6. 김병수 목사는 부산침례교회 원로 목사로 1953년 성경학교 1회 입학생이 었다. 따라서 그의 증언은 신빙성이 있다고 볼 수 있다.

171) Branum, "Three Mission Stations in Korea," 172.

172) 허긴, 『한국침례교회사』, 378-79.

173) Wheat, "Korea," *Annual*, May 1955, 170.

174) Wheat, "Korea," *Annual*, May 1955, 131-32.

175) R. Max Willocks, "Christian Missions in Korea with Special Reference to the Work of Southern Baptists," (Th.M. thesis, Golden Gate Baptist Theological Seminary, 1962), 156; 허긴, 『한국침례교회사』, 383-5.

176) Wheat, "Korea," *Annual*, May 1955, 169.

177) Yocum, "Forty Years a Missionary Doctor," 21; 침례병원, 『침례병원 50년사』, 97.

178) "Handbook, Korea Baptist Mission (1961)," 13. 이 문서는 1961년에 한국선교부가 선교사들의 인적 변화를 기록한 자료이다.

179) Branum, "Three Mission Stations in Korea," *Annual of Southern Baptist Convention*, June

1954, 171; "Handbook," 13.

180) J. G. Goodwin, Jr., "Mission in Transition," *The Commission* 38 (March 1975), 16. R. Max Willocks, "Christian Missions in Korea with Special Reference to the Work of Southern Baptists," (Th.M. thesis, Golden Gate Baptist Theological Seminary, 1962), 156.

181) "Handbook," 13.

182) "Handbook," 14.

183) "Handbook," 14.

184) J. Winston Crawley, "Korea Mission," *Annual of Southern Baptist Convention*, May 1958, 182.

185) "Handbook," 14.

186) J. Winston Crawley, "Korea," *Annual of Southern Baptist Convention*, May 1959, 176.

187) Dr. Robert M. Wright, Baptist Mission A.P.O. # 59 San Francisco, California, Letter to Dr. Winston Crawley, P.O. Box 5148, Richmond, Virginia, March 7, 1957, 4.

188) Bob & Paula Wright, Baptist Mission PO Box 76 Pusan, Korea, Letter to Friends and Family, October 1957, 1.

189) Bob & Paula Wright, Baptist Mission PO Box 76 Pusan, Korea, Letter to Friends and Family, October 1957, 1−2.

190) Don C. Jones, "Korea−Land to Love," *The Commission* 22 (March 1959), 74.

191) Jones, "Korea−Land to Love," 74−75.

192) Crawley, "Korea Mission," *Annual*, May 1958, 183.

193) Lucy Wagner, Paula Wright, Juanita Jones, "O Worship the King in Korea," *Royal Service* 54 (November, 1959), 34.

194) Dan and Frances Ray, "Korean Mission," *Annual of Southern Baptist Convention*, May 30− June 2, 1956, 161−62.

195) Dan and Frances Ray, "Korean Mission," 161−62; Ruby Wheat, "Korean Mission," *Annual of Southern Baptist Convention*, May 1957, 174.

196) Jewell L. Abernathy, "Can Catch One Small House for Kim?" *Royal Service* 49 (November 1955), 27.

197) Ruby Wheat, "Korean Mission," *Annual of Southern Baptist Convention*, May 1957, 174.

198) L. Parkes Marler, "A Communist Was Converted," *The Commission* 21 (April 1958), 7, 27.

199) Lucy Wagner, "Leaders in Training on Ul Lung Do," *The Commission* 23 (January 1960), 28.

200) R. Max Willocks, "A Chain of Churches Develops As Koreans Share the Gospel News," *The Commission* 21 (November 1958), 24.

201) Willocks, "A Chain of Churches," 24.

202) Martha Ellen Marler, "Seeing a Need She Cannot Meet, Missionary Realizes She Can Pray," *The Commission* 22 (February 1959), 25.

203) Wheat, "Korean Mission," *Annual*, May 1957, 174.

204) Guy Henderson, "Led By The Unseen Hand," *The Commission* 23 (July 1960), 13.

205) John A. Abernathy, "Above the Thirty-Eighth Parallel," *The Commission* 19 (May 1956), 29.

206) Abernathy, "Above the Thirty-Eighth Parallel," 29.

207) Marler, "A Communist Was Converted," 7.

208) Jewell L. Abernathy, "Letter-ettes," *Royal Service* 49 (December 1955), 24.

209) Wheat, "Korea," *Annual*, May 1955, 170.

210) Dan and Frances Ray, "Korean Mission," 161-62.

211) Dan and Frances Ray, "Korean Mission," 162.

212) Wheat, "Korean Mission," *Annual*, May 1957, 174.

213) Lucy Wagner, "Epistles," *The Commission* 19 (October 1956), 28.

214) Wagner, "Epistles," 28.

215) Juanita Jones, "Korean Seminary Students Show Concern for Unreached Villages," *The Commission* 22 (April 1959), 24.

216) Jewell Leonard Abernathy, "Brothers in Christ in Korea," *The Baptist Training Union Magazine* 34 (August 1959), 12-13.

217) Abernathy, "Brothers in Christ in Korea," 13, 50.

218) Irene Branum, "Three Mission Stations in Korea," *Annual of Southern Baptist Convention*, June 1954, 171.

219) Wheat, "Korea," *Annual*, May 1955, 170.

220) Dan and Frances Ray, "Korean Mission," 162.

221) 조혜도, 왕은신, 『한국침례교 여전도회사』 (서울: 유니게출판사, 1998), 26-7.

222) 조혜도, 왕은신, 『한국침례교 여전도회사』, 28-30.

223) "Foreign Mission News (Korea)," *The Commission* 18 (November 1955), 13.

224) 조혜도, 왕은신, 『한국침례교 여전도회사』, 30, 199.

225) 조혜도, 왕은신, 『한국침례교 여전도회사』, 31, 34-35, 199.

226) Wheat, "Korean Mission," *Annual*, May 1957, 174; 조혜도, 왕은신, 『한국침례교 여전도회사』, 31.

227) Margaret Bruce, 『소녀회 입문』, 고명순 역 (서울: 대한침례교부인회총회 출판부, 1957).

228) 조혜도, 왕은신, 『한국침례교 여전도회사』, 34-35.

229) Crawley, "Korea," *Annual*, May 1959, 176.

230) Branum, "Three Mission Stations in Korea," *Annual*, June 1954, 172.

231) 침례신학대학교 50년사 편찬위원회, 『침례신학대학교 50년사』 (대전: 침례신학대학교 출판부, 2004), 56; 허긴, 『한국침례교회사』 (대전: 침례신학대학교출판부, 1999), 377-78.

232) 침례신학대학교 50년사 편찬위원회, 『침례신학대학교 50년사』, 70-71.

233) 침례신학대학교 50년사 편찬위원회, 『침례신학대학교 50년사』, 74.

234) "Designed for Growth," *The Commission* 21 (July 1958), 46.

235) 허긴, 『한국침례교회사』, 378.

236) "Designed for Growth," 46.

237) 침례신학대학교 50년사 편찬위원회, 『침례신학대학교 50년사』, 65-66.

238) 침례신학대학교 50년사 편찬위원회, 『침례신학대학교 50년사』, 82, 87.

239) Dan and Frances Ray, "Korean Mission," 161-2.

240) 침례신학대학교 50년사 편찬위원회, 『침례신학대학교 50년사』, 101.

241) 침례신학대학교 50년사 편찬위원회, 『침례신학대학교 50년사』, 59, 102.

242) Wheat, "Korean Mission," *Annual*, May 1957, 174.

243) Crawley, "Korea Mission," *Annual*, May 1958, 182; 침례신학대학교 50년사 편찬위원회, 『침례신학대학교 50년사』, 95-97.

244) Crawley, "Korea Mission," *Annual*, May 1958, 182; "Designed for Growth," 46.

245) 침례신학대학교 50년사 편찬위원회, 『침례신학대학교 50년사』, 67.

246) Crawley, "Korea," *Annual*, May 1959, 176.

247) "Designed for Growth," 46.

248) Baker James Cauthen, "Found: 10,000 Baptists!," *The Commission*, March 1952, 14; Gateway to Heaven," *The Commission* 22 (March 1959), 12; 침례병원 40년사 편찬위원회, 『침례병원 40년사』 (부산: 우주문화사, 1997), 28-29.

249) Dan and Frances Ray, "Korean Mission," 162.

250) "Foreign Mission News (Korea)," *The Commission* 18 (October 1955), 12.

251) "Gateway to Heaven," 12.

252) 총회 역사편찬위원회, 『한국침례교회사』(서울: 침례회출판사, 1990), 182.

253) 침례병원 40년사 편찬위원회, 『침례병원 40년사』, 30.

254) "Foreign Mission News," *The Commission* 19 (March 1956), 21.

255) Wheat, "Korean Mission," *Annual*, May 1957, 174-5.

256) Dan and Frances Ray, "Korean Mission," 162; Wheat, "Korean Mission," *Annual*, May 1957, 174.

257) Robert Max Wright, "Application for Missionary Service to Foreign Mission Board," (October 26, 1954), 5. 본 자료는 저자가 1999년에 미국 테네시 주 내슈빌에 소재하고 있는 남침례교 고문서 보관소를 방문하여 취득한 자료이다.

258) Wright, "Application for Missionary Service to Foreign Mission Board," 5-6.

259) Wright, "Application for Missionary Service to Foreign Mission Board," 2-4.

260) Wheat, "Korean Mission," *Annual*, May 1957, 174.

261) Mary Dorrough, "My Second Son is a Missionary Doctor," *Royal Service* 51 (June 1957), 1-3.

262) Dorrough, "My Second Son is a Missionary Doctor," 3.

263) Dorrough, "My Second Son is a Missionary Doctor," 3.

264) "Gateway to Heaven," 13.

265) Wheat, "Korean Mission," *Annual*, May 1957, 175; "Gateway to Heaven," 13.

266) Crawley, "Korea Mission," *Annual*, May 1958, 182-3.

267) Winston Crawley, Letter to Dr. Robert M. Wright, Baptist Mission A.P.O. 59-c/o Postmaster, San Francisco, California, February 21, 1957.

268) Dr. Robert M. Wright, Baptist Mission A.P.O. # 59 San Francisco, California, Letter to Dr. Winston Crawley, P.O. Box 5148, Richmond, Virginia, March 7, 1957, 1-2. 5페이지에 달하는 편지여서 편의상 페이지 수를 기입함.

269) Dr. Robert M. Wright, Baptist Mission A.P.O. # 59 San Francisco, California, Letter to Dr. Winston Crawley, P.O. Box 5148, Richmond, Virginia, March 7, 1957, 3.

270) Bob & Paula Wright, Baptist Mission PO Box 76 Pusan, Korea, Letter to Friends and Family, October 1957, 2.

271) "Gateway to Heaven," 13.

272) Lucy Wagner, Paula Wright, Juanita Jones, "O Worship the King in Korea," Royal Service 54 (November, 1959), 36; Crawley, "Korea," *Annual*, May 1959, 176.

273) 김장배, 『한국침례교회의 산증인들』, 76; 총회 역사편찬위원회, 『한국침례교회사』, 177-78.

274) Cho, "History," 155-56.

275) 허긴, 『한국침례교회사』, 422-23; Cho, "History," 170.

276) John and Jewell Abernathy, "Korean Welcome," 7.

277) Willocks, "Christian Missions in Korea," 159-61.

278) 김장배, 『한국침례교회의 산증인들』, 185-86; 총회 역사편찬위원회, 『한국침례교회사』, 184-87.

279) Cho, "A History," 166-67; 총회 역사편찬위원회, 『한국침례교회사』, 190-92.

제21장 총회분열시대(1959-1968)

1) 김용해, 『대한기독교침례회사』(서울: 성청사, 1964), 96.

2) 김장배, 『한국침례교회의 산 증인들』(서울: 침례회출판사, 1981), 184, 188, 195-96.

3) 김갑수, 『은혜의 발자취』(대전: 침례신학대학교출판부, 2013), 167-68.

4) R. Max Willocks, "Christian Missions in Korea with Special Reference to the Work of Southern Baptists" (Th.M. thesis, Golden Gate Baptist Theological Seminary, 1962), 165-66.

5) 인천침례교회, "성명서", 1960년 8월 25일.

6) 허긴, 『한국침례교회사』(대전: 침례신학대학교출판부, 1999), 421.

7) James Gale, "1889년 12월 13일. 사랑하는 누나 제니에게, 부산에서", 유영식 편역, 『착흔

목쟈: 게일의 삶과 선교2』(서울: 도서출판 진흥, 2013), 62-65.

8) 김용국, "말콤 펜윅과 대한기독교회의 복음주의 신앙과 항일활동과의 관계에 관한 연구", 「성경과 신학」 94 (2020): 103-21.

9) 동아긔독교회, 「남부(南部) 뎨일회총회록」, 1-3.

10) 총회역사편찬위원회, 『침례교회사』(서울: 침례회출판사, 1990), 150-52. 허긴, 『한국침례교회사』, 328-29.

11) Baker J. Cauthen, Letter to M. T. Rankin, Foreign Mission Board, Southern Baptist Convention, 2037 Monument Avenue, Richmond, Va., September 10, 1949.

12) John and Jewell Abernathy, "Korean Welcome," *The Commission* (June 1950): 7.

13) John A. Abernathy, Letter to Dr. B. J. Cauthen, Hongkong, April 23, 1951.

14) John A. Abernathy, "Baptist Mission in Korea," *Annual of the Southern Baptist Convention* (May 1953): 165.

15) Timothy Hyo-Hoon, Cho, "A History of the Korea Baptist Convention: 1889-1969" (Th.D. diss., Southern Baptist Theological Seminary, 1970), 155-56.

16) "Handbook, Korea Baptist Mission (1961)," 13-14. Willocks, "Christian Missions in Korea," 161.

17) 총회 역사편찬위원회, 『한국침례교회사』, 190.

18) Dan Ray, "The Baptist Convention of Korea," *Minutes of the Mission Executive Committee Meeting of the Korea Baptist Mission*, 1955.

19) Willocks, "Christian Missions in Korea," 159.

20) John and Jewell Abernathy, "Korean Welcome," 7.

21) 허긴, 『한국침례교회사』, 348, 485-86.

22) John and Jewell Abernathy, "Korean Welcome," 7.

23) 안대벽은 돈암장을 예배당으로도 사용했다. 그는 만주와 북한에서 월남한 동아기독교인들과 함께 돈암장에서 1946년 9월 25일 수요일에 첫 예배를 드림으로 서울침례교회를 시작했다. 서울침례교회 60년사편찬위원회, 『서울침례교회 60년』(서울: 엘에스커뮤니케이션, 2009), 12-13.

24) Jewell Abernathy, "The 'White House' of Korea," *Royal Service* 48 (June 1954): 10-11.

25) Cho, "A History of the Korea Baptist Convention," 138.

26) 허긴, 『한국침례교회사』, 358.

27) 장일수, 『자서전 3』(n.p: n.d), 15.

28) 김장배, 『한국침례교회의 산 증인들』, 202-3; 총회 역사편찬위원회, 『한국침례교회사』, 184, 188.

29) Willocks, "Christian Missions in Korea," 159.

30) 허긴, 『한국침례교회사』, 379.

31) 장일수, 『자서전 3』, 15.

32) Willocks, "Christian Missions in Korea," 159.

33) 장일수, 『자서전 3』, 15, 18.

34) 허긴, 『한국침례교회사』, 404.

35) 안대벽, "주님 안에 사랑하는 동역자 교회 형제자매 귀중", 1959년 4월 22일.

36) 허긴, 『한국침례교회사』, 403-05.

37) Cho, "A History of the Korea Baptist Convention," 172.

38) 총회 역사편찬위원회, 『한국침례교회사』, 187; 김장배, 『한국침례교회의 산 증인들』, 184-86.

39) Willocks, "Christian Missions in Korea," 158.

40) Cho, "A History of the Korea Baptist Convention," 172-73.

41) Korea Baptist Mission, *Minutes of the Korea Mission of the Southern Baptist Convention*, 1957, 1.

42) 총회 역사편찬위원회, 『한국침례교회사』, 192-93, 195.

43) 김용해, 『대한기독교침례회사』, 96.

44) 김용해, 『대한기독교침례회사』, 97-98.

45) 대한기독교침례회 총회실행위원 총회장 안대벽 외 8인, "建議書", 1957년 8월. 8인은 부회장 노재천, 한기춘, 총무 김용해, 전도부장 신혁균, 사회부장 최성업, 교육부장 이원균, 출판부장 한태경, 재무부장 김길남

46) Willocks, "Christian Missions in Korea," 161-62.

47) 총회 역사편찬위원회, 『한국침례교회사』, 196.

48) Willocks, "Christian Missions in Korea," 160.

49) 대한기독교침례회, 「제48회 총회 회록」, 1958년 5월 12~16일, 12-19.

50) Willocks, "Christian Missions in Korea," 158, 163-64.

51) 이순도, "재한 미남침례교 선교사들께 경고함", 1959년 4월 22일.

52) 안대벽, "주님 안에 사랑하는 동역자 교회 형제자매 귀중", 1959년 4월 22일.

53) 김장배, 『한국침례교회의 산 증인들』, 187.

54) "고 장일수 목사 약력", 「고 장일수 목사 발인 예배 순서지」, 1986년 3월 19일.

55) 총회역사편찬위원회, 『한국침례교회사』, 92.

56) 장일수, 『자서전 1』(n.p.: n.d.), 2.

57) 허긴, 『한국침례교회사』, 338.

58) 장일수, 『자서전 3』, 16.

59) 장일수, 『자서전 3』, 16.

60) 장일수, 『자서전 3』, 17.

61) 장일수, 『자서전 3』, 17.

62) 필자 미상, "주님의 은혜 가운데 엄동지절에", 1959년 1월 12일. 필자 미상, "총회장소변경 신청서", 1959년 1월 20일. 서신과 신청서의 발신자는 미상으로 되어 있으나 장일수가 보낸 것으로 알려졌다. 김용해, 『대한기독교침례회사』, 115 보시오.

63) 김장배, 『한국침례교회의 산 증인들』, 190-91; 총회 역사편찬위원회, 『한국침례교회사』, 201-2.

64) 한국침례회선교부 부장 마라, 총무 구두원, "한국침례회 총회 제 교회 목사 전도사 귀

하", 1959년 3월 30일경.

65) Willocks, "Christian Missions in Korea," 164-65.

66) 김용해,『대한기독교침례회사』, 105.

67) 김용해,『대한기독교침례회사』, 105.

68) 한국침례회 49회 총회 수습대책 준비위원회 대표 장일수 외 22명, "성명서", 1959년 4월 2일. 준비위원은 장일수(대전), 조효훈(대전), 한태경(영서), 리덕수(강호), 리덕여(강호), 최완식(천안), 민영호(대전), 리창송(영서), 전승상(전북), 강성주(서울), 유영근(충북), 임정일(천안), 김승학(경남), 곽효정(전남), 박성태(전남), 장시정(영서), 최영선(전북), 김선춘(경북), 유태근(충북), 조동하(경중), 김기석(경기), 윤덕훈(충남) 등이다.

69) 장일수, "친애하는 교우들에게", 1959년 4월 7일.

70) 윈스톤 크롤리, "美國南浸禮會 外國宣敎部", 1959년 4월 8일.

71) 대한기독교침례회 총회 실행위원장 대리 김용해, 위원 노재천, 이원균, 한기춘, 안대벽, 김주언, "성명서", 1959년 3월 31일. 신혁균 전보 (내정간섭규탄), 장일수 전보 (유고불참), 한태경 (통신 없음).

72) 대한기독교침례회 총회 실행위원장 대리 김용해, 위원 노재천, 이원균, 한기춘, 안대벽, 김주언, "미국 남침례회 동양 총무 크로-리 박사 귀하", 1959년 3월 31일. 신혁균 (병고불참), 장일수 (유고불참), 한태경(불참). 8개의 질의는 다음과 같다. 1) 1959년 7월 한미연석회에서 결의한 약속을 실천하지 않는 것. 2) 한국교회가 안수하고 다년간 목회하고 있는 목사들을 목사 아니라고 선전하는 것. 3) 총회에서 선출된 역원을 불신임하는 것과 명예훼손 시키는 것. 4) 한국 총회에 정당히 주어진 금액 잔여금을 즉석에서 반환하라고 하는 것. 5) 선교부로서 국내 국외에 근거 없는 허위 선전하는 것. 6) 교회 또는 총회를 분열 조장하는 것. 7) 한국교회 재산을 합의 없이 선교부 재단에 편입시킨 것. 8) 한국 총회 전도부장 없이 부원 일부와 한미전도부 실행위원회를 진행한 것.

73) 전도부 실행위원 안대벽 외 4명, "해명서", 1959년 4월 7일. 전도부 실행위원은 안대벽, 전흥상, 김주언, 이덕근, 김길남 등이다.

74) 대한기독교침례회 경서구역 회원 일동, "성명서", 1959년 4월 10일.

75) 전도부 실행위원 안대벽 외 4명, "각 교회 귀중", 1959년 4월 10일.

76) 대한기독교침례회 총회 실행위원회 위원 김용해 외 5인, "성명서", 1959년 4월 13일. 나머지 실행위원은 노재천, 안대벽, 한기춘, 이원균, 김주언 등이다.

77) 대한기독교침례회 경북구역 총회, "성명서", 1959년 4월 13일.

78) 대한기독교침례회 신학교 동창회 회장 이덕홍 외 5인, "성명서", 1959년 4월 16일. 나머지 임원은 부회장 이종철, 총무 이덕근, 회계 박경배, 서기 김갑수 등이다.

79) 대한기독교침례회 종로교회 대표 박경배 외 18인, "재한미남침례회 선교부실행위원회 귀하", 1959년 4월.

80) 대한기독교침례회 총회 실행위원회 위원 김용해 외 5인, "해명서", 1959년 4월 20일.

81) 대한기독교침례회 부인전도회 임원 이순도 외 4인, "성명서", 1959년 4월 22일. 나머지 임원은 신귀례, 김혜경, 여정실, 황필련 등이다.

82) 대한기독교침례회 총회 재무부장 김주언, "성명서", 1959년 4월 24일.

83) 허긴,『한국침례교회사』, 437-38.

84) 대한기독교침례회, 「제49차 총회 회의록」(1959), 13-14.

85) Korea Baptist Mission, *Minutes of the Called Meeting of the Korea Baptist Mission Held in Taejeon*, May, 1959.

86) 대한기독교침례회 총회 총회장 강성구, 부회장 이덕여, 김기석, 총무 김승학, 전도부장 존스, 교육부장 조효훈, 사회부장 말러, 출판부장 장시정, 재무부장 박종록, "각 교회 귀중", 1959년 5월 8일.

87) 대한기독교침례회총회 실행위원회 신혁균, 김용해, 노재천, 안대벽, 한기춘, 이원균, 김주언, "4월 28-9일 대전 불법총회를 규탄한다", 1959년 5월 2일.

88) 대한기독교침례회 총회 실행위원 신혁균, 김용해, 노재천, 이원균, 한기춘, 안대벽, 김주언, "해명서", 1959년 5월 9일.

89) 대한기독교침례회 포항교회 사무처리회장 김창복, "전국교역자 및 교우들 앞", 1959년 5월 18일.

90) 대한기독교침례회, 「제49회 총회 회록」(1959년 5월 26일), 2.

91) 대한기독교침례회, 「제49회 총회 회록」(1959년 5월 27일), 8.

92) 총회역사편찬위원회, 『한국침례교회사』, 213-14; 김장배, 『한국침례교회의 산증인들』, 201.

93) 김용해, 『대한기독교침례회사』, 118-19.

94) 김장배, 『한국침례교회의 산 증인들』, 205.

95) 재단법인 대한기독교침례회 이사장 김용해, "재단법인 대한기독교침례회 유지재산 처리에 관한 공고", 1959년 9월.

96) 대한기독교침례회, 「제50회 총회 회록」(1960년 5월 4일), 19.

97) 대한기독교침례회, 「제50회 총회 회록」(1960년 5월 4일), 19-22. 당시 학교에는 교장 이봉래, 교감 임선환과 7명의 교사가 있었고, 학생 수는 남학생 206명과 여학생 104명 총 310명의 학생이 있었다.

98) 인천침례교회, "성명서", 1960년 8월 25일.

99) 인천침례교회, "성명서", 1960년 8월 25일.

100) 허긴, 『한국침례교회사』, 455-58.

101) Seung Jin Kim, "A History of Southern Baptist Mission Work in Korea: Its Impact on Korean Baptist Church Growth," Ph.D. diss. (Southwestern Baptist Theological Seminary, 1995), 111; 허긴, 『한국침례교회사』, 460-61.

102) J. G. Goodwin, Jr., "침례회 방송 전도사업 안내," 「침례회보」(1967년 11월): 14; 허긴, 『한국침례교회사』, 461.

103) 김장배, 『한국침례교회의 산증인들』, 201; 총회역사편찬위원회, 『한국침례교회사』, 215-16.

104) 허긴, 『한국침례교회사』, 482; 총회역사편찬위원회, 『한국침례교회사』, 216.

105) 허긴, 『한국침례교회사』, 483-85; 총회역사편찬위원회, 『한국침례교회사』, 217.

106) 허긴, 『한국침례교회사』, 491.

107) 허긴, 『한국침례교회사』, 489-90.

108) 허긴, 『한국침례교회사』, 482-87.

제22장 1968년부터 현재까지

1) 허긴, 『한국침례교회사』(대전: 침례신학대학교출판부, 1999), 510-11.

2) 기독교한국침례교총회 역사편찬위원회, 『한국침례교회사』(서울: 침례회출판사, 1990), 230-31; 허긴, 『한국침례교회사』, 511-17.

3) 허긴, 『한국침례교회사』, 537-38, 545.

4) 허긴, 『한국침례교회사』, 525-26.

5) 허긴, 『한국침례교회사』, 547, 550.

6) 허긴, 『한국침례교회사』, 551, 555-57.

7) 허긴, 『한국침례교회사』, 553-54, 559.

8) John Green, "Korean Crusade Briefs," *Baptist Message* (July 16, 1970); 허긴, 『한국침례교회사』, 561-62.

9) 허긴, 『한국침례교회사』, 562-66; Kim, "A History," 123-24.

10) O. K. Bozeman, Jr., "Report on Oct. 13-28, 1983 Partnership Crusade," (November 22, 1983); O. K. Bozeman, Jr., "Report on October 18-30, 1984 Partnership Crusade," (November 5, 1984), 허긴, 『한국침례교회사』, 566-70, 600.

11) 허긴, 『한국침례교회사』, 611-14.

12) 동아기독교회, 『남부(南部) 데일회총회록』, 1-3.

13) John and Jewell Abernathy, "Korean Welcome," *The Commission* (June 1950): 7.

14) John A. Abernathy, Letter to Dr. B. J. Cauthen, Hongkong, April 23, 1951.

15) John A. Abernathy, "Baptist Mission in Korea," *Annual of the Southern Baptist Convention* (May 1953): 165.

16) Timothy Hyo-Hoon Cho, "A History of the Korea Baptist Convention: 1889-1969," Th.D. diss. (Southern Baptist Theological Seminary, 1970), 155.

17) 1950년대 남침례교 선교사들의 사역에 관해서는, 김용국, "미남침례회 선교사들의 한국에서의 초기 사역, 1951-1954"『복음과 실천』64집. (대전: 침례신학대학교출판부, 2019년): 245-278; 김용국, "미남침례회 선교사들의 한국에서의 초기 사역, 1955-1958."『복음과 실천』66집. (대전: 침례신학대학교출판부, 2020년): 7-38을 참조하시오.

18) 허긴, 『한국침례교회사』, 551, 555-57.

19) 허긴, 『한국침례교회사』, 566-70, 600.

20) 오관석, 『정금같이 나오리라』(서울: 쿰란, 2005), 80-81.

21) 오관석, 『정금같이 나오리라』(서울: 쿰란, 2005), 81-84.

22) 오관석, 『정금같이 나오리라』(서울: 쿰란, 2005), 85-86.

23) 오관석, 『정금같이 나오리라』, 86-87.

24) 오관석, 『정금같이 나오리라』(서울: 쿰란, 2005), 87-88.

25) 오관석, 『정금같이 나오리라』(서울: 쿰란, 2005), 88.

26) 오관석, 『정금같이 나오리라』, 88-89.

27) 오관석, 『정금같이 나오리라』, 90.

28) 오관석, 『정금같이 나오리라』(서울: 쿰란, 2005), 91.

29) 오관석, 『정금같이 나오리라』(서울: 쿰란, 2005), 111.

30) 오관석, 『정금같이 나오리라』(서울: 쿰란, 2005), 111-12.

31) 오관석, 『정금같이 나오리라』(서울: 쿰란, 2005), 112.

32) 오관석, 『정금같이 나오리라』(서울: 쿰란, 2005), 112-13.

33) 오관석, 『정금같이 나오리라』(서울: 쿰란, 2005), 113-14.

34) 오관석, 『정금같이 나오리라』, 94-96.

35) 오관석, 『정금같이 나오리라』, 96-99.

36) 하늘비전교회, "교회발자취,"「온라인 자료」http://www.hvbc.kr/bbs/board.php?bo_table=board_18&wr_id=12. 2023 4월 9일 접속

37) 오관석, 『정금같이 나오리라』, 104-05.

38) 하늘비전교회, "교회발자취,"「온라인 자료」http://www.hvbc.kr/bbs/board.php?bo_table=board_18&wr_id=12. 2023 4월 9일 접속

39) 오관석, 『그때와 그곳』(서울: 은성문화사, 1969), 17-21.

40) 오관석, 『그때와 그곳』, 22-25.

41) 오관석, 『그때와 그곳』, 39-44.

42) 오관석, 『그때와 그곳』, 45.

43) 오관석, 『요한계시록 강해』(서울: 은성문화사, 1967), 7-8.

44) 오관석, 『요한계시록 강해』, 27-28, 30.

45) 오관석, 『요한계시록 강해』, 38-39, 41.

46) 오관석, 『정금같이 나오리라』(서울: 쿰란, 2005), 221-23.

47) 오관석, 『하늘보고 사는 땅』(서울: 바울서신사, 1991), 55, 66-68, 75, 78, 115.

48) 오관석, 『하늘보고 사는 땅』, 230.

49) 오관석, 『하늘보고 사는 땅』, 150.

50) 이옥주, 『나의 나 된 것은: 김충기 목사의 삶과 신앙』(서울: 강남중앙침례교회, 2002), 15-16.

51) 이옥주, 『나의 나 된 것은: 김충기 목사의 삶과 신앙』, 34-37.

52) 이옥주, 『나의 나 된 것은: 김충기 목사의 삶과 신앙』, 38-46.

53) 이옥주, 『나의 나 된 것은: 김충기 목사의 삶과 신앙』, 47-49.

54) 이옥주, 『나의 나 된 것은: 김충기 목사의 삶과 신앙』, 49.

55) 이옥주, 『나의 나 된 것은: 김충기 목사의 삶과 신앙』, 51.

56) 이옥주, 『나의 나 된 것은: 김충기 목사의 삶과 신앙』, 51-52.

57) 이옥주, 『나의 나 된 것은: 김충기 목사의 삶과 신앙』, 56-59.

58) 이옥주, 『나의 나 된 것은: 김충기 목사의 삶과 신앙』, 59-61.

59) 이옥주, 『나의 나 된 것은: 김충기 목사의 삶과 신앙』, 64-66.

60) 피영민 외 11인, 『강남중앙침례교회 사십년사』 (서울: 검과 흙손, 2016), 58.

61) 이옥주, 『나의 나 된 것은: 김충기 목사의 삶과 신앙』, 69-72.

62) 이옥주, 『나의 나 된 것은: 김충기 목사의 삶과 신앙』, 73-74.

63) 이옥주, 『나의 나 된 것은: 김충기 목사의 삶과 신앙』, 74-75.

64) 피영민 외 11인, 『강남중앙침례교회 사십년사』, 59.

65) 피영민 외 11인, 『강남중앙침례교회 사십년사』, 58-59. 이옥주, 『나의 나 된 것은: 김충기 목사의 삶과 신앙』, 75-81.

66) 이옥주, 『나의 나 된 것은: 김충기 목사의 삶과 신앙』, 83-84.

67) 피영민 외 11인, 『강남중앙침례교회 사십년사』, 61-63.

68) 김충기, 『눈으로 보고 마음으로 그리는 하나님』 (서울: 도서출판 누가, 2003), 31-33.

69) 이옥주, 『나의 나 된 것은: 김충기 목사의 삶과 신앙』, 111-12.

70) 이근미, 『김장환 목사 이야기 上』 (서울: 조선일보사, 2000), 17-27.

71) 이근미, 『김장환 목사 이야기 上』, 29-36.

72) 이근미, 『김장환 목사 이야기 上』, 37-41.

73) 이근미, 『김장환 목사 이야기 上』, 52-55.

74) 이근미, 『김장환 목사 이야기 上』, 58-60.

75) 이근미, 『김장환 목사 이야기 上』, 79-83.

76) 이근미, 『김장환 목사 이야기 上』, 89-91.

77) 이근미, 『김장환 목사 이야기 上』, 111-12.

78) 이근미, 『김장환 목사 이야기 上』, 106-08, 113.

79) 이근미, 『김장환 목사 이야기 上』, 133-35.

80) 이근미, 『김장환 목사 이야기 上』, 194-95.

81) 이근미, 『김장환 목사 이야기 上』, 207-09.

82) William Martin, 『빌리 그레이엄』 전가화 역 (서울: 고려원, 1993), 439.

83) Martin, 『빌리 그레이엄』, 437.

84) 이근미, 『김장환 목사 이야기 下』 (서울: 조선일보사, 2000), 37.

85) Martin, 『빌리 그레이엄』, 216-9.

86) 이근미, 『김장환 목사 이야기 下』, 23-25.

87) 이근미, 『김장환 목사 이야기 下』, 25.

88) 이근미, 『김장환 목사 이야기 下』, 27.

89) 유동식·조향록·조동진·김경재·김종렬. "빌리 그레함 傳道大會를 말한다." 『기독교사상』, (1973년 7월): 81.

90) "빌리 그레함 한국 전도대회 종합통계," 『빌리그레함 전집-한국전도대회특집』, 한국기독교선교협의회 편 (서울: 신경사, 1973), 69.

91) 이근미, 『김장환 목사 이야기 下』, 22-23, 29-30.

92) 빌리 그래함과 1973년 여의도 집회가 한국교회에 끼친 영향에 대해서는 김용국. "빌리 그

래함의 한국 교회에 끼친 영향에 관한 연구." 「역사신학논총」 33집. (서울: 한국기독교사
연구소, 2018): 157-186을 참조하시오.

93) 이근미, 『김장환 목사 이야기 下』, 41-43.

94) 이근미, 『김장환 목사 이야기 下』, 70-71; 조수진, "「극동방송」의 대북방송 역사연
구-1956년 개국부터 90년대 말까지" (석사학위논문, 고려대학교 언론대학원, 2014), 54.

95) 김장환, 『지금 마지막을 대비하라』 (서울: 나침반출판사, 1997), 149-50; 김장환, 『힘을
다하여 주님께 배우라』, 13, 49, 85.

96) 김장환, 『힘을 다하여 주님을 증거하라』 (서울: 나침반, 1987), 44-45.

97) 김장환, 『힘을 다하여 주님께 배우라』, 45.

98) 김장환, 『지금 마지막을 대비하라』, 69.

99) 김장환, 『지금 마지막을 대비하라』, 87; 김장환, 『생명을 걸고 사랑하라』, 136.

100) 김장환, 『생명을 걸고 사랑하라』, 137, 347-48; 김장환, 『지금 마지막을 대비하라』, 75.

101) 김장환, 『힘을 다하여 주님께 배우라』, 28, 30-32.

102) 김장환, 『생명을 걸고 사랑하라』, 42-43.

103) 이근미, 『김장환 목사 이야기 上』, 198-200.

104) 이근미, 『김장환 목사 이야기 上』, 131-32.

105) 이동원, 『비전의 신을 신고 내일로 간다』 (서울: 두란노, 2010), 18-27.

106) 이동원, 『비전의 신을 신고 내일로 간다』, 28.

107) 이동원, 『비전의 신을 신고 내일로 간다』, 32-33, 47.

108) 이동원, 『비전의 신을 신고 내일로 간다』, 31-32.

109) 이동원, 『비전의 신을 신고 내일로 간다』, 34-37.

110) 이동원, 『비전의 신을 신고 내일로 간다』, 40, 46.

111) 이동원, 『비전의 신을 신고 내일로 간다』, 50.

112) 두란노서원 출판부, 『내가 본 이동원 목사』, (서울: 두란노, 2010), 152.

113) 이동원, 『비전의 신을 신고 내일로 간다』, 51-53.

114) 이동원, 『비전의 신을 신고 내일로 간다』, 57-60.

115) 이동원, 『비전의 신을 신고 내일로 간다』, 62.

116) 이동원, 『비전의 신을 신고 내일로 간다』, 62-63.

117) 이동원, 『비전의 신을 신고 내일로 간다』, 63-64.

118) 이동원, 『비전의 신을 신고 내일로 간다』, 66.

119) 이동원, 『비전의 신을 신고 내일로 간다』, 68.

120) 이동원, 『비전의 신을 신고 내일로 간다』, 69-71.

121) 이동원, 『비전의 신을 신고 내일로 간다』, 74-76.

122) 이동원, 『비전의 신을 신고 내일로 간다』, 81-83.

123) 이동원, 『비전의 신을 신고 내일로 간다』, 85-86.

124) 이동원, 『비전의 신을 신고 내일로 간다』, 87.

125) 이동원, 『비전의 신을 신고 내일로 간다』, 92-94.

126) 이동원,『비전의 신을 신고 내일로 간다』, 95-96, 100-01.

127) 두란노서원 출판부,『내가 본 이동원 목사』, 11-15.

128) 두란노서원 출판부,『내가 본 이동원 목사』, 20-22, 26.

129) 두란노서원 출판부,『내가 본 이동원 목사』, 42-46.

130) 두란노서원 출판부,『내가 본 이동원 목사』, 31.

131) 두란노서원 출판부,『내가 본 이동원 목사』, 135.

132) 두란노서원 출판부,『내가 본 이동원 목사』, 36-38.

133) 두란노서원 출판부,『내가 본 이동원 목사』, 74-76.

134) 두란노서원 출판부,『내가 본 이동원 목사』, 85.

135) 두란노서원 출판부,『내가 본 이동원 목사』, 117-18.

136) 두란노서원 출판부,『내가 본 이동원 목사』, 143.

137) 두란노서원 출판부,『내가 본 이동원 목사』, 54-55.

138) 두란노서원 출판부,『내가 본 이동원 목사』, 59, 61.

139) 두란노서원 출판부,『내가 본 이동원 목사』, 123-25.

140) 두란노서원 출판부,『내가 본 이동원 목사』, 135-36.

141) 두란노서원 출판부,『내가 본 이동원 목사』, 108-09.

142) 이동원,『로마가 들어야 했던 복음』(서울: 도서출판 두란노, 1996), 30; 이동원,『시편강해 상: 새벽 사슴의 노래』(서울: 요단출판사, 1997), 117-25.

143) 이동원,『로마가 들어야 했던 복음』, 121; 이동원,『시편강해 하: 호흡 있는 자들의 노래』(서울: 요단출판사, 1997), 160-61.

144) 이동원,『로마가 들어야 했던 복음』, 19.

145) 이동원,『로마가 들어야 했던 복음』, 78; 이동원,『로마를 바꾸어 놓은 사랑』, 13.

146) 이동원,『로마가 들어야 했던 복음』, 88-95.

147) 이동원,『로마를 바꾸어 놓은 사랑』, 61-63.

148) 이동원,『로마가 들어야 했던 복음』, 239.

149) 이동원,『로마를 바꾸어 놓은 사랑』, 36-37.

150) 이동원,『로마를 바꾸어 놓은 사랑』, 35-36.

151) 이동원,『로마를 바꾸어 놓은 사랑』, 64.

152) 이동원,『미움이 있는 곳에 사랑을』(서울: 나침반, 1991): 31.

153) 이동원,『비유로 말씀하시더라』, 55.

154) 윤석전,『기도하라』, 13-16.

155) 장항진 외 7인,『연세중앙교회 30년사 1: 하나님이 쓰신 사람들과 그날들』, 23-25.

156) 장항진 외 7인,『연세중앙교회 30년사 1』, 25-27.

157) 장항진 외 7인,『연세중앙교회 30년사 1』, 27-28.

158) 장항진 외 7인,『연세중앙교회 30년사 1』, 35-37.

159) 장항진 외 7인,『연세중앙교회 30년사 1』, 46-50.

160) 장항진 외 7인,『연세중앙교회 30년사 1』, 75.

161) 윤석전, 『기도하라』, 35-36.

162) 윤석전, 『절대적 기도생활』, 개정판, 99-100; 장항진 외 7인, 『연세중앙교회 30년사 1』, 220-24.

163) 윤석전, 『절대적 기도생활』, 개정판, 48-49.

164) 윤석전, 『그리스도의 좋은 군사』, 44-45.

165) 장항진 외 7인, 『연세중앙교회 30년사 1』, 28-29.

166) 장항진 외 7인, 『연세중앙교회 30년사 1』, 39, 43-44.

167) 장항진 외 7인, 『연세중앙교회 30년사 1』, 67-70.

168) 장항진 외 7인, 『연세중앙교회 30년사 1』, 78.

169) 장항진 외 7인, 『연세중앙교회 30년사 1』, 123-24.

170) 장항진 외 7인, 『연세중앙교회 30년사 1』, 143-45.

171) 장항진 외 7인, 『연세중앙교회 30년사 1』, 198.

172) 장항진 외 7인, 『연세중앙교회 30년사 2: 하나님이 쓰신 사람들과 그날들』, 38-39.

173) 장항진 외 7인, 『연세중앙교회 30년사 2』, 175-76, 180.

174) 장항진 외 7인, 『연세중앙교회 30년사 3: 하나님이 쓰신 사람들과 그날들』(서울: 연세말씀사, 2016), 43-44.

175) 장항진 외 7인, 『연세중앙교회 30년사 3』, 142-43.

176) 장항진 외 7인, 『연세중앙교회 30년사 3』, 144-45.

177) 장항진 외 7인, 『연세중앙교회 30년사 1』, 7-8.

178) 장항진 외 7인, 『연세중앙교회 30년사 1』, 363-65.

179) 장항진 외 7인, 『연세중앙교회 30년사 2』, 152.

180) 장항진 외 7인, 『연세중앙교회 30년사 2』, 252-53.

181) 장항진 외 7인, 『연세중앙교회 30년사 2』, 438, 440.

182) 장항진 외 7인, 『연세중앙교회 30년사 1』, 9, 11, 18.

183) 장항진 외 7인, 『연세중앙교회 30년사 3』, 251-52.

184) 장항진 외 7인, 『연세중앙교회 30년사 3』, 334-35, 414-15.

185) 장항진 외 7인, 『연세중앙교회 30년사 3』, 502-503.

186) 장항진 외 7인, 『연세중앙교회 30년사 1』, 108-109.

187) 장항진 외 7인, 『연세중앙교회 30년사 1』, 191.

188) 장항진 외 7인, 『연세중앙교회 30년사 1』, 358-59, 391, 394.

189) 장항진 외 7인, 『연세중앙교회 30년사 2』, 254.

190) 장항진 외 7인, 『연세중앙교회 30년사 1』, 193.

191) 장항진 외 7인, 『연세중앙교회 30년사 2』, 113-14.

192) 장항진 외 7인, 『연세중앙교회 30년사 1』, 426-27.

193) 장항진 외 7인, 『연세중앙교회 30년사 2』, 126-27.

194) 장항진 외 7인, 『연세중앙교회 30년사 2』, 258.

195) 장항진 외 7인, 『연세중앙교회 30년사 1』, 217-18.

196) 장항진 외 7인, 『연세중앙교회 30년사 3』, 317-19.

197) 장항진 외 7인, 『연세중앙교회 30년사 3』, 319-20.

198) 이은호, "멀티교회 소개", 2023년 4월 21일.

199) 김용국, 『꿈의교회 120년사: 꿈의 사람 꿈의 역사』 (서울: 요단출판사, 2016), 242.

200) 김용국, 『꿈의교회 120년사: 꿈의 사람 꿈의 역사』, 244-53.

201) 김용국, 『꿈의교회 120년사: 꿈의 사람 꿈의 역사』, 246.

202) 꿈의교회, "2023년도 꿈의교회 안내 팜플렛."

203) 김용국, 『꿈의교회 120년사: 꿈의 사람 꿈의 역사』, 266-69.

204) 꿈의교회, "2023년도 꿈의교회 안내 팜플렛." 꿈의교회, "꾸밍 코딩 교회학교 안내 팜플렛." 김용국, 『꿈의교회 120년사: 꿈의 사람 꿈의 역사』, 270-76.

205) 김용국, 『꿈의교회 120년사: 꿈의 사람 꿈의 역사』, 277-78.

206) 안희묵, 『교회, 다시 꿈꾸다』 (서울: 교회성장연구소, 2015), 100-01, 209-11.

207) 안희묵, "멀티사이트 캠퍼스 교회, 새 시대를 열어라", 「Church Growth」 (2015년 5월): 16-17; 이은호, "멀티교회 소개", 2023년 4월 21일.

208) 이은호, "멀티교회 소개", 2023년 4월 21일.

209) 이은호, "멀티교회 소개", 2023년 4월 21일.

210) 이옥주 『나의 나 된 것은: 김충기 목사의 삶과 신앙』, 72.

211) 이근미, 『김장환 목사 이야기 下』, 69.

참고문헌

세계침례교회사

1. 단행본

김승진. 『침례교회와 역사』. 대전: 침례신학대학교출판부, 2009.

_____. 『침례교회와 역사: 침례교회사의 주요 논제들』. 대전: 침례신학대학교출판부, 2005.

김진묵. 『흑인 잔혹사』. 서울: 한양대학교출판부, 2011.

김용국. 『미국침례교회사』. 대전: 침례신학대학교출판부, 2014.

류대영. 『미국 종교사』. 파주: 청년사, 2007.

Ammerman, Nancy T. *Baptist Battles: Social Change and Religious Conflict in The Southern Baptist Convention*. New Brunswick and London: Rutgers University Press, 1990.

Armitage, Thomas. *The History of Baptist*. New York: Bryan, Taylor, & Co., 1890.

Broadus John A. *Baptist Confessions, Covenants, and Catechisms*, eds. by Timothy and Denise George. Nashville: Broadman & Holman, 1996.

Brackney, William H. *Congregation and Campus: Baptists in Higher Education*. Macon: Mercer University Press, 2008.

Carey, S. Pearce. *William Carey, D. D., Fellow of Linnaean Society*. New York: George H. Doran Company, 1923.

Caughill, Edward G. *Marvelous In Our Eyes: A Dynamic History of Baptist Bible Colleges in America*. Virginia Beach: Tabernacle Baptist Theological Press, 2003.

Carroll, B. H. *Baptists and Their Bible* eds. by Timothy and Denise George. Nashville: Broadman & Holman Publisher, 1995.

Collinson, Patrick. *The Religion of Protestants: The Church in English Society 1559-1625*. Oxford: Clarendon Press, 1982.

Criswell, W. A. 『크리스웰 교리 설교집: 1 성서론』. 이동원 역. 서울: 요단출판사, 1988.

_____. 『크리스웰 교리 설교집: 2 삼위일체론, 그리스도론』. 이동원 역. 서울: 요단출판사, 1988.

_____. 『크리스웰 교리 설교집: 3 교회론』. 이동원 역. 서울: 요단출판사, 1988.

_____. 『크리스웰 교리 설교집: 4 성령론』. 이동원 역. 서울: 요단출판사, 1988.

_____. 『크리스웰 교리 설교집: 5 구원론』. 이동원 역. 서울: 요단출판사, 1988.

_____. 『예수님이 내일 오신다면』 지상우 역. 서울: 크리스챤비전하우스, 1982.

_____. *Criswell's Guidebook for Pastors*. Nashville: Broadman, 1969.

_____. *Did Man Just Happen?* Grand Rapids: Zondervan, 1957.

_____. *Expository Sermons on Revelation*. Grand Rapids: Zondervan, 1969.

_____. *The Holy Spirit in Today's World*. Grand Rapids: Zondervan, 1966.

_____. *Why I Preach That the Bible is Literally True*. Nashville: Broadman, 1969.

Conner, W. T. *Christian Doctrine*. Nashville: Broadman, 1937.

Cross, Anthony R. and Philip E. Thompson eds. *Baptist Sacramentalism*. Carlisle: Paternoster Press, 2003.

Crosby, Thomas. *The History of the English Baptists* [CD-ROM]. Paris, Arkansas, The Baptist Standard Bearer, 2005.

Davis, Ronald L. *The Revitalization of the African-American Baptist Church, Association and Convention*. n.p.: Xulon Press, 2014.

Early, Joe Jr., ed. *The Life and Writings of Thomas Helwys*. Macon: Mercer University Press, 2009.

Estep, William R. *An Anabaptist Ancestry* [CD-ROM]. London: The Baptist Historical Society, 1983.

_____. *Sixteenth-Century Anabaptism and the Puritan Connection: Reflections Upon Baptist Origins* [CD-ROM]. Paris, Arkansas, The Baptist Standard Bearer, 2005.

Fink, Roger and Rodney Stark. 『미국 종교시장에서의 승자와 패자』. 김태식 역. 서울: 서로사랑, 2009.

Fitts, Leroy. *A History of Black Baptists*. Nashville: Broadman Press, 1985.

Fletcher, Jesse C. *The Southern Baptist Convention: A Sesquicentennial History*. Nashville: Broadman & Holman Publishers, 1994.

Fuller, Andrew Gunton, ed. The Works of Andrew Fuller. Carlisle, PA: The Banner of Truth Trust, 2007.

George, Timothy. Faithful Witness: The Life and Mission of William Carey. Birmingham: New Hope, 1991.

George, Timothy and David Dockery, eds. 『침례교신학자들 (상)』. 대전: 침례신학대학교출판부, 2008.

Harvey, Paul. *Redeeming the South: Religious Cultures and Radical Identities among Southern Baptists, 1865-1925*. Chapel Hill and London: The University of North Carolina Press, 1997.

Haykin, Michael A. G. ed. *The British Particular Baptists, 1638-1910*. Vol. 1. Springfield: Particular Baptist Press, 1998.

Henry, Carl F. 『복음주의의 불편한 양심』. 박세혁 역. 서울: 한국기독학생회출판부, 2010.

Hudson, Winthrop and John Corrigan. 『미국의 종교』. 배덕만 역. 서울: 성광문화사, 2008.

Johnson, Charles D. *Higher Education of Southern Baptists*. Waco: Baylor University Press, 1955.

Knight, Richard. *History of the General or Six Principle Baptists in Europe and America* [CD-ROM]. Paris, Arkansas, The Baptist Standard Bearer, 2005.

Leonard, Bill J. *God's Last & Only Hope: The Fragmentation of the Southern Baptist Convention*. Grand Rapids, MI: William B. Eerdmans Publishing Company, 1990.

Lincoln, C. Eric and Lawrence H. Mamiya. *The Black Church in the African American Experience*. Durham and London: Duke University Press, 1990.

Lloyd-Jones, D. M. 『청교도 신앙: 그 기원과 계승자들』. 서문강 역. 서울: 생명의말씀사, 1990.

Lumpkin William L. *Baptist Confessions of Faith*. Philadelphia: Judson Press, 1969.

_____. 『침례교 신앙고백서』. 김용복 외 2인 역. 대전: 침례신학대학교출판부, 2008.

Manly, Jr. Basil. *The Bible Doctrines of Inspiration* eds. by Timothy and Denise George. Nashville: Broadman & Holman Publisher, 1995.

McBeth, H. Leon. *The Baptist Heritage: Four Centuries of Baptist Witness*. Nashville: Broadman Press, 1987.

McBeth, H. Leon. 『침례교회의 역사와 유산 (상)』. 김용국 외 2인 역. 대전: 침례신학대학교출판부, 2013.

McBeth, H. Leon. *A Sourcebook for Baptist Heritage*. Nashville: Broadman Press, 1990.

McLoughlin William. *Soul Liberty: The Baptists' Struggle in New England, 1633-1833*. Hanover: University Press of New England, 1991.

Moon, Norman S. *Education for Ministry: Bristol Baptist College, 1679-1979*. Rushden: Stanley L. Hunt, 1979.

Morgan, Kenneth O. ed. 『옥스퍼드 영국사』. 영국사학회 역. 서울 한울 아카데미, 1997.

Mullins, Edgar Y. *Axioms of Religion* eds., Timothy and Denise George, Nashville: Broadman & Holman, 1997.

_____. *The Christian Religion in Its Doctrinal Expression*. Philadelphia: The Judson Press, 1917.

_____. *Christianity at the Cross Roads*. Nashville: Sunday School Board of the S.B.C., 1924.

_____. *Why Is Christianity True?* Philadelphia: The Judson Press, 1905; originally published by Christian Culture Press, Chicago.

Murry, Iain H. *The Forgotten Spurgeon*. Carlisle, PA: The Banner of Truth Trust, 2009.

_____. *Spurgeon v. Hyper-Calvinism: The Battle for Gospel Preaching*. Carlisle, PA: The Banner of Truth Trust, 2002.

Naylor, Peter. *Calvinism, Communion and the Baptists: A Study of English Calvinistic Baptists from the Late 1600s to the Early 1800s*. Cumbria, United Kingdom: Paternoster Press, 2003.

Nettles, Tom J. *The Baptists*, vol. 1. Scotland: Mentor Imprint, 2008.

_____. *Teaching Truth, Training Hearts: The Study of Catechisms in Baptist Life*. New York: Calvary Press Publishing, 1998.

_____. *By His Grace and For His Glory: A Historical, Theological, and Practical Study of the*

Doctrine of Grace in Baptist Life. Lake Charles: Cor Meum Tibi, 2002.

Noll, Mark. 『미국·캐나다 기독교 역사』. 최재건 역. 서울: 기독교문서선교회, 2005.

Parker, G. Keith. *Baptists in Europe: History & Confessions of Faith*. Nashville: Broadman Press, 1982.

Patterson, Paige. 『개혁의 해부학』. 김종환 역. 대전: 침례신학대학교출판부, 2007.

Randall, Ian M. *Communities of Conviction: Baptist Beginnings in Europe*. Schwarzenfeld, Germany: Neufeld Verlag, 2009.

Roberts, R. Philip. *Continuity and Change: London Calvinistic Baptists and the Evangelical Revival, 1760-1820*. Wheaton: Richard Owen Roberts, Publishers, 1989.

Rushbrooke, James Henry ed. *The Baptist Movement in the Continent of Europe: A Contribution to Modern History*. London: The Kingsgate Press, 1915.

Sandeen, Ernest R. *The Roots of Fundamentalism: British and American Millenarianism 1800-1930*. Chicago: The University of Chicago Press, 1970.

Sernett, Milton C. ed. *African American Religious History: A Documentary Witness*. Durham and London: Duke University Press, 1999.

Shurden, Water B. *The Life of Baptists in the Life of the World: 80 Years of the Baptist World Alliance*. Nashville: Broadman Press, 1985.

Spurgeon, C. H. *An All-Round Ministry*. Carlisle, PA: The Banner of Truth Trust, 2000.

_____. *Lectures to My Students*. Carlisle, PA: The Banner of Truth Trust, 2008.

_____. *Letters of Charles Haddon Spurgeon*. Selected by Iain H. Murray. Carlisle, PA: The Banner of Truth Trust, 1992.

Taylor, Adam. *The History of the English General Baptists* [CD-ROM] (Paris, Arkansas, The Baptist Standard Bearer, 2005)

Thompson, Jr. James J. *Tried as by Fire: Southern Baptists and the Religious Controversies of the 1920s*. Macon: Mercer University Press, 1982.

Torbet, Robert. *A History of the Baptists*. Valley Forge: Judson Press, 1963.

Torbet, Robert G. 『침례교회사』. 허긴 역. 대전: 침례신학대학교출판부, 1991.

Vardaman, James. 『두 개의 미국사』. 이규성 역. 서울: 심산문화, 2004.

Walker, Williston et al. 『기독교회사』. 송인설 역. 서울: 크리스챤다이제스트, 1993.

White, Barrington R. *The English Baptists of the Seventeenth Century*. London: The Baptist Historical Society, 1983.

Williams, Michael E., Sr. and Walter B. Shurden, eds. *Turning Points in Baptist History*. Macon: Mercer University Press, 2008.

Williamson, G. I. *The Westminster Confession of Faith*. Philadelphia: Presbyterian and Reformed Publishing Company, 1964.

Wills Gregory A. *Democratic Religion: Freedom, Authority, and Church Discipline in the Baptists South, 1785-1900*. New York: Oxford, 1997.

Young, Warren Cameron. *Commit What You Have Heard: A History of Northern Baptist Theological*

Seminary, 1913-1988. Wheaton: Harold Shaw Publishers, 1988.

2. 정기 간행물

김승진. "Johann Gerhard Oncken과 19세기 유럽침례교운동을 위한 그의 기여." 「복음과 실천」, 55집 (2015 봄): 163-92.

_____. "침례교회의 기원과 관련한 아나뱁티스트 영혈설에 대한 비평적 고찰." 「복음과 실천」 29 (2002): 155-82.

_____. "Johann Gerhard Oncken과 19세기 유럽침례교운동을 위한 그의 기여." 「복음과 실천」, 55집 (2015 봄): 163-92.

김용국. "Thomas Helwys(c.1575-c.1614)의 생애와 사상." 「복음과 실천」, 46집 (2010 가을): 187-210.

김용국. "재세례파 교도들의 교회론." 「일립 논총」 7 (2001): 29-45.

_____. "세계 침례교 신학대학교의 역사." 「한국침례교회와 역사: 회고와 성찰」, 허긴 박사 은퇴기념논문집 발간위원회, 379-412. 대전: 침례신학대학교출판부, 2010.

_____. "윌리엄 캐리의 사역과 업적." 「역사신학논총」, 23집 (2012년 6월): 123-50.

_____. "찰스 해돈 스펄전의 교회와 사회에 대한 복음주의적 개혁." 「역사신학논총」, 24집 (2012년 12월): 96-127.

_____. "Andrew Fuller와 복음적 칼빈주의." 「복음과 실천」, 50집 (2012년 가을): 219-245.

_____. "Dan Taylor와 신(新) 연합의 형성과 발전에 관한 연구." 「복음과 실천」, 48집 (2011년 가을): 185-211.

_____. "최근 미국 남침례교회 논쟁." 「복음과 실천」 34집 (2004 가을): 63-83.

_____. "침례교 기원에 관한 역사적·신학적 이해: 존 스미스의 신학적 변천을 중심으로." 「복음과 실천」, 36 (2005): 87-114.

_____. "신앙의 자유와 17-18세기 미국 침례교회." 「역사신학 논총」 5집 (2003년 6월): 323-341.

_____. "최근 미국 남침례교회 논쟁." 「복음과 실천」 34집 (2004년 가을): 63-83.

최원진. "찰스 스펄전의 선교이해를 통해 본 지역교회의 선교방향 연구." 「복음과 선교」 14 (2001): 9-39.

피영민. "스펄전의 교육적 관심." 「뱁티스트」 83 (2006): 48-58.

_____. "스펄전의 목회적 관심." 「뱁티스트」 82 (2006): 61-74.

_____. "스펄전의 사회적 관심." 「뱁티스트」 80 (2006): 39-50.

_____. "스펄전의 선교적 관심." 「뱁티스트」 84 (2007): 50-61.

_____. "스펄전의 생애." 「뱁티스트」, 78 (2006): 36-52.

_____. "스펄전의 인간성." 「뱁티스트」, 79 (2006): 48-66.

_____. "스펄전의 하강 논쟁." 「복음과 실천」, 18 (1995): 445-69.

홍치모. "청교도란 누구인가." 「신학지남」, 267호 (2001 여름): 268-304.

Adams, Sheryl Ann Dawson. "The Mullins Legacy," *Review and Expositor* 96 (Winter 1999): 17–21.

Allen, James B. "Thoughts on Anti–Intellectualism: A Response." *Dialogue* vol. 1, no. 3 (Autumn 1966): 134–40.

Aleshire, Daniel O. "Southern Baptist Theological Education." *Baptist History and Heritage*, vol. 29, no 2 (1994): 4–15.

Ambler, R. W. "Church, Place and Organization: The Development of the New Connexion General Baptists in Lincolnshire, 1770–1891." *Baptist Quarterly*, vol. 37 (1997–8): 238–48.

Ammerman, Nancy T. "The SBC: Retrospect and Prospect." *Review and Expositor* 88 (Winter 1991): 9–23.

Anderson, Herbert. "The India of Carey and of Today." *Baptist Quarterly*, vol. 9 (1938–1939): 451–63.

Bailey, Kenneth K. "Southern Baptists, 1940–1963, As Viewed By A Secular Historian." *Baptist History and Heritage*, vol. 3 (January 1968): 17–31.

Baker, James T. "Scalping the Ephraimites: Southern Baptists in the '80s." *Christianity Century* 97 (March 1980): 254–57.

"Baptist World Alliance Resolution on Racism in General and Apartheid in Particular." American Baptist Quarterly, vol. 5, no, 1 (March 1986): 69–70.

Beckwith, Frank. "Dan Taylor (1738–1816) and Yorkshire Baptist Life." *Baptist Quarterly*, vol. 9 (1938–9): 297–306.

Bowie, W. Taylor. "William Carey." Baptist Quarterly, vol. 7 (1934–1935): 168–74.

Boyd, Charles Arthur. "One Hundred Twenty–Five Years of Baptist Educational History." *The Chronicle*, vol. 15, no. 2 (1952): 76–88.

Brachlow Stephen. "John Smyth and the Ghost of Anabaptism." *Baptist Quarterly* 30 (July 1984): 296–300.

Brackney, William H. "The Baptist Missionary Society in Proper Context." *Baptist Quarterly*, vol. 34 (1991–1992): 364–77.

Brackney, William H. "The B.W.A.: Making of an International Identity." *American Baptist Quarterly*, vol. 24, no. 1 (March 2005): 7–17.

Brackney, William H. "The Development of Baptist Theological Education in Europe and North America: A Representative Overview." *American Baptist Quarterly*, vol. 18, no. 2 (1999): 86–93.

_____. "McMaster University: McMaster Divinity College." *American Baptist Quarterly*, vol 18, no. 2 (1999): 172–77.

Branham, J. H. "A Baptist Governor of Liberia." *Baptist Quarterly*, vol. 8 (1936–1937): 251–55.

Brandsma, Jan A. "Johannes Elias Feisser and the Rise of the Netherlands Baptists." *The Baptist*

Quarterly, vol. 16, no 1 (1955): 10−21.

Brandt, Edwin, Gunter Balders, Stefan Stiegler, and Wiard Popkes. "Theologisches Seminar Elstal." *American Baptist Quarterly*, vol. 18, no. 2 (1999): 187−90.

Breed, Geoffrey R. "The London Association of Strict Baptist ministers and Churches." *Baptist Quarterly*, vol. 35 (1993−1994): 376−92.

Briggs, John H. Y. "Evangelical Ecumenism: The Amalgamation of General and Particular Baptists in 1891, Part I." *Baptist Quarterly*, vol. 34 (1991−2): 99−115.

_____. "Evangelical Ecumenism: The Amalgamation of General and Particular Baptists in 1891, Part II." *Baptist Quarterly*, vol. 34 (1991−2): 160−79.

_____. "The Influence of Calvinism on Seventeenth−Century English Baptists." *Baptist History and Heritage*, 39 (Spring 2004): 8−25.

_____. "Charles Haddon Spurgeon and the Baptist Denomination in Nineteenth Century Britain." *Baptist Quarterly*, vol. 31 (1985−1986): 218−40.

Brown, Harold. "The History of the Baptists in England." *The Chronicle*, vol. 8, no. 1 (1945): 1−14.

Brown, Raymond. "Baptist Preaching in Early 18th Century England." *Baptist Quarterly*, vol. 31 (1985−6): 4−22.

Brush, John W. "Yoked in Fellowships: A Reminiscence of Andover Newton Theological School." *Foundations*, vol. 6, no. 4 (1963): 336−42.

Burrows, Mark S., Richard E. Haley and Elizabeth C. Nordbeck. "Andover Newton Theological School." *American Baptist Quarterly*, vol. 18, no. 2 (1999): 131−43.

Bryant, Scott E. "The Role of Women and Women's Issues in the Baptist World Alliance." *Baptist History and Heritage*, vol. 16, no. 1 (Winter 2006): 55−65.

Burrows, Mark S., Richard E. Haley and Elizabeth C. Nordbeck. "Andover Newton Theological School." *American Baptist Quarterly*, vol. 18, no. 2 (1999): 131−43.

Bush, L. Russell. "W. A. Criswell," in *Baptist Theologians* eds. by Timothy George and David S. Dockery. (Nashville: Broadman Press, 1990), 450−65.

Bush, L. Russ. "Southeastern Baptist Theological Seminary." *American Baptist Quarterly*, vol. 18, no. 2 (1999): 144−53.

Carleton, William A. "Golden Gate Baptist Theological Seminary." *Baptist History and Heritage*, vol. 4, no 2 (1969): 100−5.

Carey, Marshman and Ward. Serampore, to Andrew Fuller, December 18, 1801, in "Calendar of Letters, 1742−1831." *Baptist Quarterly*, vol. 6 (1932−1933): 278.

Carey, William et al., "The Serampore Form of Agreement." *Baptist Quarterly*, vol. 12 (1946−48): 125−38.

Champion, L. G. "Evangelical Calvinism and the Structures of Baptist Church Life." *Baptist Quarterly*, vol. 28 (1979−80): 196−208.

Chesterton, W. Ridley. "The Spurgeon Centenary: Social Life in Spurgeon's Day." *Baptist*

Quarterly, vol. 6 (1932–33): 337–345.

Chiba, Arika. "A History of Baptist Work in Japan." *The Chronicle*, vol. 1, no. 4 (1938): 162–66.

Chun, Chris. "A Mainspring of Missionary Thought: Andrew Fuller on 'Natural and Moral Inability.'" *American Baptist Quarterly*, vol. 25 (Winter 2006): 335–55.

Clipsham, Ernest F. "Andrew Fuller and the Baptist Mission." *Foundations*, vol. 10 (January–March 1967): 4–18.

_____. "Andrew Fuller and Fullerism: A Study in Evangelical Calvinism." *Baptist Quarterly*, vol. 20 (1963–4): 99–114.

_____. "Andrew Fuller and Fullerism(2): A Study in Evangelical Calvinism." *Baptist Quarterly*, vol. 20 (1963–4): 146–54.

_____. "Andrew Fuller and Fullerism(3): A Study in Evangelical Calvinism." *Baptist Quarterly*, vol. 20 (1963–4): 215–25.

_____. "Andrew Fuller and Fullerism(4): A Study in Evangelical Calvinism." *Baptist Quarterly*, vol. 20 (1963–4): 268–76.

Coggins James R. "A Short Confession of Hans De Ries: Union and Separation in Early Seventeenth–Century Holland." *Mennonite Quarterly Review* 60 (April 1986): 128–38.

Coggins James R. "The Theological Positions of John Smyth." *Baptist Quarterly* 30 (April 1984): 247–64.

Collins, Aileen Sutherland. "William Carey: The 'Consecrated Cobbler' Who Founded Modern Mission." *American Baptist Quarterly*, vol. 11 (September 1992): 271–77.

Cooper Sr. Lamar E. "The Literary Contributions of W. A. Criswell." *Criswell Theological Review* Vol. 1 (1987): 255–67.

Cunningham, Floyd T. "Wandering in the Wilderness: Black Baptist Thought After Emancipation." *American Baptist Quarterly*, vol. 4 (September 1985): 268–81.

Cupit, Tony. "Evangelism and the Baptist World Alliance." *American Baptist Quarterly*, vol. 24, no 1 (March 2005): 19–33.

Davies, G. Henton. "Bristol Baptist College: Three Hundredth Birthday." *Baptist History and Heritage*, vol. 14, no. 2 (1979): 8–14.

Davis, Walter B. "William Carey's Views on Certain Aspects of Missionary Policy." *Foundations*, vol. 5, (January 1962): 5–16.

Detzler, Wayne Alan. "Johann Gerhard Oncken's Long Road to Toleration." *Journal of the Evangelical Theological Society*, vol. 36, no 2 (June 1993): 229–40.

Dilday, Russell. "Mullins the Theologian: Between the Extremes." *Review and Expositor* 96 (Winter 1999): 75–86.

Dockert, David S. "On House On Sand, Holy Wars and Heresies: A Review of the Inerrancy Controversy in the SBC." *Criswell Theological Review* 2 (Spring, 1988): 391–401.

Dodgson, Sally. "Rochester Theological Seminary: 1850–1928." *American Baptist Quarterly*, vol. 20, no. 2 (2001): 115-29.

Douglas, Lois Smith. "Baptist Missionary Seeds Bear Fruit at Baylor University." *The Chronicle*, vol. 8, no. 4 (1945): 172-80.

Duke, David Nelson. "Charles Haddon Spurgeon: Social Concern Exceeding an Individualistic, Self-Help Ideology." *Baptist History and Heritage*, vol. 22 (October 1987): 47-56.

Dunn, James. "Church, State, and Soul Competency." *Review and Expositor* 96 (Winter 1999): 61-73.

Ericson, C. George. "Swedish Baptist Centennial." *The Chronicle*, vol. 15, no. 2 (1952): 89-96.

Ellis, William E. "Edgar Young Mullins and the Crisis of Moderate Southern Baptist Leadership." *Foundations* 19 (Ap-Je 1976): 171-85.

Estep, William R., Jr. "Anabaptists, Baptists, and the Free Church Movement." *Criswell Theological Review*, vol. 6 (Spring 1993): 303-17.

_____. "On the Origins of English Baptists." *Baptist History and Heritage*, vol. 22, no. 2 (1987): 19-26.

_____. "Thomas Helwys: Bold Architect of Baptist Policy on Church-State Relations." *Baptist History and Heritage*, vol. 20, no. 3 (1985): 24-34.

Faught, Jr. Jerry L. "The Ralph Elliott Controversy: Competing Philosophies of Southern Baptist Seminary Education." *Baptist History and Heritage* (Summer/Fall 1999): 7-20.

Fleming, Standford. "The Board of Education and Theological Education, 1911-1963." *Foundations* vol. 8, no. 1 (January 1965), 3-25.

Freeman, Curtis W. "E. Y. Mullins and the Siren Songs of Modernity." *Review and Expositor* 96 (Winter 1999): 23-42.

Fiddes, Paul. "Regent's Park College, Oxford." *American Baptist Quarterly*, vol. 18, no. 2 (1999): 106-17.

Fisher, Humphreys. "Traditional Baptists and Calvinism." *Baptist History and Heritage*, 39 (Spring 2004): 56-60.

Fisher, Miles Mark. "The Crozer Family and Negro Baptists." *The Chronicle*, vol. 8 (October 1945): 181-87.

Foreman, H. "Baptist Provision for Ministerial Education in the 18th Century." *Baptist Quarterly*, vol. 27 (1977-8): 358-69.

Fowler Stanley K. "Is 'Baptist Sacramentalism' an Oxymoron?: Reactions in Britain to Christian Baptism (1959)." In *Baptist Sacramentalism* eds. by Anthony R. Cross and Philip E. Thompson (Carlisle: Paternoster Press, 2003): 129-150.

Freeman, Edward A. "Negro Baptist History." *Baptist History and Heritage*, vol. 4 (July 1969): 89-99.

Gaustad, Edwin S. "The First Black Baptist." *Baptist History and Heritage*, vol. 15 (January 1980): 55-57.

Geoffrey R. Breed, "The London Association of Strict Baptist ministers and Churches." *Baptist Quarterly*, vol. 35 (1993−1994): 376−92.

George, Timothy. "The Southern Baptist Wars: What can we learn from the conservative victory?" *Christianity Today* 36 (March 9, 1992): 24−27.

Glover, Willis B. "English Baptists at the Time of the Down Grade Controversy." *Foundations*, vol. 1 (July 1958): 41−51.

Faught, Jr. Jerry L. "The Ralph Elliot Controversy: Competing Philosophies of Southern Baptist Seminary Education." *Baptist History and Heritage* (Summer/Fall 1999): 7−20.

Freeman Curtis W. "To Feed Upon by Faith: Nourishment from the Lord's Table." In *Baptist Sacramentalism* eds. by Anthony R. Cross and Philip E. Thompson (Carlisle: Paternoster Press, 2003): 194−210.

Freeman, Edward A. "Negro Baptist History." *Baptist History and Heritage*, vol. 4 (July 1969): 89−99.

Fuller, Andrew. "The State of Religion in Northamptonshire (1793) by Andrew Fuller." *Baptist Quarterly*, vol. 29 (1981−82): 177−79.

George, Timothy. "The Baptist Pope," Christianity Today 46 (March 2002): 54−7.

Henry Carl F. H. "A Voice for God." *Criswell Theological Review* Vol 1 (1987): 235−6.

Haggray, Jeffrey. "The Black Baptist Experience in the D.C. Baptist Convention." *American Baptist Quarterly*, vol. 23 (June 2004): 205−15.

Hamlin, A. Gordon "The Bristol Baptist Itinerant Society." *Baptist Quarterly*, vol. 21 (1965−1966): 321−4.

Harrison, F. M. W. "The Approach of the New Connexion General Baptists." *Baptist Quarterly*, vol. 33, no. 1 (1989): 16−9.

_____. "The Nottinghamshire Baptists: The Political Scene." *Baptist Quarterly*, vol. 28 (April 1978): 267−79.

_____. "Nottinghamshire Baptists and Social Condition." *Baptist Quarterly*, vol. 27 (January 1978): 212−24.

_____. "The Nottinghamshire Baptists: Polity." *Baptist Quarterly*, vol. 25 (1973−1974): 212−31.

Harvey, Robert L. "Baptists and the University of Chicago, 1890−1894," *Foundations*, vol. 14, no. 3 (1971): 240−50.

Hayden, Roger. "Kettering 1792 and Philadelphia 1814: The Influence of English Baptists Upon the Formation of American Baptist Foreign Missions 1790−1814 (1)." *Baptist Quarterly*, vol. 21 (1965−1966): 3−20.

Haykin Michael A. G. "The Baptist Identity: A View from the Eighteenth Century." *Evangelical Quarterly* 67 (April 1995): 137−52.

Haykin, Michael A. G. "Andrew Fuller: Life and Legacy, A Brief Overview." The Works of Andrew Fuller. ed. *Andrew Gunton Fuller*, 1−5. Carlisle, PA: The Banner of Truth

Trust, 2007.

_____. "'The Oracles of God': Andrew Fuller and the Scriptures." *Churchman*, vol. 103 (1989): 61–76.

Hedrick, Charles W. "Dancing A Little Sidestep: The Southern Baptist Peace Committee Report." *Perspectives in Religious Studies* 15 (Spring 1988): 25–36.

Hinson, E. Glenn. "E. Y. Mullins as Interpreter of the Baptist Tradition." *Review and Expositor* 96 (Winter 1999): 109–22.

Hooper, T. R. "The Lincolnshire Conference of the New Connexion, 1791–1803." *Baptist Quarterly*, vol. 2 (1924–5): 37–42.

Hopkins, Mark. "The Down Grade Controversy: New Evidence." *Baptist Quarterly*, vol. 35 (1993–1994): 262–78.

Hopkins, Mark T. E. "Spurgeon's Opponents in the Downgrade Controversy." *Baptist Quarterly*, vol. 32 (January 1987): 274–94.

Howe Jr., Claude L. "From Dallas to New Orleans: The Controversy Continues." *Theological Educator: A Journal of Theology and Ministry* 41 (Spring 1990): 99–126.

Hudson, Winthrop. "Baptists Were Not Anabaptists." *The Chronicle*, vol. 16, no. 4 (1953): 171–9.

Hughey, J. D. "The Baptist Theological Seminary of Ruschlikon." *Baptist Quarterly*, New Series, vol. 20 (1963–1964): 65–77.

Humphreys, Fisher. "Baptists and Their Theology." *Baptist History and Heritage*, vol. 35, no. 1 (2000): 7–19.

Hurst, Clyde J. "The Problem of Religious Knowledge in the Theology of Edgar Young Mullins and Walter Thomas Conner." *Review and Expositor* 52 (April 1955): 166–82.

Johnson, Galen K. "William Carey's Muslim Encounters in India." *Baptist History and Heritage*, vol. 39 (Spring 2004): 100–107.

Jones, Keith G. "The International Baptist Theological Seminary of the European Baptist Federation." *American Baptist Quarterly*, vol. 18, no. 2 (1999): 191–200.

Jones, E. K. "Some Old Association Reports." *Baptist Quarterly*, vol. 13 (1949–50): 355–9.

"Kettering, October 2, 1792." *Chronicle*, vol. 5 (October, 1942): 146–8.

Kirkby, Arthur H. "Andrew Fuller–Evangelical Calvinist." *Baptist Quarterly*, vol. 15 (1953–54): 195–202.

Kiwiet John J. "The Baptist View of the Church: A Personal Account." *Southwestern Journal of Theology* 31 (Spring 1989): 13–21.

Leland, Patrick R. "Anti–Creedalism in the Down Grade Controversy." *Baptist History and Heritage*, vol. 31 (April 1996): 33–41.

Lewis, Water O. "Origin and Growth of the Baptist World Alliance." *The Chronicle*, vol. 13, no. 3 (July 1950): 100–6.

Lots, Denton. "The Baptist Witness in Eastern Europe." *The Baptist Quarterly*, vol. 28 (1979–

1980): 68–75.

Lovergrove, Deryck W. "Particular Baptist Itinerant Preachers during the late 18th and early 19th Centuries." *Baptist Quarterly*, vol. 28 (1979): 127–41.

Lucas, Sean Michael. "Christianity at the Crossroads: E. Y. Mullins, J. Gresham Machen, and the Challenge of Modernism." *Southern Baptist Journal of Theology* 3 (Winter 1999): 58–78.

Maddox, Timothy D. F. "E. Y. Mullins: Mr. Baptist for the 20th and 21th Century." *Review and Expositor* 96 (Winter 1999): 87–107.

Manley Kenneth Ross. "Origins of the Baptists: The Case for Development from Puritanism–Separatism." *Baptist History and Heritage* 22 (1987): 34–46.

Manley, Ken. "From William Carey in India to Rowland Hassall in Australia." *Baptist Quarterly*, vol. 40 (2003–2004): 326–45.

Manis, Andrew M. "Wars and Rumors of Wars: Seven Books on the Southern Baptist Fundamentalist Controversy." *Perspectives in religious Studies* 23 (Fall 1996): 317–329.

Mauldin, Frank Louis. "Truth, Heritage, And Eighteenth–Century English Baptists." *Baptist Quarterly*, vol. 35 (1993–4): 211–28.

Mays, Benjamin E. "A Look at the Black Colleges." *Foundations*, vol. 17 (July–September 1974): 237–46.

McCall, Emmanuel L. "Slave or Free: Baptist Attitudes Toward African–Americans." *Baptist History and Heritage*, vol. 32 (July–October 1997): 48–57.

McCall, Emmanuel L. "The Continual Flowing Stream: The Moral and Ethical Pronouncement of the BWA." *American Baptist Quarterly*, vol. 24, no. 2 (June 2005): 116–35.

McGlashan, A. and W. H. Brackney. "German Baptists and the Manifesto of 1848." *American Baptist Quarterly*, vol. 23, no. 2 (2004): 258–80.

McKibbens, Thomas R. "Disseminating Biblical Doctrine Through Preaching." *Baptist History and Heritage*, vol. 19 (July 1984): 42–52.

Million, Elmer G. "Relationship of the Church–Related University to the Churches and to the State." *Foundations*, vol. 7, no. 3 (1964): 236–53.

Mohler, R. Albert. "Introduction," in *The Axioms of Religion* eds., Timothy and Denise George (Nashville: Broadman & Holman, 1997), 1–32.

Montacute, Paul. "Baptist World Aid: 85 Years of Caring." *American Baptist Quarterly*, vol. 24, no. 1 (March, 2005): 34–40.

"More 'Carey' Letters, 1790–1808." *Baptist Quarterly*, vol. 8 (1936–1937): 332–35.

Mosteller, James D. "Baptist and Anabaptists." The Chronicle, vol. 20, no. 1 (1957): 3–27.

_____. "Baptists and Anabaptists: John Smyth and the Dutch Mennonites." *The Chronicle*, vol. 20, no. 3 (1957): 100–14.

Mosteller, James D. "Something Old–Something New: The First Fifty Years of Northern Baptist Theological Seminary." Foundations vol. 8, no. 1 (1965):

Munger, Henry Weston. "Baptists in the Philippines." *The Chronicle*, vol. 1, no. 4 (1938): 167–74.

Mullins, Edgar Y. "Baptist Theology in the New World Order." in *The Axioms of Religion* eds., Timothy and Denise George (Nashville: Broadman & Holman, 1997), 284–89.

_____. "Christianity in the Modern World." in *The Axioms of Religion* eds., Timothy and Denise George (Nashville: Broadman & Holman, 1997), 216–31.

_____. "The Dangers and Duties of the Present Hour," in *The Axioms of Religion* eds., Timothy and Denise George (Nashville: Broadman & Holman, 1997), 177–85.

_____. "Evolution, Legislation, and Separation: Correspondence between Billy Sunday and E. Y. Mullins." *Southern Baptist Journal of Theology* 3 (Winter 1999).

_____. "The Response of Jesus Christ to Modern Thought." in *The Axioms of Religion* eds., Timothy and Denise George (Nashville: Broadman & Holman, 1997), 209–15.

_____. "The Statement of Science and Religion," in *The Axioms of Religion* eds., Timothy and Denise George (Nashville: Broadman & Holman, 1997), 262–67.

_____. "The Testimony of Christian Experience," *Southern Baptist Journal of Theology* 3 (Winter 1999): 80–88.

_____. "The Theological Trend," in the *The Axioms of Religion* eds., Timothy and Denise George (Nashville: Broadman & Holman, 1997), 247–61.

_____. "Why I Am a Baptist," in *The Axioms of Religion* eds., Timothy and Denise George (Nashville: Broadman & Holman, 1997), 268–77.

Munson, J. E. B. "The Education of Baptist Ministers, 1870–1900." *Baptist Quarterly*, vol. 26 (July 1976): 320–7.

Neely, Alan. "SBC between harmony and schism." *Christianity and Crisis* 53 (February 15, 1993): 42–44.

Nettles, Thomas J. "E. Y. Mullins–Reluctant Evangelical." *Southern Baptist Journal of Theology* 3 (Winter 1999): 24–42.

Newman, Stewart A. "Where Southern Baptists Stand on Anti–Intellectualism: 1973–1989." *Perspectives in Religious Studies* vol. 20, no. 4 (Winter 1993): 417–30.

Nicholas, Michael. "Charles Haddon Spurgeon, Educationalist, Part I." *Baptist Quarterly*, vol. 31 (1985–1986): 384–401.

Nicholls, Michael. "Charles Haddon Spurgeon, Educationalist." *Baptist Quarterly*, vol. 32 (January, 1987): 73–94.

Nicholls, Michael. "The Down Grade Controversy: A Neglected Protagonist." *Baptist Quarterly*, vol. 32 (January 1987): 260–74.

Nuttall, Geoffrey F. "Northamptonshire and the Modern Question: A Turning–Point in Eighteenth–Century Dissent." *Journal of Theological Studies*, 16 (April 1965): 101–23.

Ohlmann Eric H. "The Essence of the Baptists: A Reexamination." *Perspectives in Religious Studies* 13 (Winter 1986): 82–104.

Ogle, Natalie N. "Brother Against Brother: Baptists and Race in the Aftermath of Civil War." *American Baptist Quarterly*, vol. 23 (June 2004): 137–54.

Ollerhead, P. E. "The Baptists in Crewe, 1840–1940." *Baptist Quarterly*, vol. 28 (April 1978): 261–6.

Patterson, W. Morgan. "Baptist Growth in America: Evaluation of Trends." *Baptist History and Heritage*, vol. 14, no. 1 (1979): 16–26.

Patterson, Paige. "The Imponderables of God." *Criswell Theological Review* Vol. 1 (1987):237–53.

Payne, Earnest A. "Carey and his Biographers." *Baptist Quarterly*, vol. 19 (1961–1962): 4–12.

_____. "Carey and his Biographers." *Baptist Quarterly*, vol. 21 (1965–1966): 328–31.

Pierard, Richard V. "Baptist World Alliance Relief Efforts in Post–Second–World–War Europe." *Baptist History and Heritage*, vol. 36, no. 1&2 (Winter/Spring 2001): 6–26.

Pitts, John. "The Centenary of the Baptist Building Fund." *Baptist Quarterly*, vol. 3 (1926–1927): 211–58.

Pleasants, Phyllis Rodgerson. "E. Y. Mullins: Diplomatic Theological Leader." *Review and Expositor* 96 (Winter 1999): 43–60.

Potts, E. Daniel. "I throw away the guns to preserve the ship." *Baptist Quarterly*, vol. 20 (1963–1964): 115–17.

Pratt, Andrew L. "A New Question in Baptist History: Seeking Theological Renewal in the 1990s." *Perspectives in Religious Studies* 20 (Fall 1993): 255–270.

Price, Brynmor F. "Carey and Serampore – Then and Now." *Baptist Quarterly*, vol. 19 (1961–1962): 101–17.

Price, Seymour J. "The Centenary of the Baptist Building Fund." *Baptist Quarterly*, vol. 3 (1926–1927): 259–79.

_____. "The Spurgeon Centenary." *Baptist Quarterly*, vol. 6 (1932–33): 241–54.

Quicke, Michael J. and Ian M. Randall. "Spurgeon's College." *American Baptist Quarterly*, vol. 18, no. 2 (1999): 118–30.

Randall, Ian M. "The Blessings of an Enlightened Christianity: North American Involvement in European Baptist Origins." *American Baptist Quarterly*, vol. 20, no. 1 (2001): 5–26.

Randall, Ian M. "'Look to Jesus Christ': English Baptists and Evangelical Spirituality." *American Baptist Quarterly*, vol. 25 (Spring 2006): 8–48.

Randall, Ian M. "'The Breath of Revival': The Welsh Revival and Spurgeon's College." *Baptist Quarterly*, vol. 41 (January 2005): 196–205.

Rankin, R. Andrew. "Baptist Origins: The Role of Aristotelianism in the Ecclesiology of John Smyth." *Fides et Historia* 28 (Summer 1996): 4–16.

Reavis, Ralph, Sr. "Black Higher Education Among American Baptists in Virginia: From the Slave Pen to the University." *American Baptist Quarterly*, vol. 11, no. 4 (1992): 357–74.

Reiling, Jannes. "Baptists in the Netherlands." *The Baptist Quarterly*, vol. 28 (1979–1980): 62–8.

Richey, Russell E. "English Baptists and Eighteenth–Century Dissent." *Foundations*, vol. 16, no. 4 (1973): 347–54.

Rimmington, Gerald T. "Baptist Membership In Rural Leicestershire, 1881–1914." *Baptist Quarterly*, vol. 37 (1997–1998): 386–401.

Roberts, Phil. "Andrew Fuller." *Baptist Theologians*, eds. Timothy George and David S. Dockery, 121–39. Nashville: Broadman Press, 1990.

Robinson, F. E. "Bristol Baptist College–the 250th Anniversary." *Baptist Quarterly*, New Series, vol. 4 (1928–1929): 292–9.

Roth, Gary G. "Wake Forest College and the Rise of Southeastern Baptist Theological Seminary, 1945–1951." *Baptist History and Heritage*, vol 11, no. 2 (1976): 69–79.

Rousseau, Georges J. "Baptist Churches in France." *The Chronicle*, vol. 14, no. 3 (1951): 107–15.

Ruden, Erik. "The Baptist Witness in Scandinavia and the North." *The Baptist Quarterly*, vol. 28 (1979–1980): 76–83.

Rushbrooke, J. H. "The Baptist World Alliance." *Baptist Quarterly*, vol. 9 (1938–1939): 67–79.

Russell, C. Allyn. "W. A. Criswell: A Case Study in Fundamentalism." *Review & Expositor* (Winter 1984): 107–31.

Sandon, Leo Jr., "Boston University Personalism and Southern Baptist Theology." *Foundations* 20 (April–June 1997): 101–08.

"SBC Leader Affirmed." *Christian Century* 109 (March 4, 1992): 239.

Seller, Ian. "The Old General Baptists, 1811–1915 (2)." *Baptist Quarterly*, vol. 24, no. 2 (1971): 74–88.

Shantz Douglas. "The Place of the Resurrected Christ in the Writings of John Smyth." *Baptist Quarterly* 30 (January 1984): 199–220.

Shepherd, Peter. "Spurgeon's Funeral." *Baptist Quarterly*, vol. 41 (January 2005): 72–79.

Shepherd, Peter. "Denominational Renewal: A Study in English Baptist Church Life and Growth, 1901–1906." *Baptist Quarterly*, vol. 37 (1997–1998): 336–50.

Shurden, Walter B. "The Inerrancy Debate: A Comparative Study of Southern Baptist Controversies." Baptist History and Heritage vol. 16, no. 2 (April 1981): 12–9.

_____. "The Southern Baptist Synthesis: Is It Cracking?" *Baptist History and Heritage* vol. 16, no. 2 (April 1981): 2–11.

Smith, Howard Wayne "Editorial: World Baptists and History." *The Chronicle*, vol. 2, no. 4 (October 1939): 145–46.

Spangler, Jewell L. "Salvation Was Not Liberty: Baptists and Slavery in Revolution Virginia." *American Baptist Quarterly*, vol. 13 (September 1994): 221–36.

Spyvee, Henry. "Eld Lane, Colchester and the Spurgeon's Family." *Baptist Quarterly*, vol. 38

(1999–2000): 123–27.

Spooner, Reginald H. "Northamptonshire Ministers' Meetings, 1770–1816." *Baptist History and Heritage*, vol 11 (April 1976): 84–93.

Sprunger Keith L. "English Puritans and Anabaptism in Early Seventeenth–Century Amsterdam." *The Mennonite Quarterly Review* 46 (April 1972): 113–28.

Stanley, Brian. "C. H. Spurgeon and the Baptist Missionary Society." *Baptist Quarterly*, vol. 29 (1981–1982): 319.

Starr, Edward C. "Baptist Beginnings Some Facts on The Hamilton and Newton Institutions." *The Chronicle*, vol. 15, no. 4 (1952): 182–92.

Strzelec, K. W. "The Cradle of Polish Baptists." *The Chronicle*, vol. 13, no. 1 (1950): 28–32.

Sweet, Leonard I. "The University of Chicago Revisited: The Modernization of Theology, 1890–1940." *Foundations*, vol. 22, no. 4 (1979): 324–45.

Taylor, LaTonya. "SBC Leader W. A. Criswell Dies at 92," *Christianity Today* 46 (February 2002): 15.

Thompson, Philip E. "Baptists and 'Calvinism': Discerning the Shape of the Question." *Baptist History and Heritage*, 39 (Spring 2004): 61–76.

Thornbury, Gregory A. and Moore, Russell D. "The Mystery of Mullins in Contemporary Southern Baptist Historiography." *Southern Baptist Journal of Theology* 3 (Winter 1999): 44–57.

Tiller, Carl W. "Some Strands in the History of the Baptist World Alliance." *Foundations*, vol. 17, no. 1 (January–March 1974): 20–35.

Thomas, Latta R. "The American Baptist Churches' Contribution to Black Education in Southern America: Testimony from a Beneficiary." *American Baptist Quarterly*, vol. 11, no. 4 (1992): 344–56.

Thompson, Philip E. "Baptists and 'Calvinism': Discerning the Shape of the Question." Baptist History and Heritage, 39 (Spring 2004): 61–76.

Torbet, Robert G. "Baptists and the Ecumenical Movement." *The Chronicle*, vol. 18, no. 2 (April 1955): 86–96.

_____. "Baptist Theological Education: An Historical Survey." *Foundations*, vol. 6, no. 4 (1963): 311–35.

Wagner, Greg. "Tell the Truth and Trust the People: Controversy in Southern Baptist Life: A Panel Discussion." *Baptist History and Heritage* 28 (July 1993): 46–49.

Walker, Arthur L. "Southern Baptist College and University Education." *Baptist History and Heritage*, vol. 29, no 2 (1994): 16–24.

Walker Michael J. "The Relation of Infants to Church, Baptism and Gospel in Seventeenth Century Baptist Theology." *Journal of the Baptist Historical Society* 21 (April 1966): 242–62.

Walker, Michael. "Charles Haddon Spurgeon (1834–1892) and John Clifford (1836–1923) on the Lord's Supper." *American Baptist Quarterly*, vol. 7 (June 1988): 128-50.

Wamble Hugh. "Inter-Relations of Seventeenth Century English Baptists." *Review and Expositor* 54 (July 1957): 407-25.

Watson John H. "Baptists and the Bible." *Foundations* 16 (July-September 1973): 239-54.

White, Barrie R. "Baptist Beginnings and the Kiffin Manuscript." *Baptist History and Heritage*, 2 (1967): 27-37.

_____. "The English Baptists and John Smyth Revisited." *Baptist Quarterly* 30 (October 1984): 344-47.

_____. "Early Baptist Arguments for Religious Freedom: Their Overlooked Agenda." *Baptist History and Heritage*, vol. 24, no. 4 (1989): 3-10.

_____. "How did William Kiffin join the Baptist?" *The Baptist Quarterly*, 23 (January 1970): 201-7.

_____. "William Kiffin-Baptist Pioneer and Citizen of London." *Baptist History and Heritage*, 2 (1967): 91-103.

Whitely, W. T. "Early English Baptists." *The Chronicle*, vol 1, no. 1 (1938): 15-22.

_____. "Thomas Helwys of Gray's Inn and of Broxtowe Hall, Nottingham." *Baptist Quarterly*, New Series, vol. 7 (1934-1935): 241-55.

_____. "The Late Midland College (3) Principals and Tutors." *Baptist Quarterly*, vol. 1 (1922-3): 263-69.

_____. "Serampore and its College." Baptist Quarterly, vol. 4 (1928-1929): 141-43.

Will, James E. "Personalism in the Theological Process." *Religion in Life* 33 (Spring 1964): 256-67.

Williams, Glen Garfield. "European Baptists and the Conference of European Churches." *The Baptist Quarterly*, vol. 28 (1979-1980): 52-58.

Willis B. Glover, "English Baptists at the Time of the Down Grade Controversy," *Foundations*, vol. 1 (July 1958): 41-51.

Young, Doyle L. "Andrew Fuller and the Modern Mission Movement." Baptist *History and Heritage*, vol. 17 (October 1982): 17-27.

3. 기타 자료

"Bapist World Alliance." [온라인 자료] http://www.bwanet.org/about-us2/officers. 2014년 7월 11일 접속.

"Bapist World Alliance." [온라인 자료] http://www.bwanet.org/. 2014년 7월 11일 접속.

Fosdick, Harry Emerson. "Shall the Fundamentalist Win?" A Sermon Preached at the First Presbyterian Church, New York, May 21, 1922, stenography reported by Margaret Renton.

한국침례교회사

1. 단행본

기독교한국침례교총회 역사편찬위원회.『한국침례교회사』. 서울: 침례회출판사, 1990.

김갑수.『은혜의 발자취: 한국 침례회 총회·신학교의 역사와 회고』. 대전: 침례신학대학교출판부, 2013.

_____.『한국침례교 인물사』. 서울: 요단출판사, 2007.

김승태 편역.『일제강점기 종교정책사 자료집』. 서울: 한국기독교역사연구소, 1996.

김용국.『한국침례교사상사』. 대전: 침례신학대학교출판부, 2005.

_____.『꿈의교회 120년사: 꿈의 사람 꿈의 역사』. 서울: 요단출판사, 2016.

김용해.『대한기독교 침례회사』. 서울: 성청사, 1964.

김장배.『한국침례교회의 산증인들』. 서울: 침례회출판사, 1981.

김장환.『힘을 다하여 주님께 봉사하라』. 서울: 나침반, 1994.

_____.『힘을 다하여 주님께 배우라』. 서울: 나침반, 1988.

_____.『힘을 다하여 주님을 의지하라』. 서울: 나침반, 1987.

_____.『지금 마지막을 대비하라』. 서울: 나침반, 1997.

_____.『생명을 걸고 사랑하라』. 서울: 규장, 1994.

두란노서원 출판부,『내가 본 이동원 목사』. (서울: 두란노, 2010)

말콤 펜윅.『말콤 펜윅』. KIATS 역음. 서울: 한국고등신학연구원, 2016.

말콤 C. 펜윅.『복음과 은혜』. 김용복 편역. 대전: 침례신학대학교출판부, 2011.

박용규.『한국기독교회사 1 (1784-1910』. 서울: 생명의말씀사, 2005.

서울침례교회 60년사편찬위원회.『서울침례교회 60년』. 서울: 엘에스커뮤니케이션, 2009.

안중모.『공주침례교회 백년사』. 공주: 공주침례교회, 1996.

안희묵.『교회, 다시 꿈꾸다』. 서울: 교회성장연구소, 2015.

안희열.『시대를 앞서간 선교사 말콤 펜윅』. 대전: 침례신학대학교출판부, 2010.

오관석.『그때와 그곳』. 서울: 은성문화사, 1969.

_____.『요한계시록 강해』. 서울: 은성문화사, 1967.

_____.『정금같이 나오리라』. 서울: 쿰란, 2005.

_____.『하늘보고 사는 땅』. 서울: 바울서신사, 1991.

유병기.『침례교 선교의 발자취』. 서울: 기독교한국침례회 해외선교회, 2014.

유영식 외 3인.『부산의 첫 선교사들』. 서울: 한국장로교출판사, 2015.

유영식 편역.『착한목쟈: 게일의 삶과 선교 1』. 서울: 도서출판 진흥, 2013.

윤석전.『그리스도의 좋은 군사』. 서울: 연세말씀사, 2006.

_____.『기도와 영성』. 서울: 연세말씀사, 2009.

_____.『기도하라』. 서울: 연세말씀사, 2004.

_____.『기회를 놓치지 않는 농부』. 서울: 연세말씀사, 2006.

_____.『성령의 뜻대로 이끌림』. 서울: 연세말씀사, 2010.

_____.『아버지와 아들과 성령의 이름으로 침례를 주고』. 서울: 연세말씀사, 2012.

_____.『영적생활정복 4단계』. 서울: 연세말씀사, 2004.

_____.『영혼의 때를 위하여 생명의 식탁을』. 서울: 연세말씀사, 2005.

_____.『영혼의 때를 위하여 세월을 아끼라』. 서울: 연세말씀사, 2012.

_____.『예수의 변호자, 성령』. 서울: 연세말씀사, 2011.

_____.『왕의 실권을 인정하라』. 서울: 연세말씀사, 2005.

_____.『절대적 기도생활』. 서울: 요단출판사, 1996.

_____.『절대적 기도생활, (개정판)』. 연세말씀사, 2017.

_____.『절대적 영적생활 1』. 서울: 연세말씀사, 2011.

_____.『절대적 영적생활 2』. 서울: 연세말씀사, 2011.

_____.『절대적 영적생활 3』. 서울: 연세말씀사, 2011.

_____.『절대적 영적생활 4』. 서울: 연세말씀사, 2011.

_____.『제한 없는 열애』. 서울: 연세말씀사, 2007.

_____.『체험으로 승리하는 삶』. 서울: 연세말씀사, 2005.

_____.『빛과 생명 되신 예수』. 서울: 연세말씀사, 2008.

_____.『하나님과의 사귐』. 서울: 연세말씀사, 2005.

_____.『하나님을 나의 배경으로』. 서울: 연세말씀사, 2008.

_____.『하나님이 쓰시는 사람』. 서울: 연세말씀사, 2006.

이근미.『김장환 목사 이야기 上』. 서울: 조선일보사, 2000.

_____.『김장환 목사 이야기 下』. 서울: 조선일보사, 2000.

이동원.『비전의 신을 신고 내일로 간다』. 서울: 두란노, 2010.

_____.『비유로 말씀하시더라』. 서울: 나침반, 1988.

_____.『미움이 있는 곳에 사랑을』. 서울: 나침반, 1991.

_____.『로마가 들어야 했던 복음』. 서울: 두란노, 1996.

_____.『로마를 바꾸어 놓은 사랑』. 서울: 두란노, 1996.

_____.『시편 강해 I : 새벽 사슴의 노래』. 서울: 요단, 1997.

_____.『시편 강해 II : 호흡이 있는 자들의 노래』. 서울: 요단, 1997.

이영식.『한국 장로교회와 민족운동』. 서울: 한국기독교사연구소, 2019.

이옥주.『나의 나 된 것은: 김충기 목사의 삶과 신앙』. 서울: 강남중앙침례교회, 2002.

장경동, "신약성서에 나타난 귀신에 대한 연구." 석사학위논문, 침례신학대학 신학대학원,

1984.

_____. "사복음서에 나타난 예수님의 치유 이적에 대한 연구." 석사학위논문, 침례신학대학
     신학대학원, 1987.

장규식. 『일제하 한국 기독교민족주의 연구』. 서울: 혜안, 2001.

장항진 외 7인. 『연세중앙교회 30년사 1: 하나님이 쓰신 사람들과 그날들』. 서울: 연세말씀
     사, 2016.

_____. 『연세중앙교회 30년사 2: 하나님이 쓰신 사람들과 그날들』. 서울: 연세말씀사, 2016.

_____. 『연세중앙교회 30년사 3: 하나님이 쓰신 사람들과 그날들』. 서울: 연세말씀사, 2016.

조병산. 『용안침례교회 112년사』. 익산: 기독교한국침례교회 용안교회, 2012.

조혜도·왕은신. 『침례교 여전도회 역사』. 서울: 한국침례회 전국여전도연합회, 1998.

침례교발전위원회. 『침례교총회 헌법』. 서울: 침례교총회, 1973.

침례교신학연구소. 『한국 침례교회와 신앙의 특성』. 대전: 침례신학대학교출판부, 2000.

침례병원 50년사 편찬위원회. 『침례병원 50년사』. 부산: 우주문화사, 2002.

최봉기와 펜윅연구소 편. 『말콤 펜윅』. 서울: 요단출판사, 1996.

피영민 외 11인. 『강남중앙침례교회 사십년사』. 서울: 검과 흙손, 2016.

한국기독교선교협의회 편. 『빌리그레함 전집-한국전도대회특집』. 서울: 신경사, 1973.

허 긴. 『한국침례교회사』. 대전: 침례신학대학교출판부, 1999.

Fenwick, Malcolm C. 『복음찬미』. 원산: 기독교회, 1904.

_____. 『신약성서』. 원산: 동아기독교단, 1938.

_____. 『사경공부』. N. p., 1909.

_____. The Church of Christ in Corea: A Pioneer Missionary's Own Story. New York: George
     H. Doran Company, 1911. Reprint, Seoul: Baptist Publications, 1967.

_____. Life in the Cup. Mesa Grande, CA: Church of Christ in Corea Extension, 1917.

Gammage, Jr. Albert W. 『조직신학원강』. 대전: 펜윅연구소, 1993.

Martin, William. 『빌리 그레이엄』. 전가화 역. 서울: 고려원, 1993.

2. 정기간행물

김승태. "1930년대 일제의 기독교계 학교에 대한 신사참배 강요와 폐교 전말." 「한국근현대사
     연구」 14집 (2000년 9월): 71-90.

김용국. "말콤 펜윅과 대한기독교회의 복음주의 신앙과 항일활동과의 관계에 관한 연구". 「성
     경과 신학」 94 (2020): 99-127.

_____. "미남침례회 선교사들의 한국에서의 초기 사역, 1951-1954." 「복음과 실천」 64집
     (2019): 245-278.

_____. "미남침례회 선교사들의 한국에서의 초기 사역, 1955-1958." 「복음과 실천」 66집
     (2020): 7-38.

_____. "빌리 그래함의 한국 교회에 끼친 영향에 관한 연구." 「역사신학논총」 33집. (서울: 한국기독교사연구소, 2018): 157-186.

김은수. "한국 장로교의 '조직신학' 교육과 연구 역사(1901-1980)에 대한 고찰: 평양신학교와 장로교 주요교단 신학대학원(고신/장신/총신/한신)을 중심으로". 「성경과 신학」 74 (2015): 97-135.

김태식. "달편지." 「한국 기독교사 연구」 11 (1986, 12): 19-21.

_____. "동아 기독교 이종덕론." 「한국 기독교사 연구」 6 (1986, 2): 19-21.

류대영. "신사참배 관련 소수파 의견-헤럴드 헨더슨(Harold H. Henderson)의 사례." 「한국기독교와 역사」 39집 (2013년 9월): 145-80.

박명수. "윌슨의 민족자결주의가 대한민국 임시헌장에 미친 영향." 「성경과 신학」 91 (2019): 106-67.

박창근. "한국 최초의 침례가문." 「성광」 (1992년 7월호): 37-40.

송현강. "강경침례교회 초기 역사(1896-1945)." 「한국기독교와 역사」 42호 (2015년 3월): 5-44.

안희묵. "멀티사이트 캠퍼스 교회, 새 시대를 열어라." 「Church Growth」 (2015년 5월): 12-31.

안희열. "종교 신학적 관점에서 본 말콤 펜윅의 구원론과 초기 한국교회의 선교적 성과." 「성경과 신학」 55 (2011): 135-63.

_____. "초기 한국교회의 부흥운동 (1903-1908)과 선교학적 고찰." 「성경과 신학」 44 (2007): 140-66.

오세호. "白秋, 金圭冕의 독립운동 기반과 大韓新民團." 「한국근현대사연구」 82집 (2017년 9월): 223-51.

유동식·조향록·조동진·김경재·김종렬. "빌리 그레함 傳道大會를 말한다." 「기독교사상」, (1973년 7월): 80-91.

유병기. "한국교회와 침례교단 교회들의 선교참여." 「뱁티스트」 6 (1993, 3-4): 96-99.

이근삼. "신사참배 문제를 재검토한다." 「신학정론」 13 (1995년 6월): 8-39.

이은선. "남양군에서의 기독교 전파를 통한 여성 교육과 여성 의식 변화와 애국계몽운동". 「성경과 신학」 70 (2014): 123-53.

_____. "대한자강회 남양지회의 애국계몽운동." 「성경과 신학」 68 (2013): 217-49.

최봉기. "펜윅과 한국 침례교 관계 연구를 위한 제안." 「복음과 실천」 17 (1994): 473-88.

허긴. "대한기독교회와 달편지." 「복음과 실천」 14 (1991): 352-69.

_____. "대한기독교회와 교권 파동 (1914)." 「복음과 실천」 19 (1996): 556-81.

_____. "대한기독교회와 만주선교사업." 「복음과 실천」 12 (1989): 351-72.

해외선교회. "해외선교회는 이렇게 일합니다." 「뱁티스트」 25 (1995, 5-6): 22-30.

Abernathy, Jewell L. "Baptists in Korea." *The Commission.* October 1951, 7-8.

Abernathy, Jewell L. "Brothers in Christ in Korea." *The Baptist Training Union Magazine* 34 (August 1959): 414-15, 452.

_____. "Can Catch One Small House for Kim?" *Royal Service* 49 (November 1955): 27.

_____. "Captain Jones and Music." *Royal Service* 47 (September 1953): 6.

_____. "The Church of Great Price." *The Commission* 14 (October 1951): 264.

_____. "The Happiest Day of His Life." *The Baptist Training Union Magazine* 29 (September 1954): 461.

_____. "Korea's Lottie Moon Church." *Royal Service* 47 (July 1953): 6-7.

_____. "Letter-ettes." *Royal Service* 49 (December 1955): 24.

_____. "Little Miss Pusan." *Royal Service* 47 (January 1954): 1-2.

_____. "Missionary Ford." *The Commission* 17 (April 1954): 122.

_____. "Music For a City." *Royal Service* 50 (December 1956): 13.

_____. "One Pastor-Seventeen Churches." *The Commission* 17 (January 1954): 12.

_____. "Our Korean Gatekeeper." *The Baptist Training Union Magazine* 31 (July 1956): 347.

_____. "Our Prize Church." *Royal Service* 48 (November 1954): 4-5.

_____. "Patient Forces of Korea." *The Commission* 16 (March 1953): 78.

_____. "The White House of Korea." *Royal Service* 48 (June 1954): 10-11.

Abernathy, John A. "Above the Thirty-Eighth Parallel." *The Commission* 19 (May 1956): 157.

_____. "Baptists in Korea." *The Commission* 14 (October 1951): 263-264.

_____. "Fortunate Prisoners of War." *The Commission* 16 (February 1953): 38.

_____. "Korean Welcome." *The Commission* 13 (June 1950): 167-68.

_____. "The Loyalty of Deacon Kim." *The Baptist Training Union Magazine* 26 (January 1951): 12-46.

_____. "Memorial in Seoul." *The Baptist Training Union Magazine* 30 (December 1955): 627.

_____. "Sixty-first Birthday is Special Day of Celebration for Koreans." *The Commission* 20 (May 1957): 162.

Abernathy, John and Jewell. "Korean Welcome." *The Commission*, June 1950, 7.

Ahn, David, and Jewll Leonard Abernathy. "Advance Through Suffering in Korea." *Royal Service* 42 (November 1953): 24-29.

Cauthen, Baker J. "Found: 10,000 Baptist!" *The Commission* 15 (March 1952): 76-78.

"Baptist in Korea." *The Baptist Missionary Magazine* (March 1904): 102. 388.

Campbell, J. P. "A Condensed Report of the Woman's Work of 1898 and 1899." *Minutes of the Annual Meeting of the Korea Mission of the Methodist Episcopal Church*, South(1901): 34-35.

Campbell, J. P. "The Removal of Pai Hwa to Its New Site." *Korea Mission Field* (March 1915): 90.

Chapell, F. L. "Gordon Training School." *The Watchword* 17 (October 1895): 203.

Cho, Timothy Hyo-hoon. "Malcolm C. Fenwick in History of the Korea Baptist Convention." *Baptist History and Heritage* 6 (January 1971): 45-8.

Choy, Sam. "Korea's 1970 Baptist Evangelistic Crusade." *Baptist Message* 85 (January 29, 197):

5, 9, 15.

"Dedication in Korea." *The Commission* 32 (January 1969): 33.

Dr. Drew. "Korea." *The Missionary* (Jan. 1896): 34-36.

"The Ella Thing Memorial Mission." *The Korean Repository* 3 (1896): 299-300.

Fenwick, Malcolm C. "The Declaration of Principle and Motto of the Corean Itinerant Mission." *The Missionary Review of the World* 17 (1984): 461.

_____. "Korean Bronze." *The Korea Review* (October 1905): 384-85.

_____. "Korean Farming." *The Korean Repository* (August 1898): 288-93.

_____. "Letter to the Editor of the Missionary Review of the World." *The Missionary Review of the World* 17 (1894): 618-19.

_____. "My Country Tai Han." *The Korea Review* (August 1906): 320

"Gateway to Health." *The Commission* (March 1959): 12-3.

Goodwin, J. G. Jr. "뱁티스트지 발간에 즈음하여." 「뱁티스트」 1 (1992, 5-6): 6-7.

Gray, Ione. "Lunch Time in Korea." *The Commission* 17 (May 1954): 132-33.

_____. "Our Part in World Missions." *The Baptist Adult Union Quarterly* 27 (April, May, June, 1956): 13.

Gray, Ione. "They Live Their Faith." *Baptist Training Union Magazine*. October 1954, 512-3. 559.

Green, John. "Eighty-one Louisianians departed for Korean Crusade." *Baptist Message* (June 1970): 4-8.

_____. "Korean Crusade Wrap-up." *Baptist Message* (July 1970): 2-4.

Harrison, W. B. Journal-1897. 5. 6, *Annual Reports of Presbyterian Church U. S. in Korea Missionary* 1-7. 한국교회사문헌연구원, 1993.

Henderson, Guy. "Growth Sought by Various Ways; Army Center Opens." *The Commission* (June 1963): 21.

_____. "Led by the Unseen Hand." *The Commission* 23 (May 1960): 133.

Jones, Don C. "Korea-Land to Love." *The Commission* 22 (March 1959): 74-5.

_____. "출판과 교회진흥 사업." 「뱁티스트」 4 (1992, 11-12): 116-9.

_____. "주일학교 운동." 「뱁티스트」 5 (1993, 1-2): 104-07.

_____. "교회확장 운동." 「뱁티스트」 6 (1993, 3-4): 88-91.

Jones, Juanita. "Island Paster." *The Commission* 23 (January 1960): 29-31.

_____. "Korea Seminary Students Show Concern for Unreached Villages." The Commission 22 (April 1959): 120.

_____. "Riots Show Need for Stedents Word." In "Epistles form Today's Apostles All Around the World." *The Commission* 23 (September 1960): 237.

"Korea: Seminary Graduates Eight Men." *The Commission* (July 1960): 15.

"Koreans Need Christ." *Royal Service* 52 (December 1957): 44-48.

Marler, L. Parkes. "A Communist was Converted." *The Commission* 21, (April 1958): 103, 123.

_____. "Epistles Form Today's Apostles All Around the World." *The Commission* 19 (October 1956): 307.

Marler, Martha Ellen and others. "Christianity's Challenges in Korea." *Royal Service* (November 1959): 1–4.

Mckay, Ray M. "The Greatest of These is Love." *The Baptist Adult Union Quarterly* 23 (April, May, June 1952): 22–24.

Means, Frank K. "Christian in Korea." *The Commission* 14 (June 1951): 178–79.

The Missionary Review of the World, o.s. 12 April 1889, 289.

The Missionary Review of the World, o.s. 13 November 1890, 878.

The Missionary Review of the World, o.s. 17 June 1894, 460–61.

The Missionary Review of the World, o.s. 17 August 1894, 618–19.

McCully, E. A. "A Saint's Home Going." *Korean Mission Field* 29 (March, 1933): 51.

Newton, Jim. "Korea; To Those in Uniform." *The Commission* (March 1975): 10–5.

Pettegrew, Larry D. "The Niagara Bible Conference and American Fundamentalism," *Central Bible Quarterly* 19 (Winter 1976): 2–26.

_____. "The Niagara Bible Conference and American Fundamentalism Part II." *Central Bible Quarterly* 20 (Spring 1977): 3–25.

_____. "The Niagara Bible Conference and American Fundamentalism Part III." *Central Bible Quarterly* 20 (Summer 1977): 2–40.

_____. "The Niagara Bible Conference and American Fundamentalism Part IV." *Central Bible Quarterly* 20 (Fall 1977): 1–55.

_____. "The Niagara Bible Conference and American Fundamentalism Part V." *Central Bible Quarterly* 20 (Winter 1977): 3–36.

Pauling, E. C. "Our Work in Korea." *The Baptist Missionary Magazine* 84 (October 1905): 387–90.

Pelphrey, William T. "Stroy of Love and Sacrifice." *The Commission*, (March 1952) 78.

Pierson, Arthur T. "The Declaration of Principles and Motto of the Corean Itinerant Mission." *Missionary Review of the World* 17 (June 1894): 460–61.

Ray, Rex. "We Four and One More–Jesus Was There Too." *The Commission* 16 (March 1953): 27.

_____. "You Are in This Story." *The Commission* 16 (September 1952): 238–9, 245.

Robert, Dana L. "The Legacy of Adoniram Judson Gordon." *International Bulletin of Missionary Research* 11 (October 1987): 176–81.

"Southern Baptist Convention President, Fellow Pastors Start Ripple of Korean Revival." *The Commission* 23 (March 1960): 71.

Starnes, Cloyes. "Baptists in korea." Baptist Message 85 (June 1970): 6–7.

Starr, Edward C. "Baptist Beginnings Some Facts on The Hamilton and Newton Institutions." *The Chronicle*, vol. 15, no. 4 (1952): 182-92.

Steadman, F. W. "Korea-Her People and Missions." *The Baptist Missionary Magazine* 81 (November 1901): 674.

_____. "Our Work in Korea." *The Baptist Missionary Magazine* 85 (October 1905): 388.

Wagner, Lucy. "Impression of Rural Korea." *The Commission* 23 (December 1960): 328-9.

_____. "Korean Women: Their Place and Progress." *The Commission* (May 1975): 29-33.

_____. "Leaders in Training on UI Lung Do." *The Commission* 23 (January 1960): 28-30.

_____. "Young People See Korea's Need for Gospel, Dedicate Lives to Witness." *The Commission* 23 (January 1957): 28.

"Wallace Memorial Hospital Dedicated." *Baptist Message* 85 (December 1968): 8.

"War and Missions in Korea." *The Baptist Missionary Magazine* 85 (April 1904): 133.

Welborn Barbara Anne. "Touching Lives, Meeting Needs." *The Commission* (March 1975): 6-8.

Woo, Tai Ho. "The Land of Hibiscus." *The Commission* 12 (July 1949): 196-97.

Wright, Lucy. "Korea, Land of Challenge." *Royal Service* (June 1969): 4-6.

Wright, Paula. "Christmas is for Them, Too." *The Commission* 20 (December 1957): 354-57.

Yocum, A. W. "Forty Years A Missionary Doctor." *The Commission* 17 (May 1954, 149): 155.

"Your Lottie Moon Christmas Offering at Work in Korea." *Royal Service* 49 (November 1955): 10-13.

3. 기타 자료

1) 학위논문

조수진, 「극동방송」의 대북방송 역사연구-1956년 개국부터 90년대 말까지." 석사학위논문, 고려대학교 언론대학원, 2014.

Cho, Timothy Hyo-Hoon. "A History of the Korea Baptist Convention: 1889-1969." Th.D. diss., Southern Baptist Theological Seminary, 1970.

Fudge, Bill Frank. "Training Korean Seminary Students in Principles and Methods of Church Planting." D. Min. project, Southwestern Baptist Theological Seminary, 1979.

Gammage, Jr., Albert W. "An Evaluation of the General Principles of Word of the Korea Mission." Research paper submitted to Dr. Cal Guy, Southwestern Baptist Theological Seminary, Forth Worth, Texas, 1965.

_____. "Principles Related to Theological Education in a Foreign Mission Context." Ph. D. dissertation, Southwestern Baptist Theological Seminary, 1972.

Huh, Kin. "A Historical Analysis of the Korea Baptist Convention in the Light of Baptist Principles." Th. M. thesis, Southeastern Baptist Theological Seminary, 1979.

Kim, Seung Jin. "Development of Protestant Theologies in Korea 1960-1984." Th. M. thesis,

Southwestern Baptist Theological Seminary, 1987.

_____. "A History Southern Baptist Mission Work in Korea: Its Impact on Korean Baptist Church Growth." Ph. D. dissertation, Southwestern Baptist Theological Seminary, 1995.

Johns, Don C. "The Involvement of Mission Personnel in the Development of Korea Baptist Mission Plans for 1980-1982." D. Min. project, Southwestern Baptist Theological Seminary, 1979.

Noh, Young Sik. "Equipping Church Leadership to Implement Baptist Congregation Polity for Newhope Korean Baptist Church, Lake Forest, California." D. Min. Project, Southern Baptist Theological Seminary, 1997.

Scott, William. "Canadians in Korea: Brief Historical Sketch of Canadian Mission Work in Korea." n. p.: 1975.

Willocks, R. Max. "Christian Missions in Korea with Special Reference to the Work of Southern Baptist." Th. M. thesis, Golden Gate Baptist Theological Seminary, 1962.

2) 편지

Abernathy, John A. Letter to Dr. B. J. Cauthen, Hongkong, April 23, 1951.

_____. Letter to Baker J. Cauthen, Secretary for the Orient, FMB of SBC, August 4, 1952.

_____. Letter to Baker J. Cauthen, Secretary for the Orient, FMB of SBC, August 19, 1952.

Cauthen, Baker J. Letter to Dr. M. T. Rankin, Foreign Mission Board, Richmond, Va., April 14, 1949.

_____. Letter to M. Theron Rankin, Foreign Mission Board, Richmond, Va., June 22, 1949.

_____. Letter to Mr. Tai-ho Woo, 17 Chan Dong, Inchon, Korea, June 22, 1949.

_____. Letter to Dr. Maxfield Garrot, Seinan Gakuin, Fukuoka, Japan, June 22, 1949.

_____. Letter to M. T. Rankin, Foreign Mission Board, Richmond, Va., July 28, 1949.

_____. Letter to M. T. Rankin, Foreign Mission Board, Southern Baptist Convention, 2037 Monument Avenue, Richmond, Va., September 10, 1949, 1-10.

_____. Letter to Rev. J. A. Abernathy, 1219 North I Street, Fort Smith, Arkansas, November 21, 1949.

_____. Letter to John A. Abernathy, January 11, 1952.

_____. Letter to John A. Abernathy, January 24, 1952.

_____. Letter to M. Theron Rankin, Foreign Mission Board, Richmond, Va., April 27, 1951.

Dozier, Edwin. Letter to Dr. R. Kelly White, Belmont Heights Baptist Church, Nashville, Tennessee, June 21, 1940.

Gale, James. "1889년 12월 13일. 사랑하는 누나 제니에게, 부산에서". 유영식 편역. 『착흔목쟈: 게일의 삶과 선교2』. 서울: 도서출판 진흥, 2013.

Rankin, M. Theron. Letter to Baker James Cauthen, P. O. Box 1686 Kowloon, Hongkong,

May 24, 1949.

_____. Letter to Dr. Baker J. Cauthen, c/o Rev. Edwin B. Dozier, Tokyo Foreign
Missionaries APO 500, c/o P.M. San Francisco, California, August 10, 1949.

Ray, Rex. Letter to Baker J. Cauthen, Secretary for the Orient, FMB of SBC, February 5,
1952.

White, R. Kelly. Letter to Edwin Dozier, Seinan Gakuin, Fukuoka, Japan, April 11, 1940.

3) 자서전

노영식. "공주침례교회 역사, 1960-1967." n. p.: 2016년 1월 31일. 1-13.

장일수. 『기독교대한침례교회 연혁』. 출판지 불명: 1969.

_____. 『자서전 1』. n. p.: n. d.

_____. 『자서전 2』. n. p.: n. d.

_____. 『자서전 3』. n. p.: n. d.

Pauling, David. "Biographical Sketch of Rev. Edward Clayton Pauling."

4) 신문 및 잡지 기사

大韓每日申報(국한문), 1905년 11월 19일 第八十一號(第三卷).

每日申報社, 1923년 12월 4일.

朝鮮總督府 高等法院檢事局思想部. "東亞基督敎會 事件". 「思想彙報續刊」(소하 18년): 12.

5) 회의록 및 연감

대한기독교침례회. 「제48회 총회 회록」. 1958년 5월.

대한기독교침례회. 「제49회 총회 회록」. 1959년 5월.

대한기독교침례회. 「제50회 총회 회록」. 1960년 5월.

동아긔독교회. "남부(南部) 데일회총회록". 1946년 9월 14-20일.

김용해. "동아기독교 1946년 2월 9-11일 임시위원회 회의록."

Abernathy, John A. "Korea." Annual of the Southern Baptist Convention (June, 1951): 160.

_____. "Korea." Annual of the Southern Baptist Convention (May 1952): 171.

_____. "Baptist Missions in Korea." Annual of the Southern Baptist Convention (May 1953):
166.

_____. "Korea." Annual of Southern Baptist Convention. May 1952, 171-3.

_____. "Korea." Annual of Southern Baptist Convention. June 1951, 160-1.

_____. "Baptist Mission in Korea." Annual of Southern Baptist Convention, May 1953, 165-7.

Bozeman, O. K., Jr. "Report on October 13-28, 1983 Partnership Crusade." November 22,
1983.

_____. "Report on October 18-30, 1984 Partnership Crusade." November 5, 1984.

Branum, Irene. "Three Missions Stations in Korea." Annual of the Southern Baptist Convention (June 1954): 172.

Cauthen, Baker J. "The Orient." Annual of Southern Baptist Convention. June 1951, 159−60.

_____. "The Orient." Annual of Southern Baptist Convention. May 1952, 151.

Goodwin Jr., J. G. "Korea Mission." Annual of the Southern Baptist Convention (May 1958): 182.

_____. "Korea." Annual of the Southern Baptist Convention (May 1959): 176.

Korea Baptist Mission. *Minutes of the Called Meeting of the Korea Baptist Mission Held in Taejeon.* May, 1959.

Korea Baptist Mission. *Minutes of the Korea Mission of the Southern Baptist Convention.* 1957.

Ray, Dan. "The Baptist Convention of Korea." *Minutes of the Mission Executive Committee Meeting of the Korea Baptist Mission,* 1955.

Ray, Dan, and Frances Ray. "Korea Mission." *Annual of the Southern Baptist Convention* (May−June 1956): 162.

Wheat, Ruby. "Korea." *Annual of the Southern Baptist Convention* (May 1955): 170.

_____. "Korea Mission." *Annual of the Southern Baptist Convention* (May 1957): 174.

6) 요람

강경교회. 「한국 최초의 침례교 성지 선교 역사기념교회」. n. p.: 2008.

꿈의교회, "2023년도 꿈의교회 안내 팜플렛."

_____. "꾸밍 코딩 교회학교 안내 팜플렛."

백운현, "사랑의 교회와 푸른초장의 사역 소개." 2023년 3월 28일.

이은호, "멀티교회 소개", 2023년 4월 21일.

Bulletin of Vanderbilt University. Nashville, Tennessee: Printed for the University, 1938.

7) 허가증 및 소식지

Belmont Heights Baptist Church, R. Kelly White, Pastor, Nashville, Tennessee. "License." September 6, 1939.

"Announcement of Belmont Heights Baptist Church." November 29, 1939.

O. K. Bozeman, Jr. "Report on Oct. 13−28, 1983 Partnership Crusade." November 22, 1983.

O. K. Bozeman, Jr. "Report on October 18−30, 1984 Partnership Crusade." November 5, 1984.

Korea Baptist Mission Executive Committee, "Statement." March 20, 1959.

8) 성명서

대한기독교침례회 경북구역 총회. "성명서". 1959년 4월 13일.

대한기독교침례회 경서구역 회원 일동. "성명서". 1959년 4월 10일.

대한기독교침례회 부인전도회 임원 이순도 외 4인. "성명서". 1959년 4월 22일.

대한기독교침례회 신학교 동창회 회장 이덕홍 외 5인. "성명서". 1959년 4월 16일.

대한기독교침례회 종로교회 대표 박경배 외 18인. "재한미남침례회 선교부실행위원회 귀하". 1959년 4월 일.

대한기독교침례회총회 실행위원회 신혁균, 김용해, 노재천, 안대벽, 한기춘, 이원균, 김주언. "4월 28-9일 대전 불법총회를 규탄한다". 1959년 5월 2일.

대한기독교침례회 총회 실행위원 신혁균, 김용해, 노재천, 이원균, 한기춘, 안대벽, 김주언. "해명서". 1959년 5월 9일.

대한기독교침례회 총회 실행위원회 위원 김용해 외 5인. "성명서". 1959년 4월 13일.

대한기독교침례회 총회 실행위원회 위원 김용해 외 5인. "해명서". 1959년 4월 20일.

대한기독교침례회 총회 실행위원장 대리 김용해, 위원 노재천, 이원균, 한기춘, 안대벽, 김주언. "미국 남침례회 동양 총무 크로-리 박사 귀하". 1959년 3월 31일.

대한기독교침례회 총회 실행위원장 대리 김용해, 위원 노재천, 이원균, 한기춘, 안대벽, 김주언. "성명서". 1959년 3월 31일.

대한기독교침례회 총회실행위원 총회장 안대벽 외 8인. "建議書". 1957년 8월.

대한기독교침례회 총회 재무부장 김주언. "성명서". 1959년 4월 24일.

대한기독교침례회 총회 총회장 강성구, 부회장 이덕여, 김기석, 총무 김승학, 전도부장 죤스, 교육부장 조효훈, 사회부장 말러, 출판부장 장시정, 재무부장 박종록. "각 교회 귀중". 1959년 5월 8일.

대한기독교침례회 포항교회 사무처리회장 김창복. "전국교역자 및 교우들 앞". 1959년 5월 18일.

안대벽. "주님 안에 사랑하는 동역자 교회 형제자매 귀중". 1959년 4월 22일.

이순도. "재한 미남침례교 선교사들께 경고함". 1959년 4월 22일.

인천침례교회. "성명서". 1960년 8월 25일.

윈스톤 크롤리. "美國南浸禮會 外國宣敎部". 1959년 4월 8일.

장일수. "친애하는 교우들에게". 1959년 4월 7일.

재단법인 대한기독교침례회 이사장 김용해. "재단법인 대한기독교침례회 유지재산 처리에 관한 공고". 1959년 9월.

전도부 실행위원 안대벽 외 4명. "각 교회 귀중". 1959년 4월 10일.

전도부 실행위원 안대벽 외 4명. "해명서". 1959년 4월 7일.

필자 미상. "주님의 은혜 가운데 엄동지절에". 1959년 1월 12일.

필자 미상. "총회장소변경 신청서". 1959년 1월 20일.

한국침례회선교부 부장 마라, 총무 구두원. "한국침례회 총회 제 교회 목사 전도사 귀하". 1959년 3월 30일경.

한국침례회 49회 총회 수습대책 준비위원회 대표 장일수 외 22명. "성명서". 1959년 4월.

9) 그 외 자료

"고 장일수 목사 약력." 고 장일수 목사 발인 예배 순서지 (1986년 3월 19일).

고봉성. "교역자 신상카드." 기독교한국침례회 총회.

고봉성. "이력서." (원주경찰서 교경협의회, 1987년 1월 제출), 1-2.

김병수. 저자와의 면담. 2017년 10월 4일. 대전 반석마을 아파트 608동 1502호 저자 자택. 녹취록 1-68.

「토지대장 및 등기부 등본-충남 공주읍 반죽동 109번지, 110번지」. 공주시청과 공주법원, 2016년 3월 23일.

「토지대장 및 등기부 등본-충청남도 논산시 강경읍 북옥리 124, 135-1, 135-2, 136, 137, 138, 139-1, 139-2」. 충청남도 논산시, 1998.

"Handbook, Korea Baptist Mission (1961)."

Markham Museum. "Family Group Sheet, Archibald Hugh Fenwick and Barbara Ann Latham." 1-6.

침례교회사

- 초판 1쇄 인쇄 2024년 2월 23일
- 초판 1쇄 발행 2024년 3월 4일

- 지은이 김용국
- 펴낸이 조유선
- 펴낸곳 누가출판사

- 등록번호 제315-2013-000030호
- 등록일자 2013. 5. 7.
- 주소 서울특별시 공항대로 59다길 276(염창동)
- 전화 02-826-8802 팩스 02-6455-8805

- 정가 43,000원
- ISBN 979-11-85677-84-2 03230